Grfsm. Finnland
Helsingfors
St. Petersburg
Stockholm
Estland
Livland
Riga
Kurland
Moskau
Samara
Rjasan
see
Litauen
Smolensk
Wilna
Königsberg
anzig
SEN
KAISERREICH
Minsk
Kursk
Warschau
Brest-Litowsk
Kgr. Polen
("Kongress-Polen")
1815 russ.
b. 1831 autonom
Wolhynien
RUSSLAND
Kiew
REP. KRAKAU
1846 österr.
Kgr. Galizien
Lemberg
Rostow
Podolien
UM
urg
Buko-
wina
Bessarabien
Kischinew
Pest
Ofen
Kgr. Ungarn
ÖSTERREICH
Moldau
osman.
Vasallenstaat
Odessa
unabh.
Tscherkessen
1864 russ.
Siebenbürgen
Sewastopol
Banat
nien
Walachei
osman. Vasallenstaat
Belgrad
Bukarest
Schwarzes Meer
Serbien
1817 tributpflicht. Fsm.
nien
Bulgarien
MONTENEGRO
Sofia
OSMANISCHES REICH
Rumelien
Konstantinopel
Albanien
Angora
Saloniki
Thessalien
Anatolien
IONISCHE INSELN
1815 – 64 Rep. unter brit. Schutz
Livadien
Smyrna
Athen
Ägäisches Meer
Rhodos
Zypern
Kreta
Beirut
Damaskus
Syrien
telmeer
Jerusalem

Inhalt

1

2

3

4

Das neue Buch auf einen Blick

Zielsetzung und zentrale Inhalte des Buches

Die neue Oberstufenausgabe „Geschichte und Geschehen“ ist ein facettenreiches und multiperspektivisches Lern- und Arbeitsbuch. Seine auf den einzelnen Lehrplänen basierende Themenvielfalt vermittelt zentrale Grundlagen und Anregungen, sich mit der Neueren Geschichte, ihren Entwicklungslinien und Gegenwartsbezügen sowie dem oft immer noch kontroversen Diskussionsstand der Geschichtswissenschaft auseinanderzusetzen.

Aufbau des Buches: Kapitel, Themen, Register, Glossar

Das Buch gliedert sich in vierzehn Kapitel, die wiederum in mehrere Themen unterteilt sind. Ein Sachregister und ein kompaktes Begriffsglossar erleichtern das effiziente und zielorientierte Arbeiten.

... Verfassertext und Materialteil

Jedes Thema bzw. Unterthema wird durch einen Verfassertext (VT) und einen sich anschließenden Materialteil (M) inhaltlich aufbereitet. Letzterer berücksichtigt neben Karten und Statistiken alle Gattungen von Text- und Bildquellen.

Restauration

Innerhalb der Verfassertexte wird mitunter auf wichtige Fachbegriffe Bezug genommen, die entweder als bekannt vorausgesetzt werden können oder an anderer Stelle eingeführt werden. Eine Reihe dieser Begriffe ist im Glossar aufgenommen, darauf verweist das links stehende Signet.

Online Link
430017-0000

Das Buch wird konzeptionell durch einen eigenen Onlinebereich erweitert. Mittels der auf S. 2 angegebenen Pin-Codenummer (eine weitere Erklärung befindet sich auf S. 573) ist dem Nutzer möglich, über die Klett-Homepage (www.klett.de bzw. www.klett.de/online) zusätzliche Materialien zu den einzelnen Kapiteln abzurufen. Teilweise wird in den Kapiteln direkt auf den Online-Link Bezug genommen (▶ Online-Link).

Arbeitsvorschläge

Die Themen oder Unterthemen enden in der Regel mit Arbeitsvorschlägen, wobei Wert darauf gelegt wurde, diese unterschiedlich zu gewichten. Neben Arbeitsaufträgen, die dem Verarbeiten der Darstellungstexte und des Materials dienen, gibt es solche, die darüber hinausgehen:

Nebenstehendes Signet kennzeichnet Arbeitsvorschläge, die dazu anregen, übergreifende Zusammenhänge herzustellen, Vergleiche vorzunehmen, Urteile abzugeben. Um diese Arbeitsvorschläge realisieren zu können, werden Sie häufig auf andere Themen in diesem Band oder auf Wissen zurückgreifen müssen, das Sie sich im bisherigen Geschichtsunterricht bzw. in anderen Fächern erarbeitet haben.

Ein weiteres Signet (links) verweist darauf, dass die Aufgabenlösung eine eigenständige Recherche erfordert und selbstständiges forschendes Lernen ermöglicht. Dabei kann es sich sowohl um Literaturrecherche aus Fachbüchern bzw. dem Internet handeln als auch um die Arbeit an solchen außerschulischen Lernorten wie Archiven, Museen oder Gedenkstätten. Auch die Expertenbefragung und die Oral history können hierbei Berücksichtigung finden.

Alle Arbeitsaufträge sind generell als Vorschläge zu betrachten, sie zu modifizieren ist Sache aller am Lernprozess Beteiligten. Ihre interessengeleitete Abwandlung und Ergänzung ist ausdrücklich erwünscht.

... Standpunkte

Eingebettet in die Kapitel wurden Seiten, auf denen Wissenschaftler oder Publizisten zu einer speziellen Thematik Position beziehen. Die von ihnen vertretenen unterschiedlichen Standpunkte sind entweder kontrovers zueinander oder ergänzen sich. Davon ausgehend ergeben sich Möglichkeiten zur eigenen Urteilsfindung und Standortbestimmung. Hinweise zu den jeweiligen Autoren und Arbeitsvorschläge helfen Ihnen dabei.

... Geschichte erinnern

An ausgewählten Beispielen wird sichtbar gemacht, wie Vergangenes in gegenwärtige Verhältnisse und Entwicklungen hineinragt, wie historische Kräfte weiterwirken, wie Traditionen entstanden und weitergegeben werden. Die Auseinandersetzung damit soll den Blick schärfen für die in der Gesellschaft herrschende Erinnerungskultur und gleichzeitig zu deren Kritik auffordern.

Mit Fokus auf spezielle Regionen wird Ihnen ferner die Möglichkeit gegeben, zentrale Aspekte der Geschichte an einem konkreten Beispiel in das jeweilige eigene Bundesland einzubetten.

... Zeittafeln

1848

Zeittafeln am Ende der Kapitel geben einen zusammenfassenden Überblick. Aufgenommen wurden neben den im Kapitel behandelten wesentlichen Faktoren auch Ereignisse, die zum historischen Allgemeinwissen gehören und eine Einordnung der spezifischen Kapitelthemen erleichtern sowie zeitliche Zusammenhänge verdeutlichen.

... Methodentraining

Methodentraining

Besonderes Augenmerk haben Autorinnen und Autoren darauf gelegt, Hinweise zu erarbeiten, wie historisches Material erschlossen, kritisch ausgewertet und so für den Lernprozess nutzbar gemacht werden kann. Sie haben sich dabei an den wissenschaftlichen Arbeitsmethoden von Historikern orientiert, so zum Beispiel die Auswertung von Infografiken, der Umgang mit Ideologien oder nationalen Feiertagen. Ein Kapitel wurde methodisch vollständig als Projektarbeit aufgebaut. Selbstverständlich konnte hierbei keine Vollständigkeit erzielt, vielmehr musste eine Auswahl getroffen werden.

Zentrale Fragen wie der Kampf um die Rechte der Frau bzw. die Entwicklung der Menschenrechte und Phänomene wie Migration wurden nicht losgelöst von der allgemeinen Geschichte in gesonderten Kapiteln, sondern bewusst integrativ behandelt.

Geschichte und Geschehen Oberstufe berücksichtigt unter verschiedenen methodischen Ansätzen die deutsche Geschichte, ohne diese jedoch gegenüber der europäischen und außereuropäischen Geschichte in den Mittelpunkt zu stellen. Das Zeitalter des Imperialismus wirkt bis in unsere heutige Zeit nach, während sich China zunehmend von einer einst kolonisierten zu einer neuen Großmacht entwickelt. Beide Themenkomplexe wurden nicht zuletzt wegen ihrer exemplarischen Prägnanz, ihrer internationalen Dimension als auch wegen ihres hohen Aktualitätsgrades ausgewählt.

Einen Schwerpunkt anderer Art stellt das Kapitel über die islamische Welt in der Moderne dar, wobei nicht zuletzt der Islam in Europa, die Entwicklung des Iran, die Frage eines Beitritts der Türkei zur EU als auch die aktuelle Entwicklung eines feministischen Islam anschaulich diskutiert werden.

1 Die Französische Revolution – ein Projekt

1.1 Historische Projektarbeit – Was ist das?

Historische Projektarbeit ist eine Form offenen Lernens. Sie ist gekennzeichnet durch eine möglichst weitgehende Selbstorganisation der Lernenden, die damit zugleich einen erheblichen Teil der Verantwortung für ihren Lernprozess selbst übernehmen. Beginnend bei der Themenfindung bis hin zur Schlusspräsentation sollten sich deshalb im gesamten Prozess des gemeinsamen Arbeitens möglichst viele Entscheidungen an den Interessen der Beteiligten orientieren. Der Lehrer übernimmt eher die Rolle eines Moderators und Lernberaters.

Organisatorisch vollzieht sich der Projektprozess nach dem Muster der Binnendifferenzierung, d.h. im Wechsel zwischen der Arbeit im Plenum und in den Teilgruppen. Phasenweise wird der Klassen- bzw. Kursverband also in kleinere Teams von 3–6 Schülern aufgelöst, die bei definierter Aufgabenstellung jeweils eigenständige Lösungen erarbeiten und diese wiederum in den Projektprozess einbringen. Am Ende der Arbeit steht als Resultat ein gemeinsames „Produkt", das die Projektgruppe im Prozess selbstgesteuerten Lernens erarbeitet hat und einem Publikum in selbst gewählten Formen präsentiert. Im Fall des Gelingens geht die Projektarbeit einher mit einem erweiterten Problembewusstsein der Beteiligten am gewählten Thema und der Gegenwart, in der sie leben.

Neben dem fachspezifisch-kognitiven Erkenntnisfortschritt, der im Projektprozess erzielt wird, eignen sich die Schüler auf ihrem Lernweg Kompetenzen an, denen im Zuge des gegenwärtig sich vollziehenden Übergangs zur Informations-, Kommunikations- und Wissensgesellschaft eine wachsende Bedeutung zukommt:

Die Schüler erwerben methodische Kompetenzen, z.B. bei der selbstständigen Beschaffung, Auswahl, Aufbereitung und Präsentation von Informationen. Die historische Projektarbeit vermittelt ihnen darüber hinaus fachspezifische historische Methodenkompetenz, z.B. bei der Bibliotheks- und Archivrecherche, der Zeitzeugenbefragung, der Quellenkritik usw.

Die Schüler erwerben soziale Kompetenzen, z.B. trainieren sie Teamfähigkeit beim Planen und Strukturieren des gemeinsamen Vorgehens, beim Vorbereiten, Moderieren und Fällen von Gruppenentscheidungen sowie insgesamt bei der Übernahme von Verantwortung im Gruppenprozess. Sie erkennen außerdem den hohen Stellenwert psychologischer Dimensionen im Gruppenprozess und lernen Möglichkeiten, aber auch Grenzen kennen, gruppeninterne Spannungen auf der Beziehungsebene auszugleichen und einer konstruktiven Lösung zuzuführen.

Die Schüler erwerben personale und kommunikative Kompetenzen, weil sie sowohl im Falle des Konflikts als auch im Konsens lernen, einander zuzuhören, aufeinander einzugehen, eigene Positionen zu vertreten und gegebenenfalls zu revidieren. Im Idealfall entwickeln sie dabei Selbstvertrauen und Einfühlungsvermögen gleichermaßen – und aus ihnen heraus Ich-Stärke.

1.2 Ein Projekt durchführen – Modell in 5 Phasen

Phase 1: Fragestellungen formulieren

Für einen erfolgreichen Projektverlauf ist es absolut unverzichtbar, dass zu Beginn der gemeinsamen Arbeit erkenntnisleitende Fragestellungen formuliert werden, die die grundlegenden Interessen der Lerngruppe definieren. Aus ihnen ergeben sich dann orientierende Hypothesen für die weitere Projektarbeit. Diese müssen im Verlauf des Arbeitsprozesses überprüft, d. h. entweder bestätigt (verifiziert), widerlegt (falsifiziert) oder differenziert werden. Da es nicht einfach ist, solche orientierenden Fragestellungen zu finden, findet sich auf der folgenden Doppelseite ein Raster, das einige – naturgemäß unvollständige – Vorschläge macht. Ergänzend ist eine zumindest kursorische Lektüre der Materialteile unerlässlich.

Phase 2: Arbeitsgruppen bilden

Die in Phase 1 formulierten Fragestellungen und Hypothesen müssen nun in 6 Gruppen gegliedert und den entsprechenden Materialteilen zugeordnet werden, innerhalb derer ihre Bearbeitung auf der Grundlage der bereitgestellten Arbeitsmaterialien möglich ist. Anschließend bilden sich 6 Teams mit je ca. 4–5 Schülern, die arbeitsteilig für die nun festgelegten Themenbereiche in der Erarbeitungsphase zuständig sind. (Tipp: Für die Auswahl der orientierenden Fragestellungen und Hypothesen sowie die Bildung der Arbeitsgruppen ist übrigens die → Moderationsmethode, siehe S. 12, besonders gut geeignet.)

Phase 3: Die Planung des Arbeitsprozesses

Die aus der Moderationsphase hervorgegangenen Themenkärtchen bilden nun in jeder Gruppe die Grundlage für die anstehende Arbeits- und Zeitplanung. Dabei sind die zu beantwortenden Fragestellungen auf den Kärtchen in eine logische Ordnung zu bringen, inhaltlich zu strukturieren und in einen ersten Gliederungsplan zu integrieren. Auf die jeweiligen Prioritäten muss sich die Gruppe einigen, wobei es sehr wichtig ist, dass der Konsens von allen Teammitgliedern getragen wird, denn er ist die zwingende Voraussetzung für eine erfolgreiche Arbeit.

Phase 4: Die Arbeit am Material

Auf der Grundlage des in Phase 3 erstellten Arbeits- und Zeitplans suchen die 6 Arbeitsgruppen nun in ihrem jeweiligen Materialteil nach Antworten auf ihre Fragestellungen, die in die Abschlusspräsentation eingehen sollen. Dabei kann sich natürlich herausstellen, dass ergänzende Materialrecherchen durchgeführt werden müssen (z. B. in Bibliotheken, Archiven, Museen oder im Internet), sofern die Materialteile sich als nicht hinreichend ergiebig erweisen. Zu empfehlen ist, dass jedes Team vor der Abschlusspräsentation mindestens zwei Zwischenpräsentationen erarbeitet, die jeweils kurz im Plenum vorgestellt, diskutiert und gegebenenfalls modifiziert werden.

Phase 5: Die Präsentation der Arbeitsergebnisse

Jedes Projekt endet damit, dass die in den 6 Teams erarbeiteten Ergebnisse so präsentiert werden, dass jeder Schüler umfassend über das Thema „Die Französische Revolution“ informiert wird. Das breite Spektrum der Möglichkeiten reicht von Ausstellungen, Wandzeitungen, Lernplakaten über Vorträge, szenische bzw. halbszenische Darstellungsformen bis hin zu Features und Websites. Besonders geeignet ist auch das → Gruppenpuzzle, siehe S. 12.

1.3 Die Französische Revolution: Raster zur Entwicklung von Fragestellungen und Hypothesen

1. Vorgeschichte, Voraussetzungen, Ursachen, Anlässe, Auslöser:

a) Politische Situation vor der Revolution:
- Internationale Rahmenbedingungen
- Effizienz des politischen Systems, Erfolge und Misserfolge (Innenpolitik, Außenpolitik, Kriege)
- Rekrutierung der politischen Elite, Zugangschancen zu den politischen Entscheidungszentralen
- Artikulations- und Partizipationsmöglichkeiten innerhalb des politischen Systems
- Reformfähigkeit der politischen Entscheidungsträger
- Legitimationsprobleme des politischen Systems, Autoritätsverlust
- Umgang mit Kritik, Rolle der öffentlichen Meinung
- Subjektive Zufriedenheit mit dem politischen System

b) Wirtschaftliche Entwicklung vor der Revolution:
- Internationale Rahmenbedingungen
- Gesamtwirtschaftliche Entwicklung: Wachstum, Stagnation
- Entwicklung in einzelnen Wirtschaftssektoren
- Langfristige Trends
- Kurzfristige Krisen (z. B. durch Missernten, Konjunktureinbrüche)
- Technische Innovationen
- Organisatorische Veränderungen bei den Produktionsmethoden
- Staatliche Wirtschafts- und Finanzpolitik

c) Gesellschaftliche Entwicklung vor der Revolution:
- Rolle gesellschaftlicher Gruppen (Stände, Klassen, Schichten usw.) und ihr Verhältnis zueinander
- Position der alten Eliten in Staat und Gesellschaft (Kritik, Selbstkritik, Vertrauensverlust, Legitimationsdefizite usw.)
- Gibt es neue Eliten mit neuen Ansprüchen (auf politische Partizipation, wirtschaftlichen Aufstieg, intellektuelle Hegemonie usw.) ?
- Soziale Lage der Unterschichten und unterprivilegierten Gruppen (materielle Situation, Interessenlage, Mentalitäten)

d) Geistige Entwicklung und Mentalitäten vor der Revolution:
- Gibt es einen gesellschaftlichen Basiskonsens über grundlegende Deutungsmuster (z. B. Religion), über ein gemeinsames, geschlossenes Weltbild?
- Gibt es neue Ideen, die mit dem alten Weltbild unvereinbar sind?
- Wer sind die Träger dieser Ideen? Wer sind die Träger des alten Weltbilds?
- Werden die neuen Ideen auch von den Unterschichten geteilt? Oder gibt es Spannungen zwischen revolutionären Intellektuellen und Unterschichten?

2. Verlauf der Revolution

a) Phasen der Revolution:
- Zäsuren im revolutionären Prozess (Höhepunkte, Wendepunkte, Schlüsselereignisse usw.)
- Unterschiedliche Trägergruppen der Revolution in den verschiedenen Phasen, unterschiedliches Gewicht der einzelnen Trägergruppen, soziale oder politische Bündniskonstellationen und ihre Veränderung
- Unterschiedliche Ziele und Forderungen in den verschiedenen Phasen, Richtungswechsel im revolutionären Prozess

- Der revolutionäre Prozess zwischen Progression und Reaktion, zwischen Fortschritt und Rückschritt: Phasen der Beschleunigung, retardierende oder regressive Phasen

b) Trägergruppen der Revolution:
- Gruppierungen im revolutionären Lager und ihre Abgrenzungskriterien voneinander (sozial, politisch-programmatisch, mental usw.)
- Verhältnis der Gruppierungen zueinander (einheitliche revolutionäre Front, Minimalkonsens, fragiles Bündnis)
- Verhältnis der Gruppierungen zu den alten Eliten (sozial, politisch, mental)
- Formen der Auseinandersetzung zwischen den Gruppierungen
- Übergänge, Fluktuation zwischen den Gruppierungen

c) Revolutionäre Führung und Massenbasis
- Gibt es revolutionäre Führer oder Führungsgruppen?
- Rekrutierung der revolutionären Führungsgruppe(n)
- Zugangschancen zur revolutionären Führung
- Artikulations- und Partizipationschancen für externe Gruppen und Individuen
- Umgang mit externen Impulsen und Kritik
- Verhältnis zwischen Führungsgruppe(n) und Massenbasis: Vorstellungen über Ziele und Formen der Revolution
- Verhältnis von Planung und Spontaneität
- Formen von Massenaktivitäten (Demonstrationen, Versammlungen, spontane Erhebungen, Streiks, Plünderungen usw.)

d) Rolle der Gewalt im revolutionären Prozess
- Formen der Gewaltanwendung (physisch, psychisch, defensiv, reaktiv, spontan, organisiert, systematisch, exzessiv usw.)
- Ausmaß von Gewalt, Bereiche der Gewaltanwendung
- Rolle von inneren und äußeren Feinden (Bürgerkriege, Krieg nach außen)

3. Ergebnisse und Auswirkungen der Revolution

a) Bereiche, in denen die Revolution Veränderungen herbeigeführt hat, und Ausmaß der eingetretenen Veränderungen:
- Politik
- Wirtschaft
- Gesellschaft und Sozialstruktur
- Denken und Mentalität

b) Erfolg und Misserfolg:
- Definitions- und Abgrenzungskriterien für die Begriffe „Erfolg" und „Misserfolg"
- Abwägung von Nutzen und Kosten der Revolution, Erörterung der Beurteilungskriterien (z. B. moralische Legitimation: „Der Zweck heiligt die Mittel")
- Rechtfertigung von Blutvergießen durch erzielte Fortschritte (für später lebende Generationen?)
- Verursachende Faktoren für Erfolg und Misserfolg

c) Sicherung der revolutionären Ergebnisse:
- Militärische Absicherung der neuen Ordnung
- Ideologisch-normative Legitimation des neuen Systems
- Artikulations- und Partizipationschancen nach der Revolution
- Stabilitätsbedingungen der neuen Ordnung

Methode: Moderationsmethode und Gruppenpuzzle

Moderationsmethode:

Für die Auswahl erkenntnisleitender Fragestellungen und Hypothesen eignet sich die Moderationsmethode besonders gut. Ziel dieser Methode ist es, allen Schülern eine aktive Beteiligung zu ermöglichen, ihre Ideen zu nutzen und die Ergebnisse sofort sichtbar zu machen (zu „visualisieren"). Neben der Schulung kommunikativer Fähigkeiten werden Team- und Entscheidungsfähigkeit gefördert. Geleitet wird dieses Verfahren von einem Moderator, der nicht inhaltlich eingreift, sondern seine Aufgabe darin sieht, die Rahmenbedingungen für optimale Kommunikation und Kooperation sowie das Erreichen des gesteckten Ziels zu schaffen. Sinnvolle technische Hilfsmittel sind eine Pinnwand oder ein Flip-Chart, ca. 100 Kärtchen aus Karton, Filzstifte, Stecknadeln und Klebepunkte.

Der Moderationsprozess gliedert sich in die folgenden Phasen:

- Jede/r Schüler/in erhält 3 Kärtchen.
- Jede/r Schüler/in notiert zunächst individuell auf jeweils einem Kärtchen in Stichworten oder kurzen Hauptsätzen (gut lesbar!) je eine Fragestellung, eine Hypothese oder ein Erkenntnisinteresse.
- Die beschriebenen Kärtchen werden vom Moderator eingesammelt, vorgelesen und zunächst ungeordnet an die Pinnwand geheftet.
- Nun werden im gemeinsamen Gespräch Kärtchen verwandten Inhalts zu Gruppen sortiert („Clustering") und mit einem geeigneten Oberbegriff versehen.
- Jede/r Schüler/in erhält nun 6 Klebepunkte, die er/sie auf diejenigen der zuvor gebildeten Themengruppen verteilt, von denen er/sie glaubt, dass sie im Projektprozess bearbeitet werden sollten. Das Kumulieren von Klebepunkten ist dabei ausdrücklich erlaubt.
- Nun werden Arbeitsgruppen gebildet, die sich an den am höchsten bepunkteten Themengruppen orientieren. Sie können, müssen sich aber nicht den Oberbegriff einer der Cluster-Gruppen als Thema wählen.
- Es ist wichtig, dass die so ausgewählten Fragestellungen, Hypothesen und Erkenntnisinteressen abschließend notiert und bis zum Beginn der anschließenden Projektphase für alle vervielfältigt werden, damit sie für die folgende Erarbeitungsphase allen zur Verfügung stehen.

Gruppenpuzzle:

Phase 1: Der Kurs wird in mehrere Stammgruppen mit je 4–5 Schülern aufgeteilt. Jede Stammgruppe erhält unterschiedliche, aber thematisch sich ergänzende Materialien mit Arbeitsaufträgen und legt fest, wer für welches Thema Experte werden soll. In jeder Stammgruppe muss mindestens ein Experte für jedes Thema sein.

Phase 2: Die Experten begeben sich in die aufgabenhomogenen Expertengruppen und erarbeiten gemeinsam ein Ergebnis auf der Grundlage der gestellten Arbeitsaufträge.

Phase 3: Die Experten begeben sich zurück in ihre Stammgruppen und präsentieren sich gegenseitig die erarbeiteten Ergebnisse, sodass am Ende jeder über alles informiert ist.

Phase 4: Die Stammgruppe erarbeitet eine Präsentation des Gesamtthemas, das im Plenum in Form eines mediengestützten Kurzvortrags vorgestellt wird. Die Stammgruppen diskutieren im Plenum Vorzüge und Mängel der verschiedenen Präsentationen. (Phase 4 kann auch entfallen.)

1.4 Vorgeschichte der Französischen Revolution

1774	Regierungsantritt Ludwigs XVI.
1775	Amtsantritt des Reformministers Turgot (bis 1776), schwere Teuerungskrawalle in Paris und Umgegend („Mehlkrieg") wegen der Freigabe des Kornhandels durch Turgot
1776	Unabhängigkeitserklärung der nordamerikanischen Kolonien Englands
1778	Kriegseintritt Frankreichs auf der Seite der USA
1783	Friede von Versailles zwischen Großbritannien und Frankreich
1786	Handelsvertrag zwischen Frankreich und Großbritannien
1787	Eröffnung der Notabelnversammlung in Versailles zur Behebung der Finanzkrise. Der Adel lehnt einen Verzicht auf seine Steuerprivilegien ab, was in zahlreichen Flugschriften kritisiert wird. Beginn der „Adelsrevolte" und Entlassung des Reformministers Calonne.
1788 (Juli)	Zerstörung der Getreideernte durch Wirbelstürme sowie Missernten im Weinbau in großen Teilen Frankreichs. Ludwig XVI. beschließt die Einberufung der Generalstände (erstmals seit 1614), um den drohenden Staatsbankrott abzuwenden, sowie die Aufhebung der Zensur.
1788 (August)	Berufung des Reformministers Necker
1788 (November)	Harter Winter, rascher Anstieg der Getreidepreise und Krise der gewerblichen Wirtschaft in den Städten
1788 (Dezember)	Ludwig XVI. genehmigt dem Dritten Stand die Verdopplung der Zahl seiner Mandate in den Generalständen ohne Entscheidung über den Abstimmungsmodus (nach Ständen oder nach Köpfen).
1789 (Januar)	Beginn der Wahlen zu den Generalständen (allgemeines Wahlrecht für Männer, die mindestens 25 Jahre alt und in Steuerrollen eingetragen sind); Flugschriftenkampagne für die Rechte des Dritten Standes, z. B. „Qu'est-ce que le Tiers Etat?" von Emmanuel de Sieyès
1789 (Februar)	Hungerrevolten wegen des harten Winters, Abfassung der Beschwerdehefte („Cahiers de doléances") an die Generalstände (bis Mai), wozu die Kommunen offiziell aufgefordert worden waren
1789 (April)	Arbeiterunruhen in Paris wegen Lohnsenkungen des Unternehmers Réveillon, Verweigerung von Feudalabgaben auf dem Land
1789 (Mai)	Eröffnung der Generalstände in Versailles

1 Charles de Montesquieu: De l'Esprit des Lois (1748)

Es stimmt, dass in Demokratien das Volk zu tun scheint, was es will; aber die politische Freiheit besteht keineswegs darin, zu tun, was man will. In einem Staat, d.h. in einer Gesellschaft, in der es Gesetze gibt, kann die Freiheit nur darin bestehen, dass man tun kann, was man wollen darf, dass man aber nicht dazu gezwungen wird zu tun, was man nicht tun darf.

Man muss sich vergegenwärtigen, was Unabhängigkeit und was Freiheit ist. Die Freiheit ist das Recht alles zu tun, was die Gesetze gestatten; und wenn ein Bürger tun könnte, was sie verbieten, hätte er keine Freiheit mehr, weil die anderen ebenfalls diese Befugnis hätten.

Demokratie und Aristokratie sind ihrer Natur nach keineswegs freie Staaten. Politische Freiheit findet sich nur bei den gemäßigten Regierungen. Aber auch in den gemäßigten Staaten ist sie nicht immer vorhanden; sie ist nur dann da, wenn man die Gewalt nicht missbraucht. Aber es ist eine ewige Erfahrung, dass jeder Mensch, der Macht besitzt, dazu neigt, sie zu missbrauchen; er geht so weit, bis er auf Grenzen stößt.

Damit man Macht nicht missbrauchen kann, muss eine derartige Regelung da sein, dass eine Gewalt die andere im Zaume hält. [...] In jedem Staat gibt es drei Arten von Gewalten: die gesetzgebende Gewalt, die ausführende Gewalt für die Angelegenheiten des Völkerrechts und die ausführende Gewalt für die Angelegenheiten des bürgerlichen Rechts. Durch die erste Gewalt gibt der Fürst oder die Obrigkeit Gesetze auf eine gewisse Zeit oder auf immer und verbessert oder beseitigt die bestehenden. Durch die zweite schließt er Frieden oder führt er Krieg, schickt oder empfängt er Gesandtschaften, sorgt er für Sicherheit, kommt er feindlichen Einfällen zuvor. Durch die dritte straft er Verbrechen und entscheidet in Streitfällen der einzelnen Bürger. Man nennt diese letztere Gewalt die richterliche und die andere einfach die ausführende Gewalt des Staates. [...]

Wenn die gesetzgebende Gewalt mit der ausführenden in einer Person oder in einer amtlichen Körperschaft vereinigt ist, dann gibt es keine Freiheit, weil man fürchten kann, derselbe Herrscher oder derselbe Senat werde tyrannische Gesetze geben, um sie tyrannisch auszuführen. Es gibt auch keine Freiheit, wenn die richterliche Gewalt nicht von der gesetzgebenden und von der ausführenden Gewalt getrennt ist. Wenn sie mit der gesetzgebenden Gewalt vereinigt wäre, so würde die Gewalt über Leben und Freiheit der Bürger willkürlich sein; denn der Richter wäre Gesetzgeber. Wäre sie mit der ausführenden Gewalt verbunden, so könnte der Richter die Macht eines Unterdrückers besitzen.

Alles wäre verloren, wenn ein und derselbe Mensch oder ein und dieselbe Körperschaft der Vornehmen, des Adels oder des Volkes diese drei Gewalten ausübte, die gesetzgebende, die ausführende und die richterliche Gewalt. [...]

In einem Staat gibt es immer Leute, die sich durch Geburt, Reichtum oder Ehre auszeichnen. Würden sie aber unter das Volk gemengt und hätten sie nur eine Stimme wie die anderen, so wäre die allgemeine Freiheit ihre Knechtschaft und sie hätten keinerlei Interesse daran, sie zu verteidigen, da die meisten Beschlüsse gegen sie ausfallen würden. Der Anteil, den sie an der Gesetzgebung nehmen, muss also den anderen Vorteilen entsprechen, die sie im Staate besitzen; das geschieht, wenn sie eine Körperschaft bilden, die das Recht hat, die Unternehmungen des Volkes aufzuhalten, so wie das Volk das Recht hat, die ihrigen aufzuhalten. [...] Derart ist also die grundlegende Verfassung der Regierung, von der wir sprechen. Da die gesetzgebende Körperschaft aus zwei Teilen zusammengesetzt ist, wird der eine Teil den anderen durch die gegenseitige Befugnis zum Verhindern im Zaume halten. Beide Teile sind durch die ausführende Gewalt gebunden, die ihrerseits durch die gesetzgebende Gewalt gebunden ist.

Zit. nach: I. und P. Hartig: Die Französische Revolution. Stuttgart 1979, S. 6ff.

2 Denis Diderots Artikel über „Autorität" in der von ihm herausgegebenen „Enzyklopädie" (1751)

Kein Mensch hat von Natur das Recht erhalten, den anderen zu gebieten. Die Freiheit ist ein Geschenk des Himmels und jedes Individuum von derselben Art hat das Recht sie zu genießen, sobald es Vernunft besitzt. Wenn die Natur irgendeine Autorität geschaffen hat, so ist es die väterliche Macht; aber die väterliche Macht hat ihre Grenzen und im Naturzustand würde sie aufhören, sobald die Kinder in der Lage wären, sich selbst zu leiten. Jede andere Autorität entspringt einer anderen Quelle als der Natur. Man untersuche sie genau; dann wird man sie immer auf eine der zwei folgenden Quellen zurückführen können: entweder auf die Stärke und die Gewalt desjenigen, der sie an sich gerissen hat, oder auf die Zustimmung derjenigen, die sich ihr tatsächlich oder angeblich durch einen Vertrag zwischen ihnen und demjenigen, dem sie die Autorität übertrugen, unterworfen haben.

Der Fürst erlangt doch von den Untertanen selbst die Autorität, die er über sie hat, und diese Autorität ist durch die Gesetze der Natur und des Staates eingeschränkt. Die Gesetze der Natur und des Staates sind die Bedingungen, unter denen die Untertanen sich der Regierung des Fürsten tatsächlich unterworfen haben oder so anzusehen sind, als hätten sie dies getan. Eine dieser Bedingungen lautet: Da der Fürst Autorität und Gewalt über die Untertanen nur aufgrund ihrer Wahl und ihrer Zustimmung hat, darf er diese Autorität nie anwenden, um die Urkunde oder den Vertrag aufzuheben, durch die sie ihm verliehen worden ist. Er würde in diesem Fall gegen sich selbst handeln, da seine Autorität nur aufgrund des Rechtstitels bestehen kann, der sie begründet hat. Wer

das eine zunichte macht, zerstört das andere. Der Fürst kann also über seine Gewalt und seine Untertanen weder ohne die Zustimmung der Nation noch unabhängig von der im Unterwerfungsvertrag zutage getretenen Wahl verfügen. […]
Zudem ist die Regierung, auch wenn sie in einer Familie erblich ist und in die Hände eines Einzelnen gelegt wurde, kein privates Gut, sondern ein öffentliches, das eben deshalb nie dem Volk genommen werden darf, dem es – dem Wesen nach und als volles Eigentum – allein gehört. Daher verpachtet doch immer das Volk dieses Gut; es nimmt immer an dem Vertrag teil, der zu seiner Ausübung berechtigt. Der Staat gehört nicht dem Fürsten, sondern der Fürst gehört dem Staat.

Zit. nach: D. Diderot: Enzyklopädie. Philosophie und politische Texte aus der „Encyclopédie". München 1969, S. 198 ff.

3 Aus einem Bericht des französischen Klerus an den König über die Philosophie der Zeit (1750)

Eine schreckliche Philosophie hat sich wie ein tödliches Gift ausgebreitet und die Wurzeln des Glaubens in den Herzen fast aller Menschen vertrocknen lassen. Die Ungläubigkeit ist maßlos geworden, sie wird durch die Zahl und die Eigenschaft derjenigen, die in ihr leben, immer mehr ermutigt. Schriften voller Blasphemien werden jeden Tag zahlreicher, sie trotzen der Wachsamkeit der Behörden und dem Eifer der Seelsorger. Majestät, Sie schulden heute mehr denn je dem katholischen Glauben und der Kirche Schutz, weil Glauben und Kirche noch nie so heftig angegriffen worden sind und alle Zeichen Ihrer Anhänglichkeit, die der Kirche immer schon unendlich kostbar gewesen sind, sind ihr heute unentbehrlich.

Zit. nach: Volkmar Wittmütz: Die Französische Revolution. Frankfurt 1983, S. 17 f. P. Goubert, L'Ancien Régime, Bd. 2. Paris (Colin) 1969, S. 187.

4 Man muss hoffen, dass dies Spiel bald endet
Anonyme kolorierte Radierung, 1789, Paris.

5 Ich wusste ja, dass wir auch mal an die Reihe kämen. J.-A. de Peters zugeschriebene kolorierte Radierung, 1789, Paris.

6 Aus einem Bericht des Parlaments von Paris über die Philosophie der Zeit[1]

Die Schriftsteller machen es sich heutzutage zur Aufgabe, alles zu bekämpfen, alles zu zerstören, alles umzustürzen. Wenn sich der systematische Geist, der die Feder dieses Schriftstellers[2] geführt hat, unglücklicherweise der Menge bemächtigt, würde man die Verfassung der Monarchie alsbald vollständig und gänzlich erschüttert sehen; die Vasallen würden sich binnen kurzem gegen ihre Herren und die Volksmassen gegen ihren Souverän erheben.

Zit. nach: Walter Markov/Albert Soboul: 1789 – Die Große Revolution der Franzosen. Köln 1989, S. 42.

7 Aus einem Bericht über Einflüsse aus Amerika (1778)

Der Aufstand der Amerikaner[3] hat in Marseille eine so lebhafte Erregung verursacht, dass ein Fest geschaffen wurde, um die Erinnerung daran für immer zu bewahren und zu feiern; es gibt da einen Klub nach englischem Vorbild; er setzt sich aus 13 Personen zusammen, die die 13 vereinigten Kolonien symbolisieren. Bei jedem dieser Festbankette werden Lieder gesungen, Verse und literarische Texte vorgelesen, die sich auf das Thema des Klubs beziehen, und dann wird das Publikum zugelassen und kann an der Sitzung teilnehmen. […]

Als ich den Saal betrat, war ich überrascht, als ich eine Fülle von Porträts wahrnahm, die alle berühmte Rebellen darstellen; aber das Franklins[4] hat vor allem meine Aufmerksamkeit auf sich gezogen, und zwar durch den Wahrspruch: „Eripuit caelo fulmen sceptrumque tyrannis". [„Dem Himmel hat er den Blitz[5] und den Tyrannen das Szepter geraubt."]

Zit. nach: I. und P. Hartig: Die Französische Revolution. Stuttgart 1979, S. 18 f.

8 Die französische Ständegesellschaft 1789

	Anteil an der Bevölkerung	Anteil am Grundbesitz
Klerus	130 000 (0,6 %)	15 %
Adel	350 000 (1,4 %)	30 %
Dritter Stand	26 600 000 (98 %)	55 %
Stadtbürger	4 100 000 (15 %)	33 %
Bauern	22 500 000 (83 %)	22 %

Zit. nach: Hans-Ulrich Thamer: Ursprünge und Ursachen der Französischen Revolution. In: Rolf Reichardt (Hrsg.): Die Französische Revolution. Freiburg, Würzburg 1988, S. 8–24; hier: S. 10.

1 Es verurteilte zwischen 1775 und 1789 65 aufklärerische Schriften.
2 Gemeint ist der Verfasser der Schrift „Nachteile der Feudalrechte".
3 Gemeint ist der amerikanische Unabhängigkeitskrieg, in dem Frankreich 1777 auf die Seite der Aufständischen getreten war.
4 Nordamerikanischer Politiker, 1776–1785 in Paris als nordamerikanischer Gesandter, vermittelte 1778 das französich-amerikanische Bündnis.
5 Franklin erfand 1752 den Blitzableiter.
6 nördliches Pariser Becken

9 Bevölkerungsentwicklung in Frankreich 1715–1791

Jahr	*Bevölkerung*
1715	18 000 000
1785	26 000 000
1791	27 150 000

Eberhard Weis. In: Theodor Schieder (Hrsg.): Handbuch der europäischen Geschichte, Band IV. Stuttgart 1968, S. 262 f.

10 Sozialstruktur auf dem Land[6] 1685 und 1789

	1685	1789
Großpächter	10,2 %	8,4 %
Mittelbauern	9,9 %	3,0 %
Kleinbauern	29,5 %	33,0 %
Dienstboten, Knechte	6,1 %	11,2 %
Handwerker	11,3 %	15,9 %
Händler	7,0 %	4,4 %

nach: Gerd van den Heuvel: Grundprobleme der französischen Bauernschaft 1730–1794. München u. a. 1982, S. 40, 43.

11 Preisindex landwirtschaftlicher Erzeugnisse

	1726–1741	1771–1789	1785–1789
Weizen	100	156	166
Roggen	100	160	171
Gerste	100	152	161
Hafer	100	174	176
Getreide	100	160	169
Dicke Bohnen	100	160	172
Wein	100	135	113
Fleisch	100	155	167
Brennholz	100	163	191
Generalindex	100	163	171,5

Zit. nach: Wolfgang Lautemann: Geschichte in Quellen, Bd. 4. München 1981, S. 676.

12 Pro-Kopf-Belastung des Dritten Standes an direkten Steuern (in livres tournois) in Frankreich und England

Frankreich		England	
1724	4,5	1725	3,2
1740	4,7	1728	4,6
1758	5,3	1750	4,4
1768	6,9	1759	5,8
1773	7,3	1775	6,3
1789	7,2	1788	4,8

P. C. Hartmann: Die Steuersysteme in Frankreich und England am Vorabend der Französischen Revolution. In: E. Hinrichs/E. Schmitt/R. Vierhaus (Hrsg.): Vom Ancien Régime zur Französischen Revolution. Göttingen 1978, S. 43 ff.

13 Staatsverschuldung 1683–1789

1683	22%
1715	86%
1739	36%
1763	62%
1774	67%
1789	100%

Zit. nach: Hermann Kinder/Werner Hilgemann: dtv-Atlas zur Weltgeschichte, Bd. 2, S. 16.

14 Anteil der Testamente, in denen die Erblasser die Mutter Gottes anrufen (Provence)

1690–1710	90%
1740–1749	64%
1750–1759	50%
1760–1769	39%
1770–1779	25%
1780–1789	16%

Volkmar Wittmütz: Die Französische Revolution. Frankfurt/M. 1983, S. 18.

15 Ausgaben von Pariser Handwerkern und Arbeitern 1789

Beruf	Lohn pro Tag	Real-verdienst pro Tag	Ausgaben für Brot in % des Einkommens bei			
			9 S	14,5 S	13,5 S	12 S
Arbeiter[7]	25 S	15 S	60	97	90	80
Bauarbeiter	30 S	18 S	50	80	75	67
Maurergeselle	40 S	24 S	37	60	56	50
Schlosser-geselle	50 S	30 S	30	48	45	50
Goldschmied	100 S	60 S	15	24	22,5	20

G. Rudé: Die Massen in der Französischen Revolution. München 1961, S. 339. Übers. Angela Hillmayr/Rudolf Bischoff.

16 Jacques Turgot, Finanzminister Ludwigs XVI. 1774–1776, in einem Brief an den König (24. August 1774)

Im Augenblick, Sire, beschränke ich mich darauf, Ihnen diese drei Sätze ins Gedächtnis zurückzurufen:
Auf keinen Fall Staatsbankrott;
Auf keinen Fall Steuererhöhungen;
Auf keinen Fall Anleihen. […]
Sie müssen bedenken, von wo das Geld stammt, das Sie an Ihre Höflinge verteilen können, und Sie müssen das Elend derer, denen man es oft unter den strengsten Maßnahmen herauspressen muss, mit der Lage der Personen vergleichen, die alle Möglichkeiten der Erlangung Ihrer Freigebigkeit besitzen. […]
Man darf hoffen, mit der Verbesserung des landwirtschaftlichen Anbaus, der Abschaffung von Missbräuchen in der Steuererhebung und einer gerechteren Besteuerung insgesamt dem Volke eine fühlbare Erleichterung zu verschaffen, ohne dass dadurch die öffentlichen Einnahmen wesentlich verringert würden. […] Zudem muss man auf vermehrte Schwierigkeiten gefasst sein, die durch das Geschrei und die Machenschaften derjenigen Menschen unterschiedlichster Art hervorgerufen werden, die an der Aufrechterhaltung der Missbräuche interessiert sind, denn es gibt keinen Missbrauch, von dem nicht so einige lebten.

Zit. nach: Wolfgang Lautemann: Geschichte in Quellen, Band 4. München 1981, S. 132 f.

17 Stellungnahme des Pariser Parlaments[7] zu Turgots Reformplänen (1776)

Majestät,
Die französische Monarchie setzt sich ihrem Aufbau nach aus mehreren voneinander unterschiedenen und getrennten Ständen zusammen. Diese Unterscheidung von Lebensbedingungen und Menschen geht auf den Ursprung des Volkes zurück; sie ist mit seinen Lebensgewohnheiten entstanden; sie ist die kostbare Kette, die den Herrscher an seine Untertanen bindet. […]
In der Gesamtheit, die aus diesen verschiedenen Ständen gebildet wird, sind alle Menschen Ihres Königreiches Untertanen; alle sind verpflichtet, zu den Bedürfnissen des Staates beizutragen. Aber gerade in diesen Beiträgen erkennt man immer wieder die Ordnung und die allgemeine Harmonie. Der besondere Dienst der Geistlichkeit besteht darin, alle Aufgaben zu erfüllen, die sich auf den Unterricht und den religiösen Kultus beziehen und zur Tröstung der Unglücklichen durch ihre Almosen beizutragen. Der Adlige weiht sein Blut der Verteidigung des Staates und hilft dem Herrscher mit seinen Ratschlägen. Die letzte Klasse des Volkes, die dem Staat nicht so hervorragende Dienste erweisen kann, leistet ihren Beitrag durch die Abgaben, durch Arbeitsamkeit und durch körperliche Dienste. Das ist, Majestät, das uralte Gesetz der Verpflichtungen und Pflichten Ihrer Untertanen. […]
Dadurch dass die Verordnung [Turgots] die unterste Klasse der Bauern von den Frondiensten befreit, denen sie bisher unterworfen waren, überträgt sie diese Last auf die beiden anderen Stände des Staates, die dazu nie verpflichtet waren. Es gibt keinen Unterschied mehr zwischen allen Ihren Untertanen; der Adlige und der Geistliche werden zu Frondiensten verpflichtet, oder – was auf dasselbe hinauskommt – sie werden zur Zahlung der Steuer verpflichtet, die an die Stelle des Frondienstes treten soll.

7 Die 13 Parlamente waren die obersten Gerichtshöfe in Frankreich bis 1789, zu denen ausschließlich Vertreter der beiden privilegierten Stände zugelassen waren. Sie beanspruchten, die königliche Regierung zu kontrollieren.

Hierbei handelt es sich keineswegs, Majestät – wie man versucht hat, es Ihnen darzustellen –, um einen Kampf der Reichen gegen die Armen. Es ist das eine politische Frage, und zwar eine der wichtigsten, da es darum geht, klarzustellen, ob alle Ihre Untertanen miteinander vermischt werden können und sollen, ob man aufhören muss anzuerkennen, dass es unter ihnen verschiedene Lebensbedingungen, Abstufungen, verbriefte Rechte und Vorrechte gibt.[8]

Zit. nach: I. und P. Hartig: Die Französische Revolution. Stuttgart 1979, S. 20 f.

18 Ludwig XVI. (1774–1792) im Krönungsornat. Gemälde um 1777 von Joseph-Siffred Duplessis (1725–1802)

19 Charles de Calonne, Finanzminister Ludwigs XVI. seit 1783, vor der Notabelnversammlung[9] (22. Februar 1787)

Was bleibt, um einen schrecklichen Fehlbetrag zu decken und das ersehnte Gleichgewicht im Staatshaushalt herzustellen? Was bleibt uns, um aufzukommen für alles, was uns fehlt, und herbeizuschaffen, was wir zur Wiederherstellung der Finanzen brauchen?

Die Missbräuche. […]

Es handelt sich dabei um die Missbräuche, die auf der arbeitenden und erwerbenden Klasse lasten, die Missbräuche der Geldprivilegien, die Befreiungen vom gemeinen Recht und all die ungerechten Steuerfreiheiten, die einen Teil der Steuerpflichtigen nur dadurch entlasten, dass sie das Los der anderen erschweren. Dazu gehören die allgemeine Ungleichheit in der Erhebung der Abgaben, das ungeheure Missverhältnis in den Steuerleistungen der verschiedenen Provinzen und den Lasten der Untertanen ein und desselben Souveräns; die Härte und Willkür in der Erhebung der Taille[10] […].

Wenn so viele Missbräuche, Gegenstand ständigen Tadels, bis jetzt der öffentlichen Meinung, die sie längst verdammt hat, sowie den Anstrengungen der Administratoren, die nach Abhilfe gesucht haben, widerstanden haben, so rührt das daher, dass man geglaubt hat, man könne die Unordnung überwinden, ohne deren Ursachen zu behelligen. Durch einen teilweisen Eingriff hat man erreichen wollen, was nur im Rahmen einer allgemeinen Operation gelingen konnte; man wollte die Verwaltung des Staates verbessern, ohne ihre Unstimmigkeiten zu korrigieren und ohne die Verwaltung auf den Grundsatz der Einheitlichkeit zurückzuführen, der allein alle Schwierigkeiten im Einzelnen entfernen und den ganzen Körper des Königreichs neu beleben kann.

Die Ansichten, die der König Ihnen mitteilen will, haben alle dieses Ziel im Auge […].[11]

Zit. nach: Wolfgang Lautemann: Geschichte in Quellen, Bd. 4. München 1981, S. 143 f.

20 Emmanuel Sieyès: Was ist der dritte Stand (Januar 1789)

Der Plan dieser Schrift ist ganz einfach. Wir haben uns drei Fragen vorzulegen.

1. Was ist der dritte Stand? Alles.
2. Was ist er bis jetzt in der staatlichen Ordnung gewesen? Nichts.
3. Was verlangt er? Etwas darin zu werden.

Man wird sehen, ob die Antworten richtig sind. […]

Was ist nötig, damit eine Nation bestehen kann und gedeiht? Arbeiten im Privatinteresse und öffentliche Dienste. Die dem Privatinteresse dienenden Arbeiten kann man in vier Kategorien einteilen:

1. Da die Erde und das Wasser den Rohstoff für alle Bedürfnisse des Menschen liefern, gehören nach der Ideenordnung zur ersten Kategorie alle Familien, die Feldarbeit verrichten.
2. Zwischen dem ersten Absatz der Waren und ihrem Verbrauch oder Gebrauch verleiht ihnen eine zusätzliche, mehr oder weniger vielfältige Handarbeit einen mehr

8 Aufgrund der Proteste gegen seine Reformpläne wurde Turgot im Mai 1776 entlassen.

9 Notabelnversammlungen hießen seit dem 15. Jahrhundert die erweiterten Ratsversammlungen des Königs. Sie setzten sich aus Vertretern der zwei privilegierten Stände zusammen. Im Gegensatz zu den gewählten Generalständen fehlte den Notabelnversammlungen das Recht der Steuerbewilligung. Seit 1626 waren die Notabeln nicht mehr einberufen worden.

10 Abgabe, die in Form einer Einkommensteuer von allen Nichtadligen, Freien und Unfreien, dem Lehnsherrn gezahlt wurde.

11 Die Notabelnversammlung lehnte die beantragte einheitliche Grundsteuer sowie die Aufhebung der Steuerprivilegien ab. Daraufhin wurde Calonne im April 1787 entlassen.

oder weniger hohen Gesamtwert. So kann die Tätigkeit des Menschen die Gaben der Natur vervollkommnen und den Wert des Rohprodukts auf das Doppelte, Zehnfache, Hundertfache steigern. Das sind die Arbeiten der zweiten Kategorie.

3. Zwischen der Erzeugung und dem Verbrauch wie auch zwischen den verschiedenen Herstellungsstufen schalten sich etliche Zwischenhändler ein, die den Erzeugern wie den Verbrauchern nützlich sind. Es sind die Kaufleute und Großhändler: die Großhändler, die fortwährend den Bedarf an verschiedenen Orten und zu verschiedenen Zeiten vergleichen und auf den Gewinn aus Lagerung und Transport spekulieren; die Kaufleute, die als letztes Glied den Verkauf übernehmen, im Großen wie im Kleinen. Auf diese Weise sind die Arbeiten der dritten Kategorie nützlich.

4. Außer diesen drei Kategorien arbeitsamer und nützlicher Bürger, die sich mit den zum Verbrauch oder Gebrauch bestimmten Waren befassen, müssen in der Gesellschaft noch eine Vielzahl von Arbeiten und Besorgungen verrichtet werden, die für den Menschen unmittelbar nützlich oder angenehm sind. Diese Kategorie reicht von den wichtigsten wissenschaftlichen und freien Berufen bis hinab zu den am wenigsten geachteten häuslichen Arbeiten. Das sind die Arbeiten, die die Gesellschaft erhalten. Wer verrichtet sie? Der dritte Stand.

Auch alle öffentlichen Dienste lassen sich in der gegenwärtigen Lage in die vier bekannten Zweige einteilen: Militärdienst, Rechtspflege, Kirche und Staatsverwaltung. Es wäre überflüssig, sie einzeln durchzugehen, um zu zeigen, dass der dritte Stand auf allen diesen Gebieten neunzehn Zwanzigstel leistet, nur dass er mit allen wirklich beschwerlichen Arbeiten belastet wird, die der privilegierte Stand zu übernehmen sich weigert. Nur die einträglichen und ehrenvollen Stellen sind von Mitgliedern des privilegierten Standes besetzt. [...] Wie, kennt man nicht die Wirkungen des Monopols? Weiß man nicht, dass es die einen, die es ausschließt, niederdrückt, während es die anderen, die es begünstigt, untüchtig macht? Weiß man nicht, dass jede Arbeit teurer und schlechter wird, wenn man sie dem freien Wettbewerb entzieht? [...] Wer könnte also die Behauptung wagen, der dritte Stand umfasse nicht alles, was zur Bildung einer vollständigen Nation nötig ist? Er ist der starke und kraftvolle Mann, dessen einer Arm noch angekettet ist. Wenn man den privilegierten Stand entfernte, wäre die Nation nicht etwas weniger, sondern etwas mehr. Was also ist der dritte Stand? Alles, aber ein gefesseltes und unterdrücktes Alles. Was wäre er ohne den privilegierten Stand? Alles, aber ein freies und blühendes Alles. Nichts geht ohne ihn, alles würde unendlich viel besser gehen ohne die anderen. [...]

Daher steht es fest, dass der dritte Stand nur dann in den Generalständen vertreten sein und seine Stimme abgeben kann, wenn er wenigstens den gleichen Einfluss wie die Privilegierten bekommt. Er verlangt daher ebenso viele Vertreter wie die beiden anderen Stände zusammen. Die Zahlengleichheit der Vertreter wäre aber vollkommen illusorisch, wenn jede Kammer nur eine Stimme hätte. Der dritte Stand verlangt daher, dass nach Köpfen und nicht nach Ständen abgestimmt wird.

Emmanuel Sieyès: Abhandlungen über die Privilegien. Was ist der dritte Stand? Hrsg. v. Rolf Hellmut Foerster. Frankfurt/Main 1968, S. 55 ff.

21 **Eröffnung der Generalstände im Schloss von Versailles am 5. Mai 1789.** Zeitgenössische Radierung.

22 Aus den „Cahiers de doléances"[12] verschiedener Gemeinden (Frühjahr 1789)

a) Bears und Bouziès:

Die genannte Gemeinde stellt vor, dass es keinen unglücklicheren Menschen gibt als den Bauern und den Tagelöhner. Um diese Grundwahrheit zu beweisen, genügt es zu betrachten, dass nach Abführung der königlichen Steuern und nach Bezahlung der Feudallasten sowie nach Abrechnung seiner Arbeit und des Saatgutes dem Bauern und Eigentümer nicht einmal ein Zehntel des Ertrags von seinem Boden bleibt, sodass er, um die genannten Lasten und Steuern bezahlen zu können, gezwungen ist von ein wenig Hirsebrot oder Buchweizen sich zu nähren, was ihm oft genug auch noch fehlt. Er hat nichts als eine Suppe von Wasser und Salz, eine Nahrung, welche die Hunde besser gestellter Menschen verweigern würden; und doch ist dieser Arbeiter, der ständig schwerer Arbeit und der Härte aller Jahreszeiten ausgesetzt ist, nichtsdestoweniger ein Untertan des Staats, der nicht härter behandelt werden sollte als andere Menschen auch. Diese Klagen und Beschwerden sollen also der Ständeversammlung vorgelegt werden, damit Abhilfe gegen die Überlastung geschaffen werde, der der Bauer bislang ausgesetzt ist.

Zit. nach: Wolfgang Lautemann: Geschichte in Quellen, Bd. 4. München 1981, S. 148.

b) Guyancourt:

Die Einwohner dieser Gemeinde fordern:

1. dass alle Steuern von den drei Ständen ohne irgendwelche Ausnahme gezahlt werden, von jedem Stand gemäß seinen Kräften;
2. das gleiche Gesetz und Recht im ganzen Königreich;
3. die völlige Aufhebung der Sondersteuern und der Salzsteuer;
4. die Abgabenfreiheit aller Messen und Märkte und die Abschaffung aller Wegegelder;
5. die völlige Beseitigung jeglicher Art von Zehnten in Naturalien; [...]

8. dass die Eigentumsrechte heilig und unverletzlich sind;
9. dass rascher und mit weniger Parteilichkeit Recht gesprochen wird;
10. dass alle Frondienste, welcher Art sie auch sein mögen, beseitigt werden;
11. dass die Einziehung zum Heeresdienst nur in den dringenden Fällen erfolgt und dass in diesem Fall die Städte ohne irgendwelche Ausnahme oder Befreiung hierzu beitragen. [...]

Zit. nach: I. und P. Hartig: Die Französische Revolution. Stuttgart 1979, S. 31 f.

c) La Chapelle-Craonnaise:

1. Die Pfarrgemeinde [...] fordert, dass die Abgeordneten für die Generalstände dort die Wiederherstellung der unveräußerlichen Rechte der Nation beraten; folglich dass keine Steuer eingeführt wird ohne die Zustimmung der Generalstände.
2. Dass festgelegt wird, dass die Generalstände das Recht haben, sich alle fünf Jahre zu versammeln, ohne dass jemand sie trennt oder ihre Einberufung verzögert.
3. Dass die Steuern nur für fünf Jahre erhoben werden, also bis zu der nächsten Versammlung der Generalstände. [...]
4. Die Abgeordneten sollen auch die gänzliche Abschaffung aller Privilegien des Adels und des Klerus beraten.
5. Die Abschaffung der Salzsteuer, [...] der Vermögenssteuer, der Kopfsteuer, des Zwanzigsten, der Binnenzölle [...].
6. Um diese Steuern zu ersetzen, soll eine persönliche Steuer von den Generalständen beschlossen werden, eine Grundsteuer und eine Einkommensteuer, diese Steuern sollen unterschiedslos von allen aus allen Ständen erhoben werden. [...]
7. In jeder Provinz sollen Provinzialstände errichtet werden und in jeder Pfarrei Gemeinderäte auf eine Weise, die die Generalstände festlegen sollen [...].

13. Dass die Bettelei ausgelöscht wird, dass in jeder Pfarrei ein Wohltätigkeitsbüro eingerichtet wird für die Unterstützung der Armen und Kranken; auch die Unterweisung der Jugend soll kostenlos sein, die Kosten sollen aus dem kirchlichen Vermögen bestritten werden. [...]

17. Dass in den Generalständen nach Köpfen und nicht nach Ständen abgestimmt wird.

Zit. nach: Volkmar Wittmütz: Die Französische Revolution. Frankfurt/Main 1983, S. 22.

12 Die ca. 60000 Beschwerdehefte dienten als Arbeitsgrundlage für die Abgeordneten der Generalstände, die Ludwig XVI. am 24. Januar 1789 einberufen ließ, nachdem die privilegierten Stände sich allen Steuerreformplänen beharrlich widersetzt hatten. Die Generalstände hatten zuletzt 1614 getagt.

1.5 Die liberale Phase der Revolution 1789–1791

1789 **17. Juni**	Der Dritte Stand erklärt sich zur Nationalversammlung und beginnt die Erarbeitung einer neuen Verfassung.
20. Juni	Ballhausschwur
23. Juni	Die Nationalversammlung verweigert den königlichen Auflösungsbefehl.
6. Juli	Ludwig XVI. zieht um Paris 30 000 Soldaten zusammen.
11. Juli	Ludwig XVI. entlässt den Reformminister Necker.
12. Juli	Straßenkämpfe in Paris, Bildung einer Bürgergarde
14. Juli	Sturm auf die Bastille
15. Juli	Rückberufung des am 11. Juli entlassenen Necker, Beginn der Emigration von Adligen
Juli/August	Bauernunruhen in weiten Teilen Frankreichs („La Grande Peur")
4. August	Verzicht des Adels auf einen Teil seiner Privilegien
11. August	Abschaffung des Feudalsystems durch die Nationalversammlung
26. August	Erklärung der Menschen- und Bürgerrechte
5./6. Oktober	„Zug der Marktweiber nach Versailles": Frauen und Nationalgardisten zwingen den König zur Übersiedlung von Versailles nach Paris.
2. November	Verstaatlichung des Kirchenbesitzes
1790 **19. Juni**	Abschaffung des Adels
12. Juli	Zivilverfassung des Klerus
31. Oktober	Aufhebung der Binnenzölle
27. November	Dekret über den Priestereid
1791 **2. März**	Papst Pius VI. verurteilt die Zivilverfassung des Klerus vom 12. 7. 1790 in seinem Breve „Quot Aliquantum".
3. September	Verabschiedung der Verfassung durch die Nationalversammlung
28. September	Judenemanzipation
September	Olympe de Gouges: „Déclaration des droits de la femme et de la citoyenne"

1 Die Konstituierung der Nationalversammlung (17. Juni 1789)

Die Versammlung stellt in der an die Wahlprüfung anschließenden Beratung dieser Vollmachten fest, dass diese Versammlung sich nunmehr aus von wenigstens 96 Hundertsteln der Nation auf direktem Wege entsandten Repräsentanten zusammensetzt.

Eine so große Zahl von Abgeordneten darf kaum untätig bleiben, nur weil die Abgeordneten einiger Kreise oder Bürgerklassen fehlen; die trotz des an sie ergangenen Rufes Ferngebliebenen können die Anwesenden nicht an der vollen Ausübung ihrer Rechte hindern, besonders wenn die Ausübung dieser Rechte eine gebieterische und dringende Pflicht ist.

Da ferner nur die in ihrer Wahl bestätigten Repräsentanten an der Bildung des Nationalwillens mitzuwirken befugt sind und da alle in ihrer Wahl bestätigten Repräsentanten dieser Versammlung angehören müssen, so folgt hieraus zwingend, dass diese, und nur sie, befugt sind, den Gesamtwillen der Nation auszudrücken und zu vertreten; es darf zwischen dem Thron und dieser Versammlung keinerlei Veto noch Ablehnungsinstanz stehen.

Die Versammlung erklärt demnach, dass das gemeinsame Werk der nationalen Neuordnung unverzüglich von den anwesenden Abgeordneten in Angriff genommen werden kann und muss und dass diese sich ihm ohne Unterbrechung und Behinderung widmen soll. Die Bezeichnung „Nationalversammlung" ist die einzige, welche bei der gegenwärtigen Lage der Dinge der Versammlung zukommt.

Zit. nach: Walter Grab (Hrsg.): Die Französische Revolution. München 1973, S. 32.

2 Der „Ballhausschwur" der Abgeordneten der Nationalversammlung (20. Juni 1789)

Wir schwören, uns niemals von der Nationalversammlung zu trennen und uns überall zu versammeln, wo die Umstände es notwendig machen werden, solange bis die Verfassung des Königreichs geschaffen und auf feste Grundlagen gestellt ist.

Ebenda, S. 32.

3 Schreiben des Marschalls de Broglie an den Prinzen Condé[1] (Juli 1789)

Ich habe es immer vorhergesehen und dies Eurer Majestät auch bereits einmal gesagt, dass die meisten nationalen Abgeordneten hungrige Wölfe auf der Suche nach Beute sind. Dieses Opfer ist der Adel […]. Je mehr man dem dritten Stand anfänglich zugestanden hat, desto stärker ist er jetzt […]. Seine große Zahl gibt ihm Sicherheit und wir tun nichts, was ihn erschrecken oder entmutigen könnte. Ich nähme es gern auf mich, mit 50 000 Mann diese Schöngeister und Herde von Schafsköpfen auseinanderzujagen, die applaudiert, zuhört und ihm Mut gibt. Eine einzige Lage Kanonenschüsse oder eine Gewehrsalve würde diese Argumentierer rasch auseinandertreiben und die sterbende Gewalt wird wieder an der Stelle des sich formierenden republikanischen Geistes aufgerichtet.

Zit. nach: Wolfgang Lautemann: Geschichte in Quellen, Bd. 4. München 1981, S. 180.

1 Die Echtheit des Schreibens ist nicht erwiesen, in jedem Fall gibt es aber die im Sommer 1789 weit verbreiteten Befürchtungen vor einer Konterrevolution zutreffend wieder.

4 Die drei Stände schmieden die Verfassung
Radierung, Paris 1789/90.

5 Die monarchistische Zeitung „L'Ami du Roi" berichtet über die schwierige Versorgungslage in Paris im Juli 1789

Je näher man dem 14. Juli kam, desto größer wurde der Mangel; jeder Bäckerladen war von einer Menge umlagert, der das Brot mit der größten Knauserigkeit zugeteilt wurde, und jede Zuteilung war begleitet von Ängsten für die Versorgung von morgen. Diese Ängste verdoppelten sich noch durch die Klagen derer, die nichts erwischt hatten, obwohl sie den ganzen Tag vor der Türe eines Bäckers gestanden hatten. Oft war der Platz vor dem Brotladen blutig; die Leute rissen sich die Nahrung aus den Händen und schlugen sich darum, die Werkstätten standen leer: Arbeiter und Handwerker verloren ihre Zeit mit Streitereien, mit dem Kampf um ein wenig Nahrung und dieser Kampf setzte sie dann vor die Unmöglichkeit, am nächsten Tag Brot zu bezahlen. Dieses Brot, das man mit so vielen Mühen ergatterte, war bei weitem kein gesundes Nahrungsmittel; meistens war es schwärzlich, erdig und bitter, brannte im Halse und rief Leibschmerzen hervor.

Ebenda, S. 183 f.

6 Die Abgeordneten der Nationalversammlung leisten am 20. Juni 1789 den „Ballhaus-Schwur", eine Verfassung für Frankreich auszuarbeiten. Der Astronom Baily (der spätere Pariser Bürgermeister) spricht (auf dem Tisch stehend) vor, im Vordergrund umarmen sich der Ordensgeistliche (Dom Gerle), der Weltgeistliche (Abbé Gregoire) und der evangelische Pfarrer (Rabaut Saint-Etienne).

7 Ein englischer Arzt über Truppenbewegungen um Paris (12. Juli 1789)

In Lille, Cambrai und Chantilly fuhren wir an mehreren Regimentern vorbei, die nach Paris marschierten, und bei unsrer Ankunft erfuhren wir, dass sie aus allen Himmelsrichtungen seit mehreren Tagen herbeigeströmt waren, dass militärische Vorbereitungen in und um Paris getroffen wurden und dass ein großes Lager im Herzen der Stadt gebildet wurde. Diese unzweideutigen Zeichen, dass der König die Absicht hatte, sein Wort nicht zu halten[2], brachten bereits nicht nur Erregung in Paris hervor, sondern veranlassten eine kühne Adresse der Nationalversammlung an den König. Sie fragten, warum in Paris und Versailles Truppen zusammengezogen würden [...] und gaben der Überzeugung Ausdruck, dass eine der Ursachen der Unzufriedenheit des Volks von Paris, nämlich die Brotknappheit, durch den Zuzug so vieler tausender von Soldaten nach Paris nicht verringert würde.

[...] als wir nach dem Palais Royal[3] kamen, fanden wir das Volk in großer Erregung. Die Diskussion war mehr als gewöhnlich laut geworden und die Unzufriedenheit über das Verhalten des Hofes wurde mehr und mehr lärmend. [...] Die Straßen waren voll von Mob und Soldaten, mit allgemeinen Symptomen des Alarms: Schreien – Schimpfen – Läuten großer Glocken – Fackelglanz – und entfernter Feuerschein. [...] Ungefähr um 11 Uhr am Montag [13. Juli] gingen wir zum Postamt und fanden alles in Verwirrung. [...] Der Pöbel zog immer noch in großen Trupps durch die Straßen. [...] Alle Gefängnisse mit Ausnahme der Bastille wurden an diesem Tag geöffnet.

G. Landauer (Hrsg.): Briefe aus der Französischen Revolution. Frankfurt/M. 1919, Band I, S. 207 ff.

2 Der König hatte die Abberufung seines Ministers Necker, Zusicherungen hinsichtlich der Nationalversammlung sowie den Verzicht auf einen Militäreinsatz versprochen.

3 Die Gärten der Palais Royal – Eigentum Herzogs von Orléans, der der Polizei Zutritt versagte – waren Juli 1789 Treffpunkt der revolutionären Kräfte.

8 Gerüchte, die sich nach dem 14. Juli 1789 auf dem Land verbreiten

[Mein Gewährsmann] hat mir versichert, dass die Aristokratenpartei sich längst noch nicht am Boden fühlt. Im Geheimen brüte sie über einer zweiten Verschwörung, die nicht weniger abscheulich sei als die erste. Sie habe sich vorgesetzt, alle ihre Kräfte zu einem neuen Angriff auf Paris zusammenzuraffen. Gegen Geld wolle man fremde Truppen anwerben und sie nächtlicherweile quer durch die Wälder auf Schleichwegen hierher bringen. [...]

Der Herr Graf von Artois kommt mit 40 000 Mann, alles Räuber, die er sich aus Schweden und aus anderen nördlichen Ländern besorgt hat. Unterwegs haben sie alle Sträflinge mitgenommen, die sie auf den Galeeren des Königs in Frankreich gefunden haben, und andere Verbrecher, die in den Gefängnissen saßen, damit sie in ihrer Truppe dienten und sie verstärkten [...] mit dieser fürchterlichen Truppe möchte er Frankreich verheeren und den dritten Stand zähmen.

Zit. nach: Wolfgang Lautemann: Geschichte in Quellen, Bd. 4. München 1981, S. 196.

9 Ein Leutnant, der zu den Verteidigungstruppen der Bastille gehört, berichtet über den 14. Juli 1789

Nachmittags um 3 Uhr wurden wir angegriffen. [...] Nachdem man die Belagerer umsonst ermahnte sich zurückzuziehen, da wurde endlich befohlen, auf dieselben zu schießen. [...] Auf diese Weise scharmützten wir drei Stunden. Die Belagerer hatten, wie wir seither gehört, 160 Tote und Verwundete. Als die Feinde sahen, dass ihr Geschoss ohnmächtig an den Mauern abprallte, machten sie Anstalten, die Tore einzubrechen, und brachten die Stücke auf die Brücke, welche zum Portal führte. Sobald Herr Launay diese Anstalten von den Türmen aus sah, [...] ließ er durch einen Tambour das Zeichen zur Übergabe geben. [...] In einem Augenblick war die Festung mit Volk angefüllt, das sich unser bemächtigte und uns entwaffnete. Wir mussten fürchten, auf hunderterlei Art ermordet zu werden. Man plünderte das ganze Schloss. Wir verloren alles, was wir bei uns hatten.

Endlich wurde ich mit einigen von meinen Soldaten, die während dieser Verwirrung bei mir geblieben, hinaus und nach dem Rathaus geführt, auf dem ganzen Weg, welcher fast eine Viertelstunde weit ist, waren die Straßen und Häuser bis auf die Dächer hinauf mit unzähligem Volk besetzt, welches mir nichts als Fluchworte und Drohungen zurief. Unterwegs wurden zwei von meinen Soldaten von dem rasenden Volke ermordet und mehrere schwer verwundet. [...] So kam ich unter allgemeinem Geschrei mit der Aussicht aufgehängt zu werden bis etwa 200 Schritte vom Rathaus entfernt, als man schon den Kopf des Herrn Launay mir auf einer Lanze entgegenbrachte und selben zum Betrachten darbot.

G. Landauer (Hrsg.): Briefe aus der Französischen Revolution. Frankfurt/M. 1919, Bd. I, S. 265 f.

10 Sturm auf die Bastille am 14. Juli 1789

Die Angreifer führen den Kommandeur aus der Bastille, um ihn wenig später hinzurichten. Zeitgen. Gemälde.

11 „Grande Peur" – Leserbrief aus der gemäßigt-liberalen Zeitung „Journal de Paris" (28. Juli 1789)

Gestern, am 27. d. M., um ½ 9 Uhr vormittags verbreitete sich hier das schreckliche Gerücht, dass eine große Schar von Räubern die unreifen Getreidefelder im Valois zwischen Verberie und Crépy abmähte; durch die Rundbriefe mehrerer Bürgermeister schien es sich zu bestätigen. Diese unerhörte Ruchlosigkeit [...] führte dazu, dass sich innerhalb weniger Stunden in Verberie 6000 bewaffnete Menschen zusammenfanden, darunter Frauen aus der Bürgerwehr und Kavallerieabteilungen aus Pont, Compiègne, Senlis und Crépy. Glücklicherweise war es nur ein falscher Alarm, der auf den Streit von zwölf Bauern zurückging, die sich in einem Kornfeld gerauft und die Arbeiter auf den Feldern so erschreckt hatten, dass sie in allen Gemeinden der Umgegend die Sturmglocken hatten läuten lassen. Durch ihre Verzweiflung erweckten sie einen derartigen Schrecken, dass die unglücklichen Bauern ihre Hütten eilends verließen und von allen Seiten in die benachbarten Städte flüchteten.

Zit. nach: Irmgard Hartig/Paul Hartig: Die Französische Revolution. Stuttgart 1979, S. 42 f.

12 **„Grande Peur" – Bericht über eine Versammlung im Dorf St. Alban (Dauphiné) am 30. Juli 1789**

Am Donnerstag, dem 30. Juli 1789, versammelte sich das Volk dieser Pfarrei auf dem öffentlichen Platz [...]. M. Bertray, Notar dieses Ortes und Schlossverwalter von Vaulx, hielt folgende Rede:

Meine Herren und Mitbürger. Eine allgemeine Unruhe hat sich in dieser Gegend auf die Nachricht hin ausgebreitet, dass eine Gruppe von Verbrechern uns angreifen sollte, um uns unser Gut zu rauben und mehr noch, unsere Frauen und Kinder sowie uns selbst zu töten. Um uns zu retten und zu verteidigen, sind wir dort zusammengekommen, wo die Gefahr drohte – glücklicherweise ist das, was man befürchtete, nicht eingetroffen, die Räuber sind nicht erschienen. Bis hierhin verdienen unsere Aktionen nur Beifall. Aber wenn ich die düsteren Folgen oder vielmehr den panischen Schrecken, den dieser falsche Alarm gehabt hat, betrachte, werde ich traurig. Anstelle einer allgemeinen Beruhigung, die nach der Gefahr eigentlich hätte eintreten sollen, ist eine schreckliche Unordnung eingetreten, ja ein unerhörtes Verbrechen begangen worden. Ihr behauptet, ich weiß, dass es gerecht gewesen sei. Das Gewicht des Feudalismus, sagt ihr, wog schwer auf euren Schultern und ihr wolltet das Joch abschütteln. Sehr gut! Ihr hättet es aufschmelzen sollen, das wäre harmlos gewesen und hätte euer Gewissen nicht belastet [...]. Ihr aber habt zu Schwert, Feuer und Diebstahl gegriffen [...]. Nun könnt ihr zufrieden sein, dass ihr die feudalen Dokumente, Quelle eurer Klagen, zu Staub gemacht habt, dass eure Rache damit genug hatte [...].

Die versammelten Männer, mit der Ausnahme des Herrn Collange, des Pfarrers und einiger anderer Einwohner, erklärten nun der Wahrheit gemäß, dass sie sich bewaffnet und gestern Morgen in großer Zahl zusammengefunden hätten, dass sie sich dann zum Haus des Herrn Bertray, Notar dieses Ortes, und zum Haus des Gerichtsschreibers begeben hätten, dass sie mit Gewalt und mit Drohungen die Herausgabe aller Titel, Papiere und Dokumente erzwungen hätten, die den Herrn von Vaulx beträfen, dass sie diese zum Marktplatz des Ortes getragen und dort verbrannt hätten.

Zit. nach: Volkmar Wittmütz: Die Französische Revolution. Frankfurt/M. 1983, S. 88 f.

13 **„Grande Peur" – Beratung in der Nationalversammlung (3. August 1789)**

Nach Briefen aus allen Provinzen zu urteilen sieht es so aus, dass jede Form von Eigentum die Beute höchst strafwürdiger Plünderung wird. Überall werden Schlösser verbrannt, Klöster zerstört und Pachthöfe geplündert. Steuer und Feudalabgaben werden nicht mehr gezahlt, die Gesetze sind machtlos, die Behörden ohne jede Autorität und das Recht ist nur noch ein Phantom, das man vergeblich bei Gericht sucht. Um solche Unordnung abzuschaffen, schlägt der Bericht erstattende Ausschuss folgende Maßnahmen zur Beschlussfassung vor: Die Nationalversammlung ist darüber informiert worden, dass die Zahlung der Renten, der Zehnten, Steuern, Grundsteuern und Feudalabgaben hartnäckig verweigert wird. Dass außerdem sich in den Kirchspielen die Einwohner zusammenrotten und durch Taten ihre Teilnahme an diese Verweigerung bekunden. Dass zudem Leute, die dabei nicht mitmachen, schrecklichsten Drohungen ausgesetzt sind und übel behandelt werden, dass bewaffnete Menschen sich der Gewalttätigkeit schuldig machen, indem sie in Schlösser eindringen, Papiere und Urkunden rauben und auf den Höfen verbrennen.

Die Nationalversammlung erklärt, dass [...] nichts die Verweigerung der Steuerzahlung und aller anderen Abgaben rechtfertigen kann, bis sie selbst sich zu diesen verschiedenen Rechten geäußert hat; sie erklärt, dass kein Vorwand davon befreien kann, sie zu bezahlen, dass sie voller Schmerz die Unruhen sieht, die aus dieser Verweigerung entstehen, und dass sie ganz und gar den Prinzipien des öffentlichen Rechts zuwiderlaufen, die aufrechtzuerhalten die Versammlung niemals aufhören wird.

Zit. nach: Wolfgang Lautemann: Geschichte in Quellen, Bd. 4. München 1981, S. 195.

14 **Beschluss der Nationalversammlung zur Abschaffung des Feudalsystems (11. August 1789)**

Art. 1. Die Nationalversammlung vernichtet das Feudalwesen völlig. Sie dekretiert, dass von den Feudal- wie Grundzinsrechten und -pflichten sowohl jene, die sich aus unveräußerlichem Besitz an Sachen und Menschen und aus persönlicher Leibeigenschaft herleiten, als auch jene, die an ihre Stelle getreten sind, entschädigungslos aufgehoben werden; alle übrigen Lasten werden für ablösbar erklärt, die Summe sowie die Art und Weise der Ablösung wird die Nationalversammlung festlegen. Die durch dieses Dekret nicht aufgehobenen Abgaben sollen dessen ungeachtet bis zu ihrer Rückzahlung weiter erhoben werden.

Art. 2. Das Sonderrecht, Taubenschläge und Taubenhäuser zu halten, wird abgeschafft. Die Tauben werden zu von den Gemeinderäten festgesetzten Zeiten eingesperrt; während dieses Zeitraumes gelten sie als jagdbares Wild und jeder hat das Recht, sie auf seinem Grund und Boden zu töten.

Art. 3. Ebenso wird das Sonderrecht der Jagd und offenen Wildgehege abgeschafft. [...]

Art. 4. Jede grundherrliche Rechtsprechung wird entschädigungslos abgeschafft. Dessen ungeachtet sollen die Beamten dieser Gerichte bis zur Einführung einer neuen Justizordnung durch die Nationalversammlung ihre Funktionen weiter ausüben. [...]

Art. 8. Die Nebeneinkünfte der Pfarrgeistlichen auf dem Lande werden abgeschafft und ihre Zahlung wird eingestellt, sobald für die Erhöhung des Jahresgehaltes und die Pension der Pfarrverweser gesorgt ist. Entsprechend wird eine Regelung für die finanzielle Sicherstellung der Pfarrgeistlichen in den Städten getroffen werden. [...]

Art. 11. Alle Bürger sollen, ohne Unterschied ihrer Geburt, freien Zugang zu allen kirchlichen, zivilen und militärischen Ämtern und Würden haben; niemand, der einem Erwerbsberuf nachgeht, soll dadurch seines Adelsprädikates verlustig gehen. [...]

Art. 17. Die Nationalversammlung erklärt König Ludwig XVI. feierlich zum Wiederhersteller der französischen Einheit.

Zit. nach: Walter Grab (Hrsg.): Die Französische Revolution. München 1973, S. 33–36.

15 Erklärung der Menschen- und Bürgerrechte (26. August 1789)

Art. 1. Die Menschen sind und bleiben von Geburt frei und gleich an Rechten. Soziale Unterschiede dürfen nur im gemeinen Nutzen begründet sein.

Art. 2. Das Ziel jeder politischen Vereinigung ist die Erhaltung der natürlichen und unveräußerlichen Menschenrechte. Diese Rechte sind Freiheit, Eigentum, Sicherheit und Widerstand gegen Unterdrückung.

Art. 3. Der Ursprung jeder Souveränität ruht letztlich in der Nation. Keine Körperschaften, kein Individuum können eine Gewalt ausüben, die nicht ausdrücklich von ihr ausgeht.

Art. 4. Die Freiheit besteht darin, alles tun zu können, was einem anderen nicht schadet. So hat die Ausübung der natürlichen Rechte eines jeden Menschen nur die Grenzen, die den anderen Gliedern der Gesellschaft den Genuss der gleichen Rechte sichern. Diese Grenzen können allein durch Gesetz festgelegt werden. [...]

Art. 6. Das Gesetz ist Ausdruck des allgemeinen Willens. Alle Bürger haben das Recht, persönlich oder durch ihre Vertreter an seiner Formung mitzuwirken. Es soll für alle gleich sein, mag es beschützen, mag es bestrafen. Da alle Bürger in seinen Augen gleich sind, sind sie gleicher Weise zu allen Würden, Stellungen und Beamtungen nach ihrer Fähigkeit zugelassen ohne einen anderen Unterschied als den ihrer Tugenden und Talente.

Art. 7. Jeder Mensch kann nur in den durch das Gesetz bestimmten Fällen und in den Formen, die es vorschreibt, angeklagt, verhaftet und gefangen gehalten werden. [...]

Art. 10. Niemand soll wegen seiner Meinungen, selbst religiöser Art, beunruhigt werden, solange ihre Äußerungen nicht die durch das Gesetz festgelegte öffentliche Ordnung stören.

Art. 11. Die freie Mitteilung der Gedanken und Meinungen ist eines der kostbarsten Menschenrechte. Jeder Bürger kann also frei schreiben, reden, drucken unter Vorbehalt der Verantwortlichkeit für den Missbrauch dieser Freiheit in den durch Gesetz bestimmten Fällen. [...]

Art. 16. Eine Gesellschaft, in der die Verbürgung der Rechte nicht gesichert und die Gewaltenteilung nicht festgelegt ist, hat keine Verfassung.

Art. 17. Da das Eigentum ein unverletzliches und heiliges Recht ist, kann es niemandem genommen werden, wenn es nicht die gesetzlich festgelegte, öffentliche Notwendigkeit augenscheinlich erfordert und unter der Bedingung der gerechten und vorherigen Entschädigung.

Günther Franz (Hrsg.): Staatsverfassungen. Eine Sammlung wichtiger Verfassungen der Vergangenheit und Gegenwart in Urtext und Übersetzung. 2. Aufl., München 1964, S. 303 ff.

16 Die Debatte über Aktiv- und Passivbürger sowie das Wahlrecht (1789)

Abbé de Sieyès: Alle Einwohner eines Landes müssen die Rechte des passiven Staatsbürgers genießen; alle haben Anspruch auf den Schutz ihrer Person, ihres Eigentums, ihrer Freiheit usw. Aber nicht alle haben Anspruch auf tätige Teilnahme an der Bildung der öffentlichen Gewalten; nicht alle sind aktive Staatsbürger. Die Frauen, wenigstens so, wie sie jetzt sind, die Kinder, die Ausländer, auch die, welche in keiner Weise zur Erhaltung der öffentlichen Einrichtungen beitragen, sollen keinen Einfluss auf das Gemeinwesen haben. Alle können die Vorteile der Gesellschaft genießen, aber nur die, welche zur Erhaltung der öffentlichen Einrichtungen beitragen, sind gleichsam die wahren Aktionäre des großen sozialen Unternehmens. Sie allein sind die wirklichen aktiven Staatsbürger, die wirklichen Mitglieder der Gesellschaft.

Orry de Mauperthuy: Trotzdem gibt es eine Klasse von Menschen und Mitbrüdern, die infolge der schlechten Gestaltung unserer Gesellschaften zur Vertretung der Nation nicht berufen werden können. Das sind die heutigen Proletarier. Nicht weil sie arm und bloß sind, sondern weil sie nicht einmal die Sprache unserer Gesetze verstehen. Überdies ist ihre Ausschließung nicht ewig, sondern nur ganz vorübergehend. Vielleicht wird sie ihren Wetteifer anstacheln, unseren Beistand herauszufordern. In wenigen Jahren werden sie an unserer Seite sitzen und wie man es in einigen Schweizer Kantonen sieht, wird ein Hirt, ein Bauer von der Donau oder vom Rhein der würdige Vertreter seines Volkes sein.

Camille Desmoulins: Gegen das Dekret der Mark Silber[4] gibt es in der Hauptstadt nur eine Stimme. Bald wird es auch in den Provinzen so sein. Es schafft in Frankreich eine aristokratische Regierung. Dies ist der größte

4 Gemeint ist das von der Nationalversammlung am 22. 12. 1789 verabschiedete Gesetz über die Einführung des Zensuswahlrechts, das die Staatsbürger in drei Klassen einteilte.

Sieg, den die schlechten Bürger in der Nationalversammlung errungen haben. Um die ganze Sinnlosigkeit dieses Dekrets zu erfassen, braucht man nur zu sagen, dass Jean-Jacques Rousseau, Corneille, Mably nicht wählbar gewesen wären. [...] Ihr aber, verächtliche Priester, stumpfsinnige Bonzen, sehr ihr denn nicht, das selbst euer Gott nicht hätte gewählt werden können? Jesus Christus, den ihr auf den Kanzeln, auf den Tribünen zum Gott erhebt, ihn habt ihr unter das Gesindel gestoßen! Und ihr fordert von mir Achtung, ihr Priester eines Proletariergottes, der nicht mal ein aktiver Bürger war! So achtet doch die Armut, die er geadelt hat! Aber was meint ihr mit dem so oft gebrauchten Wort „aktiver Bürger"? Die aktiven Bürger, das sind die Eroberer der Bastille, das sind die, welche den Acker bestellen, während die Nichtstuer im Klerus und bei Hofe trotz ihrer Riesenbesitzungen nur vegetierende Pflanzen sind, gleich jenem Baum eures Evangeliums, der keine Frucht trägt und den man ins Feuer werfen soll.

Jean-Paul Marat[5]: Dadurch dass die Vertretungsbefugnis proportional von den direkten Steuern abhängt, wird die Herrschaft wieder in die Hände der Reichen gelegt; und das Los der Armen, die immer unterworfen, immer unterjocht und immer unterdrückt sind, wird sich nie mit friedlichen Mitteln verbessern lassen. Hier ist ein schlagender Beweis für den Einfluss des Geldes auf die Gesetze. Was haben wir gewonnen, die wir die Aristokratie der Adligen zerstörten, wenn sie durch die der Reichen ersetzt wird? – Wenn ihr [Abgeordnete] uns wegen unserer Armut das Bürgerrecht vorenthaltet, so zittert davor, dass wir euch eines Tages euren Überfluss wegnehmen könnten.

Wolfgang Lautemann: Geschichte in Quellen, Band 4. München 1981, S. 213 ff. Abschnitt Marat in: Ernst Schulin: Die Französische Revolution. München 1989, S. 95.

17 Dekret der Nationalversammlung über die Nationalisierung der Kirchengüter (2. November 1789)

Art. 1. Alle kirchlichen Güter sollen zur Verfügung der Nation stehen, mit der Einschränkung, dass, unter der Aufsicht und nach den Weisungen der Provinzen, auf angemessene Weise für die Kosten des Gottesdienstes, den Unterhalt der Priester und die Armenpflege gesorgt wird.

Art. 2. Bei den Verfügungen, welche die Bestreitung des Unterhaltes der Priester betreffen, müssen für jede Pfarrstelle mindestens 1200 Livres jährlich veranschlagt werden, nicht eingerechnet die dazugehörige Wohnung und Garten.

Zit. nach: Walter Grab (Hrsg.): Die Französische Revolution. München 1973, S. 43.

18 Dekret über die Judenemanzipation (28. September 1791)

In der Erwägung, dass die notwendigen Voraussetzungen dafür, ein französischer Bürger zu sein, durch die Verfassung festgelegt sind und dass jeder, der diese Voraussetzungen erfüllt und sich durch die Leistung des Bürgereides zur Erfüllung aller von der Verfassung ihm auferlegten Pflichten bereit erklärt, ein Recht auf sämtliche Vorteile hat, die sie zusichert, widerruft die Nationalversammlung alle in ihre früheren Dekrete aufgenommenen Benachteiligungen, Vorbehalte und Ausnahmebestimmungen bezüglich der jüdischen Personen, die den Bürgereid leisten; dieser gilt als Verzicht auf alle in der Vergangenheit zu ihren Gunsten beschlossenen Privilegien und Befreiungen.

Zit. nach: Walter Grab (Hrsg.): Die Französische Revolution. München 1973, S. 94 f.

19 Aus der „Erklärung der Rechte der Frau und Bürgerin" von Marie Olympe de Gouges (1791)

Mann, bist du fähig, gerecht zu sein? Eine Frau stellt dir diese Frage. Dieses Recht wirst du ihr zumindest nicht nehmen können. Sag mir, wer hat dir die selbstherrliche Macht verliehen, mein Geschlecht zu unterdrücken? Deine Kraft? Deine Talente? Betrachte den Schöpfer in seiner Weisheit. Durchlaufe die Natur in all ihrer Majestät, die Natur, der du dich nähern zu wollen scheinst, und leite daraus, wenn du es wagst, ein Beispiel für diese tyrannische Herrschaft ab. Geh zu den Tieren, befrage die Elemente, studiere die Pflanzen, ja wirf einen Blick auf den Kreislauf der Natur und füge dich dem Beweis, wenn ich dir die Mittel dazu in die Hand gebe. Suche, untersuche und unterscheide, wenn du es kannst, die Geschlechter in der Ordnung der Natur, überall findest du sie ohne Unterschied zusammen, überall arbeiten sie in einer harmonischen Gemeinschaft an diesem unsterblichen Meisterwerk.

Nur der Mann hat sich aus der Ausnahme ein Prinzip zurechtgeschneidert. Extravagant, blind, von den Wissenschaften aufgeblasen und degeneriert, will er in diesem Jahrhundert der Aufklärung und des Scharfsinns, doch in krasser Unwissenheit, despotisch über ein Geschlecht befinden, das alle intellektuellen Fähigkeiten besitzt.

Zit. nach: Ute Gerhard: Menschenrechte – Frauenrechte 1789. In: Viktoria Schmidt-Linsenhoff (Hrsg.): Sklavin oder Bürgerin? Französische Revolution und Neue Weiblichkeit 1760–1830. Marburg 1989, S. 68 f.

5 Aus einem Artikel Marats in der Zeitung „Ami du Peuple" vom Dezember 1789.

1.6 Die Radikalisierung der Revolution 1791–1793

1791 **23. Februar**	Beginn der Vorbereitungen zum Aufbau einer Emigrantenarmee in Worms mit dem Ziel einer Gegenrevolution, geleitet vom Prinzen von Condé
20./21. Juni	Flucht Ludwigs XVI. aus Paris, Festnahme in Varennes (Champagne) und Rückführung nach Paris, wo er von allen Funktionen entbunden wird
15. Juli	Wiedereinsetzung Ludwigs XVI. in seine Funktionen
27. August	Deklaration von Pillnitz
6. September	„Lettre des Princes"
14. September	Eid Ludwigs XVI. auf die Verfassung
30. September	Letzte Sitzung der konstituierenden Nationalversammlung, die durch die Gesetzgebende Versammlung (750 Abgeordnete) ersetzt wird. Wichtigste Parteirichtungen: 264 Feuillants (monarchistische Konstitutionalisten) und 136 Jakobiner, die sich in gemäßigte (Girondisten) und radikale (unter der Führung Dantons) aufteilen. Die übrigen Abgeordneten sind unabhängig.
1792 **Januar–März**	Teuerungsunruhen, Plünderung von Schlössern, Angriffe auf Geldverleiher, eidverweigernde Priester und „Gegenrevolutionäre"
6. Februar	Antifranzösisches Bündnis zwischen Preußen und Österreich
August/ September	Vormarsch der preußisch-österreichischen Invasionsarmee nach Frankreich
3. August	47 von 48 Sektionen fordern die Absetzung Ludwigs XVI.
13. August	Internierung der königlichen Familie im Temple
2.–6. September	Septembermassaker mit 1100 Opfern (überwiegend eidverweigernde Priester)
3.–15. September	Wahlen zum Nationalkonvent (750 Abgeordnete) nach allgemeinem Wahlrecht
21. September	Zusammentreten des Nationalkonvents, wichtigste Parteirichtungen: 200 Girondisten, 120 Abgeordnete des radikalen Flügels der Jakobiner; Abschaffung des Königtums durch den Nationalkonvent, Anklage gegen Ludwig XVI. wegen Hochverrat
September/ Oktober	Militärische Erfolge der französischen Truppen
1793 **21. Januar**	Hinrichtung Ludwigs XVI.

1 Erklärung der Nationalversammlung zum Fluchtversuch des Königs (22. Juni 1791)

Ein schwerer Anschlag ist verübt worden. Die Nationalversammlung näherte sich dem Ziel ihrer langen Tätigkeit, die Verfassung war fertig gestellt, die Stürme der Revolution legten sich: Da wollten die Feinde des Gemeinwohls durch ein einziges Verbrechen die ganze Nation ihrem Rachedurst zum Opfer bringen. Der König und die königliche Familie sind in der Nacht vom 20. auf den 21. dieses Monats entführt worden. [...]

Gegen die Angriffe von außen sind die Nationalgarden, zunächst um 400 000 Mann, verstärkt worden. Im Innern wie nach außen hat Frankreich also jeden Grund, sich sicher zu fühlen, solange die Gemüter sich nicht in Verwirrung stürzen lassen, sondern die Ruhe bewahren. Die Verfassung gebende Nationalversammlung steht an ihrem Platz, alle von der Verfassung eingesetzten öffentlichen Gewalten walten ihres Amtes, die Vaterlandsliebe der Bürger von Paris und seine Nationalgarde, deren Eifer über jedes Lob erhaben ist, sind für die Sicherheit eurer Vertreter auf der Hut. Die Aktivbürger des gesamten Königreichs sind in die Wehrdienstlisten eingetragen: Frankreich kann seinen Feinden mit Ruhe entgegensehen. [...]

Franzosen! Die Abwesenheit des Königs wird die Regierung nicht zur Untätigkeit verdammen. Es gibt nur eine wirkliche Gefahr, die euch bedroht. Ihr müsst euch wappnen gegen die Einstellung der Arbeit in den Fabriken und der Bezahlung der allgemeinen Steuern, gegen jede maßlose Agitation, die, entweder aus überschäumendem Patriotismus oder auf Anstiften unserer Feinde den Staat unterwühlend, zunächst zur Anarchie und schließlich zum Bürgerkrieg führen würde. [...]

Das große, das beinahe einzige Interesse, das uns bewegen muss, insbesondere bis zu dem sehr nahen Zeitpunkt, wo die Nationalversammlung einen endgültigen Beschluss gefasst haben wird, ist, die Ordnung aufrechtzuerhalten. [...] Die Feinde der Verfassung sollen wissen: Um das Territorium dieses Reiches von neuem zu versklaven, müssten sie die Nation auslöschen. Der Despotismus kann, wenn er es will, einen solchen Plan fassen; er wird besiegt werden oder, nach seinem grausigen Triumph, nur noch Ruinen vorfinden.

Zit. nach: Walter Grab (Hrsg.): Die Französische Revolution. München 1973, S. 51–57.

2 Das Volk in Gestalt des Herkules vernichtet die Könige. Radierung, 100 x 142 mm, aus: Les Révolutions de Paris, Nr. 217, 10.–18. Frimaire des Jahres II (30. November bis 8. Dezember).

3 Aus einer Rede des Abgeordneten Antoine Barnave in der Nationalversammlung (15. Juli 1791)

Ich stelle eine Frage, die von nationalem Interesse ist: Werden wir die Revolution beenden oder werden wir sie von neuem beginnen? Wenn Ihr einmal der Verfassung misstraut, wo wird der Punkt sein, an dem Ihr dann einhalten werdet, und vor allem, wo werden eure Nachfolger einhalten?

Ich habe vor einiger Zeit gesagt, dass ich den Angriff der fremden Mächte und der Emigranten nicht fürchte; aber heute sage ich mit derselben Aufrichtigkeit, dass ich die Fortsetzung der Unruhen und Gärungen fürchte, die uns so lange beschäftigen werden, als die Revolution nicht vollständig und friedlich beendet ist. [...] Ihr habt getan, was gut war für die Freiheit und die Gleichheit; keine willkürliche Gewalt ist verschont worden, [...] keine widerrechtliche Besitzergreifung von Eigentum ist ungestraft geblieben; ihr habt alle Menschen vor dem Gesetz gleich gemacht, ihr habt dem Staat wiedergegeben, was ihm genommen wurde. Daraus ergibt sich diese große Wahrheit, dass wenn die Revolution noch einen Schritt weitergeht, sie dies nicht ohne Gefahr tun kann; dass auf der Linie der Freiheit die erste Handlung, die noch folgen könnte, die Vernichtung des Königtums wäre; und dass auf der Linie der Gleichheit die erste Handlung, die noch folgen könnte, der Angriff auf das Eigentum wäre [...].

Heute, meine Herren, muss jedermann erkennen, dass es im Interesse der Allgemeinheit liegt, dass die Revolution einhält: Diejenigen, die verloren haben, müssen einsehen, dass es unmöglich ist, sie rückgängig zu machen, und dass es nur noch darum gehen kann, sie zu domestizieren. Diejenigen, die sie gemacht und gewollt haben, müssen einsehen, dass sie an ihrem letzten Ziel angelangt ist, dass das Glück ihres Vaterlandes und ihr eigener Ruhm es erforderlich machen, dass sie nicht länger andauert.

Zit. nach: P. Fischer (Hrsg.): Reden der Französischen Revolution. München 1974, S. 36 ff.

4 Aus der Petition am Marsfeld an die Nationalversammlung (17. Juli 1791)

Ein großes Verbrechen geschieht: Ludwig XVI. flieht. Er verlässt würdelos seinen Posten; den Staat trennen nur zwei Schritte von der Anarchie. Die Bürger verhaften ihn in Varennes, man führt ihn nach Paris zurück. [...] Ihr [Abgeordnete] haltet hin. Haufenweise treffen Petitionen bei der Nationalversammlung ein. Alle Sektionen des Landes fordern gleichzeitig, dass Ludwig der Prozess gemacht werde. Ihr, meine Herren, habt im Voraus seine Schuldlosigkeit und Unverletzlichkeit festgestellt, indem ihr in eurem Dekret vom 16. erklärt, dass die konstitutionelle Charta ihm vorgelegt werden wird, sobald die Verfassung fertig gestellt ist. Gesetzgeber! Das war nicht der Wunsch des Volkes!

Zit. nach: W. Grab (Hrsg.): Die Französische Revolution. München 1973, S. 57 f.

5 Aus der Deklaration von Pillnitz (27. August 1791)

Der Kaiser und der König von Preußen haben die Wünsche und Vorstellungen Monsieurs, des ältesten Bruders des Königs von Frankreich und des Grafen Artois[1], vernommen und erklären gemeinschaftlich die Situation, in der sich der König von Frankreich gegenwärtig befindet, als ein gemeinsames Interesse für alle Könige Europas. Sie hoffen, dass dieses Interesse nicht verfehlen wird, von den Mächten anerkannt zu werden, deren Hilfe angerufen worden ist, und dass sie sich in der Folge nicht weigern werden, gemeinschaftlich mit den unterzeichneten Majestäten, gemäß ihren Kräften, die wirksamsten Mittel anzuwenden, um den König in den Stand zu setzen, in größter Freiheit die Grundlagen eines monarchischen Regiments zu festigen, die gleichermaßen den Rechten der Souveräne und dem Wohl der französischen Nation entsprechen. Dann und in diesem Falle sind der Kaiser und der König von Preußen entschlossen, sofort in wechselseitigem Verständnis mit den notwendigen Hilfsmitteln zu handeln, um gemeinsam den erstrebten Zweck zu erreichen. In der Voraussetzung werden sie ihren Truppen die geeigneten Befehle erteilen, um sie in den Stand zu setzen, einzuschreiten.

Zit. nach: G. Landauer (Hrsg.): Briefe aus der Französischen Revolution. Frankfurt/Main 1919, Bd. I, S. 464.

6 Aus dem „Lettre des Princes“ – einem offenen Brief der emigrierten Brüder Ludwigs XVI. zur Annahme der französischen Verfassung durch den König (10. September 1791)

Wir protestieren im Namen der Grundgesetze der Monarchie, von denen es Ihnen, Sire, nicht erlaubt ist abzuweichen, die die Nation selbst für unverletzlich erklärt hat und die durch die Dekrete[2], die man Euch vorlegt, völlig umgestürzt würden. Dies gilt vor allem für jene Dekrete, die das Königtum selbst abschaffen, indem sie den König von der Ausübung der gesetzgebenden Gewalt ausschließen, für jene, die alle Stützen der Monarchie zerstören, indem sie die Rangunterschiede der Zwischengewalten abschaffen, für jene, die sogar das Prinzip des Gehorsams vernichten, indem sie alle Stände nivellieren [...], schließlich für jene, die das Volk bewaffnet, die die öffentliche Gewalt abgeschafft und die in Frankreich die Tyrannei des Volkes eingeführt haben, indem sie alle Gewalten durcheinandergebracht haben.

Wir protestieren im Namen aller Stände des Staates. Unabhängig von der unerträglichen und unmöglichen Abschaffung der beiden ersten Stände sind alle Stände verletzt, gequält und beraubt worden. Wir fordern deshalb die Wiederherstellung sowohl der Rechte des Klerus

1 Vgl. im Anschluss unten den „Lettre des Princes“.
2 Gemeint sind die Artikel der Verfassung von 1791.

[...] als auch der Rechte des Adels [...], sowohl der Rechte der höheren Richterschaft [...] als auch schließlich der Rechte aller Besitzenden, da es in Frankreich keinen Besitz mehr gibt, der noch respektiert wird.

Zit. nach: Rolf Reichardt (Hrsg.): Die Französische Revolution. Freiburg 1988, S. 101.

7 Jacques René Hébert in der Zeitung „Père Duchesne" (Oktober 1791)

Ich hoffte, verflucht noch mal!, dass nach der Abschaffung der Einfuhrzölle ich mir einige Flaschen mehr genehmigen könnte, aber nein, verflucht noch mal! Statt billiger zu werden und bessere Qualität zu haben, ist der Wein genau so teuer wie zuvor und er vergiftet uns genauso. Ich hatte auch gehofft, die anderen Lebensmittel würden billiger werden, aber der Lebensmittelhändler André[3] und seine Kollegen sind immer noch dazu entschlossen, uns den Pfeffer zum gleichen Preis wie einst zu verkaufen. [...]

Wie geht das zu? Verflucht noch mal! Wir haben also durch die Beseitigung der Schlagbäume nichts gewonnen. Man hat uns neue Steuern aufgebürdet und wir zahlen immer noch die gleichen Abgaben für die Lebensmittel. Zum Donnerwetter! Das geht nicht an. Überall wo man ein Leiden sieht, muss es ein Heilmittel geben. Ihr neuen Gesetzgeber, es ist eure Aufgabe, es zu finden. Rottet die neuen Missbräuche aus, das ist eure Pflicht. Hängt alle Schieber bis zum letzten auf und all die Schurken von Kaufleuten, die mit Menschenfleisch spekulieren und sich am Blut der Unglücklichen mästen. [...] Ihr werdet erkennen, verflucht noch mal!, dass ein gemeines Komplott besteht, um uns in diesem Winter[4] ins tiefste Elend zu stürzen.

Père Duchesne, Nr. 83. Zit. nach: I. und P. Hartig: Die Französische Revolution. Stuttgart 1979, S. 61.

8 Jean-Paul Marat in der Zeitung „Ami du Peuple" über die Rechte der spontan entstehenden „patriotischen Gesellschaften" (4. März 1791)

Der Volksfreund fordert sie [die patriotischen Gesellschaften] auf, sich ihre Rechte bewusst zu machen – Rechte, die sie allesamt verkennen, auch der Jakobinerclub. Mit Empörung höre ich, wie sie ihren Feinden töricht nachbeten: „Das dürfen wir nicht, wir sind keine beschlussfassenden Gesellschaften." Welch dummer Irrtum! Keine freie Bürgervereinigung, keine brüderliche Gesellschaft, keine patriotische Versammlung hat das Recht, sich in die öffentlichen Angelegenheiten einzumischen, um sie zu bestimmen oder zu verwalten; das ist unbestreitbar. Zur Mitwirkung am Gemeinwohl haben sie lediglich das Recht, Vorschläge zu machen, Ratschläge zu erteilen, Anträge und dringende Gesuche zu stellen; auch das ist unbestreitbar. Wenn es aber darum geht, Anschläge gegen die Freiheit und die öffentliche Sicherheit aufzuklären, den Machenschaften der Revolutionsfeinde entgegenzuwirken, die Verschwörer zu verfolgen und den Untergang des Vaterlandes zu verhindern, dann haben sie das Recht, nicht nur beschlussfassende, sondern auch handelnde, zur Verantwortung ziehende, strafende, ja hinrichtende Gesellschaften zu sein – jedenfalls nachdem sie auf legalem Wege vergeblich versucht haben, die öffentlichen Feinde zur Rechenschaft zu ziehen, und wenn sich die Inhaber der politischen Gewalt mit diesen verbünden, um das Volk zu umgarnen, am Rande des Abgrunds einzulullen und seinen Untergang zu vollenden. In solchen Fällen handelt es sich schlicht und einfach um die Ausübung des Rechtes, gegen Unterdrückung Widerstand zu leisten und über seine Unversehrtheit zu wachen; ein Recht, das jeder Mensch von Natur mit der Geburt besitzt, das alle freiheitlichen Regierungen anerkannt haben und das die Nationalversammlung selber feierlich verankert hat.

Ami du Peuple, Nr. 389 vom 4.3.1791, S. 9–12. Zit. nach: R. Reichardt (Hrsg.): Die Französische Revolution. Freiburg 1988, S. 49.

9 König Gustav III. von Schweden an König Friedrich Wilhelm II. von Preußen über die Französische Revolution (Juli 1791)

Ich betrachte die Revolution als die größte Gefahr, die der Ruhe Europas droht. Seit den Kränkungen, die der königlichen Würde in der Person Ludwigs XVI. zugefügt worden sind, empfinde ich diese Gefahr als bedrohlicher denn je zuvor. Ich glaube, genügend Festigkeit zu besitzen, um derartige mich umringende Gefahren parieren zu können. Ich möchte Ihnen aber nicht verheimlichen, dass ich die Wiederkehr dieser Gefahren fürchte, wenn Straflosigkeit ein so düsteres Beispiel in einem Lande gibt, das doch so lange in der Lage war, in Europa den Ton anzugeben. [...]

Ich bestehe auf der Wiederherstellung der französischen Monarchie, gleichgültig, ob Ludwig XVI., Ludwig XVII. oder Karl X. den Thron einnimmt, Hauptsache ist nur, dass er wiedererrichtet wird und das Ungeheuer in der Manège[5] niedergeschmettert wird. Alle jene für die Autorität verderblichen Prinzipien müssen mit der niederträchtigen Versammlung und der Höhle, in der sie ausgebrütet werden, verschwinden. Man muss verhindern, dass eine neue Legislatur im Namen der Nation[6] einen Teil der bereits dekretierten Attentate bestätigt. Dagegen gibt es nur ein Mittel: Eisen und Kanonen.

Zit. nach: Wolfgang Lautemann: Geschichte in Quellen, Bd. 4. München 1981, S. 263.

3 ehemaliger Abgeordneter der Nationalversammlung, dem als Kolonialwarenhändler Spekulation und Warenhortung vorgeworfen wurden

4 Im Winter 1791/92 führten Missernten und Inflation zu einem starken Preisanstieg, der Plünderungen in Paris und Unruhen auf dem Lande auslöste.

5 die Reithalle in den Tuilerien, in der die Nationalversammlung tagte

6 Die Wahlen zur Gesetzgebenden Versammlung waren in vollem Gange.

10 Kriegserklärung Frankreichs an Österreich (20. April 1792)

Die Nationalversammlung erklärt,
dass die französische Nation, den durch die Verfassung geheiligten Grundsätzen getreu, keinen Krieg mit der Absicht der Eroberung zu unternehmen und niemals gegen die Freiheit irgendeines Volkes die Waffen zu ergreifen, die Waffen nur aufnimmt zur Verteidigung ihrer Freiheit und Unabhängigkeit,
dass der Krieg, den sie gezwungen ist zu führen, kein Krieg ist von Nation gegen Nation, sondern die gerechte Verteidigung eines freien Volkes gegen den ungerechten Angriff eines Königs [...].
Nach Beratung des förmlichen Antrags des Königs und nachdem die Dringlichkeit festgestellt worden ist, beschließt die Nationalversammlung den Krieg gegen den König von Ungarn und Böhmen.

Zit. nach: W. Grab (Hrsg.): Die Französische Revolution. München 1973, S. 101 f.

11 Aus dem Manifest des Herzogs von Braunschweig[7] (25. Juli 1792)

Überzeugt, dass der gesunde Teil des französischen Volks die Ausschweifungen der herrschenden Partei verabscheut und dass der größere Teil der Bewohner mit Ungeduld den Augenblick der Hilfe erwartet, um sich offen gegen die verhassten Maßregeln seiner Unterdrücker zu erklären, fordern Ihre Majestäten dieselben auf, ohne Verzug zur Vernunft, zur Gerechtigkeit, zur Ordnung und zum Frieden zurückzukehren. In dieser Hinsicht erklärt der Unterzeichnende, Oberbefehlshaber der verbündeten Heere, Folgendes: [...]
2. dass die beiden verbündeten Höfe [...] nicht die Absicht haben, sich in die innere Regierung Frankreichs zu mischen; sondern dass sie nur den König, die Königin und die königliche Familie aus der Gefangenschaft befreien und Sr. Allerchristlichsten Majestät die Mittel verschaffen wollen, ohne Gefahr und Hindernis die Einberufungen vorzunehmen, die sie für notwendig finden sollte, um für das Wohl ihres Volkes nach den Versprechungen und so viel von ihr abhängen wird, zu arbeiten; [...]
7. dass die Bewohner von Städten, Marktflecken und Dörfern, welche es wagen sollten, sich gegen die Heere Ihrer Majestäten zu verteidigen [...] sogleich nach der ganzen Strenge des Kriegsrechts bestraft und ihre Wohnungen zerstört oder angezündet werden sollen. [...]
8. Die Stadt Paris und alle ihre Bewohner ohne Unterschied sind schuldig, sich sogleich ihrem König zu unterwerfen, ihn in volle Freiheit zu setzen und ihm sowie allen Mitgliedern seiner Familie die Unverletzlichkeit und Achtung zu versichern, auf welche nach dem Vernunft- und Völkerrechte die Fürsten gegenüber ihren Untertanen Anspruch zu machen haben. [...] Ihre Majestäten erklären ferner auf Ihr kaiserliches und königliches Ehrenwort, dass, wenn das Schloss der Tuilerien gestürmt oder sonst verletzt, wenn die mindeste Beleidigung dem Könige, der Königin und der ganzen königlichen Familie zugefügt, nicht unmittelbar für ihre Sicherheit, ihr Leben und ihre Freiheit gesorgt wird, sie eine beispiellose und für alle Zeiten denkwürdige Rache nehmen und die Stadt Paris einer militärischen Exekution und einem gänzlichen Ruine preisgeben, die Verbrecher selbst aber dem verdienten Tode überliefern werden.

Zit. nach: W. Grab (Hrsg.): Die Französische Revolution. München 1973, S. 109 f.

7 Oberbefehlshaber des preußisch-österreichischen Heeres, das im Sommer 1792 in Frankreich einmarschierte

12 Die Revolution auf dem Weg zur Basisdemokratie? – Ein typisches Beispiel für eine Demonstration der Sansculotten[8] in einer Sitzung des Nationalkonvents (20. Juni 1792)

Die Bürger der Vorstädte Saint-Marcel und Saint-Antoine und aller Sektionen von Paris erscheinen. Mit dem Empfang der bewaffneten Menge wird die Diskussion unterbrochen. Die Bürger halten Einzug, ihnen voraus Trommler und eine kleine Musikkapelle. [...] Mehrere Abteilungen der bewaffneten Nationalgarde haben sich in der Menge meist unbewaffneter Männer, Frauen und Kinder aufgelöst. Von den bewaffneten Bürgern tragen die einen Flinten und Piken, die anderen Doppeläxte, Schuster- und Küchenmesser, Sicheln, Mistgabeln und Knüppel. Einige Frauen tragen Säbel, Eisenspieße und Wollmützen. Sie alle ziehen durch den Saal, indem sie in wechselnden Abständen nach den Klängen des Ca ira oder nach den Trommeln tanzen, welche abwechselnd den Tanz- oder den Marschrhythmus schlagen. Dabei rufen sie: Es leben die Patrioten! Es leben die Sansculotten! Es lebe die Nation! Es leben unsere Stellvertreter[9]! Es lebe die Freiheit! Es lebe das Gesetz! Nieder mit dem Veto[10]! Die Tribünen klatschen von Zeit zu Zeit Beifall.
Unter den Sinnbildern und Wahrzeichen, die der Zug mit sich führte, befanden sich: ein Plakat-Nachdruck der Menschenrechtserklärung in Form von Gesetzestafeln, um den sich eine ansehnliche Zahl von Invaliden scharte; eine Schrifttafel mit der Parole Erzittert, Tyrannen! Die Franzosen sind bewaffnet; Fahnen; eine zerrissene schwarze Kniehose, aufgespießt auf einer Pike und umgeben von Kokarden; ein Spruchband mit den Worten

8 Träger der städtischen Volksbewegung, genannt nach der langen Beinkleidung der Handwerker und Arbeiter im Gegensatz zu den Kniehosen des Adels. Nach ihrem Selbstverständnis verkörperten sie das souveräne Volk.
9 Gemeint sind die Abgeordneten des Konvents.
10 Dem König war in der Verfassung von 1791 ein Veto-Recht eingeräumt worden.

13 Die Sansculotten tanzen die Carmagnole, während die österreichischen Husaren vor den französischen Kanonen fliehen
Radierung, koloriert, 1793 (?), Paris.

Warnung an Ludwig XVI. Das Volk hat seine Leiden satt. Freiheit oder Tod! Zuletzt trägt ein Mann auf der Spitze eines Spießes ein Kalbsherz und dabei eine Tafel mit der Aufschrift Aristokratenherz. [...] Mitten während des Umzuges bleibt ein Bürger stehen und ruft: „Gesetzgeber, mit uns stellen sich Ihnen nicht 2000, sondern 20 Millionen Menschen zur Verfügung, eine ganze Nation muss sich bewaffnen, um die Tyrannen – ihre Feinde wie die Eueren – zu bekämpfen."
(Beifall. [...] Der Umzug, der um halb zwei begonnen hatte, endet erst um Viertel nach drei Uhr.)
[Vor dem Umzug war von einem Sprecher der Demonstranten folgende Petition verlesen worden:]
Gesetzgeber, [...] wir gehören keiner Partei an; wir unterstützen nur die, die im Einklang mit der Verfassung steht. (Beifall.) Bilden sich die Feinde des Vaterlandes etwa ein, dass die Männer des 14. Juli eingeschlafen sind? Wenn sie das glauben, wird es für sie ein schreckliches Erwachen geben. Jene haben nichts von ihrer Tatkraft verloren. [...] – Es ist Zeit. Ja, Gesetzgeber, es ist Zeit, dass das französische Volk sich seiner erworbenen Würde gewachsen zeigt. Wie es seine Vorurteile überwunden hat, so gedenkt es auch, trotz aller Verschwörungen der Tyrannen, frei zu bleiben. Diese Tyrannen sind Ihnen bekannt, geben Sie ihnen nicht nach. [...] Die ausführende Gewalt[11] ist nicht mit Ihnen einig. [...] So hängt also das Glück einer Nation von der Laune eines Königs ab? Darf dieser König einen anderen Willen haben als das Gesetz? Das Volk verbietet es und sein Kopf ist mindestens ebenso viel wert wie das Haupt eines gekrönten Despoten. Dieser Kopf ist der Stammbaum der Nation und vor dieser stämmigen Eiche muss das Rohr nachgeben. – [...] Das Volk steht bereit; es wartet schweigend auf eine Antwort, die endlich seiner Souveränität würdig ist. (Murren.) Gesetzgeber, wir wollen so lange dauernd unter Waffen bleiben, bis die Verfassung in die Tat umgesetzt ist. – Diese Petition wird nicht nur von den Einwohnern der Vorstadt Saint-Antoine unterstützt, sondern auch von allen Sektionen der Hauptstadt und der Umgebung von Paris. (Beifall links und auf den Tribünen.)

Zit. nach: R. Reichardt (Hrsg.): Die Französische Revolution. Freiburg, Würzburg 1988, S. 53 f.

11 Gemeint ist Ludwig XVI.

14 Aus einem Brief des Sansculotten-Führers Francois Babeuf (1760–1797)

Dulden wir keine Halb-Öffentlichkeit! Schaffen wir den Zuschauertribünen am Tagungsort der Nationalversammlung den größtmöglichen Raum! Alle Fragen von öffentlichem Interesse behandle man in der Vollversammlung! Keine Ausschüsse mehr, denn sie sind der Herd für Intrigen- und Cliquenwirtschaft; hier schmieden die Splittergruppen ihre freiheitsfeindlichen Pläne und verabreden deren Durchführung. Eine einzige Behörde nehme die Anträge [des Volkes] entgegen [...]. Das Volk muss in der Lage sein, zu jeder Stunde seinen Willen kundzutun und zu jeder Stunde müssen seine beauftragten Vertreter bereit sein, ihm Genugtuung zu leisten, wenn dieser Wille falsch verstanden worden ist. [...]

Die Möglichkeit und ständige Drohung des Mandatentzugs [für die Abgeordneten] ist heilsam und unbedingt notwendig; zusammen mit der Öffentlichkeit der Wahlen gewährleistet sie am besten die Wahrung der Interessen des Volkes.

Zit. nach: P. Fischer (Hrsg.): Babeuf. Der Krieg zwischen Reich und Arm. Berlin 1975, S. 64 f.

15 Aus dem offiziellen Bericht von Jacques Roux über die Hinrichtung Ludwigs XVI. am 21. Januar 1793 an den Generalrat der Kommune von Paris

Wir haben uns in den Temple begeben und dem Tyrannen angekündigt, dass die Stunde der Hinrichtung gekommen sei. Er verlangte einige Minuten für seinen Beichtvater zu haben. Er wollte uns ein Päckchen geben, das wir euch zustellen sollten. Wir erwiderten, dass wir nur den Auftrag hätten, ihn zum Schafott zu führen. Er antwortete: „Das ist richtig!" Er empfahl seine Familie und bat, Cléry, sein Kammerdiener, solle Kammerdiener bei der Königin werden, dann verbesserte er sich schnell und sagte: bei meiner Frau. Übrigens bat er, dass seine früheren Diener in Versailles nicht vergessen würden. Dann sagte er zu Santerre: „Gehen wir!" Über den Hof ging er zu Fuß, dann stieg er in den Wagen. Unterwegs herrschte das tiefste Schweigen. […] Wir haben Capet bis zur Guillotine nicht aus den Augen gelassen. Um 10 Uhr 10 Minuten kam er an; drei Minuten erforderte das Aussteigen aus dem Wagen. Er wollte zum Volke reden, jedoch hat Santerre dies nicht zugelassen. Sein Kopf fiel. Die Bürger tauchten ihre Piken und ihre Taschentücher in sein Blut.

Zit. nach: W. Grab (Hrsg.): Die Französische Revolution. München 1973, S. 129 f.

16 Die Königlichen Schweizergarden, die die Tuilerien verteidigten, werden am Abend des 10. August 1792 niedergemacht. Gemälde von Jacques Bertaux (1745–1818).

1.7 „Terreur“ und „Grande Terreur“ 1793–1794

1793 **Februar**	Frankreich erklärt Großbritannien, Spanien und den Niederlanden den Krieg.
Anfang März	Gegenrevolutionäre Aufständische in der Bretagne und der Vendée besiegen die Regierungstruppen, Fortdauer und Ausbreitung der Aufstände bis September, militärische Niederlagen Frankreichs (bis Juli).
10. März	Einrichtung des Revolutionstribunals
5. April	Einsetzung des Wohlfahrtsausschusses
29. April	Beginn der Gegenrevolution in Marseille und Lyon
2. Juni	Ausschluss der girondistischen Abgeordneten aus dem Nationalkonvent, Beginn der Jakobinerherrschaft
6. Juni	Beginn der föderalistischen Rebellion in mehreren Provinzen
13. Juli	Ermordung Marats durch die Royalistin Charlotte Corday
17. Juli	Entschädigungslose Abschaffung aller Feudalrechte
23. August	Einführung der „Levée en masse“ (allgemeine Wehrpflicht)
17. September	Gesetz gegen die „Verdächtigen“, Beginn der „Terreur“
29. September	Maximum für Preise und Löhne
Seit September	Militärische Erfolge der französischen Wehrpflichtarmeen
5. Oktober	Einführung des republikanischen Kalenders
10. Oktober	Diktatorische Vollmachten für den Wohlfahrtsausschuss des Nationalkonvents
10. November	Höhepunkt der Entchristianisierung, Schließung zahlreicher Kirchen
19. Dezember	Einführung der allgemeinen Schulpflicht
1794 **4. Februar**	Abschaffung der Sklaverei in den französischen Kolonien
26. Februar	Dekret zur Entschädigung der Armen durch den beschlagnahmten Besitz der Revolutionsfeinde
10. Juni	Verschärfung des Terrors, Übergang zur „Grande Terreur“
26. Juni	Französischer Sieg über die Österreicher bei Fleurus
27. Juli	Sturz Robespierres (9. Thermidor), Ende der Jakobinerherrschaft

1 Einmarsch französischer Truppen in Mainz am 22. Oktober 1792. Gemälde von H. Bellange, 1835.

2 Was ist ein Sansculotte? – Aus dem Entwurf einer Flugschrift (April 1793)

Ein Sansculotte, ihr Herren Schufte? Das ist einer, der immer zu Fuß geht, der keine Millionen besitzt, wie ihr sie alle gern hättet, keine Schlösser, keine Lakaien zu seiner Bedienung, und der mit seiner Frau und seinen Kindern, wenn er welche hat, ganz schlicht im vierten oder fünften Stock wohnt.

Er ist nützlich, denn er versteht ein Feld zu pflügen, zu schmieden, zu sägen, zu feilen, ein Dach zu decken, Schuhe zu machen und bis zum letzten Tropfen sein Blut für das Wohl der Republik zu vergießen. […]

Am Abend tritt er vor seine Sektion, nicht etwa mit einer hübschen Larve, gepudert und gestiefelt, in der Hoffnung, dass ihn alle Bürgerinnen auf den Tribünen beachten, sondern vielmehr, um mit all seiner Kraft die aufrichtigen Anträge zu unterstützen und jene zunichte zu machen, die von der erbärmlichen Clique der erbärmlichen Politikaster stammen.

Übrigens: Ein Sansculotte hat immer seinen Säbel blank, um allen Feinden der Revolution die Ohren abzuschneiden. Manchmal geht er mit seiner Pike ruhig seiner Wege; aber beim ersten Trommelschlag sieht man ihn nach der Vendée[1] gehen, zur Alpenarmee oder zur Nordarmee.

Zit. nach: W. Markov/A. Soboul (Hrsg.): Die Sansculotten von Paris. Ost-Berlin 1957, S. 3.

1 In der Vendée, einer Landschaft an der Atlantikküste südlich der Loiremündung, brach am 11. März 1793 eine royalistische Rebellion aus, die Bauern, Adel und eidverweigernde Priester vereinte. Anlass war die Aushebung von 300 000 Mann, gegen die sich die Bauern auflehnten. Der Bürgerkrieg, der weite Gebiete der Bretagne, Anjou und Poitou erfasste, wurde erst 1796 nach blutigen Kämpfen niedergeschlagen.

3 Der Nationalkonvent beschließt die „Levée en masse" (23. August 1793)

Art. 1. Ab sofort bis zu dem Augenblick, in dem die Feinde vom Territorium der Republik verjagt sein werden, unterliegen alle Franzosen der ständigen Einberufung zum Heeresdienst.

Art. 2. Die jungen Männer gehen an die Front, die verheirateten schmieden Waffen und übernehmen Verpflegungstransport; die Frauen nähen Zelte, Uniformen und tun in den Hospitälern Dienst; die Kinder zupfen aus altem Leinenzeug Scharpie, die Greise lassen sich auf öffentliche Plätze tragen, um den Soldaten Mut und Hass gegen die Könige zu predigen und ihnen die Einheit der Republik einzuschärfen.

Die nationalen Gebäude werden in Kasernen, die öffentlichen Plätze zu Rüstungswerkstätten umgewandelt, die Kellerfußböden ausgelaugt, um Sapeter zu gewinnen. […]

Zit. nach: W. Grab (Hrsg.): Die Französische Revolution. München 1973, S. 171 f.

4 Forderungen der Pariser Sektion „Sans-Culottes" (2. September 1793)

1. Die ehemaligen Adligen sollen keinerlei militärische Funktionen ausüben noch irgendein öffentliches Amt bekleiden dürfen, welcher Art es auch sei; die ehemaligen Priester, Parlamentsräte und Finanzleute sollen aus allen Verwaltungs- und Gerichtsämtern entfernt werden.

2. Alle Grundnahrungsmittel sind unveränderlich auf den Preis der so genannten „früheren Jahre" 1789 bis 1790 festzusetzen, jedoch in Ansehung ihrer unterschiedlichen Qualität.

3. Ebenso sollen die Rohstoffpreise festgesetzt werden, und zwar so, dass die Industrieprofite, die Arbeitslöhne und die Handelsgewinne durch Gesetz in Grenzen gehalten werden […].

5. Jedem Departement wird eine genügende Summe bewilligt, damit der Preis der Grundnahrungsmittel für alle Einwohner der Republik auf gleicher Höhe gehalten werden kann.

8. Es soll ein Maximum für Vermögen festgesetzt werden. […]

10. Keiner soll mehr Ländereien pachten dürfen, als für eine festgesetzte Anzahl von Pflügen gebraucht wird.

11. Ein Bürger soll nicht mehr als eine Werkstatt oder einen Laden besitzen dürfen.

12. Alle, die Waren oder Grund und Boden unter ihrem Namen innehaben, sollen als deren Eigentümer gelten.

Zit. nach: W. Markov: Revolution im Zeugenstand. Frankreich 1789–1799. Bd. 2, Leipzig 1986, S. 489 ff.

5 Republikanischer Dekalog (1793/94)

Du sollst allein dem Volke heiligen Gehorsam schwören.
Du sollst die von ihm bestätigten Gesetze treu einhalten.
Du sollst jedem König auf ewig Hass und Krieg schwören.
Du sollst bis zu deinem letzten Atemzug deine Freiheit bewahren.
Du sollst die Gleichheit ehren, indem du beständig nach ihr handelst.
Du sollst nicht eigensüchtig sein, weder unabsichtlich noch vorsätzlich.
Du sollst nicht nach Positionen trachten, die du nicht würdig ausfüllen kannst.
Du sollst allein auf die Vernunft hören, dich künftig nur von ihr leiten lassen.
Du sollst als Republikaner leben, damit du selig sterben kannst.
Du sollst bis zum Frieden revolutionär handeln.
Du sollst alle Verdächtigen einsperren, ohne die geringste Nachsicht zu üben.
Du sollst die Priester unverzüglich von deinem Grund und Boden vertreiben.
Du sollst jeden Emigranten, der zurückkehrt, unverzüglich einen Kopf kürzer machen.
Du sollst in deine Clubs weder einen Feuillanten noch einen Gemäßigten aufnehmen.
Du sollst den wucherhaften Hamsterer verfolgen wie auch den Gauner.
Du sollst keinem Eid eines ehemaligen Adligen vertrauen.
Du sollst täglich zu deinem Club gehen, um dich gründlich zu unterrichten.

Zit. nach: R. Reichardt (Hrsg.): Die Französische Revolution. a. a. O., S. 58 f.

6 Das Französische Volk oder Das Regime Robespierres
Anonyme Radierung, koloriert, 1794/95, Paris.

7 Aus dem „Gesetz über die Verdächtigen", am 17. September 1793 vom Nationalkonvent beschlossen

Art. 1. Unmittelbar nach der Verkündigung dieses Gesetzes werden alle Verdächtigen, die sich auf dem Gebiet der Republik befinden und noch auf freiem Fuße sind, verhaftet und eingesperrt.

Art. 2. Als verdächtig gelten:

1. diejenigen, die sich durch ihr Verhalten, ihre Beziehungen, ihre Reden oder ihre Schriften als Anhänger der Tyrannei [...] und als Feinde der Freiheit zu erkennen gegeben haben;
2. diejenigen, die gemäß dem Gesetz vom 21. März d. J.[2] keinen Nachweis über ihre Existenzmittel und über die Erfüllung ihrer staatsbürgerlichen Pflichten erbringen können[3] [...]
3. jene der einstmals Adligen, die Gatten und Gattinnen, Väter und Mütter, Söhne und Töchter, Brüder und Schwestern, die nicht beständig ihre Verbundenheit mit der Revolution bekundet haben, sowie Emigranten;
4. diejenigen, die in der Zeit zwischen dem 1. Juli 1789 und der Veröffentlichung des Gesetzes vom 8. April 1792 emigriert sind, auch wenn sie in der vom Gesetz festgelegten Frist oder früher nach Frankreich zurückgekehrt sind.

Zit. nach: I. und P. Hartig: Die Französische Revolution. Stuttgart 1979, S. 93 f.

8 Aus einem Zeitungsartikel von Camille Desmoulins (24. Dezember 1793)

Die Freiheit ist das Glück, ist die Vernunft, ist die Gleichheit, ist die Gerechtigkeit, die Erklärung der Rechte, ist eure herrliche Verfassung! Soll ich sie anerkennen, soll ich ihr zu Füßen fallen, soll ich mein Blut für sie verströmen? Dann öffnet vorher die Zuchthäuser für die 200 000 Bürger, die ihr Verdächtige nennt, denn in der Erklärung der Rechte ist nirgends die Rede von Verdachtshäusern. Für den Verdacht sind nicht die Gefängnisse, sondern der Staatsanwalt da. Es gibt keine Verdächtigen, sondern nur Beschuldigte, denen vom Gesetz vorgesehene Strafen angedroht werden. Und glaubt nur nicht, eine solche Maßnahme würde das Ende der Republik bedeuten. Sie wäre die revolutionärste Tat, die ihr jemals vollbracht hättet. Ihr wollt alle eure Feinde mit der Guillotine austilgen. Hat man je einen größeren Aberwitz gesehen? Könnt ihr einen Einzigen auf dem Schafott umbringen, ohne euch unter seinen Verwandten oder Freunden zehn Feinde zu machen? [...]

Ich denke ganz anders als die, welche euch sagen, der Schrecken müsse auf der Tagesordnung bleiben. Ich bin im Gegenteil überzeugt, dass die Freiheit gefestigt und Europa besiegt würde, wenn ihr einen Vergebungsausschuss hättet. Ein solcher Ausschuss würde die Revolution vollenden, denn auch das Vergeben ist eine revolutionäre Maßnahme, die wirksamste überhaupt, wenn sie klug eingesetzt wird.

Zit. nach: U. Friedrich Müller (Hrsg.): Die Französische Revolution 1789 bis 1799. München 1988, S. 257 f.

9 Fragenkatalog aus Rochefort zur Beurteilung der revolutionären Gesinnung der Bürger (1793/94)

1. Was hast du 1789, 1791, 1792 gemacht?
2. Wie hast du dich 1793 während der föderalistischen Krise[4] verhalten?
3. Wie groß war dein Vermögen 1789 und wie groß ist es 1793?
4. Wenn es angewachsen ist, wodurch?
5. Welches sind deine Verbindungen und welche Reden führst du?
6. Hast du konterrevolutionäre Adressen unterschrieben?
7. Hast du einem literarischen Zirkel oder einem antipatriotischen Klub angehört?
8. Hast du für schlechte Zeitungen geschrieben?
9. Was hast du eigentlich für die Revolution getan?

Zit. nach: S. Petersen: Die Große Revolution und die Kleinen Leute. Französischer Alltag 1789–1795. Köln 1988, S. 203.

10 Robespierres „Regierungsprogramm" – Aus seiner Grundsatzrede vor dem Nationalkonvent (5. Februar 1794)

Welches Ziel haben wir? Es heißt: friedlicher Genuss der Freiheit und Gleichheit, Herrschaft der ewigen Gerechtigkeit. [...] Was wir in unserem Land einführen wollen, ist Gemeinschaftsverantwortung statt Eigensucht, Anständigkeit statt Ehrgehabe, Grundsätze statt alter Gewohnheiten, Bürgerpflichten statt Anstandsregeln, Vernunftherrschaft statt Modentyrannei, Verachtung des Lasters statt Verachtung des Unglücks, Selbstachtung statt Dünkel, Seelengröße statt Eitelkeit, Ruhmesliebe statt Geldgier, die guten und einfachen Leute statt der Leute der feinen Gesellschaft, Verdienst statt Intrigenspiel, Erfindungskraft statt Schöngeisterei, Wahrheit statt hohlen Glanz, die Freuden des Glücks statt schaler Genusssucht, Größe des Menschen statt Bedeutungslosigkeit der Großen, ein großmütiges, mächtiges und glückliches Volk statt eines liebenwerten, aber leichtlebigen und verelendeten Volkes, das heißt Tugenden und wunderbare Wohltaten der Republik statt alle der Laster und Lächerlichkeiten der Monarchie. – Mit einem Wort, wir wollen den Auftrag der Natur ausführen, die Menschheit ihrer Bestimmung zuführen, die Verheißungen der Auf-

2 Gesetz über die Schaffung von Überwachungsausschüssen
3 Gemeint sind in erster Linie die Spekulanten.

4 Im Juni/Juli 1793 breitete sich im Süden, Südwesten und in der Bretagne eine Rebellion gegen den Nationalkonvent aus, die als föderalistisch bezeichnet wurde und an der auch die entmachteten überlebenden Girondisten beteiligt waren.

klärung erfüllen, die lange Herrschaft des Verbrechens und der Tyrannei bei der Vorsehung sühnen. [...]
Welche Art von Regierung kann diese Wunder vollbringen? Allein die demokratische oder republikanische Regierung: Diese beiden Wörter sind bedeutungsgleich, mögen sie auch in der gewöhnlichen Sprache missbraucht werden; denn die Aristokratie ist ebenso wenig republikanisch wie die Monarchie. Die Demokratie ist keine Regierungsform, in der das Volk dauernd versammelt ist und alle öffentlichen Angelegenheiten selbst regelt; noch weniger ist sie eine Regierungsform, in der 10000 Splittergruppen des Volkes durch jeweils isolierte, überstürzte und widersprüchliche Maßnahmen über das Schicksal der Gesellschaft insgesamt entscheiden: Eine solche Regierungsform hat es nie gegeben und wenn es sie gäbe, könnte sie das Volk nur zum Despotismus führen. [...] Die Demokratie ist eine Regierungsform, in der das Volk unter Leitung selbstgeschaffener Gesetze selber tut, was es gut kann, und durch Beauftragte tut, was es selber nicht kann. [...]
Um aber unter uns die Demokratie zu gründen und zu festigen, um die friedliche Herrschaft der Verfassungsgesetze zu erreichen, gilt es zunächst, den Krieg der Freiheit gegen die Tyrannei zu beenden und das stürmische Meer der Revolution wohlbehalten zu überqueren; eben das ist der Zweck des revolutionären Systems, das ihr gesetzlich verankert habt [...].
Was ist nun das Grundprinzip der demokratischen Volksregierung? Wie heißt die Kraft, welche die Regierung trägt und handlungsfähig macht? Es ist die Tugend; ich meine jene öffentliche Tüchtigkeit, die im alten Griechenland und im alten Rom so viele Wunder vollbracht hat und im republikanischen Frankreich noch viel erstaunlichere Wunder vollbringen wird; jene Tugend, die nichts anderes ist als die Liebe zum Vaterland und [zu] dessen Gesetzen. – Da aber das Wesen der Republik oder der Demokratie in der Gleichheit besteht, so folgt daraus, dass die Vaterlandsliebe notwendig die Liebe der Gleichheit einschließt. [...] Die Tugend ist nicht nur die Seele der Demokratie, sondern sie kann auch nur in dieser Regierungsform bestehen [...].
Wenn die treibende Kraft der Volksregierung während des Friedens in der Tugend besteht, so besteht sie während der Revolution in der Tugend und in der Terreur zugleich; denn ohne Tugend ist die Terreur verderblich und ohne Terreur ist die Tugend machtlos. Die Terreur ist nichts anderes als unmittelbare, strenge, unbeugsame Gerechtigkeit; sie ist also Ausfluss der Tugend; sie ist weniger ein besonderes Prinzip als vielmehr die Konsequenz des allgemeinen Prinzips der Demokratie in seiner Anwendung auf die dringendsten Bedürfnisse des Vaterlandes. [...] Die Regierung der Revolution ist der Despotismus der Freiheit gegen die Tyrannei.

Zit. nach: Rolf Reichardt (Hrsg.): Die Französische Revolution. Freiburg, Würzburg 1988, S. 68 f.

11 Der Pariser Sicherheitsausschuss[5] begründet sein Verbot der revolutionären Frauen-Clubs (30. Oktober 1793)

Die häuslichen Aufgaben, zu denen Frauen von Natur aus bestimmt sind, gehören selbst zur allgemeinen Ordnung der Gesellschaft. Diese soziale Ordnung resultiert aus dem Unterschied, der zwischen Mann und Frau besteht. Jedes Geschlecht ruft nach der ihm eigenen Art von Beschäftigung, bewegt sich in diesem Kreis, den es nicht überwinden kann. Denn die Natur, die dem Menschen diese Grenzen gesetzt hat, befiehlt gebieterisch und hält sich an kein Gesetz. Der Mann ist stark, robust, mit einer großen Energie, mit Kühnheit und Mut geboren. Er meistert die Gefahren, die Rauheit der Jahreszeiten durch seine Konstitution. Er widersteht allen Elementen. Er ist für die Künste wie für die schweren Arbeiten geeignet. Und da er fast ausschließlich für die Landwirtschaft, den Handel, die Schifffahrt, die Reisen, den Krieg bestimmt ist, zu all jenem also, was nach Kraft, Intelligenz und Kompetenz verlangt, so scheint auch er allein zu jenen tief gehenden und ernsthaften Meditationen geeignet, die eine große Anstrengung des Geistes und lange Studien voraussetzen, denen Frauen nicht nachgehen können.
Welches ist der der Frau eigentümliche Charakter? Die Sitten und die Natur selbst haben ihr Aufgaben zugesprochen: die Erziehung der Menschen zu beginnen, den Geist und das Herz der Kinder auf die öffentlichen Tugenden vorzubereiten, sie von früh an zum Guten hinzulenken, ihr Gemüt zu entfalten, [...] neben den Sorgen um den Haushalt. [...]
Wenn die Frauen all diese Aufgaben erfüllen, haben sie sich um das Vaterland verdient gemacht. [...] Erlaubt es die Sittsamkeit einer Frau, sich in der Öffentlichkeit zu zeigen und gemeinsam mit den Männern zu kämpfen, im Angesicht des Volkes über Fragen zu diskutieren, von denen das Wohl der Republik abhängt? Im Allgemeinen sind Frauen kaum zu hohen Vorstellungen und ernsthaftem Nachdenken fähig. [...]
Wir glauben also [...], dass es nicht möglich ist, dass Frauen politische Rechte ausüben. Vernichtet also diese angeblichen Volksgesellschaften von Frauen, die der Adel nur schuf, um sie mit Männern streiten zu lassen, um diese zu entzweien, weil sie in den Auseinandersetzungen Partei ergreifen sollten, und um Unruhe zu stiften.

Zit. nach: Susanne Petersen: Brot und Kokarden – Frauenalltag in der Revolution. In: Viktoria Schmidt-Linsenhoff (Hrsg.): Sklavin oder Bürgerin? Französische Revolution und Neue Weiblichkeit 1760–1830. Marburg 1989, S. 35 f.

5 eingesetzt vom Nationalkonvent im Oktober 1792, zuständig für die innere Sicherheit, insbesondere für Verhaftungen und die Einleitung von Prozessen

12 **Der massenhafte Thronsturz.** Kolorierte Radierung von C. Dupius, Paris 1794.

13 **Adresse einer Volksgesellschaft (Sektion „Brutus") an den Nationalkonvent (19. April 1794)**

Die Volksgesellschaften der verschiedenen Sektionen sind jetzt in eine unerwartete Ungnade gefallen und scheinen bei den Freunden der Freiheit Misstrauen und Besorgnis zu erregen. Man beschuldigt sie, dass sie die unsittlichen und freiheitsmörderischen Prinzipien der Cordeliers, deren Führer unter dem Schwert des Gesetzes gefallen sind, auffrischen und ihnen in ihrem Kreis huldigen. Das Ansehen, das sie sich erworben haben, scheint sie der strengen öffentlichen Meinung verdächtig zu machen. Die Vorwürfe, die einige Intriganten den Gesellschaften, deren Ausweise sie erschwindelt haben, zweifellos in die Schuhe schieben wollten, kann man jedoch der Volksgesellschaft „Brutus" keineswegs machen.

Sie hat ernsthaft um ihre Erneuerung gerungen und energisch die Intriganten bekämpft. Sie hat sich ständig um das öffentliche Wohl bemüht und sich die Muttergesellschaft zum Vorbild genommen. Sie hat stets die Nationalversammlung als ihren Sammelplatz angesehen. Sie war weit davon entfernt, Anteil an den verbrecherischen Plänen der ruchlosen Partei zu nehmen, die euer wachsames und scharfblickendes Auge aufgedeckt hat. Sie ist vor euch getreten, um euch den Abscheu zu bekunden, der sie ergriffen hatte. Sie hat euch ihre Arme und ihr Leben angeboten, noch ehe eure schrecklichen Keulenschläge die Verschwörer getroffen haben.

Nun, diese gleiche Volksgesellschaft kommt heute aus Sorge um das öffentliche Wohl, von dem sie sich leiten lässt, zu euch, um zu erklären, dass sie von diesem Augenblick an ihre Sitzungen einstellt. Alle ihre Mitglieder gehen nach Hause und erscheinen von jetzt an nur noch in den Generalversammlungen. […]

Bevor wir aber euer Hohes Haus verlassen, Volksvertreter, wollen wir euch unsere klare politische Meinung über die Sektionsgesellschaften zur Kenntnis bringen. Wir sind der Meinung, dass der größte Teil ihrer Mitglieder makellos und rechtschaffen ist. Sie wollen für das Gute wirken und versuchen, ihm in den Herzen aller Eingang zu verschaffen. Dieses edle Streben ist uns immer eigen gewesen. Aus diesem Grund übergeben wir eurem Präsidium die Liste mit den Namen und Anschriften aller Mitglieder der Gesellschaft, die zum größten Teil dieser Deputation angehören, damit ihr ohne Unterschied aus diesem Verzeichnis auswählen könnt, wenn ihr Patrioten braucht, die euch mit Leib und Seele ergeben sind, Patrioten, die immer bereit sind, euch zu achten und euch auf Leben und Tod zu beschützen. Es lebe die Republik!

Zit. nach: W. Markov/A. Soboul: Die Sansculotten von Paris. Berlin 1957, S. 387 f.

14 **Opfer der Schreckensherrschaft 1793/94**

Todesopfer insgesamt	30000–40000
Durch Revolutionstribunale verurteilt	16594
März bis September 1793	518
Oktober 1793 bis Mai 1794	10812
Juni bis Juli 1794	2554
August 1794	86

15 Soziale Verteilung der Opfer

Kleinbürgertum und Unterschicht (Sansculotten)	31,0%
Bauern	28,0%
Besitz- und Bildungsbürgertum	25,0%
Adel	8,5%
Klerus	6,5%

Schätzungen nach D. Greer: Incidence of the Terror during the French Revolution. Cambridge, Mass. 1935, S. 26 f.; A. Soboul: Französische Revolution und Volksbewegung: Die Sansculotten. Frankfurt/Main 1978, S. 352 f.; nach: H. D. Schmid: Fragen an die Geschichte, Bd. 3. Frankfurt/Main 1976, S. 145.

16 Aus dem Beschluss des Nationalkonvents zur Einsetzung des Revolutionstribunals[6] (10. Juni 1794)

Art. 4. Das Revolutionstribunal wird eingesetzt, um die Feinde des Volkes zu bestrafen.

Art 5. Die Feinde des Volkes sind diejenigen, die es versuchen, die öffentliche Freiheit zu vernichten, durch Gewalt oder durch List.

Art. 6. Als Feinde des Volkes sind diejenigen zu betrachten, die die Wiederherstellung des Königreichs bewirken wollen oder die darauf aus sind, den Nationalkonvent verächtlich zu machen oder ihn aufzulösen und damit die republikanische Revolutionsregierung, deren Mittelpunkt der Konvent ist […],

diejenigen, die sich bemühen, Entmutigung zu erzeugen, um die Unternehmen der gegen die Republik alliierten Tyrannen zu begünstigen;

diejenigen, die Falschmeldungen verbreiten, um das Volk zu spalten oder zu beunruhigen; […]

Art. 7. Die Strafe für alle diese Verbrechen, deren Feststellung dem Revolutionstribunal obliegt, ist der Tod.

Zit. nach: I. und P. Hartig: Die Französische Revolution. Stuttgart 1979, S. 99 f.

17 Robespierres letzte Rede vor dem Nationalkonvent (26. Juli 1794)

Wir müssen auf alles Unheil gefasst sein, das jene Parteien nach sich ziehen können, die bei uns ungestraft agieren. Inmitten so vieler glühender Leidenschaften und in einem so weitläufigen Reich ziehen sich Tyrannen, deren Armeen ich zwar flüchten, aber nicht eingekesselt und vernichtet sehe, zurück, um euch zur Beute eurer eigenen Zwistigkeiten, die sie selbst anzettelten, und zur Beute einer Armee verbrecherischer Agenten, die ihr nicht einmal bemerken könnt, werden zu lassen. Lockert für einen Augenblick die Zügel der Revolution, ihr werdet sehen, wie der militärische Despotismus diese Zügel ergreift und wie der Führer der Parteien die entwürdigte Volksvertretung umstößt. Ein Jahrhundert des Bürgerkriegs und des Elends wird unser Vaterland verwüsten und wir werden untergehen, weil wir es versäumt haben, in einem bestimmten Augenblick der Menschheitsgeschichte die Freiheit zu begründen; wir werden unser Vaterland einem Jahrhundert des Elends aussetzen und das Volk wird unser Andenken verwünschen, das doch der ganzen Menschheit teuer sein sollte!

Volk, erinnere dich, dass die Freiheit nur ein eitler Name ist, wenn nicht die Gerechtigkeit in der Republik mit absoluter Macht regiert und wenn das Wort Gerechtigkeit nicht Liebe zur Gleichheit und zum Vaterland bedeutet. Volk, das man fürchtet, dem man schmeichelt und das man verachtet, du anerkannter Souverän, den man immer als einen Sklaven behandelt, erinnere dich daran, dass überall da, wo es keine Gerechtigkeit gibt, die Leidenschaften der Beamten herrschen, dass dann das Volk nur seine Ketten ausgewechselt, aber nicht sein Schicksal geändert hat.

Zit. nach: I. und P. Hartig: Die Französische Revolution. Stuttgart 1979, S. 100 f.

18 Bericht über die Hinrichtung Robespierres und der führenden Jakobiner am 10. Thermidor (28. Juli 1794)

Gegen sechs Uhr abends verließen der Tyrann und 21 seiner Hauptmitschuldigen die Conciergerie, um zum Schafott zu fahren. Es waren drei Karren: Henriot, betrunken wie gewöhnlich, saß neben dem jüngeren Robespierre; der Tyrann neben Dumas, dem Werkzeug seines Wütens; Saint-Just neben dem Bürgermeister von Paris; Couthon war auf dem dritten Karren. Henriot und der jüngere Robespierre hatten sich in den Kopf geschossen und waren mit Blut bedeckt; Couthon trug eine Binde; der Tyrann hatte den ganzen Kopf bis auf das Gesicht verbunden, weil er einen Pistolenschuss in die Kinnlade bekommen hatte. Es ist keinem Menschen gegeben, hässlicher und feiger zu sein: Er war finster und niedergeschlagen. Die einen sagten, er sehe aus wie ein Tiger mit Maulkorb, andere, wie der Knecht eines Cromwell ausgesehen haben mag; die Haltung von Cromwell selber hatte er nicht mehr. Alle, die ihn umgaben, hatten wie er ihr anmaßendes Auftreten verloren. Ihr geducktes Wesen reizte die Entrüstung noch mehr. Man erinnerte sich, dass die Verschwörer, die ihnen vorausgegangen waren, wenigstens zu sterben wussten. Diese hier hatte nicht einmal die Kraft, miteinander zu reden oder das geringste Wort an das Volk zu richten.

Die Menge war zahllos; Laute der Freude, Beifall, Rufe: „Nieder mit den Tyrannen!", „Hoch die Republik!", Flüche jeder Art ertönten von allen Seiten längs des Weges.

6 Dieses Gesetz, als Prairial-Gesetz bekannt, bezeichnet den Höhepunkt der Schreckensherrschaft. Es entsprang aus der Krisensituation im Frühjahr 1794, als die Gegenrevolution außen und innen Fortschritte machte und Mordanschläge auf Robespierre und Collot d'Herbois versucht worden waren. Unmittelbar nach Beschluss dieses Gesetzes begann eine neue Welle von Hinrichtungen (siehe Tabelle S. 40).

1 Joseph Fouché, Konventskommissar in Lyon, über die Vorgeschichte von Robespierres Sturz (1794)

Wir hatten den Höhepunkt von Revolution und Schrecken erreicht. Regiert wurde nur noch mit dem Eisen, das die Köpfe abschnitt. Verdacht und Misstrauen nagten an allen Herzen und das blanke Entsetzen lag über allen. Ein einziger Mann im Konvent schien eine unangreifbare Popularität zu genießen, das war Robespierre [...]. Gestützt auf sein Übergewicht im Wohlfahrtsausschuss, strebte er ganz offen nicht mehr nur nach einer Tyrannis wie die Dezemvirn, sondern zum Despotismus einer Diktatur, wie Marius und Sulla sie ausgeübt hatten. Er brauchte nur noch einen einzigen Schritt zu tun, um absoluter Herr der Revolution zu sein, die nach seinem Willen zu lenken er die stolze Kühnheit besaß, aber er braucht dazu noch dreißig Köpfe und er hatte sie bereits im Konvent gekennzeichnet[1]. Er wusste, dass ich ihn durchschaut hatte, und also hatte ich die Ehre, in seinem Notizbuch auf die Mordliste gesetzt zu werden. [...] Es machte mir nicht das geringste Vergnügen, um meinen Kopf zu kämpfen oder bei heimlichen Treffen mit Kollegen, die ebenso wie ich bedroht waren, lange Beratungen halten zu müssen. Ich begnügte mich damit, ihnen [...] zu sagen: „Ihr seid auf der Liste! Ihr seid genau so auf der Liste wie ich, dessen bin ich ganz sicher!“ Tallien, Barras, Bourdon de l'Oise und Dubois de Crancé zeigten einige Energie. Tallien [...] war sogar entschlossen, den zukünftigen Diktator im Konvent mit seinem Dolche niederzustechen. Aber wie gefährlich war das! Robespierres Volkstümlichkeit hätte ihn überlebt und uns hätte man auf seinem Grabe geschlachtet. Ich redete Tallien einen solchen Alleingang aus, der zwar den Mann zu Fall gebracht, sein System aber erhalten hätte. Überzeugt, dass es anderer Mittel bedürfe, ging ich geradewegs zu denen, die mit Robespierre an der Schreckensherrschaft teilhatten, von denen ich aber wusste, dass sie auf seine immense Popularität neidisch waren oder sie fürchteten. Ich zeichnete bei Collot d'Herbois, bei Carnot, Billaud de Varenne die Züge des modernen Appius und einzeln entwarf ich ihnen ein kräftiges und wahres Bild der Gefahr ihrer Stellung. [...] „Zählt doch die Stimmen“, sagte ich zu ihnen, „in eurem Komitee! Ihr werdet sehen, dass er, wenn ihr nur wirklich wollt, nur die ohnmächtige Minderheit Couthon und Saint-Just für sich hat! Verweigert ihm das Wort und ihr isoliert ihn durch euren passiven Widerstand!“

Zit. nach: W. Lautemann: Geschichte in Quellen, Bd. 4. München 1981, S. 435 f.

2 Die „Galerie de Bois“ war unter dem Direktorium der Treffpunkt der aufwändig und modisch gekleideten Nutznießer der Revolution. In der Mitte ein herausgeputzter Stutzer (Muscadin) mit hoher Halsbinde, engem Rock mit weit herabhängenden Schößen und weichen, spitzen Stiefeln. Paris, 1798.

1 Mehr als dreißig Abgeordnete, unter ihnen Legendre, Courtois, Tallien, schliefen nicht mehr zu Hause, sondern in wechselnden Quartieren. Auch Fouché besaß länger als zwei Monate hindurch keine feste Wohnung, weil es so der Polizei erschwert wurde, ihn zu überwachen oder gar festzunehmen. Diese Abgeordneten, die sich unmittelbar bedroht wussten, waren auch die, welche sich gegen Robespierre schließlich zusammenschlossen.

3 Der rechtsgerichtete Konventsabgeordnete Durand-Maillane über die Nacht vor Robespierres Sturz (26./27. Juni 1794)

Jeder Tyrann, der droht und nicht zuschlägt, wird selbst geschlagen. Tallien, Bourdon[2] und zwei oder drei andere bedrohte Montagnards schliefen nicht mehr und zur eigenen Verteidigung konspirierten sie gegen ihn [Robespierre]. Aber was sollten sie tun, um ihn zu stürzen? Robespierre leitete alle Machtzentren in Paris, alle Funktionäre der Klubs, und zu seinen ergebenen Parteigängern gehörte auch der Kommandant der bewaffneten Macht, Hanriot[3]. Nur ein Dekret des Konvents konnte diesen Koloss stürzen, denn in einem Kriege der Meinungen ist nichts mächtiger als die moralische Kraft. Aber es gab noch ein Hindernis: Die rechte Seite [des Konvents], die zahlreicher an Stimmen war, stand den bedrohten Montagnards weniger freundlich gegenüber. Sie konnte das auch nicht, weil die Montagnards ihre Anklage und Verhaftung gefordert hatten, während Robespierre sie immer geschützt hatte, wahrscheinlich um sich im Bedarfsfalle auf sie stützen zu können. Da es nun gar kein anderes Mittel gab, wandten sich die Montagnards an uns. Ihre Emissäre traten an uns heran. Sie wandten sich an Palasne-Champeaux, an Boissy-d'Anglas und an mich, die wir alle drei Anhänger der Verfassung waren und deren Haltung die anderen stärken musste. [...] Es war nicht möglich, noch länger täglich sechzig, achtzig Köpfe ruhig fallen zu sehen.

Zit. nach: W. Lautemann: Geschichte in Quellen, Bd. 4. München 1981, S. 438.

4 Der Sturz Robespierres am 27. Juni 1794 (9. Thermidor des Jahres II) – Aufruf der Kommune von Paris

Bürger, noch nie war das Vaterland in so großer Gefahr! Verbrecher unterdrücken den Konvent und diktieren ihm Gesetze. Man verfolgt Robespierre, der das trostreiche Prinzip von der Existenz des Höchsten Wesens und der Unsterblichkeit der Seele hat verkünden lassen. Man verfolgt Saint-Just, diesen Apostel der Tugend, der dem Verrat am Rhein und im Norden ein Ende machte. Außerdem Lebas, der die Waffen der Republik zum Triumph führte zusammen mit Couthon, dem tugendreichen Bürger, bei dem nur noch Körper und Kopf leben[4], doch im patriotischen Eifer nur so brennen. [...] Und wer sind ihre Feinde? Ein gewisser Amar, Adliger mit 30000 Livres Rente; Dubarran, ein Vicomte, und andere Ungeheuer dieser Art [...]. Volk, steh auf! Wir wollen die Früchte des 10. August und des 31. Mai nicht einbüßen! Wir wollen alle Verräter ins Grab stürzen!

Zit. nach: W. Lautemann: Geschichte in Quellen, Bd. 4. München 1981, S. 439 f.

5 Der Sturz Robespierres am 27. Juni 1794 (9. Thermidor des Jahres II) – Unsicherheit in den Sektionen

Der Faubourg Antoine an den Generalrat der Kommune
Freiheit, Gleichheit oder Tod
Am 9. Thermidor im Jahre II der einen und unteilbaren Republik. Bürger, Behörden.

Die Bürger der Vorstadt Antoine, Sektion der Quinze-Vingt, haben noch nicht jene Energie verloren, welche die Republikaner kennzeichnet, aber unter den augenblicklichen Umständen unter einem Revolutionsregiment haben sie es nötig, dass ihre Handlungen geleitet werden, damit sie nicht in die Fallen gehen, welche zu stellen die Feinde der Allgemeinheit nicht aufhören.

Sie stehen in diesem Moment unter den Waffen und erwarten Kenntnis zu erhalten von den Motiven, welche zu der allgemeinen Ansammlung ihrer Mitbürger geführt haben. Fest in ihren revolutionären Grundsätzen, geloben sie feierlich, nur die eine und unteilbare Republik zu kennen.

Zit. nach: W. Lautemann: Geschichte in Quellen, Bd. 4. München 1981, S. 440.

6 Aufruf des Konvents nach Robespierres Sturz (28. Juli 1794)

Kaum waren die Manöver der Verschwörer Robespierre, Saint-Just und Couthon und deren Komplizen bekannt geworden, da umgaben die Sektionen von Paris den Nationalkonvent; die Bürger bildeten mit ihren Leibern einen Wall um die Abgeordneten und stützten sie mit ihren Waffen.

Wie schön und eurer würdig war dieser ergreifende Anblick von Pariser Bürgern, die sich spontan um den Konvent geschart hatten [...]. Am 31. Mai machte das Volk die Revolution; am 9. Thermidor machte der Konvent die seine. Die Freiheit hat gleichermaßen beiden applaudiert.

Möge diese schreckliche Epoche [...] der letzte Sturm der Revolution sein! Möge sie vor allem die Bürger aufklären über das Recht der Gleichheit! Vor dem Vaterland ist kein Bürger irgendetwas und die Freiheit gestattet weder Vorrang noch Vorzug. Ein Mann ist nichts als ein Mann vor dem Gesetz und wer sich Rechte des Volkes anmaßt, ist kein Mann, sondern ein Schädling, der verschwinden muss.

Zit. nach: W. Lautemann: Geschichte in Quellen, Bd. 4. München 1981, S. 440 f.

2 zwei führende Jakobiner, die sich von Robespierre abgewandt hatten
3 Befehlshaber der Nationalgarde
4 Couthon war an den Beinen gelähmt.

7 Warenpreise in Paris 1795 (in Livres)

Fleisch	8 (Juni)	15 (September)
Butter	16–18 (Juli)	30 (September)
Zucker	11 (Januar)	62 (September)
12 Eier	9 (Juli)	12 (September)
25 kg Kartoffeln	34 (Mai)	56 (Oktober)
Talgkerzen	5 (Januar)	50 (August)
Fuhre Kohle	75 (Juni)	175 (Oktober)
Brennholz (Zentner)	160 (Mai)	500 (September)

Zit. nach: Georges Rudé: Die Massen in der Französischen Revolution. München, Wien 1961, S. 214 f. Übers. Angela Hillmayr und Rudolf Bischoff.

8 Die Germinal-Unruhen (1. April 1795) – Tumulte im Konvent

Männer, Frauen und Kinder drängen die Saalwächter beiseite, dringen in Scharen in den Saal des Konvents ein, schwenken ihre Freiheitsmützen und schreien: „Brot! Brot!“ – Die Abgeordneten auf der äußersten Linken und die Personen auf der Tribüne über ihnen klatschen ihnen auf das lebhafteste zu. Einige dieser Männer tragen auf ihren Mützen und Hüten die Aufschrift: „Brot und die Verfassung von 1793!“, andere haben nur das Wort „Brot!“ hingeschrieben. – Die große Mehrheit des Konvents hat das Schauspiel zuerst mit majestätischer Ruhe betrachtet; dann ist sie spontan mit dem Ruf: „Es lebe die Republik!“ aufgestanden. – Die lebhafteste Bewegung herrscht auf der äußersten Linken.

Legendre[5]*:* Wenn jemals der böse Wille, der sich regt […]
(Tausend Stimmen unterbrechen ihn mit dem Ruf: „Nieder! Nieder! Wir haben kein Brot!“)

Huguet: Hier gibt es keinen bösen Willen (Lärm).

Legendre: Wenn der böse Wille […]
(neue Rufe: Nieder! Nieder! hindern ihn am Weitersprechen)

Merlin (de Thionville)[6]*:* mischt sich in die Menge, spricht mit mehreren Arbeitern, klärt sie auf, umarmt sie.

Einige Bourgeois und einige Mitglieder der äußersten Linken rufen ihm zu, er solle sich an seinen Platz begeben.

Merlin: Mein Platz ist mitten im Volke. Die Bürger haben mir gesagt, dass sie keinerlei böse Absicht haben.

Ruamps: Nur die Muscadins[7] haben böse Absichten.

Merlin: Sie haben mir gesagt, dass sie, voll Vertrauen in die Nationalrepräsentation, weit davon entfernt seien, sie durch ihre Zahl schrecken zu wollen, dass sie nur deshalb hierher gekommen sind, um sie empfinden zu lassen, wie dringend ihre Bedürfnisse sind (Rufe erheben sich: „Brot! Brot!“) und dass sie bereit seien, diese zu verteidigen (Beifall). […]

Vanec[8]*:* Abgeordnete, ihr seht vor euch die Männer vom 14. Juli, vom 10. August und auch vom 31. Mai. (Die Mitglieder der äußersten Linken applaudieren rasend.) Sie haben geschworen, frei zu leben oder zu sterben, und sie halten fest an der Verfassung von 1793 und an der Erklärung der Rechte (der gleiche Beifall). Es ist Zeit, dass die Klasse der Bedürftigen nicht länger das Opfer des Egoismus der Reichen und der Gier der Kaufleute bleibt. (Die Menge: Ja! Ja! – lebhafter Beifall bei den Mitgliedern der äußersten Linken.) […]

Die Bürger, in deren Namen ich spreche, wollen die Verfassung von 1793; sie sind es satt, die Nächte vor den Türen der Bäcker zuzubringen; es ist Zeit, dass der, der die Lebensmittel heranbringt, der die Revolution gemacht hat, auch leben kann. Wir fordern von euch die Freiheit für einige tausend patriotische Familienväter, die nach dem 9. Thermidor eingekerkert worden sind.

Zit. nach: W. Lautemann: Geschichte in Quellen, Bd. 4. München 1981, S. 449 f.

9 Die Reaktion des Konvents am selben Tag (1. April 1795)

Barras[9]*:* In dieser Stunde, da man offen gegen die Republik konspiriert, muss der Konvent sich groß und gebieterisch zeigen. Wehe denen, die sich gegen die Volksvertretung bewaffnet haben! Wehe denen, die die Einheit und Unteilbarkeit der Republik antasten wollen! Der Konvent, der das Volk in der Nacht des 9. Thermidor zu retten verstand, wird es auch hier retten können. Ich beantrage, dass der Konvent über die Stadt Paris den Belagerungszustand verhängt; diese Maßnahme erlaubt es dem Kommandanten der bewaffneten Macht, die Ordnung aufrechtzuerhalten. […] Ich beantrage zudem, dass der Konvent General Pichegru zum Oberbefehlshaber der bewaffneten Macht ernennt. […]

Bourdon (de l'Oise): Ich beantrage, dass Pichegru nur so lange Oberbefehlshaber von Paris bleibt, wie die Gefahr andauert.

Die Anträge von Barras und Bourdon werden angenommen.[10]

Zit. nach: W. Lautemann: Geschichte in Quellen, Bd. 4. München 1981, S. 451.

5 jakobinischer Konventsabgeordneter, Gegner Robespierres
6 ebenfalls jakobinischer Konventsabgeordneter und Gegner Robespierres
7 Die Muscadins (Stutzer) waren Scharen junger Franzosen aus zumeist begüterten Familien, erkennbar an extravaganter Kleidung, die bewusst die revolutionären Mode- und Umgangsformen ablehnten und die sich zu politischen Gruppen zusammenschlossen. Sie attackierten vor allem die Jakobiner.
8 ehemaliger Führer der Sansculotten-Sektion Cité
9 Jakobiner, der gemeinsam mit Tallien und Fouché den Sturz Robespierres organisierte und später zum Royalisten wird
10 Damit und mit Verhaftungen in den unruhigsten Sansculotten-Sektionen werden die Aufstände beendet.

10 Die Prairial-Unruhen (20. Mai 1795) – Aus einem Zeitungsbericht vom Vorabend

[…] überall sah man Gruppen, ganz überwiegend Frauen, die von einem Aufstand am nächsten Tage redeten. Man sagte ganz offen, dass der Konvent überfallen werden müsse, dass er schon allzu lange das Volk vor Hunger sterben lasse, dass er Robespierre und seine Komplizen nur deshalb umgebracht habe, um selbst die Regierung an sich zu reißen, das Volk zu tyrannisieren, es auszuhungern durch Steigerung der Lebensmittelpreise und durch Schutz für die Händler, die vom Schweiße der Armen leben. Ein Flugblatt war verteilt worden, das den Plan zum Aufstand enthielt, die Mittel, die angewendet werden sollten, die Beschlüsse, die man fassen wollte. Man wollte die Frauen vorausschicken, weil man sicher war, dass der Konvent nie auf sie würde schießen lassen, und setzte hinzu, dass die Männer ihnen zu Hilfe kommen würden, wenn sie den Weg frei gemacht hätten. Und dieser Plan wurde völlig ausgeführt.

Zit. nach: W. Lautemann: Geschichte in Quellen, Bd. 4. München 1981, S. 451 f.

11 Forderungen der Aufständischen (20. Mai 1795)

1. Brot;
2. die Absetzung der Revolutionsregierung, deren verschiedene Faktionen der Reihe nach sämtlich ihre Macht dazu missbraucht haben, das Volk zugrunde zu richten, es auszuhungern und zu versklaven;
3. um vom Nationalkonvent die sofortige Proklamation und Inkraftsetzung der demokratischen Verfassung von 1793 zu fordern […];
5. die sofortige Freilassung aller Bürger, die in Haft gehalten werden, weil sie Brot verlangt und ihre Meinung frei geäußert haben; […]

Art. 10. Der Schlachtruf des Volkes ist: „Brot und die demokratische Verfassung von 1793“.

Zit. nach: W. Lautemann: Geschichte in Quellen, Bd. 4. München 1981, S. 453 f.

12 Erlass des Konvents am selben Tag (20. Mai 1795)

Art. I. Die Kommune von Paris ist vor der gesamten Republik für jeden möglichen Angriff auf die Nationalvertretung verantwortlich.

Art. II. Alle Bürger werden einzeln und gemeinsam aufgefordert, sich mit ihren Waffen sofort zu den Sammelplätzen ihrer Sektionen zu begeben. Dort erhalten sie aus dem Munde ihrer Führer die Befehle des Nationalkonvents. […]

Art. V. Anführer von Massenansammlungen werden außerhalb des Gesetzes gestellt; den guten Bürgern wird nachdrücklich ihre Festnahme aufgetragen. Im Falle des Widerstands ist Gewalt anzuwenden. […]

Art. IX. Der Nationalkonvent erklärt sich als in permanenter Sitzung befindlich, bis die öffentliche Ruhe in Paris wiederhergestellt ist.

Zit. nach: W. Lautemann: Geschichte in Quellen, Bd. 4. München 1981, S. 454 f.

13 Aus der Direktorialverfassung (23. September 1795)

Art. 33. Jede Urversammlung ernennt, je auf 200, gegenwärtige oder abwesende Bürger, die in solcher Versammlung das Stimmrecht haben, einen Wähler. […]

Art. 35. Niemand kann zum Wähler ernannt werden, wenn er nicht volle 25 Jahre alt ist und wenn er nicht mit den zur Ausübung der Rechte eines französischen Bürgers erforderlichen Eigenschaften eine der folgenden Bedingungen vereinigt, nämlich:

in den Gemeinden über 6000 Einwohnern – dass er Eigentümer oder Nutznießer eines Gutes sei, das zu einem Ertrag angeschlagen ist, das an Wert 100 Taglöhnen gleichkommt, oder eines Feldstückes sei, das 100 Taglöhnen gleichkommt;

in den Gemeinden unter 6000 Einwohnern – dass er Eigentümer oder Nutznießer eines Gutes sei, welches zu einem Ertrage angeschlagen ist, der so viel ausmacht, als der Lokalwert von 150 Tagen Arbeitslohn, oder Pächter einer Wohnung, die auf ein Einkommen angeschlagen ist, das an Wert 100 Tagelöhnen gleichkommt, oder eines Feldstückes, das 100 Tagelöhnen gleichkommt;

und auf dem Lande – dass er Eigentümer oder Nutznießer eines Gutes sei, das zu einem Ertrag angeschlagen ist, der dem Lokalwerte von 150 Tagen Arbeitslohn gleichkommt, oder Pächter oder Meier von Gütern ist, die auf ein Einkommen angeschlagen sind, das an Wert 200 Tagelöhnen gleichkommt. […]

Art. 44. Der gesetzgebende Körper ist aus einem „Rat der Alten“ und einem „Rat der Fünfhundert“ zusammengesetzt. […]

Art. 132. Die vollziehende Gewalt ist einem Direktorium von fünf Gliedern übertragen, welche durch den gesetzgebenden Körper ernannt werden, der alsdann, im Namen der Nation, die Stelle einer Wahlversammlung vertritt.

Zit. nach: W. Lautemann: Geschichte in Quellen, Bd. 4. München 1981, S. 455 f.

14 Jacques-Louis Davids Gemälde der idealisierten Heldenfigur Bonapartes auf dem St. Bernhard

Auf dem Boden sind die Namen seiner berühmten Vorgänger zu entziffern, die mit ihren Armeen die Alpen überquerten: Hannibal und Karl der Große. Das Gemälde entsprach der kaiserlichen Propaganda; in Wirklichkeit ritt Bonaparte nicht auf einem Pferd, sondern auf einem Maultier, und trug nicht seine Paradeuniform, sondern einen gewöhnlichen Waffenrock.
„Napoleon auf dem St. Bernhard", 1800.

15 Vertrauliche Erklärung Napoleons gegenüber dem französischen Gesandten in der Toskana (1. Juli 1797)

Glauben Sie, dass ich in Italien Siege erfechte, um damit das Ansehen der Advokaten[11] des Direktoriums zu erhöhen, von Leuten wie Carnot und Barras? Glauben Sie vielleicht, dass ich eine Republik begründen will? Welcher Gedanke! [...] Das ist eine Wahnvorstellung, in die die Franzosen vernarrt sind, die aber auch wie so manches andere vergehen wird. Was sie brauchen, ist Ruhm, die Befriedigung ihrer Eitelkeit, aber von der Freiheit verstehen sie nichts. Blicken Sie auf die Armee! Die Erfolge und die Triumphe, die wir soeben davongetragen haben, die haben den wahren Charakter des französischen Soldaten wieder hervortreten lassen. Für ihn bin ich alles. Das Direktorium soll es sich nur einfallen lassen, mir das Kommando über die Armee wegzunehmen! Dann wird man sehen, wer der Herr ist. Die Nation braucht einen Führer [...], aber keine Theorien über Regierung, keine großen Worte, keine Reden von Ideologien, die die Franzosen nicht verstehen. [...] Ich bin am Frieden nicht interessiert. Sie sehen, was ich bin, was ich jetzt in Italien vermag. Wenn Frieden geschlossen ist, wenn ich nicht mehr an der Spitze dieses mir ergebenen Heeres stehe, muss ich auf diese Macht, auf diese hohe Stellung, die ich mir verschafft habe, verzichten und im Luxemburg-Palast[12] Advokaten den Hof machen. Ich möchte Italien nur verlassen, um in Frankreich eine Rolle zu spielen, ungefähr der ähnlich, die ich hier spiele; aber der Augenblick ist noch nicht gekommen, die Birne ist noch nicht reif. [...] Ich will gerne eines Tages die republikanische Partei schwächen, aber es soll zu meinem eigenen Nutzen sein und nicht zu dem der alten Dynastie. Vorläufig gilt es, mit den Republikanern zu gehen.

Zit. nach: I. und P. Hartig: Die Französische Revolution. Stuttgart 1979, S. 108.

16 Proklamation Napoleons an die Italienarmee (14. Juli 1797)

Soldaten!
Heute ist der Jahrestag des 14. Juli. Vor euch seht ihr die Namen eurer Waffengefährten, die auf dem Felde der Ehre für die Freiheit des Vaterlandes gefallen sind. Sie haben euch das Beispiel gegeben; ihr gehört ganz der Republik, ihr gehört ganz den dreißig Millionen Franzosen und ihrem Glück, ihr gehört ganz dem Ruhm dieses Namens, der durch eure Siege neuen Glanz gewonnen hat.
Soldaten! Ich weiß, dass ihr tief betroffen seid vom Unglück, das dem Vaterland droht[13], aber das Vaterland kann nicht in wirkliche Gefahr geraten. Noch leben die Männer, die es zum Triumph über das vereinigte Europa geführt haben. Uns trennen Gebirge von Frankreich: Aber schnell wie der Adler werden wir sie überfliegen, wenn es nötig ist, die Verfassung zu erhalten, die Freiheit zu verteidigen und die Regierung und die Republikaner zu schützen.
Soldaten! Die Regierung wacht über den Schatz der Gesetze, der ihr anvertraut ist. Sobald Royalisten sich zeigen, ist ihr Leben verloren. Seid also ruhig und lasst uns bei den Namen der Helden, die an unserer Seite für die Freiheit gefallen sind, schwören, lasst uns auf unsere neuen Fahnen schwören: unversöhnlicher Krieg den Feinden der Republik und die Verfassung des Jahres III.

Zit. nach: W. Lautemann: Geschichte in Quellen, Bd. 4. München 1981, S. 464 f.

11 Die meisten führenden Politiker des Direktorialsystems waren Juristen.

12 Pariser Königsschloss, Sitz der Direktorialregierung

13 Nach dem überwältigenden Wahlerfolg royalistischer Kräfte im Frühjahr 1797 muss sich das Direktorium auf die Armee stützen, insbesondere auf die Generäle Hoche und Napoleon.

17 Aus einem Brief Napoleons an Talleyrand[14] über die Grundprinzipien einer künftigen Verfassung (19. September 1797)

Wir haben noch nicht definiert, was man unter ausführender, gesetzgebender und richterlicher Gewalt versteht. Montesquieu[15] hat uns falsche Definitionen gegeben [...]. Warum aber sollte man der gesetzgebenden Gewalt wirklich das Recht zusprechen, Krieg zu erklären und Frieden zu schließen, das Recht, Ausmaß und Art der Steuern festzusetzen? [...] Warum soll man bei einer Regierung, in der alle Macht vom Volke ausgeht, in der das Volk der Herrscher ist, der gesetzgebenden Gewalt Befugnisse zuerkennen, die ihr fremd sind?

Seit 50 Jahren sehe ich nur eine Sache, die wir gut definiert haben, die Volkssouveränität, aber wir sind in der Bestimmung dessen, was verfassungsmäßig ist, nicht glücklicher gewesen als bei der Aufteilung der verschiedenen Staatsgewalten.

Die verfassungsmäßige Organisation des französischen Volkes ist wirklich nur ein erster Entwurf.

Die Regierungsgewalt in ihrem ganzen Ausmaß, so wie ich es sehe, sollte als der wahre Vertreter des Volkes betrachtet werden.

Zit. nach: I. und P. Hartig: Die Französische Revolution. Stuttgart 1979, S. 109 f.

18 Napoleons Staatsstreich am 18. Brumaire des Jahres VIII (9. November 1799) – Aus der Proklamation an seine Soldaten

Soldaten,

das außerordentliche Dekret des Rates der Alten stimmt mit den Artikeln 102 und 103 der Verfassungsakte überein. Er hat mir den Befehl über die Stadt und die Armee übertragen. Ich habe den Befehl angenommen, um die Maßnahmen zu unterstützen, die er ergreifen wird und die ganz zugunsten des Volkes sind.

Seit zwei Jahren wird die Republik schlecht regiert. Ihr habt gehofft, meine Rückkehr werde so viel Übeln ein Ende bereiten; ihr habt sie mit einer Einmütigkeit gefeiert, die mir Verpflichtungen auferlegt, die ich erfüllen werde [...].

Freiheit, Sieg und Frieden werden die französische Republik auf den Rang heben, der ihr in Europa gebührt und den sie nur durch Ungeschicklichkeit oder Verrat verlieren konnte. Es lebe die Republik!

Zit. nach: W. Lautemann: Geschichte in Quellen, Bd. 4. München 1981, S. 537).

14 Charles Maurice de Talleyrand (1754–1838), Bischof von Autun, seit 1789 Mitglied der Nationalversammlung, 1791–1796 im Ausland, am Staatsstreich Napoleons 1799 beteiligt, Außenminister 1798–1807, Vertreter Frankreichs auf dem Wiener Kongress 1814–1815

15 Historiker und Staatstheoretiker (1689–1755), der in seinem Werk „De l'Esprit des Lois" 1748 die Lehre der Gewaltenteilung begründete (vgl. S. 14, M 1)

19 Konsulat statt Direktorium (10. November 1799)

Der Rat der Fünfhundert erwägt die Lage der Republik, beschließt die Dringlichkeit und fasst folgende Resolution:

Art. I. Es gibt kein Direktorium mehr und die folgenden hiernach genannten Personen sind keine Vertreter der Nation mehr wegen der Ausschreitungen und Angriffe, die sie immer wieder unternommen haben und der größte Teil von ihnen vor allem in der Sitzung dieses Morgens. [...]

Art. II. Der Gesetzgebende Körper ernennt eine vorläufige konsularische Exekutivkommission, die aus den Bürgern Sieyès, Roger-Ducos und dem General Bonaparte besteht; sie führen die Bezeichnung Konsuln der französischen Republik.

Art. III. Dieser Kommission wird die gesamte Macht des Direktoriums übertragen.

Zit. nach: W. Lautemann: Geschichte in Quellen, Bd. 4. München 1981, S. 538.

20 Aus der Konsulatsverfassung (13. 12. 1799)

Art. 39. Die Regierung ist drei Konsuln, die auf 10 Jahre ernannt werden und unbeschränkt wieder wählbar sind, anvertraut. [...] Die Verfassung ernennt zum ersten Konsul den Bürger Bonaparte [...].

Art. 41. Der erste Konsul verkündet die Gesetze; er ernennt und ersetzt nach seinem Willen die Mitglieder des Staatsrats, die Minister, die Gesandten und andere auswärtige Oberbeamte, die Offiziere der Land- und Seemacht, die Mitglieder der örtlichen Verwaltungen und die Regierungskommissare bei den Gerichtshöfen. Er ernennt alle Straf- und Zivilrichter, ausgenommen die Friedens- und Berufungsrichter, ohne sie jedoch absetzen zu können.

Art. 42. In den übrigen Verhandlungen haben der zweite und der dritte Konsul beratende Stimme. [...]

Art. 44. Die Regierung schlägt die Gesetze vor.

Zit. nach: I. und P. Hartig: Die Französische Revolution. Stuttgart 1979, S. 111 f.

21 Proklamation der Konsuln an das französische Volk (15. Dezember 1799)

Franzosen, eine Verfassung wird euch vorgelegt. [...] Die Verfassung beruht auf den wahren Prinzipien der repräsentativen Regierung und auf den geheiligten Rechten des Eigentums, der Gleichheit und der Freiheit.

Die von ihr eingesetzten Gewalten werden stark und dauerhaft sein, wie es für die Garantie der Bürgerrechte und der Staatsinteressen unabdingbar ist.

Bürger, die Revolution ist auf die sie auslösenden Prinzipien zurückgeführt und damit beendet.

Zit. nach: W. Lautemann: Geschichte in Quellen, Bd. 4. München 1981, S. 538.

1.9 Die Revolution und ihre Wirkung

1 Der deutsche Jakobiner Georg Friedrich Rebmann (1796)

Die größte Begebenheit unserer Tage und man kann wohl sagen, die größte Begebenheit aller Jahrhunderte, die fränkische Revolution, musste auf jeden Menschen von einigem Gefühl eine entscheidende Wirkung äußern. Jeder, der nicht bloß für seine Existenz Sinn hatte, nahm auf irgendeine Art an dieser großen Erscheinung teil und mancher junge Mann, der sonst ein elendes Pflanzenleben fortgeschleppt hätte, erhielt dadurch einen entscheidenden Stoß, der alle seine Kräfte in Bewegung setzte. Schöner und größer, als es leider! je zur Wirklichkeit kommen wird, stand das Ideal eines allgemeinen Brüderbundes vor der Seele des Menschen, der seine Mitbürger liebte.

Georg Friedrich Rebmann: Vollständige Geschichte meiner Verfolgungen und meiner Leiden [Herbst 1796]. In: ders.: Werke und Briefe, hrsg. von Werner Greilin und Wolfgang Ritschel, Band II. Berlin 1990, S. 94 f.

2 Der deutsche Philosoph Immanuel Kant (1798)

Die Revolution eines geistreichen Volkes, die wir in unseren Tagen vor sich gehen sehen, mag gelingen oder scheitern; sie mag mit Elend und Gräueltaten dermaßen angefüllt sein, dass ein wohldenkender Mensch sie, zum zweiten Male unternehmend, glücklich auszuführen hoffen könnte, doch das Experiment auf solche Kosten zu machen nie beschließen würde – diese Revolution, sage ich, findet doch in den Gemütern aller Zuschauer (die nicht selbst in diesem Spiele mit verwickelt sind) eine Teilnehmung dem Wunsche nach, die nahe an Enthusiasm[us] grenzt, die keine andere als eine moralische Anlage im Menschengeschlecht zur Ursache haben kann. Ein solches Phänomen in der Menschengeschichte vergisst sich nicht mehr, weil es eine Anlage und ein Vermögen in der menschlichen Natur zum Besseren aufgedeckt hat, dergleichen kein Politiker aus dem bisherigen Laufe der Dinge herausgeklügelt hätte. [...] Aber, wenn der bei dieser Begebenheit beabsichtigte Zweck auch jetzt nicht erreicht würde, wenn die Revolution gegen das Ende doch fehlschlüge oder, nachdem diese einige Zeit gewähret hätte, doch wiederum alles ins vorige Gleis zurückgebracht würde, so verliert jene Vorhersage doch nichts von ihrer Kraft. Denn jene Begebenheit ist zu groß, zu sehr mit dem Interesse der Menschheit verwebt, als dass sie nicht den Völkern, bei irgendeiner Veranlassung günstiger Umstände, in Erinnerung gebracht und zur Wiederholung neuer Versuche dieser Art erweckt werden sollte.

I. Kant: Der Streit der Fakultäten. In: Werke in 12 Bänden, Bd. XI. Frankfurt/Main 1964, S. 358, 361.

3 Sitzung eines patriotischen Frauenclubs

Die Leiterin liest aus dem „Moniteur" vor, die Teilnehmerinnen spenden Geld für nationale Zwecke. Es gab zahlreiche derartige Frauenvereine, deren Aufgabe es war, hilfsbedürftigen Patrioten beizustehen. Dort wurde aber auch über Gesetze der Nationalversammlung diskutiert und Kritik geübt. Gouache von Lesueur, um 1790.

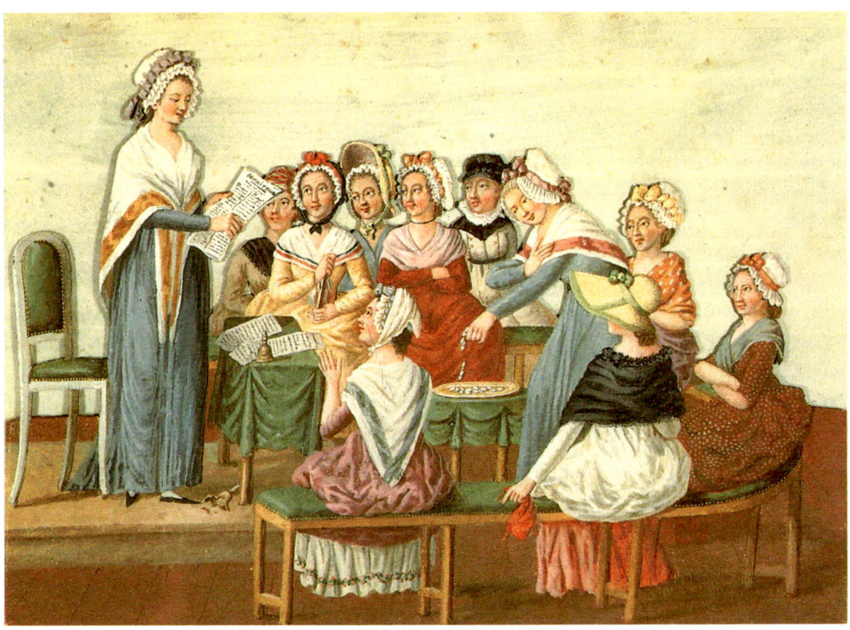

4 Der deutsche Publizist Ernst Moritz Arndt (1814)

Auch das hat die fürchterliche Französische Revolution, die wir jetzt unsere, die europäische Revolution nennen müssen, uns heller als das Sonnenlicht gezeigt, dass der alte Zustand Europas vergangen ist, dass wir in den Vorhallen einer neuen Zeit stehen, [...] dass wir dieser wilden und tollen Revolution unendlich viel verdanken, dass sie ein reiches Feuermeer ausgegossen hat, woraus jeder nicht lichtscheue Mann sein Teil hat schöpfen können, dass sie Ideen in die Köpfe und Herzen gebracht hat, die zur Begründung der Zukunft die notwendigsten sind und die zu fassen vor zwanzig oder dreißig Jahren die meisten Menschen noch zitterten.

Ernst Moritz Arndt: Über zukünftige ständische Verfassungen in Teutschland [1814]. In: ders.: Ausgewählte Werke, hrsg. v. Robert Geerds, Teil 11. Leipzig 1908, S. 197–250; hier: S. 208 f.

5 Der deutsche Philosoph G. W. F. Hegel (1837)

Solange die Sonne am Firmamente steht und die Planeten um sie herumkreisen, war das nicht gesehen worden, dass der Mensch sich auf den Kopf, das ist, auf den Gedanken stellt und die Wirklichkeit nach diesem erbaut. Anaxagoras hatte zuerst gesagt, dass der nous die Welt regiert; nun aber erst ist der Mensch dazu gekommen zu erkennen, dass der Gedanke die geistige Wirklichkeit regieren solle. Es war dieses somit ein herrlicher Sonnenaufgang. Alle denkenden Wesen haben diese Epoche mitgefeiert. Eine erhabene Rührung hat in jener Zeit geherrscht, ein Enthusiasmus des Geistes hat die Welt durchschauert, als sei es zur wirklichen Versöhnung des Göttlichen mit der Welt nun erst gekommen.

Zit. nach: G. W. F. Hegel: Vorlesungen über die Philosophie der Geschichte. Leipzig o. J., S. 552.

6 Der deutsche Staatsrechtler Lorenz von Stein (1842)

Von Frankreich aus zog sich ein doppelter Strom in alle Länder des Westens hinein; der eine, ein Strom neuer Gedanken und Hoffnungen, der andere ein Strom von Emigranten mit alten Ansprüchen. [...] Es ward plötzlich klar, dass es neben dem System des politischen Gleichgewichts für die Staaten noch ein zweites, vielleicht viel mächtigeres Band, eine gewaltige Solidarität in dem ganzen neueren Leben der Völker gebe: die Gleichartigkeit der Gesellschaft in der europäisch-germanischen Welt. Die verschiedenen Stände begannen die Gleichartigkeit des Kampfes, die Gemeinschaft der Siege und Niederlagen, der Entwicklung und Hemmung zu erkennen; die Sache der Emigranten ward zur Sache des Privilegiums in ganz Europa, die Sache des Tiers-Etat zur Sache der unterdrückten Völker. Die Geschichte Europas hatte in ihrer Bewegung endlich das Element ergriffen, durch welches sie die Gemeinschaft der Völker auf immer hervorrief – den Boden der gesellschaftlichen Zustände. [...] Hier in der Tat und nicht in den Kriegen, Siegen und Staatenänderungen, welche alsbald folgten, liegt der Grund, weshalb wirklich die neueste Zeit sich von der früheren mit jenen Jahren scheidet.

Lorenz von Stein: Geschichte der sozialen Bewegung in Frankreich von 1789 bis auf unsere Tage [1842–1850], hrsg. v. Gottfried Salomon, 3 Bände, München 1921; hier: Band I, S. 265 f.

7 Der deutsche Historiker Gerhard Ritter (1950)

Die Französische Revolution hat eine bewusste Gegensätzlichkeit deutschen und französischen Staatsdenkens eigentlich erst geschaffen, indem sie die bis dahin bestehende Normalform kontinentalen Staatswesens, den in Deutschland so eifrig nachgeahmten Militär- und Beamtenstaat des absoluten Fürstentums, in Frankreich selbst und im Bereich der unmittelbaren französischen Hegemonie zerstörte und stattdessen einen totalen Neubau auf der Grundlage rein rationaler Prinzipien wagte. [...]
Aber die Französische Revolution ist noch viel unmittelbarer für das Verständnis der uns heute bedrängenden Fragen wichtig. Indem sie den gewagten Versuch machte, ihren Staat ausschließlich auf rationale, d. h. jedem ohne weiteres einleuchtende Prinzipien statt auf uraltes Herkommen und religiöse Gehorsamkeitsgebote zu begründen, hat sie die naive Selbstverständlichkeit erschüttert, mit der bis dahin in Europa historische Autoritäten als solche anerkannt worden waren. Die europäische Menschheit wurde zur kritischen Nachprüfung ihres Autoritätsglaubens aufgerufen; die öffentliche Meinung wurde überall mobilisiert, ein ungeheurer Prozess der Politisierung eingeleitet, in den nach und nach alle Volksschichten hineingezogen wurden: zuerst das Bürgertum, zuletzt auch die Masse des Industrieproletariats. Was so entstand, war ein Gärungsprozess, der seinem Wesen nach unendlich ist und eine ewig erneute Unruhe in das politisch-soziale Gefüge der europäischen Menschheit hineingebracht hat. Dabei war die Rationalisierung des politischen Lebens nur ein Teilstück der großen, seit dem 18. Jahrhundert siegreich vordringenden Bewegung zur Rationalisierung, Entzauberung, Technisierung der Welt überhaupt; ihr fiel auch die alte Herrschaft der Kirche über die Geister zum Opfer, sodass nun der Staat mehr als jemals früher zur beherrschenden Macht des öffentlichen Lebens werden konnte. Mit der Umwandlung des alten Obrigkeitsstaats zum demokratischen Volksstaat und mit der Verdrängung der Kirchen aus dem Mittelpunkt des Lebens war grundsätzlich der Weg zum modernen Totalstaat eröffnet. [...]
Alle Welt ist heute eifrig bemüht, nach den „Wurzeln des Nationalsozialismus" in der deutschen Geschichte zu fahnden. Ein höchst notwendiges Geschäft! Aber es würde erfolglos bleiben, wollten wir bei dieser Suche unseren Gesichtskreis auf Deutschland beschränken. Nicht

irgendein Ereignis der deutschen Geschichte, sondern die Große Französische Revolution hat den festen Boden politischer Traditionen Europas entscheidend aufgelockert; sie hat aber auch die neuen Begriffe und Schlagworte geprägt, mit deren Hilfe der moderne Volks- und Führerstaat sich selbst begründet. Vor allem: Sie hat das Vorbild eines solchen Staatswesens selbst geschaffen und hat mit dessen Waffen den ganzen europäischen Kontinent überschwemmt. Wie hätte das ohne tiefgreifende Dauerfolgen bleiben können?

Zit. nach: G. Ritter: Europa und die deutsche Frage. o. O. 1948, S. 42 ff.

8 Der schweizerische Journalist Herbert Lüthy (im Jahr 1954)

„La Révolution est un bloc", dieses berühmte Wort Clemenceaus ist das Dogma der Politiker wie der Geschichtsschreiber und Geschichtslehrer geblieben, das unverdaut von Generation zu Generation weitergegeben wird. Die Revolution, wie sie alle Festredner der Republik feiern, die das Recht des Individuums, die Menschenrechte, die Volkssouveränität, die Freiheit und die Gleichheit proklamierte, die Feudalrechte, die Kastenprivilegien und viele alte Missbräuche und Schikanen abschaffte; und der Amoklauf dieser Revolution, die weder die Menschenrechte noch die Volkssouveränität je zu verwirklichen wagte, die Musterverfassungen dutzendweise schuf und nie anwandte, die im ständig engeren Teufelskreis der Diktatur das als souverän erklärte Volk in Ketten legte, die mit der Erstürmung eines leeren Gefängnisses begann und danach alle Gefängnisse des Landes bis zum Bersten füllte, die Verurteilungs- und Hinrichtungsmethoden industrialisierte, die erstmals die „Volksdemokratie" des Terrors und der zwangsmäßigen Einstimmigkeit, des Meinungsdelikts und der bloßen „Verdächtigkeit" als Kapitalverbrechen und der Denunziation als höchster Bürgerpflicht schuf, die Völkerbefreiung verkündete und Europa mit von Paris aus regierten und geplünderten Satellitenstaaten übersäte: All dies ist „unteilbar" wie die Republik selbst, es muss en bloc bejaht oder verneint werden. Kann man es wirklich bejahen?

Zit. nach: H. Lüthy: Frankreichs Uhren gehen anders. o. O. 1954, S. 31 f.

9 Die schweizerische Soziologin Jeanne Hersch (im Jahr 1956)

Die Demokratie der Menschenrechte ging von der optimistischen Vorstellung aus, wonach der Mensch frei ist, solange man ihn nicht daran hindert. Demnach genügt es, alle Fesseln zu beseitigen und zu verhindern, dass neue geschmiedet werden. Das Königtum und die Adelsprivilegien abschaffen, die Bastille stürmen – das bedeutet, dem Menschen seine natürliche Freiheit zurückzugeben. [...] Eine neue Gesellschaftsform sollte die Herrschaft eines Tyrannen durch diejenige der Gesetze ablösen, die Voraussetzung und zugleich Garantie der Freiheit sein sollten; tatsächlich aber ließ sie auf dem Gebiet der Wirtschaft eine völlige Anarchie entstehen, die allerdings wohl ausgestattet war mit einer philosophischen Rechtfertigung. Diese Anarchie war sozusagen die Einführung des Wertes „Freiheit" als solchem in das praktische Leben; sie nannte sich Wirtschaftsfreiheit, Handels- und Gewerbefreiheit, freie Konkurrenz, Liberalismus usw. Sie spiegelte zugleich ein unerschütterliches Vertrauen in die Natur, in die Weltordnung, in das Gleichgewicht der Kräfte wider. Sie gestattete, vor einer entscheidenden Tatsache die Augen fest zu schließen und sie unwissentlich aus dem Feld der menschlichen Freiheit auszuschalten: die Tatsache, dass unter dem Schutz der politischen Demokratie ein wirtschaftlicher Dschungel rapid wucherte, in dem sich immer mächtigere, antidemokratische Strukturen entwickelten.

Zit. nach: J. Hersch: Die Ideologie und die Wirklichkeit. o. O. 1957, S. 258 f. Übers. Cajetan Freund / Frieda Fischer.

10 Der französische Historiker Albert Soboul (1962)

Zehn Jahre revolutionärer Ereignisse hatten die Lage in Frankreich im Wesentlichen in Übereinstimmung mit den Wünschen der Bourgeoisie und Besitzenden grundlegend verändert. Die alte Aristokratie war samt ihren Privilegien und ihrer führenden gesellschaftlichen Bedeutung zerschlagen und die letzten Spuren der Feudalität waren beseitigt. Mit der radikalen Zerstörung der gesamten feudalen Hinterlassenschaft, der Befreiung der Bauern von den Herrenrechten, den kirchlichen Zehnten und – eingeschränkt – auch von den kollektiven Zwängen (contraintes communautaires), mit der Aufhebung der Zunftmonopole und der Herstellung des nationalen Marktes beschleunigte die Französische Revolution die Entwicklung des Übergangs vom „Feudalismus" zum Kapitalismus und bildete zugleich eine ihrer entscheidenden Etappen. Indem sie andererseits die provinziellen Besonderheiten und die lokalen Vorrechte aufhob und die Staatsgewalt des Ancien Régime zerbrach, schuf sie vom Direktorium bis zum Empire die Voraussetzungen eines modernen Staates, der den wirtschaftlichen und sozialen Interessen der Bourgeoisie entsprach.
Als großartigste bürgerliche Revolution, die durch den bewegten Charakter ihrer Klassenkämpfe alle vorangegangenen Revolutionen in den Schatten stellt, ist die Französische Revolution, um einen Ausdruck von Jaurès in seiner Histoire socialiste aufzugreifen, „im weitesten Sinne bürgerlich und demokratisch", während die amerikanische und englische Revolution „borniert bürgerlich und konservativ" blieben. Sie verdankt dies dem Widerstand der Aristokratie, die jeden politischen Kompromiss angelsächsischer Provenienz unmöglich machte und die Bourgeoisie zwang, nicht minder hartnäckig die totale Zerstörung der alten Ordnung zu betreiben: Dies aber konnte sie allein mit Unterstützung des Volkes durchführen. [...]

So entstehen aus der Französischen Revolution heraus Ideen, die nach einem Ausdruck von Marx „über die Ideen des ganzen alten Weltzustandes“ hinausweisen: die einer neuen Gesellschaftsverfassung, die nicht mehr die bürgerliche Ordnung sein wird.
Die Französische Revolution steht damit im Zentrum der modernen Weltgeschichte, am Kreuzweg verschiedener gesellschaftlicher und politischer Strömungen, welche die Nationen entzweit haben und noch weiterhin entzweien werden. Ihr Enthusiasmus begeistert die Menschen, die sich an die Kämpfe für Freiheit und Unabhängigkeit und an ihren Traum von der brüderlichen Gleichheit erinnern – oder löst Hassgefühle aus. Ihr aufgeklärter Geist lenkt die Angriffe gegen Privileg und Tradition oder reißt die Vernunft durch ihre großen Bemühungen mit fort, um die Gesellschaft auf rationale Grundlagen zu stellen. Ob bewundert oder gefürchtet – die Revolution lebt im Bewusstsein der Menschen weiter.

Zit. nach: A. Soboul: Die Große Französische Revolution. Frankfurt/Main 1972, S. 571 f. Übers. Dietfried Vilmar Krause und Joachim Heilmann.

8. Immanuel Kant.

11 **Dem Philosophen Immanuel Kant** galt die Französische Revolution als Beweis für die Existenz „einer moralischen Anlage im Menschengeschlecht“, weil sie „ein Vermögen in der menschlichen Natur zum Besseren aufgedeckt hat“ (vgl. S. 50, M2).

12 Der deutsche Publizist Paul Sethe (1965)

Das tragische Doppelantlitz der Revolution blickt uns heute noch an, wenn wir ihre Wirkungen zu untersuchen unternehmen. Die erste Revolution, die von 1789, hat dem Freiheitsgedanken eine Stoßkraft gegeben wie kein europäisches Ereignis vor ihr. Schreckensherrschaft, Kaisertum und Restauration haben ihn zu unterdrücken versucht; doch in den Revolutionen des 19. Jahrhunderts ist seine Glut immer wieder aufgeflammt. […]
Aber das Bild wird sogleich um vieles düstrerer, wenn wir uns daran erinnern, dass auf die freiheitliche Revolution die totalitäre Revolution von 1793 gefolgt war. Die Herrschaft einer einzigen Partei; der hochmütige Wahn der Regierenden, sie allein seien im Besitz der Wahrheit und die Andersdenkenden müssten nicht nur niedergehalten werden, sondern ausgerottet werden; der Eingriff des Staates in alle Bereiche des menschlichen Lebens, die Familie, die Erziehung, die Kirche – man spürt allzu sehr, wie uns diese Gefahren noch immer bedrohen. Nicht umsonst hat die russische Revolution unter ihre Vorbilder Marat eingereiht. […]
Und beide Revolutionen haben der Welt ein unheilvolles Erbe hinterlassen, dessen Geist ihnen beiden gemeinsam ist. Indem die Revolution alle Schranken niederriss, die vorher den Einzelnen von der Gesamtheit des Volkes trennten, hat sie ihn erst wirklich zum Staatsbürger gemacht und ihm das Empfinden der Vaterlandsliebe stärker mitgeteilt, als es vorher möglich war. Aber indem sie diesem Erlebnis ihre gewöhnliche Überhitztheit mitteilt, hat sie dem Patriotismus zugleich das Gift des Nationalismus mitgegeben.

Zit. nach: P. Sethe: Die großen Tage. Von Mirabeau zu Bonaparte. München 1965, S. 239 ff.

13 Der deutsche Soziologe Kurt Lenk (1973)

Ist Revolution die aktualisierte, potenzierte und intensivierte Form des Kampfes zwischen sozialen Klassen, die aus der Erhebung unkoordinierter und spontaner Volksmassen erwächst, stets aber eine tiefgreifende Strukturveränderung aller menschlichen Lebensbereiche zum Ziel hat, so setzt gerade dieser Anspruch, etwas grundlegend Neues schaffen zu wollen, einen – wenn auch nicht notwendig, so doch meist auch: gewaltsamen – Bruch mit der Tradition voraus. Im Sinne dieser Bestimmung gibt es Revolutionen in der Tat erst seit der Französischen, da in Bürgerkriegen, Aufständen und Erhebungen vor 1789 keine radikale Veränderung der sozioökonomischen Gesamtstruktur einer Gesellschaft intendiert war, sondern, sei es die Vertreibung der Herrscher aus ihren Machtpositionen, sei es die Verbesserung der Lebenschancen einzelner Interessengruppen, d.h. stets: eine Veränderung der Rolle und Rangposition innerhalb der vorgegebenen, festgefügten Rang- und Herrschaftsstrukturen. Erst die Französische Revolution ist zudem er-

einer neuen Produktionsweise oder einer ökonomischen Modernisierungsbewegung, sondern die Herausbildung einer politischen Kultur der Revolution. [...] Die Französische Revolution verwirrt uns noch heute, weil sie so viele zentrale Merkmale moderner Politik hervorgebracht hat. Sie war nicht lediglich ein Beispiel für die Gewalt und Instabilität, die durch den Modernisierungsprozess ausgelöst werden können, oder ein wesentlicher Schritt auf dem Weg zum Kapitalismus oder ein Glied im Prozess der Herausbildung des autoritären Staates, obwohl sie zu alledem beigetragen haben dürfte. Wichtiger ist die Tatsache, dass sie den Augenblick kennzeichnet, da die Politik als eine Tätigkeit mit gewaltigen Möglichkeiten, als Agent zielstrebiger Veränderung, als Gussform für Charakter, Kultur und soziale Beziehungen erkannt wurde.

Zit. nach: L. Hunt: Symbole der Macht – Macht der Symbole. Die Französische Revolution und der Entwurf einer politischen Kultur. Frankfurt/Main 1989, S. 264 ff. Übers. Michael Bischoff.

18 Der französische Historiker F. Furet (1996)

Der Aristokrat ist gegen den Bürger, jenen Vorboten einer von Geld und Rangverwischungen regierten Welt. Doch nach dem Zusammenbruch seiner Welt weiß er, dass er unwiderruflich mit der bürgerlichen Welt verbunden ist. Die konterrevolutionäre Idee bietet ihm einen Zufluchtsort für seine Erinnerungen, doch er hütet sich, sie zur Grundlage seines Verhaltens zu machen. Durch einen zu ausgeprägten Hass auf den Bürger würde er seinen Einfluss auf das öffentliche Leben verlieren. So müssen die Überlebenden der alten Welt im gesellschaftlichen Rahmen der neuen Welt ihre Verachtung für den Bürger zügeln. Sie bleiben ihren Sitten treu, und ihre Lebensformen verleihen ihnen mühelos Autorität gegenüber dem Bürger, der gezwungen ist, ihre Vergangenheit anzuerkennen. Zusammenfassend kann man sagen, dass der Aristokrat des 19. Jahrhunderts, gerade weil er eine Revolution fürchtet, kein Konterrevolutionär ist.

Aus eben diesem Grund übt auch der Bürger im politischen Leben Zurückhaltung. Die Ereignisse von 1789 haben ihm bewusst gemacht, mit welchen Schwierigkeiten das Regieren verbunden ist. Er ist sich der Gefahren der historischen Lage bewusst, die in seiner unsicheren Vormachtstellung und in dem Versprechen der demokratischen Gleichheit begründet sind. So wählt er den „goldenen Mittelweg" und findet sich damit ab, den Dünkel des Adels und die Unwägbarkeiten der Monarchie zu ertragen, um im Schutz ihres Wohlwollens das Volk regieren zu können. Seine politische Zaghaftigkeit resultiert aus dem Bewusstsein der eigenen Unfähigkeit, die entfesselten Kräfte zu lenken. Der Bürger zieht sich hinter Mittelmaß und Kleinmut zurück und wird nur noch verhasster, als es seine Vorfahren zwischen 1789 und 1793 schon waren. Doch andererseits schärft dieses Zaudern beständig seine Wachsamkeit gegenüber den Gefahren der revolutionären Tradition.

So war die Politik des 19. Jahrhunderts von einem permanenten Kompromiss zwischen zwei Welten geprägt, der jene Erschütterung vermeiden sollte, die dem Niedergang des „Ancien régime" in Frankreich vorausgegangen war. Der Bürger muss die Ablehnung der Aristokratie hinnehmen, doch mit ihr oder durch ihre Hilfe gelingt es ihm, zu regieren. Er lebt in der Furcht vor den Massen, doch er hat aus den eigenen Reihen mehr zu befürchten als vom Volk. Wenngleich sich die demokratische Idee durch das gesamte Jahrhundert zieht und eine immer tiefere Kluft gräbt, ist es noch kein demokratisches Jahrhundert. Das Volk spielt nur eine untergeordnete Rolle und hält sich an die ihm von der Elite zugeschriebene Rolle. Das Scheitern der Revolution von 1848 in ganz Europa verdeutlicht dieses zeitgeschichtliche Phänomen am besten.

Mit der Zeit verringert sich die Kluft zwischen dem Bürger und dem Aristokraten immer mehr. Die Vorstellungen, Neigungen und selbst Lebensarten haben sich einander immer mehr angenähert. Der Kult um die Nation, dem durch den Krieg eine unvorstellbare Kraft zugewachsen ist, hat sie zu einer gemeinsamen politischen Kraft, einem Willen zusammengeschweißt.

Zit. nach: F. Furet: Das Ende der Illusion. München/Zürich 1996, S. 31 f. Übers. Karola Bartsch.

19 Der Aufklärer und Kulturphilosoph Georg Forster fungierte zu Beginn der Revolution als Bibliothekar des Mainzer Erzbischofs. Er war Mitbegründer der „Mainzer Republik" und einer der bedeutendsten revolutionären Demokraten Deutschlands. Gemälde 1782 von Johann W. T. Tischbein (1732–1808)

20 Der deutsche Historiker Rolf Reichardt (1998)

Nicht nur in Leitideen wie Freiheit, Gleichheit und sozialer Gerechtigkeit bestand das Erbe der Französischen Revolution für Europa, sondern zunehmend in neuen Formen der kollektiven Meinungsbildung, der Mobilisierung und Aktion der aufständischen Volksmenge, in der immer weiter ausgreifenden Vorstellung von der Machbarkeit und demokratischen Gesetzmäßigkeit einer Revolution nach Pariser Modell. Nicht von ungefähr war das 19. Jahrhundert eine Epoche der Revolutionen, die 1830 und 1848 von Paris ausgehend weite Teile Europas ergriffen.

Zit. nach: R. Reichardt: Das Blut der Freiheit. Französische Revolution und demokratische Kultur. Frankfurt/Main 1998, S. 333.

21 Der deutsche Historiker Ernst Schulin (2004)

Die Französische Revolution hat das, was schon der fortschrittliche Absolutismus wollte, aber nicht erreichte, geschaffen: nämlich den festen, einheitlichen zentralen Regierungsapparat, der alle Umstürze des 19. Jahrhunderts überlebte und der das eigentliche stabile, „konservative" Element des Staates war. Mit diesen beiden, nämlich mit der politischen Demokratie und der Zentralregierung, hängt zusammen der moderne Nationalismus, die allgemeine Schulpflicht, die allgemeine Wehrpflicht und dergleichen. [...]

Die politisch bestimmende Gesellschaftsschicht war seither das Bürgertum in seinem schwer abzugrenzenden Umfang. Wenn man sagt, das „reiche Bürgertum" oder das „kapitalistische", ist das schon zu abgegrenzt. Sein bestimmtes Interesse, nämlich die Sicherung des Eigentums, die Freiheit für die wirtschaftliche Unternehmung und für den sozialen Aufstieg, ist aber seit 1789 zu erkennen. Es ist zu erkennen in der Abschaffung der Stände einerseits, in der Begrenzung des Weges zur radikalen Demokratisierung andererseits. [...]

Das europäische Bürgertum wollte liberal sein wie das französische, es wollte die Errungenschaften der ersten Phase der Französischen Revolution haben, also Verfassung, konstitutionelle Monarchie. Aber der Liberalismus war diskreditiert als gewaltsamer französischer Import. Der Nationalismus – auch er in Frankreich in der Gefahrenzeit in seinem modernen Sinne entstanden – war, als Gegenkraft gegen Napoleons Universalreich, weit stärker. Er wurde [...] zur wirkungsvollsten Ideologie des 19. Jahrhunderts.

Das Bürgertum ist durch diese Modifizierungen, Brechungen der Revolution in den verschiedenen Staaten des 19. Jahrhunderts in ein Lavieren geraten, das es diskreditiert hat. Es wurde angreifbar von rechts und von links, weil sein Klasseninteresse dabei deutlich hervortrat. Die ernst gemeinte Idee, allgemeine Menschenrechte zu vertreten, ständelos zu sein, blieb allzu sehr Idee angesichts der weiterbestehenden Aristokratie und angesichts der Vorsichtsmaßnahmen gegen das zunehmende Proletariat. Diese Idee konnte also als Ideologie angegriffen werden. Marx und Engels konnten im Kommunistischen Manifest 1848 feststellen, dass statt der bisherigen Stände eine wirtschaftlich noch weit kräftigere – politisch allerdings ungeschickt handelnde – Klasse die Herrschaft ergriffen habe, und da sie Klasse sei und alle Geschichte in Klassenkämpfen bestehe, müsse sich das Proletariat seiner Klasse bewusst werden und im revolutionären Kampf gegen die Bourgeoisie auftreten. Das hat das Proletariat weitgehend nicht getan, weil dieser Klassencharakter weniger sichtbar und wirksam war als der frühere Ständecharakter, weil also in den meisten Fällen durch revolutionären Kampf erreicht werden konnte, was Marx nur durch revolutionären Umsturz erreichbar glaubte.

Der Streit zwischen diesen beiden Formen der Weiterentwicklung ist aber auch heute noch nicht zu Ende. Er wird immer wieder aufflammen, wenn die Entwicklung faktisch allzu sehr stagniert.

Hergeleitet werden muss dieser Streit aus der Großen Französischen Revolution [...], welche epochale Bedeutung gehabt hat. Sie ist die erste große, auf völlige Neuerung ausgehende Revolution gewesen – Vorbild für alle gescheiterten oder gelungenen, künstlichen oder echten Revolutionen der Folgezeit, aber auch für die Reformen der Folgezeit. Darin liegt ihre lebendige geschichtliche Wirkung bis heute.

Zit. nach: E. Schulin: Die Französische Revolution. München 2004, S. 266 f.

1.10 Zeittafel: Modernisierungsprozesse unter napoleonischer Herrschaft

1801	*9. Februar* Friede von Lunéville. Frankreich annektiert das linke Rheinufer.
1803	*25. Februar* Reichsdeputationshauptschluss. Der Reichstag zu Regensburg beschließt unter französischem Einfluss die Entschädigung der weltlichen Reichsfürsten für ihre territorialen Verluste auf dem linksrheinischen Reichsgebiet durch Übergabe der geistlichen Gebiete (Säkularisation) und der Unterstellung der Reichsritterschaften und der meisten Reichsstädte unter die Herrschaft der Fürsten (Mediatisierung). Es entstehen deutsche Mittelstaaten, die unter französischer Abhängigkeit stehen.
1804	Einführung des Code Civil als Bürgerliches Gesetzbuch Infolge der territorialen Neuordnung durch den Reichsdeputationshauptschluss, die die neuen Mittelstaaten vor große Integrationsprobleme hinzugewonnener Gebiete stellt, führen diese Fürsten zahlreiche Reformen nach französischem Vorbild durch (Verringerung der Adelsprivilegien, Justiz- und Verwaltungsreformen, Leibeigenschaft wird teilweise aufgehoben usw.) *2. Dezember* Napoleon lässt sich zum Kaiser krönen.
1806	*12. Juli* Gründung des Rheinbundes. Die Rheinbundstaaten werden zur Unterstützung der französischen Kriegsführung verpflichtet. Durch die dadurch entstehenden finanziellen und wirtschaftlichen Belastungen wächst der innere Reformdruck.
1806/07	Preußen erleidet bei Jena und Auerstedt eine vernichtende Niederlage und verliert im Frieden von Tilsit seine linkselbischen Gebiete. *21. November 1806* Beginn der Kontinentalsperre gegen Großbritannien
1807	Gründung des „Musterstaates" Westfalen unter Napoleons Bruder Jerôme mit Kassel als Hauptstadt. Weitere „Musterstaaten" folgen (Kleve-Berg, Frankfurt, Fulda).
1807/09	Beginn der „Großen Reformen" in Preußen (Verwaltungsreform, Einschränkung adeliger Privilegien, Aufhebung der Zünfte, Einführung der beschränkten Gewerbefreiheit und der städtischen Selbstverwaltung, Judenemanzipation, Boden-, Heeres- und Bildungsreform)
1808	Erfurter Kongress. Napoleon und Zar Alexander I. einigen sich über eine Interessensabgrenzung in Nord- und Osteuropa.
1810	Napoleon heiratet Marie-Louise v. Habsburg.
1812–1814	Katastrophale Niederlage der „Großen Armee" im Russland-Feldzug 1812. In der „Völkerschlacht" bei Leipzig wird Napoleon zum Rückzug aus Deutschland gezwungen. Der Rheinbund zerfällt. Am 31. März 1814 nehmen die alliierten Truppen Paris ein. Napoleon dankt am 6. April ab. Die Regentschaft der Bourbonen wird wiederhergestellt. Napoleon wird nach Elba verbannt.
1815	Napoleon kehrt am 1. März 1815 aus Elba zurück und übernimmt noch einmal in einer „Herrschaft der hundert Tage" die Macht in Frankreich. Am 18. Juni unterliegt Napoleon den britisch-preußischen Koalitionstruppen beim belgischen Waterloo. Napoleon muss endgültig abdanken und wird auf die Insel St. Helena verbannt.

1 Das Heilige Römische Reich Deutscher Nation 1789

2 Der Reichsdeputationshauptschluss vom 25. Februar 1803

Die Austheilung und endliche Bestimmung der Entschädigungen geschieht, wie folgt:

§ 1. Sr. Majestät dem Kaiser, Könige von Ungarn und Böhmen, Erzherzoge von Österreich, für die Abtretung der Landvogtei Ortenau: die Bisthümer Trient und Brixen, mit ihren sämtlichen Gütern, Einkünften, eigenthümlichen Besitzungen, Rechten und Vorrechten, ohne irgend einige Ausnahme; und die in diesen beyden Bisthümern gelegenen Capitel, Abteyen und Klöster; unter der Verbindlichkeit jedoch, sowohl für den lebenslänglichen Unterhalt der beiden jetzt lebenden Fürstbischöfe und der Mitglieder der beiden Domcapitel, nach einer mit solchen zu treffenden Übereinkunft, als auch für die hierauf erfolgende Dotation der bei diesen beiden Diöcesen anzustellenden Geistlichkeit, nach dem in den übrigen Provinzen der Oesterreichischen Monarchie bestehenden Fuße zu sorgen. […]

§ 3. Dem Könige von Preußen, Kurfürsten von Brandenburg für das Herzogthum Geldern, und den auf dem linken Rheinufer gelegenen Theil des Herzogthums Cleve; für das Fürstenthum Moeurs, die Bezirke von Sevenaer, Huissen und Malburg, und für die Rhein- und Maaszölle: die Bisthümer, Hildesheim und Paderborn; das Gebiet von Erfurt mit Untergleichen, und alle Mainzischen Rechte und Besitzungen in Thüringen; das Eichsfeld, und der Mainzische Antheil an Treffurt. Ferner die Abteyen: Herforden, Quedlinburg, Elten, Essen, Werden und Kappenberg; und die Reichsstädte Mühlhausen, Nordhausen und Goslar; endlich die Stadt Münster, nebst dem Theile des Bisthums dieses Namens […]

§ 27. Das Kollegium der Reichsstädte besteht in Zukunft aus den freien und unmittelbaren Städten: Augsburg, Lübeck, Nürnberg, Frankfurt, Bremen und Hamburg. […]

§ 35. Alle Güter der fundirten Stifter, Abteyen und Klöster, in den alten sowohl, als in den neuen Besitzungen, katholischer sowohl, als A. C. verwandten, mittelbarer sowohl, als unmittelbarer, deren Verwendung in den vorhergehenden Anordnungen nicht förmlich festgesetzt worden ist, werden der freien und vollen Disposition der respectiven Landesherrn, sowohl zum Behuf des Aufwandes für Gottesdienst, Unterrichts- und andere gemeinnützige Anstalten, als zur Erleichterung ihrer Finanzen überlassen, unter dem bestimmten Vorbehalte der festen und bleibenden Ausstattung der Domkirchen, welche werden beibehalten werden, und der Pensionen für die aufgehobene Geistlichkeit, nach den unten theils wirklich bemerkten, theils noch unverzüglich zu treffenden näheren Bestimmungen.

§ 36. Die namentlich und förmlich zur Entschädigung angewiesenen Stifter, Abteyen und Klöster, so wie die der Disposition der Landesherrn überlassenen, gehen überhaupt an ihre neuen Besitzer mit allen Gütern, Rechten, Kapitalien und Einkünften, wo sie auch immer gelegen sind, über, sofern oben nicht ausdrückliche Trennungen festgesetzt worden sind.

Zit. nach: Ernst Rudolf Huber (Hrsg.): Dokumente zur deutschen Verfassungsgeschichte. Bd. 1: Deutsche Verfassungsdokumente 1803–1850. Stuttgart 1961, S. 1–4, 11, 15 f.

3 Die Rheinbundakte (12. Juli 1806)

Art. 1. Die Staaten Ihrer Majestäten der Könige von Bayern und von Württemberg, Ihrer Durchlauchten der Kurfürsten Erzkanzler und von Baden, des Herzogs von Berg und Cleve, des Landgrafen von Hessen-Darmstadt, der Fürsten von Nassau-Usingen und Nassau-Weilburg, von Hohenzollern-Hechingen und Hohenzollern-Sigmaringen, von Salm-Salm und Salm-Kyburg, des Fürsten von Ysenburg-Birstein, des Herzogs von Ahrenberg, des Fürsten von Lichtenstein und des Grafen von der Leyen werden auf ewig von dem Territorium des deutschen Reiches getrennt, und unter sich durch eine besondere Konföderation unter dem Namen: „Rheinische Bundesstaaten" vereinigt.

Art. 2. Jedes deutsche Reichsgesetz, welches Ihre Majestäten und Durchlauchten die Könige, Fürsten und den Grafen, die in dem vorhergehenden Artikel benannt sind, Ihre Unterthanen, Staaten oder Theile derselben bisher betraf, oder verband, soll künftig in Hinsicht Ihrer Majestäten und Durchlauchten und des gedachten Grafen, Ihrer Unterthanen und respective Staaten, null und nichtig und von keiner Wirkung sein. Hievon sind jedoch ausgenommen die Rechte, welche die Gläubiger und Pensionisten durch den Receß von 1803 erlangt haben, desgleichen die Verfügung des 39. Artikels dieses Receßes in Betreff der Rheinschiffahrts-Octroi, welche noch ferner nach ihrem ganzen Inhalte sollen in Vollzug gesetzt werden.

Art 3. Jeder der konföderirten Könige und Fürsten wird auf jene seine Titel, welche irgendeinen Bezug auf das deutsche Reich ausdrücken, Verzicht leisten und vom ersten des nächsten Monats August dem Reichstage seine Trennung von dem deutschen Reiche anzeigen lassen. [...]

Art. 6. Die gemeinschaftlichen Interessen der verbündeten Staaten werden auf einem Bundestage verhandelt, dessen Sitz Frankfurt ist, und der sich in zwei Kollegien theilt, nämlich das Kollegium der Könige und das Kollegium der Fürsten. [...]

Art. 12. Seine Majestät der Kaiser der Franzosen wird zum Protektor des Bundes reklamirt, und ernennt in dieser Eigenschaft beim Absterben eines Fürsten Primas dessen Nachfolger. [...]

Art. 35. Zwischen dem Kaiser der Franzosen und den Staaten des rheinischen Bundes, insgesammt und einzeln genommen, soll eine Allianz Statt haben, kraft welcher jeder Kontinental Krieg, welchen einer der kontrahirenden Theile zu führen hätte, für alle Ändern zur gemeinen Sache wird. [...]

Art. 38. Das von jedem der Alliierten, im Falle eines Krieges, zu stellende Kontingent ist festgesetzt, wie folgt: Frankreich stellt 200 000 Mann von jeder Waffengattung; das Königreich Bayern 30 000 von jeder Waffengattung; das Königreich Württemberg 12 000; der Großherzog von Baden 8000; der Großherzog von Berg 5000; der Großherzog von Darmstadt 4000; der Herzog und der Fürst von Nassau stellen mit den andern verbündeten Fürsten ein Kontingent von 4000 Mann. [...]

Zit. nach: Ulrich Hufeld: Der Reichsdeputationshauptschluss: eine Dokumentation zum Untergang des Alten Reiches 1803. Köln 2003, S. 134–137.

4 Ein hoher „Blut-Preis"

Landgraf Ludwig X. von Hessen-Darmstadt zählte zu den großen Profiteuren der Neuordnung der deutschen Länder unter Napoleon. Nicht zuletzt unter Aufwendung großer Bestechungssummen gelang es dem Darmstädter Hof, auf dem Reichsdeputationshauptschluss eine beträchtliche territoriale Erweiterung des Fürstentums zu erreichen. Im Inneren gelang es Ludwig X. in der Folgezeit, die Landstände als Machtfaktor weitgehend auszuschalten und eine weitgehend uneingeschränkte Herrschaft durchzusetzen. Allerdings musste dies mit dem Preis der unbedingten Linientreue gegenüber Napoleon bezahlt werden:

Rund 175000 Einwohner hatte Hessen-Darmstadt mit den 1803/06 „acquirierten" Landen dazugewonnen. Doch Napoléons Blut-Preis musste bezahlt werden. Schon in den ersten Oktobertagen 1806 marschierten die hessischen Bataillone als Verbündete Frankreichs gegen Preußen. 1808 ging es nach Spanien, 1809 nach Österreich, und 1812 mussten sich unter dem Kommando des jüngsten Landgrafen-Sohnes Prinz Emil fast 5000 Hessen-Darmstädter dem verhängnisvollen Zug der „Grande Armee" nach Russland anschließen, von dem dann nur ein Zehntel der Teilnehmer zurückkehren sollte.

Darmstadts Geschichte. Darmstadt 1984, S. 296. Zit. nach: Gerd Bauer, Heiner Boehncke, Hans Sarkowics: Die Geschichte Hessens. Frankfurt/M. 2002, S. 212.

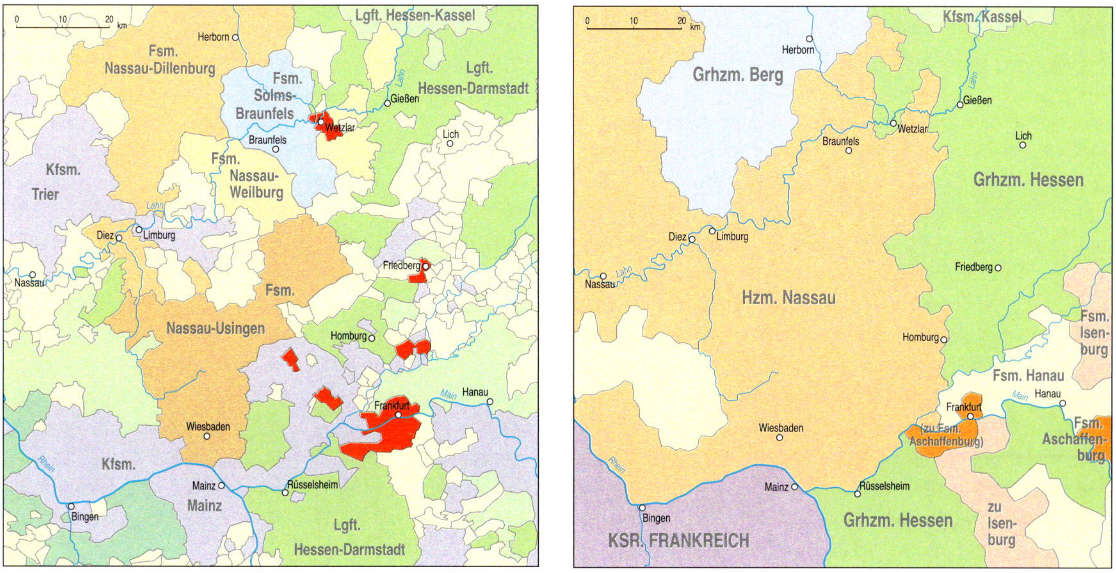

5 **Herrschaftsgebiete im Rhein-Main-Gebiet in den 1790er-Jahren (links) und 1801/03 (rechts)**

6 Rheinbundreformen in Hessen-Darmstadt

Wie den anderen Rheinbundstaaten auch, spielte die äußere Entwicklung, die politisch-territoriale Revolutionierung Mitteleuropas durch Napoleon I., dem hessischen Großherzog eine nie gekannte Machtfülle in die Hände, die sich innenpolitisch ummünzen ließ. Die Aufhebung der Landstände und aller anderen konkurrierenden gesellschaftlichen Zwischengewalten signalisierte einen staatlichen Neuanfang und die Entschlossenheit zu tiefgreifenden Veränderungen. Mit der Loslösung von allen hemmenden partikularen Kräften kam der Prozess der Zentralisierung und Expansion staatlichen Verwaltungshandelns in Gang und erfasste nach und nach alle gesellschaftlichen Bereiche. Eine vertikal und horizontal stark verzweigte Verwaltungsstruktur legte sich wie ein Netz über alle Organisationseinheiten gesellschaftlichen Lebens. Durch die fortschreitende Akkumulation von Verwaltungszuständigkeiten, die von oben einfach dekretiert wurden, sprengte der Staat den historisch gewachsenen Lebenszusammenhang in den „Sozialsystemen“, in städtischer Bürgerschaft und ländlich-dörflicher Gemeinschaft, auf. In eine vorindustrielle Gesellschaft, die in unzählige autonome soziale Einheiten, in Landschaften, Markgenossenschaften, Städte, Dörfer, in Grundherrschaften und Freiheiten zerfiel, brachte der Verwaltungsstaat ein verbindendes und mobilisierendes Element hinein. Die Verwaltungsreform bildete insofern den politisch-institutionellen Kern einer neuen gesellschaftlichen Ordnung, die durch die Industrielle Revolution und den nationalen Einigungsprozess im 19. Jahrhundert vervollständigt wurde. […]

Gelang es der Staatsbürokratie, eine soziale Umschichtung in den kommunalen Führungsorganen und eine professionelle Verwaltung der Gemeindefinanzen, die in den langen Kriegsjahren vor dem Zusammenbruch standen, zu erreichen, so führten diese Verbesserungen gleichzeitig die völlige politische Entmündigung der Gemeinden herbei. […]

In einem unauflöslichen Zusammenhang mit der Verwaltungsreform stand von Beginn an die Neuordnung des Finanz- und Steuerwesens. Der Schlag gegen die politische Opposition der Landstände 1806 brach mit einem zweiten, zeitgleichen Aufhebungsedikt auch die Steuerfreiheit des Adels. Die chronische Not der Staatsfinanzen, der gesunkene Staatskredit und der hohe, durch die Reformtätigkeit bedingte Personalbedarf zwangen eine Strukturreform größten Ausmaßes geradezu herbei. Eine neue, stärkere Abgabenbelastung der Bevölkerung ließ sich indes nur durch eine ausgewogenere, sozial gerechtere Lastenverteilung rechtfertigen, wozu an erster Stelle die Beseitigung aller noch existierenden Steuerfreiheiten zählte. Auf der Suche nach immer neuen Steuerquellen und nach Möglichkeiten einer effizienteren Abschöpfung der leistungsstarken Sozialschichten, bei gleichzeitiger Schonung schwächerer sozialer Gruppen, entwickelte sich unter der Hand, von bestimmten Reformkräften auch bewusst intendiert, ein hochmodernes Steuerwesen. Der Steuerstaat begriff die Finanz- und Steuerpolitik zunehmend auch als ein gesellschaftspolitisches Steuerungsinstrument und nicht mehr als nur als Haupt-Finanzierungsquelle absolutistischer Machtpolitik.

Andreas Schulz: Herrschaft durch Verwaltung. Die Rheinbundreformen in Hessen-Darmstadt unter Napoleon (1803–1815). Stuttgart 1991, S. 262 f.

7 Einmarsch in Hessen-Kassel

Im Oktober 1806 ließ Napoleon das Fürstentum Hessen-Kassel besetzen, welches strategisch für die französischen Nachschubwege im Krieg gegen Preußen wichtig war. Während Hessen-Darmstadt einen pro-französischen Kurs verfolgte, war Hessen-Kassel der Forderung, dem Rheinbund beizutreten, ausgewichen und wurde daher als Unsicherheitsfaktor angesehen. Am 5. November 1806 wies Napoleon den französischen Kommandeur der Invasionstruppen an:

Lassen Sie die Festungswerke zu Marburg von Grund auf zerstören. Lassen Sie die Festungswerke von Hanau so in die Luft sprengen, dass der Platz rasiert wie eine Hand erscheint. Lassen Sie alle Möbel, Statuen und Effekten aus den fürstlichen Palästen nach Mainz transportieren. [...] Verlangen Sie auch zweitausend Mann von Hessen-Darmstadt. Entwaffnen Sie das Land durchaus, dass nicht eine Kanone, nicht eine Flinte darin bleibe. Im Übrigen kann man das Land mit Milde behandeln, allein, wenn sich die geringste Bewegung irgendwelcher Art zeigt, geben Sie ein fürchterliches Beispiel. Das erste Dorf, welches sich muckst, soll geplündert und verbrannt werden; die erste Ansammlung soll zerstreut und die Anführer einer Militärkommission übergeben werden. Kein Prinz des hessischen Hauses, mit Einschluss der Frauen, soll im Lande bleiben; geben Sie ihnen Pässe, um sich wegzubegeben. Verabschieden Sie alle deren Diener. Führen Sie alles dieses mit Genauigkeit und Festigkeit aus, zugleich aber mit aller französischen Artigkeit und den Rücksichten auf das weibliche Geschlecht.

Zit. nach: Deutschland unter Napoleon in Augenzeugenberichten, hrsg. von Eckart Kleßmann. Düsseldorf 1965, S. 220.

8 Gegen die englische Alleinherrschaft

Der Präfekt des hessischen Siegdepartements erläuterte den nachgeordneten Behörden die politischen Gründe für die Aufrechterhaltung und Verschärfung der Kontinentalsperre:

Dillenburg, 6. November 1810:

[...] England hat schon lange die Absicht, den Kontinent seinem Alleinhandel zu unterwerfen und ihm nur diejenigen Sachen, welcher es sich gern entübrigen wollte, für willkürliche Preise zukommen zu lassen, nicht verhehlen können und solche auch bis jetzt mit einer gehässigen Hartnäckigkeit nicht aus dem Auge gelassen. Es würde um Europa geschehen sein, wenn dieses Projekt keinen Widerstand gefunden hätte. England würde ohne Aufenthalt die Alleinherrschaft an sich gezogen, sich den Handel und den Gewerbefleiß des Kontinents zinsbar gemacht und Ihnen die Grenzen vorgeschrieben haben, wo Sie seinen Befehlen gemäß hätten stillstehen müssen.

Man wird ohne Mühe einsehen, wie nachteilig ein solcher Zustand sein würde, besonders in diesem Zeitraum der verfeinerten Bildung, in welcher der Handel und die Künste nicht bloß unter den Mitteln den höheren Wohlstand zu befördern, sondern auch unter jenen, die Völker der Welt nebeneinander bestehen zu lassen, einen so erhabenen Rang einnehmen. Glücklichweise für das feste Land hat sich in der Person unseres großen Monarchen ein Streiter erhoben, der in dieser wichtigen Fehde die englische Habsucht bloßgestellt und es übernommen hat, ihr Schranken zu setzen. Er streitet für die Freiheit, für den Gewerbefleiß, für den freien Handel und die Fortdauer von zwanzig Nationen. Er hat hierdurch von einem Ende der Welt bis zum anderen den gerechtesten Anspruch auf die Bewunderung, Vereinigung und Mitwirkung aller Freunde der Gerechtigkeit und jener liberalen Ideen, wodurch die gebildeten Völker überall vereinigt werden sollen. Sie, meine Herren, haben die Ehre, auch teilzunehmen an dieser großen Fehde, worin es um Freiheit und Wohlstand gilt.

Zit. nach: Hessen im Zeitalter der industriellen Revolution, hrsg. von Klaus Eiler. Frankfurt/M. 1984, S. 19 f.

9 Die Wirkung der Kontinentalsperre auf das heutige Sachsen-Anhalt

Eine zwiespältige Wirkung ging – nicht nur für Westfalen, sondern ebenso in Anhalt und in den preußischen Gebieten – von der durch Napoleon am 21. November 1806 dekretierten Kontinentalsperre aus. Sie sollte den Hauptkonkurrenten Frankreichs, das bürgerliche England, an seinem empfindlichen Nerv treffen. Die Einfuhr englischer Waren war verboten; selbst das Wenige, was bis nach Mitteldeutschland durchgeschmuggelt werden konnte, spürten häufig Beamte [...] in Speichern und Läden der Groß- und Kleinhändler auf. Im Ergebnis einer solchen Aktion wurden Ende November/Anfang Dezember 1810 in Halle, Halberstadt, Magdeburg und weiteren Orten die beschlagnahmten Waren – ballenweise Tuche und andere Manufakturerzeugnisse – öffentlich den Flammen übergeben.

Gleichzeitig kam der Getreidehandel nach England und Spanien zum Erliegen. Doch erhöhte sich der Verdienst der Kornhändler in Magdeburg, der Branntweinbrenner in Quedlinburg, der altmärkischen Viehhändler und überhaupt aller, die Produkte erstellen und vermitteln konnten, welche die napoleonische und westfälische Armee benötigten. Der Ausfall von Manufakturwaren und – infolge der englischen Gegenblockade – auch von Überseeprodukten förderte Eigen- bzw. Ersatzproduktionen. Nicht allein Nathusius[1] baute Tabak an und Runkelrüben zur Zuckergewinnung; in Quedlinburg begann in den privatisierten Stiftsgärten die Züchtung möglichst ertragreichen Rübensamens, aber auch anderer Sämereien, womit der Anstoß zur späteren Weltgeltung des Ortes

1 Der Tabakmanufakturist Johann Gottlob Nathusius begann ab 1810 auf dem von ihm erstandenen, von der preußischen Regierung säkularisierten Klostergut Althaldensleben mit dem Anbau von Tabak, Zuckerrüben, Kartoffeln, Getreide und anderen Nutzpflanzen sowie mit der Errichtung von Anlagen zu deren Verarbeitung.

in der Samenzucht gelegt war. Von der Zichorie (Chicoree), die bis dahin im Magdeburger Umland als Gemüse gebaut worden war, wurden die Bitterstoffe enthaltenden Wurzeln in speziellen Verfahren fabrikmäßig zu einem Kaffee-Ersatz verarbeitet, zu falschen Kaffee (mocca faux) oder Muckefuck.

Zit. nach: Gerd Lehmann / Artur Schellbach / Gerlinde Schlenker: Geschichte Sachsen-Anhalts, Band II, hrsg. von dem Landesheimatbund Sachsen-Anhalt e.V. München 1993, S. 94f.

10 Der Code Civil (1804) über die Ehe und Erziehung:

Art. 144: Mannspersonen können nicht heirathen, ehe sie das achtzehnte Jahr, Frauenzimmer nicht, ehe sie das fünfzehnte Jahr zurückgelegt haben.

Art. 145: Der Kaiser kann gleichwohl aus wichtigen Beweggründen in dem Alter dispensieren.

Art. 146: Ohne Einwilligung gibt es keine Ehe.

Art. 147: Man kann keine zweyte Ehe schließen, bevor die erste aufgelöst ist.

Art. 148: Ein Sohn, eher er das fünf und zwanzigste Jahr seines Alters, und eine Tochter, ehe sie das ein und zwanzigste Jahr ihres Alters zurückgelegt hat, können ohne Bewilligung ihres Vaters und ihrer Mutter nicht heirathen. Sind diese verschiedener Meinung, so ist die Einwilligung des Vaters hinreichend. [...]

Art. 203: Die Ehegatten übernehmen miteinander schon dadurch allein, dass sie heirathen, die Verbindlichkeit ihre Kinder zu ernähren, zu unterhalten und zu erziehen. [...]

Art. 213: Der Mann ist seiner Frau Schutz, und die Frau ihrem Manne Gehorsam schuldig. [...]

Art. 215: Die Frau kann ohne Autorisation ihres Mannes nicht vor Gericht stehen, selbst dann nicht, wenn sie öffentlich in ihrem eigenen Namen Handels-Geschäfte treibt, mit ihrem Manne in keiner Güter-Gemeinschaft lebt, oder ihr Vermögen ausschließlich für sich allein genießt. [...]

Art. 375: Der Vater, der besonders wichtige Ursachen hat, über das Betragen seines Kindes missvergnügt zu seyn, kann sich folgender Zuchtmittel bedienen.

Art. 376: Hat das Kind das sechszehnte Jahr seines Alters noch nicht angetreten, so kann der Vater es auf einige Zeit, länger aber nicht als auf einen Monat, einsperren lassen. [...]

Art. 377: Nach dem Eintritt in's sechszehnte Jahr des Alters bis zur Volljährigkeit oder Emancipation kann der Vater nur dahin antragen, dass sein Kind höchstens sechs Monate lang eingesperrt werde [...].

Aus: Bernd Sösemann: Revolution und Reform. Modernisierung von Staat und Gesellschaft in Frankreich und Deutschland um 1800. Stuttgart 1997, S. 54f. Zit. nach: Code Napoléon [code civil, franz. und dt.]. Nach dem officiellen Texte übers. von Herrn Daniels, Köln 1808.

11 Präambel des von Freiherr von Stein durchgesetzten „Oktoberedikts" vom 9. Oktober 1807

Wir Friedrich Wilhelm, von Gottes Gnaden, König von Preußen

[...] Wir haben [...] erwogen, daß es [...] eben sowohl den unerlässlichen Forderungen der Gerechtigkeit, als den Grundsätzen einer wohlgeordneten Staatswirtschaft gemäß sey, Alles zu entfernen, was den Einzelnen bisher hinderte, den Wohlstand zu erlangen, den er nach dem Maaß seiner Kräfte zu erreichen fähig war; Wir haben ferner erwogen, daß die vorhandenen Beschränkungen theils in Besitz und Genuß des Grund-Eigenthums, theils in den persönlichen Verhältnissen des Land-Arbeiters Unserer wohlwollenden Absicht vorzüglich entgegen wirken, und der Wiederherstellung der Kultur eine große Kraft seiner Thätigkeit entziehen, jene, indem sie auf den Werth des Grund-Eigenthums und den Kredit des Grundbesitzers einen höchst schädlichen Einfluß haben, diese, indem sie den Wert der Arbeit verringern. Wir wollen daher beides auf diejenigen Schranken zurückführen, welche das gemeinsame Wohl nöthig macht, und verordnen daher Folgendes:

§ 1. Jeder Einwohner Unsrer Staaten ist, ohne alle Einschränkung in Beziehung auf den Staat, zum eigenthümlichen und Pfandbesitz unbeweglicher Grundstücke aller Art berechtigt; der Edelmann also zum Besitz nicht blos adelicher, sondern auch unadelicher, bürgerlicher und bäuerlicher Güter aller Art, und der Bürger und Bauer zum Besitz nicht blos bürgerlicher, bäuerlicher und anderer unadelicher, sondern auch adelicher Grundstücke ...

§ 2. Jeder Edelmann ist, ohne allen Nachtheil seines Standes, befugt, bürgerliche Gewerbe zu treiben; und jeder Bürger oder Bauer ist berechtigt, aus dem Bauer- in den Bürger- und aus dem Bürger- in den Bauernstand zu treten. [...]

§. 10. Nach dem Datum dieser Verordnung entsteht fernerhin kein Unterthänigkeits-Verhältniß, weder durch Geburt, noch durch Heirath, noch durch Uebernehmung einer unterthänigen Stelle, noch durch Vertrag.

§. 11. Mit der Publikation der gegenwärtigen Verordnung hört das bisherige Unterthänigkeits-Verhältniß derjenigen Unterthanen und ihrer Weiber und Kinder, welche ihre Bauergüter erblich oder eigenthümlich, oder Erbzinsweise, oder Erbpachtlich besitzen, wechselseitig gänzlich auf.

§ 12. Mit dem Martini-Tage Eintausend Achthundert und Zehn (1810) hört alle Guts-Unterthänigkeit in Unsern sämtlichen Staaten auf. Nach dem Martini-Tage 1810 gibt es nur freie Leute, so wie solches auf den Domainen in allen Unsern Provinzen schon der Fall ist, bei denen aber, wie sich von selbst versteht, alle Verbindlichkeiten, die ihnen als freien Leuten vermöge des Besitzes eines

12 **Die deutschen Rheinbundstaaten 1812**

Grundstücks, oder vermöge eines besondern Vertrages obliegen, in Kraft bleiben.

Aus: E. R. Huber: Dokumente zur deutschen Verfassungsgeschichte, Bd. 1. Stuttgart 1978 (2. Aufl.), S. 38 ff.; hier zit. nach: Preußische Gesetz-Sammlung 1806–10, S. 170 ff.

13 Gewerbefreiheit (Preußisches Gesetz vom 28. Oktober 1810)

Wir Friedrich Wilhelm, von Gottes Gnaden, König von Preußen

In dem Edikt über die Finanz-Verwaltung vom 27. v. M. haben Wir Unsern getreuen Unterthanen die Notwendigkeit eröffnet, in der Wir Uns befinden, auf eine Vermehrung der Staatseinnahmen zu denken.

Unter den Mitteln zu diesem Zweck hat Uns die Einführung einer allgemeinen Gewerbesteuer für Unsere getreuen Unterthanen weniger lästig geschienen, besonders da wir damit die Befreiung der Gewerbe von ihren drückendsten Fesseln verbinden, Unseren Unterthanen die ihnen beim Anfange der Reorganisation des Staats zugesicherte vollkommene Gewerbe-Freiheit gewähren und das Gesammtwohl derselben auf eine wirksame Weise befördem können.

Wir verordnen daher und setzen fest:

§. 1. Ein jeder, welcher in Unsern Staaten, es sey in den Städten, oder auf dem platten Lande, sein bisheriges Gewerbe, es bestehe in Handel, Fabriken, Handwerken, es gründe sich auf eine Wissenschaft oder Kunst, fortsetzen oder ein neues unternehmen will, ist verpflichtet, einen Gewerbeschein darüber zu lösen und die in dem beigefügten Tarif A. angesetzte Steuer zu zahlen. Das schon erlangte Meister-Recht, der Besitz einer Concession befreien nicht von dieser Verbindlichkeit.

§. 2. Der Gewerbeschein giebt demjenigen, auf dessen Namen er ausgestellt ist, die Befugniß, ein Gewerbe fortzusetzen oder ein neues anzufangen. [...]

Aus: E. R. Huber: Dokumente zur deutschen Verfassungsgeschichte, Bd. 1. Stuttgart 1978 (2. Aufl.), S. 43 f.; hier zit. nach: Preußische Gesetz-Sammlung 1810, S. 79 ff.

14 Emanzipation der Juden

a) Westfalen: Von König Jérôme unterzeichnetes „Dekret, welches die den Juden aufgelegten Abgaben aufhebt", Kassel 27. Januar 1808:

Art. 1: Unsere Unterthanen, welche der Mosaischen Religion zugethan sind, sollen in Unseren Staaten dieselben Rechte und Freiheiten genießen, wie Unsre übrigen Unterthanen.

Art. 2: Denjenigen Juden, welche, ohne Unsere Unterthanen zu seyn, durch Unser Königreich reisen, oder darin aufhalten, sollen dieselben Rechte und Freiheiten zustehen, die jedem andern Fremden eingeräumt werden.

Art. 3: Diesem zufolge sind alle Auflagen und Abgaben, welche allein von den Juden zu entricht sind, bei welcher Gelegenheit und unter welcher Benennung sie auch erlegt werden mögen, hiermit gänzlich aufgehoben. Es wird demnach allen Edelleuten, Lehnsherrn, und andern Gutsbesitzern, die Unserer Hoheit unterworfen sind, verboten, diese Abgaben ferner zu erheben, oder erheben zu lassen, widrigenfalls sie vollständige Schadloshaltung leisten, auch als solche, die sich Erpressungen zu Schulden haben kommen lassen, gerichtlich verfolgt werden sollen.

b) Preußen: Von König Friedrich Wilhelm III. unterzeichnetes „Edikt, betreffend die bürgerlichen Verhältnisse der Juden in dem Preußischen Staate", Berlin 11. März 1812:

Wir Friedrich Wilhelm, von Gottest Gnaden König von Preußen [...] haben beschlossen, den jüdischen Glaubensgenossen in Unserer Monarchie eine neue, der allgemeinen Wohlfahrt angemessene Verfassung zu ertheilen, erklären alle bisherige, durch das gegenwärtige Edikt nicht bestätigte Gesetze und Vorschriften für die Juden für aufgehoben und verordnen wie folgt:

Art. 1: Die in Unsern Staaten jetzt wohnhaften, mit General-Privilegien, Naturalisations-Patenten, Schutzbriefen und Konzessionen versehenen Juden und deren Familien sind für Einländer und Preußische Staatsbürger zu achten.

Art. 2: Die Fortdauer dieser ihnen beigelegten Eigenschaft als Einländer und Staatsbürger wird aber nur unter der Verpflichtung gestattet: dass sie fest bestimmte Familien-Namen führen, und dass sie nicht nur bei Führung ihrer Handelsbücher, sondern auch bei Abfassung ihrer Verträge und rechtliche Willens-Erklärungen der deutschen oder einer andern lebenden Sprache, und bei ihren Namens-Unterschriften keiner andern, als deutscher oder lateinischer Schriftzüge sich bedienen sollen.

Art. 3: Binnen sechs Monaten, von dem Tage der Publikation dieses Edikts an gerechnet, muss ein jeder geschützte oder konzessionirte Jude vor der Obrigkeit seines Wohnorts sich erklären, welchen Familien-Namen er beständig führen will. Mit diesem Namen ist er, sowohl in öffentlichen Verhandlungen und Ausfertigungen, als im gemeinen Leben gleich einem jedem andern Staatsbürger, zu benennen. [...]

Art. 7: Die für Einländer zu achtende Juden [...] sollen [...] gleiche bürgerliche Rechte und Freiheiten mit den Christen genießen.

Art. 8: Sie können daher akademische Lehr- und Schul- auch Gemeinde-Aemter, zu welchen sie sich geschickt gemacht haben, verwalten.

Art. 9: In wie fern die Juden zu andern öffentlichen Bedienungen und Staats-Aemtern zugelassen werden können, behalten Wir Uns vor, in der Folge der Zeit, gesetzlich zu bestimmen.

Art. 10: Es stehet ihnen frei, in Städten sowohl, als auf dem platten Lande sich niederzulassen.

Art. 11: Sie können Grundstücke jeder Art, gleich den christlichen Einwohnern, erwerben, auch alle erlaubte Gewerbe mit Beobachtung der allgemeinen gesetzlichen Vorschriften treiben.

Art. 12: Zu der aus dem Staatsbürgerrechte fließenden Gewerbefreiheit, gehört auch der Handel.

Art. 13: Den auf dem platten Lande wohnenden Juden und ihren Angehörigen steht nur frei, denjenigen Handel zu treiben, der den übrigen Bewohnern desselben gestattet ist.

Art. 14: Mit besondern Abgaben dürfen die einländischen Juden, als solche, nicht beschweret werden.

Art. 15: Sie sind aber gehalten, alle den Christen gegen den Staat und die Gemeinde ihres Wohnorts obliegende bürgerlichen Pflichten, zu erfüllen, und mit Ausnahme der Stol-Gebühren, gleiche Lasten, wie andere Staatsbürger zu tragen. [...]

Art. 17: Ehebündnisse können einländische Juden unter sich schließen, ohne hierzu einer besondern Genehmigung oder der Losung eines Trauscheins zu bedürfen, in so fern nicht nach allgemeinen Vorschriften die von Andern abhängige Einwilligung oder Erlaubniss zur Ehe überhaupt erforderlich ist.

Art. 18: Eben dieses findet statt, wenn ein einländischer Jude eine ausländische Jüdin heirathet.

Art. 19: Durch die Heirath mit einer inländischen Jüdin erlangt aber kein fremder Jude das Recht, in hiesige Staaten sich niederzulassen.

Art. 20: Die privatrechtlichen Verhältnisse der Juden sind nach eben denselben Gesetzen zu beurtheilen, welche andern Preußischen Staatsbürgern zur Richtschnur dienen. [...]

Art. 29: In Absicht des Gerichtsstandes und der damit vermundenen vormundschaftlichen Verwaltung findet ebenfalls zwischen Christen und Juden kein Unterschied statt. Nur in Berlin bleibt es vorerst bei dem, den Juden zugewiesenen besonderes Gerichtsstande.

Art. 30: In keinem Fall dürfen sich Rabbiner und Juden-Aeltesten weder eine Gerichtsbarkeit noch eine vormundschaftliche Einleitung und Direktion anmaßen. [...]

Art. 37: Wegen des Verbots wider das Hausiren überhaupt, hat es bei den Polizei-Gesetzen auch in Absicht der Juden sein Bewenden.

Art. 38: In Königsberg in Preußen, in Breslau und Frankfurt an der Oder dürfen fremde Juden, so lange die Messzeit dauert, mit Genehmigung der Obrigkeit, sich aufhalten.

Art. 39: Die nöthigen Bstimmungen wegen des kirchlichen Zustandes und der Verbesserung des Unterrichts der Juden werden vorbehalten, und es sollen bei der Erwägung derselben, Männer jüdischen Glaubensbekenntnisses, die wegen ihrer Kenntnisse und Rechtschaffenheit das öffentliche Vertrauen genießen, zugezogen und mit ihrem Gutachten vernommen werden.

Zit. nach: Deutsche Geschichte in Quellen und Darstellung, Band 6, hrsg. von Walter Demel und Uwe Puschner. Stuttgart 2003, S. 207–216.

15 An den preußischen König gerichteter Antrag Wilhelm von Humboldts auf Errichtung der Universität Berlin (12. Mai 1809)

[...] Weit entfernt, dass das Vertrauen, welches ganz Deutschland ehemals zu dem Einfluße Preussens auf wahre Aufklärung und höhere Geistesbildung hegte, durch die letzten unglücklichen Ereignisse gesunken sey; so ist es vielmehr gestiegen. Man hat gesehen, dass in allen neueren Staatseinrichtungen Ew. Königl. Majestät der Sinn herrscht, welcher in jenen wichtigsten aller Vorzüge auch den höchsten. Zweck jeder Staatsvereinigung erkennt; man hat die Bereitwilligkeit bewundert, mit welcher auch in grossen Bedrängnissen wissenschaftliche Institute unterstützt und selbst ansehnlich verbessert worden sind. Ew. Königl. Majestät Staaten können und werden daher fortfahren von dieser Seite den ersten Rang in Deutschland zu behaupten, und auf seine intellectuelle und moralische Richtung den entscheidendsten Einfluss auszuüben.
Sehr viel hat zu jenem Vertrauen der Gedanke der Einrichtung einer Universität in Berlin beigetragen. Schulen und Gymnasien sind von dem wichtigsten Nutzen für das Land, in dem sie sich befinden. Allein nur Universitäten können demselben Einfluss auch über seine Gränzen hinaus zusichern, und auf die Bildung der ganzen, dieselbe Sprache redenden Nation einwirken. Wenn Ew. Königliche Majestät nunmehr diese Einrichtung förmlich bestätigten und die Ausführung sicherten, so würden Sie Sich aufs neue Alles, was sich in. Deutschland für Bildung und Aufklärung interessirt, auf das festeste verbinden; einen neuen Eifer und neue Wärme für das Wiederaufblühen Ihrer Staaten erregen, und in einem Zeitpunkt, wo ein Theil Deutschlands vom Kriege verheert, ein andrer in fremder Sprache von fremden Gebietern beherrscht wird, der deutschen Wissenschaft eine vielleicht kaum jetzt noch gehofte Freistatt eröfnen. [...]
Die schon bey Ew. Königlichen Majestät ersten Entschliessung hinlänglich gegen einander abgewogenen Vortheile und Nachtheile bei Errichtung einer Universität in Berlin, glaube ich nicht aufs neue berühren zu müssen. Wie brauchbare Landes-Universitäten Königsberg und Frankfurt theils schon jetzt sind, theils gewiss noch in der Folge werden sollen, so können sie doch nie, auch mit dem grössesten Aufwande, einen bedeutenden Einfluss auf das Ausland gewinnen; die Wahl eines neuen Orts bietet noch mehr Schwierigkeiten dar, und es bleibt nur Eins von beiden übrig; man muss eine Universität in Berlin errichten, oder überhaupt auf eine glänzende, auch Ausländer anziehende Universität Verzicht thun. [...]

Aus: Wilhelm v. Humboldt: Werke in fünf Bänden. Bd. 4: Schriften zur Politik und zum Bildungswesen. hrsg. von Andreas Flitner und Klaus Giel. Darmstadt 1964, S. 29 ff.

16 Gesetz über die Verpflichtung zum Kriegsdienst (3. September 1814)

Wir Friedrich Wilhelm, von Gottes Gnaden König von Preußen
Die allgemeine Anstrengung Unsers treuen Volkes ohne Ausnahme und Unterschied, hat in dem so eben glücklich beendeten Kriege, die Befreiung des Vaterlandes bewirkt; und nur auf solchem Wege ist die Behauptung dieser Freiheit und der ehrenvolle Standpunkt, den sich Preußen erwarb, fortwährend zu sichern.
Die Einrichtungen also, die diesen glücklichen Erfolg hervorgebracht, und deren Beibehaltung von der ganzen Nation gewünscht wird, sollen die Grundgesetze der Kriegverfassung des Staats bilden und als Grundlage für alle Kriegseinrichtungen dienen, denn in einer gesetzmäßig geordneten Bewaffnung der Nation, liegt die sicherste Bürgschaft für einen dauernden Frieden. Die bisher, über die Ergänzung der Armee bestandenen, älteren Gesetze werden daher hiemit aufgehoben und dagegen festgesetzt:
§. 1. Jeder Eingeborne, sobald er das 20. Jahr vollendet hat, ist zur Verteidigung des Vaterlandes verpflichtet. Um diese allgemeine Verpflichtung indeß, besonders im Frieden, auf eine solche Art auszuführen, dass dadurch die Fortschritte der Wissenschaften und Gewerbe nicht gestört werden, so sollen in Hinsicht der Dienstleistung und Dienstzeit folgende Abstufungen statt finden.
§. 2. Die bewaffnete Macht soll bestehen,
a) aus dem stehenden Heere,
b) der Landwehr des ersten Aufgebots,
c) der Landwehr des zweiten Aufgebots,
d) aus dem Landsturm.
§. 3. Die Stärke des stehenden Heeres und der Landwehr wird nach den jedesmaligen Staatsverhältnissen bestimmt.
§. 4. Die stehende Armee ist beständig bereit ins Feld zu rücken, sie ist die Haupt-Bildungsschule der ganzen Nation für den Krieg, und umfasst alle wissenschaftliche Abtheilungen des Heeres. [...]
§. 7. Junge Leute aus den gebildeten Ständen, die sich selbst kleiden und bewaffnen können, sollen die Erlaubniß bekommen, sich in die Jäger- und Schützenkorps aufnehmen zu lassen. Nach einer einjährigen Dienstzeit können sie zur Fortsetzung ihres Berufs, auf ihr Verlangen, beurlaubt werden. Nach den abgelaufenen drei Dienstjähren treten sie in die Landwehr des ersten Aufgebots, wo sie, nach Maaßgabe ihrer Fähigkeiten und Verhältnisse, die ersten Ansprüche auf die Offizierstellen haben sollen. [...]

Aus: E. R. Huber: Dokumente zur deutschen Verfassungsgeschichte, Bd. 1. Stuttgart 1978 (2. Aufl.), S. 53–56; hier zit. nach: Preußische Gesetz-Sammlung 1814, S. 79.

Methode: Fach- und Sachliteratur auswerten

Das Material der Historikerinnen und Historiker sind Quellen und Quelleninterpretationen. Unter Quellen versteht man Texte aller Art und Gegenstände, aus denen wir Kenntnisse über die Vergangenheit gewinnen können. Die Ergebnisse ihrer Quellenforschung dokumentieren Historikerinnen und Historiker in Darstellungen. Dazu zählen Gesamt- und Überblicksdarstellungen, Monografien sowie Biografien. Der Autor einer Gesamtdarstellung erstrebt meist die zuverlässige und übersichtliche Darstellung einer ganzen Epoche. Einzeluntersuchungen, so genannte Monografien, bemühen sich dagegen um die möglichst erschöpfende Behandlung eines einzigen, eng umgrenzten thematischen Zusammenhangs.
Biografien (Lebensbeschreibungen) richten den Blick auf einzelne historische Personen. Dabei untersuchen die Autoren meist den Einfluss und die Bedeutung einzelner Frauen und Männer für den Geschichtsverlauf. Gesamtdarstellungen, Monografien und Biografien gibt es als Fachliteratur, die sich an ausgebildete Historiker richtet, aber auch als Sachbücher für ein breiteres Publikum. Bevor man Informationen aus Büchern entnimmt, sollte man sich nicht nur der Darstellungsformen vergewissern, sondern auch klären, ob man ein Fach- oder ein Sachbuch vor sich hat.

	Fachwissenschaftliche Darstellungen (Fachliteratur)	Populärwissenschaftliche Darstellungen (Sachliteratur)
Adressaten	professionelles Publikum	interessierte Laien
Lektürevoraussetzungen	– inhaltliche Grundkenntnisse – methodische Grundkenntnisse – Kenntnisse geschichtlicher Grundbegriffe	keine
Merkmale	– Hinweise auf benutzte Quellen und Literatur, Fußnoten zum Nachweis von Zitaten und benutzter Literatur – sachliche, möglichst ausgewogene und differenzierte Darstellung	– Verzicht auf wissenschaftlichen Apparat (keine Quellenverweise, keine ausführlichen Zitate, keine Fußnoten) – lesefreundliche, oft Spannung erzeugende Erzählweise
Ziele	– historische Erkenntnisse abwägen, meist neue historische Kenntnisse vermitteln – die Vergangenheit von verschiedenen Perspektiven darstellen	– Interesse für geschichtliche Themen wecken – geschichtliche Situationen und Entscheidungen nachvollziehbar machen

Mögliche Arbeitsschritte zur Untersuchung von Sekundärliteratur:
• *Inhalt:* Womit beschäftigt sich die Darstellung? Welche (Leit-)Frage geht der Autor nach? Welche zentrale These liegt seiner Darstellung zugrunde? Zu welchem Ergebnis gelangt der Autor?
• *Methode:* Wie ist die Darstellung gegliedert? Ist der Gedankengang des Autors stringent oder unterlaufen ihm logische Brüche? Sind seine Schlussfolgerungen aus dem vorgelegten Quellenmaterial nachvollziehbar und stichhaltig?
• *Perspektive und Argumentation:* Aus welchem Blickwinkel nähert sich der Autor dem historischen Gegenstand? Bezieht er auch andere Perspektiven ein? Auf welche Ursachen führt der Autor Ereignisse und Entwicklungen zurück? Nennt er eine Ursache oder verschiedene Gründe und Motive?
• *Bewertung:* Beschränkt sich der Autor auf Sachurteile oder nimmt er persönlich Stellung zu den thematisierten Personen und Ereignissen? Welche Einstellung können Sie aus den Ausführungen des Autors ablesen, auch wenn er nicht ausdrücklich eine eigene Stellungnahme abgibt? Ist er einer bestimmten Ideologie verpflichtet?

Standpunkte: Kontroversen zur Jakobinerherrschaft

Kaum ein historisches Ereignis hat noch viele Jahrzehnte später so begeisterte Anhänger und scharfe Gegner gefunden wie die Französische Revolution. Das betrifft vor allem die Jakobinerherrschaft. Ihre Beurteilung war und ist auch in der Geschichtswissenschaft, nicht zuletzt in den verschiedenen nachfolgenden Epochen, umstritten.

1 „Die Größe Robespierres?"

Der Historiker Albert Mathiez (1874–1932) galt als einer der besten Kenner der Geschichte der Französischen Revolution. Er gründete 1907 die Société des études robespierristes:

Was meiner Meinung nach die Größe Robespierres ausmacht, sind die hohen sozialen und moralischen Bedenken, die er als Politiker ständig hegte. [...] Er hatte Grundsätze, an die er glaubte. [...] Über die Aufgabe des Politikers hinaus sah er eine andere, viel schwierigere und fruchtbringendere, die des Erziehers und Philosophen. [...] Wir lieben ihn für seine Lauterkeit, seinen Weitblick, seine Uneigennützigkeit, für sein gigantisches Werk, das er in der Nationalversammlung und in der Regierung vollbracht hat. [...] Wir lieben ihn um des Symbols seines tragischen Ende willen, um der ungeheuerlichen Ungerechtigkeit willen, mit der versucht wurde, sein Andenken zu schänden. [...] Mit einem Wort, wir lieben Robespierre [...] weil er die Beseitigung aller sozialen Ungerechtigkeiten anstrebte.

Albert Mathiez: Verteidigung Robespierres. In: Die Debatte um die Französische Revolution. 35 Beiträge, hrsg. von Walter Grab. München 1975, S. 121.

2 „Das Vaterland der Humanität?"

Der Schriftsteller, Literaturkritiker und Journalist Friedrich Sieburg (1893–1964) lebte lange in Frankreich. Seine Robespierre-Biografie erschien im Jahre 1955:

Robespierre setzt den allgemeinen sittlichen Maßstab einfach außer Kraft und ersetzt ihn durch einen jakobinischen. In der Verstaatlichung der Moral liegt die eigentliche Bedeutung des jakobinischen Terrors. Denn in ihr waltet eine unmenschliche, um nicht zu sagen übermenschliche Konsequenz, welche die durch das menschliche Leben gezogene Grenze mühelos durchbricht. Somit wird eine Revolution, die im Zeichen des Humanismus begonnen wurde und die den Nachkommen das Erbe dieser Humanität hinterlassen hat, auf ihrem Höhepunkt und in ihrem vollkommenen Zustand eine haarscharfe Widerlegung dieses Humanitätsgedankens. [...] Frankreich ist das Vaterland der Humanität? Auf jeden Fall ist dieses Ideal nur einmal in wirklich tiefer und durchdachter Weise außer Kraft gesetzt worden. In Frankreich. Und zwar durch Robespierre.

Friedrich Sieburg: Robespierre. Wien/München 1955, S. 150.

3 Terror als Garant für den Erfolg?

Der französische Historiker Albert Soboul (1914–1942) leitete lange Zeit den Lehrstuhl für die Geschichte der Französischen Revolution an der Pariser Sorbonne. In seinem 1948 erschienen Standardwerk zur Französischen Revolution schreibt er:

Der Ausschuss [...] hatte die Invasion aufhalten können. Der [...] Terror hatte einen erheblichen Anteil an diesem Erfolg. Wenn der Wohlfahrtsausschuss in der Lage war, 14 Armeen auszuheben, zu bewaffnen und zu ernähren und sie zum Sieg zu führen, so verdankte er diesem Erfolg dem Massenaufgebot, den Requisitionen, dem Maximum [gemeint ist die Höchstgrenze für Preise und Löhne], der Verstaatlichung der Kriegsproduktion wie auch der Säuberung der Armeeführung und der Zügelung der Generale: Alle diese Maßnahmen konnten nur deshalb durchgeführt werden, weil die Revolutionsregierung über eine Autorität verfügte, die von der Schreckensherrschaft abgesichert war. Die Generalstäbe und die Heeresleitung wurden gesäubert, und aus den verschiedenen Teilen des ehemaligen Tiers État und auch des besitzlosen Adels wurde eine neue Generation militärischer Führungskader ausgewählt, wobei sich der Ausschuss stets weigerte, durch eine generelle Maßnahme die Adligen aus der Armee und aus öffentlichen Ämtern zu entfernen.

Albert Soboul: Die Große Französische Revolution. Abriss ihrer Geschichte (1789–1799). Frankfurt/M. 1976, S. 317 f.

Arbeitsvorschläge

a) Analysieren Sie die Positionen der drei Texte. Recherchieren Sie dafür so viele Informationen wie möglich über die jeweiligen Autoren.

b) Stellen Sie die drei Darstellungen kritisch einander gegenüber. Formulieren Sie dann eine eigene Bewertung der Jakobinerherrschaft.

2 1848 – Brüderlichkeit europäischer Nationalbewegungen?

2.1 Europa zwischen Restauration und Revolution 1815–1847

Die europäische Friedensordnung von 1815

Mit dem Siegeszug Napoleons durch Europa hatten sich die revolutionären Ideen der Französischen Revolution auf dem gesamten Kontinent verbreitet. Für das europäische Bürgertum mit seinem Streben nach Freiheit und Einheit waren die Ereignisse in Frankreich zum Vorbild geworden, die Kräfte der alten Ordnung empfanden sie als Bedrohung. Nach der Niederschlagung Napoleons setzten die siegreichen Monarchen alles daran, die von den Franzosen vorgenommenen Veränderungen wieder rückgängig zu machen. Diese Bestrebungen bildeten den Hintergrund für den Wiener Kongress, auf dem die europäischen Machthaber 1814/15 zusammentraten. In Wien wurde feierlich die „Heilige Allianz" der europäischen christlichen Monarchien und das Ende der Revolution verkündet. Besonders der österreichische Staatskanzler Clemens Fürst Metternich sorgte dafür, dass die Wiener Friedensordnung zu einer Kampfansage an alle freiheitlichen und nationalen Bewegungen wurde.

Territoriale Neuordnung

Den Gang der Verhandlungen bestimmten die fünf europäischen Großmächte Russland, Österreich, Preußen, Großbritannien und Frankreich. Sie wollten in Europa ein Gleichgewicht der Großmächte schaffen, um dauerhaft für Stabilität und Frieden zu sorgen. Bei den beschlossenen territorialen Veränderungen fielen zwei Tendenzen ins Auge: Österreich gab seine Besitzungen am Ober- und Niederrhein auf, erhielt aber die Lombardei und Venezien in Oberitalien; es zog sich also aus dem engeren deutschen Raum zurück und verlagerte seinen Schwerpunkt nach (Süd-)Osten. Preußen hingegen musste in Osteuropa der russischen Großmachtstellung Rechnung tragen, gewann aber im Westen mit Westfalen und dem nördlichen Rheinland neues Territorium hinzu. Das Hohenzollernreich bestand nunmehr aus zwei voneinander getrennten Gebieten: Es erstreckte sich vom Memelgebiet im äußersten Nordosten bis nach Saarbrücken im Westen – ein Faktum, das in späteren Zeiten Wünsche nach nationaler Einheit unter der Führung Preußens befördern sollte. Doch das war Zukunftsmusik – in Wien standen nationale Wünsche hintenan.

Der Deutsche Bund

Der Wiener Kongress war von vornherein darauf angelegt, die nationale Bewegung im Keim zu ersticken. Folglich hatte auch niemand daran Interesse, einen deutschen Nationalstaat zu schaffen. Man beließ es bei der Souveränität der deutschen Einzelstaaten, die das Prinzip der „legitimen" Ordnung unterstützten und so den Fortbestand der fürstlichen Autorität und der Monarchie sicherten. Dennoch schien es zu gewagt, das Streben nach Einheit vollständig zu ignorieren. Daher wurden die deutschen Einzelstaaten in einem losen Staatenbund – dem Deutschen Bund – zusammengeschlossen. An der Spitze stand der Bundestag in Frankfurt unter österreichischem Vorsitz, zu dem die rund 40 Mitgliedsstaaten ihre Vertreter entsandten. In jedem Mitgliedstaat galten eigene Gesetze; eine einheitliche Außen- oder Wirtschaftspolitik wurde nicht verfolgt. Die beiden Großmächte Österreich und Preußen gaben den Ton an. Der Deutsche Bund sollte Stabilität, Gleichgewicht und Frieden garantieren und durch die Vielstimmigkeit der Einzelinteressen verhindern, dass in der Mitte Europas ein expansives Deutschland entstünde. In der Tat bescherte er Europa eine nie da gewesene Friedenszeit. Doch dieser Stabilität standen Kosten entgegen: Das „System Metternich" unterdrückte die freiheitlichen und nationalen Bewegungen brutal.

fassungen beschlossen – die herrschende Ordnung konnten sie nicht erschüttern. Nach der Julirevolution zeichnete sich in Europa eine Zweiteilung ab: im Westen die freiheitlichen Staaten England und Frankreich, im Osten die Mächte der alten Ordnung: Preußen, Österreich und Russland.

Deutschland im Vormärz

Trotz der massiven Unterdrückung erlebte die Freiheitsbewegung in den 1830er-Jahren einen neuen Aufbruch. Ihre Ideen verbreiteten sich in Kunst und Literatur, etwa durch Bücher von Schriftstellern des „Jungen Deutschland". Zu dieser Gruppe gehörte beispielsweise der Dichter des Deutschlandliedes August Heinrich Hoffmann von Fallersleben. Feste und Feiern etablierten sich als neue Protestform. Auf dem Hambacher Fest demonstrierten 1832 Tausende unter der schwarz-rot-goldenen Flagge der Burschenschaften für gesetzliche Freiheit und deutsche Nationalwürde. Die Hauptredner wurden wegen Hochverrats angeklagt, Metternich sah sich zu einer Verschärfung der Unterdrückungspolitik durch den Deutschen Bund veranlasst. Die Universitäten wurden zum Zentrum oppositionellen Denkens. Darüber hinaus sammelten sich liberale, demokratische und nationale Ideen in den Parlamenten der Einzelstaaten, die bereits Verfassungen eingeführt hatten.

2 Die gefangenen Griechen von Mamelucken[1] bewacht

Ölgemälde (185,5 cm x 248 cm) von Adolf Friedrich Teichs, 1836.

Die Erinnerung an das antike Griechenland begeisterte die Gebildeten Europas für den griechischen Freiheitskampf gegen die osmanische Herrschaft, an dem sich Freiwillige aus vielen christlichen Ländern Europas beteiligten. Zwar erlangten die Griechen 1829 ihre Autonomie, mussten sich aber 1832 unter dem Druck Großbritanniens, Frankreichs und Russlands mit der Errichtung einer absoluten Monarchie abfinden.

1 Söldner islamischer Herrscher

3 Metternichs politische Ordnungsvorstellungen

a) Aus einer Instruktion Metternichs für einen österreichischen Gesandten (1826):

Das erste Ziel der Bemühungen unserer Regierung und aller seit der Wiederherstellung der Unabhängigkeit Europas mit ihr verbündeten Regierungen ist die Aufrechterhaltung der gesetzlichen Ordnung, die das glückliche Ergebnis dieser Wiederherstellung ist; eines Zustandes der Ruhe, der allen die Früchte eines so teuer erkauften Friedens sichert. [...] Seit einigen Jahren sehen wir zu unserer Genugtuung, wie mehrere der Regierenden, die am spätesten die Notwendigkeit der zur Erreichung dieses Zieles geeigneten Maßnahmen einsahen, sich endlich zu der Überzeugung durchrangen, dass die Unterdrückung des noch bestehenden Übels die erste und unerlässliche Vorbedingung dafür ist. Dieses Übel, man kann es nicht verhehlen, hat gerade seit der allgemeinen Befriedung erschreckende Fortschritte gemacht. Es ist allumfassend in seiner unheilvollen Betätigung, es äußert sich in allen möglichen Formen, in fast allen Ländern. Da es in seiner destruktiven Betätigung allumfassend ist, kann es nur durch einen allumfassenden Widerstand bekämpft und besiegt werden. Dieses Übel ist der revolutionäre Geist, geboren aus jener ordnungswidrigen Unruhe, welche die Umwälzungen der Epoche der heutigen Generation aufgeprägt haben, gespeist durch begehrliche Leidenschaften und tiefe Entsittlichung der einen, begrüßt durch den Fanatismus der anderen.

Zit. nach: W. Näf (Hrsg.): Europapolitik zu Beginn des 19. Jahrhunderts. Bern 1953, S. 47.

b) Aus Metternichs „Politischem Testament" (1849–1855):

Eine Erwägung, welche der liberale Geist gewöhnlich außer Acht lässt und die in ihren Folgen dennoch zu den gewichtigsten gehört, ist die des Unterschiedes, welcher sich praktisch in Staaten wie im Leben der Individuen zwischen Vorschreiten der Dinge in gemessenem Gange und in Sprüngen ergibt. Im Ersteren entwickeln sich die Bedingungen in einer logischen, naturgerechten Konsequenz, während Letztere den Zusammenhang unter diesen Bedingungen zerreißen. Alles in der Natur verfolgt den Weg der Entwicklung, des Aneinanderreihens der Sachen; bei solchem Gange allein ist das Ausscheiden der schlechten Stoffe und die Ausbildung der guten denkbar. Sprungweise Übergänge bedingen stets neue Schöpfungen, und schaffen können die Menschen nichts.

Fürst Richard von Metternich-Winneburg (Hrsg.): Aus Metternichs nachgelassenen Papieren, Bd. 7. Wien 1888 ff., S. 634 ff. Zit. nach: Geschichte in Quellen, Bd. 5: Das bürgerliche Zeitalter 1815–1914, bearb. v. Günter Schönbrunn. München 1980, S. 71 f.

4 Liberale und radikale Vorstellungen

a) Bedrohtes Licht der Wahrheit. Lithografie, 1845.

b) Der liberale Württemberger Politiker und Schriftsteller Paul Pfizer, 1831:

Welcher Grad von Freiheit und von Gleichheit [...] möglich sei, ist nach der Verschiedenheit des Nationalcharakters, der Kulturperiode und der übrigen Momente des Volkslebens sehr verschieden. Dieselben Institutionen, welche bei einem gebildeten Volke die Schutzwehr aller Freiheit und die Lebensbedingungen des Fortschritts sind, Pressefreiheit, Volksvertretung, Schwurgerichte, Nationalbewaffnung, können bei einem ungebildeten, noch auf der Kindheitsstufe der Entwickelung stehenden Volke eine Quelle der Zerrüttung und Gesetzlosigkeit, ein Werkzeug der Gewalt und Unterdrückung werden, und von der bloß privatrechtlichen Freiheit und der rein passiven Gleichheit eines von jeder Teilnahme an der Staatsgewalt ausgeschlossenen Volks bis zur demokratischen Selbstregierung liegt eine weite Stufenreihe liberaler Institutionen in der Mitte, von denen der vernünftige Liberalismus keine weder unbedingt verwerfen, noch für die absolut heilbringende erklären wird. [...] Dass unter dem gleichen Rechte und der gleichen Freiheit aller,

2

welche der Liberalismus fordert, nicht die äußerliche Gleichheit von Besitz und Macht gemeint sein könne, indem Rechtsgleichheit himmelweit verschieden ist von materieller Gleichheit des Besitzes, und die bleibende Durchführung der Letztern ohne einen die Freiheit des Verkehrs, des Eigentums und der Verträge vernichtenden Despotismus gar nicht denkbar wäre, – dies wird [...] allmählich von den Gegnern des Liberalismus ebenso gut als von den Liberalen selbst eingesehen.

Zit. nach: G. Küntzel (Hrsg.): Paul Achatius Pfizer. Politische Aufsätze und Briefe. Stuttgart 1924, S. 2f.

c) Der Publizist und Politiker Philipp Jakob Siebenpfeiffer, Initiator und Hauptredner des Hambacher Festes, in einer gerichtlichen Verteidigungsrede, 1834:

Ich halte die Repräsentativ-Republik für die einzige Staatsform, die einem größeren Volk, das seine Würde fühlt, geziemt, für die alleinige, die heute möglich. [...] Wir wollen nicht geistige Knechtschaft, wir wollen Freiheit des Denkens, Freiheit des Handelns für alle. Welche Staatsform, welches Gesetz jeweils einem Volke fromme, das bestimme das Volk selbst. Wollte das spanische von Mönchen regiert sein, wer hat ein Recht, es zu hindern? Will der Türke nichts von europäischer Zivilisation wissen, warum quält ihn der Sultan damit? Will Italien freie Institutionen, warum fesselt Österreich die dortigen Regierungen? [...] Die monarchischen Gewalthaber behaupten ihre Systeme mit Kanonen; Marat und Robespierre wollten Republikaner mit der Guillotine machen; sind die einen im Unrecht, warum nicht die andern? So weit ist man jetzt einig in der denkenden Welt, dass der Mensch religiöse Gewissensfreiheit als ein Recht anspricht; warum wollt ihr nicht die politische Gewissensfreiheit anerkennen? Nationen sind wie Individuen: Jede nach ihrer Weise bilde sich durch freie lichtvolle Verständigung ihren politischen Glauben, denke sich ihre politische Gottheit, weih ihre Altäre! Dies ist's, was ich Volkshoheit nenne. Ich will nicht, dass ein einzelner Mensch, sei's ein Napoleon oder [...] Joseph II., die Geschichte von Millionen nach seinen Einfällen bestimme; ich will, dass auch nicht irgendein Teil der Staatsglieder, seien's die Konservativen Englands oder die Pariser Sansculotten, herrschen; ich will, dass keine Partei die andere, nicht die Minderzahl die Mehrzahl, nicht einmal die Mehrheit die Minderzahl unterdrücke; ich will, dass die Gesamtheit herrsche, d.h. Geist und Gang der Regierung regle. [...] Der herrschende Gesamtwillen, der freie Ausdruck aller Volksinteressen – dies ist meine Republik.

F. Federici (Hrsg.): Der deutsche Liberalismus. Zürich 1946, S. 142ff. Zit. nach: Geschicht ln, Bd. 5: Das bürgerliche Zeitalter 1815–1914, bearb. von G. Schönbrunn. München 190, S. 850f.

5 Protest der Göttinger Sieben

Als 1837 König Ernst-August von Hannover die erst vier Jahre zuvor gewährte liberalere Verfassung wieder durch ein Patent aufhebt, verweigern sieben Göttinger Professoren die Teilnahme an der neuen Ständeversammlung, da sie das Patent als Verfassungsbruch ansahen.

Die sieben Professoren wurden daraufhin entlassen, drei des Landes verwiesen. In Windeseile wurden sie aber zum Symbol der bürgerlich-liberalen Freiheitsbewegung. Zu den „Göttinger Sieben" zählten: der Orientalist Heinrich Ewald, die Historiker Friedrich Christoph Dahlmann und Georg Gottfried Gervinius, die Gebrüder Jakob und Wilhelm Grimm, der Experimentalphysiker Wilhelm Eduard Weber sowie der Staats- und Kirchenrechtler Wilhelm Eduard Albrecht. Lithographie von Friedrich Eduard Ritmüller (1805–1868).

6 Deutsches Nationalgefühl

a) Der Schriftsteller und Literaturwissenschaftler Ernst Moritz Arndt in seiner Schrift „Über Volkshass", 1813:

Wir sind von Gott in den Mittelpunkt Europens gesetzt, wir sind das Herz unseres Weltteils, wir sind auch der Mittelpunkt der neuen Geschichte und der Kirche und des Christentums. Gerade weil wir in der Mitte liegen, stürmen und strömen alle verschiedensten Völker Europens immer auf uns ein und suchen uns wegzuspülen und wegzudrängen. [...] Wir haben also mehr als alle anderen Völker Ursache zu wachen, dass das Eigentümliche und Besondere, was uns als Deutsche, als ein bestimmtes Volk mit einem bestimmten Namen, auszeichnet, durch die Völkerflut und Geistesflut, die immer von uns und zu uns geht, nicht weggespült und weggewaschen werde; wir müssen dreifache und vierfache Bollwerke und Schanzen um uns aufführen, damit wir nicht zuletzt matte Bilder werden, welche allem und nichts ähnlich sehen und welche, weil sie Gestalt und Gepräge verloren haben, auch nichts andres gestalten und bilden können; dass ich es mit einem Wort sage, damit der Deutsche der große geistige Spiegel der Welt bleiben könne, muss er seine Eigentümlichkeit nicht verschleifen noch vertändeln: Er muss ein Deutscher bleiben.

H. Vogt (Hrsg.): Nationalismus gestern und heute. Opladen 1967, S. 103 f.

b) Aus den „Grundsätzen und Beschlüssen" der Deutschen Burschenschaften, 1817:

1. Ein Deutschland ist, und ein Deutschland soll sein und bleiben. Je mehr die Deutschen durch verschiedene Staaten getrennt sind, desto heiliger ist die Pflicht für jeden frommen und edlen deutschen Mann und Jüngling, dahin zu streben, dass die Einheit nicht verloren gehe und das Vaterland nicht verschwinde. [...]

5. Die Lehre von der Spaltung Deutschlands in Norddeutschland und Süddeutschland ist irrig, falsch, verrucht. Es ist eine Lehre, von einem bösen Feinde ausgegangen. Norddeutschland und Süddeutschland sind nicht verschiedener als Nordfrankreich und Südfrankreich. Die Unterscheidung ist lediglich geografisch. Es gibt ein Norddeutschland und ein Süddeutschland, wie es eine rechte und eine linke Seite am Menschen gibt. Aber der Mensch ist eins und hat nur einen Sinn und ein Herz, und Deutschland ist eins und soll nur einen Sinn und ein Herz haben.

6. Die Lehre von der Spaltung Deutschlands in das katholische und protestantische ist irrig, falsch, unglückselig. Es ist eine Lehre, von einem bösen Feinde ausgegangen. [...]

12. Die Sehnsucht nach Kaiser und Reich ist ungeschwächt in der Brust jedes frommen und ehrlichen deutschen Mannes und Jünglings und wird bleiben, solange

c) Studenten verbrennen auf dem Wartburgfest „undeutsche Schriften". Zeitgenössischer Stich.

die Erinnerung an Kaiser und Reich nicht verschwunden und das Gefühl der Nationalehre nicht ausgetilgt und die Betrachtung der Lage des Vaterlandes zu anderen Völkern und Ländern nicht vernichtet ist. Es ist die Pflicht jedes frommen und ehrlichen deutschen Mannes und Jünglings, diese Sehnsucht in sich selbst zu nähren und in anderen zu erregen.

H. Haupt (Hrsg.): Quellen und Darstellungen der deutschen Burschenschaft und der deutschen Einheitsbewegung, Bd. 4. Heidelberg 1913, S. 117 f.

7 Was macht eine Nation aus?

a) Der deutsche Sozialwissenschaftler und Historiker Eugen Lemberg, 1964:

Was also die Nationen zu Nationen macht oder – allgemeiner gesagt – große gesellschaftliche Gruppen zu selbstbewussten, aktionsfähigen, nationalen oder nationähnlichen Gemeinschaften bindet und von ihrer Umwelt abgrenzt, das ist nicht die Gemeinsamkeit irgendeines Merkmals, die Gleichheit der Sprache, der Abstammung, des Charakters, der Kultur oder der Unterstellung unter eine gemeinsame Staatsgewalt, sondern umgekehrt: ein System von Vorstellungen, Wertungen und Normen, ein Welt- und Gesellschaftsbild, und das bedeutet: eine Ideologie, die eine durch irgendeines der erwähnten Merkmale gekennzeichnete Großgruppe ihrer Zugehörigkeit bewusst macht und dieser Zusammengehörigkeit einen besonderen Wert zuschreibt. […] Eine solche Ideologie muss a) aufgrund irgendeines charakteristischen Merkmals ein Gesamtbild der zu integrierenden Gruppe enthalten, das diese Gruppe von ihrer Umgebung abgrenzt; b) dieser Gruppe eine Rolle in ihrer Umgebung zuweisen; c) die Gruppe mit dem Bewusstsein seiner Überlegenheit über diese Umwelt erfüllen; d) ein gruppenbezogenes Normensystem, eine Gruppenmoral, entwickeln, die unter Umständen innerhalb der Gruppe ein anderes Verhalten vorschreibt als außerhalb; e) das Gefühl einer Bedrohung von außen, eine Feindvorstellung erzeugen; f) die Einheit der Gruppe als ein lebenswichtiges, gegen Spaltungen sorgsam zu hütendes Gut erscheinen lassen; g) der Gruppe die Hingabe ihrer einzelnen Angehörigen verschaffen und diese Angehörigen für ihre Hingabe belohnen.

Eugen Lemberg: Nationalismus, Bd. 2. Reinbek 1964, S. 52 und 65.

b) Der deutsche Historiker Otto Dann, 1996:

Nationen sind Gesellschaften, die aufgrund gemeinsamer geschichtlicher Herkunft eine politische Interessengemeinschaft bilden. Sie verstehen sich als eine Solidargemeinschaft; denn sie gehen aus von der Rechtsgleichheit ihrer Mitglieder.

Nationen sind stets auf ein konkretes Territorium (patria) bezogen. Ihr wichtigstes Anliegen ist die eigenverantwortliche Gestaltung ihrer Lebensverhältnisse, d. h. politische Selbstverwaltung (Souveränität) innerhalb ihres Territoriums bzw. ein eigener Staat.

Nationen werden zusammengehalten durch einen Grundkonsens über ihre politische Verfassung und Kultur. […] Wie alle großen sozialen Gemeinschaften und Institutionen sind auch Nationen nicht von Natur aus gegeben, sondern ein Resultat gesellschaftlicher Kultur und geschichtlicher Entwicklung. […]

Eine politische Nation entsteht mit der Bildung von Nationalbewusstsein innerhalb einer Bevölkerung. Wir verstehen darunter den Prozess einer kollektiven politischen Bewusstwerdung, in dem Mitglieder eines Volkes (Ethnie) bzw. Bewohner eines Territoriums entdecken, dass sie gemeinsame Traditionen und Interessen haben. Eine nationale Bewusstwerdung führt Personen und Bevölkerungsgruppen zusammen, die bisher kaum etwas miteinander zu tun hatten, weil sie in verschiedenen regionalen, ethnischen, religiösen oder sozialen Zusammenhängen nebeneinander lebten. Sie motiviert sie zu gemeinsamen Aktionen und schafft zwischen ihnen ein Wir-Bewusstsein sowie emotionale Bindungen. Die Abgrenzungen gegenüber Nachbarvölkern spielt dabei eine wichtige Rolle. Die Bildung einer Nation ist somit in erster Linie als ein Vorgang sozialer Integration zu verstehen. […]

Wie jede politische Bewegung ist eine Nationalbewegung geprägt von ihrer Programmatik, ihrer Ideologie (Der Begriff wird hier nicht negativ verstanden!). Eine nationale Ideologie stellt ihre Interpreten vor besondere Schwierigkeiten; denn bei der Legitimierung nationaler Bewegungen fließen zwei verschiedene Argumentationen zusammen. Einerseits vertritt eine Nationalbewegung menschenrechtliche und demokratische Partizipationsforderungen, die universale Grundkonzeption moderner Nationen. Zum anderen hat eine Nationalbewegung zu begründen, warum sie innerhalb des von ihr beanspruchten Gebietes politische Autonomie einfordert. Hier, bei der Selbstdarstellung und -legitimierung der Nation, kommen deren spezifische Identitätsmerkmale zum Tragen: eine gemeinsame Sprache, Kultur oder Religion, das eigene Siedlungsgebiet (Vaterland) und die gemeinsame Geschichte. […]

Wir verstehen unter Nationalismus ein politisches Verhalten, das nicht von der Überzeugung der Gleichwertigkeit aller Menschen und Nationen getragen ist, sondern andere Völker und Nationen als minderwertig oder als Feinde einschätzt und behandelt.

Otto Dann: Nation und Nationalismus in Deutschland. 1770–1990. München 1996, S. 12 ff. und 19 f.

8 Niederlande unter Napoleon: Neue Spielräume für eine nationale Identität

Die Niederlande waren früh unter die Herrschaft der französischen Revolutionstruppen geraten. 1795 gründeten diese dort die Batavische Republik. Napoleon ersetzte 1806 diese

Republik durch das Königreich Holland mit seinem Bruder Louis als König. Dieser dankte 1810 infolge der katastrophalen Auswirkungen der Kontinentalsperre ab, worauf Holland in das französische Kaiserreich einverleibt wurde.

Es scheint bei der Annexion auch Zuversicht auf Besserung gegeben zu haben. [...] Jedenfalls setzte man auf Ausbreitung des Handels durch Fortfall der Zollgrenzen, auf die Einführung der niedrigen französischen Steuern. Aber gerade das blieb bis 1812 aus. Die gegenüber der Louis-Napoléon-Zeit sehr rigorose Handhabung der Kontinentalsperre brachte den Seehandel fast zum Erliegen. Die Seefischerei wurde 1812 sogar gänzlich verboten. Die überstrapazierte Staatskasse zahlte nur noch ein Drittel der Zinsen auf Staatsanleihen, wogegen in den Jahren zuvor heftig gestritten worden war. Die Hoffnung auf Frankreich schwand verständlicherweise schnell [...] Die Jahre 1806 bis 1813 brachten dem Land zum ersten Mal seit der Befreiung von Spanien eine fremde Herrschaft. Hieraus wurde das Land befreit, ohne selbst einen Befreiungskrieg zu führen; das Ende der französischen Herrschaft kam trotz der spontanen, kurzen und heftigen Unruhen in Amsterdam und Den Haag ohne dramatischen Höhepunkt. Ein politisch umsetzbares nationalniederländisches, zum Widerstand erzogenes Bewusstsein war ausgeblieben. Dennoch waren Begriffe wie „Vaterland“ oder „Nation“, die man in den achtziger und in den folgenden Jahren gepflegt hatte, aus der Öffentlichkeit nicht verschwunden. Sie zählten nunmehr zum Repertoire einer Art inneren Emigration und wurden von der intellektuellen Elite im literarisch-kulturellen Umfeld wach gehalten. Solange sich die eigene, durch „Sprache, Literatur, Sitten und eigentümliche Volksart“ (J.M. Kemper) geprägte nationale Identität politisch nicht manifestieren konnte, sollte sie als kulturelle Identität immer wieder ins Bewusstsein gerückt werden. Die folgenden Jahrzehnte des 19. Jahrhunderts haben dann neue Spielräume für die Demonstration einer nationalen Identität geschaffen.

Horst Lademacher: Die Niederlande. Politische Kultur zwischen Individualität und Anpassung. Berlin 1993, S. 403f.

Arbeitsvorschläge

a) Informieren Sie Ihre Mitschülerinnen und Mitschüler in Form eines Kurzreferats über die „Karlsbader Beschlüsse“.

b) Wie berechtigt war Metternichs Bestehen auf dem Grundsatz der »Ordnung« (M 3)?

c) Bewerten Sie Metternichs Unterscheidung von „gemessenem Gang“ und „Sprüngen“ hinsichtlich des „Vorschreitens der Dinge“ (M 3b). Berücksichtigen Sie dabei die Eindrücke und Erfahrungen aus der Französischen Revolution.

d) Erörtern Sie Pfizers Verständnis von „Gleichheit“ und „Freiheit“ und setzen Sie sich kritisch mit seiner These von verschiedenen „Entwicklungsstufen des Liberalismus“ auseinander (M 4b).

f) Bewerten Sie die Behauptung „Nationen seien wie Individuen“ und die daraus abgeleitete Auffassung vom politischen „Individualismus“ der Nationen (M 4c).

g) Recherchieren Sie zu einem von Ihnen ausgewählten Professor der „Göttinger Sieben“ dessen Lebenslauf sowie seinen weiteren Lebensweg nach 1837 und stellen Sie dessen Rolle im Vormärz in einem Kurzreferat dar (M 5).

h) Analysieren Sie die Argumente, die Arndt (M 6a) für die in seinen Augen herausragende Stellung des „deutschen Volkes“ anführt. Setzen Sie sich kritisch mit der Arndt'schen Argumentation und den verwendeten Begriffen auseinander.

i) Erläutern Sie, inwiefern in den „Grundsätzen und Beschlüssen“ der deutschen Burschenschaften (M 6b) ein romantisierender und rückwärts gewandter Begriff von der deutschen Nation zum Ausdruck kommt.

j) Wenden Sie Lembergs Merkmalskatalog a) bis g) (M 7a) auf die in den beiden Texten (M 6a und b) zum Ausdruck kommenden „nationalen“ Vorstellungen an.

k) Erörtern Sie, inwiefern man dem Nationalismus mobilisierende und integrierende Wirkungen zuschreiben kann.

l) Zeigen Sie die Unterschiede und Gemeinsamkeiten der beiden Begriffsbestimmungen von „Nation“ auf (M 7a und b). Diskutieren Sie, welche der beiden Definitionen Ihnen stichhaltiger erscheint.

2.2 1848 in Deutschland: Das Scheitern von Einheit und Freiheit

Europa 1848

Abermals gab Frankreich den Takt vor, als es im Februar 1848 das Bürgerkönigtum entthronte und die Revolution in Europa auslöste. Ein vergleichender Rundblick offenbart den unterschiedlichen Entwicklungsstand der Großmächte in Europa: Im industriell entwickelten England blieb die Revolution aus – es hatte stürmische Jahre im Innern hinter sich, aber durch rechtzeitige Reformen den Umsturz immer noch gerade verhindert. Während in Frankreich 1848 bereits zum dritten Mal eine Monarchie gestürzt und die Republik ausgerufen wurde, handelte es sich bei den deutschen Unruhen um erste revolutionäre Versuche. In den vorindustriellen deutschen Staaten opponierten die Revolutionäre gegen eine vom Adel dominierte Ständegesellschaft, während die französische Februarrevolution erste Züge einer sozialistischen Revolution annahm. In die Unruhen in Mittel- und Osteuropa mischten sich nationale Proteste – England und Frankreich hingegen waren bereits Nationalstaaten. Im industriell zurückgebliebenen Russland blieb es ruhig: Das Zarenregime konnte noch jeglichen Protest unterdrücken.

Märzforderungen

Die Nachrichten vom französischen Umsturz verbreiteten sich wie ein Lauffeuer in allen europäischen Zentren. Die deutsche Opposition – unterstützt von einer spontanen Volksbewegung – drängte in diesen Tagen in den Einzelstaaten mit Petitionen, Kundgebungen und Umzügen auf die Erfüllung der „Märzforderungen“: Garantie der Grundrechte und der Pressefreiheit, Einrichtung von Schwurgerichten und Bürgerwehren. Gleichzeitig begann sie, sich national zu organisieren. Am 5. März trafen sich in Heidelberg 51 prominente Oppositionspolitiker – unter ihnen Heinrich von Gagern und Friedrich Hecker. Sie beschlossen, ein „Vorparlament“ einzuberufen, das die verfassunggebende deutsche Nationalversammlung vorbereiten sollte. Damit brachen sie unwiderruflich mit dem alten System.

Unruhen in Stadt und Land

In der revolutionären Situation entluden sich auch soziale Spannungen. Die städtische Unterschicht – Tagelöhner, Handwerker, Proletarier – hatte in den vergangenen Jahren an den Strukturproblemen durch die fortschreitende Indus-

1 1848 – Das Frühjahr der Revolutionen

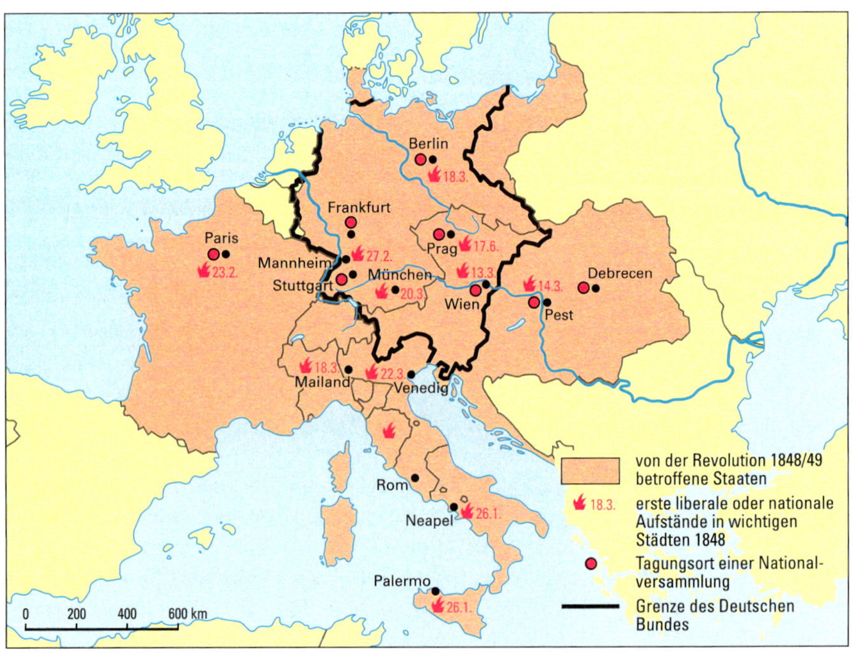

trialisierung gelitten. Das allgemeine Massenelend in den Städten war 1845/46 durch zwei Missernten und ein Konjunkturtief noch verschärft worden. Auch auf dem Lande breiteten sich gewaltsame Aufstände aus: Die Landbevölkerung in Mittel- und Süddeutschland sowie Schlesien lehnte sich gegen Grundherren und Staatsbeamte auf, weil sie nach der Bauernbefreiung immer noch erdrückende Dienste und Abgaben zu leisten hatte. Die sozialen Proteste sorgten für die Massenbasis der Revolution. Als die Forderungen der Bauern erfüllt waren, zogen sie sich jedoch schnell vom revolutionären Geschehen zurück.

Revolution in Wien

Beeindruckt von der Wucht der Volksbewegung leisteten die Monarchen in Wien und Berlin kaum Gegenwehr – auch wenn es zu blutigen Zusammenstößen zwischen Regierungstruppen und Revolutionären kam. In Wien stürmte die Menge am 13. März 1848 das Ständehaus. Als die tagende niederösterreichische Ständeversammlung sich den Forderungen des Volkes nicht sofort anschloss und das Militär versuchte, die Menge auseinanderzutreiben, eskalierte die Situation. Soldaten schossen blind in die Menge und töteten fünf Demonstranten – es folgten blutige Straßenkämpfe. Die Wiener Hofburg entschloss sich, die Lage durch Zugeständnisse an die Demonstranten zu beruhigen. Metternich, der verhasste Repräsentant des alten Systems, wurde zum Bauernopfer bestimmt und musste fliehen. In Wien feierte man den Sieg der Revolution.

Revolution in Berlin

Die Ereignisse in Wien zeigten auch in Berlin Wirkung, wo am 14. März 1848 die ersten Unruhen ausbrachen. Preußens König Friedrich Wilhelm IV. erklärte sich zu Zugeständnissen bereit: Am 18. März hob er die Zensur auf und kündigte die Einberufung eines „Vereinigten Landtages" an. Als Gerüchte über diese Veränderungen die Runde machten, versammelten sich tausende Menschen vor dem Berliner Stadtschloss. Dort wartete eine provozierend hohe Zahl von Soldaten. In der unübersichtlichen Situation lösten sich aus den Reihen des Militärs zwei Schüsse – die Situation eskalierte. Über Nacht tobte in Berlin der Bürgerkrieg, über 200 Menschen – meist Arbeiter und Handwerker – starben. In Berlin war quasi „aus Versehen" die Revolution ausgebrochen. Am nächsten Morgen lenkte der König ein und ließ die Truppen abziehen. Friedrich Wilhelm IV. trat die Flucht nach vorn an: Er stimmte der Ausarbeitung einer Verfassung zu, bewilligte den Zusammentritt einer preußischen Nationalversammlung und bekannte sich zur Einheit der Nation.

Eines hatten die Ereignisse in Berlin und Wien gemeinsam – ganz im Unterschied zu denen in Paris: Die Revolution machte vor den Thronen Halt. Die Monarchen blieben und mit ihnen ihre Stützen in Bürokratie und Militär. Die Gewaltakte riefen innerhalb der Protestbewegung schnell die Frage auf, wann die Revolution „geschlossen" werden sollte. Es entwickelten sich zwei verschiedene Strömungen.

Liberalismus

Das liberale Lager wollte die Unruhen so schnell wie möglich beenden. Eine Revolution lag ihm völlig fern: Die Liberalen wollten die Gesellschaft von Anfang an auf dem Wege der „Vereinbarung" mit den alten Mächten reformieren, um die befürchtete Revolution gerade zu verhindern. Das liberale Bürgertum hatte durch die Industrialisierung wirtschaftlich an Einfluss gewonnen; nun forderte es auch politische Mitbestimmung. Die Liberalen strebten eine konstitutionelle Monarchie an. Zu ihren Kernforderungen gehörten die Garantie der Presse- und Versammlungsfreiheit, der persönlichen Freiheitsrechte sowie einer unabhängigen Justiz. Im wirtschaftlichen Bereich setzten sie auf Selbstorganisation und das Gesetz des freien Marktes. So könne mehr Wohlstand erreicht werden – zunächst für das Bürgertum, im Laufe der Zeit aber auch für die Unterschichten. Eine politische Mitwirkung der Unterschichten ging den meisten Liberalen jedoch zu

2 Deutsche Nation siehe hier Deinen König! Die Kreidelithografie von 1848 karikiert den Umritt des preußischen Königs in Berlin am 21. März 1848, mit dem er sich symbolisch an die Spitze der revolutionären Entwicklung setzen wollte.

(»Botanybai« = der Hafen der englischen Strafkolonie Australien)

weit, deshalb befürworteten sie ein Zensuswahlrecht. Ein Abgleiten in die soziale Revolution wollten sie um jeden Preis verhindern.

Im Gegensatz dazu wollten die Demokraten die Unterschichten in den gesellschaftlichen Reformprozess mit einbeziehen. Neben dem allgemeinen Wahlrecht klagten sie einen Ausgleich von Kapital und Arbeit ein – etwa durch eine progressive Einkommenssteuer. Die Demokraten wollten die traditionellen gesellschaftlichen Sozialverhältnisse mittels eines demokratischen Staates wiederherstellen. Sie forderten die weitgehende Entmachtung des Monarchen und die Ausrufung einer Republik. Die demokratischen Vertreter kamen ausschließlich aus dem intellektuellen Milieu, sahen sich jedoch als Sprecher der Unterschicht. Zu ihren Anhängern gehörten kleine Gewerbetreibende, sozial bedrohte Gruppen der Handwerkerschaft, anfangs auch Bauern.

Die Entscheidung über den zukünftigen Kurs übertrug das Vorparlament mit dem Hinweis auf die „Volkssouveränität" der zukünftigen Nationalversammlung. Sie wurde unter hoher Beteiligung nach dem allgemeinen und gleichen Männerwahlrecht von allen „selbstständigen" Staatsbürgern gewählt.

Nationalversammlung

Am 18. Mai 1848 trat die deutsche Nationalversammlung zum ersten Mal feierlich in der Frankfurter Paulskirche zusammen. Sie bestand fast ausschließlich aus bürgerlichen Repräsentanten – Professoren, Juristen, höheren Verwaltungsbeamten. Die Nationalversammlung setzte mit Billigung der Fürsten und Regierungen eine Zentralgewalt ein, an deren Spitze der österreichische Erzherzog Johann als Reichsverweser stand. Der alte Bundestag des Deutschen Bundes beendete damit seine Tätigkeit. Zentrale Aufgabe der Frankfurter Abgeordneten war es nunmehr, einen deutschen National- und Verfassungsstaat zu schaffen. Noch gab es keine politischen Parteien im heutigen Sinne, dennoch waren drei große politische Lager deutlich zu unterscheiden: eine zahlenmäßig eher schwache republikanische Linke, das konservative Lager und die große Mehrheit der liberalen Mitte.

Uneinigkeit der Revolutionäre und aggressiver Nationalismus

Die Arbeit der Nationalversammlung begann unter schwierigen Bedingungen, sodass sie ihrem eigentlichen Auftrag – der Erarbeitung einer Verfassung – zunächst kaum nachkommen konnte. Die Aufstände im Land waren mit ihrem Zusammentritt nicht beendet. Die soziale Situation der Handwerksmeister, Gesellen, Arbeiter und Tagelöhner war durch die Konjunkturkrise noch schlechter geworden. Hinzu trat ein nationaler Konflikt. Als Preußen im Krieg um Schleswig-Holstein mit Dänemark einen Waffenstillstand schloss und die Nationalversammlung dies schließlich (widerwillig) billigte, empörte sich das radikale Lager. Neue Gewaltakte erschütterten das Land. Die Radikalen sahen Schleswig-Holstein als Teil des deutschen Nationalstaates, auf den nicht verzichtet werden durfte. Sie warfen dem Parlament Verrat an Nation und Revolution vor – die Risse innerhalb der revolutionären Bewegung wurden immer deutlicher.

Nationalismus

Der Konflikt um Schleswig-Holstein legte die Sprengkraft der nationalen Idee und erste Züge eines aggressiven deutschen Nationalismus offen. Waren im Vormärz nationale Freiheitsbewegungen in anderen europäischen Ländern – wie etwa in Polen – von den liberalen Kräften unterstützt worden, stellte jetzt die Mehrheit der Parlamentarier das Selbstbestimmungsrecht der Völker infrage. Mit der Brüderlichkeit der europäischen Nationalbewegungen war es vorbei. Daraus ergaben sich Ansatzpunkte für die Gegenrevolution: Sie spielte die verschiedenen Nationalbewegungen gegeneinander aus, die in der Paulskirche mehr und mehr aneinandergerieten. Die Kräfte der Reaktion gewannen wieder an Auftrieb.
Die Nationalversammlung hatte bei der Verfassungsgebung ein ganzes Bündel von Fragen zu beantworten: Welche Grundrechte und wie viel Demokratie soll-

3 Einzug der Mitglieder des Vorparlaments in die Paulskirche
Kolorierte Lithografie von Jean Nicolas Ventadour, 1848.

4 Germania
Aquarell (42,3 cm x 28,8 cm) von Philipp Veit, 1834. Die sieben Wappen stellen die sieben Kurfürsten dar, die seit 1356 den Kaiser wählten.

ten garantiert werden? Welche Staatsform – Republik oder eine Form der Monarchie – sollte Deutschland erhalten? Welche Stellung sollte die Zentralgewalt einnehmen? Zur alles überlagernden Frage wurde aber, welche Gebiete zum deutschen Nationalstaat dazugehören und welche Rolle Preußen und Österreich darin spielen würden. Zwei Auffassungen bildeten sich heraus:
Das großdeutsche Lager befand sich im Parlament zunächst in der Mehrheit. Es befürwortete eine Nationalstaatsbildung unter Einschluss der deutschen Gebiete Österreichs. Damit wäre faktisch das Ende der Habsburger Monarchie besiegelt worden – entsprechend leistete Wien erbitterten Widerstand gegen diese Lösung. Problematisch an diesem Vorschlag war aber auch, dass er sich nicht auf das deutschsprachige Österreich beschränkte: Auch Böhmen und Mähren sowie Welschtirol und Triest sollten dem deutschen Nationalstaat einverleibt werden. Die großdeutsche Neigung der Nationalversammlung trieb zudem die Tschechen, Slowaken, Kroaten und Slowenen in die Arme der Gegenrevolution. Sie wollten nicht als Minderheiten in einem deutschen und einem ungarischen Nationalstaat aufgehen – in dieser Situation lag ihnen der Erhalt des habsburgischen Vielvölkerstaates näher. Das kleindeutsche Lager hingegen favorisierte eine Lösung ohne das deutschsprachige Österreich unter der Führung eines preußischen Kaisers. Diese Variante lief auf eine Trennung von Österreich hinaus.

Verabschiedung der Verfassung

Im Oktober 1848 eroberte die Gegenrevolution Wien. Ende des Jahres 1848 hatte überall im revolutionären Europa – sogar in Frankreich – die Reaktion gesiegt.
Mit der Niederlage der Revolution in Wien schied die großdeutsche Lösung aus. Dennoch waren nicht alle Abgeordneten der Paulskirche bereit, einer kleindeutschen Lösung unter einem preußischen Kaiser zuzustimmen und den Sieg der Reaktion in Österreich hinzunehmen. Die äußerste Linke forderte einen gro-

ßen europäischen Krieg gegen die Mächte der Beharrung – den russischen und österreichischen „Militärdespotismus". Doch dieser Vorschlag setzte sich nicht durch: Am 27. März 1849 verabschiedete die Paulskirche mit knapper Mehrheit die Reichsverfassung. Tags darauf wurde Friedrich Wilhelm IV. zum Kaiser gewählt.
Doch Friedrich Wilhelm IV. lehnte die Kaiserwürde ab: Er war nicht bereit, die Krone aus den Händen des Volkes entgegenzunehmen. Darüber hinaus wollte er keinen Krieg riskieren: Möglicherweise hätten Österreich und Russland gemeinsam versucht, die Ergebnisse der Revolution gewaltsam rückgängig zu machen, wie sie es im Sommer 1849 in Ungarn dann auch taten. Mit der Ablehnung Friedrich Wilhelms IV. scheiterte die Nationalversammlung: Zahlreiche Einzelstaaten zogen ihre Abgeordneten zurück und auch die gemäßigten Liberalen legten ihr Mandat nieder. Sie hielten das Scheitern der Verfassung für das kleinere Übel, als einen Bürgerkrieg zu riskieren. Übrig blieb ein Rumpfparlament der Linken, das seinen Sitz nach Stuttgart verlegte. Letzte revolutionäre Kämpfe flackerten mit der „Reichsverfassungskampagne" und der „Mairevolution" in Baden noch einmal auf. Die radikalen Vertreter, die die Reichsverfassung mit Gewalt verteidigten, wurden brutal niedergeschlagen. Die Tätigkeit des Rumpfparlamentes wurde am 18. Juni gewaltsam beendet.

Reichsverfassungs-kampagne

Scheitern der Revolution?

Die Revolution war überall in Europa – mit Ausnahme der Schweiz – gescheitert. Freilich hinterließ die Revolution Spuren: In Preußen galt nach 1848 eine Verfassung, der Absolutismus war überwunden. Die liberalen Ideen konnten nicht mehr vollständig beseitigt werden. Trotzdem waren in den nachfolgenden Jahrzehnten alle parlamentarischen und freiheitlichen Initiativen mit dem Makel des Scheiterns behaftet. Preußen blieb obrigkeitsstaatlich dominiert, die Freiheitsfrage ungelöst – das war eine schwere Hypothek für zukünftige politische Entwicklungen in Deutschland.

5 Es ginge wohl aber es geht nicht
Kolorierte Lithografie, 1849. Der gesichtslose Friedrich Wilhelm IV. zwischen „germanischen" Volksvertretern und Fürstenhäusern (Zar Alexander, Kaiser Franz Joseph, Könige von Hannover, Bayern, Württemberg und Sachsen).

6 Verhaltene Revolution?

Die Schriftstellerin Fanny Lewald (1811–1889) berichtet in ihren Erinnerungen über die Revolution in Berlin, Eintrag unter dem 11. April 1848:

Wie stieg erst meine Verwunderung, als ich […] die Straßen Berlins ohne Militär sah; […] und als an allen Ecken unzensierte Zeitungsblätter und Plakate, ja selbst Zigarren verkauft wurden, während sonst das Rauchen auf der Straße bei 2 Taler Strafe verboten und sogar die Inschriften der Leichensteine zensurpflichtig waren.
Verwüstungen durch die Revolution bin ich in der Stadt nicht gewahr worden, soweit sie vom Volke ausgegangen sind. […]
Nirgends hat sich das Volk gegen die Paläste des Königs oder der Prinzen gewendet, nirgends das Eigentum angetastet; und es ist mir eine Genugtuung, dass sich keine Spur von Rohheit im Volke gezeigt, dass selbst der König in allen Proklamationen den Edelmut und die Mäßigung der Kämpfenden lobpreisend anerkannt hat. Was mir aber, im Hinblick auf Paris, schmerzlich auffiel, das ist der Mangel an Freudigkeit über den Sieg, der fehlende Schwung des Enthusiasmus, die mich in Paris so sehr überraschten. Keine begeisternden Lieder, keine jener siegestrunkenen Zurufe, welche dort von Mund zu Mund gingen und so elektrisch wirkten. […] Wir haben keinen deutschen Volksgesang, und „Es lebe der überwundene Absolutismus" […] kann man eben nicht rufen. Das aber ist noch nicht das Schlimmste. Was mich beängstigt, ist das Gefühl der Unsicherheit, das ich hier an so vielen Menschen wahrnehme und von dem in Paris keine Spur vorhanden war. […]
Ein großer und edler Teil der Bevölkerung sieht mit opferfreudiger Begeisterung in die Zukunft – aber der Untertänigkeitsgeist eines absolutistisch regierten Volkes, die Angst vieler Besitzenden vor möglichen Verlusten und der weit verzweigte bürokratische Kastengeist sind damit noch lange nicht überwunden.

Zit. nach: Fanny Lewald: Erinnerungen aus dem Jahr 1848. Bearb. von Dietrich Schäfer. Frankfurt/Main 1969, S. 74 ff.

7 Königlicher Charakter?

a) Aus der Proklamation Friedrich Wilhelms IV. „An mein Volk und die deutsche Nation" vom 21. März 1848:

An mein Volk und die deutsche Nation! Mit Vertrauen sprach der König vor 35 Jahren in den Tagen hoher Gefahr zu seinem Volke, und sein Vertrauen ward nicht zuschanden; der König, mit seinem Volke vereint, rettete Preußen und Deutschland vor Schmach und Erniedrigung. Mit Vertrauen spreche ich heute, im Augenblicke, wo das Vaterland in höchster Gefahr schwebt, zu der deutschen Nation, unter deren edelste Stämme mein Volk sich mit Stolz rechnen darf. Deutschland ist von innerer Gärung ergriffen und kann durch äußere Gefahr von mehr als einer Seite bedroht werden. Rettung aus dieser doppelten dringenden Gefahr kann nur aus der innigsten Vereinigung der deutschen Fürsten und Völker unter einer Leitung hervorgehen. Ich übernehme heute diese Leitung für die Tage der Gefahr. Mein Volk, das die Gefahr nicht scheut, wird mich nicht verlassen, und Deutschland wird sich mir mit Vertrauen anschließen. Ich habe heute die alten deutschen Farben [Schwarz-Rot-Gold, Farben des Lützow'schen Freikorps 1813] angenommen und mich und mein Volk unter das ehrwürdige Banner des deutschen Reiches gestellt. Preußen geht fortan in Deutschland auf.

Tim Klein: Der Vorkampf. Ebenhausen–München 1927, S. 209 ff.

b) Aus einem Brief Friedrich Wilhelms IV. vom 13. Dezember 1848 an den Gesandten Bunsen über die Kaiserkrone:

Ich will Ihnen das Licht darüber so kurz und hell als möglich schärfen. Die Krone ist erstlich keine Krone. Die Krone, die ein Hohenzoller nehmen dürfte, wenn die Umstände es möglich machen könnten, ist keine, die eine, wenn auch mit fürstlicher Zustimmung eingesetzte, aber in die revolutionäre Saat geschossene Versammlung macht (in der Art der Straßenpflasterkrone Louis Philipps), sondern eine, die den Stempel Gottes trägt, die den, dem sie aufgesetzt wird, nach der heiligen Ölung „von Gottes Gnaden" macht, weil und wie sie mehr denn 34 Fürsten zu Königen der Deutschen von Gottes Gnaden gemacht und den Letzten immer der alten Reihe gesellt. Die Krone, die die Ottonen, die Hohenstaufen, die Habsburger getragen, kann natürlich ein Hohenzoller tragen; sie ehrt ihn überschwänglich mit tausendjährigem Glanze.
Die aber, die Sie leider meinen, verunehrt überschwänglich mit ihrem Ludergeruch der Revolution von 1848, der albernsten, dümmsten, schlechtesten, wenn auch, gottlob, nicht bösesten dieses Jahrhunderts. Einen solchen imaginären Reif, aus Dreck und Letten [Ton, Lehm] gebacken, soll ein legitimer König von Gottes Gnaden und nun gar der König von Preußen sich geben lassen, der den Segen hat, wenn auch nicht die älteste, doch die edelste Krone, die niemand gestohlen worden ist, zu tragen? […]
Ich sage es Ihnen rund heraus: Soll die tausendjährige Krone deutscher Nation, die 42 Jahre geruht hat, wieder einmal vergeben werden, so bin ich es und meinesgleichen, die sie vergeben werden. Und wehe dem, der sich anmaßt, was ihm nicht zukommt!

Leopold von Ranke: Aus dem Briefwechsel Friedrich Wilhelms IV. mit von Bunsen. Leipzig 1874, S. 147.

8 Wahlrechtsdebatte und „politische Unreife"

a) Aus dem Entwurf des Reichswahlgesetzes vom 15.2.1849:

Art. I. § 1. Wähler ist jeder selbstständige, unbescholtene Deutsche, welcher das 25. Lebensjahr zurückgelegt hat. § 2. Als nicht selbstständig, also von der Berechtigung zum Wählen ausgeschlossen, sollen angesehen werden: 1) Personen, welche unter Vormundschaft oder Kuratel stehen oder über deren Vermögen Konkurs- oder Fallitzustand [Bankrott] gerichtlich eröffnet worden ist [...]; 2) Personen, welche eine Armenunterstützung aus öffentlichen Mitteln beziehen oder im letzten der Wahl vorhergegangenen Jahre bezogen haben; 3) Dienstboten; 4) Handwerksgehilfen und Fabrikarbeiter; 5) Tagelöhner.

F. Wigard (Hrsg.): Stenographischer Bericht über die Verhandlungen der deutschen constituirenden Nationalversammlung zu Frankfurt a. M., Bd. 8. Frankfurt/M. 1848, S. 5218f.

b) Aus dem Debattenbeitrag des linksliberalen Abgeordneten Ziegert (Minden):

Aber, wendet man ferner ein, die politische Unreife des Volkes, die Bestechlichkeit! Meine Herren, kommen Sie uns nicht mit der Behauptung der politischen Unreife, welche auf den früheren Satz des alten Polizeistaates vom beschränkten Untertanenverstande hinausläuft. Ich meine, die so genannten unteren Klassen, welche die Bewegung des vorigen Jahres mit durchgemacht haben, die zur Verbesserung der jetzigen Zustände mit Hand angelegt und auch in dieser Zeit ebenso den Lockungen der Demagogen als den Verführungen der Reaktion Widerstand geleistet haben, welche in dem Versammlungsrecht, in der freien Presse, im freien Gemeinwesen und in der Öffentlichkeit des Staatslebens die Mittel zur weiteren Ausbildung besitzen, sind nicht mehr politisch unreif zu nennen. [...] Sie können nicht leugnen, dass die Bewegung unserer Zeit nicht bloß eine politische, sondern auch eine soziale ist, und zwar in doppelter Richtung, einmal, indem die Besitzlosen und Minderbegüterten mehr oder weniger gegen die Herrschaft des Besitzes und des Kapitals im Kampfe stehen, und sodann dadurch, dass die arbeitenden Klassen an der Verbesserung ihrer Lage sich organisch beteiligen wollen. Statten Sie jetzt, wo von uns zur Verbesserung der Lage der arbeitenden Klassen noch nichts geschehen ist, den Besitz und das Kapital mit einer bevorzugten politischen Berechtigung aus und schließen Sie auf der anderen Seite die arbeitende Klasse von der Möglichkeit aus, Männer ihres Vertrauens in die Reichsversammlung zu wählen, so wird der ohnehin gestörte Friede in der Gesellschaft dadurch nicht wiederhergestellt, es wird der Kampf dadurch nur noch vermehrt.

M. Freund (Hrsg.): Der Liberalismus. Stuttgart 1965, S. 146f.

c) Aus dem Debattenbeitrag des liberalen Abgeordneten Wernher (Nierstein):

Es existiert eine tiefe Begriffsverwirrung über den Begriff von Volk, es gibt ein physisches Volk, unter das gehören alle, Mann und Weib, Säuglinge und Greise, die Menschen im Zuchthaus wie derjenige, der die Zierde seines Volkes ist; aber das politische Volk ist zu allen Zeiten, wird zu allen Zeiten und muss zu allen Zeiten von dem physischen Volke unterschieden werden. [...] Der moderne Staat [...] bedarf zu seiner Erhaltung, um die hohen Zwecke der Kultur zu erfüllen, moderner Mittel, Geld, und darum sind im modernen Staate alle diejenigen, die zum Bedürfnis des Staates etwas und ein Wesentliches beitragen, das eigentliche, das politische Volk; ich halte es für eine große Verkennung der Dinge, wenn man darin eine Anmaßung der Bezahlenden findet. [...]
Ich behaupte nach meiner getreuen Erfahrung, dass zur Beurteilung der Bedürfnisse eines großen Staates die untersten Klassen nicht geeignet sind. [...] Geben Sie diesen Klassen den innigsten Anteil an den Wahlen zur Besetzung der Gemeindeämter, das können sie erkennen und übersehen, und hier liegt die Basis ihrer unmittelbaren Beteiligung am Staate. Wenn Sie aber diesen unmittelbaren Anteil auf die Wahlen zur Vertretung eines so großen Staates wie Deutschland, welcher vom Belt bis zum Adriatischen Meer sich erstrecken soll, ausdehnen, dann laden Sie jenen eine Bürde auf, welche sie nicht zu tragen vermögen.

M. Freund (Hrsg.): Der Liberalismus. Stuttgart 1965, S. 148f.

9 Die nationale Frage

a) Der linksliberale Abgeordnete Wilhelm Jordan über die Zukunft der Provinz Posen, 24. Juli 1848:

Es steht als Tatsache fest, dass ein großer Teil von Posen gegenwärtig überwiegend deutsch ist, und von dieser Tatsache haben wir auszugehen. [...] Wer da sagt, wir sollten diese deutschen Bewohner von Posen den Polen hingeben und unter polnische Regierung stellen, den halte ich mindestens für einen unbewussten Volksverräter. [...] Polen bloß deswegen herstellen zu wollen, weil sein Untergang uns mit gerechter Trauer erfüllt, das nenne ich eine schwachsinnige Sentimentalität. (Bravo von der Rechten, Zischen von der Linken) [...]
Ich sage, die Politik, die uns zuruft: Gebt Polen frei, es koste, was es wolle, ist eine kurzsichtige, eine selbstvergessene Politik, eine Politik der Schwäche, eine Politik der Furcht, eine Politik der Feigheit. Es ist hohe Zeit für uns, endlich einmal zu erwachen aus jener träumerischen Selbstvergessenheit, in der wir schwärmten für alle möglichen Nationalitäten, während wir selbst in schmachvoller Unfreiheit darniederlagen und vor aller Welt mit Füßen getreten wurden, zu erwachen zu einem gesunden Volksegoismus, um das Wort einmal geradeheraus zu sagen, welcher die Wohlfahrt und Ehre des Vaterlandes in allen Fragen obenan stellt.

F. Wigard (Hrsg.): Stenographischer Bericht über die Verhandlungen der deutschen constituirenden Nationalversammlung zu Frankfurt a. M., Bd. 2. Frankfurt/M. 1848, S. 1143ff.

ges Konzept dafür, wie sich der künftige deutsche Nationalstaat in das europäische Umfeld einfügen und wie er sich zu den nationalen Bestrebungen benachbarter Völker verhalten sollte. Dass auch die deutsche Nation auf das Wohlwollen ihrer Nachbarn und die Solidarität der anderen Nationalbewegungen angewiesen sei, dass ihre Anhänger also aus wohlverstandenem Eigeninteresse das Unabhängigkeitsstreben der Italiener, der Ungarn, der Tschechen oder auch der Polen unterstützen müssten, geriet im Frühjahr 1848 schnell aus dem Blick. Im Überschwang der nationalen Gefühle und aus einer vermeintlichen Position der Stärke heraus versagte die liberale und demokratische Mehrheit nicht nur den nationalen Minderheiten im bisherigen Deutschen Bund das Selbstbestimmungsrecht, sondern versuchte auch, die deutschsprachige Bevölkerung außerhalb der Bundesgrenzen in den neuen Staat einzubeziehen. Vergeblich warnte der demokratische Abgeordnete Carl Vogt die Paulskirchenmehrheit, dass ihre Politik „in eine allgemeine Länderfresserei ausgeartet" sei.

Dieter Hein: Die deutsche Revolution 1848/49. In: Peter Wende (Hrsg.): Große Revolutionen der Geschichte. Von der Frühzeit bis zur Gegenwart. München 2000, S. 158–175; hier S. 168 f.

13 Europäische Dimensionen der Revolution von 1848/49

Der deutsche Historiker Wolfram Siemann, 1997:

Es sind insgesamt acht Aspekte, welche den Ereignissen von 1848 europäische Dimensionen zu verleihen imstande waren. […] Es werden die strukturellen Gemeinsamkeiten herausgestellt, welche mehrere europäische Staaten zugleich tangierten und dort revolutionäre Kräfte begünstigten oder freisetzten. […]

Als erste Gemeinsamkeit ist die sozialökonomische Krise vorindustrieller, handwerklicher Berufe zu nennen; sie beruhte auf der vormärzlichen Übervölkerung ganzer Regionen und begünstigte die beginnende Proletarisierung der Großstädte sowie weiter Teile des flachen Landes. Europäisch daran war der endgültige Zusammenbruch der alten Ständeordnung, die zugleich Rechts-, Lebens- und Sozialordnung war. Pauperismus [Massenarmut], Industrialisierung, Marktorientierung von Berufen und Klassen sowie die lang anhaltende Krise des Handwerks sind die neuen Begriffe, die den tiefgreifenden Wandel der beiden vorrevolutionären Jahrzehnte fassen. Wo diese Probleme in der Bewegung von 1848/49 gipfelten, äußerte sich diese der Art nach weniger als Akt politischer Befreiung, mehr hingegen als gesellschaftliche Krise, und man kann noch verstärken: Diese Krise orientierte sich vorwiegend nach rückwärts – als Abwehr gegenüber dem Neuen –, äußerte sich in Maschinenstürmen, Judenverfolgungen oder Forderungen nach Zunftschutz des Handwerks vor der Konkurrenz des Kapitals. Die Bewegung von 1848/49 war ihrem Wesen nach zwiespältig: Abwehrkrise und Emanzipationskampf. […]

Eine zweite europäische Dimension wird fassbar in den Missernten – eine Folge der sich über Europa ausbreitenden Kartoffelfäule – und in den nachfolgenden Hunger- und Teuerungskrisen der Jahre 1845 und 1846, gipfelnd 1847. Auch die Reaktionen im Vorfeld der Revolution nahmen europäische Dimensionen an. Sie äußerten sich einesteils in regional zerstreuten, stoßweise sich ausbreitenden Hungertumulten, andernteils in einer vehement ansteigenden Auswanderungswelle in der zweiten Hälfte der 1840er-Jahre, die ja den Namen der „hungry forties" erhalten haben. […]

Eine dritte Dimension […] [ist] […] die beginnende internationale Verflechtung der Handels- und Geldströme. […]

Eine vierte europäische Dimension liegt in der Systemverwandtheit konstitutioneller Forderungen. Dazu existierten mehrere Anhaltspunkte: in der französischen Charte constitutionnelle von 1814, die Vorbild für alle einzelstaatlichen Verfassungen im vormärzlichen Deutschland wurde, ja sogar in der Deutschen Bundesakte von 1815, die in ihrem berühmten Artikel 13 verhieß: „In allen Bundesstaaten wird eine landständische Verfassung stattfinden." Sprengkraft erhielt dieses Prinzip durch die unerfüllten bürgerlichen Forderungen nach hinreichender politischer Beteiligung in den Staaten der monarchisch-legitimistischen Restauration seit 1815. Überall entwickelten sich innere politische Kämpfe zum Kampf um eine neue Ordnung auf der Basis einer geschriebenen Verfassungsurkunde. Der revolutionäre Kampf äußerte sich auf diese Weise europaweit als Kampf um Recht und Verfassung – um Bürgerrechte und Konstitution. […]

Eine fünfte europäische Dimension liegt im Charakter der traditionellen internationalen Politik, gestützt auf völkerrechtliche Verträge und Beziehungen. Den zeitgenössischen Politikern, voran Metternich, war sogleich klar, dass im Frühjahr 1848 zugleich das auf dem Wiener Kongress begründete internationale System auf dem Spiel stand. Hier handelte es sich um die Politik zwischen europäischen Staaten, und als ein solcher zählte auch der Deutsche Bund, der 1815 als völkerrechtliches Subjekt aus der Taufe gehoben worden war. 1848 stand er zur Disposition. […]

[Die] Politik der europäischen Verfolgung – und der Niederringung der europäischen Revolution – stiftete eine sechste Dimension, welche ihrem europäischen Charakter entsprach: das europäische Exil. Die Schweiz und das Elsass dienten vorübergehend dem Schutz, London entwickelte sich zum zentralen Durchgangsort, die USA zum eigentlichen Fluchtort. […]

Eine siebte Dimension hängt mit dem europäischen Charakter des Nationalismus zusammen. Für viele Nationalitäten bildete sich in der ersten Hälfte des 19. Jahrhunderts der Mythos der „unerlösten" Nation; dazu waren in erster Linie die Griechen, Italiener, die Ungarn, die

Polen, darüber hinaus auch die Tschechen und nach dem Wortlaut mancher oppositioneller Propaganda auch die Deutschen zu rechnen. Die Wurzeln dieses Nationalismus lagen in der Französischen Revolution von 1789, welche das Vorbild für nationale Symbole, Farben und Fahnen stiftete. [...] Eine letzte – achte – europäische Dimension ist erst in jüngster Zeit richtig wahrgenommen worden. Es ist der „pazifistische Internationalismus" (Dieter Langewiesche). Im September 1848 fand in Brüssel ein erster internationaler Friedenskongress statt, im August 1849 tagte man in Paris und ein Jahr später in der Paulskirche. Die Kongresse forderten die Staaten auf, abzurüsten, die stehenden Heere abzuschaffen, auf Interventionen zu verzichten und keine Kriege dritter Mächte zu finanzieren.

Wolfram Siemann: Europäische Dimensionen der deutschen Revolution von 1848/49. In: Revolution 1848/49. Schriftenreihe „Deutschland und Europa", hrsg. von der Landeszentrale für politische Bildung Baden-Württemberg, Heft 35 (2/1997). Stuttgart 1997, o. S.

14 Die 1848er-Revolution im Urteil heutiger Historiker

a) Der Historiker Walter Grab, 1980:

Zweifellos wäre bei einem Sieg der bürgerlichen Revolution der Weg zum ersehnten deutschen Einheitsstaat nicht über Staatsstreiche, aufgelöste Parlamente, oktroyierte Verfassungen und schließlich über Schlachtfelder in drei Kriegen gegen andere Völker gegangen. Zweifellos hätte bei einem Triumph der Volksbewegung die Idee der Demokratie, der aktiven Teilnahme der Öffentlichkeit am politischen Entscheidungsprozess, tiefe Wurzeln in den Köpfen von Millionen geschlagen, anstatt im militärischen Obrigkeitsstaat zu verkümmern. Zweifellos hätte ein siegreiches 1848 die Ungeheuerlichkeiten, die den deutschen Namen in unserem Jahrhundert befleckt und geschändet haben, verhindert. Aber trotz ihres Scheiterns bildet das revolutionäre Sturmjahr einen epochalen Einschnitt in der deutschen Geschichte. Die bürgerlich-demokratische Revolution leitete einen nicht mehr rückgängig zu machenden Prozess der Erneuerung in allen Lebensbereichen ein. Erstmals eröffnete sich der Ausblick auf eine von politischer Freiheit und sozialer Gleichheit bestimmte Gesellschaftsordnung, in der der Einzelne nicht mehr Objekt fremder Befehlsgewalt, sondern Subjekt eigener Entscheidungen ist. Erstmals betrat die Arbeiterbewegung, die im Kampf ihre Organisationen zu schaffen begann, die politische Arena. Erstmals wurden 1848 laut und allen vernehmbar die Ideen des sozialen Wohlfahrtsstaats, der freiheitlich-parlamentarischen Demokratie, der Föderativrepublik, der Abschaffung aller sozialen Privilegien der Geburt und des Besitzes verkündet. Die geschichtliche Entwicklung hat gezeigt, dass die Ideen von 1848 mächtiger und zukunftsträchtiger waren als die Ideen von 1871, auf denen der Obrigkeitsstaat Bismarcks beruhte. [...] Das unter seiner Ägide in Blut und Eisen geschaffene Reich, dessen Verfassung keinen Grundrechtskatalog besaß [...], ging nach weniger als einem halben Jahrhundert blutig und eisern in einem Krieg zugrunde. [...] Die Grundsätze hingegen, von denen sich die 1848 unterlegenen republikanischen Volkstribunen leiten ließen, nämlich die universalen Ideen der unveräußerlichen Menschenrechte, der demokratischen Sozialordnung und der brüderlichen Gleichberechtigung aller Nationen, sind heute ebenso gültig wie vor vier Generationen. Ein Jahrhundert nach dem anscheinenden Triumph der Reaktion und dem Scheitern der Revolution sind sie zum großen Teil im Grundgesetz der Bundesrepublik verankert worden. An dieses stets neu zu erkämpfende Vermächtnis der geschlagenen, aber unbesiegbaren Revolutionäre von 1848 gilt es anzuknüpfen.

Walter Grab: Die Revolution 1848/49. Eine Dokumentation. München 1980, S. 25 f. [Neuaufl. Stuttgart 1998]

b) Der Historiker Heinrich August Winkler zum Ausgang der Revolution von 1848:

Gescheitert war die Revolution vor allem an einer politischen Überforderung des deutschen Liberalismus: Es erwies sich als unmöglich, Einheit und Freiheit zur gleichen Zeit zu verwirklichen. In den alten Nationalstaaten des europäischen Westens, in Frankreich und England zumal, war die nationale Vereinheitlichung über Jahrhunderte hinweg das Werk von Königen und Ständeversammlungen gewesen; wer mehr Freiheit wollte, fand den staatlichen Rahmen schon vor, in dem die Veränderungen erfolgen sollten. In Deutschland musste der staatliche Rahmen für das Vorhaben der Liberalen und Demokraten erst noch hergestellt werden. Die Liberalen im engeren Sinn waren sich durchaus bewusst, dass sie, während sie am staatlichen Rahmen des neuen Deutschland arbeiteten, die Machtmittel der größeren deutschen Staaten mit Preußen an der Spitze benötigten, um das Werk der nationalen Einigung auch außen, gegen andere Mächte, abzusichern. Schon deswegen (und nicht nur, weil sie die soziale Revolution fürchteten) verbot sich aus ihrer Sicht eine Politik der Konfrontation mit den alten Gewalten – eine Politik, wie die Linke sie befürwortete und betrieb. [...]

Dass die Liberalen und Demokraten Einheit und Freiheit nicht aus eigener Kraft verwirklichen konnten, hatte verhängnisvolle Folgen für das deutsche politische Bewusstsein: Es blieb obrigkeitlich verformt. Doch das ehrgeizige Doppelziel war 1848 objektiv unerreichbar. Und es war nicht nur ein Unglück, dass es nicht erreicht wurde. Denn wenn die konsequenten Revolutionäre Gelegenheit erhalten hätten, ihr Programm in die Tat umzusetzen, wäre das Ergebnis vermutlich eine europäische Katastrophe gewesen.

Heinrich August Winkler: Deutsche Geschichte vom Ende des Alten Reiches bis zum Untergang der Weimarer Republik (Sonderausgabe für die Bundeszentrale und die Landeszentralen für politische Bildung von „Der lange Weg nach Westen", Bd. 1). Bonn 2000, S. 129 f.

2

15 **Die Revolution von 1848/49 in der politischen Tradition**
a) oben: „Märzzeitung 1898"
b) oben rechts: „1848/1948". Plakat zur Ausstellung im Alten Rathaus, (Ost-)Berlin
c) rechts: Titelblatt des „Spiegel" Nr. 7/1998

Arbeitsvorschläge

Analysieren Sie die Bilder vor dem politischen Hintergrund ihrer Entstehungszeit (M 15a–c):

a) Analysieren Sie die Darstellung der Personen auf dem Plakat von 1948 (M 15b). Was sollen sie jeweils verkörpern? Welche Vorstellung von Revolutionen lässt sich daraus ablesen?
b) Erläutern Sie die Reihe der gezeigten deutschen Politiker auf dem „Spiegel"-Titel (M 15c). Zeigen Sie die vorgenommene Bewertung der Revolution von 1848 auf. Suchen Sie nach einem historischen Zusammenhang, in den die drei Personen mit der Revolution gebracht werden.

Arbeitsvorschläge

a) Untersuchen Sie, wie die geplante Verfassung die Frage der Gewaltenteilung geregelt hätte und welche Stellung den Ländern in dem so verfassten Staatsgebilde zugekommen wäre. (▶ Online-Link)

b) Beschreiben Sie die Lage in Berlin, wie sie sich Lewald darbot. Gehen Sie dabei insbesondere auf die Unterschiede ein, die sie zwischen den Pariser und Berliner Ereignissen sah (M 6).

c) Stellen Sie dar, welchen Ausweg aus den revolutionären Unruhen Friedrich Wilhelm IV. vorschlägt (M 7a).

d) Stellen Sie die Auffassung Friedrich Wilhelms IV. in M 7b seiner Haltung vom März 1848 gegenüber (M 7a) und bewerten Sie sein Verhalten im Verlauf der Revolution.

e) Stellen Sie die Argumente zusammen, mit denen sich Ziegert gegen den Vorwurf der „politischen Unreife" des Volkes wendet (M 8b).

f) Erläutern Sie, was Wernher unter dem Begriff des „physischen Volkes" im Gegensatz zum „politischen Volk" versteht (M 8c).

g) Stellen Sie die Aussagen Ziegerts und Wernhers gegeneinander. Diskutieren Sie, welche Konsequenzen sich aus den verschiedenen Konzepten für den Verlauf der Revolution ergaben.

h) Diskutieren Sie Jordans und Ruges Auffassung vom Verhältnis zwischen nationalen Interessen und Völkerrecht (M 9a und b). Worin liegt der grundsätzliche Unterschied zwischen beiden Standpunkten?

i) Grenzen Sie freiheitlich-demokratische und nationale Forderungen voneinander ab und zeigen Sie mögliche Konflikte, Probleme und Konsequenzen auf (M 9c und d).

j) Beschreiben und erklären Sie die einzelnen Bildelemente (M 10). Formulieren Sie anschließend, zu welcher Gesamtaussage sich die Elemente in der Darstellung verdichten.

k) Arbeiten Sie die innenpolitischen und außenpolitischen Dimensionen der „nationalen Idee" heraus.

l) Warum erwägt keiner, einen Gedenktag zu Ehren der Märzerhebung von 1848 und der Märzverfassung von 1849, etwa am letzten Märzsonntag, einzuführen? Stellen Sie Argumente für und gegen den Vorschlag des Historikers Wehler (1998) zusammen. Beziehen Sie Stellung: Mit welcher Begründung würden Sie einen Revolutionsgedenktag befürworten oder ablehnen?

m) Vergleichen Sie die unterschiedlichen Bewertungen der Revolution von 1848. Ist die Revolution von 1848 gescheitert? Stellen Sie aus den verschiedenen Beurteilungen die Gründe zusammen, die dafür und dagegen sprechen. Nehmen Sie selbst Stellung und begründen Sie Ihre Ansicht (M 13, M 14).

n) Arbeiten Sie heraus, welche positiven und negativen Folgen die Revolution nach Ansicht der Autoren für die nachfolgende Geschichte Deutschlands hatte.

Von der Restauration zur Revolution 1848/49

1815	Der Wiener Kongress beschließt die territoriale Neuordnung und verfassungspolitische Restauration Europas.
1817	Auf dem Wartburgfest feiern Studenten den Jahrestag des Sieges über Napoleon in der Völkerschlacht bei Leipzig und verbrennen „undeutsche" Bücher.
1819	Mit den „Karlsbader Beschlüssen" verschärft der Deutsche Bund die Unterdrückung aller oppositionellen Kräfte.
1820–1823	Unabhängigkeitskampf in Griechenland gegen die osmanische Herrschaft
1830	Die Julirevolution in Frankreich stärkt die Macht des Besitzbürgertums. Mehrere revolutionäre Erhebungen erzwingen in Mittel- und Norddeutschland konstitutionelle Staatsformen. Belgien trennt sich von den Niederlanden und wird zu einem liberalen Königreich. Aufstände in verschiedenen Regionen der italienischen Halbinsel
1830–1831	Aufstand in Polen gegen die russische Herrschaft, der aber durch die russische Armee mit deutscher und österreichischer Hilfe niedergeschlagen wird.
1832	Das Hambacher Fest wird zu einer Kundgebung der liberalen, demokratischen und nationalen Opposition in Deutschland.
1844–1846	Schwere Konjunkturkrise in Mitteleuropa. Vielerorts kommt es zu sozialen Protesten (Weber-Aufstand in Schlesien) und zu großen Migrationsbewegungen.
1847/48	Bürgerkrieg in der Schweiz
1848	Februar: Die Revolution stürzt den „Bürgerkönig" Louis Philippes. Frankreich wird Republik. März: Es brechen Unruhen in Wien und Berlin aus. Im Verlauf der Ereignisse kommt es zur Spaltung der liberalen Protestbewegung. Mai: Die erste Nationalversammlung tritt in der Frankfurter Paulskirche zusammen. Oktober: In Österreich siegt die Gegenrevolution.
1849	März: Die Nationalversammlung verabschiedet die Reichsverfassung. Sommer: Die ungarische Revolution wird mit russischer Hilfe von Österreich niedergeschlagen. „Mairevolution" in Baden Juni: Die Nationalversammlung wird endgültig aufgelöst.

3 Die Industrialisierung

3.1 Ein epochaler Einschnitt in der Menschheitsgeschichte

3

Eine inhaltliche Einordnung des Begriffs „Industrielle Revolution" birgt einige Schwierigkeiten. So wird der revolutionäre Charakter dieses wirtschaftlichen und gesellschaftlichen Modernisierungsprozesses in Frage gestellt. Ebenso besteht Uneinigkeit darüber, wann die Industrialisierung begann. Erweitert man die Perspektive über die Grenzen Europas nach Afrika, Asien oder Mittelamerika, stellt sich schnell die Frage, ob die Industrielle Revolution schon einen Abschluss gefunden hat.

Häufig wird die Industrielle Revolution mit der Erfindung der Dampfmaschine gleichgesetzt. Diese und noch viel mehr die Dampfmaschine auf Rädern und Schienen, die Lokomotive, stellen jedoch nur das bekannteste Symbol dieses welthistorischen Ereignisses dar, das grundlegend alle Bereiche des menschlichen Zusammenlebens veränderte. Viele Wissenschaftler vergleichen daher den Beginn des Maschinenzeitalters mit der „Neolithischen Revolution", welche die Wandlung der Menschen von umherstreifenden Nomaden zu sesshaften Ackerbauern beschreibt.

1 Das Eisenwalzwerk. Gemälde von Adolph Menzel, 1872–1875.
Die maschinelle Bändigung des Feuers wird in Menzels Gemälde typisch verklärt. Die umwälzenden Veränderungen der Industriellen Revolution werden in diesem Bild wie unter einem Brennglas sichtbar: Menzel vereint in seinem Werk den Stolz auf technische Errungenschaften ebenso wie die Entindividualisierung im Produktionsprozess, die Bändigung der Urgewalten ebenso wie die Ausbeutung menschlicher Arbeitskraft. Keinen Bereich des menschlichen Zusammenlebens ließ die Industrielle Revolution unberührt.

3

Technische Innovationen

Im Zuge der Industriellen Revolution, beginnend in der zweiten Hälfte des 18. Jahrhunderts in England, kam es dabei zu Veränderungen auf ökonomischem, kulturellem, sozialem und politischem Gebiet. Diese Veränderungen standen untereinander in einem engen Wirkungszusammenhang und beschleunigten den Modernisierungsprozess von der vorindustriellen Agrar- zur Industriegesellschaft. Dabei weisen jedes Land und jede Region innerhalb eines Staates voneinander abweichende Ausprägungen des industriellen Übergangs auf, sodass z. B. für Großbritannien, Frankreich oder Deutschland auch verschiedene zeitliche Periodisierungen gelten.

Trotz zeitlicher Unterschiede bestehen in allen industrialisierten Ländern vergleichbare Merkmale des Industrialisierungsprozesses. Ausgangspunkt waren vor allem in England technische Innovationen wie beispielsweise die Erfindung der Dampf- oder der Baumwollspinnmaschine („Spinning Jenny"). Sie waren Ausdruck der Erkenntnisse naturwissenschaftlichen Denkens, welches sich keinen kirchlichen Denkverboten mehr unterwarf. Die Arbeit der Forscher basierte auf dem rationalen Verständnis von Wissenschaft, das sich dem wissenschaftlichem Experiment und somit der nachvollziehbaren, da messbaren Verifizierung und Falsifizierung von Hypothesen verpflichtet fühlte. Unternehmer nutzten diese Erkenntnisse naturwissenschaftlichen Forschens, um sie in Antriebs- und Arbeitsmaschinen sowie in die Anwendung chemischer Prozesse umzusetzen.

Stahl und Kohle

Ein zweites Merkmal lag in der massenhaften Erschließung und Nutzung von Kohle und Eisen mit neuen Verfahren der Stahlgewinnung und der Kohle- sowie der Koksverwendung. Deshalb wird auch vom Übergang vom Holz- zum Eisenzeitalter gesprochen.

Massenproduktion

Diese Entwicklungen führten drittens zu veränderten Produktionsstrukturen. Ein neues Fabriksystem entstand, in dem der marktwirtschaftlich kalkulierende Privatunternehmer ein Heer von arbeitsteilig produzierenden Industriearbeitern sowie kapitalintensive Arbeits- und Kraftmaschinen für die Massenproduktion von Gütern einsetzte. Dazu bedurfte es der Disziplinierung und Spezialisierung der Lohnarbeiterschaft. Mit der Größe der Produktion wurde die Möglichkeit einer beschleunigten Kapitalbildung immer wichtiger. Die Errichtung von Fabriken, Bergwerken, Eisenhütten, Eisenbahnen u. Ä. benötigten enorme Kapitalmengen. Für diese Zwecke spielte die Etablierung eines Bankensektors mit kapitalkräftigen Großbanken und eines funktionierenden Aktienhandels eine bedeutende Rolle.

Den revolutionären Charakter der Industrialisierung verdeutlicht auch der wirtschaftliche Strukturwandel, der die Änderungen in der Beschäftigtenzahl innerhalb der Wirtschaftssektoren beschreibt. Die neuen Produktionsprozesse veränderten die sich industrialisierenden Volkswirtschaften von Agrar- zu Industriegesellschaften. Auch im 20. Jahrhundert nahm dieser Modernisierungsprozess kein Ende; mittlerweile stehen hoch entwickelte Volkswirtschaften mitten im Übergang von der Dienstleistungs- zur Informationsgesellschaft.

Neue Verkehrswege

Ein vierter grundlegender Wandel vollzog sich innerhalb der Kommunikationsstrukturen. Die Entwicklung neuer Verkehrswege und -mittel, zunächst durch den Ausbau von Straßen und Wasserwegen und dann intensiviert durch die rapide Erweiterung des Eisenbahnnetzes, verband lokale zu nationalen und internationalen Gütermärkten. Auch die persönlichen Entfernungen zwischen den Regionen und Städten schrumpften aus Sicht der Zeitgenossen in einem bis dahin unbekannten Tempo.

Angebot und Nachfrage

Als fünftes Merkmal des industriellen Wandels kam es zu einer neuen sozialen und politischen Gesellschaftsordnung, indem sich ein kapitalistisches Wirtschaftssystem auf liberalem Gedankengut fußend etablierte. Unternehmerisches Gewinn- und Konkurrenzstreben orientierte sich an den Marktgesetzen. Angebot und Nachfrage regelte zunehmend das Verhältnis zwischen Arbeitgebern und Arbeitern. Der Einsatz von Rohstoffen, Kapital und menschlicher Arbeit unterlag in einer ganz neuen Qualität der ökonomischen Gewinnorientierung, was frühere soziale und kulturelle Bindungen und Abhängigkeiten zwischen Bauern und Feudalherrn oder zwischen Zunftmeistern und Gesellen auflöste. Diesem ökonomischen Mentalitätswechsel entsprang nicht nur die Ausbeutung menschlicher Arbeitskraft, sondern sie führte auch zu einer bis dahin einzigartigen Ausplünderung und Vernichtung der Umwelt. Das vom Landleben geprägte Zusammenleben des frühneuzeitlichen Menschen verlagerte sich dabei in neu entstehende urbane Ballungszentren, welche die explosionsartig wachsende Bevölkerung mit ihrer Konzentration von Arbeitsplätzen magnetisch anzogen.

Von der Stände- zur Klassengesellschaft

Auf der politischen Ebene löste eine neue Klassengesellschaft die vorherrschende Ständegesellschaft ab. Waren z. B. die frühen Phasen der Industrialisierung in Deutschland noch durch ein zeitgleich entstehendes Bürgertum mit politisch liberalem Bewusstsein gekennzeichnet, so trat spätestens ab der 1848er-Revolution ein neuer vierter Stand der Arbeiter auf den Plan. Sein Kampf um soziale, wirtschaftliche und politische Emanzipation sowie für verbesserte Arbeitsbedingungen wurde von sozialistischen Arbeiterparteien und Gewerkschaften angeführt.

Dieser Überblick verdeutlicht, dass die Industrialisierung eine grundlegende revolutionäre Umwälzung der gesamten gesellschaftlichen Verhältnisse in Gang setzte.

3.2 England – der Industriepionier

Bevölkerungszunahme

In Großbritannien setzte durch das Zusammenwirken mehrerer günstiger Rahmenbedingungen die erste Phase der europäischen Industrialisierung ein. Dabei gilt die im 18. Jahrhundert einsetzende Bevölkerungszunahme als Auslöser für den Modernisierungsprozess. Der im europäischen Vergleich fortschrittlichen Landwirtschaft gelang es dank hoher Produktivitätsschübe, die wachsende Bevölkerung ausreichend mit Lebensmitteln zu versorgen, sodass in England eine große Nachfrage nach Gütern der heimischen Gewerbeproduktion sowie ein kontinuierlich wachsendes Arbeitskräftereservoir entstand. Vorteilhaft auf die englische Agrarproduktion wirkte sich die seit langem bestehende Auflösung feudaler Abhängigkeiten aus, die soziale Mobilität und Privatinitiative förderte. Ein wichtiger Faktor war auch die im 17. Jahrhundert durchgeführte Flurbereinigung („enclosures“), welche Gemeindeland privatisierte und verstreut liegende Felder zu agrarischen Großbetrieben konzentrierte. Die landwirtschaftliche Nutzfläche erhöhte sich um ein Drittel und mit Hilfe neuer Anbaumethoden wie Düngung und Fruchtwechsel etablierte sich eine gewinnorientierte Landwirtschaft. Es entstand eine Adelsschicht, die sich der kommerzialisierten Landwirtschaft widmete und für ihre Überschüsse rentable Anlagemöglichkeiten suchte. So konnte die englische Aristokratie mit ihrem Kapitaleinsatz die Industrialisierung auf der Insel maßgeblich fördern.

Auch die naturräumlichen Bedingungen auf der Insel beförderten die Industrialisierung. Kein Ort in England ist mehr als ca. 120 km vom Meer entfernt. Große und einfach abbaubare Kohlevorkommen stellten neben Wind- und Wasseranlagen leicht verfügbare Energiequellen dar. Privatinitiative ließ im 18. Jahrhundert eine

3

moderne Verkehrsinfrastruktur in Form von Straßen und Kanälen entstehen, was den Gütertransport beschleunigte und verbilligte. Ebenso förderte Englands früh geschaffener einheitlicher Wirtschaftsraum mit verlässlichem Währungs-, Steuer- und Zollsystem den Handel.

Unternehmerische Eigeninitiative

Die relative Offenheit und soziale Flexibilität der englischen Gesellschaft wirkten ebenfalls vorteilhaft auf den industriellen Wandel. In England befanden sich spätestens seit der „Glorious Revolution" politische Freiheiten auf dem Vormarsch. Ein größeres Vermögen galt Bürgerlichen als Eintrittskarte in den Adelsstand. Unterhalb des Adels bildete sich in den Städten ein breites selbstbewusstes Bürgertum von Händlern und Gewerbetreibenden, das sein Privateigentum ohne größere staatliche Gängelung wie im Merkantilismus kreativ und flexibel dem rentabelsten Verwendungszweck zuführen konnte. Vielmehr förderte der Staat unternehmerische Eigeninitiative durch ein effizientes Rechtssystem. Schnell entstanden Gewerbezweige wie die Textilbranche, die sich durch kontinuierliches Wachstum und Massenproduktion für den breiten Konsum auszeichneten. Dieses Wirtschaftswachstum produzierte wiederum durch die Kaufkrafterweiterung neues Wirtschaftswachstum. Ganz allmählich wandelte sich das ehemals agrarisch geprägte England zu einer Industriegesellschaft, in der ökonomische Entwicklungen zunehmend von technischen Innovations- und ökonomischen Investitionsschüben bestimmt wurden.

Investitionsmöglichkeiten eröffneten sich auf Grund der vielen technischen Innovationen, die seit dem 18. Jahrhundert in England gemacht wurden und die relativ schnell in der Güterproduktion eine praktische Bedeutung fanden. Englands technischer Industrialisierungsvorsprung gegenüber Kontinentaleuropa basierte u. a. auf folgenden Erfindungen: das Spinnrad mit mehreren Spindeln (1764), die Dampfmaschine (1765), die Spinnmaschine (1769), der mechanische Webstuhl (1786) sowie das für die Produktion großer Mengen von Stabeisen wichtige Puddel- und Walzverfahren (1783). In England wurden erstmals Eisenschienen in Bergwerken eingesetzt

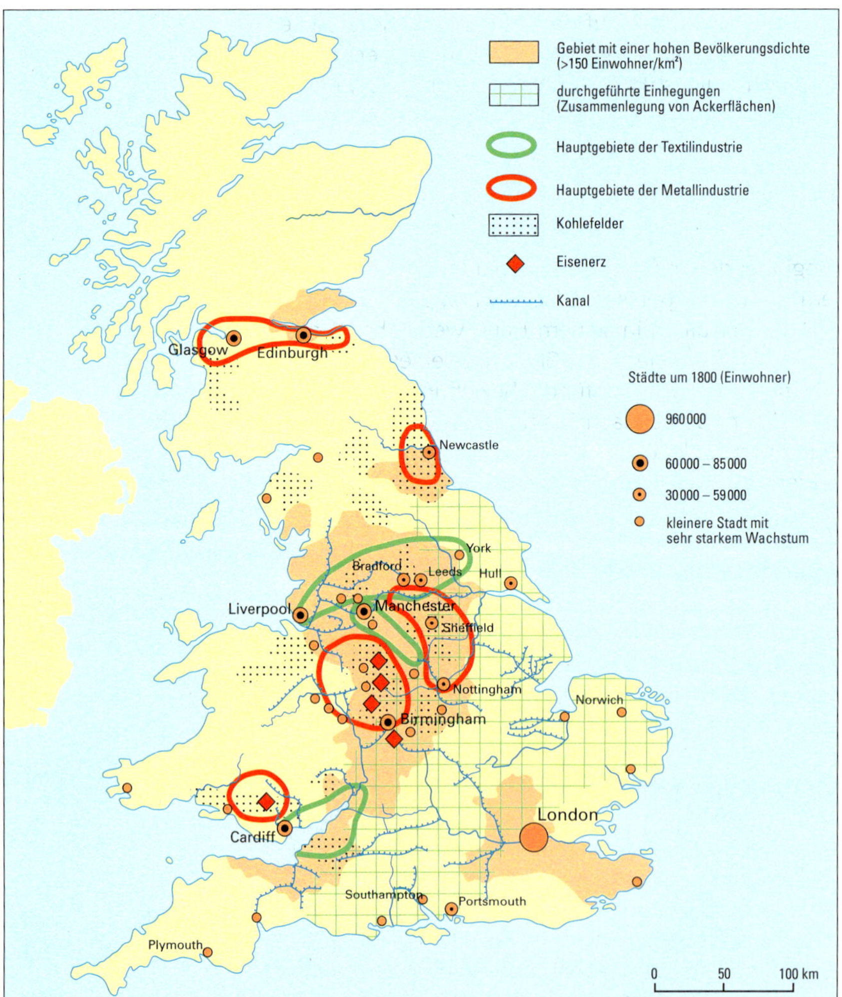

2 **Die britische Industrie um 1800**

(1760) und dafür baute Stephenson 1814 die erste geeignete und durch Dampfkraft angetriebene Zugmaschine, eine Lokomotive, mit der das Erz in Karren transportiert wurde. 1825 fuhr die erste Eisenbahn zur Personenbeförderung von Stockton nach Darlington.

Mechanisierung der Textilindustrie

Das Einsatzgebiet dieser technischen Erfindungen zeigt, dass sich die Textil- und Baumwollbranche zum ersten industriellen Leitsektor Englands ausbildete. England wandelte sich in wenigen Jahrzehnten vom Importeur von Baumwollfertigprodukten zum Exporteur von Baumwollprodukten mit Monopolstatus auf dem Weltmarkt.

Aus der zunehmenden Verwendung von Dampfmaschinen entwickelten sich der Maschinenbau sowie die Eisenindustrie. Die Mechanisierung in der Textilindustrie führte also zu einer beschleunigten Entwicklung in anderen Wirtschaftsbereichen, was als Koppelungseffekt bezeichnet wird.

Diese Koppelungseffekte führten zur Etablierung eines zweiten industriellen Führungssektors. Mit Hilfe der von James Watt 1782 optimierten Dampfmaschine und dem 1784 durch Henry Cort eingeführten Puddelverfahren lösten Eisen und Kohle Holz als universellen Energieträger und Baustoff ab. Der Einsatz der Dampfmaschine in der Textilindustrie, in der Landwirtschaft, im Bergbau und vor allem beim Bau und Betrieb von Eisenbahnstrecken ließ die Nachfrage nach Eisen und Feuerungskohle in der ersten Hälfte des 19. Jahrhunderts schlagartig ansteigen. Bergbau, Eisenindustrie und Eisenbahn lösten auf der Insel die wirtschaftliche Dominanz der Textilindustrie ab und entwickelten sich zu einem eng verkoppelten Wachstumsbereich – was als Führungssektorenkomplex bezeichnet wird.

3.3 Der Wirtschaftsliberalismus

Adam Smith

In Zusammenhang mit der beginnenden Industriellen Revolution steht auch die Theorie des Wirtschaftsliberalismus, die der schottische Moralphilosoph und Ökonom Adam Smith (1723–1790) vor allem in seinem Hauptwerk „The Wealth of Nations" (1776) entwickelte. Smith formulierte auf Grundlage eines individualistischen Menschenbildes ein Interaktionsmuster für die Beziehungen zwischen Produzenten, Konsumenten und dem Staat. Nach Smith könne erst ein Staat, der sich weitgehend aus den Privatangelegenheiten der Bürger heraushält, die Entfaltung der individuellen Freiheit ermöglichen. In diesem System der Freiheit kann der Markt seine Aufgaben als zentraler Ort der Interessenregulation von Angebot und Nachfrage übernehmen. Den Markt definierte Smith als einen Ort, auf dem Angebot (Produzenten) und Nachfrage (Konsumenten) zusammentreffen. Zunächst stehen sich diese beiden Gruppen auf dem Markt im Interessengegensatz gegenüber. Ziel der Konsumenten ist es, den Preis zu drücken (oder anderes formuliert für ihr Geld den größten Nutzen zu erhalten), während die Produzenten danach trachten, den größtmöglichen Gewinn zu erwirtschaften. Auf dem Markt werden diese unterschiedlichen Interessen nach Smith durch den Preis in Einklang gebracht.

Grundlage dieser in der Tradition der Aufklärung stehenden Theorie sind rational handelnde Menschen, die einen Überblick über alle Angebote auf dem Markt besitzen. Sie sollen jederzeit Zugang zu offenen Märkten besitzen und müssen ihre Entscheidung frei treffen können. Staatliche Eingriffe, wie sie durch Zünfte oder im Merkantilismus üblich waren, dürfen nicht stattfinden, weil das die regulierende Kraft des Preises aufhebt. Für sein Wohl hat der freie Bürger selbst zu sorgen. Staatliche Aufgaben liegen in der Bereitstellung der unerlässlichen

Infrastruktur sowie dem militärischen Schutz nach Außen. Durch die Aufrechterhaltung des Wettbewerbs auf freien Märkten könne sich mit der Entfaltung der Arbeitsteilung die Produktivität der Menschen prinzipiell tausendfach vervielfältigen. Die geschickte Verteilung von Arbeit trage in Verbindung mit der freien Entfaltung individueller Talente zu einem stetig wachsenden gesellschaftlichen Reichtum bei.
In der Fortführung der Theorien Smiths vertraten die Verfechter des Wirtschaftsliberalismus die Ansicht, der Staat habe sich aus der Wirtschaft fernzuhalten. Wirtschaftskrisen, Arbeitslosigkeit oder Absatzkrisen können demnach bei staatlicher Abstinenz in Wirtschaftsangelegenheiten nie von langer Dauer sein, da der Markt über den Preismechanismus Selbstheilungskräfte besitze. So entstehe z. B. Arbeitslosigkeit häufig erst durch staatliche Eingriffe in den Arbeitsmarkt.
Das System der Wirtschaftsfreiheit zwischen Konsumenten und Produzenten übertrug Smith auch auf die Wirtschaftsbeziehungen zwischen Staaten. Demnach sollte wie im Inneren einzelner Länder auch zwischen einzelnen Staaten der Handel nicht durch Steuern oder Zölle behindert werden. Smith und in der Folge David Ricardo (1772–1823) entwickelten eine Theorie des Freihandels. So lassen sich heute noch viele Globalisierungsprozesse nur mit Kenntnissen von Ricardos Freihandelslehre nachvollziehen.
Adam Smith begründete die Disziplin der Wirtschaftswissenschaften. Die Vertreter eines „Nachtwächterstaates“ im 19. Jahrhunderts beriefen sich auf ihn und seine Theorie besitzt heute noch weltweit eine große Attraktivität. Die Gegner des Wirtschaftsliberalismus kritisieren seine Theorie dagegen als Ideologie, die wirtschaftlich Erfolgreiche und Starke noch stärker mache und keine Rücksicht auf wirtschaftliche Verlierer nehme. Die Gefahr, dass freier Wettbewerb allein sich selbst zerstöre und ohne staatliche Sicherung (z. B. durch Kartellbehörden) zu Monopolbildungen tendiere, wird seiner Theorie ebenso vorgehalten.

3 Capital and Labour. Anonyme Karikatur aus der englischen Zeitschrift „Punch“, 1843.

CAPITAL AND LABOUR.

4 Industriezentrum Manchester 1851. Gemälde von William Wylde, 1851. Manchester entwickelte sich früh zu einem Zentrum der englischen Industrialisierung.

5 Ein Reisebericht aus Manchester

1845 erschien Friedrich Engels Bericht über die Lage der Arbeiter in England. Er hatte ab 1842 in Manchester gelebt, um in der dortigen väterlichen Baumwollspinnerei seine kaufmännische Ausbildung zu vollenden. Folgender gekürzter Auszug behandelt die Wohnverhältnisse von Fabrikarbeitern aus Manchester:

In einem dieser Höfe steht ein Abtritt, der keine Tür hat und so schmutzig ist, dass die Einwohner nur durch eine stagnierende Pfütze von faulem Urin und Exkrementen, die ihn umgibt, in den Hof oder heraus können; unten am Flusse stehen mehrere Gerbereien, die die ganze Umgegend mit animalischem Verwesungsgeruch erfüllen. In der Tiefe fließt oder vielmehr stagniert der Irk, ein schmaler, pechschwarzer, stinkender Fluss, voll Unrat und Abfall, den er ans rechte, flachere Ufer anspült; bei trocknem Wetter bleibt an diesem Ufer eine lange Reihe der ekelhaftesten schwarzgrünen Schlammpfützen stehen, aus deren Tiefe fortwährend Blasen miasmatischer Gase aufsteigen und einen Geruch entwickeln, der selbst oben auf der Brücke, vierzig oder fünfzig Fuß über dem Wasserspiegel, noch unerträglich ist. Oberhalb der Brücke stehen hohe Gerbereien, weiter hinauf Färbereien, Knochenmühlen und Gaswerke, deren Abflüsse und Abfälle samt und sonders in den Irk wandern, der außerdem noch den Inhalt der anschießenden Kloaken und Abtritte aufnimmt. Überall halb oder ganz verfallene Gebäude, in den Häusern selten ein bretterner oder steinerner Fußboden, dagegen fast immer zerbrochene, schlecht passende Fenster und Türen, und ein Schmutz! – Schutthaufen, Abfall und Unflat überall; stehende Pfützen statt der Rinnsteine, und ein Geruch. Nicht einmal für die Befriedigung der allernatürlichsten und alltäglichsten Bedürfnisse gibt es geeignete Gelegenheit. [Wir] finden außerdem noch einen andern Umstand, der für die Reinlichkeit der Einwohner sehr nachteilig ist, nämlich die Masse Schweine, die hier überall auf den Gassen umherspazieren, den Unrat durchschnüffeln oder in den Höfen in kleinen Ställen eingesperrt sind. Der Arbeiter ist gezwungen, solche verkommene Cottages zu bewohnen, weil er keine besseren bezahlen kann.

Der abscheulichste Fleck – heißt Klein-Irland. Oft ist eine ganze irische Familie in einem Bett zusammengedrängt; oft verbirgt ein Haufen schmutziges Stroh und Decken von altem Sackleinen alle in einem ununterscheidbaren. Oft fanden die Inspektoren in einem Hause mit zwei Zimmern zwei Familien; in dem einen Zimmer schliefen sie alle, das andre war gemeinsames Esszimmer und

3

Küche; und oft wohnte mehr als eine Familie in einem einstubigen feuchten Keller. Wir müssen hinzufügen, dass viele Familien, die selbst nur ein Zimmer haben, darin Kostgänger und Schlafgenossen für eine Entschädigung aufnehmen, dass solche Kostgänger von beiden Geschlechtern nicht selten sogar mit dem Ehepaar in einem und demselben Bette schlafen.

Friedrich Engels: Die Lage der arbeitenden Klasse in England, nach eigner Anschauung und authentischen Quellen: Entnommen aus: Marx-Engels Werke, 1976, Band 2, Seite 225–506. Zit. nach: http://gutenberg.spiegel.de/engels/dielage/me02_002.htm

6 Adam Smith: Das einfache System der natürlichen Freiheit

Der Mensch [...] braucht fortwährend die Hilfe seiner Mitmenschen und vergeblich erwartet er diese von ihrem Wohlwollen allein. Er wird viel eher sein Ziel erreichen, wenn er ihr Selbstinteresse zu seinen Gunsten lenken und ihnen zeigen kann, dass sie auch ihren eigenen Vorteil verfolgen, wenn sie für ihn tun, was er von ihnen haben will. Wer einem anderen ein Geschäft irgendwelcher Art anträgt, verfährt in diesem Sinne. Gib mir, was ich brauche, und du sollst haben, was du brauchst, [...]. Nicht von dem Wohlwollen des Fleischers, Brauers oder Bäckers erwarten wir das, was wir zum Essen brauchen, sondern von der Rücksichtnahme auf ihr eigenes Interesse. Wir wenden uns nicht an ihre Menschenliebe, sondern an ihr Selbstinteresse und sprechen zu ihnen nie von unserem Bedarf, sondern von ihren Vorteilen.

Der Einzelne [...] hat den eigenen Vorteil im Auge und nicht etwa den der Volkswirtschaft. Aber gerade das Streben nach seinem eigenen Vorteil ist es, das ihn ganz von selbst oder vielmehr notwendigerweise dazu führt, sein Kapital dort einzusetzen, wo es auch dem ganzen Land so den größten Nutzen bringt. Verfolgt er nämlich sein eigenes Interesse, so fördert er damit indirekt das Gesamtwohl viel nachhaltiger, als wenn die Verfolgung des Gesamtinteresses unmittelbar sein Ziel gewesen wäre. Ich habe nie viel Gutes von denen gehalten, die angeblich für das allgemeine Beste tätig waren. [...] Erstens ist ein jeder bestrebt, viel von seinem Kapital möglichst in der nächsten Umgebung und folglich zur Unterstützung des einheimischen Gewerbes zu investieren, [...].Zweitens wird jeder, der sein Kapital zur Unterstützung der eigenen Volkswirtschaft investiert, notwendigerweise bestrebt sein, die wirtschaftliche Aktivität so zu lenken, dass ihr Ertrag den größtmöglichen Wert erzielen kann. [...]

Wenn daher jeder Einzelne so viel wie nur möglich danach trachtet, sein Kapital zur Unterstützung der einheimischen Erwerbstätigkeit einzusetzen und dadurch diese so lenkt, dass ihr Ertrag den höchsten Wertzuwachs erwarten lässt, dann bemüht sich auch jeder Einzelne ganz zwangsläufig, dass das Volkseinkommen im Jahr so groß wie möglich werden wird. Tatsächlich fördert er in der Regel nicht bewusst das Allgemeinwohl, noch weiß er, wie hoch der eigene Beitrag ist. [...] Und er wird in diesem wie auch in vielen anderen Fällen von einer unsichtbaren Hand geleitet, um einen Zweck zu fordern, den zu erfüllen er in keiner Weise beabsichtigt hat. Auch für das Land selbst ist es keineswegs immer das schlechteste, dass der Einzelne ein solches Ziel nicht bewusst anstrebt, ja, gerade dadurch, dass er das eigene Interesse verfolgt, fördert er häufig das der Gesellschaft nachhaltiger, als wenn er wirklich beabsichtigt, es zu tun. [...]

Gibt man daher alle Systeme der Begünstigung und Beschränkung auf, so stellt sich ganz von selbst das einsichtige und einfache System der natürlichen Freiheit her. Solange der Einzelne nicht die Gesetze verletzt, lässt man ihm völlige Freiheit, damit er [...] seinen Erwerbsfleiß und sein Kapital im Wettbewerb mit jedem anderen oder einem anderen Stand entwickeln oder einsetzen kann. Der Herrscher wird dadurch vollständig von einer Pflicht entbunden, [...] nämlich der Pflicht oder Aufgabe, den Erwerb privater Leute zu überwachen und ihn in Wirtschaftszweige zu lenken, die für das Land am nützlichsten sind. Im System der natürlichen Freiheit hat der Souverän lediglich drei Aufgaben zu erfüllen [...]: Erstens die Pflicht, das Land gegen Gewalttätigkeit und Angriff anderer unabhängiger Staaten zu schützen, zweitens die Aufgabe, jedes Mitglied der Gesellschaft so weit wie möglich vor Ungerechtigkeit oder Unterdrückung durch einen Mitbürger in Schutz zu nehmen oder ein zuverlässiges Justizwesen einzurichten, und drittens die Pflicht, bestimmte öffentliche Anstalten und Einrichtungen zu gründen und zu unterhalten, die ein Einzelner oder eine kleine Gruppe aus eigenem Interesse nicht betreiben kann, weil der Gewinn ihre Kosten niemals decken könnte, obwohl er häufig höher sein mag als die Kosten für das ganze Gemeinwesen.

Zit. nach: Adam Smith: Der Wohlstand der Nationen. Eine Untersuchung seiner Natur und seiner Ursachen. Aus dem Englischen übertragen von H.C. Recktenwald. München 1978, 3.369–371, 3.582

7 David Ricardo: Komparative Kostenvorteile

David Ricardo (1772–1823) war ein Wegbereiter des Wirtschaftsliberalismus. [Ricardos] Theorie des Außenhandels bestimmt bis heute die Freihandelsdebatte. Mit seinen Gedanken zum Außenhandel [...] propagierte er den freien Handel. Er begründete dies mit seinem Theorem der „komparativen Kostenvorteile". Zentrales Argument: Der Warenaustausch zwischen zwei Ländern lohnt sich für beide selbst dann, wenn ein Land alle Güter günstiger herstellen kann als das andere.

Ricardo erklärte seine Theorie am Beispiel der Handelsnationen England und Portugal und der beiden Allerweltsgüter Tuch und Wein. Er geht von der stark vereinfachten Vorstellung aus, dass beide jeweils nur ein Gut liefern: Das industrialisierte England bezieht Wein aus dem Agrarland Portugal und exportiert seine Stoffe dorthin. Dieser Handel ist für beide Länder von Nutzen, sagt Ricardo, obwohl Portugal beide Güter (in Arbeitszeit gemessen) zu niedrigeren Stückkosten herstellen kann als England.

Die Portugiesen sind jedoch im Vergleich zu den Engländern bei der Weinerzeugung noch deutlich produktiver als bei der Tuchherstellung – deshalb liegt der komparative Kostenvorteil Portugals bei Wein. Für das Land lohnt es sich daher, sich auf die Weinerzeugung zu konzentrieren und das Tuch nicht mehr selbst zu weben, sondern im Handel mit England gegen Wein einzutauschen – denn die Portugiesen brauchen weniger Arbeit, die für den Export benötigte Menge Wein zu erzeugen, als sie einsetzen müssten, wenn sie das Tuch für den Eigenbedarf selbst fertigten. Spiegelbildlich haben die Engländer einen komparativen Kostenvorteil bei Tuchen: Ihr Arbeitseinsatz, das für den Tausch benötigte Tuch herzustellen, ist geringer als beim Anbau eigenen Weins. Die eingesparten Arbeitskräfte kann England dann profitabler in anderen Industriezweigen einsetzen. Ricardos Fazit: Wenn sich jedes Land auf das Produkt konzentriert, das es, relativ gesehen, billiger produzieren kann, wächst in beiden Ländern der Wohlstand. […]

Ricardos Theorie bildete die Basis für die Diskussion über Freihandel und Schutzzölle, die das 19. Jahrhundert beherrschte […]. Seine Ideen hatten Bestand und finden sich in der aktuellen Debatte über die weitere Liberalisierung des Welthandels wieder. Und David Ricardo schmückt heute sogar die Website der Welthandelsorganisation WTO.

Zit. nach: Ruprecht Hammerschmid und Katharina Kort: David Ricardo: Über die Grundsätze der Politischen Ökonomie und Besteuerung. In: http://www.zeit.de/archiv/1999/23/199923.biblio-serie_4_.xml

8 Ein Beispiel komparativer Kostenvorteile

Branche	England	Portugal	Insgesamt
Weinanbau (Wb)			
Menge in Tsd.	8	10	12
Stückkosten (in Tsd. £)	5	2	
Gesamtkosten (in Mio. £)	40	20	40
Tuchproduktion (T)			
Menge in Tsd.	5	7	80
Stückkosten (in Tsd. £)	4	3	
Gesamtkosten (in Mio. £)	20	21	60
Gesamtkosten (in Mio.£)	60	41	101
Kostenrelation	T/ Wb		
In England	4:5 = 0,8		
In Portugal	3:2 = 1.5		

Zusammengestellt vom Autor

9 Das Beispiel Indien – Komparative Kostenvorteile im Kolonialismus

Indien muss Rohstoffe, Grundstoffe in wachsendem Maß nach England ausführen. Dafür muss es ein Markt für englische Fertigprodukte werden. So trifft man alle nur denkbaren Maßnahmen, um die Entstehung bzw. Ausdehnung einer indischen Textilindustrie zu verhindern. Die „Fürsorge“ zeigt sich schon darin, mit welchen Zollmitteln England versucht, sogar Indiens Exporte in andere britische Kolonien zu behindern. So werden englische Baumwollwaren in Ceylon mit fünf Prozent verzollt, aber die indischen mit zehn bis zwanzig Prozent. Australien zahlt auf keine britischen Einfuhren außer Spirituosen irgendwelchen Zoll, aber auf indische fünf Prozent. Die Kap-Provinz belegt englische Einfuhren mit drei Prozent, indische mit zehn.

Umgekehrt ist Indien Englands drittwichtigster Abnehmer nach den USA und Deutschland. Zwischen 1827 und 1836 gehen acht bis zehn Prozent der englischen Ausfuhr nach Indien. […] Ursprünglich hat England Textilien aus Indien eingeführt. Sobald sie mächtig genug sind, drängen die britischen Fabrikanten – die Lage umkehrend – auf ein Verbot für die Einfuhr indischer Textilwaren. Stattdessen werden nun die Inder gezwun-

3

gen, britische Textil- und andere Industriewaren frei hereinzulassen. Das ruiniert das indische Textilhandwerk und nacheinander den Schiffbau, das Metall-, Glas- und Papierhandwerk.
Der Ruin des Textilhandwerks und anderer Handwerksbetriebe durch die Engländer führt in Indien zu einer gesellschaftlichen Umwälzung. Er versetzt den bisher blühenden Gilden den Todesstoß. Die großen Manufakturstädte des Inneren wie Dacca, Patna, Nagpur, Amadabad entvölkern sich (Daccas Bevölkerung schrumpft innerhalb kurzer Zeit von 150000 auf 30000) [...]. Die aktivsten Regionen [...] verkümmern zugunsten der Zonen, in denen die Rohstoffe produziert werden, wie die Rohbaumwolle, und der Handelszonen, die an den englischen Markt gebunden sind. Die traditionelle einheimische Manufaktur kann sich nur in den abgelegenen Gebieten und im tiefsten Innern des Landes halten.
Eine Umstellung der Handwerkerschicht auf andere Industrien ist nicht möglich. [...] So müssen die Handwerker wieder Bauern und Landarbeiter werden. Aber davon gibt es ohnehin schon zu viele. Die Engländer erzwingen eine fortschreitende Spezialisierung beim Anbau der Exportprodukte: Aus dem Pandschab kommt Weizen, aus Bombay Baumwolle, aus Bengalen Jute. [...]

Zit. nach: Gert von Paczensky: Weiße Herrschaft – Eine Geschichte des Kolonialismus. Frankfurt/M. 1979, S. 308 ff.

Arbeitsvorschläge

a) Erstellen Sie eine Mindmap, das das Einführungskapitel 3.1 „Ein epochaler Einschnitt in der Menschheitsgeschichte" umfassend visualisiert. Diskutieren Sie die These vom Andauern des globalen Industrialisierungsprozesses. Beurteilen Sie die These des Verfassertextes, dass die Industrialisierung eine revolutionäre Umwälzung dargestellt habe.
b) Erklären Sie anhand der Karte und des Autorentextes das Voranschreiten der Industrialisierung auf der britischen Insel und die Bedeutung der jeweiligen Standortfaktoren in diesem Prozess (M 2).
c) Erläutern Sie die sozialen Verwerfungen, die in Folge der Industrialisierung in England auftraten (M 3–M 5). Zeichnen Sie auf der Grundlage der Schilderungen Engels die dargestellten Wohnverhältnisse der Arbeiter im Manchester der 1840er-Jahre. Informieren Sie sich über die Lebensverhältnisse in den Großstädten heutiger Entwicklungsländer und vergleichen Sie diese mit der Darstellung Engels.
d) Analysieren Sie den Text Smiths eingehend, indem Sie seinem Menschenbild, der Rolle des Staates und des Marktes (unsichtbare Hand) und dem „System der Freiheit" ein besonderes Augenmerk widmen. Erläutern Sie, in welchem Verhältnis Smiths Gedanken zur Industrialisierung in England stehen. Beziehen Sie unter Verwendung des Engelstextes kritisch Stellung zu den wirtschaftsliberalen Theorien Smiths (M 5, M 6).
e) Erklären Sie die vermeintlich komplizierte Theorie der Komparativen Kostenvorteile, indem Sie rechnerisch nachweisen, dass Portugal Wein und England Tuch herstellen sollte. Überlegen Sie, inwieweit Smiths System der Freiheit auch Ricardos Außenhandelstheorie zugrunde liegt. Stellen Sie eine Verbindung zwischen dem Außenhandel und der Industrialisierung Englands her. Übertragen Sie die Theorie der Komparativen Kostenvorteile auf den gegenwärtigen Globalisierungsprozess (M 6–M 8).
f) Erläutern Sie die wirtschaftlichen Beziehungen zwischen Indien und England während der Phase der Frühindustrialisierung. Informieren Sie sich dazu über die englische Kolonialpolitik auf dem indischen Subkontinent. Vergleichen Sie die Beziehungen Englands zu Indien mit Ricardos Theorie der komparativen Kostenvorteile (M 7–M 9).

3.4 Industrialisierung in Deutschland – vom Nachzügler zum Senkrechtstarter

Vorbild Großbritannien

Die Industrialisierung Großbritanniens wurde ab ca. 1800 für das übrige Europa als Modell und als Herausforderung angesehen, welche auf dem Kontinent unterschiedliche Nachahmungsprozesse initiierte. Die Versuche der englischen Regierung, durch Exportbeschränkungen für Maschinen und Auswanderungsverbote für Mechaniker das technische Know-how vor Imitation zu schützen, blieb weitgehend wirkungslos. Überall in England wurde spioniert, geschmuggelt, bestochen und gestohlen. Europäer bereisten die britische Insel, um Anschauungsunterricht zu erhalten, und viele englische Mechaniker leisteten auf dem Festland Entwicklungsarbeit. Bald sprang der industrielle Funke auf den Kontinent über, wobei das Vordringen des Industrialisierungsprozesses ein deutliches West-Ost-Gefälle in Europa aufwies. Um 1850 hatte die industrielle Entwicklung in den Benelux-Staaten, in Frankreich und der Schweiz, dann in Deutschland sowie Skandinavien Fuß gefasst. Je weiter östlich in Europa die Regionen lagen, umso später und schwächer vollzog sich in der Regel der Industrialisierungsprozess.
Dieser Aufholprozess kann nicht als bloße „Imitation" begriffen werden, da durch die Nutzung der vorherrschenden naturräumlichen, kulturellen, sozialen, ökonomischen und politischen Rahmenbedingungen ein eigener industrieller Wachstumspfad eingeschlagen wurde. Innerhalb der einzelnen Staaten fand auch keine einheitliche Industrialisierung statt. Vielmehr fand in Abhängigkeit der gegebenen Standortfaktoren in Form von Bodenschätzen, Infrastruktur, Arbeitskräften, Produktionstechniken und vorindustrieller Gewerbetradition eine Industrialisierung der Regionen statt.

Innovationshemmnisse in Mitteleuropa

Die ungünstige Ausgangsituation Deutschlands führte zu einem verspäteten Einsetzen des Industrialisierungsprozesses. In Europas Mitte gelegen war das Reich immer wieder Schauplatz verheerender kriegerischer Konflikte gewesen und wies eine Zersplitterung in 314 territoriale Einheiten auf, die sich durch unterschiedliche Konfessionen, Maß-, Münz- und Gewichtssysteme sowie ca. 1800 Zollschranken voneinander abgrenzten. Es bestand eine schlecht ausgebaute Verkehrsinfrastruktur und eine Teilnahme an der Kolonial- und Handelsexpansion der letzten Jahrhunderte hatte nicht stattgefunden.
Trotz einiger Fortschritte im Agrarsektor waren um 1800 ca. 70 bis 80 % aller Höfe in Deutschland kleine Subsistenzbetriebe, die ohne größere Marktverflechtungen bloß für den eigenen Bedarf produzierten. Die Landwirtschaft bot um 1800 ca. drei Viertel der Bevölkerung ihre überwiegende Beschäftigung, während 1815 von den 23 Millionen Deutschen noch 90 % in Dörfern und Städten mit weniger als 5000 Einwohnern lebten. Aus der Landwirtschaft kamen nur geringe Nachfrageimpulse für die gewerbliche Produktion. Feudalabgaben und Steuerlasten dämpften die geringe Nachfrage um ein Weiteres.
Ein weiteres Innovationshemmnis lag in der relativen Starrheit der Gesellschaft. Die schroffe Scheidung der Ständegesellschaft sowie traditionelle Rechtsnormen und Grundeinstellungen hemmten Landwirtschaft und Handwerk. Im Agrarbereich behinderten die Feudalverhältnisse in Form von Grund- und Gutsherrschaft die ökonomische und soziale Mobilität, während im Handwerk weiterhin Zunftordnungen bestanden, welche technische Innovationen, unternehmerische Konkurrenz, Expansion und individuelles Erfolgsstreben unterdrückten.

Dennoch besaß Deutschland bereits vor 1800 ein wirtschaftliches Entwicklungspotenzial, auf das zurückgegriffen werden konnte. Die deutschen Staaten wiesen gut funktionierende Verwaltungen und ein vergleichsweise fortschrittliches Bildungssystem auf. In deutschen Städten bestand seit dem Mittelalter eine Kaufmannstradition und in ausgesuchten Branchen besaßen deutsche Gewerbeerzeugnisse Weltruf. Seit Mitte des 18. Jahrhunderts wuchs die deutsche Bevölkerung, was allmählich die Konsumnachfrage und das Arbeitskräfteangebot erhöhte. Ende des Jahrhunderts existierten vor allem zwei protoindustrielle Produktionsformen: die staatlich geförderte Manufakturproduktion sowie das Verlagswesen, in dem etwa eine Millionen Menschen Beschäftigung fanden.

Protoindustrielle Kerne als Keimzellen

Die protoindustrielle Zentren bereiteten die Industrialisierung mit vor. Sie erhöhten durch neue Erwerbsmöglichkeiten das Bevölkerungswachstum, was den Industrialisierungsdruck steigerte. Es entwickelte sich auch eine dünne Schicht an modernen Wirtschaftsbürgern, die Erfahrung im Umgang mit größeren Geldsummen sowie der Produktion und dem Vertrieb von Gütern besaß. Ein Reservoir von geschulten und disziplinierten Arbeitskräften entstand ebenfalls.
Diese protoindustriellen Kerne wurden um 1800 durch zukunftsweisende Fabriken eines neuen Typs ergänzt. Vor allem das Bergische Land, reich an Rohstoffen und Unternehmertalenten, entwickelte sich zu einem frühindustriellen Zentrum. Rund um das Dreistädtedreieck des heutigen Wuppertals, Solingen und Remscheid arbeiteten im ausgehenden 18. Jahrhundert schon 40.000 aller 260.000 Einwohner des Herzogtums Berg in der ganz auf Export ausgerichteten Textil- und Kleineisenindustrie. In Ratingen eröffnete Johann Gottfried Brügelmann 1784 die erste mechanische Baumwollspinnerei. Dennoch waren es nur kleine Anfänge: Während es 1819 in England 5000 Dampfmaschinen gab, konnte Preußen noch 1837 nicht mehr als 423 vorweisen.

1 Entwicklung des Deutschen Zollvereins
Die Gründung des Zollvereins war ein gewaltiger Schritt in Richtung Binnenmarkt. Dennoch dauerte es noch Jahrzehnte bis zur vollendeten wirtschaftlichen Einigung Deutschlands.

Preußische Reformen als Motor in Deutschland

Dennoch wurde Preußen nach der Gründung des Deutschen Bundes 1815 zum wesentlichen Motor der deutschen Frühindustrialisierung. Nach der Niederlage gegen das napoleonische Frankreich begann Preußen mit einer wirtschaftsliberal orientierten Modernisierungs- und Reformpolitik In den beiden Edikten zur Bauernbefreiung (1807) und zur Gewerbefreiheit (1810) wurden die feudalen Strukturen in Form von Grundherrschaft und Leibeigenschaft sowie die kommunale Gewerbeaufsicht durch die Zunftherrschaft in weiten Teilen aufgelöst. Ansätze eines Agrarkapitalismus entwickelten sich, der den adligen Grundbesitz stärkte und viele Kleinbauern zu Landarbeitern absinken ließ. Gleichwohl verdoppelte die gewinnorientierte Landwirtschaft den Gesamtertrag auf den vergrößerten Anbauflächen von 1807 bis 1848. Auch die Aufhebung der Zunftrechte führte zu mehr Konkurrenz und Innovation im Handwerk.

Die Zollschranken fallen

Weiterhin versuchte Preußen, die Grundlage für einen zusammenwachsenden Wirtschaftsraum mit den territorialen Neuerwerbungen im Westen herzustellen. 1818 wurden durch das Zollgesetz die tarifären Hemmnisse im Inneren Preußens beseitigt und 1821 durch das Münzgesetz die Vielzahl an gültigen Währungen vereinheitlicht. An den Außengrenzen wurde ein niedriger, am Freihandel orientierter Grenzzoll festgesetzt, der den Import britischer Fertigwaren und wichtiger Rohstoffe erleichterte. Die Folge war ein massiver Druck auf unrentable preußische Produzenten, die sich entweder gegen die ausländische Konkurrenz behaupteten oder vom Markt verschwanden.

Preußen übte Druck auf die deutschen Kleinstaaten aus, die einzelnen Zollschranken nicht nur im Inneren ihrer Souveränitäten, sondern auch zwischen den Einzelterritorien abzubauen. Auch aus den Reihen der Kaufleute und Fabrikanten wurde die Schaffung eines einheitlichen Zollsystems der deutschen Länder gefordert. Bekanntester Wortführer des Freihandelsgedankens wurde dabei der Tübinger Volks- und Staatswissenschaftler Friedrich List (1789–1846), der sich für Freihandel und für „Erziehungszölle" zum Schutz der deutschen Wirtschaft einsetzte. Dem Misstrauen der Kleinstaaten gegenüber dem wirtschaftlich mächtigsten und bevölkerungsreichsten Preußen konnte Berlin entgegenwirken, indem es den zahlungsschwachen Ländern äußerst günstige Konditionen bei der Verteilung der Zolleinnahmen in Aussicht stellte. Am 1. Januar 1834 ersetzte der Deutsche Zollverein unter preußischer Führung die bestehenden regionalen Zollverbindungen und es entstand ein Binnenmarkt mit einer Bevölkerung von 26 Millionen Menschen. Bis auf Österreich, das als Vorgriff auf die kleindeutschen Reichsgründungen außen vor blieb, traten in den nächsten Jahren alle übrigen Staaten dem Zollverein bei. Der Zollverein gilt als eine wesentliche Wegmarke im politischen und wirtschaftlichen Einigungsprozess Deutschlands. Die erhöhte Konkurrenz führte zu unternehmerischen Innovationen. Der Binnenmarkt minderte das Absatzrisiko gewerblicher Massenproduktion und verbesserte das Investitionsklima. Dennoch blieb Deutschland abgesehen von industriellen Wachstumsinseln vorerst noch ein Agrarland.

3

3 1808 – Beschwerde des ostpreußischen Gutsbesitzers und Generals Yorck von Wartenburg über den Minister Freiherrn vom und zum Stein

Der Mann (= vom Stein/ Vgl. Kap. 1.7: Die großen Reformen) ist zu unserm Unglück in England gewesen und hat von dort seine Staatsweisheit hergeholt; und nun sollen die in Jahrhunderten begründeten Institutionen des auf Seemacht, Handel und Fabrikwesen beruhenden reichen Großbritannien unserm armen, ackerbautreibenden Preußen angewöhnt werden. [...] Gleich [...] das bewirkte Edict, dass *Jeder* ohne Unterschied ein Rittergut kaufen, der Adel dagegen jedes bürgerliche Gewerbe treiben dürfe. Eine eigentliche Abschaffung, man möchte sagen, Verhöhnung des Adels ist dem Geiste unseres Monarchen und unseres Volkes durchaus zuwider. Wird der Gewürzkrämer oder der Schneider, der das Gut erwirbt oder der Spekulant, der auf seinen Profit gedacht hat und schon auf Wiederveräußerung sinnt, wird er auch im Unglück seinem Monarchen „zu Dienst sein mit Gut und Blut?" Wird der neue Herr seine Bauern, die ihn wohl mit Ziegengemecker an der Ehrenpforte empfangen, mit sich in der Treue festhalten, wie der alte Erbbesitzer tat, der in seinem Dorf über die Gemüter mit Liebe und Anhänglichkeit herrschte? Dass die so genannte Sklaverei der Bauern usw. nur philanthropisches Geschwätz ist, wissen wir alle.
Doch läuft es eigentlich darauf hinaus, dass ein Grundbesitz sein soll wie ein Taler Geld, der durch die Zirkulation sich vervielfältigt, wobei noch durch die Stempelgebühren etwas für den Staat abfällt. Keine landesväterliche Idee nach dem Sinn des Königs. So etwas kann nur in der Kanzlei eines Bankiers oder von einem Professor, der einen schlecht verdauten Adam Smith vom Katheder dozirt, ausgeheckt werden. Leider hat sich dergleichen Geschmeiß des genialen Ministers bemächtigt. [...] Hörte man nicht sogar schon den demokratischen Unsinn, dass alle Stellen im Staat durch Votieren des Volkes besetzt werden möchten? Wie aber wird das schöne Land bei diesem Plusmachersystem verwüstet werden! [...] Der Spekulant, der ein Gut erwirbt, denkt nur auf die Gegenwart; er wird eilen, die schönen Eichen- und Buchenwälder niederzuhauen, weil sie nicht so viel einbringen wie Weizenfeld. [...] Ein anderes Steckenpferd, das der Minister reitet, ist die Population (Bevölkerungsvermehrung). Aus der Familie jedes ehrsamen Bürgers und Handwerkermeisters, der eine Anzahl Gesellen beschäftigt, ernährt und zur sittlichen Ordnung anhält, soll eine Anzahl kleiner Familien hervorgehen, indem jeder Gesell seine Dirne (Mädchen) heiratet und der Stifter eines neuen Geschlechts von Hungerleidern wird. [...] gleicht aber solche Pöbelerzeugung – wir sollten Gott danken, dass wir dergleichen nicht haben wie Frankreich und England – nicht dem Ungeziefer, das man aus Hobelspänen erzeugt?

Zit. nach: Günther Franz (Hrsg): Quellen zur Geschichte des deutschen Bauernstandes in der Neuzeit. Darmstadt, 2. Auflage, S. 344.

4 Der konservative Journalist und Kulturhistoriker Wilhelm Heinrich Riehl zur Gewerbefreiheit (1851)

Es ist eine sehr beachtenswerthe Erscheinung, dass der vormärzliche Polizeistaat, [...] die absolute Gewerbefreiheit ganz allein in seinen Schutz nahm. Das muss wohl eine bedenkliche Freiheit seyn, die sich solcher Gönnerschaft erfreut. Der Polizei- und Beamtenstaat fürchtete sich vor einem selbständigen und kräftigen Gewerbestande, und er wusste wohl, dass die absolute Gewerbefreiheit der sicherste Zügel ist für das bürgerliche Gewerb, einer von den Zügeln nämlich mit scharfem, ins Fleisch schneidendem Gebiss, mit denen man selbst das feurigste Ross zum lendenlahmen Klepper zügelt. Da wurde die Dilettantenwirthschaft der so genannten „Patentmeisterschaft" eingeführt, wornach jeder, auch ungelernt, ein beliebiges Gewerb treiben kann, wenn er sich nur für ein paar Gulden ein Patent löst und einen Gesellen hält, und ist er ein speculativer Kopf, so kann er's auch mit einem halben Dutzend verschiedenartiger Gewerbe zu gleicher Zeit probiren [...] Man muss in Ländern gelebt haben, wo solche zügellose Gewerbefreiheit galt, um sich recht gründlich von ihrer Verderblichkeit zu überzeugen. [...]
Man gebe den einzelnen Gewerben wieder eine Corporationsverfassung mit eigener Verwaltung, aber man marke auch streng ihre Gränzen ab und schütze ein Gewerbe vor den Uebergriffen des andern. [...] Die Scheidung der Gewerbe unter sich ist scheinbar eine kleine und leichte Sache [...]. Und doch handelt sich's auch hier wieder um eine gewichtige sociale Frage. Der Glaser z. B. muss etwas von Schreinerarbeit verstehen. Erlaubte man ihm aber, dass er diese, soweit er kann, auch selbständig betreibe, dann wird er bald ein gefährlicher Nebenbuhler des Schreiners in den einfachsten, d. i. in den einträglichsten Schreinerarbeiten seyn. Der letztere kann ihm dieß aber nicht heimgeben, denn die Glaserarbeiten liegen ihm ganz fern. So könnte es geschehen, dass in einem gewerbfreien Orte nur Kunstschreiner neben den Glasern aufzukommen vermöchten. [...] Man möge sich auch verständigen, dass entweder den Kaufleuten der Handel mit Handwerksproducten untersagt, oder den Handwerkern der Verkauf von Rohstoffen ihres Gewerbes frei gegeben werde.
Dergleichen Dinge, wie die Feststellung der Gewerbebegränzung machen sich aber nicht auf der Schreibstube. Die Gesammtheit der Gewerbsleute weiß hier am besten Rath und Auskunft. Wo die Behörden in Gewerbsachen entscheiden müssen, da sollte ihnen immer ein technisches Collegium von Gewerbetreibenden begutachtend zur Seite stehen. [...]

Wilhelm Heinrich Riehl: Die bürgerliche Gesellschaft. Stuttgart: 1851, S. 252 ff. Zit. nach: http://germanhistorydocs.ghi-dc.org/ (Digitalisierte Quellensammlung des Deutschen Historischen Instituts, Washington, DC)

5 Übervölkerung und Nahrungslosigkeit

Der Nationalökonom Friedrich Bülau Ruf untersucht die Gründe des Armutsproblems in Deutschland (1834):

Folglich lässt sich der bedenkliche Zustand, über den wir alle klagen, nicht als der Zustand der Übervölkerung, sondern als Nahrungslosigkeit bezeichnen. [...] Um der Nahrungslosigkeit zu steuern, muss man ihre Quellen gefunden haben. Und wahrlich, man braucht auch in unsern hochkultivierten Staaten nicht weit zu suchen, um wirkende Ursachen zu erkennen, welche die Verarmung zahlreicher Volksklassen weit sicherer bewirken, als es die Zunahme der Volksmenge tut. Nicht dass die Armut vorhanden, dass sie nicht größer ist, ist zu verwundern.

Es ist oben erwähnt worden, dass der Landbau fast noch in keinem europäischen Staate auf der Höhe steht, zu der sich emporzuschwingen er von der Natur bestimmt ist. [...] Alle die Verhältnisse, welche die Geschlossenheit der Güter bewirken, den Boden dem freien Verkehre entrücken, sowie die Grundlasten, die mit bleiernem Gewichte auf ihm ruhen, alles was in das Verhältnis des Menschen zum Grund und Boden andre Rücksichten bringt als die seiner bestmöglichen Benutzung, alles was diese selbst zurückhält, trägt auch dazu bei, dass weder der Landbau so viele Vorteile bringt als er könnte, noch an seinen Vorteilen so viele Anteil nehmen, als darauf Anspruch zu machen berechtigt sind. Der gefesselte Zustand des Landbaues hat einen großen Teil der Bevölkerung den Gewerben zugedrängt, der in dem Landbau, wenn dieser frei von Lasten und Beschränkungen gewesen wäre, einen sichereren Lebensberuf gefunden haben würde. Nicht in den landbautreibenden Dörfern, sondern in den Fabrikorten, den Städten und deren Umgebungen treten die traurigen Erscheinungen der Nahrungslosigkeit am sichtlichsten hervor.

Wie aber in den Gewerben selbst oder vielmehr in den ihren Betrieb betreffenden Einrichtungen der Ursachen nur allzu viele liegen, die es bewirken, dass die aus ihnen erwachsenden Vorteile weder so hoch sind, noch in so weiter Ausdehnung sich verteilen, als es bei besserer Anordnung möglich wäre [...]. Wenn man darüber klagt, dass so viele Kräfte keinen Lohn finden, so sollte man nicht damit anfangen, die Entfernung dieser Kräfte zu betreiben – geschweige denn gar diese Kräfte zu fesseln –, sondern man sollte erst untersuchen, ob sich ihnen nicht ein lohnenderer Wirkungskreis eröffnen ließe. Und das Letztere muss man so lange annehmen, als noch Einrichtungen vorhanden sind, die viele Glieder des Volks verhindern, ihre Kräfte anzuwenden, wie und wo sie am leichtesten es vermögen. [...]

Landbau und Gewerbe also sind noch weit davon entfernt, „den meisten Menschen das meiste Gute zu leisten“. Der Handel aber? Bedarf es wohl eines Beweises, dass sowohl den inneren Handel als den Welthandel tausend künstliche Hindernisse und Beschränkungen hemmen, die nur sein stetes Ringen nach Freiheit und die ihm eigentümliche wunderbare Schmiegsamkeit einigermaßen zu neutralisieren vermocht hat? Das Prohibitivsystem

6 Das Lendersdorfer Walzwerk bei Düren.
Gemälde von Carl Schütz, (1838).
Der Anbruch des Eisenbahnzeitalters ab 1835 ließ auch die Montanindustrie aufblühen. Dennoch waren die deutschen Länder bis Mitte der 1850er-Jahre vom Eisenimport abhängig. Schon 1823 versuchte Eberhard Hoesch, die Leistungsfähigkeit seiner Betriebe zu steigern. Er unternahm 1823 eine Englandreise und informierte sich gegen gültige Gesetze über das neue Verfahren der Puddlingsfrischerei. Seine neuen Erkenntnisse setzte er in dem 1827 errichteten Puddel- und Schweißwerk in Lendersdorf bei Düren um.

ist die Grundlage der Handelspolitik vieler Staaten, und man wundert sich über Stockung und Verarmung?

Friedrich Bülau: Der Staat und die Industrie. Beiträge zur Gewerbspolitik und Armenpolizei. Leipzig 1834, S. 22–56. Aus: http://germanhistorydocs.ghi-dc.org/ (Digitalisierte Quellensammlung des Deutschen Historischen Instituts, Washington, DC)

7 Friedrich Lists Bittschrift an die Abgeordneten des Deutschen Bundes (1819)

In einem Lande, wo notorisch die Mehrzahl der Fabriken entweder eingegangen ist oder ein sieches Leben kümmerlich dahinschleppt, wo die Messen und Märkte mit Waren fremder Nationen überschwemmt sind, wo die Mehrzahl der Kaufleute fast untätig geworden ist, bedarf es da noch näheren Beweises, dass das Übel den höchsten Grad erreicht habe? [...] Einzig in den Mängeln der gesellschaftlichen Ordnung in Deutschland suchen und finden wir die Ursache des Übels [...] Achtunddreißig Zoll- und Mautlinien in Deutschland lahmen den Verkehr im Innern und bringen ungefähr dieselbe Wirkung hervor, wie wenn jedes Glied des menschlichen Körpers unterbunden wird, damit das Blut ja nicht in ein anderes überfließe. Um von Hamburg nach Österreich, von Berlin in die Schweiz zu handeln, hat man zehn Staaten zu durchschneiden, zehn Zoll- und Mautordnungen zu studieren, zehnmal Durchgangszoll zu bezahlen. Wer aber das Unglück hat, auf einer Grenze zu wohnen, wo drei oder vier Staaten zusammenstoßen, der verlebt sein ganzes Leben mitten unter feindlich gesinnten Zöllnern und Mautnern, der hat kein Vaterland. Trostlos ist dieser Zustand für Männer, welche wirken und handeln möchten; mit neidischen Blicken sehen sie hinüber über den Rhein, wo ein großes Volk vom Kanal bis an das Mittelländische Meer, vom Rhein bis an die Pyrenäen, von der Grenze Hollands bis Italien auf freien Flüssen und offenen Landstraßen Handel treibt, ohne einem Mautner zu begegnen. Zoll und Maut können, wie der Krieg, nur als Verteidigung gerechtfertigt werden. Je kleiner aber der Staat ist, welcher eine Maut errichtet, desto größer das Übel, desto mehr würgt sie die Regsamkeit des Volkes, desto größer die Erhebungskosten; denn kleine Staaten liegen überall an der Grenze [...] Die alleruntertänigst Unterzeichneten [...] wagen es demnach, einer hohen Bundesversammlung die alleruntertänigste Bitte vorzutragen:

1. Dass die Zölle und Mauten im Innern Deutschlands aufgehoben, dagegen aber
2. ein auf dem Grundsatz der Retorsion beruhendes Zollsystem gegen fremde Nationen aufgestellt werden

8 Ausbau des deutschen Schienennetzes

In Preußen entstand zwischen 1835 und 1880 sehr zügig ein flächendeckendes Eisenbahnnetz in vier Phasen: zunächst wurden die großen Städte verbunden, dann diese Strecken miteinander verknüpft und anschließend zweispurig ausgebaut. Ab 1871 wurde das bestehende Netz dann weiter verdichtet.

möchte, bis auch sie den Grundsatz der europäischen Handelsfreiheit anerkennen [...]

Friedrich List: a. a. O., S. 492 ff. Zit. nach: Manfred Görtemaker: Deutschland im 19. Jahrhundert. Leverkusen 1989, S. 166.

9 Kritische Überlegungen zum Nutzen der Eisenbahn (1841)

1841 bestritt ein Nationalökonom, dessen Name mit „K." abgekürzt war, in einer Zeitschrift die Notwendigkeit von Eisenbahnen:

[...] Eisenbahnen kann man kein Bedürfniss nennen; der Staat hat keine Verbindlichkeit, Personen und Waaren mit der Geschwindigkeit des Sturmes zu transportieren; wer solche Geschwindigkeit verlangt, mag sie bezahlen. [...] Eisenbahnen zeichnen sich vor ändern Transportmitteln, an denen in Deutschland kein Mangel ist, hauptsächlich durch die größere Geschwindigkeit aus. [...] Um aber den Werth der größern Geschwindigkeit zu bestimmen, muss man zwischen Personen- und Waarentransport unterscheiden. Was vorerst den Waarentransport betrifft, so hat es mit den meisten Waaren keine solche Eile, daß ihre Versendung nicht ohne allen Nachtheil auf den gewöhnlichen Wegen geschehen könnte. Zu den Waaren, deren schneller Transport wünschenswerth ist, gehören hauptsächlich solche, die durch einen langsamen Transport dem Verderben ausgesetzt sind, z. B. Esswaaren. Die meisten übrigen Waaren [...]. gelangen auf den bisherigen Wegen schnell genug an den Ort ihrer Bestimmung, wenn sie zu rechter Zeit bestellt und abgeschickt werden. [...] Der Accent wird aber, und das mit Recht, auf den Personentransport gelegt. Dieser ist es, durch den der Ertrag einer Eisenbahn gesichert werden muss, [...] Beim Personentransport kommt es aber darauf an, zu welchem Zweck die Eisenbahnen benutzt werden, ob nämlich blos zum Vergnügen oder zu Reisen in Geschäften, nämlich zu industriellen und ändern nützlichen Zwecken. Was die Geschäftsreisen betrifft, so ist wohl selten so viel daran gelegen, dass die Reisenden mit der Geschwindigkeit der Eisenbahnen dahin befördert werden, wohin ihre Geschäfte sie rufen können. Die meisten Geschäfte lassen sich schriftlich abmachen, und es wäre Zeit- und Geldverschwendung, wenn man dem schriftlichen Verkehr den persönlichen ohne Noth substituiren wollte. Diejenigen Geschäfte aber, die sich nur persönlich abmachen lassen, haben gewöhnlich keine solche Eile, [...] Bei denen, welche blos zum Vergnügen reisen, hat die Geschwindigkeit des Transports nur insofern Werth, als dadurch die Lust zum Reisen und somit die Zahl der Reisenden vermehrt wird. Die Eisenbahnen befördern sonach die Vergnügungssucht und vermehren den Geldumlauf und die Konsumtion. [...] Durch die Eisenbahnen werden daher die Reisenden eigentlich nur den größern Städten oder interessanten Gegenden zugeführt, und so kommen Eisenbahnen, sofern sie zu Lustreisen dienen, eigentlich nur den Gastwirthen und dem gewerbetreibenden Publikum jener Städte und Gegenden zu gut; weniger bedeutende Orte dagegen, die gegen die größern Städte ohnedies schon im Nachtheil sind, verlieren dabei. Man kann daher Eisenbahnen zu denjenigen Anstalten rechnen, welche den Wohlstand Einzelner befördern. [...]

Zit. nach: o.V. (K): Eisenbahnen auf Staatskosten, mit besonderer Beziehung auf Württemberg. In: Deutsche Vierteljahrs Schrift, Drittes Heft 1841, S. 213–236; hier S. 213 ff.

10 Eine Lokomotive der Firma Henschel in Kassel wird um 1860 zum Bahnhof transportiert. Erläutern Sie den Zwiespalt, der in diesem zeitgenössischen Gemälde zu Beginn des Eisenbahnbaus in Deutschland sichtbar wird.

3

M11 Das „Auf und Ab" an der Börse

Der preußische Bankier und Finanzminister im Märzministerium David Hansemann, der sich zur Finanzierung seines Unternehmens der Rechtsform der Aktiengesellschaften bediente, schrieb 1846 an den preußischen Staats- und Finanzminister von Duesberg über den Aktienhandel in Preußen:

Nicht nur in Preußen sondern auch in andern Staaten, z. B. Österreich, Frankreich, Belgien und England, tritt die Erscheinung von Zeit zu Zeit fast in regelmäßig wiederkehrenden Perioden ein, dass das handeltreibende Publikum die Spekulationen übertreibt; insbesondere geschieht dies in Unternehmungen, die auf Aktien gegründet wurden. Das Eigentümliche dieser Übertreibung besteht darin: dass die Hoffnung auf Gewinn zu hoch veranschlagt wird; dass also die ersten Zeichner solcher Aktien, sodann diejenigen Käufer derselben [finden], welche zu nicht gar zu exorbitanten Kursen kauften [...]; dass dieses Geschäft durch den Umstand, dass nur ein kleiner Teil des Nominalwertes der Aktien einbezahlt ist, und folglich die Gewinn bringende Kursdifferenz einen hohen Prozentsatz auf das wirklich verausgabte Kapital beträgt, eine schnelle Bereicherung ohne Aufwand von erheblichem Kapital in Aussicht stellt; dass endlich, als Folge der vorstehenden Verhältnisse nicht nur viele Handeltreibende, sondern auch somit manche Personen aus andern Ständen einem Geschäfte sich hingeben, welches mit Spiel eine gewisse Ähnlichkeit hat, und den Nachteil mit sich führt, dass ein Teil der Nation von nützlichen, wahrhaft produktiven Beschäftigungen sich mehr oder weniger abwendet. Auf jede Übertreibung folgt notwendig eine andere im entgegengesetzten Sinne. Und so dauert der vorstehend geschilderte Geschäftsstrudel regelmäßig nur eine gewisse Zeit, und es folgt dann ebenso regelmäßig die Erschlaffung oder Entmutigung, sodass das nämliche Publikum, welches früher die Geschäfte im rosenfarbensten Eichte betrachtete, bald nachher nirgends mehr eine gegründete Hoffnung auf Erfolg der Unternehmungen erblickt, und ohne Unterscheidung über den inneren Wert derselben, aus den eingegangenen Verpflichtungen herauszukommen sucht. Die Benutzung der so verschiedenen Stimmung des Publikums ist eines der Hauptgeschäfte großer Handlungshäuser, insbesondere solcher, die eine europäische Bedeutung haben; sie ziehen auf diese Weise manchmal einen enormen Gewinn, den das Publikum bezahlt, können aber dennoch auch beträchtliche Verluste nicht immer bei diesen Geschäften vermeiden.

Zit. nach: Ausgewählte Quellen zur deutschen Geschichte der Neuzeit. Freiherr von Stein-Gedächtnisausgabe, hrsg. von Walter Steitz, Bd. 36. Darmstadt 1980, S. 214 f.

Arbeitsvorschläge

a) Überlegen Sie vor dem Hintergrund der politischen Geschichte des 19. Jahrhunderts, weshalb die Vollendung der wirtschaftlichen Einigung Deutschlands noch bis in die 1880er-Jahre andauerte (M 1, M 7, VT).

b) Stellen Sie mit Hilfe der Quellen dieses Kapitels und dem Autorentext gegenüber, welche Faktoren hemmend und welche fördernd auf den Industrialisierungsprozess in Deutschland wirkten (VT, M 3–M 5, M 7, M 9).

c) Führen Sie eine Pro-Kontra-Diskussion für das Jahr 1840 durch: Braucht Deutschland wirtschaftsliberale Reformen?

d) Erläutern Sie die wirtschaftspolitischen Vorteile, die durch die Errichtung des Zollvereins erreicht wurden. Beurteilen Sie, inwieweit der Zollverein ein Vorbild für den Europäischen Binnenmarkt sein könnte (M 1, M 8, M 7, VT).

e) Entgegnen Sie dem anonymen Kritiker am Eisenbahnausbau in Form eines Leserbriefes. Gehen Sie dabei auf seine Argumentation ein und überlegen Sie sich die Vorteile eines raschen und flächendeckenden Eisenbahnausbaus (M 9).

f) Diskutieren Sie die Risiken und Chancen, die der Ausbau eines Aktienmarktes nach Ansicht Hansemanns in sich barg (M 11). Informieren Sie sich über die Hintergründe des Aktienbooms zur Jahrtausendwende (New Economy) und überprüfen Sie, ob Hansemanns Warnungen noch zeitgemäß sind.

3.6 Hochindustrialisierung – der Aufstieg zum Industriestaat

In der Zeitspanne von der Reichsgründung 1871 bis zum Ausbruch des Ersten Weltkrieges 1914 gelang es der deutschen Wirtschaft, trotz konjunktureller Rückschläge in Phasen der Stagnation, neben England und den USA einen Platz im Spitzentrio der Weltwirtschaft einzunehmen. Hervorgerufen wurde dieses enorme Wachstum durch neue Führungssektoren, zu denen der Maschinenbau, die Großchemie und die Elektrotechnik zählten.

Gründerboom und Gründerkrise

Die Ablösung der schwerindustriellen Führungssektoren erfolgte in konjunkturell wechselhaften Zeiten zwischen 1873 und 1895. Diesem konjunkturellen Auf und Ab war von 1871 bis 1873 ein regelrechter Wirtschaftsboom, die so genannten „Gründerjahre", vorgeschaltet. Die Reichsgründung brachte nicht nur den Nationalstaat sowie fünf Milliarden Goldfranc französischer Kriegskontributionen, sondern beflügelte auch die ökonomischen Phantasien. Die Produktionskapazitäten wurden enorm ausgebaut, sodass zwischen 1871 und 1873 mehr Kapital als im gesamten Zeitraum von 1850 bis 1870 investiert wurde. Eine konstante Nachfrage trotz steigender Preise ließ die Gewinne und Gewinnerwartungen ins Unermessliche steigen. Abgelöst wurde der „Gründerboom" durch die „Gründerkrise", die vor allem durch den Aufbau von Überkapazitäten in der Eisen- und Stahlindustrie hervorgerufen wurde. Es kam zu einem abrupten Abbruch des Eisenbahnbaus, zu konjunkturell bedingten Entlassungen und fallenden Aktienkursen. Von 107 zwischen 1870 und 1872 gegründeten Banken mussten 73 Bankhäuser Konkurs anmelden. Ab den 1890er-Jahren trat Deutschland dann in ein ganz neues Stadium seiner Industrialisierungsgeschichte. In der Chemie und Elektrotechnik, der optischen Industrie sowie im Maschinenbau nahmen deutsche Unternehmen erstmals einen Spitzenplatz ein, indem sie selbst die Rolle des Pioniers und führenden Technikexporteurs spielten. Grundlage war eine enge Verzahnung zwischen der wissenschaftlichen Forschung an den Technischen Hochschulen und der industriellen Produktion.

Aufstieg der Chemie

Besonders deutlich wurde dies in der chemischen Industrie. Naturwissenschaftliche Methoden und Erfahrungen, wie z. B. Justus Liebigs in Gießen gewonnene Erkenntnisse über die Herstellung von Kunstdünger, wurden in der Großchemie systematisch zu Produktionszwecken genutzt. Während in anderen Ländern noch Praktiker und „Tüftler" überwogen, waren die Labors der deutschen Chemieunternehmen mit Absolventen der Universitäten besetzt. BASF und Bayer beschäftigten um 1900 bereits Hunderte akademische Chemiker. Deutsche Unternehmen wie Höchst, Bayer, BASF, Schering oder Merck bauten in dieser Zeit ihren Weltruf als führende Hersteller von chemischen Produkten wie Teerfarben, ersten Plastikstoffen, Kunstfasern und Kunstdünger sowie Medikamenten auf.

Standardisierte Massenproduktion

Der Maschinenbau entwickelte sich zum größten Industriezweig Deutschlands. Neben der Produktion für die Schwerindustrie führte die Steigerung der Massenkaufkraft und die kostengünstige, da standardisierte Massenproduktion zu einer Erweiterung der Angebotspalette. Güter wie Nähmaschinen, Fahrräder oder Schreibmaschinen wurden gewinnträchtig in großen Stückzahlen abgesetzt.

Die größten Wachstumszahlen erzielte allerdings die elektrotechnische Industrie, in der die beiden Unternehmen Siemens und AEG (Allgemeine Elektrizitäts-Gesellschaft) dominierten und sich durch Absprachen eine Zeitlang den Markt aufteilten. Der wachsende Urbanisierungsgrad führte zu einer kontinuierlich steigenden Nachfrage, die sich in der Elektrifizierung der Verkehrsmittel der Straßenbeleuchtung und zunehmend auch der privaten Haushalte niederschlug. Dazu wurden Kraftwerke zur Stromproduktion und Hochspannungsnetze zur Verteilung der Elektrizität benötigt.

Im ausgehenden 19. Jahrhundert entstanden in den Führungssektoren Konzentrationsprozessen, die zur Entstehung von Großbetrieben mit mehr als 800 Mitarbeitern führten. In Phasen der wirtschaftlichen Rezession schlossen sich diese Großunternehmen zu Kartellen und Konzernen zusammen, um Gewinne abzusichern und Konkurrenten vom Markt fernzuhalten. Das bedeutendste Kartell war das 1893 gegründete Rheinisch-Westfälische Kohlensyndikat. Es umfasste 98 Unternehmen und kontrollierte 87% der Produktion im engeren Ruhrgebiet. In der deutschen Chemieindustrie kam es ebenfalls zu intensiven Konzentrationsprozessen, die in der Verbindung der größten Unternehmen zur Interessengemeinschaft der deutschen Teerfarbenfabriken (ab 1925 IG Farben) mündeten.

1 Die Entwicklung von Bergbau, Industrie und Verkehr in Deutschland von 1850 bis 1910

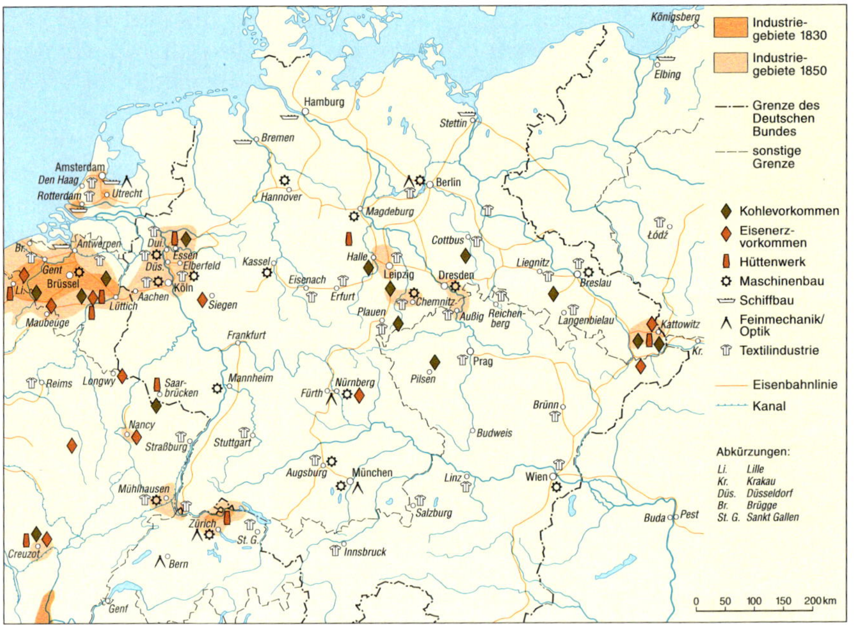

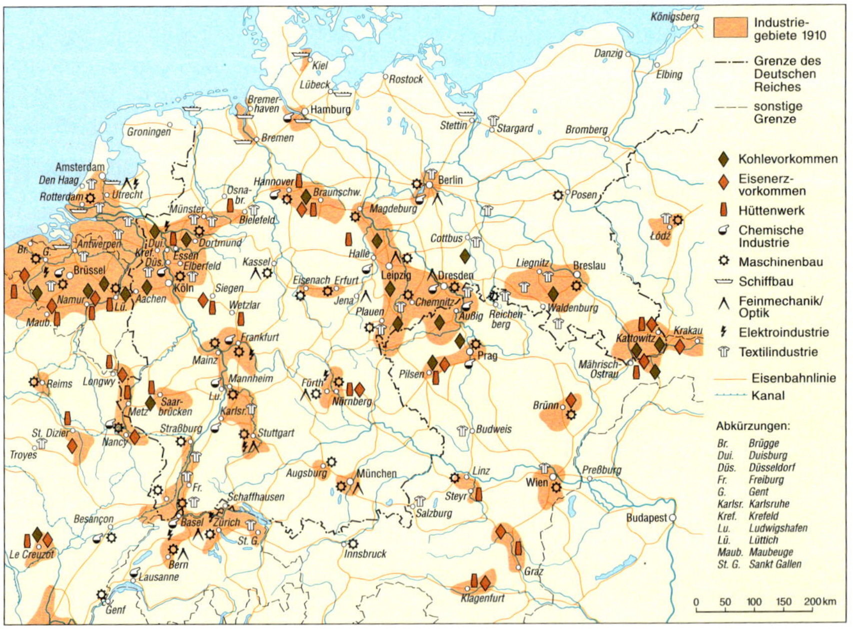

2 Der ehemalige Bergarbeiter Georg Werner beschreibt die Entwicklung der Zeche Neumühl

Das Wachstum einer Zeche: „amerikanisches Tempo“ um die Jahrhundertwende:

Zeche Neumühl liegt in Hamborn, einem Orte an der Mündung der Emscher in den Rhein. [...] Hamborn hatte im Jahre 1890 zirka 8000 Einwohner. Zu dieser Zeit begann der Großindustrielle August Thyssen in der Gemeinde die Schächte Deutscher Kaiser abzuteufen und erbaute das Hüttenwerk gleichen Namens. Die Familie Haniel errichtete von 1893 an die Schachtanlage Neumühl. Diese Bauten zogen riesige Arbeitermengen heran. Im Jahre 1900 war die Einwohnerzahl bereits auf 33.000 gestiegen, dann aber nahm sie jedes Jahr um zirka 10.000 zu, bis mit der Erreichung der 150.000 diese wilde Entwicklung abschloss.

Ein Muster dieser amerikanischen Entwicklung war die Zeche Neumühl. Im Jahr 1893 begann mit 28 Arbeitern das Abteufen. Die Zeche hatte 1895 69, 1900 1872, 1902 3520 und 1904 schon 4895 Mann Belegschaft. Mit zirka 5500 Mann war sie dann auf dem Höhepunkt. [...] Eine solche Mammutanlage wie Neumühl ist in Deutschland wahrscheinlich nur einmal errichtet worden. Auf nur einer Doppelschachtanlage mit zwei Doppelschächten wurden zirka 5500 Menschen beschäftigt.

Die Zeche stand außerhalb des Syndikats („Rheinisch-Westfälisches Kohlensyndikat“), konnte daher ungehindert durch die Quotenbeschränkung fördern und stellte jeden ein, der Arbeit haben wollte. Die Anlage förderte 1903/04 im Durchschnitt pro Tag 9100 bis 9200 Förderwagen zu je 12 Zentner. Die Förderziffern betrugen pro Jahr:

1897	19.854 To.
1898	57.081 To.
1899	221.483 To.
1900	477.514 To.
1901	787.910 To.
1902	1 070.792 To
1903	1 476.043 To.
1904	1 641.470 To.

Der Betrieb raste!

[...] Als im Jahre 1904 an einem Tage die Zusammensetzung der Belegschaft festgestellt wurde, setzte sie sich aus 3108 Deutschen, von denen 1340 aus den östlichen Provinzen stammten und polnisch als Muttersprache redeten, ferner aus 1095 Österreichern aus Krain und Steiermark, Slovener oder Cuditsche genannt, aus 240 Holländern, 156 Italienern, 53 Russen, 33 Belgiern und 4 sonstigen Ausländern zusammen. Aber diese Zahlen sind noch nicht das Entscheidende für die Beurteilung des Geistes der Belegschaft. Wenn solche Menschenmengen in kurzer Zeit zusammenkommen, drängen sich auch alle jene nach dieser Stelle hin, die aus irgendeinem Grunde untertauchen wollen, und Neumühl gab jedem Arbeit. So beschäftigte die Zeche mehr ehemalige Zuchthäusler als in einem großen Zuchthause untergebracht sind.

Der Schnapsausschank in der an der Zeche gelegenen Wirtschaft Ostrop betrug monatlich zirka 300 hl. Neumühl war „Wild-West“. Allmonatlich wurde mindestens ein Mensch totgeschlagen. Die Steiger hatten jeder einen Waffenschein und trugen Revolver bei sich.

Georg Werner: Ein Kumpel. 1929. S. 123 f.; abgedruckt in: Gerhard A. Ritter und Jürgen Kocka (Hrsg.): Deutsche Sozialgeschichte, Dokumente und Skizzen, Band II: 1870–1914. München 1974, S. 26 f.

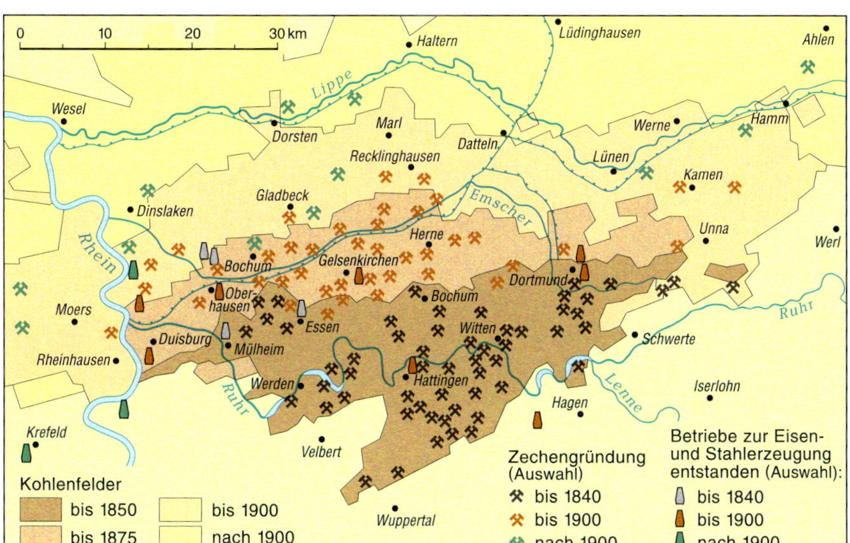

3 Das Wachsen der Zechen im Ruhrgebiet

3

4 **Das Ruhrgebiet: Die Steinkohleförderung im Revier von 1820 bis 1910**

Jahr	Zahl der Schachtanlagen	Steinkohleförderung im Ruhrgebiet (in Mio. t)	Steinkohleförderung in ganz Deutschland (in Mio. t)	Beschäftigte
1820	161	0,4	1,3	3.556
1830	172	0,5	1,8	4.457
1840	221	1,0	3,2	8.945
1850	198	2,0	5,1	12.741
1860	277	4,3	12,3	28.657
1870	215	11,6	26,4	50.749
1880	193	22,4	47,0	80.309
1890	175	35,5	70,2	127.794
1900	170	60,0	109,3	228.693
1910	174	89,1	152,8	353.347

Zahlen aus unterschiedlichen Quellen zusammengestellt und abgedruckt bei Michael Sauer: Historisch-Politische Weltkunde: Die Industrialisierung, Die Entstehung der modernen Welt, Leipzig 1999, S. 39.

5 **Das Kruppwerk in Essen um 1841.** Alfred Krupp (1812–1887) übernahm die beinahe ruinierte Firma im Jahr 1826 von seinem Vater. 1836 arbeiteten etwa 60, 1887 20.000 und am Vorabend des Ersten Weltkrieges 77 400 Arbeiter für Krupp. Enorme Produktionssteigerungen, vertikale und horizontale Konzentrationsprozesse ließen einen Weltkonzern entstehen, der mit Eisenbahnmaterial und Rüstungsgütern hohe Profitraten erwirtschaftete.

6 **Die Essener Gussstahlfabrik Friedrich Krupp um 1884.** Kolorierter Holzstich um 1880.

7 **Der Wirtschaftshistoriker Walther Däbritz** *schreibt 1922 im Auftrag der Essener Credit-Anstalt AG, einer Essener Bank, die während des Kaiserreichs und der Weimarer Republik führend in der Finanzierung der Expansion der Schwerindustrie im Ruhrgebiet war:*

Der Weg zum Organisierten Kapitalismus: Konzentration und Marktregulierung im Ruhrbergbau seit den 1890er-Jahren

[…] Immer wiederholt sich der Eindruck, dass in den 90er-Jahren des 19. Jahrhunderts abermals eine Zäsur liegt, dass eine neue Ära beginnt, diejenige, inmitten deren wir noch heute [1922] stehen. […]

Seit den 80er-Jahren werden die ersten Ansätze einer Konzentrationsbewegung erkennbar, Konzentration in horizontaler Richtung, innerhalb der reinen Zechen und innerhalb der reinen Eisenwerke, und Konzentration in vertikaler Richtung, Zusammenschluss von Zechen, Erzgruben, Hüttenwerken, Stahlwerken, Walzwerken. Damit tritt an Stelle vieler einander gleich gearteter Mittelbetriebe, […] eine beschränkte Anzahl von großen reinen oder gemischten Konzernen. Und indem die ehemals selbständigen Werke zu Werksabteilungen umgestaltet werden, wird der seitherige Konkurrenzkampf […] aufgehoben. Er wird ersetzt durch Zusammenarbeit auf Grund organisatorischer Eingliederung und eine straffe technische und ökonomische Zusammenfassung steigert die Leistungsfähigkeit dieser erweiterten Gebilde wesentlich über die Summe der bisherigen Einzelleistungen ihrer Teile. Seit den 90er-Jahren gelingt es […] die gesamte Produktion eines ganzen Wirtschaftszweiges zu kontingentieren, die Preise einheitlich zu regeln, den Absatz zusammenzufassen. […] Für die Dauer des Vertrags selbst wurde jedes Kartell der Vertreter aller seiner Angehörigen […] Es verteilte die Produktionseinschränkungen gleichmäßig, wo sie bisher der eine auf den ändern abzuwälzen versucht hatte, und ließ alle seine Mitglieder an den Produktionssteigerungen gleichmäßig teilnehmen. […] Das ergab am regulierten Markt ganz andere Preiskurven als am offenen Markt, einen stetigeren Verlauf, geringere Schwankungen, weniger schroffe Gegensätze zwischen Hoch und Tief. So führte auch hier die Zusammenfassung der Kräfte, die Vereinigung in einer Hand zu höheren, leistungsfähigeren Wirtschaftsformen.

[…] Das Kohlensyndikat erweitert sich über den eigentlichen Kohlenabsatz durch Einbeziehung des Kokssyndikats und des Brikettverkaufsvereins und wird erst damit zu dem den ganzen Bergbau umfassenden Kartell. […] Vom Kohlenbergbau aus hat der Kartellgedanke auf die Eisenindustrie übergegriffen. 1899 entsteht aus verschiedenen Vorläufern heraus das Roheisensyndikat in Düsseldorf […]

3

Ließ sich im Bergbau die Periode 1850 bis 1880 als die der überwiegenden Großbetriebe mit Förderziffern von einigen 100.000 t bezeichnen, so treten jetzt Jahrzehnt um Jahrzehnt immer stärker Einzelbetriebe mit Förderungen von 1 Mill. t und darüber hinaus auf [...]. Die Großbetriebe (bis 500.000 t) leisten ein Zehntel, die Größtbetriebe neun Zehntel der Gesamtförderung. Und unter ihnen ist wiederum eine kleine Gruppe führend. [...] Nicht anders ist das Endergebnis in der Eisenindustrie. Von der Roheisenproduktion Rheinland-Westfalens in Höhe von rund 8 Mill. t entfielen im letzten Friedensjahr 1913 mehr als drei Viertel auf 10 große Werke, und diese selben Werke konzentrierten im gleichen Jahr mehr als zwei Drittel der gesamten rheinisch-westfälischen Stahlgewinnung in Höhe von rund 10 Mill. t in sich: [...] Alle größeren Werke der Eisenindustrie sind zugleich Großproduzenten von Kohle geworden und sie alle verarbeiten zum größeren Teil selbst gewonnenes Roheisen.

Zit. nach: Denkschrift zum fünfzigjährigen Bestehen der Essener Credit-Anstalt in Essen. Bearb. v. Däbritz. 1922, S. 127 ff. abgedruckt in: Gerhard A. Ritter und Jürgen Kocka (Hrsg.): Deutsche Sozialgeschichte, Dokumente und Skizzen, Band II: 1870–1914. München 1974, S. 27 ff.

8 Das Chemieunternehmen Hoechst

Ausschnitt aus einer Selbstdarstellung von der Homepage des Unternehmens:

Höchst hatte drei klare Vorteile: Es lag nahe [...] bei Frankfurt am Main, [...] in unmittelbarer Nähe des damals schon bedeutenden Handels- und Finanzplatzes [...]. Zweitens gab es im zurückgebliebenen Höchst preiswerte Grundstücke und durch die Überbesetzung des lokalen Handwerks ein großes Arbeitskräftepotential, [...] Die Stadt lag an der Straße von Frankfurt nach Mainz, [...]. Der Main war sowohl Verkehrsweg für den An- und Abtransport zahlreicher Produkte, als auch der Lieferant für das zum Betrieb der Fabrik so wichtige Wasser. Außerdem verfügte Höchst [...] seit 1839 über einen Anschluss an das damals modernste Verkehrsmittel der Zeit, die Eisenbahn. [...]

Von vornherein [sollten sich ...] als Garanten des geschäftlichen Erfolges erweisen: Herausragende Einzelpersönlichkeiten, in denen sich Forscherdrang und Geschäftssinn paarten, räumten von Anfang an der Forschung einen hohen Stellenwert ein, begnügten sich nie mit dem Erreichten und richteten schon im ersten Jahr ihren Blick über die engen Grenzen der Region auf die Absatzmärkte der ganzen Welt. [...]

Unmittelbar nach der Werksverlegung (1874) verstärkten die Gründer auch den Ausbau der sozialen Leistungen für die Mitarbeiter. Von Anfang an hatte man in der ersten Fabrik größten Wert auf Hygiene und gesunde Ernährung der Belegschaft gelegt. Eine Werksküche und Badeeinrichtungen gehörten deshalb ebenso wie die ärztliche Versorgung der Mitarbeiter zum Bestand der Fabrik. Nach 1874 kam dann ein großangelegtes Wohnungsbauprogramm von vorbildlicher Konzeption hinzu, in dessen Rahmen allein bis 1914 ca. eintausendvierhundert Wohneinheiten, fast ausschließlich in Ein- und Zweifamilienhäusern mit Gärten, errichtet wurden.

[...] Das Sortiment an synthetischen Farbstoffen wurde stetig erweitert, auch wurden bald einzelne Vorprodukte, die man in den ersten Jahren zugekauft hatte, im Werk selbst hergestellt. Nun jedoch veränderte sich das Unternehmen in seiner Rechtsform und in seiner Struktur sehr schnell. 1880 wurde aus der Offenen Handelsgesellschaft unter dem Namen „Farbwerke vorm. Meister Lucius & Brüning" eine moderne Aktiengesellschaft [...].

Deutschland galt als die Apotheke der Welt. Hoechst hatte in der Forschung schon lange die enge Zusammenarbeit mit den Hochschulen gepflegt. Die Höhepunkte im Bereich der Pharmazeutika vor dem Ersten Weltkrieg werden durch die Zusammenarbeit mit den Nobelpreisträgern Robert Koch, Emil von Behring und Paul Ehrlich markiert. [...]

1904 hatten sich Hoechst und Cassella in Frankfurt [...] verbunden. 1907 trat Kalle in Wiesbaden der Gruppe bei. [...] Schon bei Ausbruch des Ersten Weltkrieges zeichneten sich die kommenden Schwierigkeiten ab. [...] Sprengstoffe und Kampfgase traten vielfach an die Stelle der Herstellung von Farbstoffen, Arznei- und Düngemitteln. [...] verbanden sich schon 1916 die großen Gruppierungen der chemischen Industrie, Hoechst-Cassella-Kalle und BASF-Bayer-Agfa mit Griesheim und Weiller-ter Meer zu einer Interessengemeinschaft in Form eines Kartells, [...] 1925 schloss sich die Interessengemeinschaft von 1916 zu dem neuen Unternehmen der I. G. Farbenindustrie AG mit Sitz in Frankfurt am Main zusammen. [...]

Die Rolle der I. G. Farbenindustrie AG in Deutschland wird häufig mit den wirtschaftspolitischen Vorstellungen und mit den Verbrechen der Nationalsozialisten im Dritten Reich verknüpft. [...] [Es] lockten gerade die neuen Entwicklungen der I. G. wie Buna, der synthetische Kautschuk, und das synthetische Benzin das Regime. [...] Auch der Betriebsalltag in den Werken wurde nach 1933 zunehmend von den neuen Machthabern mitbestimmt. [...] Die Werksleitung und führende Manager sympathisierten offen mit dem Nazi-Regime. Zwischen 1933 und 1938 wurden alle als jüdisch geltenden Mitarbeiter aus dem Unternehmen entlassen, ausgeplündert und vertrieben. [...] Die wirtschaftliche Vorbereitung des Zweiten Weltkrieges und die anschließende Kriegswirtschaft prägten auch die I. G. und ihre Werke. In der Kriegszeit wurden die dunkelsten Kapitel dieses Unternehmens geschrieben. Wie in der gesamten Industrie kam es zum Einsatz von Kriegsgefangenen, Fremd- und Zwangsarbeitern in allen Werken. [...] Mehr als 8.500 von ihnen arbeiteten unter sehr harten Bedingungen bei vielfach unzureichender Ernährung und der starken Beschrän-

9 Die Farbwerke Hoechst. Stich von 1894.
Die Unternehmen Hoechst, Bayer und BASF gehörten zu den „Großen Drei“ im neuen Führungssektor Chemieindustrie. Trotz zeitweiliger Monopolstellung auf den Weltmärkten tendierte auch die Chemiebranche zur Unternehmenskonzentration.

kung ihrer persönlichen Freiheit im Werk Höchst. […] Nach der Auflösungsverfügung der I. G. Farbenindustrie AG durch die Alliierten […] stand bei Kriegsende fest, dass die I. G. Farbenindustrie AG nicht weiter fortbestehen sollte. […]

Ausschnitt aus der Selbsdarstellung der Unternehmensgeschichte der Hoechst AG, zusammengestellt www.sanofi-aventis.de, Chronik der Farbwerke Hoechst – Eine deutsche Unternehmensgeschichte von Wolfgang Metternich

„An den großen Farbbottichen musste man mit schweren Rührstangen die Farblauge bearbeiten, bekam aus erster Linie Säuregeruch, die Ammoniakdüfte und beim Nitrieren den Salpetersäuregeruch zu kosten.“

Zit. nach: Karl Otto Henseling/Anselm Salinger: Eine Welt voll märchenhaften Reizes … Teerfarben: Keimzelle der modernen Chemieindustrie. In: Das blaue Wunder. Zur Geschichte der synthetischen Farben, hrsg. von Arne Andersen u. Gerd Spelsberg. Köln 1990, S. 97 f.

10 Aus Dinglers Polytechnischem Journal zu den Arbeitsbedingungen in der chemischen Industrie 1887

„Als Schutzvorrichtung gegen den Arsenstaub wird den Arbeitern persönlich das Umbinden eines Tuches um Mund und Nase empfohlen. Es ist augenscheinlich, dass sich ein solcher Schutz als ungenügend erweist. Der Staub, dessen man sich erwehren will, ist zerfließlich, der Wasserdampf der Respiration verdichtet sich im Tuche, befeuchtet es nach und nach, macht den Staub anhaften und imprägniert die Binde mit Gift, welches alsdann auf Gesicht und Lippen wirkt. Es können auf diese Weise leicht Vergiftungsfälle vorkommen, im günstigsten Fall haftet der Staub auf der Haut fest und zerfrisst sie unter Bildung schmerzhafter Geschwüre.“
Noch um 1885 gehörten Eimer, Schaufeln und Stoßeisen zu den vorherrschenden Arbeitsgeräten; Bottiche, Mischer und Rührwerke waren grundsätzlich offen.

11 Das Ausbildungsfoto der US-Armee von 1918 zeigt den lautlosen Tod durch Giftgas. Deutsche Chemieunternehmen verdienten in beiden Weltkriegen an Kampfstoffen wie Giftgas.

12 Genozid mit Chemie. Aufnahme aus der Dauerausstellung der Gedenkstätte Auschwitz-Birkenau. Kartuschen des Schädlingsbekämpfungsmittels Zyklon B, durch das unzählige Menschen in deutschen Konzentrationslagern den Tod fanden. Für die Belieferung des Konzentrationslagers Auschwitz-Birkenau mit Zyklon B war u. a. eine Unternehmenstochter der I. G. Farben verantwortlich.

13 Der I. G.-Farben-Prozess

Der Nürnberger Prozess gegen die Führungsspitze der früheren I. G. Farbenindustrie begann im Frühjahr 1947. Angeklagt waren neben dem früheren Aufsichtsratsvorsitzenden Carl Krauch 18 ehemalige Vorstandsmitglieder sowie vier Manager des Unternehmens. Ihnen wurden verschiedene Verbrechen zur Last gelegt. Im Einzelnen warf die Anklageschrift vom 3. Mai 1947 den Angeklagten Taten vor, welche unter die folgenden Kategorien fielen:

- Planung, Vorbereitung, Beginn und Durchführung von Angriffskriegen
- Planung und Raub in den von Deutschland besetzten Ländern
- Versklavung und Massenmord
- Mitgliedschaft in einer kriminellen Vereinigung (der SS).

Die Urteile wurden am 30. Juli 1948 verkündet. Vom Vorwurf der Vorbereitung eines Angriffskrieges wurden alle Angeklagten freigesprochen – ebenso die drei Angeklagten, die beschuldigt waren, Mitglieder einer kriminellen Vereinigung gewesen zu sein. 13 Personen wurden jeweils in einem der anderen beiden Anklagepunkte für schuldig befunden und erhielten Gefängnisstrafen zwischen 18 Monaten und acht Jahren.

Die Angeklagten und ihr Strafmaß im Einzelnen:

- Otto Ambros, Walter Dürrfeld – 8 Jahre
- Fritz ter Meer – 7 Jahre
- Heinrich Bütefisch, Carl Krauch – 6 Jahre
- Georg von Schnitzler – 5 Jahre
- Hermann Schmitz – 4 Jahre
- Max Ilgner – 3 Jahre
- Ernst Bürgin, Paul Häflinger, Heinrich Oster – 2 Jahre
- Friedrich Jähne, Hans Kugler – 1 Jahr und 6 Monate
- Freispruch: Fritz Gajewski, Heinrich Gattineau, Erich von der Heyde, Heinrich Hörlein, August von Knieriem, Hans Kühne, Karl Lautenschläger, Wilhelm Mann, Christian Schneider, Karl Wurster.

Im November 1951 führte der ehemalige KZ-Häftling Norbert Wollheim einen Prozess gegen die I. G. Farbenindustrie AG. Er hatte für das Unternehmen Wollheim in Auschwitz-Monowitz Zwangsarbeit leisten müssen und verklagte nun den in Liquidation befindlichen I. G. Farben-Konzern auf Schadenersatz für die körperlichen und seelischen Leiden, denen er im Konzentrationslager ausgesetzt war. Insgesamt forderte Wollheim ein Schmerzensgeld von 10 000 DM. Begründet worden war die Klage damit, dass die I. G. Farben an der rechtswidrigen Freiheitsberaubung der jüdischen KZ-Häftlinge und ihrer menschenunwürdigen Behandlung beteiligt und damit Mittäter der SS gewesen sei. [...]

Das Landgericht in Frankfurt am Main, wo der Prozess stattfand, verkündete am 10. Juni 1953 das Urteil. Die I. G., so erkannten die Richter die Argumentation der Anwälte der I. G. Farben an, habe sich den Anordnungen des NS-Regimes bezüglich der Zuteilung von KZ-Häftlingen als Arbeitskräfte nicht entziehen können. Das Gericht stellte fest „dass die I. G. eine menschenunwürdige Behandlung der Arbeiter nicht beabsichtigt oder vorsätzlich gefördert" habe. Andererseits aber – so die Richter – sei die I. G., nachdem sie den Einsatz von KZ-Häftlingen auf ihrem Bauplatz akzeptiert habe, auch für diese verantwortlich gewesen. [...]

Die Richter entschieden, dass der Konzern seiner Verpflichtung nicht nachgekommen war, Gesundheit und Wohlbefinden seiner Beschäftigten zu schützen. Aufgrund dieser Verletzung der Fürsorgepflicht sprach das Gericht Wollheim 10 000 DM zuzüglich vier Prozent Zinsen seit dem 1. Juli 1951 zu.

Zusammengestellt aus: Werner Abelshauser: Die BASF seit der Neugründung von 1952. In: Ders. (Hrsg.): Die BASF. Eine Unternehmensgeschichte. München 2002, S. 343–345.

14 Postkutsche, Eisenbahn und Dampfschiff (bei Koblenz). Ölgemälde um 1865, nach P. Meyerhahn. Die Eisenbahn änderte durch die Geschwindigkeitsrevolution das Zeitgefühl und die Reisegewohnheiten der Menschen.

16 Noch schneller als das Automobil. 14 Minuten benötigte der erste Postflieger 1912, um 10.000 Postkarten von Frankfurt nach Darmstadt mit seinem Flugzeug „Gelber Hund" zu transportieren. Vielen Zeitgenossen war die Bedeutung des neuen Fortbewegungsmittels noch gar nicht bewusst.

15 Motorisierung in den Großstädten. Wenige Jahrzehnte später sollten Automobil und Flugzeug beginnen, der Eisenbahn Konkurrenz zu leisten. Bis zum Ersten Weltkrieg konnten sich die meisten Deutschen allerdings keine Automobile leisten. Berlin bildete eine Ausnahme. Wie auf dem Foto aus dem Jahr 1914 erkennbar, teilten sich zu dieser Zeit schon mehrere tausend Wagen die Straßen Berlins mit Radfahrern und Pferdedroschken.

3

Arbeitsvorschläge

a) Erarbeiten Sie anhand der Karte die industriellen Profile in den verschiedenen Entwicklungsregionen in den angegebenen Zeiträumen. Untersuchen Sie die jeweils maßgeblichen Standortfaktoren und vergleichen Sie Ihre Ergebnisse mit den jetzigen Bedingungen in Ihrer Heimatregion (M1).

b) Veranschaulichen Sie anhand einer Skizze die Ursachen und Auswirkungen der Konzentrationsprozesse in der Chemie- und Montanindustrie (VT, M1 - M8).

c) Erläutern Sie die Entwicklung im Ruhrgebiet und die unterschiedlichen Faktoren, die dazu beigetragen haben (M1 - M7).

d) Berechnen Sie anhand der Statistik die Zahl der Beschäftigten und die Fördermenge pro Schachtanlage und Beschäftigten sowie den Anteil des Ruhrgebiets an der Gesamtfördermenge von Kohle in Deutschland (M4).

e) Diskutieren Sie vor dem Hintergrund steigender Öl-Preise, ob sich aus dem flächendeckenden Stilllegen von Zechen in Zukunft ein wirtschaftspolitisches Problem entwickeln könnte.

f) Analysieren Sie die ökonomische Entwicklung in Deutschland seit der Reichsgründung und die Folgen des Konzentrationsprozesses nach Ansicht des Wirtschaftshistorikers Däbritz. Beziehen Sie aus Sicht eines Wirtschaftsliberalen Stellung zu seiner Position (M7).

g) Informieren Sie sich auf der Homepage www.bundeskartellamt.de über Konzentrationsprozesse in der heutigen Wirtschaft und die Rolle des Bundeskartellamtes.

h) Erklären Sie am Beispiel der Hoechstwerke und mit Hilfe des Autorentextes die Begriffe „unternehmerische Standortbedingungen", „Unternehmenskonzentration" und „Konzernbildung" (M8).

i) Zeigen Sie am Beispiel der Hoechstwerke die internationalen Wettbewerbsvorteile der deutschen Chemieindustrie im 19. Jahrhundert auf (VT, M8).

j) Überprüfen Sie, inwieweit die Unternehmensgeschichte der Hoechst AG den Charakter einer Selbstdarstellung besitzt (M8).

k) Recherchieren Sie über die Entstehung der I. G. Farben und deren Rolle im Zweiten Weltkrieg. Informieren Sie sich auch über die Biographien der einzelnen Angeklagten unter besonderer Berücksichtigung ihrer Tätigkeit während des Zweiten Weltkrieges. Stellen Sie Ihre Ergebnisse in den wichtigsten Punkten in einem Kurzreferat oder einer Präsentation vor. Eine Form der Präsentation könnte ein simuliertes Gerichtsverfahren gegen die Hauptverantwortlichen der I. G. Farben sein (M13).

Methode: Der Umgang mit Statistiken – die Industrialisierung in Zahlen

Statistiken erleichtern die Arbeit mit historischen Materialien ungemein, bergen aber auch einige Fehlerquoten. Während Text- oder Bildquellen häufig nur einzelne Ereignisse oder Situationen sichtbar machen, können Statistiken schnell langfristig wirkende Informationen und Entwicklungen in einer überschaubaren Darstellung zusammenfassen. Der Vorteil, Aussagen in komprimierter Form mit großer Reichweite zu präsentieren, besitzt aber auch den Nachteil, die Realität zu vereinfachen und zu verallgemeinern.
Der hohe Informationsgehalt von Statistiken basiert nur auf einer sorgfältigen (validen) Datenerhebung. Trotzdem muss der Leser genauso wie bei anderen Quellen kritisch prüfen, was ihm mit welcher Absicht vorgestellt wird: Was ist über die Herkunft und die Zuverlässigkeit der Daten bekannt? Besteht eine Dunkelziffer? Was wird miteinander verglichen? Ändern sich die Bezugsgrößen im Verlauf der Zeit?
Bei der Arbeit mit Statistiken gilt es grundsätzlich, zwischen absoluten und relativen Zahlen zu unterscheiden. Bildet eine Statistik die Kohleförderung eines Jahres im Ruhrgebiet ab, dann handelt es sich um eine absolute Zahl. Wird die Kohleförderung im Ruhrgebiet eines Jahres mit der Förderung im gesamten Kaiserreich, in Europa oder sogar der Welt in Beziehung gesetzt, dann handelt es sich um relative Werte. Relative Werte haben durch ihren vergleichenden Charakter meist eine höhere Aussagekraft. Veränderungen in Form von Wachstums- und Schrumpfungswerten können als Indexangaben besonders anschaulich gemacht werden. Dabei wird in der Regel der absolute Wert eines Basisjahres gleich 100 gesetzt und die absoluten Zahlen der Vergleichsjahre mit Hilfe einer einfachen Dreisatzrechnung in relative Zahlen umgerechnet.
Die Darstellung einer Statistik kann in Tabellen oder in der grafischen Form eines Diagramms erfolgen. Die Wahl einzelner Diagrammtypen (Linien-, Kurven-, Balken-, Säulen-, Stab-, Kreis- oder Flächendiagramme) hängt jeweils von der gewünschten Aussagkraft ab. Linien- und Kurvendiagramme bilden besonders gut Entwicklungen oder Verläufe ab. Kreisdiagramme stellen plastisch die Verteilung innerhalb einer Gesamtheit dar, während Säulen- und Balkendiagramme den punktuellen Vergleich von Häufigkeiten aufzeigen. Aber auch bei den Diagrammen gilt besondere Vorsicht. Die Wahl des Maßstabes allein führt zu steilen oder flach ansteigenden bzw. fallenden Kurvenverläufen. Mit denselben Zahlenwerten lassen sich je nach Absicht des Autors unterschiedliche optische Eindrücke erzeugen.
Der gekonnte Umgang mit Diagrammen und Statistiken ermöglicht die Bewältigung komplexer Sachverhalte in der geschichtlichen, aber auch in der geographischen und politischen Bildung. Es handelt sich also um eine allgemeine Fertigkeit, deren Wirkung weit über den Geschichtsunterricht hinausgeht.
Vier Arbeitsschritte zur Untersuchung von Statistiken:

1. ***Thema/Intention:*** *Was ist Inhalt der Statistik? Welche Fragestellung liegt ihr zugrunde? Was ist der zeitliche und räumliche Bezugsrahmen der Statistik?*
2. **Validität:** Selten lässt sich die Zuverlässigkeit von Statistiken prüfen. Dazu benötigt es die Einsicht in die Rohdaten. Dennoch sollte auf Widersprüchlichkeiten und den Auftraggeber geachtet werden. Wo stammt die Statistik her?
3. **Informationen:** Was sind die grundlegenden Informationen der Statistik? Welche Sachverhalte werden miteinander in Beziehung gesetzt?
4. **Interpretation:** Wie lässt sich die Gesamtaussage der Statistik in Worte fassen? Welche andere Informationen helfen bei der Deutung der Statistik? Wie hilft die Statistik beim Nachvollziehen einer historischen Problemstellung oder Entwicklung?

3

1 Bevölkerung europäischer Länder in Mio.
(1750–1911 bei Gebietsstand von 1914)

Jahr	Großbritannien	Frankreich	Deutschland	Russland
1750/51	7,4	21,0	–	28,0
1820/21	14,1	30,5	25,0	48,6
1830/31	16,3	32,6	28,2	56,1
1850/51	20,8	35,8	34,0	68,5
1860/61	23,1	37,4	36,2	74,1
1870/71	26,1	36,1	40,8	84,5
1890/91	33,1	38,3	49,4	117,8
1900/01	37,0	39,3	56,4	132,9
1910/11	40,8	39,6	64,9	160,7

Nach: Jürgen Kocka und Bernd Mütter: Wirtschaft und Gesellschaft im Zeitalter der Industrialisierung. München 1984, S. 93.

2 Anteile an der Weltindustrieproduktion 1830–1913
(außer für 1913 Dreijahresdurchschnitte, in %)

Jahr	Groß-britannien	USA	Frankreich	Deutschland	Russland	China
1830	9,5	2,4	5,2	3,5	5,6	29,8
1860	19,9	7,2	7,9	4,9	7,0	19,7
1880	22,9	14,7	7,8	8,5	7,6	12,5
1900	18,5	23,6	6,8	13,2	8,8	6,2
1910	13,6	32,0	6,1	14,8	8,2	3,6

Aus: Fischer Wolfram: Wirtschaft und Gesellschaft Europas 1850–1914. In: Handbuch der europäischen Wirtschafts- und Sozialgeschichte, Bd. 5. Stuttgart 1985, S. 150.

3 Länge des Eisenbahnnetzes in Kilometern

Jahr	Großbritannien	Frankreich	Deutschland	Russland
1840	2.390	497	469	27
1850	9.797	2.915	5.856	501
1860	14.603	9.167	11.089	1.626
1870	21.558	15.544	18.876	10.731
1880	25.060	23.089	33.838	22.865
1890	27.817	33.280	42.869	30.596
1900	30.079	38.109	51.678	55.234
1910	32.182	40.484	61.209	66.581

Aus: B. R. Mitchell: Statistischer Anhang. In: Carlo C. Cipolla und Knut Borchardt (Hrsg.): Europäische Wirtschaftsgeschichte, Band IV: Die Entwicklung der industriellen Gesellschaft. Stuttgart/New York 1985, S. 514, Tabelle 26.

4 Eisen – der universelle Werkstoff im industriellen Zeitalter
(Roheisenproduktion europäischer Länder in 1000 t von 1800 bis 1913)

Jahr	Großbritannien	Frankreich	Deutschland	Russland
1800-1814	284	200	–	200
1830-1834	700	244	111	167
1850-1854	2.716	561	245	231
1870-1874	6.480	1.211	1.579	375
1880-1884	8.295	1.918	2.893	477
1890-1894	7.402	1.998	4.335	1.096
1900-1904	8.778	2.665	7.925	2.773
1910-1913	9.792	4.664	14.836	3.870

Aus: B. R. Mitchell: Statistischer Anhang. a. a. O. S. 504–505, Tab. 15.

5 **Verteilung der Arbeitnehmer auf die Wirtschaftssektoren in verschiedenen Ländern um 1850/1910**

Sektor I: Forst- und Landwirtschaft, Fischerei

Sektor II: Verarbeitendes Gewerbe (Industrie, Handwerk) und Bergbau

Sektor III: Dienstleistungen

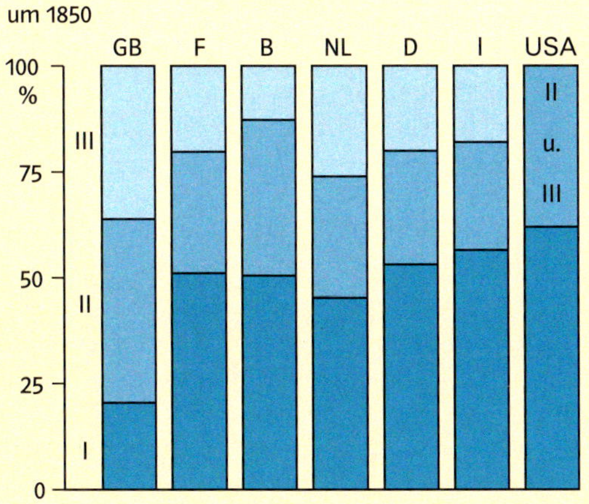

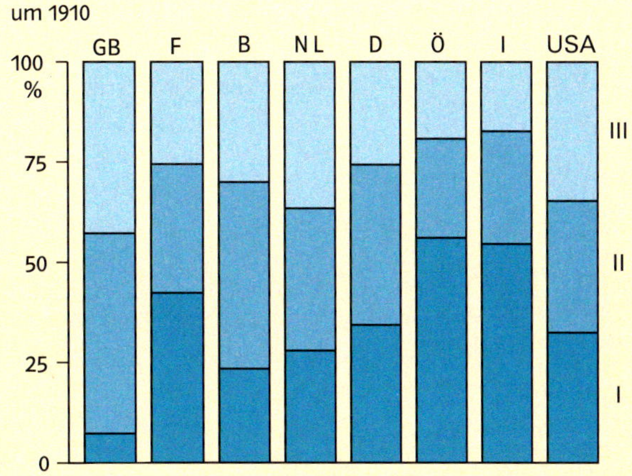

6 **Geschätztes reales BIP pro Kopf der Bevölkerung**
(in US-$ von 1960, 2004 in US-$ von 2002)

	1830	1860	1913	1929	1960	2004
Deutschland/BRD	240	345	775	900	1.790	22.740
Frankreich	275	380	670	890	1.500	22.240
Italien	240	345	455	525	985	19.080
Japan	180	175	310	425	855	34.010
Russland/UdSSR	180	200	345	350	925	2.130
Großbritannien	370	600	1.070	1.160	1.780	25.510
USA	240	550	1.350	1.775	2.800	35.400

Werte für 1830 bis 1960 nach: Bairoch, P./Lévy-Leboyer, M. (Hrsg.): Disparities in Economic Development since the Industrial Revolution. London 1981, S. 10. Zahlen für 2004 in: Harenberg Aktuell 2005. Mayers Lexikonverlag 2004, unter den jeweiligen Staateninformationen

Arbeitsvorschläge

a) Vergleichen Sie die Industrialisierungsprozesse in den jeweiligen Ländern und bestimmen Sie begründet Zeitpunkte, zu denen die betroffenen Länder als industrialisiert gelten können. Erklären Sie landesspezifische Charakteristika.

b) Wandeln Sie die Statistiken in passende Diagramme um.

c) Nicht immer lassen sich absolute Zahlen unmittelbar aufeinander beziehen. Bilden Sie deshalb am Beispiel von Deutschland eine so genannte Indexreihe. Setzen Sie den Wert für das erste angegebene Jahr gleich hundert und rechnen Sie die anderen Werte mit Hilfe des Dreisatzes proportional dazu um. Rechnen Sie jeweils die angegebenen Werte für Deutschland in den Tabellen M1, M2 und M4 um. Erstellen Sie auf Basis dieser Indexwerte eine Tabelle, indem Sie jeweils die Zeit auf der x-Achse und den Indexwert auf der y-Achse einzeichnen.

3

3.7 Die Industrialisierung verändert das Leben der Menschen

Ballungsräume und ökologische Belastung

Die Entstehung von verflochtenen Führungssektoren führte zu einem Arbeitskräftesog, der industrielle Ballungszentren entstehen ließ. Ballungsräume mit schwerindustriellem Schwerpunkt lagen vor allem im Rhein-Ruhr-Gebiet, aber auch in Sachsen und im Saarland. Hier pulsierte das Herz der Montanindustrie. Koppelungseffekte sorgten für die Ansiedlung weiterer Unternehmen vor allem des Maschinenbaus an Rhein und Ruhr. Der Arbeitskräftesog bewirkte eine Zuwanderung aus vielen Regionen Deutschlands, die zu einem enormen Bevölkerungsanstieg an Emscher und Ruhr führte. Die chemische Industrie ließ das Rhein-Main-Gebiet vom ehemaligen Entwicklungsland zu einer der führenden Industrieregionen aufsteigen. Die Lage an Rhein und Main besaß dabei den Vorteil, dass die Chemieunternehmen die Flüsse sowohl als Transportwege, aber auch als Abwasserkanäle für Chemieabfälle nutzen konnten. Berlin erlebte vor allem die räumliche Konzentration der Elektroindustrie. Nach der Reichsgründung lief Berlin Frankfurt auch die Rolle als erstem Börsen- und Bankenplatz ab.

Allerdings reichte schon bald nach der Reichsgründung die innerdeutsche Bevölkerungsmobilität nicht mehr aus, um die Nachfrage nach Arbeitskräften zu befriedigen. Bis 1907 wanderten ca. 800.000 polnischstämmige Arbeitsmigranten jeweils zur Hälfte in den Ballungsraum Berlin und ins Ruhrgebiet (sog. Ruhrpolen) ein. Weitere Migrationsbewegungen brachten Arbeitskräfte aus dem Zarenreich, Österreich und Italien nach Deutschland. 1910 lebten bereits 1,25 Millionen Ausländer in Deutschland, das sich in kurzer Zeit von einem klassischen Auswanderungs- zu einem Einwanderungsland entwickelt hatte.

Die industrialisierten Produktionsprozesse, die ansteigenden Bevölkerungszahlen in den Ballungszentren sowie die damit verbundene intensive Form der Landwirtschaft führten zur Ausbeutung und Zerstörung der Umwelt. Bestand um 1800 noch ein Drittel der Landschaft aus Auen, Mooren und Heidevegetation, so

1 The Black Country near Bilston
Gemälde 1869 von Henry Warren (1794–1879). Das „Black Country" bei Birmingham gelegen war bekannt als „Red by Night Black by Day". Hier lag das Zentrum britischer Metallindustrie mit Eisenerz- und Kohlevorkommen. Die nächtliche Szene zeigt glühende Kohlenfelder, das Abfackeln von Gas und rechts eine Industrieruine.

sank deren Anteil bis um 1900 auf fünf Prozent. In der Regel wichen diese naturnahen Gebiete landwirtschaftlichen Flächen, auf denen mit Maschinen und Kunstdünger immer größere Erträge erzielt wurden. Fabriken und Städte stießen Emissionen aus, die Boden, Luft und Wasser belasteten. Viele Flüsse verwandelten sich so in stinkige Kloaken. Der Luftbelastung sollte durch den Bau höherer Fabrikschornsteine begegnet werden. Ein grundlegendes Umweltbewusstsein existierte im 19. Jahrhundert ebenso wenig wie das Wort Umwelt. Klagen wegen nachteiliger Umwelteinflüsse richteten sich oft gegen konkrete Standortbedingungen, stellten aber nicht die industrielle Produktionsweise selbst in Frage. Es galt das Prinzip der Verdünnung durch Wasser und Luft auf der einen Seite und das der Konzentration und Regionalisierung auf der anderen Seite. Belastungen in Industrieregionen wurden als ortsüblich hingenommen, wenn die Standorte der Fabriken weit außerhalb der „guten" Wohnviertel lagen. Der Zusammenhang zwischen Umweltverschmutzungen und Krankheiten war kaum bekannt. Lange Zeit wurden Industrieabwässer für ungefährlich gehalten, was in Verbindung mit den prekären Wohnverhältnissen immer wieder zum Ausbruch von Seuchen wie Typhus oder Cholera führte. Zwar versuchte die Gesetzgebung, die schlimmsten Auswüchse zu verhindern, aber der ökonomische Druck der Unternehmer vor Ort erstickte die meisten Ansätze im Keim.

2 Zunehmende Spezialisierung im Handwerk
Eine Schuhmacherwerkstatt um 1900.

Verlierer und Gewinner

Die industrielle Modernisierung führte zu einem ungleichgewichtigen Strukturwandel, der in allen Wirtschaftsektoren Verlierer und Gewinner hervorbrachte. Auch im Handwerk verlief die Entwicklung je nach Branche unterschiedlich. Berufe wie z. B. die des Kürschners oder Drechslers fielen der automatisierten Fabrikproduktion und neuen Erfindungen zum Opfer. Schneider und Schuster spezialisierten sich dagegen zunehmend auf Reparaturaufgaben. Andere Handwerksberufe in Gastronomie und Bauwirtschaft blühten in Ballungsgebieten regelrecht auf. Im Bereich der Gas-, Wasser- und Energieversorgung entstanden sogar neue Handwerksberufe.
Bis zur Jahrhundertwende blieb die Landwirtschaft an Produktions- und Beschäftigtenzahlen der wichtigste Wirtschafssektor. Erkenntnisse aus den neuen Agrarwissenschaften und der Einsatz von Dresch-, Drill- und Erntemaschinen führten zu agrarökonomischen Anbaumethoden. Spezialisierte Großbetriebe ersetzten in vielen Regionen Kleinbauern und deren Subsistenzbetriebe, sodass 1882 ca. 13 % der Landwirte über 72 % des landwirtschaftlich nutzbaren Landes verfügten.

„Pauperismus"

Die Industrieregionen konnten erst ab der Jahrhundertmitte die wachsende Zahl an Arbeitskräften in den Produktionsprozess integrieren. Bis dahin bestand ein Arbeitskräfteüberschuss, der durch Heimarbeit im Verlagssystem der Textilproduktion sein Einkommen suchte. Gegen die meist englische Konkurrenz an billigen, maschinell erzeugten Textilprodukten waren diese Weber ohne Chance. Der Aufstand der schlesischen Weber wurde 1844 durch Militäreinsatz unterdrückt. In den 1840er-Jahren kam es auch in Folge von Missernten zur letzten Hungerskatastrophe in Deutschland. Viele Zeitgenossen verbanden diese Probleme fälschlicherweise mit der beginnenden Industrialisierung. Unter den Begriffen „Pauperismus" oder auch „Soziale Frage" werden seitdem alle negativen Begleiterscheinungen der Industrialisierung diskutiert. Erst die industrielle Modernisierung konnte viele Probleme des Massenelends allmählich lösen.

Pauperismus

Im Takt der Maschinen

Die neue Fabrikarbeit forderte durch den Takt der Maschinen im Vergleich zu den alten Arbeitsformen eine viel unerbittlichere Disziplin ein: Den bisher natürlichen Rhythmus des Tages löste in der Fabrik das Regiment der Uhr ab, die Pünktlichkeit, Konstanz und Gleichmäßigkeit der Arbeit ebenso wie zeitlich fixierte Pausen einforderte. Strenge Fabrikordnungen regelten die Arbeitszeiten, das Verhalten am Arbeitsplatz und die geringe Entlohnung. Über die Einhaltung der Fabrikdisziplin wachten Vorarbeiter, häufig ehemalige Unteroffiziere. Vor allem in der industriellen Frühphase variierten die täglichen Arbeitszeiten zwischen 12 bis 16 Stunden bei einer sechstägigen Arbeitswoche. Dazu kamen oft stundenlange Fußmärsche zur Arbeitsstelle, wo man Lärm, Gestank sowie monotonen und gefährlichen Tätigkeiten ausgesetzt war. Arbeitsschutz war noch ein Fremdwort. Unter diesen Bedingungen erreichten nur ca. 6% der Menschen ein Alter von 60 Jahren. Alter bedeutete jedoch ebenso wie Invalidität und Arbeitslosigkeit eine akute Existenzbedrohung.

Wegen der geringen Löhne waren Arbeiterfamilien oft auf die industrielle Arbeit von Frauen und Kindern angewiesen. 1846 arbeiteten 30.000 Kinder in den Fabriken Preußens, was 6,5% der gesamten preußischen Arbeiterschaft ausmachte. Ihr geringer Lohn wurde von den männlichen Arbeitern als Konkurrenz angesehen, was sie doppelter Diskriminierung aussetzte. Erst der Protest von Schul- und Militärbehörden führte zu gesetzlichen Reglementierungen. So erließ Preußen 1853 ein allgemeines, aber oft umgangenes Beschäftigungsverbot für Kinder unter 12 Jahren. Mit zunehmender Rationalisierung der industriellen Fertigung verringerte sich die Zahl der Kinderarbeit, allerdings blieb die schonungslose Kinderarbeit im Handwerk und in Landwirtschaft davon weitgehend unberührt.

Die neue soziale Gruppe der Industriearbeiter, im damaligen Sprachgebrauch „Proletarier" genannt, hausten in prekären Wohnverhältnissen. In den Städten, die häufig in wenigen Jahrzehnten ihre Einwohnerzahlen vervielfachten, herrschte eine immense Wohnungsknappheit. Schnell hochgezogene, mehrgeschossige Mietskasernen in städtischen Außenbezirken stellten in der Regel einen viel zu geringen und zu teueren Wohnraum mit äußerst schlechten hygienischen Verhältnissen zur Verfügung. Die ärmsten, viele Köpfe zählenden Proletarierfamilien bewohnten Einzimmerwohnungen in den Hinterhöfen der Mietskasernen, die unteren Stockwerke und Keller, in denen Licht Mangelware und feuchte Wände die Regel waren. Zur Finanzierung der Wohnungen wurden Schlafgelegenheiten im Achtstundenrhythmus an so genannte Schlafgänger untervermietet. Rückzugsgebiete und Privatsphäre boten diese Wohngelegenheiten nicht.

Die Frau in der industrialisierten Gesellschaft

Die Lebensbedingungen der Frau im Kaiserreich hingen stark von ihrer Schichtenzugehörigkeit ab. Nach der Berufszählung von 1907 waren 48,8% von den 9,49 Millionen weiblichen Berufspersonen in der Landwirtschaft als Tagelöhnerinnen oder Mägde tätig, während 22% in der Industrie, ca. 10% in Handel und Verkehr und 13,2% in häuslichen Diensten arbeiteten. 30% aller Erwerbstätigen waren Frauen. Zunehmend war eine Landflucht in die Stadt festzustellen, wo Frauen häufig als Dienstmädchen des Bürgertums arbeiteten. Wenig Freizeit, ein kleines Taschengeld bei freier Kost und Logis in einer kleinen Kammer sowie sexuelle Zudringlichkeiten des Hausherrn rundeten den meist sechzehnstündigen Arbeitsalltag ab.

In der monotonen und schlecht bezahlten Fabrikarbeit erhielten Frauen jedoch mehr Selbstständigkeit. Neue Verdienstmöglichkeiten für Frauen bot der Ausbau von Verwaltung, Handel und Dienstleistungen. In allen Branchen wurden Frauen schlechter als Männer bezahlt. Nach der Geburt des ersten Kindes schieden Frauen aus dem Erwerbsleben aus, führten den Haushalt und versuchten, durch Heimarbeit mit Näharbeiten das Familieneinkommen aufzubessern.

3 **Umzüge von Arbeiterfamilien** wie hier in Berlin gehörten in den Ballungsräumen zum ständigen Straßenbild um 1900. Im Durchschnitt zweimal im Jahr zogen Arbeiterfamilien um. Sie waren auf der Suche nach besseren Wohnungsmöglichkeiten, oft aber auch mit der Miete im Rückstand. Arbeiterfamilien zogen häufig aus Neubauten aus, wenn die Wände nicht mehr feucht waren. „Trocken wohnen" war eine Möglichkeit, eine Zeitlang preisgünstig zu wohnen. Foto von Heinrich Zille.

Frauen aus dem Bürgertum gingen oft keiner Arbeit nach. Sozial akzeptable Erwerbstätigkeiten fanden bürgerliche Frauen aus dem gehobenen Bürgertum als Lehrerinnen, in der Krankenpflege und der Sozialarbeit. Sozialen Diskriminierungen waren Lehrerinnen dadurch ausgesetzt, dass ihnen Heirat und Mutterschaft untersagt wurde.

Das patriarchalisch-autoritäre Rollenverständnis im Kaiserreich forderte die Unterordnung weiblicher Bedürfnisse. Politik und Erwerbsarbeit gehörten zur Männerdomäne, während Frauen sich dem Haushalt und der Kindererziehung zu widmen hatten. Dennoch zwangen die ökonomischen Notwendigkeiten Arbeiterfrauen zur familiären Heimarbeit. Diese Doppelbelastung beanspruchte Frauen fortwährend bis an die Grenzen der körperlichen Belastbarkeit. Die Frauen lebten auch in ständiger Angst vor einer ungewollten Schwangerschaft. Neuartige Verhütungsmittel aus Kautschukprodukten wie Kondom und Diaphragma blieben unerschwinglich, was im Jahr bis zu 500.000 Abtreibungen zur Folge hatte. Fehlende finanzielle Mittel und die polizeiliche Verfolgung zwangen Arbeiterfrauen, den Schwangerschaftsabbruch heimlich von so genannten Engelmacherinnen unter unhygienischsten Verhältnissen vornehmen zu lassen. Tausende Frauen starben auf diese Weise jährlich.

3

4 Industrialisierung und Urbanisierung in Deutschland

a) Verteilung der deutschen Bevölkerung in ausgesuchten preußischen Provinzen und Bundesstaaten

Bundesstaaten und preußische Provinzen	Jahr	Es lebten in Gemeinden mit ... Einwohnern					Gesamt-bevölkerung
		Weniger als 2.000	2.000 bis 4.999	5.000 bis 19.999	20.000 und darüber	davon über 100.000	
		Angaben in %					
Königreich Preußen	1871	62,8	12,3	11,9	13,0	5,2	24.691.085
	1910	38,4	10,2	14,1	37,1	22,4	40.165.219
		ausgewählte preußische Provinzen					
Provinz Ostpreußen	1871	79,2	8,9	11,9 (ab 5.000 Ew.)		6,2	1.822.934
	1910	67,0	6,1	8,9	18,0	11,9	
Provinz Posen	1871	79,1	9,4	6,2	5,3	–	1.583.843
	1910	66,4	7,8	11,9	13,9	7,5	2.099.831
Provinz Westfalen	1871	51,2	27,8	13,0	8,0	–	1.775.175
	1910	19,7	16,8	23,8	39,6	12,6	4.125.096
Provinz Rheinland	1871	42,7	18,4	19,8	39,6	3,6	3.579.347
	1910	20,7	11,7	17,7	48,8	32,9	7.121.140
Königreich Bayern	1871	76,4	7,7	7,2	8,7	3,5	4.863.485
	1910	55,3	10,3	8,7	25,8	15,0	6.887.291
Ghzt. Hessen	*1875*	61,4	17,8	7,3	13,5	–	884.218
	1910	39,4	18,6	14,6	27,4	8,6	1.282.051
Deutsches Reich	1871	63,9	12,4	11,2	12,5	4,8	41.058.804
	1910	40,0	11,2	14,1	34,7	21,3	64.925.993

b) Das Wachstum deutscher Städte

	Bevölkerung im Jahre			Wachstumsrate in % (1875 –1910)
	1875	1890	1910	
Berlin	966.859	1.587.794	2.071.257	114,2
Bremen	102.532	125.684	217.437	112,1
Charlottenburg	25.847	76.859	305.978	1.038,8
Chemnitz	78.209	138.954	287.807	268,0
Dortmund	57.742	89.663	214.226	271,0
Duisburg	37.380	59.285	229.438	513,8
Essen/Ruhr	54.790	78.706	294.653	437,8
Frankfurt/a.M.	103.136	179.985	414.576	302,0
Hamburg	264.675	323.923	931.035	251.8
Kiel	37.246	69.172	211.627	468,2
Köln	135.371	281.681	516.527	281,6
Leipzig	127.387	295.025	589.850	363,0
Nürnberg	91.018	142.590	333.142	266,0
Stettin	80.972	116.228	236.113	191,6
Zahl der Städte mit mehr als 10.000 Einwohnern	271	394	576	112,5

Aus: Gerd Hohorst, Jürgen Kocka und Gerhard A. Ritter (Hrsg.): Sozialgeschichtliches Arbeitsbuch, Bd. 2, Materialien zur Statistik des Kaiserreiches 1870–1914. München 1978, S. 42f. Nr. 11. In: Quellen zur Deutschen Wirtschafts- und Sozialgeschichte von der Reichsgründung bis zum Ersten Weltkrieg, Ausgewählte Quellen zur Deutschen Geschichte der Neuzeit – Freiherr vom Stein-Gedächtnisausgabe, hrsg. von Walter Steitz. Darmstadt 1985, S. 480ff.

5 Eiteriger Ausschlag der Hände (1905)

Die Zustände am Main sind gerade so schauderhafte wie die Zustände in den Leipziger Armenvierteln [...]. Bei Niederrad ca. 200 m unterhalb der Mainbrücke, der Kläranstalt gerade gegenüber, woselbst bekanntlich die Frankfurter Fäkaljauchen in Absatzbecken von ihrer gröbsten Sinkstoffen befreit werden [...], sieht man mitten im Main eine dunkelgraugelbe Wolke aus dem Grunde des Flusses emporsteigen: die Mündungsstelle des Abfluss- und Überlaufsrohres der städtischen Kläranlage Frankfurts. [...] das Fischleben ist so gut wie gänzlich erstorben; eine braunschwarze Flut wälzt sich zwischen den mit Abwässerpilzen und -algen bedeckten Ufern dahin, große Brocken z. T. aus verwestem und losgerissenem Algenrasen bestehend, mit sich führend – ein klassisches Beispiel von dem Überschreiten der Selbstreinigungskraft der Flüsse [...]. Der Fährmann, der mich über den Fluss setzte, berichtete, dass das Wasser im Sommer so giftig sei, dass er und sein Fährknecht nur infolge des gelegentlichen Benetzens der Hände mit dem Mainwasser beim Fährgeschäft oft wochenlang an eiterigem Ausschlag der Hände litten!

Offene Briefe über Städtereinigung. In: Städte-Zeitung 2 (1905), S. 177 f.; Zit. in: Franz-Josef Brüggemeier, Michael Toyka-Seid (Hrsg.): Industrie-Natur, Lesebuch zur Geschichte der Umwelt im 19. Jahrhundert. Frankfurt a. M.; New York 1995, S. 124 f.

6 Der Müll vor der Stadt (1895)

Wenn Sie im ersten Frühling eine Reise machen, erkennen Sie das Nahen einer grösseren Stadt zuerst an den Aeckern, welche mit städtischem Kehricht gedüngt sind; überall blinken Ihnen Scherben entgegen, dazwischen sehen Sie Conservenbüchsen, Stücke von Reifröcken, von Corsets, von Sprungfedern, zerbrochene Kämme u. dergl.; die Hecken und Raine hängen voll Papier- und Lumpenfetzen. An anderen Stellen erblicken Sie ganze Scherbenberge; Unebenheiten im Terrain, verlassene Kiesgruben u. dergl. sind mit Kehricht ausgefüllt; manchmal erkennen Sie schon die Linien der ausgelegten Strassen, die gerade über eine solche Aufhöhung als Bauuntergrund hinführen sollen. Der Städter, welcher seinen Osterspaziergang machen will, kommt vor den Thoren in diesen Graus. Einige Wochen später deckt allerdings das spriessende Grün mitleidig das Schlimmste zu, aber in trockener Zeit verstäubt auch jetzt noch viel davon über das Land bis in benachbarte Wohnungen oder in die ländlichen Milchkeller, aus denen die Stadt mit Milch versorgt wird [...]

Begeben Sie sich auf eine der Abladestellen, so finden Sie oft Dutzende von armen Leuten, die in dem Unrath umhersuchen, um noch irgend verwerthbare Dinge aufzufinden. Manchmal bringen diese Leute sogar Pferd und Wagen mit, weil sie in Säcken ihre Funde nicht bergen können. Für das Recht dieses Suchens wurden in Hamburg vor einigen Jahren an einen Abfuhrunternehmer per Fuhre 30 Pf. bezahlt. Man darf daraus auf die Mengen von Abfall schliessen, die eben glücklich zur Stadt hinausgeschafft sind und nun auf diesem Wege dorthin wieder zurückkommen. Im Jahre 1887 entdeckte man in Hamburg sogar, dass auch das benutzte alte Verbandmaterial aus den Krankenhäusern von den Kehrichtablageplätzen wieder in die Stadt zurückwanderte. Dann ward den Anstalten auferlegt, alle gebrauchten Verbandstoffe innerhalb ihrer Mauern zu verbrennen oder anderweitig zu vernichten. [...]

Zit. nach: Beseitigung des Kehrichts und anderer städtischer Abfälle, besonders durch Verbrennung. In: Deutsche Vierteljahresschrift für öffentliche Gesundheitspflege 1895, S. 11-35. Zit. in: Brüggemeier, Toyka-Seid (Hrsg.): a. a. O., S. 231.

7 Der Chemiker Konrad Jurisch wägt zwischen Fischereiwirtschaft und der Chemieindustrie ab (1890)

Wie weit hat die Fischerei eine Berechtigung gegenüber den Interessen der chemischen Industrie in der Abwässerfrage?

Es hat sich herausgestellt, daß für ganz Deutschland der wirtschaftliche Werth der Industrien, welche Abwässer liefern, ca. 1000 mal größer ist, als der Werth der Binnenfischerei in Seen und Flüssen, [...]

Haben sich an einem kleinen Flusse, wie z. B. Wupper, Emscher, Bode und anderen, so viele Fabriken angesiedelt, daß die Fischzucht in denselben gestört wird, so muß man dieselbe preisgeben. Die Flüsse dienen dann als die wohlthätigen, natürlichen Ableiter der Industriewässer nach dem Meere [...] Die Fischerei hat auf ein Flußgebiet, an dem gewerbliche und industrielle Anlagen errichtet worden sind, oder werden, keinen Anspruch auf alleinige Berechtigung; [...] In solchen Fällen muß das geringfügige Interesse der Fischzucht dem überwältigenden Interesse der Industrie weichen. [...]

Dieser Grundsatz entspricht nicht nur den Anforderungen des Nationalwohlstandes, sondern auch den wirthschaftlichen Interessen der örtlichen Bevölkerung. Denn wo ein Landstrich vor dem Entstehen der Industrie nur eine spärliche und ärmliche Bevölkerung trug, welche zwar ungehinderten und reichlichen Fischfang trieb, aber nur geringen Absatz und geringen Verdienst fand, [...]; – da verdichtet sich die Bevölkerung durch das Aufblühen der Industrie, Arbeiterschaaren strömen herbei; Verkehrswege werden geschaffen; [...] neuer Absatz, vermehrter Verdienst öffnen sich; Bildungsanstalten entstehen und gestatten der Bevölkerung, sich auf eine höhere Stufe der Kultur zu heben.

Es liegt daher im wohlverstandenen Interesse eines jeden armen Landstrichs, das Aufblühen der Industrie zu fördern, selbst auf Kosten der Fischerei.

K.W. Jurisch: Die Verunreinigung der Gewässer. Berlin 1890, S. 103; zit. in: Brüggemeier, Toyka-Seid (Hrsg.): a. a. O., S. 145.

8 Ernteeinsatz in Rüsselsheim. 1861 lebten noch 46% der Rüsselsheimer Bevölkerung von der Landwirtschaft. 1913 waren es nur noch 12%. Während die Stroh- und Dreschmaschine von einer Dampfmaschine angetrieben wird, erledigen die manuellen Arbeiten oberhessische Saisonarbeiter. Rüsselsheimer arbeiten mittlerweile zu Dreivierteln bei Opel und stellen Nähmaschinen, Fahrräder und zunehmend auch Automobile her.

9 Die Entwicklung der Pro-Kopf-Erzeugung in Deutschland (errechnete Werte)

	1860	1883	1900	1913
Pflanzliche Produkte				
Getreide insgesamt dz	3,8	4,0	4,3	4,5
Kartoffeln insgesamt dz	0,9	6,2	7,5	7,1
Zuckerrüben insgesamt dz	0,0	2,3	2,5	2,6
Futter dz GE	4,2	3,5	3,6	3,4
Tierische Produkte				
Fleisch insgesamt kg	15,9	29,5	44,4	53,9
davon Schweinefleisch	5,3	14,2	25,3	34,1
Rind- und Kalbfleisch	8,5	12,6	17,2	16,9
Milch insgesamt kg	184,0	272,0	345,0	361,0
Wolle in g.	506,0	1039,0	602,0	330,0
Eier in Stück	40,0	61,0	69,0	81,0

Vom Autor zusammengestellt

10 Fabrikordnung der Mechanischen Baumwollspinnerei „J. H. Staub & Söhne"

Die Fabrik stellte an die Arbeiter neue Anforderungen. Mit Fabrikordnungen und Geldstrafen versuchten die Arbeitgeber, ihre Arbeiter in die Fabrikdisziplin zu nehmen. Ein typisches Beispiel stellt folgende Fabrikordnung aus dem hessischen Altenstadt dar:

§ 7 Wenn in einem Arbeitssaal während der Arbeitszeit, wo alle Arbeiter zugegen sind, ein Gegenstand beschädigt wird, und der Täter Verhehlung wegen nicht auszumitteln ist, so sind die Arbeiter des ganzen Saales bis zur Nachweisung des Täters für den Schaden haftbar.

§ 8 Ein friedliches Betragen wird den Arbeitern zur strengen Pflicht gemacht. Wer sich Streitigkeiten, Beschimpfungen und Tätlichkeiten zu Schulden kommen lässt, unterwirft sich der Strafe, welche der Fabrikaufseher oder Inhaber gegen ihn erkennen wird.

§ 9 Ferner werden bestraft [...]:

11 Die neue Arbeitswelt: Stanzmaschinen in einem AEG-Werk, 1907

1. Unehrerbietiges Betragen gegen die Aufseher.
2. Verhehlung von Untreue.
3. Eigenmächtige Abänderung an den Maschinen, der Beleuchtung, Heizung und Werkzeugen.
4. Störung anderer Arbeiter.
5. Verspätung und Versäumnisse, besonders der Unfug des blauen Montags und das Herbeiholen von Speise und Trank. [...]
6. Das Tabakrauchen.
7. Lärm machen auf dem Weg zu und von der Fabrik. [...]

§13 Die erhobenen Geldstrafen werden zur Unterstützung kranker und beschädigter Arbeiter verwendet.

§14 Der Arbeitslohn wird von den Fabrikinhabern am ersten Zahltag nach dem Eintritt des Arbeiters festgesetzt und später nach Umständen erhöht oder erniedrigt. [...]

§22 Die Fabrikbesitzer sind jedoch zur augenblicklichen Entlassung des Arbeiters ohne Vergütung von Lohn [...] berechtigt, wenn dieser das eine oder das andere der nachstehenden Vergehen sich zu Schulden kommen lässt.

1. Diebstahl oder Untreue.
2. Prügelei, Unzucht oder Betrunkenheit im Fabrikgebäude.
3. Komplotte oder Auflehnung gegen die Fabrikordnung.
4. Beschimpfung der Aufseher.
5. Tätliche Widersetzlichkeit.
6. Weigerung der Übernahme einer ordentlichen Arbeit in der Fabrik.
7. Eigenmächtiges Verlassen der Arbeit.
8. Wiederholte Nachlässigkeit in Erfüllung seines Geschäftes.
9. Beharrlicher Ungehorsam.
10. Absichtliche oder bedeutende Verletzung des anvertrauten Arbeitsgerätes oder Arbeitsstoffes.

Jürgen Kuczynski: Die Geschichte der Lage der Arbeiter unter dem Kapitalismus, Teil 1, Band 2. Berlin (Ost) 1962, S. 196ff.

12 Kinderarbeit in der Kohlengrube um 1908
Die Körpergröße und ein geringes Gehalt machten Kinder für Industriearbeit interessant. Bildung und Gesundheit der Kinder litten bei Arbeitstagen von 9 bis 10 Stunden.

3

13 Verteidigung der Kinderarbeit durch einen schleswig-holsteinischen Unternehmer (1867)

Der Textilfabrikant Meßtorff protestiert in einem Schreiben an den zuständigen Regierungsrat gegen die preußischen Bestimmungen zum Schutz jugendlicher und kindlicher Arbeiter. Schleswig-Holstein wurde 1867 zu einer preußischen Provinz und übernahm dessen Gesetzgebung. Nachdem er sein betriebliches Schulsystem gelobt hat, führt der Unternehmer fort:

[...] Die Erfahrung hat nach und nach dahin geführt, dass Kinder, die das 10te Lebensjahr vollendet haben, die geeignetesten und brauchbarsten, sowohl für die Arbeit als für das Lernen sind. Der in der neulich uns gemachten Vorlage hingestellte Satz, dass Niemand vor zurückgelegtem 12ten Lebensjahr in Fabriken arbeiten soll, dürfte in aller und jeder Beziehung eine unglückliche Bestimmung sein.

Mit zurückgelegtem 12ten Jahre sind die Kinder nur selten zu den überaus leichten, nur eine gewisse Fingerfertigkeit und Gewandheit erfordernden Arbeiten zu gewöhnen, sie sind dann schon, wenn ich mich so ausdrücken darf, zu flegelig, und nicht fügsam genug, machen den Lehrern in der Regel viel zu schaffen, und haben bei der Arbeit nicht die Lust und den Eifer, weil sie schon einen zu großen Theil ihrer Jugend in Nichtsthun pp. verbracht haben. So alte Kinder werden von den Fabrikanten nicht gern zur Arbeit angenommen. Ganz anders aber ist es, wenn sie nach dem 10ten Jahr eintreten. Sie sind dann noch nicht so verwildert, sind leichter lenksam und fügsam, gewöhnen sich an die Regelmäßigkeit und sind nun, wenn sie 12 Jahr alt sind, himmelweit verschieden von den ungeschlachten, unfläthigen, auf den Straßen sich herumtreibenden, unbeschäftigten Arbeiterkindern. [...].

Es ist eine Thatsache, die hier am Orte durch lange Erfahrung bestätigt wird, dass nur ein kleiner Theil der als Kinder in Fabriken arbeitenden, bei der Fabrikarbeit bleibt, sondern durch die gewonnene körperliche Gewandheit und geistige Gewecktheit, bei der Gewöhnung zu Ordnung und Pünktlichkeit, werden die Mädchen nach ihrer Confirmation sehr geschätzte brauchbare Dienstmädchen und die Knaben in den verschiedensten Gewerben tüchtige Arbeiter. [...]

Schreiben des Fabrikanten J. J. Meßtorff vom 27.8.1867 an den Regierungsrat von Rosen in Kiel. Zit. nach: Nils Hansen: Fabrikkinder. Zur Kinderarbeit in schleswig-holsteinischen Fabriken im 19. Jahrhundert. Neumünster 1987, S. 184 f.

14 Werner Sombart: Wohnverhältnisse und Schlafgängerwesen um 1900

Wer würde es glauben, dass eine ganze Anzahl Menschen bei uns heutigentags in „Wohnungen“ kampiert, die überhaupt kein heizbares Zimmer haben? Und doch belehrt uns die Statistik, dass es deren in Berlin über 15.000, in Barmen über 8.000 gibt usw. Aber das sind nur Ausnahmen, und es wird sich in der großen Mehrzahl der Fälle um Einzelpersonen handeln. Dagegen schwillt die Zahl derjenigen Personen, die in Wohnungen mit 1 Zimmer wohnen, sofort unheimlich an. Ja, in den meisten deutschen Großstädten wohnt, wie ich schon sagte, die Hälfte oder annähernd die Hälfte aller Menschen in Wohnungen, die nicht mehr als ein Zimmer umfassen. Von tausend Bewohnern nämlich in Barmen 490, in Berlin 430, in Breslau 409, in Chemnitz 551, in Dresden 374, in

15 Das bürgerliche Leben wurde zum Ideal. Wirtschafts- und Bildungsbürgertum, wie hier auf dem Foto um 1905 zu sehen, machten nur 6% der Bevölkerung aus. Zusammen mit den Kleinbürgern stellte diese Gesellschaftsschicht höchstens 15% der Gesamtbevölkerung. Dennoch prägten bürgerliche Werte wie Arbeitsmoral, Disziplin und Sparsamkeit, aber auch die bürgerliche Kultur das Leben im Kaiserreich.

16 **In Arbeiterfamilien** herrschte dagegen ein ganz anderer Wohnkomfort. Dieses Foto von 1916 zeigt eine Berliner Kellerwohnung für Arbeiter. Ein 15 m² großer Raum mit einer Küche diente acht Personen als Wohnquartier.

3

Görlitz 462, in Halle a. d. S. 429, in Königsberg i. Pr. 505, in Magdeburg 454, in Plauen i. V. 641. Mehr als 2 Zimmer, darf man annehmen, bewohnt nur ein verschwindend geringer Prozentsatz der arbeitenden Bevölkerung.
„Übervölkert" nennt die Statistik eine Wohnung, wenn 6 Personen und mehr in 1 Zimmer, 11 Personen und mehr in 2 Zimmern hausen. Und selbst davon gibt es eine recht erkleckliche Anzahl: in Berlin nahezu 30.000, in Breslau 7.000, in Chemnitz 5.000, in Plauen i. V. 3.000 usw. Man denke: 6 Personen und mehr in 1 Raume, 11 und mehr in 2 Räumen!
Was nun aber das Wohnungselend der ärmeren Bevölkerung, wenigstens in den Großstädten, auf das Höchste steigert, ist der Umstand, dass selbst in den engen Behausungen, die nicht mehr den Namen Wohnung verdienen, noch nicht einmal immer die Familie allein lebt, sondern noch fremde Personen, die Schlafgänger, dazwischen kampieren. Dieser jammervolle Zustand findet sich beispielsweise in Berlin bei 391 von 1.000 einzimmrigen Wohnungen, in Breslau bei 370, in Plauen i. V. bei 596, in München bei 572 aller ein- und zweizimmrigen Wohnungen usw. In München [...] beherbergen etwa 12.000 oder 15 % aller Wohnungen Schlafgänger, von denen über ein Viertel Weiber sind. Von diesen 12.000 Wohnungen waren 3.918 überfüllt im offiziellen Sinne und hatten nur 858 mehr als ein heizbares Zimmer.

Das Proletariat. Frankfurt a. M. 1906, S. 23 f. Zit. nach: Wolfgang Köllmann: „Die Industrielle Revolution", Quellen zur Sozialgeschichte Großbritanniens und Deutschlands im 19. Jahrhundert. Stuttgart 1970, S. 47 f.

3

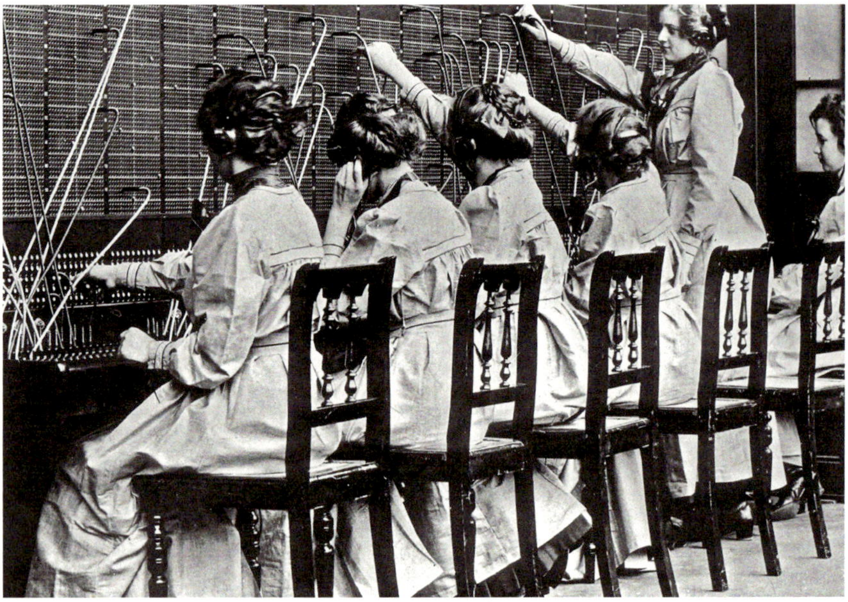

17 **„Das Fräulein vom Amt“** wurde um 1900 ein sprichwörtliche Bezeichnung für einen neuen typischen Frauenberuf, den die technische Entwicklung mit sich brachte. Telefonistinnen um 1900 stellen die Verbindung her.

Arbeitsvorschläge

a) Vergleichen Sie die Statistiken zur Bevölkerungsentwicklung miteinander. Erläutern Sie das regional unterschiedliche Bevölkerungswachstum unter dem Gesichtspunkt von Industrialisierungsprozessen. Sind Ihnen ähnliche Veränderungstendenzen im heutigen Deutschland bekannt (M 4).

b) Simulieren Sie eine Talkshow, in der sich Vertreter der Fischereiwirtschaft und eines Chemieunternehmens zum Thema „Recht auf Umweltverschmutzung“ auseinandersetzen (M 7).

c) Das Müll- und Abwasserproblem ist ein aktuelles Thema: Erkundigen Sie sich über den heutigen Umgang mit Emissionen und vergleichen Sie diesen mit der in den Quellen M 5 bis M 7 geschilderten Entsorgungspraxis.

d) Diskutieren Sie, inwieweit Ihrer Meinung nach wirtschaftliche Entwicklung und Umweltschutz ein Gegensatzpaar darstellen. Informieren sie sich über die Agenda 21 und deren grundlegenden Aussagen zu diesem Thema.

e) Überlegen Sie sich anhand von M 11 die Vor- und Nachteile der Arbeit im AEG-Werk. Untersuchen Sie die geschlechtsspezifische Rollenverteilung in dieser Werkshalle.

f) Erläutern Sie vor dem Hintergrund von veränderten Arbeitsabläufen im neuen industriellen Fertigungsprozess und der Herkunft der Arbeiter den Zweck einer Fabrikordnung. Überlegen Sie Gründe, weshalb ähnliche innerbetriebliche Reglementierungen heutzutage nicht mehr bestehen (M 10).

g) Erklären Sie dem Fabrikbesitzer aus Sicht des preußischen Regierungsrates die Notwendigkeit der Beschränkung von Kinderarbeit. Diskutieren Sie, inwieweit Kinderarbeit und Kinderarmut im heutigen Deutschland noch ein Problem darstellen (M 12, M 13).

h) Charakterisieren Sie die Lebens- und Wohnverhältnisse von Arbeiterfamilien. Welche zwischenmenschliche Konfliktpotenziale und Zukunftsprobleme bringen diese Wohnverhältnisse mit sich? Vergleichen Sie anhand der Fotografien bürgerliche und proletarische Wohnverhältnisse miteinander. Achten Sie besonders auf die dargestellten Gegenstände (M 14–M 16).

i) Beurteilen Sie anhand des Autorentextes und der Quellen M 11 und M 17 die Aussage August Bebels (langjähriger SPD-Vorsitzender im Kaiserreich), dass erwerbstätige Frauen einer doppelten Unterdrückung ausgesetzt waren.

3.8 Ansätze zur Lösung der Sozialen Frage

Bürgerliche und christliche Ansätze

Die sozialen Probleme und die Angst vor sozialrevolutionären Unruhen des „vierten Stands" der Arbeiter führten zu einer breiten Diskussion der Sozialen Frage bei allen gesellschaftlich relevanten Gruppen und politischen Strömungen. Schon früh begannen einzelne Unternehmer, aus Sorge um die Loyalität und die Arbeitskraft ihrer Arbeiter, innerbetriebliche Sozialeinrichtungen aufzubauen. Innerbetriebliche Betriebs- und Pensionskassen sollten den oppositionellen und revolutionären Bestrebungen der Arbeiterorganisationen entgegenwirken. So stellte der Stahlbaron Alfred Krupp (1812–1887) ein breitgefächertes Angebot an sozialen Einrichtungen zur Verfügung, verbot aber gleichzeitig die gewerkschaftliche und sozialdemokratische Organisation seiner Arbeiter. Krupp behandelte als patriarchalisch-autoritärer Prototyp des „Herren an der Ruhr" seine Arbeiter wie Untertanen. 1858 führte er die paritätische Kranken- und Arbeiterpensionskasse ein, deren Finanzierung durch Arbeitgeber und -nehmer zum Vorbild der modernen Sozialversicherung werden sollte. Anspruchsberechtigt waren Arbeiter ab 15 Jahren Betriebszugehörigkeit sowie Invaliden aufgrund von Arbeitsunfällen. Hinterbliebene Ehefrauen erhielten zwei Drittel der Pensionsbezüge des Ehemannes. Krupp zahlte auch überdurchschnittliche Löhne, beschäftigte die Stammbelegschaft auch bei Konjunktureinbrüchen weiter, baute 3200 preiswerte Werkswohnungen und organisierte ein Netz von Konsumgenossenschaften. Hier wurden preisgünstige Kleidung und Lebensmittel ausschließlich an „Kruppianer" verkauft.

Die Kirchen lehnten zunächst den industriellen Wandel als Teil des allgemeinen Modernisierungsprozesses ab und sahen in einer Wiederherstellung vorindustrieller Produktionsprozesse die Lösung der Sozialen Frage. Erst Johann Hinrich Wichern (1808–1881) auf evangelischer und Adolph Kolping (1813–1865) auf katholischer Seite begründeten die moderne kirchliche Sozialarbeit, in der sich die Kirchen an der Arbeitsstelle und im Wohnquartier um die Proletarier kümmern sollten. Die massenhafte Armut mit ihren Begleiterscheinungen wie Prostitution und Alkoholismus sah Wichern als Folge der Ferne zu Gott und wollte sie seelsorgerisch bekämpfen. Aus diesem Grund gründete er 1833 für „verwahrloste" Jugendliche Hamburgs das „Rauhe Haus", 1843 die Diakonie und 1848 die „Innere Mission". Kolping dagegen fasste im „Kolpingwerk" 1864 über 400 katholische

1 Arbeitssaal für Knaben, in dem von Johann Hinrich Wichern gegründeten „Rauhen Haus" um 1845.

Gesellenvereine zusammen, in denen ledigen Arbeitern und Handwerkern Geselligkeit, Bildung und religiöse Belehrung geboten wurde.
Generelle Überlegungen stellte der Mainzer Erzbischof Emanuel Wilhelm von Ketteler (1811–1877) an. Er forderte eine Rückbesinnung auf christliche Werte sowie einen größeren sozialen Ausgleich, um den sozialistischen Arbeiterparteien entgegenzutreten. Ketteler sah den Staat in der Pflicht, durch Arbeitsschutzbestimmungen und Sozialgesetzgebung die Lebensverhältnisse der Arbeiter zu verbessern. Gewerkschaften und Streiks sollten legitimiert werden. In Kettelers Richtung argumentierte auch Papst Leo XIII. in seiner Enzyklika „Rerum Novarum" (1891). Er erkannte den gesellschaftlichen Modernisierungswandel an und wollte Unternehmer und Arbeiter zur gegenseitigen Gerechtigkeit verpflichten. Die Unternehmer sollten einen gerechten, über dem Existenzminimum liegenden Lohn zahlen, während die Arbeiter ihrer Arbeitspflicht nachzukommen hatten. Auch Leo XIII. wandte sich nicht gegen Gewerkschaften und Tarifstreitigkeiten. Den Staat forderte er zu einer aktiven Sozialpolitik auf. Trotz dieser Bemühungen entfremdeten sich Arbeiter und Kirche. Die sozialistische Emanzipationsbewegung besaß auf die Mehrzahl der Arbeiterschaft eine größere Strahlkraft.

Enzyklika „Rerum Novarum"

Liberale Ansätze wie der von Nationalökonomen 1872 gegründete „Verein für Socialpolitik" oder die Genossenschaftsbewegung eines Hermann Schulze-Delitzsch (1808–1883) versuchten, den Arbeiter in die Gesellschaftsordnung einzugliedern. In dem Genossenschaftsgedanken, der auf dem Prinzip „Hilfe zur Selbsthilfe" fußte, spiegelte sich der Wunsch wider, Arbeiter zu Miteigentümern von Produktionszusammenschlüssen werden zu lassen. Als kapitalhaltende Kleinstunternehmer sollte dem Proletariat ohne staatliche Hilfe der gesellschaftliche Aufstieg gelingen. Größere Erfolge blieben der Genossenschaftsbewegung beim Aufbau der „Volksbanken" und in der Landwirtschaft vorbehalten. So existierten 28140 landwirtschaftliche Genossenschaften im Jahre 1914.

3.9 Die Arbeiterbewegung

Grundthesen des Marxismus

Eine systemsprengende Kraft besaßen dagegen die Ideen von Karl Marx und Friedrich Engels. Beide arbeiteten seit den 1840er-Jahren eng zusammen und formulierten im Kommunistischen Manifest (1848) und den drei Bänden des Kapitals (1867, 1885, 1894) die theoretischen Grundlagen des Marxismus.
Die philosophischen Grundlagen: Das Gedankengebäude von Marx und Engels fußt auf den drei Hauptsträngen „dialektischer und historischer Materialismus" sowie die „politische Ökonomie".
Der „dialektische Materialismus" basiert in Abkehr zum idealistischen Gedankengebäude Hegels auf der Überzeugung, dass nicht die menschlichen Ideen die tatsächlichen Verhältnisse des Zusammenlebens bestimmen, sondern dass das menschliche Denken aus den Gegebenheiten folgt. Eine besondere Rolle spielen hierbei die wirtschaftlichen Verhältnisse (Basis), aus denen sich die entsprechende Staatsform, Religion und Kultur (ideologischer Überbau) entwickeln. Demnach bestimmt die Basis den Überbau oder wie Marx formulierte: „Nicht das Bewusstsein bestimmt das Sein, sondern das Sein bestimmt das Bewusstsein."
Die Anwendung dieser materialistischen Theorie auf die Entwicklung der Menschheit greift wiederum im Rekurs auf Hegel den Begriff der Dialektik (ursprüngliche Bedeutung: „Kunst der Gesprächsführung") auf. Die Dialektik ist der Motor menschlicher Entwicklung. Entwicklung und Fortschritt entstehen demnach durch Konflikte. Die bestehenden Verhältnisse werden als These aufgefasst, die notwendigerweise ihren Widerspruch und Gegensatz in Form der Antithese hervorruft. Der Konflikt zwischen These und Antithese löst sich auf einer qualitativ höheren Ebene als Synthese wieder auf. Die Synthese ist das Ergebnis spiralför-

Karl Marx (1818–1883)

miger Bewegung und spiegelt somit den Fortschritt menschlicher Daseinsformen wider.
Der „historische Materialismus" überträgt diese philosophischen Grundannahmen auf die Menschheitsgeschichte, deren Entwicklung in Stufen voranschreitet. Grundlegende Bedeutung besitzt dabei der Entwicklungsgrad der Produktivkräfte und der Produktionsverhältnisse.
Der Begriff Produktivkräfte beinhaltet alle den Menschen in der Produktion zur Verfügung stehenden Mittel (Werkzeuge, Maschinen, menschliche Fähigkeiten usw.).
Die Produktionsverhältnisse beschreiben die sozialen Rahmenbedingungen, in denen produziert wird. Entscheidend sind die Eigentumsverhältnisse an den Produktionsmitteln.
Die Verbindung von Produktivkräften und Produktionsverhältnissen wurde als Produktionsweise bezeichnet. Die Menschheitsgeschichte besteht nach Marx und Engels aus fünf aufeinanderfolgenden und sich teilweise überlagernden Produktionsweisen:

Friedrich Engels (1820–1895)

1. *Urgesellschaft:* Im Übergang zum Ackerbau erfolgte in der Urgesellschaft die Einführung des Eigentums an Produktionsmitteln, was Ausbeuter und Ausgebeutete hervorrief.
2. *Antike Sklavenhaltergesellschaft:* Der Gegensatz zwischen Sklaven und Herren bestimmte die Produktionsweise.
3. *Mittelalterliche Feudalgesellschaft:* Im Mittelalter bestand der Konflikt zwischen Feudalherren und Leibeigenen.
4. *Bürgerlicher Kapitalismus:* Der Fabrikant beutet in diesem Gesellschaftsstadium den Arbeiter aus.
5. *Sozialismus:* Der Unterschied zwischen Ausbeuter und Ausgebeuteten wird aufgehoben, da das Eigentum an den Produktivmitteln vergesellschaftet wird.

Wie kommt es aber zum Übergang von einer Gesellschaftsstufe zur nächsten? Der technische und gesellschaftliche Fortschritt führt zu einer ständigen Modernisierung der Produktivkräfte, während die Produktionsverhältnisse in Form der bestehenden Eigentumsverhältnisse dieser Entwicklung entgegenstehen. Die herrschende und besitzende Klasse steht als Bewahrer der Produktionsverhältnisse in einem nicht aufhebbaren (antagonistischen) Widerspruch zum Entwicklungsgrad der Produktivkräfte. Die Eigentumsverhältnisse werden zur Fessel der vorwärtsstrebenden Produktivkräfte, die erst durch eine revolutionäre Umwälzung gesprengt wird. Auf einer neuen Gesellschaftsstufe wiederholt sich dann der Klassenkampf zwischen Unterdrückten und Unterdrückern. Die bisherige Geschichte der Menschheit ist nach Marx und Engels eine Geschichte von Klassenkämpfen. Kommt es zu einer Revolution, verändern sich in Folge der Produktionsweise (Basis) auch die Kultur, Religion, Moral, Recht und politische Verfassung (ideologischer Überbau) einer Gesellschaftsformation. Erst im Sozialismus enden die revolutionären Veränderungen, da durch die Vergesellschaftung der Produktionsmittel die Grundlage des Klassenkampfes aufgehoben wird.

Die politische Ökonomie

Charakteristisch für den Kapitalismus ist die Ausbeutung der proletarischen Arbeitskraft durch den Bourgeois (Unternehmer), der über das Eigentum an den Produktionsmitteln verfügt. Grundlage dieser Ausbeutung ist das Gesetz des Mehrwerts. Der Unternehmer erzielt den Mehrwert, indem er ein Gut zu einem höheren Preis auf dem Markt veräußert, als es dem Wert der Produktion durch den Einsatz von Arbeitskraft, Maschinen und Rohstoffen entspricht. Der Arbeiter erhält dabei einen Lohn, der nur seine Existenz sichert. Der Lohn entspricht aber nicht der Wertschöpfung, die er geleistet hat. Die Differenz zwischen dem Verkaufspreis und den Kosten für ein Gut streicht der Unternehmer ein. Sie ist

die Grundlage für seinen gesellschaftlichen Reichtum. Da der Arbeiter aber nichts anderes als seine Arbeitskraft besitzt, muss er in dieses ungleiche Geschäft einwilligen. Dieser Warencharakter der Arbeit führt auch zur Entfremdung von der Arbeit. Der Einzelne ist nicht Herr über den Arbeitsprozess, nicht über das Produkt seiner Arbeit und verfügt auch nicht über den Erlös aus seiner Arbeit.
Der Wunsch nach immer mehr Profit verleitet den Unternehmer zu immer größeren Produktions- und Produktivitätssteigerungen. Der verstärkte Einsatz von Maschinen führt zu steigenden Arbeitslosenzahlen und periodisch wiederkehrenden Absatzkrisen, da der hohe Produktionsausstoß auf keine ausreichende Nachfrage trifft. Diese Wirtschaftskrisen zwingen viele Unternehmen in den Konkurs. Sie sinken gemeinsam mit den Handwerkern ins Proletariat herab. Durch die regelmäßige Wiederholung dieses Prozesses entstehen Konzentrations- und Akkumulationsprozesse. In der Hand von immer weniger Unternehmern (Konzentration) häuft sich immer mehr gesellschaftlicher Reichtum (Akkumulation) an.
Die Anzahl der Proletarier wächst dagegen unaufhaltsam an. Da immer mehr Arbeiter um immer weniger Arbeitsplätze konkurrieren, sinkt der Arbeitslohn. Es kommt zur Verelendung innerhalb der Arbeiterklasse und die industrielle Reservearmee der Arbeitslosen ist jederzeit bereit, einen noch geringeren Lohn anzunehmen. Zunehmende soziale Ungleichheit führt zu immer schrofferen Klassengegensätzen. Der Staat dient dabei stets der herrschenden Klasse der Bourgeoisie. Erst die Entwicklung eines proletarischen Klassenbewusstseins und die Organisation in Arbeiterparteien führten zur revolutionären Überwindung des kapitalistischen Systems und zur Einführung der Diktatur des Proletariats. Diese bereitet der klassenlosen Gesellschaft den Boden.
Der Marxismus besaß einen großen Einfluss auf die internationale Arbeiterbewegung. Zeitweise lebte ein Drittel der Menschheit in sozialistischen Gesellschaften. Dennoch bleiben viele marxistische Erklärungsansätze und Prophezeiungen in der historischen Betrachtung sehr fragwürdig. Die Stadientheorie der Menschheitsentwicklung gilt als überholt. Eine Proletarisierung, wie Marx und Engels sie beschrieben hatten, fand nicht statt. Die Gesellschaft in den postindustriellen Staaten weist vielmehr eine zunehmende Differenzierung und Milieubildung auf. Der Wohlfahrtstaat brachte einen hohen Wohlstandszuwachs und Formen der sozialen Sicherung, die der Verelendungstheorie zuwiderlaufen. Die ökonomischen und politischen Selbstheilungs- und Veränderungskräfte der bürgerlichen Gesellschaft wurden von Marx und Engels unterschätzt. Der realexistierende Sozialismus, der z. B. in der Sowjetunion oder in China die Theorien des Marxismus aufgriff, konnte wegen seines diktatorischen Unrechtscharakters als Konkurrenzmodell nicht überzeugen.

Sozialistische Parteien und Gewerkschaften

Die organisierte Arbeiterbewegung formierte sich nach ersten Vorläufern während der 1848er-Revolution in den 1860er-Jahren neu. Es bestanden zunächst zwei größere Strömungen mit unterschiedlichen Konzepten. 1863 gründete Ferdinand Lassalle (1825–1864) den „Allgemeinen Deutschen Arbeiter Verein" (ADAV). Wesentliches Ziel war die Brechung des ehernen Lohngesetzes, nach dem der Arbeitslohn sich stets am Existenzminimum orientierte. Dieses Lohngesetz konnte nach Lassalle nur gebrochen werden, indem die Arbeiter selbst Produktivgenossenschaften mit Hilfe von staatlichen Kapitalhilfen gründeten. Ein erstes wichtiges Etappenziel sollte dabei die Durchsetzung des allgemeinen Wahlrechts für Männer sein. Die Massenbasis zur Erreichung dieser Ziele konnte der ADAV jedoch nicht erreichen.
Eine weitere Arbeiterorganisation gründeten 1869 Wilhelm Liebknecht (1826–1900) und August Bebel (1840–1913) mit der „Sozialdemokratischen Arbeiterpartei" (SDAP). Diese stand im Gegensatz zum ADAV in Opposition zum preußischen Staat. Zur Erhöhung der Durchschlagskraft vereinigten sich SDAP und ADAV 1875

in Gotha mit 24.000 Mitgliedern zur „Sozialistischen Arbeiterpartei" (SAP). Das reformorientierte Programm kritisierte Marx wegen dessen geringen revolutionären Charakters. Seine Ideen blieben jedoch bis weit in die 1880er-Jahre ohne großen Einfluss, da die Schriften von Marx und Engels den meisten Arbeiterführern nur in Ansätzen bekannt waren. Erst die Verfolgung unter Bismarcks Sozialistengesetz (1878–1890) führte zur programmatischen Radikalisierung der sozialistischen Arbeiterbewegung. Das Sozialistengesetz verbot die Parteiorganisationen, die nahestehenden Gewerkschaften und die gesamte Parteipresse. Parteimitglieder und -anhänger wurden polizeilich verfolgt, teilweise auch ausgebürgert. In den zwölf Jahren der Unterdrückung konnte die SAP allerdings zu Reichstagswahlen antreten und verdreifachte ihre Wählerschaft sogar. Nach der Aufhebung des Gesetzes entwickelte sich die 1890 in SPD umbenannte Partei schnell zu der dynamischsten politischen Bewegung im Kaiserreich. 1912 wurde die SPD mit 110 Abgeordneten stärkste Reichstagsfraktion, während ihre Mitgliederzahl knapp unter der Millionengrenze lag.

2 Ferdinand Lassalle
führt die Arbeiterbewegung im Kampf gegen das Kapital an.
Farblithographie ca. 1863, 56,1 x 40,3 cm.

Ein weiterer Zweig der Arbeiterbewegung waren die Gewerkschaften. Neben den sozialistischen Gewerkschaften (Freie Gewerkschaften) bestanden noch christliche und liberale Gewerkschaften, die aber bei weitem nicht die Basis und Durchschlagskraft der Freien Gewerkschaften besaßen. Aus kleinen Anfängen zur gegenseitigen Selbsthilfe bei Krankheit und Arbeitslosigkeit erwuchs nach der Einführung der eingeschränkten Koalitionsfreiheit 1869 im Norddeutschen Bund eine mächtige Massenorganisation, die am Vorabend des Ersten Weltkrieges 2,5 Millionen Mitglieder zählte. Hauptaufgabe der Gewerkschaften war der pragmatische Kampf für die Verbesserung der Arbeitsbedingungen. Kürzere Arbeitszeiten, höhere Löhne und bessere Arbeitsschutzbestimmungen wurden gegen unternehmerischen und staatlichen Widerstand durchgesetzt. Ihr Hauptkampfmittel war dabei der Streik. Zwischen der SPD und den freien Gewerkschaften bestand eine politische und personelle Nähe. Die Gewerkschaftler standen dabei im Revisionismusstreit, der pragmatischen Richtung in der SPD nah, die sich gegen die revolutionären Tendenzen des marxistischen Flügels wandte und für den Weg der politischen und sozialen Reformen einstand. Diese innere Zerrissenheit, die sich bereits im Erfurter Programm 1890 offenbarte, führte schließlich am Ende des Kaiserreiches zur Spaltung der Partei in eine sozialdemokratisch orientierte SPD und der Spartakusgruppe um Rosa Luxemburg und Karl Liebknecht.

3 1844 machte sich der Elberfelder Unternehmer Friedrich Harkort Gedanken zur Lösung der Sozialen Frage

[...] so fordern wir zur Bekämpfung des Proletariats in den Städten:

- gründlichen Unterricht für das ärmste Kind;
- verbesserte Organisation des Armenwesens;
- Ausscheidung der Bettler und Müßiggänger und ihre Unterbringung in Arbeitskolonien;
- öffentliche Krankenhäuser;
- allgemeine Krankenkassen auf Wechselseitigkeit begründet;
- Hebung der Sparkassen;
- Sicherung des Schuldners gegen Personalarrest und Erhaltung seiner unentbehrlichsten Gegenstände;
- gerechtere Verteilung der Konsumptions-Abgaben;
- sittliche und belehrende Vereine.

Alle diese Dinge können nur dann wohltätig auf die Massen einwirken, wenn alle Gebildete, im Geiste eines echten Christentums, sich mit Aufopferung und Liebe dem großen Werke der Zivilisation widmen und nicht, dem Armen gegenüber, eine ausschließende Stellung behaupten, welche täglich gefahrdrohender erscheint. Mühen und Arbeit entfremden dem Gemeinwesen nicht; allein das unwissende Kind des Armen, welches am Weihnachtsabend hungrig und frierend durch die erleuchteten Fenster des Reichen schaut – wird nicht Friede machen mit der Gesellschaft!

Bemerkungen über die Hindernisse der Civilisation und Emancipation der untern Klassen, Elberfeld 1844, S. 73/74. Zit. nach: Wolfgang Köllmann: „Die Industrielle Revolution", Quellen zur Sozialgeschichte Großbritanniens und Deutschlands im 19. Jahrhundert. Stuttgart 1970, S. 54.

4 Katholische Sicht der Wirtschaft

Auszüge aus Wilhelm Emmanuel von Kettelers „Die Arbeiterfrage und das Christenthum" (1864):

Die von uns bisher besprochenen Ursachen der dermaligen Lage der Arbeiter sowie die Bösartigkeit der aus diesen Ursachen hervorgegangenen Wirkungen und Folgen haben ihren wesentlichen und tiefsten Grund im Abfall vom Geiste des Christentums, der in den letzten Jahrhunderten stattgefunden hat ... [...]

Damit die Macht des Reichtums nicht die Armen erdrücke, dazu ist notwendig, dass die Reichen sich selbst beschränken und nicht alles, was einer rein egoistischen Ausbeutung aller den Reichen zustehenden Mittel möglich wäre, sich auch erlauben. Ebenso kann aber auch nur dieser Geist der Selbstverleugnung und der Bescheidenheit, den allein das Christentum erzeugt, den aber der moderne Unglaube in sein gerades Gegenteil, in einen Geist der Begierlichkeit und Unzufriedenheit verkehrt, der arbeitenden Klasse jene Sittlichkeit und Mäßigung, jene Arbeitsamkeit, Sparsamkeit und Genügsamkeit verleihen, wovon ihr und ihrer Arbeitgeber wahres Beste abhängt. Auch darüber dürfen wir uns nicht täuschen, dass nur unter solchen Arbeitern, in denen der Geist des Christentums lebt, wahrhaft gedeihliche Genossenschaften [...] auf die Dauer möglich sein werden; wie auch nur echt christliche Kapitalisten und Fabrikherren geeignet und geneigt sein werden, mit ihren Arbeitern in eine gewisse Gemeinschaft des Gewinnes zu treten. [...]

Das erste Hilfsmittel, welches die Kirche dem Arbeiterstande auch fortan bieten wird, ist die Gründung und Leitung der Anstalten für den arbeitsunfähigen Arbeiter [...]

Das zweite Hilfsmittel, welches die Kirche dem Arbeiterstande bietet [...] ist die christliche Familie mit ihrer Grundlage, der christlichen Ehe [...]

Das dritte Hilfsmittel [...] besteht in seinen Wahrheiten und Lehren, die dem Arbeiterstande zugleich die wahre Bildung geben. [...] Nur das Christentum bietet ihm die wahre Bildung [...]

Das vierte Hilfsmittel des Christentums zur Verbesserung der materiellen Lage des Arbeiterverbandes besteht in den sozialen Kräften desselben [...] Das zweite Unternehmen [...] sind die Gesellenvereine. Da sie hauptsächlich auf katholischem Gebiete entstanden sind, so dürfen wir sie mit allem Rechte einen katholischen Beitrag zur Lösung der Arbeiterfrage nennen. [...] Gott hat sich eines Gesellen bedient, um dieses Werk in Angriff zu nehmen, und nachdem er ihn in den Priesterstand erhoben, hat er den hochwürdigen Herrn Kolping, diesen alten Gesellen, zu einem wahren Vater des Gesellenstandes gemacht [...]

Als fünftes Hilfsmittel [...] nennen wir endlich die Förderung der Produktiv-Assoziationen durch die besondern Mittel, die eben nur dem Christentum zu Gebote stehen [...]

Das Wesen der Produktiv-Assoziationen haben wir in der Teilnahme der Arbeiter am Geschäftsbetrieb selbst erkannt. Der Arbeiter ist ihnen zugleich Geschäftsunternehmer und Arbeiter und hat daher einen doppelten Antheil an dem eigentlichen Geschäftsgewinn.

Zit. nach: Wilhelm Emmanuel von Ketteler: Die Arbeiterfrage und das Christentum. Mainz 3. Aufl. 1864.

5 Der Genossenschaftsgedanke

besaß in vielen politischen Kreisen als ein Ansatz zur Lösung der Sozialen Frage große Popularität. Dem Genossenschaftsprinzip nach sollten sich Arbeiter zusammenschließen und eigene Produktionsstätten bilden. In folgender Flugschrift aus den 1860er-Jahren zeigt Hermann Schulze-Delitzsch (1808–1883) als ein führender Verfechter des Genossenschaftswesen die Vorteile der Genossenschaften auf:

Zunächst ist hier das Prinzip klarzumachen, auf welchem die Wirklichkeit der Genossenschaften [...] beruht. Es ist dies der einfache [...] Satz: „Dass man sich zu dem, was man für sich allein nicht auszuführen vermag, mit anderen, die ein gleiches Interesse daran haben, verbinden soll", und fällt somit mit dem Gesellschaftsprinzip selbst zusammen. Das damit gewonnene Resultat, wonach „mehrere kleine Kräfte vereint eine Großkraft bilden", bewährt sich [...] gleichmäßig nach den verschiedensten Seiten.

Zuerst bei der Beschaffung des zu den geschäftlichen Operationen, den Ankäufen im großen usw. erforderlichen Kapitals. Bewirkt hier schon das Zusammenschließen der kleinen Vorräte der Mitglieder die Aufbringung eines Kapitals, das [...] dem Geschäft als Grundsatz, als Grundstock dient, so zeigt sich die Macht der Vereinigung in noch höherem Grade, indem man eine Kreditbasis dadurch gewinnt, wie sie den Mitgliedern in ihrer Isolierung niemals zur Seite stand. [...] Sobald hier eine größere Gesamtheit von Arbeitern durch Übernahme der solidarischen Verbindlichkeit die Zufälle und das Misslingen, welchen der Einzelne ausgesetzt ist, überträgt und so die wechselseitige Garantie aller füreinander organisiert, hebt sich der Grund, welcher dem Kredit entgegenstand, und die erforderliche Sicherheit für den Gläubiger ist vorhanden. [...]

Dieselbe Steigerung wie bei den materiellen tritt aber durch die Einigung auch bei dem zum erweiterten Geschäftsbetriebe unentbehrlichen geistigen Kapitale der Mitglieder ein. [...] Durch den erweiterten Geschäftsbetrieb der Gesellschaft [...] weitet sich der Blick, gewinnt die Umsicht der Mitglieder. Der großartige Verkehr schärft [...] den Unternehmungsgeist und lehrt sie, sich aller der kaufmännischen Vorteile und Einrichtungen zu bedienen, [...].

Zugleich führt die Solidarität als Grundlage der ganzen Vereinigung eine gegenseitige Kontrolle der Mitglieder untereinander von selbst mit sich, da jedes bei der Tüchtigkeit, Ordnungsliebe und Ehrlichkeit des anderen in hohem Grade interessiert ist, weil der Ruin des einen die Verpflichtung der Übrigen erschwert. Was aber als die eigentliche Blüte des Genossenschaftswesens erscheint, das ist die Hebung des Gemeinsinns, welche von ihm aus sich auf das erfreulichste auf alle Beziehungen der Genossen überträgt. Durch die Vereinigung in den nächsten Berufs- und Erwerbskreisen gewöhnen sich dieselben, das eigene Interesse mit der Gesamtheit zu verknüpfen und in dem Wohlstande der anderen eine Bürgschaft für den eigenen zu finden; [...]. Das Gefühl der Zusammengehörigkeit [...] weckt den Sinn für das öffentliche Wohl, für gemeinnütziges Wirken, welches, durch gemeinsames Handeln innerhalb der Genossenschaft stets lebendig erhalten, sich auch in weiteren Kreisen bei jeder Gelegenheit betätigt.

Zit. nach: Das Genossenschaftswesen. In: Vorkämpfe Deutscher Freiheit, Dokumente liberaler Vergangenheit, hrsg. vom Akademischen Freibund. München 1910, S. 26-29. Zit. nach: Wolfgang Köllmann, a. a. O., S. 57 ff.

6 Friedrich Engels: Grundsätze des Kommunismus

1847 schrieb Engels einen Entwurf für das Kommunistische Manifest, der grundlegende Fragen der kommunistischen Theorie leicht verständlich darstellt. Viele dieser Passagen wurden in das Kommunistische Manifest eingearbeitet.

1. Frage: Was ist der Kommunismus?

Antwort: Der Kommunismus ist die Lehre von den Bedingungen der Befreiung des Proletariats.

2. Frage: Was ist das Proletariat?

Antwort: Das Proletariat ist diejenige Klasse der Gesellschaft, welche ihren Lebensunterhalt einzig und allein aus dem Verkauf ihrer Arbeit und [...] von den Schwankungen einer zügellosen Konkurrenz abhängt. [...]

7. Frage: Wodurch unterscheidet sich der Proletarier vom Sklaven?

Antwort: [...] der Proletarier muss sich täglich und stündlich selbst verkaufen. Der einzelne Sklave, Eigentum eines Herrn, hat schon durch das Interesse dieses Herrn eine gesicherte Existenz, so elend sie sein mag; der einzelne Proletarier, Eigentum sozusagen der ganzen Bourgeoisklasse, [...] hat keine gesicherte Existenz. Diese Existenz ist nur der ganzen Proletarierklasse gesichert. Der Sklave steht außerhalb der Konkurrenz, der Proletarier steht in ihr [...]. Der Sklave gilt für eine Sache [...]; der Proletarier ist als Person, als Mitglied der bürgerlichen Gesellschaft anerkannt.

[...] Der Proletarier gehört einer höheren Entwicklungsstufe der Gesellschaft an [...]. Der Proletarier kann sich nur dadurch befreien, dass er das Privateigentum überhaupt aufhebt. [...]

11. Frage: Was waren die nächsten Folgen der industriellen Revolution [...] ?

Antwort: [...] Drittens entwickelte sie [Bourgeoisie] überall das Proletariat in demselben Maße, wie sie die Bourgeoisie entwickelt. [...] Je mehr neue Maschinen erfunden werden, welche die Handarbeit verdrängen, desto mehr drückt die große Industrie den Lohn [...] und macht dadurch die Lage des Proletariats mehr und mehr unerträglich. So bereitet sie einerseits durch die wachsende Unzufriedenheit, andererseits durch die wachsende Macht des Proletariats eine Revolution der Gesellschaft durch das Proletariat vor. [...]

14. Frage: Welcher Art wird diese neue Gesellschaftsordnung sein müssen?

Antwort: Sie wird vor allen Dingen den Betrieb der Industrie und aller Produktionszweige überhaupt aus den Händen der einzelnen, einander Konkurrenz machenden Individuen nehmen und dafür alle diese Produktionszweige durch die ganze Gesellschaft, d. h. für gemeinschaftliche Rechnung, nach gemeinschaftlichem Plan und unter Beteiligung aller Mitglieder der Gesellschaft, betreiben lassen müssen. Sie wird also die Konkurrenz aufheben und die Assoziation an ihre Stelle setzen. [...] Das Privateigentum wird [...] abgeschafft [...] und an seine Stelle wird die gemeinsame Benutzung aller Produktionsinstrumente und die Verteilung aller Produkte nach gemeinsamer Übereinkunft oder die so genannte Gütergemeinschaft treten. [...]

20. Frage: Was werden die Folgen der schließlichen Beseitigung des Privateigentums sein?

Antwort: [...] Die allgemeine Assoziation aller Gesellschaftsmitglieder zur gemeinsamen und planmäßigen Ausbeutung der Produktionskräfte, die Ausdehnung der Produktion in einem Grade, dass sie die Bedürfnisse aller befriedigen wird, das Aufhören des Zustandes, in dem die Bedürfnisse der einen auf Kosten der andern befriedigt werden, die gänzliche Vernichtung der Klassen und ihrer Gegensätze, die allseitige Entwicklung der Fähigkeiten aller Gesellschaftsmitglieder durch die Beseitigung der bisherigen Teilung der Arbeit, durch die industrielle Erziehung, durch den Wechsel der Tätigkeit, durch die Teilnahme aller an den durch alle erzeugten Genüssen, durch die Verschmelzung von Stadt und Land – das sind die Hauptresultate der Abschaffung des Privateigentums. [...]

Stark gekürzt nach: Friedrich Engels, Grundsätze des Kommunismus, http://www.mlwerke.de/ (Stand 20.8.2006)

7 Originalblatt der ersten Auflage des Kommunistischen Manifests. Das Programm, in dem Marx und Engels bereits große Teile der später als Marxismus bezeichneten Weltanschauung entwickeln, beginnt mit dem heute geflügelten Wort: „Ein Gespenst geht um in Europa – das Gespenst des Kommunismus" und endet mit dem bekannten Aufruf: „Proletarier aller Länder vereinigt euch!"

8 Manifest der Kommunistischen Partei (1848)

Karl Marx und Friedrich Engels wurden gegen Ende 1847 vom „Bund der Kommunisten", einer kurzlebigen Vereinigung vorwiegend deutscher Exilrevolutionäre, beauftragt, die politischen Grundsätze der Organisation zusammenzufassen. Die erste Ausgabe des „Manifestes" erschien im Februar 1848 in deutscher Sprache in London.

Ein Gespenst geht um in Europa – das Gespenst des Kommunismus. [...] Die Geschichte aller bisherigen Gesellschaft ist die Geschichte von Klassenkämpfen. Freier und Sklave, Patrizier und Plebejer, Baron und Leibeigener, Zunftbürger und Gesell, kurz, Unterdrücker und Unterdrückter standen in stetem Gegensatz zueinander, führten einen ununterbrochenen [...] Kampf, der jedes Mal mit einer revolutionären Umgestaltung der ganzen Gesellschaft endete oder mit dem gemeinsamen Untergang der kämpfenden Klassen. [...]

Unsere Epoche [...] zeichnet sich jedoch dadurch aus, dass sie die Klassengegensätze vereinfacht hat. Die ganze Gesellschaft spaltet sich mehr und mehr in zwei große feindliche Lager, in zwei große, einander direkt gegenüberstehende Klassen: Bourgeoisie und Proletariat.

Die Bourgeoisie hat in der Geschichte eine höchst revolutionäre Rolle gespielt. Die Bourgeoisie, wo sie zur Herrschaft gekommen, hat alle feudalen, patriarchalischen, idyllischen Verhältnisse zerstört. Sie hat [...] kein anderes Band zwischen Mensch und Mensch übriggelassen als das nackte Interesse, als die gefühllose „bare Zahlung". Sie hat [...] an die Stelle der mit religiösen und politischen Illusionen verhüllten Ausbeutung die offene, unverschämte, direkte, dürre Ausbeutung gesetzt. [...]

Die Bourgeoisie [...] hat ganz andere Wunderwerke vollbracht als ägyptische Pyramiden, römische Wasserleitungen und gotische Kathedralen, sie hat ganz andere Züge ausgeführt als Völkerwanderungen und Kreuzzüge. Die Bourgeoisie kann nicht existieren, ohne die Produktionsinstrumente, also die Produktionsverhältnisse, also sämtliche gesellschaftlichen Verhältnisse fortwährend zu revolutionieren. [...] Die fortwährende Umwälzung der Produktion, die ununterbrochene Erschütterung aller gesellschaftlichen Zustände, die ewige Unsicherheit und Bewegung zeichnet die Bourgeois-Epoche vor allen früheren aus. […] Alles Ständische und Stehende verdampft, alles Heilige wird entweiht, und die Menschen sind endlich gezwungen, ihre Lebensstellung, ihre gegenseitigen Beziehungen mit nüchternen Augen anzusehen. […]

Die Bourgeoisie hat durch ihre Exploitation des Weltmarkts die Produktion und Konsumtion aller Länder kosmopolitisch gestaltet. Sie hat zum großen Bedauern der Reaktionäre den nationalen Boden der Industrie unter den Füßen weggezogen. Die uralten nationalen Industrien sind vernichtet worden und werden noch täglich vernichtet. Sie werden verdrängt durch neue Industrien, deren Einführung eine Lebensfrage für alle zivilisierten Nationen wird, durch Industrien, die nicht mehr einheimische Rohstoffe, sondern den entlegensten Zonen angehörige Rohstoffe verarbeiten und deren Fabrikate nicht nur im Lande selbst, sondern in allen Weltteilen zugleich verbraucht werden. […] An die Stelle der alten lokalen und nationalen Selbstgenügsamkeit und Abgeschlossenheit tritt ein allseitiger Verkehr, eine allseitige Abhängigkeit der Nationen voneinander. […]

Aber die Bourgeoisie hat nicht nur die Waffen geschmiedet, die ihr den Tod bringen; sie hat auch die Männer gezeugt, die diese Waffen führen werden – die modernen Arbeiter, die Proletarier. In demselben Maße, worin sich die Bourgeoisie, d.h. das Kapital, entwickelt, in demselben Maße entwickelt sich das Proletariat, die Klasse der modernen Arbeiter, die nur so lange leben, als sie Arbeit finden, und die nur so lange Arbeit finden, als ihre Arbeit das Kapital vermehrt. […]

Die Arbeit der Proletarier hat durch die Ausdehnung der Maschinerie und die Teilung der Arbeit allen selbständigen Charakter und damit allen Reiz für den Arbeiter verloren. Er wird ein bloßes Zubehör der Maschine, von dem nur der einfachste, eintönigste, am leichtesten erlernbare Handgriff verlangt wird. Die Kosten, die der Arbeiter verursacht, beschränken sich daher fast nur auf die Lebensmittel, die er zu seinem Unterhalt und zur Fortpflanzung seiner Rasse bedarf. […]

Aber mit der Entwicklung der Industrie vermehrt sich nicht nur das Proletariat; es wird in größeren Massen zusammengedrängt, seine Kraft wächst […] Die Arbeiter beginnen damit, Koalitionen gegen die Bourgeois zu bilden; sie treten zusammen zur Behauptung ihres Arbeitslohns. Sie stiften selbst dauernde Assoziationen […].

Diese Organisation der Proletarier zur Klasse, und damit zur politischen Partei, wird jeden Augenblick wieder gesprengt durch die Konkurrenz unter den Arbeitern selbst. Aber sie entsteht immer wieder, stärker, fester, mächtiger. […] Es werden ferner […] durch den Fortschritt der Industrie ganze Bestandteile der herrschenden Klasse ins Proletariat hinabgeworfen oder wenigstens in ihren Lebensbedingungen bedroht. […].

Wenn das Proletariat im Kampf gegen die Bourgeoisie sich notwendig zur Klasse vereint, durch eine Revolution sich zur herrschenden Klasse macht und als herrschende Klasse gewaltsam die alten Produktionsverhältnisse aufhebt, so hebt es mit diesen Produktionsverhältnissen die Existenzbedingungen des Klassengegensatzes, die Klassen überhaupt und damit seine eigene Herrschaft als Klasse auf.

An die Stelle der bürgerlichen Gesellschaft mit ihren Klassen und Klassengegensätzen tritt eine Assoziation, worin die freie Entwicklung eines jeden die Bedingung für die freie Entwicklung aller ist. […]

Mögen die herrschenden Klassen vor einer kommunistischen Revolution zittern. Die Proletarier haben nichts in ihr zu verlieren als ihre Ketten. Sie haben eine Welt zu gewinnen.

Proletarier aller Länder, vereinigt euch!

Auszüge aus Karl Marx und Friedrich Engels: Das Kommunistische Manifest – Eine moderne Edition, mit einer Einleitung von Eric J. Hobsbawm. Hamburg. 1999.

9 **Fahne der Breslauer Lassallaner** mit dem Symbol der Arbeiterverbrüderung, dem Handschlag. Die „Rote Fahne“ sollte das Symbol der Arbeiterbewegung werden. Der erste Einsatz einer roten Fahne wird für 1834 registriert – bei Arbeiteraufständen in der Seidenindustrie von Lyon. In Deutschland kam die rote Fahne im Revolutionsjahr 1848 in „Mode“. 1863 benutzte sie der „Allgemeine Deutsche Arbeiterverein“ als Parteisymbol. Mit der Aufschrift „Freiheit, Gleichheit, Brüderlichkeit!“ wurde sie später die Traditionsfahne der SPD. Bis etwa 1900 gingen staatliche Behörden gegen das Zeigen roter Symbole vor: Nach Beerdigungen von Sozialdemokraten schnitt die Polizei auf dem Friedhof die roten Kranzschleifen ab.

10 Postkarte zum Wahlrecht um 1912. Der Kampf für ein demokratisches Wahlrecht gehörte zu einen der zentralen politischen Forderungen der Arbeiterbewegung. Ein allgemeines Wahlrecht galt zwar für den Reichstag, aber im bevölkerungsreichsten Preußen wurde bis zum Ende des Kaiserreichs noch nach dem Drei-Klassen-Wahlrecht gewählt. Lassalle sah den Erfolg seines politischen Programms vor allem durch die Umsetzung des allgemeinen Wahlrechts.

11 Ferdinand Lassalle
plädierte im Gegensatz zu Schulze-Delitzsch für staatlich geförderte Produktionsgenossenschaften. Sein offenes Antwortschreiben zur Berufung eines allgemeinen deutschen Arbeiterkongresses in Leipzig (1. März 1863) lautet:

Das eherne ökonomische Gesetz, welches unter den heutigen Verhältnissen, unter der Herrschaft von Angebot und Nachfrage nach Arbeit, den Arbeitslohn bestimmt, ist dieses: Dass der durchschnittliche Arbeitslohn immer auf den notwendigen Lebensunterhalt reduziert bleibt, der in einem Volke gewohnheitsmäßig zur Fristung der Existenz und zur Fortpflanzung erforderlich ist. Dies ist der Punkt, um welchen der wirkliche Tageslohn in Pendelschwingungen jederzeit herum gravitiert, ohne sich jemals lange weder über denselben erheben noch unter denselben hinunterfallen zu können. Er kann sich nicht dauernd über diesen Durchschnitt erheben – denn sonst entstünde durch die leichtere, bessere Lage der Arbeiter eine Vermehrung der Arbeiterbevölkerung und somit des Angebots von Händen, welche den Arbeitslohn wieder auf und unter seinen früheren Stand herabdrücken würde. Der Arbeitslohn kann auch nicht dauernd tief unter diesen notwendigen Lebensunterhalt fallen, denn dann entstehen Auswanderungen, Ehelosigkeit, Enthaltung von der Kinderzeugung und endlich eine durch Elend erzeugte Verminderung der Arbeiterzahl, welche somit das Angebot von Arbeiterhänden noch verringert und den Arbeitslohn daher wieder auf den früheren Stand zurückbringt.

[…] Sollte das Prinzip der freien individuellen Assoziation der Arbeiter nicht vermögen, die Verbesserung der Lage des Arbeiterstandes zu bewirken?

Allerdings vermag es das – aber nur durch seine Anwendung und Ausdehnung auf die fabrikmäßige Großproduktion. Den Arbeiter zu seinem eigenen Unternehmer machen – das ist das Mittel, durch welches – und durch welches allein – jenes eherne und grausame Gesetz beseitigt sein würde, das den Arbeitslohn bestimmt! Wenn der Arbeiterstand sein eigener Unternehmer ist, so fällt jene Scheidung zwischen Arbeitslohn und Unternehmergewinn und mit ihr der bloße Arbeitslohn überhaupt fort, und an seine Stelle tritt als Vergeltung der Arbeit: der Arbeitsertrag! […]

Aber wie? […]

Da der Staat überhaupt gar nichts anderes ist als die große Organisation, die große Assoziation der arbeitenden Klassen, ist seine Hilfe und Förderung nichts anderes […] als die vollkommen natur- und rechtmäßige, vollkommen legitime soziale Selbsthilfe, welche die arbeitenden Klassen als große Assoziationen sich selbst, ihren Mitgliedern als vereinzelten Individuen, erweisen.

Noch einmal also: Die freie individuelle Assoziation der Arbeiter, aber die freie individuelle Assoziation ermöglicht durch die stützende und fördernde Hand des Staates – das ist der einzige Weg aus der Wüste, der dem Arbeiterstand gegeben ist. Wie aber den Staat zu dieser Intervention vermögen?

Und hier wird nun sofort sonnenhell die Antwort von Ihrer aller Augen stehen: Dies wird nur durch das allgemeine und direkte Wahlrecht möglich sein. Wenn die gesetzgebenden Körper Deutschlands aus dem allgemeinen und direkten Wahlrecht hervorgehen – dann und nur dann werden sie auch den Staat bestimmen können, sich dieser Pflicht zu unterziehen. […]

Das allgemeine und direkte Wahlrecht ist also, wie sich jetzt ergeben hat, nicht nur Ihr politisches, es ist auch Ihr soziales Grundprinzip, die Grundbedingung aller sozialen Hilfe. Es ist das einzige Mittel, um die materielle Lage des Arbeiterstandes zu verbessern. […]

Zit. nach: Wilhelm Mommsen: Deutsche Parteiprogramme. München 1960, S. 298 ff.

12 **Kapitalistische Wohltaten.** Karikatur von A. Staehle in „Der wahre Jakob" 1905. Die Unterschrift lautet: „Der Kapitalist: Der läuft uns nicht mehr davon!"

13 **Das Abschneiden der Sozialdemokraten bei den Reichstagswahlen 1878–1914**

Wahlen	Wahlberechtigte	Gültige Stimmen		Stimmen für die Sozialdemokratie		Mandate	Anteil sozialdemokratischer Mandate
		absolut	in %	absolut	in %	nach Stichwahl	in %
1877	8.943.028	5.401.021	60,4	493.288	9,1	13	3,0
1878	9.124.311	5.760.947	63,1	437.158	7,6	09	2,3
1881	9.090.381	5.097.760	56,1	311.961	6,1	13	3,0
1884	9.383.074	5.662.657	60,4	549.990	9,7	24	6,0
1887	9.769.802	7.540.938	77,2	763.128	10,1	11	2,8
1890	10.145.877	7.228.542	71,2	1.427.298	19,7	35	8,8
1893	10.628.282	7.673.973	72,2	1.786.738	23,2	44	11,1
1898	11.441.094	7.752.693	67,8	2.107.076	27,2	56	14,0
1903	12.531.248	9.495.587	75,8	3.010.771	31,7	81	20,3
1907	13.350.698	11.262.775	84,4	3.259.020	28,9	53	10,8
1912	14.442.387	12.260.731	84,9	4.250.399	34,7	110	27,7

Zusammengestellt nach: Dieter Fricke: Die deutsche Arbeiterbewegung 1869 bis 1914. Ein Handbuch über ihre Organisation und Tätigkeit im Klassenkampf. Berlin. 1976, S. 526 bzw. S. 672.

3

14 Verfolgung und Ausgrenzung von Aktivisten der Arbeiterbewegung standen in der Zeit des Sozialistengesetzes auf der Tagesordnung. Holzstich aus „Der wahre Jakob", 15. Juni 1895.

15 Staatliche Sozialpolitik unter Bismarck – das Sozialversicherungssystem

Versicherungsart	Beiträge	Leistungen
Krankenversicherung 1883 für gewerbliche Arbeiter und (freiwillig ab 1892) Angehörige	2–3 % des Lohns; 2/3 vom Versicherten, 1/3 vom Arbeitgeber	Ärztliche Behandlung und Medizin, Krankenhauskosten; nach zweitägiger Wartezeit Krankengeld (50 % des Durchschnittslohns, max. 2 Mark am Tag)
Unfallversicherung 1884 für gewerbliche Arbeiter	Als Haftpflicht vom Arbeitgeber zu zahlen	Heilungskosten; bei Erwerbsunfähigkeit 2/3 des Einkommens, 1/5 für Witwen
Invaliditätsversicherung 1889 für gewerbliche und Landarbeiter (ab 1911 auch für Familienangehörige)	1% (ab 1900 1,5–3 %) des Lohns, je zur Hälfte von Arbeitnehmern und Arbeitgeber	Invalidenrente bei Erwerbsunfähigkeit (1911): 1,1 Mill. Rentenbezieher von durchschnittlich 187 Mark/Jahr; Altersrente ab dem 70. Lebensjahr und nach 30 Beitragsjahren (ab 1900: nach 24 Beitragsjahren)

Nach: Rainer Bölling/Johann Henseler (Hrsg.): Das Deutsche Kaiserreich 1871–1918. Freiburg 1986, S. 47 f.

16 Erfurter Programm der SPD (1891)

Immer größer wird die Zahl der Proletarier, immer massenhafter die Armee der überschüssigen Arbeiter, immer schroffer der Gegensatz zwischen Ausbeutern und Ausgebeuteten, immer erbitterter der Klassenkampf zwischen Bourgeoisie und Proletariat, der die moderne Gesellschaft in zwei feindliche Heerlager trennt und das gemeinsame Merkmal aller Industrieländer ist.

[...] Nur die Verwandlung des kapitalistischen Privateigentums an Produktionsmitteln – Grund und Boden, Gruben und Bergwerke, Rohstoffe, Werkzeuge, Maschinen, Verkehrsmittel – in gesellschaftliches Eigentum und die Umwandlung der Warenproduktion in sozialistische, für und durch die Gesellschaft betriebene Produktion kann es bewirken, dass der Großbetrieb und die stets wachsende Ertragsfähigkeit der gesellschaftlichen Arbeit für die bisher ausgebeuteten Klassen aus einer Quelle des Elends und der Unterdrückung zu einer Quelle der höchsten Wohlfahrt und allseitiger harmonischer Vervollkommnung werde.

Diese gesellschaftliche Umwandlung bedeutet die Befreiung nicht bloß des Proletariats, sondern des gesamten Menschengeschlechts, das unter den heutigen Zuständen leidet. [...] Der Kampf der Arbeiterklasse gegen die

17 **Aufstieg der SPD.** Trotz staatlicher Verfolgung unter dem Sozialistengesetz von 1878 bis 1890 kann die SPD ihren Stimmenanteil von 7,6% im Jahr 1878 auf 19,7% bei den Reichstagswahlen 1890 erhöhen. Karikatur zum Aufstieg der SPD in den 1880er-Jahren.

kapitalistische Ausbeutung ist notwendigerweise ein politischer Kampf. Die Arbeiterklasse kann ihre ökonomischen Kämpfe nicht führen und ihre ökonomische Organisation nicht entwickeln ohne politische Rechte. Sie kann den Übergang der Produktionsmittel in den Besitz der Gesamtheit nicht bewirken, ohne in den Besitz der politischen Macht gekommen zu sein.

Diesen Kampf der Arbeiterklasse zu einem bewussten und einheitlichen zu gestalten und ihm sein naturnotwendiges Ziel zu weisen – das ist die Aufgabe der Sozialdemokratischen Partei.

[...] Die Sozialdemokratische Partei Deutschlands kämpft also nicht für neue Klassenprivilegien und Vorrechte, sondern für die Abschaffung der Klassenherrschaft und der Klassen selbst und für gleiche Rechte und gleiche Pflichten aller ohne Unterschied des Geschlechts und der Abstammung. Von diesen Anschauungen ausgehend bekämpft sie in der heutigen Gesellschaft nicht bloß die Ausbeutung und Unterdrückung der Lohnarbeiter, sondern jede Art der Ausbeutung und Unterdrückung, richte sie sich gegen eine Klasse, eine Partei, ein Geschlecht oder eine Rasse.

Ausgehend von diesen Grundsätzen fordert die Sozialdemokratische Partei Deutschlands zunächst:

- Allgemeines, gleiches, direktes Wahl- und Stimmrecht mit geheimer Stimmabgabe aller über 20 Jahre alten Reichsangehörigen ohne Unterschied des Geschlechts [...]
- Entschädigung für die gewählten Vertreter. [...]
- Direkte Gesetzgebung durch das Volk vermittels des Vorschlags- und Verwerfungsrechts. Selbstbestimmung und Selbstverwaltung des Volks in Reich, Staat, Provinz und Gemeinde. [...]
- Volkswehr an Stelle der stehenden Heere. Entscheidung über Krieg und Frieden durch die Volksvertretung. [...]
- Abschaffung aller Gesetze, welche die Frau in öffentlich- und privatrechtlicher Beziehung gegenüber dem Manne benachteiligen.
- Erklärung der Religion zur Privatsache. [...]

3

- Weltlichkeit der Schulen. Obligatorischer Besuch der öffentlichen Volksschulen. Unentgeltlichkeit des Unterrichts, […]
- Abschaffung der Todesstrafe.
- Unentgeltlichkeit der ärztlichen Hilfeleistung […]
- Stufenweise steigende Einkommens- und Vermögenssteuer […]
- Erbschaftssteuer, stufenweise steigend nach Umfang des Erbgutes […]
- Eine wirksame nationale und internationale Arbeiterschutzgesetzgebung auf folgender Grundlage:
- Festsetzung eines höchstens acht Stunden betragenden Normalarbeitstages;
- Verbot der Erwerbsarbeit für Kinder unter vierzehn Jahren;
- Verbot der Nachtarbeit, […]
- eine ununterbrochene Ruhepause von mindestens 36 Stunden in jeder Woche für jeden Arbeiter; […]

Deutsche Geschichte in Quellen und Darstellung, Bd. 8: Kaiserreich und Erster Weltkrieg 1871–1918, hrsg. von Rüdiger vom Bruch und Björn Hofmeister. Stuttgart 2002, S. 222–226.

19 Evangelium der armen Leute. Gemälde von Jens Birkholm, 1900. Ein sozialdemokratischer Redner spricht.

18 Das Arbeitermilieu

Im ausgehenden 19. Jahrhundert entstand ein proletarisches Milieu, das seinen Zusammenhalt und Ausdruck in Arbeitervereinen und gemeinsamen Festen, Symbolen und Feiern fand. Der Historiker Hans-Ulrich Wehler beschreibt die Funktion dieses Milieus:

Insgesamt ist die Heterogenität der Lebens- und Klassenlagen innerhalb der deutschen Industriearbeiterschaft, erst recht der gewerblichen Arbeitnehmer und der gesamten Lohnarbeiterschaft vor 1914 schlechterdings nicht zu übersehen. Sie ist auch nie beseitigt worden. Seit den 1870er-Jahren drang trotzdem aufgrund der prägenden inner- und außerbetrieblichen Erfahrungen mit der „Proletariät" die Homogenisierung zu einer sozialen Klasse vor; sie gewann seit den neunziger Jahren an Intensität, ohne doch je so etwas wie den Endzustand einer vollendeten Klassenstruktur zu erreichen. In einem eigenen Sozialmilieu mit hoher Binnenintegration und tief eingefrästen Außengrenzen richtete sich jedoch ein klassenbewusstes Proletariat ein. Indem es sich angesichts der Feindseligkeit der anderen Gesellschaftsklassen und wegen der verweigerten Gleichberechtigung in seiner Subkultur einigelte, baute es eine proletarische Gegenwelt auf, die ihm nach Möglichkeit einen vollgültigen Ersatz für die versperrten bürgerlichen Institutionen bieten sollte. So entstand ein eigener Mikrokosmos, der vom Jugend-, Frauen-, Sport- und Wanderverein über den Taubenzüchter-, Gesang- und Feuerbestattungsverein, die Leihbibliothek, den Lesezirkel und Schachklub bis zu den Gewerkschafts- und Parteiorganisationen reichte. Für nahezu jedes Interesse war gesorgt. Das machte diese Subkultur wohnlich, gab ihr den Charakter eines verlässlich schützenden Gehäuses, in dem man sich vom Kindesalter bis zum Lebensende bewegen konnte. Imponierend bleibt diese Leistung der Arbeiterkultur im weitesten Sinn allemal. Sie nährte die Energie von zahllosen Angehörigen der Arbeiterklassen, in der Gesellschaft einigermaßen menschenwürdig zu überleben, ja sogar politisch aktiv zu bleiben. Aber sie absorbierte auch ein gut Teil der Energie, die sich auf eine zügigere politische Umgestaltung der Gesamtgesellschaft hätte richten können.
In der politischen Arena machten sich gleichwohl die stärksten klassenbildenden Einflüsse geltend. Man muss den Politikbegriff nur weit genug verstehen, damit er von der Streikvorbereitung bis zur Aktivität im sozialdemokratischen Wahlverein, von der geheimen Diskussion im „roten Wirtshaus" bis zur Demonstration gegen das Klassenwahlrecht reicht. In mancher Hinsicht war die „Arbeiterfrage" oder die „soziale Frage" – wie die Zeitgenossen häufig sagten – des anwachsenden Industrieproletariats von Anfang an ein genuin politisches Problem, da es um die Integration vielfach diskriminierter Klassen in die deutsche Staatsbürgergesellschaft ging. Der Verfassungs- und Rechtsstaat, wie er zwischen 1867 und 1877 ausgebaut wurde, bot dafür im Verein mit dem Reichstagswahlrecht die formalen Voraussetzungen.

Zit. nach: Hans-Ulrich Wehler: Deutsche Gesellschaftsgeschichte, Band 3. München 1995, S. 788.

20 **Der Streik.** Gemälde von Robert Koehler, 1886.

Arbeitsvorschläge

a) Erläutern Sie Inhalt und Motive der unternehmerischen Sozialmaßnahmen (VT und M3). Beurteilen Sie die Maßnahmen aus Sicht eines nichtorganisierten und eines gewerkschaftlich organisierten Arbeiters.

b) Erklären Sie das Genossenschaftsprinzip (VT, M4, M5). Überlegen Sie, weshalb es im 19. Jahrhundert so viele Anhänger besaß und warum es sich in Deutschland im industriellen Sektor nicht durchsetzen konnte.

c) Informieren Sie sich über die Grundlagen der Sozialen Marktwirtschaft. Beurteilen Sie, inwieweit das kaiserliche Sozialversicherungssystem in das System der Sozialen Marktwirtschaft passt (M15).

d) Fassen Sie die philosophischen und ökonomischen Grundlagen des Marxismus zusammen. Erläutern Sie dabei den Klassencharakter des Proletariats und der Bourgeoisie, das marxistische Geschichtsbild und die Zukunft der Klassengesellschaft. Beurteilen Sie den Erkenntnisgewinn des Marxismus. Überlegen Sie, welche Überlegungen von Marx und Engels sich bewahrheitet haben und welche nicht (VT, M6, M8).

e) Vergleichen Sie die zeitgenössischen Beiträge zur Sozialen Frage (Ursprung/Lösung) mit der marxistischen Perspektive der Arbeiterfrage (VT, M3 - M10).

f) Marx besuchte Lassalle vom 1. bis zum 12. April 1861 in dessen Berliner Wohnung. Stellen Sie ein Gespräch nach, indem sich Lassalle und Marx über Gemeinsamkeiten und Unterschiede ihrer politischen Einstellungen auseinandersetzen (M9, M11, M13).

g) Erläutern Sie die Bildsymbolik. Achten sie dabei auf biblische Anspielungen und Verbindungen zur Aufklärung (M2).

h) Analysieren Sie das Erfurter Programm der SPD, inwieweit es noch den marxistischen Ideen anhängt und inwieweit es schon einen revisionistischen Reformcharakter besitzt (M16).

i) Überlegen Sie, weshalb SPD und Gewerkschaften trotz staatlicher Repression und staatlicher Sozialpolitik eine solch große Anziehungskraft auf die Arbeiter besaßen (M13–M20).

j) Welche Assoziationen verbinden Sie mit diesem Bild? Beschreiben Sie die Szene aus Sicht eines Informanten der Polizei (M19).

k) Ein Streik bricht aus. Überlegen Sie, welche Forderungen die Arbeitnehmer dem Arbeitgeber stellen. Weitere Figuren sind in Gespräche verwickelt. Stellen Sie die Gesamtszene nach. Zu welchem Ergebnis kommen Sie (M20)?

4

4 Imperialismus

Seit dem ausgehenden Mittelalter und den großen Entdeckungsreisen des 15. und 16. Jahrhunderts hatten vor allem die großen europäischen Seemächte begonnen, sich die neu entdeckten Regionen der Erde wirtschaftlich – in der Regel durch asymmetrische, d.h. ungleiche, Handelsbeziehungen – zu erschließen. Der Überseehandel mit tropischen Produkten, aber auch der transatlantische Sklavenhandel wurde zu Inbegriffen dieser Zeit des Kolonialismus. Nach einer längeren Phase des Stillstands kam die Expansion Europas in der zweiten Hälfte des 19. Jahrhunderts zu neuem Schwung. Das „Kolonialfieber" in den europäischen Metropolen wurde noch verstärkt durch die Reiseberichte zahlreicher Forscher, die seit der Mitte des Jahrhunderts den afrikanischen Kontinent durchquert hatten und die zur populären Massenlektüre wurden.

1 **Die Entwicklung der europäischen Kolonialreiche in Afrika bis 1830**

Etwa zwischen 1882 und 1914 – einer Epoche, die man bereits um die Jahrhundertwende als „Zeitalter des Imperialismus" titulierte – dehnten die europäischen Mächte sowie Russland und die USA ihre Herrschaftsgebiete über den gesamten Globus aus. Binnen weniger Jahre verschwanden nahezu alle „weißen Flecken" von der Weltkarte – frühere große Kolonialmächte wie etwa die Niederlande, Spanien und Portugal verloren an Einfluss, mit dem Deutschen Reich, Russland, den USA und Japan stießen neue Mächte an ihre Stelle.
Der technische Fortschritt des 19. Jahrhunderts ließ die Entfernungen „schrumpfen": Telegrafenverbindungen beschleunigten die weltweite Kommunikation. Das Dampfschiff sorgte für einen wesentlich schnelleren Güter-, Post- und Personenverkehr, Kanonenboote und mächtige Schlachtschiffe ermöglichten militärische Machtdemonstration und Schlagkraft an den entlegensten Orten der Welt.
Der moderne Imperialismus, wie er am Ende des 19. Jahrhunderts auftrat, ist ohne die Vorgeschichte des frühneuzeitlichen Kolonialismus nicht zu erklären. Dennoch war die neuerliche europäische Expansion keine – wenn auch intensivere und rasantere – Fortsetzung des Kolonialismus der vorangegangen Jahrhunderte, sondern nahm eine neue, eigenständige Form an: Auslöser des modernen Imperialismus waren gleichermaßen der rasche ökonomische und sozioökonomische Wandel in den industrialisierten Gesellschaften und die Verschiebung der internationalen Mächtebalance.
Während in den vorangegangenen Jahrhunderten vorwiegend ökonomische Interessen, vertreten durch die Überseehandelskompanien, im Vordergrund der Kolonialbestrebungen gestanden hatten, rückte nun zunehmend auch eine prestigeträchtige „Weltpolitik" um Interessenssphären in den Vordergrund. Die Bedeutung nationalen Prestiges spiegelt der deutsche Imperialismus am deutlichsten wieder – etwa in Bülows bekannter Formulierung „Wir wollen niemanden in den Schatten stellen, aber wir fordern auch unseren Platz an der Sonne".
Der moderne Imperialismus war in den Kolonien deutlich spürbarer, nicht zuletzt, weil die lange vorherrschende indirekte Einflussnahme auf lokale Machthaber durch wirtschaftlichen oder militärischen Druck zunehmend einer „direct rule", einer direkten Verwaltung der Kolonien wich. Die wirtschaftliche „Inwertsetzung" (und politische Unterwerfung) der Kolonien erfolgte überwiegend durch die rücksichtslose Enteignung des Landbesitzes und Ausbeutung der Arbeitskraft der Bevölkerung – eine Verwaltung durch die Kolonialherren oder nach deren Muster sowie der kulturellen Eroberung durch christliche Missionen und Schulen im europäischen Stil.
Für wenige Jahrzehnte konnte die imperialistische Expansion das fragile Mächtegleichgewicht stabilisieren. Sie bot ein Ventil für innen- und außenpolitische Spannungen, aufkommende Konflikte entluden sich an der kolonialen Peripherie.

Charakteristisch für die Phase des Hochimperialismus ist der Wandel in der Form der Beherrschung und Einflussnahme durch die Kolonialmächte. Galt für die koloniale Expansion Großbritanniens bis zur Mitte des 19. Jahrhundert das Motto „Indirekte Herrschaft, wo möglich, direkte Herrschaft wo nötig", so wurde die „direct rule" insbesondere in den afrikanische Kolonien zur typischen Herrschaftsform.

Indirekte Herrschaft

Die bis dahin häufig praktizierte indirekte Herrschaft („indirect rule") bezeichnet die oft subtile und unauffällige Einflussnahme einer Kolonialmacht auf ein anderes Land vor dem Hintergrund von wirtschaftlicher oder militärischer Überlegenheit. Die politischen Strukturen in der Kolonie bleiben in der Regel bestehen. Eine solche Form des Imperialismus übten beispielsweise die USA in Lateinamerika aus. Eine Form, indirekte Herrschaft auszuüben, kann auch die Einsetzung oder

Unterstützung von lokalen Machthabern oder einer lokalen Regierung, die der Kolonialmacht loyal gegenübersteht, sein. Über lange Zeit verwaltete Großbritannien seine Kolonie Indien in einer Form von indirekter Herrschaft durch die Indienstnahme lokaler Autoritäten.

Direkte Herrschaft

Dem gegenüber steht die direkte Herrschaft („direct rule"). Die Verwaltung der Kolonien erfolgt durch Kolonialbeamte der Kolonialmacht, oft nach Unterwerfung oder Absetzung von bis dahin bestehenden lokalen Autoritäten. Die direkte Herrschaft war typisch für Expansion der europäischen Mächte in Afrika, nicht zuletzt, weil die meisten der afrikanischen Kolonien bis zu ihrer Eroberung durch europäische Mächte nicht als „Staaten" existierten und in der Regel die Kolonialmächte keine für sie offensichtlichen staatlichen Strukturen vorfanden.

4.1 Ursachen und Theorien des Imperialismus

Die Ursachen der europäischen Expansion liegen in einem Bündel von Faktoren, einerseits wirtschaftlicher und sozioökonomischer, andererseits strategischer Natur. Nicht zuletzt spielte auch nationales Prestigedenken eine bedeutende Rolle. Bereits zeitgenössische Beobachter - Befürworter und Gegner des Imperialismus gleichermaßen - versuchten, die Ursachen und Gründe der europäischen Expansion zu beschreiben. Ein Verbindung zu wirtschaftlichen Faktoren zu ziehen lag nahe: Die ökonomische Notwendigkeit, neue Absatzmärkte, Rohstoffquellen und Lebensräume zu erschließen, war eine typische Rechtfertigung des Imperialismus, wie sie in nahezu jeder zeitgenössischen Schrift zu finden war.

4.1.1 Ökonomische und sozioökonomische Faktoren

Bis zur zweiten Hälfte des 19. Jahrhunderts hatte die Industrialisierung alle großen Staaten Europas erfasst. Sie bedeutete für die europäischen Mächte erhebliche wirtschaftliche und demographische Veränderungen. Die Gründungen von Nationalstaaten in Deutschland und Italien und der mit der Industrialisierung einhergehende wirtschaftliche Aufstieg der Staaten auf dem europäischen Festland und in den USA verschob das seit dem Wiener Kongress 1815 verhältnismäßig stabile politische und wirtschaftliche Gleichgewicht der Mächte. Bis zur Mitte des Jahrhunderts war Großbritannien wirtschaftlich und militärisch unangefochten und verstand sich als Verfechter des weltweiten Freihandels, als Exportwirtschaft und „workshop of the world". Zunehmend jedoch forderten aufstrebende Nationen wie das Deutsche Reich oder die USA die Vormacht Großbritannien wirtschaftlich, mehr und mehr aber militärisch heraus.
Die industrielle Produktion löste zunehmend die Landwirtschaft als wichtigsten Wirtschafts- und Beschäftigungssektor ab. Die Dampfmaschine wurde sprichwörtlich zum Motor der Massenproduktion. Dampfschiff und Eisenbahn waren Verkehrmittel und Symbol des Fortschritts zugleich, aber auch als Waffenträger und Transportmittel von militärisch-strategischer Bedeutung. Die Produktion der Rohstoffe Kohle, Eisen und Stahl wurde daher zum wichtigsten Indikator für Wachstum, Leistungsfähigkeit und wirtschaftliche wie militärische Macht - sie war gleichermaßen die Grundlage von industrieller Massenproduktion, Energieerzeugung, Ausbau der Infrastruktur und militärischer Rüstung mit modernen Waffen.
Mit Zöllen und Ein- und Ausfuhrbeschränkungen für Fertigprodukte und Rohstoffe traten die Staaten nun immer häufiger der wachsenden wirtschaftlichen Konkurrenz entgegen - dennoch entstand in der zweiten Hälfte des 19. Jahrhunderts, nicht zuletzt durch den internationalen Kapitalverkehr, eine immer stärker international verknüpfte Weltwirtschaft.

In den meisten europäischen Staaten hatte zudem ein starkes Bevölkerungswachstum eingesetzt, das, verbunden mit einem tiefgreifenden sozialen Wandel (Verstädterung, Herausbildung einer neuen gesellschaftlichen Schicht der Industriearbeiterschaft und Aufstieg des Bürgertums) und stetig größer werdenden Auswanderung, vor allem in die USA, in den meisten europäischen Nationen auch einen spürbaren sozialen Druck erzeugte.
Der Besitz von Kolonien versprach in dieser Situation in doppelter Hinsicht Sicherheit und Wachstum: Einerseits ermöglichten Kolonien den Zugriff auf begehrte Rohstoffe – neben Palmölprodukten, Gewürzen, Kaffee, Tee und Zucker exportierten die tropischen Kolonien vor allem den immer stärker nachgefragten Gummirohstoff Kautschuk. Die Entdeckung von Diamanten im Süden und Südwesten Afrikas sowie von Edelmetallen in Zentral- und Südafrika sorgten darüber hinaus für ein wachsendes Interesse an der Erschließung der kolonialen Rohstoffe. Andererseits sollten die kolonialen Besitzungen als Absatzmärkte für die Produkte des Mutterlandes dienen und so in doppelter Richtung den wirtschaftlichen Aufschwung beschleunigen.
Trotz der hochgesteckten Erwartungen und der verlockenden Aussichten blieb für die meisten Mächte der Kolonialbesitz ein Verlustgeschäft. Die effektive Ausbeutung der Kolonien wurde in der Regel erst durch eine direkte Herrschaftsausübung möglich, die sich ohne Zuschüsse aus dem Mutterland kaum tragen konnte. Den wirtschaftlichen Gewinn aus dem Handel mit den kolonialen Ressourcen indes verbuchten privatwirtschaftliche Unternehmen. Historiker nannten diesen Prozess die „Privatisierung der Gewinne bei Verstaatlichung der Kosten" (Stoecker).
Ungeachtet der tatsächlichen wirtschaftlichen Bedeutung hatte eine imperialistische Politik das Potenzial, als Ventil für die durch die Industrielle Revolution verursachten gesellschaftlichen Spannungen zu funktionieren. Sie gab dem Fortschrittsglauben und Nationalismus des ausgehenden 19. Jahrhunderts eine Richtung.

2 Aufteilung Afrikas 1885. Auch die „weißen Flecken" des afrikanischen Kontinents werden aufgeteilt. Holzstich 1885.

4.1.2 „Afrikafieber" und europäisches Sendungsbewusstsein

Afrika war für die europäischen Kolonialmächte von besonderem Interesse – bis zur Mitte des 19. Jahrhunderts war nur wenig über das Innere des Kontinents bekannt, zwar gab es bereits zahlreiche kleine europäische Kolonien, Handels- und Missionsstationen, das Landesinnere war jedoch weitestgehend unbekannt. Die Berichte der Forschungsreisenden wie beispielsweise Henry Morton Stanley, David Livingstone, aber auch Gustav Nachtigal und Heinrich Barth erfreuten sich daher großer Popularität, berichteten sie doch von Abenteuern in einer exotischen Wildnis, und scheinbar unbegrenzten Weiten und natürlichen Ressourcen des Inneren Afrikas.
Aus der vermeintlichen Rückständigkeit der afrikanischen Gesellschaften leiteten vor allem Deutschland und Großbritannien ein starkes Sendungsbewusstsein ab. Der englische Schriftsteller Rudyard Kipling formulierte, dass es die „Bürde des weißen Mannes" sei, den unzivilisierten Völkern den Fortschritt der europäischen Kultur zu bringen. Gleichzeitig schrieben sich die europäischen Kolonialmächte die endgültige Bekämpfung der Sklaverei auf ihre Fahnen. Dieser gemeinsame Anspruch manifestierte sich auch in der Generalakte der Kongo-Konferenz (1885).
Ein besonderes kulturelles Sendungsbewusstsein vertraten die Missionsgesellschaften, die schon seit der Mitte des 19. Jahrhunderts begonnnen hatten, den christlichen Glauben und ein rudimentäres, an europäischen Standards orientiertes Bildungssystem in den späteren Kolonialgebieten zu begründen.
Wesentlich radikaler begründete der pseudowissenschaftliche Sozialdarwinismus den Imperialismus: Die an die evolutionsbiologischen Erkenntnisse Charles Darwins angelehnten (aber keineswegs von ihm begründeten) sozialdarwinistischen Lehren sahen in der kolonialen Expansion den „Kampf ums Dasein", in dem sich der Stärkere durchsetzen würde (Herbert Spencer). Aus der Überlegenheit der „weißen Rasse", die sich in der vermeintlich größeren kulturellen und wirtschaftlichen Schaffenskraft dokumentiert, leiteten sozialdarwinistische Ideologen einen universellen europäischen Herrschaftsanspruch über die als „wild", „rückständig" und „minderwertig" angesehen Bewohner der Kolonialgebiete ab.

4.2 Imperialismen: Großbritannien, die USA, Russland

Großbritannien

Ab dem 16. Jahrhundert hatte Großbritannien sukzessive Kolonien erobert und verfügte bereits zu Beginn des 19. Jahrhunderts über beträchtliche weltweite Besitzungen – neben den Dominions in Australien und Kanada bildeten Indien und Afghanistan und zahlreiche Inselgruppen im Indischen Ozean das Rückgrat der britischen Kolonien. Die herausragende Stellung, die Großbritannien als Kolonial- und Seemacht zu Beginn des 19. Jahrhunderts genoss, erlaubte eine Organisation der Kolonien unter indirekter Herrschaft und Freihandel zwischen Kolonien und Mutterland. Noch protestierte 1850 der spätere Premierminister Benjamin Disraeli vehement gegen diesen Kurs und bezeichnete die britischen Kolonien als „Mühlsteine um unseren Hals".
Die kolonialfeindliche Stimmung in Großbritannien schlug in der zweiten Hälfte des 19. Jahrhunderts jedoch um, als sich nach dem deutsch-französischen Krieg 1870/71 mit dem Deutschen Reich eine weitere wirtschaftlich und militärisch starke Nation auf dem Kontinent gründete. Unter den veränderten politischen und wirtschaftlichen Umständen drängte Disraeli die englische Königin Victoria, den Titel als „Kaiserin von Indien" anzunehmen und damit ein britisches „Empire" zu konstituieren. Im Crystal Palace forderte Disraeli am 24. Juni 1872 den Erhalt und Ausbau des britischen Kolonialreichs, der von 1882 mit der zunächst informellen Besetzung Ägyptens zur Absicherung britischer Investitionen begann. Zwischen

3 Das Britische Empire. Karten wie diese aus dem Jahre 1886 waren weit verbreitet. Sie sollten die Bevölkerung mit der Größe und der Macht des Empire sowie mit den in diesem lebenden Völkern vertraut machen.

Burenrepublik

1884 und 1889 nahm Großbritannien weite Teile Ostafrikas in Besitz (Kenia, Uganda und das heutige Simbabwe). Der Versuch, von Ägypten nach Süden in den Sudan vorzustoßen, führte 1898 zur Faschoda-Krise, in der Großbritannien erfolgreich gegen französische Ansprüche auf den Südsudan intervenierte. Im Süden Afrikas scheiterte zwar 1896 der „Jameson Raid" gegen die Burenrepublik Transvaal, doch im brutal geführten Burenkrieg 1899–1902 sicherte sich Großbritannien seine Ansprüche auf die Region. Mit Ausnahme Deutsch-Ostafrikas (britisches Mandatsgebiet ab 1920) war kurz nach der Jahrhundertwende das proklamierte Ziel einer „Linie vom Kap bis Kairo" beinahe erreicht.

USA

Bis zum spanisch-amerikanischen Krieg 1898 waren die Bestrebungen der USA zunächst auf die Vollendung der Binnenkolonisation des nordamerikanischen Kontinents (die sog. „Manifest Deestiny", die „offenkundige Bestimmung" der USA) gerichtet. Die kolonialpolitische Zurückhaltung der USA war eng verbunden mit der von Präsident James Monroe 1823 verkündeten Politik zweier politischer Einfluss- und Interessenssphären („Monroe-Doktrin"): Er verlangte von den europäischen Mächten den Verzicht auf Einmischung und Kolonisation in der westlich-amerikanischen Einflusssphäre, versprach aber, gleichermaßen auf Einmischung in die Belange der europäischen Mächte zu verzichten.
Im spanisch-amerikanischen Krieg 1898 konnten die USA die frühere Kolonialmacht Spanien endgültig aus der amerikanischen Einflusssphäre verdrängen. Mit dem „Frieden von Paris" trat Spanien am 10. Dezember 1898 Puerto-Rico, Guam

und die Philippinen an die USA ab, Kuba wurde formell unabhängig, geriet aber unter den indirekten Einfluss der USA. Die Kolonien im Pazifischen Ozean waren für die USA vor allem von strategischer Bedeutung, sie ermöglichten den USA die Versorgung der Kriegs- und Handelsmarine und somit wirtschaftliche und militärische Einflussnahme im pazifischen und asiatischen Raum.

Russland

Russlands Imperialismus richtete sich zunächst auf die Binnenkolonisation des Kontinents, zunächst nach Sibirien, in den Kaukasus und bis an die Pazifikküste, der eine zielstrebige „Russifizierung" der annektierten Gebiete folgte, die sich gegen deren kulturelle Eigenständigkeit richtete. Die Expansion erschloss Russland einen eisfreien Marinehafen in Wladiwostok, mit einem Vorstoß nach China annektierte Russland darüber hinaus die Mandschurei. Die Südausdehnung nach Afghanistan und Persien brachte Russland in einen fortdauernden Konflikt mit Großbritannien, das seine Vormachtstellung im mittleren und fernen Osten bedroht sah. Die russische Flotte wurde 1905 im russisch-japanischen Krieg durch die japanische Marine nahezu komplett zerstört. Nach einer weiteren schweren Niederlage zu Land bei Mukden war der Einfluss des russischen Reichs in Asien gebremst.

Berliner Afrika-Konferenz

Die Berliner Afrika-Konferenz (15. November 1884 bis 26. Februar 1885) – häufig „Kongo-Konferenz" genannt – markierte den Höhepunkt des „Scramble for Africa", dem nationalen „Wettlauf" um Kolonien. Anlass waren die Bestrebungen des belgischen Königs Leopold II., im zentralafrikanischen Kongobecken durch eine private Gesellschaft eine Kolonie gründen zu lassen. Die Unternehmung wurde

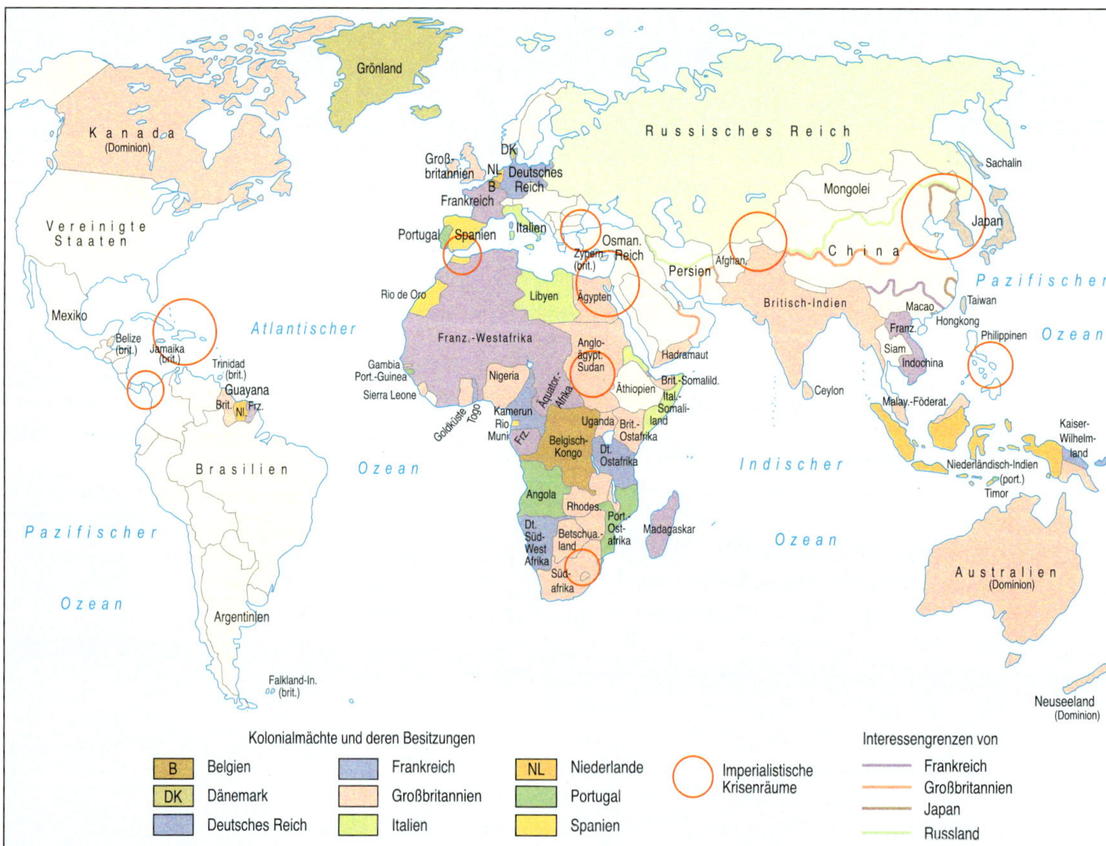

4 Koloniale Aufteilung und koloniale Krisenzonen vor dem Ersten Weltkrieg

bereits von 1878 bis 1884 durch den berühmten, später sehr umstrittenen britischen Afrikapionier Henry Morton Stanley vorbereitet. Auf Anregung des belgischen Königs hatte der deutsche Reichskanzler Otto von Bismarck 14 Staaten mit bereits bestehenden Kolonial- oder Schutzgebieten in Afrika oder potenziellen kolonialen Interessen nach Berlin eingeladen.
Die Generalakte der Konferenz („Kongo-Akte") regelte schließlich nicht nur die Grenzen und Rechte der neugegründeten Kolonie in Zentralafrika, sondern auch Handels- und Zollrechte an den Flüssen Kongo und Niger. Zudem wurde in ihr ein einvernehmliches Verfahren der Inbesitznahme von Kolonien festgelegt: Wer fortan Kolonialbesitz erwerben wollte, musste seine Ansprüche dokumentieren und den anderen Unterzeichnerstaaten kenntlich machen. Zudem betonten die unterzeichnenden Mächte den gemeinsamen Willen zur Abschaffung des Sklavenhandels, zum Schutz der eingeborenen Bevölkerung und ihrer zivilisatorischen Förderung.
Eine Aufteilung Afrikas unter den Signatarmächten und die Grenzziehung der Kolonien wurde in Berlin zwar nicht explizit beschlossen, obwohl die zahlreichen zeitgenössischen Abbildungen und Kommentare genau diesen Aspekt besonders zu betonen versuchen. Gleichwohl hatte mit Unterzeichnung der Generalakte der „Scramble for Africa" nun auch völkerrechtlich begonnen.

4.3 Internationale Spannungen von Faschoda bis zur Marokko-Krise

Nur oberflächlich erscheint für die Zeit von 1871 bis 1914 zumindest zwischen den europäischen Mächten eine relativ friedliche Periode eingetreten zu sein. Seit dem deutsch-französischen Krieg, in dessen Folge sich das Deutsche Reich gegründet hatte, blieb der europäische Kontinent von größeren kriegerischen Auseinandersetzungen verschont.
Obwohl die beteiligten Mächte in der Generalakte der Berliner Afrika-Konferenz von 1885 („Kongo-Konferenz") das Vorgehen beim Erwerb neuer Kolonien miteinander abgestimmt und einvernehmlich geregelt hatten, verlief das „Wettrennen" um Kolonien und Einflusssphären selten ohne Reibungen.
Die nicht ausbleibenden Rivalitäten zwischen den europäischen Mächten verlagerten sich zunehmend in die koloniale Peripherie. Die resultierenden Spannungen waren zunächst vorübergehender Natur, doch unterminierten sie das Vertrauen der europäischen Mächte untereinander, schufen aber auch neue Annäherungen. In Afrika kreuzten sich die Interessen dreier europäischer Mächte: Großbritannien verfolgte – ausgehend von seinen Kolonialbesitzungen im Norden, Osten und Süden Afrikas – das Konzept der Kap-Kairo-Linie, also eines geschlossenen Kolonialreichs durch Afrika in Nord-Süd-Richtung von Südafrika bis nach Ägypten. Die Faschoda-Krise markierte 1896 das Aufeinandertreffen der britischen Ambitionen mit Frankreichs Ziel, seine weiträumigen Kolonien in Nord- und Westafrika mit dem Indischen Ozean zu verbinden. Am 10. Juli 1896 erreichte eine kleine französische Truppe unter Major Marchand das Fort Faschoda am oberen Nil (Süd-Sudan) und hisste die französische Fahne. Das eilig entsandte britische Expeditionscorps unter General Kitchener forderte Marchard am 10. September zur unverzüglichen Aufgabe des Forts auf. Die französische Regierung entschied sich zum Rückzug, die vermeintliche Krise wurde im Sudan-Vertrag beigelegt, der den Ausgangspunkt der französisch-britischen Entente cordiale („herzliches Einvernehmen") markierte.
Als Frankreich 1906 versuchte, sich einen stärkeren Einfluss in Marokko zu sichern, intervenierte das Deutsche Reich vehement gegen den offensichtlichen Verstoß

gegen das Madrider Abkommen über die Unabhängigkeit Marokkos. Mit einem Besuch in Tanger demonstrierte Wilhelm II. die deutschen Ansprüche auf freien Handel in Marokko. Die Konferenz von Algeciras bestätigte zwar den unabhängigen Status von Marokko, erlaubte jedoch Frankreich eine Einflussnahme auf Polizei und Hafenverwaltung - ein Teilerfolg für die französischen Ambitionen. Fünf Jahre später, 1911, unterstrich Frankreich seine Ansprüche auf Marokko und besetzte Fes und Marrakesch. Das Deutsche Reich reagierte mit der Entsendung des Kanonenboots S.M.S. Panther nach Agadir („Panthersprung"), um Frankreich zur Abtretung von Kolonialgebieten in Zentralafrika als Ausgleich für die Aufgabe deutscher Interessen in Marokko zu erpressen. Großbritannien deutete das Manöver als die Androhung einer deutschen Okkupation von Agadir und ergriff für die französische Position Partei. Mit dem Marokko-Kamerun-Vertrag vom 18. November 1911 wurde die Krise beigelegt, zwar wurde das Deutsche Reich für die Abtretung seiner Ansprüche in Marokko mit einem Teil Französisch-Äquatorialafrikas entschädigt, außenpolitisch gestaltete sich die Krise jedoch als deutliche Niederlage des Deutschen Reichs gegenüber Frankreich und Großbritannien.

4.4 Deutscher Imperialismus

Seit der Reichsgründung 1871 hatte der Leitgedanke der territorialen „Saturiertheit" des Deutschen Reichs die offizielle deutsche Politik bestimmt und stand damit im direkten Widerspruch zum Empfinden der Vertreter einer deutschen Kolonialbewegung: Das Deutsche Reich sei bei der Aufteilung bislang zu kurz gekommen, es sei unumgänglich, den neu gewonnenen nationalen Status auch durch Kolonialbesitz zu betonen, so die populären Argumente der Kolonialagitatoren.
Bis 1884 hatte das Deutsche Reich keinen Kolonialbesitz - sieht man von den vorübergehenden Besitzungen der Welser in Venezuela (1528–1556) und den Überseestützpunkten Brandenburg-Preußens in Westafrika (um 1700) einmal ab. Reichskanzler Otto von Bismarck zeigte lange Zeit große Zurückhaltung gegenüber aktiven deutschen Kolonialbestrebungen. Seine Bestrebungen richteten sich zunächst auf eine außen- und bündnispolitische Absicherung und Einbindung des jungen Deutschen Reichs. Den Erwerb von Kolonien sah er einerseits als finanzielles Risiko für das Deutsche Reich, da ihm die dauerhaften Kosten einer Kolonie nicht im Verhältnis zu den zu erwartenden wirtschaftlichen Vorteilen standen. Andererseits barg eine aktive Kolonialpolitik stets die politische Gefahr einer Auseinandersetzung mit einer anderen europäischen Macht um Kolonialansprüche.

Erwerb der Kolonialgebiete

Erst in den 1880er-Jahren wandelte sich Bismarcks Außenpolitik. Den Hintergrund bildete eine ökonomische Schwächeperiode, ein ausgeprägt hohes Bevölkerungswachstum bei gleichzeitig hoher Auswanderung. Zudem traten in zunehmend aggressiverem Ton Kolonialagitatoren wie Friedrich Fabri (Denkschrift „Bedarf Deutschland der Colonien", 1879), Hübbe-Schleiden und politische Interessenverbände wie der Deutsche Kolonialverein (Gründung 1882) und die Carl Peters' Gesellschaft für deutsche Kolonisation (Gründung 1884) in Erscheinung.
Zwar bemühte sich das Deutsche Reich weiterhin nicht aktiv um eigene Kolonien, als jedoch der Bremer Händler Adolf Lüderitz um den Schutz des Reiches für die von ihm am 24. April 1884 erworbenen Ländereien in der Bucht von Angra Pequena nachsuchte, wurde ihm der Schutzbrief ebenso gewährt wie für die folgenden Besitzergreifungen, die später zu Deutsch-Südwestafrika zusammengefasst wurden. Ebenso ergingen Schutzbriefe für die Gebiete in Togo (5./6.7.1884) und Kamerun (14.7.1884), für die der Afrikareisende und Mediziner Gustav Nachti-

gal – im Interesse des Hamburger Handelshauses C. Woermann – um dem Schutz des Deutschen Reichs gebeten hatte. Nur um Tage war Nachtigal in Kamerun dem englischen Konsul Hewett zuvorgekommen, der das Gebiet für Großbritannien annektieren wollte. Am 27. 9. 1884 ergingen schließlich Schutzbriefe für die ostafrikanischen Territorien der Gesellschaft für deutsche Kolonisation und in den ersten Monaten des Jahres 1885 für einen Teil Neuguineas und mehrere Inselgruppen im Südpazifik.
Bereits nach kurzer Zeit zeigten sich die privaten Handelsgesellschaften dem organisatorischen und finanziellen Aufwand der Verwaltung ihrer Schutzgebiete nicht gewachsen. Die Gebiete, die zunächst von privaten Handelsgesellschaften erworben und lediglich unter kaiserlichen Schutz gestellt worden waren, gingen nahtlos in förmliche Kolonien des Deutschen Reichs über.

4.4.1 Aktive Kolonialpolitik: Kiautschou und Samoa

Nach dem Rücktritt Bismarcks 1890 gab das Deutsche Reich seinen verhaltenen und defensiven Expansionskurs auf. Fortan bestimmten nicht nur in Bündnisfragen die machtpolitischen Ambitionen des jungen Kaisers Wilhelm II. sowie das nationale Prestige und Geltungsbedürfnis die deutsche Außen-, Flotten- und Kolonialpolitik – jene Politikbereiche, die zunehmend gemeinsam unter dem Begriff der „Weltpolitik" behandelt wurden. Insbesondere in China, das nach den Opiumkriegen zunächst von Großbritannien (Hongkong, Weihaiwei), dann auch von Frankreich (Kwangtschouwan) und Portugal (Macao) zur Öffnung seiner Wirtschaft und der Verpachtung von Handels- und Marinebasen gezwungen wurde, erzwang sich auch Deutschland 1897 nach der Ermordung zweier deutscher Missionare einen Hafen als Handelszugang zum chinesischen Markt und Versorgungsstation der Marine. Für 99 Jahre pachtete Deutschland den Hafen Kiautschou mitsamt der umliegenden Tsingtao-Bucht und der Provinz Shantung.
Seine größte Ausdehnung erreichte das deutsche Kolonialreich 1900 mit der Annexion von West-Samoa. Bereits seit 1878 („Samoa-Vorlage") gab es Bestrebungen zur Inbesitznahme der Südsee-Inseln. 1889 hatte sich dann das Deutsche Reich nach längeren Machtkämpfen mit den USA und Großbritannien in der Samoa-Akte auf ein gemeinsames Protektorat über die formal unabhängig bleibenden samoanischen Inseln geeinigt. Dieser Status hatte bis zum Tod des Königs von Samoa 1898 Bestand, infolge eines Thronfolgestreits beschlossen die Mächte die Aufteilung der Inselgruppe.

4.4.2 Der Griff nach dem Orient: Die Bagdadbahn

Der Bau der „Bagdadbahn" – eigentlich die Verlängerung der anatolischen Eisenbahn – war das ambitionierteste und gleichzeitig letzte große deutsche Kolonialprojekt. Eine Bahnlinie, die von Konstantinopel (Istanbul) nach Bagdad reicht, bedeutete eine schnelle und strategisch äußerst wichtige Verbindung des Mittelmeers mit dem Vorderen Orient. Die „Bagdadbahn" wurde aufgrund ihrer strategischen Bedeutung schnell zum Politikum.

5 Deutsche Kanonenbootpolitik. Karikatur aus dem „Simplicissimus" zur Zeit der zweiten Marokkokrise 1911. Textzeile: „Onkel Bull, bitte lass den bösen Buben nicht mitspielen."

Besonders Großbritannien, dessen Vormachtstellung im Nahen und Mittleren Osten bereits in Persien durch die Ambitionen Russlands gefährdet war, betrachtete die Pläne für die Bahnlinie mit großer Skepsis. Die Bahnlinie eröffnete eine direkte Landverbindung zwischen Mittelmeer und Persischem Golf und damit eine potenzielle Einflusssphäre für das Deutsche Reich im Nahen und Mittleren Osten, das vom sich abzeichnenden Zerfall des Osmanischen Reichs zu profitieren versuchte und unverhohlen Interesse an einer Marinebasis am Persischen Golf bekundete.
Im März 1903 wurde der Bau der Bagdadbahn schließlich beschlossen, neben der Deutschen Bank waren türkische Staatsanleihen und französisches Kapital an der Finanzierung der Bahnstrecke beteiligt, die federführend von deutschen Ingenieuren und Unternehmen gebaut wurde. Erst 1912 war der erste, 250 km lange Streckenabschnitt fertig gestellt. Als im Oktober 1914 schließlich der letzte Teilabschnitt begonnen wurde, hatte bereits der Weltkrieg begonnen, der die deutsche Expansion beenden sollte. Erst zwischen 1935 und 1940 wurde der Bau der Bagdadbahn abgeschlossen.

4.4.3 Widerstand gegen die Kolonialherrschaft: Die Beispiele Herero- und Maji-Maji-Krieg

Die Durchsetzung kolonialer Herrschaft war in aller Regel dauerhaft mit der Ausübung von Gewalt verbunden – wenngleich nicht nur im Deutschen Reich Kolonialpresse und pro-koloniale Kreise stets um eine harmonische und erfolgreiche Darstellung der Kolonialunternehmungen bemüht waren und die alltägliche Gewalt in den Kolonien verharmloste, herunterspielte oder als notwendige Erziehungsmaßnahme darstellte. Doch ebenso wie sich die wirtschaftlichen Erwartungen in den Kolonialbesitz nur selten erfüllten und der Erfolg der Siedlungskolonien sich nicht recht einstellte, war auch die Herrschaft in den Kolonien ständig im Kleinen wie im Großen umkämpft – oft war die koloniale „Ordnung" nur durch so genannte „Strafexpeditionen" zu erhalten. Der Widerstand gegen die deutsche Herrschaft in Deutsch-Südwestafrika und Deutsch-Ostafrika zeigt eindrücklich die Kehrseiten der Kolonialherrschaft, wie sie in vergleichbarer Form in den meisten Kolonien auftraten.

4.4.4 Eine Frage der Perspektive ...

„Die Eingeborenen sind faul und für Arbeit nicht zu gebrauchen" – so oder ähnlich lesen sich viele Berichte von Gouverneuren, Kolonialpionieren oder europäischen Siedlern. In der Tat gestaltete sich die Rekrutierung von Arbeitskräften in den afrikanischen Kolonien für die neuen Machthaber oft schwierig. Durch die Erhebung von Steuern, die in barer Münze abgegolten werden mussten, die Einführung einer Arbeitspflicht oder schlichtweg körperliche Gewalt und harte Bestrafung zwangen die Kolonialherren die einheimische Bevölkerung in den Kolonien zur Arbeit.
Zum populären kolonialen Mythos des „faulen Negers", dem körperliche Arbeit völlig fremd sei, passt nicht, dass nahezu überall in Afrika bereits vor der Ankunft der europäischen Eroberer komplexe Gesellschaftssysteme existierten. Viele besaßen zwar keine Schriftsprache und dennoch verfügten sie über eine reiche Kultur, viele besaßen keine Geldwirtschaft und keine Lohnarbeit, aber eine komplexe Arbeits- und Aufgabenteilung und Sozialstruktur.
Mit der Durchsetzung ihrer kolonialen Interessen griffen die europäischen Kolonialherren tief in diese bestehenden Gesellschaftssysteme ein.
Begriffe wie Rückständigkeit und Zivilisation, Arbeit und Faulheit stehen daher im kolonialen Kontext für eine bestimmte – nämlich europäische – Perspektive.

6 Reisen im Kolonialstil in einer Hängematte und mit Sonnenschutz. Foto ca. 1900.

4.4.5 Der „Herero- und Nama-Aufstand“ in Deutsch-Südwestafrika 1904–1907

Die Herero stellten vor 1904 die größte Bevölkerungsgruppe in Deutsch-Südwestafrika. Sie lebten ursprünglich überwiegend als nomadische Viehzüchter im Norden des Landes, doch gegen Ende des 19. Jahrhunderts wurden ihre Lebensgrundlagen durch Viehseuchen und Dürren massiv beeinträchtigt. Viele Herero mussten zur Sicherung ihrer eigenen Existenz ihre Viehbestände oder ihren Landbesitz verkaufen oder verpfänden. Für die Verwaltung der Kolonie kam diese Entwicklung nicht ungelegen, machte sie doch die Herero sesshaft und von Lohnarbeit abhängig. Seit 1901 hatte sie begonnen, die Herero in Reservate umzusiedeln und das Weideland der Herero als Farmland an weiße Siedler zu verpachten, die sich entlang der neu angelegten Eisenbahnlinie durch das Hereroland niederließen.
Für die Kolonialmacht kam die Erhebung der Herero gegen die deutsche Herrschaft am 11. Januar 1904 völlig überraschend: Herero griffen deutsche Farmen und Stützpunkte an und töteten 123 Menschen. Der deutsche Gouverneur Theodor Leutwein, der lediglich eine kleine Schutztruppe kommandierte, versuchte zunächst, in Verhandlungen mit dem Oberhäuptling der Herero, Samuel Maharero, einzutreten. Die Reichsregierung forderte jedoch eine bedingungslose Unterwerfung der Herero, Leutwein wurde des Kommandos enthoben, an seiner Stelle sollte Generalleutnant Lothar von Trotha mit einem Expeditionscorps von 15.000 Marinesoldaten den Aufstand niederschlagen.
Am 11. August 1904 konnte Trotha am Waterberg einen Sieg über die Herero erringen, Trothas Truppen trieben die flüchtenden Herero – neben den Kämpfern auch Frauen, Kinder und ganze Viehherden – in Richtung der Omaheke-Halbwüste, um sie aus Deutsch-Südwestafrika zu vertreiben. Nach der Waterberg-Schlacht, am 2. Oktober 1904, erging der „Vernichtungsbefehl“ Trothas, der die Herero aufforderte, das Land zu verlassen, ihnen mit totaler Vernichtung drohte und anordnete, keine männlichen Gefangenen mehr zu machen: Die Flucht durch die wasserarme Wüste wurde für die meisten Herero zum Todesurteil, viele verdursteten qualvoll. Lediglich rund 1500 Herero und ihr Anführer Samuel Maharero

entkamen durch die Omaheke nach Britisch-Beschuanaland (heute: Botswana). Die Rückkehr in ihre Heimat blieb ihnen jedoch auch nach 1915 verwehrt, als die Armee der südafrikanischen Union die deutsche Schutztruppe besiegte und Deutsch-Südwestafrika als südafrikanische Kolonie eroberte. Bereits im Dezember 1904 wurde der umstrittene Befehl aufgehoben, doch war es dann bereits für den Großteil des Herero-Volkes zu spät. Die kriegsgefangenen Herero (und später auch Nama) wurden in Ketten gelegt und in Internierungslagern zur Zwangsarbeit herangezogen oder in andere deutsche Kolonien (vorwiegend Kamerun und Ostafrika) zur Arbeit deportiert. Dort und in den Lagern starb über die Hälfte der Gefangenen.

Im Oktober 1904 erhoben sich die Nama („Hottentotten"), die bis dahin unter ihrem Führer Hendrik Witbooi die deutschen Truppen unterstützt hatten, gegen die deutsche Kolonialmacht. Über ein Jahr lang zog sich die Auseinandersetzung in Form eines Guerilla-Krieges hin, ehe die Nama am 26. November 1905 die Waffen niederlegten, nachdem Witbooi am 29. Oktober einer Verwundung erlegen war. Die Zahl der Opfer in den Auseinandersetzungen bleibt umstritten: Bis zu 1800 deutsche Soldaten wurden getötet oder starben an tropischen Krankheiten, über drei Viertel der Herero- und die Hälfte der Nama-Bevölkerung, insgesamt 60.000–80.000 Menschen, starben in den Kämpfen, auf der Flucht, in Lagern oder bei der Zwangsarbeit.

Auch in Deutsch-Ostafrika brach 1905 Widerstand gegen die deutsche Herrschaft aus. Aus Protest gegen die Arbeitspflicht und immer stärker wachsende Steuerlast, die bar beglichen werden musste, was einer verpflichtenden Lohnarbeit gleichkam, hatten am 20. Juli 1905 einige Afrikaner eine Baumwoll-Plantage zerstört. Als typisches cash-crop war die Baumwolle ein Symbol für die Lohnarbeit, die Anlass des Protests war. Die Aufständischen hatten von dem Propheten Kinjikitele einen Zauber erhalten, der sie vor den Kugeln der deutschen Gewehre schützen sollte. Das „maji" (swahili für Wasser) wurde getrunken, auf dem Körper verrieben oder als Amulett getragen. Die so „geschützten" Krieger traten den Maschinengewehren der deutschen Schutztruppe furchtlos entgegen – mit grausamen Folgen und vielen Todesopfern. Dennoch hatten die deutschen Truppen große Mühe, den sich rasch ausbreitenden Aufstand und sporadisch an verschiedensten Orten aufflammenden Widerstand einzudämmen. Mit einer verheerenden Strategie der „verbrannten Erde", die rücksichtslos die Dörfer, Felder und Nahrungsvorräte der Bevölkerung niederbrannte und vernichtete, konnte bis 1907 der Widerstand gebrochen werden. Die Folgen des Maji-Maji-Krieges waren fatal: Mindestens 75.000, möglicherweise bis zu 300.000 Afrikaner waren bei den Kämpfen oder an Hunger gestorben. Weite Teile des südlichen Deutsch-Ostafrika waren beinahe vollständig entvölkert, einer ganzen Region mittelfristig die Lebensgrundlagen entzogen.

Die Niederschlagung des Widerstandes der Herero und Nama und der Maji-Maji-Krieg blieben aufgrund ihrer außerordentlichen Brutalität Reizthema bis über das Ende der deutschen Kolonialherrschaft hinaus. Historiker sahen in der Kriegsführung gegen die Herero Parallelen zum organisierten Völkermord im nationalsozialistischen Deutschland. Zusätzlich angeheizt wurden die Debatten um die Frage durch

7 Gräueltaten in Deutsch-Südwest
Schädel toter Herero werden zu wissenschaftlichen Zwecken nach Deutschland verschickt. Zeitgenössische Zeichnung

die seit 1995 erhobene Klage von Hereros gegen die Bundesrepublik Deutschland, in der eine Entschädigung für die Kriegsverbrechen in Milliardenhöhe gefordert wurde.

4.5 Ausblick Weltkrieg, Niedergang der Kolonialreiche, Dekolonisation

In vielerlei Hinsicht erscheint das „Zeitalter des Imperialismus" aus historischer Perspektive als ein Vorspiel des Ersten Weltkriegs. Noch zu Beginn der 1880er-Jahre hatten der Berliner Kongress (1878) und die „Kongo-Konferenz" (1885) eine vorübergehende, jedoch einvernehmliche Lösung des durch den Zusammenbruch des Osmanischen Reiches auf dem Balkan entstandenen Machtvakuums und des riskanten „Wettrennens" um Kolonien in Afrika gebracht. Eine Lösung der unterschwelligen Konflikte brachte weder der Berliner Kongress noch die „Kongo-Konferenz": Bereits in den 1890er-Jahren kamen alte Rivalitäten wieder zum Vorschein - sei es in der Faschoda-Krise am oberen Nil, in der Missstimmung um die „Krüger-Depesche" oder in den folgenden Jahren in Samoa, im Norden Chinas, in den Marokko-Krisen und zuletzt, kurz vor Ausbruch des Weltkriegs, erneut auf dem Balkan. Die Option, Spannungen durch immer neue Eroberungen in entfernte Regionen der Welt abzuleiten, hatte sich verbraucht, die Konflikte kehrten nach Europa zurück.

Wenngleich der Ausbruch des Ersten Weltkriegs allgemein als das Ende des „Zeitalters des Imperialismus" verstanden wird, so hatten die Kolonialreiche der meisten Mächte noch bis über das Ende des Zweiten Weltkriegs hinaus Bestand - die Kolonien des Deutschen Reichs waren im Verlauf des Krieges verloren gegangen und wurden durch den Friedensvertrag von Versailles 1920 zu Mandatsgebieten des Völkerbunds. Doch gerade der Verlust der Kolonien löste in Deutschland einen neuen Schub an „Kolonialfieber" aus: Die Rückgewinnung der verlorenen Kolonien („Kolonialrevision") blieb das Ziel von Kolonialverbänden, aber auch nationalistischen Parteien, in Deutschland. Auch in anderen Staaten bestanden die Kolonialbestrebungen fort und neue Ambitionen kamen auf, so beispielsweise in der südafrikanischen Union, die seit 1915 als Kolonialmacht über Namibia (früher Deutsch-Südwestafrika) herrschte oder die „Liga Morska i Kolonialna", die in Polen den Erwerb von Kolonien in Brasilien propagierte. Japan konnte sein Kolonialreich in Asien durch Kriege im Nordosten Chinas (Mandschurei, 1931 und 1937) in der Zwischenkriegszeit sogar deutlich vergrößern.

Erst 1947 läutete die Unabhängigkeit Indiens das Ende des britischen „Empire" und der Kolonialreiche ein. Der größte Teil der Kolonien in Afrika wurde schließlich von den Kolonialmächten in den 1950er- und 1960er-Jahren in die Unabhängigkeit entlassen, nicht selten nach langem und teils äußerst gewaltsamen Widerstandkampf gegen die jeweilige Kolonialmacht. An den Folgen des europäischen Imperialismus tragen die meisten ehemaligen Kolonien bis heute. Erst die Unabhängigkeit Namibias 1990 (1884–1919 Deutsch-Südwestafrika, 1920–1990 südafrikanisches Mandatsgebiet) und Hongkongs 1997 (1842–1997 britische Kronkolonie) markierten das Ende des „Zeitalters des Imperialismus", nicht aber seine Nachwirkungen.

4

Methode: Quellenanalyse und -kritik „Karikatur"

Eine Karikatur (von lat. Carrus - der Karren und daraus ital. caricare - überladen, übertreiben) stellt Menschen, Dinge oder Themen komisch überzeichnet dar. Zur Analyse einer Karikatur sind Darstellungsstruktur und inhaltliche Struktur zu beachten. Man unterscheidet auf der **Darstellungsebene** die

- Sachkarikatur, deren Aussage sich primär auf Dinge und Gegenstände bezieht;
- personale Typenkarikatur, die Gruppen, Völker oder Staaten in Form einer Person darstellt - diese Figur steht stellvertretend für die Gruppe, z. B. die „Marianne" für Frankreich, der „Michel" für Deutschland;
- personale Individualkarikatur, die eine bekannte Person des öffentlichen Lebens eindeutig erkennbar (oft anhand bestimmter Merkmale wie Nase, Frisur usw., die stark überzeichnet werden) darstellt.

Auf der **inhaltlichen Ebene** unterteilt man in:

- Ereigniskarikatur, die ein aktuelles Ereignis darstellt.
- Prozesskarikatur, die - oft in einer Bildfolge - einen längerfristigen Verlauf darstellt;
- Zustandskarikatur, die - oft anhand aktueller Ereignisse - eine längerfristige und allgemeinere Lage kritisiert und
- Panoramakarikatur, die solche Lagen umfassend betrachtet.

Zur Analyse gehört eine

- formale Beschreibung der Karikatur: Welcher inhaltliche und Darstellungstyp ist zu sehen? Was ist über Ort und Datum des Erscheinens sowie den Urheber bekannt ?

- Inhaltliche Beschreibung: Wer oder was ist in der Karikatur zu sehen? Beachten Sie besonders auch kleine, zunächst unauffällige Details der Karikatur wie z. B. Kokarden, (Partei-)Abzeichen, Beschriftungen.

- Beschreibung des Kontexts: Worauf bezieht sich die Karikatur, wie ist das Umfeld ihres Erscheinens (Flugblatt, Zeitung usw.) zu bewerten?

- Deutung und Interpretation: Was soll die Karikatur aussagen? Setzen Sie Ihre Beobachtungen aus den vorherigen Analyseschritten in Bezug auf die Aussage. Überlegen Sie vor allem, wer durch die Karikatur angesprochen werden soll und durch wen.

Arbeitsvorschläge

a) Beschreiben Sie die Karikatur - was ist zu sehen, welche Motive werden vom Karikaturisten aufgerufen?
b) Deuten Sie die Karikatur. Überlegen Sie dabei, an wen und gegen wen sich die Karikatur wenden möchte und welche Aussage sie tragen soll.

8 **Die afrikanische Gefahr.** „Es ist höchste Zeit, dass die Regierung mit aller Macht gegen die Hereros vorgeht, sonst kommen die schwarzen Bestien schließlich noch nach Deutschland und heben bei uns die Sklaverei auf." Karikatur im Simplicissimus von Thomas Theodor Heine (1867–1948) ca. 1904.

1 Max Weber über imperialistische Politik

Der Nationalökonom und Soziologe Max Weber (1864–1920) trat 1895 seine Professur in Freiburg an. Seine Antrittsrede ging im Schlussteil auf den deutschen Imperialismus ein – hier finden sich prägnant und zugespitzt die Anhaltspunkte, warum eine deutsche Expansion als natürlich und notwendig empfunden wurde:

Entscheidend ist auch für unsere Entwicklung, ob eine große Politik uns wieder die Bedeutung der großen politischen Machtfragen vor Augen zu stellen vermag. Wir müssen begreifen, dass die Einigung Deutschlands ein Jugendstreich war, den die Nation auf ihre alten Tage beging und seiner Kostspieligkeit halber besser unterlassen hätte, wenn sie der Abschluss und nicht der Ausgangspunkt einer deutschen Weltmachtpolitik sein sollte. [...]

Nur völlige politische Verzogenheit und naiver Optimismus können verkennen, dass das unumgängliche Ausdehnungsbestreben aller bürgerlich organisierten Kulturvölker, nach einer Zwischenperiode äußerlich friedlicher Konkurrenz, sich jetzt in völliger Sicherheit dem Zeitpunkt wieder nähert, wo nur die Macht über das Maß des Anteils der einzelnen Nationen an der ökonomischen Beherrschung der Erde und damit auch der Erwerbsspielraum ihrer Bevölkerung, speziell ihrer Arbeiterschaft entschieden wird.

Zit. nach: Wolfgang J. Mommsen: Max Weber und die deutsche Politik 1900–1920. Tübingen 1959, S. 87; Max Weber: Nationalstaat und Volkswirtschaftspolitik (Akademische Antrittsrede). In: Gesammelte Politische Schriften (GPS, Potsdamer Internet-Ausgabe PIA, http://www.uni-potsdam.de / u / paed / Flitner / Flitner / Weber / index.htm, S. 4–31; hier: S. 29).

2 Heinrich von Treitschke über den Imperialismus

Der Historiker und Publizist Heinrich von Treitschke (1834–1896) beschrieb den Imperialismus als eine Notwendigkeit der Nationenbildung in einem universalhistorischen Zusammenhang. Treitschke war politisch nationalliberal, später eher konservativ einzuordnen. Besonderen Nachklang fand der häufig zitierte „Berliner Antisemitismusstreit“, zwischen Treitschke und dem Historiker Theodor Mommsen, ausgelöst durch Treitschkes fast beiläufige Äußerung „Die Juden sind unser Unglück“ in einem Zeitschriftenartikel 1879.

Legen wir den Maßstab der Autarkie an, so ist zu beobachten, wie in der Staatengesellschaft Europas die größeren Staaten ein immer bedeutenderes Übergewicht gewinnen, wie unser Staatensystem einen immer mehr aristokratischen Charakter angenommen hat. Die Zeit ist noch gar nicht fern, wo Staaten wie Piemont-Savoyen bei einer Koalition durch Zutritt oder Abfall geradezu die Entscheidung geben konnten. Das wird heute Niemand mehr für möglich halten. Es hat sich seit dem siebenjährigen Kriege die Fünfherrschaft der großen Mächte herausgebildet, die sich als notwendig erwiesen hat. Große europäische Fragen werden nur in diesem Kreise verhandelt. Italien ist nahe daran, in ihn hineinzukommen; aber weder Belgien, noch Schweden, noch die Schweiz können mitreden, wenn sie nicht selbst unmittelbar beteiligt sind. Die ganze Entwicklung unserer Staatengesellschaft geht also unverkennbar darauf aus, die Staaten zweiten Ranges zurückzudrängen. Und da eröffnen sich, wenn wir die nichteuropäische Welt mit in Betracht ziehen, unendlich ernste Aussichten auch für uns. Bei der Verteilung dieser nichteuropäischen Welt unter die europäischen Mächte ist Deutschland bisher immer zu kurz gekommen, und es handelt sich doch um unser Dasein als Großstaat bei der Frage, ob wir auch jenseits der Meere eine Macht werden können. Sonst eröffnet sich die grässliche Aussicht, dass England und Russland sich in die Welt teilen; und da weiß man wirklich nicht, was unsittlicher und entsetzlicher wäre, die russische Knute oder der englische Geldbeutel. Sehen wir näher hin, so ist doch deutlich, dass, wenn der Staat Macht ist, eben nur der Staat, der wirklich mächtig ist, seiner Idee entspricht. Daher das unzweifelhaft Lächerliche, das im Wesen eines Kleinstaates liegt. Schwäche ist ja an sich nichts Lächerliches, wohl aber die Schwäche, die sich als Macht gebärden will. In den kleinen Staaten entwickelt sich jene bettelhafte Gesinnung, die den Staat beurteilt nach den Steuern, die er erhebt, die nicht fühlt, dass, wenn der Staat wie eine Eierschale nicht drücken soll, er auch nicht schützen kann, und dass die sittlichen Güter, welche wir dem Staate verdanken, über allen Preis sind. Dadurch dass er diesen Materialismus erzeugt, wirkt der Kleinstaat so verderblich auf die Gesinnung seiner Bürger.

Zit. nach: Heinrich von Treitschke: Weltmächte oder Kleinstaaten. In: ders., Politik, Erster Band. Leipzig 1897, S. 42 f.

Wirtschaft- und Bevölkerungsentwicklung ausgewählter Kolonialmächte

3 Die Bevölkerungsentwicklung der imperialistischen Hauptmächte (in Mill.):

	GB und Irland	Frankreich	Deutsches Reich	Österreich-Ungarn	Italien	Russland	USA
1860/61	28,9	37,4	–	–	25,0	74,1	–
1870/71	31,5	36,1	40,8	35,8	26,8	84,5	38,6
1880/81	34,9	37,7	45,2	37,8	28,5	97,7	50,2
1890/91	37,8	38,3	49,4	41,5	30,3	117,8	63
1900/01	41,5	39,0	56,4	45,5	32,5	133,0	76
1910/11	45,2	39,6	64,9	49,5	34,7	160,7	91

Nach: Carlo M. Cipolla (Hrsg.): The Fontana Economic History of Europe: The Emergence of Industrial Societies, 2. Teil. London 1973, S. 747; Wladimir Woytinski: Die Welt in Zahlen, Band 1. Berlin 1925, S. 145.

4 Eisen- und Stahlproduktion der wichtigsten Kolonialmächte (in 1 000 Tonnen):

a) Eisen

	Großbritannien und Irland	Frankreich	Deutsches Reich	Russland	USA
1870	6059	1178	1261	359	1665
1880	7873	1725	2468	449	3835
1890	8031	1962	4100	928	9203
1900	9104	2714	7550	2937	13789
1910	10173	4038	13111	3047	26674

b) Stahl

	Großbritannien und Irland	Frankreich	Deutsches Reich	Russland	USA
1870	334	84	126	9	77
1880	1316	389	690	307	1397
1890	3636	683	2135	378	4779
1900	4980	1565	6461	2216	11227
1910	6476	3413	13100	3314	28330

Nach: Brian R. Mitchell: European Statistics 1750–1970. London 1975, S. 393 f., S. 399 ff.; und Historical Statistics of the United States: Colonial Times to 1970. Washington (D. C.) 1975, S. 599 f. und S. 693 f.

5 Reichskanzler Otto von Bismarck über Kolonien

In seiner Reichtagsrede von 26. 6. 1884 umriss Reichskanzler Otto von Bismarck (1815–1898, Reichkanzler 1871–1890) anlässlich der Schutzbrief-Erteilung für Angra Pequena (später Deutsch-Südwestafrika) seine Haltung in der Kolonialfrage:

Ich wiederhole, dass ich gegen Kolonien [. ..] bin, die als Unterlage ein Stück Land schaffen und dann Auswanderer herbeizuziehen suchen, Beamte anstellen und Garnisonen errichten –, dass ich meine frühere Abneigung gegen diese Art Kolonisation, die für andere Länder nützlich sein mag, für uns aber nicht ausführbar ist, heute noch nicht aufgegeben habe. Ich glaube, dass man Kolonialprojekte nicht künstlich schaffen kann [...]. Etwas ganz anderes ist die Frage, ob es zweckmäßig, und zweitens, ob es die Pflicht des Deutschen Reiches ist, denjenigen seiner Untertanen, die solchen Unternehmungen im Vertrauen auf des Reiches Schutz sich hingeben, diesen Reichsschutz zu gewähren und ihnen gewisse Beihilfen in ihren Kolonialbestrebungen zu leisten, um denjenigen Gebilden, die aus den überschüssigen Säften des gesamten deutschen Körpers naturgemäß herauswachsen, in

4

fremden Ländern Pflege und Schutz angedeihen zu lassen. Und das bejahe ich, allerdings mit weniger Sicherheit vom Standpunkt der Zweckmäßigkeit – ich kann nicht voraussehen, was daraus wird –, aber mit unbedingter Sicherheit vom Standpunkte der staatlichen Pflicht. Ich kann mich dem nicht entziehen. Ich bin mit einem gewissen Zögern an die Sache herangetreten und habe mich gefragt: Womit könnte ich es rechtfertigen, wenn ich diesen hanseatischen Unternehmern, über deren Mut [...], über deren Schneidigkeit, über deren Begeisterung für ihre Aufgabe ich mich herzlich gefreut habe, – ich sage: Womit könnte ich es rechtfertigen, wenn ich ihnen sagen wollte: Das ist alles sehr schön, aber das Deutsche Reich ist dazu nicht stark genug, es würde das Übelwollen anderer Staaten auf sich ziehen [...]. Ich habe nicht den Mut gehabt, diese Bankrotterklärung der deutschen Nation auf überseeische Unternehmungen den Unternehmern gegenüber als Reichskanzler auszusprechen. Wohl aber habe ich mich sehr sorgfältig bemüht, ausfindig zu machen, ob wir nicht in unberechtigter Weise in wohlerworbene ältere Rechte anderer Nationen eingriffen [...]. Unsere Absicht ist nicht, Provinzen zu gründen, sondern kaufmännische Unternehmungen, aber in der höchsten Entwicklung, auch solche, die sich eine Souveränität, eine schließlich dem Deutschen Reich lehnbar bleibende, unter seiner Protektion stehende kaufmännische Souveränität erwerben, zu schützen in ihrer freien Entwicklung sowohl gegen die Angriffe aus der unmittelbaren Nachbarschaft als auch gegen Bedrückung und Schädigung von Seiten anderer europäischer Mächte. Im Übrigen hoffen wir, dass der Baum durch die Tätigkeit der Gärtner, die ihn pflanzen, auch im Ganzen gedeihen wird, und wenn er es nicht tut, so ist die Pflanze eine verfehlte, und es trifft der Schlag weniger das Reich, denn die Kosten sind nicht bedeutend, die wir verlangen, sondern die Unternehmer, die sich in ihren Unternehmungen vergriffen haben. [...]

Zit. nach: Otto von Bismarck: Die gesammelten Werke (Friedrichsruher Ausgabe), Bd. XII, Reden 1878–1885, hrsg. von Wilhelm Schüßler. Berlin 1929, S. 479–482.

6 Bedarf Deutschland der Kolonien? (1879)

Friedrich Fabris „Bedarf Deutschland der Colonien" von 1879 gehört zu den frühesten und wirkmächtigsten Schriften der Kolonialagitation im Deutschen Reich. Durch seine Tätigkeit als Inspektor der Rheinischen Mission kannte der Theologe Fabri (1824–1891) die Missionsarbeit in Kolonien und potenziellen Kolonialgebiete aus eigener Anschauung – eine Erfahrung, die sein Eintreten für deutsche Kolonialerwerbungen besonders glaubwürdig machte.

Die nationale Arbeit und der bei ihrer Verwertung gewonnene Überschuss ist bekanntlich der Gradmesser des nationalen Wohlstandes und auch der nationalen Steuerkraft. Wir bedürfen daher nicht nur einer gesunden Steuer- und Zoll-Politik, wir bedürfen vor Allem der baldigen Wiedergewinnung reichlicher, lohnender und solider Arbeit; wir bedürfen neuer, fester Absatz-Märkte, mit Einem Worte: einer richtig erwogenen und dann kräftig angegriffenen Handels- und Arbeits-Politik. Jeder weit und einsichtig aufgefasste Versuch einer solchen wird aber auch mit Notwendigkeit zu der Erkenntnis führen: Das Deutsche Reich bedarf unabweisbar colonialer Besitzungen! [...] Eine deutsche Colonial-Politik kann naturgemäß ja nur allmählich sich gestalten. [...]

Es gilt vor Allem auch, das Verständnis für die Bedeutung und Notwendigkeit colonialer Besitzungen zu wecken und auf Grund desselben den Willen der Nation in dieser Richtung kräftig zu erregen. Kommen wir von da aus unter Überwindung aller Schwierigkeiten und Widerstände zum Anfang wirklichen Handelns, so werden auch die ersten Versuche die von jedem neuen Anfang unzertrennlichen Mühen und Schwierigkeiten bewähren. Aber sollte die deutsche Nation, von Haus aus seetüchtig, gewerblich, wie merkantil befähigt, zur agriculturellen Colonisation vor anderen geschickt, und mit so reichlichen, verfügbaren Arbeitskräften ausgerüstet, wie kein anderes der modernen Cultur-Völker, nicht auch auf diesem neuen Wege sich erfolgreich Bahn brechen?

Wir zweifeln daran um so weniger, je überzeugter wir sind, dass die Colonial-Frage heute bereits eine Lebens-Frage für die Entwicklung Deutschlands geworden ist. Sie wohl überlegt, doch auch kraftvoll anzufassen, wird von den ersprießlichsten Folgen für unsere wirtschaftliche Lage, für unsere ganze nationale Entwicklung werden. Schon der Umstand, dass hier eine neue Frage vorliegt, deren vielgestaltige Tragweite für das deutsche Volk recht eigentlich ein noch unbetretener, jungfräulicher Boden ist, kann nach vielen Seiten heilsam sich erweisen. Es ist im neuen Reiche Vieles bereits so verbittert, von unfruchtbarem Parteihader versäuert und vergiftet, dass die Eröffnung einer neuen, verheißungsvollen Bahn nationaler Entwicklung wohl auf Vieles wie befreiend, weil den Volksgeist nach neuen Seiten mächtig anregend, zu wirken vermöchte. Auch das wäre erfreulich und ein Gewinn.

Gewichtiger freilich noch ist die Erwägung, dass ein Volk, das auf die Höhe politischer Macht-Entwicklung geführt ist, nur so lange seine geschichtliche Stellung mit Erfolg behaupten kann, als es sich als Träger einer Cultur-Mission erkennt und beweist. Dies ist zugleich der einzige Weg, der auch Bestand und Wachstum des nationalen Wohlstandes, die notwendige Grundlage dauernder Macht-Entfaltung, verbürgt. Die Zeiten, in denen Deutschland fast nur durch intellektuelle und literarische Tätigkeit an den Aufgaben unseres Jahrhunderts mitgearbeitet hat, sind vorüber. Wir sind politisch und sind auch mächtig geworden. [...]

Will das neue Deutsche Reich seine wieder gewonnene

Machtstellung auf längere Zeiten begründen und bewahren, so wird es dieselbe als eine Cultur-Mission zu erfassen und dann nicht länger zu zögern haben, auch seinen colonisatorischen Beruf aufs Neue zu betätigen.

Friedrich Fabri: Bedarf Deutschland der Kolonien? Zit. nach: Deutsche Geschichte in Quellen und Darstellung, Bd. 8. Stuttgart 2002², S. 254 ff.

7 Adolph Woermann über den Handel in Afrika

Der deutsche Kaufmann und Reeder Adolph Woermann (1847–1910) war bereits lange vor der Errichtung deutscher Kolonien als Geschäftsmann in Afrika tätig. Seine Erlebnisse benutzte er zur eindringlichen Agitation für eine deutsche Kolonialpolitik:

Als ich in jüngeren Jahren aller Herren Länder durchschritt, da habe ich es oft genug bedauert, meinen Fuß nicht auch einmal auf deutschen Boden setzen zu können, und oft genug habe ich es bedauert, wenn ich gesehen habe, wie deutsche Kaufleute, deutsche Gelehrte, deutsche Techniker ihre beste Arbeitskraft fremden Völkern widmeten. Wie gesagt, das Selbstbewusstsein ist durch die deutschen Erfolge im Jahre 1870 mächtig gehoben worden; wie schwierig war aber dennoch die Stellung der Deutschen, wenn sie, wie es bis vor wenigen Jahren in Westafrika der Fall war, bei jedem Streit und allen Angriffen eingeborener Völker englische Hülfe anrufen mussten. So lange der deutsche Handel schwach war, wurde solche Hülfe mit großer Liebenswürdigkeit gewährt, denn dem Schwachen hilft man gern; – in späterer Zeit wurde aber manches Mal die englische Hülfe für deutsche Häuser verweigert. Und die Achtung der uncivilisierten Völkerschaften war nur schwer zu behaupten, wenn der Deutsche sich nicht selbst helfen konnte. Die zahlreichen Gesuche sämtlicher in Westafrika etablierter deutscher Häuser an die kaiserliche Regierung, dass sie Kriegsschiffe zum Schutze des deutschen Handels nach Westafrika senden möchte, bewiesen zur Genüge, wie wenig ausreichend eine gelegentliche Hülfe englischer Kriegsschiffe für den deutschen Handel war. – Wo aber ein Kriegsschiff erschien, da war sofort die Position der Deutschen eine andere. […]

Die englische Regierung an der Goldküste ist Schritt für Schritt dem Handel gefolgt, eine Faktorei nach der anderen wurde angelegt, besonders von deutschen Firmen, und wo die Faktorei fertig war, kam dann England und nahm das Land in Besitz – und ebenso haben es die Franzosen in der Umgegend von Gabun gemacht: Keine einzige französische Faktorei existierte dort; wo aber der Deutsche durch eigene Kraft Faktoreien eröffnet hatte, wurde das Land von Franzosen in Besitz genommen und deutsche Arbeit für Frankreich ausgenutzt.

Zit. nach: Johannes Baumgarten: Die deutschen Kolonien und die nationalen Interessen. Ein Vademekum für Freunde und Vertreter der Kolonialbewegung. Köln 1887, S. 4 f.

8 Gustav Nachtigal 1834–1885, deutscher Afrikaforscher

9 Schutzabkommen mit Bethanien (Deutsch-Südwestafrika)

Der Schutzvertrag für Bethanien (ein Teil des späteren Deutsch-Südwestafrika) markiert den offiziellen Beginn der deutschen Kolonialerwerbungen. Mit vergleichbaren Verträgen dokumentierten alle Kolonialmächte die Rechtmäßigkeit ihrer kolonialen Ansprüche. Dass die Vertragspartner in der Regel den Vertrag weder lesen noch ihren Namen schreiben konnten, stellte kein Hindernis für einen erfolgreichen Vertragsabschluss dar – ein „Handzeichen", beispielsweise ein Kreuz, genügte als Unterschrift.

Bethanien, den 28. Oktober 1884.

Schutz- und Freundschaftsvertrag zwischen dem Deutschen Reiche und Bethanien.

Seine Majestät, der Deutsche Kaiser, König von Preußen usw. Wilhelm I. im Namen des Deutschen Reiches einerseits und der unabhängige Beherrscher von Bethanien in Großnamaqualand, Kapitän Josef Fredericks für sich und seine Rechtsnachfolger, anderseits, von dem Wunsche geleitet, ihre freundschaftlichen Beziehungen und gegenseitigen Interessen möglichst zu fördern und zu befestigen, haben beschlossen, einen Schutz- und Freundschaftsvertrag abzuschließen. Zu diesem Zwecke ist der kaiserlich deutsche Generalkonsul Dr. G. Nachtigal von Seiner Majestät dem Deutschen Kaiser in guter und gehöriger Form bevollmächtigt, mit dem Kapitän Josef Fredericks und dessen Ratsversammlung über nachstehende Artikel übereingekommen:

Artikel 1: Der Kapitän Josef Fredericks von Bethanien bittet Seine Majestät den Deutschen Kaiser über das von ihm beherrschte Gebiet die Schutzherrlichkeit übernehmen zu wollen. Seine Majestät der Deutsche Kaiser genehmigt diesen Antrag und sichert dem Kapitän Seinen allerhöchsten Schutz zu. Als äußeres Zeichen dieses Schutzverhältnisses wird die deutsche Flagge gehisst. – Artikel 2: Der Kapitän Josef Fredericks verpflichtet sich, sein Land oder Teile desselben nicht an irgendeine andere Nation oder Angehörige einer solchen ohne Zustimmung Seiner Majestät des Deutschen Kaisers abzutreten, noch Verträge mit anderen Regierungen abzuschließen, ohne jene Zustimmung.

Artikel 3: Seine Majestät der Deutsche Kaiser will die von anderen Nationen oder deren Angehörigen mit den Beherrschern von Bethanien früher abgeschlossenen und zu Recht bestehenden Handelsvertrage und Kontrakte respektieren und den Kapitän weder in der Erhebung der ihm nach den Gesetzen und Gebräuchen des Landes zustehenden Einnahmen, noch in der Ausführung der Gerichtsbarkeit über seine Untertanen beeinträchtigen.

Artikel 4: Der Kapitän hat durch Kaufverträge vom 1. Mai und 25. August 1883 das zwischen dem 26. Grad südlicher Breite und dem Oranjeflusse gelegene und sich zwanzig Meilen landeinwärts erstreckende Küstengebiet seines Landes dem deutschen Reichsangehörigen F. A. E. Lüderitz in Bremen mit allen darauf haftenden Rechten abgetreten.

Artikel 5: Seine Majestät der Deutsche Kaiser anerkennt dieses Landesabtretung, unterstellt das betreffende Gebiet dem Schutz des Deutschen Reiches und übernimmt die Oberhoheit über dasselbe. [...]

Artikel 13: Der gegenwärtige Vertrag wird vom Tage der Unterzeichnung ab in Kraft und Gültigkeit treten, vorbehaltlich dessen, dass derselbe wieder ungültig wird, falls die Ratifikation desselben seitens der deutschen Regierung innerhalb der Frist von achtzehn Monaten, vom Tage der Unterzeichnung ab, nicht erfolgt sein sollte.

Der vorstehende Vertrag ist im Hause des Kapitäns Josef Fredericks in doppelter Ausfertigung von dem Bevollmächtigten Seiner Majestät des Deutschen Kaisers sowie von dem Kapitän und seinen Ratsherren und den nachstehenden Zeugen am achtundzwanzigsten Oktober des Jahres achtzehnhundertvierundachtzig unterzeichnet worden, wie folgt.

gez. Dr. G. Nachtigal,
Kaiserlicher Generalkonsul u. Kommissär für die Westküste von Afrika.
gez. Josef Fredericks X* (Handzeichen des Kapitäns).
gez. Graf Spee, Unterleutnant zur See.
gez. Heinrich Vogelsang, Vertreter von F. A. E. Lüderitz.
gez. J. H. Bam, zugleich als Dolmetscher für die holländische Sprache.
gez. J. Christian Goliath, zugleich als Dolmetscher für die Namaqua-Sprache.

Zit. nach: Ernst Gerhard Jacob: Deutsche Kolonialpolitik in Dokumenten. Gedanken und Gestalten aus den letzten fünfzig Jahren. Leipzig 1938, S. 62 ff.

10 Lenins Imperialismustheorie (1916/1917)

Mit seiner Broschüre „Der Imperialismus als höchstes Stadium des Kapitalismus" stellte Wladimir Iljitsch Lenin 1917 seine Theorie des Imperialismus vor, die Imperialismus als besondere (und letzte) Ausprägung des kapitalistischen Systems verstand:

Würde eine möglichst kurze Definition des Imperialismus verlangt, so müsste man sagen, dass der Imperialismus das monopolistische Stadium des Kapitalismus ist. Eine solche Definition enthielte die Hauptsache, denn auf der einen Seite ist das Finanzkapital das Bankkapital einiger weniger monopolistischer Großbanken, das mit dem Kapital monopolistischer Industriellenverbände verschmolzen ist, und auf der anderen Seite ist die Aufteilung der Welt der Übergang von einer Kolonialpolitik, die sich ungehindert auf noch von keiner kapitalistischen Macht eroberte Gebiete ausdehnt, zu einer Kolonialpolitik der monopolistischen Beherrschung des Territoriums der restlos aufgeteilten Erde.

Doch sind allzu kurze Definitionen zwar bequem, denn sie fassen das Wichtigste zusammen, aber dennoch unzulänglich, sobald aus ihnen speziell die wesentlichen Züge der zu definierenden Erscheinung abgeleitet werden sollen. Deshalb muss man – ohne zu vergessen, dass alle Definitionen überhaupt nur bedingte und relative Bedeutung haben, da eine Definition niemals die allseitigen Zusammenhänge einer Erscheinung in ihrer vollen Entfaltung umfassen kann – eine solche Definition des Imperialismus geben, die folgende fünf seiner grundlegenden Merkmale enthalten würde: 1. Konzentration der Produktion und des Kapitals, die eine so hohe Entwicklungsstufe erreicht hat, dass sie Monopole schafft, die im Wirtschaftsleben die entscheidende Rolle spielen; 2. Verschmelzung des Bankkapitals mit dem Industriekapital und Entstehung einer Finanzoligarchie auf der Basis dieses „Finanzkapitals"; 3. der Kapitalexport, zum Unterschied vom Warenexport, gewinnt besonders wichtige Bedeutung; 4. es bilden sich internationale monopolistische Kapitalistenverbände, die die Welt unter sich teilen, und 5. die territoriale Aufteilung der Erde unter die kapitalistischen Großmächte ist beendet. Der Imperialismus ist der Kapitalismus auf jener Entwicklungsstufe, wo die Herrschaft der Monopole und des Finanzkapitals sich herausgebildet, der Kapitalexport hervorragende Bedeutung gewonnen, die Aufteilung der Welt durch die internationalen Trusts begonnen hat und die Aufteilung des gesamten Territoriums der Erde durch die größten kapitalistischen Länder abgeschlossen ist.

[...] Aus allem, was über das ökonomische Wesen des Imperialismus gesagt wurde, geht hervor, dass er charakterisiert werden muss als Übergangskapitalismus oder, richtiger, als sterbender Kapitalismus.

Zit. nach: http://www.marxists.org/deutsch/archiv/lenin/1917/imp/index.htm (Reproduktion der Textausgabe von: Wladimir Iljitsch Lenin, Werke, Bd. 22. Berlin/DDR 1960, S. 291–309. Übers. Red. Dietz Berlin.

11 Hans-Ulrich Wehler „Sozialimperialismus"

Der deutsche Historiker Hans-Ulrich Wehler (geb. 1931) hat mit seiner These vom Sozialimperialismus den wichtigsten Ansatz zur Erforschung des deutschen Imperialismus vorgelegt:

Was wir [...] unter Sozialimperialismus verstehen, der immer auch ökonomische Expansion impliziert, ist [...] knapp zu definieren. Die Industrialisierung und der technologische Fortschritt haben in der weltwirtschaftlichen Krisenphase nach 1873 zuerst die industrie-, dann auch die agrarwirtschaftliche Wachstumsproblematik ungeheuer verschärft. Die Mitlebenden haben intensiv nach Auswegen aus ihrer bedrängten Lage gesucht. Eine Aushilfsmöglichkeit schien die ökonomische Expansion über die nationalen Grenzen hinweg, mithin der Waren- und Kapitalexport zu bieten. Das entsprach vollauf der Motorik des stetig sich ausdehnenden, prinzipiell grenzenlosen Marktes der kapitalistischen Wirtschaft [...].
Außerdem aber ist vielen Zeitgenossen der unauflösliche Zusammenhang von Wirtschafts- und Gesellschaftsverfassung [...] bewusst gewesen [...]. In einem für das politische Entscheidungshandeln womöglich noch dringenderen Sinn hofften sie daher, die Sprengkraft, die von den ökonomischen Erschütterungen her auf die Gesellschaft einwirkte, durch die Expansion abmildern und die traditionelle Gesellschaftsverfassung dadurch von einem unerträglichen Druck entlasten zu können. Sie hielten die Überproduktion für die Ursache der Depressionen und fürchteten als ihre Folge die Sozialrevolution. Die ideologische Furcht übersteigerte, oft bis zum Extrem, die Bedeutung der ohnehin schwerwiegenden realen Probleme. Der Sozialimperialismus erkannte in dem sozialökonomischen Transformationsprozess, den die Industrialisierung vorantrieb und während der Konjunkturschwankungen schmerzhaft verschärfte, eine tödliche Gefahr für die überkommene Gesellschaftsordnung, die unter dem Anprall der wirtschaftlichen und sozialen Veränderungen zu zerreißen drohte. In der Expansion nach außen glaubte er ein Heilmittel zu finden, das den Markt erweiterte, die Wirtschaft sanierte, ihr weiteres Wachstum ermöglichte, die Gesellschaftsverfassung damit ihrer Zerreißprobe entzog und die inneren Machtverhältnisse aufs Neue stabilisierte. Mehr noch als der ökonomische Vorteil und das Streben nach Gewinnmaximierung war die gesellschaftliche Ruhelage sein Ziel, aber er blieb sich des Abhängigkeitsverhältnisses von wirtschaftlicher Prosperität und Erhaltung des Sozialgefüges vollauf bewusst. Dieser fundamentalen Einsicht entsprangen seine Aktionen. Das gilt sowohl für seine eher unreflektierte, naiv-selbstverständliche, sozusagen ehrlich an wirtschaftliche Abhilfe glaubende, auf unmittelbare Erleichterung gerichtete, als auch für seine bewusste, manipulatorische Form – oder die Verquickung beider in der historischen Wirklichkeit. Vor allem aber der manipulatorische, auf Ersatzbefriedigung zielende Sozialimperialismus strebte danach, die Dynamik der Wirtschaft und der sozialen und politischen Emanzipationskräfte in die äußere Expansion zu leiten, von den inneren Mängeln des sozialökonomischen und politischen Systems abzulenken und durch reale Erfolge seiner Expansion oder zumindest die Steigerung des nationalideologischen Prestiges zu kompensieren. In jedem Fall behielt er das Wirtschafts- und Sozialsystem als Ganzes und die konservative Utopie einer gleichsam bewegungsarmen Gesellschaftsordnung mit einer ungefährdeten Sozial- und Machthierarchie im Auge. Das bildete trotz aller Dynamik seinen zutiefst konservativen, seinen statischen Zug, der ihn in der industriellen Welt letztlich zum Scheitern verurteilte.
Das häufig ausschließlich betonte dynamische Element, das in dem Wachstum der Industrie mit ihrer Überproduktion und der hektischen Suche nach Märkten zutage trat, verschlang sich von Anbeginn an mit einer bewusst sozialdefensiven Haltung, die sich des Imperialismus als gesellschaftspolitischen Integrationsmittels bedienen wollte. Auch dem frühen deutschen Imperialismus war die Funktion einer „Abwehrideologie" (Bracher) gegen die auflösenden Einwirkungen der Industrialisierung auf das Sozial- und Wirtschaftsgefüge zu eigen. Der Sozialimperialismus war die moderne, in entscheidendem Maße sozialökonomisch motivierte Form einer alten [...] Herrschaftstechnik: um der Bewahrung des sozialen und politischen Status quo willen die inneren Bewegungskräfte und Spannungen nach außen abzulenken.

Zit. nach: Hans-Ulrich Wehler: Sozialimperialismus. In: ders. (Hrsg.): Imperialismus, Neue Wissenschaftliche Bibliothek, Bd. 37. Köln/Berlin 1970, S. 85 f.

12 Wolfgang J. Mommsen: Imperialismustheorien

Der deutsche Historiker Wolfgang J. Mommsen (1930–2004) gehörte zu den ausgewiesensten Kennern des europäischen Imperialismus. In seine Analyse bezieht er ältere Theorien mit ein und diskutiert die Forschungsansätze seit John A. Hobsons „Imperialism – A Study" (1902):

[D]ie historische Analyse zeigt, dass die imperialistische Expansion im 19. und frühen 20. Jahrhundert für die Entfaltung des Kapitalismus keineswegs absolut notwendig gewesen ist, wenn sie auch dessen Wachstum, und insbesondere die Ausbildung eines multilateralen Systems der Weltwirtschaft erheblich beschleunigt haben dürfte. Der Imperialismus war primär die Folge überschäumender Energien im Schoße der europäischen Gesellschaften, sowohl im wirtschaftlichen wie im militärischen und politischen Bereich, nicht aber eine systemimmanente Notwendigkeit. Durch die enorme technologische und wirtschaftliche Überlegenheit der westlichen Industriestaaten wurde die imperialistische Expansion wesentlich erleichtert und zugleich erheblich beschleunigt. Sie wurde zudem zwar nicht verursacht, aber entscheidend befördert durch gesellschaftliche Prozesse innerhalb der Industriestaaten, insbesondere den Machtkämpfen um die Statuserhaltung von traditionellen Führungseliten, wie sie sich im Zuge der Modernisierung einstellten. Die Politik des Hochimperialismus wurde freilich keineswegs nur von den traditionellen Herrscherschichten der europäischen Gesellschaften getragen, sondern sie geht gutenteils vor allem auf das Konto gerade der aufsteigenden bürgerlichen Schichten. Spezifische ökonomische Interessen spielten im konkreten Fall fraglos eine entscheidende Rolle, doch waren die wirtschaftlichen Erwartungen, die die Allgemeinheit an den Besitz überseeischer Territorien knüpfte, zumeist wesentlich bedeutsamer als die konkreten ökonomischen Interessen, die dabei im Spiele waren. Noch weniger ist es möglich, Imperialismus als unmittelbare Konsequenz der Wachstumskrisen des Kapitalismus zu deuten; dazu war weder das Gewicht der wirtschaftlichen Faktoren noch der Stellenwert der kolonialen Wirtschaftssysteme innerhalb der jeweiligen nationalen Wirtschaft groß genug. [...] Ebenso wenig halten jene Theorien der empirischen Überprüfung stand, die Imperialismus auf das „Gesetz von der sinkenden Profitrate" gründen wollen. Denn nur selten konnten die Agenten der imperialistischen Expansion ohne Mühe jene Kapitalien für ihre Projekte flüssig machen, die nach landläufiger Meinung im Überfluss vorhanden waren. Und gerade jene Länder, in denen das Finanzkapital, d. h. die innige Verschmelzung von Industrie- und Bankkapital bestenfalls in den Anfängen stand, beteiligten sich am bereitwilligsten an finanzimperialistischen Investitionen großen Stils in Ländern der Dritten Welt.

Insgesamt war das Spiel der Interessen, die hinter imperialistischer Politik stand, höchst verwickelt und niemals eindeutig bestimmten sozialen Gruppen, sei es in den industriellen Metropolen, sei es in den Kolonien oder Halbkolonien an der Peripherie, zuzuordnen.

Zit. nach: Wolfgang J. Mommsen: Imperialismustheorien: ein Überblick über die neueren Imperialismusinterpretationen. Göttingen 1987 (3. Aufl.), S. 114 f.

13 Rudyard Kipling – The White Man's Burden (1899)

Die „Bürde des weißen Mannes" wurde zum Inbegriff des zivilisatorischen Auftrags, den die öffentliche Meinung in den europäischen Nationen in der Kolonialpolitik sah. Die Formulierung manifestierte sich im Gedicht „The White Man's Burden" des britischen Dichters und Schriftstellers Rudyard Kipling (1865–1936). Es ist als ein Aufruf an die USA zu verstehen, die Bürde eines kolonialen Engagements aufzunehmen. Das Gedicht erschien beinahe zeitgleich mit dem amerikanisch-philippinischen Krieg und der Annexion von Puerto Rico, Guam, Kuba und den Philippinen:

Ergreift die Bürde des Weißen Mannes –
schickt die Besten aus, die ihr erzieht –
Bannt eure Söhne ins Exil
den Bedürfnissen euerer Gefangenen zu dienen;
in schwerem Geschirre aufzuwarten
verschreckten wilden Leuten –
euren neugefangenen verdrossenen Völkern,
halb Teufel und halb Kind.

Ergreift die Bürde des Weißen Mannes –
geduldig auszuharren
um Schreckensdrohung zu verhüllen
und anmaßenden Stolz zu zügeln;
durch offenes und schlichtes Reden,
hundertmal klar dargelegt,
eines anderen Vorteil zu suchen
und eines anderen Gewinn zu bewirken.

Ergreift die Bürde des Weißen Mannes –
die wüsten Kriege des Friedens –
füllt den Mund des Hungers
und gebietet der Krankheit Einhalt;
und wenn euer Ziel ganz nah ist,
das Ziel, das ihr für andere erstrebt habt,
seht zu, wie Trägheit und heidnischer Wahn
all eure Hoffnung zunichte machen.

Ergreift die Bürde des Weißen Mannes –
kein Flitterkönigs-Herrschen,
sondern die Plackerei von Knecht und Putzer –
die Summe der gewöhnlichen Dinge.
Die Häfen, in die ihr nicht einlaufen dürft,
die Straßen, die ihr nicht betreten werdet,
geht, macht sie mit euren Lebenden
und markiert sie mit euren Toten!

Ergreift die Bürde des Weißen Mannes –
und erntet seinen alten Lohn:
den Tadel derer, die ihr bessert,
den Hass derer, die ihr hütet –
den Schrei der vielen, die ihr lockt
(ah, so langsam!) hin zum Licht:
„warum habt ihr uns aus der Knechtschaft befreit,
unserer geliebten ägyptischen Finsternis?"

Ergreift die Bürde des Weißen Mannes –
wagt nicht, euch nach Geringerem zu bücken –
und beruft euch nicht zu laut auf Freiheit,
um euere Müdigkeit zu bemänteln;
an allem, was ihr ruft oder flüstert,
an allem, was ihr lasst oder tut
werden die schweigsamen verdrossenen Völker
euere Götter und euch messen.

Ergreift die Bürde des Weißen Mannes –
macht Schluss mit den Tagen der Kindheit –

14 **The White Man's Burden.** Karikatur in der Detroiter Zeitung „The Journal" 1899.

dem leicht dargebotenen Lorbeer,
dem mühelosen unangefochtenen Lob.
Nun kommt – eure Mannhaftigkeit zu suchen
durch all die Jahre ohne Dank –,
kalt-geschliffen von teuer erkaufter Weisheit
das Urteil von Ebenbürtigen!

Zit. nach: Rudyard Kipling: Die Ballade von Ost und West. Selected Poems. Ausgewählte Gedichte. Übers. Gisbert Haefs (Zürich, 1992).

15 Edward Morel: The Black Man's Burden (1903)

Edward Morel, ein britischer Journalist, berichtete 1903 aus dem Kongo-Freistaat über die grausame Ausbeutung der afrikanischen Bevölkerung in der belgischen Kolonie. Seine Berichte zeugen von einer sehr exakten Sicht darauf, wie sich die „Bürde des weißen Mannes" in den Kolonien in Afrika manifestierte:

Es sind die Afrikaner, die die „Bürde des schwarzen Mannes" tragen. Sie sind nicht dahin geschwunden vor der Besetzung durch den weißen Mann. Tatsächlich hat Afrika letztendlich jeden kaukasischen, und in der Tat auch jeden semitischen, Eindringling in sich aufgesogen. Indem er sich einen dauerhaften Aufenthalt in Afrika frei gehauen hat, hat der weiße Mann den Afrikaner in Mengen massakriert. Der Afrikaner hat es überlebt, und für den weißen Siedler ist es gut, dass es so ist.

Was die teilweise Besetzung seines Bodens durch den weißen Mann nicht vollbracht hat, was die Festlegung von europäischen „Einflusssphären" nicht vollbracht hat, was die Maxim-Kanone und das Gewehr nicht vollbracht hat, was der Versklavung, Arbeit im Erdinnern [den Bergwerken] und die Peitsche nicht vollbracht haben, was die eingeführten Masern, Pocken und Syphillis nicht vollbracht haben, was der überseeische Sklavenhandel nicht vollbracht hat, was die Macht der modernen kapitalistischen Ausbeutung, unterstützt von den modernen Maschinen der Zerstörung, nicht vollbracht hat, das mag wohl immer noch gelingen.

Denn durch all dies, wissenschaftlich angewandt und durchgeführt, gibt es kein Entrinnen für den Afrikaner. Der zerstörerische Effekt ist nicht krampfartig [d. h. punktuell], sondern dauerhaft. In dieser Dauerhaftigkeit lauern fatale Konsequenzen: Nicht nur der Körper stirbt, sondern auch die Seele. Er greift den Afrikaner aus jeder Richtung an. Er ruiniert sein Gemeinwesen, entwurzelt ihn von seinem Land, dringt in sein Familienleben ein, zerstört sein natürliches Streben und seine Aufgaben, nimmt ihn ganz in Anspruch, versklavt ihn in seinem eigenen Zuhause.

In Afrika, speziell im tropischen Afrika, das von einem kapitalistischen Imperialismus bedroht ist, und das teil-

16 Erinnerungen an die Kolonialzeit: „Stanley erreicht den Kongo"
Der kongolesische Maler Tshibumba Kanda Matulu stellt die Ankunft des englischen Entdeckers Henry Morton Stanley im Kongo dar. Stanleys Expedition hatte von 1878 bis 1884 die Inbesitznahme des Kongobeckens durch eine private, im Besitz des belgischen König Leopold II. stehende, Kolonialgesellschaft vorbereitet. „Stanley erreicht mit seinen angolesischen Trägern den Kongo. Eine synkretistische Betrachtung der Geschichte zu postkolonialer Zeit, beleuchtet vom Künstler ausgehend von Erinnerungen an alte Schulbücher."

weise bereits verwüstet wurde, kann der Mensch nicht mehr gegen diese unnatürlichen Bedingungen reagieren. In diesen Regionen ist der Mensch in einen dauerhaften Kampf gegen Krankheiten und ein lebensfeindliches Klima verstrickt, dass sich erheblich auf die Gebärfähigkeit auswirkt, und es gibt keine wissenschaftliche Maschinerie, die den schwächeren Mitgliedern dieser Gesellschaft nützen könnte. Der Afrikaner in den Tropen ist für unglaubliche physische Belastungen geeignet. Aber er kann sich nicht an das europäische System anpassen – mit seiner ununterbrochenen monotonen Arbeit mit langen und regelmäßigen Arbeitszeiten, die überdies üblicherweise die Trennung von seiner natürlich Umgebung und seiner Vergangenheit bedeuten und ihn in einen melancholischen Zustand aufgrund der Trennung von zuhause versetzen – es ist dies eine Krankheit, für die der Afrikaner besonders anfällig ist. Die klimatischen Verhältnisse verbieten es schlichtweg. Wenn ihm das System aufgezwungen wird, ermattet der Afrikaner und stirbt.

Physischer Widerstand gegen Misshandlung und Ungerechtigkeit ist künftig für den Afrikaner in keinem Teil Afrikas möglich. Seine Chancen, effektiven Widerstand zu leisten, sind stetig gesunken mit der Perfektionierung der Tötungskraft der modernen Waffen.

Daher ist der Afrikaner absolut hilflos gegen die weltlichen Götter des weißen Mannes, wie sie Gestalt annehmen in der Dreieinigkeit von Imperialismus, kapitalistischer Ausbeutung und Militarismus.

Die so vielfältigen, pittoresken und anregenden Episoden im primitiven Leben zu reduzieren auf eine einfältige Routine der endlosen Schufterei, die sozialen Beziehungen zu zerstören, aufkommende Bedürfnisse zu ersticken und geistige Entwicklung niederzuschmettern, auf die primitive Leidenschaft die vernichtenden Übel der wissenschaftlichen Sklaverei und die bestialischen Vorstellungen der zivilisierten Menschen aufzupropfen, ohne jede Hemmung durch eine Verfassung oder ein Gesetz – kurz gesagt: Die Seele eines Volkes zu töten – das ist ein Verbrechen, das weit über Mord hinausgeht.

E. D. Morel: The Black Man's Burden: In Louis L. Snyder (Hrsg.): The Imperialism Reader. Princeton, N.J. 1962, S.163–164. Übers. D. Stange.

17 „Scramble for Africa" – Die Eroberung des afrikanischen Kontinents

Binnen weniger Jahrzehnte hatten die europäischen Kolonialmächte den gesamten afrikanischen Kontinent unter sich aufgeteilt. Die Grundlage für den von Zeitgenossen als „Weltlauf" beschriebenen Prozess legten die Vereinbarungen der Kongo-Akte (1885). Auf bereits vor der Kolonisation bestehende Herrschaftsstrukturen nahm die europäische Expansion keine Rücksicht – Gebiete galten als „herrenlos", solange keine Kolonialmacht einen Anspruch erhoben hatte. Die durch die Kolonisation entstandenen Grenzen haben – von kleineren Veränderungen abgesehen – weitestgehend bis heute Bestand.

Auszüge aus der Generalakte der Berliner Afrika-Konferenz:

Art. 1: Der Handel aller Nationen soll vollständige Freiheit genießen:

1. In allen Gebieten, welche das Becken des Kongo und seiner Nebenflüsse bilden [Es folgt eine detaillierte Beschreibung des Gebiets] …

Art. 6: Alle Mächte, welche in den gedachten Gebieten Souveränitätsrechte oder einen Einfluss ausüben, verpflichten sich, die Erhaltung der eingeborenen Bevölkerung und die Verbesserung ihrer sittlichen und materiellen Lebenslage zu überwachen und an der Unterdrückung der Sklaverei und insbesondere des Negerhandels mitzuwirken; sie werden ohne Unterschied der Nationalität oder des Kultus alle religiösen, wissenschaftlichen und wohltätigen Einrichtungen und Unternehmungen schützen und begünstigen, welche zu jenem Zweck geschaffen und organisiert sind, oder dahin zielen, die Eingeborenen zu unterrichten und ihnen die Vorteile der Zivilisation verständlich und wert zu machen […]

Art. 13: Die Schifffahrt auf dem Kongo, ohne Ausnahme irgendeiner der Verzweigungen oder Ausläufe dieses Flusses, soll für die Kauffahrteischiffe aller Nationen […] vollkommen frei sein und bleiben, sowohl bezüglich der Beförderung von Waren wie von Reisenden […]

Art. 34: Diejenige Macht, welche in Zukunft von einem Gebiete an der Küste des afrikanischen Festlandes, welches außerhalb ihrer gegenwärtigen Besitzungen liegt, Besitz ergreift, oder welche, bisher ohne dergleichen Besitzungen, solche erwerben sollte, desgleichen auch die

4

18 **Kulturfortschritte am Congo.** Zeitgenössische Karikatur.

Macht, welche dort eine Schutzherrschaft übernimmt, wird den betreffenden Akt mit einer an die übrigen Signatarmächte der gegenwärtigen Akte gerichteten Anzeige begleiten, um dieselben in den Stand zu setzen, gegebenenfalls ihre Reklamationen geltend zu machen […]

Art. 35: Die Signatarmächte der gegenwärtigen Akte anerkennen die Verpflichtung, in den von ihnen an den Küsten des afrikanischen Kontinents besetzten Gebieten das Vorhandensein einer Obrigkeit zu sichern, welche hinreicht, um erworbene Rechte und, gegebenenfalls, die Handels- und Durchgangsfreiheit unter den Bedingungen, welche für Letztere vereinbart wurden, zu schützen.

Reichsgesetzblatt 1885, S. 221, S. 225, S. 229, S. 243 f.

19 „Zum Abschiede"

In seiner Ausgabe vom 8. Februar 1885 kommentierte das „hurmoristisch-satirische Wochenblatt" Kladderadatsch den Ausgang der Berliner Afrika-Konferenz. Satireblätter wie „Kladderadatsch" oder „Simplicissimus" und illustrierte Wochenzeitschriften waren eine äußerst populäre Lektüre. „Kladderadatsch" vertrat eine nationale und Bismarck wohlwollend gesonnene politische Gesinnung. Dem „kolonialen Fieber" der 1880er-Jahre stand Kladderadatsch skeptisch gegenüber. Die deutsche Position wird dabei häufig auf die Person Bismarcks reduziert, während Großbritannien eine ungestüme Kolonialpolitik zugeschrieben wird.

Fortwandern aus der Residenz
Die Herrn der Congo-Conferenz
Nach traulichem Verweilen.
Fürst Bismarck grüßt noch mal die Herr'n
Und sieht wehmüthig dann zur Fern'
Sie eilen.

„Habt eure Sache gut bestellt;
Nun geht hinaus in alle Welt
Und lehret alle Heiden,
Dass sie von unsrer Dynastie
Beschirmt, beschirmt und nichts von Deutschland sie
Kann scheiden.

Tragt gutes Muths von Haus zu Haus
Dies Evangelium hinaus
Als neue frohe Botschaft:
Das Reich, so jetzt entstanden ist,
Wird tilgen, was da Sorg' und Zwist
Und Noth schafft!

Vom Weichselstrand bis Kamerum
Wird herrschen Lieb und Eintracht nun
Bei allen Nationen.
Und glücklich werden, frei und gleich,
Die Völker, die das Congoreich
Bewohnen!

Wir werden leben freudenvoll
Und alles Leid und allen Groll

20 Vor Thoresschluss (1885)

Das satirische Wochenblatt karikierte anlässlich des Abschlusses der „Kongo-Konferenz" das wahnwitzige „Wettrennen" um die letzten freien Winkel der Erde. Die Bildunterschrift beschreibt: „Wir Engländer durchsuchen jeden Winkel der Südsee und annectiren alles, was nicht niet- und nagelfest ist." Aus: Kladderadatsch 38 – (1885), Nr. 6, S. 24.

Die Engländer durchsuchen jeden Winkel in der Südsee und annectiren alles, was nicht niet- und nagelfest ist.

Vergang'ner Zeit vergessen,
Wie wir vergaßen Krieg und Weh,
Als wir gemütlich an der Spree
Gesessen.

Wie England und Italien hier,
Wie Türk' und Russ' als Freunde schier
Begrüßt sich und vertragen,
So thät – und solches freut mich baß –
Auch Frankreich seinem alten Haß
Entsagen.

Ich hab ein herrlich Traumgesicht
Von einem großen Schiedsgericht.
Drin alle Völker sitzen.
Nach Frieden nur steht ihr Begehr,
Sie werden nie zum Krieg sich mehr
Erhitzen.

Die Völker werden friedensfroh. –
Wenn in der Welt dann irgendwo
Ein Funke ist erglommen.
Dann – kommt, ihr Herrn, auf jeden Fall
Her nach Berlin! – Ihr seid mir all'
Willkommen!"

21 Brief des Kommandierenden der Schutztruppe in Deutsch-Südwest-Afrika, Lothar von Trotha, an die Herero

Der Brief wurde als „Vernichtungsbefehl" bekannt, um seinen Wortlaut und seine Bedeutung entspann sich zum 100. Jahrestag des Krieges gegen die Herero eine Kontroverse. Im Mittelpunkt stand die Frage, ob der Brief als Befehl zum Völkermord zu werten sei. An den Folgen des Krieges kann jedoch kein Zweifel bestehen: Etwa drei Viertel der Herero-Bevölkerung kamen bei den Kämpfen unter teilweise grausamen Umständen ums Leben.

Ich der große General der deutschen Soldaten sende diesen Brief an das Volk der Herero. Die Hereros sind nicht mehr deutsche Untertanen. Sie haben gemordet und gestohlen, haben verwundeten Soldaten Ohren und Nasen und andere Körperteile abgeschnitten, und wollen jetzt aus Feigheit nicht mehr kämpfen. Ich sage dem Volk: Jeder der einen der Kapitäne an eine meiner Stationen als Gefangenen abliefert, erhält 1000 Mark, wer Samuel Maharero bringt, erhält 5000 Mark. Das Volk der Herero muss jedoch das Land verlassen.

Wenn das Volk dies nicht tut, so werde ich es mit dem Groot Rohr* dazu zwingen. Innerhalb der Deutschen Grenze wird jeder Herero mit und ohne Gewehr, mit oder ohne Vieh erschossen, ich nehme keine Weiber und Kinder mehr auf, treibe sie zu ihrem Volke zurück oder lasse auf sie schießen. Dies sind meine Worte an das Volk der Hereros. Der große General des mächtigen deutschen Kaisers.

Dieser Erlass ist bei den Appells der Truppen mitzuteilen mit dem Hinzufügen, dass auch der Truppe, die einen der Kapitänen fängt, die entsprechende Belohnung zu teil wird und das Schießen auf Weiber und Kinder so zu verstehen ist, dass über sie hinweg geschossen wird, um sie zum Laufen zu zwingen. Ich nehme mit Bestimmtheit an, dass dieser Erlass dazu führen wird, keine männlichen Gefangenen mehr zu machen, aber nicht zu Grausamkeiten gegen Weiber und Kinder ausartet. Diese werden schon fortlaufen, wenn zweimal über sie hinweg geschossen wird. Die Truppe wird sich des guten Rufes des Deutschen Soldaten bewusst bleiben.

der Kommandeur
gez. v. Trotha, Generalleutnant.

ZStA Potsdam: Bestand RKA, Nr. 2089, Bl. 8. Zit. nach: Ginter Spraul: Der „Völkermord" an den Herero. In: Geschichte in Wissenschaft und Unterricht 39, 1988, S. 713–739, hier S. 728 f.

* gemeint sind Geschütze.

22 Rede der Bundesministerin Wieczorek-Zeul zum Jahrestag der Schlacht am Waterberg

Mit einer Sammelklage gegen die Bundesregierung und deutsche Unternehmen hatten 2001 Herero-Organisationen einen Entschädigungsfond von mindestens vier Milliarden Euro gefordert und gleichzeitig ein offizielles Schuldanerkenntnis der Bundesregierung erwirken wollen. Am 14. August 2004 nahm Bundesministerin Heidemarie Wieczorek-Zeul an den offiziellen Gedenkfeiern zum Herero-Aufstand teil. Zum Thema Entschädigung nahm die Ministerin nur indirekt Stellung:

Es gilt für mich an diesem Tage, die Gewalttaten der deutschen Kolonialmacht in Erinnerung zu rufen, die sie an Ihren Vorfahren beging, insbesondere gegenüber den Herero und den Nama. Ich bin mir der Gräueltaten schmerzlich bewusst: Die deutschen Kolonialherren hatten Ende des 19. Jahrhunderts die Bevölkerung von ihrem Land vertrieben. Als sich die Herero, als sich Ihre Vorfahren dagegen wehrten, führten die Truppen des General von Trotha gegen sie und die Nama einen Vernichtungskrieg. In seinem berüchtigten Schießbefehl hatte General von Trotha befohlen, jeden Herero zu erschießen – auch Frauen und Kinder nicht zu schonen.

Die Schlacht am Waterberg 1904 endete damit, dass die Überlebenden in die Omaheke-Wüste getrieben, ihnen jeder Zugang zu Wasserstellen verwehrt wurde und sie verhungern und verdursten mussten. In der Folge der Aufstände wurden überlebende Herero, Nama und Damara in Lagern gefangen gehalten und zu Zwangsarbeit gezwungen, deren Brutalität viele nicht überlebten.

Wir würdigen die mutigen Männer und Frauen insbesondere der Herero und Nama, die gekämpft und gelitten haben, damit ihre Kinder und Kindeskinder in Freiheit

4

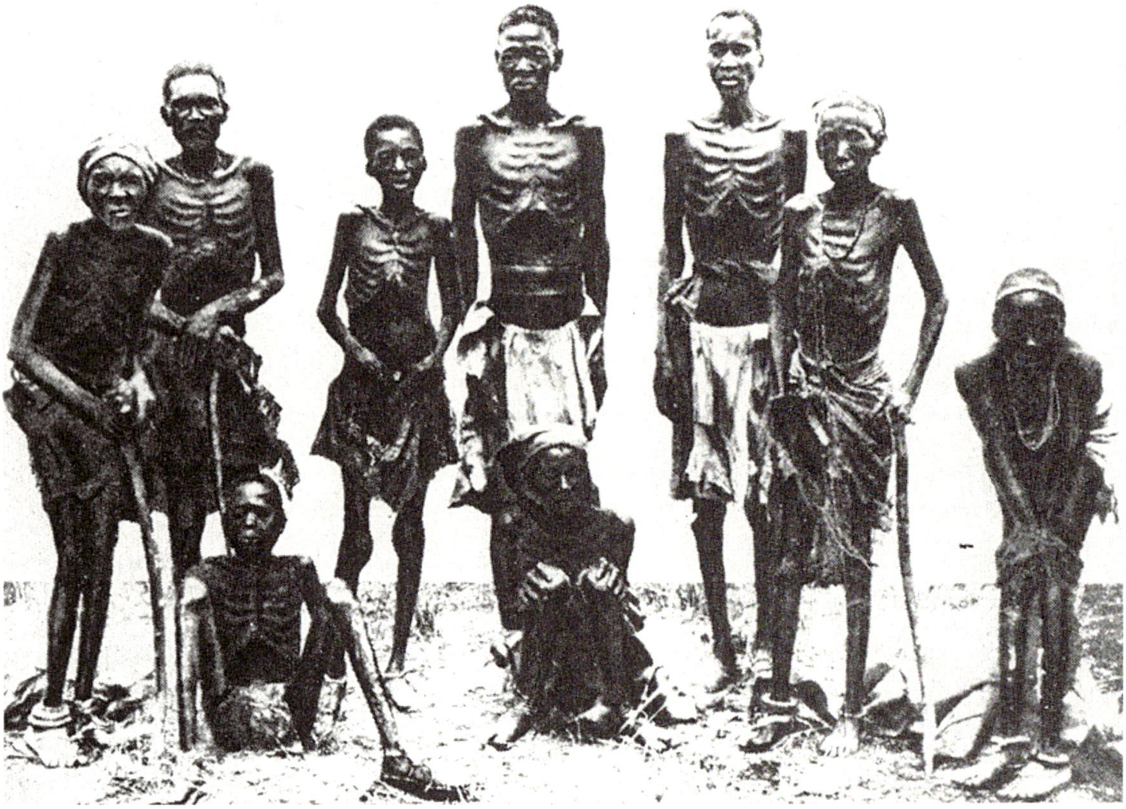

23 **Gefangene Herero**, Fotografie 1904

4

leben. Ich gedenke mit Hochachtung Ihrer Vorfahren, die im Kampf gegen ihre deutschen Unterdrücker gestorben sind. […]

Vor hundert Jahren wurden die Unterdrücker – verblendet von kolonialem Wahn – in deutschem Namen zu Sendboten von Gewalt, Diskriminierung, Rassismus und Vernichtung. Die damaligen Gräueltaten waren das, was heute als Völkermord bezeichnet würde – für den ein General von Trotha heutzutage vor Gericht gebracht und verurteilt würde.

Wir Deutschen bekennen uns zu unserer historisch-politischen, moralisch-ethischen Verantwortung und zu der Schuld, die Deutsche damals auf sich geladen haben.

Ich bitte Sie im Sinne des gemeinsamen „Vater unser" um Vergebung unserer Schuld. Ohne bewusste Erinnerung, ohne tiefe Trauer kann es keine Versöhnung geben. Versöhnung braucht Erinnerung.

Das Gedenkjahr 2004 sollte auch ein Jahr der Versöhnung werden.

Deutschland hat die bitteren Lektionen der Geschichte gelernt: Wir sind ein weltoffenes Land, das inzwischen in vielerlei Hinsicht multikulturell ist. […]

Wir bekennen uns zu unserer besonderen historischen Verantwortung gegenüber Namibia und wollen die enge Partnerschaft auf allen Ebenen fortsetzen. Nach vorne schauend will und wird Deutschland Namibia weiter dabei unterstützen, die Entwicklungsherausforderungen anzugehen, das gilt vor allem für die Unterstützung bei der notwendigen Landreform.

Zit. nach: http://www.bmz.de/de/presse/reden/ministerin/rede20040814.html (Stand 1. September 2006)

Arbeitsvorschläge

a) Welche Argumente liefern Weber und Treitschke für den deutschen Imperialismus (M1, M2)? Vergleichen Sie diese mit den Argumenten von Fabri und Woermann (M6, M9).

b) Welchen Standpunkt vertritt Bismarck (M5)? Steht seine Einstellung wirklich in Konflikt mit denen von Fabri oder Woermann (M6, M7)? Diskutieren Sie die verschiedenen Argumente anhand der Wirtschaftsdaten (M3, M4).

c) Vergleichen Sie diese Standpunkte mit Lenins Imperialismusdeutung (M10). Ist seine Theorie schlüssig?

d) „To peg out claims for posterity" (Ansprüche für die Nachwelt abstecken) war ein Schlagwort des britischen Imperialismus. Wie vollzog sich dieses „Abstecken der Ansprüche" (z.B. M7)? Könnte dieses britische Motto als generelle Beschreibung des europäischen Imperialismus dienen?

e) Wie deuten die Historiker Wehler (M11) und Mommsen (M12) den europäischen Imperialismus? Inwiefern unterscheiden sie sich von der deutlich älteren Theorie Lenins (M10)? Wessen Beschreibung würden Sie am ehesten zustimmen?

f) Beschreiben Sie das Selbstverständnis der europäischen Kolonialherren (M13 - M15).

g) Fassen Sie die wichtigsten Bestimmungen der Kongo-Akte (M17) zusammen. Vergleichen Sie die Bestimmungen mit den Schilderungen in Morels „Black Man´s Burden".

h) Beschreiben Sie, inwiefern das Gedicht „Zum Abschiede" (M19) und die Karikatur „Kulturfortschritt am Kongo" (M 18) Stellung zu Artikel 6 der „Kongo-Akte" (M17) beziehen.

i) Analysieren Sie die Karikatur „Vor Thoresschluss" (M20). Wenige Wochen vor ihrem Erscheinen hatte das Deutsche Reich Kolonien in der Südsee erworben. An wen und gegen wen richtet sich die Karikatur?

j) Der Brief („Vernichtungsbefehl") von Trothas (M21) wird oft als Beweis für den Völkermord-Charakter des Herero-Krieges gedeutet. Fassen Sie seinen Inhalt zusammen - wie verhalten sich der „Brief an die Herero" und der „Truppenbefehl" zueinander?

k) Nehmen Sie anhand der Quelle M21 kritisch Stellung, inwiefern der Herero-Krieg ein Völkermord war. Welche Rolle kommt in Ihrer Schlussfolgerung der Zweiteilung des Briefes zu?

l) Wie beurteilen Sie die Rede der Ministerin Wieczorek-Zeul (M22) in Bezug auf Ihre Kenntnisse über den Herero-Nama-Krieg (vgl. auch M7, M21, M23)?

m) Eine wichtige Debatte unter Historiker drehte sich um die Begriffe „Krieg" und „Aufstand". Grenzen Sie diese Begriffe gegeneinander ab. Sollte vom „Herero-Nama-Aufstand" oder vom Herero-Nama-Krieg gesprochen werden?

n) Welche Interessen und Funktionen hatten verschiedene Akteure - z.B. ein afrikanischer Stammesfürst, ein europäischer Händler, ein Offizier der Schutztruppe usw. - während der Kolonialerwerbungen? Sammeln Sie in Kleingruppen Ihre Ideen in Rollenbildern und spielen Sie in einem Rollenspiel eine Diskussion dieser Akteure nach, wie sie sich während der Kolonisation eines fiktiven Landes zugetragen haben könnte.

5 Zwischen Demokratie und Obrigkeitsstaat

5.1 Staat, Wirtschaft und Gesellschaft im deutschen Kaiserreich

Politische Verfassung und soziale Struktur

5

Als am 18. Januar 1871 im Spiegelsaal von Versailles das Deutsche Reich gegründet wurde, gelang durch eine „Revolution von oben" doch noch die deutsche Einigung. Anders als während der gescheiterten Revolution 1848/1849, proklamierten nun die Fürsten der Bundesstaaten das neue Reich und riefen mit dem preußischen König Wilhelm I. einen der schärfsten Gegner der Revolution zum Kaiser aus.
Nicht zuletzt mit Hilfe der im Laufe der napoleonischen Kriege hinzugewonnenen, prosperierenden Industrieregionen im Rheinland, im Saargebiet und in Westfalen war Preußen zur wirtschaftlichen Vormacht innerhalb des deutschen Bundes aufgestiegen. Österreich geriet besonders nach Gründung des deutschen Zollvereines zunehmend ins wirtschaftspolitische Abseits. Die schwierige politische Lage in Süd- und Osteuropa begünstigte zusätzlich den Aufstieg Preußens, da die anderen europäischen Mächte anderweitig gebunden waren. Der Versuch Russlands, die Hegemonie über das Schwarze Meer und den Bosporus zu erlangen, rief Großbritannien und Frankreich auf den Plan und führte 1853 zum Krimkrieg. 1859 verlor das Habsburger Reich endgültig seine Vormachtstellung in Italien gegen das von Frankreich unterstützte Sardinien-Piemont. Im Schatten dieser Ereignisse stieg Otto von Bismarck infolge der Wehretat-Krise zum neuen preußischen Ministerpräsidenten und Außenminister auf. Dieser nutzte die entstande-

1 Das Deutsche Reich 1871

nen außenpolitischen Spielräume und strebte energisch eine deutsche Einigung unter preußischer Führung an, notfalls auch durch „Blut und Eisen". Mit seiner Unterstützung eines geeinten deutschen Wirtschaftsraumes und des Freihandels versicherte er sich des Rückhalts des liberalen Bürgertums.

„Revolution von oben"

Eine solche „Revolution von oben" musste zum Konflikt mit Österreich führen. Von Nutzen war Bismarcks Politik dabei der 1863 ausbrechende Schleswig-Konflikt. Der Versuch des dänischen Königs, der zugleich auch Herzog von Schleswig war, dieses in den dänischen Nationalstaat einzugliedern, rief im Deutschen Bund eine nationale Empörung hervor. Bismarck versicherte sich geschickt der Neutralität der anderen Mächte. 1864 erklärte Preußen zusammen mit Österreich Dänemark den Krieg. Nach dem Sieg erhielt Preußen die Verwaltung über Schleswig, Österreich die über Holstein. Die schon bald aus diesem Kompromiss der beiden rivalisierenden Mächte entstehenden Streitigkeiten nahm Preußen schließlich 1866 zum Anlass, nun den Kampf mit Österreich zu wagen. Zusätzlich zu einem Bündnis mit Sardinien-Piemont wurde Preußen dabei von Oldenburg, Mecklenburg und Braunschweig sowie einigen thüringischen Staaten unterstützt. Die übrigen Staaten des Deutschen Bundes stellten sich auf die Seite von Österreich. Nach dem preußischen Sieg löste sich der Deutsche Bund auf und wurde durch den Norddeutschen Bund ersetzt. Preußen annektierte dabei nicht nur Schleswig und Holstein, sondern auch Hannover, Kurhessen, Nassau und Frankfurt. Damit schuf Preußen eine Verbindung zwischen seinem Kernland östlich der Elbe und seinen westlichen Rheinprovinzen. Die angeschlossenen hessischen Gebiete wurden 1868 zur Provinz Hessen-Nassau zusammengefasst. Das Großherzogtum Hessen-Darmstadt blieb selbstständig, da es enge Verbindungen zu den russischen Zaren unterhielt und Bismarck keinen Konflikt mit Russland riskieren wollte. Damit war Preußen zur alleinigen Führungsmacht in Deutschland aufgestiegen. Mit den süddeutschen Staaten schloss Preußen Schutzbündnisse für den Kriegsfall ab.

Deutsch-französischer Krieg 1870/71

Dieser Kriegsfall entstand 1870. Nach der österreichischen Niederlage 1866 fürchtete Frankreich um seine Machtposition in Europa. Zum Konflikt mit Preußen führte die Nachfolge auf dem spanischen Thron. Gegen den Willen Frankreichs versuchte Bismarck einen Prinzen aus einer Nebenlinie der Hohenzollern durchzusetzen. Als Frankreich dazu Forderungen stellte, eskalierte der Streit. Bismarck verschärfte die Formulierungen der „Emser Depesche" und gab die veränderte Version an die Presse weiter. Dies führte zur Kriegserklärung Frankreichs und somit zum Bündnisfall für die süddeutschen Länder. Die öffentliche Empörung über die Forderungen Frankreichs machte aus dem Krieg einen nationalen Kampf gegen einen äußeren Gegner. Frankreich verlor in der Schlacht von Sedan („Sedantag") den Krieg und damit Elsass-Lothringen und musste eine Kriegsentschädigung von 5 Mrd. Franc bezahlen. Die süddeutschen Länder stimmten nun den Anschlussverträgen zum Norddeutschen Bund zu und so wurde im Januar 1871 in Versailles das Deutsche Reich gegründet, durch einen Zusammenschluss der Fürsten und nicht durch eine gewählte Nationalversammlung.

Reichsgründung

Die neue Reichsverfassung trat im April 1871 in Kraft, sie übernahm große Teile der Verfassung für den Norddeutschen Bund. Die Verfassung spiegelte die Vormachtstellung Preußens, der preußische König war zugleich deutscher Kaiser, der preußische Ministerpräsident gleichzeitig Reichskanzler. Die Stellung des Parlaments hingegen war schwach, es hatte nur die Gesetzesinitiative und das Budgetrecht, zusammen mit dem Bundesrat, inne. Die Reichsregierung und der Reichskanzler wurden nicht vom Reichstag gewählt, sondern vom Kaiser ernannt. Der Bundesrat wurde von Vertretern der Bundesstaaten gebildet. In ihm besaß Preußen mit

2 Die Verfassung des Deutschen Reiches 1871

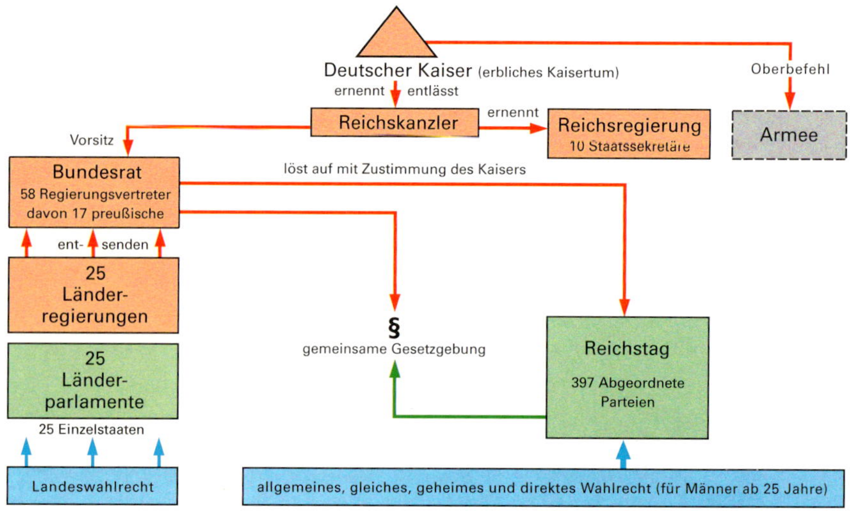

17 von 58 Stimmen eine Sperrminorität (14 Stimmen), mit der Gesetzesinitiativen blockiert werden konnten.

Militarisierung der Gesellschaft

Nach der staatlichen Einigung stand die gesellschaftliche Integration auf dem Programm, die unterschiedlichen regionalen Identitäten, die verschiedenen gesellschaftlichen Klassen und die nationalen Minderheiten mussten zu einer gemeinsamen Identität finden. Das liberale und nationale Bürgertum hatte sein Ziel eines (klein-)deutschen Verfassungsstaates erreicht, der Adel und das Militär konnten sich mit der Monarchie und der erfolgreichen Armee identifizieren. Die preußisch-deutsche Machtelite wurde besonders vom Offizierskorps und dem agrarischen Junkertum, nach der Jahrhundertwende auch von Industriellen der Schwerindustrie gebildet.
Die unteren Schichten waren bisher noch nicht in dem neuen Staat angekommen. Auch existierte in den Bundesstaaten eine starke regionale Identität, so sah sich ein Bayer oft in erster Linie als Bayer und erst dann als Deutscher, es gab auch weiterhin neben der deutschen die bayrische, preußische oder sächsische Staatsangehörigkeit. Von einer inneren Einheit konnte daher im neuen Reich noch nicht gesprochen werden.
Der Nationalismus des 19. Jahrhunderts verfolgte das Ziel, einen ethnisch homogenen Nationalstaat zu schaffen. Dies war besonders in Mittel- und Osteuropa kaum möglich, da es dort viele nationale Minderheiten gab. Im Staatsbürgerrecht standen sich besonders die Ideen eines ethnischen und eines territorialen Nationenbegriffes gegenüber. In Frankreich wurde seit der Französischen Revolution das Territorialprinzip *(ius soli)* praktiziert, alle Bewohner des Staatsgebietes waren auch Staatsbürger. Das Abstammungsprinzip *(ius sanguinis)* galt im Deutschen Reich, danach konnten nur Menschen mit gleicher Abstammung und Sprache Staatsbürger werden. Dadurch blieben viele Einwohner des Deutschen Reiches von der deutschen Staatsbürgerschaft ausgeschlossen und wurden zu nationalen Minderheiten, so z. B. Dänen, Friesen, Sorben, Polen und Franzosen. Die Integration in die Gesellschaft des neuen Reiches wurde somit von vornherein verhindert.
Durch die Siege in den Einigungskriegen 1864–1871 hatte das Militär an Prestige gewonnen. So entwickelte sich im Deutschen Reich eine militärische Elite. Zuneh-

mend verstand sich das Offizierkorps als höchste Klasse und als Staat im Staate. Dies führte zu einem Militarismus, der sich bald auch im Alltagsleben ausbreitete. Die Armee galt als „Schule der Nation", zahlreiche Paraden, Umzüge, Feier- und Gedenktage („Sedantag") und Uniformen zeigten den „Glanz" der Armee. Der preußische Offizier wurde zum wichtigsten Leitbild der Gesellschaft, er stand für Patriotismus, Kaisertreue, Ordnung und Autorität.
Zu den Schattenseiten des daraus entstehenden Reichsnationalismus gehörten Autoritätshörigkeit, Untertanengeist, Selbstüberschätzung sowie häufig Ablehnung und Abwertung von anderen. Dieser Zeitgeist wurde von Schriftstellern wie Carl Zuckmayer („Der Hauptmann von Köpenick") und Heinrich Mann („Der Untertan") satirisch dargestellt. In der Mode fand diese Haltung nicht zuletzt im Zuge der Flottenpolitik ab 1898 ihren Ausdruck durch die Popularität von Matrosenanzügen als Kinderbekleidung.
Das öffentliche Bild wurde dabei durch überall im Kaiserreich entstehende nationale Denkmale geprägt. Beispiele dafür sind das Völkerschlachtdenkmal in Leipzig, die zahlreichen Bismarcktürme, aber auch Krieger- und Kaiserdenkmale; diese wurden oft durch lokale Vereine finanziert. Häufig schlossen sich die Veteranen der Einigungskriege in Kriegervereinen zusammen. Deren einflussreicher Dachverband, der Kyffhäuserbund, zählte 1910 mehr als 2,6 Millionen Mitglieder. Ein weiterer großer Verein war der Deutsche Flottenverein, der die Flottenpolitik Wilhelms II. unterstützte und dem eine Million Mitglieder angehörten.

3 Kaiser Wilhelm II. und seine Familie. Die zeitgenössische Postkarte trägt die Unterschrift: „Guten Morgen, Majestät! Kompagnie zur Stelle!"

4 Parade der Berliner Feuerwehr zur Einweihung des Feuerwehrdenkmals, 1902

Methode: Roman im Unterricht am Beispiel „Der Untertan" von Heinrich Mann

5 Diederich Heßling in einer Szene aus dem Film „Der Untertan" (1951)

Ein Roman ist keine wissenschaftliche Monographie, ein Schriftsteller geht mit einer anderen Intention an ein Thema heran als ein Historiker. Der Historiker stellt sich die Aufgabe, ein vergangenes Ereignis mit allen Fakten darzustellen, es zu interpretieren und in die Zeitverhältnisse einzuordnen. Ein Autor schreibt eine Geschichte, diese soll möglichst spannend und interessant sein und den Leser fesseln. Der Autor sucht sich sein Thema in der Geschichte (als historischer Roman) oder in seiner eigenen Gegenwart und arbeitet es in einer Geschichte heraus. Diese Geschichte ist meist durch wenige Hauptfiguren getragen, deren Schicksal vom Leser miterlebt wird. Dabei muss der Autor den Handlungsrahmen genau recherchieren, um die Geschichte glaubhaft zu gestalten. Deshalb können Romane auch als Quelle für den Historiker dienen und historisches Wissen vermitteln. Durch die Handlung und den Handlungsrahmen einer Geschichte kann eine Epoche lebhaft werden.

Im Beispiel-Roman „Der Untertan" wird die Zeit des Kaiserreiches dargestellt. Der Autor Heinrich Mann schrieb das Buch zwischen 1906 und 1914, es behandelt also ein zeitgenössisches Thema, da die Gesellschaft des wilhelminischen Deutschlands beschrieben wird. Ab Januar 1914 waren einige Kapitel des Buches vorab als Szenen in einer Illustrierten („Zeit im Bild") erschienen. Als Buch wurde es erstmalig 1916 veröffentlicht und war nach dem Ersten Weltkrieg sehr erfolgreich. Es war Teil einer Reihe von Gesellschaftsromanen über das Kaiserreich von Heinrich Mann (vgl. „Professor Unrat"). Das Buch wurde 1951 von Wolfgang Staudte in der DDR verfilmt. Nachdem der Film dort mehrere Jahre verboten war, wurde er erst 1956 auch in der Bundesrepublik in gekürzter Fassung gezeigt.

Die Handlung des Romans zeigt in einer Folge von Episoden die (Lebens-)Geschichte von Diederich Heßling, einem „typischen" Bürger des Kaiserreiches. In den Episoden wird, von seiner Kindheit über die Jugend, seiner Militärzeit bis zur Etablierung als Unternehmer und angesehener Bürger mit lokalpolitischen Ambitionen Heßling als kleiner Tyrann gezeichnet, dem die Hierarchie einerseits Macht über andere verleiht, der anderseits aber auch unter ihr leidet.

Für die Interpretation eines zeitgenössischen Romans als historische Quelle sind verschiedene methodische Leitfragen notwendig:

1. Vor welchem zeitlichen und gesellschaftlichen Hintergrund verfasst die Autorin/der Autor den Roman?
2. In welcher historischen Epoche spielt die Romanhandlung?
3. Welche Konflikte bilden den Mittelpunkt der Handlung? Sind sie in den Figuren oder in den gesellschaftlichen Bedingungen der Zeit angelegt?
4. Aus wessen Perspektive wird die Handlung geschildert?
5. Wie werden die Hauptpersonen charakterisiert?
6. Aus welchem Grund hat die Autorin/der Autor die Figuren gewählt?
7. Enthält der Roman Informationen zur historischen Epoche, in der er spielt?
8. Wie werden die geschichtlichen Ereignisse des Romans gedeutet? Welche Haltung nimmt die Autorin/der Autor ein?

Kulturkampf

Innenpolitisch begann Bismarck schon bald mit einem „Kulturkampf" gegen jene Gesellschaftsgruppen, die in seinen Augen einem innerlich geeinten, homogenen, kaiserlichen Deutschland im Wege standen. Damit wurden alle gesellschaftlichen Gruppen, die sich von der Mehrheit abhoben, potenzielle „Reichsfeinde". Den Begriff „Kulturkampf" prägte der linksliberale Abgeordnete Rudolf Virchow 1873. Die ersten Maßnahmen nahmen die politischen Vertreter der katholischen Kirche in Gestalt des Zentrums ins Visier. Der Reichskanzler behauptete, die deutschen Katholiken seien Gegner des kleindeutschen, preußischen Kaiserreichs und ständen mit dem katholischen Frankreich und dem Papst in enger Verbindung. Die Reichsregierung war daher bemüht, den gesellschaftlichen Einfluss der katholischen Kirche zu begrenzen. 1871 trat der „Kanzelparagraph" in Kraft, der politische Äußerungen von Geistlichen verbot. 1872 wurde die geistliche Schulaufsicht abgeschafft und 1875 die Zivilehe eingeführt. Als Folge der Gesetze wurden viele Geistliche entlassen oder verhaftet und die verwaisten Pfarrstellen nicht neu besetzt. Mit den Maigesetzen von 1873 wurde die katholische Kirche in Deutschland schließlich weitgehend staatlicher Aufsicht unterstellt. Zukünftig mussten Geistliche einen staatlichen Abschluss vorweisen.

Die Gesetzte verfehlten allerdings ihr Ziel, denn das Zentrum, das als erste „Volkspartei" über eine Massenbasis in bürgerlichen und proletarischen Kreisen verfügte, ging gestärkt aus den Auseinandersetzungen hervor und konnte bei der Reichstagswahl 1874 die Stimmenzahl verdoppeln. Sie profitierte dabei auch vom katholischen Vereinsleben, das in den katholischen Hochburgen im Reich, so z. B. im Rheinland und im Ruhrgebiet stark verwurzelt war. Im Ruhrgebiet erhielt das Zentrum bei den Reichstagswahlen 1874 43,6 % der Stimmen. Durch die Industrialisierung gab es darüber hinaus eine massenhafte Einwanderung von Arbeitsmigranten, die besonders aus den preußischen Ostgebieten kamen. Die dort lebende polnische Bevölkerung nahm nicht nur ihre Sprache, sondern auch ihre Religion mit in die neue Heimat im Westen. Dort wurden sie sozial und kulturell im katholischen Vereinsleben integriert und fanden so eine neue Heimat. Zum vielfältigen Vereinsleben gehörten Versammlungen, Vorträge, Theateraufführungen und religiöse Feiern. Außerdem hatten solche Vereine oft eigene Spar- und Versicherungskassen zur Unterstützung der Mitglieder. Diese Kombination von religiösen und sozialen Fragen führte auch zur Gründung von christlichen Gewerkschaften im Kaiserreich, die bis 1933 Bestand hatten.

6 Bismarck und Papst Pius IX. beim Schachspiel. Karikatur aus dem Kladderadatsch, 1875.

Ende der 1870er-Jahre musste Bismarck eingestehen, dass seine Politik gegen das Zentrum gescheitert war, das zudem durch die Liberalen unterstützt wurde, die zunächst noch eine Trennung von Staat und Kirche mitgetragen hatten, sich aber zunehmend gegen die Einschränkung der bürgerlichen Freiheiten wehrten. Darüber hinaus brauchte Bismarck das Zentrum als neuen innenpolitischen Partner, da er wirtschaftspolitisch statt einer liberalen Freihandels- mittlerweile stärker eine konservative Schutzzollpolitik vertrat. Dies ließ die bisherige Unterstützung seiner Politik durch die Nationalliberalen bröckeln. Nach dem Papstwechsel 1878 wurden allmählich alle Konflikte beigelegt und Papst Leo XII. konnte so im Mai 1887 den Friedenszustand zwischen Heiligen Stuhl und Deutschen Reich verkünden.

Sozialgesetzgebung und Sozialistengesetze

Zu den „Reichsfeinden" zählte Bismarck auch die Sozialdemokratie. Nach dem „Kulturkampf" begann 1878 mit dem „Sozialistengesetz" die Auseinandersetzung mit der Arbeiterklasse. Anlass waren zwei Attentate auf Wilhelm I. im Mai und Juni, die fälschlicherweise den Sozialdemokraten angelastet wurden. Nach der Verabschiedung des Gesetzes am 19. Oktober 1878 wurde es bis 1890 jährlich verlängert. Die Sozialistische Arbeiterpartei Deutschlands SAP (ab 1891 SPD) war aus der Vereinigung des Allgemeinen Deutschen Arbeitervereins (1863 von Ferdinand Lassalle gegründet) und der Sozialdemokratischen Arbeiterpartei (von August Bebel und Wilhelm Liebknecht 1869 gegründet) entstanden und entwickelte sich schnell zu einer Massenpartei. Ähnlich wie das Zentrum besaß auch die SAP durch viele Arbeitervereine, die Kindergärten, Sportvereine oder Bildungseinrichtungen betrieben, ein großes Wählerpotential. Die Arbeiterklasse hatte sich damit eine eigene „Arbeiterkultur" geschaffen. Diese wollte Bismarck mit seinem „Gesetz gegen die gemeingefährlichen Bestrebungen der Sozialdemokratie" schwächen. Das Gesetz führte zum Verbot aller Parteiorganisationen, den parteinahen Gewerkschaften und der Parteipresse. Außerdem wurden zahlreiche Sozialdemokraten verhaftet. Die Partei selbst wurde jedoch nicht verboten und konnte an den Wahlen teilnehmen.

Neben seiner Repressionspolitik versuchte Bismarck aber auch, die Arbeiterklasse durch eine aktive sozialpolitische Rolle des Staates für den preußisch-deutschen Obrigkeitsstaat zu gewinnen. Die wirtschaftliche Lage der Arbeiter hatte sich durch die Wirtschaftskrise seit 1873 weiter verschlechtert. Die Bevölkerungsexplosion und die Verstädterung infolge der Industrialisierung führten zum Anwachsen einer Elendsschicht in den Städten. Zeitgleich zum „Sozialistengesetz" begann Bismarck deshalb mit den Planungen für eine staatliche Sozialversicherung, diese begann 1883 mit der Krankenversicherung, es folgten die Unfallversicherung 1884 und die Alters- und Invaliditätsversicherung 1889.

Die Krankenversicherung führte reichsweit Ortskrankenkassen ein und wurde zu einem Drittel von den Arbeitgebern und zu zwei Dritteln von den Arbeitnehmern finanziert.

Die Unfallversicherung wurde von den Berufgenossenschaften übernommen, sie war für den Arbeiter kostenlos und er erhielt Zahlungen bei einem Unfall. Die Versicherung übernahm nach Ende der Krankenversicherung die Kosten für Arzt und Medikamente. Bei dauerhafter Invalidität oder bei Tod des Arbeiters wurde eine Invaliditäts- oder Hinterbliebenenrente bezahlt.

Die Alters- und Invaliditätsversicherung schließlich bezahlte Arbeitern, die weniger als 2000 Mark im Jahr verdienten, ab dem 70. Lebensjahr eine Altersrente sowie eine Invaliditätsrente bei Arbeitsunfähigkeit. Sie war ebenfalls paritätisch finanziert.

Dennoch erreichte Bismarck sein Ziel, die Integration der Arbeiterklasse in die Gesellschaft des Reiches und eine Schwächung der SPD, nicht. Der Aufstieg der SPD und der Gewerkschaften konnte nicht verhindert werden, 1890 erhielt die SPD die meisten Stimmen bei den Reichstagswahlen, 1912 erlangte sie dann auch die meisten Parlamentssitze.

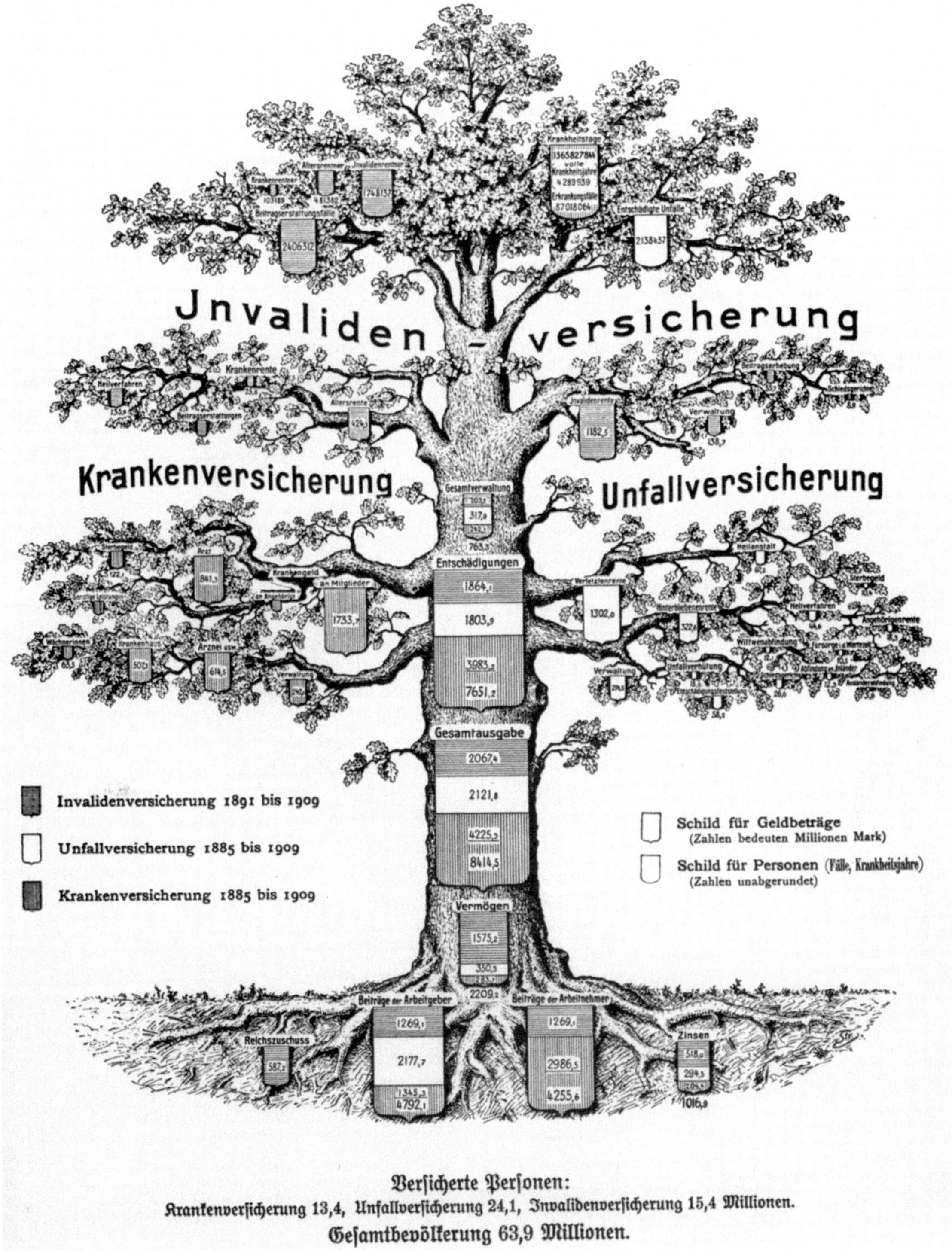

7 **Das System der Sozialversicherung im Kaiserreich.** Zeitgenössische Statistik, nach 1900.

Judenemanzipation und Antisemitismus

Die Judenemanzipation war seit der Französischen Revolution ein politisches Thema in Europa. Nachdem es ab 1800 unter Napoleon I. in den linksrheinischen Gebieten zur Judenemanzipation gekommen war, erließen auch die meisten anderen deutschen Staaten Gesetze zur rechtlichen Gleichstellung. Diese wurden allerdings nach den Befreiungskriegen und dem Wiener Kongress in allen Staaten zurückgenommen. Erst 1862 kam es wieder zu einem Emanzipationsgesetz in Baden. 1869 wurde im Norddeutschen Bund ein Gesetz zur Gleichstellung erlassen, das dann 1871 auf das ganze Deutsche Reich ausgedehnt wurde. Durch ihre gesellschaftliche Randexistenz war den Juden der berufliche Aufstieg im Staatsdienst verwehrt geblieben. Nicht zuletzt durch das fortschrittliche jüdische Schulwesen gelang vielen jüdischen Deutschen nach Öffnung der Universitäten in den Naturwissenschaften, in den Bereichen Medizin und Jura bzw. in den neuen Industrien der soziale Aufstieg. Jüdische Kaufleute, Unternehmer und Bankiers nutzten die Chancen, die ihnen die Industrielle Revolution bot. Ein Beispiel dafür ist die Berliner Familie Rathenau. Emil Rathenau zählte zu den deutschen Pionieren der Elektrotechnik, er war 1884 Mitbegründer der Berliner Electricitäts-Werke und gründete die AEG in Berlin. Sein Sohn Walther Rathenau übernahm die Leitung der Firma, leitete im Ersten Weltkrieg die wichtige Kriegsrohstoffabteilung und war in der Weimarer Republik Außenminister, bevor er 1922 von Rechtsradikalen ermordet wurde.

Die rechtliche Gleichstellung von 1871 blieb jedoch beständig bedroht. Nachdem der Gründerboom in den Gründerkrach und eine anhaltende Wirtschaftsflaute gemündet war, entwickelte sich seit 1880 ein starker Antisemitismus. Zunächst warfen Antisemiten wie Wilhelm Marr und Heinrich von Treitschke in ihren Pamphleten den Juden eine Mitschuld an der Wirtschaftskrise vor. Allerdings wechselte zunehmend ein aggressiver, rassisch „fundierter" Antisemitismus den bisherigen christlichen Antijudaismus ab. So unterzeichneten 1880/81 über 250.000 Bürger die „Antisemiten-Petition", die sich gegen die rechtliche und soziale Gleichstellung wendete. Besonders Handwerker, Kleinhändler, Bauern sowie das gehobene Bürgertum fühlten sich in ihrer wirtschaftlichen Existenz durch die jüdische „Konkurrenz" bedroht.

Neben ihren wirtschaftlichen Erfolgen stiegen viele Juden zudem in die Bildungselite in Kunst, Literatur und Wissenschaft auf. War ihnen vom Antijudaismus zu Beginn des 19. Jahrhunderts Unbildung und fehlende „Reife" für eine deutsche Staatsbürgerschaft vorgeworfen worden, mahnten hundert Jahre später Antisemiten eine „Unterwanderung" deutscher Kultur an.

Ab 1890 gelangen antisemitischen Parteien häufig nennenswerte Wahlerfolge. Gegen den Antisemitismus arbeiteten die Freisinnige Partei, die auch als „Juden-Schutztruppe" verunglimpft wurde, und der 1891 gegründete „Verein zur Abwehr des Antisemitismus". Aber auch die jüdischen Deutschen bildeten einen Verein gegen den Antisemitismus, 1893 gründeten sie in Berlin den „Central-Verein deutscher Staatsbürger jüdischen Glaubens".

Nachdem der Einfluss der Antisemiten-Parteien Mitte der 1890er-Jahre zurückging, wurden Verbände zum wichtigsten Träger des Antisemitismus im Kaiserreich, so waren die einflussreichen Verbände „Bund der Landwirte", der „Deutschnationale Handlungsgehilfenverband" sowie der „Alldeutsche Verband" offen antisemitisch.

Familie und Frauenemanzipation

Die Industrielle Revolution war aus Sicht der Zeitgenossen auch eine gesellschaftliche Revolution, die die hergebrachte Ordnung zerstörte. Sowohl Konservative als auch Sozialisten sahen in der neuen abhängigen Erwerbstätigkeit in den Fabriken eine Gefahr für die Familie. Während es im Kommunistischen Manifest hieß, die Industrie habe „alle Familienbande für den Proletarier zerrissen", schrieben konservative Autoren von der „Familienlosigkeit" und der „wilden Ehe" der Arbei-

8 Karikaturistische Ansichtskarte zu den Forderungen der Frauenbewegung, um 1900

ter. Diese Betrachtungen waren allerdings nicht richtig, denn durch die neuen Arbeitsmöglichkeiten wurden jetzt auch für die Unterschicht die materiellen Voraussetzungen für eine Eheschließung erst geschaffen. Während Knechte, Mägde, Dienstboten oder Handwerksgesellen nicht heiraten konnten, waren Industriearbeiter in der Lage, eine Familie zu gründen. So setzte sich im 19. Jahrhundert die Familie auch in der Unterschicht als Lebensform durch.
Die traditionelle bürgerliche Rollenverteilung, die dem Mann die Öffentlichkeit und der Frau den Haushalt zuwies, hatte allerdings weiter Bestand. Mitte des 19. Jahrhunderts entstand deshalb die Frauenbewegung. Sie war in einen bürgerlichen und einen sozialistischen Flügel gespalten. Während die bürgerlichen Frauen nach der Märzrevolution von 1848 begannen, Reformen zu fordern, sahen die sozialistischen Frauen die Frauenrechte als Teil des Klassenkampfes und wollten sie deshalb durch die Revolution verändern. Die Spaltung in verschiedene Richtungen konnte auch 1894 nicht überwunden werden, als sich die bürgerlichen Frauenvereine zum „Bund Deutscher Frauenvereine" (BDF) zusammenschlossen, die proletarischen Gruppen wegen politischer Unterschiede aber außen vor blieben.
Nach ersten Ansätzen der bürgerlichen Frauenbewegung in der 1848er-Revolution gründeten Luise Otto-Peters und Helene Lange 1865 den „Allgemeinen Deutschen Frauenverein" (ADF). Der Verein setzte sich zum Ziel, Bildungschancen für Frauen und deren Berufstätigkeit zu fördern. Frauen waren damals nicht zu höheren Bildungsinstitutionen zugelassen, Abitur und Universitätsstudium waren ihnen verwehrt. Erst 1908 ließ Preußen Frauen als ordentliche Studentinnen an den Universitäten zu. Insgesamt blieben die Forderungen der bürgerlichen Frauenvereine sehr moderat. Eine einheitliche Linie zum allgemeinen Frauenwahlrecht konnten sie z. B. nicht entwickeln.
Das allgemeine Frauenwahlrecht bildete dagegen ein Hauptziel der proletarischen Frauenbewegung um Clara Zetkin und Rosa Luxemburg. Die Forderung nach dem Frauenwahlrecht hatte die SPD schon 1891 ins Parteiprogramm aufgenommen. Auch forderten die sozialistischen Aktivistinnen, die Arbeitsbedingungen, den Arbeitsschutz sowie die Entlohnungen für Frauen zu verbessern. Allerdings sahen sich sozialdemokratische Frauen polizeilichen Schikanen ausgesetzt, denn Frauen war die Organisation in politischen Parteien und Vereinen bis 1908 gesetzlich verboten. Erst 1919 wurde das Frauenwahlrecht eingeführt.

Helene Lange (1848–1930)

13 Kulturkampfgesetze des Deutschen Reiches und Preußens 1871/1872

a) Ergänzung des Strafgesetzbuchs vom 10. Dezember 1871 (Kanzelparagraph) (Auszug):

Ein Geistlicher oder anderer Religionsdiener, welcher in Ausübung oder in Veranlassung der Ausübung seines Berufes öffentlich vor einer Menschenmenge oder welcher in einer Kirche oder an einem anderen zu religiösen Versammlungen bestimmten Orte vor mehreren Angelegenheiten des Staates in einer den öffentlichen Frieden gefährdenden Weise zum Gegenstande einer Verkündigung oder Erörterung macht, wird mit Gefängnis oder Festungshaft bis zu zwei Jahren bestraft.

b) Gesetz, betreffend die Beaufsichtigung des Unterrichts- und Erziehungswesens, vom 11. März 1872 (preußisches Schulaufsichtsgesetz):

§ 1. Unter Aufhebung aller in einzelnen Landesteilen entgegenstehenden Bestimmungen steht die Aufsicht über alle öffentlichen und Privat-Unterrichts- und Erziehungsanstalten dem Staate zu. [...]

§ 2. Die Ernennung der Lokal- und Kreisschulinspektoren und die Abgrenzung ihrer Aufsichtsbezirke gebührt dem Staate allein.

c) Gesetz über die Vorbildung und Anstellung der Geistlichen vom 11. Mai 1873:

§ 1. Ein geistliches Amt darf in einer der christlichen Kirchen nur einem Deutschen übertragen werden, welcher seine wissenschaftliche Vorbildung nach den Vorschriften dieses Gesetzes dargetan hat und gegen dessen Anstellung kein Einspruch von der Staatsregierung erhoben worden ist. [...]

§ 4. Zur Bekleidung eines geistlichen Amts ist die Ablegung der Entlassungsprüfung an einem deutschen Gymnasium, die Zurücklegung eines dreijährigen theologischen Studiums auf einer deutschen Staatsuniversität sowie die Ablegung einer wissenschaftlichen Staatsprüfung erforderlich. [...]

§ 8. Die Staatsprüfung [...] wird darauf gerichtet, ob der Kandidat sich die für seinen Beruf erforderliche allgemeine wissenschaftliche Bildung, insbesondere auf dem Gebiet der Philosophie, der Geschichte und der deutschen Literatur, erworben habe.

Zit. nach: J. B. Kißling: Geschichte des Kulturkampfes im Deutschen Reiche, Bd. 2. Freiburg 1911, S. 460 ff.

14 Medaille von 1895. Vorderseite: „Fürst Bismarck. Baumeister des Deutschen Reiches."

15 Rede Bismarcks zum Kulturkampf

Bismarck im preußischen Herrenhaus (1873):

Ich verweise darauf, wo ich die Genesis meiner Überzeugung, dass zur Notwehr für den gefährdeten Staat die Regierung gezwungen sei, und ferner dargelegt habe, dass die Regierung und seine Majestät der König mit ihr die Überzeugung haben, dass der Staat in seinen Fundamenten bedroht und gefährdet ist von zwei Parteien, die beide das gemeinsam haben, dass sie ihre Gegnerschaft gegen die nationale Entwicklung in internationaler Weise betätigen, dass sie Nation und nationale Staatenbildung bekämpfen, denen die Kräftigung des staatlichen Elements, die Wahrhaftigkeit des Staates am Herzen liegen, gegen die, die ihn angreifen und bedrohen, zusammenstehen, und deshalb müssen sich alle Elemente zusammenscharen, die ein Interesse haben an der Erhaltung des Staates und an seiner Verteidigung teils gegen diejenigen, welche offen sagen, was sie an die Stelle des Staates setzen wollen, teils gegen diejenigen, welche einstweilen den Staat untergraben, sich aber noch vorbehalten, was sie an seine Stelle setzen wollen – gegen diese Gegner müssen sich alle treuen Anhänger des Königs, müssen sich alle treuen Anhänger des preußischen Staates, in dem wir leben, zusammenscharen.

Zit. nach: Otto von Bismarck: Gesammelte Werke, Bd. 11. Berlin 1929, S. 298.

16 Reaktion der Katholiken auf den Kulturkampf

Aus einem Aufruf des Vereins der deutschen Katholiken (1872):

Der Staat, das heißt jener Staat, wie ihn die Gegner der geoffenbarten Religion und der Kirche sich mit Willkür konstruieren und mit Leidenschaft zur Geltung zu bringen suchen, leidet keine günstige Macht in seinem irdischen Bereiche, welche ihm die Wahrheit sagt, wenn er irrt, sein Unrecht rügt, wenn er frevelt. Wir dagegen stehen fest in unseren kirchlich-politischen Grundsätzen, welche uns Vernunft und Glauben lehren. Wir halten daran, dass es auf Erden zwei Gewalten gebe, die von Gott zum Heile des Menschengeschlechts bestellt sind; dass es aber der Wille Gottes ist, dessen Fügung die irdische Ordnung im Staate ihr Dasein verdankt, und dessen Gnade die Heilsordnung in der Kirche gestiftet hat, beide Ordnungen nicht getrennt zu sehen, sondern vereint zur Herstellung des großen christlichen Gemeinwesens, welches über den ganzen Erdenkreis sich zu erstrecken bestimmt ist. Das richtige Verhältnis von Staat und Kirche aber erkennen wir aus den Zielen, welche beiden gesteckt sind: dort ein Ziel in der Irdischkeit, das sich notwendigerweise dem höheren ewigen Ziele des Menschen unterordnet, hier dieses ewige Ziel, das unendlich weit über dieses endliche Dasein hinausreicht und zu welchem sich jenes verhält wie das Mittel zum Zweck.

Zit. nach: E. Friedberg (Hrsg.): Aktenstücke, die altkatholische Bewegung betreffend. Tübingen 1876, S. 86 f.

17 Das „Sozialistengesetz“

„Gesetz gegen die gemeingefährlichen Bestrebungen der Sozialdemokratie“ vom 21. Oktober 1878:

§ 1. [1] Vereine, welche durch sozialdemokratische, sozialistische und kommunistische Bestrebungen den Umsturz der bestehenden Staats- oder Gesellschaftsordnung bezwecken, sind zu verbieten. [...]

§ 9. [1] Versammlungen, in denen sozialdemokratische, sozialistische oder kommunistische auf den Umsturz der bestehenden Staats- und Gesellschaftsordnung gerichtete Bestrebungen zu Tage treten, sind aufzulösen.

[2] Versammlungen, von denen durch Tatsachen die Annahme gerechtfertigt ist, dass sie zur Förderung der im ersten Absatze bezeichneten Bestrebungen bestimmt sind, sind zu verbieten.

[3] Den Versammlungen werden öffentliche Festlichkeiten und Aufzüge gleichgestellt. [...]

§ 11. [1] Druckschriften, in welchen sozialdemokratische, sozialistische oder kommunistische auf den Umsturz der bestehenden Staats- oder Gesellschaftsordnung gerichtete Bestrebungen in einer den öffentlichen Frieden, insbesondere die Eintracht der Bevölkerungsklassen gefährdende Weise zu Tage treten, sind zu verbieten.

[2] Bei periodischen Druckschriften kann das Verbot sich auch auf das fernere Erscheinen erstrecken, sobald auf Grund dieses Gesetzes das Verbot einer einzelnen Nummer erfolgt. [...]

§ 17. [1] Wer an einem verbotenen Vereine (§ 6.) als Mitglied sich beteiligt, oder eine Tätigkeit im Interesse eines solchen Vereins ausübt, wird mit Geldstrafe bis zu fünfhundert Mark oder mit Gefängnis bis zu drei Monaten bestraft. Eine gleiche Strafe trifft denjenigen, welcher an einer verbotenen Versammlung (§ 9.) sich beteiligt, oder welcher nach polizeilicher Auflösung einer Versammlung (§ 9.) sich nicht sofort entfernt.

[2] Gegen diejenigen, welche sich an dem Vereine oder an der Versammlung als Vorsteher, Leiter, Ordner, Agenten, Redner oder Kassierer beteiligen, oder welche zu der Versammlung auffordern, ist auf Gefängnis von einem Monat bis zu einem Jahre zu erkennen.

§ 18. Wer für einen verbotenen Verein oder für eine verbotene Versammlung Räumlichkeiten hergibt, wird mit Gefängnis von einem Monat bis zu einem Jahre bestraft.

§ 19. Wer eine verbotene Druckschrift (§§ 11.12), oder wer eine von der vorläufigen Beschlagnahme betroffene Druckschrift (§ 15) verbreitet, fortsetzt oder wieder abdruckt, wird mit Geldstrafe bis zu eintausend Mark oder mit Gefängnis bis zu sechs Monaten bestraft. [...]

Zit. nach: R. vom Bruch, B. Hofmeister (Hrsg.), Deutsche Geschichte in Quellen und Darstellung, Bd. 8, Kaiserreich und Erster Weltkrieg 1871–1918. Stuttgart, 2. durchges. Auflage 2002, S. 50 f.

5

18 Kaiser Wilhelm I. zur Sozialgesetzgebung

Aus einer „Kaiserlichen Botschaft“ von 1881:

Schon im Februar dieses Jahres haben Wir Unsere Überzeugung aussprechen lassen, dass die Heilung der sozialen Schäden nicht ausschließlich im Wege der Repression sozialdemokratischer Ausschreitungen, sondern gleichmäßig auf dem der positiven Förderung des Wohles

19 Moderne Karikatur zur bundesdeutschen Gesundheitsreform 2006

20 **Die Zukunft.** Ansichtskarten-Karikatur über die Situation der Juden in Deutschland, um 1900.

der Arbeiter zu suchen sein werde. Wir halten es für Unsere Kaiserliche Pflicht, dem Reichstage diese Aufgabe von neuem ans Herz zu legen. [...] In diesem Sinne wird zunächst der von den verbündeten Regierungen in der vorigen Session vorgelegte Entwurf eines Gesetzes über die Versicherung der Arbeiter gegen Betriebsunfälle mit Rücksicht auf die im Reichstag stattgehabten Verhandlungen über denselben einer Umarbeitung unterzogen, um die erneute Beratung desselben vorzubereiten. Ergänzend wird ihm eine Vorlage zur Seite treten, welche sich eine gleichmäßige Organisation des gewerblichen Krankenkassenwesens zur Aufgabe stellt. Aber auch diejenigen, welche durch Alter oder Invalidität erwerbsunfähig werden, haben der Gesamtheit gegenüber einen begründeten Anspruch auf ein höheres Maß staatlicher Fürsorge, als ihnen bisher hat zuteil werden können.

Zit. nach: R. vom Bruch, B. Hofmeister (Hrsg.), Deutsche Geschichte in Quellen und Darstellung, Bd. 8, Kaiserreich und Erster Weltkrieg 1871–1918. Stuttgart 2002, S. 54f.

21 Der Berliner Antisemitismusstreit von 1880

a) Der nationalliberale Historiker Heinrich v. Treitschke (1834–1896) verfasste 1880 eine Streitschrift über den Antisemitismus:

Was wir von unseren israelitischen Mitbürgern zu fordern haben ist einfach: Sie sollen Deutsche werden, sich schlicht und recht als Deutsche fühlen – unbeschadet ihres Glaubens und ihrer alten heiligen Erinnerungen, die uns allen ehrwürdig sind; denn wir wollen nicht, dass auf Jahrtausende germanischer Gesittung ein Zeitalter deutsch-jüdischer Mischkultur folge. Es wäre sündlich zu vergessen, dass sehr viele Juden, getaufte und ungetaufte, [...] deutsche Männer waren im besten Sinne, Männer, in denen wir die edlen und guten Züge deutschen Geistes verehren. Es bleibt aber ebenso unleugbar, dass zahlreiche und mächtige Kreise unseres Judentums den guten Willen, schlechtweg Deutsche zu werden, durchaus nicht hegen. [...] Mancher meiner jüdischen Freunde wird mir mit tiefem Bedauern Recht geben, wenn ich behaupte, dass in neuester Zeit ein gefährlicher Geist der Überhebung in jüdischen Kreisen erwacht ist, dass die Einwirkung des Judentums auf unser nationales Leben, die in früheren Tagen manches Gute schuf, sich neuerdings vielfach schädlich zeigt. [...] Überblickt man alle diese Verhältnisse – und wie vieles ließe sich noch sagen! –, so erscheint die laute Agitation des Augenblicks doch nur als eine brutale und gehässige, aber natürliche Reaktion des germanischen Volksgefühls, gegen ein fremdes Element, das in unserem Leben einen allzu breiten Raum eingenommen hat.[...] Bis in die Kreise der höchsten Bildung hinauf, unter Männern, die jeden Gedanken kirchlicher Unduldsamkeit oder nationalen Hochmuts mit Abscheu von sich weisen würden, ertönt es heute wie aus einem Munde: Die Juden sind unser Unglück!

Zit. nach: H. von Treitschke: Ein Wort über unser Judentum. Berlin 1880, S. 3f.

b) Der liberale Historiker Theodor Mommsen (1817–1903) antwortete auf Treitschke:

Das ist der eigentliche Sitz des Wahnes, der jetzt die Massen erfasst hat, und sein rechter Prophet ist Herr von Treitschke. Was heißt das, wenn er von unseren israelitischen Mitbürgern fordert, sie sollen Deutsche werden? Sie sind es ja, so gut wie er und ich. Er mag tugendhafter sein als sie; aber machen die Tugenden den Deutschen? Wer gibt uns das Recht, unsere Mitbürger dieser oder jener Kategorien wegen der Fehler, welche im Allgemeinen dieser Kategorie, es sei auch mit Recht, zur Last gelegt werden, aus der Reihe der Deutschen zu streichen? Wie scharf man die Fehler dieser Mitbürger empfinden, wie schroff man über alle Milderungsgründe sich hinwegsetzen mag, immer wird man logisch wie praktisch höchstens dahin kommen, die Juden für Deutsche zu erklären, welche im Punkte der Erbsünde doppelt bedacht worden sind. [...] Wir, die eben erst geeinte Nation, betreten mit dem Judenkrieg eine gefährliche Bahn. Unsere Stämme sind recht sehr ungleich. Es ist keiner darunter, dem nicht spezifische Fehler anhaften, und unsere gegenseitige Liebe ist nicht so alt, dass sie nicht rosten könnte. Heute gilt es den Juden, [...] morgen wird vielleicht bewiesen, dass genau genommen jeder Berliner nicht besser sei als ein Semit. Noch etwas weiter hin, und der Pommer fordert die Erstreckung der Statistik auf die Windbeutelei und hofft, durch Zahlen zu beweisen, dass dann in den westlichen Provinzen ein doppelter Prozentsatz sich herausstellen werde. Es wäre das nicht der ungeschickteste Weg, um die Einheit unserer Nation zu untergraben.

Zit. nach: Th. Mommsen: Auch ein Wort über unser Judentum. Berlin 1880, S. 11 f.

22 Ein Jude zum Antisemitismus

Der deutsch-jüdische Schriftsteller Jakob Wassermann (1873–1934) erinnert sich 1921:

Obwohl ich meine Ehre und ganze Kraft darein setzte, als Soldat meine Pflicht zu tun und das geforderte Maß der Leistung zu erfüllen, wozu zuweilen keine geringe Selbstüberwindung nötig war, gelang es mir nicht, die Anerkennung meiner Vorgesetzten zu erringen, und ich merkte bald, dass es mir auch bei exemplarischer Führung nicht gelingen würde, dass es nicht gelingen konnte, weil Absicht dawider war. Ich merkte es an der verächtlichen Haltung der Offiziere, an der unverhehlten Tendenz, die befriedigende Leistung selbstverständlich zu finden, die unbefriedigende an den Pranger zu stellen. Von gesellschaftlicher Annäherung konnte nicht die Rede sein, menschliche Qualität wurde nicht einmal erwogen, Geist oder auch nur jede originelle Form der Äußerung erweckte sofort Argwohn, Beförderung über eine zugestandene Grenze hinaus kam nicht in Frage, alles, weil die bürgerliche Legitimation unter der Rubrik Glaubensbekenntnis die Bezeichnung Jude trug. [...]
Auffallender, weitaus quälender war mir [...] das Verhalten der Mannschaft. Zum ersten Mal begegnete ich jenem in den Volkskörper gedrungenen dumpfen, starren, fast sprachlosen Hass, von dem der Name Antisemitismus fast nichts aussagt, weil er weder die Art noch die Quelle, noch die Tiefe, noch das Ziel zu erkennen gibt. Dieser Hass hat Züge des Aberglaubens ebenso wie der freiwilligen Verblendung, der Dämonenfurcht wie der pfäffischen Verstocktheit, der Rankünе des Benachteiligten, Betrogenen ebenso wie der Unwissenheit, der Lüge und Gewissenlosigkeit wie der berechtigten Abwehr, affenhafter Bosheit wie des religiösen Fanatismus. [...] Kam hinzu, dass die katholische Bevölkerung Unterfrankens reichlich durchsetzt war mit einem unerfreulichen Schlag noch halb ghettohafter, handelsbeflissener, wuchernder Juden, Krämer, Trödler, Viehhändler, Hausierer, einer dauernden Verhetzung preisgegeben war [...] und das Andenken an Brunnenvergiftungs- und Passahschlachtungsmärchen, bischöfliche Bluterlässe, mörderische und gewinnbringende Judenverfolgungen noch lebendig im Sinne trug.

Zit. nach: J. Wassermann: Mein Weg als Deutscher und Jude. Berlin 1921, S. 38 ff.

23 Ziele der Frauenbewegung

Aus dem Programm des Allgemeinen Deutschen Frauenvereins (1905):

Die Frauenbewegung setzt sich somit das Ziel: den Kultureinfluss der Frau zu voller innerer Entfaltung und freier sozialer Wirksamkeit zu bringen. [...]
I. Bildung: a) obligatorische Fortbildungsschulen für alle aus der Volksschule entlassenen Mädchen; b) eine Reorganisation der höheren Mädchenschule, durch welche diese, unbeschadet ihrer dem Wirkungskreise der Frau entsprechenden Besonderheit, den höheren Knabenschulen gleichwertig wird; [...] c) unbeschränkte Zulassung ordnungsmäßig vorgebildeter Frauen zu allen wissenschaftlichen, technischen und künstlerischen Hochschulen.
II. Berufstätigkeit: Die Frauenbewegung betrachtet für die verheiratete Frau den in der Ehe und Mutterschaft beschlossenen Pflichtenkreis als ersten und nächstliegenden Beruf. [...] In Anbetracht der großen Zahl von Frauen, die unverheiratet bleiben, und der weiteren Zahl derer, die in der Ehe keine ausreichende wirtschaftliche Versorgung finden können, ist die Berufsarbeit der Frau eine wirtschaftliche und sittliche Notwendigkeit. Die Frauenbewegung betrachtet die berufliche Frauenarbeit aber auch in weiterem Sinne und unabhängig von jeder äußeren Notwendigkeit als Kulturwert, da auch die Frau Träger hervorragender spezifischer Begabung sein kann und bei vollkommen freier Entfaltung ihrer Fähigkeiten auf vielen Gebieten geistiger und materieller Tätigkeit Aufgaben finden wird, die sie ihrer Natur nach besser lösen kann als der Mann. – In Bezug auf die wirtschaftliche Bewertung der beruflichen Frauenarbeit vertritt die Frauenbewegung den Grundsatz: gleicher Lohn für gleiche Leistung.
III. Ehe und Familie: Die Frauenbewegung sieht in der Heiligkeit der Ehe die wesentlichste Bürgschaft für das körperliche und geistige Wohl der Nachkommenschaft und die Grundbedingung sozialer Gesundheit. Sie legt in Bezug auf die sexuelle Sittlichkeit Männern und Frauen gleiche Pflichten auf und bekämpft die doppelte Moral, die einerseits dem Manne eine in jeder Hinsicht verhäng-

5

nisvolle sexuelle Freiheit gewährt, andererseits die Frau mit ungerechter Härte trifft. Sie fordert für die Frau als Leiterin des Hauses und Erzieherin der Kinder, dass sie im Einklang mit der Höhe ihrer Verpflichtung und dem Wert ihrer Leistungen auch rechtlich die gleiche Verantwortung in allen Angelegenheiten der Ehe und der Familie trage wie der Mann. [...]

IV. Öffentliches Leben, Gemeinde und Staat: a) Zulassung der Frauen zu verantwortlichen Ämtern in Gemeinde und Staat, vor allem solchen, die zu den Interessen der Frauen in besonders nahen Beziehungen stehen; [...]

b) Zuziehung der Frauen zur Vertretung der Laien bei der Rechtspflege;

c) Beseitigung der vereinsrechtlichen Beschränkungen der Frau; d) Teilnahme der Frauen am kirchlichen Wahlrecht; e) Teilnahme der Frauen am kommunalen Wahlrecht; f) Teilnahme der Frauen am politischen Wahlrecht.

Zit. nach: H. Lange: Die Frauenbewegung in ihren gegenwärtigen Problemen. Leipzig 1914, S. 134 ff.

24 Clara Zetkin zur sozialistischen Frauenbewegung

Clara Zetkin schrieb 1908 über die Anfänge der sozialistischen Frauenbewegung:

[...] Aus der Erkenntnis, dass die Proletarierin der kapitalistischen Ordnung schutzbedürftig und kampffähig zugleich gegenübersteht, wurde das Streben geboren, die Frauen als gleichberechtigte und gleichverpflichtete Mitglieder der Internationalen Gewerksgenossenschaft für ganz Deutschland einzugliedern.[...]

Die bedeutsamsten Züge des skizzierten Anfangs der klassenbewussten organisierten proletarischen Frauenbewegung in Deutschland scheinen mir diese:[...] der ausgesprochen proletarische, international gerichtete Charakter der Bewegung, die rein von jeder bürgerlich-frauenrechtlerischen Beimengung war; die feste, sichere Zielsetzung: die sozialistische Gesellschaft. [...]

Zit. nach: R. vom Bruch, B. Hofmeister (Hrsg.): Deutsche Geschichte in Quellen und Darstellung, Bd. 8, Kaiserreich und Erster Weltkrieg 1871–1918. Stuttgart, 2. durchges. Auflage 2002, S. 141 f.

Arbeitsvorschläge

a) Diskutieren Sie anhand von M 2 und M 11, inwiefern das Deutsche Reich ein demokratischer Staat war. Beachten Sie dabei auch den Gründungsakt.

b) Arbeiten Sie mit Hilfe der Quellen die gesellschaftlichen Leitbilder des Kaiserreichs heraus. Analysieren Sie dabei auch das Bild der Kaiserfamilie (M 3, M 12).

c) Suchen Sie Orte des Kaiserreiches in Ihrer Stadt auf. Welche Spuren hat die Zeit im Straßenbild hinterlassen (Denkmäler, Architektur, Straßennamen)?

d) Informieren Sie sich über das Vereinsleben des Kaiserreiches (Kriegerverein, Flottenverein, Parteien, Frauenvereine usw.). Gab es solche Vereine auch in Ihrer Heimatgemeinde? Stellen Sie die Ergebnisse kurz vor.

e) Arbeiten Sie die Motive für den Kulturkampf heraus (M 13 – M 16) und benennen Sie dessen gesellschaftliche Auswirkungen. Diskutieren Sie anschließend, ob eine Trennung von Staat und Kirche heute gegeben ist.

f) Diskutieren Sie, ob Bismarck seine Ziele gegenüber Katholiken und Arbeiterschaft erreicht hat. Beachten Sie dabei auch die Wahlergebnisse von Zentrum und SPD.

g) Bewerten Sie die Sozialreformen der Bismarck-Zeit und interpretieren Sie demgegenüber die Karikatur (M 19).

h) Informieren Sie sich über die beiden zeitgenössischen Historiker Treitschke und Mommsen und stellen Sie ihre unterschiedlichen Positionen in M 21 gegenüber.

i) Schreiben Sie ein Essay über den sich im letzten Drittel des 19. Jahrhunderts ausbreitenden Antisemitismus und die Reaktion seitens der jüdischen Deutschen auf den Antisemitismus (VT, M 22).

j) Informieren Sie sich anhand eigener Recherchen (siehe u. a. Literatur- und Internettipps) über Walther Rathenau.

k) Erläutern Sie die grundlegenden Unterschiede zwischen der proletarischen und der bürgerlichen Frauenbewegung. Vergleichen Sie die Aussagen Zetkins mit dem Kapitel Grundlagen des Marxismus (Kpt. 3). Diskutieren Sie bei Betrachtung des heutigen Niveaus der Gleichberechtigung zwischen Männern und Frauen, inwieweit die Frauenbewegung erfolgreich war und ob ihre Existenz noch eine Notwendigkeit besitzt (M 23, M 24).

Zeittafel: Politische Kultur im Kaiserreich

1871	Die Nationalliberalen werden stärkste Kraft im ersten Reichstag, gefolgt vom Zentrum. Der Kulturkampf gegen die katholische Zentrumspartei beginnt: Der „Kanzelparagraph" untersagt Geistlichen bei der Ausübung ihre Amtes kritische politische Äußerungen.
1872	Der Jesuitenorden wird verboten und die zivile Schulaufsicht eingeführt.
1873	„Großer Börsenkrach" in Berlin
1875	Die Zivilehe wird eingeführt. Aus dem Zusammenschluss von Allgemeinem Deutschen Arbeiterverein und Sozialdemokratischer Arbeiterpartei entsteht die Sozialistische Arbeiterpartei Deutschlands.
1876	Der „Centralverband deutscher Unternehmer" entsteht.
1878	„Sozialistengesetz" (verlängert bis 1890)
1879	Der Reichstag beschließt Schutzzölle für Industrie und Landwirtschaft.
1883–89	Durch eine umfangreiche Sozialgesetzgebung will Bismarck die Integration der Arbeiterschaft verbessern und die SPD schwächen.
1888	Wilhelm II. wird deutscher Kaiser.
1890	Bismarck tritt zurück. Die SPD erhält die meisten Wählerstimmen.
1893	Der „Bund der Landwirte" wird gegründet. Gründung des „Central-Vereins deutscher Staatsbürger jüdischen Glaubens"
1894	Gründung „Allgemeiner Deutscher Frauenverein"
1896	Bürgerliches Gesetzbuch nach Vorbild des Code Civil
1898	Der „Kyffhäuser-Bund", Dachverband aller deutschen Kriegervereine, wird gebildet. Das Erste Flottenbaugesetz forciert den Flottenbau (Zweites Flottengesetz 1900). Der „Deutsche Flottenverein" wird gegründet.
1910	Die linksliberalen Parteien schließen sich zur Fortschrittlichen Volkspartei zusammen.
1912	Die SPD wird stärkste Partei im Reichstag.
1918	Mit der Abdankung Wilhelms II. am 9. November endet die Konstitutionelle Monarchie in Deutschland.

5

5.2 Das Kaiserreich im Spannungsfeld europäischer Politik

Mit den erfolgreichen Kriegen 1864, 1866 und 1870/71 und der Reichsgründung war Deutschland zu einer halbhegemonialen Stellung in der Mitte Europas aufgestiegen. Damit zerbrach das alte Mächtesystem der Pentarchie und musste neu definiert werden. Zwar beobachteten die europäischen Großmächte misstrauisch, ob das junge Reich weitere Gebietsansprüche stellen würde, doch standen sie selbst in großer Rivalität zueinander, besonders im Wettstreit um Kolonien. Auf diese Weise war die bismarcksche Außenpolitik darauf gerichtet, ein Kräftegleichgewicht der Mächte zu fördern, welches keine antideutsche Koalition hervorbringen konnte. Die deutsche Außenpolitik wiederholte deshalb immer wieder, das das Deutsche Reich „saturiert" sei, d. h. keinerlei weitere Expansionsziele mehr verfolge. Da Frankreich nach der „nationalen Schmach" 1870 und dem Verlust Elsass-Lothringens als unversöhnlicher Gegner des Deutschen Reiches angesehen wurde, war das wichtigste Ziel der deutschen Diplomatie die Isolierung Frankreichs. Deshalb spricht man auch vom „cauchemar des coalitions" als Leitprinzip bismarckscher Außenpolitik. Um dieses Ziel zu erreichen, knüpfte Bismarck ein System aus defensiven Bündnisverträgen mit den anderen konservativen europäischen Monarchien.

Ein erster Baustein dieses Systems war das Bemühen, eine Koalition zwischen den Verlierern von 1866 (Österreich-Ungarn) und 1870/71 (Frankreich) zu verhindern. Tatsächlich gelang nach einem Treffen zwischen Wilhelm I., dem österreichischen Kaiser Franz Joseph I. und dem russischen Zaren Alexander II. in Berlin am 22. Oktober 1873 der Abschluss eines „Drei-Kaiser-Abkommens". Darin verständigten sich die Staatsoberhäupter auf gemeinsame Konsultationen, falls einer der Partner von einer weiteren Macht angegriffen werden sollte. Auf dem Berliner Kongress 1878, auf dem die Großmächte eine Lösung für die Orientkrise suchten, konnte Bismarck als vermittelnder „ehrlicher Makler" auftreten. Damit hatte die bismarcksche Außenpolitik jedoch ihre Glanzzeit überschritten. Zwar entwickelte sich das Verhältnis Deutschlands zu Großbritannien in den 1880er- Jahren günstig, jedoch verschlechterten sich nach dem Berliner Kongress die deutsch-russischen Beziehungen. Einerseits konnte die deutsche Diplomatie immer weniger in der Rivalität zwischen Österreich-Ungarn und Russland um die Vormachtstellung auf dem Balkan vermitteln, andererseits behinderte die deutsche Schutzzollpolitik den russischen Agrarexport.

1 Das Bündnissystem Bismarcks

2 **Bismarck als „ehrlicher Makler" auf dem Berliner Kongress 1878.** Gemälde von Anton v. Werner (1843–1915).

Zerfall des Drei-Kaiser-Bündnisses

Angesichts des Zerfalls des Drei-Kaiser-Bündnisses versuchte sich die deutsche Regierung bilateral mit seinen beiden Hauptverbündeten abzusichern („System der Aushilfen"). 1879 handelte Bismarck mit Österreich-Ungarn den geheimen Zweibund aus. Er sah bei einem Angriff Russlands auf einen der Partner militärischen Beistand vor. Bei einem Angriff anderer Mächte wurde wohlwollende Neutralität vereinbart. 1882 wurde das Bündnis durch Aufnahme Italiens zum Dreibund erweitert. Als im Zuge einer weiteren Krise um den Einfluss in Bulgarien das Drei-Kaiser-Abkommen 1885/86 endgültig zerbrach, erreichte Bismarck in schwierigen Verhandlungen 1887 einen geheimen deutsch-russischen Rückversicherungsvertrag. Beide Mächte versicherten sich darin der Neutralität im Kriegsfalle. Ausgenommen waren dabei ein deutscher Angriffskrieg gegen Frankreich und ein russischer Angriffskrieg gegen Österreich-Ungarn. Angesichts des wachsenden Einflusses der Panslawisten in Russland bzw. einer antirussischen Stimmung in Deutschland, stand dieser Vertrag allerdings von Anfang an auf wackeligen Füßen.

„Platz an der Sonne"

Dieses Bündnisgeflecht zerfiel dann auch 1890, da der seit 1888 regierende Wilhelm II. den Rückversicherungsvertrag mit Russland nicht verlängerte. Mit dem darauf folgenden Rücktritt Bismarcks begann in der Außenpolitik eine neue Ära. Wilhelm II. verfolgte die Idee von einem „Platz an der Sonne" für Deutschland und so die Aufgabe der bisherigen defensiven Außenpolitik. Die Vernachlässigung Russlands führte bereits 1894 zu einem französisch-russischen Bündnis, während sich gleichzeitig die deutsch-britischen Beziehungen zu verschlechtern begannen. Durch die rasante Industrialisierung war das Deutsche Reich wirtschaftlich zum Hauptkonkurrenten Englands aufgestiegen. Die zunächst als Kennzeichnung billiger Ware in England eingeführte Bezeichnung „Made in Germany" wurde zu einem Qualitätsmerkmal. Hinzu kam die von Wilhelm II. im Zuge seiner „Platz an der Sonne"-Idee betriebene Flotten- und forcierte Kolonialpolitik. Unter Federführung des Admirals Alfred Freiherr von Tirpitz begann eine umfangreiche Aufrüstung, um eine Kriegsflotte aufzubauen, die der britischen Flotte im Ernstfall ebenbürtig wäre. Die Folge war ab der Jahrhundertwende ein Wettrüsten zur See.

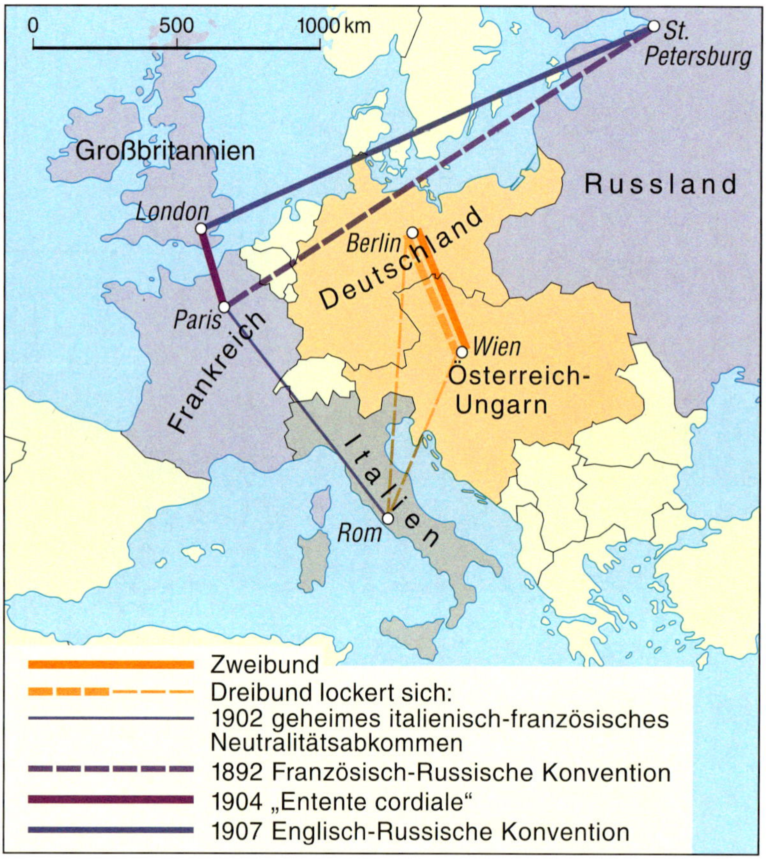

3 Das Bündnissystem unter Wilhelm II.

Durch seine Situation als „verspätete" Nation hatte Deutschland zunächst keine eigenen Kolonien erworben. Bismarck konzentrierte sich auf die außenpolitische Absicherung des Deutschen Reiches und sah deshalb keine Veranlassung für eine deutsche Kolonialpolitik. Diese entsprach auch nicht der von Bismarck formulierten Saturiertheit Deutschlands. Dennoch kam es ab 1884 zum Erwerb von Kolonien durch das Deutsche Reich. In der deutschen Öffentlichkeit gab es Bestrebungen für eine deutsche Kolonialpolitik, 1882 wurde der Deutsche Kolonialverein gegründet. Private Kaufleute hatten in Afrika Handelsstützpunkte gegründet und große Gebiete aufgekauft. Einer von ihnen war der Kaufmann Franz Adolf Eduard Lüderitz, der schon früh im heutigen Namibia aktiv wurde und dort große Gebiete aufkaufen ließ. Ähnliche Handelsstützpunkte entstanden in Togo, Kamerun, im heutigen Tansania und in der Südsee. Nach der internationalen Kongo-Konferenz 1884 in Berlin wurden diese privaten Besitzungen durch staatliche Schutzbriefe allmählich in deutsche Kolonien umgewandelt.
Für Bismarck blieb die Kolonialpolitik nur eine Episode, schon 1888 erklärte er, dass seine Karte von Afrika in Europa liege. Er sah die Kolonien als Verhandlungsmasse in der internationalen Politik an, nicht als Siedlungsgebiete oder Militärstützpunkte.

Angst vor der „Einkreisung"

Das wilhelminische Deutschland wollte jedoch auch im Wettrennen um Kolonialgebiete nicht mehr hinter den anderen Mächten zurückstehen. Ausdruck fand dieses neue Selbstverständnis u.a. in der „Hunnenrede", mit der Wilhelm II. 1900 das deutsche Expeditionskorps zur Niederschlagung des Boxer-Aufstandes in China verabschiedete. Die deutsche „Kanonenboot-Politik", die 1911 während der Marokko-Krise zum „Panthersprung nach Agadir" führte, und das deutsche Engagement im Nahen Osten (Bagdadbahn) trugen zusätzlich dazu bei, dass sich das Deutsche Reich außenpolitisch immer mehr isolierte. Nachdem England und Frankreich ihre Gegensätze in Afrika überwinden und Russland und England 1907 einen Interessenausgleich in Asien schaffen konnten, entstand 1904 mit der „Entente cordiale" eine zunehmende Kooperation zwischen England und Frankreich, die später noch durch Russland erweitert wurde. Dies wiederum schürte die Angst vor einer „Einkreisung" des Reiches, förderte ein immer größeres Wettrüsten und ließ Gedanken eines befreienden Präventivkrieges aufkommen.

4 Das Kissinger Diktat

Im Kissinger Diktat vom 15. Juni 1877 legt Bismarck die Grundgedanken seiner Außenpolitik dar:

Ich wünsche, dass wir, ohne es zu auffällig zu machen, doch die Engländer ermutigen, wenn sie Absichten auf Ägypten haben: Ich halte es in unserem Interesse [...], einen Ausgleich zwischen England und Russland zu fördern, der ähnlich gute Beziehungen zwischen beiden, wie im Beginn dieses Jahrhunderts, und demnächst Freundschaft beider mit uns in Aussicht stellt. [...] Wenn England und Russland auf der Basis, dass Ersteres Ägypten, Letzteres das Schwarze Meer hat, einig würden, so wären beide in der Lage, auf lange Zeit mit Erhaltung des Status quo zufrieden zu sein, und doch wieder in ihren größten Interessen auf eine Rivalität angewiesen, die sie zur Teilnahme an Koalitionen gegen uns, abgesehen von den inneren Schwierigkeiten Englands für dergleichen, kaum fähig macht.

Ein französisches Blatt sagte neulich von mir, ich hätte „le chauchmar des coalitions", diese Art Alb wird für einen deutschen Minister noch lange, und vielleicht immer, ein sehr berechtigter bleiben. Koalitionen gegen uns können auf westmächtlicher Basis mit Zutritt Österreichs sich bilden, gefährlicher vielleicht noch auf russisch-österreich-französischer: Eine große Intimität zwischen zweien der drei letztgenannten Mächte würde der dritten unter ihnen jederzeit das Mittel zu einem sehr empfindlichen Drucke auf uns bieten. In der Sorge vor diesen Eventualitäten, nicht sofort, aber im Lauf der Jahre, würde ich als wünschenswerte Ergebnisse der orientalischen Krisis für uns ansehen: 1. Gravitierung der russischen und der österreichischen Interessen und gegenseitiger Rivalitäten nach Osten hin, 2. der Anlass für Russland, eine starke Defensivstellung im Orient und an seinen Küsten zu nehmen und unseres Bündnisses zu bedürfen, 3. für England und Russland ein befriedigender Status quo, der ihnen dasselbe Interesse an Erhaltung des Bestehenden gibt, welches wir haben, 4. Loslösung Englands von dem uns feindlich bleibenden Frankreich wegen Ägyptens und des Mittelmeers, 5. Beziehungen zwischen Russland und Österreich, welche es beiden schwierig machen, die antideutsche Konspiration gegen uns gemeinsam herzustellen, zu welcher zentralistische und klerikale Elemente in Österreich etwas geneigt sein möchten. Wenn ich arbeitsfähig wäre, könnte ich das Bild vervollständigen und feiner ausarbeiten, welches mir vorschwebt: nicht das irgendeines Landerwerbs, sondern das einer politischen Gesamtsituation, in welcher alle Mächte außer Frankreich unsrer bedürfen und von Koalitionen gegen uns durch ihre Beziehungen zueinander nach Möglichkeit abgehalten werden.

Zit. nach: M. Stürmer (Hrsg.): Bismarck und die preußisch-deutsche Politik 1871–1890. München 1970, S. 100 f.

5 Bismarck zum Bündnis mit Österreich-Ungarn

In einem Brief an Wilhelm I. äußert sich Bismarck zum Bündnis mit Österreich:

Es bedarf auch keines Beweises, dass wir, in der Mitte Europas, uns keiner Isolierung aussetzen dürfen. Meiner Überzeugung nach sind wir derselben aber ausgesetzt, wenn wir ihr nicht durch eine Defensivallianz mit Österreich vorbeugen. [...] Ich halte einen Krieg mit Russland für das größte Übel, [...], schon weil es für uns kein Kampfziel hat, als nur die Abwehr eines barbarischen Angriffs. [...] Das einzige wirksame Mittel, unseren Frieden sicherzustellen, sehe ich in einem Defensivbündnis zur Wahrung desselben. [...] Meine amtliche Überzeugung geht dahin, dass wir das Bündnis nur zu schließen brauchen, um den Krieg zu verhindern. Russland wird Frieden halten, wenn es die deutschen Mächte ohne aggressive Tendenz zur Abwehr geeinigt weiß: Es wird aber in absehbarer Frist den Frieden brechen, wenn diese Einigung unterbleibt. [...]

Wenn Österreich bei Deutschland keinen Schutz gegen unberechenbare Entschließungen Russlands findet, so wird es dem Bedürfnis, bei Frankreich Anlehnung zu suchen, auf die Dauer nicht widerstehen, denn England kann ihm auf dem Kontinente nicht hinreichenden Beistand leisten. [...] Eine österreichisch-französische Intimität bürgt aber für Deutschland dieselben Gefahren wie eine österreichisch-russische; wie die Letztere durch Frankreich, so kann die Erstere jederzeit durch die launenhaften Entschließungen der russischen Politik zu einer erdrückenden Tripelallianz gegen Deutschland werden. Eine dauerndes Friedensbündnis zwischen Österreich und Deutschland würde allein die Möglichkeit der Herstellung jener bedrohlichen Tripelallianz aus dem Siebenjährigen Kriege verhindern können. An dieses Bündnis der beiden mitteleuropäischen Kaiserreiche würde England dann sehr gerne eine feste Anlehnung nehmen. Die einstweilen zunächstliegende Gefahr einer russisch-französischen Allianz gegen uns würde damit auch, soweit menschliche Kräfte reichen, beschworen sein. Das jetzige Frankreich würde sich jedenfalls zu einem Kriege gegen uns nur sehr schwer entschließen, wenn es befürchten müsste, England unter seinen Gegnern zu finden. [...] Sind wir [...] mit Österreich verbündet, so glaube ich, dass in erster Linie der russische Angriff überhaupt unterbleibt, und fände er dennoch statt, dass dann England uns mit Österreich zusammen stark genug findet, um sich uns beiden anzuschließen. Dann würde ein russischer Angriffskrieg vielleicht doch nicht auf Teilnahme Frankreichs rechnen können.

Zit. nach: A. Milatz (Hrsg.): Otto von Bismarck. Werke in Auswahl, Bd. 6. Darmstadt 1976, S. 347 ff.

5

5

6 Der Zweibund

Der Vertragstext des Zweibundes mit Österreich vom 7. Oktober 1879:

Art. I. Sollte wider Verhoffen und gegen den aufrichtigen Wunsch der beiden Hohen Kontrahenten Eines der beiden Reiche von Seite Russlands angegriffen werden, so sind die Hohen Kontrahenten verpflichtet, einander mit der gesamten Kriegsmacht Ihrer Reiche beizustehen und demgemäß den Frieden nur gemeinsam und übereinstimmend zu schließen.

Art. II. Würde Eines der Hohen kontrahierenden Teile von einer anderen Macht angegriffen werden, so verpflichtet sich hiemit der andere hohe Kontrahent, dem Angreifer gegen seinen hohen Verbündeten nicht nur nicht beizustehen, sondern mindestens eine wohlwollende neutrale Haltung gegen den hohen Mitkontrahenten zu beobachten.

Wenn jedoch in solchem Falle die angreifende Macht von Seiten Russlands, sei es in Form einer aktiven Kooperation, sei es durch militärische Maßnahmen, welche den Angegriffenen bedrohen, unterstützt werden, so tritt die im Art. I dieses Vertrages stipulirte Verpflichtung des gegenseitigen Beistandes mit voller Heeresmacht auch in diesem Fall sofort in Kraft und die Kriegführung der beiden hohen Kontrahenten wird auch dann eine gemeinsame bis zum gemeinsamen Friedensschluss. [...]

Zit. nach: R. vom Bruch, B. Hofmeister (Hrsg.): Deutsche Geschichte in Quellen und Darstellung, Bd. 8, Kaiserreich und Erster Weltkrieg 1871–1918. Stuttgart 2002, S. 78 ff.

7 Rede zum Berliner Kongress

Bismarck äußert sich am 19. Februar 1878 vor dem Reichstag zum bevorstehenden Berliner Kongress:

Nehmen Sie an, dass wir jetzt auch nur ein festes Programm aussprechen, das uns zu halten wir, wenn wir es hier von amtlicher Stelle öffentlich, nicht nur vor Ihnen, sondern vor Europa verkündigen, gebunden sein würden, so würden wir dadurch bei allen denen, die es nicht für sich günstig finden, eine gewisse Prämie auf ihre Unverträglichkeit setzen. (Sehr wahr ! Heiterkeit.)

Wir würden ferner uns die Rolle der Vermittlung in der Konferenz, auf die ich den allerhöchsten Wert lege, fast unmöglich machen, weil jeder mit dem Menü der deutschen Politik in der Hand uns sagen könnte: So weit kann die deutsche Vermittlung gehen, das kann sie tun, das kann sie nicht tun. [...] Die Vermittlung des Friedens denke ich mir nicht so, dass wir nun bei divergierenden Ansichten den Schiedsrichter spielen und sagen: So soll es sein, und dahinter steht die Macht des Deutschen Reiches (sehr gut !), sondern ich denke sie mir bescheidener, ja – ohne Vergleich im Übrigen stehe ich nicht an, Ihnen etwas aus dem allgemeinen Leben zu zitieren – mehr die eines ehrlichen Maklers, der das Geschäft wirklich zustande bringen will. (Heiterkeit.)

Zit. nach: Otto Fürst von Bismarck: Die gesammelten Werke Bd. 11: Reden 1869–1878. Berlin 1929, S. 526–529.

8 Denkschrift zum Rückversicherungsvertrag

Instruktionen Bismarcks für Wilhelm I. vor den Gesprächen über den Rückversicherungsvertrag am 10. November 1887:

2. Der Kampf geht heute [...] zwischen der Revolution und der Monarchie. Die Revolution hat Frankreich erobert, England berührt; sie ist stark in Italien und Spanien. Nur noch die drei Kaiserreiche vermögen ihr Widerstand zu leisten. Das republikanische Frankreich bedroht in erster Linie Deutschland. [...] Darf ein russischer Kaiser das republikanische Frankreich ermutigen, sein Vorschreiten gegen den Osten Europas vorbereiten und die deutschen Monarchien mit der französisch-russischen Allianz bedrohen? [...]

4. Wir haben freilich den [Rückversicherungs-]Vertrag, aber er ist nicht öffentlich, und während seiner Dauer bewaffnet man sich für seinen späteren Bruch. Die Haltung der Russen, die Bewegung ihrer Armee sind derart, annehmen zu lassen, dass der Vertrag nur das Mittel ist, um die Zeit zu gewinnen, die man braucht, um die russischen und französischen Rüstungen zu ergänzen. [...] Was kann bei diesem Spiel Russland und vor allem der Kaiser gewinnen? Er kann alles verlieren [...].

5. In der Zeit, in der wir leben [...], fordert es das Interesse der großen Monarchien, den Krieg zu vermeiden, weil heute die Nationen stets geneigt sind, ihre Regierungen für etwa erlittene militärische Rückschläge verantwortlich zu machen. [...] Sogar in Deutschland – wenn wir gegen jede Erwartung geschlagen werden sollten – würden die Aussichten der demokratischen oder sozialistischen Partei durch unsere Niederlage beträchtlich gewinnen. [...] Unter diesen Umständen würden die französischen Anarchisten, niemand könnte daran zweifeln, mit den deutschen Sozialisten und den revolutionären Elementen Russlands zusammengehen. [...] Im Ganzen würde der etwaige nächste Krieg viel weniger den Charakter eines Krieges von Regierung gegen Regierung als den eines Krieges der roten Fahne gegen die Elemente der Ordnung und Erhaltung haben.

Zit. nach: B. Schwertfeger (Hrsg.): Die diplomatischen Akten des Auswärtigen Amtes. 1871 –1914, Teil 1. Berlin 1927, S. 317–320.

9 Text des Rückversicherungsvertrages

Nach dem Ende des Drei-Kaiser-Bündnisses suchte Bismarck einen neue Anbindung an Russland. Dies war der Rückversicherungsvertrag vom 18. Juni 1887:

[...] Art. I. Für den Fall, dass eine der hohen vertragsschließenden Parteien sich mit einer dritten Großmacht im Kriege befinden sollte, wird die andere eine wohlwollende Neutralität bewahren und ihre Sorge darauf richten, den Streit örtlich zu begrenzen. Diese Bestimmung soll auf einen Krieg gegen Österreich oder Frankreich keine Anwendung finden, falls dieser Krieg durch einen Angriff einer der hohen vertragsschließenden Parteien gegen eine dieser beiden Mächte hervorgerufen ist.

Art. II. Deutschland erkennt die geschichtlich erworbenen Rechte Russlands auf der Balkanhalbinsel an und insbesondere die Rechtmäßigkeit seines vorwiegenden und entscheidenden Einflusses in Bulgarien und Ostrumelien. Die beiden Höfe verpflichten sich, keine Änderung des territorialen Status quo der genannten Halbinsel ohne vorheriges Einverständnis zuzulassen und sich gegebenenfalls jedem Versuche, diesem Status quo Abbruch zu tun oder ihn ohne ihr Einverständnis abzuändern, zu widersetzen.

Art. III. Die beiden Höfe erkennen den europäischen und gegenseitig bindenden Charakter des Grundsatzes der Schließung der Meerengen des Bosporus und der Dardanellen an, der begründet ist auf dem Völkerrechte, bestätigt durch die Verträge und zusammengefasst in der Erklärung des zweiten Bevollmächtigten Russlands in der Sitzung des Berliner Kongresses vom 12. Juli (Protokoll 19).

Sie werden gemeinsam darüber wachen, dass die Türkei keine Ausnahmen von dieser Regel zugunsten der Interessen irgendeiner Regierung dadurch macht, dass sie den Teil ihres Reiches, den die Meerengen bilden, für militärische Operationen einer kriegführenden Macht hergibt. Im Falle einer Verletzung oder um einer etwa drohenden Verletzung vorzubeugen, werden die beiden Höfe der Türkei erklären, dass sie eintretendenfalls sie als im Kriegszustande gegenüber der verletzten Partei befindlich und die ihren territorialen Status quo im Berliner Vertrage verbürgten Sicherheitswohltaten als verwirkt ansehen werden. [...]

Ganz geheimes Zusatzprotokoll:

[...] Art. 2: In dem Falle, dass Seine Majestät der Kaiser von Russland sich in die Notwendigkeit versetzt sehen sollte, zur Wahrung der Rechte Russlands selbst die Aufgabe der Verteidigung des Zuganges zum Schwarzen Meere zu übernehmen, verpflichtet sich Deutschland, seine wohlwollende Neutralität zu gewähren und die Maßnahmen, die Seine Majestät für notwendig halten sollte, um den Schlüssel seines Reiches in der Hand zu behalten, moralisch und diplomatisch zu unterstützen.

Zit. nach: R. vom Bruch, B. Hofmeister (Hrsg.): Deutsche Geschichte in Quellen und Darstellung, Bd. 8, Kaiserreich und Erster Weltkrieg 1871–1918. Stuttgart 2002, S. 91 ff.

10 Historiker zur Kolonialpolitik Bismarcks

a) Die Beurteilung der Kolonialpolitik durch Horst Gründer (1985):

Die Furcht vor einer Benachteiligung des gesamten deutschen Westafrikahandels dürfte daher als „Initialzündung" (Hans-Ulrich Wehler) gewirkt haben, dass er 1884, wenn auch widerstrebend, den „Reichsschutz" über deutsche Interessengebiete in Afrika und in der Südsee zu formalisieren begann.

Andererseits wäre es unrealistisch anzunehmen, dass Bismarck von einer aktiven Kolonialpolitik kurz- oder mittelfristig gesamtwirtschaftlich spürbare Absatzeffekte erhofft hätte. Er hat sich nie sonderliche Illusionen über die wirtschaftliche Bedeutung von Kolonien gemacht, die durch einen schon Anfang Dezember 1884 von Reichskommissar Nachtigal erhaltenen, desillusionierenden Bericht über die wirtschaftlichen Aussichten des südafrikanischen Schutzgebietes – der bezeichnenderweise geheim gehalten wurde – zusätzliche Nahrung erhalten haben mochten. Dennoch wird man die ökonomischen Motive für Bismarcks langfristigen Absichten, gesicherte Absatzmärkte zu schaffen [...], nicht außer Betracht lassen können. [...] Die Frage stellt sich allerdings, ob Bismarck über die ökonomische Ebene hinausging und Kolonien im Sinne eines defensiven „Sozialimperialismus"-Modells als „Blitzableiter" zum Abbau innenpolitischer Spannungen und als Stabilisierungsfaktor für herrschende konservativ-reaktionäre Eliten gegenüber sozialemanzipatorischen Kräften verwendet hat. [...]

Ohne Zweifel ist der außenpolitische Kontext, d.h. das Modell eines europäischen Gleichgewichts, wie es Bismarcks in seinem berühmten Kissinger Diktat vom 15. Juni 1877 entworfen hatte, für den Reichskanzler stets der Bezugspunkt gewesen, der seine kolonialpolitischen Aktivitäten bestimmte. So gesehen begünstigte die außenpolitische Schönwetterlage eine überdies von weiten Kreisen geforderte Kolonialexpansion ganz erheblich. Allerdings vermag der Zeitpunkt relativer Ruhe in der europäischen Politik das aktive Moment in Bismarcks Übergang zum formalen Kolonialerwerb nicht hinreichend zu erklären. Daher wird man einen weiteren Aspekt in Betracht ziehen müssen: Die Festigung der persönlichen Position des Reichskanzlers durch austauschbare Strategien. [...]

Abschließend wird man daher wohl mit George Halgartens später Feststellung konstatieren können: „Als Gesamterscheinung betrachtet, war Bismarck weit eher ein Hemmschuh, ja ein Opfer, als ein Förderer imperialistischer Politik."

Zit. nach: H. Gründer: Geschichte der deutschen Kolonien, 3. verb. und erg. Aufl. Paderborn 1985, S. 52 ff.

b) Der deutsche Historiker Klaus Hildebrand schreibt 1996 über Bismarcks Kolonialpolitik:

Sang- und klanglos nahm Bismarck von ihr [der Kolonialpolitik] bereits im ersten Viertel des Jahres 1885 seinen Abschied: Ja, von da an war er sogar darauf bedacht, das lästige Erbe der überseeischen Schutzgebiete wieder

11 Wie sollen wir uns die Hand geben?
Die Karikatur aus dem „Simplicissimus“ von 1912 charakterisiert die Unmöglichkeit, das maritime Wettrüsten zwischen Deutschland und England zu beenden.

loszuwerden. Ob die Kolonien am Ende in private Hände deutscher Interessenten oder in eine neue Hoheit auswärtiger Mächte übergingen, scheint ihn als Problem weniger beunruhigt zu haben als die Tatsache, dass er weiterhin für die Schutzgebiete verantwortlich war. Sein entschiedener Kommentar zu diesem leidigen Thema lautete jedenfalls, entweder werde das Auswärtige Amt die Kolonialfrage los oder es werde ihn los.
Nein, die angeblich für den Griff nach Übersee verantwortlichen Motive – der Zwang wirtschaftlicher Verhältnisse und der Druck bevorstehender Reichstagswahlen, der Bedarf nach persönlicher Herrschaftssicherung und die Notwendigkeit zur gesellschaftlichen Stabilisierung – beschreiben grundlegende Phänomene, die das Zeitalter Bismarcks durchgehend begleiten. Sie bestanden kontinuierlich fort, als Bismarck seine koloniale Politik abrupt abbrach. Die Erfolgsaussicht des eben erst Eingeleiteten wurde gar nicht abgewartet; die angebliche Therapie beendet, bevor sich überhaupt irgendeine Heilwirkung einstellen konnte.

Zit. nach: K. Hildebrand: Das vergangene Reich, Deutsche Außenpolitik von Bismarck bis Hitler1871–1945. Stuttgart 1996, S. 89 f.

Arbeitsvorschläge

a) Stellen Sie die politische Situation in Europa zur Zeit der Reichsgründung dar und arbeiten Sie vor diesem Hintergrund Bismarcks Hauptthesen zur deutschen Außenpolitik heraus (VT, M 4).
b) Welche Rolle erhielt Österreich im Bismarck'schen Bündnissystem? Überlegen Sie dabei, ob der Zweibund die in ihm festgeschriebenen Abmachungen erfüllen konnte (VT, M 3, M 5, M 6).
c) Diskutieren Sie die Funktion des Rückversicherungsvertrages in Bismarcks Bündnissystem (M 3, M 8, M 9).
d) 1896 veröffentlichten die Hamburger Nachrichten den Vertrag des Rückversicherungsvertrages, was einen internationalen Skandal auslöste. Überlegen Sie, was die Gründe für den Skandal gewesen sein könnten (M 9).
e) Spätestens in den 1880-er Jahren sah sich Bismarck zunehmend veranlasst, neue außenpolitische Wege zu gehen. Welche Veränderungen sind in Bismarcks Konzepten festzustellen und welche Gründe könnte es dafür gegeben haben? Welche Gründe sind dafür zu nennen (M 4, M 5 und M 8)?
f) Stellen Sie die Erklärungsversuche zur deutschen Kolonialpolitik dar. Welche Unterschiede sind auffällig? Welche finden Sie überzeugender? Begründen Sie Ihre Meinung (M 10).
g) Schreiben Sie ein Essay zur Frage, ob das Bismarck'sche Bündnissystem zur Friedenssicherung in Europa beigetragen hat.

6 Der Erste Weltkrieg – „Urkatastrophe des 20. Jahrhunderts"?

6.1 Der Weg in den Krieg

Der neue außenpolitische Kurs unter Kaiser Wilhelm II., der Deutschland mehr Weltgeltung verschaffen sollte, förderte maßgeblich ein Wettrüsten der europäischen Mächte zu Lande und zu Wasser. Angesichts des russisch-französischen Bündnisses und der zunehmenden Entfremdung zwischen Deutschland und Großbritannien sah sich die deutsche Diplomatie immer mehr auf Österreich-Ungarn als letzten wichtigen Verbündeten angewiesen. Damit wurde Deutschland zwangsläufig auch in die Mächterivalitäten auf dem Balkan hineingezogen. Waren Bismarck *„die Händel auf dem Balkan nicht die Knochen eines einzigen pommerschen Musketiers wert"* gewesen, so sah sich die deutsche Politik sowohl in der bosnischen Annexionskrise 1908 als auch während der Balkankriege 1912/13 veranlasst, sich hinter die österreichisch-ungarischen Interessen zu stellen. Jeder Funke in das „Pulverfass Balkan" konnte schließlich zur Eskalation führen.

Attentat von Sarajevo

Diese Situation trat am 28. Juni 1914 mit dem tödlichen Attentat auf den österreichischen Thronfolger Franz Ferdinand in Sarajevo durch serbische Nationalisten ein. Österreich-Ungarn beschuldigte die serbische Regierung als Drahtzieher hinter dem Anschlag. Deutschland sagte seinem Bündnispartner bedingungslose Unterstützung zu. Am 23. Juli stellte die österreichisch-ungarische Regierung, in

Attentat von Sarajevo

6

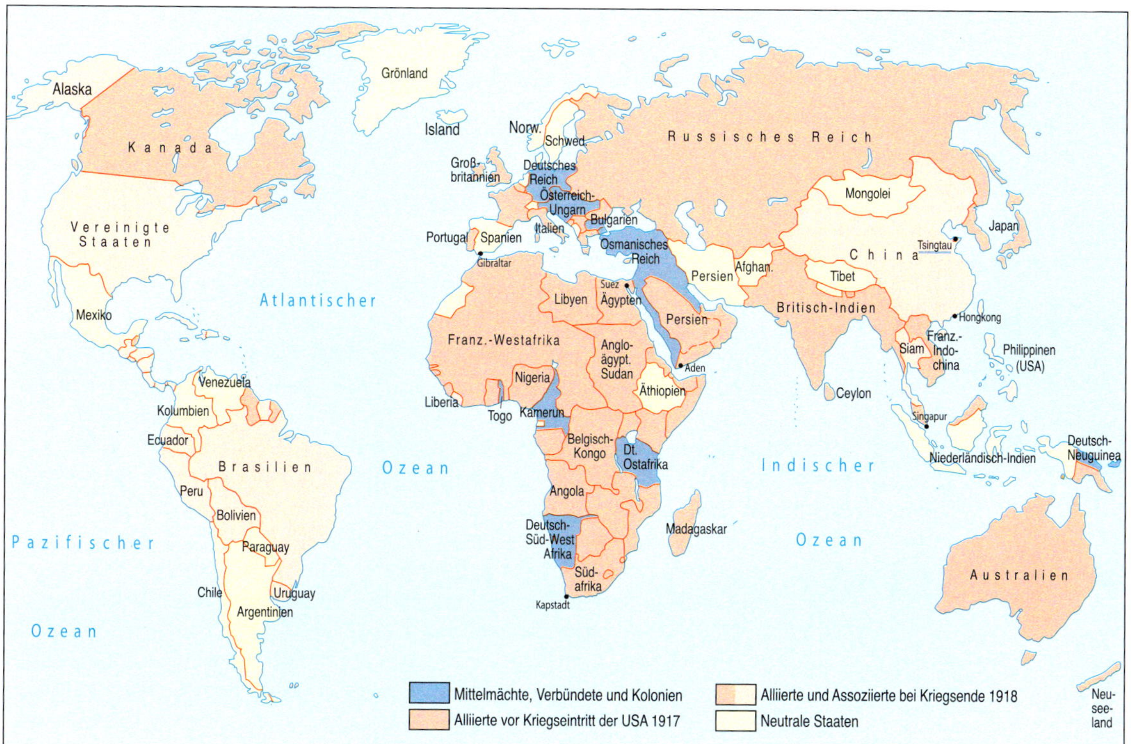

1 Die Bündnissysteme im Ersten Weltkrieg

2 Rundherum das ist nicht schwer
Deutsche Propagandapostkarte zum Kriegsbeginn.

der Hoffnung, den Krieg allein auf Serbien beschränken zu können, Belgrad ein bewusst unannehmbar formuliertes Ultimatum. Die eiligen diplomatischen Verhandlungen zwischen den Großmächten konnten die nun ausgelöste Kettenreaktion nicht mehr aufhalten. Der Vorschlag einer Botschafterkonferenz zur Klärung des Konfliktes wurde seitens Österreichs nicht aufgegriffen. Auf die deutsche Unterstützung vertrauend erklärte Österreich-Ungarn am 28. Juli Serbien den Krieg, Zar Nikolaus II. stimmte daraufhin zwei Tage später der russischen Generalmobilmachung zu. Da der deutsche „Schlieffen-Plan" aber im Falle eines Konfliktes zwingend voraussetzte, in einem raschen Feldzug Frankreich zu besiegen, bevor die russische Armee ihren Aufmarsch beendet hatte, sah Deutschland keinen Verhandlungsspielraum mehr. Am 1. August erklärte Deutschland Russland und zwei Tage später Frankreich den Krieg. Im Zuge des Schlieffen-Planes begann die deutsche Armee mit dem Einmarsch in das neutrale Luxemburg und Belgien. Am 4. August erklärte Großbritannien Deutschland den Krieg.

6.2 Kriegsziele und Stellungskrieg

Alle Kriegsbeteiligten hatten weitreichende Ziele, die sie durch den Krieg erreichen wollten, dies führte sicherlich zur Inkaufnahme der Kämpfe. Ging es Russland besonders um seine Interessen in Südosteuropa, wollte Großbritannien die Konkurrenz durch die deutsche Flotte beseitigen, insbesondere nachdem eine Festsetzung Deutschlands an der belgischen Kanalküste drohte. Frankreich sah endlich die Revanche für 1870 gekommen und wollte Elsass-Lothringen zurück- und weitere deutsche linksrheinische Gebiete hinzugewinnen. Österreich-Ungarn wollte seine Vormachtstellung auf dem Balkan durchsetzen und Deutschland entwickelte nach Anfangserfolgen 1914 Pläne einer Hegemonie in Mitteleuropa. All diese Pläne wurden aber sehr schnell von der Wirklichkeit zunichte gemacht, denn aus dem Bewegungskrieg, der zu einem schnellen Erfolg und einem anschließenden Siegfrieden führen sollte, wurde für beide Seiten schnell ein verlustreicher, zermürbender Stellungskrieg. Keine der Krieg führenden Mächte war darauf vorbereitet gewesen.

„Burgfrieden"

In seiner Rede zum so genannten „Burgfrieden" sprach Wilhelm II. davon, dass er nun „nur noch Deutsche kennen" würde, nun also waren plötzlich alle innenpolitischen Kämpfe vergessen. Besonders Sozialdemokraten und Juden erhofften sich damit die lange verwehrte gesellschaftliche Akzeptanz, die jedoch ausblieb.
Doch folgte dieser Anfangseuphorie die schnelle Ernüchterung, als die Erfolge ausblieben. Beide Seiten erlitten in den ersten drei Monaten beträchtliche Verluste. Es ergab sich aus dem Kräfteverhältnis eine Pattsituation, die Front erstarrte auf über 720 Kilometer zu einem Grabenkampf. Gleichzeitig hatte sich der Krieg auch auf Asien, Afrika und die Weltmeere ausgeweitet.

Stellungskrieg

Der Stellungskrieg erforderte völlig veränderte Kriegstechniken, die Deutschen hatten den Krieg mit dem „Schlieffen-Plan" begonnen, der den Durchmarsch durch Belgien vorsah, um die französische Armee in einer Flügelzange einzuschließen (▶ Online-Link). Der Plan scheiterte, für den Stellungskrieg in den Schützengräben wurde die Artillerie zur wichtigsten Waffe, sie versuchte durch tage- oder gar wochenlanges Trommelfeuer die gegnerischen Stellungen sturmreif zu schießen, um einen Durchbruch und damit einen Bodengewinn in einem morastigen, Mondlandschaften ähnlichen Gelände zu ermöglichen.
Der Krieg wurde durch Maschinengewehre, Flammenwerfer und die neue Erfindung der Tanks geprägt. Auch die neuen Zeppeline und Flugzeuge wurden schnell als Kriegsmaterial entdeckt und trugen den Krieg in die Luft. Die grausamste Erfindung war allerdings das Giftgas, das erstmals von deutscher Seite am 22. April 1915 eingesetzt wurde.
Das Symbol des furchtbaren Stellungskrieges wurde der Kampf um die französische Festung Verdun. 1916 startete der deutsche Generalstab unter seinem Chef von Falkenhayn dort eine Offensive, die das Ziel hatte, die französische Armee „verbluten" zu lassen. Auf dem wenige Quadratkilometer großen Schlachtfeld verlor die deutsche Armee bis Ende des Jahres etwa 280 000, die französische 315.000 Soldaten, davon rund ein Viertel an Gefallenen. Eine Entscheidung brachte die Schlacht ebenso wenig, wie ähnliche Offensiven an der Somme, in Flandern oder am italienischen Isonzo. Stattdessen forderte der Materialkrieg eine bisher unbekannte Mobilisierung der Bevölkerung und der wirtschaftlichen Ressourcen.
Nach vier Jahren Krieg war das alte Europa der Monarchien zerstört, die politischen und gesellschaftlichen Strukturen hatten sich teilweise aufgelöst und die Bevölkerung war durch Hunger und Entbehrungen zermürbt. Der Krieg hatte mehr als acht Millionen Soldaten das Leben gekostet, über 21 Millionen hatten Verletzungen erlitten. Dazu kamen Millionen von zivilen Opfern des Krieges, die an Hunger und Entkräftung gestorben waren. Die 1918 ausbrechende Spanische Grippe forderte unter der geschwächten Bevölkerung in Europa 1918/19 zwischen 25 und 50 Millionen Opfer.

6.3 „Epochenjahr" 1917

Aufstieg der OHL

Seit August 1916 gewann die neue Oberste Heeresleitung (OHL) unter Hindenburg und Ludendorff zunehmenden Einfluss auch in der deutschen Innen- und Wirtschaftspolitik. Während das Wirtschaftsleben zunehmend militarisiert wurde, erlebte auch die Kriegsführung eine Radikalisierung. Im Februar 1917 fiel die Entscheidung, der britischen Seeblockade nunmehr mit einem uneingeschränkten U-Boot-Krieg entgegenzutreten.

Uneingeschränkter U-Boot-Krieg

Kriegseintritt der USA

Dies betraf nun auch in wachsender Zahl neutrale Handelsschiffe. Als dann noch Großbritannien ein Telegramm des Auswärtigen Amtes (Zimmermann-Depesche) an die deutsche Botschaft in Mexiko abfing, in dem Mexiko ein Bündnisangebot

3 **Gefallene des Ersten Weltkrieges**

Verluste der kriegführenden Staaten 1914–1918

Staaten	Bevölkerung in Mio.	Wehrfähige Männer[1]	Eingesetzte Soldaten	Militärische Todesfälle
Deutsches Reich	67,8	16300000	13200000	2037000
Österreich-Ungarn	52,6	11600000	8320000	1460000
Osmanisches Reich	17,0	5400000	1600000	325000[2]
Bulgarien	4,7	1200000	600000	88000
Russland	ca. 168,0	40100000	1580000	1800000
Frankreich	39,0	10000000	8100000	1327000
Frz. Kolonien	52,7	13200000	465000	78000
Großbritannien und Irland	46,1	11500000	6100000	750000
Britische Kolonien[3]	342,2	88300000	2800000	180000
Italien	36,0	7800000	4300000	460000
USA	98,8	25500000	2100000	117000
Rumänien	7,6	1900000	750000	158000
Serbien	4,4	1200000	750000	250000
Japan	53,0	13000000	30000	1000
Belgien	7,6	1900000	292000	38000
Griechenland	4,9	700000	230000	5500
Portugal	6,1	1300000	100000	7200
Montenegro	0,2	50000	50000	3500

(Die Angaben basieren auf: Enzyklopädie Erster Weltkrieg, hrsg. von G. Hirschfeld, G. Krumeich, I. Renz. Paderborn 2003, S. 664 f.; Christian Zentner: Illustrierte Geschichte des Ersten Weltkriegs. Eltville/Rhein 1990, S. 147; Großer Atlas zur Weltgeschichte. Von der Entstehung der Welt bis zur Gegenwart. Köln 1988, S. 118.)

1 Geschätzter Anteil der wehrfähigen Männer im Alter von 15 bis 49 Jahren, d. h. der Männer unter 50 Jahren, die bei Kriegsbeginn 18 Jahre alt waren oder dieses Alter im Lauf des Krieges erreichten.
2 Voraussichtlich waren die Verluste infolge krankheitsbedingter Sterblichkeit wesentlich höher.
3 Dazu zählen besonders Kanada mit 620000 Soldaten (66700 Tote), Australien mit 413000 Soldaten (60000 Tote), Neuseeland 129000 Soldaten (13300 Tote) sowie Südafrika mit 136000 und Britisch-Indien mit 1440000 Soldaten.

unterbreitet wurde, das Mexiko den Rückerwerb aller seit Mitte des 19. Jahrhunderts an die USA verlorenen Gebiete in Aussicht stellte, traten die USA im April 1917 auf Seiten der Ententestaaten in den Krieg ein (▶ Online-Link). Diese Entscheidung wurde zusätzlich durch die Februarrevolution in Russland erleichtert. Nach Ende der Zarenherrschaft konnten die USA ihren Kriegseintritt propagandistisch als Verteidigung der Demokratie gegen die Autokratie darstellen. Die stetig wachsenden Exporte der US-Industrie an Großbritannien, Frankreich und Italien sowie die steigende Verschuldung der Entente-Mächte bei US-amerikanischen Finanzinstitutionen tat ein Übriges. Das Repräsentantenhaus stimmte dem Kriegseintritt mit 370:50 und der Senat mit 82:6 Stimmen zu. Im Laufe des Jahres 1918 sollten die USA rund zwei Millionen Soldaten nach Europa entsenden, womit sich im Herbst 1918 das Kräfteverhältnis endgültig zu Ungunsten der Mittelmächte wendete. Mit dem Kriegseintritt beendete die USA die Isolationspolitik des 19. Jahrhunderts und es begann der Aufstieg der USA zur Weltmacht.

Friedensinitiativen

Während der Krieg damit weltpolitisch eine neue Dimension erhielt, brachen in der deutschen Innenpolitik 1917 die alten Gegensätze wieder auf. Hatten im August 1914 noch alle Parteien im Reichstag der Aufnahme von Kriegskrediten zugestimmt, entbrannte im Sommer 1917 ein offener Streit um die Zustimmung zu

4 Die US-Armee marschiert. Propagandabild, 1917.

6

weiteren Krediten. Diese Auseinandersetzungen führten schließlich zur Spaltung der Sozialdemokratie, als sich der linke Flügel als USPD von der SPD abspaltete.
Ein weiterer Konflikt trat auf, als eine Koalition aus den Mehrheitsparteien des Reichstages (SPD, Zentrum und Fortschrittliche Volkspartei) unter der Führung des Zentrumspolitikers Matthias Erzberger eine „Friedensresolution" verabschiedete, in der sie einen Verständigungsfrieden forderten. Ein solcher wurde von Konservativen, Nationalliberalen und der OHL strikt abgelehnt. Diese setzten weiterhin auf einen Siegfrieden und die Durchsetzung ihrer weitreichenden Expansionsziele.
Auf alliierter Seite entwickelten sich ebenfalls neue Friedensmodelle. So stellte der US-amerikanische Präsident Wilson im Januar 1918 seine „14 Punkte" vor, die einen „Frieden ohne Sieger" in Europa auf Grundlage des Selbstbestimmungsrechts der Völker vorsahen. Außerdem sollte ein Verbund der Staaten die Möglichkeit geben, durch Verhandlungen zu friedlichen Lösungen von territorialen Konflikten zu kommen. Verhandlungen wurden jedoch weder von Frankreich noch von Deutschland ernsthaft in Betracht gezogen. Trotzdem sollten die „14 Punkte" von Wilson die Grundlage dafür bilden, dass dem Völkerrecht ein größeres Gewicht beigemessen wurde und sich die Idee einer überstaatlichen Instanz zur Beilegung von Konflikten entwickelte konnte.
Der Konflikt um die Kriegskredite und die Friedensresolution führte zu einer Regierungskrise, in der der Reichskanzler Bethmann Hollweg zwischen die Fronten von Reichstagsmehrheit und OHL geriet. Da die OHL dem Kaiser direkt unterstellt und teilweise gegenüber zivilen Behörden weisungsbefugt war, konnte sie sich als eine Nebenregierung etablieren.
Unterdessen verschärfte sich die sozioökonomische Krise in allen kriegführenden Staaten in Europa. Die Bevölkerung war nach drei langen Jahren kriegsmüde und es kam zu Protesten. Die Versorgungslage der Bevölkerung verschlechterte sich, besonders im „Kohlrübenwinter" 1916/17 mussten die Menschen hungern. In

6.4 Ende des Krieges

Deutschland hatte sich mit dem Frieden von Brest-Litowsk aus seiner Zweifrontenlage befreit und die Kriegsziele im Osten erreicht. Mit den frei gewordenen Kräften startete die OHL im März 1918 eine Offensive an der Westfront, die die endgültige Entscheidung bringen sollte, bis Juli jedoch scheiterte. Am 8. August brach die deutsche Front bei Amiens. Langsam aber beständig musste die erschöpfte deutsche Armee geschlagen zurückweichen. Die OHL, die gerade noch optimistisch den baldigen Sieg verkündet hatte, musste am 29. September gegenüber der überraschten deutschen Öffentlichkeit die Niederlage eingestehen. In der Hoffnung, die eigene Verhandlungsposition zu verbessern, wurden mit der Einsetzung des Zentrumspolitikers Prinz Max von Baden zum neuen Reichskanzler am 3. Oktober die „Oktoberreformen“ in Gang gesetzt. Der neue Kanzler konnte sich auf eine Mehrheit im Reichstag stützen und mit einer Verfassungsänderung vom 28. Oktober wurde die Parlamentarisierung Deutschlands beschlossen. Der Reichskanzler sollte von nun an nicht mehr vom Kaiser ernannt, sondern durch eine Mehrheit im Reichstag gewählt werden. Die Entscheidung über Krieg und Frieden lag nun bei Reichstag und Bundesrat und das Dreiklassenwahlrecht in Preußen wurde abgeschafft. Somit war aus der konstitutionellen eine parlamentarische Monarchie geworden. Mit diesen Reformen wollte man die amerikanische Hauptbedingung für einen Waffenstillstand erfüllen. Gleichzeitig gelang es aber auch der OHL, die Verantwortung für die Niederlage von der Heeresführung auf die Politik abzulenken, indem sie die zivile Regierung über den Waffenstillstand verhandeln ließ. Dieser wurde am 11. November im Wald von Compiegne unterschrieben.

7 Kriegsverlauf des Ersten Weltkrieges in Europa und im Nahen Osten

8 Das Attentat von Sarajevo am 28. Juni 1914
Zeichnung nach Schilderungen eines Augenzeugen.

9 Wilhelm II. versichert deutsche Bündnistreue

Schreiben Wilhelm II. an Franz Joseph von Österreich am 14. Juli 1914:

Durch Deinen [...] Botschafter wird Dir meine Versicherung übermittelt worden sein, dass Du auch in den Stunden des Ernstes mich und mein Reich in vollem Einklang mit unserer altbewährten Freundschaft und unseren Bundespflichten treu an Deiner Seite finden wirst. Dir dies an dieser Stelle zu wiederholen ist mir eine freudige Pflicht. Die grauenerregende Freveltat von Sarajevo hat ein grelles Licht auf das unheilvolle Treiben wahnwitziger Fanatiker und die den staatlichen Bau bedrohende panslawistische Hetzarbeit geworfen. [...] Ich erachte es [...] nicht nur für eine moralische Pflicht aller Kulturstaaten, sondern als ein Gebot für Ihre Selbsterhaltung, der Propaganda der Tat, die sich vornehmlich das feste Gefüge der Monarchien als Angriffsobjekt ausersieht, mit allen Machtmitteln entgegenzutreten. Ich verschließe mich auch nicht der ernsten Gefahr, die Deinen Ländern und in der Folgewirkung dem Dreibund aus der von der russischen und serbischen Panslawisten betriebenen Agitation droht, und erkenne die Notwendigkeit an, die südlichen Grenzen Deiner Staaten von diesem schweren Druck zu befreien.

Zit. nach: J. Hohlfeld (Hrsg.): Dokumente der Politik und Geschichte von 1848 bis zur Gegenwart, Bd. 2. 1952, S. 278 ff.

10 Die Einschätzung der Militärs

Der Große Generalstab an den deutschen Reichskanzler am 29. Juli 1914:

Was wird und muss die weitere Folge sein? Österreich wird, wenn es in Serbien einrückt, nicht nur der serbischen Armee, sondern auch einer starken russischen Überlegenheit gegenüberstehen, es wird also den Krieg gegen Serbien nicht durchführen können, ohne sich gegen ein russisches Eingreifen zu sichern. Das heißt, es wird gezwungen sein, auch die andere Hälfte seines Heeres mobil zu machen, denn es kann sich unmöglich auf Gnade und Ungnade einem kriegsbereiten Russland ausliefern. Mit dem Augenblick aber, wo Österreich sein ganzes Heer mobil macht, wird der Zusammenstoß zwischen ihm und Russland unvermeidlich werden. Das aber ist für Deutschland der casus foederis. Will Deutschland nicht wortbrüchig werden und seinen Bundesgenossen der Vernichtung durch die russische Übermacht verfallen lassen, so muss es auch seinerseits mobil machen. Das wird auch die Mobilisierung der übrigen Militärbezirke Russlands zur Folge haben. Dann aber wird Russland sagen können, ich werde von Deutschland angegriffen, und damit wird es sich die Unterstützung Frankreichs sichern, das vertragsmäßig verpflichtet ist, an dem Kriege teilzunehmen, wenn sein Bundesgenosse Russland angegriffen wird. [...]
Deutschland will diesen schrecklichen Krieg nicht herbeiführen. Die deutsche Regierung weiß aber, dass es die tiefgewurzelten Gefühle der Bündnistreue [...] in verhängnisvoller Weise verletzten und sich in Widerspruch mit allen Empfindungen ihres Volkes setzen würde, wenn sie ihrem Bundesgenossen in einem Augenblick nicht zu Hilfe kommen wollte, der über dessen Existenz entscheiden muss. [...] Deutschland wird also, wenn der Zusammenstoß zwischen Österreich und Russland unvermeidlich ist, mobil machen und bereit sein, den Kampf nach zwei Fronten aufzunehmen. Für die eintretendenfalls von uns beabsichtigten militärischen Maßnahmen ist es von größter Wichtigkeit, möglichst bald Klarheit darüber zu erhalten, ob Russland und Frankreich gewillt sind, es auf einen Krieg mit Deutschland ankommen zu lassen. Je weiter die Vorbereitungen unserer Nachbarn fortschreiten, umso schneller werden sie ihre Mobilmachung beendigen können. Die militärische Lage wird dadurch für uns von Tag zu Tag ungünstiger und kann, wenn unsere voraussichtlichen Gegner sich in aller Ruhe vorbereiten, zu verhängnisvollen Folgen für uns führen.

Zit. nach: H. Fenske (Hrsg.): Quellen zum politischen Denken der Deutschen im 19. und 20. Jahrhundert: 1890–1918. Darmstadt 1982, S. 360 ff.

6

11 Der Burgfrieden

Thronrede Wilhelms II. vom 4. August 1914 vor Vertretern des Reichstages:

Geehrte Herren!

In schicksalsschwerer Stunde habe Ich die gewählten Vertreter des deutschen Volkes um Mich versammelt. Fast ein halbes Jahrhundert lang konnten wir auf dem Weg des Friedens verharren. Versuche, Deutschland kriegerische Neigungen anzudichten und seine Stellung in der Welt einzuengen, haben unseres Volkes Geduld oft auf harte Proben gestellt. [...] Die Welt ist Zeuge gewesen, wie unermüdlich wir in dem Drang und den Wirren der letzten Jahre in erster Reihe standen, um den Völkern Europas einen Krieg zwischen Großmächten zu ersparen.

Die schwersten Gefahren, die durch die Ereignisse am Balkan heraufbeschworen waren, schienen überwunden. Da tat sich mit der Ermordung Meines Freundes, des Erzherzogs Franz Ferdinand, ein Abgrund auf. Mein hoher Verbündeter, der Kaiser und König Franz Joseph, war gezwungen, zu den Waffen zu greifen, um die Sicherheit seines Reichs gegen gefährliche Umtriebe aus einem Nachbarstaat zu verteidigen. Bei Verfolgung ihrer berechtigten Interessen ist der verbündeten Monarchie das Russische Reich in den Weg getreten. An die Seite Österreich-Ungarns ruft uns nicht nur unsere Bündnispflicht. Uns fällt zugleich die gewaltige Aufgabe zu, mit der alten Kulturgemeinschaft der beiden Reiche unsere eigene Stellung gegen den Ansturm feindlicher Kräfte zu schirmen. [...]

Geehrte Herren! Was menschliche Einsicht und Kraft vermag, um ein Volk für die letzten Entscheidungen zu wappnen, das ist mit Ihrer patriotischen Hilfe geschehen. Die Feindseligkeit, die im Osten und Westen seit langer Zeit um sich gegriffen hat, ist nun zu hellen Flammen aufgelodert. Die gegenwärtige Lage ging nicht aus vorübergehenden Interessenkonflikten oder diplomatischen Konstellationen hervor, sie ist das Ergebnis eines seit langen Jahren tätigen Übelwollen gegen Macht und Gedeihen des Deutschen Reiches. [....]

Sie haben gelesen, meine Herren, was Ich an Mein Volk vom Balkon des Schlosses aus gesagt habe. Hier wiederhole Ich: Ich kenne keine Parteien mehr, Ich kenne nur Deutsche. [...]

Zit. nach: Verhandlungen des Reichstags. XIII. Legislaturperiode. II. Session. 1914–1916. Stenographische Berichte. Bd. 306. Berlin 1916, S. 1 f.

12 Die deutschen Kriegsziele

Das von Bethmann Hollweg vorgelegte Kriegszielprogramm vom 6. September 1914 („Septemberprogramm"):

Allgemeine Kriegsziele: Sicherung des Deutschen Reiches nach West und Ost auf erdenkliche Zeit. Zu diesem Zweck muss Frankreich so geschwächt werden, dass es als Großmacht nicht neu erstehen kann, Russland von der deutschen Grenze nach Möglichkeit abgedrängt und seine Herrschaft über die nichtrussischen Vasallenvölker gebrochen werden. Ziele des Krieges im Einzelnen:

1. Frankreich. [...] In jedem Falle abzutreten, weil für die Erzgewinnung unserer Industrie nötig, das Erzbecken von Briey. Ferner eine in Raten zahlbare Kriegsentschädigung; sie muss so hoch sein, dass Frankreich nicht imstande ist, in den nächsten achtzehn bis zwanzig Jahren erhebliche Mittel für Rüstung anzuwenden. Des Weiteren: ein Handelsvertrag, der Frankreich in wirtschaftlicher Abhängigkeit von Deutschland bringt, es zu unserem Exportland macht, und es ermöglicht, den englischen Handel in Frankreich auszuschalten. [...]

2. Belgien. Angliederung von Lüttich und Verviers an Preußen, eines Grenzstriches der Provinz Luxemburg an Luxemburg. [...] Gleichviel, jedenfalls muss Belgien, wenn es auch als Staat äußerlich bestehen bleibt, zu einem Vasallenstaat herabsinken, in etwa militärisch wichtigen Hafenplätzen ein Besatzungsrecht zugestehen, seine Küste militärisch zur Verfügung stellen, wirtschaftlich zu einer deutschen Provinz werden. Bei einer solchen Lösung, die die Vorteile der Annexion, nicht aber ihre innenpolitisch nicht zu beseitigenden Nachteile hat, kann

13 Postkarte Kaiser Wilhelm II., 1914

franz. Flandern mit Dünkirchen, Calais und Boulogne mit großenteils flämischer Bevölkerung diesem unveränderten Belgien ohne Gefahr angegliedert werden. [...]
4. Es ist zu erreichen die Gründung eines mitteleuropäischen Wirtschaftsverbandes durch gemeinsame Zollabmachungen, unter Einschluss von Frankreich, Belgien, Holland, Dänemark, Österreich-Ungarn, Polen und eventuell Italien, Schweden und Norwegen. Dieser Verband, wohl ohne gemeinsame konstitutionelle Spitze, unter äußerlicher Gleichberechtigung seiner Mitglieder, aber tatsächlich unter deutscher Führung, muss die wirtschaftliche Vorherrschaft Deutschlands über Mitteleuropa stabilisieren. [...]

Zit. nach: Fritz Fischer: Der Griff nach der Weltmacht. Düsseldorf 4. Aufl. 1971, S. 116 ff.

14 Eine neue Waffe: Gas

Der französische General Henri Mordacq erlebte den ersten deutschen Gasangriff, der am Morgen des 22. April 1915 vor Ypern stattfand und etwa 4500 Tote forderte. Seine Meldung lautete:

Ich werde heftig angegriffen. Jetzt breiten sich ungeheure gelbliche Rauchwolken, die von den deutschen Gräben herkommen, über meine ganze Front aus. Die Schützen fangen an, die Gräben zu verlassen und zurückzugehen. Viele fallen erstickt nieder. [...] Ich stieg sofort zu Pferde und galoppierte in die Gräben. Als wir uns aber Boesinghe auf 300 oder 400 Meter genähert hatten, fühlten wir heftiges Prickeln in der Nase und Kehle; in den Ohren sauste es; das Atmen fiel schwer; ein unerträglicher Chlorgeruch umgab uns. [...] In der Nähe des Dorfes war das Bild, das sich uns bot, mehr als bedauernswert – es war tragisch. Überall Flüchtlinge: Landwehrleute, Afrikaner; Schützen, Zuaven und Artilleristen ohne Waffen – verstört, mit ausgezogenen oder weit geöffneten Röcken und abgenommenen Halsbinden – liefen wie wahnsinnige ins Ungewisse, verlangten laut schreiend nach Wasser, spuckten Blut, einige wälzten sich sogar am Boden und versuchten vergeblich Luft zu schöpfen.

Zit. nach: H. Krieger (Hrsg.): Handbuch des Geschichtsunterrichts, Bd. 5. Frankfurt/M 1965, S. 138.

16 „Die Hölle von Verdun"

Ein deutscher Soldat beschreibt einen gegnerischen Angriff vor Verdun:

Deutlich sichtbar die einzelnen Körper, der einzelne Mensch, mädchenhafte Schultern, biegsame Hüften, entstellte Gesichter [...] viel zu klein [...] viel zu zart für die schweren, dunkelblauen Stahlhauben. Aber die Augen [...] was für Augen sah man [...] keine Augen von Knaben [...] von Menschen mehr. Tiere, wenn sie morden [...] Welche Erlösung, als das Signal durch die Gräben schrillte und die Feuerwalze in Bewegung kam. In einem dichten Knäuel überschlug sich die erste Reihe, spannte das blutrote Fahnentuch des Todes hunderte Meter weit über die stacheligen Schnüre, wurde breiter und breiter, grell-

15 Britische Maschinengewehrschützen, die sich vor Gas zu schützen versuchen, Foto 1916

beglänzt, wie von Wirbelstürmen bewegt, durchknallt, zerrissen, zerfetzt. Das Krachen der Maschinengewehre überschlug sich in dem rasend angekurbelten Tempo der Salven. [...] Die Franzosen griffen an! In drei, vier Reihen hintereinander rollten die Menschenwellen rotaufschäumend und viele Kilometer breit über die Verhaue. Körper blieben hängen, Leiber mit noch lebenden Bewegungen, die das Hindernis mit dem eigenen Gewicht zerrissen, zerzausten und endlich niedertaumelten, sich krümmten und verreckten, den Boden färbend. [...] Wir krochen und humpelten zurück [...] nicht mehr die Hälfte von dem, was vorher war. Wir schleppten die gefangenen Knaben mit [...] und diese blutenden, zerfetzten und lehmbekrusteten Körper hatten mit einem Male wieder das Knabengesicht [...] die Schüchternheit und die Augenängste ihrer achtzehn Jahre.

Zit. nach: P. Zech: Von der Maas bis an die Marne, Ein Kriegstagebuch. Frankfurt/M. 1988, S. 120 f.

6

17 Wilsons Rede zur Kriegserklärung am 2. April 1917

Hat nicht jeder Amerikaner das Gefühl, dass unserer Hoffnung auf einen künftigen Frieden der Welt neues Zutrauen gegeben worden ist, durch die wunderbaren und ermutigenden Ereignisse[1], die sich in den letzten Wochen in Russland zugetragen haben? Von Russland war bekannt, bei denen, die es am besten kannten, dass es immer faktisch von Herzen demokratisch war, in allen wesentlichen Denkgewohnheiten, in allen vertraulichen Beziehungen seines Volkes, die seinen natürlichen Instinkt, seine gewohnheitsmäßige Haltung gegenüber dem Leben aussprechen. Die Autokratie, die die Spitze seiner politischen Struktur krönte, so lange sie bestanden hatte und so fürchterlich sie in der Realität ihrer Macht war, war in Wirklichkeit nicht russisch nach Ursprung, Charakter und Zweck; und nun ist sie abgeschüttelt worden und das große, großzügige russische Volk ist in all seiner naiven Majestät und Macht den Kräften zugeführt worden, die für Freiheit in der Welt, für Gerechtigkeit und für Frieden kämpfen. Hier ist ein rechter Partner für einen Bund der Ehre. [...]

Wir sind froh, jetzt, da wir die Tatsachen ohne einen Schleier trügerischen Scheins sehen, dass wir so für den schließlichen Frieden der Welt und für die Befreiung ihrer Völker, die deutschen Völker eingeschlossen, kämpfen: für die Rechte der Nationen, groß und klein, und das Vorrecht der Menschen allüberall, sich ihre Weise des Lebens und des Gehorsams auszusuchen. Die Welt muss sicher gemacht werden für die Demokratie. Ihr Friede muss auf den erprobten Grundlagen politischer Freiheit errichtet werden. Wir haben keine selbstischen Ziele, denen wir dienen. Wir verlangen nach keiner Eroberung, keiner Herrschaft. Wir suchen keinen Schadenersatz für uns selbst, keine materielle Entschädigung für die Opfer, die wir bereitwillig bringen werden. Wir sind lediglich einer der Vorkämpfer für die Rechte der Menschheit.

Zit. nach: Erich Angermann: Der Aufstieg der Vereinigten Staaten von Amerika, 1914–1957. Stuttgart 1963, S. 5 ff.

18 Aus einem Bericht über die Lage in Petrograd (1914 russifizierter Name für St. Petersburg) vom Dezember 1916

In der Stimmung der Arbeiterschaft und breiter Schichten der Bevölkerung ist das Fehlen jedes patriotischen Gefühls festzustellen. Die Parole „Krieg bis zum Sieg“ ist nur noch als Kampfparole der Kriegsindustrie übriggeblieben. Die Arbeiter und Arbeiterinnen, die Soldaten und die Kleinbürger sprechen offen ihre Unzufriedenheit über die Fortsetzung des Gemetzels aus. Überall hört man die Frage: „Wann wird das alles ein Ende nehmen?“ Die Lebensmittelteuerung hat einen katastrophalen Charakter angenommen. Die Preise haben sich im Vergleich zum Vorjahr auf das Fünf- bis Zehnfache erhöht. Im September und Oktober gab es bereits Tage, an denen in Arbeitervierteln kein Brot vorhanden war.

Zit. nach: Geschichte in Quellen Bd. V., hrsg. von G. Schönbrunn. München 1979, S. 71.

19 Flugblatt der Bolschewiki im Februar 1917

Wir wollen Krieg führen gegen diesen Krieg. [...] Einunddreißig Monate menschlichen Gemetzels bescherten dem Volk den Verlust vieler Millionen Leben, Millionen Krüppel, Wahnsinnige und Kranke, Kriegsdrill in den Fabriken, Leibeigenschaft auf dem Lande, Auspeitschung und Beleidigungen für die Matrosen, Mangel an Lebensmitteln, Teuerung, Hunger. Nur der kleine Haufen herrschender Kapitalisten und Großgrundbesitzer schreit nach dem Krieg, erwirbt bei dem blutigen Geschäft großen Profit. [...] Weg mit dem Krieg! Es lebe die Brüderlichkeit unter den Arbeitern!

Zit. nach: Horst Günther Linke: Die russischen Revolutionen 1905/17. Zusammenbruch der zaristischen Herrschaft und Machtergreifung der Bolschewiki. Stuttgart 1991, S. 53.

20 Aus Lenins „April-Thesen“, 7. April 1917

1. In unserer Stellung zum Krieg, der von Seiten Russlands auch unter der neuen Regierung Lwow[2] und Co. – infolge des kapitalistischen Charakters dieser Regierung – unbedingt ein räuberischer imperialistischer Krieg bleibt, sind

1 Wilson spielt auf die russische Februarrevolution 1917 an, die den Zaren zur Abdankung zwang und eine parlamentarische Republik zu begründen versuchte.

2 Fürst Lwow (1861–1925) amtierte als erster Ministerpräsident der Provisorischen Regierung von Februar bis Juli 1917. Sein Nachfolger wurde General Kerenskij.

auch die geringsten Zugeständnisse an die „revolutionäre Vaterlandsverteidigung" unzulässig. […]

2. Die Eigenart der gegenwärtigen Lage in Russland besteht im Übergang von der ersten Etappe der Revolution, die infolge des ungenügend entwickelten Klassenbewusstseins und der ungenügenden Organisiertheit des Proletariats der Bourgeoisie die Macht gab, zur zweiten Etappe der Revolution, die die Macht in die Hände des Proletariats und der ärmsten Schichten der Bauernschaft legen muss. […]

3. Keinerlei Unterstützung der Provisorischen Regierung, Aufdeckung der ganzen Verlogenheit aller ihrer Versprechungen, insbesondere hinsichtlich des Verzichts auf Annexionen. […]

4. Anerkennung der Tatsache, dass unsere Partei in den meisten Sowjets der Arbeiterdeputierten in der Minderheit, vorläufig sogar in einer schwachen Minderheit ist […]. Solange wir in der Minderheit sind, besteht unsere Arbeit in der Kritik und Klarstellung der Fehler, wobei wir gleichzeitig die Notwendigkeit des Übergangs der gesamten Staatsmacht an die Sowjets der Arbeiterdeputierten propagieren, damit die Massen sich durch die Erfahrung von ihren Irrtümern befreien.

5. Keine parlamentarische Republik – von den Sowjets der Arbeiterdeputierten zu dieser zurückzukehren wäre ein Schritt rückwärts –, sondern eine Republik der Sowjets der Arbeiter-, Landarbeiter- und Bauerndeputierten im ganzen Lande, von unten bis oben. Abschaffung der Polizei, der Armee, der Beamtenschaft. Entlohnung aller Beamten, die durchweg wählbar und jederzeit absetzbar sein müssen, nicht über den Durchschnittslohn eines guten Arbeiters hinaus.

6. Im Agrarprogramm Verlegung des Schwergewichts auf die Sowjets der Landarbeiterdeputierten. Konfiskation aller Gutsbesitzerländereien. Nationalisierung des gesamten Bodens im Lande; die Verfügungsgewalt über den Boden liegt in den Händen der örtlichen Sowjets der Landarbeiter- und Bauerndeputierten. […]

7. Sofortige Verschmelzung aller Banken des Landes zu einer Nationalbank und Errichtung der Kontrolle über die Nationalbank durch den Sowjet der Arbeiterdeputierten.

8. Nicht „Einführung" des Sozialismus als unsere unmittelbare Aufgabe, sondern augenblicklich nur zur Kontrolle über gesellschaftliche Produktion und die Verteilung der Erzeugnisse durch den Sowjet der Arbeiterdeputierten.

Zit. nach: W. I. Lenin: Werke, Bd. 24. Berlin 1959, S. 3–6.

6

22 Aus einem Manifest der Provisorischen Regierung vom 9. April 1917

Bürger! Das Land ist noch immer dem Angriff eines mächtigen Feindes ausgesetzt, der ganze Provinzen unseres Territoriums besetzt hält und uns jetzt in den ersten Tagen der russischen Freiheit mit neuen entscheidenden Angriffen bedroht. Die unbedingte Verteidigung unserer Heimat und die Befreiung des Landes von dem Feind, der unsere Grenzen überrannte – das ist die erste unab-

21 Lenins Ankunft am 16. April 1917 in Petrograd. Mit deutscher Hilfe gelangte die Führung der Exilbolschewiki aus der Schweiz über Deutschland und Schweden zurück nach Russland. Der deutsche Generalstab erhoffte sich davon eine Destabilisierung Russlands. Zeitgenössisches Gemälde.

änderliche Pflicht unserer Soldaten, die die Freiheit des Volkes verteidigen.

Zit. nach: Geschichte in Quellen Bd. V., hrsg. von G. Schönbrunn. München 1979, S. 70.

23 **Der österreichische Journalist Hugo Portisch 1991 über die Oktoberrevolution**

[Es] bleibt für den Historiker immer noch ein Rätsel, wie es einer an sich so kleinen Partei [wie den Bolschewiki] gelingen konnte, sich gegen so große Mehrheiten durchzusetzen. [...] Die heutigen sowjetischen Historiker geben auf diese Frage eine einfache Antwort: Es kommt der Zeitpunkt, an dem ein Volk müde wird. Die Februarrevolution hatte in der Bevölkerung gewaltige Hoffnungen geweckt, da war man bereit, alle Energien zu einem Neuaufbau Russlands einzusetzen, jubelte über den Sturz des Zaren, begrüßte die Demokratie, erhoffte den Frieden und erwartete eine rasche Verbesserung der Lebensverhältnisse. Doch die politischen Führer waren schwach, unerfahren, zögerlich. Statt den revolutionären Schwung zu nutzen [...] verschob man alles auf die Zeit nach dem Krieg. Die Lebensverhältnisse wurden nicht besser, sondern nur schlechter, die Produktion nahm ab, der Hunger nahm zu. In dieser Situation gewinnt der, der handelt, Lenin handelte. Und er hatte der Bevölkerung auch etwas sehr Konkretes zu bieten: den sofortigen Frieden und die sofortige Landverteilung. Die Bolschewiki waren nicht beliebt, bei den Wahlen blieben sie in der Minderheit, aber ihren Staatsstreich haben sich mehr oder weniger alle gefallen lassen. Es war niemand da, der dem Volk mehr oder Besseres anzubieten hatte als Lenin. Vor allem war niemand da, der an seiner statt gehandelt hätte.

Zit. nach: Hugo Portisch: Hört die Signale. Aufstieg und Fall des Sowjetkommunismus. Wien 1991, S. 83.

24 **Der Historiker Eric Hobsbawm 1995**

Wer die Forderungen der Massen übernahm – „Brot, Friede, Land" –, fand sofort Unterstützung und das waren vor allem Lenins Bolschewiken. Lenins einzig wirkliche Leistung war, dass er zu erkennen in der Lage war, was die Massen wollten, und dementsprechend eben auch wusste, dass er führen musste, indem er ihnen folgte. Auf der anderen Seite war der Provisorischen Regierung und ihren Sympathisanten nicht bewusst geworden, wie unfähig sie war, Russland dahin zu bringen, ihre Gesetze und Dekrete zu befolgen. Die radikale Grundströmung in ihrer Gefolgschaft drängte die Bolschewiki unaufhaltsam zur Machtübernahme. Als der Augenblick dann da war, musste die Macht nur noch übernommen werden. Die Provisorische Regierung hatte sich schlichtweg in Luft aufgelöst, nachdem niemand mehr zu ihrer Verteidigung übriggeblieben war.

Zit. nach: Eric Hobsbawm: Das Zeitalter der Extreme. München 1995, S. 86 f. Übers. Yvonne Badel.

25 **Aus dem von Lenin verfassten Dekret zur Auflösung der Konstituierenden Versammlung vom 6. Januar 1918**

Im Laufe der ganzen ersten Periode der russischen Revolution mehrten sich die Sowjets, wuchsen und erstarkten [...]. Die Konstituierende Versammlung, gewählt aufgrund von Kandidatenlisten, die vor der Oktoberrevolution aufgestellt worden waren, brachte das alte politische Kräfteverhältnis zum Ausdruck [...]. Das Volk konnte damals, als es für die Kandidaten der Partei der Sozialrevolutionäre stimmte, nicht zwischen den Rechten Sozialrevolutionären, den Anhängern der Bourgeoisie, und den Linken Sozialrevolutionären, den Anhängern des Sozialismus, seine Wahl treffen. So kam es, dass diese Konstituierende Versammlung, die die Krönung der bürgerlichen parlamentarischen Republik sein sollte, sich der Oktoberrevolution und der Sowjetmacht unvermeidlich in den Weg stellen musste. [...]

Jeder Verzicht auf die uneingeschränkte Macht der Sowjets, auf die vom Volk eroberte Sowjetrepublik zugunsten des bürgerlichen Parlamentarismus und der Konstituierenden Versammlung wäre jetzt ein Schritt rückwärts, würde den Zusammenbruch der ganzen Oktoberrevolution der Arbeiter und Bauern bedeuten. [...]

Deswegen beschließt das Zentralratsvollzugskomitee: Die Konstituierende Versammlung wird aufgelöst.

Zit. nach: W. I. Lenin: Ausgewählte Werke, Bd. 2. Berlin 1966, S. 601 f.

26 **Frieden ohne Annexionen**

Denkschrift des Vorstands und Reichstagsfraktion der SPD vom 28. Juni 1917, daraus entstand die Friedensresolution des Reichstages vom 19. Juli 1917:

Die Nahrungsmittel, die der Bevölkerung in den großen Städten und in den Industriegebieten gegeben werden, sind längst nicht mehr hinreichend, die Menschen zu sättigen und ihre Kräfte zu erhalten. [...]

Die Stimmung der Bevölkerung ist durch die anhaltenden Entbehrungen aufs Tiefste herabgedrückt. [...] Auch bei den Truppen greift Kriegsmüdigkeit um sich. [...] Die Kette der an uns gelangten Klagen über schlechte oder ungerechte Behandlung und namentlich auch über anstrengende, den vom Kampf übermüdeten Soldaten als endlose Quälerei erscheinende Exerzierübungen in den Ruhestellungen reißt nicht ab. Auch die bei zahlreichen Truppenteilen einseitig für die Mannschaften verschlechterten Ernährungsverhältnisse tragen dazu bei, Unzufriedenheit und Verdruss zu steigern. [...] Der Glaube an die Möglichkeit eines entscheidenden Sieges ist mehr und mehr erschüttert. [...]

Durch das offene Bekenntnis der Reichsleitung zu einem allgemeinen Frieden ohne Annexionen und Kontributionen würde in allen Ententeländern die aus der Tiefe des Volkes kommende Friedensströmung, die schon

6

27 **US-amerikanisches Propagandaplakat 1917**

28 **Britisches Propagandaplakat** über die angebliche deutsche Schreckensherrschaft im besetzten Belgien. Poster von Ellsworth Young, ca. 1915.

durch das Friedensangebot der Zentralmächte sichtlich gefördert wurde, sehr gestärkt werden. Auch die Wirkung einer solchen Erklärung auf die nach Frieden verlangenden Massen unseres Volkes würde die denkbar beste sein. Die Überzeugung würde allgemein und fest begründet werden, dass wir nicht um Eroberungen willen, sondern lediglich zur Verteidigung unserer eigenen Lebensrechte den Krieg führen, dass unsererseits einem baldigen Frieden der Verständigung nichts im Wege steht und dass, wenn trotzdem kein solcher Friede zu erlangen ist, die Schuld lediglich auf Seite der Gegner liegt.
Die zweite, nicht minder bedeutsame Maßnahme zur Festigung der Stimmung unseres Volkes und zur Stärkung seines Willens zum Widerstand gegen die Bedrohung von außen ist die freiheitliche Neuordnung der Dinge im Innern. Das Volk in seinen weitesten Schichten muss die feste Überzeugung gewinnen, dass es wirklich zu seinem Recht im Reich, in den Bundesstaaten und den Gemeinden kommen soll. Die freiheitlich Fortentwicklung der Reichsverfassung in der Richtung auf eine auf die Volksvertretung gestützte und von ihr ausgehende Regierung darf nicht verzögert werden.[...] Die Durchführung der verheißenen Reform des Wahlrechts in Preußen im Sinne eines gleichen, direkten und geheimen Wahlverfahrens muss unverzüglich erfolgen. [...]

Zit. nach: H. Michaelis, E. Schraepler (Hrsg.): Ursachen und Folgen, Vom deutschen Zusammenbruch 1918 und 1945 bis zur staatlichen Neuordnung Deutschlands, Bd. 1, Berlin 1959, S. 211 ff.

29 Argumente gegen Friedensverhandlungen

Der Abgeordnete Kuno Graf Westarp (Deutsch-konservative Partei) im Reichstag während der Debatte über die Friedensresolution am 19. Juli 1917:

[...] Den heldenhaften Taten unserer Truppen zu Lande und zu Wasser wird der volle Sieg beschieden sein. Gebiete von der Größe des Deutschen Reiches sind mit dem Blut unserer Brüder und Söhne gewonnen. An den ehernen Mauern weit in Feindesland wird wie bisher jeder Anprall einer Welt von Feinden zerschellen. Dem bevorstehenden feindlichen Ansturm, in dem Flandern das Losungswort heißt, werden wir standhalten. Unsere U-Boote fügen England, das die ganze Welt gegen uns ins Feld führt, Monat für Monat, unüberwindlich und unabwendbar, einen Schaden zu, den es auf die Dauer nicht ertragen wird. Auf das Urteil unserer Heerführer gestützt, erwarten wir mit unerschütterlicher Zuversicht den vollen Sieg unserer Waffen. Ihm allein werden wir den Frieden verdanken. Bis er eintritt, muss, will und kann unser Volk aller Entbehrungen, aller Schwierigkeiten unserer wirtschaftlichen Lage Herr werden.

Zu Friedensverhandlungen wird Deutschland bereit sein, sobald die Feinde unter uneingeschränktem Verzicht auf ihre Forderungen zwangsweiser Gebietserwerbungen und Entschädigungen sie anbieten. Dann wird es die Aufgabe sein, den Frieden so zu gestalten, dass er Deutschland und seinen Verbündeten Dasein, Zukunft und Entwicklungsfreiheit wirksam sichert. Unsere Grenzmarken müssen für alle Zeiten besser geschützt sein; Ostpreußen darf nicht wieder den Gräueln eines Russeneinfalls ausgesetzt werden. An unseren stets vertretenen Auffassungen über das, was der Friede dem deutschen Vaterlande bringen soll, halten wir auch heute unbeirrt fest.

Durch Verständigung, die allein auf dem guten Willen der Feinde beruht, lassen sich diese Ziele nicht erreichen. Von entscheidender Bedeutung für die Gestaltung des Friedens wird allein die militärische Lage sein, wie sie sich zur Stunde der Verhandlungen gestaltet haben wird.

Zit. nach:. H. Michaelis, E. Schraepler (Hrsg.): Ursachen und Folgen, Vom deutschen Zusammenbruch 1918 und 1945 bis zur staatlichen Neuordnung Deutschlands, Bd. 1. Berlin 1959, S. 40 f.

30 Wilsons „14 Punkte"

Botschaft des amerikanischen Präsidenten Woodrow Wilson an den Kongress, 8. Januar 1918:

I. Offene Friedensverträge, die offen zustande gekommen sind, und danach sollen keine geheimen internationalen Vereinbarungen irgendwelcher Art mehr getroffen werden, sondern die Diplomatie soll inner offen und vor aller Welt arbeiten.

II. Vollkommene Freiheit der Schifffahrt auf den Meeren, außerhalb der Küstengewässer, sowohl im Frieden als auch im Kriege, außer insoweit, dass die Meere ganz oder teilweise durch internationale Maßnahmen zur Erzwingung internationale Abmachungen geschlossen werden mögen.

III. Beseitigung aller wirtschaftlicher Schranken, soweit möglich, und Errichtung gleicher Handelsbeziehungen unter allen Nationen, die dem Frieden zustimmen und sich zu seiner Aufrechterhaltung zusammenschließen.

IV. Austausch ausreichender Garantien dafür, dass die nationalen Rüstungen auf das niedrigste, mit der inneren Sicherheit zu vereinbarende Maß herabgesetzt werden.

V. Eine freie, weitherzige und unbedingt unparteiische Schlichtung aller kolonialen Ansprüche, die auf einer genauen Beobachtung des Grundsatzes fußt, dass bei der Entscheidung aller derartigen Souveränitätsfragen die Interessen der betroffenen Bevölkerung ein ebensolches Gewicht haben müssen wie die berechtigten Forderungen der Regierung, deren Rechtsanspruch bestimmt werden soll.

VI. Räumung des ganzen russischen Gebiets und eine solche Regelung aller Russland betreffenden Fragen, die ihm die beste und freieste Zusammenarbeit der anderen Nationen der Welt für die Erlangung [...] seiner eigenen politischen Entwicklung und nationalen Politik sicherstellt und es eines aufrichtigen Willkommens in dem Bunde der freien Nationen unter von ihm selbst gewählten Staatseinrichtungen versichert. [...]

VII. Belgien muss, wie die ganze Welt übereinstimmen wird, geräumt und wiederhergestellt werden, ohne jeden Versuch, seine Souveränität, derer es sich ebenso wie alle anderen Nationen erfreut, zu beschränken. [...] Ohne diesen heilenden Akt ist die ganze Struktur und Geltung des Völkerrechts für immer erschüttert.

VIII. Alles französische Gebiet sollte befreit und die besetzten Teile sollten wiederhergestellt werden, und das Frankreich von Preußen im Jahr 1871 angetane Unrecht, das den Weltfrieden während eines Zeitraums von nahezu fünfzig Jahren in Frage gestellt hat, sollte wieder gutgemacht werden. [...]

IX. Es sollte eine Berichtigung der Grenzen Italiens nach den klar erkennbaren Linien der Nationalität durchgeführt werden.

X. Den Völkern Österreich-Ungarns, deren Platz unter den Völkern wir sichergestellt und zugesichert zu sehen wünschen, sollte die freie Gelegenheit zu autonomer Entwicklung gewährt werden.

XI. Rumänien, Serbien und Montenegro sollten geräumt werden; besetzte Gebiete sollten wiederhergestellt werden; Serbien sollte freier und sicherer Zugang zum Meere gewährt werden, und die Beziehungen der verschiedenen Balkanstaaten zueinander sollten durch freundschaftliche Verständigung gemäß den geschichtlich feststehenden Grundlinien von Zugehörigkeit und Nationalität bestimmt werden.

XII. Den türkischen Teilen des gegenwärtigen Osmanischen Reiches sollte eine sichere Souveränität, den anderen derzeit unter türkischer Herrschaft stehenden Nationalitäten aber eine unzweifelhafte Sicherheit der Existenz und unbeeinträchtigt Gelegenheit für autonome Entwicklung zugesichert werden.

XIII. Es sollte ein unabhängiger polnischer Staat errichtet werden, der die von unbestrittenen polnischen Bevölkerungen bewohnten Gebiete einschließen sollte, dem ein freier und sicherer Zugang zum Meere zugesichert werden sollte und dessen politische und wirtschaftliche Unabhängigkeit und territoriale Unverletzlichkeit durch internationale Abkommen garantiert werden sollen.

XIV. Es muss zum Zwecke wechselseitiger Garantieleistung für politische Unabhängigkeit und territoriale Unverletzlichkeit der großen wie der kleinen Staaten [...]

eine allgemeine Gesellschaft von Nationen gebildet werden.

Zit. nach: H. Michaelis, E. Schraepler (Hrsg.): Ursachen und Folgen, Vom deutschen Zusammenbruch 1918 und 1945 bis zur staatlichen Neuordnung Deutschlands, Bd. 1. Berlin 1959, S. 374 ff.

31 Frieden von Brest-Litowsk, 3. März 1918

Nicht ein allgemeiner Frieden mit einem umfassenden Ausgleich der Interessen, sondern ein Separatfrieden im Osten, der Russland aus der Koalition der Alliierten herauslösen würde, war das angestrebte Ziel auf deutscher Seite. Nach Massenstreiks in St. Petersburg und anderen Industrieregionen dankte Zar Nikolaus II. am 15. März 1917 ab, und die neue „Provisorische Regierung" war zu Gesprächen über einen schnellen Waffenstillstand bereit. [...] Dem Führer der radikalen Bolschewiki, Lenin, gelang es, mit deutscher Hilfe aus der Schweiz über Deutschland und Schweden nach Russland einzureisen und am 7. November (nach dem in Russland noch geltenden Julianischen Kalender am 25. Oktober) die bürgerliche Provisorische Regierung zu stürzen. [...]
Am 15. Dezember 1917 schloss Sowjetrussland mit den Deutschen einen Waffenstillstand, der zum Friedensvertrag von Brest-Litowsk am 3. März 1918 [...] führte. [...] Auf russischer Seite strebte man einen Frieden ohne Annexionen und Kontributionen an, und selbst der Staatssekretär des Auswärtigen Amtes, Richard von Kühlmann, warnte während der Verhandlungen, dass die „Abtretung so großer Landesteile" von „einer seit Jahrhunderten konsolidierten Großmacht ersten Ranges", wie sie Russland darstellte, „nach allen historischen Erfahrungen eine schwere Erschütterung" des europäischen Staatensystems mit sich bringen würde. Unter dem Diktat des deutschen Militärs wollte man Sowjetrussland jedoch nach den Gesetzen des Siegfriedens mit enormen Gebietsabtretungen schwächen und in dauernder Abhängigkeit von Deutschland halten: Polen, Kurland, Litauen und große Teile Georgiens wurden abgetreten, die Selbständigkeit Finnlands und der Ukraine anerkannt, Estland und Livland geräumt. Sewastopol sollte deutscher Schwarzmeer-Kriegshafen werden. [...]
Durch den Frieden verlor Sowjetrussland nahezu 90% der Kohlegruben, über die Hälfte der Industrie und fast die gesamte Öl- und Baumwollproduktion. Insgesamt umfasste das abzugebende Gebiet 1,42 Mio. km^2 mit über 60 Mio. Menschen. Der deutsche Einflussbereich wurde mit der Schaffung eines strategisch vergrößerten Ostraumes erheblich ausgedehnt. Da Sowjetrussland ohne die deutsch beherrschte Ukraine in wirtschaftliche Abhängigkeit geraten musste und Deutschland mit der Festsetzung im Kaukasus-Gebiet Druck auf die britische Position im Mittleren Osten hätte ausüben können, wären außenpolitische Konfrontationen in diesem Konzept einer zukünftigen Ordnung im Osten bereits angelegt gewesen. Die Besetzung der riesigen Territorien im Osten erforderte eine Million Soldaten, deren ursprünglich eingeplante Verlegung an die Westfront schließlich nicht erfolgen konnte.

Zit. nach: Deutsche Geschichte in Quellen und Darstellung, Bd. VIII, hrsg. von R. vom Bruch und B. Hofmeister. Stuttgart 2000, S. 445–449.

33 Lagebeurteilung der OHL

Tagebuchnotizen des Obersten von Thaer, 1. Oktober 1918:
Zum 1. Mal sei der O.H.L. von Sr. M. bezw. Vom Reichskanzler die Frage vorgelegt worden, was sie und das Heer

32 Während der deutschen Frühjahrsoffensive im April 1918 bei Aubers gefallener portugiesischer Soldat. Die Stiefel wurden ihm wahrscheinlich von einem deutschen Soldaten entwendet.
Deutsche Fotografie 1918

6

7 Vom Obrigkeitsstaat zur Demokratie

7.1 Die Revolution von 1918/19

Der Anlass der Revolution: Gehorsamsverweigerung der Matrosen

Am Anfang der Revolution stand die Gehorsamsverweigerung der Matrosen in Wilhelmshaven. Eine spontane Bewegung erfasste weitere Hafenstädte und auch Mittel- und Süddeutschland. Am 4. November 1918 wurde in Kiel der erste Soldatenrat gebildet. Auch in anderen Städten verliehen Soldatenräte ihren Forderungen Ausdruck. Beauftragte der Arbeiterparteien und Gewerkschaften übernahmen als Arbeiterräte vor Ort die politischen Funktionen. Zur gleichen Zeit begannen die Waffenstillstandsverhandlungen. Teile der Regierung waren der Meinung, der Kaiser müsse abdanken, er verhindere auch den notwendigen Friedensschluss. Monarchen einzelner Länder verzichteten auf den Thron. Wilhelm II. wies aber eine entsprechende Aufforderung des Kanzlers zurück.
Die seit den Oktoberreformen an der Macht beteiligte SPD bremste angesichts der gewaltigen Probleme den Aktivismus: Sollte es zum Waffenstillstand kommen, so wären binnen kürzester Zeit Millionen von Soldaten in die Heimat zurückzuführen. Die Umstellung von der Kriegs- zur Friedenswirtschaft müsste schnellstmöglich vollzogen werden. Die englische Seeblockade bestand weiterhin und ließ einen Hungerwinter befürchten. Der volle Durchbruch einer Revolution schien in den Augen der neuen Regierung die Bewältigung dieser Aufgaben noch weiter zu erschweren.

7

Ausrufung der Republik und Abdankung des Kaisers

Doch am 9. November überschlugen sich in Berlin die Ereignisse. Eine Großdemonstration zog durch die Straßen. Gegen Mittag erklärte Max von Baden Wilhelms Thronverzicht, ohne dazu autorisiert zu sein. Als Kanzler trat er zurück und überließ dem Sozialdemokraten Friedrich Ebert die Regierung – ein Schritt, zu dem er aufgrund der Verfassung nicht berechtigt war. Am Nachmittag dann wurde die Republik gleich zweimal ausgerufen: Der SPD-Abgeordnete Scheidemann beendete seine spontane Ansprache vor den Demonstranten mit der Proklamation der Republik. Ebert verhandelte unterdessen mit der USPD über die Bildung einer provisorischen Regierung. Auch die revolutionären Obleute strebten eine Übergangsregierung an, bestehend aus Arbeiter- und Soldatenräten. Liebknecht erklärte Deutschland am späteren Nachmittag in einer Rede zur „freien sozialistischen Republik". Der Kaiser nahm Hindenburgs Rat an und suchte am 10. November in den Niederlanden politisches Asyl.

Parlamentarische Demokratie oder Räterepublik

Unter den Anhängern des Umsturzes gab es unterschiedliche Auffassungen über das künftige politische System. SPD und gemäßigte Kräfte der USPD wollten eine parlamentarische Demokratie: Eine Nationalversammlung sollte gewählt werden, um eine Verfassung auszuarbeiten. Deutschland brauche Stabilität, eine Räteregierung bringe aber Bürgerkrieg und Blutvergießen, Parteidiktatur und Terror. Man dachte an die Erfahrungen in Russland.
Die Spartakisten unter Rosa Luxemburg und Karl Liebknecht, eine Minderheit unter den Revolutionären, wollten die Revolution weiterführen, bis alle Macht in den Händen der Räte lag. Ein Zusammengehen mit den Führungskräften des Kaiserreichs, um Verwaltung und Wirtschaftsleben funktionstüchtig zu erhalten, bedeute weiterhin Unterdrückung und Militarismus, nicht Herrschaft des Volkes.
Bereits am 10. November wurde in Berlin die Übergangsregierung gebildet: Der Rat der Volksbeauftragten wurde von Delegierten der Groß-Berliner Arbeiter- und Soldatenräte bestätigt. Er war paritätisch mit drei Vertretern der SPD (Ebert, Landsberg, Scheidemann) und drei des rechten Flügels der USPD (Haase, Barth, Dittmann) besetzt. Diese Konstellation entsprach auch der Zusammensetzung

Rosa Luxemburg

1 Revolutionäre Matrosen und Arbeiter marschieren am 9. November durch das Brandenburger Tor.
Fotografie 1918

7

der meisten Arbeiter- und Soldatenräte, die auf lokaler Ebene die Macht ausübten. In ihrem Ziel waren sich Volksbeauftragte und Räte einig: Sie wollten einen baldigen Termin für die Wahl zur verfassungsgebenden Nationalversammlung festlegen.

Ebert-Groener-Bündnis

Die SPD-Führung wollte auch angesichts der laufenden Waffenstillstandsverhandlungen Veränderungen der Gesellschafts- oder Wirtschaftsordnung verhindern. Deshalb kam es am 10. November zu einer Übereinkunft zwischen Ebert und General Groener. Während Groener der neuen Regierung die Loyalität der OHL zusicherte, garantierte Ebert Mithilfe bei der Aufrechterhaltung der militärischen Hierarchien, vor allem der Kommandogewalt der Offiziere.

Parlamentarische Demokratie, Räterepublik

Zentralarbeitsgemeinschaft

Ganz im Sinne Eberts waren auch die Verhandlungen, die schon seit Anfang November zwischen dem Führer der freien Gewerkschaften Carl Legien und dem Vertreter der Arbeitgeber Hugo Stinnes liefen. Am 15. November wurde das „Zentralarbeitsgemeinschafts"-Abkommen zwischen Legien und Stinnes schließlich als Gesetz verkündet. Es bestätigte und erweiterte Vereinbarungen der Kriegszeit: Die Gewerkschaften wurden beim Abschluss von Tarifverträgen als gleichberechtigte Vertreter der Arbeiterschaft anerkannt. Eingeführt wurden der Achtstundentag bei vollem Lohnausgleich und Arbeiterausschüsse in Betrieben mit mindesten 50 Mitarbeitern. Während die Gewerkschaften so ihre Position sicherten, umgingen die Unternehmer durch ihre Zugeständnisse eine Sozialisierung der Wirtschaft, wie sie von den Revolutionären, aber auch gemäßigten Kräften der Arbeiterparteien gefordert wurde. Indem sie sich auf die Sozialpartnerschaft mit den Gewerkschaften einließen, konnten sie die Besitzverhältnisse unangetastet erhalten.

Friedrich Ebert

Reichsrätekongress in Berlin

Die Auseinandersetzungen um die Verfassung gingen jedoch weiter. Vom 16. bis 20. Dezember fand in Berlin ein Treffen aller deutschen Räte, der Reichsrätekongress statt. Die führenden Köpfe der Revolutionäre Luxemburg und Liebknecht besaßen kein Mandat. Kundgebungen begleiteten daher die Diskussionen des

Kongresses. Als Wahltermin für die Nationalversammlung legten die rund 500 Delegierten den 19. Januar 1919 fest. Zugespitzt formuliert lässt sich sagen, dass die Räte dem Rätesystem eine Absage erteilten: Die Übergabe der legislativen und exekutiven Gewalt an die Räte wurde abgelehnt. Allerdings verlangten der Rätekongress die Demokratisierung des Heeres, der Verwaltung und großen Wirtschaftszweige wie etwa des Bergbaus.

Gründung der KPD, Freikorps gegen Revoltionäre

Am 28. Dezember traten die drei USPD-Mitglieder aus dem Rat der Volksbeauftragten aus, nachdem auf Veranlassung der SPD Militär gegen Demonstranten in Berlin vorgegangen war. Jetzt wurden die Volksbeauftragten nur noch von Sozialdemokraten gestellt. Am 1. Januar wurde von den bisher zur USPD gehörenden Spartakisten die Kommunistische Partei (KPD) gegründet. Am 5. Januar wurden in Berlin nach einer Demonstration spontan Zeitungs- und Verlagsgebäude besetzt. Vor allem die Kommunisten sahen jetzt die Möglichkeit gekommen, die Regierung Ebert-Scheidemann zu stürzen. Der Generalstreik wurde ausgerufen. Gustav Noske (SPD), an Stelle eines USPD-Vertreters in den Rat der Volksbeauftragten aufgenommen, ordnete den Aufmarsch von Truppen an. Zum Einsatz kamen Freiwilligenverbände von Frontsoldaten, die nach Beendigung des Krieges nicht nach Hause gegangen waren. Daneben formierten sich Freikorps: Berufssoldaten und vom Krieg Entwurzelte, die hier Disziplin und eine feste Werteordnung suchten. Die Freikorps waren auch verantwortlich für die Ermordung Luxemburgs und Liebknechts am 15. Januar. Allerdings geschah dies wahrscheinlich mit Wissen von Gustav Noske. Diese Tat wurde auch von vielen verurteilt, die nicht mit den Revolutionären sympathisierten, und ließ die Rolle der Freikorpssoldaten fragwürdig werden.

Nationalversammlung

Die darauf folgende Wahl zur Nationalversammlung spiegelte diese Radikalisierung allerdings nicht wider. Im Gegenteil: Das Parteienspektrum zeigte Kontinuität. Stärkste Kraft wurde die SPD. Die Mehrheit bildeten die bürgerlichen Parteien, das Zentrum und die aus der Fortschrittspartei hervorgegangene DDP. Es folgte die rechtskonservative DNVP und die nationalliberal gesinnte DVP. Die Nationalversammlung wurde am 6. Februar im Weimar eröffnet, abseits des revolutionären Geschehens in der Reichshauptstadt. Eine ihrer Hauptaufgaben war die Erarbeitung einer neuen Verfassung. Ebert wurde zum Reichspräsidenten gewählt, Scheidemann mit der Regierungsbildung beauftragt. Zu diesem Zweck bildeten drei Parteien, die schon seit 1917 zusammen auf eine parlamentarische Regierung hingearbeitet hatten, die „Weimarer Koalition": SPD, Zentrum und DDP.

Zweite Phase der Revolution, blutige Beendung durch das Militär

Die Frage, wer nach dem Zusammenbruch des Kaiserreichs die Macht in Deutschland übernahm, war damit entschieden. Nicht entschieden war der Ausgang der Revolution, die in eine zweite Phase eintrat. In den Revolutionsmonaten November und Dezember 1918 waren die Räte kurzzeitige Institutionen gewesen. Sie hatten an der Normalisierung des Lebens nach der Kriegszeit mitgewirkt. Im Frühjahr 1919 lösten sie sich wieder auf. Wie das Wahlergebnis vom Januar zeigte, repräsentierten sie die Mehrheit des Volkes. Die andere Gruppe von Räten gehörte einer kleinen Minderheit an, die offen Front gegen die Regierungspolitik machte. Sie verstanden sich als Instrumente des Klassenkampfs auf dem Weg zur Herrschaft des Proletariats. Unterstützt wurden diese Räte von streikenden Arbeitern im Ruhrgebiet und anderen Industriestandorten. Auch in Städten wie Leipzig, Hamburg und Berlin zeigte sich eine Verschärfung des Konflikts. Zeitungsverlage und öffentliche Gebäude wurden besetzt. Erneut schlugen Freikorpsverbände die Aktionen nieder: Eine zehntägige Straßenschlacht in Berlin kostete 1000 Menschen das Leben. Im April und Mai scheiterten in München zwei Versuche, eine Räterepublik zu errichten. Die Revolution war beendet.

2 Plakat der SPD im Januar 1919
Die Gestaltung des Plakats zur Wahl der Nationalversammlung stammte von Cesar Klein.

3 Ruhe und Ordnung

Aufruf des neuen Reichskanzlers Friedrich Ebert an die deutschen Bürger am 9. November 1918:

Mitbürger!

Der bisherige Reichskanzler Prinz Max von Baden hat mir unter Zustimmung der sämtlichen Staatssekretäre die Wahrnehmung der Geschäfte des Reichskanzlers übertragen. Ich bin im Begriff, die neue Regierung im Einvernehmen mit den Parteien zu bilden, und werde daher über das Ergebnis der Öffentlichkeit in Kürze berichten.

Die neue Regierung wird eine Volksregierung sein. Ihr Bestreben wird sein müssen, dem deutschen Volke den Frieden schnellstens zu bringen und die Freiheit, die es errungen hat, zu befestigen.

Mitbürger!

Ich bitte Euch alle um Eure Unterstützung bei der schweren Arbeit, die unser harrt, Ihr wisst, wie schwer der Krieg die Ernährung des Volkes, die erste Voraussetzung des politischen Lebens, bedroht.

Die politische Umwälzung darf die Ernährung der Bevölkerung nicht stören.

Es muss die erste Pflicht aller in Stadt und Land bleiben, die Produktion von Nahrungsmitteln und ihre Zufuhr in die Städte nicht zu hindern, sondern zu fördern.

Nahrungsmittelnot bedeutet Plünderungen und Raub, mit Elend für alle! Die Ärmsten würden am schwersten leiden, die Industriearbeiter am bittersten getroffen werden. Wer sich an Nahrungsmitteln oder sonstigen Bedarfsgegenständen oder an den für ihre Verteilung benötigten Verkehrsmitteln vergreift, versündigt sich aufs Schwerste an der Gesamtheit.

Mitbürger!

Ich bitte Euch alle dringend: Verlasst die Straßen! Sorgt für Ruhe und Ordnung!

Zit. nach: G. A. Ritter/S. Miller (Hrsg.): Die deutsche Revolution 1918–1919. 2. Auflage. Frankfurt a. M. 1983, S. 79 f.

4 Für revolutionäre Arbeiter- und Soldatenräte

Aufruf der Spartakusgruppe unter Karl Liebknecht und Rosa Luxemburg an die Arbeiter und Soldaten Berlins am 10. November 1918:

Sichert die von euch errungene Macht!

Misstrauen ist die erste demokratische Tugend!

Die rote Fahne weht über Berlin!

Würdig habt ihr euch an die Seite der Städte gestellt, in denen schon das Proletariat und die Soldaten die Macht übernommen haben. Wie aber die Welt auf euch geschaut hat, ob ihr eure Aufgabe lösen werdet, so sieht die Welt jetzt auf euch, wie ihr sie lösen werdet.

Ihr müsst in der Durchführung eines sozialistisch-revolutionären Programms ganze Arbeit machen. [...]

Zur Erlangung dieses Zieles ist es vor allem notwendig, dass das Berliner Proletariat in Bluse und Feldgrau erklärt, folgende Forderungen mit aller Entschlossenheit und unbezähmbarem Kampfwillen zu verfolgen:

1. Entwaffnung der gesamten Polizei, sämtlicher Offiziere sowie der Soldaten, die nicht auf dem Boden der neuen Ordnung stehen; Bewaffnung des Volkes; alle Soldaten und Proletarier, die bewaffnet sind, behalten ihre Waffen.
2. Übernahme sämtlicher militärischer und ziviler Behörden und Kommandostellen durch Vertrauensmänner des Arbeiter- und Soldatenrates.
3. Übergabe aller Waffen- und Munitionsbestände sowie aller Rüstungsbetriebe an den Arbeiter- und Soldatenrat.
4. Kontrolle über alle Verkehrsmittel durch den Arbeiter- und Soldatenrat.
5. Abschaffung der Militärgerichtsbarkeit; Ersetzung des militärischen Kadavergehorsams durch freiwillige Disziplin der Soldaten unter Kontrolle des Arbeiter- und Soldatenrates.
6. Beseitigung des Reichstages und aller Parlamente sowie der bestehenden Reichsregierung; Übernahme der Regierung durch den Berliner Arbeiter- und Soldatenrat bis zur Errichtung eines Reichs-Arbeiter- und Soldatenrates.
7. Wahl von Arbeiter- und Soldatenräten in ganz Deutschland, in deren Hand ausschließlich Gesetzgebung und Verwaltung liegen. Zur Wahl der Arbeiter- und Soldatenräte schreitet das gesamte erwachsene werktätige Volk in Stadt und Land und ohne Unterschied der Geschlechter.
8. Abschaffung aller Dynastien und Einzelstaaten; unsere Parole lautet: einheitliche sozialistische Republik Deutschland.
9. Sofortige Aufnahme der Verbindung mit allen in Deutschland bestehenden Arbeiter- und Soldatenräten und den sozialistischen Bruderparteien des Auslandes.
10. Sofortige Rückberufung der russischen Botschaft nach Berlin.

Zit. nach: Ebenda, S. 82 f.

7

5 Obrigkeitsstaat der Räte

Hugo Preuß, Berliner Staatsrechtslehrer und Mitarbeiter an der Weimarer Verfassung, 14. November 1918:

Denn die Überalterung des Obrigkeitsstaates war die Ursache seines Bankrotts und des gegenwärtigen Umsturzes; sie ist aber auch die Ursache, dass an seine Stelle noch keineswegs der Volksstaat getreten ist, sondern ein umgedrehtes Obrigkeitssystem. Im alten Obrigkeitsstaat hatte der Bürger sehr wenig, im gegenwärtigen hat er absolut gar nichts zu sagen; mehr als je vorher ist im Augenblick das Volk in seiner Gesamtheit lediglich Objekt einer Regierung, die ihm durch unerforschliche Ratschläge gesetzt wird, nur dass sich diese nicht auf ein Gottesgnadentum berufen, sondern auf eine genau ebenso unfassliche Volksgnade. Der Rechtstitel ist in einem wie im anderen Falle die Macht oder vielmehr der Glaube an eine dahinterstehende überlegene Gewalt. Kurz, es ist ganz und gar der umgedrehte Obrigkeitsstaat. [...]

Die Absichten der gegenwärtigen Machthaber mögen die lautersten und reinsten sein; sie können doch der zwingenden Logik nicht entgehen, dass der Versuch, den deutschen Staat unter Zurückdrängung seines Bürgertums zu konstituieren, in kurzer Frist unabwendbar zum bolschewistischen Terror führen muss. Der gegenwärtige Zustand, dass zahlreiche bürgerliche Elemente die öffentlichen Geschäfte führen unter der Diktatur einer ihnen prinzipiell fremden Obrigkeit, mag im Augenblick als Notbehelf unvermeidlich sein; aber er ist nur auf kürzeste Frist haltbar, wird sehr bald von der einen oder der anderen Seite als unerträglich empfunden werden. Wenn er bis dahin seine Lösung nicht in einer auf der Gleichberechtigung aller Volksgenossen ruhenden politisch-demokratischen Organisation gefunden hat, so gibt es keinen anderen Ausweg als rechtlose Gewalt und mit ihr völlige Zerrüttung des wirtschaftlichen Lebens. [...]

Nicht Klassen und Gruppen, nicht Parteien und Stände in gegensätzlicher Isolierung, sondern nur das gesamte deutsche Volk, vertreten durch die aus völlig demokratischen Wahlen hervorgehende deutsche Nationalversammlung, kann den deutschen Volksstaat schaffen. Sie muss ihn baldigst schaffen, wenn nicht unsagbares Unheil unser armes Volk vollends verelenden soll. Gewiss muss eine moderne Demokratie vom Geiste eines kräftigen sozialen Fortschritts erfüllt sein; aber ihre politische Grundlage kann niemals der soziale Klassenkampf, die Unterdrückung einer sozialen Schicht durch die andere bilden, sondern nur die Einheit und Gleichheit aller Volksgenossen. Im Rahmen der zu schaffenden demokratischen Verfassung sind die unausbleiblichen sozialpolitischen Kämpfe der Zukunft friedlich auszutragen. Die Stellung zu der konstituierenden Nationalversammlung des deutschen Volksstaates ist zugleich die Stellung zu der Frage: Demokratie oder Bolschewismus.

Zit. nach: Ebenda, S. 36 ff.

6 Weitreichende Forderungen der lokalen Räte

Resolution des Garnisonrats Ulm zur Vorlage bei der 2. Landesversammlung in Stuttgart, 11./12.12.1918:

Die Landesversammlung der Soldatenräte Württembergs unterstützt die jetzige provisorische Regierung im Interesse der Erhaltung der Ordnung und Ruhe, die allein das Zustandekommen der Nationalversammlung auf wirklich freiheitlicher Grundlage verspricht. Sie kann nicht dulden, dass eine einzelne Partei auf Kosten der Allgemeinheit Sonderpolitik treibt. Sie verurteilt daher entschieden alle dahin gerichteten Gewaltmaßnahmen und Sonderinteressen, insbesondere die Bestrebung der Spartakusgruppe, die die Reichseinheit gefährden.

Unser Volk hat die größte Revolution der Weltgeschichte in einer seiner seitherigen Kultur würdigen Weise durchgeführt. Die Soldatenräte Württembergs beugen sich daher weder einer Willkür von links noch einer solchen von rechts und verurteilen jede darauf gerichtete Gewaltherrschaft. Sie lehnen einmütig jeden Versuch ab, das Heer für eine monarchische Reaktion oder bolschewistischen Terror zu missbrauchen. Sie fordern die Einberufung der verfassunggebenden Nationalversammlung, die über die künftige Staatsform entscheidet und die vom Vertrauen der Volksgesamtheit getragen ist. Im Interesse der schleunigsten Herbeiführung des Friedens und des schnellstmöglichen Wiederaufbaues unserer Volkswirtschaft und Regelung der Ernährungsfrage des deutschen Volkes ist die Nationalversammlung allerschnellstens einzuberufen, um eine anerkannte verhandlungsfähige Volksregierung zu bilden.

E. Kolb/K. Schönhoven (Hrsg.): Regionale und lokale Räteorganistionen in Württemberg 1918/19. Düsseldorf 1976, S. 126 f.

7

Arbeitsvorschläge

a) Überlegen Sie, mit welchen Erwartungen die Demonstranten auf die Straße gingen (M 1).

b) Erarbeiten Sie anhand von M 2 bis M 5 die unterschiedlichen Einstellungen zu der Revolution von 1918 und der politischen Ordnung in Deutschland.

c) Zeigen Sie, mit welcher Begründung Preuß den Rätestaat ablehnt und die parlamentarische Demokratie befürwortet (M 5). Vergleichen Sie Preuß' Ausführungen mit den Forderungen der lokalen Soldatenräte (M 6). Diskutieren Sie die These, die Räte seien gar nicht für ein Rätesystem gewesen.

Standpunkte: Die Revolution 1918/19 – eine verpasste Chance zum Neuanfang?

Die Revolution 1918/19 wird oft als „gebremste" Revolution bezeichnet. Die Demokraten stürzten die Monarchie, allerdings im Bund mit den Führungseliten des Kaiserreichs. Ob die Revolution anders hätte verlaufen können, ist eine hypothetische Frage. Sie lässt aber Rückschlüsse auf die Revolution, ihre Träger, Motive und Ergebnisse zu.

7 Handlungsspielraum der neuen Regierung

Der Historiker Eberhard Kolb überlegt, ob 1918/19 mehr politische und gesellschaftliche Veränderungen möglich gewesen wären:

Diese Feststellung hat aber Konsequenzen für die Einschätzung des Handlungsspielraums der politischen Entscheidungsträger: Sie besaßen bei der inneren Neuordnung nach dem Zusammenbruch des Kaiserreichs einen zwar näher zu bestimmenden, aber insgesamt doch zweifellos größeren Handlungsspielraum, als jene Deutung unterstellt, welche nur eine Entscheidungsalternative der Wintermonate 1918/19 anerkennen will: Bolschewisierung Deutschlands oder Zusammenwirken der Mehrheitssozialdemokratie mit den traditionellen Machteliten zur Sicherung der inneren Ordnung und zur Errichtung einer parlamentarischen Republik. Dieser Handlungsspielraum hätte es der Revolutionsregierung u. a. erlaubt, gegenüber der Führung der alten kaiserlichen Armee mit Selbstbewusstsein und Entschiedenheit aufzutreten, vorbereitende Schritte zu einer Sozialisierung wenigstens des Bergbaus zu unternehmen, das Potenzial der Arbeiter- und Soldatenräte zugunsten einer sozialdemokratischen Reformpolitik einzusetzen. Aber insbesondere die SPD-Führung versagte sich strikt einem solchen politischen Kurs, nicht primär unter dem Diktat übermächtiger Sachzwänge, sondern einerseits im Vertrauen auf eine dauerhafte Loyalität der alten Machteliten gegenüber den neuen Machthabern, andererseits aus grundsätzlichem Misstrauen gegenüber einer spontanen Massenbewegung, die zwar teilweise ein amorphes Gepräge aufwies, die aber im November und Dezember weitestgehend von den Mitgliedern und Anhängern der Sozialdemokratie getragen wurde und sich in ihren politischen Forderungen innerhalb des Spektrums sozialdemokratischer Programmatik bewegte.

Kolb, E.: Die Weimarer Republik. München 2. Aufl. 1988, S. 158 f.

8 Revolutionshemmende Faktoren

Warum kam es in Deutschland 1918/19 zu keiner echten Revolution? Diese Frage stellt sich der Historiker Heinrich August Winkler:

Deutschland kannte zwar bis zum Oktober 1918 kein parlamentarisches Regierungssystem, aber seit rund einem halben Jahrhundert das allgemeine, gleiche und direkte Reichstagswahlrecht für Männer, das Bismarck 1866 im Norddeutschen Bund und 1871 im Deutschen Reich eingeführt hatte. Das Kaiserreich lässt sich daher nicht einfach als „Obrigkeitsstaat" beschreiben. Deutschland war seit 1918 bereits zu demokratisch, um sich eine revolutionäre Erziehungsdiktatur (sei es nach dem Vorbild der französischen Jakobiner von 1793 oder, was aktueller war, nach dem der russischen Bolschewiki von 1917) aufzwingen zu lassen.

Deutschland war auch zu industrialisiert für einen völligen Umsturz der gesellschaftlichen Verhältnisse. Die demokratischen Revolutionen des Westens hatten alle vor der Industriellen Revolution, also in überwiegend agrarischen Gesellschaften, stattgefunden, und dasselbe gilt von der russischen Oktoberrevolution. Solche Gesellschaften mit dem für sie typischen Anteil an Selbstversorgern konnten sich eine radikale Auswechslung des staatlichen Apparates leisten, ohne deswegen zusammenzubrechen. Für hochindustrialisierte Gesellschaften aber ist ein starker Bedarf an der Aufrechterhaltung von Dienstleistungen von Staat und Kommunen, das heißt: an administrativer Kontinuität, kennzeichnend. Beide Faktoren, der Grad der Demokratisierung und der Grad der Industrialisierung, wirkten objektiv revolutionshemmend. Sie erklären, warum die deutsche Revolution von 1918/19 nicht zu den großen Revolutionen der Geschichte gerechnet werden kann.

H. A. Winkler (Hrsg.): Weimar. Ein Lesebuch zur deutschen Geschichte. München 2. Aufl. 1997, S. 17 ff.

Arbeitsvorschläge

a) Nennen Sie mit Hilfe der Texte M 7 und M 8 Gründe dafür, warum es 1918/19 nur zu einer „gebremsten" Revolution kam.
b) Beurteilen Sie Grenzen, Möglichkeiten und Ergebnisse der Revolution 1918/19.

Den Vertrag annehmen oder ablehnen

Die Vertragsbedingungen trafen eine deutsche Öffentlichkeit, die sich weder mit dem Anfang noch mit dem Ende des Krieges in nüchterner Weise beschäftigt hatte. Allenthalben herrschte Entsetzen. Parteiübergreifend wurde dieser Vertrag entschieden abgelehnt. Eine Form von Staatstrauer wurde ausgerufen: Auf eine Woche sollten alle Lustbarkeiten unterbleiben. Reichsministerpräsident Scheidemann (SPD) verweigerte diesem Vertrag seine Zustimmung und trat am 20. Juni 1919 zurück. Das Außenministerium versuchte nachzuweisen, dass Deutschland nicht die alleinige Kriegsschuld treffe. Die Siegermächte präzisierten daraufhin den Artikel 231 dahingehend, dass Deutschland auch die moralische Schuld am Kriegsausbruch habe. Erst allmählich wurde klar, dass die Ablehnung des Vertrages zu einer Verschärfung der Seeblockade und einem alliierten Einmarsch führen würde. Die Regierung des zu 25 % von alliierten Truppen besetzten Volksstaates Hessen bereitete sich mit Notstandsplänen auf eine Ausweitung der Besetzung auf die Landeshauptstadt Darmstadt vor. Nachdem die Heeresleitung deutlich machte, dass es keine militärische Alternative zur Unterzeichnung gibt, wurde der Versailler Vertrag am 16. Juli 1919 definitiv angenommen. Seine Bestimmungen traten am 10. Januar 1920 in Kraft.

Innenpolitische Folgen

Rechtsgerichtete Gruppen nutzten die Situation, um ihre Version von der Kriegsniederlage zu verbreiten: Der Krieg sei nicht militärisch verloren worden, vielmehr seien Demokraten und Revolutionäre den siegreichen Soldaten in den Rücken gefallen. Diese „Dolchstoßlegende" fand sich bereits im November 1918 in einem Aufruf der DNVP. 1919 formulierte sie Hindenburg vor einem parlamentarischen Untersuchungsausschuss. Die für die Annahme des Vertrages verantwortlichen demokratischen Parteien verloren an Ansehen. Demokratie wurde gleichgesetzt mit Verrat an deutschen Interessen. Den Republikgegnern diente die Dolchstoßlegende als Propagandainstrument gegen Parlamentarismus und die „Novemberverbrecher".

Außenpolitische Folgen

Das vorrangige Ziel der deutschen Außenpolitik nach 1919 war die Revision des Versailler Vertrages. Vor allem die Reparationsforderungen sollten auf ein erfüllbares Maß reduziert werden. Dabei hatte man durchaus Erfolg. So konnten die ursprünglichen alliierten Forderungen auf der Londoner Konferenz 1921 mit 132 Mrd. Goldmark und 26 Prozent der Exporterlöse nahezu halbiert werden. Die anschließend von der deutschen Regierung praktizierte „Erfüllungspolitik" sollte die Unerfüllbarkeit auch dieser Forderungen zeigen. Dabei setzte man das Mittel einer kalkulierten Inflation ein.

Rapallo und Ruhrkrise

Etwa zur gleichen Zeit wurde 1922 der Vertrag von Rapallo mit Sowjetrussland geschlossen (▶ Online-Link). Mit ihm versuchte der deutsche Außenminister Walther Rathenau, die außenpolitische Isolierung zu durchbrechen. Der Vertrag enthielt einen gegenseitigen Verzicht auf Entschädigungsleistungen, die Meistbegünstigungsklausel bei Handelsverträgen und die Aufnahme von diplomatischen Beziehungen. Auch verband die Vertragspartner eine antipolnische Haltung, sodass Frankreichs Sicherheitskonzept dadurch an Stabilität verlor. Deswegen ging Frankreich in der Reparationsfrage Anfang 1923 zu einer Politik der „produktiven Pfänder" über. Als Deutschland mit seinen Sachleistungen geringfügig in Rückstand geriet, besetzten belgische und französische Truppen am 11. Januar 1923 das Ruhrgebiet. Die Regierung Cuno reagierte mit der Einstellung sämtlicher Reparationsleistungen und „passivem Widerstand". Dessen Finanzierung verursachte die Hyperinflation; Deutschland stand vor dem wirtschaftlichen Zusammenbruch. Frankreich verschärfte die Krise durch Unterstützung der linksrheinischen Separatisten. Wegen der Aussichtslosigkeit brach die neue Regierung unter Gustav Stresemann (DVP) im September 1923 den passiven Widerstand ab.

Großbritannien und die USA konnten Frankreich zu einer Aufgabe seiner Politik der „produktiven Pfänder" bewegen. Die Reparationsfrage sollte nun ökonomisch gelöst werden. Ein erster Schritt war die Konsolidierung der deutschen Währung durch die Einführung der Rentenmark. 1924 wurde mit dem „Dawes-Plan" eine vorläufig stabile Reparationsregelung geschaffen.

Die Verträge von Locarno

Stresemann erkannte die Notwendigkeit einer Zusammenarbeit mit den alliierten Mächten, vor allem mit den USA. Er hatte die revisionistischen Ziele keineswegs aufgegeben, wollte Deutschland aber mit Hilfe seiner Wirtschaftsmacht zurück in eine Großmachtposition bringen. Vor diesem Hintergrund griff er die Idee eines Westpaktes auf, der im Oktober 1925 in den Verträgen von Locarno umgesetzt wurde. Mit ihnen wurden die Grenzen zu Frankreich und Belgien definitiv anerkannt und von England und Italien garantiert. Außerdem wurden Schiedsverträge mit Frankreich, Belgien, Polen und der Tschechoslowakei geschlossen, wobei Deutschland die Ostgrenzen nicht endgültig anerkannte. Mit den Verträgen von Locarno war Deutschlands Eintritt in den Völkerbund am 10. September 1926 gekoppelt. Deutschland erhielt einen ständigen Sitz im Völkerbundrat und außerdem einige Sonderrechte. So wurde es von seiner militärischen Bestandspflicht befreit. Damit und mit dem Berliner Vertrag vom 24. April 1926 konnte Stresemann das gute Verhältnis zur Sowjetunion vor negativen Auswirkungen bewahren. Deutschland verpflichtete sich im Berliner Vertrag zur Neutralität, falls es zwischen der Sowjetunion und einem dritten Staat - gedacht war vor allem an Polen - zu einem Krieg kommen sollte. Wegen der deutschen Sonderrechte im Völkerbund konnte Frankreich Polen in dieser Situation nicht über deutsches Territorium zu Hilfe kommen.

Gustav Stresemann (1878–1929)

7

Der Entspannungsprozess stockt

Nach Locarno kam es nicht zu einer schnellen Gesamtlösung der deutschen Revisionsanliegen, wie Stresemann prophezeite. Zwar wurde 1925 die erste Zone des besetzten Rheinlandes geräumt und 1927 die Interalliierte Militärkommission zur Kontrolle der deutschen Abrüstung abgezogen. Trotzdem geriet der Entspannungsprozess ins Stocken. Schließlich konnte in der Ära Stresemann nur noch eine Neuverhandlung der deutschen Reparationsverpflichtungen angestoßen werden. Stresemann starb am 3. Oktober 1929. Die neue Reparationsregelung, der Young-Plan, wurde am 12. März 1930 vom Reichstag angenommen. In 59 Jahresraten sollte die definitive Summe von 112 Milliarden RM gezahlt werden. Die Zahlungsverpflichtungen bis zum 31. März 1932 wurden gegenüber dem Dawes-Plan um 1,7 Milliarden RM reduziert. Trotz der erneuten Verbesserungen war der Young-Plan äußerst umstritten. Durch die Zusammenarbeit mit DNVP und Stahlhelm bei dem gegen den Young-Plan angestrengten Volksbegehren gewann die NSDAP reichsweit an Ansehen. Auch das Ende der parlamentarischen Regierungen fällt mit der Annahme des Young-Plans zusammen. Hindenburg wollte vor der Ernennung des ersten Präsidialkabinetts nur noch dessen Annahme abwarten. Davon hing das Ende der Besetzung des Rheinlandes ab.

3 DNVP Wahlplakat 1928. Gegen die Anerkennung der Westgrenze agitierten die rechten Parteien.

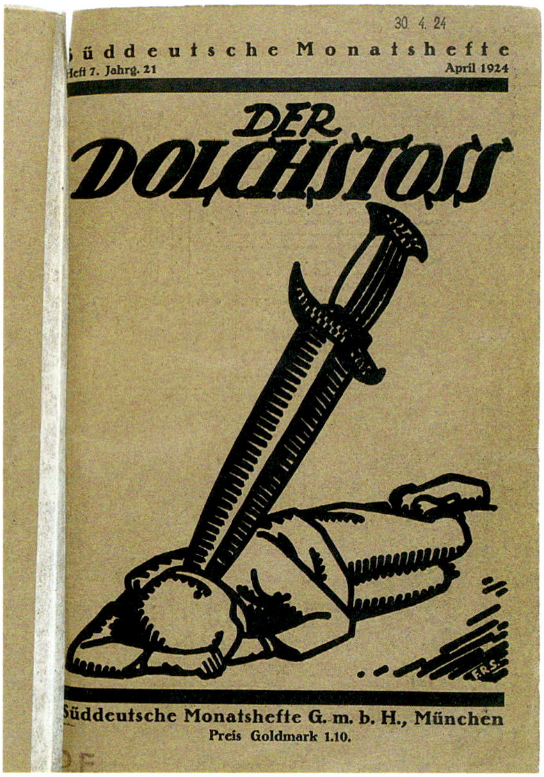

4 Propagandazeichnung Dolchstoßlüge 1924

5 Hindenburg vor dem Parlamentarischen Untersuchungsausschuss am 18. November 1919

Die Geschichte wird über das, was ich hier nicht weiter ausführen darf, das endgültige Urteil sprechen. Damals hofften wir noch, dass der Wille zum Siege alles andere beherrschen würde. Als wir unser Amt übernahmen, stellten wir bei der Reichsleitung eine Reihe von Anträgen, die den Zweck hatten, alle nationalen Kräfte zur schnellen und günstigen Kriegsentscheidung zusammenzufassen; sie zeigten der Reichsleitung zugleich ihre riesengroßen Aufgaben. Was aber schließlich, zum Teil wieder durch Einwirkung der Parteien, aus unseren Anträgen geworden ist, ist bekannt. Ich wollte kraftvolle und freudige Mitarbeit, und bekam Versagen und Schwäche. Die Sorge, ob die Heimat fest genug bliebe, bis der Krieg gewonnen sei, hat uns von diesem Augenblicke an nie mehr verlassen. Wir erhoben noch oft unsere warnende Stimme bei der Reichsregierung. In dieser Zeit setzte die heimliche planmäßige Zersetzung von Flotte und Heer als Fortsetzung ähnlicher Erscheinungen im Frieden ein. Die Wirkungen dieser Bestrebungen waren der Obersten Heeresleitung während des letzten Kriegsjahres nicht verborgen geblieben. Die braven Truppen, die sich von der revolutionären Zermürbung freihielten, hatten unter dem pflichtwidrigen Verhalten der revolutionären Kameraden schwer zu leiden; sie mussten die ganze Last des Kampfes tragen. Die Absichten der Führung konnten nicht mehr zur Ausführung gebracht werden. Unsere wiederholten Anträge auf strenge Zucht und strenge Gesetzgebung wurden nicht erfüllt. So mussten unsere Operationen misslingen, es musste der Zusammenbruch kommen; die Revolution bildete nur den Schlussstein. Ein englischer General sagte mit Recht: „Die deutsche Armee ist von hinten erdolcht worden.“ Den guten Kern des Heeres trifft keine Schuld. Seine Leistung ist ebenso bewunderungswürdig wie die des Offizierkorps. Wo die Schuld liegt, ist klar erwiesen.

Zit. nach: Michaelis/Schraepler (Hrsg.): Ursachen und Folgen. Vom deutschen Zusammenbruch 1918 und 1945 bis zur staatlichen Neuordnung Deutschlands in der Gegenwart. Bd. IV. Berlin. o. J., S. 8.

6 Feststellungen des früheren Vizekanzlers v. Payer vom 14. Dezember 1925 auf einer Kundgebung des Republikanischen Reichsbundes in Frankfurt a. Main

Weshalb in Wirklichkeit der Krieg für uns verloren ging, kann man mit wenigen Sätzen sagen:
Weil unsere Heerführer trotz aller Siege nicht verhindern konnten, dass an den wichtigsten Fronten der Bewegungskrieg in den Stellungskrieg überging, weil bei diesem letzten Endes das Mehr an Mannschaften, Kriegsgeräten, Materialien und Nahrungsmitteln entscheiden musste, weil unsere Feinde weit zahlreicher waren als wir samt unsern Bundesgenossen und weil ihnen die Vorräte und Hilfsmittel der ganzen Welt zur Verfügung standen, uns nicht, weil denn auch richtig schließlich unsere Bataillone an Zahl und Umfang immer kläglicher zusammenschmolzen und unsere Reserven verschwanden – während die Amerikaner alle Monat für Monat mehr als 250 000 Mann frischer Truppen an die Front warfen, weil der verstärkte U-Boot-Krieg nicht, wie versprochen, zum Ziele führte, weil wir den gepanzerten Sturmwagen unserer Gegner nichts Ähnliches entgegenzusetzen hatten, weil wir unseren Truppen aus Mangel an Mannschaft nicht mehr die zum Ausruhen nötigen Kampfpausen gewähren konnten, weil jahrelang unsere Ernährung an der Front und zu Hause ungenügend war, weil unsere Bundesgenossen einer um den anderen zusammenbrachen, weil Entbehrungen, die ständigen Verluste an Menschenleben, die Befürchtung weiterer Opfer und die immer wachsende Besorgnis vor einem unglücklichen Ausgang des Krieges nach vier Jahren die Stimmung in Heer und Volk zu einer gedrückten machen mussten, weil das Vertrauen in die Oberste Heeresleitung und deren Berichte schwand, weil dem Feldsoldaten der Unterschied zwischen den von ihm und den von den Offizieren und von der Etappe zu bringenden Opfern immer fühlbarer wurde, weil man eine solche Stimmung nicht wegkommandieren und auch durch keine Propa-

7 Versailles

Aus der Satirezeitschrift „Simplicissimus" vom 3.6.1919: Die im Frack dargestellten Personen sind von links nach rechts: der amerikanische Präsident Woodrow Wilson, der französische Ministerrpäsident George Clemenceau und der englische Premierminister David Lloyd George.

„Auch Sie haben ein Selbstbestimmungsrecht: Wünschen Sie, dass Ihnen die Taschen vor oder nach dem Tod ausgeleert werden?"

ganda wegdiskutieren konnte, weil daraus eine steigende Friedenssehnsucht heranwachsen musste – wogegen die Eroberungssucht gerade der größten deutschen Dynastien einen Verständigungsfrieden unmöglich machte, weil die Konservativen mit der Obersten Heeresleitung die von der Krone und der Regierung in Preußen aufs Feierlichste zugesagte Abschaffung des Dreiklassenwahlrechts schimpflich zu vereiteln wussten, und weil zum Schluss die Oberste Heeresleitung durch ihr überstürztes, der Reichsleitung abgerungenes Ersuchen um Waffenstillstand und Frieden vor Freund und Feind das unwiderrufliche Geständnis ablegte, dass wir militärisch mit unseren Kräften am Ende waren.

Zit. nach: Michaelis/Schraepler (Hrsg.): Ursachen und Folgen. Vom deutschen Zusammenbruch 1918 und 1945 bis zur staatlichen Neuordnung Deutschlands in der Gegenwart. Bd. IV. Berlin. o. J., S. 12 f.

8 Reichskanzler Dr. Wirth am 24. Juli 1922 über den Rapallo-Vertrag

Meine Politik wird meist missverstanden; ich sehe die einzige Möglichkeit für uns, wieder zum Aufstieg zu kommen, darin, dass das deutsche und russische Volk gesunden und als Nachbarn wieder freundschaftlich und vertrauensvoll zusammenarbeiten [...] aus diesem Grunde habe ich auch den Rapallovertrag abgeschlossen. Der Vertrag ist, wie Sie wissen, in Deutschland auf scharfen Widerstand gestoßen, und zwar, ich verhehle es Ihnen nicht, besonders bei den sozialistischen Parteien und in erster Linie bei dem Herrn Reichspräsidenten. Aber was wollen Sie mit Parteien, die sich zu dem Wahlspruch „Nie wieder Krieg" bekennen? Diesen Standpunkt kann ich nicht teilen, und eines erkläre ich Ihnen unumwunden: Polen muss erledigt werden. Auf dieses Ziel ist meine Politik eingestellt [...] Ich schließe keine Verträge, durch die Polen gestärkt werden könnte, es ist vielmehr mit meinem Einverständnis manches auch bezüglich der Ostgrenze geschehen, was nur wenige außer mir wissen. In diesem Punkt bin ich ganz einig mit den Militärs, besonders mit dem General v. Seeckt.

(Nach den Aufzeichnungen des Grafen Brockdorff-Rantzau über seine Unterredung mit Reichskanzler Dr. Wirth am 24. Juli 1922.)

Zit. nach: Michaelis/Schraepler (Hrsg.): Ursachen und Folgen. Vom deutschen Zusammenbruch 1918 und 1945 bis zur staatlichen Neuordnung Deutschlands in der Gegenwart. Bd. VI. Berlin. o. J., S. 598.

9 General von Seeckt in einer Denkschrift vom 11. September 1922 über Deutschlands Stellung zum russischen Problem

Was ist also unser Ziel? Was wollen wir von, in und mit Russland? Worin besteht die gefürchtete Ostorientierung?

Wir wollen zweierlei: erstens eine Stärkung Russlands auf wirtschaftlichem und auf politischem, also militärischem Gebiet und damit indirekt die eigene Stärkung, indem wir einen zukünftigen möglichen Bundesgenossen stärken; wir wollen ferner, zunächst vorsichtig und versuchend, die unmittelbare eigene Stärkung, indem wir eine uns im Bedarfsfall dienstbare Rüstungsindustrie in Russland heranbilden helfen.

Dem ersten Zweck dient diese Rüstungsindustrie naturgemäß unmittelbar. Ihr Aufbau erfolgt durch private deutsche Firmen, die unserer Weisung folgen. Der Umfang dieses Aufbaus hängt von der Entwicklung der Lage in Russland und von der Bereitwilligkeit und Leistungsfähigkeit der deutschen Privatindustrie ab. Russischen Wünschen nach weiterer Unterstützung auf militärtechnischem Gebiet kann, soweit es angängig und vorteilhaft erscheint, materiell und personell entsprochen werden. [...] Das Ziel unmittelbarer Rüstungsvorbereitung wird auf dem gleichen privaten Industrieweg angestrebt.

Bei allen diesen, zum großen Teil erst in der Einleitung begriffenen Maßnahmen bleibt die Teilnahme und sogar die offizielle Kenntnis der deutschen Regierung ganz ausgeschaltet. Die Einzelheiten der Verhandlungen sind nur durch militärische Stellen geleitet möglich. [...] Wer noch auf dem Boden der Versailler Tage steht und daran festhält, dass Deutschland aller „imperialistischen und

militärischen Bestrebungen", d. h. also, von der demagogischen Phrase entkleidet, jeder aktiven Politik dauernd entsagt hat, der taugt nicht zur Vertretung deutscher Interessen in Russland. Vielleicht nirgends.
Es seien noch einige Einwendungen gegen die geforderte deutsche Politik gegenüber Russland gestreift. Gewiss ist Deutschland heute nicht in der Lage, Frankreich Widerstand zu leisten. Unsere Politik soll die künftige Möglichkeit dazu vorbereiten. [...] Kommt es zu kriegerischen Verwicklungen – und sie erscheinen heute schon greifbar nah –, dann wird es nicht die Aufgabe der leitenden Staatsmänner bei uns sein, Deutschland aus dem Konflikt herauszuhalten – das wird vergeblich oder Selbstmord sein – sondern so stark wie möglich auf die richtige Seite zu treten.

Zit. nach: Michaelis/Schraepler (Hrsg.): Ursachen und Folgen. Vom deutschen Zusammenbruch 1918 und 1945 bis zur staatlichen Neuordnung Deutschlands in der Gegenwart. Bd. VI. Berlin. o. J., S. 610 f.

10 Deutsche Außenpolitik nach dem Versailler Vertrag

Stresemann über die Ziele deutscher Außenpolitik an Kronprinz Wilhelm, 7. September 1925:

Die deutsche Außenpolitik hat nach meiner Auffassung für die nächste absehbare Zeit drei große Aufgaben: Einmal die Lösung der Reparationsfrage in einem für Deutschland erträglichen Sinne und die Sicherung des Friedens, die die Voraussetzung für eine Wiedererstarkung Deutschlands ist.
Zweitens rechne ich dazu den Schutz der Auslandsdeutschen, jener 10 bis 12 Millionen Stammesgenossen, die jetzt unter fremdem Joch in fremden Ländern leben.
Die dritte große Aufgabe ist die Korrektur der Ostgrenzen: die Wiedergewinnung von Danzig, vom polnischen Korridor und eine Korrektur der Grenze in Oberschlesien.
Im Hintergrunde steht der Anschluss von Deutsch-Österreich, obwohl ich mir sehr klar darüber bin, dass dieser Anschluss nicht nur Vorteile für Deutschland bringt, sondern das Problem des Deutschen Reichs sehr kompliziert (Verstärkung des katholischen Einflusses, Bayern plus Österreich gegen Preußen, Vorherrschen der klerikalen und sozialistischen Parteien in Deutsch-Österreich).
Wollen wir diese Ziele erreichen, so müssen wir uns aber auch auf diese Aufgaben konzentrieren. Daher der Sicherheitspakt, der uns einmal den Frieden garantieren und England sowie, wenn Mussolini mitmacht, Italien als Garanten der deutschen Westgrenze festlegen soll. Der Sicherheitspakt birgt andererseits in sich den Verzicht auf eine kriegerische Auseinandersetzung mit Frankreich wegen der Rückgewinnung Elsass-Lothringens, ein deutscher Verzicht, der aber insoweit nur theoretischen Charakter hat, als keine Möglichkeit eines Krieges gegen Frankreich besteht. [...]
Dass wir im Übrigen durchaus bereit sind, mit dem russischen Staat, an dessen evolutionäre Entwicklung ich glaube, uns auf anderer Basis zu verständigen und uns durch unseren Eintritt in den Völkerbund durchaus nicht nach dem Westen verkaufen, ist eine Tatsache, über die ich E. K. H. [Eure Königliche Hoheit] gern gelegentlich mündlich Näheres sagen würde. [...]
Das Wichtigste ist für die unter 1) berührte Frage der deutschen Politik das Freiwerden deutschen Landes von fremder Besatzung. Wir müssen den Würger erst vom Halse haben. Deshalb wird die deutsche Politik, wie Metternich von Österreich wohl nach 1809 sagte, in dieser Beziehung zunächst darin bestehen müssen, zu finassieren und den großen Entscheidungen auszuweichen. [...]

Zit. nach: W. Michalka/G. Niedhart (Hrsg.): Die ungeliebte Republik. München 1980, S. 162 ff.

Arbeitsvorschläge

a) Zeigen Sie anhand der Karte (M1), welche Konsequenzen der Versailler Vertrag für Deutschland hatte. Bestimmen Sie dann den politischen Standort des Kartenautors.
b) Vergleichen Sie M2 – M5 im Hinblick darauf, wie der Zustand Deutschlands nach 1918 bewertet und wem die Schuld daran zugeschrieben wird.
c) Erarbeiten Sie die Gemeinsamkeiten und Unterschiede in der deutschen Außenpolitik von 1922 und der Ära Stresemann (M 8 – M 10). Charakterisieren Sie die Position, die Stresemann gegenüber den bis 1925 erreichten außenpolitischen Erfolgen einnahm.
d) War der Versailler Vertrag als Friedensvertrag zu hart, wie es viele Deutsche empfanden, oder als Diktatfrieden gar zu „weich", wie es der kommunistische Schriftsteller Wieland Herzfelde schrieb? Nehmen Sie Stellung.

7.3 Verfassung und Verfassungswirklichkeit

Auf dem Weg zur verfassunggebenden Nationalversammlung

Schon am 15. November 1918 wurde der linksliberale Jurist Hugo Preuß vom Rat der Volksbeauftragten zum Staatssekretär im Reichsamt des Innern berufen, um einen Verfassungsentwurf ausarbeiten Am 29. November 1918 verabschiedete der Rat der Volksbeauftragten ein Gesetz über die Wahlen zur verfassunggebenden Nationalversammlung. Es sah ein reines Verhältniswahlrecht vor. Außerdem erhielten Frauen erstmals in Deutschland das aktive und passive Wahlrecht. Die Folge war, dass 41 Frauen der Nationalversammlung angehörten; davon waren etwa die Hälfte SPD-Mitglieder. Dieser Frauenanteil von 9,6 Prozent wurde im Deutschen Bundestag erst wieder 1983 erreicht. Die Parlamentarierinnen besetzten die „weiblichen" Themen Familie oder Bildung, in zentralen Bereichen wie der Außen- oder Wirtschaftspolitik blieben die Männer weiter unter sich.
Der vom 16. bis 20. Dezember 1918 tagende Erste Rätekongress legte die Wahlen zur Nationalversammlung auf den 19. Januar 1919. Wegen des Januaraufstandes in Berlin wurde die Nationalversammlung am 6. Februar 1919 in Weimar eröffnet. Dort hatten die Parteien die Mehrheit, die schon im Oktober 1918 die erste parlamentarische Regierung Deutschlands stützten: SPD, linksliberale DDP und Zentrum. Sie verabschiedeten am 10. Februar 1919 das „Gesetz über die vorläufige Reichsgewalt". Darin waren alle späteren Verfassungsorgane enthalten: Die Nationalversammlung bildete zusammen mit dem Staatenausschuss als Vertretung der Länder die Legislative. Oberstes Exekutivorgan war der von der Nationalversammlung zu wählende Reichspräsident. Er ernannte ein Reichsministerium, das vom Vertrauen der Nationalversammlung abhängig war.

Repräsentative Demokratie, allgemeines Wahlrecht und plebiszitäre Elemente

Damit war schon vor den eigentlichen Verfassungsberatungen die Grundstruktur des neuen Staates deutlich geworden. Tatsächlich verliefen die Verfassungsberatungen auch recht unspektakulär. Am 11. August 1919 unterzeichnete Reichspräsident Ebert eine Verfassung, die als die demokratischste ihrer Zeit galt. Sie bestand aus zwei Hauptteilen: Im ersten Hauptteil wurden der „Aufbau und die Aufgaben des Reichs" geregelt. Der zweite Hauptteil enthielt die „Grundrechte und Grundpflichten der Deutschen". Oberster Grundsatz der Verfassung war die Volkssouveränität. Sie fand ihren Ausdruck in der Wahl der Reichstagsabgeordneten, in der direkten Wahl des Reichspräsidenten und im Volksentscheid. Der Volksentscheid stand über den Beschlüssen des Reichstags. Während der Reichstag

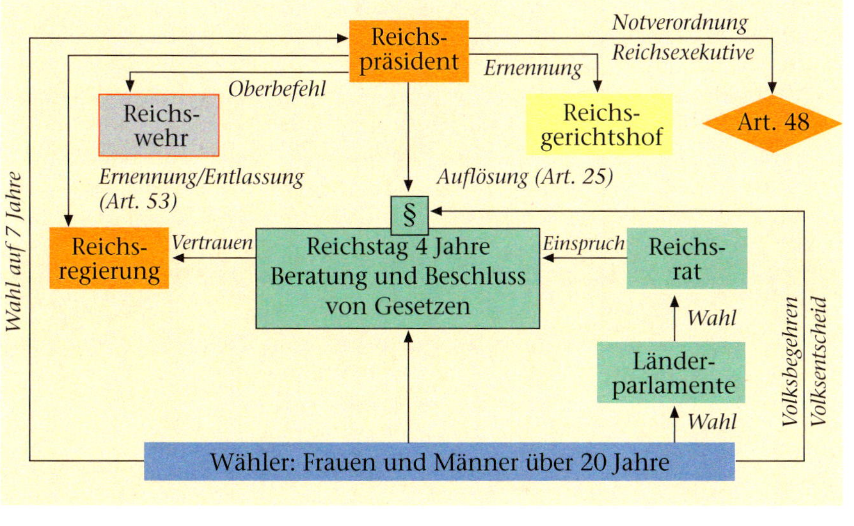

1 Die Verfassung der Weimarer Republik

Hugo Preuß (1860–1925), Jurist jüdischer Herkunft; einer der Väter der Weimarer Reichsverfassung

nach dem Verhältniswahlrecht – auf 60.000 Stimmen kam ein Abgeordneter – für 4 Jahre gewählt wurde, dauerte die Amtszeit des Präsidenten 7 Jahre.
Die beiden stärksten Verfassungsorgane waren der Reichspräsident und der Reichstag. Sie sollten sich gegenseitig kontrollieren. Der Reichsrat als Vertretung der Länder hatte im Gesetzgebungsverfahren lediglich das Recht zu einem Einspruch, der vom Reichstag zurückgewiesen werden konnte. Die Reichsregierung war außerdem vom Vertrauen des Reichstages abhängig.
Der Reichspräsident besaß nicht nur den Oberbefehl über die Reichswehr; er konnte auch Gesetze des Reichstages zum Volksentscheid bringen. Der Artikel 25 ermöglichte die Auflösung des Reichstags, allerdings nur einmal aus dem gleichen Grund. Innerhalb von 60 Tagen musste es zu Neuwahlen kommen. Darüber hinaus besaß der Reichspräsident mit dem Artikel 48 das Notstandsrecht. Unter der Voraussetzung, dass die öffentliche Sicherheit und Ordnung wiederherzustellen waren, konnte er bestimmte Freiheitsrechte des Bürgers aufheben, die „bewaffnete Macht" einsetzen und Notverordnungen mit Gesetzeskraft erlassen. Allerdings waren all diese Maßnahmen unverzüglich dem Reichstag mitzuteilen und auf dessen mehrheitliches Verlangen außer Kraft zu setzen.
Vor allem in der Möglichkeit des Reichspräsidenten, die Artikel 25 und 48 zu kombinieren, wird die Schwäche der Weimarer Reichsverfassung gesehen. Ein republikfeindlicher Präsident wie Hindenburg habe damit die Republik in den Untergang führen können. Allerdings hätte die Republik ohne den Artikel 48 die turbulenten Jahre bis 1923 nicht überstanden.

Die Grundrechte

Der „Zweite Hauptteil" der Verfassung enthielt einerseits die klassischen individuellen Grundrechte – Freizügigkeit, Freiheit der Person, Unverletzlichkeit der Wohnung, Briefgeheimnis, Meinungs- und Pressefreiheit –, andererseits aber auch Grundrechte, die das Gemeinschaftsleben, die Religion, die Schule und das Wirtschaftsleben betrafen. Der erste Artikel der Grundrechte, Artikel 109, stellte die Gleichheit aller Deutschen vor dem Gesetz und die Gleichberechtigung von Mann und Frau fest. Mit dem Frauenwahlrecht und der grundsätzlichen Gleichberechtigung von Mann und Frau hat die Weimarer Verfassung die Stellung der Frau in Staat und Gesellschaft deutlich verbessert. Dies wirkte sich auch auf die soziale Stellung der Frauen aus. Vor dem Hintergrund der Verfassungsgrundsätze führte das Heimarbeitergesetz 1924 Mindestlöhne und eine Sozialversicherung für Heimarbeiterinnen ein, 1927 trat das „Gesetz zum Schutz der Frau vor und nach der Niederkunft" in Kraft. Viele Frauen nahmen allerdings den Mutterschutz nicht in Anspruch, weil sie sich den Verdienstausfall nicht leisten konnten. Auch wurde die Gleichstellung nicht überall erreicht. Frauen erhielten nicht den gleichen Lohn wie ihre männlichen Kollegen, dasselbe galt für die Arbeitslosenunterstützung. In den Fabriken galten Frauen aus der Sicht der Männer als „Lohndrückerinnen". Fast überall versuchte man verheiratete Frauen als „Doppelverdienerinnen" wieder aus dem Arbeitsleben zu verdrängen. Nicht mehr wegzudenken hingegen war die Arbeit von Frauen in den Telefonvermittlungen, Büros und Warenhäusern der Städte. Allerdings bildeten die berufstätigen Frauen eine deutliche Minderheit.
Die Grundrechte der Verfassung enthielten weiterhin den Schutz der Ehe und Familie, aber auch die Gleichberechtigung unehelicher Kinder; den Schutz der Mutter und der Jugend; das Koalitions- und Versammlungsrecht. Die Artikel über Religion und Religionsgesellschaften sind sogar ins Grundgesetz der Bundesrepublik übernommen worden. Staat und Kirche wurden getrennt.
Mit den Artikeln über das Schulwesen griff der Weimarer Staat in bis dahin – und auch heute wieder – klassische Länderrechte ein. Die Volksschule als Bekenntnisschule blieb genauso erhalten wie Religion als ordentliches Unterrichtsfach.

Auch auf das Bildungswesen wirkte sich die grundsätzliche Gleichberechtigung von Mann und Frau aus. Frauen waren nun zum Universitätsstudium zugelassen. 1931 war ein Viertel der Abiturienten Frauen und im Wintersemester 1932/33 waren ca. 18 % der an den deutschen Universitäten eingeschriebenen Studierenden weiblich. Doch die Studentinnen waren angesichts des Überangebots an Akademikern äußerst ungern gesehen und wurden als Konkurrentinnen betrachtet.
Der Abschnitt über das Wirtschaftsleben sicherte einerseits klassische liberale Vorstellungen wie Vertragsfreiheit und Recht auf Eigentum; andererseits ermöglichte Artikel 165 die Bildung von Arbeiterräten und einen Reichswirtschaftsrat, dem die sozialpolitischen und wirtschaftspolitischen Gesetzesentwürfe der Regierung vor der Einbringung in den Reichstag zur Beratung vorgelegt werden sollten. Auf diese Weise sollte der Rätegedanke in der Verfassung gerettet werden. Tatsächlich kam es nur zur Einrichtung von Betriebsräten. Als Ziel war weiterhin vorgesehen, ein einheitliches Arbeitsrecht zu schaffen.
Die Weimarer Republik verstand sich als Sozialstaat. Schon vor der Einführung der Arbeitslosenversicherung 1927 stand Arbeitslosen nach Artikel 163 staatliche Unterstützung zu. Artikel 161 legt fest, dass „zur Vorsorge gegen die wirtschaftlichen Folgen von Alter, Schwäche und Wechselfällen des Lebens" Versicherungen geschaffen werden müssen.

Die Parteien in der Weimarer Republik

Während es in der Weimarer Reichsverfassung keinerlei Aussagen über Parteien gibt und damit auch Parteien ohne demokratische Struktur möglich waren, wurde das Verhältniswahlrecht in der Verfassung festgeschrieben. Es war 1918/19 unter den parlamentarischen Parteien unumstritten. Weder SPD noch Zentrum oder DDP wollten nach den Erfahrungen im Kaiserreich am Mehrheitswahlrecht festhalten. Das Verhältniswahlrecht wurde ohne große Debatte von allen in der

2 **Ergebnisse der Wahlen zur Nationalversammlung und zum Reichstag 1919–1933** (Stimmanteile unter 3 % sind nicht dargestellt.)

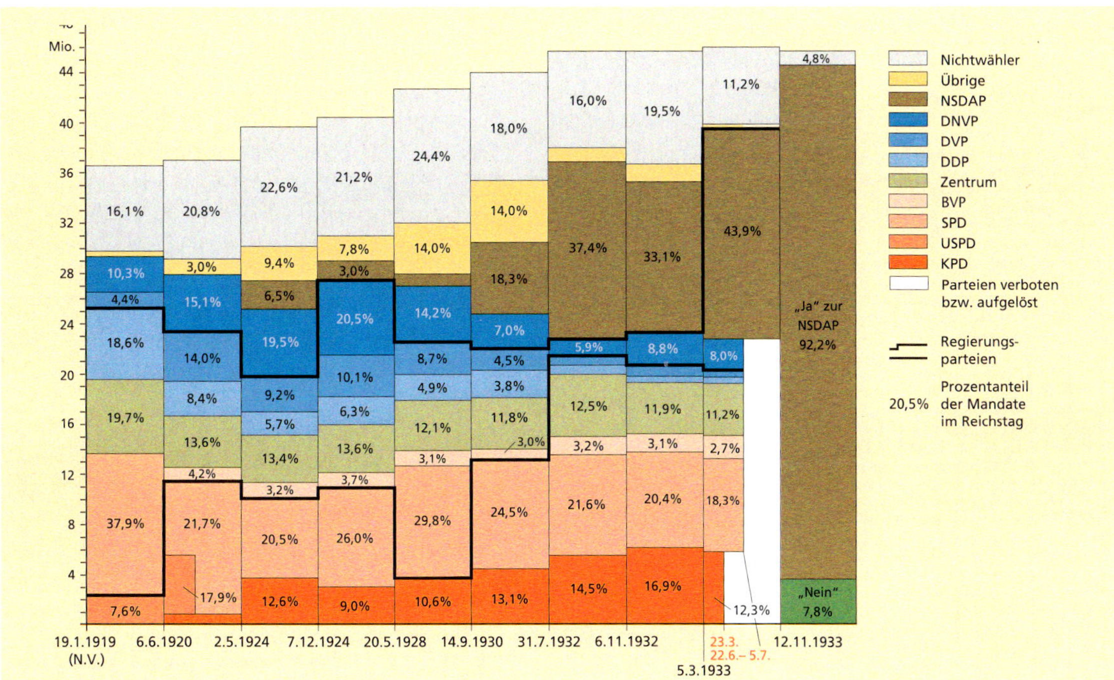

3 **Bis in die dritte Generation müßt ihr fronen!**
Plakat zum Volksbegehren gegen den Young-Plan.

Nationalversammlung vertretenen Parteien akzeptiert. Lediglich die extreme Linke lehnte das Repräsentativsystem grundsätzlich ab und plädierte für ein Rätesystem nach russischem Vorbild. Dies war aber, wie die Ereignisse gezeigt haben, eine Minderheitenmeinung.
Das Verhältniswahlrecht hat es einerseits ermöglicht, dass fast keine Stimme verloren ging und auch kleine Parteien im Reichstag vertreten waren. Andererseits erschwerten weniger die kleinen Parteien die Regierungsbildung, sondern die Kompromissunfähigkeit der großen Parteien, die entweder schon im Kaiserreich existierten oder aus Parteien dieser Zeit hervorgegangen waren. Bis 1928 dominierten die an feste soziale Milieus gebundenen Weltanschauungsparteien: Sozialdemokraten, Zentrum, Liberale (DDP, DVP), Konservative (DNVP). SPD, Zentrum und die aus der Fortschrittspartei hervorgegangene DDP bildeten 1919 die erste Koalitionsregierung, die so genannte Weimarer Koalition. Aber schon bei den ersten Reichstagswahlen im Juni 1920 verloren sie diese Mehrheit wieder und konnten sie auch nicht mehr erreichen. Nur noch einmal, 1928 bis 1930, stellte die SPD mit Hermann Müller einen Kanzler – an der Spitze einer Großen Koalition.
An der Regierungsbildung beteiligt waren nach 1920 die DVP (Deutsche Volkspartei) unter dem Vorsitz von Stresemann, die DDP (Deutsche Demokratische Partei) und auch die DNVP (Deutschnationale Volkspartei). Seit der Inflation 1923 verloren die Mittelparteien an Integrationskraft. Vor allem der DDP gelang es nicht, die „neue Mittelschicht" aus Angestellten und Beamten als Wählerschaft zu halten, waren doch gerade diese Gruppen häufig von der Geldentwertung betroffen. Auch die DVP scheiterte damit, liberales Denken und eine an großindustriellen Interessen orientierte Politik zu verbinden. Einen wichtigen Erfolg konnten die Rechtskonservativen 1925 bei der Wahl des Reichspräsidenten verbuchen: Nachfolger des verstorbenen Ebert im Amt des Reichspräsidenten wurde mit dem schon 78-jährigen Hindenburg ein Verfechter der Dolchstoßlegende.
Innerhalb des bürgerlichen Lagers erfolgte Ende der 1920er-Jahre ein Rechtsruck. Die liberalen Parteien bluteten aus und spielten ab 1932 keine Rolle mehr. Seit 1928 wurde die DNVP von Alfred Hugenberg geführt, der nach dem Ersten Weltkrieg einen eigenen Pressekonzern aufgebaut hatte. Unter seiner Führung arbeitete die DNVP schon 1929 beim Volksbegehren gegen den Young-Plan mit der NSDAP zusammen; 1931 bildeten sie zusammen mit dem „Stahlhelm", einer Organisation ehemaliger Frontkämpfer, die „Harzburger Front", ein Bündnis rechter antiparlamentarischer Kräfte.

KPD und NSDAP

Zwei Parteien mit völlig gegensätzlicher Weltanschauung, KPD und NSDAP, hatten der Republik und ihrer Verfassung vom ersten Tag an den Kampf angesagt. Die KPD entwickelte sich nach der Vereinigung mit dem linken Mehrheitsflügel der USPD Ende 1920 zu einer Massenpartei und verzeichnete ab 1929 ebenfalls Stimmengewinne. Eine Zusammenarbeit mit der SPD gegen die aufsteigende NSDAP verhinderte die ideologische Abstempelung der Sozialdemokraten als „Sozialfaschisten“: Der Kampf gegen den Faschismus war für die Kommunisten auch ein Kampf gegen die SPD. Denn die habe 1918 mit den obrigkeitsstaatlichen Eliten aus Wirtschaft und Militär gemeinsame Sache gemacht und die Revolution erstickt. KPD und NSDAP zeichnete außerdem aus, dass sie keine demokratischen Strukturen besaßen. Die Parteimitglieder wurden von der Parteiführung nach Gutdünken eingesetzt.

Die Rolle der Reichswehr

Hans von Seeckt (1866–1936), 1919 bis 1926 Chef des neu errichteten „Truppenamts im Reichswehrministerium“.

Nach dem Waffenstillstand vom 11. November 1918 mussten innerhalb kürzester Zeit Hunderttausende von Soldaten demobilisiert werden. Einige Einheiten blieben nach ihrer Entlassung aus der Reichswehr zusammen und bildeten Freikorps. Sie wurden von der Regierung zeitweise geduldet und sogar innenpolitisch eingesetzt, z. B. 1919 im Kampf gegen den Januaraufstand der Spartakisten bzw. der KPD. Auch war sich die deutsche Regierung im Frühjahr bzw. Sommer 1919 nicht sicher, ob es nicht wegen einer möglichen Ablehnung des Versailler Vertrages zu erneuten kriegerischen Auseinandersetzungen mit Frankreich kommen würde. Hier hätte man die Freikorps gebraucht. Auf diese Weise wurden radikale und bewaffnete Republikgegner am Leben gehalten.
Wie problematisch das war, wurde 1920 deutlich, als die Marinebrigade Ehrhardt, ein noch bestehendes Freikorps, das Berliner Regierungsviertel besetzte. Wolfgang Kapp, der Gründer der Vaterlandspartei, wurde zum neuen Reichskanzler erklärt. Der folgende Generalstreik zwang die Putschisten zum Rückzug. Der Chef des Truppenamtes hingegen, General Hans von Seeckt, hatte sich geweigert, mit Einheiten der Reichswehr bewaffneten Widerstand zu leisten, wozu er laut Verfassung verpflichtet gewesen wäre.
Nach Artikel 48 nämlich hatte der Reichspräsident das Recht, die Reichswehr zur Wiederherstellung von Ruhe und Ordnung innenpolitisch einzusetzen. Seeckt vertrat aber den Standpunkt, die Reichswehr sei eine „neutrale“ Organisation und habe mit Fragen der Politik nichts zu tun. Denn den Soldaten war per Gesetz parteipolitische Betätigung und die Teilnahme an Wahlen untersagt. Als von Seeckt 1920 die Heeresleitung übernahm, entwickelte sich das Militär zunehmend zu einem eigenständigen Machtfaktor, zu einem „Staat im Staate“. Viele der monarchisch gesinnten Soldaten und Offiziere fühlten sich ohnehin der Republik und ihrer Verfassung nicht verbunden. Eine innere Demokratisierung der Armee blieb aus.
Nach Seeckts Ausscheiden aus der Reichswehrführung im Oktober 1926 erlebte die Reichswehr eine deutliche Veränderung. Eine Gruppe jüngerer Offiziere um Kurt von Schleicher, den späteren Reichskanzler, arbeitete nun zielstrebig darauf hin, die Fesseln von Versailles abzulegen und die Reichswehr zu einer modernen, schlagfähigen Armee zu machen. Dazu nutzte Schleicher Ende der 1920er-Jahre seine Position als Chef des Ministeramtes im Reichswehrministerium und seine Verbindungen zu Hindenburg. Schleicher war maßgeblich an der Errichtung der Brüning'schen Präsidialkabinette und damit am Untergang der Republik beteiligt.

Politische Morde von rechts

Nicht nur viele Parteien hatten ein gespanntes Verhältnis zur politischen Ordnung. Vor allem rechte Kräfte versuchten in den Anfangsjahren der Republik, den jungen Staat wieder zu Fall zu bringen. Aus den inzwischen offiziell aufgelösten Freikorps gingen eine Reihe von Geheimbünden hervor; so aus der

5 Reichspräsident und Reichstag

Ausgewählte Artikel der Weimarer Verfassung:

Artikel 25. Der Reichspräsident kann den Reichstag auflösen, jedoch nur einmal aus dem gleichen Anlass. Die Neuwahl findet spätestens am sechzigsten Tag nach der Auflösung statt.

Artikel 48. Wenn ein Land die ihm nach der Reichsverfassung obliegenden Pflichten nicht erfüllt, kann der Reichspräsident es dazu mit Hilfe der bewaffneten Gewalt anhalten. Der Reichspräsident kann, wenn im Deutschen Reiche die öffentliche Sicherheit und Ordnung erheblich gestört oder gefährdet wird, die zur Wiederherstellung der öffentlichen Sicherheit und Ordnung nötigen Maßnahmen treffen, erforderlichenfalls mit Hilfe der bewaffneten Gewalt einschreiten. Zu diesem Zwecke darf er vorübergehend die in den Artikeln 114, 115, 117, 118, 123, 124 und 153 festgesetzten Grundrechte ganz oder zum teil außer Kraft setzen. Von allen gemäß Absatz 1 oder Absatz 2 dieses Artikels getroffenen Maßnahmen hat der Reichspräsident unverzüglich dem Reichstag Kenntnis zu geben. Die Maßnahmen sind auf Verlangen des Reichstags außer Kraft zu setzen.

Artikel 53. Der Reichskanzler und auf seinen Vorschlag die Reichsminister werden vom Reichspräsidenten ernannt und entlassen.

Artikel 54. Der Reichskanzler und der Reichsminister bedürfen zu ihrer Amtsführung des Vertrauens des Reichstags. Jeder von ihnen muss zurücktreten, wenn ihm der Reichstag durch ausdrücklichen Beschluss sein Vertrauen entzieht.

Artikel 59. Der Reichstag ist berechtigt, den Reichspräsidenten, den Reichskanzler und die Reichsminister vor dem Staatsgerichtshof anzuklagen, dass sie schuldhafterweise die Reichsverfassung oder ein Reichsgesetz verletzt haben. [Der Antrag auf Anklageerhebung muss von einhundert Reichtstagsmitgliedern unterschrieben sein und ist mit einer Zwei-Drittel-Mehrheit zu beschließen.]

Die Weimarer Verfassung des Deutschen Reiches. Vom 11. August 1919. Den Schülerinnen und Schülern zur Schulentlassung. Berlin o. J., S. 12 ff.

6 Aus einer Rede des SPD-Abgeordneten und Reichsinnenministers Dr. Köster (5. Juli 1922) zum "Gesetz zum Schutz der Republik"

Die Reichsregierung ist der Meinung, dass mit dem Artikel 48 der Reichsverfassung so selten wie möglich und so kurz wie möglich regiert werden soll. Die Verordnungen und dieser Gesetzentwurf sind zwar aus einem augenblicklichen Notstand herausgewachsen. Wir sind aber der Meinung, dass dieser Notstand in langen Monaten wissentlich und fahrlässig vorbereitet worden ist. Wir können uns deshalb nicht mit einem Instrument begnügen, durch das wir lediglich eine augenblickliche erregte politische Situation meistern können, die sich in einigen Wochen wieder vollkommen geändert haben kann. Die Erfahrungen, die wir mit der Verordnung des Herrn Reichspräsidenten nach dem Morde Erzbergers gemacht haben, verbieten uns das. Wir brauchen vielmehr dauernde Maßnahmen, durch die wir jenen Sumpfboden trocken legen, entwässern, sanieren können, aus dem der Mord Dr. Rathenaus hervorgewachsen ist, jenen Sumpfboden, aus dem nach dem Willen einer kleinen feigen Mörderbande neue Mordtaten, neue Erschütterungen hervorbrechen sollen, wenn wir nicht endlich den Mut und die Verantwortung finden, das zu tun, was die Situation erfordert und was das deutsche Volk vielleicht schon längst von seiner Regierung erwartet hat. Aus diesen Gründen auch finden Sie in dem Ihnen vorgelegten Gesetzentwurf Materien behandelt, die auf den ersten Blick vielleicht mit dem augenblicklichen Notstand nicht in direktem Zusammenhang stehen. Wir wollen nicht warten, bis man der Republik den Hals abschneidet [...]

Was das Reich regeln kann, wird die Reichsregierung regeln, schnell und noch in dieser Tagungsperiode. Ich mache aber schon hier darauf aufmerksam, wie begrenzt die Kompetenzen sind, die das Reich im Rahmen der Weimarer Verfassung hat. Das Reich hat keine Exekutive, keine Schulen, keine Universitäten, keine Gerichte. Dieses Gesetz bekommt lebendige Kraft erst durch die Kraft, die die Exekutive der einzelnen Länder ihm gibt. Die Sanierungsaktion – darüber sind wir uns klar – wird dauernd zum Beispiel nur gelingen, wenn die Schulen und Universitäten mehr als bisher Pflanzstätten verfassungsmäßiger, republikanischer Gesinnung werden. Riesengroß ist daher die Verantwortung, die die Länder tragen. Ich appelliere an dieser Stelle noch einmal an die Bevölkerungen der Länder, im Interesse der Einheit dieser ganzen Sanierungsaktion diese Verantwortung auch dann zu übernehmen, wenn sie etwa schwerer sein sollte als die unsrige.

[...] Ich will mich mit diesen allgemeinen Worten begnügen. Es ist gesagt worden, dieses Gesetz ist ein Sozialistengesetz in zweiter Auflage. Das ist falsch. Das Sozialistengesetz knebelte Gesinnungen, knebelte die Propaganda für Ideen, für ein Wirtschaftssystem, für eine Staatsform [...] Mit diesem Gesetz werden keine Gesinnungen geknebelt, mit diesem Gesetz wird die Pflege keiner Tradition verletzt, mit diesem Gesetz werden verboten und unter Strafe gesetzt Handlungen, Beschimpfungen, Verleumdungen, Gewalttaten.

Es ist gesagt worden, dieses Gesetz oder einzelne Partien entsprängen aus einem gewissen Rachegefühl [...] Indem wir dieses Gesetz Ihnen zugehen lassen, denken wir nicht an die Vergangenheit, sondern an die Zukunft, und nicht an ein paar gefährdete Personen, sondern nur an die Sache. Es ist nicht wichtig, dass der eine oder der andere Minister noch weiterlebt, aber es ist wichtig, dass das Land lebt. Dieses Land ist in Gefahr. Wir stehen in einem Kampfe. Die Regierung erwartet, dass jedermann seine Pflicht und Schuldigkeit tut.

Zit. nach: Michaelis/Schraepler: Ursachen und Folgen, Band IV. S. 222 f.

7 Gegen den augenblicklichen Staatsaufbau

„Hassbotschaft" des „Stahlhelm", 4. September 1928. Der Stahlhelm war 1918 als Vereinigung der ehemaligen Teilnehmer am Ersten Weltkrieg gegründet worden:

Wir hassen mit ganzer Seele den augenblicklichen Staatsaufbau, seine Form und seinen Inhalt, sein Werden und sein Wesen. Wir hassen diesen Staatsaufbau, weil in ihm nicht die besten Deutschen führen, sondern weil in ihm ein Parlamentarismus herrscht, dessen System jede verantwortungsvolle Führung unmöglich macht. Wir hassen diesen Staatsaufbau, weil in ihm Klassenkampf und Parteienkampf Selbstzweck und Recht geworden sind. Wir hassen diesen Staatsaufbau, weil er die deutsche Arbeiterschaft in ihrem berechtigten Aufstiegswillen behindert, trotz aller hochtönenden Versprechungen. Wir hassen diesen Staatsaufbau, weil er uns die Aussicht versperrt, unser geknechtetes Vaterland zu befreien und das deutsche Volk von der erlogenen Kriegsschuld zu reinigen, den notwendigen deutschen Lebensraum im Osten zu gewinnen, das deutsche Volk wieder frei zu machen, Landwirtschaft, Industrie, Gewerbe und Handwerk gegen den feindlichen Wirtschaftskrieg zu schützen und wieder lebensfähig zu gestalten. Wir wollen einen starken Staat, in dem die verantwortungsvolle Führung der Beste hat und nicht verantwortungsloses Bonzen- und Maulheldentum führt. […]

Zit. nach: Ebenda, S. 423.

8 Die Reichswehr und Politik

Reichstagsrede des Abgeordneten Haas (DDP), 10. 11. 1926:

Das ist das eine: Wir haben, als die Reichswehr aufgebaut wurde, uns mit dem Reichswehrminister auf den Standpunkt gestellt, dass die Reichswehr nicht politisch sein dürfte; wir haben uns auf den Standpunkt gestellt, dass die Truppe entpolitisiert werden muss. Und was haben wir in der Praxis erlebt? […] Die Reichswehr wurde nicht entpolitisiert, sondern sie wurde politisiert. Man hat sie bewusst und absichtlich mit monarchischem Geist erfüllt. Gegen eine solche Art der Politisierung wehren wir uns. Zum zweiten sagen wir: Wenn man die Reichswehr auf den Boden der Republik führt, dann ist das keine Politisierung der Reichswehr. Es scheint mir ganz selbstverständlich zu sein, dass in jedem Staate die Armee auf dem Boden der verfassungsmäßigen Staatsform zu stehen hat. Man kann in einer starken Monarchie keine republikanische Armee ertragen, und man kann in einer Republik, wenn sie stark sein will, keine monarchische Armee ertragen. […]

Eine Armee, wenn sie einmal gebraucht werden sollte, kann nur stark sein, wenn das ganze Volk hinter ihr steht. Aber manches, was in den letzten Jahren in der Reichswehr in Erscheinung trat, musste das Misstrauen weitester Kreise des deutschen Volkes erregen. Gewisse enge Verbindungen zu hochverräterischen rechtsradikalen Organisationen mussten dazu führen, dass erhebliche Teile der Arbeiterschaft sich von der Reichswehr abwandten. Das ganze deutsche Volk, auch die Arbeiterschaft muss hinter der Reichswehr stehen, und es ist eine hohe psychologische militärische Aufgabe der Leitung der Reichswehr, die Brücken zur Arbeiterschaft nicht zu zerstören, sondern neue Brücken zu bauen. […] Deswegen verlangen wir, auch rein militärisch gesprochen, dass man endlich damit den Anfang macht, die Reichswehr seelisch und innerlich auf die Republik einzustellen. […] Es wird mir zugerufen: Das wird nicht gelingen! Ich bin überzeugt, dass, wenn in der obersten Leitung der starke Wille vorhanden ist, es gelingen wird, und ich würde allerdings der Meinung sein, es wäre ein unerträglicher Zustand, wenn die deutsche Republik auf Jahrzehnte hinaus eine Reichswehr haben müsste, die nicht auf dem Boden der verfassungsmäßigen Staatsform steht.

Zit. nach: Ebenda, S. 479 f.

9 Sonnenfinsternis

Ölgemälde von 1926. Der Maler George Grosz (1893–1959) gehörte zu den bedeutendsten kritischen Künstlern der Weimarer Zeit. In seinen Werken verband er die neuen Stilelemente des Expressionismus, der Karikatur und der Montage. Schon in den 1920er-Jahren mehrfach gerichtlich verfolgt, musste er 1933 in die USA emigrieren. „Sonnenfinsternis" ist möglicherweise als mittlerer Teil eines Triptychons entworfen worden. Der rechte Flügel könnte das bekannte Bild „Stützen der Gesellschaft" gewesen sein. Der Esel auf dem Tisch soll das Volk darstellen.

7

10 Diskussion des Gemeinderats Schorndorf über die Einweihung des Hindenburgplatzes am 2.10.1928

Unveröffentlichte, nicht beurkundete Entwurfsfassung des Protokolls zur Geimeinderatssitzung vom 27.9.1928:

Der Vorsitzende [parteilos] trägt vor, dass er, nachdem der Hindenburgplatz nunmehr angelegt sei, beabsichtige, ihn anlässlich des 81. Geburtstags des Herrn Reichspräsidenten am 2. Oktober des Jahres einzuweihen und die Hindenburgeiche zu pflanzen. Die Schulen hätten ihre Mitwirkung zugesagt. Als Programm ist vorgesehen: Zug der Schüler vom Marktplatz durch die obere Hauptstraße und die Hindenburgstraße zum Hindenburgplatz, gemeinsamer Gesang der Schüler, Deklamationsvorträge von Schülern und Schülerinnen. Die Rede des Stadtvorstands und die Absendung eines Glückwunschtelegramms an den Herrn Reichspräsidenten. [...]

Gemeinderat Dapp [Bürgerliche Wahlvereinigung] gibt seiner Meinung dahin Ausdruck, dass er gar nichts machen würde; jedenfalls scheine ihm die Feier so, wie sie von Herrn Vorsitzenden geplant sei, zu groß aufgezogen. Nachdem aber die Vorbereitungen schon getroffen seien, wolle er nicht mehr dagegen einwenden.

Gemeinderat Talmon-Groß [SPD] teilt die Ansicht des Gemeinderat Dapp und wirft die Frage auf, ob, falls der Reichspräsident Ebert noch am Leben wäre, auch auf solche Art gefeiert werden würde. Er bezweifelt dies. Es genüge seiner Ansicht nach vollkommen, wenn die Eiche durch einen Stadttagelöhner gesetzt werde. Seither habe er vor Hindenburg Respekt gehabt, aber seitdem er wisse, dass er dem Stahlhelm, der die Ablehnung der Verfassung und die Abschaffung der Parlamente anstrebe, als Mitglied angehöre, habe er eine andere Meinung von ihm. Bei diesem Anlass spricht er auch sein Befremden darüber aus, dass noch im Rathaussaal das Bild Ludendorffs und Hindenburgs hänge. Er sprach sich weiter in dem Sinne aus, dass das Bild eine Verherrlichung des Krieges, der nichts anderes als ein Völkermord sei, darstelle. Das Urteil über Hindenburg als Heerführer sei selbst von verschiedenen Generälen [...] revidiert worden. Hindenburg sei gar nicht der Sieger von Tannenberg, das hätten andere gemacht.

Der Vorsitzende erklärt, dass er tief betrübt darüber sei, dass seine Absicht im Gemeinderat so wenig Anklang finde und die Aussprache solche Formen angenommen habe. Lediglich den Kindern eine Freude zu bereiten, habe er dem Gemeinderat einen solchen Vorschlag gemacht. [...]

Der Gemeinderat Veil [Bürgerliche Wahlvereinigung] bedauert diese Aussprache und bezeichnet es als eine Schande und des Gemeinderats unwürdig, dass wegen der Veranstaltung eine solche Polemik eingesetzt habe. [...]

Gemeinderat Talmon-Groß stellt den Antrag, von einer Einweihungsfeier des Hindenburgplatzes abzusehen.

Dieser Antrag wird gegen vier Stimmen abgelehnt.

Hierauf wird gegen vier Stimmen beschlossen: die Einweihung des Hindenburgplatzes und die Pflanzung einer Hindenburgeiche in der vom Vorsitzenden vorgeschlagenen Weise anzunehmen.

Stadtarchiv Schorndorf, Fl 1220/1a.

Arbeitsvorschläge

a) Beschreiben Sie, welche Institutionen der Weimarer Republik laut Verfassung im Notstandsfall zusammenwirken mussten (M 5; ▶ Online-Link).

b) Untersuchen Sie das Verhältnis der Parteien zum Staat von Weimar (M 4). Vergleichen Sie die inhaltlichen Zielsetzungen der Parteien miteinander und halten Sie auch Veränderungen und Kontinuitäten gegenüber der Kaiserzeit fest.

c) Recherchieren Sie Informationen zu den beiden Reichspräsidenten der Weimarer Republik Ebert und Hindenburg (Herkunft, Werdegang, politische Einstellung). Vergleichen Sie beide Biografien.

d) Skizzieren Sie am Beispiel von M 10 die unterschiedlichen Positionen in der Auseinandersetzung um die Würdigung des Reichspräsidenten Hindenburg. Zeigen Sie, welche Folgen sich daraus für den Staat von Weimar ergeben.

e) Grosz stand der KPD nahe. Interpretieren Sie vor diesem Hintergrund den politischen Gehalt des Gemäldes M 9. Ziehen Sie zum Vergleich auch das Gemälde „Stützen der Gesellschaft" heran.

f) Zeigen Sie anhand von M 5–M 9, warum und welche gesellschaftlichen Kräfte nicht bereit waren, die neue Ordnung mitzutragen. Erörtern Sie abschließend die Möglichkeiten einer demokratischen Gesellschaft, einen politischen Konsens herzustellen.

g) Informieren Sie sich über die Kunstrichtungen Expressionismus, Dadaismus und Neue Sachlichkeit und vergleichen Sie diese mit den zeitgleichen konservativen Strömungen in der Kunst unter dem Gesichtspunkt sozialer und politischer Spannungen.

7.4 Von der Inflation zur Weltwirtschaftskrise

Die Inflation

Eine inflationäre Entwicklung setzte in Deutschland schon während des Krieges ein. Die Lebenshaltungskosten lagen 1920 um das Achtfache über denen der Vorkriegszeit. Trotzdem ergriff man keine Maßnahmen, um die Inflation zu stoppen. Stattdessen wurden mit ihrer Hilfe die Folgekosten des Krieges – Demobilisierung, das Ende der Kriegswirtschaft, die Kriegsrenten – und sozialpolitische Errungenschaften wie der Achtstundentag beglichen. Auch wurden die Investitionen durch die Inflation gefördert, sodass Deutschland nicht in die internationale Rezession der Jahre 1921/22 hineingezogen wurde. Nicht zuletzt erleichterte das entwertete Geld die Erfüllung der ersten Reparationsforderungen. Der Wert einer Goldmark des Jahres 1914 entsprach Anfang 1922 noch 45,7 Mark, ein Jahr später, vor Beginn der Ruhrkrise, lag er bei 4279 Mark. Als dann während der Ruhrkrise auch noch der passive Widerstand mit der Notenpresse finanziert wurde, kam es zur Hyperinflation. Im November 1923 lag der Wert der Goldmark bei 1 Billion Mark.

Die Folgen der Inflation

Nutznießer der Inflation waren all jene, die Schulden hatten. Das galt auch für den Staat, der die Kriegskosten mit Anleihen finanziert hatte. Sie konnten mit dem entwerteten Geld leicht beglichen werden. Darüber hinaus profitierten von der Inflation alle Sachwertbesitzer. Zu dieser sehr ungleichen Gruppe zählten die kleinen Hausbesitzer genauso wie die Industriellen und Landwirte. Verlierer der Inflation waren die Sparer und Geldbesitzer. Während die Besitzer großer Vermögen ihre Verluste häufig über die Gewinne bei den Sachwerten ausgleichen konnten, waren vor allem diejenigen besonders betroffen, die nur über solche Ersparnisse verfügten. Zu ihnen gehörten besonders die Angehörigen des Klein- und Bildungsbürgertums. Verheerend waren die psychologischen Folgen der Inflation. Die Erinnerung an die Geldentwertung prägte sich in das Gedächtnis der Deutschen tief ein. Dass auf die Weltwirtschaftskrise nach 1929 nicht mit einer Verschuldung des Staates reagiert wurde, findet hier eine Erklärung.

7

Das Ende der Inflation und der Dawes-Plan

Von der Linken bekämpft – der Dawes-Plan

Im November 1923 konnte die Inflation durch die Einführung der Rentenmark beendet werden. Schon kurz vor der Währungsreform trat eine unabhängige Expertenkommission unter der Leitung des amerikanischen Bankiers Charles G. Dawes zusammen, um die Reparationsforderungen und die deutsche Zahlungsfähigkeit zu prüfen. Daraus entstand der Dawes-Plan, der zunächst eine Erholungspause für Deutschland vorsah, in der jährlich 1 – 1,75 Mrd. Mark zu zahlen waren; ab 1928 sollten dann jährlich 2,5 Mrd. Mark gezahlt werden. Die Dauer dieser Zahlungen wurde vorläufig nicht festgelegt. Eine wesentliche Folge dieser Regelung war, dass die USA der deutschen Wirtschaft insgesamt über 20 Mrd. RM an Krediten zur Verfügung stellten. Ein so genannter Reparationsagent, der US-Amerikaner Parker Gilbert, kontrollierte von Berlin aus die Reparationszahlungen und die deutsche Finanzpolitik. Die Reichsbank wurde zu einer von der Regierung unabhängigen Institution. Unter dem Druck von Landwirtschaft und Industrie stimmte im August 1924 auch die Hälfte der DNVP-Fraktion für den Dawes-Plan, sodass er eine Reichstagsmehrheit fand. Danach, am 30. August 1924, kehrte Deutschland zur goldgedeckten Reichsmark zurück.

Die „Goldenen Zwanziger Jahre"

Die Einführung der Rentenmark und die durch den Dawesplan ermöglichten Kredite leiteten einen Wirtschaftsboom ein, der von 1924 bis zum Herbst 1929 anhielt. Diese Jahre sind als die „goldenen Jahre" in Erinnerung geblieben.

Das Volkseinkommen stieg um jährlich 5,5 %. Vor allem die Reallöhne der Arbeiter konnten auf hohem Niveau gehalten werden. Die Industrieproduktion lag zwischen 1927 und 1929 erstmals wieder über dem Vorkriegsstand. Allerdings blieb die deutsche Industrieproduktion noch immer hinter der Englands und der USA zurück. Die deutsche Investitionsquote stieg auf jährlich 11%, blieb damit aber um etwa 4% hinter der Vorkriegsquote zurück. AB 1928 stagnierte das Volkseinkommen. Ausländische Beobachter warfen Deutschland damals vor, es habe über seine Verhältnisse gelebt.

Veränderungen in der Industrie – Automatisierung, Konzentration und Kartellierung

Mitte der 1920er-Jahre erreichte die Automatisierungs- und Rationalisierungswelle von den USA aus Deutschland. 1924 wurde der „Reichsausschuss für Arbeitszeitermittlung" (REFA) gegründet. Arbeitsprozesse wurden zunächst wissenschaftlich erfasst und anschließend rationalisiert. So führte die Firma Opel in Rüsselsheim 1924 die erste Großserienproduktion mit Fließbandtechnik ein. Im Ruhrbergbau wurde die Kohle bis 1913 fast vollständig mit der Hacke nach vorheriger Sprengung gefördert. 1929 erfolgte die Förderung zu fast 90% mit Hilfe von Abbauhämmern. Auf diese Weise wurde die Produktion um etwa 50% erhöht, die Zahl der beschäftigten Arbeiter aber sank auf 50% des Standes von 1913. Nicht zuletzt wegen der Rationalisierungen ist die Arbeitslosenquote auch in den „goldenen Zwanzigern" nie unter 7% gesunken.

Montage von Fahrrädern am Fließband bei Opel um 1928

Parallel zur Einführung von Rationalisierungsmaßnahmen kam es zu Firmenzusammenschlüssen. Am bekanntesten ist die Konzentration in der Chemieindustrie. Hier schlossen sich 1926 die sechs größten Firmen – u. a. Hoechst, Bayer, BASF – zur IG Farbenindustrie, dem nun zweitgrößten Chemiekonzern der Welt, zusammen. In der Stahlindustrie wurden aus zwölf Unternehmen die „Vereinigten Stahlwerke" gebildet.

Auch gab es eine Zunahme bei den Kartellen, die den Markt kontrollierten. Die Anzahl solcher informellen Zusammenschlüsse stieg von etwa 1.000 1920 auf etwa 3.000 1930. Rund 50% aller deutschen Produkte stammten 1930 aus Unternehmen, die einem Kartell angehörten.

Agrarkrise

Weil während des Weltkrieges die europäische Landwirtschaft zu einem großen Teil ausfiel, wurden in dieser Zeit die außereuropäischen Anbauflächen ausgebaut. Nach dem Krieg erholte sich die europäische Landwirtschaft, allerdings mit der Folge einer Überproduktion und fallender Preise vor allem für Getreide. Von dieser Agrarkrise war auch die deutsche Landwirtschaft betroffen, die deswegen mit Zöllen geschützt wurde. Das wiederum führte dazu, dass Umstrukturierungen und Marktanpassungen ausblieben. Es gab zu viele Kleinbetriebe unter 5 ha Anbaufläche. Sie machten 77% aller Betriebe aus, bewirtschafteten aber nur 17,6% der Anbaufläche. Die Großbetriebe, vor allem im Osten, stellten sich nicht, wie die Landwirtschaft in Holland, England, Dänemark oder der Schweiz, auf Marktbedürfnisse um. Lediglich den stadtnahen Mittelbetrieben, vor allem in Westfalen, gelang eine marktorientierte und ertragreiche Wirtschaftsweise. Obwohl die deutsche Landwirtschaft durch die Inflation nahezu schuldenfrei wurde, häufte sie bis 1928 wieder 6,8 Mrd. RM Schulden an.

Der Mittelstand – Handwerker, Kleinhändler, Angestellte

Der Krieg hatte das Handwerk stark mitgenommen, mussten doch über Jahre viele Betriebe geschlossen bleiben. Allerdings gehörten die Handwerker in ihrer Gesamtheit zu den Gewinnern der Inflation. Die Jahre zwischen Inflation und Wirtschaftskrise waren auch für das Handwerk eher „goldene Jahre". Allerdings wurde die Abhängigkeit des Handwerks von Handel und Industrie in den Jahren nach 1923 immer größer. Im Vergleich zu den Facharbeitern bezogen die Beschäftigten des Handwerks niedrige Löhne. Die Zahl der Kleinhändler hatte sich gegenüber dem Kaiserreich kaum verändert. Etwa eine Million Kleinhändler hatten lange Arbeitszeiten und mussten hinsichtlich des Einkommens gegen die Proletarisierung kämpfen. Die durchschnittliche Lebensdauer eines Einzelhan-

1 Arbeitslose vor dem Arbeitsamt Hannover, Frühjahr 1932

delgeschäftes betrug etwa 6 Jahre. Die Angestellten in Industrie, Handel und öffentlicher Verwaltung besaßen schon seit 1911 versicherungsrechtliche Privilegien. Im Unterschied zum Tages- oder Wochenlohn der Arbeiter erhielten sie ein Monatsgehalt und mussten keine Handarbeit leisten. Auch in ihrem Lebensstil grenzten sie sich deutlich von den Arbeitern ab. Besonders die Angestellten besuchten Kino und Varieté oder hörten Radio.

2 Reichsaußenminister Dr. Stresemann an Oberbürgermeister Dr. Jarres (Duisburg), 24. November 1927

Ich mache kein Hehl daraus, dass mir die Politik der Länder und Städte, und zwar dieser in erster Linie, große außenpolitische Sorgen veranlasst. In meinen Reden habe ich wiederholt erklärt, dass mehr zwischen dem Schein und dem Sein unterschieden werden müsse. Ich zweifle nicht daran, dass der Wille besteht, genau zu arbeiten. Aber gerade der Schein, der sich aus einzelnen Maßnahmen ergibt, schadet uns maßlos. Dass der preußische Staat für den Umbau des Berliner Opernhauses 14 Millionen Mark gegeben hat und vielleicht insgesamt über 20 Millionen Mark geben wird, bringt die ganze Welt zu der Auffassung, dass wir offenbar im Goldüberfluss leben. Kein Siegerstaat hat sich etwas Derartiges geleistet. Dass Herr Adenauer (Oberbürgermeister von Köln) ein wunderbares Messehaus baut und sich rühmt, die größte Orgel der Welt eingebaut zu haben, hat denselben Effekt. [...] Die Presse-Ausstellung in Köln wird als das Luxuriöseste bezeichnet, was bisher auf diesem Gebiet geleistet worden ist; Frankfurt am Main hat ein Defizit von $2^1/_2$ Millionen Mark bei der Musikausstellung gehabt. Dresden baut mit Reichszuschuss ein Hygiene-Museum. Berlin will eine zehnjährige Bauausstellung machen, bei der die Hallen stehen bleiben sollen, wahrscheinlich, damit neben den fünf Messestädten, die wir haben, noch eine sechste entsteht.

Haben Sie bitte die Güte, mir zu sagen, was ich den Vertretern fremder Mächte antworten soll, wenn sie mir, sagen, dass alle diese Dinge den Eindruck machen, als wenn Deutschland den Krieg nicht verloren, sondern den Krieg gewonnen hätte. Ich bin gegenüber diesen Vorwürfen mit meinem Latein zu Ende [...] Ich halte die fortgesetzte Kritik des Herrn Dr. Schacht nicht für richtig und bin auch gern bereit, ihm das gelegentlich zu sagen. Auch übertreibt Herr Dr. Schacht in seinen Polemiken. Dass ich aber mit der Kritik des Herrn Parker Gilbert in manchen Punkten konform gehe, will ich in keiner Weise verschweigen [...]

Zit. nach: Michaelis/Schraepler: Ursachen und Folgen, Band VI. S. 228.

3 Die deutsche Wirtschaft in den 1920er-Jahren

Produktion wichtiger Güter							
Produkt	Angaben in	1900	1913	1919	1925	1930	1932
Steinkohle	Mill. t	109,3	190,1	116,7	132,6	142,7	104,7
Roheisen	Mill. t	7,5	16,8	6,3	11,6	11,6	5,3
Rohstahl	Mill. t	7,6	17,7	7,9	13,8	13,5	7,2
Elektrizität	Mill. kWh	246	2533	5067	9915	16101	13423

Stat. Bundesamt: Bevölkerung und Wirtschaft 1872–1972. Zit. nach: Inf. zur polit. Bildung: Die Weimarer Republik. Stuttgart 1972, S. 31.

Volkseinkommen 1913–1933		
	Mark pro Einwohner	1925 = 100
1913	746	81
1925	920	100
1926	957	104
1927	1065	116
1928	1138	124
1929	1131	123
1930	1030	112
1931	833	91
1932	656	71
1933	676	73

Stat. Bundesamt: Bevölkerung und Wirtschaft 1872–1972. Zit. nach: Inf. zur polit. Bildung: Die Weimarer Republik. Stuttgart 1972, S. 31.

Entwicklung der Arbeitslosigkeit		
Jahr	Arbeitslose in Mill.	Arbeitslose in %
1924	0,978	...
1925	0,636	...
1926	2,000	...
1927	1,300	...
1928	1,353	7,0
1929	1,892	9,6
1930	3,076	15,7
1931	4,520	23,9
1932	5,575	30,8
1933	4,804	26,3

Die offizielle Zählung der Arbeitslosen begann erst 1928. Zahlen ab 1928 aus: B. Gleitze, (Hrsg.): Wirtschafts- und sozialstatistisches Handbuch (1960). S. 45.

4 Daten zur Weltwirtschaftskrise in Deutschland

Der Wirtschaftshistoriker Knut Borchardt:

Dass die Wirtschaft der ausgehenden zwanziger Jahre alles andere als „gesund" gewesen ist, haben die bisherigen Ausführungen belegt. Die Wachstumsraten des realen Sozialprodukts je Einwohner waren – gemessen am kriegsbedingten Rückstand der deutschen Volkswirtschaft gegenüber anderen Staaten – relativ gering. Die Arbeitslosigkeit war ein Dauerproblem. [...] Die außenwirtschaftlichen Beziehungen waren in Unordnung. Im Kampf um das sich nur langsam erhöhende Sozialprodukt erwiesen sich die öffentliche Hand und die Arbeitnehmer zwar als relativ erfolgreich, aber dies scheint die Wirtschaft auch überlastet zu haben, sodass einerseits die Wachstumskräfte nicht hinreichend gestärkt und andererseits Risiken in der Geld- und Kreditsphäre akkumuliert wurden, die die Zukunftsaussichten düster scheinen ließen. Ohne Zweifel waren es gerade die erheblichen Kapitalimporte, die manchen Verteilungskonflikt in Deutschland nicht so deutlich hervortreten ließen, wie es sonst schon früher hätte der Fall sein müssen. Ohne diese großen Kapitalimporte hätte die öffentliche Hand und hätten auch die Unternehmen nicht einmal die zu beobachtende Einkommensexpansion finanzieren können – jedenfalls nicht im Rahmen des Systems der Gold-Devisenwährung bei festen Wechselkursen.

Etwas dramatisierend würde ich formulieren, was ja den Zeitgenossen größtenteils durchaus klar gewesen ist: Es ist schwer vorstellbar, dass es so hätte weitergehen können. Seit 1928 blieben ja bereits die Kapitalströme aus dem Ausland weit hinter dem zurück, was zur Lösung der Zahlungsbilanzprobleme unerlässlich schien. Die öffentlichen Haushalte gerieten in wachsende Schwierigkeiten, ganz besonders die Arbeitslosenversicherung. Die Lohnkonflikte erreichten eine Schärfe, die das ganze System des Tarifvertragswesens, ja der Organisation des Arbeitsmarktes in Frage stellte. Die Agrarpolitik kam in unlösbare Widersprüche mit anderen Politikbereichen. Allerseits wurden Forderungen auf grundsätzliche Reform gestellt. [...]

K. Borchardt: Wirtschaftliche Ursachen des Scheiterns der Weimarer Republik. In: K. D. Erdmann/H. Schulze (Hrsg.): Weimar. Selbstpreisgabe einer Demokratie. Düsseldorf 1980, S. 232 f.

Arbeitsvorschläge

a) Charakterisieren Sie die Situation der deutschen Wirtschaft vor 1929 (M 3).

b) Analysieren Sie die Folgen der Weltwirtschaftskrise in Deutschland (M 2).

c) In der Forschung ist es umstritten, ob und welche Zusammenhänge zwischen der Arbeitslosigkeit und den Wahlergebnissen der NSDAP und der KPD (S. 243) bestanden. Untersuchen Sie selbst die Materialien auf eventuelle Zusammenhänge.

7.5 Regieren ohne Mehrheiten – das Ende der Republik

Das Ende der parlamentarischen Regierung – Brünings Ernennung zum Reichskanzler

Die Große Koalition unter Hermann Müller (SPD) war die letzte Regierung der Weimarer Republik, die sich auf eine Mehrheit im Reichstag stützen konnte. Neuer Kanzler einer Minderheitsregierung wurde der Vorsitzende der Zentrumsfraktion Heinrich Brüning. Bereits 1929 hatten Vertraute Hindenburgs aus dem Kreis um Kurt von Schleicher bei Brüning angefragt, ob er für ein antiparlamentarisches „Hindenburg-Kabinett" zur Verfügung stehe. Aber noch brauchte man die Große Koalition, um den Young-Plan zu verabschieden, von dessen Annahme im Reichstag die Räumung der letzten besetzten Zone des Rheinlandes abhing. Am 13. März 1930 trat das Reichsgesetz zum Young-Plan in Kraft; am 27. März 1930 zerbrach die Regierung Müller. Anlass waren unterschiedliche Ansichten in der Großen Koalition über die Sanierung der Arbeitslosenversicherung. Am 30. März 1930 wurde Heinrich Brüning (Zentrum) zum Reichskanzler ernannt. Seine Regierung besaß keine Mehrheit im Reichstag und Brüning macht gleich klar, dass es ihm auf Reichstagsmehrheiten nicht ankam. Um Gesetze gegebenenfalls auch ohne die Reichstagsmehrheit durchsetzen zu können, hatte Hindenburg Brüning die Vollmacht gegeben, mit Hilfe des Artikels 48 (Notverordnungsrecht) zu regieren und auf der Grundlage von Artikel 25 den Reichstag aufzulösen. Damit war eine Regierung ins Amt gebracht worden, die praktisch nur noch dem Reichspräsidenten verantwortlich war (Präsidialregierung).
Die kombinierte Anwendung der Artikel 48 und 25 widersprach eindeutig der Verfassung. Dort legte Artikel 54 fest, dass Reichskanzler und Reichsminister zu ihrer Amtsführung des Vertrauens des Reichstages bedürfen. Auch galt der Artikel 48 nur der Wiederherstellung von Sicherheit und Ordnung. Als der Reichstag im Juli 1930 einen Teil der Gesetzesvorlage „zur Sanierung der Staatsfinanzen" nicht annahm, wurde der Reichstag aufgelöst und das Gesetz daraufhin als Notverordnung in Kraft gesetzt.

Kurt von Schleicher (1882–1934)

Der politische Durchbruch der NSDAP

Die Reichstagswahl vom 14. September 1930 endete mit einem erdrutschartigen Erfolg der NSDAP. 1928 mit 2,6 Prozent der Wählerstimmen (12 Mandate) noch eine Splitterpartei, war sie mit 18,3 Prozent (117 Mandaten) auf einen Schlag zur zweitstärksten Reichstagsfraktion hinter der SPD geworden. In den Jahren

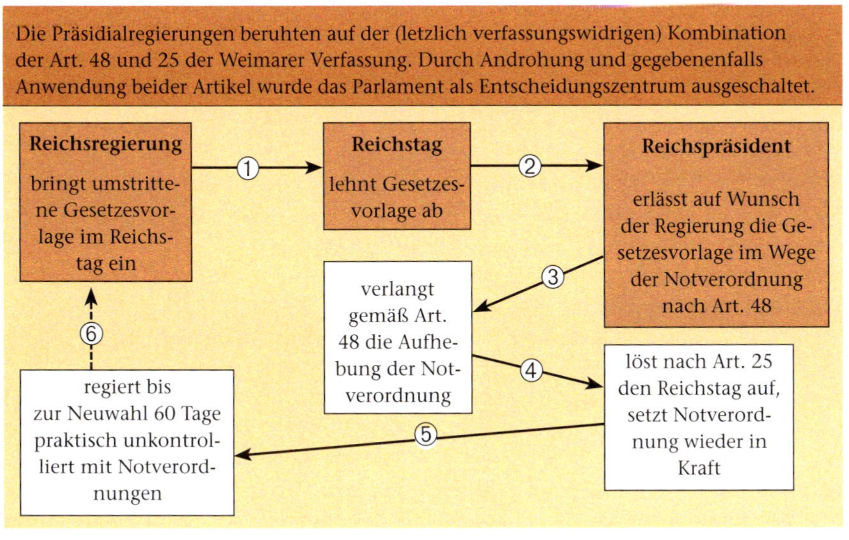

Nach: Informationen zur politischen Bildung Nr. 261/1998, S. 50.

1 Die Machtmechanismen der Präsidialregierung 1930–1933

zuvor war es der NSDAP gelungen, alle anderen völkischen Splitterparteien zu verdrängen. Die Hitler-Verehrung wurde zu einem werbewirksamen, fast religiösen Führerkult ausgebaut. Die NSAP war eine ausgesprochen „junge" Partei. Im Jahr 1930 waren ihre 130.000 Mitglieder und Funktionäre im Durchschnitt deutlich jünger als die der anderen Parteien. Sie entwickelten in ihren Ortsgruppen eine starke Dynamik. Die Anwendung von Gewalt, vor allem der SA, gegen politische Gegner erwies sich als besonders werbewirksam (▶ Online-Link). Bei den Wahlen 1932 mobilisierte die NSDAP viele Nichtwähler für sich. Ihre Wähler kamen zwar insbesondere aus den alten und neuen Mittelschichten, aber auch zu zahlenmäßig nennenswerten Teilen aus der Oberschicht und der nicht an die SPD, KPD oder ans Zentrum gebundenen Arbeiterschaft. Während Angestellte, kleine Unternehmer, Handwerker, freie Berufe und Beamte sie aus Angst vor dem sozialen Abstieg wählten, sahen die Oberschichten und Teile der Mittelschichten in ihr eine Rettung vor dem Marxismus; die Arbeiter wiederum verbanden mit der NSDAP Antikapitalismus und Volksgemeinschaft, also einen nationalen Sozialismus. Wichtiger Faktor für den Aufstieg der NSDAP war die Tatsache gewesen, dass Hitler inzwischen aus dem bürgerlich-rechten Lager Rückendeckung bekam: Der „Reichsausschuss", ein Zusammenschluss aus NSDAP, DNVP und dem Stahlhelm, hatte 1929 gemeinsam zu einem Volksbegehren gegen den Young-Plan aufgerufen. Aus diesem Bündnis entstand im Oktober 1931 die so genannte „Harzburger Front", mit der die nationalistische Opposition gegen Brüning reorganisiert werden sollte.

Tolerierungspolitik der SPD

Neben den Parteien der Mitte gehörte die SPD zu den Verlierern der September-Wahl. Zwar war die Mehrzahl der arbeitslosen Arbeiter den linken Parteien treu geblieben. Viele SPD-Wähler gaben ihre Stimme nun jedoch zum ersten Mal der KPD. In den Reihen der SPD wurde aber vor allem befürchtet, weitere Neuwahlen könnten die NSDAP noch weiter stärken und zu einer rechten Regierung führen. Die Sozialdemokraten tolerierten deshalb jetzt den politischen Kurs der Regierung Brüning im Reichstag – während die KPD in einigen Fällen zusammen mit den rechten Parteien dagegenstimmte.

Brünings Politik

Die Politik Brünings verfolgte klare revisionistische Ziele. Vorrang besaß die Lösung des Reparationsproblems. Um dies zu erreichen, verfolgte Brüning eine Erfüllungspolitik, nur dass sie im Gegensatz zu 1922 nicht mit der Notenpresse arbeitete. Vor diesem Hintergrund ist seine Deflationspolitik zu sehen. Staatliche Ausgaben sollten begrenzt, Löhne und Sozialleistungen gekürzt werden, um der Wirtschaft zu ermöglichen, kostengünstiger zu produzieren und die deutschen Waren auf dem internationalen Markt billiger zu machen. Zwar wurde dieses Ziel erreicht, aber auf dem Binnenmarkt führte die Deflationspolitik zu einem Rückgang der Kaufkraft und damit der Produktion. Weitere Entlassungen waren die Folge. Maßnahmen gegen die Arbeitslosigkeit hatten geringe Priorität. Ja, Brüning ergriff gerade deshalb konjunkturbelebende Maßnahmen nicht, weil er die wirtschaftliche Krisensituation nutzen wollte, um Deutschlands Zahlungsunfähigkeit unter Beweis zu stellen. So verzichtete er im Sommer 1931 darauf, Auslandskredite anzunehmen. Brüning erreichte sein Ziel: Das einjährige internationale Schuldenerlassjahr, das der amerikanische Präsident Hoover im Juni 1931 vorschlug („Hoover-Moratorium"), war der Anfang vom Ende der Reparationen. Die Konferenz von Lausanne bestätigte im Juni 1932, allerdings erst nach Brünings Entlassung, die Streichung der Zahlungen von Deutschland.

Die Sparpolitik Brünings hatte zu einer weiteren Verschärfung der wirtschaftlichen Situation geführt. Der dramatische Niedergang der Wirtschaft und die Verarmung von Millionen von Familien führten mit dazu, dass sich die politische Auseinandersetzung mehr und mehr auf die Straße verlagerte. Politische Gewalt wurde zur alltäglichen Erscheinung. Vor allem die militärisch organisierten Verbände der

Heinrich Brüning (1885–1970)

NSDAP und der KPD, die SA (Sturmabteilung) und der RFB (Roter Frontkämpferbund), lieferten sich 1931 und 1932 immer blutigere Straßenschlachten und Saalkämpfe. Die Regierung Brüning verbot daher im April 1932 die 420.000 Mann starke SA, den mit Abstand größten militärischen Verband einer Partei. Die SA aber spielte in den Aufrüstungsplänen der Reichswehr eine zentrale Rolle. Zudem war Hindenburg wegen der Reichspräsidentenwahlen im März/April 1932 nachhaltig verstimmt. Hier konnte sich Hindenburg erst im zweiten Wahlgang gegen Hitler durchsetzen. Dabei musste sich der Monarchist Hindenburg von der SPD unterstützen lassen. Der greise Reichspräsident lastete diese „Verkehrung der Fronten" Brüning an. Anlass der Entlassung Brünings war eine geplante Ostsiedlungsnotverordnung. Brüning wollte die deutsche Agrarkrise durch die Zwangsenteignung der rettungslos verschuldeten Güter lösen und dort Kleinbauern ansiedeln. Die Großagrarier aber besaßen enge Kontakte zur Reichswehr und zu Hindenburg. Brüning trat am 30. Mai 1932 nach einem Gespräch mit Hindenburg zurück.

Präsidialregierungen Papen und Schleicher, Ernennung Hitlers zum Reichskanzler

Letzten Endes ging Brünings Entlassung, genauso wie seine Ernennung, auf Generalleutnant Kurt von Schleicher zurück. In dessen Konzept passten weder SA-Verbot noch die strikte Abgrenzung zur NSDAP. Schleicher wollte die prekäre innenpolitische Situation durch ein Präsidialsystem mit Beteiligung der NSDAP bereinigen.
Auf Schleichers Betreiben bestimmte Hindenburg den ehemaligen Zentrumspolitiker Franz von Papen am 1. Juni 1932 zum neuen Reichskanzler: Das SA-Verbot wurde aufgehoben. Bürgerkriegsähnliche Zustände waren die Folge.

7

Franz von Papen
(1879–1969)

Aus der Reichstagswahl vom 31. Juli 1932 ging die NSDAP als stärkste Partei hervor. Im September entzog der Reichstag der Regierung das Vertrauen und wurde daraufhin aufgelöst. Wieder standen im November Wahlen an, bei denen die NSDAP Stimmen einbüßte, aber größte Kraft im Parlament blieb. Welche Regierung sollte gebildet werden? Papen wollte seinen Kurs einer autoritären Präsidialregierung ohne Mitwirkung des Reichstags fortsetzen und künftig auf Neuwahlen verzichten. Doch zu diesem offensichtlichen Verfassungsbruch war Hindenburg nicht bereit. Auch Hitlers Forderung nach der Kanzlerschaft lehnte er ab.

Neuer Reichskanzler wurde Schleicher, der schon unter Papen Wehrminister war. Er verunsicherte aber Industrie und Großgrundbesitzer, als er eine Annäherung an die Gewerkschaften und ein Ostsiedlungsprogramm verkündete. Führende Köpfe aus der Wirtschaft traten nun unter der Vermittlung Papens an Hindenburg heran mit dem Vorschlag, das Kanzleramt an Hitler zu übertragen. Papen glaubte an das „Zähmungskonzept", das Hitler in einer Regierung aus Rechtskonservativen „einrahmen" sollte. Schleicher musste am 28. Januar 1933 zurücktreten. Am 30. Januar ernannte Hindenburg Hitler zum Reichskanzler. Sein Kabinett aus drei Nationalsozialisten und neun Konservativen war wie die Vorgängerregierungen ein Präsidialkabinett ohne parlamentarische Mehrheit.

2 Der Reichstag wird eingesargt. Collage des deutschen Künstlers John Heartfield aus dem Jahr 1932.

3 Wirtschaftspolitik unter dem Primat der Außenpolitik

Aus der Regierungserklärung des Reichskanzlers Brüning, 1. April 1930:

Das neue Reichskabinett ist entsprechend dem mir vom Herrn Reichspräsidenten erteilten Auftrag an keine Koalition gebunden. Doch konnten selbstverständlich die politischen Kräfte dieses Hohen Hauses bei seiner Gestaltung nicht unbeachtet bleiben. Das Kabinett ist gebildet mit dem Zweck, die nach allgemeiner Auffassung für das Reich lebensnotwendigen Aufgaben in kürzester Frist zu lösen. Es wird der letzte Versuch sein, die Lösung mit diesem Reichstage durchzuführen. Einen Aufschub der lebensnotwendigen Aufgaben kann niemand verantworten. Die Stunde fordert schnelles Handeln. [...]

Die deutsche Regierung wird Deutschlands Lebensinteressen in organischer Weiterentwicklung der bisherigen Außenpolitik aktiv vertreten. Nationales Selbstbewusstsein, Vertrauen in die innere Kraft des eigenen Volkes sind die Grundlagen ebenso wie die Erkenntnis, dass der Wiederaufstieg Deutschlands nur im friedlichen Zusammenwirken mit allen Völkern erreichbar ist. Loyale Durchführung der internationalen Vereinbarungen, Klärung und weiterer Ausbau unseres Verhältnisses zu allen Staaten, zu denen wir in freundschaftlichen, vertraglichen und wirtschaftlichen Beziehungen stehen, Förderung internationaler Zusammenarbeit, insbesondere auf wirtschaftlichem Gebiete, zur Erleichterung der schwierigen Lage der eigenen mit der Weltwirtschaft eng verknüpften Wirtschaft, das sind die Grundlinien dieser Außenpolitik. Endziel ist und bleibt ein wirtschaftlich gesundes, ein politisch freies und gleichberechtigtes Deutschland, das seinen Wiederaufbau im Schutze des Friedens vollenden kann, und das ein unentbehrlicher Faktor in der Staatengemeinschaft sein muss. [...]

Alle infolge der langwierigen Verhandlungen über den Young-Plan noch nicht erledigten finanziellen und wirtschaftlichen Maßnahmen müssen sofort durchgeführt werden. Sanierung der Finanz- und Kassenlage, Unterstützung der Länder und Gemeinden in ihrer schwierigen finanziellen Lage ist das Dringendste. Ohne eine schnelle Ordnung der Kassen- und Finanzlage fehlt die Gewähr der dringend notwendigen Entlastung der Wirtschaft und der Milderung der Arbeitslosigkeit. [...]

Eingehende Sparvorschläge auf allen Gebieten des öffentlichen Lebens werden in kürzester Frist seitens der Reichsregierung den zuständigen Körperschaften unterbreitet werden. Diese Sparmaßnahmen sollen nicht von einem antisozialen Geist getragen sein. Sie haben lediglich den Zweck, ihrerseits zur Senkung der Steuern, zur Hebung der Produktivität der Wirtschaft, zur Stärkung der Kreditwürdigkeit Deutschlands beizutragen.

Zit. nach: H. Michaelis/E. Schraepler (Hrsg.): Ursachen und Folgen. München 1959, S. 21 f.

4 „Woher kommen 6 1/2 Millionen Stimmen?"

Anlässlich des überraschenden Wahlsieges der NSDAP bei den Reichstagswahlen am 14. September 1930 fragt „Die Welt am Montag" nach möglichen Gründen für diesen Erfolg:

Dem Ausland waren die Ausmaße des hitlerischen Wahlsieges natürlich eine noch größere Überraschung als dem Inland, da es auf ein starkes, wenn auch nicht so starkes Anschwellen der nationalsozialistischen Stimmen gefasst gewesen war. Die Welt zerbricht sich den Kopf darüber, worauf die Verneunfachung der Hitlerstimmen zurückzuführen ist. Die verschiedensten Deutungen kommen zum Vorschein.

Die Deutschland besonders wohlgesinnte Presse des Auslandes führt vielfach als Hauptgrund die riesige Arbeitslosigkeit an. [...]

Irrtum! Von den drei Millionen Erwerbslosen hat nur ein verschwindend geringer Prozentsatz Hitler seine Stimme gegeben. Diese drei Millionen stellen vielmehr das Gros der kommunistischen Wähler dar. Wenn die KPD von 55 auf 77 Mandate gestiegen ist, so ist das die automatische Rückwirkung der steigenden Arbeitslosigkeit.

Die Arbeitslosen waren also nicht die Hauptwähler Hitlers. Wohl aber ist richtig, dass die Wirtschaftskrisis, deren äußere Symptome die riesenhafte Arbeitslosigkeit ist, die Grundlage des hitlerischen Sieges war.

Die Hitlerwähler setzen sich aus zwei Kategorien zusammen: einer kleinen Minderheit von Nationalsozialisten, die auf das Hakenkreuz eingeschworen sind, und einer riesigen Mehrheit von Mitläufern. Keine andere deutsche Partei ist so labil wie die nationalsozialistische, d.h. bei keiner anderen ist das Missverhältnis zwischen Stammkunden und Laufkunden ebenso groß. Sozialdemokratie, Kommunisten, Zentrum, Demokraten, Volkspartei – überall gibt es Schwankungen, recht erheblich vielleicht. Aber bei keiner anderen Partei ist es denkbar, dass eine plötzliche Verneunfachung erfolgt, die vielleicht bei der nächsten Wahl von einer Drittelung abgelöst wird. [...] Scheint der deutschen Wirtschaft wieder einmal die Sonne, so schmelzen die Hitlerwähler wie Schnee dahin. Die 6 ½ Millionen werden ja durch kein inneres Band zusammengehalten. Sie sind zu neun Zehnteln nicht Wähler für, sondern nur Wähler gegen.

Dabei soll nicht verkannt werden, dass Hitler, der ein ausgezeichneter Organisator mit Suggestivkraft ist, über eine ihm blind ergebene Kerntruppe von einigen hunderttausend Mann, meist recht jugendlichen Truppen verfügt. [...] Die Millionen Wähler, die er diesmal mustern konnte, dank der Gunst der Umstände, d.h. dank der Ungunst der Wirtschaftslage, rekrutieren sich aus den verschiedensten Schichten.

Da sind Arbeiter, relativ genommen nicht sehr viele, aber eine Million wird es doch wohl gewesen sein. Es sind Landarbeiter, die sich immer noch vom „gnädigen Herren" abhängig fühlen und von ostelbischen Granden für Hitler kommandiert wurden. Es sind jene labilen Elemente, die erst bei den Kommunisten hospitiert haben und sich nun den Nationalsozialisten zuwenden, weil diese sich noch radikaler gebärden. Es sind junge Leute, Friseurgehilfen, Chauffeure usw., die sich etwas Besseres dünken als die Masse der gewerkschaftlich organisierten Fabrikarbeiter.

Da sind Massen von Angestellten, insbesondere aus den Kreisen der deutschnationalen Handlungsgehilfen, die berühmten oder berüchtigten Stehkragenproletarier. Ihr Interesse müsste sie in eine Einheitsfront mit den Arbeitern führen. Aber „Standesgefühl" ist stärker als ihre soziale Einsicht.

Das ist das Gros der Studenten und sonstigen jungen Akademiker. Bei ihnen fällt die antisemitische Hetzphrase auf besonders dankbaren Boden. Der Jude wird eben als unbequemer Konkurrent empfunden. Sie sind fanatisch nationalistisch. Den Krieg kennen sie nicht. [...]

Da sind bedauerlich viele Beamte. Ihre politische Freiheit verdanken sie ausschließlich der Republik. Aber leider hat ihnen die Republik mit der politischen Freiheit nicht auch zugleich das politische Denken geben können, das ihnen in der Kaiserzeit ausgetrieben worden war. Sie sind ein besonders dankbares Objekt für Demagogen.

Da ist vor allem der große Block des so genannten selbständigen Mittelstandes. Diese Millionen von Handwerkern, Gewerbetreibenden und Kleinkaufleuten führen seit der nach 1871 einsetzenden großindustriellen Entwicklung einen verzweifelten Kampf um ihre Existenz. Es fehlt ihnen an wirtschaftlicher Einsicht. Darum fallen sie auf jeden Schwätzer herein, der ihnen die Wiederherstellung des „goldenen Bodens" durch Kampf gegen Juden und Warenhäuser, gegen Börse und Gewerbefreiheit verspricht. [...]

Das ist das erschütternd Trostlose an dem Wahlergebnis vom 14. September, dass die Welt sehen muss, wie viel Millionen politische Analphabeten es noch in Deutschland gibt.

Die Millionen der Hitlerwähler sind nicht etwa ebenso viel Millionen zum Revanchekrieg entschlossener Teutonen. Sie denken gar nicht daran, ihr Blut riskieren zu wollen. Sie möchten nur ihr Gut wahren, und sie bilden sich ein, die nationalsozialistische Sackgasse sei der Weg in die Steuerfreiheit.

Das ist beruhigend – für das Ausland – und höchst beunruhigend für das Inland. Denn wie soll irgendeine Regierung vernünftig Politik machen mit Millionen von Wählern, die noch nicht einmal das politische ABC kapiert haben?

H. v. Gerlach

Aus: Die Welt am Montag, 6. Oktober 1930, Nr. 30.

5 Die Tolerierungstaktik der SPD

Erklärung der sozialdemokratischen Reichstagsfraktion, 18. Oktober 1930:

Wenn mit Hilfe der sozialdemokratischen Fraktion die Misstrauensanträge gegen das Kabinett Brüning angenommen worden wären, so hätten sich folgende politische Möglichkeiten ergeben:

1. Rücktritt des Kabinetts Brüning. Es erhält vom Reichspräsidenten Hindenburg die Vollmachten zur Weiterführung der Regierungsgeschäfte. Das dieses geschäftsführende Kabinett keine Mehrheit für seine Maßnahmen findet und eine erneute Auflösung von keiner Seite befürwortet wird, weil sie so bald nach der letzten Wahl noch keine Verbesserung verspricht, so müsste es gegen den Reichstag regieren. Das bedeutet, dass sich eine solche Regierung nur unter Ausschaltung des Reichstags im Amt halten könnte. Der Diktaturartikel 48 der Reichsverfassung würde dann dauernd auf alle Gebiete des wirtschaftlichen, sozialpolitischen und staatsbürgerlichen Lebens angewendet werden. Nicht nur der Reichstag, sondern auch jeder einzelne Staatsbürger würde seine durch die Verfassung garantierten Rechte verlieren. Wann sie wiedergewonnen werden könnten, ist ganz ungewiss. [...]

3. Auftrag an den deutschnationalen Parteiführer Hugenberg zur Bildung einer Rechtsregierung mit Einschluss der Nationalsozialisten. Diese Regierung wäre nur eine verschleierte Hitler-Regierung. Da auch die Rechtspartei-

6 Plakat des Zentrums zur Reichstagswahl vom 31.7.1932

en keine parlamentarische Mehrheit haben, könnte sich eine solche Regierung nur halten, wenn sie vom Zentrum toleriert wird. Die Nationalsozialisten wollen aber gar nicht parlamentarisch regieren. […]
Die sozialdemokratische Fraktion ist jeden Tag in der Lage, mit Nationalsozialisten, Kommunisten und Deutschnationalen die Regierung zu stürzen, sie kann aber unmöglich mit solchen Bundesgenossen gemeinsam eine neue Regierung bilden. Deshalb und weil die Sozialdemokratie von dem Gefühl der Verantwortung für die arbeitende Klasse durchdrungen ist, lehnte sie jetzt die Zustimmung zu den Misstrauensanträgen anderer Parteien ab. Und zwar solcher Parteien, die, wie die Nationalsozialisten und die Deutschnationalen, offen arbeiterfeindlich sind oder, wie die Kommunisten, durch ihre Taktik zur Sicherung der Arbeiterklasse, zur Stärkung des Faschismus beitragen.

Zit. nach: Ebenda, S. 115 ff.

7 „Notwendigkeit einer vom parlamentarischen Parteiwesen unabhängigeren Regierung"

Eingabe führender Persönlichkeiten aus Wirtschaft und Industrie sowie großagrarischer Kreise an Hindenburg für die Berufung Hitlers, Mitte November 1932:

[…] Mit Eurer Exzellenz bejahen wir die Notwendigkeit einer vom parlamentarischen Parteiwesen unabhängigeren Regierung, wie sie in dem von Eurer Exzellenz formulierten Gedanken eines Präsidialkabinetts zum Ausdruck kommt. Der Ausgang der Reichstagswahl vom 6. November d.J. hat gezeigt, dass das derzeitige Kabinett, dessen aufrechten Willen im deutschen Volke niemand bezweifelt, für den von ihm eingeschlagenen Weg keine ausreichende Stütze im deutschen Volk gefunden hat, dass aber das von Eurer Exzellenz gezeigte Ziel eine volle Mehrheit im deutschen Volk besitzt, wenn man – wie es geschehen muss – von der staatsverneinenden Partei der Kommunisten absieht. Gegen das bisherige parlamentarische Parteiregime sind nicht nur die Deutschnationale Volkspartei und die ihr nahe stehenden kleineren Gruppen, sondern auch die Nationalsozialistische Arbeiterpartei grundsätzlich eingestellt und haben somit das Ziel Eurer Exzellenz bejaht. Wir halten dieses Ergebnis für außerordentlich erfreulich und können uns nicht vorstellen, dass die Verwirklichung des Zieles nunmehr an der Beibehaltung einer unwirksamen Methode scheitern sollte.
Es ist klar, dass eine des Öfteren wiederholte Reichstagsauflösung mit sich häufenden, den Parteikampf immer weiter zuspitzenden Neuwahlen nicht nur einer politischen, sondern auch jeder wirtschaftlichen Beruhigung und Festigung entgegenwirken muss. Es ist aber auch klar, dass jede Verfassungsänderung, die nicht von breitester Volksströmung getragen ist, noch schlimmere wirtschaftliche, politische und seelische Wirkungen auslösen wird.
Wir erachten es deshalb für unsere Gewissenspflicht, Eure Exzellenz ehrerbietigst zu bitten, dass zur Erreichung des von uns allen unterstützten Zieles Eurer Exzellenz die Umgestaltung des Reichskabinetts in einer Weise erfolgen möge, die die größtmögliche Volkskraft hinter das Kabinett bringt.
Wir bekennen uns frei von jeder engen parteipolitischen Einstellung. Wir erkennen in der nationalen Bewegung, die durch unser Volk geht, den verheißungsvollen Beginn einer Zeit, die durch Überwindung des Klassengegensatzes die unerlässliche Grundlage für einen Wiederaufstieg der deutschen Wirtschaft erst schafft.
Wir wissen, dass dieser Aufstieg nicht viele Opfer erfordert. Wir glauben, dass diese Opfer nur dann willig gebracht werden können, wenn die größte Gruppe dieser nationalen Bewegung führend an der Regierung beteiligt wird. Die Übertragung der verantwortlichen Leitung eines mit den besten sachlichen und persönlichen Kräften ausgestatteten Präsidialkabinetts an den Führer der größten nationalen Gruppe wird die Schlacken und Fehler, die jeder Massenbewegung notgedrungen anhaften, ausmerzen und Millionen Menschen, die heute abseits stehen, zu bejahender Kraft mitreißen. […]

Zit. nach: Ebenda, S. 687 f.

8 Der Redakteur des Vorwärts Victor Schiff: Über den Aufstieg Hitlers (1934)

Wenn es überhaupt einen Punkt gibt, über den es keine Meinungsverschiedenheiten unter uns gibt und wohl auch nicht geben kann, dann ist es wohl der, dass Hitler seinen Aufstieg und seinen schließlichen Sieg im Wesentlichen der Weltwirtschaftskrise verdankt: der Verzweiflung der arbeitslosen Proletarier, der zukunftslosen akademischen Jugend, der zum Bankrott treibenden mittelständlerischen Kaufleute und Handwerker und der durch landwirtschaftlichen Preissturz arg bedrohten Bauern. In dieser Hinsicht haben wir in der Tat allesamt versagt. Wir haben sicherlich mit Recht die kapitalistische Wirtschaftsordnung für die Krise verantwortlich gemacht, aber darüber hinaus waren wir nicht in der Lage, den Massen mehr zu bieten als sozialistische Redensarten.

Aber [...] lag darin eine „Schuld“ im eigentlichen Sinne? Höchstens eine Schuld der Gewissenhaftigkeit. Wir wollten nicht den Wettlauf der Demagogie, der schwindelhaften Versprechungen mit den Nationalsozialisten oder mit den Kommunisten aufnehmen. Wir wollten als ehrliche Menschen nicht dem Wunderglauben der Rechts- und Linksradikalen einen eigenen Wunderglauben entgegensetzen. Wir hatten kein eigenes Rezept, jedoch nicht infolge politischer oder wirtschaftlicher Sterilität, sondern einfach, weil es keins gab, das wir mit gutem Gewissen empfehlen konnten.

Zit. nach: Michaelis/Schraepler: Ursachen und Folgen, Band VIII. S. 773 f.

10 Plakat der DNVP zur Reichstagswahl vom 6.11.1932. Sie unterstützte Papens politischen Kurs.

9 Der nationalsozialistische Publizist Hans Schwarz van Berk über „Die Dummheit der Demokratie“ (1935)

Das wird immer einer der besten Witze der Demokratie bleiben, dass sie ihren Todfeinden die Mittel selber stellte, durch die sie vernichtet wurde.

Die verfolgten Führer der NSDAP traten als Abgeordnete in den Genuss der Immunität, der Diäten und der Freifahrkarte. Dadurch waren sie vor dem polizeilichen Zugriff gesichert, durften sich mehr zu sagen erlauben als gewöhnliche Staatsbürger und ließen sich außerdem die Kosten ihrer Tätigkeit vom Feinde bezahlen.

Aus der demokratischen Dummheit ließ sich vortrefflich Kapital schlagen. Auch die Anhängerschaft der NSDAP begriff das sofort und hatte ihre helle Freude daran.

Die Partei wuchs im Volke, weil ihre Führer sich im Volke bewegten. Von Wahl zu Wahl aber konnte sie von der Liste der Abgeordneten ihr Wachstum, amtlich bestätigt, ablesen.

Zit. nach: Michaelis/Schraepler: Ursachen und Folgen, Band VIII. S. 774.

Arbeitsvorschläge

a) Interpretieren Sie die Plakate M 6 und M 10 auf ihren zeitlichen und politischen Hintergrund.

b) Beschreiben Sie die Ziele von Brünings Wirtschafts- und Außenpolitik (M 3) und beurteilen Sie diese vor dem Hintergrund der wirtschaftlichen Situation vor und nach dem Ausbruch der Weltwirtschaftskrise.

c) Charakterisieren Sie die Position der SPD (M 5) und diskutieren Sie Alternativen zum eingeschlagenen Kurs der Sozialdemokraten.

d) Analysieren Sie Heartfields Interpretation der Zerstörung der Republik (M 2).

e) Zeigen Sie anhand von M 4 und M 7, welche Kräfte für Hitlers Ernennung zum Reichskanzler ausschlaggebend waren, und skizzieren Sie deren Ziele.

f) Diskutieren Sie die Möglichkeiten demokratischer Parteien, den Aufstieg einer Partei wie der NSDAP zu verhindern (M 8, M 9, ▶ Online-Link).

Standpunkte: Warum scheiterte die Weimarer Republik?

Die Frage nach dem Scheitern der Weimarer Republik ist in der Erforschung dieses Abschnitts der deutschen Geschichte sicher am häufigsten gestellt worden. Denn damit verbunden ist auch der Wunsch, zu verstehen und zu erklären, wie Hitlers Herrschaft möglich wurde. Wie so oft zeigt sich auch hier, dass monokausale Erklärungen zu kurz greifen und viele verschiedene Blickwinkel einbezogen werden müssen.

10 Die Auflösung der Republik

Karl Dietrich Bracher stellt neben dem Scheitern auch die Leistungen der Republik von Weimar heraus:

Zu einfach wäre gewiss die Auffassung, die Weimarer Republik sei, wenn nicht sogleich, so doch auf lange Sicht, zum Scheitern verurteilt gewesen, weil sie schwer wiegende Strukturfehler aufwies, die aus der unvollendeten Revolution und der starken Kontinuität vordemokratischer Elemente in Staat und Gesellschaft stammten. Wider Erwarten wurde sogar das Krisenjahr 1923 mit seinen Katastrophenereignissen überstanden, die auch eine fester verwurzelte Demokratie hätten zu Fall bringen können. Aber das Hauptproblem war und blieb: Die deutsche Demokratie, als Ergebnis der unerwarteten Niederlage empfunden, war und blieb alles andere als populär. Schon ein Jahr nach der Annahme der Verfassung, bei den ersten Reichstagswahlen von 1920, waren die sie tragenden Parteien in die Minderheit geraten. Es gab eine zunehmende Unterstützung für die extremen Parteien der Linken und der Rechten, die die Republik erbittert bekämpften. Sie sahen in ihr entweder, wie die Kommunisten, das Ergebnis eines Verrats der Sozialdemokraten und Gewerkschaften an der Arbeiterklasse: durch Kompromisse mit den Kapitalisten, der Armee und der alten Führungsschicht. Oder aber sie denunzierten die Demokratie als Produkt eines Verrats der Revolution an der kämpfenden Front im Sinne der Dolchstoßlegende und zugleich eines ausländischen Diktats über Deutschland: als eine „undeutsche", importierte Staatsform, wie die rechts stehenden Gegner der Demokratie unablässig behaupteten. Die „Kapitalistenklasse" oder aber die „Novemberverbrecher" sind schuld am deutschen Elend: Das waren die beiden Pole einer antidemokratischen Agitation, die der Republik von Anfang an machtvoll und suggestiv entgegentrat. [...] Versailles und die Revolution waren die großen Stichworte, mit denen agitiert wurde: 1919 wie 1933. Dieses große antidemokratische Potenzial, das sich als das „eigentliche" Deutschland verstand, war also stets vorhanden [...].

Man muss sich jene fatale Einkreisung der Demokratie durch ihre Feinde bewusst machen, um auch der Leistung der republikanischen Parteien und Politiker gerecht zu werden. Die Weimarer Republik war in Wahrheit nichts Fremdes, Importiertes, sondern der Durchbruch einer demokratischen Tradition, die von der Glorifizierung der „Realpolitik" und des starken Staates im Zweiten Reich überdeckt worden war, und sie bedeutete zugleich die Wiederaufnahme einer übernationalen, „weltbürgerlichen" Kultur- und Gesellschaftstradition jenseits der nationalstaatlichen Verengung. Die Weimarer Republik war im Grunde ein Versuch, den Bismarckstaat mit 1848 und 1789 zu verbinden. Darin lag ihr teils national konservativer, teils liberal und sozial vorausweisender Charakter beschlossen. Er wird sichtbar in der so kurzen, so reichen Entfaltung der Kultur in den „Goldenen zwanziger Jahren", die nicht zuletzt ein Durchbruch von Vorkriegsströmungen in neuer Form waren. [...]

K. D. Bracher: Die Auflösung der Republik. Gründe und Fragen. In: G. Schulz (Hrsg.): Ploetz. Weimarer Republik. Freiburg/Würzburg 1987, S. 130ff.

11 Die gespaltene Gesellschaft

Otto Dann hebt die Spaltung der Gesellschaft als Ursache hervor:

Wie konnte es dazu kommen, dass die deutsche Nation, die sich 1918/19 eine demokratische Verfassung geschaffen hatte, seit 1930 sich von dieser Verfassung mehrheitlich wieder zurückzog und sich damit als moderne, souveräne Nation selbst aufgab? [...]

Die Nation der Republik von Weimar war eine gespaltene Nation, wie schon die Gesellschaft des Kaiserreichs. Doch die Grenzlinien verliefen anders. Im Kaiserreich herrschte eine weitgehende Übereinstimmung zwischen dem Gegensatz der Klassen und den Lagern der politischen Gesellschaft. Im Weltkrieg war dann der Begriff „Volksgemeinschaft" populär geworden. Er war das Symbol der weit verbreiteten Hoffnung auf eine Überwindung der Spaltung der Nation, die alle empfanden. Unter diesem Begriff wurde jedoch Verschiedenes verstanden, und viele falsche Hoffnungen waren mit ihm verbunden.

Auch in der Republik spielten die Klassengegensätze eine zentrale Rolle; doch sie waren vielfach überlagert und sie prägten nicht mehr allein das politische Spektrum. [...] Sozialpolitisch beruhte der Weimarer Nationalstaat auf einer Koalition, in der die alten Klassengegensätze durch eine sozialdemokratisch-bürgerliche Koalition überbrückt waren. Diese politisch vollzogene neue Nationsbildung konnte sich jedoch an der Basis, im Verhalten der Gesellschaft noch nicht durchsetzen. Das führte im politischen Leben zu neuen Gegensätzen: auf der Linken zwischen SPD und USPD oder KPD, im bürgerlichen Lager zwischen demokratischen und antidemokratischen Parteien. Kennzeichnend für die Gesellschaft von Weimar war damit eine neue Spaltung, die sich aus dem Kampf um den Staat ergab: der Gegensatz zwischen den Anhängern und den Gegnern des demokratisch-republikanischen Nationalstaats.

Diese Spaltung wurde bedrohlich, weil unter den Gegnern der Republik sich schon bald eine Totalopposition durchsetzte, der es gelang, die nationale Parole für sich zu besetzen und damit dem Staat und seinen tragenden Kräften die wichtigste Identität zu nehmen: die nationale. Zwischen den Trägern des Weimarer Nationalstaats und der Totalopposition von rechts tobte ein Kampf um die Nation, um den Anspruch, die Nation zu repräsentieren. Es ging dabei letztlich um zwei gegensätzliche Konzepte von der Nation, das demokratische und das des Nationalismus. Dieser Kampf hatte nicht nur eine ideologische, sondern auch eine soziale Dimension: Es war ein Kampf um die deutsche Gesellschaft.

Warum konnte die Totalopposition von rechts ihn für sich entscheiden? Zunächst deshalb, weil sie lernfähig und in der Lage war, neue Ressourcen zu mobilisieren. Nach den Jahren der Putschtaktik (1919–1923) stellte sie sich um auf eine Strategie der planmäßigen Organisation und der manipulativen Massenagitation. Außerdem war es ihr gelungen, eine Militarisierung des politischen Lebens durch die Aufstellung von uniformierten Kampfverbänden durchzusetzen; diese konnten das politische Leben ständig zu einer Bürgerkriegssituation erhitzen und außer Kontrolle bringen. In diesem Zusammenhang darf nicht übersehen werden, dass es neben der nationalistischen Totalopposition von rechts auch die kommunistische von links gab, die ebenso militant mit einer antidemokratischen Klassenkampfparole die Weimarer Republik aufsprengte und vor allem die Sozialdemokratie, die tragende Partei dieser Republik, ständig verunsicherte. Letztlich war der Sieg über den Staat aber nur möglich, weil die Führungsgruppen der beiden einzigen nach 1930 noch zählenden bürgerlichen Parteien, Zentrum und DNVP, ihren begrenzten Konsens mit diesem Nationalstaat aufgegeben und eine andere als die modern-demokratische Nation ins Auge gefasst hatten.

O. Dann: Nation und Nationalismus in Deutschland 1770–1990. München 1996, S. 270 ff.

12 Weimar hatte immer eine Chance

Hagen Schulze lenkt den Blick auf die Mentalitäten von sozialen Gruppen und Parteien:

In der Mitte des Ursachenbündels findet sich eine Bevölkerungsmehrheit, die das politische System von Weimar auf die Dauer nicht zu akzeptieren bereit war, sowie Parteien und Verbände, die sich den Anforderungen des Parlamentarismus zunächst nicht gewachsen zeigten. Die Ursachen für diese Defekte dürften überwiegend in langfristigen, aus den besonderen Bedingungen der preußisch-deutschen Geschichte zu erklärenden Zusammenhängen zu suchen sein, verstärkt durch die Entstehungsbedingungen des Weimarer Staatswesens und seiner außenpolitischen Belastungen. Die Übertragung dieser ungünstigen Gruppenmentalitäten auf das Weimarer Regierungssystem wurde durch den Wahlrechtsmodus erheblich begünstigt; andere Merkmale der formalen Verfassungsordnung, wie ihr mangelnder normativer Charakter oder der Föderalismus, wirkten nur in zweiter Linie destabilisierend, während das starke präsidiale Moment daneben auch stabilisierende Komponenten enthielt, die allerdings letzten Endes nicht zum Zug kamen. Die antirepublikanischen Tendenzen in Armee, Bürokratie und Justiz waren grundsätzlich beherrschbar, eine Frage des Machtbewusstseins von Parteien und Regierung. Die gesellschaftlichen und wirtschaftlichen Rahmenbedingungen waren hauptsächlich langfristig wirksam, indem sie auf die Mentalitäten von Bevölkerung und einzelnen Gruppen einwirkten; aktuelle ökonomische Krisen verstärkten die destabilisierenden Momente, verursachten sie aber nicht.

Lapidar lässt sich also schließen: Bevölkerung, Gruppen, Parteien und einzelne Verantwortliche haben das Experiment Weimar scheitern lassen, weil sie falsch dachten und deshalb falsch handelten. Auch auf dem Umweg über die Strukturanalyse gelangt man so zu dem Schluss, dass Weimar nicht schicksalhaft oder bedingt durch anonyme Sachzwänge scheitern musste – die Chance der Gruppen wie der Einzelnen, sich für Weimar zu entscheiden und dem Gesetz der parlamentarischen Demokratie zu gehorchen, nach dem man angetreten war, hat immer bestanden.

H. Schulze: Weimar. Deutschland 1917–1933. Berlin 1994, S. 45.

Arbeitsvorschläge

a) Fassen Sie die jeweiligen Textinhalte in Thesen zusammen und setzen Sie sich damit kritisch auseinander.

b) Nehmen Sie selbst begründet Stellung zu der Frage, warum die Republik von Weimar gescheitert ist.

Die Weimarer Republik

1918

9.11. Zunächst wird der SPD-Vorsitzende Friedrich Ebert neuer Reichskanzler. Später rufen sowohl Philipp Scheidemann (SPD) als auch Karl Liebknecht (USPD) die Republik aus. **10.11.** Der Rat der Volksbeauftragten mit drei Vertretern der SPD und drei des rechten Flügels der USPD fungiert als Übergangsregierung; Kaiser Wilhelm II. flieht in die Niederlande. **11.11.** In Compiègne wird der Waffenstillstand unterschrieben. **14.11.** Um die Rückführung des Heeres und die Aufrechterhaltung der öffentlichen Ordnung zu gewährleisten, arbeiten Reichsregierung und OHL zusammen (Ebert-Groener-Bündnis). **15.11.** Die Zentralarbeitsgemeinschaft zwischen Arbeitgebern und Gewerkschaften wird gegründet; wichtige sozialpolitische Grundlagen werden festgelegt (z.B. kollektiver Arbeitsvertrag, Achtstundentag). **28.11.** Kaiser Wilhelm II. dankt ab. **16.–20.12.** Der Deutsche Rätekongress in Berlin lehnt das Rätesystem als politische Ordnung des Reiches ab und beschließt die Wahl zur Nationalversammlung. **24.12.** In Berlin kommt es zu Straßenkämpfen. **29.12.** Die USPD tritt aus dem Rat der Volksbeauftragten aus.

1919

1.1. Die KPD wird unter Führung von Liebknecht und Rosa Luxemburg gegründet. **6.–15.1.** Spartakusaufstand von Kommunisten, USPD und revolutionären Obleuten. In Berlin kommt es zum Generalstreik und zu Straßenkämpfen. Der Aufstand wird von Reichswehrtruppen und Freikorps unter dem Oberbefehl des Volksbeauftragten Gustav Noske (SPD) niedergeschlagen. **15.1.** Luxemburg und Liebknecht werden von Freikorpsoffizieren ermordet. **18.1.** Die Friedenskonferenz in Versailles wird ohne deutsche Vertreter eröffnet. **19.1.** Die Nationalversammlung wird gewählt. Frauen besitzen das aktive und passive Wahlrecht. Es ergibt sich eine Dreiviertelmehrheit für die Parteien, die eine parlamentarisch-demokratische Republik befürworten: SPD, DDP, Zentrum. **6.2.** Die Nationalversammlung tritt in Weimar zusammen. Eine ihrer Hauptaufgaben ist die Ausarbeitung einer Verfassung. **13.2.** Die Regierung Scheidemann (SPD, DDP, Zentrum) löst den Rat des Volksbeauftragten ab. **März/April:** Es kommt erneut zu Unruhen in vielen großen Städten. Eine in München errichtete Räterepublik wird von Freikorps zerschlagen. **28.6.** Der Friedensvertrag wird in Versailles unterzeichnet. **19.7.** Die Nationalversammlung verabschiedet in Weimar die Verfassung.

1920

10.1. Der Versailler Vertrag tritt in Kraft; die abzutretenden Gebiete (z.B. das Saarland) werden geräumt. **Februar/März:** Nach zwei Volksabstimmungen wird Nordschleswig Dänemark angegliedert. **13.–17.3.** In Berlin besetzt ein Freikorps unter Wolfgang Kapp und General Walter von Lüttwitz das Regierungsviertel. Der „Kapp-Putsch" scheitert jedoch vor allem am passiven Widerstand der Ministerialbeamten und an einem Generalstreik. Danach kommt es zu einer kommunistischen Aufstandsbewegung im Ruhrgebiet. Deswegen besetzt Frankreich Frankfurt, Darmstadt und andere kleine Städte.

1922

16.4. Vertrag von Rapallo. Deutschland und die Sowjetunion nehmen diplomatische Beziehungen auf und durchbrechen ihre außenpolitische Isolation.

1923

Verschiedene Krisen stellen die Republik vor ihre größte Belastungsprobe: **Januar:** Aufgrund nicht voll erfüllter Reparationsleistungen besetzen französische und belgische Truppen das Ruhrgebiet. Der von der Reichsregierung ausgerufene und finanziell unterstützte passive Widerstand gegen die Besetzung führt in den kommenden Monaten zu einer Hyperinflation. **September:** In Bayern kommt es zum Ausnahmezustand unter Generalstaatskommissar Gustav von Kahr, der eine Politik gegen die Reichsregierung verfolgt. **Oktober/November:** Aus Furcht vor Aufstän-

	den kommunistischer Arbeiter lässt die Reichsregierung Reichswehrtruppen in Thüringen und Sachsen einmarschieren. **9.11.** In München scheitert ein Putschversuch der NSDAP. Adolf Hitler hatte im Bündnis mit General Erich Ludendorff die bayerische Regierung wie auch die Reichsregierung für abgesetzt erklärt.
1924	**1.9.** Der Dawes-Plan tritt in Kraft. Durch ihn werden jährliche Reparationsraten für Deutschland festgelegt (Höhe und Dauer der Reparationszahlungen bleiben offen). **7.12.** Bei den Reichstagswahlen erzielen die demokratischen Parteien Stimmengewinne.
1925	**28.2.** Ebert stirbt. Am **26.4.** wird Paul von Hindenburg im zweiten Wahlgang zum neuen Reichspräsidenten gewählt. **5.–16.10.** Konferenz von Locarno. Durch die Verträge von Locarno, die eine Garantie der deutschen Westgrenze enthalten, kommt es zur Annäherung zwischen Deutschland und Frankreich.
1926	**24.4.** Berliner Vertrag mit der Sowjetunion. **8.9.** Deutschland wird in den Völkerbund aufgenommen.
1929	**24.10.** Mit dem „Schwarzen Freitag" an der New Yorker Börse beginnt die Weltwirtschaftskrise; damit wird auch die Stabilisierungsphase der deutschen Wirtschaft seit 1924 abrupt beendet.
1930	**12.3.** Der Reichstag nimmt den Young-Plan an. Mit ihm werden Raten und Laufzeiten der Reparationen festgelegt. **27.3.** Die Regierung unter Hermann Müller tritt wegen Uneinigkeit über die Finanzierung der Arbeitslosenversicherung zurück. Neuer Kanzler einer Minderheitsregierung wird Heinrich Brüning (Zentrum), zeitweise toleriert von der SPD. Brüning regiert meist gestützt auf den Reichspräsidenten durch Notverordnungen. **14.9.** Die NSDAP wird bei der Reichstagswahl zur zweitstärksten parlamentarischen Kraft.
1931	**6.7.** Das Hoover-Moratorium bringt den Aufschub aller Reparationszahlungen für ein Jahr. **9.10.** Zweites Kabinett Brüning. Hindenburg erzwingt eine stärkere Rechtsausrichtung der Regierung.
1932	**Februar:** Die Arbeitslosenzahlen überschreiten die 6-Millionen-Grenze. **10.4.** Hindenburg wird im zweiten Wahlgang zum Reichspräsidenten gewählt. **30.5.** Auf Betreiben des Generals Kurt von Schleicher wird Brüning zum Rücktritt veranlasst, da er in seiner Politik zu wenig die rechtsgerichteten Parteien integriere und ungenügend die Interessen der ostelbischen Landwirtschaft berücksichtige. Brünings Nachfolger wird Franz von Papen. **16.6.–19.7.** Auf der Konferenz von Lausanne wird das Ende der Reparationszahlungen beschlossen. **31.7.** Bei den Reichstagswahlen wird die NSDAP stärkste Partei. **12.9.** Die Regierung verliert ein Misstrauensvotum. Auflösung des Reichstages. **6.11.** Bei den nun vorgezogenen Reichstagswahlen verliert die NSDAP erstmals wieder 4,2 % Wählerstimmen. Dafür kann die KPD gegenüber der SPD zulegen. **2.12.** Da keine arbeitsfähige Koalition zustande kommt, tritt Papen zurück und von Schleicher bildet eine Präsidialregierung. **4.12.** Die NSDAP erleidet einen weiteren Rückschlag, als sie in den Kommunalwahlen in Thüringen im Verhältnis zur Reichstagswahl beträchtliche Verluste hinnehmen muss.
1933	**28.1.** Die Regierung Schleicher scheitert bei dem Versuch, die NSDAP mit Hilfe ihres sozialistischen Flügels zu spalten und mit den Gewerkschaften zu verhandeln, woraufhin Schleicher zurücktritt. **30.1.** Hindenburg ernennt Hitler zum Reichskanzler.

7.6 Die Zerstörung der Demokratie durch den Nationalsozialismus

7.6.1 Deutschland, ein schwieriges Vaterland – eine Bestandsaufnahme

Das „Dritte Reich“ – eine weltgeschichtliche Zäsur

Kein anderer Staat hat den Verlauf der europäischen, ja der Weltgeschichte im 20. Jahrhundert so stark und zugleich so negativ bestimmt wie das nationalsozialistische Deutschland von 1933 bis 1945. Das „Dritte Reich“, dieses „menschenfeindlichste Regime der Geschichte“ (Heinrich August Winkler), beging einen beispiellosen Zivilisationsbruch: Ausgerechnet das „Land der Dichter und Denker“ trug die Verantwortung nicht nur für den Zweiten Weltkrieg, der große Teile Europas in Schutt und Asche legte und ca. 55 Mio. Menschenleben forderte, sondern auch für den planmäßigen Völkermord an über 5 Mio. europäischen Juden.

Folgen des Zweiten Weltkrieges

Dem „totalen Krieg“ folgte die totale Niederlage – mit schwerwiegenden Auswirkungen auf die deutsche und europäische Nachkriegsentwicklung und die Weltpolitik: Der Verlust der deutschen Ostgebiete, die Teilung Deutschlands und Europas in zwei einander feindlich gegenüberstehende politisch-militärische Blöcke unter der Führung der USA und der Sowjetunion (SU), der „Kalte Krieg“ zwischen diesen rivalisierenden atomaren Supermächten bis in die 1980er-Jahre waren direkte oder indirekte Folgen des Zweiten Weltkrieges. Erst mit dem Zusammenbruch des Sowjetkommunismus und der Auflösung der SU, der friedlichen Wiederherstellung der deutschen Einheit und der Überwindung der Blockspaltung Europas 1989–1991 endete gewissermaßen die Nachkriegszeit – und zugleich, wie es der Historiker Eric Hobsbawm ausdrückte, das „kurze 20. Jahrhundert“ (1914–1991).

Offene Fragen

Mehr als ein halbes Jahrhundert nach seinem Untergang ist die geschichtswissenschaftliche Erforschung des Nationalsozialismus noch nicht abgeschlossen. Nach wie vor, so der Historiker Hans-Ulrich Wehler, stellt sich die Grundfrage, „wie es dazu kommen konnte, dass die Weimarer Republik nach zwölf Jahren zerfiel, die nationalsozialistische Diktatur aber zwölf Jahre bestehen konnte, dass Deutschland als bisher einziges Industrie- und Kulturland der westlichen Zivilisation einen Radikalfaschismus praktiziert hat, der die Welt in einen fünfjährigen totalen Krieg und bis nach Auschwitz führte.“ Aber auch geschichtliche Einzelfragen werden immer wieder diskutiert, zum Beispiel: Worauf beruhte eigentlich und wie funktionierte Hitlers Herrschaft? Gab es einen schriftlichen oder mündlichen „Führerbefehl“ zur Judenvernichtung (der nicht überliefert ist), und wann wurde er erteilt? Wie tief war die Wehrmacht in die Massenmorde der SS- und Polizeiverbände (v.a. in Polen, der Sowjetunion, Jugoslawien und Griechenland) verstrickt? Und nicht selten werden neue Quellen mit z.T überraschenden historischen Details zutage gefördert: So wurde erst im Juli 2000 bekannt, dass sogar die beiden christlichen Kirchen in Deutschland während des Zweiten Weltkrieges ausländische Zwangsarbeiter beschäftigten.

1 Brandenburger Tor 1933: Aufmarsch der NSDAP.
Propagandafoto

Der Nationalsozialismus und die Gegenwart

Noch weniger kann die aktuelle politische Auseinandersetzung mit der Erblast des Nationalsozialismus als beendet angesehen werden. Schülerinnen und Schüler haben manchmal das Gefühl, dass sie mit diesem Thema „genervt" werden: im Geschichts-, Politik-, Deutsch-, Religions- und Biologieunterricht, an Gedenktagen wie dem 27. Januar, dem 8. Mai oder dem 9. November und auf allen Kanälen des Fernsehens, wo das Spektrum vom trivialen Spielfilm, über die populärwissenschaftliche Reportage bis zur seriösen Dokumentation reicht. Oft sind sie der Ansicht, dass sie als Generation des 21. Jahrhunderts mit Hitlers „Drittem Reich" persönlich nicht mehr zu tun haben als etwa mit dem Reich Karls des Großen.
Das ist jedoch ein Irrtum, wie schon wenige Beispiele zeigen:

- Die strafrechtliche Verfolgung nationalsozialistischer Verbrechen ist auch nach mehr als einem halben Jahrhundert im In- und Ausland noch nicht vollständig abgeschlossen; vereinzelt werden noch immer Täter aufgespürt, ausgeliefert und vor Gericht gestellt, wenn sie auch wegen ihres hohen Alters und schlechten Gesundheitszustandes ihre Strafe nur noch selten verbüßen müssen.
- Viele Institutionen wie Universitäten, Forschungseinrichtungen oder Großunternehmen begannen erst in den 1990er-Jahren mit der schonungslosen Aufarbeitung ihrer NS-Vergangenheit.
- Erst seit dem Jahr 2000 gibt es eine Vereinbarung zur Entschädigung der NS-Zwangsarbeiter; die Auszahlung der Gelder am Ende eines langwierigen Verfahrens wird mancher der in deutschen Wirtschaftsbetrieben ausgebeuteten und oft gesundheitlich ruinierten Frauen und Männer nicht mehr erleben.
- Über die Formen der Erinnerung und des Gedenkens wird in Deutschland nach wie vor kontrovers diskutiert, z. B. 1999 über die Frage, ob in Berlin ein nationales Holocaust-Denkmal errichtet werden soll und ob die beschlossene Form einer Gedenkstätte sinnvoll ist.
- Der Nationalsozialismus ist keineswegs politisch tot. In Deutschland, aber auch in anderen europäischen Ländern gibt es Gruppen, Verbände und Parteien, die sich zur nationalsozialistischen Ideologie und Politik bekennen. Sie verbreiten menschenverachtende, antidemokratische, ausländer- und judenfeindliche Parolen in eigenen Zeitungen, Propagandaschriften und im Internet, auf öffentlichen Kundgebungen und Demonstrationsmärschen. Wenn junge Deutsche jüdische Friedhöfe schänden und rassistisch motivierte Gewalttaten an Ausländern begehen, fügen sie Deutschlands Ansehen in der Weit schweren Schaden zu, denn ihre Aktionen werden von der internationalen Öffentlichkeit aufmerksam registriert.

2 Aufmarsch der NPD am selben Ort im Jahr 2000

Deshalb bleibt Deutschland ein „schwieriges Vaterland" (Gustav Heinemann, Bundespräsident 1969–1974) mit einer in die Gegenwart ragenden nationalsozialistischen Vergangenheit, die nicht vergeht – eine unbequeme Erbschaft, mit der sich jede junge Generation in ihrem eigenen Interesse stets aufs Neue historisch und politisch auseinandersetzen muss.

3 **„... und alles steht still“**

Die 17-jährige Sue Hermenau, Schülerin einer zwölften Klasse in Berlin:

Sie gehen nicht, sie schreiten. Mit einem lauten Plauz lassen sie die S-Bahntüren auseinanderkrachen, senden starre giftige Blicke in die Gegend und beginnen, den Gang entlangzuschreiten. Ihre Schuhe krachen Viervierteltakt auf den Boden. Niemandem blicken sie wirklich ins Gesicht. Kein Zwinkern, kein Humor in ihren Augen; bloß diese inszenierte Kälte, die jeden fast gefrieren lässt. Fast. [...]

Ich halte den Atem an und versuche, mich nicht zu bewegen. Aber entspannt muss es aussehen, entspannt. Sie setzten sich mir gegenüber. Der Größere mit der grünen Jacke stößt sich sein Knie unwirsch an meinem, und es knistert in der Luft. [...]

„Na ... Zecke!“, zischt er leise und lässt mich zusammenzucken. Ich denke an den unsicheren, gebrochenen Blick; er weiß von meiner Angst. Das nimmt mir meine Waffen, denn er registriert, woran er bei mir ist. Würde der mir eine reinhauen? Hab ich nicht mal gesagt bekommen, dass die Typen keine Mädchen schlagen? Kräftig genug wäre er. Groß genug auch. [...]

„Hi“, sage ich und lächle. „Haste was zu melden?“

Arroganz ist immer gut. Arrogant begegnet man ihnen selten; zumindest, wenn man allein ist und eigentlich Angst hat. Sehr große Angst.

„Das heißt nicht ‚Hi‘, das heißt ‚Heil‘. Oder haste da mal irgendwo nicht aufgepasst?“ [...]

„Heil Zecke!“ Ich blicke aus dem Fenster, schaue auf die vorbeiziehenden Neubauten. [...]

„Hast du mich nicht verstanden? Antworte! Heil Zecke!“ Sein Gesicht ist ganz rot. Er atmet schwer und ist furchtbar aufgeregt. Cool bleiben. Sei arrogant. [...]

Stolz zerstört mich, nagt unentwegt an mir, bringt mich in zwielichtige Situationen wie diese. Einfach wäre es, jetzt „Heil Hitler“ zu sagen und dann in Ruhe gelassen zu werden. Aber nein, einfach wäre es keineswegs; ich würde mich mies fühlen und mir ins Gesicht spucken wollen. Sie sind kräftig, gefährlich und im Unrecht, aber ich sehe es nicht ein, wegen ihnen einem Diktator Heil zu wünschen, der Millionen von Menschen auf dem Gewissen hat.

„Hi“, sage ich erneut. „Aber haben wir uns nicht schon begrüßt?“ Die Arroganz muss ich beibehalten. Er weiß, dass ich Angst hab und am liebsten verschwinden würde.

Ich will es mir nicht leicht machen, weil es keine leichte Angelegenheit war. Und ist. Ich will nicht aufgeben, will protestieren. Der Protest und der Widerstand gegen neue nationalsozialistische Strukturen – ist das nicht alles, was meine Generation leisten kann? Und ist das nicht schon verdammt wenig?

Okay, ich fühle mich nicht schuldig für den Holocaust und den Krieg und alles. Okay, ich bin Deutsche, aber dafür kann ich nichts. Es ist vorbei, und es muss dabei bleiben. Andere setzen Mahnmale und bauen Gedenkstätten, und ich ... ja, ich weigere mich halt, „Heil Hitler“ zu grüßen. Der vielleicht dümmste Widerstand auf Erden, aber es geht nicht anders.

Ich bin zu jung, und ich bin nicht dabei gewesen, habe von den Nürnberger Gesetzen und der NSDAP nur im Unterricht gehört. Neulich war ich mit meinem Politische-Weltkunde-Kurs im Haus der Wannsee-Konferenz. Dort stand der Glastisch, an dem die Ermordung und Vernichtung der Juden beschlossen wurde. Er glänzte und spiegelte mein Gesicht wider. Mein eigenes Gesicht. Es steht nicht in meiner Macht, glatzköpfige Idioten zu ändern, natürlich nicht. Aber ich kann ihnen so wenig Macht wie möglich zugestehen und ihnen einfach nicht nachgeben. Verdammt noch mal, nicht den Kopf in die Zeitung stecken, sondern ihnen kühn in die Augen sehen! Damit sie spüren, dass sie Würstchen sind; damit sie es alle spüren.

„Du willst frech werden? Seh ich das richtig? Willste den großen Onkel ärgern? Dutzidutzidu ...“ Der Typ ist sternhagelvoll, sein Blick ist ganz glasig.

[Sue entscheidet sich auszusteigen, wird aber festgehalten, geschlagen und getreten.]

Keiner hat reagiert im Abteil. Hui, ist die Zeitung wichtig; hui, was für eine tolle Aussicht aus dem zerkratzten Fenster. Habe ich mich schon jemals so gedemütigt gefühlt? Stolz? Stolz, ja verdammt stolz richte ich mich auf. Ziehe die Nase hoch, schüttle lässig den Dreck von der Hose, habe ein „Ihr könnt mich mal, ihr Loser“ im Gesicht geschrieben und schreite zur Tür. Ganz gerade, einen Schritt vor den anderen. [...] Der Zug hält an und ich reiße die Türen auf. [...]

Starr harre ich die Minuten aus, bis der Zug abfährt. Dann lasse ich mich fallen. Liege auf einer dieser Eisenschalen, die als Stühle dienen sollen, und halte die Tränen nicht mehr zurück. Hat sich das gelohnt? [...] Sie sind S-Bahnhof Friedrichfelde-Ost eingestiegen, und ich bin S-Bahnhof Lichtenberg ausgestiegen. Eine Station, vier Minuten [...] und alles steht still.

S. Hermenau: Und alles steht still. In: Was bleibt von der Vergangenheit? Die junge Generation im Dialog über den Holocaust, hrsg. von Stiftung für die Rechte zukünftiger Generationen. Berlin 1999, S. 95 ff.

Arbeitsvorschläge

a) Erläutern Sie die Motive von Sue, Widerstand zu leisten (M 3) und nehmen Sie dazu Stellung.

b) Informieren Sie sich über Größe, Ziele und Aktivitäten der Neo-Nazi-Szene im heutigen Deutschland. Erste Informationen erhalten Sie unter www.verfassungsschutz.de.

7.7 Die Ideologie des Nationalsozialismus und der moderne Antisemitismus

Kernpunkte: nationaler Sozialismus, Führerprinzip und Volksgemeinschaft

Die nationalsozialistische Ideologie entstand in der ersten Hälfte der 1920er-Jahre aus bereits bekannten rechtsradikalen Pro- und vor allem Anti-Haltungen. Diese fügten sich aber, verdichtet und zugespitzt, erst in den politisch-ideologischen Texten der NS-Bewegung – allen voran das (nie veränderte) NSDAP-Programm von 1920 und Adolf Hitlers Bekenntnisbuch „Mein Kampf" (geschrieben 1924) – zu einem geschlossenen Weltbild und einer dazugehörigen rechtsextremistischen politischen Programmatik.
Ideologischer Kernbegriff war der „nationale Sozialismus" (= Nationalsozialismus"). Diese griffige Formel – bewusst als Gegenkonzept zum internationalen marxistischen Sozialismus und Kommunismus formuliert – wurde inhaltlich nie genau bestimmt, um den Handlungsspielraum der Parteiführung nicht einzuengen. So beschränkte sich Hitler zum Beispiel in einer Rede von 1922 bei der Erläuterung des Parteinamens auf den vagen Hinweis, man wolle Staat und Gesellschaft so „national" und „sozial" organisieren, dass der einzelne „deutsche Volksgenosse" bereit sein werde, dafür zu sterben.

1 Hitler studierte sein Auftreten als Redner genau ein. Studioaufnahme 1925.

Greifbarer wird der Nationalsozialismus in der von ihm angestrebten politischen Struktur, dem „Führerprinzip". Danach sollten Staat und Gesellschaft konsequent, auf der Grundlage einer Auslese der „Besten", hierarchisch aufgebaut sein. Jeder Funktionsträger war ein „Führer", der in seinem Bereich nach dem (an sich militärischen) Prinzip von Befehl und Gehorsam Weisungen erteilte; seine Untergebenen („Gefolgschaft") durften ihn nur beraten. Jeder Führer wurde vom nächsthöheren Führer eingesetzt. Als oberster Führer und Staatslenker kam nach Hitlers Ansicht nur er selbst in Frage.
Seinen gesellschaftlichen Unterbau fand das politisch-militärische Führerprinzip in der Idee der „Volksgemeinschaft". Diese wurde als rein deutsche, klassenlose, aber berufsständisch gegliederte, auf ihre(n) Führer eingeschworene Kampfgemeinschaft gedacht. Deren Recht und Aufgabe sollte es sein, dem deutschen Volk im „natürlichen" Daseinskampf der Völker den nötigen „Lebensraum" zu erobern (Sozialdarwinismus, Lebensraumideologie).

Antihaltung und Feindbilder

Aus diesen Vorstellungen ergaben sich logisch eine Reihe von Anti-Haltungen bzw. konkreten Feindbildern. Verhasst waren den Nationalsozialisten alle angeblich „undeutschen" bzw. internationalen politischen und gesellschaftlichen Erscheinungen, die dem „Führerstaat" und der politisch und rassisch homogenen deutschen „Volksgemeinschaft" im Wege standen und daher zu bekämpfen waren:

- der bürgerliche Liberalismus mit seiner Trennung von Staat und Gesellschaft, von Öffentlichkeit und Privatheit, mit seinem gesellschaftlichen Pluralismus und Individualismus, die die Rechte gesellschaftlicher Gruppen bzw. des Einzelnen betonen, und mit seinem wirtschaftlichen Laisser-faire-Prinzip (Antiliberalismus);
- die parlamentarische Demokratie mit ihren Elementen Gewaltenteilung, Rechtsstaatlichkeit, Mehrparteiensystem, Koalitionsregierung, Opposition und politischer Kompromiss (Antiparlamentarismus);
- das gesamte Spektrum linker politischer und wirtschaftlicher Theorie und Praxis vom Marxismus und Kommunismus bzw. „Bolschewismus" über die Sozialdemokratie bis zu den Gewerkschaften. Linke wurden vom Nationalsozialismus unter dem Sammelbegriff „Marxisten" wahrgenommen und bekämpft (Antimarxismus);
- bestimmte Erscheinungsformen kapitalistischer Wirtschaft: Die NS-Ideologie prangerte die „Zinsknechtschaft" durch die Banken, das „arbeits- und mühelose

Einkommen" von Kriegsgewinnlern und Börsenspekulanten und das „raffende Kapital" (Börsen, Banken, Warenhäuser) im Unterschied zum „schaffenden Kapital" (Industrie, mittelständisches Handwerk und Handel) an. Die Grundlage des Kapitalismus, das Privateigentum an Produktionsmitteln, wurde jedoch – anders als bei den marxistischen Linken – nicht in Frage gestellt (begrenzter Antikapitalismus).

- die jüdischen Bürger, denen das Recht sich als Deutsche zu verstehen, kurzerhand abgesprochen wurde, und das „internationale Judentum" schlechthin, aber auch „Zigeuner" (d. h. Sinti und Roma) und andere „rassisch Unerwünschte" (Rassismus und Antisemitismus).

Moderner Antisemitismus

Die NS-Ideologie setzte die Juden mit allen anderen Feindbildern ursächlich in Beziehung: Die „jüdische Weltfinanz" stand angeblich hinter der Internationalisierung der Wirtschaft und übte ihre Macht über die Börsen aus mit dem Ziel, Deutschland zu zerstören. Oder: Der russische Bolschewismus stelle den Versuch des Judentums dar, „sich die Weltherrschaft anzueignen". Dieser fanatische Judenhass wurzelte nicht zuletzt im traditionellen christlichen Antijudaismus, der die Juden als Gottesmörder, Hostienfrevler, Brunnenvergifter, Ritualmörder und Zinswucherer diffamierte. Vor allem aber knüpfte er an den modernen Antisemitismus an, der sich im letzten Drittel des 19. Jahrhunderts auf drei Ebenen entwickelte.

7

Für Rassenideologie

Für Rassenideologen wie Eugen Dühring war das Entwicklungsprinzip der Geschichte der Kampf zwischen verschiedenwertigen menschlichen Rassen. Sie konstruierten eine Rangskala, auf der die Germanen („Arier") als höherwertige „kulturtragende Rasse" ganz oben, die Juden als minderwertige „kulturzersetzende Rasse" ganz unten standen. Judesein galt den Rassenideologen also nicht mehr als Religionszugehörigkeit, die man auch wechseln kann, sondern als negative „unabänderliche Eigenschaft des Blutes". Schon 1887 bezeichnete der Professor für Orientalistik Paul de Lagarde die Juden als „Ungeziefer", „Trichinen und Bazillen", die es rasch und gründlich zu vernichten gelte.

Politischer Antisemitismus

Um politischen Antisemitismus handelte es sich dort, wo sich der rassistische Antisemitismus in Parteien organisierte und judenfeindliche Geisteshaltungen in politische Forderungen und Parteiprogramme umgesetzt wurden. Besonders bekannt wurde die von dem Berliner Hofprediger Adolf Stoecker 1878 gegründete „Christlich-soziale Arbeiterpartei", die zwar nicht die Arbeiter, dafür aber Mittelschichtangehörige erreichte. Die antisemitischen Parteien richteten sich gegen „den Juden" als verhasste Symbolfigur der Modernisierung, der allmählich als Sündenbock für alle gesellschaftlichen Übel herhalten musste – so z. B. die „Bankjuden" und „Börsenjuden" für die Aktienverluste vieler Kleinanleger in der ersten Wirtschaftskrise des deutschen Kaiserreichs (1873–1878). Gefordert wurde, die Emanzipation der Juden aufzuheben, sie unter „Fremdengesetzgebung" zu stellen und beruflich zu beschränken. Die Antisemitenparteien erreichten bei den Reichstagswahlen 1893 und 1907 mit 3,5 % bzw. 3,9 % der Wählerstimmen nur bescheidene Erfolge. Auftrieb erhielten die Antisemiten im Ersten Weltkrieg durch die Diffamierung der Juden als „Kriegsgewinnler" und „Drückeberger" – ungeachtet der Tatsache, dass an der Front auch 100.000 jüdische Deutsche kämpften, von denen 30.000 Tapferkeitsmedaillen erhielten und 12.000 im Kampf fielen.

Gesellschaftlicher Antisemitismus

Gesellschaftlicher Antisemitismus breitete sich – eher latent als offen rassistisch – im weit verzweigten deutschen Verbands- und Vereinswesen (mit Ausnahme der Arbeiterbewegung) aus. Judenfeindschaft war z. B. das einigende

Band zwischen Großagrariern, Mittel- und Kleinbauern, die sich 1893 im „Bund der Landwirte" (BdL) organisierten und u. a. gegen jüdische Kreditgeber und Viehhändler wetterten. Im selben Jahr schlossen sich junge konservative, angestellte Kaufleute zum „Deutschnationalen Handlungsgehilfenverband" (DNHV) zusammen, der gegen die im Handel tätigen Juden zu Felde zog. In den 1890er-Jahren wurde es in den meisten bürgerlichen Verbänden und Vereinen – vom imperialistischen „Alldeutschen Verband" und zahlreichen Kriegervereinen bis zu studentischen Korporationen – selbstverständlich, Juden die Mitgliedschaft zu verweigern. Hochburgen des Antisemitismus waren die Universitäten und das Militär. Hinter dem modernen Antisemitismus verbarg sich ein unverkennbarer Sozialneid, nämlich die Absicht, tüchtige, erfolgreiche jüdische Konkurrenten in Industrie und Handel, in den freien akademischen Berufen, im Angestelltensektor und im öffentlichen Dienst auszuschalten.

EIn europäisches Phänomen

Traditioneller christlicher Antijudaismus existierte überall in Europa, wo jüdische Minderheiten lebten. Moderner Antisemitismus fand sich nicht nur in Deutschland, sondern stärker noch in Polen, den baltischen Ländern, Russland, der Ukraine, Österreich und Frankreich. Seine Anhänger blieben auch dort eine gesellschaftliche Minderheit – dasselbe gilt freilich für ihre erklärten Gegner. Trotz der Gemeinsamkeiten gibt es jedoch einen entscheidenden Unterschied: Im deutschen Herrschaftsbereich während des Zweiten Weltkrieges führte der Antisemitismus zu mörderischen Konsequenzen, die alles übertrafen, was man Juden jemals irgendwo angetan hatte.

7

Widerstand gegen den Antisemitismus

Schon im Kaiserreich wurde der Antisemitismus als eine ernstzunehmende Gefahr erkannt. 1890 wurde deshalb der „Verein zur Abwehr des Antisemitismus" gegründet, mit dem liberale jüdische und christliche Persönlichkeiten die gesellschaftliche Gleichberechtigung deutscher Juden durchsetzen wollten. Der Verein hatte zwischen 14.000 und 20.000 Mitglieder, unter ihnen z. B. Heinrich Mann und Hugo Preuß, der Mitverfasser der Weimarer Reichsverfassung. In Zusammenarbeit mit dem „Central-Verein deutscher Staatsbürger jüdischen Glaubens" versuchte man, die gegen die Juden erhobenen Vorwürfe – z. B. die rassische Unreinheit – als Vorurteile zu entlarven. In der Weimarer Republik mischte sich der „Abwehrverein" mit Anzeigen und Wahlempfehlungen in die Wahlkämpfe ein.
Der 1893 gegründete „Central-Verein" vertrat die assimilierten deutschen Juden, die sich als Deutsche jüdischen Glaubens verstanden und damit im Gegensatz zu der um die gleiche Zeit gegründeten zionistischen Bewegung Theodor Herzls standen. Der „Central-Verein" gab seinen Mitgliedern Rechtsbeistand, wenn sie vor Gericht gegen antisemitische Diskriminierung klagten. Obwohl überparteilich, arbeiteten „Abwehrverein" und „Central-Verein" mit den liberalen Parteien zusammen, im Kaiserreich mit der Fortschrittlichen Volkspartei, in der Weimarer Republik mit der DDP.

Verein zur Abwehr des Antisemitismus
Gruppe Bergstraße

Keines unserer Mitglieder verabsäume am 4. Mai schon vormittags seine Wahlpflicht zu erfüllen. — **Nicht zu wählen sind:** Kanditaten der sogen. völkisch-nationalistisch organisierten Parteien, von denen der Wahlkampf sattsam genug gezeigt hat, was von diesen zu erwarten ist, — nämlich:

Bürgerkrieg und endgültige Zerstörung unseres deutschen Vaterlandes!

Das Schüren des gemeinsten Rassenhasses, — die sogen. antisemitische Tendenz dient lediglich nur dazu, **das wahre Ziel dieser nationalistisch-völkischen Hetzer** zu verbergen und die wirklichen Ziele dieser Antisemiten und deren ganze Tätigkeit führen

zum Zerstören und Zersplittern des deutschen Vaterlandes, der deutschen Reichseinheit

und zur totalen Vernichtung des deutschen Ansehens, der Achtung und Wertung vor der gesamten civilisierten Welt.

Der Vorstand.

Wähler laßt Euch nicht beirren! Wer hat die Währung gerettet, ruhigere Verhältnisse schaffen helfen? Die Deutsche Volkspartei.

Zwiebeln

Mehl billigst

Mittagstisch

Nähmaschine

Eine junge Kuh

2 Bergsträßer Anzeigenblatt 2. Mai 1924

Methode: Ideologiekritik

Hitlers „Mein Kampf"

1925 veröffentlichte Adolf Hitler den ersten, 1926 den zweiten Band seines umfangreichen politischen Bekenntnisbuches „Mein Kampf". Es entwickelte sich zu einer Art Bibel des Nationalsozialismus: Bis 1945 wurden etwa 11 Millionen Exemplare gedruckt. Das Buch enthält die vollständigste und authentischste Darstellung der nationalsozialistischen Ideologie. Auch heute noch wird es von den Rechten in aller Welt gelesen, zitiert, benutzt. Schon aus diesem Grund stellt sich die Frage, wie man sich mit Hitlers ideologischem Werk kritisch auseinandersetzen kann.

Grundzüge einer Ideologie verdeutlichen

Unter Ideologien verstehen wir heute Denk- und Wertsysteme, die von bestimmten Interessen geleitet werden und daher von einer verfälschten Sicht der Wirklichkeit ausgehen. Ideologien stehen im Gegensatz zu Geschichts- und Gesellschaftstheorien, die als wissenschaftlich gelten können: Historiker, Soziologen und Philosophen, sie alle haben in der Regel den Anspruch, die Wirklichkeit objektiv und auf nachprüfbare Weise darzustellen, ihre Prämissen offenzulegen und auch die Grenzen und Probleme ihrer Erklärungen und Interpretationen zu beschreiben. Solche Grundsätze werden in Rahmen von Ideologien vernachlässigt. Oft tragen Ideologien den Charakter einer umfassenden weltlichen Glaubenslehre oder Weltanschauung. Als solche erheben sie den Anspruch auf alleinige Richtigkeit und universale Gültigkeit.
Ihre vermeintliche Glaubwürdigkeit erhalten Ideologien häufig dadurch, dass in ihnen für sich genommen korrekte Fakten einseitig ausgesucht und mit unzutreffenden Urteilen verbunden werden. So entstehen scheinbar in sich schlüssige Bilder einer „falschen Wirklichkeit". Und ein weiterer Grundzug: Im Rahmen von Ideologien wird zwar die Wirklichkeit häufig verfälscht oder stark vereinfacht, gleichzeitig jedoch versucht, einer bestimmten Wirklichkeitssicht einen wissenschaftlichen Anstrich zu geben.
Ideologien sind dennoch meist keine bewussten Täuschungsmanöver, sondern ihre Urheber und Anhänger sind durchaus selbst von dem überzeugt, was sie vertreten. Ideologien werden nicht einfach erfunden, sondern sie entstehen auf dem Boden ungelöster gesellschaftlicher Probleme, erwachsen also aus einem verbreiteten Bedürfnis nach Erklärung und nach Bestätigung oder Überwindung bestimmter sozialer Gegebenheiten.

Ideologische Texte anhand rationaler Kriterien untersuchen und prüfen
Erster Schritt: immanente Analyse

Wo zeigen sich in Hitlers Werk „Mein Kampf" charakteristische Merkmale einer Ideologie? Diese Frage lässt sich leichter beantworten, wenn man ein genaues Raster von Kriterien vor Augen hat. Die inhaltlichen und formalen Strukturen ideologischer Texte eingehend zu analysieren, zu durchschauen und rational kritisierbar zu machen, ist die Aufgabe der Ideologiekritik.
Um Hitlers ideologischem Denken auf die Spur zu kommen, ist es zunächst wichtig, am Text selbst vorzugehen (immanente Analyse). Wie steht es um den Wahrheitsgehalt der Aussagen? Hier muss man unterscheiden zwischen Tatsachen und Meinungen. Problematisch bzw. ideologisch sind nicht die Fakten selbst, sondern die damit verknüpften unzutreffenden Urteile. Ideologische Meinungen lassen sich durch eine Textanalyse mittels folgender Fragen erkennen und durch ihre Beantwortung argumentativ widerlegen:

a) Welche Aussagen des Textes enthalten unbegründete Werturteile? In welche Richtung kann oder soll die Urteilsbildung gelenkt werden?
b) Welche Begriffe werden umgedeutet, d. h. werden sie anders definiert und benutzt als allgemein üblich? Welche politischen Absichten lassen sich erkennen?

c) Beruht die Darstellung und Beurteilung eines Sachverhalts auf einseitig ausgewählten Fakten? Welche anderen wichtige beziehungsweise dazugehörige Fakten werden abgetan oder gar nicht erwähnt?
d) Welche falschen Schlüsse werden aus fehlerhaften, gegebenenfalls auch richtigen Voraussetzungen gezogen?
e) Ist das, was erst bewiesen werden soll, in den Voraussetzungen eines Gedankenganges schon stillschweigend enthalten?
f) Welche bloßen Annahmen verwandeln sich im Verlaufe einer Argumentation unversehens in feste, aber unbewiesene Tatsachenbehauptungen?
g) Werden falsche oder einseitige Kausalbeziehungen hergestellt?

Zweiter Schritt: soziologische Analyse

Bei dem zweiten Schritt der Ideologiekritik sind politische und soziale Faktoren zu berücksichtigen: Für welche gesellschaftlichen Verhältnisse stellte die NS-Ideologie Erklärungen bereit? Welchen sozialen Bedürfnissen entsprach sie? Wem nützten die ideologischen Aussagen Hitlers? Berücksichtigen Sie hierbei Ihr Wissen zur Weimarer Republik.

Bewertung

Abschließend stellt sich die Frage der Beurteilung der Ideologie. Eine Bewertung und Einordnung wird schon vorgenommen, wenn die NS-Ideologie begrifflich näher beschrieben wird. Mit welchen Begriffen lässt sich die NS-Ideologie genauer charakterisieren?

3 Eckpfeiler der NS-Ideologie

Hitler beschreibt das Führerprinzip und die Rolle der Juden:

Eine Weltanschauung, die sich bestrebt, unter Ablehnung des demokratischen Massengedankens, dem besten Volk, also den höchsten Menschen, diese Erde zu geben, muss logischerweise auch innerhalb dieses Volkes wieder dem gleichen aristokratischen Prinzip gehorchen und den besten Köpfen die Führung und den höchsten Einfluss im betreffenden Volk sichern. Damit baut sie nicht auf dem Gedanken der Majorität, sondern auf dem der Persönlichkeit auf […]

Das Aussuchen dieser Köpfe besorgt, wie schon gesagt, vor allem der harte Lebenskampf selbst. Vieles bricht und geht zugrunde, erweist sich also doch nicht als zum Letzten bestimmt, und wenige erscheinen zuletzt als auserwählt. Auf den Gebieten des Denkens, des künstlerischen Schaffens, ja selbst denen der Wirtschaft findet dieser Ausleseprozess auch heute noch statt, obwohl er besonders auf dem Letzteren schon einer schweren Belastung ausgesetzt ist. Die Verwaltung des Staates und ebenso die durch die organisierte Wehrkraft der Nation verkörperte Macht sind gleichfalls von diesem Gedanken beherrscht. Überall dominiert hier noch die Idee der Persönlichkeit, der Autorität derselben nach unten und der Verantwortlichkeit gegenüber der höheren Person nach oben. Nur das politische Leben hat sich heute bereits restlos von diesem natürlichsten Prinzip abgewandt […] Der Marxismus aber stellt sich als der in Reinkultur gebrachte Versuch des Juden dar, auf allen Gebieten des menschlichen Lebens die überragende Bedeutung der Persönlichkeit auszuschalten und durch die Zahl der Masse zu ersetzen. Dem entspricht politisch die parlamentarische Regierungsform, die wir, von den kleinsten Keimzellen der Gemeinde angefangen bis zur obersten Leitung des gesamten Reiches, so unheilvoll wirken sehen, und wirtschaftlich das System einer Gewerkschaftsbewegung, die nicht den wirklichen Interessen des Arbeitnehmers dient, sondern ausschließlich den zerstörenden Absichten des internationalen Weltjuden. […]

So ist der Jude heute der größte Hetzer zur restlosen Zerstörung Deutschlands. Wo immer wir in der Welt Angriffe gegen Deutschland lesen, sind Juden ihre Fabrikanten. […] Die Gedankengänge des Judentums dabei sind klar. Die Bolschewisierung Deutschlands, d. h. die Ausrottung der nationalen völkischen Intelligenz und die dadurch ermöglichte Auspressung der deutschen Arbeitskraft im Joch der jüdischen Weltfinanz, ist nur als Vorspiel gedacht für die Weiterverbreitung dieser Welteroberungstendenz. […]

A. Hitler: Mein Kampf. Zwei Bände in einem Band. Ungekürzte Ausgabe, München 1935, S. 492 f., und S. 70 f.

Arbeitsvorschlag

Analysieren Sie den Auszug aus Hitlers Buch „Mein Kampf" (M 3), indem Sie die oben genannten Arbeitsschritte zur Ideologiekritik anwenden.

4 „Monsieur le directeur" – Humor in der Kaiserzeit
„Man is nich ßufrieden mit eiern Leistungen, ihr werdet wahrscheinlich entlassen. Die endgültige Entscheidung könnt ihr Euch heute abend bei mir zu Hause abholen." Adolf Münzer, „Simplicissimus", 1899.

5 „Deutschland" – Wahlkampf zur Zeit der Weimarer Republik
Dieses Wahlkampfplakat erschien zur Reichstagswahl 1920. Die genauen Hintergründe der Entstehung sind unklar.

6 „Die Judenfrage als Racen-, Sitten- und Culturfrage", *Eugen Dühring 1881:*
Was den inzwischen erforderlichen Modus Vivendi [Form eines erträglichen Zusammenlebens] betrifft, so ist auf dem Fuße der Gleichheit kein andauerndes Zusammenleben mit den Juden möglich, weil der fragliche Stamm von Natur auf einer ungleichen und zwar erheblich tiefern Stufe der Begabung und Moralität steht. Hier kann auch kein geistiges Prinzip helfen; denn der Fehler ist physiologischer Art und liegt im Naturcharakter selbst. [...]
Der ewige Jude, der nach dem Höheren und Edleren nicht aufzuschauen vermag und sich im Niedern durch die Weltgeschichte ruhelos treibt, ist das ganze Volk selbst, beladen mit dem Fluche der Natur, alle andern Völker heimzusuchen und selbst nicht sobald zur Ruhe einzugehen. Die Erlösung der Juden von sich selbst ist weltgeschichtlich durch ihren Reformator Christus vermittels eines geistigen Prinzips versucht worden, aber misslungen. [...] Was bleibt also übrig, als dass andere Völker an ihnen mit andern als geistigen Mitteln das vollziehen, was ihr eigener Reformator nicht vermocht hat, nämlich die Welt gründlich von allem Judenwesen zu erlösen. [...] Die Mittel werden [...] politische, wirtschaftliche und gesellschaftliche sein müssen. Selbst ein mächtigeres Geistesprinzip als alle bisherigen Religionen würde als bloß geistige Macht den Judenstamm nicht erheblich zum Bessern verändern. Im Gegenteil würde die Aufnahme von Juden auch der besten Geistesgemeinschaft nur schädlich werden. [...]
Darum gibt es gegen sie auch nur eine einzige Politik, nämlich die der äußerlichen Einschränkung, Einpferchung und Abschließung.

Zit. nach: M. Görtemaker: Deutschland im 19. Jahrhundert. Entwicklungslinien. Bonn 1996, S. 271 f.

7 Die „Antisemitische Partei" und die Judenfrage
Beschlüsse des Hamburger Parteitages, 10./11. 9. 1899:
Es ist die Aufgabe der antisemitischen Partei, die Kenntnis vom wahren Wesen des Judenvolkes zu vertiefen und immer weiter zu verbreiten. Wir stehen erst am Anfang dieser Tätigkeit. [...] Dank der Entwicklung unserer modernen Verkehrsmittel dürfte die Judenfrage im Laufe des 20. Jahrhunderts zur Weltfrage werden und als solche von den anderen Völkern gemeinsam und endgültig durch völlige Absonderung und (wenn die Notwehr es gebietet) schließliche Vernichtung des Judenvolkes gelöst werden. Der wahre Friedenskongress wird derjenige sein, der sich mit der Stellung der erdbewohnenden Menschheit zum Hebräer beschäftigt. – Bis dahin aber wird es Sache jeder einzelnen Nation sein, sich der Judenplage zu erwehren, so gut sie es den Umständen nach kann.

Aus: Europäischer Geschichtskalender, 1899. S. 142. Zit. nach: Ebenda, S. 273.

8 Antisemitismus am Ende des Ersten Weltkrieges
Der Soziologe Franz Oppenheimer über die Judenfeindlichkeit in Deutschland am Ausgang des Weltkrieges, Juli 1918:
Man bereitet für jeden Fall einen Sündenbock vor, den das Volk anstelle der wirklich Schuldigen in die Wüste

jagen mag [...] Vielleicht hilft das so alterprobte Mittel auch dieses Mal noch! [...]
Es handelt sich um die edle Absicht, die Juden und ihre „Presse", für die man auch alle Juden verantwortlich macht, für einen etwaigen unbefriedigenden Ausgang des Krieges haftbar zu machen, die Volkswut auf sie abzulenken [...]
Aber schlimmer, viel schlimmer, weil offiziell mit der ganzen Autorität des Reiches und Rechtes hinter sich, sind die Gesetze und Verordnungen der leitenden Stellen, ist die Judenpolitik im Großen. Ich erinnere nur an die proklamierte Grenzsperre und die geradezu wunderliche Begründung, mit der die Einwanderung jüdischer Arbeiter aus Russland nach Deutschland verboten wird: Ist wirklich die auf einem Juden schmarotzende Laus gefährlicher oder gegen die heißen Dämpfe der „Lausolee" unempfindlicher, als die auf einem polnischen Christen schmarotzende? Derartige Dinge häufen sich, je länger, je mehr, und wir sind durch unsere Selbstachtung als Juden und durch unsere politischen Interessen als Deutsche dazu gezwungen, mit allem Ernst dagegen Protest einzulegen [...]

Zit. nach: Michaelis/Schraepler, a.a.O., Bd. VII. S. 196

9 Gustav Mayer über Antisemitismus nach 1919

Der Historiker Gustav Mayer über die Ausbreitung des Antisemitismus nach 1919:

Die Weimarer Verfassung, ein Produkt der Niederlage und nicht des Sieges, eröffnete den Juden den Zutritt zu der niederen, mittleren und höheren Beamtenlaufbahn. Fortan durften sie nicht allein Briefträger oder Eisenbahnschaffner werden, sondern auch, freilich nicht ohne Risiko, Außenminister oder Ministerpräsident. Nun ging aber fast parallel mit der Ausweitung ihrer Gleichberechtigung in der staatlichen Sphäre eine Tendenz, sie aus der Industrie und dem Bankwesen, namentlich aus den höheren Stellen, soweit sie solche innehatten, herauszudrängen. Besonders die Industrie legte Nachdruck darauf, judenrein zu bleiben oder zu werden. Den bis vor kurzem maßgebenden Schichten galt die neue demokratische Verfassung als ein vom siegreichen Feinde ihnen aufgezwungene. Sie hassten den neuen Staat, sie wollten keine Judenrepublik, sie erklärten die Juden für die Hauptnutznießer des deutschen Zusammenbruchs. Dabei trugen gerade die so redeten die meiste Schuld daran, dass die neuen Minister sich künftig gezwungen sahen, geeignete jüdische Juristen in Ämter einzusetzen, die früher in der Regel von Söhnen jener Familien bekleidet wurden, die bis dahin der preußischen Bürokratie ihr Gepräge gegeben hatten. Jetzt boykottierten diese Elemente den neuen Staat. Höchstens die Reichswehr betrachteten sie als eine ihren Standesvorteilen entsprechende Insel in dem Roten Meer der jüdisch-sozialdemokratischen Republik. Aber noch gemäßer waren dem Geschmack dieser feudalisierten Jugend die Freikorps mit ihrer Femeromantik, die üppig aus dem Boden schoss. Weit deutlicher noch als in den größeren Städten machte sich in der zweiten Hälfte der zwanziger Jahre das Anwachsen des Antisemitismus in den kleinen Kreisstädten und auf dem platten Lande bemerkbar. Jeder Misserfolg der Regierung in der Politik, jeder Rückschlag in der Wirtschaft wurde hier an erster Stelle den Juden aufs Konto geschrieben, und die vielfach in den Händen der alten konservativen Eigentümer verbliebene Lokalpresse machte sich zum Träger einer von Jahr zu Jahr unbedenklicher auftretenden Demagogie. Deren Gefährlichkeit begriff ich, wie ich zu meiner Schande gestehe, freilich erst, als zu Ende der zwanziger Jahre die schwere wirtschaftliche Krisis den Wind unverkennbar in die Segel der Nationalsozialisten trieb. Seit dem Zusammenbruch hatte unter den Deutschen der Rassenantisemitismus eine immer größere Anhängerschaft gewonnen [...]

Zit. nach: Michaelis/Schraepler, a.a.O., Bd. VII. S. 196f.

10 Die jüdische Bevölkerung im Deutschen Reich 1871–1933 (Anteil an der Gesamtbevölkerung in %)

Jahr	*Gesamtbevölk.*	*Juden*	*in %*
1871	36323000	383000	1,05
1880	40218000	437000	1,09
1890	44230000	465000	1,05
1900	50626000	497000	0,98
1910	58451000	539000	0,92
1925	63181000	568000	0,90
1933	66029000	503000	0,76

Aus: Statistik des deutschen Reichs, Bd. 451/5. Nach: D. Bennathan: Die demographische und wirtschaftliche Struktur der Juden. In: Entscheidungsjahr 1932. Tübingen 1965, S. 94.

Arbeitsvorschläge

a) Erläutern Sie in M 4 und M 5 zu Tage tretenden Antisemitismus und vergleichen Sie beide Materialien miteinander.
b) Arbeiten Sie heraus, welche rassischen Merkmale Dühring den Juden zuschreibt, und zeigen Sie, wie er sie begründet (M 6).
c) Vergleichen Sie das antisemitische Programm von 1899 (M 7) mit den Ansichten von Dühring (M 6). Diskutieren Sie, worin die besondere Radikalität des Programms begründet liegt.
d) Untersuchen Sie die antisemitischen Texte (M 6, M 7) mit Hilfe des Instrumentariums der Ideologiekritik.
e) Vergleichen Sie die antisemitischen Texte aus der Kaiserzeit (M 6, M 7) mit Hitlers Einschätzung der Juden (M 3).

7

Standpunkte: Der moderne Antisemitismus im historischen Urteil

Mit seinem 1996 veröffentlichten Buch „Hitlers willige Vollstrecker" löste der amerikanische Politologe Daniel Jonah Goldhagen eine lebhafte Debatte aus. Er behauptete, ein fest verwurzelter Antisemitismus sei die Triebkraft für Tausende von Deutschen gewesen, mit ungeheuerlicher Energie Juden zu töten – Millionen anderer Deutscher wären dazu auch bereit gewesen. Diese These ist umstritten und legt eine Frage nahe: Wie sah dieser deutsche Antisemitismus aus?

11 Verbreiteter Antisemitismus in Deutschland

Der deutsche Historiker Hans-Ulrich Wehler 1995:

Trotz des Scheiterns der Antisemitenparteien wäre es aber völlig verfehlt, ihre Niederlage mit einem Rückgang des modernen Antisemitismus überhaupt gleichzusetzen. Vielmehr hatte er sich inzwischen in manchen Sozialmilieus und Klassen der reichsdeutschen Gesellschaft verhängnisvoll tief eingenistet. [...] In der Mittelstandsbewegung, im DNHV [Deutschnationaler Handlungsgehilfenverband], bei den Alldeutschen und überhaupt in den nationalen Verbänden blieb der Antisemitismus in der Mentalität der Anhänger ungebrochen und im Vokabular präsent [...].

Und im politisch-administrativen System grassierten die antisemitischen Vorurteile unentwegt weiter. [...] 1866 war in Preußen das Gesetz gegen die Einstellung jüdischer Richter endlich aufgehoben worden. Bis 1914 aber gab es gerade einmal zweihundert jüdische Amtsrichter, die ohne jede Chance beruflichen Aufstiegs blieben. Von fünfundzwanzigtausend Einjährig-Freiwilligen jüdischer Herkunft, die zwischen 1871 und 1914 als potenzielle Offiziersanwärter in die Armee eintraten, konnten einundzwanzig zum Leutnant der Reserve avancieren. Einen jüdischen Berufsoffizier gab es nicht. Offener oder latenter, jedenfalls wirksamer Antisemitismus blieb ein Kennzeichen auch des kaiserlichen Offizierskorps.

Nein, der Misserfolg der Antisemitenparteien bedeutete keineswegs das Ende des gesellschaftlich breit diffundierten modernen Antisemitismus. Als der Erste Weltkrieg ihn gefährlich steigerte und die Niederlage die Jagd nach Sündenböcken auslöste, dehnte er sich weiter aus, und die neuen völkisch-antisemitischen Verbände und Parteien konnten bis 1932 ein bisher unvorstellbares Wählerpotenzial mobilisieren.

H.-U. Wehler: Deutsche Gesellschaftsgeschichte Bd. 3: 1849–1914. München 1995, S. 1064 ff.

12 „Eliminatorischer" Antisemitismus der Deutschen

Goldhagen 1996:

Bereits lange vor dem Machtantritt der Nationalsozialisten in Deutschland [hatte sich] eine bösartige und gewalttätige „eliminatorische", also auf Ausgrenzung, Ausschaltung und Beseitigung gerichtete Variante des Antisemitismus durchgesetzt [...], die den Ausschluss des jüdischen Einflusses, ja der Juden selbst aus der deutschen Gesellschaft forderte. Als die Nationalsozialisten schließlich die Macht übernommen hatten, fanden sie sich an der Spitze einer Gesellschaft wieder, in der Auffassungen über die Juden vorherrschten, die sich leicht für die extremste Form der „Beseitigung" mobilisieren ließen. [...]

1. Seit Beginn des neunzehnten Jahrhunderts war der Antisemitismus in Deutschland allgegenwärtig und gehörte zum allgemeinen Wertekanon. 2. Die Beschäftigung mit den Juden hatte Züge von Besessenheit. 3. Die Juden galten zunehmend als Verkörperung und Symbol für alles, was die deutsche Gesellschaft für schlecht hielt. 4. Juden wurden für böswillig, mächtig, ja sogar für die Hauptursache aller Übel gehalten, die Deutschland bedrohten, und daher sah man in ihnen eine Gefahr für das Wohlergehen der Deutschen. Moderne deutsche Antisemiten glaubten im Unterschied zu ihren mittelalterlichen Vorläufern, dass ohne die Vernichtung der Juden auf der Welt kein Frieden möglich sei. 5. Dieses kulturelle Modell der zweiten Hälfte des neunzehnten Jahrhunderts verband sich mit dem Konzept der „Rasse". 6. Die rassistische Variante des Antisemitismus war nicht nur in ihrer Vorstellungswelt ungewöhnlich gewalttätig, sie tendierte auch zur Anwendung von Gewalt. 7. Es entsprach ihrer Logik, für die Ausschaltung der Juden mit allen notwendigen und im Rahmen der herrschenden sittlichen Schranken möglichen Mitteln einzutreten. [...].

D. J. Goldhagen: Hitlers willige Vollstrecker. Ganz gewöhnliche Deutsche und der Holocaust. Berlin 1996, S. 39 u. 103 f. Übers. Klaus Kochmann.

Arbeitsvorschläge

a) Vergleichen Sie die jeweiligen Thesen zum Antisemitismus im deutschen Kaiserreich.

b) Nehmen Sie Stellung zu Goldhagens These, die deutsche Gesellschaft sei schon im 19. Jahrhundert von einem tief verwurzelten „eliminatorischen" Antisemitismus geprägt gewesen.

Antisemitismus in Deutschland (1800–1925)

1808	In den Rheinbundstaaten Königreich Westfalen (Hauptstadt: Kassel) und Großherzogtum Berg (Hauptstadt: Düsseldorf) werden erstmals in deutschen Staaten die Juden ihren Mitbürgern gleichgestellt. Zuvor galt das schon für die zum napoleonischen Frankreich gehörenden linksrheinischen Gebiete.
1812	Durch ein königliches Edikt wird in Preußen den Juden ermöglicht, das Bürgerrecht zu erwerben. Der preußische Versuch, das Edikt auf andere Staaten auszudehnen, scheitert drei Jahre später auf dem Wiener Kongress.
1819	Während der Hep-Hep-Krawalle werden in deutschen Städten jüdische Viertel überfallen.
1848	Zur Zeit der Märzrevolution kommte es auf dem Land zu Übergriffen gegen Juden und ihre Familien. Nicht wenige Bauern sind bei jüdischen Kreditgebern verschuldet.
1849	Die Ablehnung der Paulskirchen-Verfassung durch Friedrich Wilhelm IV. bedeutet auch eine Niederlage für die Juden, die durch die in der Verfassung verankerten Menschenrechte gleichberechtigte Bürger geworden wären. Vor dem Hintergrund der fehlenden Gleichberechtigung, antijüdischer Gesetze in einzelnen deutschen Staaten und wirtschaftlicher Benachteiligung kommt es nach 1849 innerhalb der jüdischen Bevölkerung zu einer ersten größeren Ausreisewelle.
1853–1855	Joseph Arthur de Gobineau begründet mit dem „Essai sur l'inégalité des races humaines" den modernen Rassenantisemitismus.
1871	Die Verfassung des deutschen Kaiserreiches garantiert die rechtliche Gleichstellung der Juden.
1873–1895	Die Talfahrt der Wirtschaft geht einher mit der Verbreitung antisemitischer Vorstellungen und der Gründung antisemitischer Parteien und Verbände.
1881	Eugen Dühring veröffentlicht seine antisemitische Schrift „Die Judenfrage als Racen-, Sitten- und Culturfrage".
1893	Bei der Reichstagswahl entfallen 2,3% der Stimmen auf antisemitische Parteien.
1899	Houston Stewart Chamberlain veröffentlicht sein antisemitisches Werk „Die Grundlagen des 19. Jahrhunderts".
1917/18	Die extrem nationalistische und antisemitische „Deutsche Vaterlandspartei" sammelt vorübergehend bis zu 1,25 Mio. Mitglieder. Während des Ersten Weltkrieges werden Juden als „Kriegsgewinnler" und „Drückeberger" beschimpft – zur selben Zeit kämpfen 100 000 jüdische Deutsche für das Kaiserreich.
1919–1923	Ein Großteil der von rechten Tätern verübten politischen Morde während der Anfangsjahre der Weimarer Republik treffen jüdische Politiker: Rosa Luxemburg (KPD; 1919), Kurt Eisner (USPD; 1919), Hugo Hase (USPD; 1919), Walther Rathenau (DDP; 1922).
1925/26	Adolf Hitler veröffentlicht „Mein Kampf".

man die Länder von selbstständigen politischen Körperschaften zu bloßen Verwaltungsbezirken degradiert. Durch weitere Gesetze wurden am 1. Januar 1934 die Hoheitsrechte der Länder und die Länder- und Kommunalparlamente aufgehoben sowie am 14. Februar - ein Verstoß gegen das eigene „Ermächtigungsgesetz"! - der Reichsrat abgeschafft.

Gleichschaltung und Arisierung der Beamtenschaft

Mit dem „Gesetz zur Wiederherstellung des Berufsbeamtentums" vom 7. April 1933 konnten „Beamte, die nach ihrer bisherigen politischen Betätigung nicht die Gewähr dafür (boten), dass sie jederzeit rückhaltlos für den nationalen Staat eintreten, [...] aus dem Dienst entlassen werden". Neben dieser politischen Bestimmung, die in erster Linie Mitglieder oder Anhänger der linken Parteien betraf, enthielt das Gesetz einen so genannten Arierparagraphen, nach dem „Beamte [...] nicht arischer Abstammung [...] in den Ruhestand zu versetzen" waren. Ausnahmen galten vorerst noch für jene jüdischen Beamten, die schon im Kaiserreich gedient oder im Ersten Weltkrieg an der Front gekämpft hatten. Auch die Söhne der an der Front gefallenen Juden waren zunächst noch ausgenommen (▶ Online-Link).

Staatspartei NSDAP

Bereits seit dem Reichstagsbrand am 27./28. Februar 1933 wurde die KPD verfolgt. Ihre Reichstagsmandate wurden am 9. März annulliert. Die Umwandlung des Maifeiertages in einen staatlichen, bezahlten „Tag der nationalen Arbeit" bedeutete eine weitere Schwächung der gespaltenen und gelähmten Arbeiterbewegung. Nach vergeblichen Anbiederungsversuchen an die neue Regierung wurden am 2. Mai die Gewerkschaften zerschlagen, am 22. Juni die SPD verboten. In den folgenden zwei Wochen lösten sich die übrigen Parteien selbst auf. Die Abgeordneten der DNVP traten der NSDAP-Fraktion bei. Der „Stahlhelm" wurde am 1. Juli 1933 auf Weisung Hitlers der SA unterstellt. Ein Gesetz vom 14. Juli 1933 „gegen die Neubildung von Parteien" erklärte die NSDAP zur einzigen zugelassenen Partei; am 1. Dezember gab das Gesetz „zur Sicherung der Einheit von Partei und Staat" der NSDAP den Status einer Körperschaft des öffentlichen Rechts.

8

Loyalitat des Militärs

Wie alle anderen staatlichen Institutionen wurde auch die Reichswehr bis 1937/38 ebenfalls „gleichgeschaltet". Ihre Führung brachte Hitler bereits am 3. Februar 1933 - vier Tage nach seinem Amtsantritt - auf seine Seite, indem er Unabhängigkeit des Militärs von der SA, Aufrüstung und Wiedereinführung der allgemeinen Wehrpflicht zusicherte. Seine Ziele - „Eroberung neuen Lebensraumes im Osten und dessen rücksichtslose Germanisierung" - stießen bei den Generälen nicht auf Widerspruch.

Gleichschaltung von Kunst, Kultur und Journalismus

Ein erstes Zeichen für den unbedingten Anspruch auf Kontrolle von Kultur und Kunst waren die von nationalsozialistischen Studenten organisierten öffentlichen Bücherverbrennungen am 10. Mai 1933. Sie fanden unter dem Motto „Wider den undeutschen Geist" statt. Öffentliche und private Bibliotheken sollten in diesem Sinne gesäubert werden. In Berlin beteiligte sich Reichspropagandaminister Goebbels mit einer Rede gegen die verfemten Autoren - gemeint waren u. a. Thomas Mann, Erich Maria Remarque, Bertolt Brecht, Erich Kästner, Kurt Tucholsky und Carl von Ossietzky - an diesem Ereignis.
Mit dem Reichskulturkammergesetz vom 22. September 1933 wurden alle Schriftsteller und Künstler unter die Kontrolle von Propagandaminister Goebbels gestellt. Von nun an durfte nur noch der Künstler arbeiten, der Mitglied einer der Unterkammern der Kulturkammer war. Das galt auch für Journalisten, die entweder Mitglied der Reichspressekammer oder der Reichsrundfunkkammer sein mussten.

Flucht, Vertreibung, Ausbürgerung

In mehreren Wellen flohen politisch und rassisch Verfolgte aus Deutschland. Etwa 20.000 Menschen verließen aus politischen Gründen ihre Heimat. Auf die meisten Flüchtlinge warteten im Exil Jahre der Not und Unsicherheit. Vielen von ihnen wurde die deutsche Staatsbürgerschaft aberkannt, z. B. Thomas Mann 1936. Damit ging in der Regel die Beschlagnahmung des in Deutschland verbliebenen Vermögens einher.

Die Stabilisierung des NS-Regimes im Sommer 1934

Ernst Röhm (1887–1934)

Auch wenn es der Hitler-Regierung in den Monaten nach der Machtergreifung gelungen war, die Opposition auszuschalten und die Verwaltung in Reich und Ländern zu kontrollieren, so befand sich das NS-Regime dennoch bis zum Sommer 1934 in einer kritischen Phase. Die Ursachen hierfür waren neben der außenpolitischen Isolation vor allem das ungeklärte Schicksal der SA und das Verhältnis der Regierung zu den konservativen Eliten, die Hitler eigentlich zähmen wollten. Als sich im Sommer 1934 der Gesundheitszustand Hindenburgs rapide verschlechterte, erwogen von Papen und seine Mitstreiter im konservativen Lager eine Militärdiktatur bzw. eine Rückkehr zur Monarchie. Andererseits fühlten sich die Kämpfer der SA um die Früchte der Revolution betrogen, zumal sie zunehmend aus der Rolle der Hilfspolizei und bewaffneten Macht der Bewegung verdrängt wurden. SA-Chef Ernst Röhm, mit Hitler seit Anfang der 1920er-Jahre verbunden, forderte eine „zweite Revolution" und die Umwandlung der SA in eine Volksmiliz, der die Reichswehr unterstellt werden sollte. Um nicht zwischen diesen beiden Blöcken - konservative Eliten und Reichswehr einerseits, SA andererseits - zerrieben zu werden, entschloss sich Hitler zum Handeln, wobei er von Goebbels, Göring und auch Himmler unterstützt wurde. Himmlers SS war zu diesem Zeitpunkt noch der SA unterstellt. Mit logistischer Hilfe der Reichswehr und in der Manier eines Bandenkriegs ermordeten Mitglieder der „SS-Leibstandarte Adolf Hitler" am 30. Juni 1934 die gesamte SA-Führung. An der Festnahme Röhms war Hitler persönlich beteiligt. In Berlin ging Göring gegen die konservativen Kräfte vor. Dort wurden mit Kurt von Schleicher und Ferdinand von Bredow zwei ehemalige Reichswehrgeneräle ermordet. Auch „alte Rechnungen" wurden beglichen. So gehörte auch Gregor Strasser zu den Ermordeten; er verhandelte im Herbst 1932 mit Kurt von Schleicher heimlich über eine Regierungsbeteiligung der NSDAP. Nach diesen Morden erließ das Reichskabinett ein Gesetz, mit dem die Mordaktionen als „Staatsnotwehr" gerechtfertigt wurden.
Am 1. August 1934 schaffte Hitler kurz vor dem Tod Hindenburgs per Gesetz das Amt des Reichspräsidenten ab und bestimmte für die Zeit nach Hindenburg, dass das Amt des Reichspräsidenten mit dem des Reichskanzlers vereinigt wird. Fortan nannte sich Hitler „Führer und Reichskanzler". Unmittelbar nach Hindenburgs Tod am 2. August 1934 veranlasste Reichswehrminister Blomberg, dass die Soldaten der Wehrmacht auf Adolf Hitler vereidigt wurden.

2 Die SPD – „Staats- und Volksfeinde"?

Am 22.6.1933 gab der Reichsminister des Innern bekannt:

Die Vorgänge der letzten Zeit haben den unumstößlichen Beweis dafür geliefert, dass die deutsche Sozialdemokratie vor hoch- und landesverräterischen Unternehmungen gegen Deutschland und seine rechtmäßige Regierung nicht zurückschreckt. [...] Dies alles zwingt zu dem Schluss, die Sozialdemokratische Partei Deutschlands als eine staats- und volksfeindliche Partei anzusehen, die keine andere Behandlung mehr beanspruchen kann, wie sie der Kommunistischen Partei gegenüber angewandt worden ist. [...] Insbesondere sollen sämtliche Mitglieder der SPD, die heute noch den Volksvertretungen und Gemeindevertretungen angehören, von der weiteren Ausübung ihrer Mandate sofort ausgeschlossen werden. [...] Der Sozialdemokratie kann auch nicht mehr die Möglichkeit gewährt werden, sich in irgendeiner Form propagandistisch zu betätigen. Versammlungen der Sozialdemokratischen Partei sowie ihrer Hilfs- und Ersatzorganisationen werden nicht mehr erlaubt werden. Ebenso dürfen sozialdemokratische Zeitungen und Zeitschriften nicht mehr herausgegeben werden. Das Vermögen der Sozialdemokratischen Partei und ihrer Hilfs- und Ersatzorganisationen wird, soweit es nicht bereits in Verbindung mit der Auflösung der freien Gewerkschaften sichergestellt worden ist, beschlagnahmt. Mit dem landesverräterischen Charakter der Sozialdemokratischen Partei ist die weitere Zugehörigkeit von Beamten, Angestellten und Arbeitern, die aus öffentlichen Mitteln Gehalt, Lohn oder Ruhegeld beziehen, zu dieser Partei selbstverständlich unvereinbar.

Zit. nach: W. Michalka, (Hrsg.): Das Dritte Reich, Bd. 1. München 1985, S. 39.

4 Der Druck auf die Parteien wächst

Ein Bericht des amerikanischen Botschafters in Berlin, Sackett, an US-Außenminister Stimson vom 23. Februar 1933:

Göring erließ gestern Sonderanweisungen an die preußische Polizei, in denen er praktisch verlangt, die SA und den „Stahlhelm" im Wahlkampf zu schützen, jedoch ähnliche Organisationen der Oppositionsparteien als Staatsfeinde zu behandeln, die rücksichtslos unterdrückt werden müssen. Diese Anweisungen haben die Nazis ermutigt, im Wahlkampf sowohl gegen die Zentrumspartei als auch gegen die Linksparteien Terrormethoden anzuwenden. Die Auflösung einer Zentrums-Versammlung in Krefeld, bei der der Hauptsprecher, der frühere Reichsarbeitsminister Stegerwald, von Nazis tätlich misshandelt wurde, wird mit Bestürzung als ein Anzeichen für den Gang der Entwicklung in der Schlussphase dieses ungewöhnlich stürmischen Wahlkampfes betrachtet. In einem Leitartikel hat die Zentrums-Zeitung „Germania" an Hindenburg appelliert, seine Autorität als Reichspräsident einzusetzen, um derartigen politischen Ausschreitungen Einhalt zu gebieten. Gestern forderten Hitler und Göring ihre Anhänger in öffentlichen Appellen dazu auf, Disziplin zu wahren. Dabei schreiben sie die Attacken auf Zentrums-Versammlungen „provokatorischen Elementen" zu. Dies ist nur ein taktisches Manöver. Alarmierende Gerüchte, wonach die Regierung die offene Verletzung der Verfassung plane, wenn bei der Wahl die machthabenden Parteien keine klare Mehrheit erhielten, finden weite Verbreitung. Die wiederholte Knebelung der Presse trägt zum Umlauf derartiger Gerüchte bei. Die Säuberung der Verwaltung von republikanischen Beamten wird fortgesetzt.

Zit. nach: J. u. R. Becker (Hrsg.): Hitlers Machtergreifung. München 1992[2], S. 92 f.

3 Bücherverbrennung auf dem Opernplatz in Berlin am 10. Mai 1933

5 Die „Freiheit des Gewissens“

Aus einem Brief Professor Karl Ludwig Schmidts (Bonn) an Martin Buber vom 23. Februar 1933:

Ich kann mir nicht helfen: Dieser „deutschen“, dieser „nationalen“ Regierung schäme ich mich als Deutscher und als evangelischer Christ. [...] Gegenüber der offiziellen Parole des Evangelischen Bundes, dass sich jeder Evangelische für diese Regierung einzusetzen habe, gegenüber den Nazi-Anträgen, die „Religion“ auf Berufsschulen obligatorisch zu machen usw. usw., wird man gerade um der recht verstandenen Kirche willen die Freiheit des Gewissens – schließlich handelt es sich hier nun doch nicht um einen liberalen Ladenhüter – betonen müssen. Dabei wird es bei aller Sympathie für das Zentrum, das in Bonn natürlich sehr mächtig ist, nicht ohne Kampf mit dem Katholizismus abgehen.

Zit. nach: Ebenda, S. 98.

6 Drohende Arbeitslosigkeit

Aus einer Austrittserklärung an die SPD Hannover vom 9. März 1933:

Als Behördenangestellter stehe ich vor einem Scheidewege. Einerseits sehe ich, wie sich mit Sicherheit bei meinem Arbeitgeber, dem Reich, die Tendenz durchsetzt, diejenigen Arbeitskräfte, die regierungsfeindlichen Vereinigungen angehören, nicht mehr zu dulden. Auf der anderen Seite steht die Treue zur Partei. Leider sehe ich keine andere Möglichkeit als meinen Austritt. Steht doch die Existenz meiner Familie auf dem Spiele. Sollte dennoch das Los der Arbeitslosigkeit nicht abzuwenden sein, das aus eigener Anschauung sehr sehr hart sein kann, so brauche ich mir nicht vorzuwerfen, nicht alles getan zu haben im Interesse meiner Frau und meines Kindes.

Zit. nach: Ebenda, S. 136.

7 „Unbeirrbare Mitarbeit“ – die katholische Kirche

Der Freiburger Erzbischof Gröber erkärte auf der vom 25. bis 28.4.1933 tagenden Diözesansynode des Erzbistums Freiburg:

Wir dürfen und wir können den neuen Staat nicht ablehnen, sondern müssen ihn bejahen „mit unbeirrbarer Mitarbeit“. [...] Das ist keine Charakterlosigkeit, sondern die Pflicht der Stunde aus klarer Erkenntnis. Eine „unbeirrbare Mitarbeit“ allerdings mit Würde und Ernst. Wir müssen vor allem die Nerven behalten und dabei an das Volksganze und katholische Ganze denken, so schwer und so schmerzlich auch für manche, zumal für ergraute Menschen mit starrem Charakter, das Sichumstellen und Einfühlen ist. Wir müssen uns umschalten. Wir müssen unter Zurückstellung der Personen und dessen, was wir selber als persönliche Ansichten gesammelt, die Sache in den Vordergrund rücken und manches Turbulente als Begleiterscheinung der Umwälzung bewerten.

Zit. nach: E.O. Bräunche/W. Köhler/H.-P. Lux/Th. Schnabel: 1933. Machtergreifung in Freiburg und Südebaden. Katalog zur Ausstellung vom 31.1.–20.3.1983 in der Universitätsbibliothek. Freiburg i.Br. 1983, S. 56.

8 „Gleichschaltung alias Kirchenraub“

Schreiben des Freiburger Stadtpfarramts Herz Jesu, 8.7.1933:

Kein Mensch weiß, wo die so genannte Gleichschaltung aufhört. Mit den Jugendvereinen hat man begonnen. [...] Wo wird diese Gleichschaltung alias Kirchenraub aufhören? Wird niemand seine Stimme dagegen erheben? Im Klerus erwartet man eine öffentliche Erklärung des Gesamtepiskopats, die von den Kanzeln verlesen werden sollte.

Zit. nach: Ebenda, S. 56.

Arbeitsvorschläge

a) Erläutern Sie die Traditionslinie auf der Postkarte (M1) und nennen Sie die Adressaten.

b) Analysieren Sie die Anordnung zum Umgang mit der SPD (M2). Zeigen Sie am Beispiel des Berichts des amerikanischen Botschafters (M4) die Lage der Parteien im Frühjahr 1933.

c) Erörtern Sie die Reaktionen von Schmidt (M5) auf die neue Regierung.

d) Diskutieren Sie die Auswirkungen der veränderten Situation auf die Arbeiterbewegung am Beispiel M6.

e) Recherchieren Sie, welche Art von Literatur bzw. welche Literatur welcher Autoren verbrannt wurden. Nehmen Sie als ersten Hinweis den VT. Ermitteln Sie, inwieweit solche Autoren nach 1945 in Deutschland wieder Verbreitung fanden, bzw. welche der in den 1950er-Jahren bekannten Autoren nicht zu den „verbrannten“ Autoren gehörten.

f) Beziehen Sie Stellung zu der Erklärung des Freiburger Erzbischofs (M7) vor dem Hintergrund, dass Gröber maßgeblich am Abschluss des so genannten Reichskonkordats beteiligt war. Wie bewerten Sie in diesem Zusammenhang die Position der Freiburger Herz Jesu-Gemeinde (M8)?

g) Informieren Sie sich auch über die „Gleichschaltung“ in Ihrer Stadt oder Region.

8.2 Das Herrschaftssystem des NS-Staates

Konzentrationslager, Gestapo und Denunziantentum

Seine Skrupellosigkeit bewies das Regime schnell und spektakulär. Bereits am 20. März 1933 wurde die Einrichtung von – dem Kompetenzbereich der Justiz entzogenen – Konzentrationslagern (KZs) für Regimegegner öffentlich verkündet. Ausbau und Zentralisierung des Polizeiapparates unter der Regie der gefürchteten schwarz uniformierten SS schufen rasch den einschüchternden Mythos eines allgegenwärtigen Überwachungsstaates. In Wirklichkeit konzentrierte sich die mit ca. 30.000 Mitarbeitern personell unterbesetzte Gestapo auf die Verfolgung der Funktionäre von KPD, SPD und Gewerkschaften sowie von oppositionellen Pfarrern, während sie gegen einzelne politisch missliebige Bürger meist nur aufgrund von freiwilligen Denunziationen aus der Bevölkerung vorging.

Der „Führerstaat" ein „Doppelstaat"

Der nationalsozialistische „Führerstaat" war kein perfekt von oben nach unten durchorganisierter zentralistischer Staat (▶ Online-Link). Eher herrschte ein Kompetenzgerangel zwischen Ressortministern, „Beauftragten des Führers" für bestimmte Aufgaben bzw. als Leiter von neu eingerichteten Sonderbehörden, höheren NSDAP-Funktionären und SS-Führern. In dieser „Polykratie" (Herrschaft vieler) resultierte Hitlers diktatorische Stellung vor allem aus seiner Rolle als von allen akzeptierter Schiedsrichter. Meist erhielt derjenige sein Wohlwollen und die nötigen Vollmachten, der in Bezug auf eine bestimmte Aufgabe den ersten oder den radikalsten Vorschlag machte. Anders ausgedrückt: Das „Dritte Reich" war ein „Doppelstaat", in dem der traditionelle gesetzliche „Normenstaat" nur in unpolitischen Bereichen, beispielsweise im Zivilrecht, in der Wirtschaft oder bei den Steuern, weitgehend erhalten blieb, während er im politischen Bereich wie der Herrschaftssicherung, der Bekämpfung von politischen Gegnern oder der Rassenpolitik von einem außergesetzlichen „Maßnahmenstaat" überwuchert wurde, dem zur Erreichung seiner Ziele – besonders in den Kriegsjahren – jedes Mittel recht war. Daher bewirkte die Angst vor den Repressionsmöglichkeiten dieses Regimes bei den meisten Bürgern angepasstes Verhalten.

Teuer erkaufte wirtschafts- und sozialpolitische Erfolge

Aber schon 1933 wurde die Regierungsübernahme der Nationalsozialisten rasch von immer mehr Deutschen als Chance zur Überwindung der Staats- und Wirtschaftskrise und des Vertrages von Versailles aufgefasst. Tatsächlich erzielte das NS-Regime recht bald eindrucksvolle wirtschaftspolitische Erfolge: Die Schaffung des „Reichsarbeitsdienstes" (RAD), Ehestandsdarlehen, die Wiedereinführung der allgemeinen Wehrpflicht 1935, vor allem aber staatliche Investitionen im Hoch- und Tiefbau und insbesondere im Rüstungssektor drückten die Arbeitslosenzahl in nur vier Jahren von über 6 auf 1 Million; 1938 herrschte praktisch Vollbeschäftigung. Zwar wurden die Löhne auf dem niedrigen Niveau von 1933 eingefroren, die Arbeitszeit gleichzeitig verlängert und die Freizügigkeit bei der Wahl des Arbeitsplatzes stark eingeschränkt; aber die Erinnerung der Arbeitnehmer war nicht vom besten Jahr der Weimarer Republik 1928, sondern vom schlimmsten Jahr der Weltwirtschaftskrise 1932 geprägt. Was für sie zählte, war die Rückkehr von Millionen Beschäftigungslosen in Arbeit und Brot, verbunden mit der Wiedergewinnung sozialer Sicherheit und eines bescheidenen Auskommens. Hinzu kam eine propagandistisch wirkungsvolle Sozialpolitik: „Kraft durch Freude" (KdF) ermöglichte vielen Arbeitern und Angestellten zum ersten Mal in ihrem Leben eine kleine Urlaubsreise – unter Umständen sogar ins Ausland auf einem KdF-Dampfer.

Kraft durch Freude

Nur wenige Deutsche erkannten, dass der allgemeine Wirtschaftsaufschwung und das Ziel der „Autarkie" (Selbstversorgung mit Lebensmitteln und Rohstoffen) für das NS-Regime lediglich eine materiell und psychologisch wichtige Voraussetzung für die Kriegsvorbereitung darstellte und dass die wirtschafts- und

sozialpolitischen Maßnahmen mit einer nie dagewesenen Staatsverschuldung erkauft wurden.
Tatsächlich war der Erfolg der Wirtschaft von 1933 an auf Pump aufgebaut. Um die Arbeitsbeschaffungsmaßnahmen und die beschäftigungsintensive Aufrüstung zu finanzieren, wurde mit ausgeklügelten Methoden Kapital aufgetrieben. Am bekanntesten ist der Mefo-Wechsel. Nachdem von großen Industrieunternehmen 1933 eine Scheinfirma, die Metallurgische Forschungsanstalt, gegründet wurde, konnten für geleistete Arbeitsbeschaffungsmaßnahmen oder Rüstungsaufträge auf diese Firma verzinsliche Wechsel gezogen werden, die ab 1938 fällig wurden und bei der Reichsbank einzulösen waren. Allerdings waren 1938 die Kassen leer; statt Geld wurden Steuergutscheine oder Staatsanleihen ausgegeben. Ein weiteres Mittel der Geldbeschaffung war die Verpflichtung von Banken, Sparkassen und Versicherungen, die Einlagen ihrer Sparer in Reichsanleihen anzulegen. Und die etwa 336.000 Besteller eines so genannten „KdF"-Wagens, des späteren Volkswagens, finanzierten mit ihren bei der KdF hinterlegten Spargeldern letztendlich die Kübelwagen, die an die Wehrmacht geliefert wurden. Um die Schulden irgendwann bezahlen zu können, musste ein Krieg begonnen und Beute gemacht werden.

Die Propaganda von der Volksgemeinschaft

Im selben Maße, wie die Erfolge des Regimes spürbar wurden, stieß die Propaganda von der Ablösung der Klassengesellschaft durch eine gegen innere und äußere Feinde zusammenstehende, hinter ihrem „Führer" gescharte deutsche „Volksgemeinschaft" auf positive Resonanz. Dementsprechend wuchs die Bereitschaft, den Terror gegen „rassisch Unerwünschte" und Oppositionelle nicht so sehr als bedrohlichen Verlust von Rechtsstaatlichkeit, sondern vielmehr als imponierendes Zeichen politischer Entschlossenheit und Stärke wahrzunehmen.
Am Vorabend des Zweiten Weltkrieges hatte Hitler aller Wahrscheinlichkeit nach die breite Mehrheit des Volkes hinter sich – darunter auch die Mehrheit der Arbeiter, obwohl mit der Deutsche Arbeitsfront (DAF) deren gewerkschaftliche Interessenvertretung ein Ende fand. Die Macht der Unternehmer in ihren Betrieben blieb dabei weitgehend unangetastet. Als Betriebsführer erhielt der klassische Unternehmer nun auch noch eine ideologische Weihe. Zwar wurden

8

1 Das nationalsozialistische Herrschaftssystem

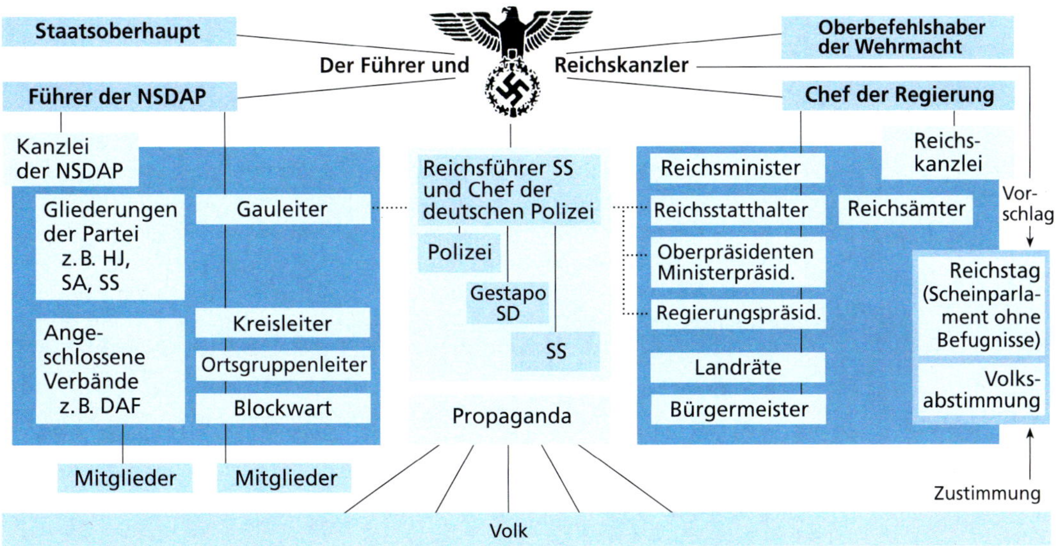

2 Plakat des DAF 1934

die Richtlinien der Wirtschaftspolitik von der Hitler-Regierung vorgegeben, aber die Umsetzung erfolgte durch die Industrieverbände. Dabei wurde der Kriegskurs nicht in Frage gestellt. Allerdings gab es unterschiedliche Interessen. Landwirtschaft, Großchemie und Grundstoff- und Schwerindustrie begrüßten wegen der großen Gewinnmöglichkeiten den Autarkiekurs Görings und der Reichswehr; die Export- und Konsumgüterbranche dagegen unterstützte den in der Autarkiefrage gemäßigten Wirtschaftsminister und Reichsbankpräsidenten Hjalmar Schacht. Er wollte die Rüstungsanstrengungen hauptsächlich über den staatlich kontrollierten Außenhandel finanzieren („Neuer Plan", 1934). Ab 1936, mit der Ernennung Görings zum Beauftragten des neuen „Vierjahresplans", wurde Schacht allmählich entmachtet; 1937 trat er als Wirtschaftsminister zurück, 1939 wurde er als Reichsbankpräsident abgesetzt. Nach Kriegsbeginn nahm der Druck auf die Wirtschaft zu. Erst ab 1942 wurde von Rüstungsminister Albert Speer eine zentrale Planung der Wirtschaft durchgeführt.

Nationalsozialistische Allgegenwärtigkeit und Privatsphäre

Gleich drei Institutionen kümmerten sich um die Gestaltung der öffentlichen Meinung. Neben Goebbels Propagandaministerium waren das die DAF Robert Leys und das Amt Alfred Rosenbergs, des „Beauftragten des Führers für die gesamte weltanschauliche Schulung und Erziehung der NSDAP". Eines der wichtigsten Mittel zur Beeinflussung war der Rundfunk. Im Herbst 1933 waren innerhalb weniger Tage die ersten 100.000 „Volksempfänger" verkauft worden. 1939 verfügten 70 % aller Haushalte über ein Radio, das vor allem wegen der Unterhaltungssendungen und Sportübertragungen geschätzt wurde. Ähnlich beliebt war das Kino, das hauptsächlich wenig anspruchsvolle Unterhaltung zeigte. Die Popularität vieler Schauspieler hat die NS-Zeit überdauert und wurde auch durch deren Nähe zum Regime kaum beeinträchtigt. Heinz Rühmann z. B. trennte sich 1938 von seiner jüdischen Ehefrau. Auch die im jährlichen Festkalender vorgesehenen Feiern - 30. Januar, Führergeburtstag, 1. Mai, Muttertag, Sommersonnenwende, Reichsparteitag - zeigten die für die NS-Zeit typische Verbindung von politischer Indoktrination und unpolitischen Volksfesten. Das trug genauso zur Verinnerlichung der Ideologie bei wie die völlige Erfassung des Volkes. Seit 1936 war die Hitler-Jugend ein staatlicher Jugendverband, für den ab 1939 eine Dienstpflicht galt. Für die Mädchen war der Bund deutscher Mädel (BDM) zuständig. Auch war es ratsam, aktives Mitglied zumindest in einer Unterorganisation der NSDAP, z. B. dem „NS-Kraftfahrerkorps" zu sein. Aber gerade die unpolitischen Teile dieser Propaganda - Schlager, Film, Sport, Reisen - führten zu der Illusion, die Privatsphäre der Bürger sei erhalten geblieben. Tatsächlich ging das Regime erst nach Kriegsbeginn dazu über, Deutschland von fremden Einflüssen abzuschotten. Bis dahin konnte man noch ausländische Zeitungen lesen, Filme sehen, Jazz-Musik hören oder Coca-Cola kaufen.

3 „Dem Führer entgegenarbeiten"

Werner Willikens, Staatssekretär im preußischen Landwirtschaftsministerium, vor Vertretern der Landwirtschaftsministerien in Berlin, 21. Februar 1934:

Jeder, der Gelegenheit hat, das zu beobachten, weiß, dass der Führer sehr schwer von oben her alles das befehlen kann, was er für bald oder für später zu verwirklichen beabsichtigt. Im Gegenteil, bis jetzt hat jeder an seinem Platz im neuen Deutschland dann am besten gearbeitet, wenn er sozusagen dem Führer entgegenarbeitet. [...]

Sehr oft und an vielen Stellen ist es so gewesen, dass schon in den vergangenen Jahren Einzelne immer nur auf Befehle und Anordnungen gewartet haben. Leider wird das in Zukunft wohl auch so sein; demgegenüber ist es die Pflicht eines jeden, zu versuchen, im Sinne des Führers ihm entgegenzuarbeiten. Wer dabei Fehler macht, wird es schon früh genug zu spüren bekommen. Wer aber dem Führer in seiner Linie und zu seinem Ziel richtig entgegenarbeitet, der wird bestimmt wie bisher so auch in Zukunft den schönsten Lohn darin haben, dass er eines Tages plötzlich die legale Bestätigung seiner Arbeit bekommt.

Zit. nach: I. Kershaw: Hitler 1889–1936. Stuttgart 1998, S. 665.

4 „Staatsbürgerliche" Pflicht?

Der Historiker Laurence Rees über die Rolle der Gestapo:

Würzburg liegt im Regierungsbezirk Unterfranken mit einer Bevölkerung von rund einer Million Menschen. Für dieses Gebiet waren genau 28 Gestapo-Beamte zuständig, 22 in Würzburg und fast die Hälfte davon ausschließlich mit Aufgaben der Verwaltung betraut. Die Vorstellung, die Gestapo habe die Bevölkerung ständig ausspioniert, ist nachweislich ein Mythos. Doch wie war es dann möglich, dass so wenige Menschen eine solche Macht ausüben konnten? Aus dem einfachen Grund, weil die Gestapo in großem Umfang auf die Hilfe der deutschen Bevölkerung bauen konnte. Die Gestapo war wie alle modernen Polizeiapparate nur so gut oder schlecht wie die Kooperation mit der Bevölkerung – und die Akten zeigen, dass die Kooperation sehr gut war und die Gestapo deshalb eine wirklich sehr gute Geheimpolizei. Nur rund 10 Prozent der zwischen 1933 und 1935 begangenen politischen Verbrechen wurden tatsächlich von der Gestapo aufgedeckt; weitere 10 Prozent wurden von der regulären Polizei oder der Partei an die Gestapo überwiesen. In anderen Worten: Rund 80 Prozent aller politischen Verbrechen nach damaliger Definition wurden von ganz gewöhnlichen Bürgern aufgedeckt, die ihre Information an die Polizei oder die Gestapo weiterleiteten. [...] Die Gestapo war alles andere als eine Organisation, die politische Gegner selber aufspürte, sie beschäftigte sich vor allem damit, die Anzeigen aus der Bevölkerung zu sichten, die bei ihr eingingen.

L. Rees: Die Nazis. Eine Warnung der Geschichte. München 2002, S. 78 f. Übers. Wolfram Ströle / Helmut Dierlamm.

5 Denunziation bei der Gestapo

Die 20-jährige Würzburgerin Maria Theresia Kraus erstattete am 29. Juli 1940 Anzeige gegen ihre Nachbarin Ilse Sonja Totzke, die 1941 ins KZ Ravensbrück eingeliefert wurde, wo sie vermutlich ums Leben kam:

Neben uns wohnt in einem Gartenhaus eine Ilse Sonja Totzke. Die Genannte ist mir aufgefallen, weil sie einen jüdischen Einschlag hat [...] und den deutschen Gruß niemals erwidert. Aus ihren Gesprächen war zu entnehmen, dass sie deutschfeindlich eingestellt ist. Dagegen hat sie immer für Frankreich und auch für Juden sympathisiert. So hat sie unter anderem erzählt, dass die deutsche Wehrmacht nicht so gut gerüstet sei wie die französische. Ab und zu kommt eine Dame im Alter von etwa 36 Jahren, die das Aussehen einer Jüdin hat. [...] Das Verhalten der Totzke ist mir auffällig. Und ich habe angenommen, dass sie sich vielleicht irgendwie zum Nachteile des Deutschen Reiches betätigen könnte.

Zit. nach: Ebenda, S. 82 f.

6 „Volksgemeinschaft" statt Klassengesellschaft?

Aus Hitlers Rede zum 1. Mai 1933:

Unseres Volkes Erwachen ist da. Das Symbol des Klassenkampfes [1. Mai], des ewigen Streites und Haders, wandelt sich nun wieder zum Symbol der großen Einigung und Erhebung der Nation. [...] Die Millionen Menschen, die in Berufe aufgeteilt, in künstlichen Klassen auseinandergehalten worden sind, die, vom Standesdünkel und Klassenwahnsinn befallen, einander nicht mehr verstehen können, sie müssen wieder den Weg zueinander finden! Wenn 70 Jahre lang [1863 wurde die SPD gegründet] der Wahnsinn als politische Idee vertreten und gepredigt wurde, wenn 70 Jahre lang die Zerstörung der Volksgemeinschaft politisches Gebot war, dann ist es schwer, mit einem Schlag den Sinn der Menschen wenden zu wollen. [...]

Es bleibt unser unverrückbarer Entschluss, jeden einzelnen Deutschen, sei er, wer er sei, ob arm, Sohn von Gelehrten oder Sohn von Fabrikarbeitern, einmal in seinem Leben zur Handarbeit zu führen, damit er sie kennen lernt. Wir wollen in einer Zeit, da Millionen unter uns leben, ohne Verständnis für die Bedeutung des Handarbeitertums, das deutsche Volk durch die Arbeitsdienstpflicht zu der Erkenntnis erziehen, dass Handarbeit nicht schändet, sondern vielmehr wie jede andere Tätigkeit dem zur Ehre gereicht, der sie getreu und redlichen Sinnes erfüllt.

Wir werden in diesem Jahre zum ersten Male als weitere große Aufgabe die Befreiung der schöpferischen Initiative von den verhängnisvollen Einwirkungen majoritativer Beschlüsse [(demokratische) Mehrheitsbeschlüsse] durchführen. Nicht nur im Parlament, nein, auch in der Wirtschaft. Wir wissen, dass unsere Wirtschaft nicht emporkommen kann, wenn nicht eine Synthese gefunden wird zwischen der Freiheit des schöpferischen Geistes und der Verpflichtung dem Volksganzen gegenüber.

8

Wir wissen, dass wir noch gewaltige Schwierigkeiten zu überwinden haben. Wir wissen auch, dass alle menschliche Arbeit am Ende vergeblich sein muss, wenn über ihr nicht der Segen der Vorsehung leuchtet. Wenn die Welt gegen uns steht, müssen wir umso mehr zu einer Einheit werden, müssen wir ihr umso mehr unentwegt versichern: Ihr könnt tun, was Ihr wollt! Aber niemals werdet Ihr uns beugen, niemals uns zwingen, ein Joch anzuerkennen. Das deutsche Volk ist zu sich gekommen. Es wird Menschen, die nicht für Deutschland sind, nicht mehr unter sich dulden. Wir wollen tätig sein, arbeiten, uns brüderlich vertragen, gemeinsam ringen, auf dass einmal die Stunde kommt, da wir vor den Herrn hintreten können und ihn bitten dürfen: „Herr, du siehst, wir haben uns geändert. Das deutsche Volk ist nicht mehr das Volk der Ehrlosigkeit, der Schande, der Selbstzerfleischung, der Kleinmütigkeit und Kleingläubigkeit. Nein, Herr, das deutsche Volk ist wieder stark in seinem Willen, stark in seiner Beharrlichkeit, stark im Ertragen aller Opfer. Herr, wir lassen nicht von dir! Nun segne unseren Kampf, unseren Kampf um unsere Freiheit und damit unser deutsches Volk und Vaterland!"

Zit. nach: Ripper, W. (Hrsg.): Der europäische Faschismus und das Dritte Reich. Frankfurt/M. 1977, S. 97f.

7 Hitlers Denkschrift zum Vierjahresplan

Wenn es uns nicht gelingt, in kürzester Frist die deutsche Wehrmacht in der Ausbildung, in der Aufstellung der Formationen, in der Ausrüstung und vor allem auch in der geistigen Erziehung zur ersten Armee der Welt zu entwickeln, wird Deutschland verloren sein! [...]

Wir sind übervölkert und können uns auf der eigenen Grundlage nicht ernähren. [...] Die endgültige Lösung liegt in einer Erweiterung des Lebensraumes bzw. der Rohstoff- und Ernährungsbasis unseres Volkes. [...]

Es sind jetzt fast 4 kostbare Jahre vergangen. Es gibt keinen Zweifel, dass wir schon heute auf dem Gebiet der Brennstoff-, der Gummi- und zum Teil auch in der Eisenerzversorgung vom Ausland restlos unabhängig sein könnten. Genauso wie wir zur Zeit 7 oder 800000 t Benzin produzieren, könnten wir 3 Millionen t produzieren. Genauso wie wir heute einige Tausend t Gummi fabrizieren, könnten wir schon jährlich 70 und 80000 t erzeugen. Genauso wie wir von, 2½ Millionen t Eisenerz-Erzeugung auf 7 Millionen t stiegen, könnten wir 20 oder 25 Millionen t deutsches Eisenerz verarbeiten und, wenn notwendig, auch 30. Man hat nun Zeit genug gehabt, in 4 Jahren festzustellen, was wir nicht können. Es ist jetzt notwendig, auszuführen das, was wir können.

Ich stelle damit folgende Aufgabe: I. Die deutsche Armee muss in 4 Jahren einsatzfähig sein. II. Die deutsche Wirtschaft muss in 4 Jahren kriegsfähig sein. [...]

Zit. nach: Hofer: Der Nationalsozialismus. Dokumente 1933–1945. Frankfurt 1957, S. 86.

8 Arbeitslosigkeit in ausgewählten Ländern

1924–1938 (Angaben in Prozent):

Jahr	*Deutschland*	*Großbritannien*	*USA*	*Frankreich*
1924	4,9	10,3	8,0	3,0
1926	10,0	12,5	2,8	3,0
1929	8,5	10,4	4,7	1,0
1932	29,9	22,1	34,0	15,4
1933	25,9	19,9	35,3	14,1
1934	13,5	16,7	30,6	13,8
1935	10,3	15,5	28,4	14,5
1936	7,4	13,1	23,9	10,4
1937	4,1	10,8	20,0	7,4
1938	1,9	12,9	26,4	7,8

Zit. nach: H.-U. Thamer: Verführung und Gewalt. Deutschland 1933–1945. Berlin 1994, S. 470.

Arbeitsvorschläge

a) Erläutern Sie, inwiefern Willikens Äußerung (M 3) einen wichtigen Einblick in die Funktionsweise des NS-Staates gewährt.

b) Stellen Sie anhand des Beispiels Würzburg und des Falles der Ilse Sonja Totzke Mythos und Wirklichkeit der Gestapo gegenüber (M 4, M 5).

c) Recherchieren Sie, welche Art von Literatur bzw. von welchen Autoren verbrannt wurde. Ermitteln Sie, inwieweit solche Autoren nach 1945 in Deutschland wieder Verbreitung fanden (z. B. der Würzburger Leonhard Frank).

d) Zeigen Sie auf, inwiefern es sich bei Hitlers Rede zum 1. Mai 1933 (M 6) um eine äußerst geschickte Propagandarede handelt. Nehmen Sie – ausgehend vom Text – zur nationalsozialistischen Idee der „Volksgemeinschaft" kritisch Stellung.

e) Erörten Sie auf der Grundlage von M 8 und des VT die Rolle der Industrie in der nationalsozialistischen Kriegsvorbereitung.

f) Analysieren Sie die Arbeitslosenzahlen in Deutschland im Vergleich zu den anderen Ländern (M 8). Ordnen Sie dann mit Hilfe des VT die Entwicklung der Arbeitslosenzahlen in die Situation der gesamten deutschen Wirtschaft bis zum Ausbruch des Zweiten Weltkrieges ein.

8.3 Zum Vergleich: Der italienische Faschismus

Der erfolgreiche Vorgänger und ein zunächst scheiternder Nachfolger

Als Hitler am 30. Januar 1933 Reichskanzler wurde, war sein politisches Vorbild der Ministerpräsident und „Duce" (Führer) des faschistischen Italien, Benito Mussolini, der bereits länger als zehn Jahre im Amt war. Mussolini hatte mit seinen Anhängern von Neapel aus durch einen „Marsch auf Rom" am 27./28. Oktober 1922 seine Ernennung zum Regierungschef durch König Viktor Emanuel III. erzwungen. Dieser Coup, dem die schrittweise Beseitigung der Demokratie folgte, faszinierte sogleich politisch Rechtsstehende in allen europäischen Ländern, die sich nach einem „starken Staat" sehnten.
Schon 1923 galt Adolf Hitler in München als „deutscher Mussolini", dem ein „Marsch auf Berlin" gelingen könnte. Als Hitler tatsächlich versuchte, Mussolinis Beispiel nachzuahmen, überschätzte er jedoch die politische Wirkungskraft seiner damals noch schwachen NSDAP – der improvisierte Münchner Umsturzversuch vom 9. November 1923, an dem sich höchstens dreitausend Menschen beteiligten, brach rasch zusammen.

„Deutsche Faschisten?"

Wenn auch vorerst von unterschiedlicher politischer Durchschlagskraft, wurden der italienische Faschismus und der deutsche Nationalsozialismus gleichwohl bereits seit 1922/23 nicht nur von ihren Anhängern, sondern auch von ihren Gegnern als wesensverwandte politische Erscheinungen beurteilt. So bürgerte es sich in Deutschland vor allem bei den Kommunisten, aber z.T. auch bei den Sozialdemokraten und den Liberalen schon in den 1920er-Jahren ein, ihre nationalsozialistischen Gegner als „deutsche Faschisten" zu bezeichnen und sich selbst als „Antifaschisten" zu verstehen. Ähnliches geschah in anderen Ländern, in denen die italienischen Faschisten Nachahmer fanden.

Nachkriegskrise

Der Aufstieg Mussolinis und seiner faschistischen Bewegung zur Macht wurzelte in einer tiefen Nachkriegskrise, die das ohnehin industriell zurückgebliebene, noch überwiegend agrarisch geprägte Italien erfasste. Mehrere Faktoren kamen zusammen:

8

1 Der Marsch auf Rom
Mussolini marschiert in Zivilkleidung zwischen seinen Begleitern in der Schwarzhemden-Uniform der Faschistischen Partei – links und ganz rechts die beiden späteren Marschälle Balbo und de Bono.

2 Die steht mir besser. Sie flößt mehr Furcht ein
Die Karikatur in der satirischen Zeitschrift „L'Asino" im Februar 1923 zeigt einen italienischen Kapitalisten, der es nun – die Masken mit den Gesichtern der vier vorausgegangenen Regierungschefs sind ausrangiert – mit der Maske Mussolinis probiert.

Erstens führte 1919 eine allgemeine Unzufriedenheit mit dem Ergebnis des Krieges – Italien erhielt nach den Versailler Verträgen Südtirol und Istrien mit Triest, nicht aber die dalmatinische Küste und Fiume [Rijeka] – zur Legende vom „verstümmelten Sieg". Sie richtete sich gegen die linksliberalen Regierungen Nitti und Giolitti, schließlich gegen das parlamentarisch-demokratische System schlechthin. Dies umso mehr, als sich zweitens dieses Regierungssystem als unfähig erwies, die schwierigen Nachkriegsprobleme – besonders die Staatsverschuldung und die Arbeitslosigkeit – in den Griff zu bekommen.

Vor diesem Hintergrund – und unter dem Einfluss des Vorbildes der russischen Oktoberrevolution – kam es drittens zu einer Radikalisierung der Sozialisten, insbesondere ihres linken Flügels und seiner Anhänger unter den Industrie- und Landarbeitern. Aus ihm ging im Januar 1921 die Kommunistische Partei Italiens hervor. Höhepunkt dieses wachsenden Linksradikalismus war im Sommer 1921 eine Welle spontaner Fabrikbesetzungen im Norden durch revolutionär gestimmte Industriearbeiter, die die Betriebe vergesellschaften wollten. Gleichzeitig unternahmen Landarbeiter im Süden den Versuch, durch Landbesetzungen eine Bodenreform zu erzwingen. Als die Regierung Giolitti diese „bolschewistische Gefahr" nicht durch Polizei und Militär beseitigte, sondern auf den baldigen Zusammenbruch der revolutionären Welle setzte, fühlten sich Bürgertum und Adel von der parlamentarischen Demokratie und den sie tragenden Parteien im Stich gelassen. Dadurch, und erst jetzt, erhielten die Faschisten die Chance, sich als dritte Kraft neben der Arbeiterbewegung (Sozialismus und Kommunismus) und dem bürgerlichen Lager (Liberalismus, politischer Katholizismus und Nationalkonservatismus) zu etablieren.

„Fasci di combattimento"

Ihr Führer Benito Mussolini war ursprünglich Sozialist, wandelte sich jedoch 1914 durch seine Befürwortung des italienischen Kriegseintritts auf der Seite der Alliierten zum Nationalisten. 1919 gründete er aus Enttäuschung über das magere Kriegsergebnis eine rechtsradikale Oppositionsbewegung, die „fasci di combattimento" (Kampfbünde). Diese bestanden anfangs hauptsächlich aus entwurzelten Soldaten, die nicht den Weg ins Zivilleben zurückfanden und Gewalt auch in der Politik für ein legitimes Mittel hielten; hinzu kamen politisch unzufriedene Studenten und Schüler und allmählich vom Sozialismus enttäuschte Arbeiter, vor allem aber Angehörige der ländlichen und städtischen Mittelschichten (Bauern, selbstständige Handwerker und Kaufleute, Angestellte und Beamte). Mussolini gab ihnen eine bewusst vage gehaltene Ideologie, die nationalistisch und rassistisch geprägt war, begrenzte antikapitalistische Reformen in Aussicht stellte und für Italien die Rolle der Führungsmacht im Mittelmeerraum („mare nostro") in der Tradition des Römischen Reiches mit Kolonien in Afrika beanspruchte.

Parteigründung

Uniformähnliche Kleidung – schwarze Hemden –, Marschkolonnen, die sich zu Massenkundgebungen formierten, und ein Führerkult um den „Duce" prägten den neuen militärischen Politikstil der „fasci" und suggerierten Stärke. Praktisch von Anfang an führten die „fasci“, insbesondere ihre Schlägertrupps, die „squadri d'azione“, einen gewaltsamen Kampf gegen ihren ideologischen Hauptgegner, den „Bolschewismus“ bzw. „Marxismus“, d.h. gegen die gesamte Linke auf dem Lande und in den Städten. Die faschistischen Gewaltaktionen wurden nicht nur vom König und von der Regierung stillschweigend geduldet, sondern auch vom Militär, der Polizei und den Oberschichten, insbesondere den Industriellen und Großagrariern, heimlich materiell unterstützt. Im November 1921 formierten sich die Faschisten zu einer einheitlichen politischen Partei („Partito Nazionale Fascista“ - PNF) mit über 200 000 Mitgliedern.

Errichtung der Diktatur

Im Oktober 1922 wagte Mussolini mit seinen „Schwarzhemden“ den Marsch auf Rom. Obwohl die Hauptstadt militärisch ausreichend geschützt gewesen wäre, verweigerte der König die Verhängung des Belagerungszustandes und übertrug Mussolini die Regierungsbildung. Dieser regierte daraufhin zunächst autoritär im Rahmen einer Koalitionsregierung mit Nationalisten (die sich 1923 dem PNF anschlossen), Popolaren (= Katholiken) und Liberalen. Als 1924 die Ermordung des angesehenen Sozialistenführers Matteotti durch Angehörige der „squadri“ in ganz Italien und bei den Koalitionspartnern große Empörung auslöste und zur Formierung einer parlamentarischen Opposition („Aventin“) führte, trat Mussolini nach einigem Zögern die Flucht nach vorn an und errichtete eine offene Diktatur. Durch entsprechende Gesetze verwandelten die nunmehr allein regierenden Faschisten Italien binnen kurzem in einen Polizeistaat und setzten die Grundrechte außer Kraft.

Die faschistische Außenpolitik radikalisierte sich in expansiver Weise in den 1930er-Jahren. Diese begann zunächst 1935/36 mit einem blutigen Eroberungskrieg gegen das Kaiserreich Abbessinien mit dem Ziel, am Horn von Afrika ein zusammenhängendes italienisches Siedlungsgebiet zu gewinnen. Während des siebenmonatigen Krieges, in dem die italienische Armee auch systematisch Giftgas einsetzte, und der anschließenden fünfjährigen Besatzungszeit übte Italien eine grausame Terrorherrschaft aus.

Im Unterschied zum Hitlerregime blieb Mussolinis diktatorische Herrschaft - trotz des von ihm angekündigten „totalen Staates“ („stato totalitario“) - weniger radikal. Die Monarchie wurde weiterhin respektiert, die katholische Kirche und der Vatikan sogar privilegiert. Antisemitismus war dem Faschismus ursprünglich fremd; erst im Zuge der italienisch-deutschen Annäherung in der zweiten Hälfte der 1930er-Jahre wurden antijüdische Gesetze eingeführt. Eine der SS vergleichbare Institution gab es in Italien nicht. Insgesamt behielt der berechenbare autoritäre „Normenstaat“ die Oberhand über den willkürlichen „Ausnahmestaat“. So erklärt es sich auch, dass der König, als er 1943 nach der Landung der Alliierten auf Sizilien im Bunde mit führenden Faschisten die Seiten wechseln wollte, Mussolini absetzen und verhaften lassen konnte.

3 Moderner Imperator
Die Darstellung eines Plakats aus dem Jahre 1930 präsentiert Mussolini in historisch-mythischer Traditionslinie. In der rechten Hand hält Mussolini die so genannten Fasces, ein Rutenbündel mit Richtbeil – das Zeichen für die Amtsgewalt der Beamten im antiken Rom.

8

4 „Wohin steuert die Welt?“

Aus Mussolinis Artikel in der Zeitschrift „Gerarchia“, 25. Februar 1922:

„Alle“ ist das wichtigste Zahlwort der Demokratie. Es ist an der Zeit, „Wenige und Auserwählte“ zu sagen. Die Demokratie liegt in allen Ländern der Welt in den letzten Zügen: In einigen, wie zum Beispiel in Russland, ist sie umgebracht worden, in anderen ist sie einem immer deutlicher hervortretenden Rückbildungsprozess unterworfen. Es kann sein, dass der Kapitalismus im 19. Jahrhundert die Demokratie nötig hatte, heute ist das weniger der Fall. Der Krieg hat „revolutionär“ gewirkt in dem Sinne, dass er – mit Strömen Blutes – das Jahrhundert der Demokratie liquidierte, das Jahrhundert der Massen, der Zahl, der Majoritäten. Der sich gegen rechts vollziehende Restaurationsprozess ist schon durch viele Kundgebungen deutlich wahrnehmbar. Die Orgien der Zuchtlosigkeit haben aufgehört, die Schwärmereien für die sozialen und demokratischen Mythen sind zu Ende. Das Leben gehört wieder dem Einzelwesen. Eine klassische Erneuerung ist im Gange. Die anonyme, trübselige, demokratische Gleichmacherei, die alle Farbe verbannte und alle Persönlichkeit unterdrückte, hört auf. Neue Aristokratien bilden sich: Es zeigt sich deutlich, dass die Massen nicht die Träger, sondern nur das Instrument der Geschichte sein können. [...]

B. Mussolini: Schriften und Reden II. Zürich/Leipzig 1937, S. 252 f.

8

5 Faschistische Grundlehre

Aus Mussolinis Schrift „Dottrina del Fascismo“, 1932:

Als antiindividualistische Idee tritt der Faschismus für den Staat ein. Er ist auch für das Individuum, so weit es im Staat aufgeht, der das universale Bewusstsein und den Willen des Menschen in seiner geschichtlichen Existenz darstellt.

Der Faschismus ist gegen den klassischen Liberalismus, der dem Bedürfnis, sich gegen den Absolutismus aufzulehnen, entsprungen ist und seine geschichtliche Sendung erfüllt hat, seitdem der Staat zum Bewusstsein und zum Willen des Volkes geworden ist. Der Liberalismus re-giert den Staat im Interesse des einzelnen Individuums; der Faschismus bejaht den Staat als einzig wahre Realität des Individuums. Und wenn Freiheit ein Recht des rea-len Menschen sein soll und nicht jenes abstrakten Ge-bildes, an das der individualistische Liberalismus dachte, so ist der Faschismus für die Freiheit. Er ist für die einzige Freiheit, die ernst genommen werden kann, nämlich für die Freiheit des Staates und des Individuums im Staate. Denn es liegt im Faschismus alles im Staate beschlossen. Nichts Menschliches oder Geistiges besteht an sich, noch weniger besitzt dieses irgendeinen Wert außerhalb des Staates. In diesem Sinne ist der Faschismus totalitär, und der faschistische Staat als Zusammenfassung und Vereinheitlichung aller Werte gibt dem Leben des ganzen Volkes eine Deutung, bringt es zur Entfaltung und kräftigt es. Außerhalb des Staates darf es keine Individuen noch Gruppen (politische Parteien, Vereine, Syndikate und Klassen) geben. [...]

Vor allem betrachtet der Faschismus die Zukunft der Menschheit im Allgemeinen nur vom Standpunkt der politischen Realität aus und glaubt weder an die Möglichkeit noch die Nützlichkeit des ewigen Friedens. Er lehnt daher den Pazifismus ab, der einen Verzicht auf den Kampf und eine Feigheit gegenüber dem Opfer in sich birgt. Der Krieg allein bringt alle menschlichen Energien zur höchsten Anspannung und verleiht den Völkern die Würde des Adels, die den Mut und die Virtu [Tapferkeit] haben, dem Kampf die Stirn zu bieten. Alle anderen Erprobungen sind Ersatz, weil sie den auf sich gestellten Mann nicht vor die Alternative von Leben und Tod stellen. [...]

Der faschistische Staat ist Wille zur Macht und Herrschaft. Die römische Überlieferung ist ihm Idee des Antriebs. In der Doktrin des Faschismus ist „impero“ nicht nur ein territorialer, militärischer oder merkantiler, sondern ein geistiger oder moralischer Begriff. [...] Für den Faschismus ist das Streben zum „impero“, das heißt zur Expansion der Nation, ein Ausdruck der Vitalität. Sein Gegensatz, das Zuhausebleibenwollen, ist ein Zeichen des Verfalls. Völker, die steigen oder wieder aufsteigen, sind imperialistisch, nur niedergehende Völker können verzichten. Der Faschismus ist die angemessene Doktrin, um die Bestrebungen und den Geist eines Volkes wie des italienischen darzustellen, das nach vielen Jahrhunderten des Niedergangs und der Fremdherrschaft sich wieder erhebt.

H. Wagenführ: Benito Mussolini. Der Geist des Faschismus. Ein Quellenwerk. München 5. Aufl., 1943, S. 5, S. 12 f., S. 24 f. Übers. Horst Wagenführer.

6 Politik als „Lebenskampf“

Aus Hitlers „Mein Kampf“:

Politik ist die Kunst der Durchführung des Lebenskampfes eines Volkes um sein irdisches Dasein. Außenpolitik ist die Kunst, einem Volke den jeweils notwendigen Lebensraum in Größe und Güte zu sichern. Innenpolitik ist die Kunst, einem Volke den dafür notwendigen Machteinsatz in Form seines Rassewertes und seiner Zahl zu erhalten. [...] Keine Staatsleitung wird freilich erwarten dürfen, dass ein Volk Heroismus besitzt, das sie nicht selbst zum Heroismus erzieht. So wie der Internationalismus den vorhergehenden Rassewert schädigt und damit schwächt, die Demokratie die Persönlichkeitswerte zerstört, so lähmt der Pazifismus die natürlichen Kräfte der Selbsterhaltung der Völker. Es wird die Aufgabe der nationalsozialistischen Bewegung sein, für Deutschland hier einen grundsätzlichen Wandel herbeizuführen.

A. Hitler: Mein Kampf. Zweites Buch (1928), hrsg. von G. L. Weinberg. Stuttgart 1961, S. 46 ff.

7 Die Sozialstruktur der PNF 1921

Angaben zur Mitgliedschaft in Prozent:

	Faschist. Partei	*Anteil an der Gesamtbevölkerung*
Landarbeiter	23,0	21,8
Industriearbeiter	15,5	16,2
Studenten, Schüler*	13,0	0,5
Bauern, Pächter, Halbpächter	11,9	37,0
Privatangestellte	9,9	1,6
öffentliche Angestellte	4,7	0,8
Kaufl., Handwerker, Händler	9,2	1,6
Freiberufliche	6,6	9,3
Industrielle	2,8	2,1
im Lehrberuf Stehende	1,1	0,4
Seeleute	1,0	0,8

Zit. nach: J. Petersen: Wählerverhalten und soziale Basis des Faschismus in Italien zwischen 1919 und 1928. In: W. Schieder, (Hrsg.): Faschismus als soziale Bewegung. Hamburg 1976, S. 142 ff.

* im Alter ab 15 Jahren

8 Die Sozialstruktur der NSDAP-Mitgliederschaft vor dem 3. September 1930

Angaben in Prozent:

	NSDAP	*Anteil der Gesamtbevölkerung*
Arbeiter:	28,1	45,1
Selbstständige:		
Landwirte	14,1	6,7
Handwerker	9,1	5,5
Kaufleute	8,2	3,7
freie Berufe	3,0	1,5
Beamte:		
Lehrer	1,7	1,0
andere	6,6	3,3
Angestellte	25,6	15,9
mithelfende Familienangehörige (meist weiblich)	3,6	17,3
insgesamt:	100	100

Zit. nach: M. Broszat: Der Staat Hitlers. München 1969, S. 51.

9 Totalitarismus oder Faschismus?

Der Historiker Jürgen Kocka über die begriffliche Unterscheidung von Totalitarismus und Faschismus:

Ein sinnvoll definierter Totalitarismus-Begriff betont am Nationalsozialismus dessen diktatorische Negation liberal-demokratischer Verfassungsprinzipien wie den Verzicht auf Minderheitenschutz, die systematische Verletzung von Menschen- und Bürgerrechten bis hin zum Terror, die Aufhebung der Gewaltenteilung und die Zerstörung der Mehr-Parteienkonkurrenz. Er betont seine institutionalisierte Ideologie mit Ausschließlichkeits- und Totalitätsanspruch wie auch seine Tendenz zur Mediatisierung gesellschaftlicher Gruppen und zur allumfassenden, gleichschaltenden Massenmobilisierung. Dadurch wird am Nationalsozialismus das betont, was er in der Tat mit anderen [...] totalitären Systemen, z. B. mit der stalinistischen Sowjetunion, gemeinsam hatte. [...] Der Begriff des Faschismus [...] hebt am Nationalsozialismus zwar auch dessen antiliberaldemokratische Elemente hervor. Zugleich aber betont er dessen sozialgeschichtliche Bedingungen, Inhalte und Funktionen, vor allem seine Bedingtheit durch Krisenerscheinungen kapitalistisch-bürgerlicher Systeme seit dem Ersten Weltkrieg, seine in Klassen- und Schichtungskategorien beschreibbare „soziale Basis", in der unter Druck geratene Mittelschichten vorwiegen, die Abhängigkeit seines Durchbruchs von der Hilfestellung bzw. Koalition bisheriger, sich durch Parlamentarisierung, Demokratisierung oder soziale Reformen in Frage gestellt sehender Führungsgruppen (trotz seiner populistisch-revolutionären Elemente), seine antisozialistische, antikommunistische Stoßrichtung in Entstehungs- und Systemphase sowie seinen jedenfalls kurz- und mittelfristig unbestreitbaren Beitrag zur Stabilisierung kapitalistischer Grundprinzipien. Dadurch wird das betont, was „linke" und „rechte" Diktaturen unterscheidet und den Nationalsozialismus mit dem italienischen fascismo und – der Tendenz nach – mit anderen Faschismen jedenfalls der Zwischenkriegszeit verbindet.

J. Kocka: Ursachen des Nationalsozialismus. In: Aus Politik und Zeitgeschichte. o. O. 1980, S. 3 ff.

8

Arbeitsvorschläge

a) Interpretieren Sie die Karikatur (M 2) unter dem Gesichtspunkt des Aufstiegs des italienischen Faschismus.
b) Analysieren Sie anhand der Bildsymbole (M 3) die Traditionslinie, in die sich Mussolini stellte.
c) Bestimmen Sie anhand der beiden Texte Mussolinis (M 4, M 5) die Einstellungen des italienischen Faschismus zu Demokratie und Freiheit, Staat und Herrschaft sowie zu „Masse" und Individuum.
d) Vergleichen Sie Mussolinis und Hitlers Einstellung zum Pazifismus (M 5, M 6).
e) Analysieren und vergleichen Sie das soziale Profil der PNF und der NSDAP (M 7, M 8).

Der Aufstieg des Nationalsozialismus

1919	Adolf Hitler tritt im September in die am 1. Mai gegründete Deutsche Arbeiterpartei ein.
1920	Im Februar benennt sich die DAP um in Nationalsozialistische Deutsche Arbeiterpartei (NSDAP). Das in München verabschiedete Parteiprogramm wird auch später nie verändert. Im Dezember wird eine eigene Parteizeitung („Völkischer Beobachter") gegründet.
1921	Hitler ist seit Juli Vorsitzender der NSDAP und richtet die Partei nach dem Führerprinzip aus. Mit der SA (Sturmabteilung) rüstet sich die Partei im August mit einer eigenen Saalschutzorganisation aus, die sich vor allem aus ehemaligen Freikorpssoldaten zusammensetzt.
1923	Hitler scheitert am 9. November mit seinem Versuch, durch einen Putsch in München („Marsch zur Feldherrnhalle") die Regierungsgewalt im Deutschen Reich zu übernehmen. Nach der Niederschlagung des Putsches werden die NSDAP und der „Völkische Beobachter" verboten.
1924	Zu fünf Jahren Festungshaft in Landsberg verurteilt, verfasst Hitler während seiner durch eine Amnestie bereits nach einem halben Jahr beendeten Haftzeit (April bis Dezember) das erste Buch von „Mein Kampf".
1925	Hitler gründet im Februar die NSDAP neu, in der Folge erscheint auch der „Völkische Beobachter" wieder. Als nationalsozialistischer Eliteverband für Sonderaufgaben wird im November die SS (Schutzstaffel) gegründet.
1926	Im Juli wird die Hitler-Jugend gegründet.
1930	Bei den Reichstagswahlen im September steigert die NSDAP die Zahl ihrer Mandate von 12 auf 107 und wird zweitstärkste Fraktion (September).
1931	Die rechtsradikalen Kräfte schließen sich im Oktober zur „Harzburger Front" zusammen und erklären der Weimarer Republik offen den Kampf.
1932	Bei den Reichstagswahlen im Juli wird die NSDAP mit 230 Mandaten stärkste Fraktion und bleibt dies auch trotz des Rückgangs ihrer Mandate (196) nach der erneuten Wahl im November. Wirtschaftsvertreter plädieren beim Reichspräsidenten für die Ernennung Hitlers zum Reichskanzler.
1933	Hitler wird am 30. Januar zum Reichskanzler ernannt. Der Reichtagsbrand löst eine Verhaftungswelle gegen Kommunisten aus. Unter legalistischem Anschein wird das Staatswesen durch eine Reihe administrativer Maßnahmen („Verordnung zum Schutz von Volk und Staat", „Ermächtigungsgesetz", „Gesetz zur Wiederherstellung des Berufsbeamtentums", Auflösung der Gewerkschaften, Verbot der SPD, „Gesetz gegen die Neubildung von Parteien", „Gesetz zur Sicherung der Einheit von Partei und Staat") „gleichgeschaltet".
1934	Nach dem Tod Paul von Hindenburgs vereinigt Hitler das Amt des Reichspräsidenten und Reichskanzlers in seiner Person und nennt sich „Führer und Reichskanzler". Mit dem Gesetz über den Neuaufbau des Reiches wird die Länderhoheit aufgehoben.

Der Faschismus in Italien

1919	In Italien kommt es zur einer Krise des politischen Systems: Der Kampf auf Seiten der Alliierten hat den Staat fast in den finanziellen Ruin getrieben, 600 000 Italiener sind gefallen und auf der Friedenskonferenz von Versailles werden die italienischen Gebietsansprüche nur zum Teil erfüllt. Der Eindruck eines verstümmelten Sieges trägt mit dazu bei, dass linke und rechte radikale Bewegungen großen Zulauf erhalten, während sich die liberale Mitte, welche die Regierung stellt, als überfordert erweist. Im März gründet der ehemalige Sozialist Benito Mussolini in Mailand die ersten „fasci di combattimento“ (Kampfbünde), denen sich vor allem entwurzelte Soldaten anschließen.
1920–1922	In der Industrie und Landwirtschaft kommt es zu zahlreichen Streiks. Der Faschimus wächst zu einer Massenbewegung und ihm gelingt es, auch im Bürgertum und auf dem Land Anhänger zu gewinnen. Terroraktionen der faschistischen Stoßtrupps (Squadre d'Azioni) gegen Sozialisten, Vertreter der Gewerkschaften und Mitglieder der Kommunalverwaltungen werden vom Bürgertum, den Militärs, der Regierung und der Polizei immer wieder geduldet.
1921	Im November wird unter Führung Mussolinis die „Partito Nazionale Fascista“ (PNF) gegründet.
1922	Der faschistische „Marsch auf Rom“ bringt Mussolini an die Macht: Der italienische König überträgt ihm das Amt des Ministerpräsidenten. Mussolini versucht, andere politische Kräfte an sich zu binden, indem er Nationalisten, Liberale und Vertreter des politischen Katholizismus in seine Regierung aufnimmt.
1924	Bei den Parlamentswahlen erhalten die Faschisten 65 % der Stimmen und 365 von 503 Mandaten. Nach der Ermordung des Sozialistenführers Giacomo Matteotti durch Angehörige der „squadri“ verlässt die Mehrheit der nicht faschistischen Abgeordneten demonstrativ das Parlament. Auch in seiner eigenen Partei stößt Mussolini auf Widerstand.
1925/26	Mussolini reagiert auf diese Krise mit der Errichtung einer offenen Diktatur: Zunächst werden antifaschistische Organisationen aufgelöst und ihre Führer festgenommen. Der gescheiterte Versuch eines Attentats auf ihn selbst dient Mussolini als Grund, die sozialistische Partei aufzulösen. Durch eine Reihe von Gesetzen wird die faschistische Regierung mit fast unbeschränkten Vollmachten ausgestattet und in die Besetzung der Verwaltung bis auf die Ebene der Städte eingegriffen. Ferner wird die Tarifautonomie aufgehoben, Aussperrung und Streik untersagt und die Vertretungen der Arbeitgeber und Arbeitnehmer zu „cooperationi“ zusammengefasst. Mit dem Gesetz zum Schutze des Staates entsteht ein Polizeistaat. Indem den Abgeordneten der Opposition die Mandate aberkannt werden, wird Italien zu einem Einparteienstaat.
1928	Aufgrund des neuen Wahlgesetzes stehen nur noch 400 durch eine Einheitsliste vorher bestimmte Abgeordnete zur Wahl.
1930/31	Durch staatliche Eingriffe wird die Krise der italienischen Wirtschaft bewältigt.
1935	Per Gesetz wird die endgültige Gliederung der Arbeitnehmer- und Arbeitgebervertreter in Kooperationen eingeführt, die alle Wirtschaftszweige umfasst.

8

8.4 Außenpolitik und Zweiter Weltkrieg

Offizielle und inoffizielle Außenpolitik

Deutschlands günstige außenpolitische Position Ende 1932 – die Reparationsfrage war nahezu gelöst, das Recht auf Rüstungsgleichberechtigung grundsätzlich anerkannt – änderte sich durch den Antritt der Hitler-Regierung schlagartig. Nun verweigerte Frankreich auf der Genfer Abrüstungskonferenz mit dem Verweis auf die SA Deutschland die Aufrüstung.
Auch deswegen gab die offizielle NS-Außenpolitik in den 1930er-Jahren den Kampf um internationale Gleichberechtigung und um die friedliche Revision des Versailler Vertrages als Hauptziel an; inoffiziell aber wurde aufgerüstet und ein Krieg um „Lebensraum im Osten und dessen rücksichtslose Germanisierung" vorbereitet, wie Hitler schon am 3. Februar 1933 vor führenden Generälen äußerte, ohne auf Widerspruch zu stoßen.

Provokation und Appeasement

Um diese heimliche Aufrüstung ungehindert betreiben zu können, verließ Deutschland im Oktober 1933 die Genfer Abrüstungskonferenz und trat aus dem Völkerbund aus. Die weiterhin propagierten friedlichen Absichten der NS-Regierung hatten inzwischen durch die Verlängerung des Berliner Vertrages mit der UdSSR im Mai 1933, das Konkordat mit dem Vatikan im Juli 1933 und durch den Nichtangriffspakt mit Polen im Januar 1934 eine Bestätigung erhalten. Der Sinn dieser Schritte lag im Zeitgewinn für die Aufrüstung. Einen Rückschlag erlebte Hitler im Sommer 1934, als die österreichische NSDAP in Wien putschte und dabei den österreichischen Bundeskanzler Dollfuss erschoss. Vor allem das Verhältnis zum faschistischen Italien war dadurch bis 1936 stark belastet.
Im Januar 1935 fiel Hitler ein politischer Triumph in den Schoß, als über 90 Prozent der Abstimmungsberechtigten für die Wiedereingliederung des Saarlandes in das Deutsche Reich votierten. Die gegen den Versailler Vertrag verstoßende, riskante Wiedereinführung der allgemeinen Wehrpflicht im März 1935 löste jedoch bei den Siegermächten des Ersten Weltkrieges nur diplomatische Proteste aus. Im Juni kam es sogar zu einem deutsch-britischen Flottenabkommen, das unter Bruch des Versailler Vertrages die Höchststärke der deutschen Marine auf 35 Prozent der britischen festsetzte – ein kaum zu überschätzender Triumph Hitlers. Die nachgiebige britische Haltung gegenüber Deutschland erklärt sich daraus, dass England den Versailler Vertrag mittlerweile für überholt hielt und die Sicherung des Friedens durch Beschwichtigung Hitlers („Appeasement"), d.h. durch Zugeständnisse bei für berechtigt gehaltenen deutschen Anliegen, erreichen wollte. Frankreich war durch den Locarno-Vertrag von England außenpolitisch abhängig und musste sich der britischen Politik anschließen.

Außenpolitische Erfolge, Hitler-Stalin-Pakt

Unter diesen Voraussetzungen konnte Hitler ungestört eine Serie außenpolitischer Erfolge feiern. Im März 1936 kündigte Deutschland den Vertrag von Locarno, vorgeblich wegen des 1935 geschlossenen sowjetisch-französischen Beistandspaktes, und ließ im entmilitarisierten Rheinland wieder Truppen stationieren. Gleichzeitig erklärte Hitler den „Kampf um die deutsche Gleichberechtigung als abgeschlossen." Wenig später nutzte Hitler ein anlässlich der Olympischen Spiele in Berlin organisiertes Aussöhnungstreffen mit Frontveteranen des Ersten Weltkrieges aus verschiedenen Ländern, um seine Friedfertigkeit zu betonen. Er fühle sich beleidigt, wenn man ihm unterstelle, dass er den Krieg wolle. Im Windschatten der Olympischen Spiele, die Weltöffentlichkeit war abgelenkt, unterstützten Deutschland und Italien ab Juli 1936 (inoffiziell) den (1939 siegreichen) Militärputsch des Generals Franco in Spanien und begannen politisch zusammenzuarbeiten („Achse Berlin – Rom"). Mit der „Legion Condor" griff Deutschland auf Seiten Francos in die Kämpfe ein und testete seine Luftwaffe, die am 26. April

8

1937 die baskische Stadt Guernica dem Erdboden gleichmachte. Zur selben Zeit überlegten Englands Diplomaten, wie man Deutschland endgültig zufrieden stellen könne. Unter der Maßgabe, dass eventuelle Veränderungen friedlich erfolgen werden, wurden Verhandlungen wegen Danzig, Österreich und der Tschechoslowakei nicht ausgeschlossen. Hitler dagegen wollte sich weder auf eine Moderation Englands noch auf die Gewaltfreiheit einlassen und das Heft des Handelns in der Hand behalten. Im März 1938 erfolgten mit Gewalt, unter dem Jubel der meisten Österreicher, die Besetzung und der „Anschluss" Österreichs (mit Zustimmung Mussolinis); im September schließlich billigte die „Münchener Konferenz" (Hitler, Mussolini, Chamberlain, Daladier) die Annexion des überwiegend deutsch besiedelten Sudetenlandes – gegen den Willen der Tschechoslowakei. Hitler schien alles zu gelingen; seine Popularität erreichte einen Höhepunkt, sodass oppositionelle Offiziere um General Beck, die sich mit dem Gedanken trugen, den Diktator wegen seiner Kriegspolitik abzusetzen, vorläufig resignierten. Erst die Besetzung der „Rest-Tschechei" im März 1939 und die Errichtung eines NS-hörigen Regimes in der Slowakei veranlassten England und Frankreich zu einer härteren Haltung und zu einer Garantieerklärung für Polen – offenkundig das nächste deutsche Angriffsziel. Hitler ließ sich davon nicht beeindrucken, da es ihm im August gelang, durch einen deutsch-sowjetischen Nichtangriffspakt (sog. „Hitler-Stalin-Pakt") nicht nur die Gefahr eines Zweifrontenkrieges abzuwenden, sondern auch einen Partner bei der Zerschlagung Polens zu finden. Ein geheimes Zusatzprotokoll sah die Teilung Polens zwischen Deutschland und der Sowjetunion vor und grenzte die Interessensphären beider Mächte in Osteuropa ab. Der Hitler-Stalin-Pakt stürzte Europa in größte Verwirrung, waren hier doch zwei Staaten miteinander verbunden, die sich bisher als Todfeinde gesehen hatten. Vor allem der kommunistische Widerstand geriet in eine große Krise. Zur Entstehungsgeschichte dieses Paktes gehört, dass Stalin die Westmächte verdächtigte, Hitlers Expansionsstreben mit Absicht gegen die Sowjetunion zu lenken. Stalin forderte nach der Zerschlagung der Tschechoslowakei, dass alle osteuropäischen Staaten über Polen hinaus gegenüber Deutschland geschützt werden müssten. Die Westmächte sahen in dieser Forderung sowjetisches Hegemonialstreben und lehnten ab, sodass Stalin im August 1939 den Pakt mit Hitler schloss, auch um Zeit für die eigene Rüstung zu gewinnen.

1 **Titelblatt einer Propagandapublikation**
„Deutsche Freiwillige kämpften für Spanien."

Kriegsvorbereitung der deutschen Wirtschaft

Allerdings war das Reich wirtschaftlich auf Krieg nur bedingt vorbereitet. Zwar hatte Hitler seit 1933 systematisch aufrüsten lassen und mit dem Vierjahresplan von 1936 die deutsche Wirtschaft auf weitgehende Selbstversorgung mit Rohstoffen (Autarkie) umgestellt, doch gelang es nicht, z. B. ausreichende Benzinmengen aus Kohle zu gewinnen. Insbesondere einem längeren Krieg war die deutsche Industrie nicht gewachsen. Nicht zuletzt vor diesem Hintergrund entstand Hitlers „Blitzkrieg"-Strategie.

Überfall auf Polen

Der Überfall auf Polen am 1. September 1939 weitete sich zu einem sechsjährigen Weltkrieg aus. Dank ihrer überlegenen Panzerverbände und Luftstreitkräfte über-

3 Das außenpolitische Programm

Auszug aus einer Ansprache Hitlers vor den Befehlshabern des Heeres und der Marine am 3. Februar 1933 (sog. Liebmann-Aufzeichnung):

Ziel der Gesamtpolitik allein: Wiedergewinnung der pol. Macht. Hierauf muss gesamte Staatsführung eingestellt sein. […]

2. Nach außen. Kampf gegen Versailles. Gleichberechtigung in Genf; aber zwecklos, wenn Volk nicht auf Wehrwillen eingestellt. Sorge für Bundesgenossen. […]

4. Aufbau der Wehrmacht wichtigste Voraussetzung für Erreichung des Ziels: Wiedergewinnung der pol. Macht. Allg. Wehrpflicht muss wiederkommen. Zuvor aber muss Staatsführung dafür sorgen, dass die Wehrpflichtigen vor Eintritt nicht schon durch Pazif., Marxismus, Bolschewismus vergiftet werden oder nach Dienstzeit diesem Gifte verfallen.

Wie soll pol. Macht, wenn sie gewonnen ist, gebraucht werden? Jetzt noch nicht zu sagen. Vielleicht Erkämpfung neuer Export-Mögl., vielleicht – und wohl besser – Eroberung neuen Lebensraums im Osten u. dessen rücksichtslose Germanisierung. Sicher, dass erst mit po. Macht u. Kampf jetzige wirtsch. Zustände geändert werden können. Alles, was jetzt geschehen kann – Siedlung – Aushilfsmittel. Wehrmacht wichtigste u. sozialistischste Einrichtung d. Staates. Sie soll unpol. u. überparteilich bleiben. Der Kampf im Innern nicht ihre Sache, sondern der Nazi-Organisationen. Anders wie in Italien keine Verquickung von Heer und SA beabsichtigt. – Gefährlichste Zeit ist die des Aufbaus der Wehrmacht. Da wird sich zeigen, ob Frankreich Staatsmänner hat; wenn ja, wird es uns nicht Zeit lassen, sondern über uns herfallen (vermutlich mit Ost-Trabanten).

Zit. nach: Vierteljahreshefte für Zeitgeschichte, 2/1954, S. 434ff.

4 Botschaft für das Ausland

In einer Reichstagsrede vom 17. Mai 1933 erläutert Hitler sein offizielles außenpolitisches Programm:

Unser Nationalismus ist ein Prinzip, das als Weltanschauung grundsätzlich allgemein verpflichtet. Indem wir in grenzenloser Liebe und Treue an unserem eigenen Volkstum hängen, respektieren wir die nationalen Rechte auch der anderen Völker aus dieser selben Gesinnung heraus und möchten aus tiefinnerstem Herzen mit ihnen in Frieden und Freundschaft leben. Wir kennen daher nicht den Begriff des „Germanisierens". Die geistige Mentalität des vergangenen Jahrhunderts, aus der man glaubte, vielleicht aus Polen oder Franzosen Deutsche machen zu können, ist uns genauso fremd, wie wir uns leidenschaftlich gegen jeden umgekehrten Versuch wenden. Wir sehen die europäischen Nationen um uns als gegebene Tatsachen. Franzosen, Polen sind unsere Nachbarvölker, und wir wissen, dass kein geschichtlich denkbarer Vorgang diese Wirklichkeit ändern könnte. […] Die deutsche Regierung wünscht, sich über alle schwierigen Fragen politischer und wirtschaftlicher Natur mit den anderen Nationen friedlich und vertraglich auseinanderzusetzen. Sie weiß, dass jeder militärische Akt in Europa auch im Falle eines vollständigen Gelingens, gemessen an seinen Opfern, in keinem Verhältnis steht zum möglichen endgültigen Gewinn.

Zit. nach: W. Conze (Hrsg.): Der Nationalsozialismus 1934–1945, Totaler Führerstaat und nationalsozialistische Eroberungspolitik. Stuttgart 1984, S. 40f.

5 Gesprächsnotizen von Generaloberst Halder

Hitlers Ansprache vor 250 Generälen und hohen Offizieren am 30. März 1941:

Unsere Aufgaben gegenüber Russland: Wehrmacht zerschlagen, Staat auflösen […] Kampf zweier Weltanschauungen gegeneinander. Vernichtendes Urteil über Bolschewismus ist gleich asoziales Verbrechertum. Kommunismus ungeheure Gefahr für die Zukunft. Wir müssen von dem Standpunkt des soldatischen Kameradentums abrücken. Der Kommunist ist vorher kein Kamerad und nachher kein Kamerad. Es handelt sich um einen Vernichtungskampf. […] Vernichtung der bolschewistischen Kommissare und der kommunistischen Intelligenz. […] Der Kampf wird sich sehr unterscheiden vom Kampf im Westen. Im Osten ist Härte mild für die Zukunft. Die Führer müssen von sich das Opfer verlangen, ihre Bedenken zu überwinden.

Zit. nach: Generaloberst Franz Halder: Kriegstagebuch. Tägliche Aufzeichnungen des Chefs des Generalstabes des Heeres 1939–1942. 3 Bde. Stuttgart 1962–64, Bd. 2, S. 335ff.

6 Wehrmacht und Zivilbevölkerung

Aus dem Erlass über die Ausübung der Kriegsgerichtsbarkeit im Gebiet „Barbarossa", 13. Mai 1941:

Behandlung von Straftaten feindlicher Zivilpersonen:

1. Straftaten feindlicher Zivilpersonen sind der Zuständigkeit der Kriegsgerichte und der Standgerichte bis auf weiteres entzogen.
2. Freischärler sind durch die Truppe im Kampf oder auf der Flucht schonungslos zu erledigen.
3. Auch alle anderen Angriffe feindlicher Zivilpersonen gegen die Wehrmacht, ihre Angehörigen und das Gefolge sind von der Truppe auf der Stelle mit den äußersten Mitteln bis zur Vernichtung des Angreifers niederzukämpfen. […]

Behandlung der Straftaten von Angehörigen der Wehrmacht und des Gefolges gegen Landeseinwohner: 1. Für Handlungen, die Angehörige der Wehrmacht und des Gefolges gegen feindliche Zivilpersonen begehen, besteht kein Verfolgungszwang, auch dann nicht, wenn die Tat zugleich ein militärisches Verbrechen oder Vergehen ist.

Zit. nach: G. R. Ueberschär/W. Wette (Hrsg.): „Unternehmen Barbarossa", Der deutsche Überfall auf die Swjetunion 1941. Berichte, Analysen, Dokumente. Paderborn 1984, S. 306f.

7 Titelblatt der Satirezeitschrift „Lustige Blätter" von Bertold Daneke, 29.9.1939. Die Originalunterschrift lautet: „Auf, auf, ihr Söhne Englands, verteidigt unsere heiligsten Güter!"

8 Titelblatt der Satirezeitschrift „Lustige Blätter" von Bertold Daneke, 11.7.1941. Die Originalunterschrift lautet: „Ihr könnt reden, was ihr wollt, aber dies ist mein Krieg, den ihr für mich gewinnen sollt!"

9 Plakat der Reichspropagandaleitung der NSDAP von Hans Schweitzer, 1943

10 Kriegsführung im Osten

Aktennotiz deutscher Staatssekretäre, 2.5.1941:

1. Der Krieg ist nur weiterzuführen, wenn die gesamte Wehrmacht im 3. Kriegsjahr aus Russland ernährt wird.
2. Hierbei werden zweifellos zig Millionen Menschen verhungern, wenn von uns das für uns Notwendige aus dem Lande herausgeholt wird.
3. Am wichtigsten ist die Bergung und Abtransport von Ölsaaten, Ölkuchen, dann erst Getreide. Das vorhandene Fett und Fleisch wird voraussichtlich die Truppe verbrauchen.
4. Die Beschäftigung der Industrie darf nur auf Mangelgebieten wieder aufgenommen werden, z.B. die Werke für Verkehrsmittel, die Werke für allgemeine Versorgungsanlagen (Eisen), die Werke für Textilien, von Rüstungsbetrieben nur solche, bei denen in Deutschland Engpässe bestehen.

Ebenda, S. 377.

11 „Meine Tage sind gezählt"

Brief des sowjetischen Kriegsgefangenen F.J. Koshedub aus Kaunas in Litauen an seine Familie, 19.10.1941:

Wir haben Millionen Läuse. Ich habe mich zwei Monate nicht rasiert, nicht gewaschen und nicht umgezogen. Zum Anziehen habe ich Unterwäsche, Oberwäsche, einen Soldatenmantel, eine Feldmütze und Schuhe mit Wickelgamaschen. Es ist kalt, matschig und schmutzig. Jeden Tag sterben 200 bis 300 Mann. In einer solchen Lage befinde ich mich also, und meine Tage sind gezählt. So lebt wohl meine Teuren, lebt wohl, meine Lieben, Freunde und Bekannten. Wenn sich ein guter Mensch findet, der meinen Brief weiterschickt, wisst ihr wenigstens, wo ich meinen ruhmlosen schweren Tod gefunden habe. Nochmals lebt wohl.

SZAOR der UdSSR, Fonds 7021, Liste 94, Akte 460, Bl. 57f. Zit. nach: Wehrmachtsverbrechen. Dokumente aus sowjetischen Archiven. Bearb. Lev A. Bezymenskij. Köln 1997, S. 147f.

12 Stalingrad und die Soldaten

Aus einem Brief aus Stalingrad, Januar 1943:

Liebster Vater! Die Division ist ausgeschlackt für den Großkampf, aber der Großkampf wird nicht stattfinden. Du wirst dich wundern, dass ich an dich schreibe und an deine Adresse im Amt, aber was ich in diesem Brief zu sagen habe, ist nur unter Männern zu sagen. Du wirst es in der dir eigenen Form an Mutter weitergeben. Wir dürfen heute schreiben, heißt es bei uns. Das bedeutet für einen, der die Lage kennt, wir können es nur noch einmal. Du bist Oberst, lieber Vater, und Generalstäbler. Du weißt, was das bedeutet, und mir ersparst du damit Erklärungen, die sentimental klingen könnten. Es ist Schluss. Ich denke, es wird noch ungefähr acht Tage lang gehen, dann ist der Kragen zu. Ich will nicht nach Gründen suchen, die man für oder gegen unsere Situation ins Feld führen könnte. Diese Gründe sind jetzt gänzlich unwichtig und außerdem ohne Nutzen, aber wenn ich dazu etwas zu sagen habe, dann das eine: Sucht nicht nach Erklärungen für die Situation bei uns, sondern bei euch und bei dem, der dieses zu verantworten hat. Haltet den Nacken steif. Du, Vater, und die mit dir der gleichen Ansicht sind. Seid auf der Hut, damit nicht größeres Unheil über unser Vaterland kommt. Die Hölle an der Wolga soll euch Warnung sein. Ich bitte euch, schlagt diese Erkenntnis nicht in den Wind.

Ch. Studt (Hrsg.): Das Dritte Reich. Ein Lesebuch zur deutschen Geschichte 1933–1945. München 1995, S. 261 f.

13 Stalingrad und die Bevölkerung

Meldungen des Sicherheitsdienstes der SS, 28.1.1943:

Unter dem Eindruck, dass das Schicksal der 6. Armee in Stalingrad bereits besiegelt sei, und in der Sorge um die weitere Entwicklung der Kriegslage ist das ganze Volk z. Z. bis ins Tiefste aufgewühlt. Unter den vielen Fragen, die sich aus der veränderten Situation ergeben, bewegt die Bevölkerung vor allem, warum Stalingrad nicht rechtzeitig geräumt oder entsetzt wurde und wie es möglich war, dass die militärische Situation vor einigen Monaten noch als gesichert und bis in die letzten Tage als nicht ungünstig hingestellt werden konnte. Besonders erörtert, und zwar vielfach mit ausgesprochen kritischem Unterton, wird die Unterschätzung der russischen Kampfkraft, durch welche jetzt schon zum zweiten Male eine schwere Krise ausgelöst worden sei. Darüber hinaus befassen sich die Volksgenossen wieder vermehrt mit manchen Entwicklungen im Innern, welche mit dafür ursächlich seien, dass uns der jetzige Schlag so überaus hart treffe. Bei aller Bereitschaft, sich der Totalisierung des Krieges bedingungslos zu unterwerfen, äußern viele Volksgenossen, auch gerade solche, die politisch durchaus gefestigt sind, dass dieser Schritt reichlich spät erfolge. [...]

In der Befürchtung, dass ein ungünstiger Ausgang des Krieges in den Bereich des Möglichen gerückt sei, befassen sich die Volksgenossen ernsthaft mit den Folgen einer Niederlage.

W. Michalka, (Hrsg.): Das Dritte Reich, Bd. 2: Weltmachtanspruch und nationaler Zusammenbruch 1939 bis 1945. München 1985, S. 352 f.

14 Am 30. September 1944 in der deutschen Kriegswirtschaft eingesetzte ausländische Arbeitskräfte

Staatsangehörigkeit	Männer	Frauen	zusammen	%-Anteil der Frauen	zusammen in % aller ausländischen Zivilarbeiter
Belgien	170 058	29 379	199 437	14,7	3,4
Frankreich	603 767	42 654	646 421	6,6	10,8
Italien	265 030	22 317	287 347	7,7	4,8
Jugoslawien	294 222	30 768	324 954	9,5	1,6
Niederlande	233 591	20 953	254 544	8,2	4,3
Slowakei	20 857	16 693	37 550	44,4	0,6
Ungarn	17 206	7 057	24 263	3,0	0,4
Sowjetunion	1 062 507	1 112 137	2 174 644	51,1	36,4
Polen	1 115 321	586 091	1 701 412	34,4	18,5
Insgesamt	3 986 306	1 990 367	5 976 673	33,3	100,0

Aus: F. Blaich: Wirtschaft und Rüstung im „Dritten Reich“. Düsseldorf 1987, S. 109.

Arbeitsvorschläge

a) Stellen Sie die außenpolitischen Ziele Hitlers zusammen (M 3, M 4). Berücksichtigen Sie dabei den Unterschied zwischen öffentlichen und nichtöffentlichen Positionen.

b) Erarbeiten Sie aus M 5 und M 6, inwiefern im Osten ein Krieg geplant wurde, der sich vom Westkrieg (1939–1941) und ebenso vom Ersten Weltkrieg unterschied. Erörtern Sie den Zweck des Kriegsgerichtserlasses und beurteilen Sie dann die Rolle der Wehrmacht bei der Planung des Krieges.

c) Untersuchen Sie anhand des Feldpostbriefes (M 12) und des SD-Berichtes (M 13) die Auswirkungen der Niederlage von Stalingrad auf die Bevölkerung.

d) Erläutern Sie anhand der Abbildungen (M 7–M 9) das nationalsozialistische Feindbild und berücksichtigen Sie dabei die Unterschiede zwischen den Gegnern.

e) Stellen Sie die Folgen des Krieges für die Menschen der Sowjetunion dar (M 10, M 11) und beurteilen Sie, inwieweit man von einem Vernichtungskrieg sprechen kann.

f) Erkundigen Sie sich über den Einsatz von Zwangsarbeitern in Ihrer Stadt und Region. Recherchieren Sie vor Ort und im Internet, ob sich Firmen aus Ihrer Region an der Entschädigung von Zwangsarbeitern beteiligt haben.

Standpunkte: Anständige Soldaten oder Verbrecher? – die Rolle der Wehrmacht im Zweiten Weltkrieg

Die Ausstellung „Vernichtungskrieg. Verbrechen der Wehrmacht 1941–1945" vom Hamburger Institut für Sozialforschung löste in den 1990er-Jahren eine große öffentliche Debatte über die Rolle der Wehrmacht im Zweiten Weltkrieg aus. Die Ausstellungsmacher hatten den verbrecherischen Charakter der Wehrmacht herausgestellt. In der dann folgenden erbitterten Auseinandersetzung ging es um die Frage, inwieweit die Wehrmacht an den Verbrechen des NS-Regimes beteiligt gewesen war. In falsche Zusammenhänge eingeordnete Fotos waren der Anlass dafür, dass die Ausstellung inzwischen neu erarbeitet wurde.

14 Aktive Beteiligung und passive Duldung?

Das Urteil des Historikers Wolfgang Benz in Rahmen einer Fachtagung zur Wehrmachtsausstellung in Bremen am 26.2.1997 – auch bei den beiden anderen Texten handelt es sich um thesenartig zusammengefasste Beiträge zu dieser Tagung:

Unter dem Eindruck nationalsozialistischer Propaganda waren die Deutschen in ihrer Mehrheit – das gilt für die Wehrmacht wie für die Zivilbevölkerung – überzeugt davon, für eine gute Sache zu kämpfen. Nicht in der Begeisterung des Jahres 1914, aber im Bewusstsein notwendiger Pflichterfüllung, um den Bolschewismus als Weltanschauung in die Knie zu zwingen. Kolonialistische Überzeugungen, das überlegene Bewusstsein als Kulturbringer, die gegenüber minderwertigen Völkern Recht setzen dürfen, waren verbreitet. Beispiele für die Kreuzzugsmentalität finden sich in Feldpostbriefen, und zwar auch bei einfachen Soldaten und Unteroffizieren. Man muss nicht auf die Minderheit fanatischer Nationalsozialisten im Offizierskorps rekurrieren, um die folgenden Beispiele zu finden. Ein Unteroffizier schrieb im Sommer 1941 nach Hause, jetzt habe „die Judenheit uns auf der ganzen Linie", von den „Plutokraten bis zu den Bolschewiken den Krieg erklärt". Alles, was „judenhörig" sei, stehe gegen uns. Ein Gefreiter schrieb Anfang Juli 1941, „nach diesem gotteslästerlichen Land" habe er schon immer gerne ziehen wollen. In anderen Briefen war von „Bestien", von „russischen Horden" die Rede [...].

Die Wehrmacht war in die Verbrechen des NS-Staats durch aktive Beteiligung und passive Duldung verstrickt. Die Tatsachen, von der seriösen Geschichtsforschung wie dem Institut für Zeitgeschichte oder dem Militärgeschichtlichen Forschungsamt dokumentiert und interpretiert, müssen zur Kenntnis genommen werden und können nicht als „Diffamierung" aller Wehrmachtsangehörigen abgewiesen und abgetan werden. Zu diesen Tatsachen gehören der Kommissarbefehl, das Mitwissen und die indirekte Mitwirkung am Massaker von Babi Jar, bei dem 33771 Juden vom Sonderkommando 4a der Einsatzgruppe C innerhalb von zwei Tagen Ende September 1941 ermordet wurden. Die Morde fallen nicht der Wehrmacht zur Last, aber in der vorausgehenden Meldung nach Berlin hatte es geheißen: „Exekution von mindestens 50000 Juden vorgesehen. Wehrmacht begrüßt Maßnahmen und erbittet radikales Vorgehen." Und Pioniere der Wehrmacht sprengten nach den Morden die Schlucht von Babi Jar. Das Schicksal von mehr als 3 Millionen sowjetischen Kriegsgefangenen, die im Gewahrsam der Wehrmacht den Tod fanden, gehört ebenso zur Geschichte der Wehrmacht wie der Partisanenkrieg in Serbien, um nur einige Beispiele zu nennen.

Zit. nach: H.-G. Thiele (Hrsg.): Die Wehrmachtsausstellung, Dokumentation einer Kontroverse. Bundeszentrale für politische Bildung. Bonn 1997, S. 30ff.

15 Erlebt – gewusst – mitbewirkt

Der Historiker Hans-Adolf Jakobsen zur Rolle der deutschen Wehrmacht im Russlandfeldzug:

1. Was die Millionen deutscher Soldaten während des Russlandfeldzuges de facto erlebt, gewusst bzw. mitbewirkt haben, soweit es die zahllosen Verbrechen anbetrifft, die von Deutschen und im Namen Deutschlands verübt worden sind, lässt sich heute kaum noch mit Gewissheit sagen. Fraglos waren jedoch Teile der deutschen Wehrmacht (vornehmlich des Heeres) weitaus mehr an NS-Verbrechen direkt oder indirekt beteiligt, als es von Memoirenschreibern und in Aussagen von Veteranen nach 1945 zugegeben worden ist – ganz zu schweigen von den Tätern. Es gab darüber hinaus viele Mitwisser und solche, die die Mordtaten stillschweigend zur Kenntnis genommen haben, ohne einzuschreiten oder zu versuchen, das Schlimmste zu verhüten. In diesem Zusammenhang aber von der Wehrmacht als Ganzem zu sprechen, dürfte eine kaum zulässige Verallgemeinerung sein. Die in jüngster Zeit häufig recht apodiktisch formulierten Pauschalurteile sind weder quellenkritisch hinreichend belegt noch den Realitäten des totalen, ideologischen Krieges angemessen, zumal bei diesen die mannigfachen Zeugnisse von Humanitas, soldatischer

„verdammter Pflichterfüllung" und militärischer Opposition gegen das NS-Unrechtssystem nur unzureichend berücksichtigt werden.

2. Allerdings dürfte ein anderes generelles Urteil nicht mehr zu bestreiten sein, dem sich bisher viele Ehemalige – bewusst oder unbewusst, z. T. verdrängt – entzogen haben. Die deutsche Wehrmacht war eines der ausschlaggebenden Instrumente der NS-Kriegsführung, d. h. einer wahnwitzigen Doktrin und Politik, deren Ziele es waren, Lebensraum zu erkämpfen, die „Rassenfeinde" zu vernichten und eine totalitäre Herrschaft in Europa zu errichten. Während sie selbst vorwiegend militärische Aufgaben zur Ausschaltung der feindlichen Streitkräfte übernahm und ihre militärische Führung (OKW/OKH) die ideologischen Weisungen Hitlers in Befehlsform fasste, waren es vor allem die Sondereinheiten Himmlers, die mittels Terror und Mord den revolutionär-rassistischen Auftrag im Hinterland erfüllten. Aber und dies gilt es mit allem Nachdruck zu unterstreichen – beide haben, gewissermaßen arbeitsteilig, den gleichen Krieg mit den gleichen Zielen, wenn auch an verschiedenen Fronten und mit den ihnen befohlenen Mitteln geführt. Sie alle sind in unterschiedlicher Weise und abgestuft entsprechend der hierarchischen Ordnung in der Truppe für das Geschehen von einst mitverantwortlich. Die meisten Soldaten, im militärischen Gehorsam diszipliniert, durch den Eid an Hitler gebunden und seit 1941 durch ein erbarmungsloses Ringen physisch und psychisch bis zum Äußersten herausgefordert, waren indoktriniert, manipuliert und tragisch verstrickt. Soweit sie an Verbrechen mitgewirkt oder diese geduldet und entsprechende Befehle erteilt haben, waren sie schuldig geworden.

Zit nach: Ebenda, S. 48 f.

16 Ehre – Treue – Tapferkeit – Disziplin

Der Mediziner Ernst Rebentisch über die deutschen Soldaten:

1. Die Wehrmacht war der Waffenträger und damit das bedeutendste Machtinstrument des – von den Nationalsozialisten regierten – Deutschen Reiches. Wie in jedem wehrhaften Staat unterstanden die Soldaten besonderen Militärgesetzen.

Ergänzt wurden diese durch die auf deutscher Soldatentradition beruhenden Grundsätze der Ehre, Treue, Tapferkeit und Disziplin. Trotz aller Indoktrinationsabsichten fand das nationalsozialistische Gedankengut – vor allem im Heer – nur bei relativ wenigen Zustimmung. Das Offizierkorps blieb weitgehend konservativ zurückhaltend. Dies war auch einer der Gründe für Hitlers permanentes Misstrauen gegenüber Generälen und Generalstabsoffizieren. [...]

3. Hitler hat ohne jeden Zweifel und unabhängig von anderen Kriegszielen die Wehrmacht zu seinem Weltanschauungskrieg gegen die Sowjetunion missbraucht. Sein in Erinnerung an blutige Bürgerkriege und weltrevolutionäre Absichten der Sowjets im In- und Ausland auf viel Verständnis stoßender Aufruf zum „Kreuzzug gegen den Bolschewismus" blieb nicht ohne Wirkung auf die Soldaten.

Zweifellos gab es eine Reihe hochrangiger Generale, die manche Befehle Hitlers noch zusätzlich verschärften, aber die Truppe hatte im Kampf andere Sorgen. Der berüchtigte Befehl, Politkommissare nach ihrer Gefangennahme sofort zu erschießen, wurde nachgewiesenermaßen nur vereinzelt befolgt, überwiegend jedoch abgelehnt und von vielen Truppenführern gar nicht erst bekannt gegeben. Einige weitere, nur mündlich weiterzugebende Befehle, die von einigen Kriegstheoretikern als Freibriefe zum Verüben von Rache- und Gewalttaten ausgelegt werden, haben die Truppe gar nicht erreicht. [...]

8. Jeder anständige Soldat wird sich für eine gründliche und wahrhaftige Untersuchung der im Krieg verübten Verbrechen einsetzen, denn nur so lässt sich eindeutig klären, dass Millionen ehemaliger Soldaten nichts damit zu tun haben. Nicht minder sollten die höchsten militärischen und staatlichen Stellen im staatlichen Interesse auf einer abschließenden, jederzeit nachvollziehbaren Untersuchung der Geschehnisse bis hin zur Nennnung von Namen und zur Darlegung der Strafen bestehen. [...]

Selbst in einem Rechtsstaat hat der Verbrecher das Recht, dass ihm vor der Verurteilung die Tat nachgewiesen wird, andernfalls ist er freizusprechen. Solange dies den 19 Millionen ehemaligen deutschen Soldaten verwehrt wird, die befehlgetreu und opferbereit ihre Pflicht für das Vaterland getan haben, darf sich niemand wundern, wenn sich die noch Überlebenden gegen pauschale Diffamierungen zur Wehr setzen. [...]

Zit. nach: Ebenda, S. 55 ff.

Arbeitsvorschläge

a) Erarbeiten Sie aus den Texten die Urteile der Autoren über die Rolle der Wehrmacht im Zweiten Weltkrieg, ihre Funktion in der NS-Diktatur und die Verantwortung bzw. Schuld von Offizieren und Soldaten.

b) Nehmen Sie dazu Stellung, inwieweit man die Wehrmacht – wie die SS – als verbrecherische Organisation bezeichnen sollte. Begründen Sie Ihre Auffassung auch mit Hilfe der Quellen M 5 – M 13.

Außenpolitik und Zweiter Weltkrieg

1933	Das Deutsche Reich tritt aus dem Völkerbund aus.
1935	Das Saargebiet kommt nach einer Volksabstimmung von Frankreich zu Deutschland. Das Deutsche Reich führt die allgemeine Wehrpflicht wieder ein.
1936	7.3. Deutsche Truppen marschieren ins entmilitarisierte Rheinland ein. Truppen Italiens und Deutschlands unterstützen im spanischen Bürgerkrieg den Putsch gegen die gewählte „Volksfrontregierung". Die faschistischen Staaten Deutschland und Italien verbünden sich in der „Achse Berlin - Rom". Das expansive Japan schließt sich dem Bündnis an.
1938	12.3. Unter Protest von England und Frankreich, gegen den Widerstand der Regierung, aber mit Zustimmung der meisten Österreicher marschieren deutsche Truppen in Österreich ein. 29.9. Hitlers Kriegsdrohung gegenüber der Tschechoslowakei führt zur „Münchener Konferenz" (Deutschland, Italien, England, Frankreich). Vor allem England sucht durch Entgegenkommen einen Krieg zu vermeiden („Appeasement-Politik"): Das Sudetenland fällt dem „Großdeutschen Reich" zu.
1939	Die Reichsregierung bricht das „Münchener Abkommen", als deutsche Truppen im März auch die „Rest-Tschechei" besetzen. Das Deutsche Reich und die Sowjetunion schließen einen Nichtangriffspakt. In einem geheimen Zusatzabkommen teilen sie Polen untereinander auf. 1.9. Deutsche Truppen greifen Polen an, obwohl England im März eine Garantieerklärung für Polen abgegeben hatte. Sowjetische Truppen besetzen Ostpolen. Der Zweite Weltkrieg beginnt.
1940	Deutsche Truppen besetzen Dänemark und Norwegen, die Niederlande und Belgien und zwingen Frankreich zur Kapitulation. 11.6. Italien tritt aufseiten des Deutschen Reiches in den Krieg ein und versucht Eroberungen im Mittelmeerraum. Als die Versuche zu scheitern drohen, besetzen deutsche Truppen den Balkan, Griechenland und Nordafrika.
1941	22.6. Unter Bruch des Nichtangriffsvertrages fallen deutsche Truppen in die Sowjetunion ein. Stalin ruft den „Großen Vaterländischen Krieg" aus. Japan greift die amerikanische Flotte in Pearl Harbor an. Der Krieg wird zum Weltkrieg, da auch Italien und Deutschland den USA den Krieg erklären.
1943	Die Reste der deutschen 6. Armee kapitulieren in Stalingrad im Februar. Truppen der deutschen Kriegsgegner („Alliierte") landen im Juni in Sizilien.
1944	Die Invasion der Alliierten an der Westfront beginnt in der Normandie (6. Juni).
1945	Im Februar beschließen auf der Konferenz von Jalta die Regierungschefs der Alliierten, Roosevelt (USA), Churchill (Großbritannien) und Stalin (UdSSR), die Aufteilung Deutschlands in Besatzungszonen. 8.5. Mit der Kapitulation der Wehrmacht endet der Krieg in Europa. 6.8. Die USA vernichten durch eine Atombombe die japanische Stadt Hiroshima, wenige Tage später auch die Stadt Nagasaki. 2.9. Mit der Kapitulation Japans endet der Zweite Weltkrieg, in dem 55 Millionen Menschen starben.

8.5 Auschwitz als Zivilisationsbruch

Antisemitische Maßnahmen vor 1938, Reichsprognomnacht

Bis Ende der 1930er-Jahre gehörte die organisierte Ermordung von Juden aus rassistischen Motiven nicht zum politischen Programm der Nationalsozialisten. Allerdings fanden schon in den ersten Monaten nach Hitlers Regierungsantritt antisemitische Ausschreitungen statt. Erster Höhepunkt war der „Judenboykott" am 1. April 1933, der sich gegen jüdische Geschäfte, Anwälte und Ärzte richtete. Er gab den Juden einen Vorgeschmack auf das, was noch kommen sollte. Mit dem „Gesetz zur Wiederherstellung des Berufsbeamtentums" (7. April 1933) und dem „Kulturkammergesetz" (22. September 1933) wurde Juden eine Beschäftigung im öffentlichen Dienst sowie in Presse, Funk, Film und Theater verboten. 1935 wurden an Ortseingängen und Geschäften Schilder mit der Aufschrift „Juden unerwünscht" aufgestellt. Am 15. September 1935 wurden die Nürnberger Gesetze verabschiedet, die u. a. Eheschließungen und außerehelichen Geschlechtsverkehr zwischen Juden und „Ariern" unter Strafe stellten (▶ Online-Link). Juden wurde das Zeigen der Reichsflagge verboten, außerdem wurde ihnen die Staatsangehörigkeit aberkannt. 1938 wurden die Vermögenswerte der Juden erfasst; auch wurden die so genannten „jüdischen Vornamen" eingeführt: Männliche Juden mussten neben ihrem eigentlichen Vornamen auch den Namen Israel, weibliche Juden den Namen Sara führen. Nach einem Attentat auf ein Mitglied der deutschen Botschaft in Paris am 7. November 1938 organisierte vor allem die SA vom 9. auf den 10. November Pogrome, bei denen die meisten der noch in jüdischem Eigentum befindlichen Synagogen zerstört wurden. Auch jüdische Geschäfte wurden angegriffen und geplündert. Über 30 000 Juden wurden in Konzentrationslagern inhaftiert, 91 ermordet. Außerdem wurde den Juden für die an ihrem Eigentum verursachten Schäden zynischerweise ein Bußgeld von 1 Milliarde RM auferlegt. All diese Maßnahmen der staatsbürgerlichen Entrechtung, wirtschaftlichen Ruinierung und sozialen Isolierung in den Jahren 1933–1938 sollten die Auswanderung der deutschen (und österreichischen) Juden erzwingen. Doch die von der NSDAP forcierte Ausschaltung aus dem Erwerbsleben und die von der Ministerialbürokratie betriebene Abdrängung ins Ausland widersprachen sich: Viele verarmte Juden konnten die Auswanderungskosten nicht mehr aufbringen.

1 Vor dem Brand
Angehörige der SS zwingen Dr. Artur Flehinger, Mitglied der jüdischen Gemeinde, in der Synagoge von Baden-Baden, bevor sie angezündet wird, aus Hitlers „Mein Kampf" vorzulesen, (10. November 1938).

8

„Planung und Lösung Judenfrage" ...

Seit Kriegsbeginn stellte sich für das NS-Regime zunehmend das Problem, dass durch die Besetzung großer Teile Europas Millionen europäischer Juden in ihren Herrschaftsbereich gerieten. Dies veranlasste vor allem den Leiter des Reichssicherheitshauptamtes (RSHA), Reinhard Heydrich, und den Leiter des dortigen „Judenreferates", Adolf Eichmann, zu immer neuen Planungen für eine „Lösung der Judenfrage". Drei Entwicklungsstufen lassen sich unterscheiden:

1. Ab September 1939 begingen die der Wehrmacht folgenden Einsatzgruppen der Sicherheitspolizei und des Sicherheitsdienstes (SD), z.T. auch der Ordnungspolizei in Polen, Massenmorde an Juden und Intellektuellen. Gleichzeitig wurden ca. 90 000 Juden in das Generalgouvernement deportiert und vorläufig in Lagern und Ghettos untergebracht.

2. Ab Sommer 1940 drängten die größer werdenden Unterbringungs-, Bewachungs- und Versorgungsprobleme in den polnischen Ghettos und Lagern auf eine wie auch immer geartete Lösung. Bürokraten in der Kanzlei des „Führers" und im RSHA sowie SS-Führer in Polen suchten nach Mordmöglichkeiten, die effektiver waren und das Tötungspersonal psychisch weniger belasteten als die blutigen Massenerschießungen. Dabei knüpften sie an Erfahrungen mit stationären Gaskammern und Gaswagen an, in denen seit April bei der so genannten „Aktion T4" insgeheim 120 000 Geisteskranke und Behinderte mit Motorabgasen umgebracht wurden.

2 **Die Konzentrationslager und die Herkunftsländer der ermordeten Juden**

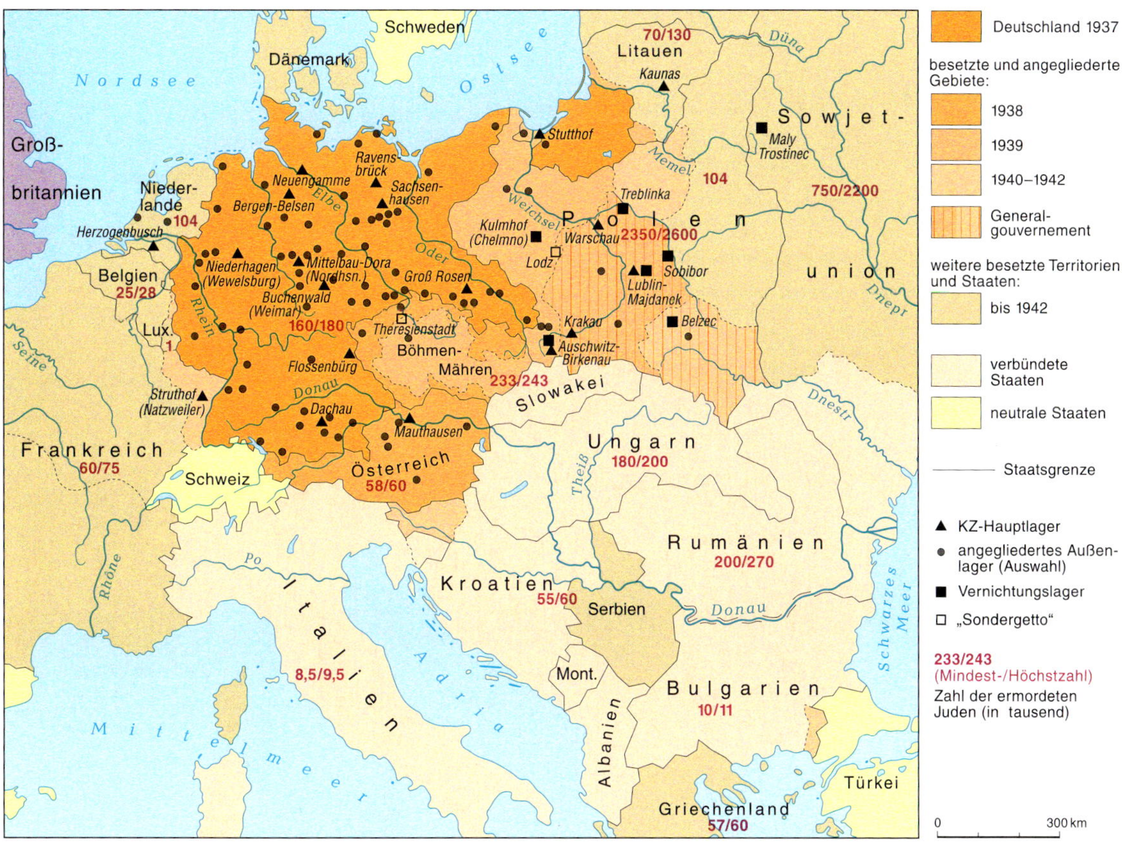

3. Im Frühjahr 1941 traten die Vorbereitungen für den Vernichtungskrieg gegen die Sowjetunion in ihr entscheidendes Stadium. Sofort nach Kriegsbeginn begann die Erschießung der sowjetischen Juden, der innerhalb von drei Jahren ca. eine Million Menschen zum Opfer fiel. Ende Juli erhielt Heydrich die Vollmacht zur Erarbeitung einer „Gesamtlösung der Judenfrage im deutschen Einflussgebiet in Europa". Ab November durften deutsche Juden nicht mehr ausreisen und mussten den Judenstern tragen, um leichter deportiert werden zu können; im Generalgouvernement begann der Bau der Vernichtungslager Belzec, Sobibor und Treblinka. Am 12. Dezember 1941 – nach dem Kriegseintritt der USA – wiederholte Hitler in einer Rede erneut seine „Prophezeiung", eine Ausweitung des Krieges zum Weltkrieg sei die Schuld der Juden und werde zu ihrer Vernichtung führen. Spätestens jetzt muss die Ermordung aller Juden im deutschen Herrschaftsbereich – sprachlich als „Endlösung" getarnt – in der NS-Führung beschlossene Sache gewesen sein, auch wenn ein schriftlicher „Führerbefehl" nicht existiert.

... und ihre Umsetzung in Auschwitz

Im Januar 1942 stellte Heydrich auf der „Wannsee-Konferenz" die organisatorischen Weichen für die beschlossene „Endlösung"; ab März rollten die Deportationszüge. An der Organisation waren zahlreiche Behörden und Betriebe beteiligt: neben dem SS-Apparat als zentrale Planungs- und Durchführungsinstitution die Oberkommandos der Wehrmacht und des Heeres sowie einzelne Wehrmachtseinheiten (Hilfsdienste für die Einsatzgruppen), das Verkehrsministerium (Sonderzüge für die Deportationen), das Auswärtige Amt (Verhandlungen über die Ermordung der Juden aus verbündeten und Satellitenstaaten), das Justizministerium (antijüdische Gesetze, Überstellung jüdischer Gefängnisinsassen an die SS), das Propagandaministerium (antijüdische Berichterstattung, Verschleierung der „Endlösung"), die Kanzlei des „Führers" (technische Konstruktion von Gaswagen) und Industriebetriebe (Lieferung des Giftgases Zyklon B, der Gaskammern, Krematorien und von Barackenteilen).

Als Inbegriff des bürokratisch geplanten und quasi industriell durchgeführten Judenmordes, als Symbol für einen Rückfall hinter die Idee der universalen Menschenrechte und als Chiffre für einen in der Geschichte beispiellosen Zivilisationsbruch gilt Auschwitz. Ab Juni 1940 errichtet entwickelte es sich bis Ende 1943 zu drei Lagern: Neben Auschwitz I, das Stammlager mit 20.000 Zwangsarbeitern für nahe gelegene SS-eigene Betriebe, traten die eigentliche Todesfabrik Auschwitz II (Birkenau) und das Arbeitslager Auschwitz III (Monowitz). Birkenau

8

3 Schuhe von in der Gaskammer ermordeten Juden

wurde Ende 1941/Anfang 1942 errichtet, um für die Judendeportationen aus ganz Europa die Tötungskapazitäten zu schaffen; bis November 1944 wurden dort 1 bis 1,5 Millionen Menschen ermordet. Die Neuankömmlinge wurden aus dem ins Lager eingelaufenen Zug getrieben und noch an der Rampe „selektiert": Arbeitsunfähige Männer und Frauen sowie Kinder kamen sofort ins Gas, die übrigen wurden zur Zwangsarbeit eingesetzt, manche von SS-Ärzten wie Josef Mengele zu medizinischen Experimenten missbraucht. Jüdische Sonderkommandos, bewacht von SS-Leuten, mussten die Toten herausholen, ihnen die Goldzähne herausbrechen, den Frauen das Haar abschneiden – daraus entstanden u. a. Socken für U-Boot-Fahrer –, die Leichen verbrennen und die Gaskammern reinigen. Dafür erhielten sie kleine Vergünstigungen, bis auch sie nach einigen Monaten ausgetauscht und vergast wurden. Kleidung und Habseligkeiten der Toten wurden gesammelt und u. a. an Volksdeutsche in der Ukraine verteilt; Geld, Wertsachen und Zahngold erhielt die Reichsbank, bei der die SS wiederum Anleihen aufnehmen konnte.

Ist der Mord an Juden, Sinti, Roma und anderen erklärbar?

Die wirtschaftliche Nutzung der „Endlösung" stellte jedoch nur einen sekundären Aspekt dar. Primär lag der Ermordung von mehr als fünf Millionen europäischen Juden eine fanatische Rassenideologie zugrunde. Zu den Opfern dieser Ideologie zählten auch bis zu 500.000 Sinti und Roma sowie Angehörige slawischer Völker, vor allem Polen, Tschechen und Russen, die im System der Klassifikation alle als Untermenschen galten. Obwohl nicht zu den rassistisch definierten „Untermenschen" zählend, wurde die Gruppe der Homosexuellen aber ähnlich wie diese behandelt. Eine weitere Opfergruppe waren die so genannten „Bibelforscher", Angehörige der Zeugen Jehovas, die wegen ihrer konsequenten Verweigerung des Kriegsdienstes in den KZs landeten. Als Folge des Krieges wurden aber auch Angehörige anderer europäischer Länder in die KZs deportiert. Dabei gab es eine eindeutige Hierarchie: Ganz unten standen die Südeuropäer, dann kamen die Westeuropäer, an der Spitze standen die als „Arier" angesehenen Nordeuropäer. Sie alle gehörten in der Regel, wie auch viele Deutsche, zu der großen Gruppe der politischen Häftlinge. Nicht vergessen werden darf, dass ab 1937 auch Kriminelle und Sittlichkeitsverbrecher, die ihre Strafe schon abgesessen hatten, vorbeugend in die KZs gebracht wurden. Das KZ-System war ein System absoluter Herrschaft. Die dort vorgenommene Klassifizierung, Instrumentalisierung und Verdinglichung von Menschen ist zwar beschreibbar, entzieht sich aber einer eindeutigen Erklärung. Denn der Mord an Millionen von Menschen macht keinen Sinn. Seine ganze Irrationalität zeigt sich auch daran, dass das Morden mit modernster Technik die Kriegsführung beträchtlich behinderte, indem es Personal und Transportkapazitäten band. Insofern bleiben der Holocaust der Juden und der hunderttausendfache Tod anderer Gruppen ein nur begrenzt erklärbares historisches Phänomen.

8

Verbreitete Gleichgültigkeit

Von einem „nationalen Projekt" kann nicht die Rede sein. Schon der Pogrom vom 9. November 1938 stieß bei den meisten Deutschen auf Unverständnis und Ablehnung. Allerdings nahm man die schrittweise Entrechtung und schließlich die Deportation der Juden überwiegend gleichgültig hin. Auch profitierten manche Deutsche von den „Arisierungen" jüdischer Geschäfte und Wohnungen. Seit 1941 wurden z. B. im Hamburger Hafen insgesamt 60.000 Tonnen Textilien und Mobiliar von Juden aus ganz Westeuropa wöchentlich billig verkauft oder versteigert – die mindestens 100.000 Käufer wussten, dass es sich um „Judengut" handelte. Dasselbe gilt für die Pelze, die den Juden im Osten vor ihrer Erschießung oder Deportation abgenommen und an Ausgebombte in deutschen Städten abgegeben wurden. Obwohl die Vernichtungslager bewusst im Osten eingerichtet wurden, um die „Endlösung" möglichst geheim zu halten, erhielten viele Deutsche Teilin-

4 Plakat zu einer Ausstellung des Fritz-Bauer-Instituts Frankfurt a. M. im Jahre 2002

formationen darüber, was mit den Juden geschah – z. B. von Wehrmachtssoldaten, die etwas gesehen oder gehört hatten und zu Hause einen Urlaub verbrachten. Nach Kriegsende war allerdings kaum jemand bereit, sein Wissen zuzugeben.

„Ganz gewöhnliche Männer"

Die Erforschung der Täter der „Endlösung" steckt noch in den Anfängen. Ihre Gesamtzahl wird auf 200.000 – 500.000 geschätzt. Der Kern des Tötungspersonals bestand aus den etwa 3.000 Mann der mobilen Einsatzgruppen der Sicherheitspolizei (Gestapo und Kripo) und des SD (Geheimdienst der SS) sowie den – freiwilligen – SS-Wachmannschaften in den Vernichtungslagern (bis zu 40.000, davon 7.000 in Auschwitz). Das Führerkorps bildeten mehrere hundert SS-Leute: Bürokraten im RSHA, Chefs der Einsatzgruppen und -kommandos, Befehlshaber der Sicherheitspolizei, regionale Gestapochefs. Sie waren zwischen 30 und 40 Jahren alt und gebildet: Drei Viertel besaßen das Abitur; unter den 78 Führern der Einsatzgruppen und -kommandos gab es 28 promovierte Akademiker, überwiegend Juristen. Die Masse der „Einsatzgruppen"-Angehörigen bildeten karrierebewusste Gestapo- und Kripobeamte bzw. Beamtenanwärter und SD-Leute. Es gibt keinen Beweis dafür, dass ein Polizist, Soldat oder SS-Mann wegen der Weigerung, an Tötungen mitzuwirken, hart bestraft oder selbst erschossen worden wäre – er erhielt eine andere Aufgabe oder wurde an die Front versetzt. Aber solche Fälle waren selten. Als das Hamburger Reserve-Polizeibataillon 101, bestehend aus knapp 500 eingezogenen Arbeitern und Angestellten, in Polen im Juli 1942 zur Judenerschießung eingesetzt werden sollte und der Kommandeur die aktive Teilnahme ausdrücklich freistellte, machten bis auf zwölf alle mit – nicht weil sie Antisemiten waren, sondern weil sie nach neun Jahren nationalsozialistischer Diktatur die fraglose Ausführung von Befehlen verinnerlicht hatten oder sich dem Gruppendruck der Kameraden nicht entziehen konnten. „Ganz gewöhnliche Männer" gewöhnten sich rasch ans Töten: Bis November 1943 erschoss das Bataillon 38.000 jüdische Männer, Frauen und Kinder und deportierte 45.000 nach Treblinka. Dieser Vorgang ist erschreckender als der fanatische, irrationale Vernichtungswille Hitlers gegenüber den Juden, denn er wirft die Frage auf, ob es sich hier nicht um ein universales, d. h. unter autoritären Bedingungen überall und jederzeit wiederholbares Phänomen handelt.

5 **Wenn ein neuer Weltkrieg kommt**

Reichstagsrede Hitlers vom 30. Januar 1939:

Die Völker werden in kurzer Zeit erkennen, dass das nationalsozialistische Deutschland keine Feindschaft mit anderen Völkern will, dass alle die Behauptungen über Angriffsabsichten unseres Volkes auf fremde Völker entweder aus krankhafter Hysterie geborene oder aus der persönlichen Selbsterhaltungssucht einzelner Politiker entstandene Lügen sind. [...] Ich will heute wieder ein Prophet sein: Wenn es dem internationalen Finanzjudentum inner- und außerhalb Europas gelingen sollte, die Völker noch einmal in einen Weltkrieg zu stürzen, dann würde das Ergebnis nicht die Bolschewierung der Erde und damit der Sieg des Judentums sein, sondern die Vernichtung der jüdischen Rasse in Europa.

Zit. nach: W. Michalka (Hrsg.): Das Dritte Reich, Bd. 1: „Volksgemeinschaft" und Großmachtpolitik 1933–1939. München 1985, S. 266 f.

6 **Die angebliche Schuld der Juden**

Hitler im Führerhauptquartier vor SS-Führer Heinrich Himmler und dem Leiter des RSHA, Reinhard Heydrich, 25. Oktober 1941:

Vor dem Reichstag habe ich dem Judentum prophezeit, der Jude werde aus Europa verschwinden, wenn der Krieg nicht vermieden bleibt. Diese Verbrecherrasse hat die zwei Millionen Toten des Weltkrieges auf dem Gewissen, jetzt wieder Hunderttausende. Sage mir keiner: Wir können sie doch nicht in den Morast schicken! [...] Es ist gut, wenn uns der Schrecken vorangeht, dass wir das Judentum ausrotten. Der Versuch, einen Judenstaat zu gründen, wird ein Fehlschlag sein.

Zit. nach: W. Jochmann (Hrsg.): Adolf Hitler. Monologe im Führerhauptquartier 1941–1944. München 1982, S. 106.

7 **Keine Sentimentalität**

Tagebucheintrag von Joseph Goebbels vom 27. März 1942:

Aus dem Generalgouvernement werden jetzt, bei Lublin beginnend, die Juden nach dem Osten abgeschoben. Es wird hier ein ziemlich barbarisches und nicht näher zu beschreibendes Verfahren angewandt, und von den Juden selbst bleibt nicht mehr viel übrig. Im Großen kann man wohl feststellen, dass 60 % davon liquidiert werden müssen, während nur noch 40 % in der Arbeit eingesetzt werden können. Der ehemalige Gauleiter von Wien, der diese Aktion durchführt, tut das mit ziemlicher Umsicht und auch mit einem Verfahren, das nicht allzu auffällig wirkt. An den Juden wird ein Strafgericht vollzogen, das zwar barbarisch ist, das sie aber vollauf verdient haben. Die Prophezeiung, die der Führer ihnen für die Herbeiführung eines neuen Weltkriegs mit auf den Weg gegeben hat, beginnt sich in der furchtbarsten Weise zu verwirklichen. Man darf in diesen Dingen keine Sentimentalität obwalten lassen.

Zit. nach: K. Pätzold (Hrsg.): Verfolgung, Vertreibung, Vernichtung. Dokumente des faschistischen Antisemitismus. o. O. 1991, S. 347 f.

8 **Das Massaker von Babyj Yar**

Nach dem Massaker: Ein Uniformierter wühlt in den Habseligkeiten der Ermordeten.

9 **„Exekutionen und sonstige Maßnahmen"**

Ereignismeldung UdSSR des Chefs der Sicherheitspolizei und des SD Nr. 106 vom 7. Oktober 1941:

Exekutionen und sonstige Maßnahmen

In Vereinbarung mit dem [Wehrmachts-]Stadtkommandanten [wurden] sämtliche Juden Kiews aufgefordert, sich am Montag, dem 29. 9., bis 6.00 Uhr an einem bestimmten Platz einzufinden. Diese Aufrufe wurden durch die Angehörigen der aufgestellten ukrainischen Miliz in der ganzen Stadt angeschlagen. Gleichzeitig wurde mündlich bekannt gegeben, dass sämtliche Juden umgesiedelt würden. In Zusammenarbeit mit dem Gruppenstabe und 2 Kommandos des Polizei-Regiments Süd hat das Sonderkommando 4a [der Einsatzgruppe c] am 29. und 30. 9. 33 771 Juden exekutiert. Geld, Wertsachen, Wäsche und Kleidungsstücke wurden sichergestellt und zum Teil der NSV [Nationalsozialistische Volkswohlfahrt] zur Ausrüstung der Volksdeutschen, zum Teil der kommissarischen Stadtverwaltung zur Überlassung an bedürftige Bevölkerung übergeben. Die Aktion selbst ist reibungslos verlaufen. Irgendwelche Zwischenfälle haben sich nicht ergeben.

Zit. nach: P. Longerich (Hrsg.): Die Ermordung der europäischen Juden. Eine umfassende Dokumentation des Holocaust 1941–1945. München/Zürich 1989, S. 121.

10 **Bericht einer Überlebenden**

Die Überlebende Dina M. Proniceva, 9. Februar 1967:

Als wir uns dem Sammelplatz näherten, erblickten wir die Umzingelung aus deutschen Soldaten und Offizieren. Mit diesen befanden sich auch Polizisten dort. Auf dem Friedhofsgelände nahmen die Deutschen uns und den anderen Bürgern das Gepäck und die Wertsachen ab und leiteten uns in Gruppen zu je 40–50 Menschen in einen so genannten „Korridor" von etwa drei Metern Breite, der von Deutschen gebildet wurde, die zu beiden Seiten mit Stöcken, Gummiknüppeln und Hunden dicht beieinander standen.

8

[...] Man führte uns zu einem Vorsprung über der Schlucht und begann, uns mit Maschinenpistolen zu erschießen. Die vorn Stehenden fielen in die Schlucht, und als die Reihe an mich kam, stürzte ich mich lebendig in die Schlucht. Es kam mir so vor, als ob ich in die Ewigkeit fliegen würde. Ich fiel auf menschliche Leichen, die sich dort in blutiger Masse befanden. Von diesen Opfern erklang Stöhnen, viele Menschen bewegten sich noch, sie waren nur verwundet. Hier gingen auch Deutsche und Polizisten umher, die die noch Lebenden erschossen oder totschlugen. Dieses Schicksal erwartete auch mich. Irgendeiner von den Polizisten oder Deutschen drehte mich mit dem Fuß um, sodass ich mit dem Gesicht nach oben lag, er trat mir auf die Hand und auf die Brust, danach gingen sie weiter und schossen irgendwo weiter hinten.

Danach begannen sie, die Leichen von oben mit Erde und Sand zuzuschütten. Ich bekam keine Luft mehr, befreite mich mit einer Hand von der Erde und kroch zum Rand der Schlucht. In der Nacht kroch ich aus der Schlucht heraus.

Zit. nach: Ebenda, S. 124 ff.

11 Der Plan zur Ermordung der europäischen Juden

Am 20. Januar 1942 trafen sich 15 Spitzenvertreter aus SS und Reichsregierung zur „Wannsee-Konferenz" (nach dem Tagungsort „Am Großen Wannsee 50/58"). SS-Obersturmbannführer Adolf Eichmann fertigte das Protokoll an:

II. Chef der Sicherheitspolizei und des SD, SS-Obergruppenführer Heydrich, teilte eingangs seine Bestallung zum Beauftragten für die Vorbereitung der Endlösung der europäischen Judenfrage durch den Reichsmarschall [Hermann Göring] mit und wies darauf hin, dass zu dieser Besprechung geladen wurde, um Klarheit in grundsätzlichen Fragen zu schaffen. Der Wunsch des Reichsmarschalls, ihm einen Entwurf über die organisatorischen, sachlichen und materiellen Belange im Hinblick auf die Endlösung der europäischen Judenfrage zu übersenden, erfordert die vorherige gemeinsame Behandlung aller an diesen Fragen unmittelbar beteiligten Zentralinstanzen im Hinblick auf die Parallelisierung der Linienführung.

Die Federführung bei der Bearbeitung der Endlösung der Judenfrage liege ohne Rücksicht auf geografische Grenzen zentral beim Reichsführer SS und Chef der Deutschen Polizei (Chef der Sicherheitspolizei und des SD) [Heinrich Himmler]. [...]

III. An Stelle der Auswanderung ist nunmehr als weitere Lösungsmöglichkeit nach entsprechender vorheriger Genehmigung durch den Führer die Evakuierung der Juden nach dem Osten getreten.

Diese Aktionen sind jedoch lediglich als Ausweichmöglichkeit anzusprechen, doch werden hier bereits jene praktischen Erfahrungen gesammelt, die im Hinblick auf die kommende Endlösung der Judenfrage von wichtiger Bedeutung sind. [...]

Unter entsprechender Leitung sollen im Zuge der Endlösung die Juden in geeigneter Weise im Osten zum Arbeitseinsatz kommen. In großen Arbeitskolonnen, unter Trennung der Geschlechter, werden die arbeitsfähigen Juden Straßen bauend in diese Gebiete geführt, wobei zweifellos ein Großteil durch natürliche Verminderung ausfallen wird. Der allfällig endlich verbleibende Restbestand wird, da es sich bei diesen zweifellos um den widerstandsfähigsten Teil handelt, entsprechend behandelt werden müssen, da dieser, eine natürliche Auslese darstellend, bei Freilassung als Keimzelle eines neuen jüdischen Aufbaues anzusprechen ist. (Siehe die Erfahrung der Geschichte.)

Zit. nach: L. Poliakow / J. Wulf: Das Dritte Reich und die Juden. Dokumente und Aufsätze. Berlin 1955, S. 119 ff.

12 Auf dem Weg zur Gaskammer

Aufzeichnungen des Kommandanten von Auschwitz, Rudolf Höß, 1947:

Es kamen nun im Frühjahr 1942 die ersten Judentransporte aus Oberschlesien, die alle zu vernichten waren. Sie wurden nach dem Bauerngehöft – Bunker I – von der Rampe über die Wiesen des späteren Bauabschnitts II geführt. Aumeier, Palitzsch und noch einige Blockführer führten sie und unterhielten sich mit ihnen möglichst harmlos, frugen nach Berufen und Kenntnissen, um so zu täuschen. Am Gehöft angekommen, mussten sie sich ausziehen. Sie gingen auch zuerst ganz ruhig in die Räume, wo sie desinfiziert werden sollten. Bis dann einige doch stutzig wurden und von Ersticken, von Vernichten sprachen. Es entstand dann sofort eine Art Panik. Doch schnell wurden die noch draußen Stehenden in die Kammern hineingetrieben und [die Türen] zugeschraubt. Bei den nächsten Transporten wurde von vornherein nach den unruhigen Geistern gefahndet und diese nicht aus den Augen gelassen. Machte sich Unruhe bemerkbar, so wurden die Unruheverbreiter unauffällig hinter das Haus geführt und dort mit dem Kleinkalibergewehr getötet, das war von den anderen nicht zu vernehmen. Auch das Vorhandensein des Sonderkommandos und dessen beruhigendes Verhalten besänftigte die Unruhigen, die Ahnenden. Weiterhin wirkte beruhigend, dass einige vom Sonderkommando mit in die Räume hineingingen und bis zum letzten Moment darinblieben, ebenso blieb bis zuletzt ein SS-Mann unter der Türe stehen. Wichtig war vor allen Dingen, dass bei dem ganzen Vorgang des Ankommens und Entkleidens möglichst größte Ruhe herrschte. Nur kein Geschrei, kein Gehetze. Wenn sich einige nicht ausziehen wollten, mussten schon Ausgezogene helfen oder die vom Sonderkommando. Mit gutem Zureden wurden auch Widerspenstige besänftigt und ausgezogen. Die Häftlinge des Sonderkommandos

8

sorgten auch dafür, dass der Vorgang des Entkleidens schnell vor sich ging, damit den Opfern nicht lange Zeit zu Überlegungen blieb. Überhaupt war die eifrige Mithilfe der Sonderkommandos bei dem Entkleiden und dem Hineinführen in die Gaskammern doch eigenartig. Nie habe ich erlebt, habe auch nie davon gehört, dass sie den zu Vergasenden auch nur das Geringste von dem ihnen Bevorstehenden sagten. Im Gegenteil, sie versuchten alles, um sie zu täuschen, vor allem die Ahnenden zu beruhigen.

Zit. nach: R. Hilberg: Die Vernichtung der europäischen Juden, Bd. 3. Frankfurt/M. 1993, S. 1300.

13 „Nicht mehr einsatzfähige Frauen und Kinder"
Der Fotograf war vermutlich ein SS-Unterscharführer im Erkennungsdienst von Auschwitz. Das Foto stammt aus einem durch Zufall überlieferten Fotoalbum mit einer Reihe von Fotos zur „Selektion" – überschrieben mit dem Zitat oben.

14 Was konnte ein normaler Deutscher vom Holocaust wissen?

Der Techniker Karl Dürkefelden (1902–1964) aus Hämelerwald (bei Peine) informierte sich aus Zeitung, Rundfunk und Gesprächen mit Verwandten und Kollegen. Zwischen 1933 und 1945 notierte er seine Beobachtungen:

Für den 30. August 1942 hatte sich die [hannoversche] Gartengemeinschaft, der meine Schwiegereltern angehören, verpflichtet, Verwundete einzuladen und Kuchen und dergleichen zu verabreichen. Bei dieser Gelegenheit sagte der Verwundete, der bei meiner Schwiegermutter war: „Wir haben in Russland zehntausende Juden umgelegt." [...] An allen Stellen, wo Deutsche hinkamen, ist mit den Juden grausam umgegangen [worden]. So hörte ich, dass bei dem Einrücken der deutschen Soldaten in Weißrussland Tausende von Juden zusammengeschossen wurden. Auch bei dem Vormarsch 1942 in Südrussland wurde weiter gewütet. [Schwager] Walter [Kaßler] schickte uns Ende Oktober ein Paket mit acht Eiern aus der Ukraine. In dem Paket lagen auch einige Zeitungen in hebräischer Schrift. „Können Sie Hebräisch?", fragte ich spaßeshalber einen Maurerpolier, eine solche Zeitung im Büro in der Hand haltend. „Die armen Juden", antwortete dieser, „mein Schwager war aus dem Kaukasus im Urlaub. Sämtliche Juden wurden dort niedergemacht, ganz gleich, ob schwangere Frauen oder Kinder oder Säuglinge." [...]
Als ich am 26. Juli 1942 in Bornhausen war, konnte die alte Tante Rollwage nicht darüber zur Ruhe kommen, dass man in einem Nachbarorte eine 81- oder 83-jährige Jüdin fortgeholt hatte. Die Jüdin war arisch verheiratet. Sie flehte den Landjäger an, sie könne doch wirklich niemandem mehr etwas zuleide tun. Der Gendarm gehorchte jedoch dem Befehl.

Zit. nach: S. und H. Obenaus (Hrsg.): Schreiben, wie es wirklich war!, Aufzeichnungen Karl Dürkefeldens aus den Jahren 1933–1945. Hannover 1985, S. 107–126.

15 Eine Familie aus Offenburg
Sylvia Cohn mit ihren Töchtern Myriam (geb. 1929), Esther (geb. 1926) und Eva (geb. 1931, v. l.). Das Foto entstand 1940 in München für den Vater in England.

16 Eduard Cohn – der Vater

Im November 1938 wurden alle männlichen Offenburger Juden über 18 Jahre nach Dachau deportiert, unter ihnen Eduard Cohn. 1981 erinnert sich Eva Mendelsson, geb. Cohn:

Um sieben Uhr klopfte man an die Tür und zwei SS-Männer jagten meinen Vater aus dem Bett und nahmen ihn mit. Das war der Anfang von dem Zerreißen der Familie Cohn. Hilflos stand mein Mütterchen da, wusste nicht, was tun. Vater war sechs Wochen in Dachau. Er wurde entlassen, als er sein Versprechen gab, dass er innerhalb sechs Wochen Deutschland verließ. Warum sollte er gehen? Was war sein Verbrechen? Deutschland war seine Heimat. Wir liebten den Schwarzwald. Das einzige Verbrechen war, dass wir Juden sind.

Zit. nach: M. Ruch (Hrsg.): Familie Cohn. Tagebücher, Briefe, Gedichte einer jüdischen Familie aus Offenburg. Offenburg 1992, S. 78.

8

17 Der Vater – Exil in London

Ende Mai 1939 emigrierte Eduard Cohn nach England. Am 21.1.1940 schrieb er an das „Comitee voor Joedsche Vluchtlinge“ in Amsterdam:

Sehr geehrte Herren! Ich wäre Ihnen sehr dankbar, wenn Sie mir behilflich sein könnten, meine Familie, bestehend aus meiner Frau und drei Kindern im Alter von 9, 11 und 13 Jahren, die sich noch in Deutschland befindet, zu einem vorübergehenden Aufenthalt in Holland zu verhelfen. Seit Ende Mai 1939 befinde ich mich im Kitchener Camp. Meine Bemühungen, meine Familie nach hier zu bringen, schienen erfolgreich zu sein, da brach der Krieg aus und das in Aussicht gestellte Permit für England konnte nicht realisiert werden. Inzwischen bin ich englischer Soldat geworden. [...] Es erübrigt sich wohl, darauf hinzuweisen, wie dringend notwendig es ist, meiner Familie Hilfe angedeihen zu lassen, die in diesem Fall keine finanzielle ist. Ich bin herzlich froh, als Soldat nun meinerseits meinen Teil am Kriege beitragen zu können, aber eine Seelenlast wäre von meinen Schultern genommen, wenn ich meine Familie aus den Händen der Nazis retten könnte.

Zit. nach: Ebenda, S. 91 f.

18 Esther Cohn – ein Tagebuch

Im Oktober 1939 kam die 13-jährige Esther Cohn in ein Kinderheim nach München. Ein normaler Schulbesuch wäre für Esther, die seit einer Kinderlähmung an einem Arm und Bein gelähmt war, zu strapaziös gewesen. Am 3.11.1940 schrieb sie in ihr Tagebuch:

Oh, Furchtbares ist in der Zwischenzeit geschehen. Alle Juden aus Baden sind fortgekommen und zwar am 22. Oktober. Es ist ganz schrecklich, einfach unglaublich. Es ist jetzt schon fast 14 Tage und ich habe immer noch keine Adresse. Ich kann dies Leben jetzt bald nimmer aushalten! Viele Leute schrieben mir, aber was hilft's denn? Wann werde ich meine süße Mutsch und meine Geschwister wiedersehen? Werde ich es überhaupt nochmals?

Oh, lieber Gott, gib doch, dass wir bald wieder zusammenkommen, oder falls es nicht sein soll, dann mache doch meinem armen Leben ein Ende. Was habe ich denn davon, wenn ich niemanden mehr habe? Oh, dass ich doch nie geboren wäre, um solches Elend zu erleben! Mein armer süßer Vati ist auch nicht da, hoffentlich bekomme ich bald ein Lebenszeichen von ihm und meinen Lieben, die wahrscheinlich in Südfrankreich jetzt weilen müssen.

[1942 lösten die Nationalsozialisten das jüdische Kinderheim auf und deportierten Kinder und Leiterin. Esther kam in das Konzentrationslager Theresienstadt; am 16. Oktober 1944 wurde sie nach Auschwitz gebracht. Dort verliert sich ihre Spur.]

Zit. nach: Ebenda, S. 135 f.

19 Das Motto von Esthers Tagebuch

Zum Chanukka-Fest im Dezember 1939 bekam Esther von ihrer Mutter das ersehnte Tagebuch geschenkt.

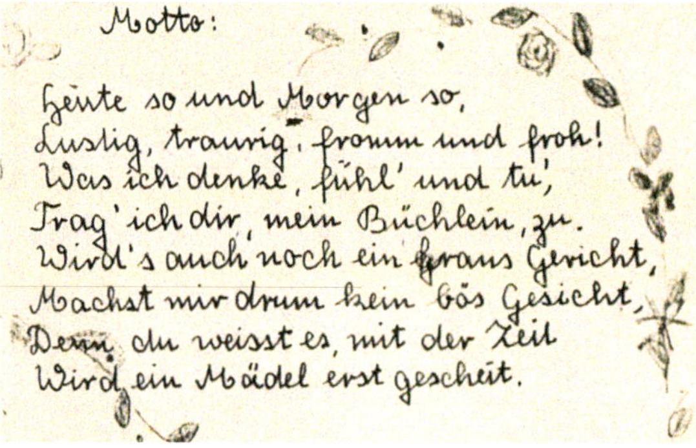

Motto:

Heute so und Morgen so,
Lustig, traurig, fromm und froh!
Was ich denke, fühl' und tu',
Trag' ich dir, mein Büchlein, zu.
Wird's auch noch ein kraus Gericht,
Machst mir drum kein bös Gesicht,
Denn du weisst es, mit der Zeit
Wird ein Mädel erst gescheit.

20 Sylvia Cohn – die Mutter

Ein Jahr nach ihrer Deportation in das französische Lager Gurs erinnerte sich Sylvia Cohn an die Ereignisse. Noch in Haft, verfasste sie am 20.12.1941 ein Gedicht (Auszug):

Man bracht uns in ein Lager, der Freiheit ganz beraubt,
Wir wurden krank und mager, die Zange ward geschraubt!
Man band den Gürtel enger – und betete zu Gott –
Die Zeit wird lang und länger – und immer steigt die Not!
Wir waren voller Hoffen auf Frankreichs Menschlichkeit –
Wir wurden tief getroffen auch hier von Hass und Leid.

Zit. nach: Ebenda, S. 195.

21 Mutter und Töchter – der Abschied

1983 beschrieb Eva Mendelsson, geb. Cohn, rückblickend die letzte Begegnung mit ihrer Mutter am 13.9.1942:

Wir (Myriam und ich) waren bereits ein Jahr im Kinderheim Chateau de Masgelier Grand-Bourg-Creuse, als man uns abgeholt hat zurück in das Lager Camp des Rivesaltes. Diesmal sollten wir mit unserer Mutter, die schon zwei Jahre im Camp war, deportiert nach Auschwitz werden mit dem nächsten Transport. Dies war das letzte Mal, dass ich meine Mutter sah. Wir waren zusammen mit ihr für eine Woche und dann hatte sie für meine Begriffe das allergrößte, was eine Mutter machen kann, getan. Man hat ihr versprochen, dass man alles tun würde für uns Kinder, um aus dem Lager zu kommen und schwarz über die Grenze nach der Schweiz. Ich war elf Jahre alt, Myriam 13. Der Blick, als meine Mutter getrennt wurde von uns und hinter einem abgetrennten Stacheldraht, das kann ich nicht schildern.

Zit. nach: Ebenda, S. 200.

22 Eva und Myriam – Unterschlupf in der Schweiz

Die Schwestern Eva und Myriam Cohn kamen in einem Schweizer Kinderheim in Ascona (Tessin) unter. Der folgende Brief stammt aus dem Sommer 1943:

Lieber Vati! Guter alter! [...] Nun hab ich dir eigentlich nicht mehr viel Wichtiges mitzuteilen, nur dass ich

heute und überhaupt sehr viel an dich denke. Auch an Mutti und Estherle.
Wie in einem Film flogen heute alle Bilder der Einnerung in meinem Kopf vorbei. Einmal sah ich dich ganz gemütlich im Ledersessel sitzen, eine Zigarette im Mund und die Zeitung lesend. Ein andermal gehe ich mit Esther auf die Post, um Antwortscheine zu holen usw. Und als ich wieder mit klarem Menschenverstand um mich schaute, da war ja auch schon alles wieder vorbei. [...] Es gefällt mir ganz gut. Wir müssen aber sehr viel arbeiten. Im Haushalt helfen, putzen, waschen, nähen, Strümpfe stopfen usw. Meine Arbeit ist augenblicklich (das heißt eine Woche lang), jeden Morgen 134 Betten zu machen und fünf Zimmer in Ordnung zu halten. Außerdem noch die ganz Kleinen besorgen. Dieses macht mir Spaß, und ich mach's mit Vorliebe. Nachmittag haben wir Unterricht. Französisch, Deutsch, Rechnen, Geometrie (und jetzt fangen wir mit Algebra an), Geschichte vom Mittelalter an. Und in Geografie halten wir eine Übersicht Europas. [...]
Sei innig geküsst von deiner Myriam.

Zit. nach: Ebenda, S. 209 f.

Arbeitsvorschläge

a) Erläutern Sie das Vorgehen der SS in Baden-Baden (M 1). Erkundigen Sie sich nach entsprechenden Vorgängen vom 9. und 10. November 1938 innerhalb Ihrer Stadt bzw. Gemeinde.
b) Untersuchen Sie M 5 – M 7 unter den folgenden Gesichtspunkten: Vergleichen Sie erstens Aussagen über den Zusammenhang zwischen Krieg und Judentum, zweitens die Formulierungen, die das Schicksal der europäischen Juden im Kriegsfall beschreiben. Berücksichtigen Sie den jeweiligen Adressaten und das Datum.
c) Der britische Publizist David Irving vertritt die These, Hitler habe von der Vernichtung der Juden nichts gewusst. Nehmen Sie dazu Stellung.
d) Schildern Sie den Ablauf des Massakers von Babyj Yar. Nennen Sie die Tätergruppen und ihren Beteiligungsgrad. Nehmen Sie Stellung zum Verbleib der Habseligkeiten der Opfer (M 8 – M 10).
e) Eichmann entkam 1946 aus US-Gefangenschaft nach Argentinien. Nach seiner Enttarnung und Entführung durch den israelischen Geheimdienst wurde er 1961 in Jerusalem vor Gericht gestellt, zum Tode verurteilt und hingerichtet. Während des Prozesses sagte Eichmann aus, auf der Wannsee-Konferenz sei offen „von Töten und Eliminieren und Vernichten gesprochen" worden.
Finden Sie zunächst heraus, welche Formulierungen im Text durch die von Eichmann genannten ersetzt werden müssten (M 11). Erklären Sie dann, warum im Protokoll andere als die von den Konferenzteilnehmern gebrauchten Formulierungen stehen.
f) Entscheiden Sie selbst, in welcher Form Sie sich mit der Schilderung von Höß (M 12) bzw. den Bildern M 3 und M 13 auseinandersetzen wollen.
g) Arbeiten Sie heraus, von welchen Verbrechen Dürkefelden erfuhr und aus welchen Quellen er die Informationen erhielt (M 14).
h) Nehmen Sie Stellung zu der von der Generation des Zweiten Weltkrieges immer wieder geäußerten Behauptung: „Was mit den Juden geschah, davon haben wir ja gar nichts gewusst." (M 14) Ziehen Sie dazu auch M 4 heran.
i) Machen Sie sich arbeitsteilig in Kleingruppen mit der Geschichte der einzelnen Familienmitglieder von Familie Cohn aus Offenburg bekannt (M 15 – M 22).
j) Setzen Sie im Plenum Ihre Erkenntnisse zu einer Biografie der Familie Cohn zusammen. Zeigen Sie auf einer Europakarte die Stationen der Eltern und der Töchter auf.
k) Tragen Sie zusammen, welchen Bedrohungen die Familie jeweils ausgesetzt war. Zeigen Sie, wie die einzelnen Familienmitglieder ihre jeweilige Situation bewältigten (M 15 – M 22).
l) Erörtern Sie anhand Ihrer bisherigen Kenntnisse, inwieweit das Schicksal von Familie Cohn repräsentativ war für das Schicksal der europäischen Juden. Bringen Sie Beispiele für Ihre Einschätzung.

8

1 **Einzugsgebiet der Vernichtungsstätte Hadamar im Rahmen der Euthanasie-Aktion T 4**

Seit 1983 erinnert eine Gedenkstätte in den Räumen des Psychiatrischen Krankenhauses Hadamar an die dort geschehenen Morde an Kranken und Behinderten. Im Oktober 1939 hatte die Reichskanzlei den Befehl zur Tötung „unwerten" Lebens gegeben. Was folgte, war ein beispielloser Massenmord an Menschen mit Erbkrankheiten, Missbildungen oder anderen geistigen und körperlichen Behinderungen – die „Aktion T4", benannt nach der eigens gegründeten Organisationszentrale in der Berliner Tiergartenstraße 4. Die Verantwortlichen verschleierten die Morde mit dem Begriff „Euthanasie", übersetzt Gnadentod.

An sechs Orten im damaligen Deutschen Reich wurden zu diesem Zweck Gaskammern installiert: in Bernburg a.d. Saale, Brandenburg, im württembergischen Grafeneck, in Hartheim bei Linz, Sonnenstein bei Pirna und zuletzt in Hadamar in der Nähe von Limburg.

Die Euthanasiemorde wurden akribisch geplant. Auf Meldebögen wurden die Opfer erfasst und aus ihren Pflegeheimen in Vernichtungsanstalten wie Hadamar gebracht, wo sie der Tod in der Gaskammer erwartete. Obwohl sich die Verantwortlichen um Geheimhaltung bemühten, wurden Angehörige misstrauisch und machten Gerüchte über das wahre Schicksal der Betroffenen die Runde. Nach einzelnen Protesten verfügte die Reichskanzlei im August 1941 einen „Euthanasie"-Stopp, im Geheimen wurde aber in zahlreichen psychiatrischen Krankenhäusern weitergemordet.

Über 10 000 Menschen verloren zwischen Januar und August 1941 in Hadamar ihr Leben. Ab 1942 wurden dann Kranke und Behinderte in Heil- und Pflegeanstalten konsequent unterernährt und mit Überdosen von Schlaf- und Beruhigungsmitteln vergiftet. Dieser Fortsetzung des „Euthanasie"-Programms fielen in Hadamar noch einmal fast 5 000 Menschen zum Opfer.

Die Organisatoren der Gedenkstätte Hadamar standen vielen Fragen gegenüber: Wie kann man überhaupt eines so schrecklichen Verbrechens angemessen gedenken? An wen oder was soll im Einzelnen erinnert werden? In welcher Form wird man den Opfern am ehesten gerecht?
Die Gedenkstätte verstand sich von Anfang an sowohl als Gedenkstätte als auch als Lernort der Geschichte. Den Kernbereich stellt eine umfassende Dokumentation in den Kellerräumen des Psychiatrischen Krankenhauses Hadamar, in unmittelbarer Nähe zur ehemaligen Gaskammer, dar. Eine Dauerausstellung dokumentiert die Geschichte der „Euthanasie"-Anstalt Hadamar, Opferschicksale und Täterbiographien und die Nachkriegszeit.

Die unmittelbare Nachbarschaft von Gedenkstätte und Psychiatrischem Krankenhaus heben die historischen Informationen über die Verbrechen an psychisch Kranken und an Behinderten aus ihrer rein theoretischen Dimension heraus. Ein besonderes Anliegen der pädagogischen Betreuung ist es dabei, bereits bei Vorurteilen gegen Kranke und Behinderte anzusetzen. Dabei wächst die Bedeutung der Gedenkstätte als Ort der historisch-politischen Bildung mit der Zunahme der zeitlichen Distanz zum Nationalsozialismus.

Geschichte erinnern: Gedenkstätte eines NS-Verbrechens – Hadamar

2 Die Tötungsanstalt Hadamar
Heimlich gemachte Aufnahme des rauchenden Schornsteins des Krematoriums der Tötungsanstalt Hadamar (1941).

3 Geschult zum Gehorsam?

a) Der in der Anstalt tätig gewesene Pfleger Paul R. zu seiner Rechtfertigung vor dem Frankfurter Landgericht 1947:

Dann habe ich mir wieder gesagt: Der Arzt, der die Anordnungen gibt als Vorgesetzter, der trägt die Verantwortung. Denn es wird wohl jedem von den Pflegern und Pflegerinnen bekannt sein, dass es bei den Schulungen immer geheißen hat: Den Anordnungen des Arztes ist unbedingt Folge zu leisten als Vorgesetzter. Weigerte sich ein Pfleger oder führt er irrtümlicherweise etwas Falsches aus, so wird der betreffende Pfleger als unbrauchbar bezeichnet. Das waren so ungefähr die Redensarten der Ärzte bei den Schulungen. Und der Arzt als Vorgesetzter, dem musste man doch eben Folge leisten. Es wurde uns auch immer befohlen und es wurde immer gesagt, dass derjenige, der befiehlt, dass der auch die Verantwortung trägt.

Für richtig gehalten, das man Geisteskranke in dem Zustand nicht mehr weiter ernährt? Ja, Gedanken habe ich mir schon gemacht. Aber die Patienten, die man hatte, die waren körperlich so schlecht, dass sie manchmal überhaupt nicht mehr stehen konnten, dass sie zum großen Teil verhungert sind. Und da war es doch eine Wohltat von seiner Auffassung aus, dass solche Leute möglichst schnell starben.

b) Der Hadamarer Tötungsarzt Dr. Adolf Wahlmann rechtfertigt sich vor dem Frankfurter Landgericht 1947:

Was ich mir dabei [der Beteiligung an der „Euthanasie"] gedacht habe? Zweifellos eines: Ich hatte kein Bewusstsein darüber, dass ich überhaupt eine strafbare Handlung begehe, denn ich habe mir gesagt, wenn das eine Handlung ist, die gegen das Gesetz ist, dann müsste doch der Staatsanwalt von Limburg mindestens mal herkommen und sich die Sache ansehen, aber die Staatsanwälte haben das ruhig angesehen, dass wir unsere Tätigkeit dauernd ausübten. Die Staatsanwälte habe ich dann damit entschuldigt: Es war ja ein Gesetz. [...] Und wenn in der Anklage nun drinsteht, dass ich das hätte wissen müssen, dass das Gesetz nie veröffentlicht wurde, da habe ich gesagt, das ist für den Laien reichlich viel verlangt. Wenn mir ein Oberpräsident sagt: das Gesetz existiert, dann habe ich das meiner Ansicht nach zu glauben und weiter gar nichts.

Zit. nach: R. Gabriel u. a.: Inform.- und Arbeitsmaterialien f. d. Unterricht zum Thema „Euthanasie"-Verbrechen im Nationalsozialismus. Kassel 1992, S. 70f.

Arbeitsvorschläge

a) Geben Sie die Begründungen der Täter wieder, die sie zur Rechtfertigung ihrer Handlungsweise geben (M 3a und M 3b).

b) Die „Vernichtung lebensunwerten Lebens" wurde bereits während der Weimarer Republik diskutiert. Recherchieren Sie über die Argumentation und die Verbreitung dieser Diskussion.

c) Informieren Sie sich über weitere Gedenkstätten in Ihrer Nähe und untersuchen Sie jeweils das zu Grunde gelegte Gedenkkonzept (Internet-Links zu Gedenkstätten: www.fritz-bauer-institut.de/links/gedenkstaetten.htm, allgemein: www.shoa.de).

Entrechtung, Verfolgung, Mord

1933	1.4. Es kommt zur Boykott-Aktion gegen jüdische Geschäfte. Damit beginnt die Verdrängung der Juden aus dem Wirtschafts- und Berufsleben. Juden dürfen auch nicht mehr Beamte sein („Arierparagraph"). Per Gesetz werden auch die jüdischen Bürger aus dem öffentlichen und kulturellen Leben ausgeschlossen.
1935	Die „Nürnberger Gesetze" erklären Juden zu Staatsbürgern minderen Rechts. Sie verlieren das aktive und passive Wahlrecht. Durch das „Gesetz zum Schutz des deutschen Blutes und der deutschen Ehre" wird die Ehe und der außereheliche Verkehr zwischen Juden und Deutschen untersagt.
1938	9./10.11. Während der „Reichskristallnacht", so der beschönigende Begriff der Nationalsozialisten, kommt es zu Pogromen gegen die jüdische Bevölkerung. 91 jüdische Bürger werden ermordet, über 7000 jüdische Geschäfte verwüstet. Die Juden müssen für die entstandenen Schäden 1 Milliarde Reichsmark zahlen. Alles jüdische Eigentum wird beschlagnahmt, was den endgültigen Ausschluss aus dem Wirtschaftsleben bedeutet. Die Bewegungsfreiheit wird eingeschränkt (Ausgehverbote, Einzug der Führerscheine). Etwa 30 000 Juden werden verhaftet.
1939	Schon unmittelbar nach Kriegsbeginn kommt es zu ersten Erschießungen polnischer Juden durch Einsatzgruppen der Sicherheitspolizei und des Sicherheitsdienstes. Im Oktober finden bereits Deportationen von Juden im neu errichteten Generalgouvernement Polen statt. Noch im selben Monat wird durch die so genannte Euthanasie-Verordnung die Ermordung von 120 000 geistig behinderten Menschen eingeleitet.
1941	Mit dem schnellen Vordringen der deutschen Truppen in die Sowjetunion befinden sich schließlich Millionen osteuropäischer Juden im deutschen Herrschaftsbereich. Wiederum beginnen Sonderkommandos auf dem eroberten Gebiet schon bald mit Erschießungen. Juden müssen an ihrer Kleidung den gelben Judenstern tragen, die Auswanderung wird ihnen untersagt.
1942	Auf der „Wannsee-Konferenz" werden im Januar die Weichenstellungen für die „Endlösung" getroffen. In Ausschwitz wird noch im selben Monat mit der Ermordung der Juden in Gaskammern begonnen. Die als arbeitsfähig eingestuften Juden werden als Arbeitskräfte eingesetzt. Mit der Ausdehnung der Endlösung auf alle Gebiete Europas, die unter deutscher Herrschaft stehen, werden Juden von überallher hauptsächlich in die Vernichtungslager deportiert. Nur einige Länder wie Italien, Rumänien und Ungarn (bis 1944) leisten gegen die Deportationen Widerstand. Bis zum Kriegsende werden in Konzentrationslagern über 5 Millionen Juden ermordet. Zu den Opfern zählen auch 500 000 Sinti und Roma; ferner politische Gegner, Kriminelle und Menschen, die von Nationalsozialisten als „asozial" eingestuft werden.
April/Mai 1943	Im Warschauer Ghetto kommt es zum Aufstand. Die 60 000 Aufständischen können sich einen Monat lang behaupten; von ihnen überleben nur wenige.
1944/45	Vor dem Eintreffen alliierter Armeen werden viele Konzentrationslager zerstört (Auschwitz im Okt./Nov. 1944). Die noch Überlebenden werden verlegt (Todesmärsche).

8

8.6 Der Widerstand gegen die NS-Diktatur

Akzeptanz der Bevölkerung

In den Jahren nach 1933 ließen sich die meisten Deutschen von den äußerlichen Erfolgen des NS-Regimes blenden und waren mit Hitlers Herrschaft durchaus zufrieden; nur wenige lehnten den Nationalsozialismus ab und brachten dies in unterschiedlichen Formen von Widerstand auch aktiv zum Ausdruck.

KPD

Die deutschen Kommunisten leisteten am entschiedensten und exponiertesten Widerstand. Als politischer Hauptfeind und infolge der „Reichstagsbrandverordnung" ohnehin schon massiv verfolgt, bewirkte die KPD zwischen 1933 und 1935 durch ihre riskanten Aktionen wie überraschende Kurzdemonstrationen, Verteilung von Flugblättern, Anbringung politischer Parolen an Gebäuden, Hissen roter Fahnen auf Fabrikschornsteinen nur, dass ihre aktivsten Mitglieder zu Tausenden verhaftet und ins KZ gesperrt wurden. Zwar änderte die KPD auf Direktive Moskaus im August 1935 ihre Widerstandstaktik. Doch die angestrebte „antifaschistische Volksfront" scheiterte am Misstrauen der Sozialdemokraten, von der KPD bislang als „sozialfaschistischer" Hauptgegner betrachtet, sowie an den bürgerlichen Oppositionellen, die vom Kommunismus nichts hielten - und rein praktisch am immer perfekter arbeitenden Polizeiapparat. Von 1939 bis 1941 wurde der KPD-Widerstand durch den Hitler-Stalin-Pakt gelähmt, der das Weltbild vieler Kommunisten ins Wanken brachte. Während des Krieges bemühten sich kleine Widerstandsgruppen um Rückhalt bei den Industriearbeitern und unternahmen gelegentlich Sabotageakte in der Rüstungsindustrie.

SPD

Die Gewerkschaften und die SPD hatten 1933 zunächst noch versucht, sich mit der Regierung Hitler zu arrangieren: Die Gewerkschaften trennten sich offiziell von der SPD und riefen ihre Mitglieder zur Teilnahme an den staatlichen Maifeiern auf; die sozialdemokratische Reichstagsfraktion stimmte Hitlers „Friedensrede" vom 17. Mai zu. Freilich ohne Erfolg: Am 2. Mai wurden die Gewerkschaften zerschlagen, am 22. Juni die SPD verboten. Die Funktionäre beider Organisationen landeten für Monate oder Jahre im KZ. Auch traten 1933 schon vor dem Parteiverbot viele dem „neuen Mittelstand" (Angestellte und Beamte) zuzurechnende Mitglieder aus, weil sie um ihre berufliche Zukunft fürchteten. Danach beschränkte sich der sozialdemokratische Widerstand im Wesentlichen darauf, dass man im Wohnviertel und im Betrieb untereinander Kontakt hielt und den Familien Verhafteter psychologischen und materiellen Beistand leistete. Propaganda gegen das NS-Regime betrieb der Exil-Vorstand der SPD von Prag, später von Paris aus. Einige besonders aktive Sozialdemokraten der jüngeren Generation wie etwa Julius Leber oder Wilhelm Leuschner schließlich bezahlten ihre Beteiligung am konservativ-militärischen Widerstand um den 20. Juli 1944 mit dem Leben.

Die Kirchen

Als weitgehend hilflos gegenüber dem Nationalsozialismus erwiesen sich auch die beiden großen christlichen Kirchen. Ähnlich wie schon in Italien 1929 mit Mussolini versuchte sich der Vatikan auch mit Hitler zu verständigen und schloss schon am 20. Juli 1933 ein Konkordat mit dem Deutschen Reich, das die Rechte der Kirche und ihrer Einrichtungen zu sichern versprach. Die damit verbundene Anerkennung der NS-Regierung nahm dem katholischen Widerstand den Wind aus den Segeln. Dennoch engagierten sich einzelne oppositionelle Pfarrer und Gemeindemitglieder in der Folgezeit immer wieder für die Verfolgten des NS-Regimes und nahmen dafür die KZ-Haft und auch den Tod in Kauf - so z. B. der Berliner Domprobst Bernhard Lichtenberg. Der Papst kritisierte nur einmal die Unterdrückung glaubenstreuer Christen in Deutschland und die Rassenpolitik, ohne aber die Juden zu erwähnen. Der Münsteraner Bischof Clemens August Graf von Galen und der Vorsitzende der Deutschen Bischofskonferenz, der Breslauer

Kardinal Bertram, protestierten 1941 gegen die Ermordung Behinderter und erreichten immerhin die zeitweise Einstellung der Tötungsaktionen. Der dezentral in Landeskirchen organisierte Protestantismus wurde durch die Ernennung eines umstrittenen NSDAP-nahen „Reichsbischofs" und durch die Spaltung der Gläubigen in die nationalsozialistischen „Deutschen Christen", und die evangeliumstreue „Bekennende Kirche" (Martin Niemöller, Dietrich Bonhoeffer) gelähmt. Der insgesamt schwache Widerstand der beiden großen Kirchen und insbesondere ihrer Bischöfe ist nicht zuletzt darauf zurückzuführen, dass sie den nationalsozialistischen Antikommunismus und Antisemitismus überwiegend nicht prinzipiell ablehnten.

„Weiße Rose"

Von christlich-humanitären Überzeugungen ließ sich auch die Münchner Studentengruppe „Weiße Rose" um Hans und Sophie Scholl, Willi Graf, Alexander Schmorell, Professor Kurt Huber u. a. leiten. Es waren überwiegend Medizinstudenten, die bei Lazaretteinsätzen in Russland das Grauen des Ostkrieges kennen gelernt hatten und die daher 1942/43 in mehreren Flugblättern die Verbrechen des NS-Regimes anprangerten und zum Widerstand aufriefen. Sie wurden fast ausnahmslos zum Tode verurteilt und hingerichtet.

Widerstand von Einzelpersonen

Schwieriger einzuordnen ist der Widerstand durch einzelne Attentäter, die keiner spezifischen Gruppe oder Organisation angehörten. Das bekannteste Beispiel stellt hierbei der Tischler Johann Georg Elser dar, der mittels einer mit Zeitzünder versehenen Bombe versuchte, Hitler am 8. November 1939 im Münchner Bürgerbräukeller zu töten. Das Attentat scheiterte jedoch daran, dass Hitler diesmal die Veranstaltung früher verließ.

8

Das Militär und bürgerliche Kreise; das Attentat vom 20. Juli 1944

Erst 1938/39 bildeten sich mehrere militärische und nationalkonservative Widerstandsgruppen. Einzelne Militärs protestierten schon 1939 vergeblich gegen die Gräueltaten der SS in Polen. Angesichts der einbrechenden Ostfront und der Landung der Alliierten bildeten sich bis zum Sommer 1944 verschiedene militäroppositionelle Kreise. Sie wollten eine Niederlage Deutschlands verhindern und suchten die Verbindung mit zivilen Kreisen um den Regierungspräsidenten in Schlesien, Graf von der Schulenburg, um den 1937 zurückgetretenen Leipziger Oberbürgermeister Carl Goerdeler sowie um die Ehepaare von Moltke und York von Wartenburg („Kreisauer Kreis"). Trotz aller Verschiedenheit waren sich die unterschiedlichen Widerstandskreise zumindest darin einig, dass Deutschland in Zukunft ein Rechtsstaat sein müsse und außenpolitisch eine führende Position in Europa behalten sollte. Dem militärischen Widerstand kam insofern eine Schlüsselrolle zu, als Offiziere die besten Chancen besaßen, Hitler sowie das Spitzenpersonal des NS-Regimes auszuschalten und den Regierungsapparat zu übernehmen. Aber gerade Soldaten fiel die Auflehnung gegen ihren Oberbefehlshaber, auf dessen Person sie einen Treueid hatten ablegen müssen, besonders schwer. Erst die sinnlose Opferung der 6. Armee in Stalingrad führte in der Militäropposition zu der Überzeugung, dass der „Führer" selbst als Eidnehmer den Treueid gebrochen hatte. Doch das sorgfältig geplante Attentat, mit dem Hitler am 20. Juli 1944 durch eine von dem Offizier Claus Graf Schenk von Stauffenberg im Führerhauptquartier „Wolfsschanze" bei Rastenburg/Ostpreußen versteckte Zeitbombe getötet werden sollte, schlug fehl. Als die Nachricht vom Überleben Hitlers Berlin erreichte, brach der begonnene Staatsstreich schon bald zusammen. Nach seiner Festnahme in Berlin wurden Stauffenberg und drei weitere Offiziere sofort erschossen, die Militäropposition und die mit ihr in Kontakt stehenden anderen Widerstandskreise in den folgenden Wochen von der Gestapo zerschlagen. Etwa 200 unmittelbar Beteiligte wurden hingerichtet.

Claus Graf Schenk von Stauffenberg (1907–1944)

1 Unterschiedliche Formen von „Widerstand“

– Nicht wenige Schriftsteller und Künstler zogen sich aus der Politik ins Privatleben zurück.

– Einige unpolitische großstädtische Jugendgruppen wurden in den Kriegsjahren verfolgt, weil sie durch ihre Verhaltensweisen auffielen: die überwiegend bürgerliche „Swing-Jugend“ durch lässige Kleidung und Haartracht sowie ihre Vorliebe für amerikanischen Jazz, die eher proletarischen „Edelweißpiraten“ durch gesellige Unternehmungen abseits der HJ.

– Der Münchner Staatsanwalt Wintersberger versuchte 1933 hartnäckig, aber vergeblich, Mörder aus den Reihen der SA vor Gericht zu bringen, obwohl dies politisch unerwünscht war. Er widersetzte sich den Zumutungen des Regimes, ohne auf dessen Überwindung hinzuarbeiten.

– Ende Februar 1943 demonstrierten rund 200 nichtjüdische Frauen in der Berliner Rosenstraße eine Woche lang für die Freilassung ihrer verhafteten und für die Deportation vorgesehenen jüdischen Männer. Sie beendeten ihre Aktion, als man ihre Forderung erfüllte.

– Der schwäbische Schreinermeister Georg Elser versuchte, die Fortsetzung des Krieges zu verhindern, indem er einen Bombenanschlag plante und am 8. November 1939 in München durchführte, dem Hitler nur knapp entging. Elser wurde verhaftet, gefoltert, ins KZ Dachau eingeliefert und dort am 9. April 1945 erschossen.

– Einzelne Personen drückten ihre Unzufriedenheit aus, indem sie für Staaten spionierten, gegen die das „Dritte Reich“ Krieg führte, sich als deutsche Kriegsgefangene im Ausland engagierten (so z. B. innerhalb des „Nationalkomitees Freies Deutschland“ in der Sowjetunion) oder aus der Wehrmacht desertierten.

– In den letzten Kriegstagen entwaffnete der Bauer Friedrich Hanselmann aus dem württembergischen Brettheim vier Hitlerjungen, die das Dorf verteidigen sollten. Die SS verurteilte ihn dafür vor einem Standgericht zum Tode. Allerdings verweigerten Bürgermeister Gackstatter und NS-Ortsgruppenleiter Wolfmeyer ihre Unterschriften unter das Todesurteil. Alle drei Männer wurden am 10. April 1945 auf dem Brettheimer Friedhof erhängt.

Eine Zusammenstellung des Verfassers

2 Drei Bürger aus Brettheim: Friedrich Hanselmann, Leonhard Gackstatter und Leonhard Wolfmeyer

3 Stufen abweichenden Verhaltens

Zur Beschreibung der verschiedenen Formen abweichenden Verhaltens zwischen 1933 und 1945 entwickelte der Historiker Detlev Peukert folgendes Schema:

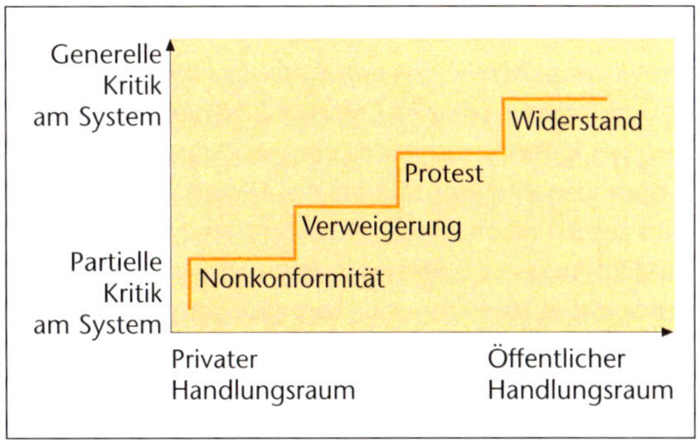

Nach: D. Peukert: Die Edelweißpiraten. Köln 1980, S. 236.

4 „Wir verwerfen …“ – Protestanten

Aus der Gründungsverlautbarung der Bekennenden Kirche, der so genannten „Barmer Erklärung“ vom 31. Mai 1934:

Wir bekennen uns angesichts der die Kirche verwüstenden und damit auch die Einheit der Deutschen Evangelischen Kirche sprengenden Irrtümer der „Deutschen Christen“ und der gegenwärtigen Reichskirchenregierung zu folgenden evangelischen Wahrheiten: […]

Wir verwerfen die falsche Lehre, als gäbe es Bereiche unseres Lebens, in denen wir nicht Jesus Christus, sondern anderen Herrn zu eigen wären, Bereiche, in denen wir nicht der Rechtfertigung und Heilung durch ihn bedürfen. […]

Wir verwerfen die falsche Lehre, als dürfe die Kirche die Gestalt der Botschaft und ihrer Ordnungen ihrem Belieben oder dem Wechsel der jeweils herrschenden weltanschaulichen und politischen Überzeugungen überlassen. […]

Wir verwerfen die falsche Lehre, als könne und dürfe sich die Kirche […] besondere, mit Herrschaftsbefugnissen ausgestattete Führer geben oder geben lassen. […]

Wir verwerfen die falsche Lehre, als solle und könne der Staat über seinen besonderen Auftrag hinaus die einzige und totale Ordnung menschlichen Lebens werden und also auch die Bestimmung der Kirche erfüllen. Wir verwerfen die falsche Lehre; als solle und könne sich die Kirche über ihren besonderen Auftrag hinaus staatliche Art, staatliche Aufgaben und staatliche Würde aneignen und damit selbst zu einem Organ des Staates werden. […]

Wir verwerfen die falsche Lehre, als könne die Kirche in menschlicher Selbstherrlichkeit das Wort und Werk des Herrn in den Dienst irgendwelcher eigenmächtig gewählter Wünsche, Zwecke und Pläne stellen.

K. D. Schmidt (Hrsg.): Die Bekenntnisse und grundsätzlichen Äußerungen zur Kirchenfrage, Bd. 2. Göttingen 1935, S. 92 f.

9 Ost-West-Konflikt und Kalter Krieg

Über vierzig Jahre lang hielt der Ost-West-Konflikt die internationale Politik in Atem. Er teilte die Welt in einen West- und einen Ostblock, zwischen denen sich die „Blockfreien" nur mühsam behaupten konnten. Rivalität verdrängte die Zusammenarbeit, die Abschottung der Grenzen ihre Öffnung, der Rüstungswettlauf die friedliche Nutzung der Ressourcen. Misstrauen und Angst erzeugten eine „Lagermentalität", in der man „die anderen" nur als Feinde wahrnahm und schnell bereit war, die Kritiker in den eigenen Reihen als Verräter zu verdächtigen. Der Einfluss der Führungsmächte USA und Sowjetunion, aber auch die wechselseitige Furcht vor der anderen Seite verhinderten, mit wenigen Ausnahmen, Zwistigkeiten im eigenen Lager. Dass diese Einigkeit aber nur dem Druck von außen entsprang, zeigte sich in Osteuropa nach der Auflösung der Blöcke, der Überwindung der „Bipolarität". Blutige Bürgerkriege und nationale Auseinandersetzungen schufen Tod und Elend.

9.1 Ursprünge des Kalten Krieges

Ende der Kriegsallianz

Dass die mehr durch die Not als durch gemeinsame politische Überzeugungen zusammengehaltene Anti-Hitler-Koalition bald nach dem Sieg von 1945 auseinanderfiel, kam für den heutigen Betrachter kaum überraschend. Zu unterschiedlich waren die politischen, gesellschaftlichen, wirtschaftlichen Systeme und Wertvorstellungen.

Die westlichen Länder wiesen eine demokratisch-pluralistische Bürgergesellschaft und eine liberale Marktwirtschaft auf, die sich einem weltweiten freien Austausch der Ideen und Güter öffneten. Die Sowjetunion suchte mit allen Mitteln ihren autokratisch gelenkten „Aufbau des Sozialismus/Kommunismus" gegen die „kapitalistisch-imperialistischen" Einflüsse abzuschirmen. Die Vereinigten Staaten waren gestärkt aus dem Kriege hervorgegangen: Ihre Wirtschaftskraft übertraf mehrfach die aller anderen Länder, ihre Atomwaffen schienen sie militärisch unverwundbar zu machen. Die Sowjetunion hatte im Kriege über 20 Millionen Menschen und den Großteil ihrer Infrastruktur und Industrie verloren und war am Ende ihrer Kraft. Der misstrauische Stalin rechnete mit einer amerikanischen Aggression und suchte sein Land durch einen Gürtel von Satellitenstaaten und einen „Eisernen Vorhang" zwischen der Ostsee und der Adria zu schützen. Dass die Truman-Regierung nie irgendwelche Angriffsabsichten hegte und dafür auch niemals die Unterstützung der amerikanischen Bevölkerung erhalten hätte, wollte der sowjetische Diktator nicht wahrhaben.

System von Jalta

Trotz aller vermeintlich zwingenden Gründe für eine West-Ost-Konfrontation dürfte der Ausbruch des Kalten Krieges nicht unvermeidlich gewesen sein. Zwar war die sowjetische Taktik, die in Jalta zugesagte demokratische Entwicklung in den von der Roten Armee besetzten Ländern zu hintertreiben und stattdessen kommunistische Regime aufzubauen, für die Westmächte ein Ärgernis. Aber sie fanden sich schließlich damit ab und nahmen es hin, dass die von ihnen nachdrücklich geforderte Demokratisierung der polnischen Regierung sich in der Ernennung weniger einflussloser bürgerlicher Minister erschöpfte, die zudem bald wieder hinausgedrängt wurden. Stillschweigend einigten sich beide Seiten darauf, die durch den Krieg entstandenen Einflusssphären wechselseitig zu respektieren.

Vorurteile und Misstrauen

Dass es dennoch zum Kalten Krieg kam, lag vor allem am gegenseitigen Misstrauen. Die Kremlführung empörte sich über die Weigerung der US-Regierung, ihre Atombomben internationaler Kontrolle zu unterstellen oder die 1946 unterbrochenen Reparationslieferungen aus ihrer deutschen Besatzungszone wieder aufzunehmen. Die Truman-Administration sah im sowjetischen Hinauszögern der für das Kriegsende zugesagten Räumung der nordpersischen Erdölgebiete oder im angeblich von Moskau gesteuerten kommunistischen Aufstand in Griechenland Beweise für die expansiven Ziele der Sowjetführung.

Containment und Kominform

1947 entschloss sich der amerikanische Präsident, der Sowjetunion den Fehdehandschuh hinzuwerfen. In einer Kongressbotschaft (schon bald als „Truman-Doktrin" bezeichnet) entwickelte er das dramatische Szenario eines schicksalhaften Kampfes zwischen den freiheitlichen Demokratien und den totalitären Diktaturen und bot allen vom Kommunismus bedrohten Völkern amerikanische Hilfe an. Damit fand das innerhalb der Administration zuvor entwickelte Konzept der „Eindämmung" (Containment) seine erste Anwendung. Es gründete sich auf die Annahme eines sowjetkommunistischen Expansionsstrebens, dem man mit einer Mischung von wirtschaftlichem Wohlstand und militärischer Aufrüstung zu begegnen gedachte. Der noch im selben Jahr eingeleitete Marshall-Plan, der den europäischen Ländern Dollarmilliarden für den wirtschaftlichen Wiederaufbau bescherte, sowie die Gründung der NATO 1949 waren Ausdruck der neuen Strategie. Die Sowjetunion antwortete im Herbst 1947 mit der Gründung des Kommunistischen Informationsbüros (Kominform), der Nachfolgeorganisation der 1943 aufgelösten Komintern.

Kominform

9.2 Die Formierung der Blöcke

Vertragspolitik

Die Gründung der NATO entsprach amerikanischen wie westeuropäischen Interessen. Die unbestrittene Führungsmacht USA brauchte Partner, die ihr Stützpunkte zur Verfügung stellten und mit ihren nationalen Truppen die gemeinsame Streitmacht stärkten; die Westeuropäer suchten den Schutz der amerikanischen Atomwaffen. Der Vertrag verpflichtete die Partner zu politischer und militärischer Zusammenarbeit und zu gegenseitiger Hilfe im Falle eines Angriffs von außen; die Art der Hilfe legte der Vertragstext nicht eindeutig fest. Obwohl alle Part-

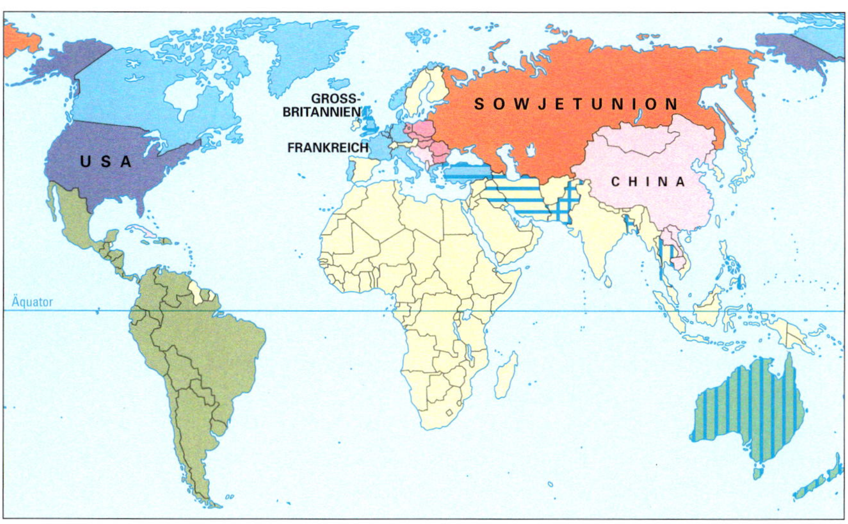

1 Militärische Zusammenschlüsse um 1960

- USA
- NATO (Nordatlantikpakt, 1949)
- SEATO (Südostasienpakt, 1954)
- OAS (Organisation der amerikanischen Staaten, 1948)
- CENTO (Zentrale Paktorganisation, 1955/59)
- ANZUS-Pakt (Pazifikpakt, 1951)
- Sowjetunion und der Warschauer Pakt (1955)
- sonstige kommunistische Staaten

Stand der Grenzen: 1960

ner – 1949 zehn europäische Länder sowie die USA und Kanada, heute insgesamt 16 Staaten – nominell gleichberechtigt waren, stellten die USA den Oberkommandierenden und bestimmten die Strategiekonzepte. Ähnlich verfuhren sie in anderen Weltregionen, sei es in multilateralen Pakten (wie in der SEATO, South East Asia Treaty Organization, 1954) oder in bilateralen (wie mit Japan 1951): Überall sicherten sie sich Stützpunkte und Stationierungsrechte für ihre Streitkräfte und lieferten ihren Bundesgenossen Rüstungsgüter.
Eine ähnliche Politik betrieb die Sowjetunion. Zwar entschloss sie sich erst 1955, mit dem Warschauer Pakt ein Gegenstück zur NATO zu schaffen, das eine entsprechende Zusammenfassung der nationalen Armeen unter sowjetischem Oberbefehl begründete. Aber bilaterale Verteidigungsabkommen bestanden schon vorher und Einheiten der Roten Armee oder der Roten Flotte waren in allen wichtigen Satellitenstaaten zu finden.

Von der „massiven Vergeltung" zum „Gleichgewicht des Schreckens"

Während der Warschauer Pakt sich vornehmlich auf seine der NATO zahlenmäßig überlegenen „konventionellen" (nicht atomar bewaffneten) Streitkräfte verließ und für den Kriegsfall eher offensive Absichten verfolgte, wechselten die Konzepte auf westlicher Seite. Solange die USA ihrer Überlegenheit bei den Nuklearwaffen und den Fernbombern gewiss waren, galt die Doktrin der „massiven Vergeltung": Jeder potentielle Angreifer sollte mit der Drohung eines atomaren Gegenschlages abgeschreckt und – sollte er dennoch einen Krieg beginnen – nuklear vernichtet werden. In den späten 1950er-Jahren änderten sich die Voraussetzungen: Die UdSSR schien in der Raketentechnik gleichgezogen zu haben und in der Lage zu sein, die USA selbst mit Kernwaffen anzugreifen; die regional begrenzten Kriege hatten gezeigt, dass die atomare Höchststufe zumeist nicht anwendbar war. Darum entstand das Konzept der „flexiblen Reaktion" (flexible response): Aus der Skala der Möglichkeiten vom begrenzten Einsatz konventioneller Verbände bis zum großen Atomkrieg sollte je nach den Umständen das geeignete Vorgehen gewählt werden. Mit dem unaufhörlichen Anwachsen der tödlichen Waffenarsenale auf beiden Seiten richteten sich viele Hoffnungen auf das „Gleichgewicht des Schreckens": Weil ein Nuklearkrieg zwischen den Supermächten mit ziemlicher Sicherheit eine Katastrophe für die gesamte Menschheit auslösen würde, schien die Chance auf einen Sieg der Vernunft groß. So waren die strategischen Planungen seit den 1970er-Jahren vor allem darauf gerichtet, das „Gleichgewicht des Schreckens" aufrechtzuerhalten, indem beide Seiten ihre „Zweitschlagsfähigkeit" erhöhten und dem Gegner die Hoffnung nahmen, mit einem geballten „Erstschlag" den entscheidenden Sieg ohne unerträgliche eigene Verluste zu erringen.

Stabilität innerhalb der Blöcke

Die strategischen Diskussionen innerhalb des Westbündnisses blieben nicht ohne Rückwirkungen auf das Bündnisklima. Weil die „flexible Reaktion" den automatischen atomaren Schutz aufhob, unter dem sich die Westeuropäer bis dahin leidlich sicher gefühlt hatten, bildete sich eine Opposition, angeführt vom französischen Staatspräsidenten de Gaulle. Dieser verlangte ein Mitspracherecht über den Einsatz der amerikanischen Kernwaffen. Als Washington dazu nicht bereit war, beschleunigte er die Entwicklung eigener französischer Atomwaffen und zog die französischen Streitkräfte aus dem militärischen Verbund der NATO zurück (ohne deswegen die Mitgliedschaft aufzukündigen). Zeitweilige Verstimmungen und Auseinandersetzungen zwischen Europäern und Amerikanern gab es auch wegen wirtschaftlicher Fragen: Die Europäer kritisierten die amerikanische Inflationspolitik, die zu Beginn der 1970er-Jahre zur Abschaffung des Dollars als Weltleitwährung führte; die Amerikaner beschwerten sich über die Wettbewerbsverzerrungen auf dem Weltmarkt, die durch die protektionistische und subventionistische Außenhandelspolitik der EG verursacht wurden. Von solchen kleineren Trübungen abgesehen, zeigte der Westblock große Stabilität.

2 Ein Arbeiter aus Bratislava stellte sich 1968 während des „Prager Frühlings“ einem sowjetischen Panzer entgegen.

Gänzlich anders sah es damit im östlichen Lager aus. Zu Stalins Zeiten in massiver, unter seinen Nachfolgern in gemäßigter Weise ließ die Sowjetführung nie einen Zweifel daran aufkommen, dass sie die Vormundschaft im Ostblock beanspruchte. Wo sie ihre Hegemonie gefährdet sah, scheute sie vor militärischer Gewaltanwendung nicht zurück: 1953 in der DDR, 1956 in Ungarn, 1968 in der ČSSR. In dem besonders unruhigen Polen stand die Rote Armee wiederholt Gewehr bei Fuß, ehe es den einheimischen Machthabern gelang, die kommunistische Ordnung wiederherzustellen. 1968, nach der Niederwerfung des „Prager Frühlings“ (eines Versuchs, einen Kommunismus „mit menschlichem Antlitz“ zu verwirklichen), machte der sowjetische Parteichef seinen Bündnispartnern die Grenzen ihrer Souveränität unmissverständlich klar: Keiner von ihnen habe das Recht, die „sozialistische“ Staats- und Gesellschaftsform aufzugeben; wer dies dennoch versuche, habe mit einer bewaffneten Intervention der übrigen Paktstaaten zu rechnen (sog. Breschnew-Doktrin). Die sowjetische Vorherrschaft beruhte weitaus mehr auf den Bajonetten der Roten Armee als auf der Überzeugungskraft der marxistisch-leninistischen Lehre.

9

Die Abtrünnigen: Jugoslawien und China

Nur wenigen sozialistischen Ländern gelang es, sich dem sowjetischen Machtanspruch zu entziehen. Der jugoslawische Partei- und Staatschef Tito, dessen Partisanenarmee das Land aus eigener Kraft befreit hatte, geriet 1948 mit Stalin in Streit, weil er auf einem eigenen, vom Sowjetmodell abweichenden Weg zum Kommunismus – mit stärkerem Anteil der Arbeiter an der Leitung ihrer Betriebe – bestand und die Gründung eines von Moskau unabhängigen Balkanpaktes betrieb. Stalin wollte diese Autoritätseinbuße nicht hinnehmen und erklärte Tito zum Verräter an der kommunistischen Sache. Aber alle Versuche, Titos Sturz mit Hilfe seiner Widersacher im Innern oder durch Druck von außen herbeizuführen und damit ein abschreckendes Exempel zu statuieren, schlugen fehl, und vor einem militärischen Eingreifen scheute Stalin zurück.
Auch die Volksrepublik China, die unter der selbstbewussten Führung Maos eine eigenständige, chinesische Form des Kommunismus entwickelte („Maoismus“), kündigte Ende der 1950er-Jahre Moskau den Gehorsam auf. Vorausgegangen waren schlechte Erfahrungen mit Stalin, der im chinesischen Bürgerkrieg lange

Maos Widersacher Chiang Kai-shek unterstützt und damit den Sieg der chinesischen Kommunisten verzögert hatte. Zum Ausbruch des Konfliktes kam es in der Ära Chruschtschow (1953–1964). Die Pekinger Führung lehnte seine Reformpolitik im Innern ab, weil sie den wirtschaftlichen Wohlstand über den Klassenkampf stelle („Gulaschkommunismus"), und sie verurteilte seine Außenpolitik der „friedlichen Koexistenz", weil sie die Weltrevolution verrate. Aus dem ideologischen Meinungsstreit erwuchs die Aufkündigung der sowjetischen Wirtschaftshilfe und am Ende beschossen sich chinesische und sowjetische Grenzsoldaten. Die USA machten sich das kommunistische Zerwürfnis zunutze, indem sie ihre Beziehungen zu China verbesserten und damit die Sowjetregierung unter Druck setzten. Für die KPdSU bedeutete das „Schisma" mit Peking auf die Dauer den Verlust ihres Führungsanspruches innerhalb der kommunistischen Welt. Auf einer Gipfelkonferenz aller kommunistischen Parteien 1976 musste sie die Unabhängigkeit jeder nationalen KP zugestehen.

Westlicher Antikommunismus

In der westlichen Welt waren solche „Glaubenskriege" undenkbar. Dennoch breitete sich auch hier in den Anfangsjahren des Kalten Krieges ein Klima der Gesinnungsschnüffelei und der Verdächtigungen aus, das dem Grundrecht der Meinungs- und Gewissensfreiheit ins Gesicht schlug. Wer sich positiv über den Kommunismus äußerte oder sich auch nur von den antikommunistischen Eiferern distanzierte, sah sich nicht selten gesellschaftlicher Ächtung, beruflicher Benachteiligung oder gar polizeilichen Untersuchungen ausgesetzt. Besonders schlimme Blüten trieb die antikommunistische Hysterie in den USA.

9.3 Konfrontation und Entspannung

Rüstungswettlauf

Der Kalte Krieg verschlang ungeheure Ressourcen. Die Rüstungsausgaben der beiden Supermächte kletterten 1952 auf 13,6 (USA) bzw. 13,4 Prozent (UdSSR) ihres Bruttosozialprodukts und lagen 1972 – auf einem absolut höheren Niveau – bei 6,6 und 5,7 v. H. Die ärmeren Länder, also der Ostblock, bekamen diese Belastungen wesentlich schmerzlicher zu spüren als der wohlhabende Westen. Ronald Reagan, republikanischer US-Präsident 1981–1989, trieb die Rüstungsspirale, unter Inkaufnahme einer gigantischen Staatsverschuldung, so in die Höhe, dass die Sowjetunion im Wettrüsten, dem sie sich als Gefangene der absurden Logik des Kalten Krieges nicht entziehen konnte, schließlich nicht mehr mitzuhalten vermochte. Die ohnehin großen wirtschaftlichen Schwierigkeiten wuchsen infolge der Rüstungskosten ins Unermessliche und trugen ihren Teil dazu bei, dass das Sowjetimperium schließlich zusammenbrach.

Kriegsvermeidung

Gemessen an der enormen Kräftemobilisierung beider Seiten blieben ernste Zusammenstöße vergleichsweise selten. Es lag im Wesen des „Kalten Krieges", dass die Akteure den „Heißen Krieg" zu vermeiden trachteten, weil sie spätestens seit den 1950er-Jahren begriffen, dass es in einem solchen Krieg nur Besiegte, keine Sieger geben würde. Chruschtschow, Parteichef und starker Mann im Kreml (1953–1964), war einer der ersten, der daraus weltpolitische Konsequenzen zog und mit der Devise der „friedlichen Koexistenz" den Krieg als Mittel der Politik ausschalten wollte. Chruschtschow dachte freilich nicht an ein Ende der Systemkonkurrenz oder an einen Verzicht auf den weltweiten Sieg des Kommunismus, ja nicht einmal an ein Aufhören aller bewaffneten Auseinandersetzungen. Er wollte jedoch die Auseinandersetzung der Systeme auf den wirtschaftlichen Wettstreit verlagern und den Kampf mit den Waffen auf die regional begrenzten, antikolonialen Befreiungskriege beschränkt sehen. Indes hielt er selbst sich nicht immer an diese Grundsätze.

Zweite Berlin-Krise 1958–1961

Nach dem erfolgreichen „Sputnik"-Experiment im Oktober 1957, das mit den Erdumkreisungen des ersten Weltraumsatelliten die Leistungsfähigkeit sowjetischer Raketen demonstriert hatte, fühlte sich der Sowjetführer 1958 stark genug, eine neue Berlin-Krise auszulösen. Er forderte die Westmächte ultimativ auf, ihre Truppen aus West-Berlin abzuziehen und die Halbstadt in eine „selbständige politische Einheit" umzuwandeln. Damit setzte er sich über die bislang stillschweigend beachtete Regel hinweg, nicht am Besitzstand der Gegenseite zu rütteln. Er hatte damit teilweise Erfolg. Indem der Westen den Bau der Mauer im August 1961 passiv hinnahm, fand er sich mit der vollständigen Teilung der Stadt ab und verzichtete faktisch auf seine Mitspracherechte für ganz Berlin.

Kuba-Krise

An den Rand eines dritten Weltkrieges führte die Kuba-Krise im Oktober 1962. Chruschtschow hatte dem verbündeten kubanischen Revolutionsführer Fidel Castro die Zustimmung zum Bau sowjetischer Raketenabschussrampen auf der nur 150 Kilometer vom amerikanischen Festland entfernten Karibikinsel abgerungen. Er hoffte, damit ein Gegengewicht zu den US-Raketenbasen in der Türkei in die Hand zu bekommen. Nach der Entdeckung dieses geheim betriebenen Vorhabens durch amerikanische Aufklärungsflugzeuge suchte die Kennedy-Regierung die Demontage der Rampen mittels einer Seeblockade und der Androhung einer gewaltsamen Intervention zu erzwingen. Nach Tagen qualvoller Spannung und eines Tauziehens hinter den Kulissen gab die sowjetische Seite nach und verfügte den Abbau und Rücktransport der Raketen. Sie war dazu aber erst bereit, nachdem Washington informell den Abzug seiner Raketen aus der Türkei zugesagt hatte. So wahrten beide Rivalen ihr Gesicht, und der Status quo war wiederhergestellt. Zurück blieb der Schock eines „Duells am Abgrund". Die Supermächte zogen daraus übereinstimmend zwei Lehren: dass man den Gesprächsfaden nie abreißen lassen dürfe und dass es höchste Zeit sei, zu Vereinbarungen über die Rüstungskontrolle zu kommen.

3 Neuer Verbündeter Moskaus
Fidel Castro (2. v. L.) zu Gast bei Nikita Chruschtschow (2. v. R.) zur Maiparade auf dem Roten Platz in Moskau.

4 Einverstanden, Herr Präsident, wir wollen verhandeln ...
Karikatur im Daily Mail, London 1962.

Stellvertreterkriege außerhalb Europas

Der Schreck der Kuba-Krise und der Wille, die direkte Konfrontation zu vermeiden, hielten die Supermächte jedoch nicht davon ab, auf getrennten Wegen ihre Vorteile zu suchen. Hatte sich der Kalte Krieg in den 1950er-Jahren vornehmlich an der Nahtstelle der Machtblöcke in Europa abgespielt, verlagerte sich der Konflikt in den 1960er-Jahren stärker in nicht-europäische Regionen.

Korea-Krieg 1950–1953

Den Auftakt dazu gab schon 1950 bis 1953 der Korea-Krieg. Dem allem Anschein nach vom kommunistischen Nordkorea eröffneten Angriff auf Südkorea, das seinerseits zuvor wiederholt mit Krieg gedroht hatte, begegneten die USA mit massivem Truppeneinsatz. Sie erfüllten damit ihr Schutzversprechen für den süd-

9

5 Auf der Flucht
Koreanisches Mädchen mit ihrem kleinen Bruder vor einem US-amerikanischen Panzer in Haenju, Juni 1951.

koreanischen Diktator und folgten gleichzeitig ihrer Strategie der „Eindämmung". Dank eines vorübergehenden Boykotts des UN-Sicherheitsrates durch die Sowjetunion gelang es ihnen sogar, einen UN-Beschluss durchzubringen, der Nordkorea zum Aggressor erklärte und die USA nebst einigen Verbündeten beauftragte, die Aggression zurückzuschlagen. Diese hätten die Nordkoreaner militärisch wahrscheinlich vollständig besiegt, hätten nicht die Chinesen mit einer „Freiwilligen"-Armee von mehreren hunderttausend Mann dem Krieg eine Wende gegeben. Weil die Truman-Regierung den Einsatz von Atombomben scheute und sich mit einem militärischen Patt zufrieden gab, kam der Krieg an der alten Nord-Süd-Grenze zum Stehen; ein formeller Waffenstillstand wurde erst 1953 geschlossen. Regierung und Öffentlichkeit in den USA werteten den Korea-Krieg als erfolgreichen Beweis für die Richtigkeit des Containment-Konzeptes.

Vietnam-Krieg

Als sich ausgangs der 1950er-Jahre in Vietnam erneut kommunistischer Druck bemerkbar machte, sahen sich die USA ein weiteres Mal herausgefordert. Vietnam hatte 1954 im Rahmen der internationalen Genfer Konferenz (an der auch China teilnahm) seine Unabhängigkeit von der bisherigen Kolonialmacht Frankreich erhalten, war aber fürs Erste in zwei Staaten aufgeteilt worden: in das kommunistisch regierte Nordvietnam unter Ho Chi Minh und in Südvietnam, das sich bald zu einem reaktionären Staatswesen unter dem Diktator Diem entwickelte. Das Genfer Abkommen sah die Abhaltung gesamtvietnamesischer Wahlen innerhalb zweier Jahre und die Wiedervereinigung der beiden Landesteile vor. Die USA, die sich als Schutzmacht Südvietnams betrachteten, unterschrieben das Abkommen nicht und unterstützten Diem, als dieser sich weigerte, die in Genf vorgeschriebenen Wahlen durchzuführen und mit Hanoi wegen der Wiedervereinigung zu verhandeln. Weil der Saigoner Staatschef überdies jede oppositionelle Regung im Land mit drakonischen Mitteln unterdrückte und die dringend notwendige Bodenreform hinauszögerte, formierte sich 1960 als Dachorganisation mehrerer Widerstandsgruppen die „Nationale Befreiungsfront" (FNL), die sich dem Sturz Diems und der Wiederherstellung der vietnamesischen Einheit verschrieb. Die stärkste Gruppe bildeten die Kommunisten, denen schnell die Führungsrolle zufiel; für die Amerikaner war die FNL darum stets der „Vietcong". Er erhielt zwar die Unterstützung Hanois, führte den Untergrundkampf gegen die Saigoner Regierung aber zunächst selbständig. Erst als die USA massiv intervenierten und Bodentruppen nach Vietnam schickten, griff auch Nordvietnam mit ganzer Kraft in den Krieg ein. So verquickten sich ein südvietnamesischer Bürger- und ein nordvietnamesischer Interventionskrieg, ein kommunistischer Revolutions- und ein nationaler Befreiungs- und Einigungskampf miteinander.

Dilemma und Alptraum für die USA

Die amerikanische Vietnam-Politik orientierte sich an der von Eisenhower schon 1953 vertretenen „Domino-Theorie": Es kam in Asien darauf an, den Verlust auch nur eines pro-westlichen Staates zugunsten der Kommunisten zu verhindern, weil sonst eine Kettenreaktion (der fallenden Dominosteine) zu befürchten sei. So verstrickten sich die USA in einen Bürger- und Guerillakrieg, der sie vor gänzlich neue Probleme stellte, die mit den herkömmlichen militärischen Mitteln nicht zu bewältigen waren. Es gab kaum feste Fronten, Freund und Feind waren nicht immer zu unterscheiden, der Krieg zog am stärksten die südvietnamesische Zivilbevölkerung, die er beschützen sollte, in Mitleidenschaft. Hunderttausende kamen um, viele Millionen wurden in Flüchtlingslagern zusammengepfercht. Den Widersinn des Krieges brachte ungewollt treffsicher ein amerikanischer Offizier zum Ausdruck, der seinen Vorgesetzten meldete: „Wir mussten die Ortschaft zerstören, um sie zu retten." Im Bündnis mit einer reformunwilligen Militärdiktatur (die dem 1963 ermordeten Diem gefolgt war) und angesichts der Verheerungen des Krieges war es den Amerikanern unmöglich, in Südvietnam eine Staats- und

6 **Mudschaheddin-Kämpfer** im Januar 1980

Gesellschaftsordnung aufzubauen, die die dort lebenden Menschen überzeugte. Man konnte einem Lande nicht ein westliches Staatsmodell überstülpen, wenn dessen Bürgerinnen und Bürger ganz andere Bedürfnisse hatten und in anderen sozialen und kulturellen Traditionen lebten. Hinzu kam, dass unter dem Eindruck der schrecklichen Kriegsberichterstattung in den Medien und nach Bekanntwerden amerikanischer Kriegsverbrechen wie das Massaker in My Lai die Ablehnung des Krieges in der amerikanischen Öffentlichkeit immer mehr zunahm. Als trotz des Einsatzes von fast 600 000 US-Soldaten der zielstrebige Gegner nicht zum Einlenken zu zwingen war, blieb der Regierung nur der Rückzug. Er war mit der Preisgabe des südvietnamesischen Verbündeten verknüpft, der zwei Jahre später, 1975, kapitulierte.

Die Lektion für die USA war bitter: 58 000 amerikanische Soldaten waren gefallen, die amerikanische Wirtschaft angeschlagen, die Währung zerrüttet, der Nimbus der Unbesiegbarkeit und das Vertrauen auf den amerikanischen Schutz dahin. Das Land stürzte in eine tiefe Krise des Selbstwertgefühls; das Vietnam-Debakel war jahrelang ein Trauma, das die außenpolitischen Aktivitäten lähmte. Amerika hatte die Grenzen seiner Macht schmerzhaft erfahren; es musste einsehen, dass die „Pax Americana" kein Rezept für die ganze Welt war. Eine andere Lehre sollte sein, dass die amerikanische Regierung bei späteren Konflikten von vornherein der Kriegsberichterstattung der Medien einer starken Kontrolle unterwarf.

Sowjetische Intervention in Afghanistan

Ähnliche Erfahrungen machte die Sowjetunion in den 1980er-Jahren in Afghanistan. Um die in Bedrängnis geratene kommunistische Regierung in Kabul vor einem Umsturz zu retten, marschierten sowjetische Truppen zum Jahresende 1979 in das unwegsame Land ein. Sie sollten, im Geiste der Breschnew-Doktrin, sicherstellen, dass ein einmal kommunistisch gewordenes Land nicht wieder an den „Klassenfeind" zurückfiel. Wie die Amerikaner im vietnamesischen Dschungel verstrickte sich die sowjetische Armee in endlose Gebirgskämpfe mit muslimischen Widerstandsgruppen, denen militärisch nicht beizukommen war. So musste schließlich auch die Kremlführung einsehen, dass sie einem fremden Land mit einer fremden Kultur und einer altertümlichen Gesellschaftsordnung nicht das eigene Sowjetsystem aufzwingen konnte. Gorbatschow zog daraus die Konsequenz und befahl 1988 den Rückzug der Roten Armee.

Weltpolitische Rückwirkungen

Im Vietnam- wie im Afghanistan-Krieg erhielten die Guerillas jeweils die Hilfe der Feinde des Feindes. Vietcong und Nordvietnamesen kämpften mit sowjetischen und chinesischen Waffen, afghanische „Mudschaheddin" verfügten über amerikanische Luftabwehrraketen. Dennoch verbanden sich damit nur selten politische Weisungsbefugnisse der Geberländer. Die Widerstandskämpfer handelten nicht im Auftrag Moskaus, Pekings oder Washingtons, sondern verfolgten ihre eigenen Ziele. Natürlich war die jeweils im Hintergrund bleibende Macht nach Kräften bemüht, den intervenierenden Widersacher an den Pranger zu stellen. Aber beide Seiten vermieden die direkte Einmischung und begnügten sich damit, dem Gegner indirekt zu schaden.

Die „Dritte Welt"

Nach diesem Muster verliefen auch die Auseinandersetzungen in der Dritten Welt. Jeder versuchte, Verbündete und Sympathisanten zu gewinnen und Widerstandsbewegungen gegen zum anderen Lager zählende Regime zu fördern. Die USA unterstützten die rechten „Contra"-Rebellen in Nicaragua gegen die sozialistischen Sandinisten; die UdSSR stand gegen Israel auf Seiten der palästinensischen Befreiungsorganisation (PLO), von deren Sieg sie sich eine Schwächung des amerikanischen Einflusses im Nahen Osten versprach. Über die politische Ausrichtung der unterstützten Regime und Gruppen sah man dabei oft großzügig hinweg: Die USA verbündeten sich mit offenkundig antidemokratisch-reaktionären Systemen, sofern diese nur strikt antikommunistisch waren (wie Südkorea, Taiwan oder Südvietnam), und die Sowjetunion nahm keinen Anstoß daran, dass ihre islamischen Schützlinge den Kommunismus wegen seiner atheistischen Ausrichtung rigoros ablehnten. Ein wesentliches Lock- und Druckmittel war die Entwicklungshilfe. Sie floss reichlich, wo die politische Loyalität sicher war (wie die israelische für die USA, die kubanische für die UdSSR), und wurde eingestellt, wenn das Empfängerland eigene Wege ging (wie Ägypten 1955 gegenüber den USA, China seit 1957 gegenüber der Sowjetunion).

Rüstungskontrolle und Entspannung

Das anfangs der 1970er-Jahre eingetretene atomare und ballistische Patt ließ die Aussichtslosigkeit eines weiteren Rüstungswettlaufs erkennen. Hinzu kamen die enormen finanziellen Belastungen, die insbesondere von der UdSSR nicht mehr

7 Der Rüstungswettlauf
Karikatur von Horst Haitzinger, 1981.

zu verkraften waren. Unter diesen Voraussetzungen fanden sich Washington und Moskau zu zwei SALT-Abkommen (Strategic Arms Limitation Talks) 1972 und 1979 bereit. Die Verträge legten jedoch nur Obergrenzen für die Raketensysteme fest, ohne die bereits vorhandenen riesigen Vernichtungspotentiale anzutasten; von Abrüstung konnte noch immer nicht die Rede sein. Auch die Verhandlungen, die die NATO und der Warschauer Pakt über eine Verminderung der „konventionellen" Streitkräfte führten, kamen jahrelang nicht von der Stelle.

Kooperation

Dennoch war der Entspannungswille auf beiden Seiten ehrlich und das politische Klima verbesserte sich merklich. Seinen Niederschlag fand das neue Denken in einer Reihe von Verträgen: Die Bundesrepublik vereinbarte mit der Sowjetunion, Polen, der DDR und der ČSSR den Verzicht auf eine gewaltsame Veränderung der bestehenden Grenzen sowie gute nachbarschaftliche Zusammenarbeit. Die von den vier Siegermächten ausgehandelte Berlin-Regelung bestätigte die Bindungen West-Berlins an die Bundesrepublik, verneinte aber gleichzeitig eine staatliche Zusammengehörigkeit. Die „Konferenz für Sicherheit und Zusammenarbeit in Europa" (KSZE), an der alle europäischen Staaten außer Albanien, dazu die USA und Kanada teilnahmen, verpflichtete in ihrem Schlussdokument von Helsinki 1975 alle Unterzeichnerstaaten zur Beachtung der politischen Grundrechte ihrer Bürgerinnen und Bürger und bekundete ihren Willen, die Grenzen in Europa durchlässiger zu machen. Während die gleichzeitig vereinbarte Steigerung des Ost-West-Handels nicht recht vorankam, griff eine gewisse Liberalisierung des Lebens in einigen Ostblockländern langsam, aber stetig um sich. Sie trug 1989/90 nicht unwesentlich zum Zusammenbruch der kommunistischen Herrschaft bei.

Neue ‚Eiszeit'

Der Entspannungsoptimismus verflog jäh, als 1979 sowjetische Truppen in Afghanistan einmarschierten. Aber schon vorher war im Westen Unruhe entstanden, weil die Sowjetunion ungeachtet aller Verständigungsbemühungen ihre Aufrüstung unvermindert fortgesetzt hatte. Jetzt beteiligte sich die Mehrzahl der westlichen Staaten an Wirtschaftssanktionen gegen den Friedensstörer. Die NATO verabschiedete den sog. „Doppelbeschluss": Würde die Sowjetunion in Verhandlungen nicht zu bewegen sein, ihre jüngst installierten Mittelstreckenraketen in Europa wieder abzubauen, sollte die Zahl der eigenen Raketenbasen entsprechend erhöht werden. Der amerikanische Präsident Reagan nannte die UdSSR ein „Reich des Bösen" und setzte eine beispiellose amerikanische Aufrüstung in Gang.

9.4 Das Ende des Kalten Krieges

„Neues Denken"

Der Wandel zum Besseren bahnte sich 1985 an, als Michail Gorbatschow neuer Generalsekretär der KPdSU wurde. Dem Umbruch im Innern entsprach eine vollständige Neuordnung der Außenpolitik. Gorbatschow verblüffte sein Gegenüber Reagan mit weitreichenden Abrüstungsvorschlägen, die schließlich auf eine Abschaffung der meisten Vernichtungswaffen hinausliefen. Was generationenlang undenkbar erschienen war, wurde jetzt binnen weniger Jahre Wirklichkeit: Der Abbau aller in Europa stationierten Kurz- und Mittelstreckenraketen, eine erhebliche Reduzierung der Interkontinentalraketen, die weitgehende Verminderung und Kontrolle der Atomsprengköpfe, der Verzicht auf chemische Kampfmittel, eine fühlbare Verringerung der konventionellen Streitkräfte. Die logische Konsequenz dieser Selbstentwaffnung war die Auflösung des Warschauer Paktes im Februar 1991.

8 Schwierige Verständigung Gorbatschow und Reagan auf der Genfer Abrüstungskonferenz 1985 im Gespräch mit ihren Dolmetschern.

Zerfall des Ostblocks

Ihr war der Verzicht Moskaus auf jeglichen Führungsanspruch in Osteuropa vorausgegangen; die Breschnew-Doktrin wurde ausdrücklich widerrufen. Die bislang abhängigen Staaten erhielten volle innen- und außenpolitische Handlungsfreiheit. Das führte zum Sturz aller kommunistischen Regierungen; allerdings blieben viele ehemalige kommunistische Spitzenfunktionäre – nunmehr als Repräsentanten neugegründeter, sich demokratisch gebender Parteien – in hohen politischen Ämtern. Selbstbestimmung erhielt auch die DDR. Gorbatschow kam nicht umhin, der Wiedervereinigung Deutschlands zuzustimmen und sogar dessen Mitgliedschaft in der NATO hinzunehmen; die Bundesregierung zeigte sich mit erheblichen Geldzahlungen erkenntlich. Schließlich war auch der Zerfall des Vielvölkerstaates Sowjetunion nicht mehr aufzuhalten. Nach und nach erklärten 15 nationale Staaten ihre Unabhängigkeit. Von ihnen vereinbarten elf als „Gemeinschaft Unabhängiger Staaten“ (GUS) eine lockere politische und wirtschaftliche Zusammenarbeit. Die übrigen vier – Estland, Georgien, Lettland, Litauen – wählten die völlige Selbständigkeit. Die Moskauer Regierung ließ es zunächst geschehen, dass örtliche Befehlshaber der Roten Armee gewaltsam gegen die baltischen Unabhängigkeitsbestrebungen vorgingen. Schließlich aber fand sie sich mit dem Ausscheiden dieser Länder aus dem sowjetischen Staatsverband ab, weil sie keine Chance sah, die Loyalität der 1940 gegen ihren Willen von der Sowjetunion annektierten baltischen Völker zurückzugewinnen. Dass die Revolution im Ostblock – mit Ausnahme Rumäniens – unblutig verlief, hatte vor allem zwei Gründe: Zum einen fehlte es den alten Regimen an der Kraft und dem Selbstbewusstsein, um sich der Freiheitsbewegung erfolgreich zu widersetzen; Ineffizienz und Misswirtschaft, Funktionärshochmut und Spitzelwesen hatten sie um allen Kredit gebracht. Zum andern übte der Westen Zurückhaltung und Hilfsbereitschaft; er erlag nicht der Versuchung, die Schwäche des Rivalen auszunutzen, sondern unterstützte die Reformen. Eine nicht unwesentliche Rolle spielte auch die Sorge der westlichen Regierungen, die riesigen Nuklearwaffenbestände auf dem Territorium der zerfallenden UdSSR könnten in falsche Hände geraten.

9

Methode: Fotografien als historische Quelle

Fotos sind authentisch! Fotos zeigen, wie es wirklich war! Eben diese weit verbreitete Überzeugung reizt immer wieder dazu, Fotografien zu fälschen bzw. zu manipulieren. Bereits die Auswahl des Motivs, aber auch der mögliche Bildausschnitt und die letztlich gewählte Perspektive beeinflusst den Betrachter häufig ganz unbewusst in erheblichem Maße. Nicht zuletzt die immer vielfältigeren Möglichkeiten der Bildbearbeitung schmälern den Status eines Fotos als objektive Quelle. Wurden zu Beginn der Fotografie Negative noch arbeitsaufwendig retuschiert, eröffnen moderne, „kinderleichte" Bildbearbeitungsprogramme der digitalen Fotowelt jede nur erdenkbare Möglichkeit der Manipulation. Aber auch offizielle Bildlegenden lenken die Wahrnehmung des Betrachters zusätzlich in eine bestimmte, gewünschte Richtung. Um ein Foto daher interpretieren und historisch einordnen zu können, braucht es zusätzliche Informationen, die nicht aus dem Foto selbst gewonnen werden können.

Eine große Rolle spielte die Dokumentarfotografie im Vietnamkrieg. Eine aus dieser Zeit stammende Kriegsfotografie stellt das Bild der neunjährigen Kim Phuc dar. Das Foto entstand am 8. Juni 1972 während eines Luftangriffes auf das Dorf Trang bang. Die Bewohner des Dorfes flohen in den sicheren Abstand zur Hitze des abgeworfenen Napalms. Dabei liefen sie den zahlreichen, auf sensationelle Bilder wartenden, Kriegsjournalisten entgegen. In dieser Situation schoss der Fotoreporter Nick Ut das Foto – in beschnittener und retuschierter Form – schon wenig später zu einer der medialen Bildikonen des 20. Jahrhunderts aufstieg. Mit dazu bei trug der Umstand, dass das Bild sehr gut in die politischen Interessen verschiedener Gruppierungen passte. Für die Anti-(Vietnam)Kriegsbewegung wurde es zu einem willkommenen Symbol der Schrecken des Krieges. Die Gegner der „Vietnamisierung" des Vietnam-Krieges versahen das Foto jeweils mit Bilderklärungen, die die kleine Kim Phuc als Opfer eines US-amerikanischen Napalm-Angriffes konstruierte (siehe M 1). In Wirklichkeit handelte es sich bei dem Napalm-Angriff auf Trang Bang um ein versehentliches Bombardement südvietnamesischer Flugzeuge. Die US-Truppen waren zu diesem Zeitpunkt bereits aus Vietnam abgezogen worden. Die einzigen „Fremden" waren an diesem 8. Juni bei Trang Bang etwa 55 ausländische Reporter, die nach spektakulären Bildern suchten. Nick Ut erhielt für das Bild den Pulitzer-Preis. Kim Phuc selbst startete Jahre später in den USA eine zeitweilige Medienkarriere, wurde Friedensbotschafterin der UNESCO und beliebter weltweiter Talkshowgast.

9

1 „Kollateralschäden" in Vietnam. Eine typische Bildlegende zum selbigen Foto in einem deutschen Schulbuch (2003): „Die Aufnahme entstand am 8. Juni 1972. Während einer Großoffensive der südvietnamesischen Armee gegen den Vietcong wurde das Dorf Trang Bang von amerikanischen Jagdflugzeugen mit Napalm bombardiert. Die Piloten behaupteten später, sie hätten die flüchtenden Dorfbewohner für Angehörige des Vietcong gehalten."

2 „Kollateralschäden" in Vietnam. Zeitgleiche Aufnahme in unbeschnittener Perspektive. Vietnamesische Kinder flüchten nach einem Bombenangriff auf das Dorf Trang Bang am 8. Juni 1972 an Dutzenden von Journalisten vorbei in Sicherheit. Darunter befand sich das Mädchen Phan Thi Kim Phuc.

Schritte zur quellenkritischen Analyse von Fotos:

- Wer hat das Foto zu welchem Zeitpunkt aufgenommen? Gab es Auftraggeber, einen konkreten Anlass? Welchem Zweck sollte die Aufnahme dienen? **Entstehungszeit**
- Handelte es sich um ein gestelltes Bild, ein Propagandafoto oder einen „Schnappschuss"? Woran lässt sich diese Einordnung festmachen? **Bildtypus**
- Was ist auf dem Foto zu sehen? Einordnung des Motivs: Ist das „Normale" oder das „Besondere" festgehalten worden? Zeigt das Bild eine Einzelsituation oder gehört es in eine Fotoserie? **Motiv**
- Wie wurde das Bildmotiv „inszeniert"? Wurde die Szene vielleicht sogar nachgestellt oder ist sie in Wirklichkeit ein Ausschnitt aus einer Filmsequenz? Welcher Bildausschnitt (Übersicht oder Nahaufnahme), welche Perspektive (Standort des Fotografen) wurde gewählt? Was steht im Mittelpunkt bzw. im Vorder-/Hintergrund des Fotos? Welche Effekte erzielen Belichtung oder Kontraste? **Stilmittel**
- Wurde das Foto nachträglich bearbeitet (Beschnitt, Ausschnittsvergrößerung, Retusche, Montage oder Kolorierung)? Wer ist ggf. dafür verantwortlich?
- Gibt die Person des Fotografen Aufschluss über die Bildaussage? Andersherum: Lässt das Foto Rückschlüsse auf Motive des Fotografen oder den Zweck der Aufnahme zu?
- Wie ist das Foto überliefert worden?
- Woher stammt die Bildlegende? Ist sie informierend, appellierend oder emotionalisierend? Welche Aussage verleiht sie dem Bildmotiv? **Beschriftung**
- Wie wirkt das Foto auf den heutigen Betrachter, wie hat es vermutlich auf die Zeitgenossen gewirkt bzw. welche Wirkung war beabsichtigt? **Wirkung**

9

Arbeitsvorschläge

Recherchieren Sie die Hintergründe und stellen Sie die Geschichte des Fotos und den weiteren Werdegang von Kim Phuc in einem fünfzehnminütigen Kurzvortrag vor. Nutzen Sie u.a.: Gerhard Paul: Die Geschichte hinter dem Foto. Authentizität, Ikonisierung Überschreibung eines Bildes aus dem Vietnamkrieg. In: Zeithistorische Forschungen/Studies in Contemporary History 2(2005) 2, S. 224–245; http://www.zeithistorische-forschungen.de) und Denise Chong: Das Mädchen hinter dem Foto: die Geschichte der Kim Phuc; Hamburg 2001.

9 Die amerikanische „Containment"-Politik

a) Aus dem „Langen Telegramm" des US-Sowjetexperten George F. Kennan, der großen Einfluss auf die außenpolitische Strategie der US-Regierung nahm (1946):

Alles in allem haben wir es mit einer politischen Kraft zu tun, die sich fanatisch zu dem Glauben bekennt, dass es wünschenswert und notwendig ist, die innere Harmonie unserer Gesellschaft, unsere traditionellen Lebensgewohnheiten und das internationale Ansehen unseres Staates zu zerstören, um der Sowjetmacht Sicherheit zu verschaffen. [...] Aber ich möchte meiner Überzeugung Ausdruck geben, dass es in unserer Macht steht, das Problem zu lösen, und zwar ohne uns in einen großen militärischen Konflikt zu flüchten.

[...] Im Gegensatz zu Hitlerdeutschland ist die Sowjetmacht weder schematisiert noch auf Abenteuer aus. Sie arbeitet nicht nach festgelegten Plänen. Sie geht keine unnötigen Risiken ein. Der Logik der Vernunft unzugänglich, ist sie der Logik der Macht in hohem Maße zugänglich. Daher kann sie sich ohne weiteres zurückziehen – und tut das im Allgemeinen –, wenn sie irgendwo auf starken Widerstand stößt. [...] Gemessen an der westlichen Welt insgesamt sind die Sowjets noch bei weitem schwächer. Ob sie Erfolg haben, hängt also wirklich von dem Maß an Zusammenarbeit, Festigkeit und Kraft ab, das die westliche Welt aufbringen kann. Und das ist ein Faktor, den zu beeinflussen in unserer Macht steht. Viel hängt von der Gesundheit und Kraft unserer eigenen Gesellschaft ab. Der Weltkommunismus ist wie ein bösartiger Parasit, der sich nur von erkranktem Gewebe nährt.

E.-O. Czempiel/C.-Chr. Schweitzer: Weltpolitik der USA nach 1945. Bonn 1989, S. 51 ff.

b) Aus der Kongressbotschaft Trumans vom 12. März 1947:

Den Völkern einer Reihe von Staaten der Welt wurde vor kurzem gegen ihren Willen ein totalitäres Regime aufgezwungen. Die Regierung der Vereinigten Staaten hat wiederholt gegen den in Verletzung des Jalta-Abkommens ausgeübten Zwang und die Einschüchterung in Polen, Rumänien und Bulgarien Protest erhoben. Ich muss außerdem feststellen, dass in einer Reihe anderer Länder eine ähnliche Entwicklung vor sich gegangen ist. Im gegenwärtigen Augenblick der Weltgeschichte muss fast jede Nation zwischen zwei verschiedenen Lebensarten wählen. Zu oft ist die Wahl keine freie. Die eine Art zu leben gründet sich auf den Willen der Mehrheit und zeichnet sich durch freie Institutionen, repräsentative Regierungen, freie Wahlen, Garantien der persönlichen Freiheit, Freiheit der Rede und der Religion und Freiheit von politischer Unterdrückung aus. Die zweite Lebensart hat als Grundlage den Willen einer Minderheit, der mit Gewalt der Mehrheit gegenüber geltend gemacht wird. Sie stützt sich auf Terror und Unterdrückung, kontrollierte Presse und Rundfunk, von vornherein bestimmte Wahlen und auf die Unterdrückung der persönlichen Freiheit. Ich bin der Ansicht, dass wir den freien Völkern beistehen müssen, ihr eigenes Geschick auf ihre Weise zu bestimmen. Ich glaube, dass unser Beistand in erster Linie in Form von wirtschaftlicher und finanzieller Hilfe gewährt werden sollte, eine Hilfe, die wesentlich ist für die wirtschaftliche Stabilität und ordnungsgemäße politische Entwicklung. Der Samen der totalitären Regime wird von Not und Elend genährt. Sie breiten sich aus und wachsen auf dem üblen Boden von Armut und Hader. Sie erreichen ihre volle Größe, wenn die Hoffnung der Völker auf ein besseres Leben erloschen ist. Die freien Völker der Welt sehen auf uns, dass wir sie bei der Erhaltung ihrer Freiheiten unterstützen. Wenn wir jetzt in unserer führenden Stellung schwankend werden, dann werden wir den Frieden der Welt gefährden und wir werden mit Sicherheit das Wohlergehen unserer eigenen Nation in Gefahr bringen.

E.-O. Czempiel/C.-Chr. Schweitzer: Weltpolitik der USA nach 1945. Bonn 1989, S. 51 ff.

10 Das sowjetische Feindbild vom amerikanischen „Imperialismus"

Das „Kommunistische Informationsbüro" (Kominform) wurde eingerichtet, um die Aktivitäten der kommunistischen Parteien zu koordinieren. Aus einer Deklaration des Kominform (1947):

Der Kampf zwischen den beiden entgegengesetzten Lagern – dem imperialistischen und dem antiimperialistischen – vollzieht sich unter den Bedingungen einer

11 Karikatur aus der sowjetischen Zeitschrift „Krokodil" 1950. Die Schrift auf dem Bild heißt „Westeuropa".

weiteren Verschärfung der allgemeinen Krise des Kapitalismus, des Niedergangs der Kräfte des Kapitalismus und der Festigung der Kräfte des Sozialismus und der Demokratie. Aus diesem Grunde entfalten das imperialistische Lager und seine leitenden Personen in den Vereinigten Staaten eine besonders aggressive Aktivität. Diese wird gleichzeitig nach allen Richtungen entwickelt: in der Richtung militärischer und strategischer Maßnahmen, der wirtschaftlichen Expansion und des ideologischen Kampfes. Der Truman-Marshall-Plan ist nur ein Teil, das europäische Kapitel eines allgemeinen Planes für eine die Welt umfassende expansionistische Politik, die von den Vereinigten Staaten in allen Teilen der Erde verfolgt wird. Der Plan für die wirtschaftliche und politische Versklavung Europas durch den amerikanischen Imperialismus wird durch die Pläne einer wirtschaftlichen und politischen Versklavung Chinas, Indonesiens und der südafrikanischen Länder ergänzt. Die Aggressoren von gestern – die kapitalistischen Magnaten in Deutschland und Japan – werden durch die Vereinigten Staaten von Amerika für ihre neue Rolle vorbereitet. Sie besteht darin, als Werkzeug der imperialistischen Politik der USA in Europa und Asien zu dienen.

B. Meissner (Hrsg.): Das Ostpakt-System. Frankfurt 1955, S. 98.

12 **Werbeplakat für die in der NATO integrierte Bundeswehr**, um 1956

13 **Werbeplakat für den Warschauer Pakt, dem die DDR 1956 beitrat**

14 **Sicherheitspolitik, Rüstung und Abrüstung**

a) Militärische Kräfteverhältnisse von NATO und Warschauer Pakt 1984:

	NATO	WPO
Divisionen	115	192
Kampfpanzer	18 000	46 000
Kampfflugzeuge	3 000	7 500
U-Boote	200	250
Interkontinentalraketen	1 700	2 400
Mittelstreckenraketen	280	540
Kurzstreckenraketen	300	1 300

Informationen zur politischen Bildung: Frieden und Sicherheit, Teil 2. Bonn 1985, S. 7.

b) Rüstungsausgaben der Supermächte (in Mrd. Dollar, Preise von 1980):

	1965	1969	1985
USA	135	183	205
UdSSR	81	112	146

Niedersächsische Landeszentrale für politische Bildung (Hrsg.): Frieden – Freiheit – Sicherheit. Hannover 1988, S. 42.

15 US-Verteidigungsminister McNamara über die Notwendigkeit „flexibler Reaktion" (1968)

Wir haben argumentiert, dass nur das Vorhandensein solcher ausgewogenen Streitkräfte einen Aggressor über jeden Zweifel hinaus davon überzeugen würde, dass die Allianz ihm, ganz gleich welche Anstrengungen er unternimmt oder zu unternehmen droht, immer mit den entsprechenden Mitteln entgegentreten kann. [...] Die Vereinigten Staaten sind immer der festen Überzeugung gewesen, dass die Drohung mit einer unglaubwürdigen Maßnahme keine wirksame Abschreckung darstellt. Die politischen Führer des Westens sind sich alle der Gefahren wohl bewusst, die mit dem Einsatz taktischer Atomsprengkörper verbunden sind – und das Gleiche gilt auch für die Führer der Mitgliedstaaten des Warschauer Pakts. Die Sowjetführer würden wahrscheinlich nicht glauben, dass die NATO-Mächte unverzüglich damit einverstanden wären, diese großen Gefahren in Kauf zu nehmen, um einer plötzlichen und begrenzten, mit konventionellen Mitteln geführten Aggression entgegenzutreten. Und wenn die Sowjets die Drohung mit einer sofortigen atomaren Reaktion auf eine begrenzte Aggression für unglaubwürdig hielten, so könnten sie durchaus versucht sein, in irgendeiner Krisensituation mit einer begrenzten Aggression vorzufühlen [...] und so Stück für Stück das zu erlangen, was sie mit einem überraschenden, massiven, totalen Angriff auf das NATO-Bündnis auf einen Schlag nicht erreichen können.

Czempiel/Schweitzer: a. a. O., S. 285.

9

16 Der Sowjetmarschall Sokolowski über die Militär-Strategie der UdSSR (1969)

Ein wichtiger Grundsatz der sowjetischen Militärdoktrin besteht darin, dass der Weltkrieg, falls er von den Imperialisten entfesselt wird, zwangsläufig zu einem Raketen- und Kernwaffenkrieg wird, d. h. zu einer Auseinandersetzung, in der Kernwaffen das Hauptkampfmittel und Raketen das wichtigste Mittel zu ihrer Beförderung ins Ziel sind. Der Masseneinsatz von Atom- und Wasserstoffwaffen mit der unbegrenzten Möglichkeit, sie in wenigen Minuten mit Hilfe von Raketen in jedes Ziel zu bringen, ermöglicht es, innerhalb kürzester Zeit durchschlagende militärische Erfolge auf jede Entfernung und auf einem gewaltigen Gebiet zu erzielen. Es ist eine logische Gesetzmäßigkeit des Krieges, dass dieser, sollte er von den aggressiven Kreisen der USA ausgelöst werden, sofort auf das Territorium der Vereinigten Staaten von Amerika übergreifen wird. [...] Durch einen Krieg würden viele hundert Millionen Menschen umkommen und die meisten Überlebenden würden in der einen oder anderen Weise der radioaktiven Verseuchung ausgesetzt sein. Darum plädieren wir für die Unannehmbarkeit eines nuklearen Weltkrieges, für die Notwendigkeit, ihn zu verhindern, für die Durchführung der allgemeinen Abrüstung und für die Zerstörung der Kernwaffenbestände. [...] Seinem politischen und gesellschaftlichen Charakter nach wird der neue Weltkrieg die entscheidende militärische Auseinandersetzung der beiden gegensätzlichen sozialen Weltsysteme sein. Dieser Krieg wird gesetzmäßig mit dem Sieg des fortschrittlichen kommunistischen Gesellschafts- und Wirtschaftssystems über das reaktionäre kapitalistische System enden, das historisch dem Untergang geweiht ist.

W. D. Sokolowski: Militär-Strategie, dt. Übersetzung: W. Meermann, J. W. Lomov, H. Hackenberg, M. Pörschmann. Köln 1969, S. 275 ff., 294.

17 Abkommen zwischen den Vereinigten Staaten von Amerika und der Sowjetunion zur Verhinderung eines Atomkrieges (1973)

Art. 1. Die Vereinigten Staaten und die Sowjetunion stimmen darin überein, dass es ein Ziel ihrer Politik ist, die Gefahr eines Atomkrieges und der Anwendung von Kernwaffen zu beseitigen. Dem entsprechend vereinbaren die Vertragsparteien, sich so zu verhalten, dass die Entstehung von Situationen, die eine gefährliche Verschlechterung ihrer Beziehungen verursachen könnten, verhindert wird, dass militärische Konfrontationen vermieden werden und dass der Ausbruch eines Atomkrieges zwischen ihnen sowie zwischen jeder der beiden Vertragsparteien und anderen Ländern ausgeschlossen ist.
Art. 2. Die Vertragsparteien vereinbaren, [...] von der Voraussetzung auszugehen, dass jede Vertragspartei sich in Situationen, die den Weltfrieden und die internationale Sicherheit gefährden könnten, der Androhung und Anwendung von Gewalt gegenüber der anderen Vertragspartei, gegenüber den Verbündeten der anderen Vertragspartei und gegenüber sonstigen Ländern enthalten wird.

Czempiel/Schweitzer: a. a. O., S. 330.

18 Das sowjetisch-chinesische Zerwürfnis

a) Aus einem Schreiben des Zentralkomitees der KP Chinas (1963):

Die Marxisten-Leninisten schenken der Rolle des technischen Umschwungs eine große Aufmerksamkeit, es ist jedoch falsch, wenn man die Rolle des Faktors Mensch herabmindert und die Rolle des technischen Faktors übertreibt. Das Auftauchen der Kernwaffen kann das Vorwärtsschreiten der Geschichte der Menschheit nicht aufhalten und die imperialistische Ordnung nicht vor dem Untergang retten. [...] Das Auftauchen der Kernwaffen hat durchaus nicht und kann auch nicht die verschiedenen Grundwidersprüche in der Welt der Gegenwart lösen, es hat die Gesetzmäßigkeiten des Klassenkampfes durchaus nicht verändert und kann sie auch nicht verändern, es hat den Charakter des Imperialismus und aller Reaktionäre durchaus nicht verändert und kann ihn auch nicht verändern. Folglich kann man nicht sagen, dass auf Grund des Auftauchens der Kernwaffen die Möglichkeit und Notwendigkeit der sozialen Revolution und nationalen Revolution bereits verschwunden sind, dass die grundlegenden Leitsätze des Marxismus-Leninismus, besonders die Leitsätze über die proletarische Revolution und die proletarische Diktatur, die Leitsätze über Krieg und Frieden bereits überholt seien.

E. Crankshaw: Moskau – Peking. Reinbek 1963, S. 165 f.

b) Aus dem Antwortschreiben des ZK der KPdSU (1963):
Im Bewusstsein der breiten Massen sind Sozialismus und Frieden jetzt nicht mehr zu trennen! Die chinesischen Genossen unterschätzen offensichtlich die ganze Gefahr eines Kernwaffenkrieges. „Die Atombombe ist ein Papiertiger!", sie ist „durchaus nicht so schrecklich", behaupten sie. Das Wichtigste ihrer Ansicht nach ist es, so rasch wie möglich mit dem Imperialismus Schluss zu machen; auf welchem Wege aber, unter welchen Verlusten dies erreicht wird, das ist angeblich eine zweitrangige Frage. Für wen, mit Verlaub gesagt, ist es denn eine zweitrangige Frage? Für die hunderte Millionen Menschen etwa, die im Falle der Entfesselung eines Kernwaffenkrieges zum Untergang verurteilt wären? Für die Staaten etwa, die bereits in den ersten Stunden eines solchen Krieges vom Erdboden getilgt würden? Niemand, auch nicht die großen Staaten haben das Recht, mit dem Schicksal von Millionen Menschen zu spielen. Zu verurteilen sind jene, die keine Anstrengungen machen wollen, um den Weltkrieg aus dem Leben der Völker auszuschalten.

E. Crankshaw: Moskau – Peking. Reinbek 1963, S. 193 f.

19 Filmplakat zu „Dr. Seltsam oder: wie ich lernte, die Bombe zu lieben". Der Regisseur Stanley Kubrick schuf 1964 in der Hochphase des Kalten Krieges eine bissige Satire auf die Absurditäten der Hochrüstung. Der geistig gestörte US-General Jack D. Ripper setzt in seinem Wahn die US-Kriegsmaschinerie gegen die UdSSR in Gang. Präsident und Pentagon versuchen panisch, den „Overkill" zu vermeiden.

20 Die Kuba-Krise 1962: Duell am Abgrund

a) Aus der Fernsehansprache Kennedys am 22. Oktober 1962:
Seit vielen Jahren haben sowohl die Vereinigten Staaten als auch die Sowjetunion ihre strategischen Kernwaffen mit großer Vorsicht stationiert und niemals den prekären Status quo gefährdet, der die Sicherheit dafür bot, dass diese Waffen nicht ohne lebenswichtige Herausforderung angewendet würden. Unsere eigenen strategischen Waffen sind nie unter dem Deckmantel der Geheimhaltung und der Irreführung auf das Hoheitsgebiet irgendeines anderen Landes verlegt worden, und unsere Geschichte zeigt – im Gegensatz zu der der Sowjets seit dem Zweiten Weltkrieg –, dass wir nicht danach streben, irgendein anderes Land zu beherrschen oder zu erobern oder unser System einem anderen Volk aufzuzwingen. [...] Diese geheime, schnelle und außerordentliche Massierung kommunistischer Raketen – in einem Gebiet, von dem sehr gut bekannt ist, dass es besondere und geschichtliche Bindungen zu den Vereinigten Staaten und den Nationen der westlichen Hemisphäre hat –, diese plötzliche und heimliche Entscheidung, zum ersten Male außerhalb der Sowjetunion strategische Waffen zu stationieren, ist eine absichtlich provokatorische und ungerechtfertigte Veränderung des Status quo, die von unserem Land nicht hingenommen werden kann, wenn unser Mut und unsere Versprechen von Freund und Feind noch ernst genommen werden sollen. Die dreißiger Jahre haben uns deutlich gelehrt: Aggressive Haltung führt, wenn sie unbeschränkt und unwidersprochen wachsen kann, letztlich zum Krieg. Unsere Nation lehnt den Krieg ab. Wir halten aber unser Wort. [...] Wir werden nicht verfrüht oder unnötigerweise einen weltweiten Kernwaffenkrieg riskieren, bei dem selbst die Früchte des Sieges in unserem Munde zu Asche würden. Aber wir werden vor diesem Risiko auch nicht zurückschrecken, wenn wir ihm gegenüberstehen.

Europa-Archiv, Jg. 1962, S. 571.

b) Aus dem Schreiben Chruschtschows an Kennedy vom 28. Oktober 1962:
Ich gebe meiner Befriedigung und Erkenntlichkeit Ausdruck für das rechte Maß und Ihre Einsicht in die

9

Verantwortung, die Sie gegenwärtig für die Aufrechterhaltung des Friedens in der ganzen Welt tragen. Ich habe großes Verständnis für Ihre Befürchtung und für die Befürchtung des Volkes der Vereinigten Staaten von Amerika angesichts der Tatsache, dass die Waffen, die Sie als Angriffswaffen bezeichnen, wirklich gefährliche Waffen sind. [...] Wenn es uns mit Hilfe anderer Menschen guten Willens gelingt, diese gespannte Situation zu überwinden, so müssen wir auch dafür sorgen, dass keine anderen gefährlichen Konflikte ausbrechen, die zu einer thermonuklearen Weltkatastrophe führen können. [...] Wir müssen jetzt sehr vorsichtig sein und dürfen keine Schritte unternehmen, die der Verteidigung der in den Konflikt verwickelten Staaten nicht nützen, sondern nur Verstimmung schaffen und gar die Herausforderung zu einem verhängnisvollen Schritt darstellen könnten. Daher müssen wir Nüchternheit und Vernunft zeigen und uns derartiger Schritte enthalten.

Europa-Archiv, Jg. 1962, S. 586.

21 Amerikas Krieg in Vietnam: Verteidigung der westlichen Freiheit?

a) Der US-Verteidigungsminister McNamara vor einem Senatsausschuss (1965):

Heute gilt es in Vietnam zu zeigen, dass die freie Welt der bewaffneten kommunistischen Aggression Einhalt zu gebieten und den Verlust ganz Südostasiens zu verhindern vermag, einen Verlust, der in seinen letzten Konsequenzen die strategische Situation in Asien und im Pazifik auf Kosten unserer eigenen Sicherheit und der unserer Verbündeten nachhaltig verändern könnte. Während die kommunistische Aggression vor 15 Jahren in Korea die Form eines offenen Angriffs annahm, tritt sie heute in Vietnam in Gestalt eines umfassenden Guerilla-Einsatzes in Erscheinung. Das wahre Wesen dieser Aggression, in der Anfangsphase der Auseinandersetzung in Südvietnam noch gut getarnt, hat sich inzwischen fast gänzlich offenbart. Es tritt immer deutlicher zutage, dass das Vorgehen der Vietcong von Hanoi aus, mit Unterstützung und auf Anregung Rotchinas, gesteuert wird. [...] Es ist klar, dass ein kommunistischer Erfolg in Südvietnam [...] die chinesischen Kommunisten der von ihnen angestrebten Kontrolle über den gesamten Weltkommunismus ein gewaltiges Stück näher bringen würde. Ein derartiger Erfolg würde ferner das Prestige der Rotchinesen bei den blockfreien Staaten erheblich vermehren und die Position ihrer Anhänger überall stärken. In diesem Falle müssten wir uns darauf gefasst machen, es mit der gleichen Form der Aggression auch in anderen Teilen der Welt zu tun zu bekommen, und zwar überall dort, wo eine Regierung schwach und das Sozialgefüge nicht fest ist. Wenn der bewaffneten kommunistischen Aggression in Vietnam nicht, wie damals in Korea, Einhalt geboten wird, wird das Vertrauen der kleinen Nationen in die Hilfeversprechungen Amerikas schwinden und die Unsicherheit in vielen, weit voneinander entfernten Gebieten der Welt wachsen.

J. Horlemann: Modelle der kolonialen Konterrevolution. Frankfurt 1968, S. 169 ff.

9

22 Kurzer Prozess
Der Chef der südvietnamesischen Nationalpolizei, General Nguyen Ngoc Loan, erschießt einen gefangenen Vietcong-Offizier in den Straßen von Saigon. Foto, Februar 1968.

b) Das Vier-Punkte-Programm der nordvietnamesischen Regierung (1964):

1. Die Teilnehmerstaaten der Genfer Indochinakonferenz von 1954 müssen ihre Verpflichtungen erfüllen und müssen die Souveränität, Unabhängigkeit und Einheit Vietnams respektieren und sich jeder Einmischung in die inneren Angelegenheiten enthalten. Südvietnam wie die Demokratische Republik Vietnam dürfen an keinen Militärbündnissen mit anderen Staaten teilnehmen und keine fremden Militärbasen und kein ausländisches Militärpersonal auf ihrem Territorium dulden. 2. Die amerikanische Regierung muss ihre Truppen und Waffen aus Südvietnam abziehen und den Südvietnamesen gestatten, ihre internen Probleme auf der Grundlage des Programms der „Nationalen Befreiungsfront" zu lösen. 3. Die friedliche Wiedervereinigung Vietnams ist die innere Angelegenheit des vietnamesischen Volkes und wird entsprechend dem Programm der „Nationalen Befreiungsfront" geregelt werden. 4. Vor der Wiedervereinigung müssen sich die Regierungen der beiden Zonen verpflichten, keine Propaganda zur Spaltung des Volkes und für den Krieg zu betreiben, keine militärische Gewalt gegeneinander anzuwenden und Verhandlungen über den wirtschaftlichen und kulturellen Austausch und die Bewegungsfreiheit der Bevölkerung zwischen den Zonen aufzunehmen.

E. Kux/J. C. Kun: Die Satelliten Pekings. Stuttgart 1964, S. 179.

23 Schritte zur Entspannung zwischen Ost und West

a) Chruschtschow auf dem 20. Parteitag der KPdSU (1956):

Bis auf den heutigen Tag möchten die Feinde des Friedens der Welt weismachen, die Sowjetunion habe die Absicht, den Kapitalismus in den anderen Ländern durch den „Export der Revolution" zu stürzen. Selbstverständlich gibt es unter uns Kommunisten keine Anhänger des Kapitalismus. Aber das bedeutet durchaus nicht, dass wir uns in die inneren Angelegenheiten der Länder, in denen kapitalistische Zustände bestehen, eingemischt haben oder einmischen wollen. [...] Wenn wir davon sprechen, dass im Wettbewerb der zwei Systeme das sozialistische System siegen wird, so bedeutet das keineswegs, dass der Sieg durch die bewaffnete Einmischung der sozialistischen Länder in die inneren Angelegenheiten der kapitalistischen Länder erreicht wird. Unsere Zuversicht auf den Sieg des Kommunismus gründet sich darauf, dass die sozialistische Produktionsweise gegenüber der kapitalistischen entscheidende Vorzüge besitzt. [...] Das Prinzip der friedlichen Koexistenz findet immer stärkere internationale Anerkennung. [...] Und das ist ganz gesetzmäßig, denn einen anderen Ausweg gibt es unter den gegenwärtigen Verhältnissen nicht. Es gibt tatsächlich nur zwei Wege: entweder die friedliche Koexistenz oder den furchtbarsten Vernichtungskrieg der Geschichte.

Rechenschaftsbericht des ZK der KPdSU an den 20. Parteitag. Berlin 1956, S. 38 ff.

b) Aus Kennedys „Friedensrede" in der Universität Washington (1963):

Lassen Sie uns unsere Haltung gegenüber der Sowjetunion überprüfen. Der Gedanke ist entmutigend, dass die sowjetischen Führer wirklich glauben könnten, was ihre Propagandisten unablässig schreiben. Es ist entmutigend, eine kürzlich erschienene autoritative sowjetische Veröffentlichung über militärische Strategie zu lesen und Seite um Seite völlig grundlose und unglaubliche Behauptungen zu finden. [...] Es ist traurig, diese sowjetischen Erklärungen zu lesen und die Größe der Kluft, die uns trennt, zu erkennen. Es ist aber auch eine Warnung – eine an das amerikanische Volk gerichtete Warnung, nicht in die gleiche Falle wie die Sowjets hineinzutappen, sich nicht nur ein verzerrtes und verzweifeltes Bild von der anderen Seite zu machen. [...] Keine Regierung und kein Gesellschaftssystem sind so schlecht, dass man das unter ihm lebende Volk als bar jeder Tugend ansehen kann. Wir Amerikaner empfinden den Kommunismus als Verneinung der persönlichen Freiheit und Würde im tiefsten abstoßend. Dennoch können wir das russische Volk wegen vieler seiner Leistungen – sei es in der Wissenschaft und Raumfahrt, in der wirtschaftlichen und industriellen Entwicklung, in der Kultur und in seiner mutigen Haltung – rühmen. [...] Sollte heute – wie auch immer – ein totaler Krieg ausbrechen, dann würden unsere beiden Länder die Hauptziele darstellen. [...] Und selbst im Kalten Kriege – der für so viele Länder, unter ihnen die engsten Verbündeten der Vereinigten Staaten, Lasten und Gefahren bringt – tragen unsere beiden Länder die schwersten Lasten. Denn wir werfen beide für gigantische Waffen riesige Beträge aus – Beträge, die besser für den Kampf gegen Unwissenheit, Armut und Krankheit aufgewandt werden sollten. Wir sind beide in einem unheilvollen und gefährlichen Kreislauf gefangen, in dem Argwohn auf der einen Seite Argwohn auf der anderen auslöst und in dem neue Waffen zu wieder neuen Abwehrwaffen führen. Kurz gesagt: Beide, die Vereinigten Staaten und ihre Verbündeten sowie die Sowjetunion und ihre Verbündeten, haben ein gemeinsames tiefes Interesse an einem gerechten und wirklichen Frieden und einer Einstellung des Wettrüstens.

Europa-Archiv, Jg. 1963, S. 192 f.

c) Aus der KSZE-Schlussakte von Helsinki (1975):

IV. Die Teilnehmerstaaten werden die territoriale Integrität eines jeden Teilnehmerstaates achten. Dementsprechend werden sie sich jeder mit den Zielen und Grundsätzen der Charta der Vereinten Nationen unvereinbaren Handlung

gegen die territoriale Integrität, politische Unabhängigkeit oder Einheit eines jeden Teilnehmerstaates enthalten, insbesondere jeder derartigen Handlung, die eine Androhung oder Anwendung von Gewalt darstellt. [...]
V. Die Teilnehmerstaaten werden Streitfälle zwischen ihnen mit friedlichen Mitteln auf solche Weise regeln, dass der internationale Frieden und die internationale Sicherheit sowie die Gerechtigkeit nicht gefährdet werden. Sie werden bestrebt sein, nach Treu und Glauben und im Geiste der Zusammenarbeit eine rasche und gerechte Lösung auf der Grundlage des Völkerrechts zu erreichen. Zu diesem Zweck werden sie Mittel wie Verhandlung, Untersuchung, Vermittlung, Vergleich, Schiedsspruch, gerichtliche Regelung oder andere friedliche Mittel eigener Wahl verwenden, einschließlich jedes Streitregelungsverfahrens, auf das sich die beteiligten Parteien vor Entstehen des Streitfalles geeinigt haben.

Europa-Archiv, Jg. 1975, S. 439 f.

24 Das Ende des Ost-West-Konflikts

a) Gorbatschows „Neues politisches Denken" (1987):
Sicherheit kann nicht mehr durch militärische Mittel hergestellt werden – weder durch nukleare Waffen und Abschreckung noch durch die unablässige Perfektionierung von „Schwert" und „Schild". Versuche, eine militärische Überlegenheit herstellen zu wollen, sind absolut unsinnig. Gegenwärtig werden solche Versuche im Weltraum unternommen. Dass dieser erstaunliche Anachronismus sich behaupten kann, ist eine Folge der aufgeblasenen Rolle der Militaristen in der Politik. Vom Standpunkt der Sicherheit aus ist das Wettrüsten zu einer Absurdität geworden, da es in logischer Konsequenz zur Destabilisierung der internationalen Beziehungen und schließlich zum nuklearen Konflikt führt. Da das Wettrüsten riesige Ressourcen von anderen, vordringlichen Projekten abzieht, wird dadurch der Grad der Sicherheit herabgesetzt und beeinträchtigt. Das Wettrüsten als solches ist ein Feind des Friedens. Der einzige Weg zur Sicherheit ist der der politischen Entscheidungen und der Abrüstung. Wirkliche und für alle gleiche Sicherheit kann in unserem Zeitalter nur durch die kontinuierliche Herabsetzung des Niveaus des strategischen Gleichgewichts garantiert werden, aus dem nukleare und andere Massenvernichtungswaffen völlig verbannt werden sollten.

M. Gorbatschow: Perestroika. München 1989, S. 180. Übers. Gabriele Burkardt, Reiner Pfleiderer, Wolfram Ströle.

b) Aus der Pariser Erklärung der 22 Staaten der NATO und des Warschauer Paktes (1990):
Die Staats- und Regierungschefs [...], hocherfreut über den historischen Wandel in Europa; befriedigt über die in ganz Europa zunehmende Verwirklichung der gemeinsamen Verpflichtung zu pluralistischer Demokratie, Rechtsstaatlichkeit und Menschenrechten, die für den Fortbestand der Sicherheit auf dem Kontinent wesentlich sind; in Bekräftigung der Feststellung, dass das Zeitalter der Teilung und Konfrontation, das mehr als vier Jahrzehnte gedauert hat, zu Ende ist, dass sich die Beziehungen zwischen ihren Ländern verbessert haben und dass dies zur Sicherheit aller beiträgt; [...] überzeugt, dass diese Entwicklung Teil eines fortwährenden Prozesses der Zusammenarbeit sein muss, um die Strukturen für einen zusammenwachsenden Kontinent zu schaffen, geben folgende Erklärung ab: Die Unterzeichnerstaaten erklären feierlich, dass sie in dem anbrechenden neuen Zeitalter europäischer Beziehungen nicht mehr Gegner sind, sondern neue Partnerschaften aufbauen und einander die Hand zur Freundschaft reichen wollen.

Europa-Archiv, Jg. 1990, S. 654.

Arbeitsvorschläge

a) Fassen Sie zusammen, wie die US-Regierung und Westeuropa die sowjetische Politik nach 1945 beurteilten. Überlegen Sie in Kenntnis der weiteren Entwicklung, ob und inwieweit ihre Einschätzungen zutrafen (M 9).
b) Erörtern Sie den Realitätsgehalt der sowjetischen Anschuldigungen gegen den amerikanischen „Imperialismus" (M 10, M 11).
c) Erwägen Sie die Konsequenzen, die man aus den militärischen Kräfteverhältnissen zwischen den Allianzen ziehen konnte. Vergleichen Sie die Strategiekonzepte in Ost und West und beurteilen Sie die Tauglichkeit der Bemühungen, die Kriegsgefahr zu bannen (M 12 – M 16).
d) Wo sehen Sie die Hauptgründe für das sowjetisch-chinesische „Schisma"? Welche Rolle spielte das Prinzip der „friedlichen Koexistenz" (M 18)?
e) Diskutieren Sie die Lehren, die aus der Kuba-Krise zu ziehen waren (M 20).
f) Beurteilen Sie die Rechtfertigungen für das amerikanische Eingreifen in Vietnam. Wie stellte sich die US-Intervention aus der Sicht der Vietnamesen dar (M 21)?
g) Erörtern Sie die Fortschritte und Rückschläge der Entspannungspolitik und überlegen Sie, wo ihre Probleme lagen (M 23, M 24).

10 Die Nachkriegsjahre

10.1 Von der Kooperation zur Konfrontation

Die Antihitlerkoalition und ihr Ende

Als 1945 der Zweite Weltkrieg zu Ende ging, zeichneten sich zwischen den Westalliierten und der Sowjetunion bereits zunehmende Differenzen und gegenseitiges Misstrauen ab. Schließlich zerbrach die Antihitlerkoalition, die sich im Nachhinein als reines Zweckbündnis erwies, und die einstigen Verbündeten wurden zu erbitterten Gegnern im Kalten Krieg.
Doch bis dahin war die Zusammenarbeit ungeachtet unterschiedlicher politischer Interessen und Ziele erfolgreich. Die Vereinigten Staaten hatten sich frühzeitig zu dem von Deutschland bedrängten Großbritannien bekannt und unterstützten es seit November 1940 mit Waffenlieferungen. Aktiv traten sie aber erst in den Krieg ein, als sie am 7. Dezember 1941 in Pearl Harbor selbst von den Japanern angegriffen wurden. Die Sowjetunion hatte noch bis zum 21. Juni 1941 mit dem Deutschen Reich kooperiert. Erst nach dem deutschen Überfall wurde sie zum Verbündeten der Westalliierten.

Die alliierten Kriegskonferenzen

Die Kriegshandlungen der Alliierten wurden begleitet von einer Reihe von Kriegskonferenzen. Das Treffen zwischen dem britischen Premierminister Winston Churchill und dem amerikanischen Präsidenten Franklin D. Roosevelt, auf dem sie sich über Kriegs- und Friedensziele verständigten und die so genannte Atlantik-Charta formulierten, eröffnete im August 1941 diese Konferenzserie. Im Januar 1943 kamen beide in Casablanca darin überein, den Krieg bis zur bedingungslosen Kapitulation der Achsenmächte und Japans zu führen. Im November und Dezember 1943 trafen sich Roosevelt, Churchill und Stalin in Teheran, wo sie vorrangig die Kriegsoperationen gegen Deutschland abstimmten und die Eröffnung einer zweiten Front in Europa beschlossen. Wie schwierig sich die Verständigung auf eine Nachkriegsordnung aber tatsächlich gestaltete, wurde auf der Konferenz von Jalta klar. Die „Großen Drei" legten hier im Februar 1945 den Grundstein für die spätere Weltmachtstellung der Sowjetunion, indem sie Asien und Osteuropa der sowjetischen Einflusssphäre zuschlugen. Im Gegenzug unterzeichnete Stalin die „Erklärung über das befreite Europa", gab seine Einwilligung zu dem Abstimmungsmodus im künftigen Sicherheitsrat der Vereinten Nationen und sagte seine Teilnahme am Krieg gegen Japan zu.

1 Alliiertes Werbeplakat aus dem Jahr 1943

Die USA waren als einzige Macht gestärkt aus dem Weltkrieg hervorgegangen. Ihr Hauptanliegen war eine Wiederherstellung eines freien Weltmarktes, der amerikanischem Kapital und amerikanischen Waren ungehindert offen stand. Gleichzeitig wollten sie die Vereinten Nationen als globales Friedens- und Sicherheitssystem etablieren. Großbritannien hatte im Verlauf des Krieges die Führungsrolle in der westlichen Welt endgültig an die USA abgeben müssen. Das Hauptanliegen

2 Karikatur aus der Los Angeles Times, 1945

der Briten war es nun, diese Führungsrolle wenigstens in Westeuropa zu behaupten. Frankreich strebte die Rückkehr in den Kreis der Großmächte an und versuchte durch eine Position zwischen West und Ost wieder Weltmachtpolitik zu betreiben. Von allen kriegsführenden Mächten hatte die Sowjetunion mit Abstand die größten Kriegsschäden erlitten. Ihr Hauptinteresse war deshalb zunächst die politische Sicherung der militärischen Gewinne.

Als der sowjetische Außenminister Molotow im Januar 1945 dem amerikanischen Botschafter ein formelles Gesuch um Kapitalhilfe für den Wiederaufbau der Sowjetunion übergab, hatte sich in den USA aber inzwischen die Stimmung nachhaltig gewandelt: Während zuvor die Hilfslieferungen an keine politischen Bedingungen geknüpft waren, verlangten die Amerikaner für ihre Kredite nun von der Sowjetunion mehr Freiheit für demokratische Kräfte in den osteuropäischen Staaten. Für die wirtschaftliche Notlage der UdSSR waren die Verantwortlichen in den USA nicht gewillt, Verständnis aufzubringen. Die Sowjetunion deutete dies als einen Beleg für den aggressiven Charakter des westlichen Kapitalismus und versuchte, die ausbleibende Hilfe seit Mai 1945 durch verstärkte Demontagen in ihrem Besatzungsgebiet auszugleichen.

Uneinigkeit über die europäische Nachkriegsordnung

Volksdemokratien

Während den USA die Idee abgesteckter Einflusszonen fremd war und sie traditionell eine freihändlerisch motivierte „Open-Door-Politik" verfolgten, hatten Briten und Russen Interesse an einer Vereinbarung über gegenseitig respektierte Einflusssphären. Zu Unstimmigkeiten musste es auch kommen, weil die Alliierten zentrale Begriffe einer Nachkriegsordnung unterschiedlich interpretierten. Bei der Umwandlung ehemals faschistischer Staaten zur Demokratie dachten Briten und Amerikaner an eine parlamentarische Demokratie westlichen Stils auf der Basis des Selbstbestimmungsrechts der Völker. Stalin verstand darunter aber die Errichtung von „Volksdemokratien". Wenn dieser Typus auch nirgends genau definiert war, so wiederholte sich die Methode: In den osteuropäischen Staaten wurden den kommunistischen Parteien die entscheidenden politischen Schlüsselpositionen zugeschanzt und soziale Reformen so weit gefördert, dass eine sowjetfreundliche Haltung dieser Staaten künftig garantiert war. Dieses Vorgehen der UdSSR in ihrem Einflussbereich verstärkte die antisowjetische Stimmung in der amerikanischen Öffentlichkeit. Als schließlich Stalin im Februar 1946 öffentlich behauptete, es gäbe eine andauernde Gegnerschaft zwischen Kapitalismus und Kommunismus, nahmen die amerikanischen Entscheidungsträger dies als Beleg für den prinzipiell unbegrenzten sowjetischen Expansionismus und verweigerten die weitere Kooperation. Im März dieses Jahres sprach Winston Churchill erstmals in einer Rede öffentlich von einem „Eisernen Vorhang", der sich in Europa niedergesenkt habe.

In dieses Bild fügte sich ein, dass die Sowjetunion Anfang 1946 den Termin für den vereinbarten Rückzug aus dem Iran nicht einhielt und einen Vorstoß an

10

3 Errichtung von Volksdemokratien in Europa

die türkischen Meerengen vornahm. Dort verlangte sie ein uneingeschränktes Durchfahrtsrecht ihrer Kriegsschiffe und die Errichtung sowjetischer Militärstützpunkte. Zur Untermauerung der Forderungen wurde die sowjetische Truppenpräsenz in Bulgarien verstärkt und dort endgültig die Ablösung der bisherigen konstitutionellen Monarchie durch eine Volksdemokratie durchgesetzt. Der noch minderjährige bulgarische König Simeon II. ging ins ägyptische Exil. In Griechenland eskalierten die bereits während der Besatzung durch die Achsenmächte existenten Gegensätze zwischen kommunistischen Partisanen und monarchistisch-konservativen Kräften 1946 zu einem dreijährigen, blutigen Bürgerkrieg. Sowohl Griechenland als auch die Türkei wurden von den Amerikanern als für sie strategisch lebenswichtig eingeschätzt. Als Großbritannien im Februar 1947 wegen der Wirtschaftskrise im eigenen Land die Hilfe für beide Länder einstellte, übernahmen die USA deren Unterstützung. Präsident Truman erklärte als politisches Ziel der USA, allen freien Völkern beistehen zu müssen, damit diese ihr Schicksal in die eigene Hand nehmen könnten. Die Lage war damals zu verworren, um zweifelsfrei zu beurteilen, ob sie tatsächlich so dramatisch war, wie Truman sie zur Begründung seiner Doktrin darstellte. Die griechische Regierung erhielt jedenfalls so viel materielle Unterstützung, dass sie nach zwei Jahren Kampf die Partisanenbewegung zerschlagen konnte. Im Juni 1947 verkündete der US-Außenminister Marshall ein Hilfsprogramm für den Aufbau Europas. Von Paris aus wurden die Regierungen aller europäischen Staaten mit Ausnahme Spaniens und der UdSSR zu einer Konferenz eingeladen, um über ein europäisches Wiederaufbauprogramm auf der Grundlage des Marshall-Plans zu beraten.

Die Truman-Doktrin und der Marshall-Plan

Die Sowjetunion fühlte sich nun endgültig in ihrem Misstrauen bestätigt und gründete am 30. September 1947 die KOMINFORM, das Informationsbüro der Kommunistischen und Arbeiterparteien, das bis 1956 bestand. Jetzt setzte eine dogmatische Verhärtung ein und im Kampf gegen den Marshall-Plan entwickelte die KOMINFORM ein solches Ausmaß an rhetorischer Aggressivität, dass sich die westlichen Europäer nun auch militärisch von der Sowjetunion bedroht fühlten.

4 Die Atlantik-Charta vom 14. August 1941

Franklin D. Roosevelt und Winston Churchill verfassten auf einem Kriegsschiff im Atlantik vor der Küste Neufundlands diese Erklärung, der die meisten der nicht mit den Achsenmächten und Japan verbündeten Staaten bis zum März 1945 beitraten:

Der Präsident der Vereinigten Staaten und Premierminister Churchill als Vertreter Seiner Majestät Regierung des Vereinigten Königreiches halten es nach gemeinsamer Besprechung für richtig, gewisse allgemeine Grundsätze der nationalen Politik ihrer beiden Länder bekannt zu machen, auf die sie ihre Hoffnung auf eine bessere Zukunft für die Welt gründen:

1. Ihre Länder erstreben keinerlei Gebiets- oder sonstige Vergrößerung;
2. Sie wünschen keine Gebietsveränderungen, die nicht mit den frei zum Ausdruck gebrachten Wünschen der betreffenden Völker übereinstimmen;
3. Sie anerkennen das Recht aller Völker, die Regierungsform zu wählen, unter der sie leben wollen; und sie wünschen, dass denen souveräne Rechte und Selbstregierung zurückgegeben werden, die ihrer gewaltsam beraubt worden sind;
4. Sie werden sich unter gebührender Berücksichtigung ihrer bestehenden Verpflichtungen bemühen, allen Staaten, groß oder klein, Siegern oder Besiegten, fördernd zu helfen, dass sie unter gleichen Bedingungen Zutritt zum Handel und zu den Rohstoffen der Welt haben, die zu ihrem wirtschaftlichen Gedeihen notwendig sind;
5. Sie wünschen vollste Zusammenarbeit zwischen allen Nationen auf wirtschaftlichem Gebiet zu erreichen mit dem Ziel, für alle einen gehobenen Arbeitsstandard, wirtschaftlichen Fortschritt und soziale Sicherheit zu gewährleisten;
6. Sie hoffen, dass nach der endgültigen Zerstörung der Nazityrannei ein Frieden geschaffen wird, der allen Nationen die Möglichkeit gibt, in Sicherheit innerhalb ihrer eigenen Grenzen zu leben, und der Gewähr dafür bietet, dass alle Menschen in allen Ländern der Welt ihr Leben frei von Furcht und Mangel leben können;
7. Ein solcher Friede sollte es allen Menschen ermöglichen, die Meere und Ozeane ungehindert zu überqueren;
8. Sie glauben, dass aus sachlichen wie aus ideellen Gründen alle Nationen der Welt dazu gelangen müssen, auf die Anwendung von Gewalt zu verzichten. Da künftig kein Friede erhalten werden kann, wenn von Nationen, die mit Angriffen außerhalb ihrer Grenzen drohen oder drohen könnten, weiterhin ihre Land-, See- und Luftrüstungen aufrechterhalten werden, glauben sie, dass bis zur Schaffung eines umfassenderen und dauerhaften Systems allgemeiner Sicherheit die Entwaffnung solcher Nationen wesentlich ist. Sie werden ebenso alle anderen durchführbaren Maßnahmen unterstützen und fördern, die den friedliebenden Völkern die erdrückende Last der Rüstung erleichtern.

H. Schambeck u. a.: Dokumente zur Geschichte der Vereinigten Staaten von Amerika. Berlin 1993, S. 479 ff.

5 Erklärung über das befreite Europa

Aus Churchills, Roosevelts und Stalins Erklärung auf der Konferenz von Jalta vom 4.–11. Februar 1945:

Der Premierminister der UdSSR, der Premierminister des Vereinigten Königreiches und der Präsident der Vereinigten Staaten von Amerika [...] erklären gemeinsam ihr gegenseitiges Einverständnis, die entsprechende Politik ihrer drei Regierungen während des zeitweiligen Vorherrschens ungeordneter Zustände im befreiten Europa gleichzuschalten, um den Völkern der früheren Vasallenstaaten der Achse bei der auf demokratischem Wege herbeizuführenden Lösung ihrer drängenden politischen und wirtschaftlichen Probleme beizustehen.

Die Herstellung der Ordnung in Europa und der Wiederaufbau eines nationalen Wirtschaftslebens müssen in einer Weise zuwege gebracht werden, die es den betreffenden Völkern gestattet, die letzten Spuren des Nationalsozialismus und Faschismus zu beseitigen und demokratische Einrichtungen nach eigener Wahl zu schaffen. [...]

Zur Schaffung von Bedingungen, unter denen die befreiten Völker diese Rechte ausüben können, werden die drei Regierungen [...] die Völker der befreiten europäischen Staaten oder der früheren europäischen Vasallenstaaten der Achse gemeinsam in Folgendem unterstützen:

a) bei der Wiederherstellung von Friedensverhältnissen;
b) bei der Durchführung von Notmaßnahmen zwecks Unterstützung Hilfsbedürftiger;
c) bei der Schaffung vorläufiger Regierungsgewalten, die eine umfassende Vertretung aller demokratischen Elemente der Bevölkerung darstellen und die zur baldestmöglichen Errichtung von dem Volkswillen entsprechenden Regierungen auf dem Wege freier Wahlen verpflichtet sind;
d) nötigenfalls bei der Durchführung solcher Wahlen.

Die drei Regierungen werden die anderen Vereinten Nationen und provisorischen Gewalten oder andere Regierungen in Europa zu Rate ziehen, wenn Angelegenheiten, die für diese von unmittelbarem Interesse sind, behandelt werden.

[...] Mit dieser Erklärung bestätigen wir von neuem unseren Glauben an die Grundsätze der Atlantik-Charta, unser in der Erklärung der Vereinten Nationen gegebenes Gelöbnis und unseren Entschluss, in Zusammenarbeit mit anderen friedliebenden Nationen eine auf Recht und Gesetz gegründete Weltordnung zu schaffen, die dem Frieden, der Sicherheit, der Freiheit und dem allgemeinen Wohl der gesamten Menschheit geweiht ist.

H. Schulze / I. U. Paul (Hrsg.): Europäische Geschichte. Quellen und Materialien. München 1994, S. 253 f.

6 Ein eiserner Vorhang ist niedergegangen

Aus einem Telegramm Churchills an Truman, 12. Mai 1945:
Die Lage in Europa beunruhigt mich zutiefst. Ich erfahre, dass die Hälfte der in Europa stehenden amerikanischen Fliegerkräfte bereits die Verlegung nach dem Fernen Osten eingeleitet hat. Die Zeitungen sind voll von Nachrichten über den massiven Abzug der amerikanischen Armeen aus Europa hinaus. Auch unsere Armeen dürften auf Grund früherer Beschlüsse wesentlich reduziert werden. Die kanadische Armee zieht bestimmt ab. Die Franzosen sind schwach und schwer zu behandeln. Es liegt offen zutage, dass unsere bewaffnete Macht auf dem europäischen Kontinent binnen kurzem dahinschwinden wird und dort nur noch bescheidene Kräfte zur Niederhaltung Deutschlands verbleiben.

[...] Ich habe mich stets um die Freundschaft der Russen bemüht; aber ihre falsche Auslegung der Jalta-Beschlüsse, ihre Haltung gegen Polen, ihr überwältigender Einfluss auf dem Balkan bis hinunter nach Griechenland, die uns von ihnen in Wien bereiteten Schwierigkeiten, die Verkoppelung ihrer Macht mit der Besetzung und Kontrolle so ungeheurer und weiter Gebiete, die von ihnen inspirierte, kommunistische Taktik in so vielen anderen Ländern und vor allem die Fähigkeit, lange Zeit große Armeen im Felde stehen zu lassen, beunruhigen mich ebenso sehr wie Sie. Wie wird sich die Lage in ein bis zwei Jahren darstellen, wenn die britischen und amerikanischen Armeen nicht mehr existieren und die Franzosen noch keine beachtliche Armee aufgestellt haben, sodass wir nur über eine Hand voll Divisionen, davon die Mehrzahl französische, verfügen, während Russland zwei- bis dreihundert unter den Fahnen hält?

Ein eiserner Vorhang ist vor ihrer Front niedergegangen. Was dahinter vorgeht, wissen wir nicht. Es ist kaum zu bezweifeln, dass der gesamte Raum östlich der Linie Lübeck–Triest–Korfu schon binnen kurzem völlig in ihrer Hand sein wird. Zu all dem kommen noch die weiten Gebiete, die die amerikanischen Armeen zwischen Eisenach und der Elbe erobert haben, die aber [...] nach der Räumung durch Ihre Truppen in ein paar Wochen gleichfalls der russischen Machtsphäre einverleibt sein werden. General Eisenhower wird alle nur möglichen Maßnahmen treffen müssen, um eine zweite Massenflucht der Deutschen nach Westen zu verhindern, wenn dieser enorme moskowitische Vormarsch ins Herz Europas erfolgt. Und dann wird der Vorhang von neuem bis auf einen schmalen Spalt, wenn nicht gänzlich niedergehen. Damit werden uns russisch besetzte Territorien von vielen hundert Kilometern Tiefe wie ein breites Band von Polen abschneiden.

Die Aufmerksamkeit unserer Völker aber wird sich mit der Bestrafung Deutschlands [...] beschäftigen, sodass die Russen [...] innerhalb sehr kurzer Zeit bis an die Küsten der Nordsee und des Atlantik vormarschieren können. [...]

Zit. nach: W. Lautemann/M. Schlenke: Geschichte in Quellen, Bd. 5. München 1970, S. 574 f.

7 Politik der Stärke

Nach dem Tod Roosevelts am 12. April 1945 kam der Vize-Präsident Harry S. Truman ohne jegliche außenpolitische Erfahrung ins Amt. Auf Anweisung des Präsidenten erstellte sein Sonderberater Clark M. Clifford (1906–1998) das folgende Memorandum über die gegenüber der Sowjetunion einzuschlagende Politik, 24. September 1946:
Es ist das oberste Ziel der Politik der Vereinigten Staaten gegenüber der Sowjetunion, die sowjetische Führung davon zu überzeugen, dass es in ihrem Interesse liegt, sich an einem System weltweiter Zusammenarbeit zu beteiligen, dass es keine tieferen Gründe für einen Krieg zwischen unseren beiden Nationen gibt und dass die Sicherheit und der Wohlstand der Sowjetunion und der übrigen Welt durch einen aggressiven militärischen Imperialismus, wie ihn die Sowjetunion zur Zeit verfolgt, bedroht sind.

Aber dieselben Politiker, mit denen wir eine Verständigung über die Grundsätze des internationalen Friedens herbeizuführen suchen, scheinen zu glauben, dass ein Krieg mit den Vereinigten Staaten und den anderen führenden kapitalistischen Staaten unvermeidlich sei. Sie vergrößern ihre militärische Macht und die sowjetische Einflusszone in Vorbereitung auf den „unvermeidlichen" Konflikt, und sie versuchen, ihre potenziellen Gegner mit allen Mitteln, die ihnen zur Verfügung stehen, zu schwächen und zu unterwandern. Solange diese Männer so etwas glauben, ist es höchst gefährlich, den Schluss zu ziehen, dass die Hoffnung auf den internationalen Frieden nur in „Übereinstimmung", „gegenseitiger Verständigung" oder „Solidarität" mit der Sowjetunion liege. [...]

Die Sprache militärischer Stärke ist die einzige Sprache, die Anhänger der Machtpolitik verstehen. Die Vereinigten Staaten müssen sich dieser Sprache bedienen, damit die sowjetische Führung erkennt, dass unsere Regierung entschlossen ist, die Interessen ihrer Bürger und die Rechte kleiner Nationen zu schützen. Die Sowjets halten Kompromisse und Zugeständnisse für Anzeichen von Schwäche, und unsere „Rückzüge" ermutigen sie nur, neue und umfangreichere Forderungen zu stellen. [...]

Die Vereinigten Staaten mit ihrem hauptsächlich aus hochwirksamen technischen Waffen bestehenden militärischen Arsenal sollten alle Vorschläge für Abrüstung oder Rüstungsbegrenzung ablehnen, solange die Möglichkeit einer sowjetischen Aggression besteht. [...]

Auch wenn sich die sowjetische Führung zum Glauben bekennt, dass der Konflikt zwischen Kapitalismus und Kommunismus unüberbrückbar sei und letzten Endes durch den Sieg des Kommunismus gelöst werden müsse, hoffen wir, dass sie ihre Auffassung ändert und mit uns eine faire und gerechte Lösung erarbeitet, wenn sie nämlich erkennt, dass wir zu stark sind, als dass man uns schlagen könnte. [...]

Zit. nach: Th. H. Etzold/J. L. Gaddis (Hrsg.): Containment, Documents on American Policy und Strategy, 1945–1950. New York 1978, S. 64 ff.

8 Von dem Onkel dürft ihr nichts annehmen
Karikatur zum Marshall-Plan von Mirko Szewczuk, 1947: Stalin verbietet den Ostblockstaaten, die Unterstützung der USA anzunehmen.

9 Der Marshall-Plan

Aus der Rede des US-Außenministers Georges C. Marshall an der Harvard Universität, 5. Juni 1947, in der er ein Wiederaufbauprogramm verkündet, das sich an alle europäischen Staaten richtet. Die Sowjetunion, Albanien, Bulgarien, Finnland, Ungarn, Rumänien und Jugoslawien lehnten eine Teilnahme ab. Polen und die Tschechoslowakei zogen ihre Zusage unter sowjetischem Druck wieder zurück. Sechzehn europäische Staaten nahmen das Angebot an und gründeten 1948 die Organisation für Europäische Wirtschaftliche Zusammenarbeit (OEEC).

In vielen Ländern ist das Vertrauen in die eigene Währung schwer erschüttert. Das wirtschaftliche Gefüge Europas ist während des Krieges vollständig zusammengebrochen. Der Wiederaufbau ist dadurch, dass zwei Jahre nach Beendigung der Feindseligkeiten eine Einigung über den Frieden mit Deutschland und Österreich noch nicht erzielt werden konnte, ernstlich verzögert worden.

[...] In Wirklichkeit handelt es sich darum, dass Europas Bedarf an ausländischen Nahrungsmitteln und sonstigen lebenswichtigen Gütern – hauptsächlich aus Amerika – so viel größer als seine gegenwärtige Zahlungsfähigkeit ist, dass es entweder wesentliche zusätzliche Hilfe benötigt oder aber sich einem wirtschaftlichen, sozialen und politischen Niedergang sehr ernsten Charakters gegenübersehen wird.

Das Hilfsmittel besteht darin, diesen bösartigen Kreislauf zu durchbrechen und den Glauben der europäischen Völker an die wirtschaftliche Zukunft ihres eigenen Landes sowie Europas in seiner Gesamtheit wiederherzustellen. Über ein weites Gebiet hin müssen Fabrikanten und Landwirte wieder willens und in der Lage sein, ihre Ware gegen Geld von unbestrittenem Wert abzugeben. Abgesehen von der demoralisierenden Wirkung auf die ganze Welt und der Möglichkeit der Entstehung von Unruhen als Folge der Verzweiflung der betroffenen Völker sind die Folgen für die Wirtschaft der Vereinigten Staaten offenkundig. Logischerweise müssen die Vereinigten Staaten alles, was in ihrer Macht steht, unternehmen, um zu der Rückkehr normaler wirtschaftlicher Verhältnisse beizutragen, denn ohne diese sind eine politische Stabilität und ein gesicherter Friede unmöglich. Unsere Politik richtet sich nicht gegen irgendein Land oder eine Anschauung, sondern gegen Hunger, Armut, Verzweiflung und Chaos. Ihr Ziel ist die Wiederbelebung einer leistungsfähigen Weltwirtschaft, die das Entstehen politischer und sozialer Zustände, in denen freiheitliche Einrichtungen gedeihen können, ermöglichen soll. Ich bin davon überzeugt, dass eine solche Hilfe nicht von Fall zu Fall, je nachdem ob sich Krisen entwickeln, gegeben werden sollte. Jede Hilfe, die unsere Regierung in Zukunft gewähren mag, sollte Heilung und nicht bloß Linderung bringen. Ich bin davon überzeugt, dass jede Regierung, die am Wiederaufbau mitarbeiten will, die volle Unterstützung der Vereinigten Staaten finden wird. Eine Regierung aber, die darauf hinarbeitet, den Wiederaufbau anderer Länder zu behindern, kann von uns keine Hilfe erwarten. Darüber hinaus müssen Regierungen, politische Parteien oder Gruppen, die das menschliche Elend verewigen wollen, um davon politisch oder sonst wie zu profitieren, mit der Gegnerschaft der Vereinigten Staaten rechnen.

Es ist aber klar, dass, ehe die Vereinigten Staaten in ihren Anstrengungen, die Lage zu lindern und der europäischen Welt auf ihrem Weg zur Wiedergesundung zu helfen, ernstlich fortfahren können, die europäischen Länder in Bezug auf die Erfordernisse der Lage und des Anteils, den sie selbst übernehmen werden, zu einer Verständigung kommen müssen, um jede etwa von der Regierung der Vereinigten Staaten unternommene Aktion mit dem nötigen Nachdruck durchzuführen. Es wäre für die Regierung der Vereinigten Staaten weder angemessen noch wirkungsvoll, wenn sie in einseitiger Weise ein Programm aufstellen würde, das dazu bestimmt ist, Europa wirtschaftlich wieder auf eigene Füße zu stellen. Das ist Sache der Europäer. Ich glaube, dass die Initiative von Europa ausgehen muss. Die Rolle unseres Landes sollte in freundschaftlicher Hilfe bei dem Aufstellen eines europäischen Programms und in der späteren Unterstützung eines solchen bestehen, sofern es uns ausführbar zu sein scheint. Das Programm sollte von den europäischen Nationen gemeinsam aufgestellt und von einer Anzahl derselben, wenn nicht von allen, gebilligt sein.

Zit. nach: M. Mähr: Der Marshallplan in Österreich. Graz, Wien, Köln 1989, S. 244 ff.

10

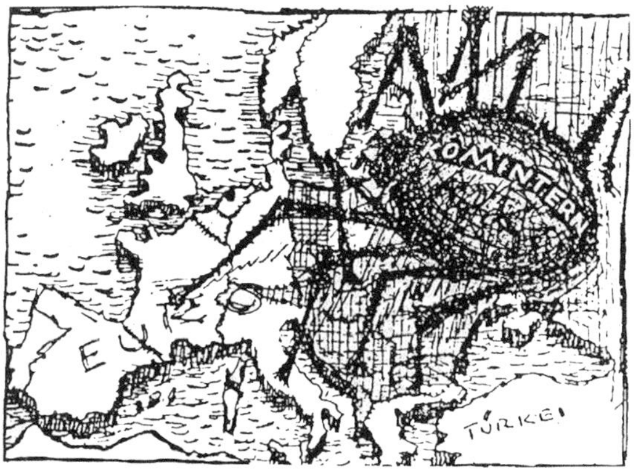

10 **Kominternspinne.** Karikatur in der Hannoverschen Presse vom 10. Oktober 1947.

11 Das European Recovery Program (ERP = Marshall-Plan) 1948–1951

a) Leistungen in Millionen US-Dollar

Industriegüter	5032
Nahrungsmittel und landwirtschaftliche Erzeugnisse	4885
Seefracht	726
Technische Dienste	47
Europäische Zahlungsunion	350
Economic cooperation Administration (Washington)	56
Gesamtsumme	11 096

b) Leistungen an Empfängerländer in Millionen US-Dollar

Großbritannien	2703	Dänemark	239
Frankreich	2224	Norwegen	219
Italien	1213	Irland	146
Westdeutschland	1189	Türkei	117
Niederlande	950	Schweden	116
Belgien/Luxemburg	530	Portugal	46
Österreich	514	Triest	33
Griechenland	433	Island	18
Gesamtsumme (ohne zentrale Ausgaben)			10 690

Zusammengestellt nach: H. Schambeck: a. a. O., S. 53.

12 Shdanows Rede auf der Gründungsversammlung der Kominform am 1. Oktober 1947

Das Kommunistische Informationsbüro (Kominform) mit Sitz in Belgrad wurde auf Betreiben Stalins gegründet. Es sollte die Arbeit der wichtigsten kommunistischen Parteien koordinieren und kontrollieren. Das Informationsbüro ist die Nachfolgeorganisation der Kommunistischen Internationale (Komintern), die 1943 im Interesse des Bündnisses der UdSSR mit den Westmächten aufgelöst worden war.

Die grundlegenden Veränderungen in der internationalen Lage und in der Lage der einzelnen Staaten nach dem Krieg haben das ganze politische Weltbild verändert. Es ist zu einer Neuaufteilung der politischen Kräfte gekommen. Je größer der Zeitraum wird, der uns von der Beendigung des Krieges trennt, desto schärfer heben sich zwei Grundtendenzen in der internationalen Nachkriegspolitik hervor, die der Teilung der politischen Kräfte in zwei Lager entsprechen: in das imperialistische und antidemokratische Lager einerseits und das antiimperialistische und demokratische Lager andererseits. Die führende Hauptkraft des imperialistischen Lagers sind die USA. Mit Amerika verbündet sind England und Frankreich. Das imperialistische Lager unterstützen auch die Kolonialstaaten, wie Belgien und Holland, Länder mit reaktionären, antidemokratischen Regimes, wie die Türkei und Griechenland, Länder, die politisch und wirtschaftlich von den USA abhängen, wie die Staaten des Nahen Ostens, Südamerikas und China. Das Hauptziel des imperialistischen Lagers ist die Festigung des Imperialismus, die Vorbereitung eines neuen imperialistischen Krieges, der Kampf gegen den Sozialismus und die Demokratie und allerorts die Unterstützung der reaktionären und antidemokratischen profaschistischen Regimes und Bewegungen. Die antiimperialistischen und antifaschistischen Kräfte bilden das andere Lager. Die Grundlage dieses Lagers sind die UdSSR und die Länder der neuen Demokratie. Zu ihm gehören auch Länder, die mit dem Imperialismus gebrochen haben und festen Fuß auf dem demokratischen Entwicklungsweg gefasst haben, wie Rumänien, Ungarn und Finnland. An das antiimperialistische Lager schließen sich Indonesien und Vietnam an. Indien, Ägypten und Syrien sympathisieren mit ihm. Das antiimperialistische Lager stützt sich auf die Arbeiterbewegung in allen Ländern, auf die kommunistischen Bruderparteien, auf die Kämpfer der nationalen Befreiungsbewegungen in den kolonialen und abhängigen Ländern, auf die Unterstützung der in jedem Land vorhandenen progressiven demokratischen Kräfte. Das Ziel dieses Lagers ist der Kampf gegen die Gefahr neuer Kriege und der imperialistischen Expansion, die Befestigung der Demokratie und die Ausrottung der Überreste des Faschismus. Das Ende des Zweiten Weltkrieges hat an alle freiheitsliebenden Völker die überaus wichtige Aufgabe der Gewährleistung eines stabilen demokratischen Friedens gestellt, der den Sieg über den Faschismus festigt. Bei der Lösung dieser Hauptaufgabe fällt die führende Rolle der UdSSR und ihrer Außenpolitik zu. Das ergibt sich aus dem Wesen des Sowjetstaates, dem jegliche aggressiven, ausbeuterischen Gelüste zutiefst fremd sind und der an der Schaffung der günstigsten Bedingungen für den Aufbau der kommunistischen Gesellschaft interessiert ist. Eine dieser Bedingungen ist der äußere Friede. [...]

Die sowjetische Außenpolitik geht von der Tatsache aus, dass die beiden Systeme, das des Kapitalismus und das des Sozialismus, auch eine lange Periode gemeinsam bestehen werden. Daraus ergibt sich die Möglichkeit der Zusammenarbeit zwischen der UdSSR und den Ländern anderer Systeme unter der Bedingung der Gegenseitigkeit und der Erfüllung der übernommenen Verpflichtungen. Eine ganz entgegengesetzte Politik betreiben England und Amerika in der UNO. Sie machen alles, um sich von den früher übernommenen Verpflichtungen loszusagen und sich die Hände frei zu machen für eine neue Politik, die nicht auf die Zusammenarbeit der Völker berechnet ist, sondern darauf, sie gegeneinander aufzuhetzen. Die Sowjetpolitik hält sich an den Kurs der Aufrechterhaltung loyaler gutnachbarlicher Beziehungen zu allen Staaten, die den Wunsch nach Zusammenarbeit bekunden. Im Interesse der Aufrechterhaltung des Friedens lehnt die sowjetische Außenpolitik den Grundsatz der Rache gegenüber den besiegten Völkern ab. [...]

Die wirtschaftliche Expansion der USA bildet eine Ergänzung zum strategischen Plan. Der amerikanische Imperialismus trachtet, die Schwierigkeiten der Nachkriegszeit in den europäischen Ländern, den Mangel an Rohstoffen, Treibstoff und Lebensmitteln in den alliierten Ländern, die durch den Krieg am stärksten geschädigt wurden, auszunützen, um ihnen Bedingungen für die Hilfeleistung aufzuzwingen. In Voraussicht der bevorstehenden Wirtschaftskrise beeilen sich die USA, neue Monopolsphären ausfindig zu machen, wo sie ihr Kapital investieren und ihre Waren absetzen könnten. Die US-„Wirtschaftshilfe" verfolgt das weitgesteckte Ziel, Europa mit Hilfe des amerikanischen Kapitals zu versklaven. Doch die wirtschaftliche Kontrolle zieht auch die politische Unterordnung nach sich. [...] Da die Truman-Doktrin eine so ungünstige Aufnahme fand, tauchte die Notwendigkeit des Marshall-Planes auf. Das Wesen der verschwommenen Formulierungen dieses Planes besteht darin, einen Block der Staaten zu schaffen, die durch Verpflichtungen den USA gegenüber gebunden sind, und den europäischen Staaten als Lohn für ihren Verzicht auf die wirtschaftliche und dadurch auch politische Selbstständigkeit amerikanische Kredite zu gewähren. Die Grundlage bildet dabei der Wiederaufbau der von den amerikanischen Monopolen kontrollierten Industriebezirke Westdeutschlands. Wie aus den Beratungen hervorgeht, besteht der Marshall-Plan darin, die Hilfeleistung in erster Linie nicht den verarmten Siegerländern, den Verbündeten Amerikas im Kampf gegen Deutschland, zu gewähren, sondern den deutschen Kapitalisten, um sich der für Europa und Deutschland wichtigsten Kohle- und Eisenerzgebiete zu bemächtigen. [...] Aus diesem Grund müssen sich die kommunistischen Parteien an die Spitze des Widerstandes gegen die imperialistischen Expansionspläne und gegen Aggressionen aller Arten – staatlicher, wirtschaftlicher und ideologischer Natur – stellen, sich zusammenschließen, ihre Kräfte auf einer allgemeinen antiimperialistischen und demokratischen Plattform vereinigen und alle demokratischen und patriotischen Kräfte des Volkes um sich sammeln. Auf den Schultern der kommunistischen Bruderparteien Frankreichs, Italiens, Englands und anderer Länder liegt eine besondere Aufgabe. Sie müssen das Banner der Verteidigung der nationalen Unabhängigkeit und Souveränität ihrer Länder in ihre Hände nehmen. Wenn die kommunistischen Parteien fest auf ihren Positionen stehen werden, wenn sie sich nicht einschüchtern lassen, wenn sie mutig auf der Wacht für einen festen Frieden und eine Volksdemokratie stehen werden, auf der Wacht der nationalen Souveränität, Freiheit, Unabhängigkeit ihrer Länder, wenn sie imstande sind, sich im Kampfe gegen Versuche der wirtschaftlichen und politischen Versklavung ihrer Länder an die Spitze zu stellen, bereit sind, mit allen Kräften für die Ehre und nationale Unabhängigkeit zu stehen, dann können keinerlei Versklavungspläne Europas verwirklicht werden.

Keesing's Archiv der Gegenwart, 1946/47.

10

Arbeitsvorschläge

a) Benennen Sie die Faktoren, die nach dem Sieg über Deutschland zur Entfremdung der Westalliierten und der Sowjetunion beigetragen haben (VT, M 1, M 2).
b) Grenzen Sie die „parlamentarische Demokratie" von der „Volksdemokratie" ab.
c) Arbeiten Sie die Kriegs- und Friedensziele heraus, die in der Atlantik-Charta festgelegt werden (M 4).
d) Nehmen Sie zu der These Stellung, die Westalliierten hätten die „Erklärung über das befreite Europa" in der Folgezeit nicht konsequent gegenüber der UdSSR eingefordert (M 5, M 7).
e) Erklären Sie, was Churchill mit dem Begriff „Eiserner Vorhang" meint, und ermitteln Sie – auch unter Einbeziehung der Karte M 3 – die Gründe für Churchills Beunruhigung (M 6).
f) Fassen Sie die Rede Marshalls zusammen, indem Sie die Motive der USA für die Bereitstellung der Hilfsgelder erarbeiten (M 9 – M 11).
g) Setzen Sie sich mit der „Zwei-Lager-Theorie" Shdanows auseinander, indem Sie seine Ausführungen anhand des Verfassertextes und der Materialien M 3, M 8, M 9 und M 11 überprüfen.

Standpunkte: War der Kalte Krieg unvermeidlich?

Der „Kalte Krieg" ist zu Ende, so heißt es nach 1989 allerorten. Das ist grundsätzlich richtig, aber die Frage, warum es zum Kalten Krieg kam, ob einer der Supermächte die Alleinschuld daran zuzuweisen ist oder ob der Kalte Krieg nach dem Sieg über Hitler-Deutschland zwangsläufig ausbrechen musste, ist bis heute unter den Forschern umstritten. Heute öffnen sich immer mehr Archive in West und Ost den Forschern und die Diskussion bewegt sich von den extremen Standpunkten der früheren Jahre weg. Seit Mitte der 1940er-Jahre legte die traditionelle Auffassung die Sowjetführung auf eine prinzipiell feindliche Politik gegenüber den kapitalistischen Staaten fest. Ende der 1960er- und Anfang der 1970er-Jahre entwickelte demgegenüber die revisionistische Auffassung die These, die Ursache der Konfrontation sei in der Struktur des ökonomisch-politischen Systems der Vereinigten Staaten zu finden, das zur Vermeidung von Krisen auf die permanente Erschließung neuer Handels- und Absatzmärkte angewiesen war. Die beiden im Folgenden abgedruckten Texte der Historiker rücken neue und andere Fragen in den Mittelpunkt ihres Interesses.

13 Der britische Historiker Eric Hobsbawm, 1994

Eric J. Hobsbawm, geb. 1917, begann seine Lehrtätigkeit 1947 an der Universität London, übernahm dann mehrere Professuren für Geschichte in Amerika und Frankreich, bevor er 1984 zur New School for Social Research in New York wechselte.

Wer war also für den Kalten Krieg verantwortlich? Da die Debatte über diese Frage lange Zeit eine Art ideologisches Tennismatch zwischen jenen war, die die Schuld ausschließlich der Sowjetunion gaben, und den Dissidenten, die in erster Linie die USA beschuldigten, ist man versucht, sich den historischen Vermittlern anzuschließen, die die Schuld in der gegenseitigen Angst suchten, welche so lange in der Konfrontation eskalierte, bis sie die beiden „hochgerüsteten Lager unter ihren gegensätzlichen Bannern zu mobilisieren begann" (Walker). Das ist offensichtlich richtig, allerdings ist es nicht die ganze Wahrheit. Es erklärt nur, weshalb die Fronten 1947–49 „erstarrten". [...] Doch es erklärt nicht den apokalyptischen Ton des Kalten Krieges. Dieser Ton kam aus den USA. Ausnahmslos alle westeuropäischen Regierungen waren aus vollem Herzen Antikommunisten, ob sie nun kommunistische Parteien von Bedeutung im eigenen Land hatten oder nicht, und fest entschlossen, sich gegen einen möglichen sowjetischen Angriff zu schützen. Keine von ihnen hätte gezögert, wenn sie zwischen den USA und der Sowjetunion zu wählen gehabt hätte, selbst Regierungen nicht, die durch Geschichte, Politik oder Verhandlungen zu Neutralität verpflichtet waren. Und doch wurde die „Kommunistische Weltverschwörung" unter keiner der Regierungen, die zumindest in der unmittelbaren Nachkriegszeit mit einigem Recht behaupten konnten, demokratisch zu sein, zu einem wichtigen innenpolitischen Thema. Ausschließlich in den USA, und in keinem anderen demokratischen Staat, war es möglich, dass ein Präsident aufgrund der Tatsache gewählt werden konnte, dass er ein ausgesprochener Gegner des Kommunismus war (wie John F. Kennedy 1960) – wobei der Kommunismus in der Innenpolitik dieses Landes etwa ebenso bedeutungslos war wie der Buddhismus für Irland. Wenn es irgendjemanden gab, der das Kreuzzugsdenken in die Realpolitik der internationalen Machtkonfrontation gebracht hat – und dort beibehielt –, dann war es Washington. Wie die Wahlrhetorik von J. F. Kennedy mit der Klarheit vollendeter Redekunst zeigte, ging es hier nicht um die akademische Gefahr einer kommunistischen Weltherrschaft, sondern um die Wahrung der realen Vorherrschaft der USA. Es sollte jedoch hinzugefügt werden, dass die Regierungen der NATO-Staaten, die im Prinzip ganz und gar nicht glücklich über die amerikanische Politik waren, bereitwillig diese amerikanische Vorherrschaft akzeptierten – als Preis für den Schutz gegen die Militärmacht eines verabscheuungswürdigen politischen Systems, solange dieses System noch existierte. Sie waren genauso wenig bereit wie Washington, der Sowjetunion zu vertrauen. „Eindämmung" wurde also zur Politik aller; die Vernichtung des Kommunismus jedoch nicht.

E. Hobsbawm: Das Zeitalter der Extreme. Weltgeschichte des 20. Jahrhunderts. München 1995, S. 298 f. Übers. Yvonne Badal.

14 Der deutsche Historiker Wilfried Loth, 1999

Wilfried Loth, geb. 1948, war Professor für Politikwissenschaft in Berlin und Münster. Seit 1986 ist er Professor für Neuere Geschichte an der Universität Essen.

Was ergibt sich aus diesen Befunden für das Gesamtbild des Kalten Krieges? Die sowjetische Politik hat durch die neuen Quellen in zweierlei Richtung an Profil gewonnen: Auf der einen Seite zeigt sich, dass das Interesse an Kooperation mit den westlichen Siegermächten des Zweiten Weltkrieges noch intensiver gewesen ist, als bislang schon zu sehen war. Stalin stellte den Export der bolschewistischen Revolution bei der Verfolgung seiner Sicherheits-

und Großmachtinteressen noch weiter zurück, er war bei der Entwicklung von Szenarios für Osteuropa noch pragmatischer und im Hinblick auf Deutschland deutlich konstruktiver, und er hielt auch kontinuierlicher an der Kooperationsperspektive fest, als angesichts der aggressiven Propagandasprache im Kominform-Stil zu vermuten war. Auf der anderen Seite sind aber auch die ideologie- und systembedingten Beschränkungen seiner Kooperationsfähigkeit deutlicher geworden: die übersteigerten Bedrohungsängste und die Illusionen hinsichtlich politischer Entscheidungsprozesse im Westen, die Unfähigkeit zu angemessener Informationsaufnahme, zu vertrauensbildender Diplomatie und zur Umsetzung der Demokratisierungsprogramme, die die Sowjetunion als Besatzungsmacht zu verantworten hatte. Angesichts dieser Schwächen des stalinistischen Systems konnten kommunistische Bewegungen und Klassenkampf-Denken im Machtbereich der Roten Armee eine Eigendynamik entwickeln, die mit den strategischen Zielsetzungen des Sowjetdiktators objektiv nicht zu vereinbaren war.

Ähnlich ambivalent hat sich das Bild von der westlichen Politik entwickelt. Einerseits zeigen die Rekonstruktionen der Verhandlungen über das westliche Bündnis, über die Reaktion auf die Stalin-Note und über Churchills Friedensinitiative von 1953 ein größeres Maß an Offenheit für Alternativen zum Kalten Krieg, als zuvor nach außen deutlich geworden war. Die Bedeutung Adenauers und der Westdeutschen für die Durchsetzung der Ost-West-Blockbildung ist noch stärker hervorgetreten. Ebenso ist deutlicher geworden, dass die Blockbildung zugleich der Eindämmung der Deutschen diente, während mangelndes Zutrauen in die Tauglichkeit dieses Wegs zur Lösung der deutschen Frage die Suche nach Alternativen zum Kalten Krieg begünstigte. Andererseits machen genauere Analysen der inneramerikanischen Debatten deutlich, dass der amerikanischen Politik eine Tendenz zu globaler Machtausweitung innewohnte, die sowohl geopolitisch als auch ideologisch bedingt war. Die USA strebten auch unabhängig von der Wahrnehmung einer sowjetischen Bedrohung die Errichtung strategischer Vorposten an den gegenüberliegenden Ufern des Atlantik und Pazifik an; ihre Regierungen forderten die Durchsetzung der „vier Freiheiten" nicht nur unter dem Druck einer erregten öffentlichen Meinung.

Die Gesamtaussage kann daher im Wesentlichen unverändert bleiben: Der Kalte Krieg war angesichts der machtpolitischen Konstellation, zu der der Zweite Weltkrieg im Ergebnis geführt hatte, durchaus wahrscheinlich, aber er war nicht unvermeidlich. Eine kooperativere Nachkriegsordnung war denkbar, sie lag im Sicherheitsinteresse der Sowjetunion ebenso wie im Interesse an der Durchsetzung westlicher Prinzipien. Dass sie nicht gelang, ist in erster Linie den Kurzsichtigkeiten westlicher Politik zu verdanken, doch hat auch die Politik Stalins und seiner Satrapen höchst aktiv zum Scheitern der Kooperation beigetragen. Den westlichen Politikern ist zugute zu halten, dass Stärke und Regenerationsfähigkeit des liberalen Systems nach den Weltkriegskatastrophen nicht so deutlich zu erkennen waren, wie es sich im Nachhinein gezeigt hat. Ihre Leistungen bei der Schaffung der „westlichen Welt" sind in vieler Hinsicht beeindruckend. Gleichwohl bleibt zu bedauern, dass sie vielfach nicht genauer hinsahen und wenig Anstrengungen unternahmen, die sowjetische Tendenz zur Selbstisolation zu unterlaufen.

Dem Vorschlag, den Begriff des Kalten Krieges auf die Zeit der Etablierung der Nachkriegsordnung zu beschränken, ist die internationale Diskussion nicht gefolgt. Das ist insofern einzusehen, als die zentralen Charakteristika des Kalten Krieges auch nach der Mitte der fünfziger Jahre auftraten: wechselseitige Vernichtungsangst, aggressive Selbstisolation und präventive Kriegsvorbereitung. Es bleibt aber, dass sich mit dem Abschluss der Blockbildung die Themen und Strukturen des Ost-West-Konflikts substanziell änderten: Seine Dynamik wurde fortan in erster Linie vom Sicherheitsdilemma der beiden Blöcke bestimmt, und während die leninistische Ideologie weitgehend zum Ritual erstarrte, mussten die Erben kommunistischer Machtergreifung um das Überleben ihrer repressiven Kommandosysteme kämpfen. Entspannungspolitik war in dieser Situation ein Mittel, den Konflikt einzudämmen und die Durchsetzung westlicher Prinzipien zu fördern. Ihr Erfolg hing freilich nicht zuletzt von der Lernfähigkeit der sowjetischen Führung ab.

W. Loth: Die Teilung der Welt. Geschichte des Kalten Krieges 1941–1955. 10. Auflage 2002; hier: Nachwort „Der Kalte Krieg in neuem Licht". München 1999, S. 387 ff.

Arbeitsvorschläge

a) Geben Sie mit eigenen Worten wieder, wie die beiden Autoren die Entstehung des Kalten Krieges erklären und auf welche Fakten sie sich dabei stützen.

b) Decken Sie die Gemeinsamkeiten und die Unterschiede der beiden Texte auf und zeigen Sie, inwiefern der Kalte Krieg hier unter einer neuen Fragestellung untersucht wurde.

10.2 Neubeginn im besiegten Land

Der 8. Mai 1945 – eine „Stunde Null"?

Für viele Deutsche begann die Nachkriegszeit bereits Wochen oder Monate vor dem offiziellen Kriegsende am 8. Mai 1945, nämlich an dem Tag, als sie in alliierte Kriegsgefangenschaft gerieten oder ihre Städte und Dörfer von den Alliierten besetzt wurden. War das Kriegsende ein Strukturbruch in der deutschen Geschichte – eine „Stunde Null" –, war es vielleicht nur ein kurzfristiger Einbruch in die eigentlich langen Zyklen deutscher Geschichte oder begann am 8. Mai eine jahrelange Rekonstruktionsperiode des am Boden liegenden Deutschland?

Die Deutschlandpolitik der Alliierten

Morgenthau-Plan

Zunächst begann die Herrschaft der Sieger ganz im Sinne des im Herbst 1944 in den USA vorgetragenen Morgenthau-Plans, wonach ein erheblich verkleinertes und geteiltes Deutsches Reich in ein Agrarland umgewandelt werden sollte. Der amerikanische Militärgouverneur in Deutschland war angewiesen, Deutschland als besetzten Feindstaat und mit unnachgiebiger Härte zu behandeln. In ihrer Berliner Deklaration erklärten die vier Alliierten am 5. Juni 1945 einseitig die Übernahme der obersten Regierungsgewalt in Deutschland und setzten den Kontrollrat der vier Militärgouverneure in Berlin ein, der sich allerdings nur selten auf gemeinsame Beschlüsse von grundsätzlicher Bedeutung einigen konnte. Auf

1 **Die alliierten Besatzungszonen** in Deutschland nach 1945, aufgezeigt auf einer offiziellen Karte aus dem amerikanischen Sektor

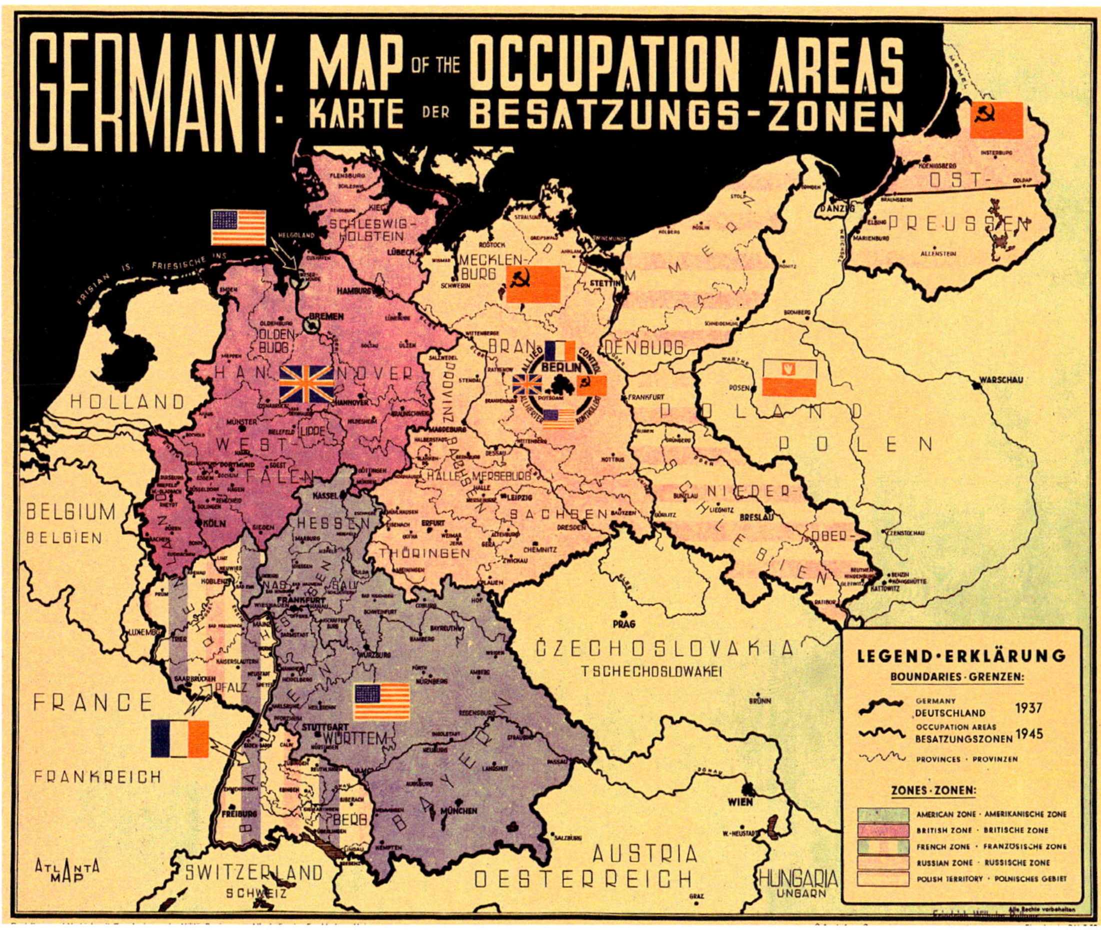

der Potsdamer Dreimächte-Konferenz vom 17. Juli bis zum 2. August vereinbarten Stalin, Truman und Churchill bzw. der ihn ablösende Attlee, Deutschland als wirtschaftliche Einheit behandeln zu wollen, ließen allerdings jeder Besatzungsmacht bei der Verwaltung ihrer Zone freie Hand. Die erzielte Einigung über die vier großen D´s: Demilitarisierung, Denazifizierung, Dezentralisierung und Demokratisierung war der kleinste gemeinsame Nenner, auf den sich die Alliierten einigen konnten, und nicht mehr als ein reiner Formelkompromiss, denn die UdSSR verband mit jedem dieser Begriffe andere Vorstellungen als die Westalliierten. Die Militärgouverneure nutzten die ihnen zugestandene Handlungsfreiheit, sodass in kürzester Zeit voneinander abgegrenzte Verwaltungs- und Wirtschaftsräume entstanden.

Der Nürnberger Prozess gegen die Hauptkriegsverbrecher

Zu den wenigen gemeinsamen Unternehmungen aller vier Alliierten gehörte der Prozess gegen die Hauptkriegsverbrecher vom 20. November 1945 bis zum 1. Oktober 1946 in Nürnberg. Angeklagt waren 24 ehemalige hohe Repräsentanten des Deutschen Reiches. Zwölf Angeklagte wurden zum Tode verurteilt, sieben erhielten zum Teil hohe Haftstrafen, drei wurden freigesprochen. Ein Angeklagter hatte Selbstmord verübt, ein anderer war wegen einer schweren Erkrankung prozessunfähig. Später folgten noch mehrere Prozesse gegen Juristen, Ärzte, Industrielle, Vertreter des Auswärtigen Amtes und Wehrmachtsangehörige. Insgesamt wurden im westlichen Teil Deutschlands 5025 Personen verurteilt, von 806 Todesurteilen wurden 486 vollstreckt. In der SBZ wird die Zahl der Verfahren auf etwa 45000 geschätzt. Die Prozesse leisteten der Tendenz zur „Personalisierung" der Verantwortung Vorschub, die Masse der Deutschen fühlte sich dadurch entlastet.

Entnazifizierung

Die Entnazifizierung war Bestandteil einer umfassenden Umerziehung der Deutschen und basierte auf der Kollektivschuldthese, dass alle Deutschen für die Verbrechen der Nazis verantwortlich seien. Im Alltag erwies sich die Überprüfung aber als schwierige bürokratische Prozedur. Daher konzentrierten sich Briten und Franzosen nur auf NS-Funktionäre in Spitzenstellungen, wohingegen die Amerikaner mit einer intensiven Gesinnungsprüfung jedes einzelnen Deutschen begannen. Grundlage der Überprüfung war ein Fragebogen mit 131 Fragen, den jeder Deutsche über 18 Jahre auszufüllen hatte. Beauftragt waren sog. Spruchkammern, die eine Einstufung in Hauptschuldige, Belastete, Minderbelastete, Mitläufer oder Entlastete vornahmen und Sühnemaßnahmen von der Einweisung in ein Arbeitslager über die Aberkennung der bürgerlichen Ehrenrechte bis hin zu Geldstrafen einleiteten. Im Februar 1950 wurde die Entnazifizierung in Westdeutschland endgültig abgeschlossen, während in der Sowjetischen Besatzungszone (SBZ) bereits im Februar 1948 das Ende der Entnazifizierung verkündet worden war. Allerdings hatte man hier unter dem Deckmantel „Entnazifizierung" nicht nur ehemalige Nazis, sondern auch politische Regimegegner, Großgrundbesitzer und Großunternehmer ausgeschaltet und so einen umfassenden gesellschaftlichen Strukturwandel eingeleitet.

Alltag in Trümmern

Der Zweite Weltkrieg hatte in Europa 55 Millionen Opfer gefordert, Deutschland hat mit 7,8 Millionen Toten der Kriegs- und unmittelbaren Nachkriegszeit gut ein Zehntel seiner Vorkriegsbevölkerung verloren. Bei Kriegsende waren etwa 3,7 Millionen deutsche Soldaten gefallen oder blieben dauerhaft vermisst, etwa 10 bis 11 Millionen befanden sich in Kriegsgefangenschaft. Während die Briten und Amerikaner die Gefangenen zügig nach Hause schickten, nutzten Frankreich und besonders die Sowjetunion die Gefangenen möglichst lange als Arbeitskräfte. Erst 1956 kehrten die letzten Deutschen aus sowjetischer Kriegsgefangenschaft zurück.

Weil es nach Kriegsende an den wichtigsten Voraussetzungen fehlte - einer hinreichenden Energie- und Rohstoffversorgung, einem funktionierenden Verkehrssystem und einer vertrauenswürdigen Währung -, fiel Deutschland auf den Stand einer archaischen Tausch- und Naturalwirtschaft zurück. Der Mangel war allerdings ungleich verteilt, denn Einheimische waren besser dran als Flüchtlinge, und auf dem Land lebte es sich besser als in den Großstädten, in denen überdies mehr als die Hälfte des Wohnraumes von 1939 zerstört war. Die Hamsterfahrt aufs Dorf wurde für Städter überlebenswichtig, ebenso der verbotene Gang auf den Schwarzmarkt. Die Sieger taten anfangs wenig, um die Not der Deutschen zu lindern, teils weil ihnen die Mittel fehlten, teils weil die Deutschen für ihre Schuld büßen sollten.

Flucht und Vertreibung aus den Ostgebieten

Nicht nur die Annexion der deutschen Ostgebiete, auch die Vertreibung der Deutschen von dort war unter den Siegern eine längst beschlossene Sache. Für Böhmen und Mähren hatte der tschechoslowakische Staatspräsident Beneš im Londoner Exil seine Pläne zur Massenaussiedlung entwickelt und zielstrebig verfolgt. In Jalta wurde die Massenvertreibung sanktioniert. Doch die in Potsdam beschlossene Überführung in „ordnungsgemäßer und humaner Weise" war ein Lippenbekenntnis, das der Realität in keiner Weise entsprach. 12 Millionen Deutsche mussten bis 1947 ihre Heimat in Ostdeutschland und den angrenzenden Siedlungsräumen verlassen, oft binnen weniger Stunden, unter Misshandlungen und unter Zurücklassen fast ihrer gesamten Habe. In ihre alten Siedlungsgebiete in Polen kamen unterdessen hunderttausende Polen, die die ehemals, vor 1939 ostpolnischen, nun sowjetischen Gebieten verlassen mussten bzw. jene, die unter deutscher Besatzung während des Weltkrieges innerhalb Polens vertrieben worden waren (▶ Online-Link). Da Frankreich seine Zone für Vertriebene sperrte, strömte die Masse der Flüchtlinge in die britische und amerikanische Zone. Aber auch das Gebiet der SBZ wies mit über vier Millionen schließlich einen Anteil von rund einem Viertel „transferierter" Deutscher in der Gesamtbevölkerung auf. Willkommen waren die Vertriebenen fast nirgendwo, bedeutete ihre Aufnahme doch das wenige, was geblieben war, mit ihnen zu teilen. Die Integration der Vertriebenen und Flüchtlinge gelang letztlich erst im Zuge des wirtschaftlichen Aufschwungs in den 1950er-Jahren und gilt als eine der bedeutendsten Leistungen des jungen Nachkriegsdeutschlands.

Kulturelles Leben

Eine herausragende Bedeutung kam in dieser Zeit dem Rundfunk zu. Die Rundfunkhoheit ging auf die Besatzungsmächte über, die ihre eigenen Rundfunkanstalten gründeten. Die Grundlagen des heutigen öffentlich-rechtlichen Rundfunks wurden damals gelegt. Wie beim Rundfunk begannen die Militärbehörden auch im Zeitungswesen zunächst mit eigenen Informationsblättern. Indirekt wurden diese Blätter durch die Zuteilung von Papier und Benzin noch lange kontrolliert. In der Literatur setzte sich eine neue Generation von Schriftstellern mit der jüngsten Vergangenheit auseinander. Tonangebend waren dabei Autoren, die dokumentarisch, kritisch und satirisch arbeiteten. Bestandsaufnahmen, Analysen und Aufrufe beherrschten die literarische Szene, die als „Kahlschlag"- oder „Trümmer-Literatur" bezeichnet wurde. jedoch ebbte diese Welle bereits nach 1947 rasch ab, eine neue „Beschreibung" von „Neorealisten" trat an ihre Stelle. Schriftsteller, Künstler und Wissenschaftler, die zur Zeit des Nationalsozialismus hatten emigrieren müssen, waren nicht überall wieder willkommen. Manche Schriftsteller wie Anna Seghers oder linke Intellektuelle, die unter der anbrechenden McCarthy-Ära in den USA unter Druck gerieten, wie Stefan Heym oder Bertolt Brecht, wählten bewusst den Weg in die im Entstehen begriffene DDR.

2 „Wir werden den Nationalsozialismus vernichten"

Die Proklamation Nr. 1 der Militärregierung Deutschlands für das Kontrollgebiet des Obersten Befehlshabers der Alliierten Streitkräfte vom 3. April 1945 wurde sofort nach dem Einmarsch der kämpfenden amerikanischen Truppen allenthalben angeschlagen, um ein Versinken der befreiten Plätze in Chaos und Rechtlosigkeit zu verhindern:

AN DAS DEUTSCHE VOLK:

Ich, General Dwight D. Eisenhower, Oberster Befehlshaber der Alliierten Streitkräfte, gebe hiermit Folgendes bekannt:

1.) Die Alliierten Streitkräfte, die unter meinem Oberbefehl stehen, haben jetzt deutschen Boden betreten. Wir kommen als ein siegreiches Heer; jedoch nicht als Unterdrücker. In dem deutschen Gebiet, das von Streitkräften unter meinem Oberbefehl besetzt ist, werden wir den Nationalsozialismus und den deutschen Militarismus vernichten, die Herrschaft der Nationalsozialistischen Deutschen Arbeiter-Partei beseitigen, die NSDAP auflösen sowie die grausamen, harten und ungerechten Rechtssätze und Einrichtungen, die von der NSDAP geschaffen worden sind, aufheben. Den deutschen Militarismus, der so oft den Frieden der Welt gestört hat, werden wir endgültig beseitigen. Führer der Wehrmacht und der NSDAP, Mitglieder der Geheimen Staats-Polizei und andere Personen, die verdächtigt sind, Verbrechen und Grausamkeiten begangen zu haben, werden gerichtlich angeklagt und, falls für schuldig befunden, ihrer gerechten Bestrafung zugeführt.

2.) Die höchste gesetzgebende, rechtsprechende und vollziehende Machtbefugnis und Gewalt in dem besetzten Gebiet ist in meiner Person als Oberster Befehlshaber der Alliierten Streitkräfte und als Militär-Gouverneur vereinigt. Die Militärregierung ist eingesetzt, um diese Gewalten unter meinem Befehl auszuüben. Alle Personen in dem besetzten Gebiet haben unverzüglich und widerspruchslos alle Befehle und Veröffentlichungen der Militärregierung zu befolgen. Gerichte der Militärregierung werden eingesetzt, um Rechtsbrecher zu verurteilen. Widerstand gegen die Alliierten wird unnachsichtlich gebrochen. Andere schwere strafbare Handlungen werden schärfstens geahndet.

3.) Alle deutschen Gerichte, Unterrichts- und Erziehungsanstalten innerhalb des besetzten Gebietes werden bis auf Weiteres geschlossen. Dem Volksgerichtshof, den Sondergerichten, den SS-Polizei-Gerichten und anderen außerordentlichen Gerichten wird überall im besetzten Gebiet die Gerichtsbarkeit entzogen. Die Wiederaufnahme der Tätigkeit der Straf- und Zivilgerichte und die Wieder-Eröffnung der Unterrichts- und Erziehungsanstalten wird genehmigt, sobald die Zustände es zulassen.

4.) Alle Beamte sind verpflichtet, bis auf Weiteres auf ihren Posten zu verbleiben und alle Befehle und Anordnungen der Militärregierung oder der Alliierten Behörden, die an die Deutsche Regierung oder an das deutsche Volk gerichtet sind, zu befolgen und auszuführen. Dies gilt auch für die Beamten, Arbeiter und Angestellten sämtlicher öffentlichen und gemeinwirtschaftlichen Betriebe sowie für sonstige Personen, die notwendige Tätigkeiten verrichten.

Dwight D. Eisenhower
Oberster Befehlshaber Alliierte Streitkräfte

Geschichte in Quellen. Die Welt seit 1945. Bd. 7. München 1980, S. 70f. Bearb. Helmut Krause / Karlheinz Reif.

10

3 Plakat der britischen Besatzungsmacht in Köln 1945

4 Vorbereitung auf ein Leben in Demokratie

Aus dem Potsdamer Protokoll vom 2. August 1945:

[...] III. Über Deutschland: Alliierte Armeen führen die Besetzung von ganz Deutschland durch, und das deutsche Volk fängt an, die furchtbaren Verbrechen zu büßen, die unter der Leitung derer, welche es zur Zeit ihrer Erfolge offen gebilligt hat und denen es blind gehorcht hat, begangen wurden. [...] Der deutsche Militarismus und Nazismus werden ausgerottet, und die Alliierten treffen nach gegenseitiger Vereinbarung in der Gegenwart und in der Zukunft auch andere Maßnahmen, die notwendig sind, damit Deutschland niemals mehr seine Nachbarn oder die Erhaltung des Friedens in der ganzen Welt bedrohen kann.

Es ist nicht die Absicht der Alliierten, das deutsche Volk zu vernichten oder zu versklaven. Die Alliierten wollen dem deutschen Volk die Möglichkeit geben, sich vorzubereiten, sein Leben auf einer demokratischen und friedlichen Grundlage von neuem wieder aufzubauen. [...]

A. Politische Grundsätze

1. Entsprechend der Übereinkunft über das Kontrollsystem in Deutschland wird die höchste Regierungsgewalt in Deutschland durch die Oberkommandierenden der Streitkräfte der Sozialistischen Sowjetrepubliken, der Vereinigten Staaten von Amerika, des Vereinigten Königreichs und der Französischen Republik nach den Weisungen ihrer entsprechenden Regierungen ausgeübt, und zwar von jedem in seiner Besatzungszone sowie gemeinsam in ihrer Eigenschaft als Mitglieder des Kontrollrats in den Deutschland als Ganzes betreffenden Fragen.

2. Soweit dieses praktisch durchführbar ist, muss die Behandlung der deutschen Bevölkerung in ganz Deutschland gleich sein.

3. Die Ziele der Besetzung Deutschlands, durch welche der Kontrollrat sich leiten lassen soll, sind:

(I) Völlige Abrüstung und Entmilitarisierung Deutschlands und die Ausschaltung der gesamten deutschen Industrie, welche für eine Kriegsproduktion benutzt werden kann, oder deren Überwachung. [...]

(II) Das deutsche Volk muss überzeugt werden, dass es eine totale militärische Niederlage erlitten hat, und dass es sich nicht der Verantwortung entziehen kann für das, was es auf sich geladen hat, dass seine eigne mitleidslose Kriegsführung und der fanatische Widerstand der Nazis die deutsche Wirtschaft zerstört und Chaos und Elend unvermeidlich gemacht haben.

(III) Die nationalsozialistische Partei mit ihren angeschlossenen Gliederungen und Unterorganisationen ist zu vernichten; alle nationalsozialistischen Ämter sind aufzulösen; es sind Sicherheiten dafür zu schaffen, dass sie in keiner Form wieder auferstehen können; jeder nazistischen und militaristischen Propaganda ist vorzubeugen.

(IV) Die endgültige Umgestaltung des deutschen politischen Lebens auf demokratischer Grundlage und eine eventuelle friedliche Mitarbeit Deutschlands am internationalen Leben sind vorzubereiten.

4. Alle nazistischen Gesetze, welche die Grundlage für das Hitlerregime gebildet haben oder eine Diskriminierung aufgrund der Rasse, Religion oder politischen Überzeugung errichteten, müssen abgeschafft werden. Keine solche Diskriminierung, weder eine rechtliche noch eine administrative oder irgendeiner anderen Art, wird geduldet werden.

5. Kriegsverbrecher und alle diejenigen, die an der Planung oder Verwirklichung der nazistischen Maßnahmen, die Gräuel oder Kriegsverbrechen nach sich gezogen oder als Ergebnis gehabt hatten, teilgenommen haben, sind zu verhaften und dem Gericht zu übergeben. Nazistische Parteiführer, einflussreiche Nazianhänger und die Leitung der nazistischen Ämter und Organisationen und alle anderen Personen, die für die Besetzung und ihre Ziele gefährlich sind, sind zu verhaften und zu internieren. [...]

IV. Reparationen aus Deutschland: In Übereinstimmung mit der Entscheidung der Krim-Konferenz, wonach Deutschland gezwungen werden soll, in größtmöglichem Ausmaß für die Verluste und die Leiden, die es den Vereinten Nationen verursacht hat,[...] Ausgleich zu schaffen, wurde folgende Übereinkunft über Reparationen erreicht:

1. Die Reparationsansprüche der UdSSR sollen durch Entnahmen aus der von der UdSSR besetzten Zone in Deutschland und durch angemessene deutsche Auslandsguthaben befriedigt werden.
2. Die UdSSR wird die Reparationsansprüche Polens aus ihrem eigenen Anteil an den Reparationen befriedigen.
3. Die Reparationsansprüche der Vereinigten Staaten, des Vereinigten Königreiches und der anderen zu Reparationsforderungen berechtigten Länder werden aus den westlichen Zonen und den entsprechenden deutschen Auslandsguthaben befriedigt werden.
4. In Ergänzung der Reparationen, die die UdSSR aus ihrer eigenen Besatzungszone erhält, wird die UdSSR zusätzlich [Reparationen] aus den westlichen Zonen erhalten. [...]

XIII. Ordnungsgemäße Überführung deutscher Bevölkerungsteile: Die Konferenz erzielte folgendes Abkommen über die Ausweisung Deutscher aus Polen, der Tschechoslowakei und Ungarn:

Die drei Regierungen haben die Frage unter allen Gesichtspunkten beraten und erkennen an, dass die Überführung der deutschen Bevölkerung oder Bestandteile derselben, die in Polen, der Tschechoslowakei und Ungarn zurückgeblieben sind, nach Deutschland durchgeführt werden muss. Sie stimmen darin überein, dass jede derartige Überführung, die stattfinden wird, in ordnungsgemäßer und humaner Weise erfolgen soll.

M. Niehuss/U. Lindner (Hrsg.): Deutsche Geschichte in Quellen und Darstellung, Bd. 10. Stuttgart 1998, S. 31 ff.

10

biet östlich der Curzon-Linie abgetreten. Polen hat dafür eine Revision seiner nördlichen und westlichen Grenzen verlangt. Die Vereinigten Staaten werden eine Revision dieser Grenzen zugunsten Polens unterstützen. Der Umfang des an Polen abzutretenden Gebietes kann jedoch erst entschieden werden, wenn das endgültige Abkommen darüber getroffen ist.
Die Vereinigten Staaten finden, dass sie Frankreich seinen Anspruch auf das Saargebiet nicht verweigern können. Natürlich müsste Frankreich, wenn ihm das Saargebiet eingegliedert wird, seine Reparationsansprüche an Deutschland entsprechend ändern. [...]

Geschichte in Quellen. Deutschland nach 1945. a. a. O., S. 91 ff.

8 Die Entnazifizierung – ein Erfolg?

Walter L. Dorn, Berater der amerikanischen Militärregierung, schrieb am 11. Mai 1949 an den Militärgouverneur der amerikanischen Zone, General Clay:

Offiziell sind die Briten und wir ungeachtet unserer verschiedenen Verfahrensweisen vom Grundsatz der individuellen Verantwortung ausgegangen. Die Russen haben eine marxistische Faschismustheorie zugrunde gelegt und meinten, ihr Ziel erreicht zu haben, wenn sie die deutsche Industrie in ihrer Zone sozialisierten oder wenn sie frühere Naziaktivisten überredeten, der SED beizutreten. [...]
Das Befreiungsgesetz war, trotz seiner Vorzüge und des erhabenen Idealismus, der auf amerikanischer wie auf deutscher Seite hinter ihm stand, keine ganz befriedigende Regelung. [...]
Die Arbeit der Spruchkammern war alles andere als gleichmäßig. Im Ganzen waren die gewissenhaften Spruchkammern zahlreicher als die liederlichen und nachlässigen. Auch wenn man alle Mängel und Schwächen der deutschen Spruchkammern einräumt, glauben doch seit der Moskauer Konferenz [März/April 1947] nur noch wenige, dass es ein Fehler war, diesen Auftrag an die Deutschen zu übergeben. Ich glaube, es wäre klug, der Kritik damit zuvorzukommen, dass Sie das Zurückfluten der Mitläufer in die Verwaltung erwähnen und erklären, dass dies nicht unerwünscht war. Man kann mit ziemlicher Sicherheit feststellen, dass prominente Nazis nicht in hohe öffentliche Ämter wiedereingestellt worden sind. Nicht so ganz sicher ist das allerdings bei wichtigen Organisationen der Privatwirtschaft. [...]

W. L. Dorn: Die Entnazifizierung ein Erfolg. In: Vierteljahresheft für Zeitgeschichte, Nr. 26 1973, S. 119 ff.

9 „Ohne Illusionen und Selbstbetrug beginnen“

In der ersten Ausgabe der Rhein-Neckar-Zeitung vom 29. August 1945 äußerte sich Theodor Heuss zum Selbstverständnis und zu den Aufgaben der deutschen Presse:

Der Nationalsozialismus hat das deutsche Zeitungswesen moralisch zu korrumpieren getrachtet, und es ist ihm weithin gelungen. [...] Nun soll wieder eine deutsche Presse entstehen können, deren vornehmste Aufgabe es mit sein wird, für sich selber als Organ des öffentlichen Lebens die einfache Glaubwürdigkeit zurückzugewinnen. [...] – Wir sind keineswegs des Glaubens, dass auf diesem Gebiet vor 1933 alles in Ordnung gewesen sei, und dass es sich bloß darum handle, an das Damalige anzuknüpfen. Wir müssen uns aber zunächst völlig nüchtern Rechenschaft geben, auch vor den Lesern, dass das nicht möglich ist. Denn wir wollen nicht mit Illusionen und Selbstbetrug beginnen. Deutschlands staatlich-politische Souveränität ist durch Hitler verspielt und vernichtet worden. Es ist für uns, die wir Zeugen dieser ruchlosesten seelischen und physischen Selbstzerstörung waren, ein geringer Trost, im unverwirrten Sinn von Anbeginn gewusst zu haben, dass es so kommen würde und kommen müsse. Jetzt herrschen die anderen, die Sieger. Das ist nun ganz unsentimental der einfache Tatbestand. Wir können ihn keinen Augenblick vergessen, und wenn es auch unser Ziel sein muss, die Würde der Presse zurückzugewinnen, so sind wir nicht töricht genug, von einer wiedergeschenkten Freiheit der Presse zu reden.

10 Entnazifizierung in den Westzonen. Titelblatt der Zeitschrift „Das Wespennest“ von Stury, 7.10.1948.

Aber es ist eine Chance gegeben, dass deutsche Männer unter freier Verantwortung gegenüber der Militärregierung wie gegenüber dem deutschen Volke versuchen können, selber die Sinndeutung des deutschen Schicksals aufzunehmen und nach ihrem Verstehen dem schweren und langen Genesungsprozess zu dienen. Wir haben diese Möglichkeit ergriffen in voller Erwägung der psychologischen und sachlichen Schwierigkeiten. Die sachlichen liegen auf der Hand: Der komplizierte Apparat des modernen Verkehrs- und Nachrichtenwesens ist zerschlagen. Welche Mühseligkeiten stehen hinter den Worten Papier, Druckerschwärze, Vertrieb, Nachrichtenbeschaffung, wenn Kohle fehlt, Bahnen nicht gehen, die Post nicht kommt, das Telefon schweigt! Diese einfachen Geschichten, die jedermann weiß, die aber auch jedermann vergisst, wenn er heute eine Zeitung kriegt, sie begrenzen zunächst den Umfang des Blattes und ersticken den Ehrgeiz des Pressemannes, so aktuell zu sein, als dies möglich. Es ist heute nicht möglich. Der Rundfunk hat ihm nebenbei hier den Rang längst abgelaufen.

Die seelische Lage ist komplizierter. Zunächst bleibt die Nachrichtenübermittlung, was das große Weltgeschehen betrifft, auf die fremden Informationen und ihre Formulierungen angewiesen, dann aber werden in den kommenden Monaten Ereignisse und Beschlüsse mitzuteilen sein, die das gemeindeutsche Bewusstsein sehr hart belasten werden. Es ist keine schöne Aufgabe, dafür der Übermittler zu sein. Bei diesem oder jenem „riskiert man seinen Namen“. Aber ohne Risiko geht es nicht, auch wenn man dahinter den inneren Auftrag sieht, gegenüber der kommenden Geschichtsentwicklung die deutschen Köpfe klar zu machen, soweit sie denken wollen, und die deutschen Seelen fest.

[...] So schwer man die Schicksale der Menschen auf der Landstraße, die beruflichen Ungewissheiten der Heimkehrer, die Ängste der Heimlosen nehmen muss, so darf doch nicht das deutsche Denken während dieser Weltstunde sich darin einkapseln. Es muss weltoffen gehalten oder erst wieder gemacht werden. [...] Wir werden in dem gedanklichen Ringen Elementar-Deutsches wieder finden und festigen müssen. – Das wird keine politische, sondern eine geistige und erzieherische Pflicht sein. Das, was man „deutsche Politik“ nennen könnte, wird auf lange hin sehr klein geschrieben werden. Es wird ein zähes Mühen um Selbsterhaltung, um Schaffung neuer Ordnungen sein. Das Volk wird dabei einen inneren und äußeren Reinigungsprozess durchmachen müssen, der nicht durch Erlasse angeordnet, sondern in Selbstbestimmung erkämpft werden muss. Der Nationalsozialismus als Organisation, als Herrschaftsanspruch über den deutschen Menschen und über die europäische Welt, ist durch fremde Macht zerschlagen, aber die Auseinandersetzung mit ihm und seinem Erbe ist eine deutsche Aufgabe. Diese wird hier aufgenommen werden, hart und klar, mit jener Härte, die Hitler so oft empfohlen hat, über die zu jammern, woher sie auch komme, gerade seinen bisherigen Gefolgsleuten nicht erlaubt ist; mit einer Klarheit, die weiß, dass die Polemik gegen Verbrechen und Dummheit von Gestern noch nicht die Sicherung des gefährdeten Morgen bedeutet, sondern dass ein tragender Gemeinsinn aus den Trümmern dieser Erbschaft neu gebildet werden muss.

Deshalb ist für den Arbeitsversuch, der hier unternommen wird, das wesentliche Ziel ein über Stände, Konfessionen, Parteien, Traditionen, Berufsinteressen, Bildungsschichten hinaus greifendes volkhaftes Gesamtgefühl neu zu schaffen. Es sind Männer der verschiedensten politischen Herkunft zusammengetreten, mit ungleicher Weltanschauung und mannigfacher Erfahrung. Es eint sie die kompromisslose Gegnerschaft gegen den Nationalsozialismus, vor dem sie nie, auch nicht in Zeiten seiner Triumphe, das Knie gebeugt haben. Es eint sie das gemeinsame Wissen um die tiefe Schande, womit das deutsche Volk seine Geschichte beflecken ließ. Aber, was schier wichtiger ist, es verbindet sie auch der Wille, in der Abtönung der Stimmen die Gewissensfreiheit zu achten und dem Gemeinsinn zu dienen. Denn sie glauben, die deutsche Geschichte

11 Dornröschen erwache! Die Kunst: „Nanu, stand da nicht eben noch das Tausendjährige Reich?“
Zeichnung von Herbert Thiele in der Zeitschrift „Ulenspiegel“ vom 24. Dezember 1945.

10

ist nicht zu Ende. Es handelt sich darum, mit tapferem Herzen und illusionsloser Pflichtstrenge erste Wege durch das Ruinenfeld zu bahnen, das heute Deutschland heißt.

Rhein-Neckar-Zeitung, 29. August 1945.

12 Versuch eines Neuanfangs

Kundgebung der Kirchenkonferenz der Evangelischen Kirche in Deutschland zur Verantwortung der Kirche für das öffentliche Leben. Treysa, August 1945:

Das furchtbare Ergebnis der vergangenen zwölf Jahre hat weiten Kreisen innerhalb und außerhalb der deutschen Kirchen die Augen dafür geöffnet, dass nur da, wo Grundsätze christlicher Lebensordnung sich im öffentlichen Leben auswirken, die politische Gemeinschaft vor der Gefahr dämonischer Entartung bewahrt bleibt. Aus dieser Erkenntnis erwächst den evangelischen Kirchen Deutschlands die große und schwere Aufgabe, weit stärker als bisher auf die Gestaltung des öffentlichen Lebens und insbesondere der politischen Gemeinschaft einzuwirken. […]

Die Kirche ist ihrem Wesen nach nie Partei, sondern tut ihren Dienst an allen politischen und sozialen Gruppen mit gleicher Liebe. Sie darf sich weder mit den Zielen und dem taktischen Vorgehen einer einzelnen Partei gleichsetzen noch vollends sich von den Interessen einer Partei in ihren öffentlichen Äußerungen und ihrem politischen Verhalten überhaupt bestimmen lassen. […] Ganz besonderes Augenmerk muss auf das Eindringen christlichen Geistes in die Presse gerichtet werden. Schon jetzt zeigen praktische Erfahrungen in Berlin, dass unser Volk geradezu hungert nach einer Presse, die endlich anstelle des Hasses und der Lüge Gerechtigkeit, Versöhnung und strenge Wahrhaftigkeit auch im öffentlichen Leben predigt.

Zit. nach: Friedrich Merzyn (Hrsg.): Kundgebungen, Worte und Erklärungen der Evangelischen Kirche in Deutschland 1945–1959. Hannover 1959, S. 3 f.

13 Furchtbares ist geschehen

Aus dem Hirtenbrief der Katholischen Bischöfe Deutschlands vom 23. August 1945:

Furchtbares ist schon vor dem Kriege in Deutschland und während des Krieges zu den besetzten Ländern geschehen. Wir beklagen es zutiefst: Viele Deutsche, auch aus unseren Reihen, haben sich von den falschen Lehren des Nationalsozialismus betören lassen, sind bei den Verbrechen gegen menschliche Freiheit und menschliche Würde gleichgültig geblieben; viele leisteten durch ihre Haltung den Verbrechen Vorschub, viele sind selber Verbrecher geworden. […] Es ist eine Forderung der Gerechtigkeit, dass immer und überall die Schuld von Fall zu Fall geprüft wird, damit nicht Unschuldige mit den Schuldigen leiden müssen. Dafür sind wir Bischöfe von Anfang an eingetreten, und dafür werden wir uns auch in Zukunft einsetzen. Wir werden aber auch alles daransetzen, dass im Volke, insbesondere in der Jugend, die Gedanken von Gottesrecht und Menschenrecht, von menschlicher Würde und Gewissensfreiheit fest wurzeln, und dass von innen heraus einer Wiederkehr solcher Zustände und eines neuen Krieges vorgebeugt werde. Wir wollen neu aufbauen und sind dankbar für jede Hilfe, die uns zuteil wird bei unserer religiösen Sendung.

Zit. nach: Keesing's Archiv der Gegenwart. o. O. 1945, S. 392.

14 Flüchtlinge und Einheimische

Schreiben des Landkreises Wetzlar an den hessischen Minister des Innern vom 29. August 1946 zur politischen Lage im Kreis:

[…] Jetzt ist die Getreideernte eingebracht. Sie ist erfreulicherweise besser ausgefallen als man erwartet hatte. Trotzdem muss man feststellen, dass der Mangel an brauchbarem Saatgut, an Kunstdünger und an menschlichen und tierischen Arbeitskräften sich im Ertrag stark bemerkbar macht. Niederdrückend ist das Bewusstsein, dass wir nach wie vor auf Auslandshilfe angewiesen sind.

Ein weiterer schwerer Druck lastet besonders auf den Dorfbewohnern, die jetzt ihre kleinen und engen Häuser mit den vielen Flüchtlingen teilen müssen. Je länger der

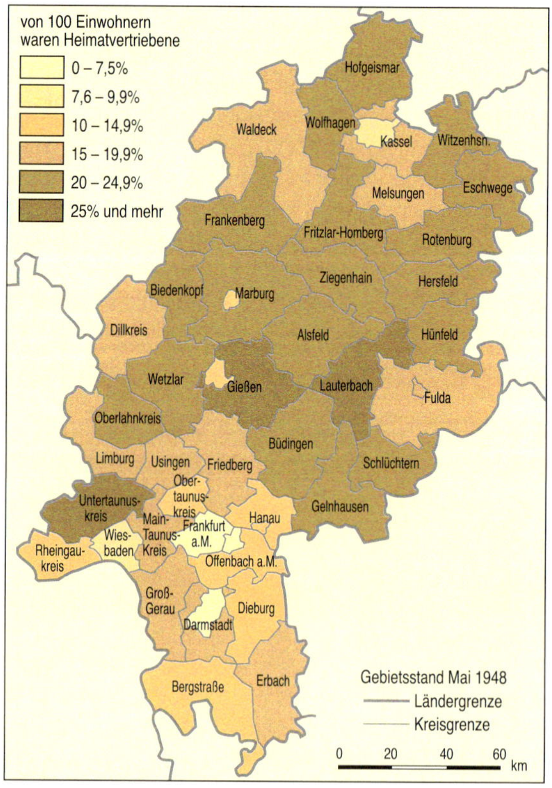

15 Vertriebene in Hessen 1948/49

Zustand des Zusammenlebens auf engstem Raum dauert, desto mehr treten Gegensätze und Missstimmungen zutage. Noch hegen vielfach beide Teile, Eingesessene wie Flüchtlinge, die Hoffnung, dass es für jene noch einmal eine Rückkehr in die frühere Heimat geben werde. In dem Maße, in dem diese Hoffnung schwindet, steigt der Verdruss. Dazu kommt für die Neubürger weiter, dass ihnen so vieles fehlt, was der Mensch braucht, Gebrauchsgegenstände, Kleider, Wäsche, Schuhe usw., und dass wir ihnen so wenig geben können. Alle Mahnungen und Trostworte, Versprechen auf eine unbestimmte Zukunft helfen da nicht, der Bittende hört von alledem nur das Nein [...].

Nun ist der Kreis fast bis zum äußersten mit Flüchtlingen gefüllt. Neue Transporte sind angemeldet. Die 10000 Evakuierten bleiben hier und die eingewiesenen Neubürger ziehen ihre Verwandtschaft nach, von der wir noch nicht einmal wissen, ob sie uns auf die Quote angerechnet wird. Schon vor fast 2 Monaten habe ich vorsorglich den Herren Ministern und dem Herrn Regierungspräsidenten mitgeteilt, dass bei fortlaufendem Zustrom der Tag nicht mehr fern sei, an dem ich die Schulen des Kreises schließen müsse, um Obdach für die Flüchtlinge zu schaffen. Ein an sich unerträglicher Gedanke, wenn man die leider schon bestehende Verwahrlosung eines großen Teils unserer Jugend berücksichtigt. Es ist aber der einzige Ausweg, wenn wir noch 10000 weitere Menschen aufnehmen müssen. [...]

Die Überfüllung des Kreises mit Menschen bringt neben allen sonstigen Unerträglichkeiten natürlich auch gewisse Ernährungsschwierigkeiten mit sich. So ist selbst jetzt, in der Zeit der neuen Kartoffeln, in der Stadt Wetzlar kaum eine frische Kartoffel zu haben. Stadtbewohner wie die Neubürger des Landes leben von Trockenkartoffeln. Dabei ist das Fleisch knapp. Der Kreis hat in normalen Zeiten, als er noch kein Schlachtvieh für die Städte abgeben musste, Schlachtvieh eingeführt. Augenblicklich muss 1/3 des aufgetriebenen Viehs an Wiesbaden abgegeben werden. Dabei ist selbst das wenige Fleisch, das wir bekommen, nicht vollwertig, da es meistens von mageren abgearbeiteten Tieren stammt. [...]

Eine andere schwere Sorge steht vor uns, die Versorgung mit Hausbrand – Kohle oder Holz. An eine Belieferung mit Kohle oder Briketts, wenigstens in nennenswertem Maße, ist leider nicht zu denken. Wir brauchen darum viel Holz. Die Stadt Wetzlar benötigt mindestens 24–26000 Raummeter, die waldarmen Gemeinden des Kreises noch rund 20000. Wer soll das Holz schlagen, wer es in die Orte transportieren? Das Arbeitsamt kann keine Kräfte, die Fahrbereitschaft keine Wagen stellen, die Holzfuhrleute können kaum die Mengen Nutzholz fahren. Die Forstämter erklären, das Holz muss in Selbstwerbung gewonnen werden. Aber die meisten Menschen haben kein festes Schuhzeug, sie haben nur einen Anzug, sie haben Hunger, sind unterernährt und der ungewohnten schweren Arbeit bei stundenweiten Anmarschwegen nicht gewachsen.

Zit. nach: Rolf Messerschmidt: „Wenn wir nur nicht lästig fallen ...“. Aufnahme und Eingliederung der Flüchtlinge und Vertrieben in Hessen (1945–1955). Frankfurt/M. 1991, S. 93 ff.

16 **Wunschtraum eines Flüchtlings**
Hessische Nachrichten vom 15.12.1945.

17 **Grundgesetz der deutschen Heimatvertriebenen**

Charta der deutschen Heimatvertriebenen, die am 5. August 1950 in Bad Cannstatt vom Zentralverband der vertriebenen Deutschen und den Vereinigten Ostdeutschen Landsmannschaften verkündet wurde:

Im Bewusstsein ihrer Verantwortung vor Gott und den Menschen, im Bewusstsein ihrer Zugehörigkeit zum christlich-abendländischen Kulturkreis, im Bewusstsein ihres deutschen Volkstums und in der Erkenntnis der gemeinsamen Aufgabe aller europäischen Völker haben die erwählten Vertreter von Millionen Heimatvertriebenen nach reiflicher Überlegung und nach Prüfung ihres Gewissens beschlossen, dem deutschen Volk und der Weltöffentlichkeit gegenüber eine feierliche Erklärung abzugeben, die die Pflichten und Rechte festlegt, welche die deutschen Heimatvertriebenen als ihr Grundgesetz und als unumgängliche Voraussetzung für die Herbeiführung eines freien und geeinten Europas ansehen.

1. Wir Heimatvertriebenen verzichten auf Rache und Vergeltung. Dieser Entschluss ist uns ernst und heilig im Gedenken an das unendliche Leid, welches im Besonderen das letzte Jahrzehnt über die Menschheit gebracht hat.

2. Wir werden jedes Beginnen mit allen Kräften unterstützen, das auf die Schaffung eines geeinten Europas gerichtet ist, in dem die Völker ohne Furcht und Zwang leben können.

3. Wir werden durch harte, unermüdliche Arbeit teilnehmen am Wiederaufbau Deutschlands und Europas.

Wir haben unsere Heimat verloren. Heimatlose sind Fremdlinge auf dieser Erde. Gott hat die Menschen in ihre Heimat hineingestellt. Den Menschen mit Zwang von seiner Heimat trennen, bedeutet ihn im Geiste töten. Wir haben dieses Schicksal erlitten und erlebt. Daher fühlen wir uns berufen zu verlangen, dass das Recht auf die Heimat als eines der von Gott geschenkten Grundrechte der Menschheit anerkannt und verwirklicht wird.

Solange dieses Recht für uns nicht verwirklicht ist, wollen wir aber nicht zur Untätigkeit verurteilt beiseite stehen, sondern in neuen geläuterten Formen verständnisvollen und brüderlichen Zusammenlebens mit allen Gliedern unseres Volkes schaffen und wirken. Darum fordern und verlangen wir heute wie gestern:

a) Gleiches Recht als Staatsbürger, nicht nur vor dem Gesetz, sondern auch in der Wirklichkeit des Alltags.

b) Gerechte und sinnvolle Verteilung der Lasten des letzten Krieges auf das ganze deutsche Volk und eine ehrliche Durchführung dieses Grundsatzes.

c) Sinnvoller Einbau aller Berufsgruppen der Heimatvertriebenen in das Leben des deutschen Volkes.

d) Tätige Einschaltung der deutschen Heimatvertriebenen in den Wiederaufbau Europas.

Die Völker der Welt sollen ihre Mitverantwortung der Heimatvertriebenen als der vom Leid dieser Zeit am schwersten Betroffenen empfinden.

Die Völker sollen handeln, wie es ihren christlichen Pflichten und ihrem Gewissen entspricht. Die Völker müssen erkennen, dass das Schicksal der deutschen Heimatvertriebenen, wie aller Flüchtlinge, ein Weltproblem ist, dessen Lösung höchste sittliche Verantwortung und Verpflichtung zu gewaltiger Leistung fordert.

Wir rufen Völker und Menschen auf, die guten Willens sind, Hand anzulegen ans Werk, damit aus Schuld, Unglück, Leid, Armut und Elend für uns alle der Weg in eine bessere Zukunft gefunden wird.

Dokumente der Deutschen Politik, Bd. VIII, 2, S. 87 f.

18 Frauenfragen – Frauensorgen

Dr. Walther von Hollander:

Seit ich über den Nordwestdeutschen Rundfunk über einige Eheprobleme gesprochen habe, bekomme ich Briefe über Briefe. [...] Ich könnte [...] eine unübersehbare Fülle von Frauenporträts und Frauenschicksalen vor Sie hinstellen. Frauen, die für sich um die Herzen der Männer kämpfen, Frauen, die um die Männer kämpfen, um durch sie die Welt zu erringen, Frauen, die resigniert haben, und vor allem Frauen, die erbittert das Schicksal anklagen, das ihnen ihrer Ansicht nach von den Männern bereitet worden ist. Dazu Frauen, die sich entschlossen haben, von nun an den fraulichen Einfluss auf die Weltgeschichte zu verstärken und durch die Gründung von Frauenvereinen und Frauenparteien eine Macht zu gewinnen, die es ermöglicht, die Welt vor den verderblichen, einseitigen Männerentschlüssen zu bewahren.

Und die Frauen, die ihre Männer verloren haben und nicht vergessen können, die Frauen, die auf die Vermissten warten und denen das Leben scheinbar sinnlos verrinnt? – Es werden viele Frauen allein sein und bleiben. [...] Sie müssen sich in diesem Alleinsein häuslich einrichten, und es ist ein unwirtliches Haus. Und viele werden noch dazu um eine verlorene Heimat trauern müssen, durch Erinnerungen ärmer gemacht als die, die nie etwas besaßen. Eine große Welle der Trauer und des Alleinseins wird über die Welt gehen. Das Einzige, was man diesen Frauen zum Troste sagen kann, ist, dass sie ihr Schicksal zu verstehen suchen sollten als Beispiel, das vielen Frauen gegeben werden müsste. Als Beispiel nämlich, dass Frauen, allen männlichen Meinungen zum Trotz, doch allein zu stehen und zu leben vermögen und aus ihrem Leben dennoch etwas machen können. Das wird nicht ohne Tränen und ohne Schmerzen gehen. Aber was dabei herauskommen könnte, wäre etwas sehr Schönes. Nämlich der erste Ansatz zu einer wirklichen Selbstständigkeit der Frau, der Beweis, dass die Frau auch ohne den Mann ein in sich geschlossenes Wesen ist, genauso wie ein Mann auch ohne Frau ein in sich geschlossenes Dasein führen kann.

Zit. nach: Nordwestdeutsche Hefte. o. O. 1946, Heft 2, S. 2 ff.

19 **Flüchtlinge auf dem Gebiet des späteren Nordrhein-Westfalen nach einer Statistik vom 29. Oktober 1946 (gerundet)**

Flüchtlinge in Nordrhein-Westfalen		
Alter	weiblich	männlich
0–10	72 000	75 400
11–20	65 100	66 800
21–30	88 600	59 800
31–40	77 000	61 200
41–50	63 100	53 100
51–60	47 000	33 000
> 60	45 800	33 400
insgesamt	458 600	382 700

Zusammengestellt nach Angaben des Landesamts für Datenverarbeitung und Statistik NRW, 2006

20 **Bevölkerungsstruktur von Nordrhein-Westfalen nach dem Ergebnis der Volkszählung am 13. November 1950 (gerundet)**

Alter	weiblich	männlich
0–10	895 200	938 300
11–20	1 030 300	1 076 800
21–30	1 072 800	968 200
31–40	964 700	739 300
41–50	1 137 400	1 016 300
51–60	873 300	713 500
> 60	959 400	802 700
insgesamt	6 933 100	6 255 100

Zusammengestellt nach Angaben des Landesamts für Datenverarbeitung und Statistik NRW, 2006

Arbeitsvorschläge

a) Arbeiten Sie den Wandel der Deutschlandpläne der Alliierten heraus und ordnen Sie diese in die allgemeine politische Lage ein (M 1, M 2, M 4–M 7).

b) Es wird glaubhaft berichtet, dass dem Ministerpräsidenten von Groß-Hessen, Karl Geiler, bei seiner Dankadresse auf die Rede des US-Außenministers Byrnes Tränen in den Augen standen. Erklären Sie diese Reaktion eines deutschen Politikers (M 7).

c) Ermitteln Sie, welche Aufgaben und Zielsetzungen sich nach Aussagen eines ihrer Lizenznehmer die „Rhein-Neckar-Zeitung“ stellt (M 9). Vergleichen Sie dies mit dem Selbstverständnis heutiger Pressepublikationen. Stellen Sie in einem Kurzreferat die Anfänge einer Ihrer Regionalzeitungen nach 1945 vor.

d) Ermitteln Sie den Umgang der verschiedenen Institutionen mit der Entnazifizierung und die Antwort auf die Schuldfrage (M 3, M 8, M 10). Ziehen Sie dabei auch weiterführende Literatur zurate.

e) Führen Sie eine vergleichende Untersuchung zur Haltung der beiden großen Kirchen bezüglich der deutschen Vergangenheit vor 1945 durch (M 12, M 13).

f) Analysieren Sie die Charta der deutschen Heimatvertriebenen hinsichtlich der darin aufgestellten Forderungen und selbst gewählten Zielsetzungen (M 14–M 17). Ermitteln Sie, welche Rolle dieses Dokument für heute noch bestehende Organisationen der Heimatvertriebenen spielt.

g) Führen Sie eine Zeitzeugenbefragung zum Thema „Aufnahme und Integration von Heimatvertriebenen in der Bundesrepublik“ durch.

h) Analysieren Sie das Ergebnis der Volkszählung von 1946/1950 und ziehen Sie Rückschlüsse auf die Situation der Frauen im Alltag in der Nachkriegszeit (M 18, M 20).

Die Nachkriegsjahre

Geschichte erinnern: Kriegsgräberstätten als außerschulische Lernorte

Gräberstätten für die Opfer von Krieg und Gewaltherrschaft sind auch Stätten des Lernens. Besonders eindringlich stellt sich an diesen Orten die Frage: Was hat sich hier zugetragen? Wie konnte es dazu kommen? Warum sind so viele Menschen gestorben?
Im Mittelpunkt der Überlegungen stehen die eigene Regionalgeschichte und die Suche nach den Spuren des Krieges und der Gewaltherrschaft vor Ort.
Die Erfahrung zeigt, dass wir über bedeutende Daten der deutschen Geschichte häufig gut informiert sind, aber wenig darüber wissen, wie sich Krieg und Gewaltherrschaft konkret in unserer Stadt bzw. unserem Dorf ausgewirkt haben.
Der Besuch einer Kriegsgräberstätte bietet die Möglichkeit, sich dem historischen Geschehen möglichst konkret, sowohl wegen des Ortes, als auch wegen der einzelnen Menschen, zu nähern. Gerade die mikrohistorische Perspektive kann dazu beitragen, unser Interesse zu wecken. Geschichte wird auf diese Weise als Teil unserer eigenen „Heimatgeschichte" greifbar und rückt stärker in unser Bewusstsein. Kriegsgräberstätten können eine Sensibilisierung für das historische Geschehen und die dahinterstehenden Einzelschicksale bewirken.

1 Bronzegestalt des Hiob. Skulptur von Gerhard Mack, 1950. Foto 2009

Beispiel Frankfurt am Main

Auf dem Hauptfriedhof in Frankfurt am Main gibt es vier verschiedene Gräberfelder für die Opfer von Krieg und Gewaltherrschaft. Ein großes Feld mit über 1600 Toten wurde bereits während des Ersten Weltkrieges angelegt. Dort wurden jene Soldaten beigesetzt, die in Frankfurter Lazaretten infolge ihrer an der Front erlittenen Verletzungen starben. Daran anschließend haben die Toten des Zweiten Weltkrieges ihre letzte Ruhe gefunden. Es handelt sich um Männer, Frauen und Kinder, die zwischen Juni 1940 und März 1945 bei Bombenangriffen ums Leben kamen. Etwas abseits befindet sich ein Massengrab für die überwiegend polnischen Häftlinge des KZ Katzbach, einem Außenlager des KZ Natzweiler bei den Frankfurter Adlerwerken. Deutsche und ausländische Opfer der national-sozialistischen Gewaltherrschaft wurden nach Kriegsende in einem besonderen Gräberfeld zusammengebettet. Zu diesen Toten gehören beispielsweise Menschen, die im Rahmen der „Vernichtung lebensunwerten Lebens" ermordet wurden.

10

Arbeitsvorschläge

a) Informieren Sie sich über Kriegsgräberstätten in Ihrer Nähe und ermitteln Sie Angaben zur Entstehungsgeschichte des Friedhofs.
b) Schreiben Sie zu einer von Ihnen ausgewählten Opfergruppe oder ein Einzelschicksal der Kriegsgräberstätte ein Essay. Holen Sie dazu ggf. Informationen aus Ihrem Stadt-, Gemeinde- oder Kirchenarchiv ein.
c) Recherchieren Sie mit Hilfe des Internet (www.volksbund.de) weitere Informationen zu Kriegsgräberstätten.
d) Führen Sie zu der Frage, ob und welchen Sinn Kriegsgräberstätten als Gedenkstätten machen, ein Streitgespräch.
e) Diskutieren Sie, ob eine vergleichbare Gedenkstätte auch für die in Auslandseinsätzen zu Tode gekommenen Bundeswehrsoldaten eingerichtet werden sollte.

11 Die gesellschaftspolitische Entwicklung im geteilten und vereinten Deutschland

Das bundesdeutsche Grundgesetz

Die Beratungen des Grundgesetzes und die formelle Entstehung der Bundesrepublik gehen auf Beschlüsse der West-Alliierten auf der Londoner Sechs-Mächte-Konferenz vom Februar/März 1948 zurück. Dort tagten die Alliierten zum ersten Mal ohne die UdSSR und berieten zusammen mit den drei Benelux-Staaten ihre zukünftige Deutschlandpolitik. Als „Frankfurter Dokumente" übergaben die westlichen Militärgouverneure im Juli 1948 den deutschen Ministerpräsidenten der westlichen Zonen ihre Verhandlungsergebnisse, worin sie diese u.a. dazu aufriefen, eine verfassunggebende Versammlung einzuberufen. Die Dokumente stießen bei den westdeutschen Politikern keineswegs auf Akzeptanz, begriffen sie doch die Aufforderung zur Verfassunggebung als Meilenstein zur deutschen Teilung.

Auf Druck der amerikanischen Besatzungsmacht nahm schließlich im August 1948 ein Verfassungskonvent seine Beratungen auf. Dieser entwickelte nach den Vorgaben der alliierten Richtlinien einen Entwurf zu einer demokratischen, föderativen und rechtsstaatlichen Verfassung. Er diente den weiteren Diskussionen als Grundlage. Als Beratungsorgan wurde der Parlamentarische Rat eingerichtet. Ihm gehörten 65 entsprechend den 1947 durchgeführten Landtagswahlen nominierte Parteivertreter an (27 CDU/CSU, 27 SPD, 5 Liberale, 2 KPD, 2 Zentrum, 2 DP, 5 nicht stimmberechtigte Vertreter Berlins). Einig waren sich dessen Mitglieder darin, den vorläufigen Charakter des Verfassungswerkes festzuschreiben.

Nach mitunter heftigen Debatten über die aus dem Scheitern der Weimarer Republik und Aufstieg des Nationalsozialismus zu ziehende Lehren, wurde das Grundgesetz am 8. Mai 1949 vom Parlamentarischen Rat mehrheitlich angenommen. Vier Tage später wurde es von den drei westlichen Militärgouverneuren genehmigt. Der bayerische Landtag lehnte in einer Sitzung vom 19. auf den 20. Mai 1949 mit 101 zu 63 Stimmen das Grundgesetz ab, da ihm der föderale Charakter, z.B. die zu geringe Gleichberechtigung des Bundesrates bei der Gesetzgebung, als unzureichend erschien. Allerdings wurde die Verbindlichkeit des Grundgesetzes auch für Bayern, sollte bundesweit zwei Drittel der Länder das Grundgesetz ratifizieren, akzeptiert.

Volkskongressbewegung und Gründung der DDR

Zugleich zu den Vorgängen in den Westzonen organisierte die SED in Ostberlin die so genannte Volkskongressbewegung. Die Absicht, damit eine Institution für Gesamtdeutschland zu schaffen, fand allerdings wegen mangelnder demokratischer Legitimation keine Akzeptanz. Der 1948 zusammentretende zweite Volkskongress berief einen Volksrat, der eine von der SED vorbereitete Verfassung ausarbeiten sollte. Der dritte Volkskongress vom 30. Mai 1949 bestätigte den Verfassungsentwurf (▶ Online-Link). Die Delegierten, die nach einer von der SED erstellten Einheitsliste gewählt worden waren, auf der die Bürger mit „Ja" oder „Nein" stimmen konnten, setzte aus ihren Reihen einen Volksrat ein, der sich am 7. Oktober zur provisorischen Volkskammer umbenannte und eine Regierung bildete. Mit diesem Tag, dem Gründungstag der DDR, war die deutsche Teilung endgültig besiegelt.

11.1 Die Anfänge der Bundesrepublik

Beschränkte Souveränität

Nachdem das Grundgesetz am 23. Mai 1949 in Kraft getreten war, wurde der 73-jährige Konrad Adenauer am 15. September 1949 durch den Bundestag mit einer Stimme Mehrheit, seiner eigenen, zum Bundeskanzler gewählt. An diesem Tag hätte wohl niemand vorherzusagen gewagt, dass der auf dem Boden des 1945 vollständig geschlagenen Deutschen Reiches gegründete Teilstaat - die Bundesrepublik Deutschland - in wenigen Jahren wieder weitgehende außenpolitische Souveränität besitzen und über eigene Streitkräfte verfügen würde.
Ab 1949 war die Rechtsgrundlage für die Beziehungen zwischen der Bundesrepublik und den Besatzungsmächten, die durch „Hohe Kommissare" vertreten waren, das Besatzungsstatut. Es beendete zwar die direkte alliierte Militärregierung, schränkte aber gleichwohl durch das Interventionsrecht der Hochkommissare den Handlungsspielraum der deutschen Innenpolitik stark ein. So waren alliierte Eingriffe im Ruhr- und Saargebiet, bei der Entflechtung von Großkonzernen sowie durch Demontagen und Reparationszahlungen möglich.

Adenauers Ziele

Deutsche Partei

In dieser Situation setzte sich das von Adenauer geführte erste Kabinett, bestehend aus CDU/CSU, FDP und Deutscher Partei (DP), vier Nahziele: die schnellstmögliche Integration der ohnmächtigen Bundesrepublik in die westliche Welt sowie die Rückgewinnung zunächst äußerer Sicherheit, dann politischer Gleichberechtigung und schließlich völkerrechtlicher Souveränität. Erst danach hielt Adenauer eine Herstellung der deutschen Einheit für möglich, die ihm zufolge nur durch eine „Politik der Stärke" gegenüber der Sowjetunion - d. h. mit massiver Rückendeckung der Westmächte - erreicht werden könne. Auf diese Weise sollte einerseits das bei Stalin vermutete Hegemonialstreben eingedämmt werden, andererseits hoffte Adenauer, dass eine durch die Westintegration schnell wirtschaftlich aufblühende Bundesrepublik auf die DDR eine wachsende Anziehungskraft ausüben würde. Nach dieser „Magnettheorie" konnte die Wiedervereinigung erst in langer Sicht erreicht werden. In kurz- und mittelfristiger Perspektive musste konsequenterweise die Spaltung der Welt, Europas und Deutschlands als unverrückbare Rahmenbedingung in Kauf genommen werden.

1 Diplomatische Gesten. Konrad Adenauer , der den Hohen Kommissaren 1949 sein Kabinett präsentiert, hat den Teppich betreten, der dem protokollarischen Zeremoniell zufolge den Repräsentanten der Besatzungsmächte vorbehalten sein sollte.

Adenauers Entscheidung für den temporären Primat der Westintegration gegenüber der deutschen Einheit brachte ihm Kritik von Politikern aus allen Parteien, auch seiner eigenen, besonders aber aus der SPD ein. Seine Deutschlandpolitik sei - so die Kritiker - mit der Präambel des Grundgesetzes nicht zu vereinbaren, in der das „gesamte Deutsche Volk aufgefordert [wird], in freier Selbstbestimmung die Einheit und Freiheit Deutschlands zu vollenden". Im Gegensatz zu Adenauer war für den SPD-Vorsitzenden Kurt Schumacher „die Wiedervereinigung Deutschlands dringender und wichtiger als [...] jede Form der Integration". In dem sich formierenden Systemgegensatz sah er die Hauptgefahr für die deutsche Einheit. Deshalb strebte er um den Preis eingeschränkter Souveränität ein vereinigtes, blockfreies und neutrales Deutschland an. Adenauers Gegenargument lautete: „Neutralisierung heißt

Sowjetisierung." Die Auseinandersetzung wurde von beiden Seiten mit unerbittlicher Härte geführt: Während Schumacher von Adenauer als dem „Bundeskanzler der Alliierten" sprach, sagte dieser den „Untergang Deutschlands" für den Fall eines SPD-Wahlsiegs voraus und warf der SPD im Wahlkampf 1953 vor, von der DDR finanziert zu werden – was er allerdings nach gewonnener Wahl zurücknahm.

2 Lieber einen Acheson an der Hand – als einen Stalin auf dem Dach. Karikatur von Mirko Szewczuk, 1949 zum Besuch des amerikanischen Außenministers Acheson in der Bundesrepublik Ende 1949. Links unten sind Wilhelm Pieck und Otto Grotewohl dargestellt.

Unbeirrt von den Einwänden seiner Kontrahenten verfolgte Adenauer den eingeschlagenen Weg zur Herstellung der politischen Gleichberechtigung der Bundesrepublik weiter, gegen die es vor allem das Misstrauen Frankreichs zu überwinden galt, das bereits die Gründung eines westdeutschen Staates nur auf amerikanischen und englischen Druck hin akzeptiert hatte. Die Annäherung an Frankreich suchte Adenauer durch eine Politik weitgehender Zugeständnisse, da er ein Höchstmaß loyalen Verhaltens gegenüber den Westmächten als entscheidend für den Erfolg seiner Politik betrachtete. So trat er im Petersberger Abkommen 1949 dem Militärischen Sicherheitsamt, das die Entmilitarisierung Deutschlands kontrollierte, und der Internationalen Ruhrbehörde bei, die für die Kontrolle der Kohle- und Stahlproduktion des Ruhrgebiets zuständig war. Im Gegenzug erwirkte er eine Verringerung der Demontagen und die Genehmigung, Handelsbeziehungen mit anderen Ländern aufzunehmen und sich internationalen Organisationen anzuschließen – z. B. 1949 der OEEC (Organisation für europäische wirtschaftliche Zusammenarbeit) und 1952 dem IWF (Internationaler Währungsfonds).

Die deutsch-französischen Beziehungen

Den ersten Schritt sowohl zur Westintegration der Bundesrepublik als auch zur europäischen Einigung stellte der deutsche Beitritt zur Montanunion (Europäische Gemeinschaft für Kohle und Stahl) 1951 dar. Erneut kam Adenauer damit Frankreich entgegen, denn die Montanunion bot einerseits der französischen Stahlindustrie Zugang zu den dringend erforderlichen Rohstoffimporten, andererseits erhielt Frankreich die Möglichkeit einer indirekten Kontrolle des Ruhrgebiets, weshalb Schumacher „die Fortsetzung der alten Politik französischer Herrschaftsansprüche" kritisierte. Eine weitere Konzession an das französische Sicherheitsbedürfnis machte Adenauer beim Beitritt zum Europarat im gleichen Jahr, an den Frankreich die Bedingung geknüpft hatte, dass gleichzeitig das Saarland als assoziiertes Mitglied aufzunehmen sei. Damit hatte aber der europäische Integrationsprozess für die sechs Montanunion-Staaten eine Dynamik entfaltet, die sich 1957 mit der Gründung der Europäischen Wirtschaftsgemeinschaft (EWG) und der Europäischen Atomgemeinschaft (Euratom) fortsetzte.

Konrad Adenauer, Kanzler, 1949–1963

Ein wichtiger Impuls zur Ausdehnung der Westintegration auf den militärischen Bereich ging vom Korea-Krieg aus: Der Überfall des kommunistisch regierten Nordkorea auf den südlichen Landesteil, der enge Beziehungen zu den USA unterhielt, schürte in Europa die Angst vor einer ähnlichen kommunistischen Expansion. Adenauer griff Churchills Vorschlag auf, zur Eindämmung der kommunistischen Bedrohung eine europäische Armee unter Einschluss deutscher Kontingente aufzubauen, und bot eine deutsche Freiwilligenarmee von 150 000

3 **Konrad Adenauer als Brandstifter.** Karikatur von Kurt Poltiniak zum Deutschlandvertrag, DDR 1952.

Soldaten an, allerdings unter der Bedingung, dass im Gegenzug „die Beziehungen Deutschlands zu den Besatzungsmächten auf neue Grundlagen gestellt werden". In einer Wiederbewaffnung und der Mitgliedschaft in der vom französischen Ministerpräsidenten Pleven vorgeschlagenen „Europäischen Verteidigungsgemeinschaft" (EVG) sah Adenauer die Chance, weitere Fortschritte bei der Überwindung des Besatzungsstatuts zu erzielen und damit die umfassende Souveränität im Sinne äußerer Sicherheit und politischer Gleichberechtigung wiederzuerlangen. Innenpolitisch provozierte Adenauer mit der geplanten Wiederbewaffnung jedoch eine Welle von Protesten, die besonders von Gewerkschaften, christlichen Organisationen, Intellektuellen und der KPD getragen wurden („Ohne-mich-Bewegung"). Gustav Heinemann, späterer Bundespräsident, trat aus Protest als Innenminister zurück und aus der CDU aus. Ende der 1950er-Jahre formierten sich erstmals Ostermärsche, damals als Protestform gegen eine mögliche atomare Bewaffnung der Bundeswehr.

Nachdem sich allerdings die Bundesrepublik zur Übernahme der deutschen Auslandsschulden für die Vor- und Nachkriegszeit bereit erklärt hatte, hoben 1951 die Westmächte den Kriegszustand auf und revidierten erstmals das Besatzungsstatut, was die Wiedereinrichtung des Auswärtigen Amtes ermöglichte: Erster Außenminister wurde Adenauer selbst, der schon 1952 mit Ägypten und 1953 mit dem Irak diplomatische Beziehungen aufnahm und mit Israel ein von vielen Deutschen abgelehntes Wiedergutmachungsabkommen unterzeichnete. Darin verpflichtete sich die Bundesrepublik zur Zahlung von 3 Mrd. DM binnen 12 Jahren. Damit war ein wichtiger erster Schritt auf dem Weg zur deutsch-israelischen Annäherung und zu größerer außenpolitischer Handlungsfähigkeit getan.

Die Stalin-Noten

Die für Mai 1952 vorgesehene Unterzeichnung des EVG-Vertrags führte im März und April 1952 zu zwei „Stalin-Noten". Darin bot dieser den Westmächten an, der Wiederherstellung eines um die Gebiete östlich von Oder und Neiße verkleinerten, wiedervereinigten und neutralen deutschen Staates zuzustimmen, dem eigene Streitkräfte, freie Wahlen und ein pluralistisches Parteiensystem zugestanden würden.

4 **Protest gegen die geplante Wiederbewaffnung** Frankfurt/M., 16. Januar 1955

Hintergrund der Initiative war vermutlich Stalins Furcht, dass nach der 1951 erfolgten Unterzeichnung eines Sicherheitsvertrags zwischen den USA und Japan, das den US-Truppen im Korea-Krieg als Nachschubbasis diente, nun auch die Bundesrepublik fest im westlichen Block verankert würde. Die Frage, ob Stalin zur Verhinderung der militärischen Westintegration in letzter Sekunde bereit gewesen wäre, das SED-Regime preiszugeben, oder ob es sich um eine langfristig angelegte Strategie handelte, mit der die Westmächte aus Deutschland und die USA aus Europa herausgedrängt werden sollten, um das dann schutzlose Land dem Ostblock einzuverleiben, ist unter Fachhistorikern bis heute umstritten. Indem die Westmächte und Adenauer darauf bestanden, dass die angebotenen freien Wahlen unter Aufsicht der damals von den USA und ihren Verbündeten dominierten Vereinten Nationen durchgeführt werden müssten, trugen sie maßgeblich zum Scheitern der sowjetischen Initiative bei. Der Vorschlag der SPD, vor einer übereilten Ablehnung der Offerte deren Ernsthaftigkeit in Verhandlungen auszuloten und vorerst die Unterzeichnung des EVG-Vertrags aufzuschieben, blieb ohne Widerhall. Termingemäß wurde am 17. Mai 1952 der EVG-Vertrag unterzeichnet, nachdem am Tag zuvor bereits der „Deutschland-Vertrag" auf der „Grundlage der Gleichberechtigung" abgeschlossen worden war, der der Bundesrepublik weitgehende Souveränität über ihre inneren und äußeren Angelegenheiten garantierte. Die Wiedervereinigung war damit aber in noch weitere Ferne gerückt.

5 **Befreiungskomitee für die Opfer totalitärer Willkür** (Bundesrepublik) anlässlich der Stalin-Noten. Plakat 1952.

Die Bundesrepublik erlangt die Souveränität

Mehr als zwei Jahre später, am 30. August 1954, erlitt der europäische Einigungsprozess, der die westdeutsche Souveränität untermauern sollte, allerdings einen Rückschlag: Der EVG-Vertrag scheiterte in der französischen Nationalversammlung an den Vorbehalten gegen eine deutsche Militärbeteiligung, womit das Projekt einer europäischen Armee, die die europäische Einigung hatte befördern sollen, endgültig aufgegeben wurde. Die parallel mit der NATO geführten Beitrittsverhandlungen führten stattdessen 1955 zur Integration der ein Jahr zuvor gegründeten Bundeswehr in das nordatlantische Militärbündnis NATO und die „Westeuropäische Union" (WEU). Das bereits revidierte Besatzungsstatut wurde durch die Pariser Verträge im Mai 1955 endgültig aufgehoben. Damit hatte Adenauer zwei seiner übergeordneten Ziele erreicht: Die politische und militärische Westintegration war völkerrechtlich vollzogen und die Souveränität im Innern und nach außen zu einem erheblichen Teil verwirklicht. Allerdings bestanden die Westalliierten auf Vorbehaltsrechten in allen Fragen der Deutschlandpolitik und der Stationierung ihrer Truppen auf deutschem Boden. Außerdem verzichtete die Bundesrepublik auf eine Reihe strategischer Waffensysteme einschließlich Atomwaffen. Insofern hatte sich Adenauers Hoffnung auf völlige politische Gleichberechtigung nur teilweise erfüllt. Sie sollte sich erst mit dem Inkrafttreten des „Zwei-Plus-Vier" Vertrages 1991, der auch das Tor zur deutschen Einheit endgültig öffnete, bewahrheiten.

6 **Der Ballast.** DDR-Karikatur von Kurt Poltiniak, 1949. Im Ballonkorb stehen Konrad Adenauer und Jakob Kaiser, Minister für Gesamtdeutsche Fragen.

7 Die Frage der Wiedervereinigung

Aus den „Erinnerungen" Konrad Adenauers, 1965:

Für ein besiegtes, besetztes Volk wie das deutsche bedeutet auswärtige Politik etwas ganz anderes als für ein Volk, das sich in normalen Verhältnissen befindet. Solange wir nur Objekt der Politik anderer Mächte waren, war auch jede Innenpolitik [...] sehr schwierig. Daher musste in erster Linie das Streben einer jeden Regierung unseres Landes zunächst darauf gerichtet sein, uns wieder zu einem freien, selbstständigen Faktor in der Außenpolitik werden zu lassen. Im Übrigen bedeutete in unserer Situation Außenpolitik gleichzeitig Innenpolitik, denn würde es uns auf Grund unserer Außenpolitik nicht gelingen, unsere Freiheit zu wahren, würden wir kommunistisch mit den entsprechenden innenpolitischen Konsequenzen.

Es würde die große Aufgabe der deutschen Politiker und der Politik der Westalliierten sein, den richtigen Augenblick zu sehen, in dem echte Verhandlungsbereitschaft bei Sowjetrussland vorhanden sein würde. Diese echte Verhandlungsbereitschaft der Russen würde sich dann ergeben, wenn sie einsähen, dass der Westen mindestens so stark wie Sowjetrussland war [...]. Bis zu diesem Zeitpunkt mussten wir geduldig warten. Ich glaubte, dass dieser Tag umso schneller herankommen würde, je eher wir und die Westalliierten die Einigung Europas [...] vollendeten. [...]

Gerade wir Deutsche, die wir im Spannungsfeld zwischen Ost und West liegen, hatten das größte Interesse daran, dass dieser Augenblick möglichst bald kam. Uns Deutschen lag nach all den Erfahrungen, die wir gemacht hatten, der Gedanke an Krieg absolut fern. Wir wollten den Frieden. Wir wollten aber auch unsere Freiheit, wir wollten die Wiedervereinigung Deutschlands und wir wollten ein einiges Europa. [...]

Die Frage der Wiedervereinigung Deutschlands durfte man nicht als eine Einzelfrage betrachten, die für sich allein gelöst werden könnte. [...] So sehr ich als Deutscher die Wiedervereinigung Deutschlands in Frieden und Freiheit wünsche und so sehr ich sie auch als Europäer wünsche, dessen Ziel es ist, endlich Frieden und friedlichen Wiederaufbau in ganz Deutschland zu sehen, so musste man sich doch als verantwortlicher Politiker darüber klar sein, dass diese fundamentale Frage der Wiedervereinigung Deutschlands mit einer ganzen Reihe anderer Fragen zusammenhing. [...]

Wir durften und dürfen namentlich in unserer christlichen Partei niemals vergessen, dass der Kampf gegen den Kommunismus sich nicht einfach erschöpft in Bemühungen um die Wiedererlangung der uns entzogenen Teile Deutschlands, sondern dass dahinter steht der Kampf zwischen Materialismus und christlicher Überzeugung, der Gegensatz zwischen russisch-kommunistischer Diktatur und einem freien Europa. Wenn es den freien Völkern der Welt nicht gelingt, dieses Gefühl für den Wert der christlich-europäischen Kultur zu steigern, dann wird die Zukunft nach meiner Überzeugung für weite Teile des Erdkreises sehr dunkel sein. Wenn die freie Welt wachsam bleibt, dann wird es vielleicht doch im Laufe der Zeit möglich sein, da auch Russland zur Erfüllung seiner innenpolitischen Aufgaben Zeit braucht, zu einem Zustand zu kommen, der der Welt echten Frieden verbürgt. Im gegenwärtigen Augenblick jedoch hilft nur ein bewaffneter Friede.

Zit. nach: K. Adenauer: Erinnerungen, Bd. 2. Stuttgart 1965, S. 9 ff.

8 Was bringen Deutschland- und EVG-Vertrag?

Aus einer Bundestagsrede Carlo Schmids (SPD) am 9. 7. 1952:

Nun kann die Einheit Deutschlands doch nur zustande kommen, wenn die Russen – ja, auch die Russen – mit gesamtdeutschen freien Wahlen einverstanden sind. Und glaubt man denn, dass sie dazu bereit sein werden, wenn von vornherein feststehen soll, dass der Teil Deutschlands, den sie aufgeben, auf Grund einer heute geschaffenen vertraglichen Verpflichtung einem Block zugeschlagen werden soll, den dieses Russland nun einmal als feindlich empfindet? Als ich das in Straßburg einem Delegierten eines nordischen Landes sagte, gab er mir zur Antwort: „Ihr müsst euch eben damit abfinden: Uns ist es lieber, wir haben das halbe Deutschland ganz als das ganze Deutschland halb." Das mag da ein Gesichtspunkt für Dritte sein, aber für uns Deutsche kann das kein Gesichtspunkt sein! Wir können uns dagegen nicht mit den Worten trösten, dass wir durch diese Verträge nunmehr zusammen mit dem Westen so stark werden, dass wir mit den Russen endlich die Sprache sprechen können, die sie allein verstehen. Glaubt man denn wirklich, mit diesen Verträgen die Russen zur politischen Kapitulation zwingen zu können? Wenn man die Zustimmung der Russen will, muss man ihnen doch eine Chance lassen, durch die sie kompensiert finden könnten, was sie aufgeben! [...]

Ich glaube nicht, dass die Antithesen schlüssig sind, die heute Morgen vorgetragen wurden: ob Anschluss an den Westen oder nicht; ob Schutz durch das Atlantikpaktsystem oder nicht; ob Integration Deutschlands in Europa oder nicht. [...] Echt scheint mir nur die eine Antithese zu sein: ob die Teilung Deutschlands oder die Wiedervereinigung in Freiheit angestrebt werden soll. Die Frage ist, ob die Verträge uns diese Wiedervereinigung bringen können. [...]

Sie sagen: Wir machen durch die Verträge uns und den Westen stark, und nur, wenn wir den Westen stark machen – in einer früheren Debatte wurde einmal gesagt: militärisch stark machen –, kann man den Russen gegenüber eine offensive Deutschland-Politik betreiben, denn sie verstehen nur die Sprache der Macht. Dazu sagen wir Ihnen: Die Macht, die wir dazu brauchten, schaffen diese Verträge nicht. Keiner unserer Partner ist durch diese Verträge zu konkreten politischen Maßnahmen für die Einheit Deutschlands verpflichtet. [...]

Es ist nicht wahr, dass es nur die eine Alternative gäbe, Satellit des Ostens oder Vasall des Westens zu sein. Es gibt die dritte: sich dem Westen in Formen zu verbinden, die der Osten nicht bedrohlich zu finden braucht, und mit dem Osten in ein Verhältnis freien Austauschs zu treten, das den Westen stärkt statt ihn zu schwächen. Nur so können wir zur Wiederherstellung eines freien einheitlichen Deutschland kommen.

Zit. nach: J. Hohlfeld, (Hrsg.): Dokumente der deutschen Politik und Geschichte von 1848 bis zur Gegenwart, Bd. 7. Berlin o. J., S. 378 ff.

9 Argumente von Befürwortern und Gegnern einer deutschen Wiederbewaffnung

Aus einem Artikel Rudolf Augsteins im SPIEGEL vom 15. November 1950:

Befürworter einer deutschen Wiederbewaffnung	Gegner einer deutschen Wiederbewaffnung
1. Der Sowjet-Koloss ist eine ständige Drohung und muss eingeschüchtert werden.	1. Eine Armee, stark genug, die Russen vom Krieg abzuhalten, kann in Westeuropa mit oder ohne Westdeutschland ohnehin nicht aufgestellt werden. Wenn die Russen keinen Krieg wagen, so darum nicht, weil sie Angst vor dem Potenzial Amerikas haben. Es ist unsinnig, die Peripherie vor dem Kern stark zu machen. Die Peripherie muss vom Kern her und geschützt durch den Kern stark gemacht werden.
2. Die Volkspolizei der Ostzone wächst. Sie könnte ein Korea probieren.	2. Die Volkspolizei ist eine Söldnertruppe Moskaus und hat allein nicht die Potenz, die US-Truppen in West-Deutschland mit Krieg zu überziehen.
3. Deutschland als Kernland Europas kann sich der Verteidigung Europas nicht entziehen.	3. Deutschland als Kernland Europas ist in seiner Substanz gründlich zerschlagen worden. Es ist eine Grenz- und Pufferzone geworden, in der politische und militärische Macht auf lange Zeit nicht entfaltet werden kann.
4. Eine Europa-Armee mit deutschen Kontingenten würde den Franzosen ihren Sicherheitskomplex nehmen.	4. Der Sicherheits-Komplex der Franzosen wird jede europäische Anstrengung zunichte machen. Diese jetzige Vormacht des Kontinents ist im Ernstfall gar nicht bündnisfähig.
5. Die West-Alliierten werden sicher nicht für uns kämpfen, wenn wir nicht selbst bereit sind zu kämpfen.	5. Die Alliierten kämpfen überhaupt nicht für uns, sie begrüßen uns als Hilfstruppen und sie haben Interesse daran, dass unser Potenzial den Sowjets nicht (heil) in die Hände fällt.
6. Die Russen würden durch Bewaffnung der Deutschen größere Angst vor einem Kriege haben.	6. Die Russen könnten einen Präventivkrieg befürchten, wenn die Deutschen bewaffnet würden. Die Gefahr, dass sie diesem „Zuvorkommungs"-Krieg zuvorkommen würden, ist nicht rundweg abzuweisen.

11.2 Die Anfänge der „Ära Ulbricht" – Aufbau des Sozialismus in der DDR

Stalins Strategien gegenüber der DDR

Analog zur Rolle der Bundesrepublik als äußerstem Vorposten der westlichen Welt im Kalten Krieg wurde die DDR von Stalin als strategischer Pfeiler des kommunistischen Blocksystems gegenüber der „kapitalistisch-imperialistischen Umklammerung" betrachtet. Er hatte schon im Frühjahr 1945 im Gespräch mit jugoslawischen Kommunisten formuliert: „Dieser Krieg ist nicht wie in der Vergangenheit; wer immer ein Gebiet besitzt, erlegt ihm auch sein eigenes gesellschaftliches System auf. Jeder führt sein eigenes System ein, so weit seine Armee vordringen kann. Es kann gar nicht anders sein." Während sich aber die Westmächte frühzeitig auf die Westintegration der Bundesrepublik umorientierten, war Stalins Deutschlandpolitik doppelgleisig angelegt: Nachdem 1947 die Anti-Hitler-Koalition endgültig zerbrochen war, hatte er das Ziel verfolgt, die USA aus Europa herauszudrängen und dadurch den sowjetischen Einfluss in Europa zu verstärken. In diesem Kalkül war ein vereinigtes Deutschland, das in seiner Außenpolitik von der Sowjetunion abhängig war, einem kommunistischen Teilstaat vorzuziehen. Da es aber unsicher war, ob dieses Ziel erreicht werden konnte, verfolgte Stalin zusätzlich eine zweite Strategie: Solange noch Chancen bestanden, ganz Deutschland unter sowjetischen Einfluss zu bringen, sollten durch strukturelle Eingriffe in der DDR nur jene vollendeten Tatsachen geschaffen werden, die die kommunistische Hegemonie zwar absicherten, aber eine „Volksdemokratie" nach polnischem oder ungarischem Muster nicht vorschnell installiert hätten. Stalin war durch diese Doppelstrategie auch für den Fall gewappnet, dass ein wiedervereinigtes Deutschland nicht zustande käme, weil der begonnene Ausbau einer kommunistischen Gesellschafts- und Herrschaftsstruktur zugleich als Grundlage für die Weiterentwicklung zu einer endgültigen Teilstaatslösung dienen konnte.

Von der „antifaschistisch-demokratischen Umwälzung" zum Aufbau des Sozialismus

So begann die Geschichte der jungen DDR zwischen 1949 und 1952 mit der Phase der „antifaschistisch-demokratischen Umwälzung". Sie zeichnete sich einerseits dadurch aus, dass staatseigene Betriebe bereits die Wirtschaft beherrschten und im Rahmen eines Fünfjahresplans sowjetische Wirtschaftsmethoden anwandten, dass die Gleichschaltung der nichtkommunistischen Parteien weit vorangeschritten war und dass die Wählerinnen und Wähler nur die Einheitsliste der „Nationalen Front" vorgelegt bekamen. Andererseits hielt man aber in bewusster Abweichung vom stalinistischen Modell am zumindest formal beibehaltenen Mehrparteiensystem und einer zunächst noch überwiegend privat betriebenen Landwirtschaft fest, solange die Sowjetunion sich die deutsche Einheit als Option offen halten wollte. Erst nachdem die Wiedervereinigung kein strategisches Ziel mehr sein konnte, weil diese Option im Mai 1952 an der ablehnenden Haltung Adenauers und der Westmächte gegenüber den Stalin-Noten gescheitert war, erhielt die SED im Juli 1952 aus Moskau die Genehmigung, den planmäßigen „Aufbau des Sozialismus" zu proklamieren. Unter der maßgeblichen Führung Walter Ulbrichts, der als Generalsekretär der SED seit 1950 zur bestimmenden Person geworden war, kopierte die DDR von nun an das sowjetische Modell unter dem auf der 2. Parteikonferenz der SED 1952 verkündeten Motto „Von der Sowjetunion lernen, heißt siegen lernen". Adenauers Politik der „Westintegration" hatte damit ihre Entsprechung in Ulbrichts Politik der „Ostintegration" gefunden.

Walter Ulbricht, Generalsekretär der SED (1950–1971)

Die SED – eine „Partei neuen Typs"

Damit begann die Stalinisierung der DDR, für deren Umsetzung gemäß Stalins zweiter, eigentlich ungeliebter Teilstrategie auf Grundlagen zurückgegriffen werden konnte, die in den Jahren zuvor gelegt worden waren. Zu ihnen gehörte an erster Stelle die 1950 beschlossene Definition der SED als „Partei neuen Typs",

1 Im stalinistisch-leninistischen Operationssaal: Der Nächste bitte ...
Karikatur aus der Hannoversche Presse vom 4.7.1952.

die als „bewusste Vorhut der Arbeiterklasse“ im nun beginnenden Prozess des „gesetzmäßig sich verschärfenden Klassenkampfs“ – so Ulbricht auf der 2. Parteikonferenz – die Führungsrolle beanspruchte, die sie nicht aus Wahlen, sondern aus Lenins Parteitheorie ableitete. Ihr zufolge könne die Arbeiterklasse von sich aus kein politisch-revolutionäres, sondern nur ein gewerkschaftliches Bewusstsein entwickeln. Das wahre Bewusstsein müsse ihr deshalb von außen durch sozialistische Intellektuelle, die in der Partei kämpfenden Berufsrevolutionäre, vermittelt werden. Die Partei handele gemäß der ihr vorbehaltenen Einsicht in die „historischen Gesetzmäßigkeiten“, die in der „Theorie von Marx, Engels, Lenin und Stalin“ mit naturwissenschaftlicher Präzision aufgedeckt worden seien und ihr bei allen politischen Entscheidungen als „zuverlässiger Kompass“ dienten. Ihr Anspruch auf das Deutungsmonopol gegenüber der „wissenschaftlichen Weltanschauung“ des Marxismus-Leninismus mündete folgerichtig in einen totalitären Dogmatismus, wie er sich etwa im Refrain eines Partei-Lieds niederschlug: „Die Partei, die Partei, die hat immer Recht.“
Als Legitimationsgrundlage diente der „Partei neuen Typs“ außerdem der bereits 1905 von Lenin entwickelte Grundsatz des „demokratischen Zentralismus“: Er beinhaltet einerseits die Wahl der übergeordneten Parteiorgane durch die Mitglieder, andererseits aber gleichzeitig deren uneingeschränkte Entscheidungsbefugnis nach der Wahl und die Pflicht der untergeordneten Parteiorgane zu „straffer Parteidisziplin“, die als Voraussetzung für die „Kampfkraft“ der Partei betrachtet wurde (▶ Online-Link). Da in der Regel die Funktionäre von den bereits amtierenden Funktionsträgern eingesetzt wurden, verfestigte sich in der Realität eine bürokratisch-zentralistische Herrschaftspraxis. Zudem war aufgrund des ebenfalls schon von Lenin 1921 eingeführten „Fraktionsverbots“ die Bildung innerparteilicher Gruppierungen mit abweichenden Positionen verboten, wodurch der Totalitätsanspruch des Zentralkomitees der SED ideologisch gerechtfertigt erschien.

Monopolisierung der Staatsgewalt

Auf diesen pseudowissenschaftlichen Grundlagen entfaltete sich in den 1950er-Jahren hinter der Fassade eines „sozialistischen Mehrparteienstaates“ zunehmend eine stalinistische Einparteienherrschaft, der die „bürgerlichen Parteien“ (CDU, LDP, NDPD, DBD) sich als Block-Parteien der „Nationalen Front“ anschlossen. Wahlen wurden offen durchgeführt und Volksvertretungen auf Scheinfunktionen reduziert, weil die Sitzverteilung in der Volkskammer bereits vor den Wahlen

LDP, NDPD, DBD, FDGB, FDJ, Junge Pioniere, MfS, DFD, VVN, VdgB, Kulturbund

festgelegt wurde. Mittels einer zentralistischen Kaderpolitik und der personellen Verflechtung von Partei- und Regierungsämtern spiegelte sich der ideologisch begründete Führungsanspruch der Partei in einer wachsenden Lenkung von Staatsapparat, Justiz und Wirtschaft durch die SED wider. Mit der Kontrolle über Medien, Bildungssystem und Kultur errang die Partei außerdem ein Monopol zumindest über die veröffentlichte Meinung. Die Kontrolle der Bevölkerung schließlich sollte durch Mitgliedschaft in Massenorganisationen wie FDGB, DFD, Kulturbund, VdgB, FDJ, Junge Pioniere sowie das Ministerium für Staatssicherheit (MfS) garantiert werden. Auch die Überführung der 5 Länder – Sachsen, Sachsen-Anhalt, Thüringen, Mecklenburg, Brandenburg – in 14 Bezirke erlaubte eine weitere Zentralisierung des politischen Systems sowie eine Reorganisation des Staats- und Parteiapparats, die mit personellen Säuberungen einherging.

Wirtschaftliche Ostintegration

RGW

LPG, PGH

Im wirtschaftlichen Bereich intensivierte sich der Prozess der Ostintegration ebenfalls: So erweiterte die DDR, die 1950 dem „Rat für Gegenseitige Wirtschaftshilfe" (RGW) beigetreten war, ab 1952 ihre außenwirtschaftlichen Beziehungen zur Sowjetunion und zu den „Volksdemokratien". Der Außenhandel mit diesen Staaten verdreifachte sich von 1950 bis 1955; 1954 entfielen drei Viertel des DDR-Außenhandels auf sie. Im Innern wurden die zentralistischen Planungs- und Leitungsmethoden verstärkt, während der FDGB zunehmend seine Funktion als Interessenorganisation der Arbeiter und Angestellten aufgeben musste. Gemäß dem sowjetischen Modell beschloss die 2. Parteikonferenz der SED 1952 den beschleunigten Ausbau der Schwerindustrie auf Kosten des Konsumgütersektors sowie die forcierte „Kollektivierung" von Landwirtschaft und Handwerk durch die Gründung von „Landwirtschaftlichen Produktionsgenossenschaften" (LPG) und „Produktionsgenossenschaften des Handwerks" (PGH).

Bildungspolitik

Bildungspolitisch sollte der „Aufbau des Sozialismus" durch den polytechnischen Unterricht umgesetzt werden. Schülerinnen und Schüler wurden neben einer theoretischen Ausbildung in die Grundlagen der Produktion eingeführt; an den Hochschulen wurde die verstärkte Vermittlung der russischen Sprache, der „Sowjetwissenschaft" und des Marxismus-Leninismus verordnet. Das „bürgerliche" Bildungsprivileg sollte durch die Verdoppelung der Studentenzahlen zwischen 1951 und 1954 sowie die Steigerung des Anteils von Arbeiter- und Bauernkindern, deren Anteil 1954 auf 53 % anstieg, überwunden werden.

Militärische Aufrüstung und Zwei-Staaten-Theorie

Mit dem Ausbau der 1956 aufgestellten „Nationalen Volksarmee" (NVA) begann eine umfassende militärische Aufrüstung der DDR, nachdem im Jahr vorher die Sowjetunion, die DDR, Polen, die ČSSR, Ungarn, Rumänien, Bulgarien und Albanien den „Warschauer Pakt" als Militärbündnis geschlossen hatten. Im Zuge der damit zum Abschluss gebrachten militärischen Ostintegration erhielt die DDR 1954 – analog den Pariser Verträgen – „erweiterte Souveränitätsrechte", die aber eingeschränkt blieben durch die Stationierung von Sowjettruppen sowie durch die von Moskau bekräftigte Anerkennung der Vier-Mächte-Verantwortung für Berlin. Schon einige Wochen vorher hatte Chruschtschow, der Nachfolger des 1953 verstorbenen Stalin, in Ost-Berlin die „Zwei-Staaten-Theorie" verkündet. Ihr zufolge sollte eine Lösung der deutschen Frage künftig Sache der beiden völkerrechtlich voneinander getrennten Staaten sein. Ihre „sozialistischen Errungenschaften" dürfe die DDR dabei allerdings nicht zur Disposition stellen – auch hier also ein deutschlandpolitischer Vorbehalt in erneuter Analogie zu den Pariser Verträgen. Mit der „Zwei-Staaten-Theorie" hatte die Sowjetunion definitiv die Abkehr von ihrer Wiedervereinigungspolitik vollzogen. Die deutsche Teilung konnte damit vorerst als zementiert gelten.

2 Werbeplakat für den ersten Fünfjahrplan, 1952
In der Bildmitte ist Walter Ulbricht zu sehen.

3 Die SED als „Partei neuen Typs"

Entschließung der I. Parteikonferenz der SED am 28. Januar 1949:

Die marxistisch-leninistische Partei ist die bewusste Vorhut der Arbeiterklasse. Das heißt, sie muss eine Arbeiterpartei sein, die in erster Linie die besten Elemente der Arbeiterklasse in ihren Reihen zählt, die ständig ihr Klassenbewusstsein erhöhen. Die Partei kann ihre führende Rolle als Vorhut des Proletariats nur erfüllen, wenn sie die marxistisch-leninistische Theorie beherrscht, die ihr die Einsicht in die gesellschaftlichen Entwicklungsgesetze vermittelt. Daher ist die erste Aufgabe zur Entwicklung der SED zu einer Partei neuen Typus die ideologisch-politische Erziehung der Parteimitglieder und besonders der Funktionäre im Geiste des Marxismus-Leninismus. [...]

Die Partei stellt ein Organisationssystem dar, in dem sich alle Glieder den Beschlüssen unterordnen. Nur so kann die Partei die Einheit des Willens und die Einheit der Aktion der Arbeiterklasse sichern. [...]

Die Duldung von Fraktionen und Gruppierungen innerhalb der Partei ist unvereinbar mit ihrem marxistisch-leninistischen Charakter.

R. Steininger: Deutsche Geschichte seit 1945, Bd. 2. Frankfurt/M. 1996, S. 10f.

4 Wahlen nach SED-Verständnis

Beschluss des „Demokratischen Blocks" zur Volkskammerwahl am 15. Oktober 1950:

Der Demokratische Block, die Einheitsfront der antifaschistisch-demokratischen Parteien, trat [...] zu einer Sitzung zusammen, um zu den Wahlvorbereitungen für den Großwahltag am 15. Oktober dieses Jahres Stellung zu nehmen. [...] Für die Volkskammer wird an der in Artikel 52 der Verfassung der Deutschen Demokratischen Republik festgesetzten Abgeordnetenzahl von 400 Mitgliedern festgehalten. Sie verteilen sich in dem vereinbarten gemeinsamen Wahlvorschlag prozentual wie folgt:

SED	25,0 v. H.	FDJ	5,0 v. H.
CDU	15,0 v. H.	DFD	3,7 v. H.
LDP	15,0 v. H.	VVN	3,7 v. H.
NDPD	7,5 v. H.	Kulturbund	5,0 v. H.
DBD	7,5 v. H.	VdgB	1,3 v. H.
FDGB	10,0 v. H.	Genossenschaften	1,3 v. H.
Parteizugehörigkeit Wahlkandidaten der Massenorganisationen:			
SED	107	CDU	5
LDP	3	NDPD	1

Für die Landtage, Kreistage und Gemeindevertretungen gilt ein ähnlicher Schlüssel. [...] In der Sitzung des Demokratischen Blocks bestand restlos Einmütigkeit darüber, dass es gilt, die Wahlen vom 15. Oktober zu einer wirkungsvollen und würdigen Manifestation der deutschen Einheit und zu einem leidenschaftlichen Bekenntnis zum Kampfe für den Frieden zu gestalten.

Zit. nach: M. Judt (Hrsg.): DDR-Geschichte in Dokumenten. Bonn 1998, S. 63f.

5 Die Rolle der SED

Klaus Sorgenicht, Abteilungsleiter des ZK der SED und Mitglied im Staatsrat, schrieb 1969 im offiziellen Kommentar zur neuen DDR-Verfassung von 1968:

Die Verwirklichung der führenden Rolle der Arbeiterklasse erfordert, dass an ihrer Spitze die marxistisch-leninistische Partei steht. Diese Partei ist in der Deutschen Demokratischen Republik die Sozialistische Einheitspartei Deutschlands. Sie befähigt die Arbeiterklasse, ihre geschichtliche Mission bei der Gestaltung des entwickelten gesellschaftlichen Systems des Sozialismus zu erfüllen. Sie ist der bewusste und organisierte Vortrupp der deutschen Arbeiterklasse. Die Sozialistische Einheitspartei Deutschlands ist mit der fortgeschrittensten Wissenschaft, mit der Lehre des Marxismus-Leninismus ausgerüstet, wendet diese Lehre schöpferisch entsprechend den historischen Bedingungen an und bereichert sie mit den Erfahrungen des Kampfes für die Errichtung und Entwicklung der sozialistischen Gesellschaft in der Deutschen Demokratischen Republik.

K. Sorgenicht u. a.: Verfassung der Deutschen Demokratischen Republik. Dokumente – Kommentar, Bd. 1. Berlin (Ost) 1969, S. 226f.

6 Verbreitung des Atheismus

Aus einem Schreiben der SED-Bezirksleitung Neubrandenburg von 1956:

Durch die Verbreitung der marxistisch-leninistischen Lehre sowie wissenschaftlicher Kenntnisse wird erreicht, dass sich immer mehr Menschen von religiösen Auffassungen befreien. Zahlreiche Bürger haben im Ergebnis der Aufklärungstätigkeit mit dem Gedankengut der Kirche gebrochen oder zeigen keinerlei Drang zur Kirche. Dennoch sind sowohl Mitglieder unserer Partei als auch andere Bürger in ihrem Verhältnis zur Kirche inkonsequent und verbleiben weiterhin Mitglied der Kirche. [...] Vielleicht liegen die Ursachen eines inkonsequenten Verhaltens zur Kirche darin begründet, dass diese Menschen bei bestimmten Anlässen, wie z. B. bei der Eheschließung, eine feierliche Handlung, wie sie die Kirche vornimmt, als gewissen Höhepunkt der Hochzeit ansehen und deshalb nicht darauf verzichten möchten. Um diese Tradition, die ein gewisses Monopol der Kirche darstellt, zu überwinden, ist es notwendig, dass von anderer Stelle bei der Eheschließung ein feierlicher Akt als Höhepunkt erfolgt. Dafür sind die Standesämter am besten geeignet. Bei den Standesämtern muss deshalb in Zukunft [...] in feierlicher Weise die Eheschließung gewürdigt und damit ein Höhepunkt geschaffen werden.

Bundesarchiv ZPA, IV 2/14/40 Bl. 8.

8 Deutschlandtreffen in Ostberlin, 16.–18. Mai 1964

SED und FDJ organisierten mehrmals Jugendtreffen in Berlin, zu denen auch Jugendliche aus der Bundesrepublik eingeladen wurden. FDJler ziehen einen Wagen mit Buchattrappen von Marx, Engels und Lenin sowie der Losung „Der Marxismus ist allmächtig, weil er wahr ist".

7 Kampf gegen die Kirche

Aus einer Erklärung der Evangelischen Bischofskonferenz 1953:

Der Druck, der in Glaubens- und Gewissensfragen auf Glieder der evangelischen Kirche ausgeübt wird, droht untragbar zu werden. Uns ist bekannt geworden, dass gegen die Glieder der Jungen Gemeinde mit besonderer Härte vorgegangen wird und welche Mittel dabei angewendet werden. Wir wissen von vielen Fällen, in denen junge Menschen, die ihre Gliedschaft in der Jungen Gemeinde nicht aufgeben wollten, von der Schule verwiesen und am Abschluss ihrer Ausbildung gehindert wurden. Wir wissen von anderen noch schwereren Fällen, in denen ein unverantwortlicher Druck auf die jungen Menschen ausgeübt worden ist mit dem Ziel, das Rückgrat ihrer Gesinnung und ihres Glaubens zu brechen. Wir erklären, dass wir kein Wort von den Angriffen glauben, die in der „Jungen Welt", dem Organ des Zentralrats der FDJ, gegen die Junge Gemeinde erhoben sind. Wir kennen diese jungen Christen und wissen, dass es nicht wahr ist, dass sie die Junge Gemeinde zu einer „Terrorgruppe zur Sabotage der Wiedervereinigung Deutschlands" machen wollten. [...] Wir wissen als Christen zwar um die Grenzen der irdischen Gerichtsbarkeit, verzichten aber gleichwohl nicht auf den Appell an Amtspflicht, Gewissen und Menschlichkeit der Richter. Wir glauben, dass Gottes Gericht über diejenigen ergehen wird, die das von Gott gesetzte Amt der Obrigkeit missbrauchen.

Keesing's Archiv der Gegenwart, Jg. 23 (1953), S. 3963.

Arbeitsvorschläge

a) Erläutern Sie die Zusammenhänge zwischen den Beschlüssen des „Demokratischen Blocks" (M 4) und der in den Texten M 3 und M 5 dargelegten Rolle der SED.

b) Erörtern Sie anhand der Texte und M 3–M 5, inwiefern der selbst gewählte Staatsname „Deutsche Demokratische Republik" zutrifft.

c) Vergleichen Sie den Demokratiebegriff, der M 3 – M 5 zugrunde liegt, mit dem Modell der pluralistischen Demokratie.

d) Interpretieren Sie die Karikatur M 1 und das Foto M 8 im historischen Kontext der Jahre 1949 bis 1955.

e) Erläutern Sie den Übergang von der „antifaschistisch-demokratischen Umwälzung" zum Aufbau des Sozialismus am Beispiel der Wirtschaftspolitik der SED (VT, M 2).

f) Stellen Sie die Zusammenhänge zwischen der „marxistisch-leninistischen Lehre" und der Kirchenpolitik der SED dar (M 6, M 7).

11.3 In der Bundesrepublik: Soziale Marktwirtschaft und struktureller Wandel

Wirtschaftspolitische Weichenstellungen

Ähnlich umstritten wie Adenauers Weg der Westintegration war in der jungen Bundesrepublik auch die Frage nach den wirtschaftspolitischen Grundentscheidungen. Angesichts einer trotz Währungsreform und Marshall-Plan bis 1951 stagnierenden westdeutschen Wirtschaft standen die Zeichen für einen wirtschaftlichen Aufschwung ungünstig: Anhaltender Mangel an Lebensmitteln und Konsumgütern, eine wachsende Kluft zwischen Durchschnitts- und Spitzeneinkommen, galoppierende Lebenshaltungskosten durch rapide Preissteigerungen sowie zwei Millionen Arbeitslose im Jahr 1950, was einer Quote von 12,2 % entsprach, erzwangen die Beibehaltung der Lebensmittelrationierung bis zum März desselben Jahres. In dieser Notsituation bestand weitgehender Konsens darüber, dass „nicht die freie Marktwirtschaft des liberalistischen Freibeutertums" – so der spätere Wirtschaftsminister Ludwig Erhard 1948 – Grundlage einer wirtschaftlichen Neuordnung sein könne, sondern dass der Staat in sozialer Verantwortung in die wirtschaftlichen Prozesse einzugreifen habe. Umstritten war lediglich das Ausmaß der staatlichen Eingriffe. Der SPD-Vorsitzende Kurt Schumacher forderte eine staatliche Wirtschaftslenkung sowie die Vergesellschaftung der Schlüsselindustrien, wie auch das Ahlener Programm der CDU in der britischen Zone 1948 noch die Sozialisierung der Kohlebergwerke verlangt hatte.

Die soziale Marktwirtschaft

Ludwig Erhard, Wirtschaftsminister im Kabinett Adenauer ab 1949, wandte sich mit seinem Konzept der „sozialen Marktwirtschaft" gegen derart weitgehende staatliche Eingriffe. Staatliche Aktivitäten sollten sich auf eine marktkonforme Rahmengesetzgebung beschränken, die die freie Preisbildung als regulierendes Prinzip anerkennt und einen fairen Wettbewerb sichern hilft. Die soziale Komponente der Marktwirtschaft verpflichtete den Staat, für die wirtschaftlich Schwachen so weit Sorge zu tragen, dass sie ein menschenwürdiges Leben führen konnten, ohne dass er – so das zugrunde liegende Subsidiaritätsprinzip – zum bevormundenden Versorgungsstaat wurde. Um sozial gerecht wirken zu können, müsse der Staat Erhard zufolge aus seiner „Nachtwächter"-Rolle erlöst werden und der Marktwirtschaft eine „stahlharte Ordnung" geben, die die individuellen Profitinteressen zügelt und das Gemeinwohl schützt. So sollte ein „dritter Weg" zwischen bürgerlichem „laissez-faire"-Kapitalismus und sozialistischer Planwirtschaft beschritten werden.

Subsidiaritätsprinzip

Gesetzliche Rahmenbedingungen

Den vom Staat gesetzten Ordnungsrahmen für eine partnerschaftliche Form der Konfliktregulierung zwischen Arbeitnehmern und Arbeitgebern bildeten das Montanmitbestimmungsgesetz von 1951, das die paritätische Besetzung des Aufsichtsrats vorsah, und das Betriebsverfassungsgesetz von 1952, das den Arbeitnehmervertretern Mitwirkungsrechte gegenüber der Firmenleitung in personal- und sozialpolitischen Fragen einräumte – z. B. bei der Regelung der Arbeitszeit oder bei Einstellungen und Entlassungen. Die beiden Gesetze erwiesen sich als prägend für das Verhältnis von Kapital und Arbeit in der Bundesrepublik, weil sie auf Konsens und Verhandlungen orientierte Sozialbeziehungen an die Stelle von Konflikten, Konfrontationen und Streiks zu setzen versuchten. Dem sozialen Frieden dienten auch das Bundesversorgungsgesetz von 1950 und das Lastenausgleichsgesetz von 1952, mit denen durch bisher ungekannte Vermögenstransfers der Versuch unternommen wurde, die unterschiedliche Belastung verschiedener Bevölkerungsgruppen durch Kriegsschäden, Flucht, Vertreibung und Enteignung wenigstens teilweise auszugleichen und dadurch die soziale Integration der Nachkriegsgesellschaft zu befördern.

Lastenausgleichsgesetz

Mit dem Investitionshilfegesetz wurde der Kapitalmangel, der im Kohlebergbau, in der Stahlindustrie und in der Energiewirtschaft bestand, durch Subventionen in Höhe von einer Milliarde DM überwunden. Der Sicherung eines funktionierenden Leistungswettbewerbs in der Marktwirtschaft sollte schließlich das 1957 verabschiedete Kartell-Gesetz („Gesetz gegen Wettbewerbsbeschränkungen") dienen, das aber aufgrund heftiger Proteste der Industrie zahlreiche Ausnahmen zuließ und deshalb den in den 1960er-Jahren erneut einsetzenden Konzentrationsprozess nicht aufhalten konnte. Im Verbund mit einer angebotsorientierten Wirtschaftspolitik, die durch eine unternehmerfreundliche Steuergesetzgebung und großzügige Abschreibungsmöglichkeiten die privaten Investitionen und die Kapitalbildung förderte, wurden verschiedene große Industrievermögen restauriert, sodass die ungleiche Vermögensverteilung erhalten blieb. Weder das Sparprämiengesetz und das 312-Mark-Gesetz, die beide eine Politik der Vermögensbildung in Arbeitnehmerhand anstrebten, noch die Einführung der dynamischen Altersrente, die seit 1957 die Rentenzahlungen an die durchschnittlichen Lohn- und Gehaltserhöhungen band, waren geeignet, die bestehenden Einkommensunterschiede abzumildern.

1 Nicht wahr, Michelchen – keine Experimente
Karikatur von Hanns Erich Köhler in Anlehnung an den CDU-Werbeslogan „Keine Experimente", 1957.

Dass die Bundesregierung trotzdem den sozialen Frieden durch eine sozialpolitische Offensive – Tarifautonomie, paritätische Selbstverwaltung der Sozialversicherung, Lohnfortzahlung im Krankheitsfall, Kindergeld, Rentenreform – absichern konnte, lag an den wachsenden volkswirtschaftlichen Verteilungsspielräumen, die sich mit dem Durchbruch zum „selbsttragenden" Wirtschaftswachstum ab 1952 ergaben.

Das „Wirtschaftswunder"

Zum Motor der wirtschaftlichen Expansion in der Bundesrepublik wurde die wachsende Auslandsnachfrage nach Investitionsgütern in der Folge eines weltweiten Booms. Die wichtigen außenwirtschaftlichen Konkurrenten – die USA und die westeuropäischen Demokratien – hatten wegen des Korea-Krieges ihre Produktionskapazitäten auf die Herstellung von Rüstungsgütern eingestellt. In diese „Angebotslücke" konnte die westdeutsche Wirtschaft dank ihrer freien Kapazitäten springen. Die nach Kriegszerstörung und Demontagen darniederliegende Industrie investierte massiv in moderne Produktionsanlagen, sodass deutsche Exporte besonders des Maschinen- und Fahrzeugbaus sowie der elektrischen und der chemischen Industrie ungehindert die Weltmärkte erobern konnten. Die Binnenkonjunktur wurde ergänzend durch einen gewaltigen Nachholbedarf an Konsumgütern stimuliert. So folgte auf die größte Niederlage der deutschen Geschichte das „Wirtschaftswunder", die größte wirtschaftliche Blütezeit der deutschen Geschichte: Bei hohen Wachstumsraten und wachsenden Sozialleistungen sank die Arbeitslosenquote. Jährlich wurden mehr als 500 000 Wohnungen gebaut und bis zum Beginn der 1960er-Jahre hatten sich die Reallöhne verdoppelt und das Bruttosozialprodukt verdreifacht.

Gesellschaftlicher Strukturwandel

Angesichts dieses einmaligen wirtschaftlichen Aufschwungs blieb die Frage nach der gerechten Verteilung der Einkommen und Vermögen für viele Menschen von untergeordneter Bedeutung. Wichtiger schien, dass viele soziale und politische Probleme erstaunlich einfach gelöst werden konnten, so z. B. die Eingliede-

11

rung von ca. 10 Millionen Vertriebenen und Flüchtlingen in den westdeutschen Wirtschaftsprozess oder der durch die technische Entwicklung notwendig werdende Strukturwandel, in dessen Verlauf Erwerbstätige aus unterdurchschnittlich produktiven Bereichen in produktivere wechselten: Während der Anteil der Selbstständigen und der in der Landwirtschaft Beschäftigten schnell sank, stieg er in Handwerk, Industrie und bei den Dienstleistungen. Gleichzeitig ging der Anteil körperlich anstrengender Arbeit schnell zurück, wobei gegenläufig in den Wachstumsbranchen wie Fahrzeug- und Maschinenbau, Elektro- und chemische Industrie sowie Mineralöl- und Kunststoffverarbeitung die Zahl höher qualifizierter Stellen rapide zunahm. Bereits nach wenigen Aufbaujahren waren zwei Drittel der Bundesbürger schuldenfrei und konnten sich die ersten Konsumgeräte leisten: Zunächst elektrische Haushaltsgeräte wie Staubsauger, Kühlschränke und Waschmaschinen, aber auch bald schon verwirklichte sich für manche der Traum vom Eigenheim. Danach folgten „Freizeitprodukte" wie Fotoapparat, Fernseher und Auto. Verbunden mit der Motorisierung war eine bis dahin unbekannte Mobilität und ein neues Gefühl von Freiheit, das im Wochenendausflug und der Urlaubsreise seinen Ausdruck fand: Bereits 1956 strebten fast 5 Millionen Deutsche über die Alpen in Richtung Italien, das ein besonders beliebtes Reiseziel war.

Veränderte Lebensgewohnheiten

So veränderte sich auch das Alltagsleben der Menschen tiefgreifend: Mussten bis 1950 noch durchschnittlich drei Viertel des Haushaltseinkommens für Nahrung, Kleidung und Wohnung ausgegeben werden, so sank dieser Anteil in den Folgejahren stetig zugunsten der Produkte des Massenkonsums, die früher als Luxus gegolten hatten. Die Vergrößerung der Wohnungen, die Arbeiterfamilien nun zur Verfügung standen, führte zu einer Verbürgerlichung ihres Lebensstils: Ihr Lebensschwerpunkt verlagerte sich aus der Wohnküche ins Wohnzimmer und es gab größere Rückzugsmöglichkeiten zur Verwirklichung von individuellen Bedürfnissen. Immerhin stand Mitte der 1950er-Jahre jeder Person durchschnittlich schon wieder ein Raum von 15–20 Quadratmeter Wohnfläche zur Verfügung, während sich noch 1950 statistisch jeweils drei Haushalte zwei Wohnungen teilten und nur etwa die Hälfte der Haushalte über eine Kochstelle zur alleinigen Benutzung verfügte. Der wachsende Wohlstand für viele führte auch zu einer Angleichung der Lebensgewohnheiten und Verhaltensformen in den verschiedenen Bevölkerungsgruppen, insbesondere in der Freizeit, wo z. B. der Gang ins Kino immer beliebter wurde.

2 Werbung gehört zum Alltag
Amerikanische Produkte werden auf dem deutschen Markt zum Symbol von Wohlstand und Freiheit.

Die genannten Angleichungsprozesse im alltäglichen Konsum- und Freizeitverhalten bewegten den Soziologen Helmut Schelsky 1953 dazu, die Gesellschaft der Bundesrepublik als „nivellierte Mittelstandsgesellschaft" zu bezeichnen. Ihm zufolge kreuzten sich in der jungen Bundesrepublik schon länger anhaltende Aufstiegsprozesse von Arbeitern und Angestellten in den Mittelstand mit dem sozialen Abstieg des früher führenden Besitz- und Bildungsbürgertums – zum Beispiel durch die Vertreibung aus dem Osten. Das Ergebnis sei eine relativ homogene mittelständische Gesellschaft gewesen, in der die früheren Klassengegensätze fehlten und sich Aufstiegschancen, Lebensstile und Konsum-

Eine „nivellierte Mittelstandsgesellschaft"?

gewohnheiten immer mehr annäherten. Die empirische Sozialforschung wies allerdings bald nach, dass auch während des „Wirtschaftswunders" erhebliche Einkommens- und Vermögensunterschiede erhalten blieben, sich teilweise sogar verschärften und die Tendenz zur Vermögenskonzentration ungebrochen blieb sowie ein nennenswerter Umverteilungseffekt nicht erreicht wurde. So waren die Unterschichten in den Führungspositionen der jungen Bundesrepublik kaum vertreten, während die gesellschaftlichen Eliten sich weiterhin überproportional aus dem Bürgertum rekrutierten und im Übrigen z. B. immer noch peinlich genau auf geschlossene Heiratskreise achteten. Selbst die gesetzgeberischen Maßnahmen zur Vermögensbildung kamen oft mehr den finanziell Bessergestellten als den unteren Bevölkerungsschichten zugute: So nutzten Arbeiter beispielsweise die Vergünstigungen für Bausparer in weit geringerem Maße als Angestellte, Beamte und Selbstständige.

Schattenseiten des „Wirtschaftswunders"

Insgesamt war die Boom-Phase des bundesrepublikanischen „Wirtschaftswunders", die bis Anfang der 1970er-Jahre andauerte, eine Zeit grundlegender Weichenstellungen. Die soziale Marktwirtschaft entwickelte sich vor allem dank des wachsenden Wohlstands zur allseits anerkannten Wirtschaftsordnung und ein auf Konsens angelegtes Modell der sozialpolitischen Interessenregulierung setzte sich durch. Aber auch Schattenseiten sind nicht zu übersehen: Das „Wunder" verdeckte nicht nur die weiterbestehende Ungleichverteilung von Einkommen und Vermögen. Auf der Ebene der Mentalitäten verstärkte es außerdem in breiten Bevölkerungsschichten einen zuweilen an Überheblichkeit grenzenden Stolz auf die Wiederaufbauleistungen, die häufig auf vorgeblich typisch deutsche Tugenden wie Fleiß und Disziplin zurückgeführt wurden. Der Slogan „Wir sind wieder wer" machte die Runde. Die verbreitete Fixierung auf materielle Werte ging auch oft einher mit politischem Desinteresse und einer geringen Bereitschaft, sich selbstkritisch mit der NS-Vergangenheit auseinanderzusetzen und Verantwortung für die eigene Geschichte zu übernehmen.

3 Schaufensterauslage eines Textilgeschäfts. Foto ca. 1950

11

4 Mitbestimmung und soziale Gerechtigkeit

„Grundsatzforderungen" des DGB, 1949:

I. Eine Wirtschaftspolitik, die unter Wahrung der Würde freier Menschen die volle Beschäftigung aller Arbeitswilligen, den zweckmäßigsten Einsatz aller volkswirtschaftlichen Produktivkräfte und die Deckung des volkswirtschaftlich wichtigen Bedarfs sichert.

II. Mitbestimmung der organisierten Arbeitnehmer in allen personellen, wirtschaftlichen und sozialen Fragen der Wirtschaftsführung und Wirtschaftsgestaltung.

III. Die Überführung der Schlüsselindustrien in Gemeineigentum, insbesondere des Bergbaues, der Eisen- und Stahlindustrie, der Großchemie, der Energiewirtschaft, der wichtigen Verkehrseinrichtungen und der Kreditinstitute.

IV. Soziale Gerechtigkeit durch angemessene Beteiligung aller Werktätigen am volkswirtschaftlichen Gesamtertrag und Gewährung eines ausreichenden Lebensunterhaltes für die infolge Alter, Invalidität oder Krankheit nicht Arbeitsfähigen.

G. Leminsky / B. Otto: Politik und Programmatik des Deutschen Gewerkschaftsbundes. Köln 1974, S. 248.

5 Unternehmerische Freiheit

Der Präsident des Bundesverbandes der deutschen Industrie, Fritz Berg, schrieb im Jahre 1952 über Wirtschaft und Wettbewerb:

Gerade in einer sozialen Marktwirtschaft ist nach meiner Auffassung die Unternehmerfunktion nicht nur durch die Risikobereitschaft, sondern auch das Streben nach Sicherheit gekennzeichnet. [...]

Eines der Mittel zur Abschwächung wirtschaftlich und sozial unerwünschter Marktspannungen ist aber die unternehmerische Zusammenarbeit, sei es in Form einer laufenden gemeinsamen Abstimmung mit der wirtschaftspolitischen Führung, eines Erfahrungsaustausches zwischen Wettbewerbern sowie mit Vorlieferanten und Abnehmern, von Empfehlungen an die Betriebe oder schließlich durch die Vielgestalt von Vereinbarungen kartellmäßigen Charakters. Diese Maßnahmen, die oft schnell und elastisch durchgeführt und immer wieder plötzlichen Änderungen unterworfen werden müssen und die vor allem nur aus einer vollen Kenntnis der Marktverhältnisse getroffen werden können, sollen nach dem Entwurf eines Gesetzes gegen Wettbewerbsbeschränkungen der Genehmigung durch einen Beamten bedürfen! Im Wege der Einzelerlaubnis soll der Beamte darüber befinden, ob sich das Vorhaben der Unternehmer volkswirtschaftlich günstig oder ungünstig auswirken wird! Damit würden unternehmerische Entschlüsse durch einen Verwaltungsakt ersetzt, die Privatinitiative, die Wurzel alles unternehmerischen Schaffens, würde durch autoritäre Entscheidungsgewalt einer mit allen Mitteln rechtlichen Zwanges ausgestatteten Bürokratie abgelöst. Das ist ein planwirtschaftlicher Eingriff in das marktwirtschaftliche Geschehen, der niemals das Verständnis der Wirtschaft finden wird.

Zit. nach: A. Schildt: Deutschland in den 50er-Jahren. IzpB 256 (1997), S. 35.

6 Soziale Marktwirtschaft

Ludwig Erhard schrieb 1957 in seinem Buch „Wohlstand für alle":

Die Gefahr einer Beeinträchtigung des Wettbewerbs droht sozusagen ständig und von den verschiedensten Seiten her. Es ist darum eine der wichtigsten Aufgaben des auf einer freiheitlichen Gesellschaftsordnung beruhenden Staates, die Erhaltung des freien Wettbewerbs sicherzustellen. Es bedeutet wirklich keine Übertreibung, wenn ich behaupte, dass ein auf Verbot gegründetes Kartellgesetz als das unentbehrliche „wirtschaftliche Grundgesetz" zu gelten hat. Versagt der Staat auf diesem Felde, dann ist es auch bald um die „soziale Marktwirtschaft" geschehen. Dieses hier verkündete Prinzip zwingt dazu, keinem Staatsbürger die Macht einzuräumen, die individuelle Freiheit unterdrücken oder sie namens einer falsch verstandenen Freiheit einschränken zu dürfen. „Wohlstand für alle" und „Wohlstand durch Wettbewerb" gehören untrennbar zusammen; das erste Postulat kennzeichnet das Ziel, das zweite den Weg, der zu diesem Ziel führt.

Die wenigen Andeutungen zeigen bereits den fundamentalen Unterschied zwischen der sozialen Marktwirtschaft und der liberalistischen Wirtschaft alter Prägung. Unternehmer, die unter Hinweis auf neuzeitliche wirtschaftliche Entwicklungstendenzen Kartelle fordern zu können glauben, stellen sich mit jenen Sozialdemokraten auf eine geistige Ebene, die aus der Automation auf die Notwendigkeit einer staatlichen Planwirtschaft schließen.

Diese Überlegung macht wohl auch deutlich, wie ungleich nützlicher es mir erscheint, die Wohlstandsmehrung durch die Expansion zu vollziehen als Wohlstand aus einem unfruchtbaren Streit über eine andere Verteilung des Sozialproduktes erhoffen zu wollen. [...] Mein ständiges Drängen, alle Anstrengungen auf eine Expansion ohne Gefährdung der gesunden Grundlage unserer Wirtschaft und Währung zu richten, gründet sich gerade auf die Überzeugung, dass es mir auf solche Weise möglich sein kann, all denen, die ohne eigenes Verschulden wegen Alter, Krankheit oder als Opfer zweier Weltkriege nicht mehr unmittelbar am Produktionsprozess teilhaben können, einen angemessenen, würdigen Lebensstandard zu garantieren. Das Anwachsen der Sozialleistungen in den letzten Jahren erweist die Richtigkeit dieser These. [...] Nur die Expansion hat es ermöglicht, auch die Armen mehr und mehr an der Wohlstandssteigerung teilhaben zu lassen.

L. Erhard: Wohlstand für alle. Düsseldorf 1957, S. 9 ff.

7 Wiederaufbau und Verdrängung

Die Sozialpsychologin Margarete Mitscherlich-Nielsen versucht 1986, das „Wirtschaftswunder" der 1950er-Jahre zu erklären:

Nach der Niederlage Hitler-Deutschlands verschwand die Verliebtheit in den Führer wie ein Spuk, obwohl doch Millionen sein Bild an die Stelle eines eigenen Ich-Ideals gesetzt hatten und seine Anhänger bereit waren, alles für ihn zu opfern. […] Aus den deutschen Tugenden, Befehlen und Gehorsam, wurden Untugenden, die zu unvorstellbaren Verbrechen geführt hatten. Ohne Verdrängung von Schuld und Scham, von verlorenen Idealen hätten Selbsthass und Selbstzweifel, Depressionen und Orientierungslosigkeit die Szene beherrschen müssen. […] Mit Hilfe des hektischen Wiederaufbaus, des Wirtschaftswunders wurde Melancholie abgewehrt, Konsumorientierung löste die Liebe zum Führer ab, nationale Kränkung wurde mit Hilfe materieller Bedürfnisbefriedigung in den Hintergrund gedrängt. […]

Nach der Niederlage fand als Erstes eine schlagartig einsetzende Derealisierung statt, die Vergangenheit versank wie im Traum. Der Identitätswechsel durch die Identifikation mit dem Sieger, ohne besonders ins Auge fallende Anzeichen gekränkten Stolzes, verstärkte die Abwehr gegen Gefühle des Betroffenseins. Das manische Ungeschehenmachen, die gewaltigen kollektiven Anstrengungen des Wiederaufbaus, eine Art nationaler Beschäftigungstherapie, machten für die Mehrheit der Deutschen Verleugnung und Verdrängung endgültig möglich. Wenn aber Verleugnung, Verdrängung, Derealisierung der Vergangenheit anstelle von deren Bearbeitung tritt, ist ein Wiederholungszwang unvermeidbar […].

In unserer Arbeit über „Die Unfähigkeit zu trauern" stellten wir die These auf, dass die Abwehr von Scham, Schuld und Trauer zu der seelischen Entleerung eines Individuums führt und darüber hinaus zum psychischen und politischen Immobilismus, der Phantasie- und Ideenlosigkeit eines Kollektivs. […] Was heißt es: zu trauern? Trauer ist ein seelischer Vorgang, in dem ein Individuum einen Verlust mit Hilfe eines wiederholten, schmerzlichen Erinnerungsprozesses langsam zu ertragen und durchzuarbeiten lernt. Die Alternative zur mit Trauerschmerzen verbundenen Durcharbeitung der verlustreichen Vergangenheit ist der schnelle Wechsel zu neuen Objekten, neuen Identifikationen und Idealen, die die aufgegebenen bruch- und gedankenlos ersetzen.

M. Mitscherlich-Nielsen: Die Mühsal der Trauer. In: Psychologie heute, 5/1986, S. 42 ff.

8 Anteil der Selbstbedienungsläden in Hamburg 1950–1965 (in Prozent)

1950	1955	1960	1965
1,6	2,7	18,6	52,3

M. Wildt: Am Beginn der „Konsumgesellschaft". Mangelerfahrung, Lebenshaltung, Wohlstandshoffnung in Westdeutschland in den fünfziger Jahren. Hamburg 1994, S. 184.

9 Bundesdeutsche Wirtschaftsentwicklung anhand ausgewählter Indexzahlen

	1936	1948	1954
Bevölkerung	100	118	127
Reales Bruttosozialprodukt	100	98	162
Volkseinkommen/Einwohner	100	84	124
Industrielle Produktion	100	61	165
Steinkohlenförderung	100	74	124
Rohstahlproduktion	100	38	136
Elektrizitätsproduktion	100	137	284
Nahrungsmittelproduktion	100	58	118
Wohnungen auf 1000 Einw.	100	84	98

H. R. Adamsen: Faktoren u. Daten der wirtschaftlichen Entwicklung in der Frühphase der Bundesrepublik. In: Archiv für Sozialgeschichte 18 (1978), S. 244.

10 Anteile an den monatlichen Ausgaben eines 4-Personen-Arbeitnehmerhaushalts 1950–1963 (%)

	1950	1955	1960	1963
Nahrungsmittel	46,4	41,5	38,2	34,6
Genussmittel	5,8	6,5	6,7	7,1
Bohnenkaffee	0,8	1,4	1,5	1,4
Bier	0,8	1,2	1,5	1,6
Zigaretten	1,2	1,4	1,6	1,8
Möbel, Hausrat	4,7	7,7	8,2	8,0
Bücher, Zeitungen	1,3*	1,3	1,1	1,1
Ferien, Erholung	0,6*	1,1	1,5	1,9
Theater, Konzerte	0,1*	0,1	0,1	0,1
Kino	0,6*	0,7	0,3	0,2
Radio-/TV-Gebühren	0,4*	0,4	0,5	0,6
Öffentl. Verkehrsmittel	1,9*	2,1	2,2	1,9
Private Verkehrsmittel	0,6*	0,9	2,6	5,7

* Zahlen beziehen sich auf das Jahr 1952

M. Wildt: a. a. O., S. 374.

11 Wärme und Geborgenheit

Der Publizist Vance Packard versucht 1958, die Vorliebe für Kühlschränke in den 1950er-Jahren zu erklären:

Die Psychologen fanden es bezeichnend, dass die Haushaltsgefriertruhe in breiten Kreisen nach dem Zweiten Weltkrieg beliebt wurde, als viele Familien nicht allein der Ungewissheit der Ernährung, sondern ziemlich aller Dinge voll innerer Angst lebten. Diese Menschen gedachten gern der früheren Zeiten voll Sicherheit und Geborgenheit, was sie unterbewusst in ihre Kindheit zurückversetzte, wo es die Mutter gab, die sie niemals enttäuschte, und wo Liebe eng mit Nahrung spenden verknüpft war. Die Forscher schlussfolgerten: „Für viele verkörpert der Froster die Gewähr, dass immer Nahrung im Hause ist, und Nahrung im Hause bedeutet Sicherheit, Wärme und Geborgenheit."

Zit. nach: V. Packard: Die geheimen Verführer. Düsseldorf/Wien 1969, S. 94.

12 Hauptberuf: Mutter

Familienminister Franz-Josef Wuermeling (CDU) in einer Rede zum Muttertag 1959:

Die Doppelbelastung unserer Hausfrauen und Mütter in Familie und Beruf ist keine „fortschrittliche Lösung“, sondern erzwungenes Unheil. [...] Mutterberuf ist daher – auch im Blick auf die gemeinsame europäische Zukunft – Hauptberuf und wichtiger als jeder Erwerbsberuf. [...] Stattdessen sind gegen unsere Familien eine Vielzahl von Mächten aufgestanden, die in verhängnisvoller Weise mit ihrer Erziehung konkurrieren und eindeutig gegen sie wirken: die so genannten „geheimen Miterzieher und Einflüsterer“, wie Film, Funk, Fernsehen, Illustrierte, Reklamen. [...] So ist die Mutter daheim, zumal der Vater weithin nicht daheim ist, heute noch vielfach wichtiger als früher. Eine Mutter daheim ersetzt vielfach alle Fernsehgeräte, Autos, Musiktruhen und Auslandsreisen, die doch allzu oft mit ihrer den Kindern gestohlenen Zeit bezahlt werden.

Auch Europa kann nicht bloß leben von Auto, Bildschirm und technischem Fortschritt, [...] Europa wird leben von dem, was mütterliche Herzen in Liebe, Sorge, Aufopferung und Verzicht in die Seelen unserer heranwachsenden Europäer hineingesenkt haben. Ein bloßes Europa der Motoren und Maschinen hat kein inneres Fundament, aber ein Europa starker Herzen opferbereiter Mütter, das wird Bestand haben, weil ethische Werte höheren Rang und dauerhafteren Bestand haben als alle Technik.

F. J. Wuermeling: Familie – Gabe und Aufgabe. Köln 1963, S. 73f.

13 Tanzbar in den 1950er-Jahren

Der gewachsene Wohlstand drückt sich auch im Freizeitverhalten aus. Die Jukebox zeigt den technischen Fortschritt an.

14 Haushalte nach Personenzahl 1950–1970 (in %)

	1950	1970
1 Person	19,4	25,1
2 Personen	25,3	27,1
3 Personen	23,0	19,6
4 Personen	16,2	15,2
5 Personen und mehr	16,1	12,9

A. Andersen: Der Traum vom guten Leben. Alltags- und Konsumgeschichte vom Wirtschaftswunder bis heute. Frankfurt/M. 1997, S. 139.

Arbeitsvorschläge

a) Arbeiten Sie die Unterschiede zwischen der sozialen Marktwirtschaft und der „liberalistischen Wirtschaft“ heraus (VT, M 6).

b) Stellen Sie Ähnlichkeiten und Unterschiede in den Vorstellungen Erhards, Bergs und des DGB gegenüber (M 4 – M 6).

c) Verfassen Sie ein Flugblatt der Gewerkschaften, das zu den Vorstellungen Erhards und Bergs Stellung nimmt (M 5, M 6).

d) Untersuchen Sie auf der Grundlage des statistischen Materials (M 8 – M 10, M 14) die Entwicklung von Wirtschaft und Konsumgewohnheiten bzw. -vorlieben in den 1950er-Jahren.

e) Begründen Sie, ob es berechtigt ist, von einem „Wirtschaftswunder“ zu sprechen.

f) Schreiben Sie aus der Perspektive eines Beamten, eines Arbeiters oder eines Sozialhilfeempfängers einen Rückblick auf das „Wirtschaftswunder“ der 1950er-Jahre. Beziehen Sie auch die Texte M 7 und M 11 mit ein.

g) Wie erklären Packard und Mitscherlich-Nielsen (M 7, M 11) das „Wirtschaftswunder“? Nehmen Sie zu ihren Erklärungen Stellung.

h) Erschließen Sie die Aussage der Karikatur M 1 und setzen Sie diese in Bezug zu M 7.

i) Schreiben Sie den Antwortbrief einer Mutter auf Wuermelings Rede (M 12).

j) Befragen Sie Zeitzeugen über ihre Erinnerungen an die „Wirtschaftswunder“-Jahre.

11

11.4 In der DDR: Planwirtschaft und neue soziale Strukturen

Ungünstige Startbedingungen

In der DDR bestanden in vielfacher Hinsicht ungünstigere Startbedingungen für einen wirtschaftlichen Aufschwung als in der Bundesrepublik, die mit der Steinkohlebasis und der Schwerindustrie an der Ruhr eine relativ ausgeglichene Industriestruktur besaß. Diese Grundlagen fehlten in der DDR, wo traditionellerweise verarbeitende Industriezweige wie Chemie, Elektrotechnik, Fahrzeug- und Flugzeugbau sowie Konsumgüterindustrie angesiedelt waren. Sie litten seit 1945 unter dem Fehlen von Rohstoffen und Grundstoffindustrien sowie der Zerstörung des historisch gewachsenen Systems interregionaler Arbeitsteilung. Außerdem erhielt die DDR von der Sowjetunion keine Wiederaufbauhilfen, im Gegenteil: Stalin bestand auf Demontagen und Reparationen. 1950 lagen außerdem mehr als 30 % der DDR-Gesamtproduktion in der Hand von „Sowjetischen Aktiengesellschaften" (SAG), die wirtschaftliche Schlüsselbereiche kontrollierten und als sowjetisches Eigentum dem Zugriff der DDR-Behörden entzogen waren. Einen Aderlass an „human capital" bewirkte schließlich die mehrjährige Zwangsverpflichtung hochqualifizierter Experten aus den Bereichen Kernphysik, Chemie, Optik und Elektrotechnik in die Sowjetunion. Zusätzlich führte der Kalte Krieg zu einer wachsenden Abschottung der DDR-Wirtschaft gegenüber den westlichen Märkten und – besonders nach dem RGW-Beitritt 1950 – zur Einbindung in den vergleichsweise rückständigen osteuropäischen Wirtschaftsraum.

Zwiespältiger Beginn

Trotz dieser ungünstigen Rahmenbedingungen konnte der Umfang des produzierten Nationaleinkommens zwischen 1950 und 1960 um das 2,5-fache gesteigert und damit ein beachtliches Wirtschaftswachstum erzielt werden, was in den darauf folgenden Jahrzehnten nie mehr eintrat. Gründe dafür waren das im Vergleich zur Bundesrepublik geringere Ausmaß an Kriegszerstörungen und der Umstand, dass die Industriekapazität während des Krieges wesentlich ausgebaut worden war. Auffallend war aber bereits in dieser Phase die geringe Investitions- und Innovationsfähigkeit der DDR-Wirtschaft, was schon wenig später das Wachstumstempo verlangsamte.

Die neue „sozialistische Menschengemeinschaft"

Erst nach dem Scheitern der Stalin-Noten begann 1952 auch im wirtschaftlichen Bereich der „Aufbau des Sozialismus". Gemäß marxistisch-leninistischer Lehre wird dabei das Ziel verfolgt, durch Abschaffung des Eigentums an Produktionsmitteln die Klassengegensätze in der Gesellschaft zu überwinden und eine „sozialistische Menschengemeinschaft" zu schaffen, in der Gleichheit und Solidarität die Sozialbeziehungen prägen, sodass mit der Abschaffung der sozialen Unterschiede auch das Interesse an Privateigentum zunehmend hinfällig werde.

Zu verwirklichen seien diese Ziele dadurch, dass das Verhältnis von Produktion und Konsum nicht weiter über die „Anarchie" des kapitalistischen Marktes, sondern über den Plan und eine nach sozialen Kriterien gelenkte Preisbildung bzw. die Subventionierung des Grundbedarfs geregelt wird. Dadurch würden Ressourcen nicht unnötig verschwendet, Arbeitszeit werde auf ein notwendiges Maß reduziert und die Bedürfnisse der Menschen beschränkten sich auf das zu ihrer Existenzsicherung und zur Entwicklung ihrer freien Individualität und Kollektivität Notwendige. Damit werde es – so das SED-Programm – möglich, die „Produktionsverhältnisse als Beziehungen kameradschaftlicher Zusammenarbeit und gegenseitiger Hilfe zwischen den Werktätigen und Arbeitskollektiven weiterzuentwickeln und zu vervollkommnen".

Neue Produktionsverhältnisse

Bei der politischen Umsetzung dieser Ziele folgte die DDR dem sowjetischen Wirtschaftsprogramm, das seit Stalin vorrangig auf den Ausbau der Schwer- und

Investitionsgüterindustrie gesetzt hatte. Bewusst vernachlässigt wurde die Konsumgüterindustrie, die sich auf die Herstellung von Waren des Grundbedarfs beschränken sollte. In der DDR bewirkte diese Umorientierung ab 1952 eine verstärkte Verschiebung der traditionellen, von Leichtmaschinenbau und Elektroindustrie geprägten Industriestruktur hin zur Metallurgie und zur Grundstoffindustrie. Die anderen osteuropäischen Länder signalisierten aufgrund der dort ebenfalls nach sowjetischem Vorbild vorangetriebenen Industrialisierung einen großen Bedarf an schwerindustriellen Anlagen, die vor allem robust und technisch leicht zu handhaben sein sollten. So war kein Anreiz zur Produktion von modernen, auch auf dem westeuropäischen Markt absatzfähigen Erzeugnissen gegeben. Die Verlierer dieses Strukturwandels waren die traditionell gut eingeführten Branchen wie der Energiesektor, die Textilindustrie sowie verschiedene Bereiche der Konsumgüterindustrie, denn das neue Wirtschaftsprogramm beanspruchte den größten Teil der ohnehin knappen Investitionsmittel. Der Lebensstandard blieb bald deutlich hinter dem der Bundesrepublik zurück. Fett, Fleisch und Zucker mussten rationiert werden und es gab Klagen über Versorgungsengpässe, steigende Preise und mangelnde Warenqualität, die die Partei entsprechend ihrer Ideologie mit moralischen Appellen zum Konsumverzicht beantwortete. Zusätzlich wurden die Arbeitsnormen (Vorgabezeiten für Stückzahlen oder Arbeitsgänge) erhöht und Prämien für individuelle Höchstleistungen ausgesetzt, um die ehrgeizigen Plansolls zu erfüllen oder sogar überzuerfüllen. Die Folge war eine wachsende Differenzierung der Löhne und Gehälter, „Aktivisten" bzw. „Helden der Arbeit" erhielten zusätzliche materielle Vorteile wie bevorzugte Wohnungszuteilung oder Sonderurlaub. Obwohl auf diese Art vor allem in der Schwerindustrie ein beachtliches Wirtschaftswachstum stimuliert wurde, zeigten sich schnell schwerwiegende Probleme: Eine zentralisierte Planungsbürokratie gab detaillierte Plandaten vor und ließ den Betrieben kaum Spielräume. Diese reagierten, indem sie ihre wirklichen Leistungsreserven möglichst zu verschleiern suchten, um den Plan erfüllen zu können und so in den Genuss von Prämien zu kommen. Diese Einstellung wurde durch die Orientierung der Planwirtschaft an der Mengenplanung gefördert („Tonnenideologie"), während Qualität der Produkte, Produktivität und Rentabilität unterbewertet wurden. Außerdem konnten die nach politisch-ideologischen Prioritäten festgesetzten Preise nicht als Indikatoren für knappe Güter dienen. Kontraproduktiv war schließlich, dass der Hauptteil der Gewinne von den Betrieben an den Staatshaushalt abgeführt und der gesamte Bedarf wieder aus dem Staatshaushalt zugeteilt wurde. Wirksame Anreize zur Gewinnerwirtschaftung und Kostensenkung konnten sich so nicht herausbilden.

Aktivist
Held der Arbeit

Verschärfung des Klassenkampfes

Begleitet wurde der „Aufbau des Sozialismus" vom Prozess des „gesetzmäßig sich verschärfenden Klassenkampfs" gegen das Kleinbürgertum. Mittels der Steuer- und Abgabenschraube versuchte die Parteiführung nicht nur, ihren Finanzbedarf aus dem Mittelstand herauszupressen, sondern diesen auch zum Eintritt in LPGs und PGHs zu nötigen. Doch auch die Arbeiterschaft blieb von der „Verschärfung des Klassenkampfs" nicht verschont: Nachdem mit Einsparungen und Appellen zum Konsumverzicht und zur Erhöhung der Arbeitsproduktivität nicht genug erreicht worden war, setzte die SED zunehmend auf Preissteigerungen, strich Subventionen und erhöhte die Akkordsätze und Arbeitsnormen, was die Lebensverhältnisse der Arbeitnehmerhaushalte massiv verschlechterte. Die Folge war eine Abstimmung mit den Füßen: Der Anteil der Arbeiter in der SED sank drastisch, während gleichzeitig die Flüchtlingszahlen zwischen Januar und Mai 1953 auf 180 000 sprunghaft anstiegen, was die Wirtschaftsmisere weiter verschärfte.

1 Übergabe des Parteidokuments
Gemälde von Hans Mrozcinski, um 1953.

2 Von der SBZ/DDR geleistete Reparationen und Besatzungskosten bis Dezember 1953

Art der Leistung	Betrag in Millionen US-$
Demontagen	2436,0
Lieferungen aus der laufenden Produktion	2614,3
Lieferungen der SAG Wismut *	1584,5
Rückkauf von SAG-Unternehmen	382,0
Illegale Beschlagnahmungen	352,1
Besatzungsgeld	1240,0
Außenhandelsverluste der SBZ/DDR	400,0
Transport der Reparationsgüter über Derutra **	133,3
Verdeckte Reparationen	266,7
Zwischensumme	9408,9
Besatzungskosten	5914,1
Vermutliche Gesamtkosten bis Ende 1953	15323,0

* SAG = Sowjetische Aktiengesellschaft

** Derutra = Deutsch-russische Transport AG

M. Judt, (Hrsg.): DDR-Geschichte in Doku Bonn 1998, S. 116.

3 Versorgung der Bevölkerung 1949 bis 1953 (1950 = 100 %)

Artikel	1949	1950	1951	1952	1953
Fleisch und Fleischwaren	47	100	129	182	206
Fisch und Fischwaren	79	100	172	142	174
Fette (insgesamt)	56	100	146	164	164
Trinkmilch (2,5 % Fettgehalt)	70	100	121	128	138
Eier	57	100	172	261	276
Weißzucker	92	100	114	133	127
Obertrikotagen	94	100	200	293	362
Untertrikotagen	74	100	168	188	218
Strümpfe und Socken	83	100	130	142	96
Lederschuhe	63	100	131	165	207

Bundesarchiv Berlin, DE 1, Nr. 12561, Bl. 123.

11

Arbeitsvorschläge

a) Vergleichen Sie die wirtschaftliche Lage in den Anfangsjahren der DDR (M 2, M 3) mit der Wirtschaftsentwicklung in der Bundesrepublik im gleichen Zeitraum.
b) Kennzeichnen Sie die sozialen Entwicklungen in der DDR Anfang der 1950er-Jahre (VT).
c) Analysieren Sie das Bild M 1 hinsichtlich seiner ideologischen Aussage.

11.5 Die DDR vom Juni-Aufstand 1953 bis zum Mauerbau 1961

Neue Bedingungen nach Stalins Tod

Als am 5. März 1953 Stalin während der eskalierenden Krise in der DDR starb, ordnete seine Nachfolger-Troika - Partei- und Regierungschef Malenkow, Sicherheitschef Berija und Außenminister Molotow - überraschend schnell die Abkehr vom bisherigen Kurs an: „Unter den heutigen Bedingungen [ist] der Kurs auf eine Forcierung des Aufbaus des Sozialismus in der DDR [...] für nicht richtig zu halten", hieß es in einer Erklärung. Insbesondere Berija scheint angesichts der DDR-Krise sogar ernsthaft an eine Preisgabe der DDR - und damit des SED-Regimes - zugunsten eines neutralen Gesamtdeutschland nach dem Modell der Stalin-Noten gedacht zu haben.

Erhöhung der Arbeitsnormen

Nachdem die überrumpelte SED-Führung trotz des von Moskau geforderten „Neuen Kurses" mit weiteren Preissteigerungen und einer erneuten Erhöhung der Arbeitsnormen um 10 % reagiert hatte, wuchs die Unruhe in den Betrieben und die Flüchtlingszahlen stiegen weiter. Nach einer scharfen Maßregelung aus Moskau übte die SED Selbstkritik und kündigte die Förderung der Konsumgüterindustrie, die Einstellung der Maßnahmen gegen Mittelstand und Kirchen, Lockerungen beim innerdeutschen Reiseverkehr sowie Rechtssicherheit an. Die jüngsten Preissteigerungen wurden zurückgenommen, die Normerhöhungen jedoch nicht, da eine Steigerung der niedrigen Arbeitsproduktivität volkswirtschaftlich unverzichtbar erschien.

Der Volksaufstand am 17. Juni 1953

Viele Arbeiter empfanden diese Maßnahme als Provokation, zumal geschlossene Einzelhandelsgeschäfte wieder geöffnet wurden, Zwangsmaßnahmen gegenüber dem Mittelstand aufgehoben und „Republikflüchtlingen" Rückkehrangebote gemacht wurden. Nach ersten Arbeiterstreiks am 11. und 12. Juni zogen die Bauarbeiter der Ostberliner Stalinallee, des Vorzeigeprojekts sozialistischen Wohnungsbaus, am Morgen des 16. Juni vor das Haus der Ministerien: Forderungen nach dem Rücktritt der Regierung und einem Generalstreik wurden laut. Am 17. Juni verbreitete sich die Protestbewegung und dehnte sich in den folgenden Tagen auf über 560 Orte der DDR aus, wobei städtische Mittelschichten, Bauern und Intellektuelle hinzustießen. Allein am 17. Juni beteiligten sich über 500 000 Menschen an Streiks und über 400 000 an Demonstrationen. Dabei waren neben wirtschaftlichen und sozialpolitischen Forderungen auch Rufe nach freien Wahlen, deutscher Einheit und Rücktritt der Regierung zu hören. Nachdem Volkspolizei und Stasi die Kontrolle über die Situation verloren hatten, wurde der Volksaufstand von sowjetischen Panzern niedergeschlagen, wobei mehr als 50 Protestierende erschossen und 40 sowjetische Soldaten wegen Befehlsverweigerung hingerichtet wurden. 3 000 Demonstranten wurden von der Sowjetarmee festgenommen, es folgten weitere 13 000 Verhaftungen durch die zuständigen Organe der DDR. Nur das gewaltsame Vorgehen der „Roten Armee" hatte die SED vor dem Sturz durch die Volksbewegung gerettet. Die erste Massenerhebung gegen ein kommunistisches Regime nach 1945 war von Panzern niedergewalzt worden und der Westen war den Aufständischen nicht zu Hilfe gekommen.

Die Folgen des Aufstands

Bei aller Bitterkeit blieb aber die „gescheiterte Revolution" dennoch nicht ganz folgenlos. Sowohl die Bevölkerung als auch das Regime kannten nun ihre Schwächen und Stärken: Beide Seiten hatten vor allem die völlige Abhängigkeit des SED-Regimes vom Schutz durch die Sowjetunion erlebt, wodurch die Ideologie vom „Arbeiterstaat DDR" zutiefst erschüttert war. Andererseits musste sich die Bevölkerung angesichts der ausgebliebenen westlichen Hilfe von nun an auf lange Sicht mit dem Gedanken abfinden, dass der Versuch eines Aufstands gegen das stalinistische System keine Aussicht auf Erfolg haben würde, solange die

UdSSR der SED Rückendeckung bot. Auf der anderen Seite wusste die Parteiführung jetzt, wie wichtig die materielle Grundversorgung der Bevölkerung für ihr politisches Überleben war. Sie setzte deshalb den im Mai auf Druck Moskaus hin begonnenen „Neuen Kurs" fort: Es folgten weitere Preissenkungen sowie eine Drosselung der Schwerindustrie zugunsten der verstärkten Produktion von Konsumgütern und Nahrungsmitteln, wodurch sich der Lebensstandard der Bevölkerung verbesserte und die Flüchtlingszahlen von 331 000 im Jahr 1953 auf 184 000 im Jahr 1954 zurückgingen. Dennoch wurde die Partei auf allen Ebenen systematisch „gesäubert": Hochrangige Ulbricht-Kritiker wurden ihrer Ämter enthoben und aus der Partei ausgeschlossen, auf unterer Ebene schieden über 70 % der SED-Kreissekretäre aus. Außerdem wurde durch den personellen Ausbau des Ministeriums für Staatssicherheit (MfS) das Spitzelwesen im Land flächendeckend ausgebaut: So hatte die Volkserhebung nicht nur zu einem Blutbad, sondern auch zu verschärfter Unterdrückung, Bespitzelung und Resignation geführt. In der SED-Führung aber wirkte der Schock des Aufstands noch lange nach. 1989 fragte der Stasi-Chef Erich Mielke angesichts der Demonstrationen seine Funktionäre: „Ist es so, dass morgen der 17. Juni ausbricht?"

1 Der 17. Juni 1953 in Berlin
Demonstranten mit schwarz-rot-goldenen Fahnen ziehen durch das Brandenburger Tor in den Westteil der Stadt.

Rückkehr zum sowjetischen Weg

Bereits 1954 beendete die SED aber ihre Politik der Konzessionen und beschloss die Rückkehr zur verstärkten Förderung der Schwerindustrie. Ein Jahr später, am Ende des ersten Fünfjahrplans, verfügte die DDR über eine schwerindustrielle Basis, die in nur wenigen Jahren unter erheblichen Kraftanstrengungen aufgebaut worden war. In diesem Prozess hatten sich auch charakteristische soziale Verschiebungen ergeben: Im Bereich der Eigentumsformen war das Staatseigentum in Industrie und Handel rasch, das Genossenschaftseigentum in der Landwirtschaft langsamer gewachsen. Nur im Handwerk, der Landwirtschaft und der Konsumgüterindustrie existierte noch ein relativ großer Anteil privaten Eigentums. Die Zahl der Selbstständigen war dabei zugunsten der Arbeiter und Angestellten gesunken. Der wachsende Grad der Lohnabhängigkeit gegenüber

2 Großartig, wie unsere Kameraden, unsere Berliner Arbeiter, für die Freiheit und bessere Lebensbedingungen kämpfen!
Zeichnung von O. Brandes, Die Bergbauindustrie, 4. Juli 1953.

dem Arbeitgeber Staat verriet die zunehmende Angleichung an die sowjetische Gesellschaftsstruktur, womit ein wichtiges Ziel beim „Aufbau des Sozialismus" erreicht war.

Entstalinisierung?

Mitte der 1950er-Jahre war in der DDR also eine mit sowjetischer Hilfe äußerlich stabilisierte SED-Herrschaft anzutreffen, der es an Zustimmung in der Bevölkerung allerdings deutlich mangelte. Tiefgehende Strukturveränderungen, soziale Umschichtungen und Versorgungsengpässe hatten eine breite Unzufriedenheit ausgelöst, die durch die Orientierung vieler DDR-Bürger auf das „Erfolgsmodell Bundesrepublik" noch gesteigert wurde. Die resignative Grundstimmung, die nach dem 17. Juni 1953 eingekehrt war, löste sich auch nicht, als im Frühjahr 1956 aus Moskau die Nachricht kam, dass der sowjetische Parteichef Chruschtschow sich auf dem XX. Parteitag der KPdSU von Stalin distanziert und dessen Herrschaftsmethoden verurteilt habe. Während in Polen und Ungarn die unter Stalin abgesetzten Reformkommunisten wieder in ihre Ämter eingesetzt wurden, schloss sich die SED dem Prozess der Entstalinisierung nur zögernd an. Sie beschränkte sich auf die Rehabilitierung einiger hoher Parteifunktionäre, die aus der Partei ausgeschlossen worden waren, und eine Amnestie für 15 000 politische Gefangene. Als dann Ende 1956 die blutige Niederschlagung des ungarischen Volksaufstands mit mehreren tausend Toten zeigte, wie eng trotz Entstalinisierung die Grenzen des vermeintlichen „Tauwetters" gezogen blieben, ging auch die SED dazu über, kritische Intellektuelle auszuschalten: Der Philosoph Wolfgang Harich, der die Idee eines „Sozialismus mit menschlichem Antlitz" vertreten hatte, und andere reformkommunistische Intellektuelle wurden zu hohen Zuchthausstrafen verurteilt, der Leipziger Philosoph Ernst Bloch wurde zwangsemeritiert, kritische SED-Funktionäre verloren wegen „Revisionismus" und „Fraktionsbildung" ihre Ämter. Statt der erhofften Liberalisierung blieb die Machtkonzentration bei der Ulbricht-Gruppe in Politbüro und Zentralkomitee erhalten.

„Überholen ohne einzuholen"

Ermutigt durch die wachsende Industrieproduktion beschloss die SED ein erhöhtes Tempo bei der „Vollendung der sozialistischen Produktionsverhältnisse" und verkündete gegenüber der Bundesrepublik die Devise: „Überholen ohne einzuholen". Diese Pläne sollten durch eine forcierte Verdrängung des privaten Mittelstandes aus Industrie und Handwerk sowie die Vollendung der Zwangskollektivierung in der Landwirtschaft verwirklicht werden, sodass 1961 LPGs (Landwirtschaftliche Produktionsgenossenschaften) und VEGs (Volkseigene Güter) bereits 90 % der agrarischen Bruttoproduktion bestritten. In der Industrie

3 Das deutsche Problem
Die Zeichnung des englischen Karikaturisten Emmwood erschien am 20. April 1960 in „Die Welt".

11

sank der Anteil mittelständischer Eigentümer auf weniger als 4%. Die häufig unter psychischem und physischem Druck erzwungenen Umstrukturierungen führten prompt nicht nur zu einer erneuten Wirtschaftskrise mit den üblichen Versorgungsengpässen, sondern auch zu einer neuen Flüchtlingswelle: Während 1959 im Monatsdurchschnitt noch 12 000 DDR-Bürger ihr Land verlassen hatten, waren es im April 1961 schon 30 000, die in der Regel gut ausgebildet und jung (50% unter 25 Jahre) waren. Krisenverschärfend wirkte, dass überdurchschnittlich viele Flüchtlinge über eine besonders hohe Ausbildungsqualifikation verfügten: Stark vertreten waren Ingenieure, Techniker, Ärzte und Hochschullehrer, sodass Wirtschaftshistoriker den Ost-West-Transfer von „Humankapital" für die 1950er-Jahre auf mehr als 30 Milliarden DM geschätzt haben.

Der Mauerbau in Berlin

In den Industriebetrieben der DDR spiegelte sich die wachsende Unzufriedenheit 1960 in mehr als 200 Arbeitsniederlegungen wider. Angesichts der sich verschärfenden Krise und der weiter anschwellenden Fluchtbewegungen gab der Warschauer Pakt seinen Widerstand gegen die von der SED schon seit März geforderte „Grenzsicherung" auf, nachdem Ulbricht gegenüber Chruschtschow die wirtschaftliche Zwangslage der DDR beim Namen genannt hatte: „Die offenen Grenzen zwangen uns, den Lebensstandard schneller zu erhöhen, als es unseren volkswirtschaftlichen Kräften entsprach." Eine amerikanische Intervention war nicht zu erwarten, nachdem der US-Präsident Kennedy am 27. Juli seine „three essentials" ausschließlich bezüglich West-Berlins formuliert hatte: das Präsenzrecht der Westalliierten, ihr Recht auf freien Zugang und das Selbstbestimmungsrecht für die Bürger West-Berlins. Da er von Ost-Berlin nicht gesprochen hatte, konnten in den frühen Morgenstunden des 13. August 1961 Betriebskampfgruppen, Volkspolizei und Nationale Volksarmee ungehindert mit dem Bau der Berliner Mauer beginnen, die die Massenflucht definitiv beendete und bis 1989 255 Menschenleben fordern sollte. Wie schon 1953 und 1956 beschränkten sich die Westmächte auf Protestnoten und folgenlose Drohgebärden.

4 Bau der Berliner Mauer. In der Nacht vom 12. zum 13. August 1961 riegelten Mitglieder von Kampfgruppen aus verschiedenen volkseigenen Betrieben Westberlin vom Ostteil der Stadt ab.

5 Drohgebärde. Nachdem die USA am 19.8.1961 ihre Sicherheitsgarantie für die Westsektoren bekräftigt haben, lässt US-General Clay am Tag darauf Panzer an der Berliner Mauer auffahren.

11

6 Erhöhung der Arbeitsnormen

Beschluss des Ministerrats der DDR vom 28. Mai 1953:

Der von der II. Parteikonferenz der Sozialistischen Einheitspartei Deutschlands gefasste und von der gesamten werktätigen Bevölkerung begrüßte Beschluss zur Schaffung der Grundlagen für den Aufbau des Sozialismus in der Deutschen Demokratischen Republik erfordert die Stärkung der sozialistischen Industrie […].

Da die Erhöhung des Lebensstandards unserer Bevölkerung und die Weiterentwicklung der technischen Basis der Produktion unmittelbar zusammenhängen, ist es notwendig, die Erfolge der Arbeit weit mehr als bisher für den Aufbau neuer Betriebe, für den Bau neuer Wohnungen und kultureller Einrichtungen auszuschöpfen und einen erheblichen Teil der Ergebnisse der Arbeit für die Realisierung dieser großen Aufgaben zu verwenden. […]

Das Ziel dieser Maßnahmen ist, die Arbeitsnormen mit den Erfordernissen der Steigerung der Arbeitsproduktivität und der Senkung der Selbstkosten in Übereinstimmung zu bringen und zunächst eine Erhöhung der für die Produktion entscheidenden Arbeitsnormen im Durchschnitt um mindestens 10 % bis zum 30. Juni 1953 sicherzustellen. […] Nur auf diesem Wege ist es – so lehren uns die Erfahrungen der Sowjetunion – möglich, die […] notwendige Entwicklung der Arbeitsproduktivität zu erreichen.

T. Diedrich: Der 17. Juni 1953 in der DDR. Berlin 1991, S. 205 ff.

7 Streikforderungen

Telegramm des Streikkomitees Bitterfeld an die DDR-Regierung vom 16. Juni 1953:

An die so genannte Deutsche Demokratische Regierung in Berlin-Pankow

Wir Werktätigen des Kreises Bitterfeld fordern von Ihnen:

1. Sofortigen Rücktritt der so genannten Deutschen Demokratischen Regierung, die sich durch Wahlmanöver an die Macht gebracht hat.
2. Bildung einer provisorischen Regierung aus den fortschrittlichen Werktätigen.
3. Zulassung sämtlicher großer demokratischer Parteien Westdeutschlands.
4. Freie und geheime direkte Wahlen spätestens in vier Wochen.
5. Freilassung sämtlicher politischer Gefangener (direkt politischer, so genannter „Wirtschaftsverbrecher“ und konfessionell Verfolgter).
6. Sofortige Abschaffung der Zonengrenzen und Zurückziehung der Volkspolizei.
7. Sofortige Normalisierung des sozialen Lebensstandards.
8. Sofortige Auflösung der so genannten „National-Armee“.
9. Keine Repressalien gegen auch nur einen Streikenden.

Der Morgen, Beilage vom 16./17. Juni 1953.

8 „Wir wollen Demokratie“

Aus einem Zeitzeugen-Interview von 1993 mit Heinz Kliem, der 1953 als Bauarbeiter an der Berliner Stalin-Allee arbeitete:

Die allgemeine Versorgungslage war miserabel. Da hat sich natürlich etwas aufgestaut. Der Bauarbeiter war mit der Situation […] unzufrieden. Aus diesem Grunde wurden dann auch am 15. Juni 1953, abends, so um zirka 15/16 Uhr, die Leute auf unserer Baustelle zusammengetrommelt. […]

Wir sind dann [am 16. Juni] mit unserer Berufskleidung die Straße langgegangen. […] Wir bewegten uns dann gemeinsam in Richtung Stalinallee. Berlin war eine große Baustelle. Zumindest in dem Bereich Stalinallee waren überall auf den Gerüsten und Neubauten Kollegen am Arbeiten. Als wir vorbeizogen, haben wir gerufen: „Kollegen, wir streiken, reiht euch ein. Wir fordern Senkung der Normen und Erhöhung der Löhne.“ Die meisten kamen von den Gerüsten und von den Baustellen herunter. Unser Zug war eine riesengroße Gruppe. Das sammelte sich so an und ehe wir uns versahen, waren es einige tausend Demonstranten. […]

In den Nachrichten hat der RIAS abends schon gesagt, dass die Bauarbeiter im Block E-Nord und Fernheizwerk die Arbeit niedergelegt hätten. Das war aber nur eine ganz kurze Meldung. Der RIAS hat das an dem Tag nicht ausgeschlachtet und das hat mich eigentlich gewundert. Hinterher habe ich gewusst, dass eigentlich die ganze DDR in Aufruhr war. Ich habe das von Bekannten vom Stahlwerk Riesa erfahren. Die hatten allerdings überwiegend am 17. Juni gestreikt und nicht am 15. und 16. Juni wie die Bauarbeiter. Sie nahmen wahrscheinlich diese kleinen Meldungen zum Anlass, um zu streiken. […]

Im Bereich der Ministerien […] waren nicht nur Bauarbeiter, sondern sehr viele, und ich nehme an, auch aus den Westsektoren. Das konnte man schon sehen. Damals typisch, dicke Kreppschuhe und ein Igelschnitt. Das waren die, die aus dem Westen kamen. Es gibt immer Leute, die suchen eine Gelegenheit. Die Mehrzahl derer aber, die dort marschiert sind, waren die, die auf die miserable Situation hinweisen wollten. Die wollten vielleicht auch, was der 16. Juni schon gezeigt hat, die Regierung stürzen. Sie forderten: „Wir wollen jetzt Demokratie und freie Wahlen.“ […]

Dann kamen – nach meiner Schätzung zwischen 11 und 12 Uhr – die ersten russischen Lkws mit Soldaten. Die Soldaten sind heruntergesprungen und haben mit Gewehren in die Luft geschossen. […] Alle versuchten jetzt in die Seitenstraßen zu entkommen. Dann kamen auch Panzer. […] Aber sie sind nicht in die Menschen reingefahren. Die Panzer haben sich eben nur als Militärmacht dargestellt. […] Der Kommandant verhängte den Ausnahmezustand. Wenn mehr als drei Leute auf der Straße zusammenstanden, sollten sie erschossen werden.

G. Beier: Wir wollen freie Menschen sein. Der 17. Juni 1953: Bauleute gingen voran. Frankfurt/Main u. Wien 1993, S. 64 ff.

11

9 Rebellische Stimmung

Der damals als Bibliothekar arbeitende Schriftsteller Günter de Bruyn erinnert sich in seinem 1996 erschienen Buch „Vierzig Jahre. Ein Lebensbericht“:

Die Ereignisse des 17. Juni 1953 [...] begannen für mich mit dem Lärm, den in Kolonne fahrende Panzerwagen auf gepflasterten Straßen machen [...]. Keinen Moment hatte ich einen Erfolg des Aufstandes erwartet, denn die Besatzungstruppen [...] kamen mir, als die wirklichen Machthaber, nie aus dem Sinn.
Schon am Morgen hatten ihre Panzer, von Jüterbog oder Zossen kommend, die Spreebrücke in Schöneweide erbeben lassen, während die Arbeiter aus den am Flussufer sich reihenden Fabriken sie mit Pfiffen und drohend gereckten Fäusten empfangen hatten. [...] Die rebellische Stimmung, die alle bewegte, war erfrischend, aber auch unheimlich; denn im Lachen war Wut, in den munteren Gesprächen auch Angst zu spüren, und mit dem Mut, die bisher unterdrückte Meinung zu sagen, kamen auch Frechheit, Dummheit und Brutalität wieder hoch. [...]
Auch war man sich wohl, da nicht nur Organisatoren, sondern auch Zielvorstellungen fehlten, über die Marschrichtung nicht einig. Ratlosigkeit glaubte ich in den Gesichtern lesen zu können [...]; und auch kein Redner zum Artikulieren und Zentrieren der Volkswut war da. Ich [...] zog mich zurück in die Stille, wo in den Lesesälen hinter Schutzmauern von Büchern Gelehrte saßen, die die Aufrührer in den Straßen mit der gleichen Missachtung straften wie jene, denen der Aufruhr galt. [...]
[Auf dem Nachhauseweg nach Feierabend] An der Ecke Friedrichstraße, wo der Hauptstrom nach Süden schwenkte, einige Trupps aber dem Brandenburger Tor zustrebten, sah ich mit an, wie junge Männer, ohne viel Beifall dafür zu ernten, erst einen Packen NEUES DEUTSCHLAND, dann den ganzen Zeitungskiosk in Brand setzten. In flotterem Tempo ging es die Friedrichstraße hinunter. Eingezwängt in der Masse, in der, meiner Erinnerung nach, Frauen fehlten, stand ich lange vor einem Regierungsgebäude, ohne etwas sehen zu können, schrie mit, wenn freie Wahlen gefordert wurden [...].
Von Hochgefühlen, die Menschen als Teil einer Masse erfüllen können, habe ich oft gehört und gelesen, doch an mir nie empfinden können; eher fühlte ich mich, eingekeilt zwischen Menschenleibern, von Ekel gepeinigt und meiner Freiheit beraubt. [...]

G. de Bruyn: Vierzig Jahre. Ein Lebensbericht. Frankfurt/Main 1998, S. 42 ff.

10 Der neue Kurs

Beschluss des ZK der SED vom 26. Juli 1953:

Getragen von der hohen Verantwortung für die beschleunigte Herstellung der Einheit Deutschlands, für die Erhaltung des Friedens in Europa und für das Wohlergehen der Bevölkerung der Deutschen Demokratischen Republik, hat die Sozialistische Einheitspartei Deutschlands [...] eine Änderung des politischen Kurses in der Deutschen Demokratischen Republik vorgeschlagen, die von der Regierung angenommen wurde [...].
Das Wesen des neuen Kurses besteht darin, in der nächsten Zeit eine ernsthafte Verbesserung der wirtschaftlichen Lage und der politischen Verhältnisse in der Deutschen Demokratischen Republik zu erreichen und auf dieser Grundlage die Lebenshaltung der Arbeiterklasse und aller Werktätigen bedeutend zu heben. Durch die Steigerung der Erzeugung der Nahrungs- und Genussmittelindustrie und der Leichtindustrie auf Kosten der Schwerindustrie; durch die Entfaltung der Initiative des privaten Handels und der Privatindustrie sowie durch die Förderung der bäuerlichen Wirtschaften soll eine Verbesserung der materiellen Lage der Bevölkerung erzielt werden. Das gesamte öffentliche Leben soll weiter demokratisiert und gleichzeitig der Verkehr der Deutschen von Ost und West erleichtert werden. [...]
Die Partei hat die in der Vergangenheit begangenen Fehler erkannt, anerkannt und offen ausgesprochen, um allen das Wesen des neuen Kurses verständlich zu machen und seine Durchführung zu erleichtern.

Dokumente der Sozialistischen Einheitspartei Deutschlands, Band IV. Berlin (Ost) 1954, S. 449 ff.

11 Plakat von 1953. Es zeigt, mit welchen Maßnahmen die Sowjetunion auf den 17. Juni 1953 reagierte.

12 Flüchtlinge aus der DDR in die Bundesrepublik und nach West-Berlin 1952–1962 (in Prozent)

Jahr	Anzahl der Flüchtlinge	bis unter 14 Jahre	14 bis unter 18 Jahre	18 bis unter 25 Jahre	25 bis unter 45 Jahre	45 bis unter 65 Jahre	*65 Jahre und älter*
1952	182 000	17,8	11,1	23,7	29,3	16,7	1,4
1953	331 000	22,7	11,8	14,2	30,0	18,8	2,5
1954	184 000	21,0	12,9	15,2	29,4	17,2	4,3
1955	253 000	17,4	9,6	25,5	27,0	16,5	4,0
1956	279 000	17,5	9,4	22,1	27,4	18,9	4,7
1957	262 000	16,5	9,2	26,5	26,2	16,7	4,9
1958	204 000	17,3	8,1	22,7	25,2	20,5	6,2
1959	144 000	15,4	7,1	25,8	21,7	20,6	9,4
1960	199 000	17,4	5,7	25,7	23,4	20,7	7,1
1961	207 000	17,3	5,3	26,6	23,9	19,6	7,3
1962	21 000	8,7	4,6	25,4	21,9	13,6	25,8

R. Rytlewski / M. Opp de Hipt (Hrsg.): Die Deutsche Demokratische Republik in Zahlen. 1945/1949–1980. München 1987, S. 33; G. A. Ritter / M. Niehuss: Wahlen in Deutschland 1946–1990. Ein Handbuch. München 1991, S. 46; zit. nach: R. A. Müller (Hrsg.): Deutsche Geschichte in Quellen und Darstellung, Bd. 10. Stuttgart 1998, S. 403.

13 Die berufliche Struktur des Flüchtlingsstroms (in Prozent)

	1952–1957	1958	1959	1960	1961*
Pflanzenbau und Tierwirtschaft	7,6	4,5	5,0	7,4	6,1
Industrie und Handwerk	20,7	19,3	20,1	21,3	22,3
Technik	1,9	2,1	2,4	2,6	2,9
Handel und Verkehr	11,8	11,8	12,0	11,8	12,0
Haushalts-, Gesundheitsdienst, Körperpflege	4,9	5,8	5,3	4,8	4,7
Verwaltungs- und Rechtswesen	2,9	4,4	3,8	3,5	3,3
Geistes- und Kunstleben	1,5	2,6	2,0	1,9	1,6

**1. Halbjahr*

14 Die auslösenden Fluchtgründe im Juli 1961 nach ihrer Häufigkeit (in absoluten Zahlen)

Aufforderung zu „gesellschaftspolitischer Betätigung" (z. B. in FDJ, FDGB usw.)	528
Familienzusammenführung	343
Wunsch nach besseren Einkommens- und Wohnverhältnissen	203
Verstöße gegen das Passgesetz	140
Zwang zu Kollektivierung (LPG, PGH) oder staatlicher Beteiligung	136
Spitzelaufträge oder -verpflichtungen (i. d. R. durch das MfS)	135
Parteiaufträge	84
Beziehungen zum Westen	81
Versagen von Reisegenehmigungen oder legaler Umsiedlung in die Bundesrepublik	68
Angst vor Bestrafung	63
Verpflichtung zum Eintritt in die Nationale Volksarmee oder die Volkspolizei	59
Maßnahmen zur Verstaatlichung der privaten Wirtschaft	59
Politischer Widerstand gegen das Regime	57
Differenzen in der Ehe	53
Ost-West-Pendler	53
Ablehnung des oder Benachteiligung durch das Erziehungs- und Bildungssystem	48
Lohn- und Arbeitsschwierigkeiten	47

Bundesministerium für innerdeutsche Beziehungen (Hrsg.): Der Bau der Mauer durch Berlin. Bonn 1986, S. 21 f.

15 „Zur Sicherung des europäischen Friedens zum Schutze der Deutschen Demokratischen Republik"

Aus dem Beschluss des Ministerrates der DDR vom 12. August 1961:

In Westdeutschland ist eine Verschärfung der Revanchepolitik mit sich steigernden Gebietsforderungen gegenüber der Deutschen Demokratischen Republik und den Nachbarstaaten Deutschlands erfolgt, die in enger Verbindung steht mit der beschleunigten Aufrüstung und Atombewaffnung der westdeutschen Bundeswehr. Es wird eine systematische Bürgerkriegsvorbereitung durch die Adenauer-Regierung gegenüber der Deutschen

Demokratischen Republik betrieben. Bürger der Deutschen Demokratischen Republik, die Westdeutschland besuchen, sind in zunehmendem Maße terroristischen Verfolgungen ausgesetzt. Von westdeutschen und Westberliner Agentenzentralen wird eine systematische Abwerbung von Bürgern der Deutschen Demokratischen Republik und ein regelrechter Menschenhandel organisiert. [...]

Aus all diesen Gründen beschließt der Ministerrat der Deutschen Demokratischen Republik in Übereinstimmung mit dem Beschluss des Politischen Beratenden Ausschusses der Staaten des Warschauer Vertrages zur Sicherung des europäischen Friedens, zum Schutze der Deutschen Demokratischen Republik und im Interesse der Sicherheit der Staaten des sozialistischen Lagers folgende Maßnahmen:

Zur Unterbindung der feindlichen Tätigkeit der revanchistischen und militaristischen Kräfte Westdeutschlands und West-Berlins wird eine solche Kontrolle an den Grenzen der Deutschen Demokratischen Republik einschließlich der Grenze zu den Westsektoren von Groß-Berlin eingeführt, wie sie an den Grenzen jedes souveränen Staates üblich ist. Es ist an den Westberliner Grenzen eine verlässliche Bewachung und eine wirksame Kontrolle zu gewährleisten, um der Wühltätigkeit den Weg zu verlegen. Diese Grenzen dürfen von Bürgern der Deutschen Demokratischen Republik nur noch mit besonderer Genehmigung passiert werden. Solange West-Berlin nicht in eine entmilitarisierte neutrale Freie Stadt verwandelt ist, bedürfen Bürger der Hauptstadt der Deutschen Demokratischen Republik für das Überschreiten der Grenzen nach West-Berlin einer besonderen Bescheinigung.

Zit. nach: Geschichte in Quellen. Die Welt seit 1945. München 1980, S. 319. Bearb. H. Krause und K. Reif.

16 Ein Tag großer Ernüchterung

Aus dem Tagebuch des CDU/CSU-Fraktionsvorsitzenden Heinrich Krone am Jahresende 1961:

Der 13. August ist in der Bevölkerung der Tag der großen Ernüchterung und Enttäuschung. Bis dahin glaubte und traute man den Amerikanern blindlings. [...] An der Mauer entlang ist Deutschland getrennt, verläuft die Grenze des kommunistischen Ostens gegen die freie Welt. Und – was wir immer nicht glauben wollten, die amerikanische Politik nimmt diese Grenze zur Kenntnis. Was später einmal ist, dass die Westmächte uns in Verträgen versprochen haben, dass sie nicht rasten würden, bis Deutschland wieder ein Volk und Land ist, das alles hat im Augenblick keine aktive Bedeutung. Wir wissen jetzt alle, wo heute die Grenze verläuft, bis zu der sich die Amerikaner engagieren. Dieser Rückzug auf diese Linie hat viel an Vertrauen erschüttert. [...]

Traurige Weihnachten in der Zone. Briefe, die ich bekam, legen dafür erschütterndes Zeugnis ab. Das freie Deutschland muss sich zu einer viel stärkeren und kraftvolleren Haltung aufraffen. Wir müssen aufhören zu schlafen. Wir verfetten in unserem Wohlstand und drüben hungern die Deutschen an Leib und Seele. Wir müssen Fanal sein, das in die Zone leuchtet. Die Stunde kommt, wo wir wieder eins werden. [...] Doch, sagen wir es offen, der deutsche Westen ist in Gefahr, seinen Teil für das Ganze zu halten.

K. Gotto (Hrsg.): Neue Dokumente zur Deutschland- und Ostpolitik Adenauers. In: Adenauer-Studien III, hrsg. v. R. Morsey u. K. Repgen. Mainz 1974, S. 16f.

17 Wie denkt der Westen?

US-Präsident John F. Kennedy nach dem 13.8.1961:

Keine besonders angenehme Lösung, aber eine Mauer ist verdammt noch mal besser als ein Krieg.

Zit. nach: A. Grünberg: Der eingemauerte Staat. Die DDR vor der „Wende". Stuttgart 1995, S. 36.

11

Arbeitsvorschläge

a) Geben Sie einen Überblick über Ursachen und Verlauf des Juni-Aufstands (M 6 – M 8).
b) Erarbeiten Sie, welche Resonanz der Aufstand vom 17. Juni 1953 in der Bundesrepublik hatte (eigene Recherche, M 2, M 8).
c) Erläutern Sie, welche Folgen der Juni-Aufstand hatte (VT, M 10, M 11).
d) Erklären Sie die Schwankungen in der Flüchtlingszahl und ihrer beruflichen Struktur, indem Sie den Jahreszahlen Ereignisse zuordnen (M 12, M 13).
e) Untersuchen Sie die Alters- und Berufsstruktur der Flüchtlinge im Hinblick auf die wirtschaftlichen Folgen für die DDR und Bundesrepublik (M 12, M 13).
f) Fassen Sie die Fluchtgründe zu Gruppen zusammen, finden Sie Oberbegriffe und ordnen Sie die Gruppen nach Priorität (M 14).
g) Vergleichen Sie die wirtschaftliche und soziale Entwicklung in der Bundesrepublik und der DDR in den 1950er-Jahren.
h) Vergleichen Sie die Stellungnahmen zum Mauerbau aus ost- und westdeutscher Sicht (M 15, M 16).
i) Verfassen Sie eine Entgegnung aus der Perspektive Kennedys oder Adenauers (M 4, M 5, M 17).

11.6 Zeiten des Übergangs: Von der Ära Adenauer zur „Großen Koalition"

Deutschland- und Außenpolitik im Zeichen der Hallstein-Doktrin

Das Jahr 1955 sollte für Adenauer zum Höhe- und Wendepunkt seiner Kanzlerschaft werden. Die Pariser Verträge hatten einen gewissen Schlusspunkt unter die Bemühungen des Kanzlers gesetzt, die Bundesrepublik zu einem souveränen westeuropäischen Staat zu machen. Nun kam es Adenauer darauf an, das Erreichte zu bewahren. Seine Deutschland- und Außenpolitik stand unter dem Zeichen der nach seinem Staatssekretär benannten Hallstein-Doktrin aus dem Jahr 1955. Sie begründete den Alleinvertretungsanspruch der Bundesrepublik für das gesamte deutsche Volk, der auf die Legitimation durch freie Wahlen zurückgeführt wurde, welche dem SED-Regime fehlte. Dementsprechend betrachtete es die Bundesregierung als unfreundlichen Akt, wenn ein Staat, der mit der Bundesrepublik diplomatische Beziehungen unterhielt, auch die DDR als selbstständigen Staat anerkannte. Dann sollte – außer im Fall der Sowjetunion – der einseitige Abbruch der Beziehungen erfolgen. Zwar konnte Adenauer bis zum Ende seiner Kanzlerschaft auf diesem Weg die internationale Anerkennung der DDR verhindern, doch verzichtete er damit auch auf Gestaltungsspielräume. Diplomatische Initiativen von östlicher Seite wurden regelmäßig ignoriert, so z. B. der Vorschlag des polnischen Außenministers Adam Rapacki zur Schaffung einer atomwaffenfreien Zone in Mitteleuropa. Das innerdeutsche Verhältnis verhärtete immer mehr, sodass es Ende 1958 sogar zur ultimativen Forderung Moskaus an die Westalliierten kam, West-Berlin binnen sechs Monaten zu verlassen.

Kritik an Adenauers Nuklearplänen

Auch innenpolitisch standen die Zeichen auf Veränderung. Bereits in der ersten Hälfte der 1950er-Jahre hatte sich eine breite pazifistische Bewegung unter der Parole „Ohne mich!" gegen Adenauers Wiederbewaffnungspolitik formiert. Als 1956 Pläne der Bundesregierung zur Ausrüstung der eben erst gegründeten Bundeswehr mit Atomwaffen bekannt wurden, schwoll diese weiter an. Der Protest wurde außer von der SPD auch von Kirchen, Gewerkschaften, Hochschulen, Studentenvertretungen, Künstlern und Schriftstellern getragen. Große Resonanz fand 1957 die „Göttinger Erklärung", in der 18 namhafte deutsche Atomforscher die Nuklearpläne Adenauers kritisierten. Der 1958 gegründete Arbeitsausschuss „Kampf dem Atomtod" organisierte zahlreiche Massendemonstrationen, die Adenauers Pläne schließlich zu Fall brachten, nachdem auch die westlichen Regierungen Bedenken geäußert hatten.

Die „Spiegel"-Affäre und das Ende der Ära Adenauer

Adenauers Autorität wurde 1959/60 weiter erschüttert: Zunächst strebte er vergeblich das Amt des Bundespräsidenten an, um die Politik des künftigen Kanzlers kontrollieren zu können. Wenig später scheiterte auch sein Plan, ein zweites Fernsehprogramm unter Einfluss und Aufsicht der Bundesregierung einzurichten. Die wachsende öffentliche Kritik an seiner zunehmend als autoritär empfundenen „Kanzlerdemokratie" führte bei der Bundestagswahl 1961 schließlich zum Verlust der absoluten Mehrheit für CDU und CSU. Dazu beigetragen hatte allerdings auch die Modernisierung der SPD. Mit ihrer Abkehr von wirtschaftlichen Sozialisierungsmodellen und deutschlandpolitischen Neutralisierungskonzepten hatte sie sich mit dem Godesberger Programm von 1959 als Volkspartei konstituiert. Damit war sie auch für Schichten jenseits der Arbeiterschaft wählbar und somit regierungsfähig geworden. Das unwiderrufliche Ende der Ära Adenauer wurde dann 1962 durch die „Spiegel-Affäre" und die dadurch ausgelöste Regierungskrise eingeleitet: Als in dem Hamburger Nachrichtenmagazin ein kritischer Artikel zur Verteidigungspolitik der CDU erschien, veranlasste Verteidigungsminister Franz Josef Strauß die Verhaftung des Herausgebers Rudolf Augstein, mehrerer leiten-

Sozialisierung

1 Ha! Wie will ich triumphieren, wenn wir sie zum Richtplatz führen und die Hälse schnüren …
In seiner Karikatur von 1962 nimmt Klaus Pielert Bezug auf eine Szene aus Mozarts Oper „Die Entführung aus dem Serail": Der Diener eines mächtigen Herrschers freut sich auf die Hinrichtung von Gefangenen seines Herren. Dieser besinnt sich aber eines Besseren. Er lässt die Gefangenen frei und es kommt zum Happyend – sehr zum Ärger des eifrigen Lakaien.

der Redakteure und des verantwortlichen Journalisten Conrad Ahlers. Die darauf folgende Durchsuchung der „Spiegel"-Redaktionsräume begründete Adenauer angesichts heftiger öffentlicher Proteste mit einem „Abgrund von Landesverrat", der sich aufgetan habe. Massenkundgebungen von Studierenden und Gewerkschaften waren die Folge, bei denen der Regierung massive Eingriffe in die Presse- und Meinungsfreiheit vorgeworfen wurden. Als selbst der Koalitionspartner FDP den Rücktritt von Franz-Josef Strauß forderte, war Adenauer am Ende: Er gab nach, bildete ein neues Kabinett, dem Strauß nicht mehr angehörte, und kündigte seinen Rücktritt für den Herbst 1963 an. Erstmals seit Bestehen der Bundesrepublik war aus einer politischen Krise die kritische Öffentlichkeit als Siegerin hervorgegangen.

Ludwig Erhards Kanzlerschaft

Mit der Kanzlerschaft Ludwig Erhards von 1963 bis 1966 brach eine Übergangszeit an, in der einerseits ungelöste Konflikte, die das „Wirtschaftswunder" überdeckt hatte, offen ausbrachen, in der sich andererseits aber auch neue Entwicklungen anbahnten. Als die Bundesrepublik 1966 ihre erste wirtschaftliche Rezession mit steigenden Arbeitslosenzahlen erlebte und die rechtsextreme NPD in den zwei darauf folgenden Jahren prompt in nicht weniger als sieben Landtage Einzug hielt – in Baden-Württemberg 1968 sogar mit 9,8 % – drängten sich vielen Bürgern Parallelen zum Aufstieg der NSDAP während der Weltwirtschaftskrise auf. Außerdem entstand der Eindruck, dass der „Vater des Wirtschaftswunders" mit den alten Rezepten der ökonomischen und politischen Probleme nicht mehr Herr wurde. Sein Appell an die Bundesbürger, den Gürtel enger zu schnallen, hinter dem sich zwei unbezahlte Überstunden pro Woche verbargen, erinnerte manche an Brünings Sparpolitik in den letzten Jahren der Weimarer Republik. Und Erhards Forderungen nach einer „formierten Gesellschaft" sowie seine Kritik an „Entartungserscheinungen in der modernen Kunst" wurden als symptomatisch für die

Formierte Gesellschaft

fehlende Aufarbeitung der NS-Vergangenheit angesehen. Er geriet schließlich auch deshalb zunehmend in die Defensive, weil das Versprechen, das sozialpolitische Füllhorn auf die Bürger auszuschütten, mit dem er die Bundestagswahl 1965 gewonnen hatte, nicht zu halten war. Sein Sturz war vollzogen, als die FDP ihm 1966 die Koalition aufkündigte, weil sie die wachsenden Staatsausgaben und die sich daraus ergebenden Etatdefizite nicht mehr für vertretbar hielt.

Neue wirtschaftspolitische Akzente zur Zeit der Großen Koalition

Erhards Nachfolger Kurt-Georg Kiesinger (CDU), der sich mit Willy Brandt (SPD) auf eine Große Koalition aus CDU/CSU und SPD geeinigt hatte, um die wirtschaftliche Rezession zu überwinden, hatte erstaunlich schnelle Erfolge zu verzeichnen. Wirtschaftsminister Karl Schiller (SPD) und Finanzminister Franz Josef Strauß (CSU) erreichten einen neuen Aufschwung durch Instrumente, die sich an der in den 1930er-Jahren entwickelten Theorie des englischen Nationalökonomen John Maynard Keynes orientierten. Diese vertraute in wirtschaftlichen Krisenzeiten nicht mehr auf die Selbstheilungskräfte des Marktes nach der Lehre des Wirtschaftsliberalismus. Vielmehr hielt Schiller eine im Anschluss an Keynes' „Deficit spending" entwickelte „Globalsteuerung" der Wirtschaft für notwendig. Das bedeutet, dass in der wirtschaftlichen Abschwungphase kreditfinanzierte Konjunkturprogramme aufgelegt werden sollten, um die Wirtschaft aus der Talsohle zu führen. In der dann folgenden Boom-Phase sollten die zwischenzeitlich entstandenen Etatdefizite durch höhere Steuereinnahmen ausgeglichen werden. Gesetzgeberischen Ausdruck fanden diese Ziele im 1967 verabschiedeten „Gesetz zur Förderung der Stabilität und des Wachstums in der Wirtschaft".

Ludwig Erhard,
Kanzler 1963–1966

Ergänzt wurde dieses Gesetz durch die so genannte „Konzertierte Aktion": Vertreter der Unternehmerverbände, der Gewerkschaften, der Bundesbank, des Sachverständigenrats und der Bundesregierung traten zu regelmäßigen freiwilligen Beratungen zusammen, um über die Wahrung des gesamtwirtschaftlichen Gleichgewichts zu wachen. Zielvorgabe dieses „Tisches der gesellschaftlichen Vernunft" – wie Schiller diese Treffen nannte – war gemäß dem Stabilitätsgesetz das magische Viereck aus Preisstabilität, hohem Beschäftigungsstand, außenwirtschaftlichem Gleichgewicht und Wirtschaftswachstum. Kontrolliert werden sollte es durch eine „mittelfristige Finanzplanung" in Fünf-Jahres-Rhythmen. Dieses Maßnahmenbündel traf auf günstige internationale Rahmenbedingungen und führte zu einem „zweiten Wirtschaftswunder": 1969 sank die Arbeitslosenquote auf 0,8 %, während Bruttosozialprodukt und Bruttolöhne schnell wuchsen. Parallel zu diesem Wirtschaftsboom vollzog sich der politische Niedergang der NPD, die in den Wahlen nach 1968 wieder durchweg an der 5 %-Hürde scheiterte.

Kurt-Georg Kiesinger,
Kanzler 1966–1969

Unüberbrückbare Differenzen in der Großen Koalition

Spannungen innerhalb der Koalition erwuchsen allerdings aus den unterschiedlichen Auffassungen zur Deutschland- und Ostpolitik: Während die SPD die Entspannungssignale aus Washington und Moskau aufnehmen und Verhandlungen mit der DDR einleiten, den Alleinvertretungsanspruch aufgeben sowie die Oder-Neiße-Grenze anerkennen wollte, gingen diese Absichten der CDU/CSU-Mehrheit deutlich zu weit. Kiesingers Kompromissversuch, 1967 mit der Aufnahme diplomatischer Beziehungen zu Jugoslawien und Rumänien die Hallstein-Doktrin zu lockern, indem einzelne sozialistische Länder von ihr ausgenommen wurden, verschärfte nur die Konflikte in der Koalition. Je deutlicher dann auch die Oppositionspartei FDP seit 1967 auf die Entspannungsinitiativen der SPD einschwenkte und die Anerkennung der seit 1945 geschaffenen Realitäten sowie eine Entkrampfung der Beziehungen zwischen der Bundesrepublik und der DDR forderte, desto deutlicher wurde, dass die Tage der Großen Koalition gezählt waren.

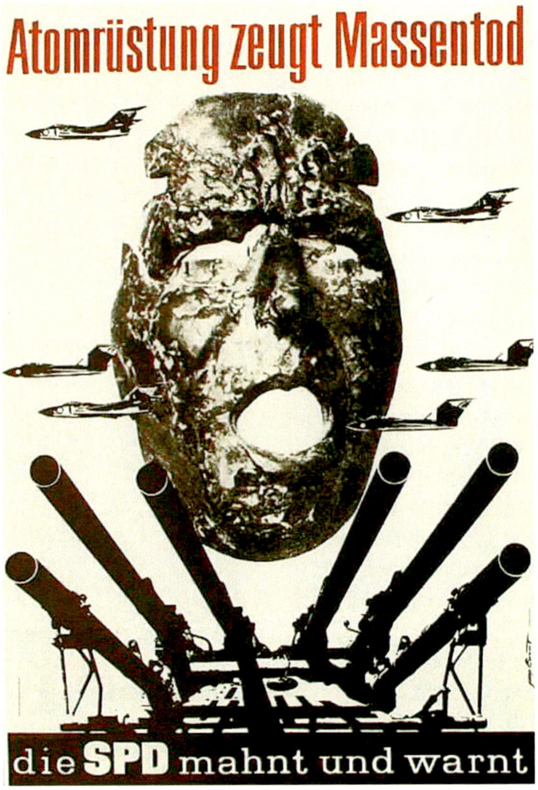

2 **SPD-Plakat zur Bundestagswahl 1957**

3 Die „Hallstein-Doktrin"

Prof. Dr. Grewe, Ministerialdirektor im Auswärtigen Amt, interpretierte den Rechtsstandpunkt der Bundesregierung anlässlich einer Botschafterkonferenz im Auswärtigen Amt, 1955:

Frage: Ist es richtig, dass auf dieser Botschafter-Konferenz die Politik der Bundesregierung dahingehend definiert worden ist, dass sie die diplomatischen Beziehungen mit jedem Staat abbrechen würde, der etwa Pankow anerkennt?

Grewe: [...] Klar ist – und das haben wir oft genug deutlich gemacht –, dass die Intensivierung der Beziehungen mit Pankow von uns als eine unfreundliche Handlung empfunden wird. Auf unfreundliche Akte anderer Staaten kann man mit verschieden gestuften Maßnahmen reagieren, kann entweder seinen Botschafter zunächst einmal zur Berichterstattung zurückberufen oder man kann auch einen weiteren Abbau einer solchen Mission vornehmen. Kurz, es gibt eine ganze Reihe von Maßnahmen, die noch vor dem Abbruch der diplomatischen Beziehungen liegen. Und es ist klar, dass man einen so schwerwiegenden Schritt wie den Abbruch diplomatischer Beziehungen immer nur nach sehr reiflicher Überlegung und in einer sehr ernsten Situation tun wird. Aber so viel ist klar, dass diese ganze Frage für uns in der Tat eine äußerst ernste Frage ist und dass in dem Augenblick, in dem das Problem der Doppelvertretung Deutschlands bei dritten Staaten auftaucht, wir wahrscheinlich gar nicht anders können, als sehr ernste Konsequenzen daraus zu ziehen.

Keesing's Archiv der Gegenwart 1955, S. 5514 A.

4 Wandel durch Annäherung

Aus einer Rede Egon Bahrs (SPD), Leiter des Presse- und Informationsamtes des Berliner Senats, in der Evangelischen Akademie in Tutzing, 1963:

Die amerikanische Strategie des Friedens lässt sich auch durch die Formel definieren, dass die kommunistische Herrschaft nicht beseitigt, sondern verändert werden soll. Die Änderung des Ost/West-Verhältnisses, die die USA versuchen wollen, dient der Überwindung des Status quo, indem der Status quo zunächst nicht verändert werden soll. Das klingt paradox, aber es eröffnet Aussichten, nachdem die bisherige Politik des Drucks und Gegendrucks nur zu einer Erstarrung des Status quo geführt hat. Das Vertrauen darauf, dass unsere Welt die bessere ist, die im friedlichen Sinn stärkere, die sich durchsetzen wird, macht den Versuch denkbar, sich selbst und die andere Seite zu öffnen und die bisherigen Befreiungsvorstellungen zurückzustellen. [...]

Die erste Folgerung, die sich aus einer Übertragung der Strategie des Friedens auf Deutschland ergibt, ist, dass die Politik des Alles oder Nichts ausscheidet. Entweder freie Wahlen oder gar nicht, entweder gesamtdeutsche Entscheidungsfreiheit oder ein hartes Nein, entweder Wahlen als erster Schritt oder Ablehnung, das alles ist nicht nur hoffnungslos antiquiert und unwirklich, sondern in einer Strategie des Friedens auch sinnlos. Heute ist klar, dass die Wiedervereinigung nicht ein einmaliger Akt ist, der durch einen historischen Beschluss an einem historischen Tag auf einer historischen Konferenz ins Werk gesetzt wird, sondern ein Prozess mit vielen Schritten und vielen Stationen.

Keesing's Archiv der Gegenwart 1963, S. 10700 f.

5 Alleinvertretungsanspruch – ein Berührungstabu

Die Sozialpsychologen Alexander und Margarete Mitscherlich zur Deutschlandpolitik der CDU, 1967:

Der Krieg ging verloren. So gewaltig der Berg der Trümmer war, den er hinterließ, so lässt sich nicht verleugnen, dass wir trotzdem diese Tatsache nicht voll ins Bewusstsein dringen ließen. Mit dem Wiedererstarken unseres politischen Einflusses und unserer Wirtschaftskraft meldet sich jetzt mehr und mehr unbehindert eine Phantasie über das Geschehene. In etwas vergröberter Formulierung ließe sich sagen, dass durch die Verleugnung der Geschehnisse im Dritten Reich deren Folgen nicht anerkannt werden sollen. [...] Nach dieser Interpretation des Weltgeschehens haben wir dann natürlich auch

11

„Ansprüche“, z. B. auf die verlorenen Ostgebiete jenseits der Oder-Neiße-Linie. Zwar hat uns das Beharren auf diesen Phantasien in der politischen Realität keinen Schritt weitergebracht; die Kluft zwischen den beiden deutschen Staaten hat sich unnötig vertieft; wir bestehen jedoch auf der Idee eines Rechtsanspruches, den wir in einem Friedensvertrag zur Geltung zu bringen hätten. [...]
Ein Tabu ist entstanden, ein echtes Berührungstabu. Es ist verboten, die Anerkennung der gegenwärtigen Grenzen beider deutscher Staaten als ein Faktum zu diskutieren, von dem man zunächst einmal auszugehen hat. Im Berührungstabu ist der Traum enthalten, es könnte sich doch noch durch unabsehbare Glücksfälle fügen, dass zurückzuholen ist, was sträflich Hybris aufs Spiel gesetzt und vertan hat. Es ist tatsächlich ein gefährlicher Traum, statt der Anstrengung, nationale Grenzen ihres Charakters der Barrieren vor einem freien Verkehr zu entkleiden [...], den „Alleinvertretungsanspruch“ höher einzuschätzen und während zwanzig Jahren sich nicht um eine vernünftige Koexistenz zu bemühen.

Die Unfähigkeit zu trauern. München 1967, S. 13–17.

6 Der Grass-Brandt-Briefwechsel 1966

Brief von Günter Grass an Willy Brandt anlässlich der geplanten Großen Koalition am 1. Dezember 1966:
Lieber Willy Brandt! Bevor es zur Großen Koalition kommt, bevor also Sie zwischen den Herren Kiesinger und Strauß den Kronzeugen einer falschen Harmonie werden abgeben müssen, bitte ich Sie, den Vorsitzenden der SPD, einer Partei also, in die ich meine Hoffnungen setzte und setze, noch einmal die unabsehbaren Folgen einer solchen Entscheidung zu bedenken. [...]
Wie sollen wir weiterhin die SPD als Alternative verteidigen, wenn das Profil eines Willy Brandt im Proporz-Einerlei der Großen Koalition nicht mehr zu erkennen sein wird? Zwanzig Jahre verfehlte Außenpolitik werden durch Ihr Eintreten in eine solche Regierung bemäntelt sein. Der unheilbare Streit der CDU/CSU wird auf die SPD übergreifen. Ihre Vorstellung vom „anderen Deutschland“ wird einer lähmenden Resignation Platz machen, die große und tragische Geschichte der SPD wird für Jahrzehnte ins Ungefähre münden. Die allgemeine Anpassung wird endgültig das Verhalten zu Staat und Gesellschaft bestimmen. Die Jugend unseres Landes jedoch wird sich vom Staat und seiner Verfassung abkehren, sie wird sich nach Links und Rechts verrennen, sobald diese miese Ehe beschlossen sein wird.

Aus dem Antwortbrief von Willy Brandt:
Lieber Günter Grass! Sie haben die Sorgen und die Befürchtungen formuliert, die viele Menschen – und nicht die schlechtesten – in unserem Lande mit Ihnen teilen. Die Große Koalition enthält Risiken. Gefühl und Willen zur Führung wiesen vielen von uns einen anderen Weg. Nach sehr ernster Prüfung und dem Hintergrund der dürren Ziffern im Bundestag und angesichts der Aufgaben im Inneren und nach außen habe ich zu dem Ergebnis kommen müssen, dass der andere Weg nicht gangbar war. [...]
Die Große Koalition wird zu einem Fehlschlag führen, wenn sie sich nicht deutlich von dem abhebt, was in die Regierungskrise geführt hat. Dies ist die begrenzte, heute mögliche Alternative zum bisherigen Trott. [...] Sie, Ihre Freunde und viele der kritischen jungen Menschen dürfen sich gerade jetzt nicht in das Abseits der Resignation oder des bloßen Protestes stellen. Die demokratische Linke und unser Land würden nicht nur ärmer, sondern auch schwächer werden. Das Gewissen der Sozialdemokratischen Partei schlägt nicht außerhalb dieser Partei. Niemand sollte den Stab brechen, solange wir nicht die Chance gehabt haben zu beweisen, was jetzt möglich ist. Für uns ist dies ein neuer Beginn. Wir werden in das neue Kapitel der deutschen Geschichte wesentliche neue Elemente einführen. Dafür werden wir Verantwortung tragen und gerade das geistige Deutschland nicht enttäuschen.

Keesing's Archiv der Gegenwart, 1966, S. 12481.

Arbeitsvorschläge

a) Interpretieren Sie M 1 im Kontext der „Spiegel“-Affäre, indem Sie den Opernfiguren Personen zuordnen, die an der Affäre beteiligt waren.
b) Vergleichen Sie die außen- und deutschlandpolitischen Positionen in M 3 – M 5 miteinander.
c) Klären Sie die Zusammenhänge, die zwischen M 2 und der Kennedy-Rede von 1963 (M 5) bestehen.
d) Erklären Sie die „paradox klingende Strategie“, die in M 4 formuliert wird.
e) Untersuchen Sie, welche Argumente sich im Grass-Brandt-Briefwechsel (M 6) gegenüberstehen. Erläutern Sie, welches „neue Kapitel der deutschen Geschichte“ Willy Brandt anstrebt (M 6, VT).
f) Erarbeiten Sie einen Überblick über die wirtschaftlichen und deutschlandpolitischen Schwerpunkte der Großen Koalition und vergleichen sie diese mit der Politik der Adenauer-Ära.

11.7 Die außerparlamentarische Opposition

Die APO als Antwort auf die Große Koalition

Die Große Koalition geriet Ende der 1960er-Jahre zunehmend in die Kritik. Denn ihren Erfolgen, die vor allem in der Überwindung der Rezession und dem Niedergang der NPD bestanden, stand ein hoher Preis gegenüber: Die Aufgaben der Opposition lasteten allein auf den schmalen Schultern der FDP, die über nur 49 von 469 Parlamentssitzen verfügte. So erklärten 1967 in einer Umfrage 59 % der Absolventen höherer Schulen, dass sie es für besser hielten, wenn eine der großen Parteien die Oppositionsrolle innehätte. Und bereits ein Jahr später äußerten fast zwei Drittel der Gymnasiasten und Studenten Misstrauen gegenüber dem Parteiensystem der Bundesrepublik. Sie äußerten ihre Furcht vor einer schleichenden „Transformation der Demokratie" hin zu einem „autoritären Staat". Aus dieser Haltung erwuchs eine Protestbewegung, die sich als Opposition außerhalb der demokratischen Gremien verstand – die außerparlamentarische Opposition, kurz: APO.

Eine antiautoritäre Jugendbewegung entsteht

Erste Anzeichen für die wachsende Protesthaltung gegenüber einer stark durch materielle Werte und Statussymbole geprägten Leistungs- und Konsumgesellschaft hatten sich schon seit Beginn der 1960er-Jahre gezeigt, als lange Haare, Mini-Röcke und Pop-Musik die konventionellen Denkmuster und Lebensformen der Erwachsenen herausforderten. Seit der Mitte der 1960er-Jahre gehörten „Hippies" als Repräsentanten von Ungebundenheit und Drogenkonsum sowie „Gammler" als Verweigerer gegenüber bürgerlichen Ordnungs- und Sauberkeitsstandards zum Alltag auch in deutschen Großstädten. Binnen weniger Jahre war eine breite antiautoritäre Jugendbewegung entstanden.

Politisierung des Protests

Wie zuvor in den USA, so vollzog sich auch in der Bundesrepublik die Politisierung des gegenkulturellen Protestes unter dem Einfluss der moralischen Empörung über die US-Kriegsführung in Vietnam, die sich nach dem Beginn von Flächenbombardements auf das kommunistische Nordvietnam und Napalm-Einsatz durch die US-Truppen seit 1965 zusehends steigerte. Hinzu kamen Forderungen nach einer Hochschulreform angesichts einer „verkrusteten Ordinarienuniversität", unzu-

1 Darsteller des Musicals „Hair", München 1968
Das Rock-Musical des US-amerikanischen Komponisten Galt Mc Dermot hatte 1967 in New York Premiere und ging danach auf Welttournee. Damit wurde die Kritik am Vietnam-Krieg weltweit ebenso verbreitet wie die Hippie-Botschaft „Make love not war".

11

reichender Bildungsausgaben und einer sozial ungerechten Bildungsselektion. Mit Blick auf diese Defizite wurde in der Öffentlichkeit vor einer „deutschen Bildungskatastrophe" gewarnt, wenn die vorhandenen „Begabungsreserven" nicht ausgeschöpft würden. Empirische Untersuchungen untermauerten diesen Befund: Unterschichtenkinder und Mädchen erwiesen sich in Gymnasien und Universitäten gegenüber den Söhnen aus Akademiker- und Beamtenfamilien als stark unterrepräsentiert. Der Soziologe Ralf Dahrendorf brachte entsprechende Forderungen unter dem Postulat „Bildung ist Bürgerrecht" auf den Punkt. Der studentische Protest richtete sich schließlich gegen die von den Bundestagsparteien geplante Grundgesetzänderung zum Notstandsrecht, die viele Studenten an den Artikel 48 der Weimarer Reichsverfassung und das Ermächtigungsgesetz der Nationalsozialisten erinnerte. Vor einer drohenden „Faschisierung" der Bundesrepublik wurde gewarnt. Die Furcht wurde damit begründet, dass die Elterngeneration in ihrem Stolz auf den Wiederaufbau und das „Wirtschaftswunder" ihre mögliche (Mit-)Schuld an den nationalsozialistischen Verbrechen aus dem Bewusstsein verdrängt habe. Als Idole des Protests dienten einerseits Vertreter des „antiimperialistischen" Kampfs in der Dritten Welt, wie z. B. Che Guevara, Ho Chi Minh und Mao Zedong, andererseits gescheiterte Symbolfiguren eines „basisdemokratischen Rätekommunismus" bzw. eines „Sozialismus mit menschlichem Antlitz", wie z. B. Rosa Luxemburg, Karl Liebknecht oder Leo Trotzki. Damit grenzte sich die APO auch gegenüber dem „real existierenden Sozialismus" der Ostblockstaaten deutlich ab.

Ordinarien-universität

Alternative Lebensformen

Jedoch bereits vor der revolutionären Umgestaltung der „spätkapitalistischen Gesellschaft" sollte mit alternativen Lebensformen experimentiert werden: Der spießigen Enge der bürgerlichen Kleinfamilie wurden Wohngemeinschaften entgegengesetzt. „Antiautoritäre Erziehung" in selbst verwalteten Kinderläden und freien Schulen sollte eine repressionsfreie Persönlichkeitsentwicklung für Kinder und Jugendliche sicherstellen. Im zwischenmenschlichen Bereich sollten tradierte Geschlechterrollen sowie das vermeintlich auf bürgerlichen Besitzansprüchen beruhende Modell der Zweierbeziehung durch neue Formen „freier Liebe" überwunden werden. Die Einführung der Pille zur Empfängnisverhütung setzte schließlich eine „sexuelle Revolution" in Gang, die die Emanzipation von einer „repressiven Sexualmoral" zu ermöglichen schien. Dieses neue Lebensgefühl mit zahlreichen Tabubrüchen spiegelte sich auch bei der Artikulation des politischen Protests wider und hat die politische Kultur der Bundesrepublik nachhaltig geprägt. Dazu gehören beispielsweise aus den USA importierte neue Demonstrationsformen wie „Sit-ins", „Go-ins" und „Teach-ins", die später – besonders an Schulen – durch „Smoke-ins" und „Love-ins" ergänzt wurden. Solche provokativen Tabubrüche erfüllten auch die Funktion, eine selbstzufriedene Konsumgesellschaft zu irritieren und brachten ein neues, lustorientiertes Politikverständnis zum Ausdruck.

Ausweitung der Proteste

Der heitere Optimismus verflog aber schon bald, als 1967 der Student Benno Ohnesorg bei einer Demonstration in Berlin von einem Polizisten erschossen und im April 1968 das führende SDS-Mitglied Rudi Dutschke von einem 23-jährigen Hilfsarbeiter durch Schüsse auf offener Straße lebensgefährlich verletzt wurde. Vor allem das Dutschke-Attentat löste eine Welle von Demonstrationen aus, die zu bürgerkriegsähnlichen Zuständen eskalierten. Nach Auffassung der protestierenden Studenten war das Attentat auf die manipulativen Techniken der Presse zurückzuführen. Kampagnen gegen das „Meinungsmonopol" des Axel-Springer-Konzerns, der ein Drittel der bundesrepublikanischen Zeitungsauflage kontrollierte, waren die Folge. Unter Parolen wie „Enteignet Springer!" und „Bild hat mitgeschossen!" wurden Blockaden gegen die Auslieferung von Springer-Zeitungen – vor allem der „Bild"-Zeitung – und gewalttätige Attacken auf Sprin-

Enttäuschte Hoffnungen

Wie in der Wirtschaftspolitik endete auch die kulturelle Öffnung enttäuschend: Das 11. ZK-Plenum der SED kritisierte 1965 „schädliche Tendenzen" und „Skeptizismus" in Filmen, Fernsehsendungen, Theaterstücken und literarischen Arbeiten. Ulbricht forderte eine „saubere Leinwand", da die DDR ein „sauberer Staat" sei, und in der jugendlichen „Unkultur" von „Gammlern" und „Langhaarigen" wurden „Erscheinungen der amerikanischen Unmoral und Dekadenz" gesehen. Oppositionelle wurden nun öffentlich gemaßregelt, etwa der Lyriker und Sänger Wolf Biermann, der wegen „zynischer Verse" 1965 Auftrittsverbot erhielt, oder der Naturwissenschaftler Robert Havemann, über den schon 1964 ein Lehrverbot an der Humboldt-Universität Berlin verhängt worden war, weil er eine schnellere Entstalinisierung gefordert hatte. Ergänzend wurde 1968 das politische Strafrecht verschärft, um „Aufweichungstendenzen im sozialistischen Lager" zu unterbinden, die sich aus Sicht der SED im „Prager Frühling" des Reformkommunisten Alexander Dubček zeigten. Nach dem Einmarsch der Warschauer-Pakt-Staaten in die ČSSR 1968 und der gewaltsamen Beendigung von Dubčeks Experiment registrierte das MfS mehr als 2000 „feindliche Handlungen", womit Proteste gegen die Beteiligung von DDR-Truppen an dem Einmarsch gemeint waren.

Ulbrichts Sturz

Der harte Kurs der SED seit der Mitte der 1960er-Jahre zeigte sich auch in der Deutschlandpolitik, wo eine völkerrechtliche Anerkennung der DDR zur unumgänglichen Voraussetzung von Entspannungsverhandlungen erklärt wurde. Ulbrichts rigorose Politik kollidierte allerdings zusehends mit den Interessen der Sowjetunion, die gemäß dem internationalen Klimawechsel immerhin begrenzte Verhandlungsbereitschaft gegenüber dem Westen signalisiert hatte. Als Ulbricht gegen Ende der 1960er-Jahre den Führungsanspruch der Sowjetunion auch noch wirtschaftlich in Frage stellte, indem er trotz einer Rezession 1969/70 das „Modell DDR" zum Vorbild für die anderen Ostblockstaaten – also auch die UdSSR – erklärte, musste er auf sowjetischen Druck hin 1971 zurücktreten und seinen Platz für Erich Honecker freimachen.

2 Gewaltsame Niederschlagung des „Prager Frühlings" durch Truppen des Warschauer Pakts (1968)

3 Ulbricht: „Schüler Dubček, Ziel der Klasse nicht erreicht!" (Bundesrepublik 1968)

4 Alltagsprobleme nach dem Mauerbau

Aus Beschwerden von DDR-Bürgern:

Mit dem 13.8. habt ihr euch die Freiheit gesichert, uns durch Preissteigerungen auszubeuten. [...] Wenn im Produktionsaufgebot in der gleichen Zeit für das gleiche Geld mehr produziert wird, dann muss doch die Ware billiger werden. Also beantwortet uns, warum werden die Preise heraufgesetzt? [...] Ihr schreit immer nur von Preiserhöhungen in Westdeutschland. Jetzt, nach den Wahlen, geht es bei uns auch los. Warum wird die Bevölkerung nicht vorher informiert über solche Fragen?

In den Grundfragen sind wir ja mit der Politik von Partei und Regierung völlig einverstanden. Aber es ist uns unerklärlich, dass bei uns ein Nylon-Hemd 75,– MDN und in Westdeutschland nur 12,– DM kostet. Bei unseren Preisen können wir doch die Arbeiter in Westdeutschland nicht davon überzeugen, dass es sich im Sozialismus besser lebt als im Kapitalismus. Wir verstehen nicht, dass es in einem Arbeiter- und Bauernstaat solche Preise gibt. Ein Arbeiter kann sich das nicht leisten.

Für den Trabant keine Schraube,
kein Brettel für die Laube,
keine Kartoffel im Keller,
Gemüse fehlt auf dem Teller,
die Straße mit schlechtem Belag,
keiner darf reisen nach Prag. –
Das sind die Errungenschaften zum 20. Jahrestag!

Früher, bei Kaiser und König
gab's Gänsebraten wenig;
dann beim Hermann Göring
gab's noch Bückling und Hering.
Aber jetzt bei dem Kriepel
gibt's weder Kartoffeln noch Zwiebel.

I. Merkel: Utopie und Bedürfnis. Die Geschichte der Konsumkultur in der DDR. Köln, Weimar, Berlin 1999, S. 55.

5 Konsumpolitik der SED nach dem Mauerbau

Aus behördlichen Stellungnahmen zu Beschwerden von DDR-Bürgern:

Gleichzeitig weist die Regierung darauf hin, dass bei einigen Waren nach wie vor planmäßig staatliche Subventionen aus dem Staatshaushalt gezahlt werden. Das wird getan, um die Preise, die zum Teil weit unter den Produktionskosten liegen, weiter beizubehalten. Es handelt sich bei diesen Waren um den überwiegenden Teil der Kinder-Oberbekleidung, der Kinderschuhe und der Arbeits- und Berufsbekleidung. Diese Preisfestlegung sowie die niedrigen Preise für die Grundnahrungsmittel kennzeichnen die sozialistische Preispolitik unseres Staates. Dagegen können nicht mehr für solche Erzeugnisse wie Sektkelche, Vogel-Badehäuschen, Zierporzellan, Künstlerpuppen, verschiedene Kleineisenwaren usw. die bestehenden Preise beibehalten werden.

Das Ministerium für Handel und Versorgung stand vor der Entscheidung: entweder unveränderte Preise, unvollständiges Sortiment und damit mangelhafte Versorgung und jährlich 24 Mio. Zuschüsse aus dem Staatshaushalt für Zwirn, Knöpfe, Nadeln usw. statt für Wohnungen, Kinderhorte, Krankenhäuser und Schulen, oder veränderte Preise – gutes und reichliches Kurzwarensortiment und damit bessere Versorgung? In Westdeutschland bedeuten steigende Preise höhere Profite, füllen sich zu Lasten der Werktätigen die Monopole und Konzerne ihre Taschen. Die Preisveränderung bei Kurzwaren jedoch erfolgte im Interesse der Bevölkerung.

Auf Beschluss der Regierung werden am 15. April die Preise für das Camping-Bett des VEB Motorenwerk Berlin-Johannisthal und für die Camping-Garnitur des VEB Förderanlagenbau Köthen sowie am 30. April die Preise für Meißner Porzellan verändert. [...] Die neuen Preise der Camping-Möbel beseitigen die Stützungen des Verlustes der Herstellerbetriebe und gewährleisten ihnen einen Gewinn. Die neuen Preise für Meißner Porzellan bringen darüber hinaus dem Staatshaushalt Einnahmen durch die Produktionsabgaben. [...] Diese Preisveränderungen sind berechtigt, weil es im Interesse der ganzen Bevölkerung liegt, wenn die Preise für Meißner Spitzenerzeugnisse, die einen Liebhaberwert haben und die fast ausschließlich der Befriedigung eines anspruchsvollen Bedarfs dienen, nicht mehr aus der Kasse des Arbeiter- und Bauern-Staates subventioniert werden, sondern dem Staatshaushalt Einnahmen bringen. Auch die Camping-Freunde können nicht verlangen, dass sie für dieses Vergnügen Staatszuschüsse erhalten.

Ebenda, S. 53 ff.

11

Arbeitsvorschläge

a) Interpretieren Sie M1 – M3 im Hinblick auf die Widersprüche, die die Politik der SED nach dem Mauerbau kennzeichneten. Gehen Sie insbesondere auf das „Neue Ökonomische System der Planung und Leitung" ein.
b) Arbeiten Sie aus M 4 die Kritik der DDR-Bürger und ihre Ansprüche heraus.
c) Nennen Sie die politischen Prioritäten, die sich den Stellungnahmen der Behörden entnehmen lassen (M 5).
d) Formulieren Sie eine begründete Stellungnahme zur Konsumpolitik der SED (M 5).

11.9 Die Bundesrepublik zur Zeit der sozial-liberalen Koalition

Das Ende der Großen Koalition und der Beginn der sozial-liberalen Ära

Nach der heftig umstrittenen Verabschiedung der Notstandsgesetze im Mai 1968 war die Gemeinsamkeit der Partner in der „Großen Koalition" erschöpft. In der SPD war die Zahl derer gewachsen, die die Entfremdung gegenüber der APO durch eine Beendigung der „Großen Koalition" und eine Annäherung an die FDP überwinden wollten. Die Chancen für einen solchen „Umsturz der Bündnisse" waren gewachsen, seitdem der linksliberale Flügel in der FDP mit seiner Forderung nach einem „Sozialen Liberalismus" und einer Erneuerung der Bundesrepublik das Übergewicht gewonnen hatte. So wählten SPD und FDP im März 1969 gemeinsam den Sozialdemokraten Gustav Heinemann zum Bundespräsidenten und einigten sich nach der Bundestagswahl im September auf die Bildung einer sozialliberalen Koalition. Willy Brandt wurde neuer Bundeskanzler. Nach 20 Jahren mussten CDU und CSU erstmals die Regierungsverantwortung abgeben.

Die neue Ostpolitik

Außen- und deutschlandpolitisch stellte die sozialliberale Ära einen Gegenentwurf zur Ära Adenauer dar: Auf Adenauers Politik der Westintegration folgte nun die Einbettung der Bundesrepublik in ein Netz friedenssichernder Abkommen mit den Staaten des Ostblocks, das unter den Rahmenbedingungen der fortdauernden Teilung Deutschlands und Europas geflochten wurde.

Willy Brandt, Kanzler 1969–1974

Den äußeren Rahmen für diese „neue Ostpolitik" Willy Brandts und seines Außenministers Walter Scheel (FDP) bildete die Entspannungsstrategie, die sich in den USA und der Sowjetunion nach Überwindung der Berlin- und der Kuba-Krise seit 1962 herausgebildet hatte. So wie Adenauer die von den Westalliierten gewünschte deutsche Westintegration aus Überzeugung akzeptiert hatte, trieb Brandt nun aus Überzeugung den von den USA gewünschten Ausgleich mit dem Ostblock voran. In seiner Regierungserklärung sprach er programmatisch zum ersten Mal von „zwei Staaten in Deutschland". Ausgangspunkt für die nun folgende Politik gegenüber der DDR war die Einschätzung, dass ein direkter Sturz des SED-Regimes aussichtslos sei. Demzufolge müsse die DDR als Realität respektiert werden, ohne sie juristisch anzuerkennen. Unterhalb der juristischen Anerkennung gebe es genügend Handlungsspielraum, die kommunistische Herrschaft zu verändern und ihre Auswirkungen auf die DDR-Bürger in „homöopathischen Dosen" erträglicher zu gestalten. Brandts Pressesprecher Egon Bahr kleidete diese Strategie in die Formel vom „Wandel durch Annäherung". Sie setzte Verhandlungsbereitschaft gegenüber der DDR-Regierung voraus, was deren faktische Anerkennung, den

1 Kraft seiner starken Wurzeln wird er alle Mauern sprengen! Bundeskanzler Willy Brandt und Egon Bahr, Unterhändler bei den Vertragsverhandlungen, als Gärtner. Karikatur von Wolfgang Hicks, 1972.

11

Verzicht auf die Hallstein-Doktrin sowie die Anerkennung der europäischen Nachkriegsgrenzen bedingte.

„Wandel durch Annäherung“

Ergebnisse dieser „neuen Ostpolitik“ waren die Unterzeichnung des Nichtverbreitungsvertrags über Kernwaffen 1969, die Anerkennung der deutsch-deutschen und der deutsch-polnischen Grenze sowie die Formulierung von Gewaltverzichtsvereinbarungen in den Verträgen von Warschau und Moskau 1970. Hinzu kamen 1971 das Vier-Mächte-Abkommen sowie das Transitabkommen über Berlin, in denen die Präsenz der Westmächte, die Bindungen West-Berlins an die Bundesrepublik sowie Reiseerleichterungen für Westberliner vereinbart wurden. Zur gesamtdeutschen Zäsur wurde schließlich der Grundlagenvertrag von 1972, in dem die Bundesrepublik die DDR als gleichberechtigten und souveränen Staat anerkannte, ohne dass damit ihre völkerrechtliche Anerkennung als Ausland verbunden gewesen wäre. Denn als Teil Deutschlands war sie Inland und ihre Grenzen zur Bundesrepublik waren den Ländergrenzen in der Bundesrepublik „ähnlich“ - so ein von Bayern initiiertes Verfassungsgerichtsurteil. Damit war die deutsche Zweistaatlichkeit international anerkannt, was zur Folge hatte, dass DDR und Bundesrepublik ein Jahr später als 133. und 134. Staat in die Vereinten Nationen aufgenommen wurden. Im innerdeutschen Verhältnis intensivierten sich die menschlichen Kontakte: Zwischen 1970 und 1973 stieg die Zahl der bundesdeutschen Besucher in der DDR und Ostberlin von 2 auf mehr als 8 Millionen an, die Zahl der Telefongespräche zwischen Ost und West stieg zwischen 1970 und 1980 von 700 000 auf mehr als 23 Millionen.

„Mehr Demokratie wagen“

Innenpolitisch stellte sich Willy Brandt den Herausforderungen, die aus der 68er-Bewegung erwachsen waren. In seiner Regierungserklärung vom Oktober 1969 verkündete er programmatisch die Absicht: „Wir wollen mehr Demokratie wagen.“ Damit kündigte er eine Politik der inneren Reformen an, die auf eine umfassende Modernisierung der Gesellschaft abzielte. Die sozialliberale Modernisierungsoffensive sollte den Bürgern einerseits erweiterte Teilhaberechte, andererseits einen Zuwachs an sozialer Gerechtigkeit durch den Ausbau der Sozialleistungen ermöglichen. Die Finanzierbarkeit der Reformen schien gesichert zu sein, denn nach der Überwindung der Rezession von 1966/67 verzeichnete die deutsche Wirtschaft wieder ansteigende Wachstumsraten bei stabilen Preisen und niedriger Arbeitslosigkeit.

2 Menschliche Erleichterungen – Erich Honecker als Tapezierer
Karikatur von Baumeister, Bundesrepublik 1973.

11

Integration der Jugend

Nicht zufällig reagierte eines der ersten Reformgesetze 1970 auf die Politisierung von Schülern und Studenten seit 1968: Das aktive Wahlalter wurde von 21 auf 18, das passive von 25 auf 21 Jahre herabgesetzt. 1973 wurden auch Volljährigkeit und Ehemündigkeit bei 18 Jahren festgelegt. Eine Reaktion auf die seit Anfang der 1960er-Jahre erhobenen Forderungen nach Umstrukturierungen im Bildungssystem war, Bildung und Ausbildung, Wissenschaft und Forschung zu einem Schwerpunkt der Regierungsarbeit zu machen. Die Bildungsausgaben erfuhren zwischen 1970 und 1975 eine durchschnittliche jährliche Steigerung von 15%, wodurch mehr Chancengleichheit im Bildungssystem herbeigeführt werden sollte. Nach dem Bundesausbildungsförderungsgesetz (BAFöG) von 1971 erhielten Schüler, Studenten sowie andere Jugendliche, die sich in Vollzeitausbildung befanden, eine finanzielle Direktförderung ohne Rückzahlungspflicht, sofern aufgrund der elterlichen Einkommensverhältnisse Bedürftigkeit vorlag. Damit sollte einerseits das schon 1965 von dem Soziologen Ralf Dahrendorf proklamierte „Bürgerrecht auf Bildung" verwirklicht werden. Andererseits sollten aber auch zum Zwecke der ökonomischen Leistungssteigerung Bildungsreserven ausgeschöpft werden, die durch soziale Ausgrenzung bislang ungenutzt geblieben waren. Sprichwörtlich für die Benachteiligungsfaktoren im bundesrepublikanischen Bildungssystem wurde die Kunstfigur des „katholischen Arbeitermädchens vom Lande". Zum Ausgleich solcher Unterprivilegierungen wurden insbesondere in sozialliberal regierten Bundesländern Orientierungsstufen und integrierte Gesamtschulen eingerichtet. Durch gezielte Fördermaßnahmen, eine größere Durchlässigkeit zwischen den verschiedenen Schularten sowie eine spätere Festlegung der individuellen Bildungslaufbahnen sollte die Selektivität des traditionellen dreigliedrigen Schulsystems korrigiert werden. Mit der Gründung von Gesamthochschulen, die es zuvor im deutschen Bildungssystem nicht gegeben hatte, sollte außerdem die Trennung von universitärer Forschung und Lehre einerseits und der praxisnäheren Fachhochschulausbildung andererseits überwunden werden. Insgesamt bewirkten alle diese Maßnahmen eine schnelle Bildungsexpansion, in deren Gefolge die Abiturientenquote ebenso rasch anstieg wie die Anzahl der Studierenden.

Betriebliche Mitbestimmung und Mitverantwortung

Im betrieblichen Bereich setzte Willy Brandt auf einen Ausbau der betrieblichen Mitbestimmung: Das neue Betriebsverfassungsgesetz von 1972 räumte dem von den Arbeitnehmern gewählten Betriebsrat erweiterte Rechte ein, so z. B. bei der Gestaltung des Arbeitsablaufs und der Arbeitsorganisation. Das Mitbestimmungsgesetz von 1976 schließlich führte in Betrieben mit mehr als 2000 Beschäftigten eine paritätische Vertretung von Arbeitgeber- und Arbeitnehmerseite im Aufsichtsrat ein. Faktisch blieb dennoch das Übergewicht der Arbeitgeber in der Regel gewahrt, denn zur Arbeitnehmerseite gehörte jeweils ein Vertreter der leitenden Angestellten, außerdem wurde dem Aufsichtsratsvorsitzenden für den Fall von Pattsituationen eine Zweitstimme zugebilligt.

Soziale Sicherung

Der Förderung bislang benachteiligter Schichten und Gruppen diente auch das Maßnahmenbündel, das die sozialstaatlichen Sicherungssysteme ausbaute. Verschiedene Steuerreformgesetze, die auf ein „gerechtes, einfaches und überschaubares Steuerrecht" – so Brandt in seiner Regierungserklärung – abzielten, brachten vor allem für Bezieher kleiner und mittlerer Einkommen deutliche Entlastungen. Flankiert wurden sie durch Maßnahmen zur Vermögensbildung in Arbeitnehmerhand, ein System der staatlichen Förderung über Bausparprämien und vermögenswirksame Leistungen, z. B. das 624-Mark-Gesetz. Das Rentenreformgesetz führte eine flexible Altersgrenze ein: Männer konnten ab 63 Jahre, Frauen ab 60 in den Ruhestand eintreten. Eine Mindestrente für Kleinverdiener, von denen 80% Frauen waren, sollte das Auskommen im Alter sichern. Das noch

624-Mark-Gesetz

von der Großen Koalition verabschiedete Lohnfortzahlungsgesetz trat 1970 in Kraft, das die sechswöchige volle Weiterzahlung der Löhne im Krankheitsfall auch für Arbeiter einführte. Das Wohnraumkündigungsschutzgesetz von 1971 beugte dem Mietwucher vor, indem es die Mieten an ortsübliche Sätze band und Kündigungen zum Zweck der Mietsteigerung untersagte.

Justizreform

Auch die Justizreformen verfolgten das Ziel einer moderneren und zugleich gerechteren Gesellschaft. Die Gesetze zur Strafrechtsreform von 1969 ersetzten die seit 1871 in Deutschland herrschende Leitidee von Schuld und Sühne durch den Resozialisierungsgedanken, d. h. das Ziel einer Wiedereingliederung des Verurteilten in die Gesellschaft. Geldstrafen traten an die Stelle kurzer Haftstrafen und eine einheitliche Freiheitsstrafe ersetzte die Unterscheidung zwischen Zuchthaus, Gefängnis und Haft. Ein neues Demonstrationsstrafrecht von 1970 schränkte die Strafverfolgung auf gewalttätige Demonstranten ein, ein neues Sexualstrafrecht schaffte die Straftatbestände Ehebruch, Kuppelei und Homosexualität unter Erwachsenen ab. Das Verbot der Schwangerschaftsunterbrechung nach § 218 sollte durch eine Fristenlösung nach vorheriger ärztlicher Beratung abgelöst werden, musste nach einem Urteil des Bundesverfassungsgerichts 1976 aber durch eine Indikationslösung ersetzt werden. Im neuen Ehe- und Familienrecht von 1973 wurde bei Scheidungen das Schuldprinzip durch den Zerrüttungsgrundsatz abgelöst, die Unterhaltspflicht oblag generell dem wirtschaftlich stärkeren Partner. Die rechtliche Gleichstellung von Haushaltsführung und Familienunterhalt sowie die Gleichberechtigung der Ehepartner beim Namensrecht sollten einem partnerschaftlichen Eheverständnis zum Durchbruch verhelfen.

Indikationslösung

Modernisierung durch Reformen

Durch die Fülle der in wenigen Jahren verwirklichten Reformmaßnahmen galt die Bundesrepublik bald – neben Schweden – als einer der modernsten Sozialstaaten Europas. Der SPD-Wahlslogan „Wir schaffen das moderne Deutschland" schien in erstaunlich kurzer Zeit Wirklichkeit geworden zu sein.

3 Verlockung vor der Gefängnismauer
Zeichnung eines Strafgefangenen aus den 1970er-Jahren, die die Schwierigkeiten der Resozialisierung dokumentiert.

11

4 „Mehr Demokratie wagen"

Aus der Regierungserklärung Willy Brandts am 28.10.1969:

I. Wir wollen mehr Demokratie wagen. Wir werden unsere Arbeitsweise öffnen und dem kritischen Bedürfnis nach Information Genüge tun. Wir werden darauf hinwirken, dass durch Anhörungen im Bundestag, durch ständige Fühlungnahme mit den repräsentativen Gruppen unseres Volkes und durch eine umfassende Unterrichtung über die Regierungspolitik jeder Bürger die Möglichkeit erhält, an der Reform von Staat und Gesellschaft mitzuwirken.

Wir wenden uns an die im Frieden nachgewachsenen Generationen, die nicht mit den Hypotheken der Älteren belastet sind und belastet werden dürfen; jene jungen Menschen, die uns beim Wort nehmen wollen – und sollen. Diese jungen Menschen müssen aber verstehen, dass auch sie gegenüber Staat und Gesellschaft Verpflichtungen haben.

Wir werden dem Hohen Hause ein Gesetz unterbreiten, wodurch das aktive Wahlalter von 21 auf 18, das passive von 25 auf 21 herabgesetzt wird. Wir werden auch die Volljährigkeitsgrenze überprüfen.

Mitbestimmung, Mitverantwortung in den verschiedenen Bereichen unserer Gesellschaft wird eine bewegende Kraft der kommenden Jahre sein. Wir können nicht die perfekte Demokratie schaffen. Wir wollen eine Gesellschaft, die mehr Freiheit bietet und mehr Mitverantwortung fordert. Diese Regierung sucht das Gespräch, sie sucht kritische Partnerschaft mit allen, die Verantwortung tragen, sei es in den Kirchen, der Kunst, der Wissenschaft und der Wirtschaft oder in anderen Bereichen der Gesellschaft.

Dies gilt nicht zuletzt für die Gewerkschaften, um deren vertrauensvolle Zusammenarbeit wir uns bemühen. Wir brauchen ihnen ihre überragende Bedeutung für diesen Staat, für seinen weiteren Ausbau zum sozialen Rechtsstaat nicht zu bescheinigen.

Wenn wir leisten wollen, was geleistet werden muss, brauchen wir alle aktiven Kräfte unserer Gesellschaft. [...] Wir werden uns ständig darum bemühen, dass sich die begründeten Wünsche der gesellschaftlichen Kräfte und der politische Wille der Regierung vereinen lassen. [...]

III. Zu den Schwerpunkten der Wirtschafts- und Gesellschaftspolitik gehört das Bemühen um eine gezielte Vermögenspolitik. Die Vermögensbildung in breiten Schichten – vor allem in Arbeitnehmerhand – ist völlig unzureichend; sie muss kräftig verstärkt werden. [...]

VI. Im Zivilrecht ist die Reform des Eherechts dringend. [...] Weltanschauliche Meinungsverschiedenheiten dürfen uns nicht daran hindern, eine Lösung zu finden, um die Not der in heillos zerrütteten Ehen lebenden Menschen zu beseitigen. Dabei muss verhindert werden, dass im Falle der Scheidung Frau und Kinder die sozial Leidtragenden sind. [...]

VIII. Bildung und Ausbildung, Wissenschaft und Forschung stehen an der Spitze der Reformen, die es bei uns vorzunehmen gilt. [...] Das Ziel ist die Erziehung eines kritischen, urteilsfähigen Bürgers, der imstande ist, durch einen permanenten Lernprozess die Bedingungen seiner sozialen Existenz zu erkennen und sich ihnen entsprechend zu verhalten. Die Schule der Nation ist die Schule. [...] Die Bildungspolitik kann und darf nicht mehr nach Ausbildungsstufen isoliert betrachtet werden. Bildung, Ausbildung und Forschung müssen als ein Gesamtsystem begriffen werden, das gleichzeitig das Bürgerrecht auf Bildung sowie den Bedarf der Gesellschaft an möglichst hochqualifizierten Fachkräften und an Forschungsergebnissen berücksichtigt. [...]

X. Für die gesellschaftspolitischen Reformen und die moderne Gestaltung unseres demokratischen Industriestaates will und braucht die Bundesregierung eine stärkere Mitwirkung der Frauen. [...] Die notwendigen Konsequenzen werden gezogen werden, um den Frauen mehr als bisher zu helfen, ihre gleichberechtigte Rolle in Familie, Beruf, Politik und Gesellschaft zu erfüllen. [...]

Wir werden Errungenes sichern und besonders für die Mitbürger sorgen, die trotz Hochkonjunktur und Vollbeschäftigung im Schatten leben müssen, die durch Alter, durch Krankheit oder durch strukturelle Veränderungen gefährdet sind. [...]

XV. Die Regierung kann in der Demokratie nur erfolgreich wirken, wenn sie getragen wird vom demokratischen Engagement der Bürger. Wir haben so wenig Bedarf an blinder Zustimmung, wie unser Volk Bedarf hat an gespreizter Würde und hoheitsvoller Distanz. Wir suchen keine Bewunderer; wir brauchen Menschen, die kritisch mitdenken, mitentscheiden und mitverantworten.

Das Selbstbewusstsein dieser Regierung wird sich als Toleranz zu erkennen geben. Sie wird daher auch jene Solidarität zu schätzen wissen, die sich in Kritik äußert. Wir sind keine Erwählten; wir sind Gewählte. Deshalb suchen wir das Gespräch mit allen, die sich um diese Demokratie mühen.

In den letzten Jahren haben manche in diesem Lande befürchtet, die zweite deutsche Demokratie werde den Weg der ersten gehen. Ich habe dies nie geglaubt. Ich glaube dies heute weniger denn je.

Nein: Wir stehen nicht am Ende unserer Demokratie, wir fangen erst richtig an.

Zit. nach: R. A. Müller (Hrsg.): Deutsche Geschichte in Quellen und Darstellung, Band 11. Stuttgart 1996, S. 35–37, 41, 43 f., 45 f., 50 f.

5 „Die Einheit der Nation wahren"

Aus der Regierungserklärung Willy Brandts am 28. Oktober 1969:

Aufgabe der praktischen Politik in den jetzt vor uns liegenden Jahren ist es, die Einheit der Nation dadurch zu wahren, dass das Verhältnis zwischen den Teilen

11

Deutschlands aus der gegenwärtigen Verkrampfung gelöst wird. [...] 20 Jahre nach Gründung der Bundesrepublik Deutschland und der DDR müssen wir ein weiteres Auseinanderleben der deutschen Nation verhindern; also versuchen, über ein geregeltes Nebeneinander zu einem Miteinander zu kommen.

Dies ist nicht nur ein deutsches Interesse, denn es hat seine Bedeutung auch für den Frieden in Europa und für das Ost-West-Verhältnis. Unsere und unserer Freunde Einstellung zu den internationalen Beziehungen der DDR hängt nicht zuletzt von der Haltung Ostberlins ab. Im Übrigen wollen wir unseren Landsleuten die Vorteile des internationalen Handels und Kulturaustausches nicht schmälern.

Die Bundesregierung [...] bietet dem Ministerrat der DDR erneute Verhandlungen beiderseits ohne Diskriminierung auf der Ebene der Regierungen an, die zu vertraglich vereinbarter Zusammenarbeit führen sollen. Eine völkerrechtliche Anerkennung der DDR durch die Bundesregierung kann nicht in Betracht kommen. Auch wenn zwei Staaten in Deutschland existieren, sind sie doch füreinander nicht Ausland, ihre Beziehungen zueinander können nur von besonderer Art sein. [...] Die Lebensfähigkeit Berlins werden wir weiterhin sichern.

Bulletin des Presse- und Informationsamtes der Bundesregierung, Nr. 132, 29. 10. 1969, S. 1121 bis 1128.

6 „Verletzung des Heimatrechts"

Entschließung des Bundes der Vertriebenen am 11. März 1972 zum Moskauer und Warschauer Vertrag:

Der Moskauer und der Warschauer Vertrag stehen im Widerspruch zu europäischen und deutschen Interessen, die vor dem Gemeinwohl der Völker vertretbar sind. Durch diese Verträge handeln wir unseren Verpflichtungen für ganz Deutschland zuwider, gefährden wir die Verantwortung der Verbündeten für Deutschland als Ganzes, hindern wir die europäische Einigung, bedrohen wir die Freiheit und Sicherheit der Bundesrepublik Deutschland und Europas.

Die Versammelten wenden sich gegen den Verzicht auf einen gerechten Frieden und auf freie Selbstbestimmung, die Legalisierung von Massenvertreibungen und Annexionen, die Anerkennung der Gewaltherrschaft in Mitteldeutschland, die Minderung des Status' von Berlin.

Sie verurteilen die Verletzung des Rechtes auf Freizügigkeit vom und zum angestammten Wohnsitz und auf freie Entfaltung in der Heimat, der Menschen- und Gruppenrechte der Deutschen in der Heimat, der Pflicht zum Schutze der Individualrechte und des Eigentums der Ostdeutschen.

Sie fordern, diese Verträge nicht zu ratifizieren, dafür aber praktische und wirksame Fortschritte bei der Vertiefung der wirtschaftlichen, technologischen, kulturellen und menschlichen Beziehungen anzustreben und in einer sich wandelnden Welt auf einen gerechten Frieden und tragbaren Ausgleich zwischen Deutschland und den östlichen Nachbarn hinzuwirken. Sie bekennen: „Ja zum Frieden – Nein zur Unfreiheit!"

Dokumentation zur Deutschlandfrage, zusammengestellt von Heinrich von Siegler, Herausgeber des Archivs der Gegenwart. Bonn/Wien/Zürich 1970 ff., Hauptband VII, S. 544 f.

7 Zwei deutsche Staaten – zwei Staaten in Deutschland

Rainer Barzel (CDU) im Deutschen Bundestag am 15. Dezember 1972 zur bevorstehenden Verabschiedung des Grundlagenvertrags mit der DDR:

Ich muss ein Wort zu der Ankündigung des Herrn Bundeskanzlers sagen, am 21. Dezember, also in der kommenden Woche, den Grundvertrag unterschreiben zu lassen, also eine Unterschrift zu leisten, obwohl der Schießbefehl andauert, obwohl sich die DDR an den Verkehrsvertrag, dem wir zugestimmt hatten, nicht hält. Trotz dieser Erfahrung wollen Sie einen so weitgehenden Vertrag ohne verbindlich gesicherte, ausreichende menschliche Erleichterungen unterschreiben. Dies bleibt festzuhalten: Dieser Vertrag – schlecht und eilig ausgehandelt, ohne angemessene Leistung und Gegenleistung – soll, so wird gesagt, dem Frieden dienen. Frieden aber [...] ist doch nach einem berühmten Wort des Präsidenten Kennedy eine Sache der Menschenrechte. Ebenso sieht es doch die Satzung der Vereinten Nationen, auf die dieser schlechte Vertrag vielfach Bezug nimmt. Über dieses Problem wird später im Einzelnen zu sprechen sein wie über Ihre neue Formel von den zwei deutschen Staaten. Es hieß vor kurzem noch: zwei Staaten in Deutschland. Wieder ein anderer Anfang, wieder genau wie 1969. Darüber wird im Einzelnen zu sprechen sein.

Was wir Ihnen vorwerfen, Herr Bundeskanzler, ist dies: Mit der Unterschrift unter den Grundvertrag bereiten Sie der DDR den Weg in die UNO, ohne dass diese auch nur die mindesten Zusicherungen gemacht hätte – ganz zu schweigen von Verbindlichkeiten –, den Bürgern der DDR die in der UNO-Charta beschworenen Menschenrechte zu gewährleisten. Diesen Vorwurf müssen wir Ihnen heute und rechtzeitig machen. [...]

Demokraten, wenn sie wie dieses ganze Haus zum Frieden entschlossen sind, müssen oft und manchmal für lange Zeit Unrecht hinnehmen. Aber Demokraten sollten dies nie bestätigen. Sonst verwischen sie die Grundlage der Grundsätze, auf denen sie selber stehen. Der geistige Kampf um das ganze Deutschland hört doch mit diesem Vertrag nicht auf, der politische auch nicht. Wer soll den geistigen und politischen gewinnen, wenn in diesen Grundansätzen und Grundlagen Verwischung statt Klarheit eintritt?

I. Wilharm (Hrsg.): Deutsche Geschichte 1962–1983. Dokumente in zwei Bänden. Frankfurt/Main 1985, S. 68.

11

8 Mit dem Grundgesetz vereinbar?

Die Bayerische Staatsregierung ließ vom Bundesverfassungsgericht überprüfen, ob der Grundlagenvertrag gegen das im Grundgesetz verankerte Gebot der staatlichen Einheit Deutschlands und das Wiedervereinigungsgebot verstoße. Aus dem Urteil des BVG vom 31. Juli 1973:

Das GG […] geht davon aus, dass das Deutsche Reich den Zusammenbruch 1945 überdauert hat und weder mit der Kapitulation noch durch Ausübung fremder Staatsgewalt in Deutschland durch die alliierten Okkupationsmächte noch später untergegangen ist. Das Deutsche Reich existiert fort, besitzt nach wie vor Rechtsfähigkeit, ist allerdings als Gesamtstaat mangels Organisation, insbesondere mangels institutionalisierter Organe, selbst nicht handlungsfähig. […] Mit der Errichtung der Bundesrepublik wurde nicht ein neuer westdeutscher Staat gegründet, sondern ein Teil Deutschlands neu organisiert. […] Die Bundesrepublik umfasst also, was ihr Staatsvolk und ihr Staatsgebiet anbelangt, nicht das ganze Deutschland […]. Sie beschränkt staatsrechtlich ihre Hoheitsgewalt auf den „Geltungsbereich des Grundgesetzes", fühlt sich aber auch verantwortlich für das ganze Deutschland. Die DDR gehört zu Deutschland und kann im Verhältnis zur Bundesrepublik nicht als Ausland angesehen werden. Deshalb war z. B. der Interzonenhandel und ist der ihm entsprechende innerdeutsche Handel nicht Außenhandel. […]

Die Wiedervereinigung ist ein verfassungsrechtliches Gebot. Es muss jedoch den zu politischem Handeln berufenen Organen der Bundesrepublik überlassen bleiben, zu entscheiden, welche Wege sie zur Herbeiführung der Wiedervereinigung als politisch richtig und zweckmäßig ansehen. Ein breiter Raum politischen Ermessens besteht hier besonders für die Gesetzgebungsorgane. Das BVG kann dem Gesetzgeber erst entgegentreten, wenn er die Grenzen dieses Ermessens eindeutig überschreitet, wenn seine Maßnahme also rechtlich oder tatsächlich einer Wiedervereinigung in Freiheit offensichtlich entgegensteht. […] Aus dem Wiedervereinigungsgebot folgt zunächst: Kein Verfassungsorgan der Bundesrepublik darf die Wiederherstellung der staatlichen Einheit als politisches Ziel aufgeben, alle Verfassungsorgane sind verpflichtet, in ihrer Politik auf die Erreichung dieses Ziels hinzuwirken – das schließt die Forderung ein, den Wiedervereinigungsanspruch im Innern wachzuhalten und nach außen beharrlich zu vertreten – und alles zu unterlassen, was die Wiedervereinigung vereiteln würde. Die Bundesregierung hat allerdings in eigener Verantwortung zu entscheiden, mit welchen politischen Mitteln und auf welchen politischen Wegen sie das nach dem GG rechtlich gebotene Ziel der Wiedervereinigung zu erreichen oder ihm wenigstens näher zu kommen versucht.

W. Lautemann / M. Schlenke (Hrsg.): Geschichte in Quellen. Die Welt seit 1945. München 1980, S. 560 f.

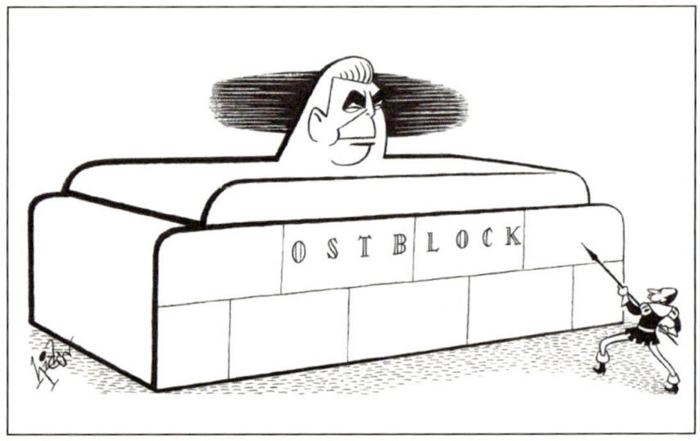

9 Ach, können Sie mir nicht sagen, wo Ihre weiche Stelle sitzt? – Egon Bahr und Leonid Breschnew
Karikatur von Wolfgang Hicks, 1974.

Arbeitsvorschläge

a) Vergleichen Sie M 4 mit Krahls Römerbergrede (M 3, S. 411). Welches Bild der bundesrepublikanischen Gesellschaft zeigt sich jeweils?
b) Nennen Sie die Schwerpunkte der Reformpolitik Brandts (M 4).
c) Vergleichen Sie die unterschiedlichen Einstellungen zur „neuen Ostpolitik", die in M 1, M 2 und M 9 zum Ausdruck kommen.
d) Untersuchen Sie Brandts Stellung zur Außerparlamentarischen Opposition (M 4).
e) Welche Ziele und welche Maßnahmen seiner Deutschlandpolitik nennt Brandt in M 5? Wo liegen die Unterschiede zur Deutschlandpolitik seiner Vorgänger?
f) Arbeiten Sie aus M 6, M 7 heraus, welche Kritik jeweils an der „neuen Ostpolitik" geübt wird, und bewerten Sie diese Kritik.
g) Interpretieren Sie die Zeichnung des Strafgefangenen M 3 im Hinblick auf seine Wahrnehmung der sozialliberalen Strafrechtsreform.
h) Erläutern Sie die staatsrechtlichen Probleme, die mit dem Grundlagenvertrag verbunden sind (M 7, M 8).
i) Recherchieren Sie für einen osteuropäischen Staat Ihrer Wahl, inwiefern sich seine Beziehungen zur Bundesrepublik seit Brandts Ostpolitik verändert haben.

11.10 Die Ära Honecker – der autoritäre Versorgungsstaat in der Krise

„Die Einheit von Wirtschafts- und Sozialpolitik“

Erich Honecker, der Walter Ulbricht 1971 als Erster Sekretär des ZK der SED abgelöst hatte, brach mit dessen Abgrenzungspolitik gegenüber der Sowjetunion, die die DDR zusehends in die Isolation geführt hatte. Er akzeptierte die Führungsrolle der KPdSU und verwarf Ulbrichts Vorstellungen vom Modellcharakter der DDR. In deutlicher Abgrenzung von Ulbricht, der in den 1960er-Jahren gezielt in die Modernisierungssektoren Wissenschaft, Technologie und Automatisierung investiert hatte, erklärte Honecker innenpolitisch die „weitere Erhöhung des materiellen und kulturellen Lebensniveaus des Volkes“ zur Hauptaufgabe der SED. Die „Einheit von Wirtschafts- und Sozialpolitik“ wurde zur politischen Leitlinie der 1970er-Jahre und erschien zunächst erfolgreich: Der Wohnungsbau wurde gefördert, Löhne und Renten erhöht, Arbeitszeiten – besonders für Frauen mit Kindern – verkürzt, der Mutterschaftsurlaub verlängert. Um die Vereinbarkeit von Berufstätigkeit und Mutterschaft zu gewährleisten, wurden Geburtenbeihilfen bezahlt, zinslose Kredite sowie Wohnungszuteilungen bei Eheschließung gewährt und das Erholungswesen ausgeweitet. Die industrielle Produktion wuchs trotz dieser teuren sozialpolitischen Offensive zwischen 1970 und 1974 um knapp 30 % und die Versorgung mit Konsumgütern verbesserte sich weiter. Und trotz der internationalen Rohstoffkrise seit 1973 registrierte die DDR keine Arbeitslosen, dagegen stabile Preise für Grundnahrungsmittel und steigende Einkommen. Nicht unwesentlich trug zu dieser positiven Bilanz allerdings der Devisentransfer bei, der seit dem Grundlagenvertrag von 1972 beständig aus der Bundesrepublik in die DDR floss. Innerdeutscher Transithandel, Zwangsumtausch für westdeutsche Besucher in der DDR und nicht zuletzt der regelmäßige „Freikauf“ politischer Häftlinge durch die Bundesregierung waren wichtige Finanzierungsquellen für das SED-Regime.

1 Hinter den sieben Bergen. Gemälde von Wolfgang Mattheuer, 1973.

Internationale Anerkennung – Schikanen im Innern

Mit dem Abschluss des Grundlagenvertrags, der die Souveränität und die Grenzen der DDR anerkannte, erweiterte sich auch Honeckers außenpolitischer Spielraum. Nach Vertragsunterzeichnung folgte bis 1978 die diplomatische Anerkennung der DDR durch 123 Staaten. Mit der Aufnahme als 133. Staat in die UNO 1973 durchbrach die DDR endgültig die außenpolitische Isolation. 1975 gehörte sie zu den Unterzeichnerstaaten der KSZE-Schlussakte in Helsinki, was einerseits den Höhepunkt ihrer außenpolitischen Erfolge bildete, andererseits aber eine innenpolitische Liberalisierung erzwang. Unter Berufung auf die KSZE-Schlussakte forderten DDR-Bürger immer unüberhörbarer die Gewährung von Menschenrechten und insbesondere das Recht auf Freizügigkeit mit der Folge, dass die Zahl der Ausreiseanträge sich dramatisch steigerte: von 13 000 im KSZE-Jahr 1975 auf 20 000 im folgenden Jahr. Schikanen gegen Ausreisewillige führten zu wachsenden Protesten, etwa der spektakulären Selbstverbrennung des Pfarrers Oskar Brüsewitz

DDR überdurchschnittlich hoch […]? Warum hat die DDR Weltspitze bei Ehescheidungen, Selbstmordraten und Alkoholmissbrauch? Wo liegen die Defekte dieser Gesellschaft? Warum ist der Datschismus zur Hauptform des Lebens geworden? […]

Die Familien sind Tag und Nacht getrennt, aber die Partei erhebt den Finger: Erzieht eure Kinder sozialistischer, sie sind labil! Am Wochenende darf Vater zur Kampfgruppe, Mutter übt ZV, der Sohn GST, die Tochter DRK – alles zum Schutz der Politbüro-Kaste! Von der Woche wollen wir gar nicht reden: Zeitungsschau, Agitatoren-Gespräch, Versammlungen in Partei, Gewerkschaft, FDJ, DSF, Partei-, FDJ- und Gewerkschaftsschuljahr – und überall die gleiche Leitartikel-Litanei. […]

Wir fordern eine andere Politik: reale, kostendeckende Preise, entsprechend reale Planung, reale, den jetzigen Stand des Lebensniveaus garantierende Einkünfte für die Arbeiter, Handwerker, Angestellten. […] Sämtliche Privilegien der Funktionäre müssen gestrichen werden. […] Wir fordern die Abschaffung der Zensur gegenüber der Presse und den Verlagen. […] Wir fordern den Abbau der riesigen, altmodischen und unmodernen Verwaltungsapparate. […] Wir fordern nachdrücklich die Beseitigung des Verbots, über Fragen der Lebensqualität, besonders über die ökologischen Probleme öffentlich zu diskutieren.

Anonym veröffentlicht in: Der Spiegel, 32 (1978), Nr. 2, S. 26 f.

9 Der Künstler als Chronist

Aus dem Katalog zur Chemnitzer Ausstellung des DDR-Künstlers Wolfgang Mattheuer, der 1988 aus der SED austrat und sich an den Leipziger Montagsdemonstrationen beteiligte:

Mattheuers Figuren steigen auf Hügel, um sich aus der Enge zu befreien und sich einen Weltüberblick zu verschaffen. Hinter dem hoch gelegenen Horizont seiner Bilder liegt Verheißungsvolles, Unerreichbares, auch Unberechenbares. Von den Straßen geht ein Sog aus in die Tiefe und Ferne. […] So konnte Mattheuer zum Chronisten einer Gesellschaft werden, für deren Abgeschlossenheit und Unterdrückung ebenso wie für ihre Wünsche und Sehnsüchte er die treffendsten (und bittersten) Chiffrierungen fand.

I. Mössinger / K. Drechsel (Hrsg.): Wolfgang Mattheuer-Retrospektive. Leipzig 2002, S. 13 ff.

8 Der Nachbar, der will fliegen.
Gemälde von Wolfgang Mattheuer, 1983.

Arbeitsvorschläge

a) Legen Sie die Konflikte dar, die die DDR in den 1970er-Jahren prägten (M 5).
b) Charakterisieren Sie Honeckers Strategie, auf Konflikte zu reagieren (M 4, M 5).
c) An welchen Zielkonflikten scheiterte Honeckers „Einheit von Wirtschafts- und Sozialpolitik" (M 4)?
d) Vergleichen Sie die Entwicklung in der Bundesrepublik unter Brandt mit der in der DDR unter Honecker.
e) Kennzeichnen Sie die Konfliktlagen der Ära Honecker, die in den Bildern des DDR-Künstlers Mattheuer (M 1, M 8) zum Ausdruck kommen. Berücksichtigen Sie M 7.

10 Ostberlin in der U-Bahn. Fotografie von Jörg Knöfel, 1986.

11 Härte gegen neue Jugendbewegungen

Michael Horschig, Gitarrist der Punk-Band „Namenlos", über die Anfänge einer Bewegung:

In den Jahren 1979 und 1980 sammelten sich die bis dahin einzeln umherstreunenden Punks in Ostberliner Discotheken und Gaststätten, vor allem im Süden Berlins [...] Wir tranken Bier, tanzten Pogo und den Ska (für uns gab es damals keine Differenzen dazwischen), diskutierten untereinander und mit anderen über unsere damals noch nicht völlig ausgereiften Ideale und schlugen uns zum Abschluss oft mit der ganzen Discothek. Einer für alle und alle für einen war Grunddevise. Jeder biedere Schläger fühlte sich nämlich damals berufen, auf Punks einzuschlagen, da sie anders aussahen und ihnen durch die aufgebauschten Lügen der Medien in Ost und West ein schlechter Ruf anhing. [...] Im normalen Leben war der Punk permanent den Angriffen seiner Mitmenschen ausgesetzt. [...] Gebräuchlich und beliebt sowie sehr verbreitet waren in der entnazifizierten DDR auch solche Sprüche wie: „So was wie euch müsste man vergasen", „Mit so was wie euch hätte man bei Adolf kurzen Prozess gemacht" [...]

Ab Anfang '81 setzte die erste große Verfolgungswelle der Punks durch den Staat ein. Mit unerhörter Brutalität wollte der Staat nicht zulassen, was er nicht verhindern konnte. Festnahmen, Verhaftungen, der Druck der Behörden, Polizei, Betriebe, Schulen und Lehrerausbildungsstätten waren so stark, dass viele eingeschüchtert absprangen, sich ihren Auflagen gemäß von der Gruppe fernhielten oder ihr Äußeres veränderten. [...] Sie verurteilten wissentlich Unschuldige, wie Sid und Major, die sie ins Gefängnis sperrten, mit gnadenloser Härte der Urteile, die ihr ganzes Leben ruinierten: Beide bekamen um die fünf Jahre Berlin-Verbot, Meldepflicht, Arbeitsplatzbindung und nur einen provisorischen Personalausweis, der jeden Bullen zur Willkür ermächtigte. Bei Verstoß gegen die Auflagen ging man erneut in den Knast, sodass Sid wegen ein und derselben Sache fünfmal im Gefängnis war. Major musste als Berliner Eingeborene in ein kleines, abgeschiedenes sorbisches Dorf ziehen. Dort galt sie als die Fremde und noch dazu als die Kriminelle. [...] Die Perversion, mit der die Polizei und Justiz vorgingen, die unvorstellbar brutalen Übergriffe durch diese, sollten mein Denken und Handeln nachhaltig beeinflussen. Spätestens hier hatte man die Bestätigung für alles subversive Tun und Handeln. Spätestens jetzt durfte man sich Staatsfeind nennen. Ich war Punk aus politischen Überlegungen, Punk war der Ausdruck meines Protestes und anarchistischen Denkens.

Zit. nach: Michael Horschig: In der DDR hat es nie Punks gegeben. In: Ronald Galenza/Heinz Havemeister (Hrsg.): Wir wollen immer artig sein ... . Berlin 1999, S. 17 ff.

Arbeitsvorschläge

a) Recherchieren Sie, welche Formen von jugendlichen Subkulturen sich als Nischengesellschaften in der DDR herausbildeten. Vergleichen Sie diese mit ähnlichen gesellschaftlichen Subkulturen in der Bundesrepublik der 1970er- und 1980er-Jahre (▶ Online-Link).

b) In Städten wie Berlin, Halle oder Leipzig entstand u. a. eine sehr ausgeprägte Punkszene. Diskutieren Sie, ob oder inwieweit diese die Oppositionsbewegung mitbeeinflusste.

11.11 Von Brandt zu Schmidt: Die pragmatische Wende in der Bundesrepublik

Globale Veränderungen

Club of Rome

Yom-Kippur-Krieg

Nach 1970 begannen in verschiedenen Bereichen weltweit krisenhafte Entwicklungen: Zum einen kam es durch die massive Steigerung der amerikanischen Rüstungsausgaben für den Vietnam-Krieg zu einer konjunkturellen Rezession in fast allen westlichen Industrieländern. Zum anderen legte der „Club of Rome" 1972 unter dem Titel „Grenzen des Wachstums" einen Bericht vor, der erschreckende Zahlen über die in naher Zukunft bevorstehende dramatische Verknappung der natürlichen Ressourcen enthielt. Damit rief er nicht nur erstmals das ökologische Problem in globaler Perspektive in das öffentliche Bewusstsein, sondern warnte zugleich vor den wirtschaftlichen Folgen ungebremsten Raubbaus an der Natur. Einen kleinen Vorgeschmack bekam man 1973: Die arabischen Ölstaaten reagierten auf den durch massive US-Unterstützung erzielten Sieg Israels im „Yom-Kippur-Krieg" und die israelische Besetzung ägyptischen und syrischen Territoriums mit einer konzentrierten Ölpreissteigerung um 172 % allein 1973/74. Darauf sah sich die Bundesregierung zur Verhängung von Sonntagsfahrverboten und Geschwindigkeitsbegrenzungen gezwungen.

Schrumpfende Verteilungsspielräume

Auch im Innern zeichneten sich Wachstumsgrenzen ab. Ab 1970 hatten mehrere überdurchschnittlich hohe Lohnabschlüsse von mehr als 10 % zur Folge, dass die Arbeitgeber die dadurch wachsenden Lohnkosten durch den Abbau von Arbeitsplätzen abzusenken versuchten. Das führte dazu, dass 1974 die Millionengrenze bei den Arbeitslosen überschritten wurde. Die dadurch wiederum wachsenden Haushaltsdefizite glich die Bundesregierung – zwecks Finanzierung der eben erst begonnenen Reformen – durch eine Steigerung der Staatsverschuldung aus. Da diese angesichts der weltweiten Rezession aber nicht durch verstärkte Exporte kompensiert werden konnte, nahm sie schnell dramatische Ausmaße an. Die seit den „Wirtschaftswunderjahren" bei nur wenigen Unterbrechungen anhaltende Boomperiode mit hohen Wachstumsraten, steigenden Einkommen, stabilen Preisen und niedrigen Arbeitslosenzahlen ging nun definitiv zu Ende.

1 Vor dem ökologischen Kollaps?

Aber nicht nur wirtschaftlich verengten sich die Perspektiven zu Beginn der 1970er-Jahre: Die Dogmatisierung der Außerparlamentarischen Opposition verringerte im Regierungslager die Bereitschaft zur Toleranz gegenüber der politischen Linken. Der 1970 gefasste „Unvereinbarkeitsbeschluss", der SPD-Mitgliedern im Falle der politischen Zusammenarbeit mit orthodox-kommunistischen Gruppierungen ein Parteiausschlussverfahren androhte, wurde zwei Jahre später durch den von Willy Brandt initiierten „Radikalenerlass" ergänzt, den die Ministerpräsidenten der Länder 1972 verabschiedeten. Er formulierte als Voraussetzung für die Einstellung eines Bewerbers in den öffentlichen Dienst, dass dieser „jederzeit für die freiheitliche demokratische Grundordnung im Sinne des Grundgesetzes eintritt". Die Überprüfung der Verfassungstreue oblag den Verfassungsschutzämtern, bei denen die Behörden nun vor jeder Einstellung regelhaft anfragten. Bis 1976 erfolgten ca. 500 000 solcher Regelanfragen, was der Bundesregierung den Vorwurf der „Gesinnungsschnüffelei" eintrug. Angesichts von mehr als 400 Ablehnungsfällen zwischen 1972 und 1976 wegen „verfassungsfeindlicher Aktivitäten" geriet die „Praxis der Berufsverbote" auch in die internationale Kritik - etwa 1978 beim „Internationalen Russell-Tribunal zur Situation der Menschenrechte in der Bundesrepublik Deutschland".

Die wachsenden Probleme verschärften die Spannungen innerhalb der SPD und untergruben zusehends die Autorität Willy Brandts, der nach der Enttarnung seines persönlichen Referenten Günter Guillaume als DDR-Spion 1974 zurücktrat. Mit der Amtsübernahme durch den „Macher" und Wirtschaftsexperten Helmut Schmidt wurde die Reformpolitik des Visionärs Brandt abgelöst von einem pragmatischen Konsolidierungskurs, den Helmut Schmidt in einem Stern-Interview 1974 pointiert formulierte: „Reformen sind nur machbar, wenn man sie finanzieren kann."

2 **Ende der Fortschrittsgläubigkeit?** Foto 1973

Ende der Vollbeschäftigung

In der Tat schrumpften die Spielräume für Reformen schnell, als die Bundesrepublik schon 1975 die bis dahin schärfste Rezession seit 1945 erlebte: Das Bruttosozialprodukt schrumpfte um 1,6 %, die Arbeitslosenzahl überschritt erneut die Millionenmarke und Konjunkturexperten sagten eine Weltwirtschaftskrise in den Ausmaßen von 1929 voraus. Dass es Schmidt dennoch gelang, trotz weltweiter wirtschaftlicher Kontraktion durch die Steigerung der unternehmerischen Erträge die Investitionsneigung und mit ihr das gesamtwirtschaftliche Wachstum wieder anzukurbeln, muss zu seinen bleibenden Verdiensten gerechnet werden. Die von ihm vollzogene Wende hin zu einer eher angebotsorientierten Wirtschaftspolitik konnte allerdings die Arbeitslosenzahl nicht reduzieren. Sie verharrte zunächst bei ca. 1 Million, stieg dann aber aufgrund wachsenden Rationalisierungsdrucks auf einen ab 1983 weitgehend konstanten Sockel von mehr als 2 Millionen Erwerbslosen. Die Hoffnungen auf eine Wiederherstellung der Vollbeschäftigung waren spätestens Anfang der 1980er-Jahre endgültig verflogen.

Angebotsorientierte Wirtschaftspolitik

„Deutscher Herbst"

Die ernsteste innenpolitische Herausforderung erwuchs der Bundesrepublik seit Mitte der 1970er-Jahre aus dem organisierten Terrorismus: Aus Enttäuschung über das Scheitern revolutionärer Hoffnungen, die in Teilen der Außerparlamentarischen Opposition gehegt worden waren, verfolgten kleine Gruppen eine Revolutionsstrategie nach dem Modell der südamerikanischen „Stadtguerilla". Am bekanntesten wurde die „Rote Armee Fraktion" (RAF) um Ulrike Meinhof, Andreas Baader und Gudrun Ensslin. Der Höhepunkt wurde 1977 erreicht und überschritten: Der Generalbundesanwalt Siegfried Buback, der Bankier Jürgen Ponto und der Unternehmer Hanns-Martin Schleyer wurden ermordet. Kurz darauf kaperten arabische Terroristen eine Lufthansa-Maschine, um ihre deutschen Gesinnungsgenossen freizupressen. Ein Sonderkommando des Bundesgrenzschutzes stürmte jedoch die nach Mogadischu entführte Maschine und befreite die Geiseln. Mit dem Selbstmord von vier führenden RAF-Terroristen in der Haftanstalt Stuttgart-Stammheim endete der „deutsche Herbst", der den Rechtsstaat an die Grenzen seiner Belastbarkeit geführt hatte. Angesichts von Großkontrollen auf Autobahnen, dem Ausbau der elektronischen Rasterfahndung sowie des 1977 verabschiedeten Kontaktsperregesetzes warnten Kritiker vor einem schleichenden Übergang zu polizeistaatlichen Methoden.

11

Deutschlandpolitische Kontinuität

Deutschlandpolitisch setzte Helmut Schmidt die Politik Willy Brandts kontinuierlich fort, wobei er Fortschritte vor allem in Wirtschafts-, Handels- und Kreditfragen erzielte. 1975 unterzeichneten beide deutschen Staaten in Helsinki die Schlussakte der „Konferenz für Sicherheit und Zusammenarbeit in Europa" (KSZE), in der die „Achtung der Menschenrechte und Grundfreiheiten" sowie die Verbesserung der „menschlichen Kontakte" und der „Verbreitung von, des Zugangs zu und des Austauschs von Informationen" verabredet wurde. 1978 und 1980 einigten sich Bundesrepublik und DDR auf eine Verbesserung der Verkehrswege. Für Bonn waren diese Abkommen mit hohen finanziellen Belastungen verbunden – z. B. Transitpauschalen, Straßenbenutzungspauschalen, Postpauschalen usw. –, denn die DDR ließ sich ihre Kooperationsbereitschaft teuer bezahlen. Solange man aber menschliche Erleichterungen für die DDR-Bürger erwirken und am Prinzip des „Wandels durch Annäherung" festhalten wollte, gab es zu dieser Politik keine Alternative. Sie hatte kurzfristig allerdings weniger den Wandel als vielmehr, wenn auch ungewollt, die Stabilisierung des SED-Regimes zur Folge.

3 Zum Lichte empor
Plakat von Klaus Staeck, 1977

„Nachwinter des Kalten Kriegs"

Gemeinsam war Bonn und Ost-Berlin das Bestreben, ihre eigenständige Kooperationspolitik nicht in den Sog der internationalen Klimaverschlechterung geraten zu lassen, die sich seit den ausgehenden 1970er-Jahren abzeichnete. Da die sozialliberale Entspannungs- und Status-quo-Politik nämlich mittlerweile die Sicherheit in Europa deutlich erhöht hatte, wandten sich die beiden Weltmächte wieder verstärkt der internationalen Politik zu. Bald gerieten sie dabei in neue Konflikte, die als „Nachwinter des Kalten Krieges" bezeichnet wurden. Wachsende Besorgnis erregte in diesem Zusammenhang die Stationierung neuer sowjetischer Mittelstreckenraketen vom Typ „SS 20", deren atomare Sprengköpfe auf die Bundesrepublik gerichtet waren. Auf Initiative von Helmut Schmidt verabschiedete die NATO deshalb Ende 1979 einen „Doppelbeschluss". Der sah vor, dass nach einer Frist von vier Jahren auf dem Boden der Bundesrepublik atomare „Cruise Missiles" und Mittelstreckenraketen vom Typ „Pershing II" stationiert würden, falls die Sowjetunion bis dahin nicht zur Begrenzung ihrer eurostrategischen Waffen bereit sei. Als die Sowjetunion dieses Verhandlungsangebot ablehnte, verschoben die USA die Ratifizierung des SALT-II-Abkommens. Damit endete im Januar 1980 die Entspannungspolitik.

4 Thema Sicherheit
Plakat von Klaus Staeck, 1981.

11

5 **„Heißer Herbst" 1981 in Berlin.** Vor dem Hintergrund der Nachrüstungsdebatte kommt es in der ganzen Bundesrepublik zu Massendemonstrationen. Gewalttätige Auseinandersetzungen zwischen Demonstranten und Polizisten fordern ein Todesopfer und hunderte Verletzte.

Ende der sozialliberalen Ära

Seit Beginn der 1980er-Jahre war Helmut Schmidt zunehmend durch Massenproteste gegen seine Nachrüstungsinitiative innenpolitisch in Bedrängnis geraten. In Ablehnung zur Stationierung amerikanischer Pershing-II-Raketen in Deutschland schlossen sich kirchliche Kreise, Prominente wie Carl Friedrich von Weizsäcker, Heinrich Böll, Günter Grass und Joseph Beuys mit mehreren Politikern wie Erhard Eppler sowie den Gründungsmitgliedern der Grünen Petra Kelly und Gert Bastian zusammen. 1981–1983 kam es immer wieder zu Blockaden von Atomwaffenlagern, Munitionsdepots, Friedenswochen, Ostermärschen und weiteren Massendemonstrationen.

Aber auch die allgemeine wirtschaftliche Lage der Bundesrepublik wurde für Helmut Schmidt zu einer wachsenden Belastung. Die wirtschaftliche Rezession nach einer zweiten Ölpreisexplosion 1979, die zu einem erneuten Konjunktureinbruch mit wachsender Arbeitslosigkeit, ansteigender Inflation und zahlreichen Konkursen führte, löste zwischen den Koalitionspartnern SPD und FDP wachsende Meinungsverschiedenheiten aus über den richtigen wirtschaftspolitischen Kurs aus der Krise: Die FDP forderte immer vernehmlicher den Abbau sozialstaatlicher Leistungen, da diese die Konkurrenzfähigkeit der deutschen Wirtschaft auf den Weltmärkten geschwächt sowie die individuelle Leistungs- und Risikobereitschaft der Bürger in ihrer „sozialen Hängematte" vermindert hätten. Frei werdendes Kapital sollte der Privatwirtschaft neue Wachstumsimpulse geben. Die SPD setzte dagegen weiterhin auf eine Politik, die die Sozialleistungen nicht antastete. Ihr Argument war, dass durch eine hohe Kaufkraft die Nachfrage gesteigert würde und dadurch die Wirtschaft den Anreiz für Investitionen erhalte. Die Kehrseite einer solchen Politik war das ständige Wachsen der Steuer- und Abgabenlasten.

Helmut Schmidt, Kanzler 1974–1982

Nachdem durch die wirtschaftspolitische Umorientierung der FDP die Gegensätze zwischen den Koalitionspartnern unüberbrückbar geworden waren, wechselten die Liberalen die Seite. Am 1. Oktober 1982 sprach der Deutsche Bundestag im Verfahren des konstruktiven Misstrauensvotums mit den Stimmen von CDU und FDP Helmut Schmidt das Misstrauen aus und wählte anschließend Helmut Kohl, den Fraktionsvorsitzenden der CDU/CSU, zum neuen Bundeskanzler.

6 Das Stabilitätsgesetz

Das Gesetz vom 8. Juni 1967 bildete den Rahmen für sozialliberale Wirtschaftspolitik bis 1982:

§1: Bund und Länder haben bei ihren wirtschafts- und finanzpolitischen Maßnahmen die Erfordernisse des gesamtwirtschaftlichen Gleichgewichts zu beachten. Die Maßnahmen sind so zu treffen, dass sie im Rahmen der marktwirtschaftlichen Ordnung gleichzeitig zur Stabilität des Preisniveaus, zu einem hohen Beschäftigungsstand und außenwirtschaftlichem Gleichgewicht bei stetigem und angemessenem Wirtschaftswachstum beitragen. [...]

§5: [...] Bei einer die Ziele des §1 gefährdenden Abschwächung der allgemeinen Wirtschaftstätigkeit sollen zusätzlich erforderliche Deckungsmittel zunächst der Konjunkturausgleichsrücklage entnommen werden.

§11: Bei einer die Ziele des §1 gefährdenden Abschwächung der allgemeinen Wirtschaftstätigkeit ist die Planung geeigneter Investitionsvorhaben so zu beschleunigen, dass mit ihrer Durchführung kurzfristig begonnen werden kann. Die zuständigen Bundesminister haben alle weiteren Maßnahmen zu treffen, die zu einer beschleunigten Vergabe von Investitionsaufträgen erforderlich sind.

Bundesgesetzblatt 1967 I, S. 582ff.

9 Ausgaben und Einnahmen der öffentlichen Haushalte 1969–1982 (in Mrd. DM)

Jahr	Ausgaben	Einnahmen	Finanzierungssaldo*	Kredite (netto)
1969	174,55	176,93	+ 2,46	2,46
1970	196,32	188,29	- 8,09	6,49
1971	226,48	211,18	- 15,61	13,93
1972	252,12	239,22	- 13,09	15,38
1973	280,49	271,48	- 8,82	11,40
1974	318,26	290,88	- 27,26	22,46
1975	360,51	296,65	- 63,84	53,63
1976	376,76	328,70	- 48,03	46,75
1977	395,17	364,00	- 31,18	31,69
1978	433,40	393,74	- 39,62	40,65
1979	469,85	423,50	- 46,57	43,44
1980	509,24	452,15	- 57,07	53,76
1981	541,77	466,09	- 75,65	69,56
1982	561,61	491,64	- 69,64	68,20

* Finanzierungssaldo = Differenz von Einnahmen und Ausgaben

Sachverständigenrat zur Begutachtung der gesamtwirtschaftlichen Entwicklung: Jahresgutachten 1993/94. Stuttgart 1993, S. 354f.

7 Gesamtwirtschaftliche Entwicklung 1969 bis 1982 (Angaben in %)

Jahr	Sozialleistungen	Inflation	Arbeitslose	Wachstum	Außenbeitrag	Investitionen	Produktivität
1969	25,0*	2,1	0,8	7,4	1,0	19,5	3,7
1970	26,2	3,3	0,7	5,4	0,6	18,2	2,6
1971	26,9	5,4	0,8	3,1	0,4	17,2	3,9
1972	27,8	5,5	1,1	4,3	0,2	16,5	3,6
1973	28,2	7,0	1,2	4,7	0,2	12,4	1,4
1974	28,9	7,0	2,5	0,0	0,7	9,4	1,5
1975	33,3	5,9	4,6	- 1,1	1,6	11,6	5,9
1976	32,9	4,3	4,5	5,5	0,7	10,9	2,7
1977	32,9	3,7	4,3	2,6	0,5	11,2	2,1
1978	32,1	2,7	4,1	3,4	0,5	13,5	2,5
1979	31,4	4,1	3,6	4,1	0,9	13,0	- 0,5
1980	32,5	5,5	3,6	0,9	- 0,5	9,6	0,1
1981	33,4	6,3	5,1	0,0	- 1,2	7,5	0,2
1982	33,3	5,2	7,2	- 1,1	- 0,4	8,5	3,2

*1965

R. A. Müller (Hrsg.): Deutsche Geschichte in Quellen und Darstellung. Stuttgart 1995, S. 82f.

8 „Scheidungsurkunde zwischen SPD und FDP"

Aus Otto Graf Lambsdorffs „Konzept für eine Politik zur Überwindung der Wachstumsschwäche und zur Bekämpfung der Arbeitslosigkeit" vom 3. September 1982:

Die gesamte Weltwirtschaft steht offensichtlich in einer hartnäckigen Stabilisierungs- und Anpassungskrise. Bei immer noch hohen Inflationsraten und weiter zunehmender Arbeitslosigkeit hält die Wachstumsschwäche in Nordamerika und Europa nun schon ungewöhnlich lange an; auch Japan ist inzwischen in ihren Sog geraten. Diese weltweite Wachstumsschwäche darf aber nicht darüber hinwegtäuschen, dass die derzeitigen weltwirtschaftlichen Schwierigkeiten die Summe einzelstaatlicher Fehlentwicklungen sind und dass ein wesentlicher Teil der Ursachen unserer binnenwirtschaftlichen Probleme auch im eigenen Lande zu suchen ist. [...]

Die gegenwärtig besonders deutliche Vertrauenskrise [...] muss im Zusammenhang mit tiefgreifenden gesamtwirtschaftlichen Veränderungen gesehen werden. [...] Es handelt sich hierbei vor allem um:

einen gravierenden Rückgang der gesamtwirtschaftlichen Investitionsquote [...]; den besonders in der ersten Hälfte der 70er-Jahre entstandenen starken Anstieg der Staatsquote (Anteil aller öffentlichen Ausgaben inkl. Sozialversicherung am BSP) [...]; dieser strukturelle Anstieg des Staatsanteils am Sozialprodukt ist ausschließlich zustande gekommen durch die überaus expansive Entwicklung der laufenden Ausgaben zwischen 1970 und 1975 [...]; den tendenziellen Anstieg der Abgabenquote (Anteil der Steuer- und Sozialabgaben am BSP) in den 70er-Jahren [...]; den tendenziellen Anstieg der Kreditfinanzierungsquote der öffentlichen Haushalte [...].

Notwendig und allein erfolgversprechend ist wohl nur eine Politik, die [...] die Investitionsbedingungen zuverlässig verbessert und der Wirtschaft damit wieder den Glauben an die eigene Leistung und die eigene Zukunft gibt. Ein solches zukunftsorientiertes Gesamtkonzept der Politik muss sich auf folgende Bereiche konzentrieren:

1. Festlegung und Durchsetzung einer überzeugenden marktwirtschaftlichen Politik in allen Bereichen staatlichen Handelns mit einer klaren Absage an Bürokratisierung. [...]
2. Festlegung und Durchsetzung eines [...] Konsolidierungskonzeptes für die öffentlichen Haushalte, das eine Erhöhung der Gesamtausgabenbelastung ausschließt [...].
3. Festlegung und Durchsetzung einer [...] Umstrukturierung der öffentlichen Ausgaben und Einnahmen von konsumtiver zu investiver Verwendung, um die private und öffentliche Investitionstätigkeit nachhaltig zu stärken und die wirtschaftliche Leistung wieder stärker zu belohnen.
4. Festlegung und Durchsetzung einer Anpassung der sozialen Sicherungssysteme an die veränderten Wachstumsmöglichkeiten und eine längerfristige Sicherung ihrer Finanzierung (ohne Erhöhung der Gesamtabgabenbelastung), um [...] der Eigeninitiative und der Selbstvorsorge wieder größeren Raum zu geben.

[Der] Erfolg wird allerdings nicht zuletzt davon abhängen, ob die Lohnpolitik [...] die notwendige Verbesserung der Ertragsperspektiven sowie die relative Verbilligung des Faktors Arbeit zulässt. Sicherlich wird es bei einer solchen Politik zu Auseinandersetzungen mit den Gewerkschaften kommen [...]. Wer bei einer solchen Politik den – in der Sache vordergründigen – Vorwurf einer „sozialen Unausgewogenheit" oder einer Politik „zu Lasten des kleines Mannes" macht, dem kann und muss entgegengehalten werden, dass nur eine solche Politik in der Lage ist, die wirtschaftliche Grundlage unseres bisherigen Wohlstandes zu sichern und die Wachstums- und Beschäftigungskrise allmählich und schrittweise zu überwinden.

Zit. nach: J. Bücker / H. Schlimbach: Die Wende in Bonn. Deutsche Politik auf dem Prüfstand. Heidelberg 1983, S. 60 f.

10 **Thesenanschlag, 1982**
Wirtschaftsminister Otto Graf Lambsdorff (FDP) und Bundeskanzler Helmut Schmidt (SPD).

11 Die Herausforderung des Rechtsstaates

Aus Erklärungen der „Roten Armee Fraktion":

April/Mai 1971:

Stadtguerilla ist [...] die Konsequenz aus der längst vollzogenen Negation der parlamentarischen Demokratie durch ihre Repräsentanten selbst, die unvermeidliche Antwort auf Notstandsgesetze und Handgranatengesetz, die Bereitschaft mit Mitteln zu kämpfen, die das System für sich bereitgestellt hat [...]. Stadtguerilla ist bewaffneter Kampf, insofern es die Polizei ist, die rücksichtslos von der Schusswaffe Gebrauch macht, und die Klassenjustiz, die Kurras freispricht [...].

Durch geeignete Aktionen muss die Guerilla klarstellen, dass sich ihre Angriffe grundsätzlich gegen alle Institutionen des Klassenfeindes, alle Verwaltungsdienststellen und Polizeiposten, gegen die Direktionszentren der Konzerne, aber auch gegen alle Funktionsträger dieser Institutionen, gegen leitende Beamte, Richter, Direktoren usw. richten. Erst in der Endphase können Massenaktionen – Demonstrationen, Streiks, Barrikaden [...] – die Entscheidung bringen und zur völligen Entwaffnung der Unterdrückungsorgane führen. [...]

Wir müssen also einen Angriff unternehmen, um das revolutionäre Bewusstsein der Massen zu wecken. [...] Die Bomben gegen den Unterdrückungsapparat schmeißen wir auch in das Bewusstsein der Massen.

6.9.1977:

Am Montag, den 5.9.1977, hat das Kommando Siegfried Hausner den Präsidenten des Arbeitgeberverbands und des Bundesverbands der Deutschen Industrie, Hanns-Martin Schleyer, gefangen genommen. [...] Sobald die Fahndung gestoppt ist, läuft Schleyers Freilassung unter folgenden Bedingungen:

11

1. Die Gefangenen aus der RAF [es folgen 11 Namen] werden im Austausch gegen Schleyer freigelassen und reisen in ein Land ihrer Wahl. [...]

19.10.1977:
Wir haben nach 43 Tagen Hanns-Martin Schleyers klägliche und korrupte Existenz beendet. Herr Schmidt, der in seinem Machtkalkül von Anfang an mit Schleyers Tod spekulierte, kann ihn in der Rue Charles Peguy in Mulhouse in einem grünen Audi 100 mit Bad Homburger Kennzeichen abholen.

Rote Armee Fraktion. Texte und Materialien zur Geschichte der RAF. Bearb. Martin Hoffmann. Berlin 1997, S. 41 ff.

12 An den Grenzen des Rechtsstaates

Aus der Regierungserklärung, die Bundeskanzler Helmut Schmidt am 15. September 1977 anlässlich der Entführung von Hanns-Martin Schleyer abgab:

Vor zwei Jahren habe ich bei einem ähnlichen Verbrechen gesagt, wir seien bereit, bis an die Grenzen dessen zu gehen, was uns der Rechtsstaat erlaubt und was er uns gebietet. Es entspringt dieser Bereitschaft, dass wir in der gegenwärtigen Lage nicht nur die wegen terroristischer Gewalttaten rechtskräftig Verurteilten, sondern auch die solcher Aktivitäten dringend Verdächtigen, also Strafgefangene ebenso wie Untersuchungsgefangene [...] während dieser Tage auch von dem Verkehr mit ihren Verteidigern abgeschnitten haben. [...] Uns erscheint dieser Schritt zur Abwendung einer erheblichen Gefahr für Menschenleben als eine im Augenblick unabweisbare Notwendigkeit. [...]

Wir alle werden dabei den Staat nicht auf den Weg zu jenem Ende drängen lassen, welches die Terroristen unserer freiheitlichen, demokratischen Grundordnung zugedacht haben. Der Staat, den sie für ohnmächtig halten, den sie zu unterminieren trachten, dieser Staat ist keineswegs ohnmächtig. Er wird am Ende den Terrorismus besiegen, weil die breitesten Massen unseres Volkes den Terrorismus verabscheuen.

I. Wilharm, (Hrsg.): Deutsche Geschichte 1962–1983. Dokumente, Bd. 2. Frankfurt/Main 1985, S. 150.

13 Einschränkung der Verteidigerrechte

Aus dem „Kontaktsperregesetz" vom 30.9.1977:

Besteht eine gegenwärtige Gefahr für Leben, Leib oder Freiheit einer Person und begründen bestimmte Tatsachen den Verdacht, dass die Gefahr von einer terroristischen Vereinigung ausgeht, und ist es zur Abwehr dieser Gefahr geboten, jedwede Verbindung von Gefangenen untereinander und mit der Außenwelt einschließlich des schriftlichen und mündlichen Verkehrs mit dem Verteidiger zu unterbrechen, so kann eine entsprechende Feststellung getroffen werden.

Ebenda, S. 152.

14 Mit dem Grundgesetz vereinbar?

Aus der Urteilsbegründung des Bundesverfassungsgerichts zum Kontaktsperregesetz, 1978:

Das Grundgesetz verwehrt dem Staat nicht schlechthin, verfassungsrechtlich geschützte Rechtsgüter auf Kosten anderer Güter, deren Bestand ebenfalls verfassungsrechtlich verbürgt ist, zu bewahren, mag es sich bei solchen Rechtsgütern um Grundrechte oder andere, verfassungsrechtlichen Schutz genießende Belange handeln. [...] In diesem Rahmen können auch uneinschränkbare Grundrechte Begrenzungen erfahren [...]; denn schlechthin schrankenlose Rechte kann eine wertgebundene Ordnung nicht anerkennen.

Das Gesetz zur Änderung des Einführungsgesetzes zum Gerichtsverfassungsgesetz ermächtigt die staatlichen Organe, zum Schutz einer gefährdeten Person in Grundrechte solcher Gefangener einzugreifen, die zwar in der Regel die Gefahr nicht unmittelbar verursacht haben, von denen aber nach den vorliegenden Erkenntnissen eine gefahrerhöhende Einflussnahme auf die Ereignisse außerhalb der Haftanstalten zu befürchten ist. Dem zu begegnen ist die Verhängung einer – absoluten – Kontaktsperre, also die Unterbrechung jedweder Verbindung der betreffenden Gefangenen untereinander und mit der Außenwelt, geeignet. Dass es auch erforderlich war, den staatlichen Behörden die gesetzlichen Mittel zur Anordnung und Durchführung einer solchen Maßnahme in die Hand zu geben, zeigen die Ereignisse im Entführungsfall Dr. Schleyer mit exemplarischer Deutlichkeit. [...]

Solange die Gefahr besteht, dass bestimmte Gefangene, die Kreisen des organisierten Terrorismus zugerechnet werden, die verfassungsfeindlichen Zielvorstellungen ihrer Organisation aus den Haftanstalten heraus verwirklichen, zu diesem Zweck den Informationsfluss zu ihren noch in Freiheit befindlichen Gesinnungsgenossen aufrechtzuerhalten und [...] die Geschehnisse außerhalb der Anstalten zum Nachteil der gefährdeten Person zu beeinflussen suchen, toleriert die Verfassung im Interesse der Selbsterhaltung des Staates und der Erfüllung der ihm obliegenden Aufgabe, Leben, Gesundheit und Freiheit seiner Bürger zu schützen, das Instrument der Kontaktsperre.

Ausgewählte Dokumente der Zeitgeschichte: Bundesrepublik Deutschland – Rote Armee Fraktion (RAF). Köln 1987. Bearb. Ernst Topitsch. o. O.

15 Der NATO-Doppelbeschluss

Aus der Regierungserklärung Helmut Schmidts vom 9. April 1981:

Mit unseren Bündnispartnern stehen wir vor der Aufgabe, das militärische Gleichgewicht zwischen Ost und West zu gewährleisten und – wo dies nötig ist – es wieder herzustellen. [...] Bei den Mittelstreckenwaffen ist das Gleichgewicht durch sowjetische Aufrüstung wesentlich beeinträchtigt worden. [...] Heute [...] verfügt die

16 Vorsicht Mann, nicht ins eigene Fleisch
Federzeichnung von Horst Haitzinger, 1977.

Sowjetunion über mehr als 600 eurostrategische Raketen. [...] Auf westlicher Seite steht in Europa, abgesehen von 18 französischen Raketen, dem nichts Vergleichbares gegenüber. [...] Dieses erhebliche militärische Übergewicht stellt eine erhebliche politische Gefährdung dar. Das Bündnis hat vor anderthalb Jahren mit dem so genannten Doppelbeschluss eine neue Komponente in die Sicherheitspolitik eingeführt. Wir wollen nicht zuvor amerikanische Nachrüstung, um erst danach über Rüstungsbegrenzung zu verhandeln. Vielmehr suchen wir, und zwar auf deutschen Vorschlag, schon bevor die erste neue amerikanische Waffe in Stellung gebracht wird, Verhandlungen mit dem Ziel eines militärischen Gleichgewichts auf einem möglichst niedrigen Niveau.

A. Mechtersheimer, (Hrsg.): Nachrüstung? Dokumente und Positionen zum Nato-Doppelbeschluss. Reinbek 1981, S. 34 ff.

Arbeitsvorschläge

a) Stellen Sie die Zusammenhänge dar, die zwischen den Tabellen M 7 und M 9 bestehen.
b) Erläutern Sie Ziele und Instrumente des Stabilitätsgesetzes (M 6).
c) Untersuchens Sie anhand von M 7 und M 9, ob die sozialliberale Wirtschafts- und Sozialpolitik den Anforderungen des Stabilitätsgesetzes (M 6) entspricht.
d) Inwiefern unterscheiden sich die wirtschaftspolitischen Konzeptionen, die M 6 und M 7 zugrunde liegen?
e) Überprüfen Sie anhand von M 7 und M 9 die Stichhaltigkeit der Vorwürfe, die in M 10 gegen die sozialliberale Wirtschafts- und Sozialpolitik erhoben werden.
f) Verfassen Sie eine Entgegnung auf M 4 aus sozialliberaler Perspektive.
g) Erklären Sie, warum M 4 von der SPD als „Kriegserklärung" empfunden wurde und interpretieren Sie M 10.
h) Erläutern Sie den Zusammenhang zwischen Zielen und Mitteln in den Aktionen der RAF (M 11).
i) Untersuchen Sie die Konflikte, in die der Rechtsstaat durch den Terrorismus geriet (M 11 – M 14, M 16).
j) Grenzen Sie die beiden Komponenten des NATO-Doppelbeschlusses gegeneinander ab (M 15).
k) Erläutern Sie anhand von M 1 – M 5 wichtige Problemfelder der Ära Schmidt.

4 Emotionale Probleme der Frau – Politische Probleme

Der Aktionsrat zur Befreiung der Frau äußerte sich 1968:

Die Emanzipation der Frau ist ein Gradmesser der gesamtgesellschaftlichen Emanzipation. Es gibt keine Befreiung der Menschheit ohne die soziale, emotionale sowie ökonomische Unabhängigkeit und Gleichstellung von Mann und Frau. [...]

Kleine Mädchen werden rosa gekleidet, kleine Jungen hellblau. Kleine Mädchen werden zu haushaltsorientiertem Spiel angehalten, kleine Jungen wegen der Puppe ausgelacht. Die Jungen sollen das Haus verlassen, sollen selbstständig werden und Erfahrungen machen. Sich ruhig austoben, auch sexuell. Mädchen lernen bald, die Männer zu erwarten, wenn Vater und Brüder abends heimkommen und wenn das Essen vorbereitet sein muss. Sie identifizieren sich bald mit der Mutter, die über Lob des Vaters glücklich, über seine Unzufriedenheit schuldbewusst ist. [...]

In ihrer Vorbereitung auf die nie zu erreichende Illusion wird die Frau vorwiegend partnerorientiert. Die kapitalistische Gesellschaft unterstützt sie dabei mit Werbung und Entertainment. Von einer aufkommenden Bewusstheit ihrer Situation wird die Frau systematisch abgelenkt. Kleidung, Gehabe, Emotionen der Frau sind schließlich Ausdruck ihrer hochgradigen Partner-Erwartung.

Für den Mann zeigt sich diese erregte Frau als erregendes Lustobjekt. In Filmen und Illustrierten wird ihm diese angeboten. Da er in seiner Erziehung und Beeinflussung zur überwiegenden Sachorientierung gebracht wurde, entspricht das Auswählen, Begutachten, Verbrauchen und Ablegen vom Konsumgut Frau durchaus seiner Art.

Unsere Gesellschaft erzieht zwei Geschlechter, die durch unterschiedliche Lernprozesse voneinander im Sinne einer Arbeitsteilung materiell abhängig sind: Das Mädchen lernt vieles, was mit Haushalt zu tun hat. Der Junge wird davon ferngehalten. Er wird sich später in Haushaltsdingen so dumm anstellen, dass er eine Frau braucht. Das Mädchen wird umgekehrt in allem dumm gehalten, was nicht mit Haushalt zu tun hat. Deswegen braucht sie später einen Mann, der für sie sorgt.

Emotional jedoch sind beide einander entgegengesetzt geworden: Der Mann der kapitalistischen Gesellschaft ist ein emotionsloses Arbeitstier, die Frau ein gefühlshaftes Objekt. Ihre gegenseitigen Rollenerwartungen sind kaum vereinbar: [...] Die starke Fixierung der Frau an den Mann bestätigt und befriedigt einerseits den Machtanspruch des Mannes, andererseits wird er durch ihre unerschöpflichen Zärtlichkeits- und Sinnlichkeitsansprüche stark belastet. [...] Er ist außenorientiert, arbeitet an sachlichen Problemen, kann sich weiterentwickeln und lernen, während die Frau noch in eine Empfindungsdifferenzierung bis zur Schmerzhaftigkeit verstrickt ist. [...]

Lassen wir uns zudem nicht vormachen, Emanzipation bedeute: dem Mann entsprechend zu werden. Würden wir der vermeintlichen Emanzipation des Mannes in einer autoritären Gesellschaft nacheifern, so wäre das Resultat gesteigerter Konkurrenzkampf, Aggressivität, Brutalität, Selbstunterdrückung. Denken wir daran, dass sich der Mann ebenso wie die Frau aus seiner Rollenfixierung emanzipieren muss.

I. Schulenburg (Hrsg.): Das Leben ändern, die Welt verändern. 1968 – Dokumente und Berichte. Hamburg 1998, S. 303–307.

5 Europa – ein nukleares Schlachtfeld?

Der ehemalige Bundeswehrgeneral und spätere Friedensaktivist Gert Bastian 1982:

Bei dieser Überlegung kann auch nicht unberücksichtigt bleiben, dass es sich bei den als Antwort des Westens auf die sowjetische SS 20 deklarierten Mittelstreckensystemen Pershing II und Cruise Missile um eine völlig neuartige Waffengeneration handelt, deren Einsatzkriterien der NATO Möglichkeiten der nuklearen Kriegführung eröffnen, wie sie die SS 20 dem Osten keineswegs erschließt.

Der Unterschied liegt einmal darin, dass die Sowjetunion mit noch so vielen SS 20-Raketen zwar die europäischen Verbündeten der USA vernichtend treffen, jedoch die nukleare Gegenmacht selbst nicht entscheidend schwächen kann. Während die USA mit den zur Stationierung in Europa vorgesehenen Systemen in die Lage versetzt werden, der Sowjetunion ganz ohne Rückgriff auf das amerikanische strategische Nuklearpotenzial Schäden kriegsentscheidenden Ausmaßes anzudrohen oder zuzufügen.

Darüber hinaus wird die Chancengleichheit zwischen Ost und West auch noch durch ein anderes Merkmal der jeweiligen landgestützten Mittelstreckenwaffen beeinträchtigt werden; nämlich durch ihre unterschiedliche Eignung zum Erstschlag. Obwohl die technische Leistungsfähigkeit der SS 20 noch nicht eindeutig geklärt zu sein scheint, kann diesem Potenzial des Ostens eine Fähigkeit zum Erstschlag nämlich nicht zugesprochen werden. Muss doch ein Erstschlag nur dann befürchtet werden, wenn mit ihm so entscheidende Vorteile errungen werden können, dass der Angegriffene sie auch mit einem Vergeltungsschlag nicht mehr ausgleichen kann. [...]

Bedenklichstes Ergebnis solcher Veränderungen könnte sein, dass ein sowjetischer pre-emptive strike gegen die Stationierungsräume der Pershing II und Marschflugkörper in einer Zeit verschärfter Spannung wahrscheinlicher wird. Aber auch wenn die Sowjets darauf verzichten sollten, sich dieses landgestützte Potenzial der NATO bei drohender Kriegsgefahr durch einen vorwegnehmenden Entwaffnungsschlag vom Hals zu schaffen, muss befürchtet werden, dass bei einem Versagen der Abschreckung ein Krieg in Mitteleuropa nicht ohne diese Waffen ausgetragen werden würde und deshalb in einem sehr frühen Stadium zum „nuclear war in Europe“ eskalieren würde.

G. Bastian: Begrenzter Atomkrieg. In: H. Kloppenburg / E. Kogon u. a. (Hrsg.): Martin Niemöller. Festschrift zum 90. Geburtstag. Köln 1982, S. 72 ff.

6 Die Ökologie-Bewegung

Aus dem Bundesprogramm der „GRÜNEN" von 1981:

Wir sind die Alternative zu den herkömmlichen Parteien. Hervorgegangen sind wir aus einem Zusammenschluss von grünen, bunten und alternativen Listen und Parteien. Wir fühlen uns verbunden mit all denen, die in der neuen demokratischen Bewegung mitarbeiten: den Lebens-, Natur- und Umweltschutzverbänden, den Bürgerinitiativen, der Arbeiterbewegung, christlichen Initiativen, der Friedens- und Menschenrechts-, der Frauen- und Dritte-Welt-Bewegung. Wir verstehen uns als Teil der grünen Bewegung in aller Welt. [...]

Die Zerstörung der Lebens- und Arbeitsgrundlagen und der Abbau demokratischer Rechte haben ein so bedrohliches Ausmaß erreicht, dass es einer grundlegenden Alternative für Wirtschaft, Politik und Gesellschaft bedarf. [...] Ein völliger Umbruch unseres kurzfristig orientierten wirtschaftlichen Zweckdenkens ist notwendig. Wir halten es für einen Irrtum, dass die jetzige Verschwendungswirtschaft noch das Glück und die Lebensführung fördere, im Gegenteil, die Menschen werden immer gehetzter und unfreier. Erst in dem Maße, wie wir uns von der Überschätzung des materiellen Lebensstandards freimachen, wie wir wieder die Selbstverwirklichung ermöglichen und uns wieder auf die Grenzen unserer Natur besinnen, werden auch die schöpferischen Kräfte frei werden für die Neugestaltung eines Lebens auf ökologischer Basis. [...]

Gegenüber der eindimensionalen Produktionssteigerungspolitik vertreten wir ein Gesamtkonzept. Unsere Politik wird von langfristigen Zukunftsaspekten geleitet und orientiert sich an vier Grundsätzen: Sie ist ökologisch, sozial, basisdemokratisch und gewaltfrei.

- Ökologisch
  Ausgehend von den Naturgesetzen und insbesondere von der Erkenntnis, dass in einem begrenzten System kein unbegrenztes Wachstum möglich ist, heißt ökologische Politik, uns selbst und unsere Umwelt als Teil der Natur zu begreifen. [...]
- Sozial
  Sowohl aus der Wettbewerbswirtschaft als auch aus der Konzentration wirtschaftlicher Macht in staats- und privatkapitalistischen Monopolen gehen jene ausbeuterischen Wachstumszwänge hervor, in deren Folge die völlige Verseuchung und Verwüstung der menschlichen Lebensbasis droht. Hier genau verbinden sich die Umweltschutz- und Ökologiebewegung mit der Arbeiter- und Gewerkschaftsbewegung. [...]
- Basisdemokratisch
  Basisdemokratische Politik bedeutet verstärkte Verwirklichung dezentraler, direkter Demokratie. Wir gehen davon aus, dass der Entscheidung der Basis prinzipiell Vorrang eingeräumt werden muss. [...]
- Gewaltfrei
  Wir streben eine gewaltfreie Gesellschaft an, in der die Unterdrückung von Menschen und Gewalt von Menschen gegen Menschen aufgehoben ist. Unser oberster Grundsatz lautet: Humane Ziele können nicht mit inhumanen Mitteln erreicht werden.

DIE GRÜNEN, Das Bundesprogramm. Bonn 1981.

7 500 000 km asphaltierte Straßen in der Bundesrepublik. Karikatur von Horst Haitzinger, 1988.

Arbeitsvorschläge

a) Untersuchen Sie Ähnlichkeiten und Unterschiede, die zwischen den neuen gesellschaftlichen Bewegungen bestehen (VT, M 1– M 7).

b) Beurteilen Sie, welche Grundsätze und Forderungen der neuen gesellschaftlichen Bewegungen heute erfüllt, von der Entwicklung überholt oder noch zu verwirklichen sind.

c) Interpretieren Sie Haitzingers Karikatur (M 7) und beziehen Sie die Aussage auf aktuelle Probleme bei der Umsetzung ökologischer Politikansätze.

11.13 Die Bundesrepublik zur Zeit der christlich-liberalen Koalition

Helmut Kohl wird Bundeskanzler

Innerhalb der sozialliberalen Koalition, die seit 1969 die Regierungsverantwortung trug, traten mit den wirtschaftlichen Krisenerscheinungen in den 1970er-Jahren wachsende Spannungen zutage. Sie waren vor allem auf gegensätzliche Auffassungen über die Rolle des Staates bei der Überwindung der Krise zurückzuführen. Dem gegenüber traten die Gemeinsamkeiten zwischen SPD und FDP im Bereich der „neuen Ostpolitik" und der gesellschaftspolitischen Reformen nun zurück. Die Debatte um den NATO-Doppelbeschluss und die „Nachrüstung" belastete die Koalition zusätzlich, ebenso wie die neuen umweltpolitischen Themen, die von den zusehends erstarkenden „Grünen" in die Diskussion eingebracht wurden und hinter denen gewandelte Wertorientierungen in breiten Bevölkerungsschichten sichtbar wurden. Nachdem im September 1982 die vier FDP-Minister zurückgetreten waren, wählte der Bundestag am 1. Oktober in einem gegen Bundeskanzler Helmut Schmidt gerichteten konstruktiven Misstrauensvotum den CDU-Vorsitzenden Helmut Kohl zum neuen Kanzler. Vorgezogene Bundestagswahlen am 6. März 1983 brachten nicht nur die notwendige Mehrheit für Helmut Kohl, sondern auch den erstmaligen Einzug der „GRÜNEN" in den Bundestag.

Vorgezogene Bundestagswahl

Wirtschaftspolitischer Kurswechsel

Gemäß dem 1978 verabschiedeten CDU-Grundsatzprogramm lautete die Leitlinie der neuen Regierung: „Weniger Staat - mehr individuelle Freiheit". Nach dem Vorbild der neoliberalen Politik von Margaret Thatcher in Großbritannien und Ronald Reagan in den USA begann auch in der Bundesrepublik eine von Steuersenkungen flankierte Politik marktwirtschaftlicher Liberalisierung und ein Abbau sozialpolitischer Leistungen. Dadurch sollten einerseits die Investitionskraft der Unternehmen und ihre internationale Konkurrenzfähigkeit gestärkt, andererseits die Staatsquote gesenkt werden. Das Gesetz zur „leistungsfördernden Steuersenkung" von 1984 reduzierte die Steuern für verschiedene Bevölkerungsgruppen, wobei vor allem die Senkung des Spitzensteuersatzes die Investitionsbereitschaft der Unternehmen anregen sollte. Das Rentenreformgesetz aus dem Jahr 1989 erhöhte - erstmals seit Bismarck - die Altersgrenzen und verringerte die Rentenzuwächse dadurch, dass die Renten nicht mehr nach dem Brutto-, sondern nach dem Nettoeinkommen der Arbeitnehmer berechnet wurden. Die Gesundheitsreform führte Leistungsbegrenzungen und Selbstbeteiligungsregelungen, z. B. Zuzahlungen für Medikamente und Krankenhausbehandlungen ein. Die Leistungen der Arbeitslosenversicherung wurden ebenso gekürzt wie die Bildungsausgaben, z. B. durch Streichung des Schüler-BAFöG und Umstellung des Studenten-BAFöG auf Darlehen. Eine Verringerung von Subventionen durch die Stärkung marktwirtschaftlicher Impulse versprach sich die christlich-liberale Koalition von gezielten Deregulierungsmaßnahmen, etwa von der Einstellung des sozialen Wohnungsbaus - bei Beibehaltung der Eigenheimförderung -, und dem Ladenschlussgesetz, das längere Öffnungszeiten für Einzelhändler und Dienstleistungsbetriebe (Banken, Behörden, Arztpraxen usw.) ermöglichte. Hinzu kam eine Postreform, die das staatliche Monopol im Bereich der Telekommunikation aufhob, und eine „Neuordnung des Rundfunkwesens", die das Monopol der öffentlich-rechtlichen Anstalten beendete und kommerzielle Privatsender zuließ.

Helmut Kohl,
Kanzler 1982–1998

Zwiespältige Bilanz

Dieser wirtschaftspolitische Kurswechsel der Kohl-Regierung zielte in erster Linie auf eine Verringerung des Budgetdefizits durch verminderte Staatsausgaben und eine Verringerung der Subventionen, denn die Verschuldung des Bundes war in den 1970er-Jahren stark angewachsen. Weitere Ziele waren der Abbau von Regulierungen auf den Geld- und Warenmärkten und die Bekämpfung der Inflation durch eine restriktive Geldmengensteuerung. Dieser Übergang von einer nachfrage- zu einer angebotsorienterten Wirtschaftspolitik brachte Ende der 1980er-Jahre die zwiespältige Zwischenbilanz einer „gespaltenen Konjunktur": Begünstigt durch verbesserte weltwirtschaftliche Konjunkturdaten führte der Rückgang der Staatsausgaben nämlich einerseits zu wachsenden Unternehmensinvestitionen, wodurch das Bruttosozialprodukt zwischen 1983 und 1989 stetig anwuchs und die Preise erstmals seit 1953 wieder sanken. Ein Rekordaußenhandelsüberschuss machte die Bundesrepublik in der zweiten Hälfte der 1980er-Jahre zur stärksten Handelsnation der Welt, wobei sich die Nettogewinne der Unternehmen fast verdoppelten. Andererseits blieben die Steigerungsraten der Löhne und Gehälter mit 6 % deutlich zurück und trotz des „zweiten Wirtschaftswunders" während der 1980er-Jahre gelang es nicht, den hohen Sockel von über 2 Millionen Erwerbslosen in den Folgejahren nennenswert zu verringern.

Angebotsorientierte Wirtschaftspolitik, Nachfrageorientierte Wirtschaftspolitik

Gespaltener Arbeitsmarkt

In diesem Ungleichgewicht spiegelten sich tiefgehende strukturelle Verkrustungen auf dem Arbeitsmarkt wider, die sich seit den 1980er-Jahren mehr und mehr verfestigt hatten. Während nämlich für qualifizierte Arbeitskräfte Vollbeschäftigung oder zusehends sogar Unterbeschäftigung zu verzeichnen war, standen für Arbeitskräfte mit niedrigem Qualifikationsniveau immer weniger Arbeitsplätze zur Verfügung. Zu den kaum mehr dauerhaft zu vermittelnden Problemgruppen auf dem gespaltenen Arbeitsmarkt gehörten nun ältere und minderqualifizierte Arbeitnehmer, Frauen und Langzeitarbeitslose, sodass die Bundesrepublik von Beobachtern immer häufiger als „Zwei-Drittel-Gesellschaft" bezeichnet wurde: Nach neueren empirischen Untersuchungen war nämlich in der zweiten Hälfte der 1980er-Jahre etwa ein Drittel der bundesrepublikanischen Bevölkerung zumindest zeitweise der Arbeitslosigkeit, niederem Einkommen und

1 Kohls Erneuerungsprogramm
Karikatur von Walter Hanel zur Regierungserklärung von Bundeskanzler Helmut Kohl vom 4. Mai 1983.

11

Sozialhilfebezug ausgesetzt. Während der größere Teil der Bevölkerung vom Wirtschaftsaufschwung profitierte und seinen Wohlstand steigern konnte, geriet eine wachsende Minderheit in „prekäre Beschäftigungsverhältnisse". Dazu zählten vor allem befristete Arbeitsverhältnisse mit geringem Kündigungsschutz, wie z. B. Teilzeitverträge, Formen von Leiharbeit, Werkverträge, Scheinselbstständigkeit oder „Outsourcing". Ihr Anteil wächst seit den 1980er-Jahren bis heute unvermindert an, die betroffenen Menschen sind chronisch von Arbeitslosigkeit, sozialem Abstieg und einem erhöhten Armutsrisiko bedroht.

Outsourcing

Soziale Differenzierung

Insgesamt beschleunigte sich in der Ära Kohl die soziale Differenzierung: So sank der Anteil der Einkommen aus unselbstständiger Arbeit zugunsten der Gewinne aus selbstständiger Arbeit. Die Selbstständigen, die 1970 noch durchschnittlich ein Einkommen von ca. 140 % im Vergleich zum Durchschnitt aller Einkommensbezieher erzielten, kamen 1990 auf ca. 250 %. Gegenläufig stieg der Anteil der Armutspopulation in den alten Bundesländern von 6,5 % (1973) auf 10,2 % (1991), was Sozialwissenschaftler von der „Neuen Armut" in der Bundesrepublik sprechen ließ. Vor allem allein erziehende Mütter, kinderreiche Familien, Jugendliche und Langzeitarbeitslose sowie ausländische Mitbürger waren einem überdurchschnittlichen Armutsrisiko ausgesetzt.

Die Bundesrepublik vor dem Hintergrund der Globalisierung

Hintergrund dieser sozialen Polarisierungsprozesse waren tiefgreifende Umbrüche, die sich im Bereich von Industrie und Technologie vollzogen, wo sich das Tempo von Automatisierung und Computerisierung gegenüber den 1970er-Jahren dramatisch erhöhte. Arbeitssparende Produktionsmethoden für Waren und Dienstleistungen, eine gewaltige Steigerung der Produktivität bei abnehmenden Beschäftigungsquoten und eine bedeutende Qualitätssteigerung der Produkte waren die Folge. Begleitet wurden diese Umwälzungen von einer bis dahin ungekannten Kapitalkonzentrations- und Fusionswelle sowie einer umfassenden Internationalisierung der Wirtschaftsbeziehungen, die mit dem Schlagwort „Globalisierung" belegt wurde. Sie war – und ist bis heute – gekennzeichnet durch einen international fast ungehemmten Kapitalverkehr, globale Informations- und Kommunikationstechniken sowie eine wachsende Mobilität von Arbeitskräften, Waren und Dienstleistungen, was im Ergebnis einen globalen Wettbewerb zur Folge hatte.

Auf dem Weg in die Wissensgesellschaft

Diese technologisch begründeten Veränderungen führten endgültig zur „postindustriellen Gesellschaft", in der Wertschöpfungsprozesse noch stärker als vorher schon vom industriellen in den „tertiären" Sektor der Dienstleistungen verlagert wurden. Die wachsende Wissensintensität der Produktion mit immer kürzeren Produktzyklen und Produktivitätssprüngen stellte immer höhere Anforderungen an die Flexibilität der Arbeitskräfte und die Anpassung ihrer Qualifikationen an neue Erfordernisse. Vor allem informationstechnologisch gestützte Arbeitsprozesse waren gekennzeichnet durch steigende Ansprüche an kognitive und kommunikative Fähigkeiten der Arbeitnehmer und somit steigende Qualifikationsanforderungen, während Arbeitsplätze für Un- und Angelernte immer weniger nachgefragt wurden. Das Berufsprinzip, das von der lebenslangen Ausübung eines einmal erlernten Berufs ausging, wurde gerade in qualifizierten Branchen angesichts der sinkenden „Halbwertzeit des Wissens" von der Notwendigkeit lebenslangen Lernens abgelöst. So vollzogen sich in der westdeutschen wie in der internationalen Wirtschaft tiefgreifende Umbrüche und Strukturwandlungen von möglicherweise epochalen Dimensionen, in denen die einen das „Ende der Arbeitsgesellschaft", andere den Übergang zur „Informations- und Wissensgesellschaft" sahen.

Flexibilisierung der Erwerbsarbeit

Auf diese neuen Produktions- und Arbeitsmarktstrukturen, die die Ursache für die strukturelle Massenarbeitslosigkeit darstellten, versuchte die christlich-liberale Koalition mit Maßnahmen zur Flexibilisierung der Erwerbsarbeit zu reagieren. Das Beschäftigungsförderungsgesetz von 1985 legalisierte die erwähnten Formen befristeter Teilzeit- und Leiharbeit; das Altersteilzeitgesetz von 1989 ermöglichte ab 58 Jahren eine Reduzierung der wöchentlichen Arbeitszeit auf die Hälfte, wobei der freigewordene Teilarbeitsplatz staatlich bezuschusst wurde. Das novellierte Arbeitszeitgesetz aus dem Jahre 1994 ermöglichte Arbeitszeitverlängerungen auf 10 Stunden ohne Überstundenzuschlag sowie Ausnahmeregelungen für Sonn- und Feiertagsarbeit zur Sicherung längerer Maschinenlaufzeiten. Das novellierte Jugendschutzgesetz, das 1984 verabschiedet wurde, lockerte das Nachtarbeitsverbot für Jugendliche und die Samstags- und Sonntagsruhe. Während die Gewerkschaften diese Maßnahmen als Abbau von Arbeitnehmerrechten scharf kritisierten, wurden sie von den Arbeitgebern als wichtige Schritte auf dem Weg zum Abbau beschäftigungshemmender Regelungen und zu einer wachsenden internationalen Konkurrenzfähigkeit der westdeutschen Wirtschaft begrüßt.

Außen- und deutschlandpolitische Kontinuität

Im Gegensatz zu seiner „Wende" in der Wirtschaftspolitik setzte Helmut Kohl in der Außen- und Deutschlandpolitik auf Kontinuität zu seinem Amtsvorgänger Helmut Schmidt. Obwohl die Friedensbewegung nach Kohls Amtsantritt heftiger als zuvor gegen die schon von Helmut Schmidt initiierte Stationierung amerikanischer Mittelstreckenraketen in der Bundesrepublik protestierte, wurde sie mit der Stimmenmehrheit der Koalitionsparteien 1983 im Bundestag für den Fall

2 Vollbeschäftigung
Plakat von Klaus Staeck, 1983.

3 35 – Der richtige Schritt
Plakat des DGB von Wilhelm Zimmermann, 1986.

beschlossen, dass die Genfer Verhandlungen zwischen den USA und der Sowjetunion über einen beiderseitigen Abbau der Mittelstreckenpotenziale in Europa ergebnislos verlaufen sollten. In der Deutschlandpolitik zeichnete sich sogar eine Intensivierung der Beziehungen zur DDR ab, als Kohl die von Helmut Schmidt 1980 ausgesprochene Einladung an Erich Honecker 1982 ausdrücklich bestätigte. Franz Josef Strauß vermittelte den ersten Milliardenkredit westdeutscher Banken an die DDR, der 1984 von Bundesbürgschaften in Höhe von knapp 2 Milliarden DM ergänzt wurde. Die DDR honorierte dieses Entgegenkommen ihrerseits durch Konzessionen bei den menschlichen Erleichterungen. Es kam zum Abbau der Selbstschussanlagen und Bodenminen an der innerdeutschen Grenze, zur Verringerung der Verdachtskontrollen im Berlin-Verkehr sowie zu einer Senkung des Mindestumtausches für Rentner und einer Erweiterung der Ausreisemöglichkeiten für DDR-Bürger. Schließlich wurden die 1975 unterbrochenen Verhandlungen über ein Kulturabkommen wieder aufgenommen und 1986 erfolgreich abgeschlossen. Nachdem Honecker 1987 tatsächlich die Bundesrepublik besucht hatte, wurden zahlreiche politische Häftlinge aus DDR-Gefängnissen freigelassen. Der Schießbefehl an der Grenze zur Bundesrepublik wurde zumindest vorübergehend außer Kraft gesetzt, der deutsch-deutsche Reiseverkehr wuchs deutlich an. 500 Anträge auf Städtepartnerschaften wurden gestellt, von denen allerdings nur etwa ein Drittel realisiert wurden. Mehr als hundert Maßnahmen im Zusammenhang mit sportlichen Begegnungen, Jugend- und Kulturaustausch sowie zur Rückführung von Kulturgütern wurde in Gang gesetzt. Deutlicher konnte die Kontinuität zur sozialliberalen Ostpolitik kaum sein.
Bedeutsame Fortschritte erreichte die christlich-liberale Regierung auch in der Europapolitik, bei der die Zusammenarbeit zwischen Helmut Kohl und dem französischen Staatspräsidenten Francois Mitterand eine zentrale Rolle spielte.

4 Wie menschlich die DDR-Grenze doch gleich ist, seit die Todesautomaten weg sind!
Karikatur aus der tz vom 29. September 1983.

11

5 „Koalition der Mitte"

Aus der Regierungserklärung Helmut Kohls am 13. 10. 1982:

Die Koalition der Mitte, zu der sich CDU, CSU und FDP zusammengeschlossen haben, beginnt ihre Arbeit in der schwersten Wirtschaftskrise seit dem Bestehen der Bundesrepublik Deutschland. [...] Wir erleben zur Zeit eine Arbeitslosigkeit, die schlimmer ist als jene in den Jahren des Wiederaufbaus. Fast jeder vierzehnte Erwerbstätige in der Bundesrepublik ist arbeitslos. Im Winter können fast 2,5 Millionen Menschen arbeitslos sein. Noch mehr Mitbürger bangen um ihren Arbeitsplatz. Noch nie in der Geschichte der Bundesrepublik Deutschland hat es so viele Firmenzusammenbrüche gegeben wie in diesem Jahr und noch nie sind so viele selbstständige Existenzen vernichtet worden.

Gleichzeitig erhöhten sich die Abgabenbelastungen so sehr, dass heute ein Facharbeiter in der Bundesrepublik von jeder zusätzlich verdienten Mark rund 60 Pfennig an öffentliche Kassen abliefern muss. Aber auch dies reichte nicht aus; der Staat hat sich dennoch in höherem Maße verschuldet. [...]

Auch in der Sozialversicherung sind die Kassen leer und die Rücklagen nahezu verbraucht. Die finanziellen Reserven unserer sozialen Sicherungssysteme sind erschöpft, obwohl die Beitragsbelastung für die Arbeitnehmereinkommen seit 1970 erheblich gestiegen ist. [...] Deshalb brauchen wir jetzt eine neue Wirtschafts- und eine neue Gesellschaftspolitik.

Wir stecken nicht nur in einer wirtschaftlichen Krise. Es besteht eine tiefe Unsicherheit, gespeist aus Angst und Ratlosigkeit, Angst vor wirtschaftlichem Niedergang, Sorge um den Arbeitsplatz, Angst vor Umweltzerstörung, vor Rüstungswettlauf, Angst vieler junger Menschen vor ihrer Zukunft.

Hier sehen wir eine Herausforderung an unsere Pflicht als Bürger, als Eltern, an unseren Gemeinsinn und an unsere Überzeugungskraft. Die Frage der Zukunft lautet, wie sich Freiheit, Dynamik und Selbstverantwortung neu entfalten können. Auf dieser Idee gründet die Koalition der Mitte.

Zu viele haben zu lange auf Kosten anderer gelebt: der Staat auf Kosten der Bürger, Bürger auf Kosten von Mitbürgern und – wir sollten es ehrlich sagen – wir alle auf Kosten der nachwachsenden Generation. Es ist jetzt auch ein Gebot des sozialen Friedens und der sozialen Gerechtigkeit, dass wir der Ehrlichkeit, der Leistung und der Selbstverantwortung eine neue Chance geben.

Zit. nach: J. Steffen / A. Jansen (Hrsg.): Bilanz der Ära Kohl. Hamburg 1998, S. 2.

6 Auf dem Weg in die Wissensgesellschaft

Der Ökonom Meinhard Miegel schrieb 2001 über wirtschaftliche Tendenzen seit den 1980er-Jahren:

Wenn nicht alles trügt, ist der Übergang von der Industrie- zur Wissensgesellschaft der dritte gewaltige Paradigmenwechsel in der Geschichte der Menschheit [nach der neolithischen und der Industriellen Revolution]. [...] Die Besonderheit wissensintensiver Volkswirtschaften ist, dass sie ihren Arbeitsbedarf erheblich zurückfahren können. Die Potenziale sind noch längst nicht ausgeschöpft. Würden – so sagen uns die Experten – alle bereits vorhandenen Wissens- und Erkenntnisstände produktiv nutzbar gemacht, könnte auf einen Schlag in Ländern wie Deutschland ein Drittel der derzeit Erwerbstätigen freigesetzt werden. Und auch das wäre nur ein weiterer Schritt auf dem langen Weg des Abbaus der Erwerbsarbeit. [...] Es bedarf keiner besonderen Hellsichtigkeit, um zu erkennen, dass genau wie durch den ersten und zweiten Paradigmenwechsel auch jetzt wieder so ziemlich alle Lebensbereiche umgeformt werden. Dass diese Umformung schmerzhaft sein kann, zeigt die Geschichte. Ob es diesmal gelingt, die größten Härten zu mindern, bleibt abzuwarten.

M. Miegel: Auf dem Weg in die Wissensgesellschaft. In: Merkur, 55 (2001), H. 3, S. 209 f.

7 Gesamtwirtschaftliche Entwicklung 1983–1989

Jahr	Inflation Veränderung zum Vorjahr in %	Arbeitslose in %	Wachstum Veränderung des Bruttosozialprodukts in %	Außenbeitrag Differenz zw. Ausfuhr u. Einfuhr in % des BSPs	Investitionen Ant. der Nettoinvestitionen am Nettosozial-produkt in %	Produktivität Veränderung in %
1983	3,3	8,8	2,1	0,6	8,4	2,7
1984	2,4	8,8	3,1	0,5	7,6	1,2
1985	2,0	8,9	1,9	1,4	7,8	1,0
1986	- 0,1	8,5	2,3	2,3	7,6	0,8
1987	0,2	8,5	1,5	4,0	8,5	2,9
1988	1,3	8,4	3,7	3,7	9,4	2,1
1989	2,8	7,6	4,2	3,8	10,1	2,7

R. A. Müller, (Hrsg.): Deutsche Geschichte in Quellen und Darstellung. Band 11. Stuttgart 1996, S. 137.

8 Ausgaben und Einnahmen der öffentlichen Haushalte 1983 bis 1989 (in Mrd. DM)

R. A. Müller (Hrsg.): Deutsche Geschichte in Quellen und Darstellung. Stuttgart 1996, S. 134.

Jahr	Ausgaben	Einnahmen	Finanzierungssaldo	Kredite (netto)
1983	570,08	514,77	- 55,29	56,16
1984	583,58	537,06	- 46,50	49,78
1985	604,40	565,07	- 39,30	40,49
1986	628,60	586,27	- 42,30	41,60
1987	651,33	600,24	- 51,07	48,69
1988	671,47	619,66	- 51,78	55,61
1989	701,48	674,38	- 27,07	33,61

9 Konjunktur 1986
Karikatur von Horst Haitzinger.

10 „Neue Dynamik"

Aus dem Bericht Helmut Kohls zur Lage der Nation im geteilten Deutschland am 1. Dezember 1988:

Noch vor wenigen Jahren kennzeichnete Stagnation das Ost-West-Verhältnis. Das galt auch für die innerdeutschen Beziehungen und es galt für den Einigungsprozess im freien Teil Europas. Heute sind wir auf beiden Feldern Zeugen einer neuen Dynamik, die vor wenigen Jahren von den wenigsten für möglich gehalten wurde.

Im vergangenen Jahr erstattete die Bundesregierung den Bericht zur Lage der Nation im geteilten Deutschland kurz nach dem Besuch von Generalsekretär Honecker in Bonn. Dieser Besuch fand vor dem Hintergrund positiver Entwicklungen in den innerdeutschen Beziehungen statt. Er hatte bei den Menschen hüben und drüben vielfältige und zum Teil auch zwiespältige Empfindungen ausgelöst, bei den meisten Hoffnungen, bei manchen aber auch Befürchtungen.

Heute darf ich mit Befriedigung feststellen: Die damals geführten Gespräche haben weiterführende Anstöße gegeben. Insbesondere der Reiseverkehr hat sich weiterhin positiv entwickelt. In vielen anderen Bereichen konnten ebenfalls substanzielle Fortschritte erzielt werden. […]

Das Gefühl nationaler Zusammengehörigkeit kann auf Dauer nur dort entstehen, erhalten bleiben und wachsen, wo Menschen einander begegnen. Politik für den Zusammenhalt der Nation erfordert daher, dass Deutsche von hüben und drüben so oft wie möglich zusammenkommen können.

Unsere durch eine gleichermaßen von Grundsatztreue wie vom Willen zur praktischen Zusammenarbeit geprägte Deutschlandpolitik konnte vieles in dieser Richtung bewegen und die große Zahl menschlicher Begegnungen hat zum nationalen Zusammenhalt mehr beigetragen als viele große Worte.

Jede Begegnung zwischen Menschen beiderseits der innerdeutschen Grenze macht diese Trennungslinie durchlässiger. Sie gibt unseren Landsleuten aus der DDR die Möglichkeit, sich aus erster Hand einen Eindruck vom Leben hier bei uns in der Bundesrepublik Deutschland zu verschaffen. Und sie fördert bei Reisen in die DDR die Erkenntnis, dass wir gerade auch im Interesse der Menschen an der Einheit der Nation festhalten und jeden möglichen Zugewinn an Freiheit für unsere Landsleute in der DDR anstreben müssen.

Deshalb hat der Reiseverkehr zentrale Bedeutung. In den letzten beiden Jahren haben mehr Deutsche aus der DDR zu uns reisen können als jemals zuvor seit dem Bau der Mauer. Konnten früher fast nur Menschen im Rentenalter in den Westen reisen und jüngere nur ausnahmsweise, so ist 1987 fast jeder fünfte Bewohner der DDR, darunter über eine Million jüngere Menschen, im Westen zu Besuch gewesen. Diese Zahlen werden in diesem Jahr, so wie sich die Dinge darstellen, wahrscheinlich noch übertroffen werden.

Das ist für mich der wichtigste Erfolg unserer aktiven Politik für den Zusammenhalt der Nation. […] Generalsekretär Honecker hat gegenüber Bundesminister Schäuble erklärt, dass die Entwicklung im Reiseverkehr fortgesetzt werde. Auch die DDR weiß, welche Bedeutung der Reiseverkehr für unsere Beziehungen hat.

Sten. Ber. 113. Sitzung, 1.12.1988, S. 8094 ff.; Bulletin 169/88, S. 1501 ff.

11 „Politik des Dialogs"

Dorothee Wilms, Bundesministerin für innerdeutsche Beziehungen: Deutschlandpolitische Bilanz der christlich-liberalen Koalition (1988):

Es ist eine insgesamt erfolgreiche Bilanz der Deutschlandpolitik, die die Bundesregierung auch für das Jahr

1988 vorlegen kann. Unsere Politik des Dialogs, des Interessenausgleichs und der Zusammenarbeit mit der DDR hat für die Menschen im geteilten Deutschland weitere Fortschritte gebracht. Grundlage dafür sind unsere Festigkeit in den Grundfragen, die Stetigkeit und Berechenbarkeit unserer Politik und unsere Bereitschaft zur praktischen Weiterentwicklung der innerdeutschen Beziehungen trotz fortbestehender prinzipieller Gegensätze. Obwohl es auch in diesem Jahr wieder zu teilweise schwer belastenden Vorkommnissen in der DDR gekommen ist, hat unser beharrliches Bemühen den Menschen, die besonders unter der Teilung unseres Vaterlandes leiden, Erleichterungen verschafft und viele Landsleute über die widernatürliche Grenze hinweg einander näher gebracht. [...]
Eine erfreuliche Entwicklung haben die innerdeutschen Städtepartnerschaften genommen: Mehr als 50 wurden inzwischen geschlossen bzw. von der DDR zugesagt. [...]
In der Fülle dieser Einzelfragen spiegelt sich das beharrliche Bemühen der Bundesregierung wider, die innerdeutschen Beziehungen stetig in allen Bereichen und Schritt für Schritt weiterzuentwickeln. Ziel ist ihre kontinuierliche Ausgestaltung zum praktischen, erlebbaren Nutzen der Menschen, die heute konkrete Erleichterungen wünschen – nicht erst irgendwann in der Zukunft. Das bisher Erreichte gibt dieser „Politik der zielstrebigen Geduld" Recht.
Dabei halten wir unbeirrt an dem Auftrag des Grundgesetzes fest, in freier Selbstbestimmung die Einheit und Freiheit Deutschlands zu vollenden. [...] Dies bestärkt uns in der Richtigkeit des eingeschlagenen Weges, uns standfest im Grundsätzlichen und fest verankert in der westlichen Staaten- und Wertegemeinschaft um Erleichterungen für die Menschen im geteilten Deutschland zu bemühen und die Grenzen in Deutschland wie in Europa zu überwinden.
Deutschlandpolitik umfasst nicht nur die innerdeutschen Beziehungen, sondern auch die deutschlandpolitische Bildungsarbeit. Sie ist ein wichtiger Schwerpunkt meines Hauses. [...] In der jungen Generation hat in den letzten Jahren das Interesse an der historischen, kulturellen und politischen Identität der Deutschen deutlich zugenommen. Dies erkennt man schon daran, dass das Interesse an Informationsfahrten nach West-Berlin und an die innerdeutsche Grenze in erfreulicher Weise ständig steigt. Entsprechend dieser Bedeutung sind die Mittel in diesem Bereich erhöht worden. [...]
Eine zukunftsorientierte Deutschlandpolitik bedarf auch einer umfassenden Deutschlandforschung, die sich inhaltlich mit den grundlegenden Problemen befasst, d. h. die historischen, zeitgeschichtlichen und rechtlichen Bedingungen der deutschen Situation untersucht. Dabei müssen neben den nationalen auch die europäischen Komponenten berücksichtigt werden. Die Erhöhung des Forschungsetats meines Hauses gibt die finanzielle Möglichkeit, auf diesem Gebiet einen ersten wichtigen Schritt zu tun.

Informationen des Bundesministeriums für innerdeutsche Beziehungen, 24/1988, S. 13 ff.

12 Zahlungsbilanzkatastrophe in der DDR

Der Historiker Christian Haller über die Vorgeschichte des 1983/84 gewährten Milliardenkredits der christlich-liberalen Koalition an die DDR (2000):

Ohne die zur Bedienung der Tilgungs- und Zinszahlung dringend notwendigen Anschlusskredite stand die DDR, wie die meisten der RGW-Länder, zu Beginn der 1980er-Jahre vor der unmittelbaren „Zahlungsbilanzkatastrophe". Nachdem die Staatshandelsländer Polen, Ungarn, Rumänien und Jugoslawien mehr oder weniger offen ihre Illiquidität eingestehen mussten [...], wandte sich die DDR mit der Hoffnung auf finanzielle Hilfe an die Bundesrepublik. Sowohl die sozialliberale Bundesregierung unter Schmidt als auch die konservativ-liberale unter Kohl erklärten sich zu dieser bereit, um die DDR dadurch wirtschaftlich und damit auch politisch enger an Westdeutschland binden zu können. [...] [Bei Kohl] stand vor allem der Gedanke im Vordergrund, nicht nur die DDR zu stabilisieren, sondern diese auch langfristig in den marktwirtschaftlichen Kreislauf des Weltmarktes einzubinden, um sie so einer ständigen inneren Konfrontation mit ihren wirtschaftlichen Widersprüchen auszusetzen und damit langfristige DDR-interne Veränderungen hervorzurufen.
Beide Bundesregierungen bevorzugten eine medienwirksame Präsentation der Kreditgewährung, die aber nur bei gleichzeitiger Verkündung der politischen Gegenleistungen der DDR in Form von menschlichen Erleichterungen zu gewährleisten war. [...] Die DDR erhielt aufgrund der von dem „spektakulären" Finanztransfer ausgehenden Signalfunktion nun wieder weitere internationale Devisenkredite, die sie zusammen mit den zwischen 1981 und 1985 im Handel mit den westlichen Industrieländern erzielten Exportüberschüssen in Höhe von 14,1 Mrd. VM vor der Illiquidität bewahrte. [...] Den deutsch-deutschen Finanztransfers von 1983 und 1984 kommt daher maßgeblich die Bedeutung zu, den Zusammenbruch des ostdeutschen Staates in eine Zeit mit einem weltpolitisch günstigeren Klima verschoben zu haben.

Ch. Haller: Der Milliardenkredit von Franz Josef Strauß an das Honecker-Regime. Magisterarbeit Heidelberg 2000, S. 112 ff.

13 Mehr Fernsehen?

Aus dem Gründungsmanifest des „Klingenmünster Kreises", einer Vereinigung von Gegnern des Kabelfernsehens um Günter Grass und Walter Jens (1981):

Unser Land steht vor der Entscheidung, ob Kabel- und Satellitenfernsehen eingeführt werden sollen. Das bedeutet mehr Fernsehen. Dies betrifft uns alle. [...]

11

Wir sind gegen die Vermehrung der Fernsehprogramme. Wir setzen uns dafür ein, dass dem Bürger der Raum für persönliche, menschliche Kommunikation erhalten bleibt. Wir wollen dazu beitragen, dass unserem Land die „totale Fernsehwelt" nach amerikanischem, japanischem oder italienischem Muster erspart bleibt. […] Mehr Programme und mehr Fernsehen lassen weniger Raum für andere Aktivitäten, für Miteinanderreden, für die Mitarbeit in Vereinen und Verbänden, für das Gespräch mit Freunden und Nachbarn. Mehr Fernsehprogramme machen insbesondere Kinder noch abhängiger vom Fernsehen. In Familien, in denen viel ferngesehen wird, wird heute schon weniger über alltägliche, ganz normale Familienprobleme gesprochen. Mehr Fernsehen heißt: weniger persönliche Erfahrung über die wirkliche Welt und häufig gerade bei Kindern eine falsche Vorstellung von der Wirklichkeit. Mehr Fernsehen führt einsame und an den Rand gedrängte Menschen noch mehr in die Isolierung. Mehr Programme bringen neue Nachteile für breite Schichten unserer Gesellschaft. Neue Klassen- und Bildungsunterschiede entstehen. […] Die steigende Finanzierung über Werbung führt zu einem verstärkten Kampf um die Einschaltquoten. Die Konkurrenz unter den Programmen um die Einschaltung führt in der Regel nicht zu mehr Vielfalt der Programme. Im Gegenteil: Es wird mehr vom Gleichen geboten, mehr Serien, mehr reißerische Gewalt, weniger Information, weniger Dokumentation, weniger Zeitkritisches.

Mehr Fernsehprogramme über die Einführung von Kabel- und Satellitenfernsehen wird in der Bundesrepublik wahrscheinlich auf Dauer zur Kommerzialisierung und Privatisierung des Fernsehens führen. Damit wird eine Medienordnung zerstört, mit der wir trotz mancher berechtigter Kritik in den letzten 30 Jahren gute Erfahrungen gemacht haben. Information, Meinungsbildung und Kultur werden dann zunehmend dem kommerziellen Interesse ausgeliefert. Mehr Fernsehprogramme und mehr Werbung bedrohen letztlich die Existenz kleiner und mittlerer Zeitungen. Damit wird die publizistische Vielfalt noch mehr verringert. Mehr Fernsehprogramme und ihre Kommerzialisierung geben einzelnen finanzstarken Gruppen die Möglichkeit, die öffentliche Meinungsbildung zu beherrschen. Die Kommerzialisierung bringt auch die Gefahr, dass einzelne Politiker oder kleine finanzstarke politische Gruppen über die Beherrschung der Medien unser Land gängeln.

U. Lang (Hrsg.): Der verkabelte Bürger. Brauchen wir die „Neuen Medien"? Freiburg 1981, S. 85 f.

14 Button zur Einführung des Kabelfernsehens, 1980er-Jahre

11

Arbeitsvorschläge

a) Untersuchen Sie die Zusammenhänge zwischen den Tabellen M 7 und M 8.

b) Arbeiten Sie aus M 7 und M 8 die wirtschaftspolitischen Ziele der christlich-liberalen Regierung heraus.

c) Überprüfen Sie anhand von M 7 und M 8, inwieweit Kohl die Ziele seiner Regierungserklärung (M 5) erreicht hat.

d) Bestätigen M 7 und M 8 die Bildaussage von M 9? Begründen Sie.

e) Setzen Sie die Tabelle M 8 in eine aussagekräftige grafische Darstellung um.

f) Versuchen Sie eine Erklärung besonders auffallender Zahlenentwicklungen in M 8, indem Sie auf Vorgänge bzw. Ereignisse aus dem VT zurückgreifen.

g) Bewerten Sie die christlich-liberale Wirtschaftspolitik im Kontext des Übergangs zur Wissensgesellschaft (M 6).

h) Kennzeichnen Sie anhand der Texte M 10 – M 12 die Deutschlandpolitik der christlich-liberalen Koalition und geben Sie einen Überblick über deren Ergebnisse.

i) Erörtern Sie ausgehend von M 13 und M 14 Vorzüge und Probleme der Medienpolitik zur Zeit der christlich-liberalen Koalition.

j) Bewerten Sie im Rückblick die Zulassung privater Rundfunk- und Fernsehsender.

11.14 Die DDR in den 1980er-Jahren: Von der Stagnation zum Zusammenbruch

Wirtschaftliche Engpässe

Die von Erich Honecker seit seinem Amtsantritt 1971 angestrebte „Einheit von Wirtschafts- und Sozialpolitik" konnte spätestens zu Beginn der 1980er-Jahre als endgültig gescheitert betrachtet werden. Die kostspieligen sozialpolitischen Leistungen und die 1977 begonnene, aber schnell gescheiterte mikroelektronische Offensive erzwangen reduzierte Investitionen im industriellen Sektor und schufen so neue Versorgungsengpässe im Konsumbereich. Der weitere Anstieg der Energie- und Rohstoffpreise auf den Weltmärkten seit der zweiten Ölkrise von 1979 verringerte zusätzlich die Produktivität der ohnehin längst veralteten, umweltbelastenden Industrieanlagen in der DDR: Schon 1983 erreichten sie nur noch 47% der bundesrepublikanischen Arbeitsproduktivität.

Wachsende Staatsverschuldung

Angesichts der seit Mitte der 1970er-Jahre wachsenden Unzufriedenheit in breiten Bevölkerungsschichten hielt Honecker andererseits den volkswirtschaftlich gebotenen Subventionsabbau bei Grundnahrungsmitteln, Mieten und Sozialleistungen aus Gründen des Machterhalts für unvertretbar - zumal seit 1980 in Polen Streiks an der Tagesordnung waren und die SED ähnliche Unruhen in der DDR befürchtete. Der Versuch, stattdessen Investitionen durch westliche Kredite zu finanzieren, ließ - ohne dass die erwünschten Impulse eingetreten wären - lediglich die Staatsverschuldung weiter ansteigen: 1981 lagen die Verbindlichkeiten der DDR gegenüber westlichen Banken bei 24,2 Milliarden DM. Das hatte zur Folge, dass die DDR zur Devisenbeschaffung zunehmend hochwertige Produkte in den Westen exportieren musste, die deshalb für die Versorgung der ohnehin Mangel leidenden eigenen Bevölkerung nicht zur Verfügung standen. Die Schwierigkeiten verschärften sich zusätzlich durch die ökonomische Krise in den „sozialistischen Bruderstaaten": Der neue Rüstungswettlauf schwächte die Sowjetunion so stark, dass sie Anfang der 1980er-Jahre ihre Erdöllieferungen in die DDR drastisch reduzieren musste. Als 1982 Polen und Rumänien ihre Zahlungsunfähigkeit gegenüber der DDR erklärten, konnte der wirtschaftliche Offenbarungseid der DDR nur durch zwei Großkredite in Höhe von knapp zwei Milliarden DM verhindert werden, die der CSU-Vorsitzende Franz Josef Strauß 1983/84 vermittelte und für die die Bundesregierung bürgte.

1 Protestversammlung in der Ost-Berliner Zionskirche gegen die Durchsuchung ihrer Umweltbibliothek, 1987

2 Braunkohlekraftwerk Espenhain in Sachsen
Veraltete Produktionsanlagen belasteten nahezu überall die Umwelt in hohem Maße. Foto 1989

Organisierter Protest

Mit den wachsenden Wirtschafts- und Versorgungsproblemen nahm auch der innenpolitische Druck auf die SED zu. Die Zahl oppositioneller Gruppen, die sich vor allem im Schutz der Kirchen formierten, wuchs weiter an. Sie verstanden sich einerseits als Teil der gesamteuropäischen Friedensbewegung und protestierten gegen das neue Wettrüsten in Ost und West: Schon 1981 trugen 100 000 DDR-Jugendliche den von dem Jugendpfarrer Harald Brettschneider entworfenen Aufnäher „Schwerter zu Pflugscharen". Andererseits wuchs auch die Ökologie-Bewegung in der DDR, insbesondere nach der Reaktorkatastrophe im ukrainischen Tschernobyl. Dort war 1986 nach einer Explosion im Kernkraftwerk radioaktives Material ausgetreten und über tausende von Kilometern verbreitet worden. Obwohl Experten ca. 250 000 Opfern schätzten, reagierte die SED mit einer gezielten Desinformationspolitik und provozierte damit Proteste. Die Friedens-, Ökologie- und Menschenrechtsgruppen agierten allerdings – isoliert und ständig von Stasi-Schikanen bedroht – eher an der Peripherie der DDR-Gesellschaft, zumal sie – abgesehen von einigen westlichen „Grünen"-Politikern – aus der Bundesrepublik kaum unterstützt wurden.

Ausreiseanträge

Stärker als die Minderheit der oppositionellen Gruppen trat die wachsende Zahl von Ausreiseanträgen ins öffentliche Bewusstsein, deren Zahl sich – trotz Schikanen und Diskriminierungen – von 21 500 im Jahr 1980 auf 125 000 im Jahr 1989 steigerte. Diese Massenbewegung führte zu ersten Konzessionen der SED: 1984 wurde erstmals 30 000 Antragstellern die Übersiedelung genehmigt, obwohl ihre Anträge als rechtswidrig eingestuft worden waren. Die Hoffnung des Regimes auf eine Ventilfunktion trog allerdings: Das Zurückweichen des Regimes ermutigte im Gegenteil weitere DDR-Bürger, Ausreiseanträge zu stellen, sodass 1988 erneut mehr als 25 000 Genehmigungen erteilt werden mussten. Außerdem bildeten sich unter Berufung auf den KSZE-Prozess zusehends mehr Selbsthilfegruppen; ab 1983 gab es erste Demonstrationen Ausreisewilliger sowie Versuche, über Botschaften die Ausreise zu erwirken.

3 Greise Männer
Karikatur von Barbara Henninger, DDR 1987. Gemeint sind führende Mitglieder des Politbüros, dem höchsten Entscheidungsorgan des ZK der SED. In Klammern ist das Geburtsjahr angegeben: Erich Honecker (1912), Heinz Hoffmann (1910), Erich Mielke (1907), Kurt Hager (1912), Horst Sindermann (1915), Hermann Axen (1916), Günter Mittag (1926).

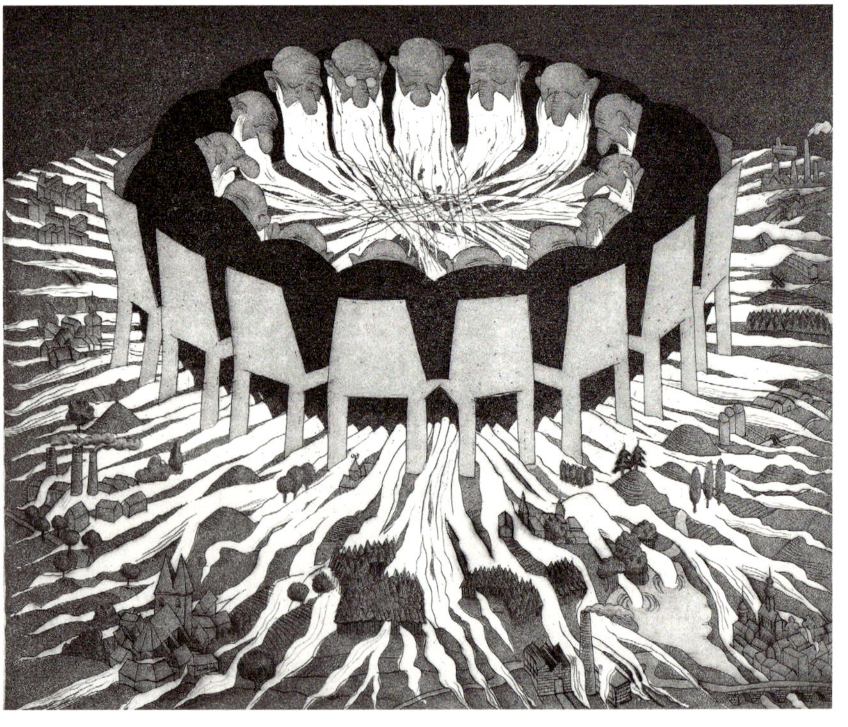

11

4 „Es wurden Schulden mit neuen Schulden bezahlt“

Die wirtschaftliche Lage in der Endphase der DDR: Aus dem Protokoll der 10. ZK-Sitzung der SED am 9./10.11.1989:

Günter Ehrensperger [1974–1989: ZK-Abteilungsleiter für Planung und Finanzen, 1981–1989: ZK-Mitglied]: Die Frage der Entstehung der Schulden der Deutschen Demokratischen Republik geht in die Zeit Anfang der 70er-Jahre zurück [...]. Im Jahre 1970 hatte die DDR Schulden in einer Größenordnung von zwei Milliarden Valutamark [DDR-Begriff für DM]. 1973 gab es weltweit eine sehr große Preisexplosion. Diese Preisexplosion war damit verbunden, dass der Bezug von Öl und anderen Rohstoffen für die DDR wesentlich teurer wurde. [...] 1973 im November wurde in Zusammenarbeit mit kompetenten Genossen des Ministeriums der Finanzen eine Auswirkungsberechnung vorgenommen. Diese Auswirkungsberechnung ergab, dass wir, wenn wir keine Konsequenzen ziehen, 1980, wenn wir so weiterlebten, 20 Milliarden Valutamark Schulden haben werden. [...]

Wenn man die Sache mit einem Satz charakterisieren will, warum wir heute in dieser Situation sind, dann muss man ganz sachlich sagen, dass wir mindestens seit 1973 Jahr für Jahr über unsere Verhältnisse gelebt haben und uns etwas vorgemacht haben. Es wurden Schulden mit neuen Schulden bezahlt. Sie sind gestiegen, die Zinsen sind gestiegen, und heute ist es so, dass wir einen beträchtlichen Teil von mehreren Milliarden Mark jedes Jahr für Zinsen zahlen müssen. [...]

Zuruf von Bernhard Quandt [1958–1989: ZK-Mitglied, 1973–1990: Mitglied des Staatsrats der DDR]: Ich bitte darum, dass der Diskussionsbeitrag nicht veröffentlicht wird!

Egon Krenz [1973–1989: ZK-Mitglied, seit Oktober 1989 Generalsekretär des ZK der SED]: Nein, um Gottes willen!

Zuruf von Bernhard Quandt: Das ist unmöglich! Dann laufen uns die letzten Leute weg!

Egon Krenz: Wir schockieren die ganze Republik! [...]

Gerhard Schürer [1963–1989: ZK-Mitglied, 1965–1990: Vorsitzender der Staatlichen Plankommission der DDR]: Die Pläne wurden immer angespannter und, wenn man es heute genau sagt, immer unrealer. [...] Eine entscheidende Rolle spielten dabei die Subventionen, die von 8 Milliarden 1970 auf die gigantische Größe von 58 Milliarden 1989 gestiegen sind. [...]

Werner Jarowinsky [1961–1989: ZK-Mitglied, 1984 bis 1989: Politbüromitglied]: Genossen, wir haben für die Mikroelektronik 14 Mrd. ausgegeben. Jetzt sage ich euch mal, was das kostet und was die Produkte bringen. [...] Der Speicherschaltkreis 256 Kilobit, das ist der, der jetzt groß angekündigt in die Produktion gegangen ist, der kostet bei uns – reine Kosten – 534 Mark, der Weltmarktpreis beträgt gegenwärtig 4 bis 5 Valutamark. 4 bis 5 Valutamark, Genossen! [...] Und Genossen, wenn ich euch hier vortrage, was wir im Export für Möbel bekommen, für Schlafzimmer zum Beispiel 19 Pfennige pro eine Mark, usw. usw. in Valutaerlös. Hunderte und Dutzende solcher Fragen, die nicht öffentlich diskutiert worden sind. [...] Es war Selbstbetrug. [...]

Wir haben doch eine reine Kommando- und Abführungswirtschaft, seien wir doch ehrlich, eine reine Abführungswirtschaft. Wer gut arbeitet, führt viel ab, wer schlecht arbeitet, weniger, und wer ganz schlecht arbeitet, wird auch glattgeschrieben, und alles ist in Ordnung. [...] Wir müssen damit anfangen, dass jeder Betrieb [...] erwirtschaftet, was er braucht, alles erwirtschaftet. [...]

Ich sage: Ich bin schuld daran.

Karl Kayser (sehr erregt) [1963–1989: ZK-Mitglied, 1958–1990: Generalintendant der Sächsischen Theater Leipzig]: Wir sind belogen worden, die ganze Zeit über. Ich habe keine Schuld daran, wirklich nicht. Und ich weigere mich auch, das anzuerkennen und nach Hause zu fahren, um zu sagen, du bist schuldig dran. Ich bin erschüttert über das, was ich hier gehört habe. In mir ist alles zerbrochen. Mein Leben ist zerstört. Ich habe geglaubt an die Partei, so bin ich mit der Muttermilch erzogen worden. Ich habe an die Genossen geglaubt! [...]

NN: Leider geht es dir nicht allein so, sondern wem eigentlich hier im Saal nicht? Nur, nur, unsere Parteimitglieder und Kandidaten stellen diese Frage an uns als Mitglieder und Kandidaten des Zentralkomitees, warum wir sie als Angehörige des höchsten Organs in dieselbe furchtbar erschütternde Situation gebracht haben. (Unruhe)

Zuruf: Hätt'ste doch gefragt vorher!

H.-H. Hertle / G.-R. Stephan, (Hrsg.): Das Ende der SED. Die letzten Tage des Zentralkomitees. Berlin 1997, S. 363 ff.

5 Kassensturz 1989

Egon Krenz über die wirtschaftliche Lage am Ende der „Ära Honecker“. Aus Gesprächsmaterialien für sein Treffen mit Michail Gorbatschow im Oktober 1989:

Wir rechnen bis Ende [1989] mit einer Verschuldung von 26,5 Mrd. US-Dollar. [...] Zahlungsbilanz 1990 [aus gegenwärtiger Sicht]: Weiteres Anwachsen der Verschuldung um 3,5 Mrd. US-Dollar [auf] insgesamt 30 Mrd. US-Dollar. [...] Zinsen an kapitalistische Banken in Höhe von 4,5 Mrd. US-Dollar = 62 % des Planexportes [in westliche Länder]. [...]

Eine Ursache für die rückläufige Effektivitätsentwicklung ist [der] sich verschlechternde technische Zustand und das zunehmende Alter der Ausrüstungen. [...] Anteil der physisch verschlissenen Ausrüstungen im produzierenden Bereich: 1980 51,3 %, 1988 56,0 %. [Besonders] gravierend hoch ist dieser Anteil [1988] im Bauwesen mit 67,0 %, in der Land-, Forst- und Nahrungsgüterwirtschaft mit 62,2 %.

M. Judt (Hrsg.): DDR-Geschichte in Dokumenten. Beschlüsse, Berichte, interne Materialien und Alltagszeugnisse. Bonn 1998, S. 161.

11

6 Organisierter Protest in Stasi-Perspektive

Bericht des Ministeriums für Staatssicherheit vom 1. Juni 1989 über oppositonelle Gruppen:

Seit Beginn der 80er-Jahre anhaltende Sammlungs- und Formierungsbestrebungen […] führten zur Bildung entsprechender Gruppierungen und Gruppen. Diese sind fast ausschließlich in Strukturen der evangelischen Kirchen in der DDR eingebunden bzw. können für ihre Aktivitäten die materiellen und technischen Möglichkeiten dieser Kirchen umfassend nutzen. […] Gegenwärtig bestehen in der DDR ca. 160 derartige Zusammenschlüsse. […] Sie gliedern sich in knapp 150 sog. kirchliche Basisgruppen, die sich selbst […] bezeichnen als „Friedenskreise" (35), „Ökologiegruppen" (39), gemischte „Friedens- und Umweltgruppen" (23), „Frauengruppen" (7), „Ärztekreise" (3); „Menschenrechtsgruppen" (10) bzw. „2/3-Welt-Gruppen" (39) und sog. Regionalgruppen von Wehrdienstverweigerern. […]

Ableitend aus sog. Gründungserklärungen und Strategiepapieren […] bilden besonders folgende antisozialistische Inhalte/Stoßrichtungen die Schwerpunkte im Wirksamwerden feindlicher, oppositioneller Kräfte:

1. Gegen die Grundlagen und Gesetzmäßigkeiten des Sozialismus gerichtete Angriffe finden ihren konzentrierten Ausdruck in Forderungen nach Änderung der sozialistischen Staats- und Gesellschaftsordnung und nach „Erneuerung des Sozialismus". Dabei berufen sich diese Kräfte immer stärker auf die Umgestaltungsprozesse und die damit verbundenen Entwicklungen in der UdSSR und anderen sozialistischen Ländern. Demagogisch werden Begriffe wie Glasnost, Demokratisierung, Dialog, Bürgerrechte, Freiheit für „Andersdenkende" oder Meinungspluralismus missbraucht […].
2. Gegen die Sicherheits- und Verteidigungspolitik gerichtete Angriffe konzentrieren sich unter dem Deckmantel der „Entmilitarisierung" der Gesellschaft auf Forderungen nach Beseitigung der vormilitärischen Erziehung und Ausbildung der Jugend (u. a. Unterrichtsfach Wehrerziehung), Abschaffung der Wehrpflicht, Einrichtung des sozialen bzw. zivilen „Friedensdienstes" als gleichwertiger Ersatz für den Wehrdienst und auf Gewährung des Rechtes Wehrdiensttotalverweigerung aus Gewissensgründen.
3. Gegen die kommunistische Erziehung der Jugend gerichtete Angriffe beinhalten u. a. Forderungen nach Aufgabe des „Totalitätsanspruches" der marxistisch-leninistischen Weltanschauung. […]
4. Probleme des Umweltschutzes bilden ein breites Feld zur Diskreditierung der Politik der Partei in Umweltfragen […].

Zit. nach: V. Gransow / K. H. Jarausch (Hrsg.): Die deutsche Vereinigung. Dokumente zu Bürgerbewegung, Annäherung und Beitritt. Köln 1991, S. 54.

7 Die DDR von außen gesehen

So erlebte der Journalist Theo Sommer 1986 die DDR:

Die Menschen drüben genießen denn, wo sie schon die große Freiheit nicht haben, die kleinen Freiheiten, die ihnen ihr Staat gewährt. Günter Gaus, der erste Ständige Vertreter Bonns in der DDR, hat dafür den Begriff „Nischengesellschaft" geprägt. Die Nische – das ist in seiner Definition „der bevorzugte Platz der Menschen drüben, an dem sie Politiker, Planer, Propagandisten, das Kollektiv, das große Ziel, das kulturelle Erbe – an dem sie das alles einen guten Mann sein lassen […] und mit der Familie und unter Freunden die Topfblumen gießen, das Automobil waschen, Skat spielen, Gespräche führen, Feste feiern. Und überlegen, mit wessen Hilfe man Fehlendes besorgen, organisieren kann, damit die Nische noch wohnlicher wird." […] Eine gewisse Staatsferne prägt das Leben in den Nischen schon, aber sie existieren innerhalb des Sozialismus, nicht außerhalb des Sozialismus. Es handelt sich nicht um Brutstätten der Opposition. Die Partei, die gesellschaftlichen Organisationen und die Betriebe tun sogar viel, um den Menschen das Nischendasein überhaupt erst zu ermöglichen. Philatelie, Zierfischzucht, Jagen und Angeln – überall gibt es Kreise und Zirkel, Klubs und Vereinigungen. Sport wird in jeglicher Variation getrieben. Mehr als 4 Millionen DDR-Bürger (ein Viertel der Bevölkerung!) machten 1985 das Sportabzeichen. Die liebste Nische ist den Menschen drüben jedoch die eigene „Datsche".

Th. Sommer (Hrsg.): Reise ins andere Deutschland. Reinbek 1986, S. 19 f., 35 ff.

11

Arbeitsvorschläge

a) Charakterisieren Sie die wirtschaftliche Lage der DDR in der Endphase der DDR (M 2, M 4, M 5). Welche Ursachen für diese Lage lassen sich M 4 und M 5 entnehmen?

b) Interpretieren Sie die Karikatur M3.

c) Informieren Sie sich durch eigene Recherchen über die Kompetenzen des Zentralkomitees der SED und nehmen Sie auf dieser Grundlage Stellung zu den in M4 gemachten Aussagen über die Schuldfrage.

d) Erarbeiten Sie eine Übersicht zu den oppositionellen Gruppen in der DDR während der 1980er-Jahre (M 1, M 6).

e) Erörtern Sie, ob der Rückzug in die „Nischengesellschaft" (M 7) eher zur Stabilisierung oder zur Destabilisierung der DDR beigetragen hat.

11.15 Der Weg zur Einheit – 1989/90

Teilung als Normalität?

Während die DDR in den 1980er-Jahren eine existenzbedrohende Krise durchlief, die schließlich in den Vereinigungsprozess der Jahre 1989/90 einmündete, verzeichnete die Bundesrepublik seit 1986/87 einen nachhaltigen Wirtschaftsaufschwung, der die Arbeitslosigkeit reduzierte und die Finanzkraft des Staates stärkte. Gleichzeitig schienen sich viele Westdeutsche mit der Teilung Deutschlands endgültig abgefunden und auf dieser Grundlage eine eigenständige Identität und Tradition ausgebildet zu haben. Dementsprechend war eine emotionale Abkehr vom Begriff der Nation zu verzeichnen, was die Ablösung von einer belasteten Vergangenheit und den Übergang in eine postnationale Realität ermöglichte. Die Teilung wurde deshalb – vor allem von der jungen Generation – zusehends als historische Normalität empfunden. Folgerichtig empfand man gegenüber den westlichen Nachbarstaaten – gefördert durch Schüleraustauschprojekte, Studienreisen, Auslandssemester usw. – oft eine größere Nähe als gegenüber der „fernen" DDR hinter dem „Eisernen Vorhang". Sicherlich überspitzt, aber dennoch symptomatisch für die neue Generation formulierte der westdeutsche Dramatiker Franz Xaver Kroetz: „Die DDR ist mir fremder als die Mongolei." Mit dem Besuch Erich Honeckers 1987 erlebte die Bundesrepublik schließlich auch den ersten offiziellen Auftritt eines SED-Parteichefs, womit für viele die Teilung endgültig besiegelt war.

Risse im Ostblock und Gorbatschows „zweite Revolution"

Dementsprechend erkannte man im Westen nur langsam, welch grundlegende Veränderungen sich im Osteuropa der 1980er-Jahre vollzogen. So bedeuteten die Arbeiterunruhen auf polnischen Werften seit dem Sommer 1980, aus denen die unabhängige Gewerkschaft „Solidarnosc" hervorging, eine direkte Gefahr für die innere Stabilität der DDR, auf die die SED durch eine strikte Abgrenzungspolitik reagierte. Sie betrat damit den Weg in die Selbstisolierung, den sie beim Beginn innerer Reformen in Ungarn ab 1982 fortsetzte und nach dem Amtsantritt Gorbatschows als Generalsekretär der KPdSU 1985 sogar noch beschleunigte.

Gorbatschow ging davon aus, dass die Anforderungen einer globalen Wissens- und Informationsgesellschaft von dem bürokratisch verkrusteten Apparat des Staatssozialismus nicht zu bewältigen seien. „Glasnost", d. h. Öffnung und Trans-

1 **Brüder, zur Sonne, zur Freiheit ...**
Karikatur von Walter Hanel, 1988.

50 Pf
B.Z.
In 9 Tagen wählt Berlin
Nr. 17/3
Die größte Zeitung Berlins
Neue Horoskop-Serie „Meine Sterne 89"
Heute alles über den Schütze-Mann
BINGO
Das Spiel, das jeden Tag so viel Spaß macht!
39 81 29 48 50 95
42 66 70
Es geht um Spiel 14 und um 10 000 Mark

Erich Honecker zerstört jeden Funken Hoffnung:

Die Berliner Mauer bleibt noch 100 Jahre!

2 **Titelblatt der Berliner Zeitung (B.Z.) vom 20. Januar 1989.** Erich Honecker im Gespräch mit dem sowjetischen Außenminister.

parenz, sollte begleitet sein von „Perestroika", einer umfassenden Umgestaltung der sowjetischen Gesellschaft, wobei vor allem der wirtschaftspolitische Bereich reformiert und flexibilisiert werden sollte. Gorbatschow forderte ein „neues Denken", welches eine Demokratisierung von Staat und Gesellschaft im Sinne hatte, um den Sozialismus nicht etwa abzuschaffen, sondern zu stabilisieren. Seine „zweite Revolution" begann er außenpolitisch mit der Aufgabe der Breschnew-Doktrin, womit er den Staaten des Warschauer Pakts das Recht auf nationale Selbstbestimmung zugestand. Gleichzeitig hob er damit die Bestandsgarantie für die DDR auf: Im Falle innerer Unruhen – etwa vergleichbar denen am 17. Juni 1953 – konnte die SED also nicht mehr auf eine Intervention der Roten Armee zählen.

Legitimationskrise

Der sowjetische Kurswechsel hatte noch weitere unmittelbare Folgen für die DDR. Einerseits fühlte sich die seit den 1980er-Jahren offener agierende Opposition durch Gorbatschows Reformpolitik sowie die Reformen in Polen und Ungarn ermutigt. Andererseits verhärtete sich die SED-Führung angesichts der wirtschaftlichen und politisch-gesellschaftlichen Doppelkrise in ihrer Selbstisolierung sowohl gegenüber den reformsozialistischen Staaten als auch gegenüber dem Westen und geriet so in der zweiten Hälfte der 1980er-Jahre in eine umfassende Legitimationskrise gegenüber der eigenen Bevölkerung. Diese wurde in einem wachsenden Ausreisedruck seit 1984 für jedermann als Prozess einer „Selbstzerstörung" wahrnehmbar.

Die Situation spitzte sich im Mai 1989 noch weiter zu, als der ungarische Reformkommunist Karoly Grosz und sein Außenminister Gyula Horn in konsequenter Anwendung des von Gorbatschow zugestandenen Selbstbestimmungsrechts den Abbau der elektronischen Sicherungsanlagen und des Stacheldrahtverhaus an der Grenze zu Österreich anordneten. Damit war das Ende des Eisernen Vorhangs – und zugleich auch das Ende der DDR – eingeläutet, denn innerhalb weniger Wochen flüchteten Tausende DDR-Bürger über Ungarn und Österreich in die Bundesrepublik. Dennoch hielt die SED an ihrem starren Kurs der Reformverweigerung fest. So wurden – wie schon in den Jahrzehnten davor – die Ergebnisse der im Mai 1989 abgehaltenen Kommunalwahlen gefälscht. Und demonstrativ wurde die chinesische Regierung unterstützt, die im Juni 1989 regimekritische Studentendemonstrationen in Peking blutig hatte niederschlagen lassen. Das Signal an die DDR-Opposition war unmissverständlich, aber es blieb ohne Wirkung. Oppositionsgruppen, die sich bewusst an den Stimmenauszählungen zu den Kommunalwahlen beteiligt hatten, deckten erstmals die Manipulationen in der Öffentlichkeit auf und erhoben auf breiter Front amtlichen Einspruch. So geriet die SED auch innenpolitisch in die Isolation und verlor ihre letzte Autorität.

„Wir wollen raus!" – „Wir bleiben hier!"

Vor diesem Hintergrund schnellten die Ausreiseanträge allein im Sommer 1989 hoch auf 120 000. Andere DDR-Bürger verloren die Geduld und suchten eigenmächtig Zuflucht in den bundesrepublikanischen Botschaften in Ost-Berlin, Prag und Warschau. Als die „Botschaftsflüchtlinge" durch Vermittlung von Bundesrepublik-Außenminister Genscher im September die Ausreisegenehmigung erhalten hatten, füllten sich die Botschaften binnen weniger Tage erneut mit Ausreisewilligen. Als auch diese in Sonderzügen ausreisen durften, kam es am Dresdner Hauptbahnhof zu gewalttätigen Konflikten zwischen Ordnungskräften und Demonstranten. Eine revolutionäre Stimmung verbreitete sich und eskalierte mit dem Beginn der allwöchentlichen „Montagsdemonstrationen" am 2. Oktober in Leipzig, bei denen – zunächst von Tausenden, später von Zehntausenden, dann von Hunderttausenden – Reise- und Versammlungsfreiheit sowie weitere innere Reformen gefordert wurden. Dem Ruf der Ausreisewilligen „Wir wollen raus!" entgegnete nun der trotzige Gegenruf der Reformwilligen: „Wir bleiben hier!" Ermutigt durch die Massenproteste kam es bald zur Gründung politischer Parteien und Organisationen wie der „Sozialdemokratischen Partei in der DDR", dem „Demokratischen Aufbruch" und dem „Neuen Forum". Mit dem Entstehen dieser organisierten politischen Opposition hatte die mittlerweile völlig isolierte SED ihr Macht- und Meinungsmonopol endgültig verloren, was den begonnenen revolutionären Prozess weiter beschleunigte.

3 **Montagsdemo**, Leipzig 9. Oktober 1989

Fall der Berliner Mauer

Entgegen den Hoffnungen der SED-Führung konnte dieser Prozess auch durch die Feierlichkeiten zum 40. Gründungstag der DDR im Oktober 1989 nicht gebremst werden – im Gegenteil: Gorbatschow forderte Honecker bei seinem Staatsbesuch nachdrücklich auf, die Politik der Reformverweigerung zu beenden. Außerdem störten Demonstranten die Feier mit den Rufen „Gorbi, Gorbi" und „Wir sind das Volk". Diese unerwartete Wendung war für die SED-Spitze ein so schwerer Misserfolg, dass sie sich zum Handeln gezwungen sah: Honecker wurde wenige Tage später gestürzt und durch Egon Krenz ersetzt. Dieses „Wendehals"-Manöver war aber zu durchsichtig angelegt, als dass es zur Befriedung hätte beitragen können: Sowohl die Flucht- als auch die Demonstrationsbewegung schwollen mit Parolen wie „Demokratie unbekrenzt" oder „Sozialismus krenzenlos" weiter bedrohlich an und mündeten Anfang November in bislang ungekannte Massendemonstrationen in Leipzig und Ost-Berlin, wo jeweils eine halbe Million Menschen auf den Straßen waren. Als auch der Rücktritt von Ministerrat – der Regierung der DDR – und SED-Politbüro nicht deeskalierend wirkten und der Massenexodus in den ersten Novembertagen Rekordzahlen – am 8. November 500 Ausreisende pro Stunde – erreichte, kapitulierte die SED und verkündete am 9. November 1989 die Öffnung der Berliner Mauer.

Fehlende Konzepte

Mit der Maueröffnung war die deutsche Einigung allerdings keineswegs vorentschieden, denn für die Bundesrepublik, die westlichen Regierungen und die Sowjetunion kam der Zusammenbruch des DDR-Regimes völlig überraschend. Man war auf die neue Situation konzeptionell gänzlich unvorbereitet, zumal sich die Welt spätestens seit den 1980er-Jahren an die deutsche Teilung als stabilisierendes Element der internationalen Ordnung gewöhnt hatte. Entsprechend uneinheitlich waren die Reaktionen: Während es in Moskau sowohl Befürworter einer friedlich-diplomatischen Option auf der einen als auch – insbesondere in der Generalität – Anhänger einer „chinesischen Lösung" auf der anderen Seite gab, zeigten sich London und Paris hauptsächlich besorgt über ein möglicherweise erstarkendes Deutschland im Herzen Europas. Die USA dagegen sahen den Zusammenbruch des Kommunismus in Osteuropa in greifbare Nähe gerückt und begrüßten deshalb die Entwicklung uneingeschränkt. Politische Konzepte für die entstandene Lage gab es nirgendwo.

„Wir sind das Volk!" – „Wir sind ein Volk!"

Die ebenfalls unvorbereitete Bundesregierung reagierte angesichts der komplizierten Lage zunächst zurückhaltend. Erst als bei den Demonstrationen in ostdeutschen Städten Ende November neben die alten Parolen „Keine Gewalt" und „Wir sind das Volk" immer häufiger die neuen Parolen „Wir sind ein Volk" und „Deutschland einig Vaterland" traten, geriet die deutsche Einigung auf die Tagesordnung. In Reaktion auf die neue „nationale Revolution" legte Bundeskanzler Kohl Ende November ein „Zehn-Punkte-Programm" vor, das nach einer Phase der Konföderation zwischen beiden deutschen Staaten langfristig auch die staatliche Einheit für möglich hielt, allerdings im Rahmen des europäischen Einigungsprozesses. Auf dieser Grundlage entstand im Dezember der Plan einer „Vertragsgemeinschaft" mit der DDR, der allerdings von der rasanten Entwicklung überrollt wurde.

Die deutsche Vereinigung

Da auch die neue DDR-Regierung unter dem Reformkommunisten Hans Modrow die Ausreisewelle nicht aufhalten konnte, setzte sich der Niedergang des buchstäblich ausblutenden Staates in erhöhtem Tempo fort. In dieser Situation berief Modrow die bis dahin kriminalisierten Oppositionsgruppen unter der Moderation von Kirchenvertretern an einen „Runden Tisch", um eine neue Verfassung, freie Wahlen sowie die Auflösung des MfS vorzubereiten. Nach dem unerwarteten Sturm der Bürgerbewegung auf die Berliner Stasi-Zentrale im Januar 1990 und angesichts des Ausreisedrucks, der die reiche Bundesrepublik zunehmend in Schwierigkeiten brachte, rückte die Perspektive einer schnellen Einigung rasch näher. Dafür gab es zwei verfassungsrechtliche Möglichkeiten: entweder eine staatliche Neugründung mit neuer Verfassung nach Artikel 146 des Grundgesetzes oder den Beitritt der DDR zum Gebiet der Bundesrepublik nach Artikel 23. Dass sich letztere Option verwirklichte, hatte drei Gründe: Zunächst artikulierte sich in der DDR der Wille zu einer schnellen Einigung immer lauter, am deutlichsten in der Volkskammerwahl im März 1990, bei der die für den Beitritt plädierende „Allianz für Deutschland" 47,8 % der Wählerstimmen bekam. Auf dieses überdeutliche Votum reagierend trat nun – zweitens – auch die Bundesregierung entschiedener für eine schnelle Einigung ein. Dafür wurden schließlich – drittens – in den Zwei-plus-Vier-Gesprächen die diplomatischen Voraussetzungen geschaffen. Gegen eine Zahlung von 20 Milliarden DM stimmte die wirtschaftlich angeschlagene Sowjetunion der vollen Souveränität Deutschlands, ihrem NATO-Beitritt sowie dem Abzug der sowjetischen Truppen aus der DDR zu. Die Bundesregierung erklärte sich im Gegenzug zur Reduzierung der Bundeswehr, zum Verzicht auf ABC-Waffen und zur Anerkennung der polnischen Westgrenze bereit. Nachdem die USA, die Sowjetunion, Großbritannien und Frankreich auf ihre alliierten Vorbehaltsrechte verzichtet hatten, konnte die Bundesregierung mit der neu gewählten DDR-Regierung unter Lothar de Maizière eine Wirtschafts-, Währungs- und Sozialunion vereinbaren und damit die wichtigste innerdeutsche Voraussetzung für die Einigung schaffen. Nachdem Bundestag und Volkskammer im September den Einigungsvertrag nach Art. 23 des Grundgesetzes ratifiziert hatten, trat die staatliche Einigung am 3. Oktober 1990 in Kraft.

Zwei-Plus-Vier-Gespräche

4 Deine 100 Jahre waren aber schnell vorbei, Erich!
Karikatur aus der Stuttgarter Zeitung, 16. November 1989.

5 Motive ausreisewilliger DDR-Bürger

Bericht des Ministeriums für Staatssicherheit vom 9.9.1989:
Als wesentliche Gründe/Anlässe für Bestrebungen zur ständigen Ausreise [...] werden angeführt:
- Unzufriedenheit über die Versorgungslage;
- Verärgerung über unzureichende Dienstleistungen;
- Unverständnis für Mängel in der medizinischen Betreuung und Versorgung;
- Eingeschränkte Reisemöglichkeiten innerhalb der DDR und nach dem Ausland;
- Unbefriedigende Arbeitsbedingungen und Diskontinuität im Produktionsablauf;
- Unzulänglichkeiten/Inkonsequenz bei der Anwendung/Durchsetzung des Leistungsprinzips sowie Unzufriedenheit über die Entwicklung der Löhne und Gehälter;
- Verärgerung über bürokratisches Verhalten von Leitern und Mitarbeitern staatlicher Organe, Betriebe und Einrichtungen sowie über Herzlosigkeit im Umgang mit Bürgern;
- Unverständnis über die Medienpolitik der DDR.

Hierzu im Einzelnen:
Unzufriedenheit über die Versorgungslage
Den größten Umfang im Motivationsgefüge nimmt die Kritik an der Versorgung der Bevölkerung ein. Auf Unverständnis stoßen vor allem anhaltende Mängel bei der kontinuierlichen Versorgung mit hochwertigen Konsumgütern (Pkw, Möbel, Textilien, Schuhe, Heimelektronik usw.) sowie Ersatzteilen, mit Baustoffen und Baumaterialien sowie mit bestimmten Waren des täglichen Bedarfs (z.B. hochwertige Lebensmittel, Frischobst, Gemüse, häufig wechselnde Artikel der „1000 kleinen Dinge"). [...]
Die betreffenden Personen verweisen insbesondere auf das damit verbundene „Schlange stehen", das Herumlaufen und die Suche nach bestimmten Artikeln [...]. Es wird Kritik am so genannten doppelten Währungssystem, an Intershops, Valutahotels und an „Privilegien" für Devisenbesitzer geübt. Der vorgenannte Personenkreis zweifelt – häufig unter Verweis auf die Beständigkeit bzw. Zunahme derartiger Erscheinungen – generell an der Lösung dieser die Bürger bewegenden Probleme.
Verärgerung über unzureichende Dienstleistungen
[...] Es wird insbesondere auf fehlende bzw. begrenzte Kapazitäten bei Reparatur- und Dienstleistungen verwiesen. Fehlende Ersatzteile, z.T. lange Wartezeiten sowie die kundenunfreundliche Behandlung der Bürger im Dienstleistungsbereich, in Gaststätten sowie in Verkaufseinrichtungen stehen im Mittelpunkt kritischer Äußerungen. [...]
Abschließend wird darauf hingewiesen, dass die angeführten motivbildenden Faktoren z.T. verknüpft sind mit illusionären Vorstellungen über die „westliche Lebensweise", insbesondere der Erwartung eines Lebens mit „besserer" materieller Sicherstellung und „besseren" beruflichen Verdienstmöglichkeiten, von mehr „Freizügigkeit" zur Verwirklichung eines eigenen Lebensstils auf der Grundlage eines egoistischen Konsum- und Besitzstrebens [...].
Im untrennbaren Zusammenhang damit wirken aktuelle Entwicklungstendenzen in anderen sozialistischen Staaten [...], die zunehmend zu Zweifeln an der Perspektive und Sieghaftigkeit des Sozialismus überhaupt führen.

Zit. nach: V. Gransow / K. H. Jarausch (Hrsg.): Die deutsche Vereinigung. Dokumente zu Bürgerbewegung, Annäherung und Beitritt. Köln 1991, S. 58–60.

6 Darauf sind wir stolz!

Plakat zum 40. Jahrestag der DDR am 7.10.1989.

7 Die Umgestaltung ist lebensnotwendig

Aus der Rede Michail Gorbatschows zum 40. Jahrestag der DDR am 6. Oktober 1989:
Genossen! Es ist uns bekannt, welch großes Interesse in der DDR unseren Angelegenheiten, den radikalen Umgestaltungen in der Sowjetunion entgegengebracht wird. Die Umgestaltung (= Perestroika) ist ein äußerst schwieriges Werk, das von der Partei und dem Volk die größte Anspannung aller physischen, geistigen und moralischen Kräfte erfordert. Aber sie ist für uns lebensnotwendig und – wir sind fest davon überzeugt – sie wird unser Land zu neuen Erfolgen führen und das reiche Potenzial des Sozialismus unvergleichlich weiter entfalten.

11

Demokratisierung, Offenheit (= Glasnost), sozialistischer Rechtsstaat, freie Entwicklung aller Völker und ihre gleichberechtigte Mitbestimmung in den Angelegenheiten, die das ganze Land betreffen, würdige Lebensbedingungen für die ganze Bevölkerung und garantierte Rechte für jeden, umfassende Möglichkeiten für das Schöpfertum eines jeden Menschen – das erstreben wir und von diesen Zielen lassen wir uns leiten. [...]
Wenn es uns gelingt, alles zu verwirklichen, was wir uns heute vorgenommen haben, bedeutet das die endgültige Trennung von der Ära des „Kalten Krieges" und den Beginn einer wirklich friedlichen Periode in der europäischen Geschichte.

Zit. nach: Ebenda, S. 73 f.

8 Unterschiedliche Entwicklungsbedingungen

Aus einem Interview mit Kurt Hager, Chefideologe der SED, am 10. April 1987:

Frage: Die SED-Führung unterstützt die von Michail Gorbatschow eingeleiteten Reformen in der Sowjetunion. Zugleich betont die DDR ihre Eigenständigkeit. Sind die Zeiten vorbei, in denen das Land Lenins für deutsche Kommunisten vorbildlich war?
Hager: Wir haben uns die Lehren Lenins [...] angeeignet und aus dem reichen Erfahrungsschatz der KPdSU Nutzen gezogen. Dies bedeutet jedoch nicht, dass wir alles, was in der Sowjetunion geschah, kopierten.
Frage: Ein hartes Wort ...
Hager: Schon im Aufruf des ZK der KPD vom 15. Juni 1945 heißt es: „Wir sind der Auffassung, dass der Weg, Deutschland das Sowjetsystem aufzuzwingen, falsch wäre, denn dieser Weg entspricht nicht den Entwicklungsbedingungen in Deutschland." Übrigens kopierte die Sowjetunion auch nicht die DDR. [...]
Würden Sie, nebenbei gesagt, wenn Ihr Nachbar seine Wohnung neu tapeziert, sich verpflichtet fühlen, Ihre Wohnung ebenfalls neu zu tapezieren?

Zit. nach: A. Grünberg: Der eingemauerte Staat. Die DDR vor der „Wende". Stuttgart 1995, S. 105.

11

9 Für eine Umgestaltung der DDR

Aus dem Gründungsappell des „Neuen Forums" am 9. 9. 1989:

In unserem Lande ist die Kommunikation zwischen Staat und Gesellschaft offensichtlich gestört. Belege dafür sind die weitverbreitete Verdrossenheit bis hin zum Rückzug in die private Nische oder zur massenhaften Auswanderung. [...] Im privaten Kreis sagt jeder leichthin, wie seine Diagnose lautet und nennt die ihm wichtigsten Maßnahmen. Aber Wünsche und Bestrebungen sind sehr verschieden und werden nicht rational gegeneinander gewichtet und auf Durchführbarkeit untersucht. Auf der einen Seite wünschen wir uns eine Erweiterung des Warenangebots und bessere Versorgung, andererseits sehen wir deren soziale und ökologische Kosten und plädieren für die Abkehr von ungehemmtem Wachstum. Wir wollen Spielraum für wirtschaftliche Initiative, aber keine Entartung in eine Ellenbogengesellschaft. Wir wollen das Bewährte erhalten und doch Platz für Erneuerung schaffen, um sparsamer und weniger naturfeindlich zu leben. Wir wollen geordnete Verhältnisse, aber keine Bevormundung. Wir wollen freie, selbstbewusste Menschen, die doch gemeinschaftsbewusst handeln. Wir wollen vor Gewalt geschützt sein und dabei nicht einen Staat von Bütteln und Spitzeln ertragen müssen. Faulpelze und Maulhelden sollen aus ihren Druckposten vertrieben werden, aber wir wollen dabei keine Nachteile für sozial Schwache und Wehrlose. Wir wollen ein wirksames Gesundheitswesen für jeden; aber niemand soll auf Kosten anderer krankfeiern. Wir wollen an Export und Welthandel teilhaben, aber weder zum Schuldner und Diener der führenden Industriestaaten noch zum Ausbeuter und Gläubiger der wirtschaftlich schwachen Länder werden.
Um all diese Widersprüche zu erkennen, Meinungen und Argumente dazu anzuhören und zu bewerten, allgemeine von Sonderinteressen zu unterscheiden, bedarf es eines demokratischen Dialogs über die Aufgaben des Rechtsstaates, der Wirtschaft und der Kultur. Über diese Fragen müssen wir in aller Öffentlichkeit, gemeinsam und im ganzen Land, nachdenken und miteinander sprechen. Von der Bereitschaft und dem Wollen dazu wird es abhängen, ob wir in absehbarer Zeit Wege aus der gegenwärtigen krisenhaften Situation finden. Es kommt in der jetzigen gesellschaftlichen Entwicklung darauf an,
- dass eine größere Anzahl von Menschen am gesellschaftlichen Reformprozess mitwirkt,
- dass die vielfältigen Einzel- und Gruppenaktivitäten zu einem Gesamthandeln führen.

Wir bilden deshalb gemeinsam eine politische Plattform für die ganze DDR, die es Menschen aus allen Berufen, Lebenskreisen, Parteien und Gruppen möglich macht, sich an der Diskussion und Bearbeitung lebenswichtiger Gesellschaftsprobleme in diesem Land zu beteiligen. Für eine solche übergreifende Initiative wählen wir den Namen NEUES FORUM [...].
Wir rufen alle Bürger und Bürgerinnen der DDR, die an einer Umgestaltung unserer Gesellschaft mitwirken wollen, auf, Mitglieder des Neuen Forums zu werden.

Zit. nach: V. Gransow / K. H. Jarausch (Hrsg.): a. a. O., S. 60 f.

10 Wer will die deutsche Vereinigung?

Die New York Times am 19. 11. 1989 zu den ersten Spekulationen über eine sich anbahnende deutsche Vereinigung:

Niemand war auf den plötzlichen Aufbruch und die unerwartete Öffnung der Mauer vorbereitet. Daher sollte es nicht überraschen, dass den guten Nachrichten viel beunruhigende Spekulation über ein gefürchtetes altes Thema folgte: die deutsche Wiedervereinigung. [...] Aus vielen verschiedenen, aber guten Gründen ist kaum jemand dafür, dass eine Wiedervereinigung stattfindet. Man sehe sich zunächst einmal Ostdeutschland an. Seine kommunistischen Führer lehnen dezidiert eine politische Vereinigung ab, obwohl sie engere Wirtschaftsbeziehungen mit Westdeutschland begrüßen. Stärkere politische Bindungen würden sowohl ihre Machterhaltung als auch die Identität der DDR als sozialistischen Staat gefährden. Sogar die Oppositionsführer [der Bürgerbewegungen] wollen die Vereinigung nicht. Sie halten an dem Glauben an den Sozialismus fest; sie wollen ihren Staat reformieren statt ihn abzuschaffen und sie möchten Elemente eines freien Marktes mit einem umfassenden sozialen Sicherheitsnetz verbinden.

Man sollte auch Westdeutschland bedenken, dessen Bevölkerung schon fürchtet, durch den massiven Exodus aus dem Osten überschwemmt zu werden. [...] Für Herrn Kohl steht Wiedervereinigung jetzt nicht auf der Tagesordnung. Obwohl Präsident Mitterrand sagt, dass er die deutsche Wiedervereinigung nicht fürchtet, will Frankreich sie nicht. Eine Vereinigung erschwert die Pariser Priorität eines schnellen Fortschritts der westeuropäischen Wirtschaftsintegration. Ein neues Vaterland mit 80 Millionen Deutschen würde das Gleichgewicht in der EG noch mehr in die westdeutsche Richtung verschieben.

Großbritannien teilt die französischen Sorgen davor, dass ein vergrößertes Deutschland die wirtschaftliche Supermacht Europas wird. Die Warnung von Premierministerin Thatcher vor vorschnellem Gerede über die Wiedervereinigung entspringt dem traditionellen englischen Wunsch, das kontinentale Gleichgewicht durch Widerstand gegen den Aufstieg eines übergroßen Rivalen zu erhalten.

Wie die Westeuropäer haben die Polen und andere Osteuropäer bittere historische Erinnerungen an frühere Großdeutschlands, deren Drang nach dem Osten auf ihre Kosten erfolgte. Und Polen ist ganz besonders besorgt, dass ein neu vereinigtes Vaterland die „verlorenen Gebiete“ im jetzt polnischen Schlesien und Ostpreußen wiederverlangt.

Washington will die Wiedervereinigung nicht, da sie die amerikanische Militärpräsenz in Westdeutschland beenden und die NATO ohne adäquaten Ersatz auflösen würde. [...] Schließlich hat die Sowjetunion [...] Angst vor einem Nationalismus, der aus der deutschen Vereinigung erwachsen könnte. Michail Gorbatschow ist ebenso besorgt, dass ein geeintes Deutschland eher sein Gewicht in Osteuropa als in einem vereinigten Westeuropa geltend machen würde. [...]

Inzwischen bleibt das Hauptziel von Deutschen und Nicht-Deutschen die Integration Westdeutschlands in Westeuropa und die Schaffung eines Europas mit wirklich offenen Grenzen. Gäbe es ein besseres Ende für die qualvolle deutsche Geschichte oder eine größere Hoffnung für Europa?

Ebenda, S. 99 f.

11 Wir sind das Volk!
T-Shirt zur Währungsunion 1990.

12 Konföderative Strukturen

Aus Helmut Kohls Zehn-Punkte-Programm zur Deutschlandpolitik vom 28. November 1989:

1. Zunächst sind Sofortmaßnahmen erforderlich, die sich aus den Ereignissen der letzten Wochen ergeben, insbesondere durch die Fluchtbewegung und die neue Dimension des Reiseverkehrs. [...]
2. Die Bundesregierung wird wie bisher die Zusammenarbeit mit der DDR in allen Bereichen fortsetzen, die den Menschen auf beiden Seiten unmittelbar zugute kommt. [...]
3. Ich habe angeboten, unsere Hilfe und unsere Zusammenarbeit umfassend auszuweiten, wenn ein grundlegender Wandel des politischen und wirtschaftlichen Systems in der DDR verbindlich beschlossen und unumkehrbar in Gang gesetzt wird. [...]
4. Ministerpräsident Modrow hat in seiner Regierungserklärung von einer Vertragsgemeinschaft gesprochen. Wir sind bereit, diesen Gedanken aufzugreifen. [...]
5. Wir sind aber auch bereit, noch einen entscheidenden Schritt weiterzugehen, nämlich konföderative Strukturen zwischen beiden Staaten in Deutschland zu entwickeln mit dem Ziel, eine Föderation, d. h. eine bundesstaatliche Ordnung in Deutschland zu schaffen. Das setzt aber eine demokratisch legitimierte Regierung in der DDR zwingend voraus. [...] Wie ein wiedervereinigtes Deutschland schließlich aussehen wird, das weiß heute niemand. Dass aber die Einheit kommen wird, wenn die Menschen in Deutschland sie wollen, dessen bin ich sicher.
6. Die Entwicklung der innerdeutschen Beziehungen bleibt eingebettet in den gesamteuropäischen Prozess, d. h. immer auch in die West-Ost-Beziehungen. Die

11

künftige Architektur Deutschlands muss sich einfügen in die künftige Architektur Gesamteuropas.

7. Die Anziehungs- und Ausstrahlungskraft der Europäischen Gemeinschaft ist und bleibt eine entscheidende Konstante der gesamteuropäischen Entwicklung. Wir wollen und müssen sie weiter stärken.
8. Der KSZE-Prozess ist ein Herzstück dieser gesamteuropäischen Architektur. Wir wollen ihn vorantreiben und die bestehenden Foren nutzen [...].
9. Die Überwindung der Trennung Europas und der Teilung Deutschlands erfordern weitreichende und zügige Schritte in der Abrüstung und Rüstungskontrolle.
10. Mit dieser umfassenden Politik wirken wir auf einen Zustand des Friedens in Europa hin, in dem das deutsche Volk in freier Selbstbestimmung seine Einheit wiedererlangen kann.

Ebenda, S. 103 f.

13 Staatenbund und Volksentscheid

„Drei-Stufen-Plan“ zur Einigung der Bürgerbewegung „Demokratie jetzt“ vom 14. Dezember 1989:

Nach unserer Überzeugung kann eine „Wiedervereinigung“ durch den Anschluss der Deutschen Demokratischen Republik an die Bundesrepublik Deutschland die deutsche Frage nicht lösen. [...] Diese neue Einheit kann nur das Ergebnis eines Prozesses der gegenseitigen Annäherung und der politischen und sozialen Reformen in beiden deutschen Staaten sein. [...]

Erste Stufe:

Durchführung grundlegender politischer und gesellschaftlicher Reformen in der DDR in einem Reformbündnis mit unseren osteuropäischen Nachbarn. [...] Einleitung von sozialen und gesellschaftspolitischen Reformen in der Bundesrepublik Deutschland, die zu mehr sozialer Gerechtigkeit, zur deutlichen Dämpfung der Arbeitslosigkeit und zu mehr Umweltverträglichkeit in Produktion und Konsumtion führen. [...] Einberufung einer Deutschen Nationalversammlung aus Bürgerinnen und Bürgern beider Staaten zur Annäherung und demokratischen Willensbildung in der nationalen Frage.

Zweite Stufe:

Ausbau des Grundlagenvertrages zwischen der Bundesrepublik und der DDR durch einen Nationalvertrag. Zusammenschluss zu einem Staatenbund und Schaffung einer dualen deutschen Staatsbürgerschaft. [...]

Dritte Stufe:

Abschluss der Entmilitarisierung und des Rückzugs der Alliierten Mächte. [...] Volksentscheid über die politische Einheit in einem Bund Deutscher Länder. Schaffung einer einheitlichen deutschen Staatsbürgerschaft. International bindende Verpflichtungen zur Mitwirkung am Entstehen einer neuen solidarischen Weltwirtschaftsordnung. International bindende Verpflichtung zur vollen Realisierung einer umweltschützenden Produktionsweise.

Ebenda, S. 110 f.

14 Plakat zur Wiedervereinigung, 1990

Arbeitsvorschläge

a) Stellen Sie fest, ob es im Herbst 1989 eine revolutionäre Situation in der DDR gab. Begründen Sie Ihre Ansicht aufgrund der Motive ausreisewilliger DDR-Bürger (M 5).

b) Charakterisieren Sie, ausgehend von M 6 – M 8, das Verhältnis zwischen Sowjetunion und DDR im Herbst 1989.

c) Beschreiben Sie die Haltung des „Neuen Forums“ (M 9) zu den Verhältnissen in der DDR einerseits, der Bundesrepublik andererseits. Charakterisieren Sie seine politische Stoßrichtung zwischen den Polen „Reform“ und „Revolution“.

d) Erstellen Sie eine Übersicht über die verschiedenen Einstellungen zur deutschen Vereinigung (M 10) und vergleichen Sie sie mit dem weiteren Gang der Ereignisse (VT).

e) Bewerten Sie, ausgehend von M 11 – M 14, den Weg der deutschen Vereinigung. Recherchieren Sie dazu die verfassungsrechtliche Bedeutung von Art. 23 und Artikel 146 des Grundgesetzes. Diskutieren Sie, ob es Ihrer Ansicht nach eine bessere Alternative gegeben hätte.

11.16 Die Berliner Republik – Chancen und Probleme des vereinigten Deutschlands

Epochenwende?

Mit Recht bezeichnete Bundeskanzler Kohl die friedliche Wiederherstellung des 1945 untergegangenen deutschen Nationalstaats am Vorabend der deutschen Einigung als „weltpolitisches Ereignis von historischem Rang". Die Freude über die Selbstbefreiung Europas vom kommunistischen Totalitarismus steigerte sich im vereinten Deutschland allerdings vorschnell zu einer Euphorie, die die Größenordnung der bei der Herstellung der „inneren Einheit" zu lösenden Probleme unterschätzte. In den 1990er-Jahren vollzog sich ein tiefgreifender wirtschaftlicher Einbruch im vereinigten Deutschland. Nur wenige DDR-Betriebe erwiesen sich als konkurrenzfähig und der Verfall der Altbauten sowie der meisten Innenstädte war längst zu einer sozialen Katastrophe geworden. Die durchschnittliche Arbeitslosigkeit in den neuen Bundesländern stieg schnell auf ca. 25 % an, sodass die Zahl der Erwerbspersonen bis zur Mitte der 1990er-Jahre um etwa ein Drittel sank. Der erhoffte selbsttragende Wirtschaftsaufschwung blieb aus, obwohl jährlich Transferzahlungen in Milliardenhöhe getätigt wurden, durch die die staatliche Neuverschuldung 1991 schon auf 3,5 % und der öffentliche Schuldenberg 1992 auf 1,3 Billionen DM anstieg.

Wirtschaftsprobleme

Der entscheidende Grund für diese wirtschaftliche Seite der „Vereinigungskrise" war die marode DDR-Wirtschaft, die nur etwa ein Drittel der Produktivität ihrer westlichen Konkurrenten erreichte und sich als unfähig erwies, weltmarktfähige Güter zu produzieren. Vielmehr hatte sie mit ihrer veralteten Maschinenausstattung enorme Umweltschäden verursacht und gewaltige Schuldenberge aufgehäuft. Ihre Integration in die internationale Marktwirtschaft brachte sie binnen kurzer Zeit zum Zusammenbruch, sodass das Bruttosozialprodukt der neuen Bundesländer bis Ende 1990 um 18,5 % sank. Noch Ende der 1990er-Jahre betrug ihr Anteil am nationalen Bruttoinlandsprodukt nur etwa 10 %, ihre Produktivität erreichte kaum mehr als die Hälfte der westlichen und ihr Exportanteil belief sich 1997 auf nur 5,4 %. Nach Prognosen von Experten wird der westliche Standard frühestens im Jahr 2010 erreicht sein.

Investitionshemmnisse

Die Hauptlast der Vereinigung hatten nach 1990 die Arbeitnehmer zu tragen, die ihren Arbeitsplatz verloren – darunter überproportional viele Frauen. Entlassungen und Schließungen von Betrieben hatten ihre Ursachen neben der fehlenden Rentabilität vor allem im weitgehenden Verlust der bisherigen Absatzmärkte in Osteuropa. Dem „Aufschwung Ost" stand als weiteres Hindernis die im Einigungsvertrag festgelegte „Rückgabe vor Entschädigung" entgegen: Das hieß, dass die nach 1949 von Behörden der Sowjetunion und der DDR enteigneten Alteigentümer Betriebe und Immobilien zurückfordern konnten. Dadurch waren komplizierte Eigentums- und Vermögensfragen zu lösen. Die zahlreichen Eigentumsansprüche von Westdeutschen ließen sich deshalb so schwer klären, weil zu Zeiten der DDR Grundbucheintragungen bewusst geschwärzt worden waren und geschultes Personal zur Bearbeitung der zahllosen Anträge fehlte. Die Folge war, dass potenzielle Investoren aufgrund der lange ungeklärten Rechtslage abgeschreckt wurden. Außerdem reagierten viele DDR-Bürger erbittert, wenn sie vor den Alteigentümern aus dem Westen weichen und ihre nach DDR-Recht gutgläubig erworbenen Häuser räumen mussten.

„Vereinigungskrise"

Diese Erbitterung trug – gepaart mit der hohen Arbeitslosigkeit, den steigenden Mieten und einem starken Lohn- und Gehaltsgefälle zwischen Ost und West – schnell dazu bei, dass bei vielen Ostdeutschen schon bald nach der Vereinigung ein

1 **Automobilwerk Eisenach.** Letzter Tag, 1990.

Stimmungsumschwung einsetzte – das war die mentale Seite der „Vereinigungskrise". Die Westdeutschen klagten ihrerseits über die hohen Kosten der Einheit. So fühlten sich 1993 bei einer Umfrage des Instituts für Demoskopie 71% der alten und 85% der neuen Bundesbürger durch „entgegengesetzte Interessen" getrennt. Das Wohlstandsgefälle zwischen Ost und West sowie das Aufeinandertreffen von unterschiedlichen Erfahrungswelten, die sich in den 40 Jahren der Teilung herausgebildet hatten, verschärfte zusätzlich das Abgrenzungsbedürfnis zwischen Ost- und Westdeutschen. So entstand im Osten der Eindruck eines „Anschlusses", wenn nicht gar einer „Kolonisierung" der DDR durch den Westen, zumal bereits der Beitritt zur Bundesrepublik nach Art. 23 GG die von vielen DDR-Bürgerrechtlern erhoffte Ausarbeitung einer neuen Verfassung vereitelt hatte. Unmut weckte auch der Elitentransfer aus dem Westen, der sich beim Umbau der politischen, juristischen und gesellschaftlichen Institutionen vollzog. Zahlreiche Führungspositionen in Verwaltung, Justiz und Bildungssystem wurden durch Beamte aus den alten Bundesländern besetzt, weil zahlreiche ostdeutsche Amtsinhaber politisch belastet waren. Nicht selten nutzten Bewerber aus den alten Bundesländern die Vereinigung als Sprungbrett für ihre berufliche Karriere. Aus dem Gefühl der Fremdbestimmung heraus entwickelte sich allmählich die Vorstellung einer „DDR-Identität", die vor der nivellierenden, zum Teil auch deklassierenden Konsumgesellschaft des Westens zu schützen sei, woraus die PDS, die Nachfolgepartei der SED, bei Wahlen Kapital schlug. Die vom Bundestag 1991 beschlossene Ablösung Bonns durch Berlin als deutsche Hauptstadt konnte diesem Gefühl kaum entgegenwirken. Umgekehrt fühlten sich manche Westdeutschen durch die Ostdeutschen in eine überwunden geglaubte Zeit, die Welt der 1950er-Jahre, zurückgeworfen. Die Menschen in der DDR hatten hinter der Mauer keine Chance gehabt, sich frei zu entwickeln, und sie hatten sich in ihrer engen, zuweilen spießigen Welt eingerichtet. Nun erlebten sie die weltläufig gewordenen und gewandten „Wessis" als überheblich und dominant. „Ein Staat, zwei Gesellschaften" – so lautete die immer wieder zu hörende Diagnose politischer Beobachter des Vereinigungsprozesses.

„Aufbau Ost"

Gerhard Schröder, Kanzler 1998–2005

Trotz der genannten Probleme überwiegt die positive Bilanz des Einigungsprozesses: Mit der wiedergewonnenen staatlichen Einheit endeten nicht nur die getrennten Wege, die die beiden deutschen Staaten 40 Jahre lang gegangen waren. Trotz aller noch ungelösten Probleme gelang in erstaunlich kurzer Zeit ein beispielloser „Aufbau Ost", in dessen Verlauf massive wirtschaftliche Investitionen in die Verbesserung der Infrastruktur, den Umweltschutz, aber auch die sozialen Sicherungssysteme der neuen Bundesländer flossen. Arbeitsbeschaffungsmaßnahmen, Rentenerhöhungen und Arbeitslosenunterstützung machten West-Ost-Finanztransfers bis 2002 in Höhe von ca. 1 Billion Euro nötig, die auch von den westdeutschen Steuer- und Sozialversicherungszahlern mitfinanziert wurden. Bei nicht wenigen gründete die Bereitschaft, Opfer – z. B. den Solidaritätsbeitrag – zu bringen, in der Einsicht, damit zu einem gerechten Lastenausgleich für Mitbürger beizutragen, die ohne eigenes Verschulden mehr als vierzig Jahre lang unter der SED-Diktatur hatten leben müssen.

Das vereinte Deutschland – ein „postklassischer Nationalstaat"

Zur Haben-Seite der Bilanz gehört außerdem, dass die deutsche Vereinigung 1989 durch die „friedliche Revolution" der Ostdeutschen eingeleitet wurde. Anders als 1871 entstand der deutsche Nationalstaat damit nicht aus Kriegen, sondern aus einer „Kraft der Selbstbefreiung" – so der Leipziger Historiker Hartmut Zwahr. Hinzu kamen internationale Vereinbarungen und die Zustimmung der Nachbarn, insbesondere Frankreichs und Polens. Die rasch ermöglichte Einbeziehung der DDR mittels einer Wiederherstellung ihrer Länder festigte die föderale Struktur der Berliner Republik, die sich danach konsequent auf den Weg zu einer supranational orientierten Demokratie begab, in der das Nationalstaatsprinzip deutlich zurücktrat. Am 3. Oktober 1990 war nämlich ein „postklassischer" Nationalstaat entstanden in dem Sinne, dass er im „Zwei-plus-Vier-Vertrag" auf einige Elemente staatlicher Souveränität bewusst verzichtete, z.B. auf den Besitz atomarer, biologischer und chemischer Waffen. Zudem willigte er in eine Beschränkung seiner Streitkräfte auf mittlerweile weniger als 300 000 Soldaten ein und ist seitdem fest in übernationale Zusammenschlüsse wie die UNO, die Europäische Union und die NATO eingebunden. Aus internationaler Perspektive betrachtet ist das geeinte Deutschland damit aus der Randlage, die die beiden deutschen Staaten im Ost-West-Konflikt innehatten, in das Zentrum eines sich vereinigenden Europa gerückt, in dem der Stellenwert nationalstaatlicher Souveränität von Jahr zu Jahr an Gewicht verliert.

Berliner Republik

Die „zweite Chance" Deutschlands und Europas

Für diesen Prozess ist die Berliner Republik gut gewappnet, denn sie kann zurückgreifen auf reiche Erfahrungen aus der Zeit der Teilung, in der beide deutschen Staaten die Grenzen der eigenen Handlungsfähigkeit schmerzlich erkennen und anerkennen mussten – mehr als jeder andere Staat in Europa. Diese Erfahrungen sind heute wertvoller denn je in einer vernetzten, globalisierten Welt, in der kein Land künftig im traditionellen Sinne autonom und souverän wird Außenpolitik betreiben können. Das erklärt die Schlüsselrolle, die Deutschland seit 1990 im europäischen Einigungsprozess spielt, denn nur durch eine Föderalisierung Europas mit abgestuften Formen politischer und wirtschaftlicher Integration wird sich einer Renaissance des Nationalismus vorbeugen lassen. Vor diesem Hintergrund bietet sich dem deutschen Nationalstaat eine neue Chance, die der deutsch-amerikanische Historiker Fritz Stern treffend beschrieben hat: „Dies Jahrhundert endet, wie es anfing, mit einem großen deutschen Vorsprung in Europa, gestützt auf Wirtschaft, Technik und menschliche Leistungsfähigkeit. Nun haben Deutschland und Europa eine zweite Chance, ihre wahren Werte in Frieden und Freiheit zu sichern – und zwar unter sehr viel besseren Bedingungen als im Zeitalter des großen Nationalismus vor 1914."

2 Karikatur aus der Berliner Obdachlosenzeitschrift Straßenfeger, Januar 2006.

3 Hinter den 7 x 7 Bergen
Gemälde von Wolfgang Mattheuer, 1993.

4 Ende einer Selbstzerstörung

Hartmut Zwahr, seit 1978 Professor für Geschichte an der Universität Leipzig, 1993 über die Folgen der Einheit:

Wie werden die Menschen [...] mit der Erfahrung fertig, dass sie einen mehr oder weniger großen Teil ihres Lebens an den Realsozialismus verloren haben? Wie werden sie jene ertragen, denen sie dafür die Schuld geben? Die unten Rudernden wurden nicht gefragt, sondern vereinnahmt. Lange hat sich eine Mehrheit der Bevölkerung dem autoritären Zugriff gebeugt, die politbürokratische Lenkung hingenommen, lange hat sie angepasst gelebt, ihr Bewusstsein aufgespalten und permanenten Mangel ertragen. [...]

Viele Männer und noch mehr Frauen sind arbeitslos geworden und unglücklich, weil sie erleben, dass sie in einem vertrauten Umfeld ihren Platz verlieren. Andere arbeiten im Übermaß, auch Frauen. Sie haben genügend Geld, doch es fehlt ihnen an freier Zeit, um die Freiräume, die sich verlockend öffnen, erobern zu können. Junge Leute fragen nach dem Sinn eines solchen neuen Lebens. Sie beginnen, sich in den verschiedensten sozialen und politischen Milieus der neuen Bundesländer einzurichten. Diejenigen, die Bildungskapital erwerben, wissen: Sie werden besser sein müssen als die Westdeutschen, die das unter anderen Voraussetzungen und Umständen tun, und sie werden besser sein können. Was haben wir, was haben die allermeisten von uns, fragen sie, von den Eltern als Erbe zu erwarten, außer einem schlechten Gewissen und einer Dreizimmerwohnung? Sie vergleichen sich mit den gleichaltrigen Westdeutschen und ahnen, dass die Umschichtung des Eigentums, die vor ihren Augen stattfindet, sie auf Lebenszeit benachteiligt. Vor ihren Augen werden aber auch Häuser und ganze Straßenzüge, denen der Abriss drohte, wieder bewohnbar – auferstanden aus Ruinen. Doch werden, so fragen viele Hindurchgehende, auch in Zukunft diejenigen darin wohnen, die sie jetzt bewohnen? Andere sagen: Ohne die Vermögensumschichtung können die nach dem Krieg zum zweiten Mal untergegangenen Städte nicht wieder auferstehen. Das ist eben der Preis für diese vierzig Jahre, für dieses Experiment, für diesen Umweg, den die Geschichte genommen hat. [...] Für den Arbeitslosen aber wird es oft nur ein schwacher Trost sein, dass er bessere Luft atmet, jetzt, da bestimmte Betriebe stillgelegt worden sind, vielleicht auch sein Betrieb, und dass diese Stadt, Leipzig, aufatmet und nachts ihre Fenster wieder öffnet, weil nicht mehr die Absterbeluft aus den Schornsteinen der Chemiegiganten und der Braunkohlenkraftwerke einströmt.

H. Zwahr: Ende einer Selbstzerstörung. Leipzig und die Revolution in der DDR. Göttingen 1993, S. 167 f.

5 „Mehr Einheit braucht die Demokratie nicht"

Der Politologe Hans-Joachim Veen 1997 über demoskopische Befunde:

Die Grundprinzipien der Verfassung, ihre Grundwerte, Institutionen und Verfahren werden von großen Mehrheiten in West- und Ostdeutschland getragen, gleiches gilt für die Prinzipien der sozialen Marktwirtschaft. Die Westintegration der Bundesrepublik in die Europäische Union und die NATO wird in beiden Teilen Deutschlands mehrheitlich akzeptiert. Die Identifikation mit dem vereinten Deutschland ist gegeben, wenn auch im Westen ausgeprägter als in den neuen Ländern, in denen die Identifikationen multipler sind. Die Grundsympathie füreinander ist, bei allen gepflegten Vorurteilen, fraglos vorhanden.

Die Unterschiede beginnen dort, wo es um den gegenwärtigen Zustand von Demokratie und sozialer Marktwirtschaft, um die Systemleistungen geht. Hier sind die Ostdeutschen angesichts ihrer Problemlagen deutlich unzufriedener als die Westdeutschen, doch treffen sich beide im Ernstfall in ihrem Glauben an den fürsorglichen Sozialstaat. Zurück hinter die freiheitliche Demokratie will nur eine kleine Minderheit der Ostdeutschen, das belegt am überzeugendsten ihr Wahlverhalten. Mehr als drei Viertel votieren für die westlichen Parteien, selbst von den PDS-Anhängern identifiziert sich nur etwa die Hälfte mit dem alten Regime. [...]

Wie steht es also mit der inneren Einheit? Die Antwort ist am Ende einfach: Wir haben sie bereits in dem, was sie legitimerweise bedeuten kann. Wir leben bereits im

Zustand innerer Einheit und das heißt gesteigerter Vielfalt. Mehr Einheit braucht die Demokratie nicht. […] Die Politik ist allerdings gut beraten, wenn sie dem Aufbau Ost weiterhin absolute Priorität einräumt, nicht in der vordergründigen Absicht, einheitliche materielle Lebensverhältnisse herzustellen […], sondern um die Modernisierungschancen des Ostens für das vereinte Deutschland nutzbar zu machen. Nicht um die innere Einheit, sondern um die gemeinsame Zukunft geht es also.

Aus: Politik und Zeitgeschichte, B 40–41/1997, S. 27 f.

6 Befehlsnotstand?

Aus der Antwort des Europäischen Gerichtshofs für Menschenrechte in Straßburg auf die Beschwerde des als Todesschützen verurteilten NVA-Grenzsoldaten Karl-Heinz Winkler, 22. März 2001:

Der Beschwerdeführer [Winkler] hat argumentiert, als DDR-Grenzsoldat sei er das letzte Glied in der Befehlskette gewesen und er habe immer die ihm erteilten Befehle beachtet. Seine Verurteilung durch bundesdeutsche Gerichte sei daher nicht vorhersehbar gewesen. Es stellt sich deshalb die Frage, in welchem Maße der Beschwerdeführer als Gefreiter [Niedrigster Dienstgrad in der Nationalen Volksarmee der DDR] wusste oder hätte wissen müssen, dass das Schießen auf Personen, die bloß die Grenze überqueren wollten, nach DDR-Recht eine Straftat war.

In diesem Zusammenhang bemerkt der Gerichtshof zunächst, dass das geschriebene Recht jedermann zugänglich war. Die einschlägigen Normen waren die Verfassung und das StGB [Strafgesetzbuch] der DDR, keine obskuren Regelungen. Der Grundsatz „Unkenntnis des Rechts ist kein Strafausschließungsgrund" ist auch auf den Beschwerdeführer anzuwenden.

Er hatte sich freiwillig für einen dreijährigen Dienst in der NVA verpflichtet. Jeder Bürger der DDR kannte die restriktive staatliche Politik, betreffend die Freizügigkeit, die Natur des Grenzregimes, den Wunsch der Mehrheit der Bevölkerung, ins Ausland gehen zu dürfen, und die Tatsache, dass eine Zahl von ihnen mit allen Mitteln versuchte, dies auch zu tun. Der Beschwerdeführer wusste daher oder hätte wissen müssen, dass er, indem er sich für eine dreijährige Militärzeit verpflichtete, eine Treueverpflichtung gegenüber dem Regime einging und dies die Möglichkeit einer Stationierung an der Grenze mit sich brachte, wo er dem Risiko ausgesetzt sein würde, auf unbewaffnete Flüchtlinge schießen zu müssen.

Darüber hinaus ist der Gerichtshof der Auffassung, dass auch ein Gefreiter keinen totalen, blinden Gehorsam Befehlen gegenüber leisten durfte, die nicht nur die eigenen Rechtsprinzipien der DDR [z. B. den in der DDR-Verfassung garantierten Schutz menschlichen Lebens] eklatant verletzten, sondern auch international anerkannte Menschenrechte, insbesondere das Recht auf Leben.

In Anbetracht all dieser obigen Überlegungen kommt der Gerichtshof zu dem Ergebnis, dass die Handlung des Beschwerdeführers zur Tatzeit eine Straftat darstellt.

Neue Justiz 5/2001. Zit. nach: Süddeutsche Zeitung, 15. 6. 2001, S. 11.

7 Frauen nach der Einheit

Ergebnisse der Befragung von Zeitzeuginnen aus Ostdeutschland, 1999:

Die Grenzöffnung wurde von den befragten Frauen vor allem als Zugewinn an Freiheit in vielen Bereichen erfahren. Dennoch gibt es auch Momente der positiven Rückbesinnung auf Lebensbereiche in der DDR. Auffällig ist vor allem die Doppelorientierung der Frauen auf Beruf und Familie – zwei Lebensbereiche, die in der DDR durch eine Vollversorgung mit staatlich finanzierten Kinderbetreuungsmöglichkeiten relativ gut zu vereinbaren waren. Die in der DDR sozialisierten Frauen möchten auch in Zukunft auf keinen dieser Lebensbereiche verzichten; es zeigt sich aber, dass berufliches Engagement und die Phase der Familiengründung unter den Systembedingungen der Bundesrepublik nur schwer zu koordinieren sind.

Es sind also politische und betriebliche Maßnahmen angezeigt, die es Frauen und Männern erlauben, berufliches und familiäres Engagement in Zukunft besser miteinander zu vereinbaren. Anzustreben sind zum Beispiel flexiblere Arbeitszeitmodelle, sodass Erwerbs- und Hausarbeit besser aufgeteilt werden können und die Eltern dennoch mehr Zeit mit ihren Kindern verbringen, als dies in der DDR möglich war. Außerdem sind umfassendere und auch mit geringen Einkommen finanzierbare Kinderbetreuungsmöglichkeiten erforderlich, sodass gegebenenfalls ein Kinderwunsch auch jenseits der finanziellen Absicherung im Rahmen einer Ehe verwirklicht werden kann.

Aus: Politik und Zeitgeschichte, B 12/1999, S. 33.

Arbeitsvorschläge

a) Grenzen Sie die Auffassungen über die Folgen der Vereinigung (M 1– M 5, M 7) gegeneinander ab. Wie erklären Sie sich die Unterschiedlichkeit?

b) Bewerten Sie das Urteil des Europäischen Gerichtshofs (M 6). Welche generellen Probleme bei der Herstellung der „inneren Einheit" kommen in der Beschwerde des Soldaten zum Ausdruck?

c) Befragen Sie Vertreter verschiedener Generationen über ihre Einstellungen und Erfahrungen zu den Folgen der Vereinigung.

Standpunkte: Die historische Bedeutung des Jahres 1989: Wendepunkt – Umbruch – Epochenjahr?

Dass das Jahr 1989 eine Zäsur sowohl in der deutschen als auch in der internationalen Geschichte darstellt, wird kaum jemand bestreiten. Viele stimmten dem britischen Historiker Eric J. Hobsbawm zu, als er 1994 in seinem Buch „Das Zeitalter der Extreme" die These vertrat, mit dem Jahr 1989 ende das 1914 begonnene „kurze 20. Jahrhundert". Doch wie tiefgreifend war der Einschnitt wirklich? Hat 1989 ein neues historisches Zeitalter begonnen? Und wenn ja, worin bestand die Epochenwende? Was unterscheidet die alte von der neuen Epoche? Welche grundlegenden Merkmale der nationalen und internationalen Politik veränderten sich? Und welche Kontinuitäten blieben bei aller Veränderung dennoch weiter bestehen? Historiker setzen unterschiedliche Akzente bei ihren Antworten.

1 Die Kette des Schreckens ist zerbrochen

Der deutsch-amerikanische Historiker Fritz Stern 1991:

Das Jahr 1989 war ebenso wichtig für die Geschichte Europas wie 1914 und 1917 – denn es beendete die Epoche, die damals ihren Anfang nahm. Mit dem Ersten Weltkrieg begann eine Kette des Grauens, ausgelöst von den Nationalstaaten, die bis ins Äußerste führte. Zwei große ideologische Bewegungen, in diesem Krieg geboren, brachten den Staat in ihre Gewalt und begründeten damit die für unser Jahrhundert charakteristische Form der Tyrannei, den Totalitarismus. Beginnend mit dem Ersten Weltkrieg, schufen Techniker immer neue Tötungsformen und immer neue Mittel, die Menschen zu täuschen. […]
Der Bolschewismus wie der Nationalsozialismus waren tief in einander entgegengesetzten Denksträngen des 19. Jahrhunderts verwurzelt. Einmal an der Macht, predigten und praktizierten diese Bewegungen ideologische Kriegslust; Todfeinde mussten vernichtet werden, so glaubten sie, damit ihre utopische Vision – der neue Sowjetmensch bzw. der arische Herrenmensch – Wirklichkeit werden konnten. Beide Regime institutionalisierten den Staatsterror. […]
Ja, 1989 war diese Kette der Schrecken wirklich zerbrochen. Ich glaube nicht, dass wir das Ende der Geschichte oder den Ewigen Frieden erreicht haben. […] Allerdings glaube ich, dass wir das Ende einer Epoche erreicht haben, in der Europa von Hegemonialkriegen in Schutt und Asche gelegt wurde […] und in der sich totalitäre Staaten ein Machtmonopol schufen, das auch ein Monopol der Wahrheit kontrollierte […] Trotz aller Risiken und Gefahren, die vor uns liegen, […] sollten wir doch die Größe der Veränderungen anerkennen, die mit den Revolutionen von 1989 in Europa eingetreten sind. Die Wahrheit ist wieder eingesetzt. Die Werte liberaler Einrichtungen und eines liberalen Geistes sind nahezu spontan wieder zum Vorschein gekommen, nicht mit einem Fanfarenstoß, aber eben doch als die „selbstverständlichen Wahrheiten", als die sie den Architekten der amerikanischen Unabhängigkeitserklärung erschienen waren. Vielleicht kehren wir zu einigen der Werte des 18. Jahrhunderts zurück, der Aufklärung, eines Augenblicks in Europa, den Jean Starobinski „die Entdeckung der Freiheit" genannt hat. Die Verteidigung der Freiheit ist unsere nächste Aufgabe.

F. Stern: Europa am Ende einer Ära des nationalen und ideologischen Wahns. In: Die Zeit, Nr. 51, 13. Dezember 1991.

2 Befriedigung und Sorge

Der Historiker Jürgen Kocka 1995:

Eine tiefe Zäsur war es schon, was da 1989/90 geschah, die einschneidendste seit dem Zweiten Weltkrieg: ein Umbruch, eine Wende, das Ende einer Epoche in der Geschichte Deutschlands, Europas, ja der nördlichen Hemisphäre. In dreifacher Hinsicht:

1. 1989/90 endete der große Systemkonflikt, der die Welt seit der unmittelbaren Nachkriegszeit geprägt und sich im Kalten Krieg zugespitzt hatte. 1989/90 löste sich die von den Supermächten USA und Sowjetunion bestimmte Weltordnung auf, der Niedergang des sowjetischen Imperiums beschleunigte sich und die Grundzüge einer neuen Ordnung zeichneten sich ab, die aber bis heute keine feste Gestalt gefunden hat – mit der Folge, dass sich Befriedigung über den Zu-sammenbruch der alten Ordnung zunehmend mit Unsicherheit und Sorge über die Zukunft mischt.
2. In enger Verbindung damit stand der lange vorbereitete, aber nun plötzlich sichtbar werdende und sich in Form eines rasanten Zusammenbruchs überschlagende Niedergang des diktatorischen Staatssozialismus, wie er sich seit 1917 in der Sowjetunion etabliert hatte und wie er nach 1945 durch die sowjetische Hegemonialmacht im östlichen Europa verbreitet und weltweit propagiert worden war. […] Die marktwirtschaftlich organisierten, vergleichsweise offenen Gesellschaften des Westens mit ihren tendenziell liberaldemokratischen Institutionen und wohlfahrtsstaatlichen Regelungen

erwiesen sich als stärker. Unter dem Motto der „Zivilgesellschaft“ wurden sie zum hoffnungsvoll erstrebten Gegenmodell zur niedergehenden „realsozialistischen“ Diktatur. 1989/90 war ein großes Jahr in der Geschichte von Freiheit und Demokratie. [...]

3. Die Wende in Deutschland war Teil dieses welthistorischen Umbruchs, von ihm sehr viel stärker bedingt als ihn ihrerseits bedingend. Sie bestand, das soll man gedanklich auseinanderhalten, aus zwei Teilen: dem Zusammenbruch der DDR und der „Wiedervereinigung“. Diese ging zwar als Beitritt der zerfallenden DDR zur dadurch bestätigten Bundesrepublik vor sich, deren Ordnung damit nach Osten hin ausgedehnt wurde; doch in diesem Prozess ändert sich auch die aufnehmende Mehrheitsgesellschaft und das neue Deutschland ist keine bloße Fortsetzung der alten Bundesrepublik, die in gewisser Hinsicht 1989/90 ebenfalls endete. [...]

Zit. nach: H.-U. Wehler (Hrsg.): Scheidewege der deutschen Geschichte. Von der Reformation bis zur Wende 1517–1989. München 1995, S. 238 ff.

3 Einheit und Freiheit

Hagen Schulze schrieb 1996:

In zumindest vierfacher Hinsicht unterscheidet sich [seit 1989] die deutsche Gegenwart grundlegend von der deutschen Vergangenheit:

1. Zum ersten Mal in der Geschichte ist der deutsche Nationalstaat „gesättigte Gegenwart“, wie sich Ernest Renan im Blick auf das französische Staatswesen ausdrückte. Bisher galt das Diktum Nietzsches: „Die Deutschen sind von vorgestern und von übermorgen – sie haben noch kein Heute.“ Das lag daran, dass seit der Entstehung der Nationalstaatsidee in Deutschland am Beginn des 19. Jahrhunderts Nation und Staat stets auseinandergetreten waren. [...] Das ist jetzt zu Ende. Seit dem 3. Oktober 1990 ist die Bundesrepublik Deutschland die einzige denkbare staatliche Hülle der deutschen Nation, ohne jede legitime Konkurrenz in den Köpfen der Bürger.
2. Zum ersten Mal in ihrer Geschichte können die Deutschen beides ganz haben: Einheit und Freiheit.
3. Zum ersten Mal in ihrer Geschichte haben sich die Deutschen nicht gegen ihre Nachbarn, sondern mit deren Zustimmung zusammengeschlossen.
4. Zum ersten Mal in seiner Geschichte ist der deutsche Nationalstaat unwiderruflich an den Westen gebunden.

H. Schulze: Kleine deutsche Geschichte. München 1996, S. 263 ff.

4 „Fluchtpunkte“

Der Historiker Heinrich August Winkler vertrat 1997 folgende Auffassung:

Die Fluchtpunkte historischer Betrachtung ändern sich. In den Jahrzehnten nach dem Zweiten Weltkrieg war für die deutsche Geschichtswissenschaft „1945“ ein solcher Fluchtpunkt. Die Frage, wie es zur „deutschen Katastrophe“, der Herrschaft des Nationalsozialismus, kommen konnte, beherrschte den Diskurs nicht nur über das 19. und 20. Jahrhundert, sondern zeitweise auch über frühere Epochen: vom Absolutismus über die Reformation bis zurück ins Mittelalter. Die Denkfigur des „deutschen Sonderweges“, der historischen Abweichung Deutschlands von den Entwicklungspfaden der westlichen Demokratien, blieb umstritten. [...]

1945 schien das Ende des „deutschen Sonderwegs“ gekommen. Eine Auflehnung gegen die westliche Demokratie wie nach 1918 hat es in der Tat nach dem „Zusammenbruch“ des Nationalsozialismus nicht mehr gegeben, sondern, im Westen Deutschlands, das Gegenteil: eine umfassende Öffnung gegenüber der politischen Kultur der westlichen Demokratie. Der antiwestliche Sonderweg des Deutschen Reiches war an sein Ende gelangt.

Mittlerweile gibt es einen neuen Fluchtpunkt für Betrachtungen zur deutschen Geschichte: die welthistorische Epochenwende von 1989/91, in deren Verlauf Deutschland seine staatliche Einheit wiedergewann. Im Rückblick wird uns nun deutlicher als zuvor, dass es auch nach 1945 noch einen deutschen Sonderweg gab – genauer gesagt: zwei. Die alte Bundesrepublik verstand sich zunehmend als ein „postnationales“ Gemeinwesen, das sich durch ebendieses Merkmal von den Nationalstaaten des Westens unterschied. Für die DDR bedeutete die Formel vom proletarischen oder sozialistischen Internationalismus sehr viel mehr als für sozialistische Nationalstaaten wie Polen und Ungarn: Sie war ein auf geradezu existenzielle Weise ideologischer Staat und konnte, da ihr die nationale Identität fehlte, nichts anderes sein. Diese beiden Sonderwege – der eine ein Lebensgefühl, der andere eine bloße Staatsdoktrin – sind seit 1990 zum Anachronismus geworden. Aber sie wirken bis heute nach. Schon deshalb bedürfen sie der historischen Aufarbeitung.

H. A. Winkler,: Streitfragen der deutschen Geschichte. Essays zum 19. und 20. Jahrhundert. München 1997, S. 7 f.

Arbeitsvorschläge

a) Arbeiten Sie aus M1–M4 heraus, wie Autoren das Jahr 1989 historisch einordnen.
b) Welche Begründungen liefern sie jeweils für ihre Einordnung und welche Aspekte sind in diesen Begründungen zentral?
c) Nehmen Sie eine eigene Einordnung in nationaler und in internationaler Perspektive vor.
d) Befragen Sie Zeitzeugen, die das Jahr 1989 bewusst miterlebt haben, nach ihren Erinnerungen.

12 Die europäische Integration

Die europäische Einigung unserer Tage ist ein beispielloser weltgeschichtlicher Vorgang. Niemals zuvor waren selbstständige Staaten bereit, um einer gemeinsamen Sache willen auf Teile ihrer Souveränität zu verzichten und die Gleichrangigkeit aller Partner zu respektieren. Im heutigen Europa finden sich dagegen Staaten zusammen, in denen unterschiedliche Sprachen gesprochen werden, die auf eine oft lange Geschichte zurückblicken und eine unverwechselbare Lebensart aufweisen. Auch wenn diese Staaten sich hinsichtlich ihrer Geschichte, Bevölkerungszahl, Wirtschaftskraft und ihres politischen Gewichtes teilweise markant unterscheiden, gibt es keine Führungsmacht, die den anderen ihren Willen aufzwingen könnte.

12.1 Sehnsucht nach Frieden: Europakonzepte vor 1945

Ein kriegerischer Kontinent

Lange war Europa ein bedrohlich kriegerischer Kontinent. Von den Adelsfehden und dynastischen Streitigkeiten im Mittelalter an zog sich eine blutige Spur gewalttätiger Auseinandersetzungen durch die europäische Geschichte: in Gestalt der Religionskriege im Gefolge der Reformation; der Revolutions- und Expansionskriege zwischen 1792 und 1815; der nationalen Unabhängigkeits- und Einigungskriege des 19. Jahrhunderts; der Hegemonial-, Weltanschauungs-, Vernichtungskriege des 20. Jahrhunderts; der „ethnischen Säuberungen" auf dem Balkan in der jüngsten Zeit.

Die Suche nach Sicherheit und Frieden

Erste Projekte für einen Zusammenschluss der Europäer entstanden unter dem Eindruck der Rückschläge der Kreuzfahrer im „Heiligen Land" um 1300 und dann wieder nach der Eroberung Konstantinopels durch die Osmanen 1453. Die mörderischen Konfessionskriege gaben den Anstoß für den „Großen Plan" („Grand Dessin") des französischen Finanzministers Sully: Dieser empfahl einen europäischen „Völkerverein", der durch ein System des „Gleichgewichts" zusammengehalten werden sollte. Dieser Idee folgten zahlreiche weitere Vorschläge in den folgenden Jahrhunderten, darunter als die bekanntesten die Traktate über den „Ewigen Frieden" von Charles Francois de Saint-Pierre (1712/39) und Immanuel Kant (1795). Beiden schwebte eine Art europäischer Völkerbund vor, der auf völkerrechtlich verbindlichen Verträgen beruhte. Nach der Katastrophe des Ersten Weltkrieges waren es vor allem zwei Männer, die sich für ein einiges Europa einsetzten: der österreichische Publizist Graf Richard Coudenhove-Kalergi, der die „Paneuropa-Union" gründete und viele prominente Politiker zur Mitarbeit gewann; und der französische Staatsmann Aristide Briand, der das Programm einer engen wirtschaftlichen und politischen Zusammenarbeit der europäischen Staaten entwickelte. Beide Initiativen blieben jedoch wirkungslos.

Folgenreicher als Pläne, Programme und gelehrte Abhandlungen war das politische Handeln der Regierenden. Das „Gleichgewicht der Mächte", das seit dem 19. Jahrhundert die großen europäischen Staaten in dem Interesse einte, die Vorherrschaft eines Einzigen zu verhindern und Kriege möglichst schon im Vorfeld durch Diplomatie abzuwenden, bewährte sich lange als ein Instrument der Friedenssicherung, bis im Ersten Weltkrieg die Rivalitäten erneut durchschlugen. Der 1919 gegründete Völkerbund sollte ein ähnliches Desaster für die Zukunft verhindern. Er vermochte diese Hoffnung jedoch nicht zu erfüllen, weil es ihm an Machtmitteln fehlte, die friedlichen Lösungen wenn nötig auch mit Gewalt durchzusetzen.

1 Europäische Friedensverträge: Amnestie oder Bestrafung?

a) Westfälischer Friede (1648):

Beiderseits sei immerwährendes Vergessen und Amnestie alles dessen, was seit Anbeginn dieser Unruhen [...] vom einen oder anderen Teil, hüben und drüben, feindlich begangen worden ist, sodass weder deswegen noch aus irgendeinem anderen Grund oder Vorwand einer dem andern künftig irgendwelche Feindseligkeit oder Unbill [...] antun soll, vielmehr sollen alle und jede hin und her sowohl vor dem Kriege als auch im Kriege mit Worten, Schriften oder Taten zugefügten Beleidigungen, Gewalttaten, Feindseligkeiten, Schäden und Unkosten ohne alles Ansehen der Personen oder Sachen dergestalt gänzlich abgetan sein, dass alles, was deshalb der eine vom andern fordern könnte, in immerwährendem Vergessen begraben sein soll.

Zit. nach: Geschichte in Quellen, Bd. 3. München: 1966, S. 346.

b) Zweiter Pariser Frieden (1815):

Da der Zustand der Unruhe und Gärung, den Frankreich nach so vielen gewaltsamen Erschütterungen, insbesondere nach dem letzten Zusammenbruch, [...] notwendig noch verspürt, zur Sicherheit der benachbarten Staaten Maßregeln der Vorsicht und zeitliche Bürgschaft erforderlich macht, so ist für unerlässlich erachtet worden, auf eine bestimmte Zeit militärische Stellungen an den Grenzen Frankreichs durch eine Anzahl verbündeter Truppen besetzen zu lassen unter dem ausdrücklichen Vorbehalt, dass diese Besetzung weder der Souveränität Seiner Allerchristlichsten Majestät noch dem Besitzstand, wie er durch gegenwärtigen Vertrag anerkannt und bestätigt worden, Eintrag tun soll.

Zit. nach: G. Guggenbühl: Quellen zur Allgemeinen Geschichte, Bd. IV. Zürich: 1978, S. 91 f.

c) Versailler Vertrag (1919):

Art. 227. Die alliierten und assoziierten Mächte stellen Wilhelm II. von Hohenzollern, ehemaligen deutschen Kaiser, unter öffentliche Anklage wegen schwerster Verletzung der internationalen Moral und der Heiligkeit der Verträge.

Art. 231. Die alliierten und assoziierten Regierungen erklären und Deutschland erkennt an, dass Deutschland und seine Verbündeten als Urheber aller Verluste und aller Schäden verantwortlich sind, welche die alliierten und assoziierten Regierungen und ihre Angehörigen infolge des ihnen durch den Angriff Deutschlands und seiner Verbündeten aufgezwungenen Krieges erlitten haben.

Art. 232. [...] Die alliierten und assoziierten Regierungen verlangen und Deutschland übernimmt die Verpflichtung, dass alle Schäden wieder gutgemacht werden, die der Zivilbevölkerung jeder der alliierten und assoziierten Regierungen und ihrem Eigentum während der Zeit, da diese Macht sich im Kriegszustand mit Deutschland befand, durch den erwähnten Angriff zu Lande, zur See und aus der Luft zugefügt sind.

Zit. nach: S. Haffner: Der Vertrag von Versailles. Frankfurt 1988, S. 236 ff.

2 Bedingungen des Friedens

a) Aus: Immanuel Kant: Zum ewigen Frieden (1795):

1. Es soll kein Friedensschluss für einen solchen gelten, der mit dem geheimen Vorbehalt zu einem künftigen Kriege gemacht worden. 2. Es soll kein für sich bestehender Staat (klein oder groß, das gilt hier gleichviel) von einem andern Staat durch Erbung, Tausch, Kauf oder Schenkung erworben werden können. 3. Stehende Heere (miles perpetuus) sollen mit der Zeit ganz aufhören. 4. Es sollen keine Staatsschulden in Beziehung auf äußere Staatshändel gemacht werden. 5. Kein Staat soll sich in die Verfassung und Regierung eines anderen Staates gewalttätig einmischen. 6. Es soll sich kein Staat im Kriege mit einem andern solche Feindseligkeiten erlauben, welche das wechselseitige Zutrauen im künftigen Frieden unmöglich machen müssen.

Zit. nach: I. Kant: Werke. Bd. 9. Darmstadt 1975, S. 196 f.

b) Der tschechische Historiker Frantisek Palacky (1848):

Die Natur kennt keine herrschenden sowie keine dienstbaren Völker. Soll das Band, welches mehrere Völker zu einem politischen Ganzen vereint, fest und dauerhaft sein, so darf keines einen Grund zur Befürchtung haben, dass es durch die Vereinigung irgendeines seiner teuersten Güter einbüßen werde; im Gegenteil muss jedes die sichere Hoffnung hegen, bei der Zentralgewalt gegen allfällige Übergriffe der Nachbarn Schutz und Schirm zu finden; dann wird man sich auch beeilen, diese Zentralgewalt mit so viel Macht auszustatten, dass sie einen solchen Schutz wirksam leisten könne.

Zit. nach: S. Hafner u. a.: Slawische Geisteswelt. Bd. 2. Baden-Baden 1975, S. 181.

3 Für den Zusammenschluss Europas

a) Richard Coudenhove-Kalergi (1924):

Die Propaganda muss folgende Grundgedanken in alle politischen Diskussionen werfen:

1. Das Wachstum großer politischer und wirtschaftlicher Imperien an der Peripherie sowie außerhalb Europas zwingt die übrigen Staaten dieses Erdteils zum Zusammenschluss, da sie einzeln jenen großen Komplexen weder politisch noch wirtschaftlich gewachsen sind. [...]

2. Die Technik (Eisenbahn, Auto, Aero, Telegraf, Telefon, Radio) hat alle Distanzen verringert und die europäischen Staaten und Städte aneinandergerückt. Die Gemeinschaft ist ebenso gewachsen wie die Gegensätze. Europäische Nachbarn stehen vor der Alternative, Feinde oder Verbündete zu werden. [...]

3. Die europäische Anarchie von heute muss binnen kurzem entweder zu einem neuen Krieg führen – oder zu einem europäischen Friedenspakt. [...]

8. Viele europäische Grenzen sind ungerecht. Diese Ungerechtigkeiten lassen sich entweder durch eine Verschiebung dieser Grenzen beseitigen – oder durch deren Abbau. Eine Grenzverschiebung ist bei der heutigen Mentalität der Völker nur durch einen europäischen Vernichtungskrieg möglich. Ein Grenzabbau hingegen ist möglich auf Grund des paneuropäischen Programmes: Abbau der strategischen Grenzen durch Schiedszwang; der Zollgrenzen durch Freihandel; der nationalen Grenzen durch Minderheitenschutz.

R. Coudenhove-Kalergi: Pan-Europa. Jg. 1, Heft 2 (Mai 1924).

b) Aus: Aristide Briand Memorandum über die Organisation eines Systems europäischer föderativer Union (1930):

Die Notwendigkeit, ein ständiges System vertraglich festgelegter Solidarität für die rationelle Gestaltung Europas zu schaffen, ergibt sich schon allein aus den Bedingungen für die Sicherheit und das Wohl der Völker, die durch ihre geografische Lage berufen sind, in diesem Erdteil in tatsächlicher Solidarität miteinander zu stehen.

Niemand zweifelt heutzutage daran, dass der Mangel an Zusammenhalt in der Gruppierung der materiellen und moralischen Kräfte Europas praktisch das ernsteste Hindernis für die Fortentwicklung und die Wirksamkeit aller politischen und rechtlichen Institutionen darstellt. [...] Diese Zersplitterung der Kräfte beschränkt in Europa nicht minder bedenklich die Möglichkeiten für eine Erweiterung des Wirtschaftsmarktes, die Intensivierungs- und Verbesserungsversuche auf dem Gebiet der industriellen Produktion und dadurch auch alle Garantien gegen die Krisen auf dem Arbeitsmarkt, welche Quellen politischer wie sozialer Schwankungen sind. [...]

Die Verständigung zwischen europäischen Staaten muss auf dem Boden unbedingter Souveränität und völliger politischer Unabhängigkeit erfolgen. Es wäre übrigens unvorstellbar, im Rahmen einer Organisation, die nach reiflicher Erwägung unter die Aufsicht des Völkerbundes gestellt ist, im Geringsten an politische Beherrschung zu denken, denn die beiden Grundprinzipien des Völkerbundes sind gerade die Souveränität der Staaten und die Gleichheit ihrer Rechte. Und kann nicht, wenn die Souveränitätsrechte gewahrt bleiben, jede Nation gerade Gelegenheit finden, sich in der Mitarbeit am gemeinsamen Werk noch bewusster auszuwirken, in einem Bundessystem, das mit der Achtung vor den Überlieferungen und der Eigenart eines jeden Volkes voll vereinbar ist?

Europäische Gespräche. Jg. 8 (1930), H. 7. S. 372 ff.

4 Briand wirbt für Europa. Die Karikatur aus der satirischen Zeitschrift „Kladderadatsch" zeigt das Bemühen des französischen Außenministers, Zustimmung für die Gründung einer europäischen Union zu finden.

Arbeitsvorschläge

a) Sehen Sie Zusammenhänge zwischen den Texten Kants und Palackys und den aktuellen Problemen der europäischen Einigung (M 2a, M 2b)?

b) Vergleichen Sie den Europa-Diskurs der 1920er-Jahre mit dem heutigen.

c) Vergleichen Sie die Tonlagen der Vertragstexte von 1648, 1815 und 1919 und vergegenwärtigen Sie sich Gründe für deren Wandel. Wie denken Sie über die Bestrafung von Schuldigen (M 1)?

12.2 Nach dem Zweiten Weltkrieg: Aufbruch nach Europa

Nie wieder Krieg

Der Schock des Zweiten Weltkrieges saß tief. Noch während des Krieges entstand in den Kreisen des Widerstandes gegen die nationalsozialistische Gewaltherrschaft die Vision eines einigen Europas ohne Feindschaften und trennende Grenzen. Daran knüpften nach dem Kriegsende verschiedene politische Gruppierungen in einer Reihe westeuropäischer Länder an. In einer viel beachteten Rede in Zürich 1946 empfahl der britische Kriegspremier Winston Churchill die Zusammenarbeit der kontinentaleuropäischen Staaten in einem „Europarat", dessen Kern die Partnerschaft zwischen Frankreich und Deutschland bilden sollte.

Der Europarat

Bei den Regierungen fanden solche Ideen wenig Widerhall. So blieb es den nichtamtlichen Vereinigungen, die sich zur „Europäischen Bewegung" zusammenschlossen, vorbehalten, im Mai 1948 prominente Vertreter aus Politik, Wirtschaft und Kultur in Den Haag zu einem „Europa-Kongress" zu versammeln und das Programm einer europäischen Integration ins öffentliche Bewusstsein zu rücken. Unterstützt von den USA konstituierte sich schließlich am 5. Mai 1949 mit zunächst zehn Mitgliedsländern der Europarat (dem heute alle europäischen Staaten außer Monaco und Weißrussland angehören). Er stellt einen lockeren Zusammenschluss dar, dessen Vereinbarungen zu befolgen im Ermessen der Mitglieder liegt. Verstöße gegen die Prinzipien des demokratischen Rechtsstaates freilich können mit der Suspendierung oder dem Ausschluss geahndet werden. Gemäß seiner Satzung kann der Europarat alle Europa betreffenden Themen behandeln. Aber im Laufe der Jahre hat er sich vor allem dreier Bereiche angenommen: Demokratie und Menschenrechte, Kultur, Gesellschaftsprobleme. Große Wirkung entfaltete die „Europäische Konvention zum Schutz der Menschenrechte und Grundfreiheiten". Gegen Verletzungen dieser Konvention können Staaten wie Einzelpersonen beim „Europäischen Gerichtshof für Menschenrechte" Klage erheben.

Wirtschaftlicher Aufbau

Als sich die USA 1947 entschlossen, der unter den Kriegsfolgen leidenden europäischen Wirtschaft im Rahmen des „Marshall-Plans" mit beträchtlichen Finanzspritzen auf die Beine zu helfen, knüpften sie ihr Angebot an die Bedingung enger und liberaler wirtschaftlicher Zusammenarbeit der Empfängerländer. Diese mussten sich verpflichten, ihre Grenzen für den Handel zu öffnen, die Zölle spürbar zu senken, den Zahlungsverkehr zu erleichtern. Die zur Erreichung dieser Ziele geschaffene „Organisation for European Economic Cooperation" (OEEC, heute OECD, D = Development) bekam Weisungsbefugnisse gegenüber den Mitgliedsstaaten, jedoch konnte sie diese nur selten gegen die einzelnen Regierungen durchsetzen.

Militärbündnisse

Was Marshall-Plan und OEEC nicht vermochten, erzwang schließlich der sich seit 1947 ausbreitende „Kalte Krieg" zwischen Ost und West. In der Sorge vor (vermeintlichen) sowjetischen Expansionsgelüsten waren die Westeuropäer bereit, gemeinsame Verteidigungsanstrengungen auf sich zu nehmen und sich der Führung der USA unterzuordnen. 1949 schlossen zehn europäische Staaten zusammen mit den USA und Kanada den Nordatlantischen Verteidigungspakt (NATO). Sie übernahmen dabei die Verpflichtung, einander im Kriegsfalle Beistand zu leisten; über die Art dieses Beistandes sagt der Vertrag nichts aus. Die NATO versteht sich dabei nicht nur als militärisches, sondern auch als politisches Bündnis, das für die liberal-pluralistische Demokratie einsteht. Als östliches Gegenstück entstand 1955, ebenfalls von einer Hegemonialmacht dominiert, der Warschauer Pakt; er löste sich 1991 auf.

1 **Westeuropäische Aufbruchstimmung.** Plakat 1948.

2 Der Europarat

a) Aus Winston Churchills Züricher Rede (1946):

Wir müssen etwas wie die Vereinigten Staaten von Europa schaffen. [...] Wir verfügen über das unermessliche Gedankengut und die Verfahrenstechnik, die nach dem Ersten Weltkrieg inmitten großer Hoffnungen in Form des Völkerbundes ins Leben gerufen und entwickelt wurden. Der Völkerbund versagte nicht wegen seiner Grundsätze und Ideen. Er versagte, weil diese Grundsätze von den Staaten aufgegeben wurden, die ihn begründet hatten. Er versagte, weil die Regierungen jener Tage sich fürchteten, den Tatsachen ins Auge zu sehen und zu handeln, solange noch Zeit dazu war. Ich spreche jetzt etwas aus, das Sie in Erstaunen setzen wird. Der erste Schritt bei der Neugründung der europäischen Familie muss eine Partnerschaft zwischen Frankreich und Deutschland sein. Nur auf diese Weise kann Frankreich die moralische Führung in Europa wieder erlangen. Es gibt kein Wiederaufleben Europas ohne ein geistig großes Frankreich und ein geistig großes Deutschland. Die Struktur der Vereinigten Staaten von Europa, wenn sie gut und echt errichtet wird, muss so sein, dass die materielle Stärke eines einzelnen Staates von weniger großer Bedeutung ist. Kleine Nationen zählen ebenso viel wie große und erwerben sich ihre Ehre durch ihren Beitrag zu der gemeinsamen Sache.

Zit. nach: Forschungsinstitut der Deutschen Gesellschaft für Auswärtige Politik (Hrsg): Europa. Dokumente zur Frage der europäischen Einigung. Bd. 1. München 1962, S. 113 ff.

b) Aus einer Resolution des Haager „Europa-Kongresses" (1948):

Es hat der Kongress

1. erkannt, dass die europäischen Nationen die vordringliche Pflicht haben, sich zu einer wirtschaftlichen und politischen Einheit zusammenzuschließen, die für die Sicherheit und den sozialen Fortschritt bürgt; [...]

3. erklärt, dass die Zeit gekommen sei, zu der die europäischen Nationen einen Teil ihrer Souveränitätsrechte übertragen und verschmelzen müssen, um gemeinsames politisches und wirtschaftliches Handeln zur Ergänzung und geeigneten Entwicklung ihrer gemeinsamen Hilfsquellen sicherzustellen;

4. verlangt, dass unverzüglich eine Europäische Versammlung einberufen werde, die von den Parlamenten der Teilnehmerstaaten entweder aus deren Mitgliedern oder aus anderen Personen zu wählen sei und die die Aufgabe habe, a) zur Bildung einer öffentlichen Meinung in Europa beizutragen und dieser Ausdruck zu verleihen; b) sofortige praktische Maßnahmen zu empfehlen, die geeignet seien, die notwendige wirtschaftliche und politische Einheit Europas in fortschreitendem Maße zu verwirklichen.

Europa. Dokumente, Bd. 1. S. 151 f.

c) Aus der Satzung des Europarates vom 5. Mai 1949:

Art. 1. a) Der Europarat hat zur Aufgabe, eine engere Verbindung zwischen seinen Mitgliedern zum Schutze und zur Förderung der Ideale und Grundsätze, die ihr gemeinsames Erbe bilden, herzustellen und ihren wirtschaftlichen und sozialen Fortschritt zu fördern. b) Diese Aufgabe wird von den Organen des Rates erfüllt durch Beratung von Fragen von gemeinsamem Interesse, durch den Abschluss von Abkommen und durch gemeinschaftliches Vorgehen auf wirtschaftlichem, sozialem, kulturellem und wissenschaftlichem Gebiet und auf den Gebieten des Rechts und der Verwaltung sowie durch den Schutz und die Fortentwicklung der Menschenrechte und Grundfreiheiten; [...] d) Fragen der nationalen Verteidigung gehören nicht zur Zuständigkeit des Europarates.
Art. 3. Jedes Mitglied des Europarates erkennt den Grundsatz der Vorherrschaft des Rechts und den Grundsatz an, dass jeder, der seiner Hoheitsgewalt unterliegt, der Menschenrechte und Grundfreiheiten teilhaftig werden soll.

Europa. Dokumente, Bd. 1. S. 367.

3 Die französisch-deutsche Annäherung

a) Aus den Memoiren Jean Monnets (1978):

Wenn man bei uns die Furcht vor einer deutschen industriellen Vorherrschaft beseitigen könnte, wäre das größte Hindernis für die Einigung Europas weggeräumt. Eine Lösung, die der französischen Industrie die gleiche Ausgangsbasis wie der deutschen einräumte, während man diese von den aus der Niederlage entstandenen Diskriminierungen befreite, würde die ökonomischen und

politischen Bedingungen für eine Entente schaffen, die für Europa unerlässlich war. Darüber hinaus könnte sie sogar das Ferment zu einer europäischen Einheit werden. […] Wenn man das Problem der Souveränität ohne Gedanken an Revanche und Vorherrschaft anging, wenn vielmehr Sieger und Besiegte übereinkamen, sie gemeinsam über einen Teil ihrer zusammengefassten Reichtümer auszuüben, welch solides Band würde damit zwischen ihnen geschaffen, welche Möglichkeiten würden zu neuen eröffnet, und welch ein Beispiel würde den anderen europäischen Völkern geboten!
Die zusammengefassten Reichtümer waren in erster Linie Kohle und Stahl, die sich Frankreich und Deutschland ungleich, aber auf ergänzende Weise miteinander teilten. Die Vorkommen lagen in einem geografischen Dreieck, das durch künstliche historische Grenzen geteilt war. Diese Zufallsgrenzen waren im Industriezeitalter, das gleichzeitig mit den nationalistischen Doktrinen aufstieg, zu Hindernissen und dann sogar zu Konfrontationslinien geworden. Die beiden Völker fühlten sich nicht mehr sicher, wenn sie nicht die ganzen Ressourcen, das heißt das ganze Gebiet besaßen. […] Kohle und Stahl waren sowohl der Schlüssel für wirtschaftliche Macht wie auch für das Arsenal, in dem die Waffen für den Krieg geschmiedet wurden. Diese doppelte Macht gab ihnen damals eine gewaltige symbolische Bedeutung, die wir heute vergessen haben, vergleichbar etwa der, die jetzt die Kernenergie begleitet. Sie über die Grenzen hinweg zu fusionieren, würde ihnen ihren unheilvollen Nimbus nehmen und sie – im Gegenteil – zu einem Unterpfand des Friedens machen.

J. Monnet: Erinnerungen eines Europäers. München 1980, S. 373 f. Übers. Werner Vetter.

b) Aus den Memoiren Konrad Adenauers (1965):
Die Saarverträge hatten in weiten Kreisen der deutschen Bevölkerung Zweifel hervorgerufen, ob der Wunsch und die Hoffnung Deutschlands auf ein gutes freundschaftliches Verhältnis zu Frankreich auch in Frankreich vorhanden sei. Man fragte sich, ob in Frankreich wirklich der ernste Wille bestehe, Deutschland als gleichberechtigtes Mitglied in den Kreis der Völker wieder einzuführen und es zur Mitarbeit am Wiederaufbau Europas und der Welt heranzuziehen. […]
Um das gegenwärtige Stadium des Stillstandes und des Misstrauens durch einen sichtbaren und entscheidenden Schritt nach vorwärts zu überwinden, machte ich am 7. März 1950 gegenüber dem amerikanischen Journalisten Kingsbury-Smith den Vorschlag für eine europäische Union.
Ich erklärte Kingsbury-Smith wörtlich: „Eine Union zwischen Frankreich und Deutschland würde einem schwerkranken Europa neues Leben und einen kraftvollen Auftrieb geben. Psychologisch und materiell würde sie von gewaltigem Einfluss sein und Kräfte freisetzen, die Europa sicherlich retten werden. Ich glaube, dies ist die einzige Möglichkeit, die Einheit Europas zu erreichen. Hiermit würde der Rivalitätsgedanke zwischen den beiden Ländern verschwinden."
Ich erklärte, ich sei bereit, eine deutsch-französische Union zu unterstützen, vorausgesetzt, dass auch England, Italien, Belgien, Luxemburg und den Niederlanden die Teilnahme offen stehe. Ich erwähnte diese Staaten, damit nicht der Eindruck entstand, dass ein deutsch-französischer Block gebildet werde, um anderen Staaten seinen Willen aufzuzwingen. Ich betonte in dem Interview, dass eine Rückkehr der Saar zu Deutschland eine wesentliche Voraussetzung für eine solche Union sein würde. Ich wies aber darauf hin, dass sich nach meiner Meinung das Saarproblem von selbst lösen würde, wenn die Frage der deutsch-französischen Beziehungen auf einer höheren Ebene und unter der kühnen Schau, die mit der Union der beiden Länder gegeben sei, gelöst werden könnte.
Ich war aufs Tiefste beunruhigt über die Maßnahmen Frankreichs, die praktisch einer Annexion der Saarkohlengruben auf 50 Jahre gleichkamen. Ich brachte gegenüber Kingsbury-Smith meine Befürchtungen zum Ausdruck, dass eine Verstimmung über diesen Schritt den Nationalismus in Deutschland wieder aufkommen lassen werde und extreme Nationalisten dazu bewegen könne, den Blick nach Russland zu wenden in der Hoffnung, von dort Unterstützung ihrer nationalistischen Bestrebungen zu finden.

K. Adenauer: Erinnerungen, Bd. 1 (1945–1953). Frankfurt 1967, S. 299 f.

12

Arbeitsvorschläge

a) Erörtern Sie die Lehren, die man nach 1945 aus dem Scheitern des Völkerbunds zu ziehen suchte.
b) Was verstehen Sie unter den „Idealen und Grundsätzen" sowie dem „gemeinsamen Erbe" Europas?
c) Erläutern Sie das Konzept Monnets für eine französisch-deutsche Partnerschaft.
d) Vergegenwärtigen Sie sich die Belastungen des deutsch-französischen Verhältnisses um 1950.
e) Wie beurteilen Sie Adenauers Sorge vor einem Zusammengehen deutscher Nationalisten mit der Sowjetunion?

1 Unterzeichnung des EGKS-Gründungsvertrages durch die Außenminister Belgiens, Luxemburgs und Italiens, den französischen Außenminister und Vertragsinitator Robert Schuman, Bundeskanzler Konrad Adenauer und den Außenminister der Niederlande (v. l. n. r.) am 18. April 1951 in Paris.

12.3 Stationen der europäischen Integration

Montanunion

Die Weichen für den europäischen Einigungsprozess wurden endgültig am 9. Mai 1950 in Paris gestellt. Vor der internationalen Presse unterbreitete der französische Außenminister Robert Schuman den von Jean Monnet entworfenen Vorschlag einer Zusammenlegung der nationalen Kohle-, Eisen- und Stahlindustrien auf europäischer Ebene. Dieser Verbund sollte der Produktionssteigerung und damit dem allgemeinen wirtschaftlichen und sozialen Fortschritt dienen, zugleich aber auch - indem er die für die Rüstungsindustrie grundlegenden Wirtschaftszweige einer gemeinsamen Lenkung und Kontrolle unterstellte - Wettrüsten und militärische Konfrontation zwischen den Vertragspartnern unmöglich machen.
Diese „supranationale" Ausrichtung der Kohle-Stahl-Gemeinschaft war eine sensationelle Neuerung. Eine mit umfassenden Vollmachten ausgestattete Steuerungs- und Aufsichtsinstanz, die „Hohe Behörde", sollte in völliger Unabhängigkeit von den Regierungen der Mitgliedsländer alle Wirtschaftsabläufe dieses Sektors regeln, die Produktionsmengen und die Preise festlegen, Investitionen vornehmen, für die soziale Sicherheit der Beschäftigten sorgen, den eigenen Markt gegen ausländische Konkurrenz abschirmen. Diese planwirtschaftliche und protektionistische Ausrichtung behagte den Anhängern einer liberalen Marktwirtschaft ganz und gar nicht. Großbritannien lehnte darum einen Beitritt zur „Europäischen Gemeinschaft für Kohle und Stahl" (EGKS) ab. Die ebenfalls skeptische deutsche Stahlindustrie stellte ihre Bedenken schließlich zurück, weil sie - zu Recht - auf gute Absatzmöglichkeiten spekulierte. Der entschieden liberale Bundeswirtschaftsminister Ludwig Erhard fügte sich dem Druck seines Regierungschefs Adenauer, für den der politische Gewinn einer solchen europäischen Teilintegration unbedingten Vorrang vor rein wirtschaftlichen Erwägungen hatte. Am Ende waren sechs Länder zur Teilnahme bereit: Belgien, die Bundesrepublik, Frankreich, Italien, Luxemburg und die Niederlande. Sie stellten der supranationalen Hohen Behörde den Ministerrat an die Seite, der den einzelstaatlichen Regierungen ein Mitentscheidungsrecht im Falle ernster wirtschaftlicher Krisen verschaffte.

Die Montanunion erwies sich in den Anfangsjahren als ein voller Erfolg. Als jedoch Ende der 1950er-Jahre das Erdöl die Kohle zu verdrängen begann, die Nachfrage nach Stahl und Eisen sank, der Wettbewerb auf dem Weltmarkt härter wurde, zerbrach die Solidarität zwischen den Mitgliedstaaten. Jede Regierung suchte zunächst die eigenen Betriebe vor dem Schlimmsten zu bewahren, und der EGKS-Vertrag wurde mehr als einmal verletzt.

Europäische Verteidigungsgemeinschaft (EVG)

Noch unglücklicher endete der Versuch, eine europäische Armee zu schaffen. Auch hier ging die Initiative von Frankreich aus, das erneut über den eigenen Schatten springen musste, um das größere Übel - eine selbstständige westdeutsche Streitmacht - abzuwenden. Wenn schon - so war die französische Überlegung - angesichts der sowjetischen Bedrohung und des amerikanischen Drängens eine westdeutsche Wiederbewaffnung nicht zu umgehen war, so sollte das deutsche Militär zumindest in eine gemeinsame (west)europäische Armee eingebunden und damit als potenzieller Rivale neutralisiert werden. Das war die Quintessenz des Planes, den der französische Premierminister René Pleven im Oktober 1950 vorlegte. An politischer Kühnheit überbot er noch das EGKS-Projekt: Gehörte doch das Militär, das nunmehr einer supranationalen Instanz unterstellt werden sollte, seit je zum Kernbestand nationaler Souveränität.

In der Bundesrepublik war die Wiederbewaffnung heftig umstritten. Ihre Befürworter - an der Spitze Bundeskanzler Adenauer - verwiesen auf den enormen Souveränitätsgewinn, der damit verbunden war, aber auch auf die moralische Pflicht, zur Verteidigung des Westens beizutragen. Aber weit verbreitet war die Sorge, ein westdeutscher „Wehrbeitrag" werde die Tür zur immer noch erhofften deutschen Wiedervereinigung endgültig zuschlagen. Der nach langem Hin und Her unterzeichnete EVG-Vertrag trat am Ende doch nicht in Kraft. Obwohl die übrigen fünf Partnerstaaten - die gleichen wie in der EGKS - die Ratifizierung bereits vollzogen hatten und die USA auf den Abschluss drängten, lehnte es die französische Nationalversammlung im August 1954 ab, sich überhaupt noch mit dem Vertrag zu befassen. De Gaulle-Anhänger und Kommunisten hatten dabei zusammengewirkt: Die Rechten wollten keine Einbußen der französischen Souveränität hinnehmen, die Linken eine gegen die Sowjetunion gerichtete Militärallianz verhindern.

Es blieb letztlich bei der Aufstellung westdeutscher Streitkräfte, die aber nunmehr der NATO unterstellt wurden. Gleichzeitig wurde die Bundesrepublik (neben Italien) Mitglied des neu geschaffenen Militärpaktes der West-Europäischen Union (WEU), dem neben den „Sechs" auch Großbritannien angehörte und der eine unbedingte militärische Beistandspflicht im Krisenfall vorsah. Zugleich war die WEU ein Kontrollorgan, das die Einhaltung der der Bundesrepublik auferlegten Rüstungsbeschränkungen (Verbot der ABC-Waffen) überwachte.

Europäische Wirtschaftsgemeinschaft (EWG)

Nach dem Scheitern der EVG waren es diesmal die Benelux-Länder, die einen neuen Anlauf unternahmen. Ein Ausschuss unter dem Vorsitz des belgischen Außenministers Paul Henri Spaak empfahl 1956 den Aufbau eines Gemeinsamen Marktes ohne Binnengrenzen. Gleichzeitig betrieb Paris das Projekt einer Europäischen Atomgemeinschaft (EAG). Es wollte damit europäisches Forschungspotenzial, Know-how und Geld mobilisieren, um schließlich eine eigene Atombombe entwickeln und in den erlauchten Kreis der Nuklearmächte aufsteigen zu können. Widerstrebend fanden sich die übrigen Fünf mit der von Frankreich geforderten Verknüpfung zwischen den beiden Vorhaben ab.

2 **„Europa ist gegenwärtig!“** Studentinnen und Studenten verbrennen 1950 bei St. Germannshof die Grenzpfähle.

3 **Europäische Aufbruchstimmung.** Charles de Gaulle und Konrad Adenauer auf einer Kundgebung für die europäische Einigung in Bonn 1962.

EFTA

Großbritannien, auf dessen Mitwirkung vor allem die Benelux-Länder drängten, blieb auch diesmal fern. Es konnte sich mit der geforderten Abtretung einzelstaatlicher Kompetenzen und insgesamt mit der planifikatorischen und protektionistischen Ausrichtung des Vertrages nicht anfreunden. Stattdessen gründete es 1960, zusammen mit sechs weiteren europäischen Ländern, die Europäische Freihandelsassoziation (EFTA). In ihr herrschte, von den Agrarprodukten abgesehen, Zollfreiheit; es gab aber keine gemeinsame Zollaußengrenze, und jeder Staat betrieb weiterhin seine eigene Wirtschaftspolitik.

Gemeinsamer Markt

Der im März 1957 unterzeichnete, 1958 in Kraft getretene EWG-Vertrag sah die Schaffung eines Gemeinsamen Marktes vor, in dem die Binnenzölle Schritt für Schritt fortfallen und einheitliche Außenzölle die Gemeinschaft gegen die ausländische Konkurrenz schützen sollten. In Deutschland protestierte Bundeswirtschaftsminister Erhard zwar gegen diese Politik des Protektionismus, konnte sich aber gegen Adenauer nicht durchsetzen.

Gemeinsame Agrarpolitik

Besonderer Förderung durch die EWG erfreute sich die Landwirtschaft. Sie wurde nicht dem freien Wettbewerb und der Konkurrenz des billiger produzierenden Auslands ausgesetzt. Stattdessen garantierte ihr die EWG die Abnahme aller ihrer Erzeugnisse zu oft deutlich über dem Weltmarktniveau liegenden Preisen. Finanziert wurde dieses System durch Subventionen aus der EWG-Kasse - sie verschlangen anfangs über 80 % des gesamten EWG-Budgets und erreichen noch heute fast 50 % - und durch die von den Konsumenten zu tragenden erhöhten Preise. Nutznießer dieser Regelungen waren und sind die Länder mit einem großen Agrarsektor (wie Frankreich, Spanien, Niederlande, in Zukunft auch die osteuropäischen Staaten), während Nahrungsmittel importierende Länder (wie vor allem Großbritannien, aber auch Belgien oder Deutschland) finanziell überproportional belastet werden. Zudem hatten die den Bauern gewährten Absatz- und Preisgarantien die fatale Folge einer unsinnigen Überproduktion. Die EWG zahlte Unsummen für den Ankauf und die Lagerung von Agrarprodukten, für die bei den Verbrauchern kein Bedarf bestand. Nur langsam rangen sich die Landwirtschaftsminister (stets unter dem Druck einer starken Agrarlobby) dazu durch, die Subventionen zu senken und die europäischen Bauern stärker dem internationalen Wettbewerb auszusetzen. Sie sahen sich dazu auch deshalb genötigt, weil die Welthandelsorganisation (WTO), deren Mitglied die EU ist, gemäß ihren Statuten und den gemeinsamen Beschlüssen auf einem Abbau des europäischen Protektionismus bestand.

Wirtschaftliche Erfolge

Der schrittweise Wegfall der Binnenzölle wie auch die konsequent durchgesetzte, Monopole und Kartelle beschneidende Wettbewerbspolitik bescherten dem „Europa der Sechs" eine erfreuliche gesamtwirtschaftliche Entwicklung. Es wurde schnell zum bewunderten und beneideten Modell wirtschaftlicher Dynamik. Das brachte Großbritannien, das sich lange so vehement gesträubt hatte, 1961 dazu, einen Beitrittsantrag (zusammen mit Irland, Dänemark und Norwegen) zu stellen. Diese Anträge scheiterten 1963 am Veto des französischen Staatspräsidenten Charles de Gaulle, und der gleiche Vorgang wiederholte sich vier Jahre später.

De Gaulle als Bremser

De Gaulles Nein richtete sich ausschließlich gegen England. Er hatte richtig erkannt, dass London ein unbequemer, weil in grundsätzlichen Fragen anders denkender Partner sein würde. Vor allem aber fürchtete er in England einen gefährlichen Rivalen im Streben nach der europäischen Führungsstellung, die er mit Selbstverständlichkeit für Frankreich beanspruchte. Ein Dorn im Auge war ihm auch Londons „special relationship" mit den USA. Er hingegen wollte Europa als Gegenpol zu Amerika aufbauen und es als dritte Weltmacht neben den USA und der Sowjetunion etablieren.
Das sollte freilich nach den traditionellen Spielregeln der Bündnisbildung souverän bleibender Staaten vor sich gehen. Für ihn kam nur ein „Europa der Vaterländer" in Betracht. Darum weigerte er sich, den für die zweite Phase des Gemeinsamen Marktes vertraglich vorgesehenen Übergang zu Mehrheitsabstimmungen im Ministerrat mitzuvollziehen. Um seinen Standpunkt durchzusetzen, ließ er die EWG-Arbeit mit einer „Politik des leeren Stuhls" monatelang boykottieren, bis seine Forderungen im so genannten „Luxemburger Kompromiss" von 1966 erfüllt wurden. Seitdem gilt für Beschlüsse im Ministerrat das Einstimmigkeitsprinzip immer dann, wenn ein Land sein vitales Interesse an der zur Entscheidung anstehenden Frage erklärt.

Eurosklerose

Auch nach de Gaulles Rücktritt 1969 kam der europäische Einigungsprozess nur mühsam voran. Als in den 1970er-Jahren zwei horrende Ölpreissteigerungen der Weltwirtschaft eine schwere Krise bescherten, suchten mehrere Mitgliedstaaten ihr Heil in einzelstaatlichen Alleingängen. An einem von Frankreich und der Bundesrepublik ins Leben gerufenen „Europäischen Währungssystem" (EWS), das den innergemeinschaftlichen Zahlungsverkehr stabilisieren sollte, nahmen nicht alle Mitglieder teil. Der 1973 endlich zustande gekommene Beitritt Großbritanniens (zusammen mit Dänemark und Irland) vergrößerte erwartungsgemäß die Reibungsflächen. Besonders die energische britische Premierministerin Margret Thatcher (die „Eiserne Lady") stellte sich vielen europäischen Vorhaben in den Weg. Mit der ihr eigenen Hartnäckigkeit erstritt sie beträchtliche finanzielle Rabatte für ihr Land, das unter den Belastungen der gemeinsamen Agrarpolitik am meisten zu leiden hatte. Das verstärkte natürlich die Gereiztheit der übrigen Nettozahler.

Margaret Thatcher

12

„Europa 1992"

Erst mit dem Amtsantritt des französischen Kommissionspräsidenten Jacques Delors kam neuer Schwung in die Europapolitik. Im Bunde mit dem französischen Staatspräsidenten François Mitterrand und dem deutschen Bundeskanzler Helmut Kohl brachte er zwei weitreichende Projekte auf den Weg: die „Einheitliche Europäische Akte" von 1986, die den „Vollendeten Binnenmarkt" schuf; und den Vertrag von Maastricht 1992, der die Europäische Union und die gemeinsame Euro-Währung begründete.

„Einheitliche Europäische Akte"

Die Errichtung des vollendeten Binnenmarktes zum Jahresbeginn 1993 verwirklichte endlich die schon im EWG-Vertrag von 1957 proklamierten Ziele: den freien Personen-, Waren-, Dienstleistungs- und Kapitalverkehr. Fortan konnte jeder Bürger, jedes Unternehmen und jede Kapitalgesellschaft aus den EG-Ländern im gesamten EG-Raum unter den gleichen rechtlichen Rahmenbedingungen wirtschaftlich tätig werden. Das erweiterte den Wettbewerb, zwang zu stärkerer Rationalisierung und trug langfristig zur Senkung der Kosten und Preise bei. Solange freilich das Steuer- und Unternehmensrecht nicht vereinheitlicht war – was bis heute nicht geschehen ist –, waren und sind Wettbewerbsverzerrungen unvermeidlich.

Vertrag von Maastricht

Der 1993 in Kraft getretene Vertrag von Maastricht brachte die weitestgehenden Neuerungen seit dem EWG-Vertrag von 1957 mit sich. Er erweiterte die Europäische(n) Gemeinschaft(en) (EG) zur Europäischen Union (EU) und stellte diese auf drei Säulen: die EG, bestehend aus der EWG, der (nahezu bedeutungslosen) Europäischen Atomgemeinschaft und der (2002 vertragsgemäß zu Ende gegangenen) EGKS; die Gemeinsame Außen- und Sicherheitspolitik (GASP), eine institutionalisierte Zusammenarbeit zwischen den Regierungen, die aber weiterhin ihre eigene Außenpolitik betreiben dürfen und nicht verpflichtet sind, an gemeinsamen Aktionen aktiv teilzunehmen; die Zusammenarbeit in der Innen- und Justizpolitik, die ebenfalls auf der Ebene der Regierungen (inter-gouvernemental) abläuft und nicht jeweils von allen Mitgliedsländern mitgetragen werden muss.

Am meisten Beachtung fand die in Maastricht beschlossene Wirtschafts- und Währungsunion. Sie führte, beginnend 1999, eine gemeinsame Währung, den Euro, ein, der seit 2002 alleiniges Zahlungsmittel in den 12 an der Währungsunion teilnehmenden EU-Ländern ist (Dänemark, Großbritannien und Schweden behielten vorerst ihre eigene Währung). Auf Betreiben Deutschlands entstand 1996 der Stabilitätspakt, der die Euro-Länder zu einer disziplinierten Haushaltspolitik verpflichtet und übermäßige Defizite mit Strafen bedroht. Im Übrigen soll eine von den Mitgliedsregierungen unabhängige Europäische Zentralbank für die Stabilität der Euro-Währung Sorge tragen. Das ist bislang insgesamt durchaus gelungen.

Das komplizierte Vertragswerk von Maastricht enthält noch weitere wichtige Regelungen:

- Es legt die EU auf das Subsidiaritätsprinzip fest: Danach sollen der Gemeinschaft nur solche Aufgaben zufallen, die auf den anderen Ebenen – Einzelstaaten, Regionen, Gemeinden – nicht zureichend bewältigt werden können.
- Es verleiht dem Europäischen Parlament erweiterte Mitwirkungs- und Mitentscheidungsbefugnisse.
- Es führt ein Unionsbürgerrecht ein: Jeder Unionsbürger genießt an seinem jeweiligen Wohnort das aktive und passive Wahlrecht bei Europa- und Kommunalwahlen. Er hat ein Recht auf diplomatischen Schutz im Ausland durch einen anderen EU-Staat, wenn sein eigenes Land dort keine diplomatische Vertretung unterhält.

4 **Von der wirtschaftlichen zur politischen Union**

5 Für und wider die Montanunion

a) Aus der Erklärung der französischen Regierung vom 9. Mai 1950 (Schuman-Plan):

Europa lässt sich nicht mit einem Schlage herstellen und auch nicht durch eine einfache Zusammenfassung: Es wird durch konkrete Tatsachen entstehen, die zunächst eine Solidarität der Tat schaffen. Die Vereinigung der europäischen Nationen erfordert, dass der Jahrhunderte alte Gegensatz zwischen Frankreich und Deutschland ausgelöscht wird. Zu diesem Zweck schlägt die französische Regierung vor, in einem begrenzten, doch entscheidenden Punkt sofort zur Tat zu schreiten.

Die französische Regierung schlägt vor, die Gesamtheit der französisch-deutschen Kohle- und Stahlproduktion unter eine Gemeinsame Oberste Aufsichtsbehörde (Haute Autorité) zu stellen, in einer Organisation, die den anderen europäischen Ländern zum Beitritt offen steht. Die Zusammenlegung der Kohle- und Stahlproduktion wird sofort die Schaffung gemeinsamer Grundlagen für die wirtschaftliche Entwicklung sichern – die erste Etappe der europäischen Föderation – und die Bestimmung jener Gebiete ändern, die lange Zeit der Herstellung von Waffen gewidmet waren, deren sicherste Opfer sie gewesen sind. Die Solidarität der Produktion, die so geschaffen wird, wird bekunden, dass jeder Krieg zwischen Frankreich und Deutschland nicht nur undenkbar, sondern materiell unmöglich ist. [...] So wird einfach und rasch die Zusammenfassung der Interessen verwirklicht, die für die Schaffung einer Wirtschaftsgemeinschaft unerlässlich ist, und das Ferment einer weiteren und tieferen Gemeinschaft den Ländern eingeflößt, die lange Zeit durch blutige Fehden getrennt waren. Durch die Zusammenlegung der Grundindustrien und die Errichtung einer neuen Obersten Behörde, deren Entscheidungen für Frankreich, Deutschland und die anderen teilnehmenden Länder bindend sein werden, wird dieser Vorschlag den ersten Grundstein einer europäischen Föderation bilden, die zur Bewahrung des Friedens unerlässlich ist.

Zit. nach: Europa-Archiv, 11/1950. S. 3091 f.

b) Bundeswirtschaftsminister Ludwig Erhard zur Eröffnung der Frankfurter Messe (1951):

Es gibt tatsächlich nur einen Weg, einen sinnvollen und fruchtbaren: Das ist die Ermöglichung größerer Freiheit und Freizügigkeit im Außenhandel. Es ist unmöglich, auf der politischen Ebene davon zu sprechen: Wir wollen die größeren Einheiten schaffen, wir wollen die Völker zusammenführen, wenn man dann auf der anderen Seite auf der wirtschaftlichen Ebene im nationalen Egoismus und in der protektionistischen Verkrampfung auf dem augenblicklichen Stand verharren will. [...] Es besteht in gewisser Hinsicht immer noch eine Primitivität der Austauschbeziehungen, die mehr an die Postkutschenzeit als an das Atomzeitalter erinnert. [...] Nein, wir wollen unter allen Umständen den Weg der freiheitlichen und freizügigen Verbindung mit allen Ländern, insbesondere mit unseren europäischen Partnern, im Rahmen der Europäischen Zahlungsunion gehen. Für mich ist Europa nicht ein letzter Begriff, sondern nur eine Integrationsform wirtschaftlicher oder politischer Art. [...] Die Effizienz der menschlichen Arbeit, die Steigerung der Leistung aller Menschen in der Welt erfährt eine fruchtbare Bereicherung dadurch, dass in einer sehr weit gezogenen internationalen Arbeitsteilung durch Zusammenfügung des Reichtums aller Nationen in einem möglichst freien Austausch der Güter ein Maximum an Ertrag erreicht wird.

Auswärtiges Amt (Hrsg): Die Auswärtige Politik der Bundesrepublik Deutschland. Köln 1972, S. 172 f.

10 Zahlmeister Deutschland
Karikatur von Peter Leger, 1985.

unabhängigen souveränen Staaten. Europa ist stärker, wenn Frankreich Frankreich und Großbritannien Großbritannien bleibt, jedes mit seinen eigenen Gebräuchen, seiner eigenen Tradition und seiner eigenen Identität. [...] Wir sollten ein Europa bauen, das seine Rolle in der Welt ausfüllt und sich nicht nach innen, sondern nach außen orientiert, ein Europa, das die Atlantische Gemeinschaft – und somit das Europa auf beiden Seiten des Atlantiks – bewahrt, welche unser edelstes Erbe und unsere größte Quelle der Kraft darstellt.

M. Thatcher: Downing Street No. 10. Die Erinnerungen. Düsseldorf 1993, S. 1028 f. Übers. Heinrich Franz Toplinke.

11 Wege aus der Eurosklerose?

a) Kommissionspräsident Gaston Thorn zum 25. Jahrestag des EWG-Vertrages (1982):

Der europäische Besitzstand erscheint mir schwer bedroht durch nationalistische und protektionistische Tendenzen wie auch durch ein Denken in kurzen Zeitabschnitten, das in den Mitgliedstaaten um sich greift, je länger die Wirtschaftskrise dauert, je höher die Arbeitslosigkeit steigt, je mehr Betriebe ihre Tore schließen und je größer die Haushaltsdefizite werden. Die Krise schafft wirtschaftliche und soziale Gegensätze von inzwischen alarmierenden Ausmaßen unter den Mitgliedstaaten, sie schwächt das Solidaritätsgefühl und den inneren Zusammenhalt der Gemeinschaft. [...] Ich bin versucht, die Ursache dieser Schwächung Europas vor allem darin zu sehen, dass seit 1966 – im Gegensatz zu Geist und Buchstaben der Verträge – Beschlüsse nur noch einstimmig gefasst werden. Damit wurde zunächst, die Entscheidungskraft der Gemeinschaften vermindert, die Institutionen wurden schwerfällig. Vor allem aber hat die Einstimmigkeitsregel die Denk- und Verhaltensweisen der Akteure völlig deformiert, indem sie Kompromisslosigkeit gewissermaßen „legalisierte" und damit ständiges Neinsagen auch noch belohnte.

Europa-Archiv 9/1982, D 223 f.

b) Altbundeskanzler Helmut Schmidt über die Widerstände gegen das „Europäische Währungssystem" (1990):

Frankreich war unter Giscard zu diesem am Ende des Weges stehenden Souveränitätsverzicht bereit; die Bundesbank und viele der sich für sachverständig haltenden deutschen Professoren der Nationalökonomie waren dazu nicht bereit (und sind es auch heute nicht). Sie bekämpften (und bekämpfen noch heute) einen hochpolitischen, gesamtstrategischen Fortschritt in Richtung auf Integration und Autonomie Westeuropas mit Argumenten, die sie als Expertisen ausgeben, die aber in Wahrheit auf dem – den Urhebern zum Teil unbewussten – politischen Urteil oder Vorurteil beruhten, Westeuropas Integration sei als Wert nicht so hoch zu veranschlagen wie deutsche monetäre Autonomie. Ihr auf Verhinderung oder jedenfalls auf Verzögerung abzielendes zentrales Argument war und ist auch heute noch, zuerst müsse eine volle Harmonisierung der Gesamtheit, der ökonomischen Politiken der EG-Staaten erreicht sein, dann könne man auch deren Geldpolitiken unter einen gemeinsamen Hut bringen, quasi den Gemeinsamen Markt damit krönen. Tatsächlich bedingen und befruchten sich aber Fortschritte gegenseitig. [...] Die innenpolitischen Angriffe gegen mich [...] offenbarten bei einigen eine nationalegozentrische Haltung gegenüber dem europäischen Integrationsprozess, die von Arroganz nicht weit entfernt war. Das ungeschriebene Motto hieß: „Der Starke (die D-Mark) ist am mächtigsten allein."

H. Schmidt: Die Deutschen und ihre Nachbarn. Berlin 1990, S. 261 f.

12 Die Europäische Gemeinschaft und die deutsche Einheit

a) Die ehemalige britische Premierministerin Margaret Thatcher (1993):

Ein wiedervereinigtes Deutschland ist schlichtweg viel zu groß und zu mächtig, als dass es nur einer von vielen Mitstreitern auf dem europäischen Spielfeld wäre. Überdies hat Deutschland sich immer auch nach Osten hin orientiert, nicht nur in Richtung Westen, obwohl die moderne Version solcher Tendenzen eher auf wirtschaftliche denn auf kriegerische territoriale Expansion abzielt. Daher ist Deutschland vom Wesen her eher eine destabilisierende als eine stabilisierende Kraft im europäischen Gefüge. Nur das militärische und politische Engagement der USA in Europa und die engen Beziehungen zwischen den beiden anderen starken, souveränen Staaten Europas, nämlich Großbritannien und Frankreich, können ein Gegengewicht zur Stärke der Deutschen bilden. Ein Hindernis auf dem Wege zu einem solchen Gleichgewicht der Kräfte war zu meiner Amtszeit die Weigerung des von Präsident Mitterrand regierten Frankreich, französischen Instinkten zu folgen und den deutschen Interessen den Kampf anzusagen. Denn das hätte bedeutet, die französisch-deutsche Achse aufzugeben, auf die Mitterrand sich stützte. [...]

Sobald die Entscheidung gefallen war, dass die DDR der Europäischen Gemeinschaft ohne besondere Beitrittsverhandlungen beitreten konnte – aus meinen eigenen Gründen war ich gegen eine Vertragsänderung und irgendwelche Gemeinschaftshilfen –, konnten wir mit Hilfe der EG-Institutionen kaum noch etwas gegen die rasche Wiedervereinigung unternehmen. Meine Hoffnungen stützten sich nun auf die vier Siegermächte – Großbritannien, Frankreich, die Vereinigten Staaten und die Sowjetunion –, bei denen die Verantwortung für die Sicherheit Berlins lag. Doch nachdem die USA – und bald auch die Sowjets – in den Vier Mächten nichts anderes mehr sahen als ein Diskussionsforum für die Einzelheiten der Wiedervereinigung, war auch dieses Gremium nur noch von beschränktem Nutzen.

M. Thatcher: Downing Street No. 10. Düsseldorf 1993, S. 1101 f.

b) Aus der Schlusserklärung des Europäischen Gipfeltreffens in Dublin (1990):

Die Gemeinschaft begrüßt die Vereinigung Deutschlands wärmstens. Sie freut sich auf den positiven und fruchtbaren Beitrag, den das ganze deutsche Volk im Anschluss an die bevorstehende Eingliederung des Staatsgebiets der DDR in die Gemeinschaft leisten kann. Wir sind zuversichtlich, dass die Vereinigung Deutschlands als Ergebnis des frei geäußerten Wunsches des deutschen Volkes – ein positiver Faktor in der Entwicklung Europas im Allgemeinen und der Gemeinschaft im Besonderen sein wird. [...] Wir freuen uns, dass die Vereinigung Deutschlands unter einem europäischen Dach stattfindet. Die Gemeinschaft wird dafür Sorge tragen, dass die Eingliederung des Staatsgebiets der Deutschen Demokratischen Republik in die Gemeinschaft reibungslos und harmonisch vollzogen wird. Der Europäische Rat ist überzeugt, dass diese Eingliederung zu einem rascheren Wirtschaftswachstum in der Gemeinschaft beitragen wird und erklärt, dass dabei das wirtschaftliche Gleichgewicht und die monetäre Stabilität gewahrt bleiben müssen. [...] Die Eingliederung erfolgt ohne Änderung der Verträge.

Europa-Archiv 11/1990, D 285 f.

13 O Zeus, waren das noch Zeiten, als du noch ein Stier warst! Karikatur von Horst Haitzinger 1983.

14 Für und wider die Europäische Währungsunion

a) Bundeskanzler Helmut Kohl vor dem Deutschen Bundestag (1991):

Gelungen, meine Damen und Herren, ist es vor allem, den Vorrang der Geldwertstabilität so eindeutig festzuschreiben, dass dies – das sage ich auch im Hinblick auf die öffentliche Diskussion in unserem Land – den Vergleich mit dem deutschen Bundesbankgesetz nicht zu scheuen braucht. Als zentrale Vorbedingung für die Verwirklichung der Wirtschafts- und Währungsunion verlangt der Vertrag die nachprüfbare wirtschaftliche Konvergenz der Mitgliedstaaten. Anders ausgedrückt: Die wirtschaftlichen Daten der Kandidaten für die Währungsunion müssen ganz bestimmten Qualitätsanforderungen genügen, bevor eine Teilnahme an der Währungsunion möglich ist.

Diese Kriterien für die Qualifikation zur Währungsunion lauten: strikte Preisstabilität; unbedingte Haushaltsdisziplin; Konvergenz der langfristigen Zinssätze; stabile Position im Europäischen Währungssystem in den letzten zwei Jahren vor Eintritt in die Währungsunion. [...]

15 Städtepartnerschaften als Mittel zur Europäischen Integration

Für die künftige Europäische Zentralbank haben wir nach dem Vorbild der Deutschen Bundesbank ein Statut verabschiedet, das sie auf den Vorrang der Preisstabilität verpflichtet und zugleich ihre volle Unabhängigkeit sichert. Wichtig ist ferner, dass die in anderen europäischen Ländern zum großen Teil noch von der Regierung abhängigen Zentralbanken [...] spätestens mit der Errichtung der Europäischen Zentralbank unabhängig werden. Das ist ein gewaltiger Einschnitt in nationales Denken und Handeln in einer großen Zahl europäischer Länder.
Insgesamt werden wir mit dem Vertrag über die Wirtschafts- und Währungsunion zentrale Grundbedingungen, die seit über vierzig Jahren bei uns in Deutschland für ein hohes Maß an Geldwertstabilität und wirtschaftlichen Erfolg gesorgt haben, auf die Europäische Gemeinschaft übertragen.

Auswärtiges Amt (Hrsg): Außenpolitik der Bundesrepublik Deutschland. Köln 1995, S. 847 f.

b) Aus einem Memorandum 60 deutscher Ökonomen gegen die Maastricht-Beschlüsse (1992):

2. Eine funktionsfähige Wirtschafts- und Währungsunion erfordert als Vorbedingung eine dauerhafte [...] Angleichung der relevanten Wirtschaftsstrukturen der Mitgliedsländer. Eine einmalige – stichtagsbezogene – und damit mehr oder weniger zufällige Erfüllung einzelner Kriterien ist kein Nachweis der erforderlichen Konvergenz.

3. Die in Maastricht festgelegten Konvergenzkriterien sind zu weich. So ist u. a. nicht irgendeine relative, sondern allein eine in absoluten Werten definierte Preisniveaustabilität als ökonomische Vorbedingung für den Eintritt in die WWU zu fordern.

7. Einen Konsens, Preisstabilität als Priorität zu betrachten, wie er traditionell in Deutschland vorliegt, gibt es in Gesamteuropa bisher noch nicht. Nur mit einem solchen Konsens, den Notenbank, Regierung und Bevölkerung gemeinsam tragen, kann jedoch eine konsequente Stabilitätspolitik verfolgt werden, da diese u. a. der Unterstützung der Lohnpolitik und der Finanzpolitik des Staates bedarf.

8. Die ökonomisch schwächeren europäischen Partnerländer werden bei einer gemeinsamen Währung einem verstärkten Konkurrenzdruck ausgesetzt, wodurch sie aufgrund ihrer geringeren Produktivität und Wettbewerbsfähigkeit wachsende Arbeitslosigkeit erfahren werden.

9. Zur Zeit gibt es daher kein ökonomisch zwingendes Argument dafür, von oben eine monetäre Einheit auf ein wirtschaftlich, sozial und interessenpolitisch noch uneiniges Europa zu stülpen. Die Verwirklichung des EG-Binnenmarktes benötigt oder erzwingt keineswegs eine gemeinsame europäische Währung.

Frankfurter Allgemeine Zeitung, 11. Juni 1992, S. 15 f.

16 Eine neue Stufe der europäischen Integration

a) Aus dem EU-Vertrag von Maastricht (1992):

Art. A. Dieser Vertrag stellt eine neue Stufe bei der Verwirklichung einer immer engeren Union der Völker Europas dar, in der die Entscheidungen möglichst bürgernah getroffen werden.
Grundlage der Union sind die Europäischen Gemeinschaften, ergänzt durch die mit diesem Vertrag eingeführten Politiken und Formen der Zusammenarbeit. Aufgabe der Union ist es, die Beziehungen zwischen den Mitgliedstaaten sowie zwischen ihren Völkern kohärent und solidarisch zu gestalten.

Art. B. Die Union setzt sich folgende Ziele:
– die Förderung eines ausgewogenen und dauerhaften wirtschaftlichen und sozialen Fortschritts, insbesondere durch Schaffung eines Raumes ohne Binnengrenzen, durch Stärkung des wirtschaftlichen und sozialen Zusammenhalts und durch Errichtung einer Wirtschafts- und Währungsunion, die auf längere Sicht auch eine einheitliche Währung [...] umfasst;
– die Behauptung ihrer Identität auf internationaler Ebene, insbesondere durch eine Gemeinsame Außen- und Sicherheitspolitik, wozu auf längere Sicht auch die Festlegung einer gemeinsamen Verteidigungspolitik gehört, die zu gegebener Zeit zu einer gemeinsamen Verteidigung führen könnte;
– die Stärkung des Schutzes der Rechte und Interessen der Angehörigen ihrer Mitgliedstaaten durch Einführung einer Unionsbürgerschaft;
– die Entwicklung einer engen Zusammenarbeit in den Bereichen Justiz und Inneres;
– die volle Wahrung des gemeinschaftlichen Besitzstandes und seine Weiterentwicklung. [...]
Art. F. (1) Die Union achtet die nationale Identität ihrer Mitgliedstaaten, deren Regierungssysteme auf demokratischen Grundsätzen beruhen.

Europäische Union – Europäische Gemeinschaft. Bonn 1996, S. 18 ff.

b) Zwei Positionen dänischer Parteien (1992):

Venstre (Liberale): Wir stimmen mit JA, weil wir Dänen und weil wir Europäer sind. Nicht nur das Eine, nicht nur das Andere. Beides. [...]
Weil ein Nein den Verzicht auf jegliche Form von Einfluss bedeuten und alle Entscheidungen den großen Ländern in Europa überlassen würde. [...]
Weil eine starke europäische Gemeinschaft die Voraussetzung für Frieden und Sicherheit in unserem Erdteil ist. Wir lockern nicht die freundschaftlichen Bande zu den USA, aber Europa muss auf eigenen Beinen stehen können. [...]
Der dänische Export soll weiterhin Vorteile von unserer Beteiligung am Binnenmarkt haben, und wir müssen an dem Wirtschaftswachstum teilhaben, zu dem die Wirtschafts- und Währungsunion der EG hinführen wird.
Fremskridtspartiet (Fortschrittspartei): Deshalb muss mit NEIN gestimmt werden:

- Die EG-Union bedeutet die Einführung neuer Steuern und neuer Abgaben für die dänische Bevölkerung zur Finanzierung der vielen Zukunftspläne der Union.
- Die EG-Union ist in ihrem Aufbau zentralistisch und planwirtschaftlich. Mit den vielen Bereichen, mit denen sich die EG-Union beschäftigen soll, wird die Bürokratie über alle Grenzen hinauswuchern. [...]
- Die Fortschrittspartei sagt NEIN zu den EG-Strukturfonds, deren Zweck die Umverteilung von EG-Mitteln an bestimmte Regionen ist. Dadurch werden nicht alle reich, sondern alle gleichermaßen arm.
- Die Fortschrittspartei sagt NEIN zu den vielen Zuschussverordnungen und zur Quotentyrannei der EG. Alle Wirtschaftszweige gedeihen am besten in Freiheit und ohne öffentliche Einmischung.

O. Schmuck/M. Schröder: Der Weg zur Europäischen Union. Bonn 1995, S. 88)

Arbeitsvorschläge

a) Inwieweit verträgt sich Erhards Position mit dem Schuman-Plan? (M 1)
b) Nennen Sie Gründe für die unterschiedliche Aufnahme des EVG-Vertrages in Frankreich und Deutschland.
c) Erörtern Sie die These, die EG stelle ein „politisches Vakuum" dar.
d) Wie sehen de Gaulle und Thatcher die Stellung ihrer Länder in Europa? (M 9)
e) Diskutieren Sie den an die Europaskeptiker gerichteten Vorwurf des nationalen Egoismus.
f) Woher rührt der hohe Stellenwert der Geldwertstabilität in der deutschen Europapolitik?
g) Inwieweit führt der EU-Vertrag über das bis dahin bestehende Vertragswerk hinaus? (M 16)

12.4 Vom Europa-6 zum Europa-27

Beitrittsbedingungen

Seit ihren Anfängen stand die Europäische Gemeinschaft für neue Mitglieder offen. Bevor der Europäische Rat 1993 in Kopenhagen die von den Beitrittskandidaten zu erfüllenden Voraussetzungen präzisierte, waren es vornehmlich zwei Erwartungen, denen neue Mitglieder entsprechen mussten: eine demokratische politische Kultur und eine funktionierende Marktwirtschaft. In jedem Falle behielten es sich jedoch die eingesessenen Mitglieder vor, über die Aufnahme zu entscheiden.

Erweiterungsrunden 1973–1995

Bisher hat die Gemeinschaft sechs Erweiterungsrunden erlebt. Mehr oder minder reibungslos vollzog sich die Aufnahme Dänemarks, Großbritanniens und Irlands 1973 und Finnlands, Österreichs und Schwedens 1995. Alle diese Länder wiesen ein stabiles demokratisches Verfassungsleben und (mit Ausnahme Irlands) günstige ökonomische Daten auf. Für die Bewerberländer Griechenland, Portugal und Spanien galt dies indes nicht. Zur Zeit ihrer Aufnahmeanträge (1975–1977) standen sie nach teilweise langen Jahren der (Militär-)Diktatur erst am Anfang einer noch keineswegs gesicherten demokratischen Entwicklung, und ihre Wirtschaft hinkte erheblich hinter dem EG-Niveau her. Den Ausschlag für ihre Aufnahme gab letztlich die Erwartung der eingesessenen Mitglieder, diese Staaten mittels der EG-Zugehörigkeit gesellschaftlich und politisch so zu festigen, dass autokratische Regime nie wieder eine Chance bekämen. Dafür nahm man auch beträchtliche finanzielle Aufwendungen in Kauf. Die Rechnung ging auf: Spanien und Portugal (Griechenland tat sich etwas schwerer) erlebten eine zügige wirtschaftliche und gesellschaftliche Modernisierung und eine verlässliche Einwurzelung demokratischer und rechtsstaatlicher Standards.

Osteuropäische Länder

Diese Herausforderung wiederholte sich in ungleich schärferer Form, als mit dem Zusammenbruch des Sowjetsystems die ostmittel-, ost- und südosteuropäischen Länder ihre Handlungsfreiheit wiedererlangten. Von der ersten Stunde an richteten sich ihre Hoffnungen auf die Europäische Gemeinschaft. Von ihr erwarteten sie technische und finanzielle Hilfe für den wirtschaftlichen Aufbau- und Transformationsprozess, Unterstützung bei der Einführung demokratischer und rechtsstaatlicher Verhältnisse, Schutz gegenüber hegemonialen Ansprüchen Russlands. Während die drei baltischen Staaten, Polen, die Slowakei, Tschechien, Ungarn und Slowenien von Anfang an auf diese Karte setzten, blieben die ehemaligen Sowjetrepubliken Weißrussland, Ukraine, Moldawien sowie die drei kaukasischen Länder vorerst im Einflussbereich Moskaus. In Südosteuropa brauchten Rumänien und Bulgarien viel Zeit, um mit dem politischen und wirtschaftlichen Übergang in die postkommunistische Ära zurechtzukommen; so wurden sie zu Nachzüglern der Eingliederung in die EU.

Bald nach der Implosion der kommunistischen Regime setzte die Europäische Gemeinschaft verschiedene Hilfsprogramme ein, um den osteuropäischen Ländern in der schwierigen Übergangsphase von der Befehls- zur Marktwirtschaft und von der geschlossenen zur offenen Gesellschaft unter die Arme zu greifen. Der EU-Gipfel von Kopenhagen 1993 unterbreitete sodann ein großzügiges Angebot: Er lud die „Transformationsländer" ein, der EU beizutreten, sobald sie vier Bedingungen erfüllten: eine stabile demokratische und rechtsstaatliche Ordnung mit Garantien der Menschenrechte und des Minderheitenschutzes; eine leistungsfähige Marktwirtschaft; die Übernahme der EU-Rechts- und Verfahrensordnung („acquis communautaire"); die Fähigkeit, zur Weiterentwicklung der EU beizutragen.

1 Referendum in Malta. Am 8. März 2003 entschied sich die Bevölkerung Maltas in einem Referendum mit Stimmenmehrheit von 53,6 Prozent zum EU-Beitritt.

Es war allen Beteiligten klar, dass die angesprochenen Länder damals von der Erfüllung dieser Bedingungen noch weit entfernt waren: Weder besaßen die meisten von ihnen - nach vier Jahrzehnten kommunistischer Diktatur, aber auch mangels weiter zurückreichender zivilgesellschaftlicher Traditionen - ein intaktes pluralistisch-demokratisches politisches System, noch erreichte ihre Wirtschaftsleistung auch nur annähernd das westeuropäische Niveau, noch genügten Justiz und Verwaltung uneingeschränkt rechtsstaatlichen Maßstäben. Auch wenn diese Länder alle Anstrengungen auf sich nahmen, die geforderten Standards zu erreichen: Ohne westliche Hilfe konnten sie es nicht schaffen. So kam die EU nicht umhin, beträchtliche Finanzmittel zur Verfügung zu stellen: Sie beliefen sich bis zum Beitritt der acht östlichen Länder (neben Malta und Zypern) 2004 auf 21 Milliarden Euro und werden für die Startphase 2004-2006 auf weitere 41 Milliarden Euro veranschlagt. Verglichen mit den westdeutschen Transferleistungen für die östlichen Bundesländer, die bis 2004 etwa 1,3 Billionen Euro betrugen, waren dies jedoch vergleichsweise bescheidene Summen. Den größten Teil der Aufholjagd mussten die Beitrittsländer aus eigener Kraft bestreiten.

Osterweiterung

Im Unterschied zu den Regierungen stand eine Mehrheit der EU-Bevölkerung der Osterweiterung skeptisch bis ablehnend gegenüber. In Netto-Empfängerländern wie Griechenland, Spanien, Portugal befürchtete man eine empfindliche Reduzierung der bislang gewährten Strukturentwicklungsgelder. Hochlohnländer wie Schweden und Dänemark, Österreich und Deutschland sahen eine Welle billiger Arbeitskräfte auf sich zukommen, die die einheimischen Arbeitnehmer zu verdrängen drohte. Westeuropäische Bauern ängstigten sich vor den Billigangeboten preisgünstig produzierender baltischer, polnischer, ungarischer Landwirte - ganz abgesehen davon, dass sie sich in Zukunft den bislang üppigen Subventionskuchen mit vielen hungrigen Anspruchsberechtigten würden teilen müssen. Die Menschen in den Beitrittsländern ihrerseits bangten vor der übermächtigen Konkurrenz der westlichen Industriegiganten und Handelsriesen oder vor dem Ausverkauf heimischer Immobilien an kapitalkräftige Interessenten aus Westeuropa.

Bedenken gegen die Osterweiterung

Allen Einsichtigen war klar, dass die bestehenden Organisationsstrukturen und Entscheidungsabläufe in der EU bei einer Ausweitung der Mitgliederzahl auf 25, später 27 und vielleicht noch mehr nicht mehr hinreichen würden. Der Erweiterung, so war überall zu hören, müsse eine Vertiefung vorangehen, wenn die Gemeinschaft handlungsfähig bleiben sollte. Die dafür anberaumten Gipfeltreffen von Amsterdam (1996) und Nizza (2000) brachten jedoch nur bescheidene Fortschritte. Zwar wurde der Kreis der Politikfelder vergrößert, in denen Mehrheitsentscheidungen verbindlich waren. Aber es blieb beim Erfordernis der Einstimmigkeit in grundlegenden Angelegenheiten.

2 EU der 27
Stimmen und Sitze in der erweiterten Union nach dem Vertrag von Nizza 2003.
Zusammengestellt vom Autor

EU-Mitgliedstaaten	Bevölkerung in Mio.	Stimmen im Ministerrat	Sitze im Europaparlament
Deutschland	83,12	29	99
Großbritannien	59,27	29	72
Frankreich	59,18	29	72
Italien	57,46	29	72
Spanien	39,55	27	50
Polen	38,74	27	50
Niederlande	15,87	13	25
Griechenland	10,64	12	22
Tschechien	10,26	12	20
Belgien	10,25	12	22
Ungarn	10,08	12	20
Portugal	9,99	12	22
Schweden	8,93	10	18
Österreich	8,14	10	17
Slowakei	5,38	7	13
Dänemark	5,32	7	13
Finnland	5,18	7	13
Litauen	3,68	7	12
Irland	3,63	7	12
Lettland	2,29	4	8
Slowenien	1,99	4	7
Estland	1,41	4	6
Zypern	0,78	4	6
Luxemburg	0,44	4	6
Malta	0,39	3	5
Rumänien	22,40	14	33
Bulgarien	8,28	10	17

Erweiterung ohne Vertiefung?

Trotz aller Bedenken rang sich der Europäische Rat dazu durch, 2004 zehn neue Mitglieder aufzunehmen. Am Ende mochte sich keine Regierung dem Vorwurf aussetzen, den 1990 freudig in der „europäischen Familie" begrüßten östlichen Nachbarn den Zutritt verwehrt zu haben, obwohl nur wenige Kandidaten die Kopenhagener Kriterien einigermaßen zu erfüllen vermochten. Zwei Motive waren dafür maßgebend: das Gefühl einer moralischen Pflicht zur Wiedergutmachung der Benachteiligung, die die östlichen Länder durch ihre erzwungene Einfügung in das sowjetische Imperium erduldet hatten, und die Erwartung, die Beitrittsländer so weit zu stabilisieren, dass ihr innerer und äußerer Friede fortan nicht mehr gefährdet sei.

Entscheidung für den Beitritt

Die Aufnahme der neuen Länder am 1. Mai 2004 und am 1. Januar 2007 erfolgte mit Genugtuung, aber ohne Überschwang. In den alten EU-Ländern blieb die Sorge vor einer Überdehnung der Ressourcen und einer Überforderung der Institutionen. In den Beitrittsländern fürchteten viele, noch lange EU-Bürger zweiter Klasse zu bleiben. In der Tat schlossen viele Übergangsbestimmungen die Hinzugekommenen noch lange von den ersehnten Vorteilen der EU-Zugehörigkeit aus, insbesondere von den vollen Subventionen für die Landwirtschaft und die unterentwickelten Regionen oder von der unbeschränkten Freizügigkeit der Arbeitnehmer. Andererseits blieben auch die östlichen Märkte noch geraume Zeit vor der ungebremsten Konkurrenz westlicher Unternehmen bewahrt.

3 Das Ende der Ost-West-Spaltung

a) Der polnische Ministerpräsident Mazowiecki vor dem Europarat (1990):

Europa durchlebt eine ungewöhnliche Zeit. In der Tat: Die Hälfte des Kontinents, die fast fünfzig Jahre von ihrer ursprünglichen Lebensquelle getrennt war, wünscht dorthin zurückzukehren. Vielleicht genügt es nicht, von „Wiedereingliederung“ zu sprechen, wenn man an diesen Vorgang denkt, den wir jetzt erleben. Viel eher sollte man von der Wiedergeburt eines Europas sprechen, das seit dem Abkommen von Jalta aufgehört hat zu existieren. [...]

Die Polen sind eine Nation, die sich ihrer Zugehörigkeit zu Europa und ihrer europäischen Identität bewusst ist. Für uns war Europa immer der Bezugspunkt, wenn wir uns über unsere Identität befragten. Jenes Europa, als dessen Verteidiger sich die Polen fühlten und das sie dermaßen liebten. Die Idee des „Schutzwalls“ der Christenheit, also der Verteidigungslinie für Europa, blieb in Polen während 300 Jahren lebendig. In Europa sehen wir immer noch die Werte – Vaterland, Freiheit und Menschenrechte – und fahren fort, uns entschieden mit diesem Europa zu identifizieren. Wir werfen Europa immer noch vor, das Abkommen von Jalta, die Teilung Europas und die Zuweisung Polens zur anderen Seite des „Eisernen Vorhanges“ hingenommen zu haben. Ich glaube, wir können Europa viel anbieten. [...] Wenn wir als Gemeinschaft zu überleben vermochten, dann nicht zuletzt dank unserer Anhänglichkeit an bestimmte Institutionen und Werte europäischer Prägung. Wir verdanken dieses Überleben dem Glauben und der Kirche, dem Bekenntnis zur Demokratie und zum Pluralismus, den Menschenrechten und bürgerlichen Freiheiten, der Idee der Solidarität. [...]

Die Mauer zwischen dem freien und dem unterdrückten Europa wurde bereits beseitigt. Jetzt bleibt die Lücke zwischen dem armen und dem reichen Europa zu füllen. Wenn Europa ein „gemeinsames Haus“ werden soll, in dem die einen nicht den anderen die Türe verschließen dürfen, dann dürfen auch solche großen Unterschiede nicht lange bestehen.

C. Gasteyger: Europa zwischen Spaltung und Einigung 1945 bis 1993. Bonn 1994, S. 426 f.

b) Der deutsche EU-Kommissar Günter Verheugen in einem Zeitungsinterview (1999):

V.: Polen oder Tschechien waren vor über 40 Jahren bei Gründung der EWG nicht dabei, weil in Jalta und Potsdam Europas Grenzen so gezogen wurden, dass sie nicht mitmachen konnten. Ein Resultat des Zweiten Weltkrieges, also auch eine Folge deutscher Schuld. Dieser Teilung sind ganze Völker zum Opfer gefallen. Das müssten wir Deutschen am besten begreifen. Kein Mensch kann im Ernst verlangen, der Segen europäischer Integration – Frieden, Freiheit, Wohlstand – müsse exklusiv bleiben „für uns“, für den Westen, und die anderen mögen, bitte schön, draußen bleiben.

Zeit: Die Osterweiterung als nachholende Überwindung des Eisernen Vorhangs?

V.: Ja, das ist das Ziel. Die Alternative wäre eine Armutsgrenze, ein Limes mitten durch Europa. [...]

Z.: Wie erklären Sie einem Stammtisch, warum Sie bei der Erweiterung aufs Tempo drücken?

V.: Erstens müssen wir eine Friedensordnung für ganz Europa schaffen. Demokratie, Rechtsstaat, Menschenrechte – das sind doch Grundlagen für alle Entwicklung. Zweiter Grund: In einem größeren gemeinsamen Markt gewinnen alle Europäer. Das schafft Wohlstand und Jobs, in Ost und West. Und drittens: Wir haben nicht ewig Zeit. Wenn wir uns aufführen wie die Erbsenzähler, riskieren wir, das eine oder andere Land auf dem weiten Weg zur europäischen Einheit zu verlieren. Vergessen Sie nicht: Den Mittel- und

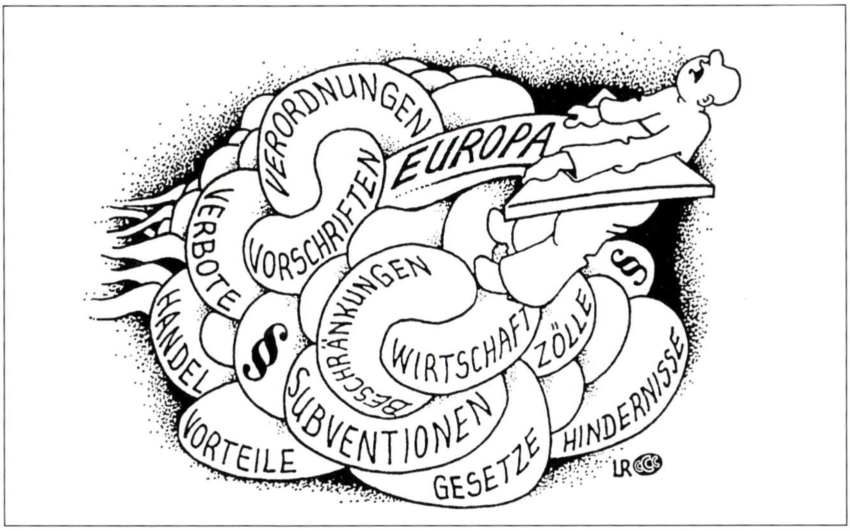

4 Union der Paragraphen. Karikatur von Reinhold Löffler.

Osteuropäern fordern die Veränderungen enorme Opfer ab. Das lässt sich populistisch gegen Europa wenden. Deshalb brauchen unsere Partner im Osten Gewissheit.

Die Zeit, 50/1999.

5 Die Osterweiterung: Hoffnungen und Sorgen

a) Der estnische Staatspräsident Lennart Meri in einem Zeitungsinterview (1999):

M.: Wir haben gewisse Sorgen, die man sich in Deutschland oder Frankreich oder Spanien nicht vorstellen kann – zum Beispiel, ob unsere Sprache uns überdauern wird. Viele Generationen von Esten standen unter dem Eindruck, dass sie die letzten seien, die ihre Muttersprache sprächen.

Spiegel: Der Alptraum eines Volks, das seit Jahrhunderten unter fremden Besatzern leben musste.

M: Die Russifizierung war eine Abart der Kolonisation. Nach der Erfahrung des Totalitarismus möchten wir Antwort auf die Frage finden: Wo kann eine kleine Kultur überleben und zugleich unbeschadet teilnehmen an einer Gesamtkultur?

S: Und diese Geborgenheit erwarten Sie sich von Europa?

M: Die Stärke Europas besteht eigentlich darin, dass es eine Summe verschiedener Mentalitäten und Kreativitäten ist, das Gegenteil von Gleichschaltung und Einebnung. In der EU können auch kleine Staaten das Gefühl haben, als Gleichberechtigte akzeptiert zu werden.

Der Spiegel, 15.3.1999, S.231f.

b) Der deutsche Finanzminister Hans Eichel über Steuerdumping in der EU (2004):

Spiegel: Warum wollen Sie den neuen EU-Mitgliedern verbieten, mit attraktiven Steuersätzen Unternehmen anzulocken und so ihr Wachstum anzukurbeln?

E: Wettbewerb soll und muss es geben. Aber ein Körperschaftssteuersatz von null, wie ihn Estland anbietet, ist ein Problem. Er führt dazu, dass Firmensitze in solche Länder verlegt werden. Letztendlich gehen anderen Staaten dadurch Steuern, aber auch Arbeitsplätze verloren. Das ist den Menschen nicht zu vermitteln und schadet der Idee der europäischen Einigung. Jeder Wettbewerb braucht Regeln und Grenzen, die wir in der EU nun festsetzen müssen. Dumping und Wucher sind bei uns ja auch verboten.

S: Wir können uns kaum vorstellen, dass die Beitrittsländer freiwillig auf Wettbewerbsvorteile durch niedrige Steuern verzichten werden. Zumal die Beitrittsländer ihre finanziellen Ausfälle nun auch durch EU-Zuschüsse kompensieren können.

E: Es ist völlig klar, dass wir den Schwächeren helfen wollen – und deshalb zahlen wir ja, absolut gesehen, auch am meisten in die EU-Kassen ein. Es ist aber nicht ungebührlich, von den Empfängerländern zu erwarten, dass Solidarität keine Einbahnstraße ist. Deshalb ist es doch völlig klar, dass wir dringend darüber reden müssen, ob wir die niedrigen Steuersätze, gerade in den Beitrittsländern, auch noch durch Zuschüsse über die EU finanzieren.

Der Spiegel, 18/2004, S.110.

c) Der ehemalige polnische Staatspräsident und Friedensnobelpreisträger Lech Walesa in einem Zeitungsinterview (im Jahr 2004):

Spiegel: Die Deutschen fürchten jetzt, dass die Osterweiterung Arbeitsplätze wegnehmen wird, die Polen fürchten, dass ihr Land ein Mitglied zweiter Klasse sein könnte.

W: Ja, es herrscht immer noch viel altes Denken. Wenn jemand ein guter und billiger Arbeiter ist, warum darf man ihn dann nicht anstellen in der EU? Wenn ihr ihn nicht aufnehmt, dann werden eure Produkte teurer und weniger konkurrenzfähig sein. Es muss wichtig für die Deutschen sein, dass die Polen Arbeit haben – nur dann können sie von euch einen Mercedes kaufen.

S: Polen hat in der Verfassungsfrage durch kompromissloses Verhalten schon einen Gipfel platzen lassen, im Inneren herrscht eine politische Dauerkrise. Ist Ihr Land überhaupt schon reif für die EU?

W: Die postkommunistischen Länder sind theoretisch sogar reifer als der Westen. Die Westeuropäer haben doch kaum etwas zur neuen Epoche beigetragen, während wir hier den Kommunismus abgeschafft haben. Aber ich gebe zu: Die polnische Demokratie ist noch sehr schwach. Im Übrigen haben wir immer geglaubt, dass der Westen nach dem Ende des Kommunismus eine Art Marshall-Plan auflegen würde, um den Ländern hier zu helfen. Das geschah aber nicht. Deshalb gibt es bei uns immer noch tiefes Misstrauen gegen die EU.

S: Polnische Bauern, die weniger Unterstützung erhalten als ihre Kollegen im Westen, wie auch Arbeiter in den alten unrentablen Staatskonzernen werden zu den Verlierern der Erweiterung gehören. Fürchten Sie sich vor einer womöglich breiten Enttäuschung?

W: Wir werden in der Tat starke Nerven brauchen. Auch ich würde beispielsweise den Leuten heute wieder sagen: Geht auf die Straße – diesmal, weil es unserem Land schlecht geht, weil die Union uns nicht ernst nimmt.

Der Spiegel, 18/2004, S.96f.

Arbeitsvorschläge

a) Der „westliche" und der „östliche" Blick auf Europa: Versuchen Sie, die Unterschiede zu erklären.
b) Prüfen Sie, inwieweit sich die wechselseitigen Bedenken aus Ost und West ausräumen lassen könnten.

1 Gigantisch! Dieses niedliche Köpfchen.
Karikatur von Jupp Wolter.

12.5 Europa in der internationalen Politik

Die EU – eine verhinderte Weltmacht?

Die EU sei, so kann man zuweilen lesen, ein wirtschaftlicher Riese, aber ein politischer Zwerg. Oder, wie es der Europaparlamentarier Klaus Hänsch ausdrückte: „Wir haben die Verantwortung einer Weltmacht und sind wegen unserer Strukturen nicht in der Lage, sie wahrzunehmen." Wer so redet, denkt vor allem an die militärischen Defizite oder daran, dass Europas Stimme in den Krisenregionen der Welt, etwa im Nahen Osten oder in Kaschmir, so gut wie gar nicht zählt. Weltpolitisches Gewicht hat die Europäische Union allein als Wirtschaftsgigant, als der sie kaum hinter der Supermacht USA zurücksteht.
Seit dem Zweiten Weltkrieg war das Schicksal (West-)Europas stets mit der Politik der USA verknüpft. Die Amerikaner engagierten sich, anders als nach 1918, mit voller Kraft in den europäischen Angelegenheiten und schufen die atlantische Allianz, in der sie die unbestrittene Führungsmacht darstellten. Der 1949 beschlossene Nordatlantikpakt verbürgte seinen Mitgliedern den Schutz der Atommacht USA und trug seinen Teil dazu bei, dass aus dem „Kalten Krieg" nicht ein heißer wurde.

Atlantiker und Gaullisten

Natürlich verfolgten die USA damit auch ihre eigenen Interessen: Die militärische Stärkung der NATO-Verbündeten minderte ihre eigenen Rüstungskosten; der wirtschaftliche Aufschwung Europas erweiterte ihre Absatzmärkte. Folgerichtig kühlten die Beziehungen seit den 1960er-Jahren ab, als die boomende europäische Wirtschaft zum lästigen Konkurrenten wurde. Gleichzeitig lockerte sich auch der politisch-militärische Zusammenhalt. Die Regierung in Washington betrieb ihre nach der Kuba-Krise 1962 eingeleitete Entspannungspolitik vornehmlich im direkten Dialog mit Moskau und erweckte damit in Europa die Sorge, im Ernstfall allein gelassen zu werden. Der französische Staatspräsident Charles de Gaulle warb darum bei den europäischen Partnern für eine Abkoppelung Europas von den USA. Die Briten hielten jedoch unbeirrt an ihrer „special relationship" mit der angelsächsischen Supermacht fest, und in der Bundesrepublik setzten sich die „Atlantiker" gegen die „Gaullisten" durch, weil das amerikanische Bündnis mehr

Sicherheit versprach. So unternahm Frankreich einen Alleingang, als es 1966 aus dem militärischen (nicht dem politischen) Verbund der NATO ausschied.

Amerikanische Alleingänger

Gleichwohl nahmen die transatlantischen Reibungen nicht ab. Die US-Regierung bestand auf ihrem alleinigen Führungsanspruch im westlichen Bündnis und reagierte gereizt, wenn europäische Regierungen mit Ostblockstaaten verhandelten, ohne vorher das amerikanische Einverständnis eingeholt zu haben. So rügte der damalige Sicherheitsberater und spätere US-Außenminister Henry Kissinger die Bonner Regierung, als diese ohne lange Konsultationen mit den USA Grenz- und Gewaltverzichtsverträge mit der Sowjetunion und Polen aushandelte. In allen Angelegenheiten, die sie als ihre nationalen Interessen ansah, ging die US-Regierung gewöhnlich ihre eigenen Wege und kümmerte sich wenig um die Meinung der Europäer: so während des Vietnamkrieges 1964–1973 oder in den 1980er-Jahren, als Präsident Ronald Reagan mit einer forcierten Rüstungs- und Konfrontationspolitik den Kalten Krieg wieder aufleben ließ.

Entfremdung und Solidarität

Die Irritationen zwischen Europa und Amerika nahmen eher noch zu, als mit dem definitiven Ende des Kalten Krieges 1990 der Bedrohungsdruck wich. Schuld daran hatten beide Seiten: die Amerikaner, weil sie in dem Hochgefühl, die einzige Supermacht in der Welt zu sein, noch mehr zu Alleingängen neigten; die Europäer, weil sie ihre militärische Rüstung vernachlässigten und sich in den Krisengebieten auf die amerikanischen Streitkräfte verließen.
Das ging nicht ohne Widersprüche ab: Einerseits verlangte Washington von Europa mehr Rüstungsanstrengungen; andererseits reagierte es argwöhnisch, wenn die Europäer begannen, sich ein Stück weit von der NATO abzukoppeln. Dennoch blieb die atlantische Solidarität im Ernstfall vorerst unangefochten: Im Golfkrieg 1991 waren die europäischen Staaten mit Soldaten und Finanzhilfen zur Stelle. Und nach den islamistischen Terroranschlägen vom 11. September 2001 auf New York und Washington rief die NATO den Bündnisfall aus und leistete der amerikanischen Führungsmacht tätige Hilfe. So kamen in Afghanistan neben den

2 Bundeswehrsoldaten auf dem Balkan
Nach friedenssichernden Militärmissionen in Mazedonien und der Demokratischen Republik Kongo 2003 sowie in Georgien 2004 leitet die EU seit Dezember 2004 auch die internationale Militärmission in Bosnien-Herzegowina.

amerikanischen auch deutsche, französische, britische oder kanadische Soldaten unter dem Kommando der NATO mit dem Auftrag zum Einsatz, den inneren Frieden zu sichern und den wirtschaftlichen und politischen Wiederaufbau des Landes zu unterstützen.

Irak-Krieg 2003

In eine schwere Krise geriet das atlantische Bündnis während des Irak-Krieges 2003. Diesen Krieg hatte der US-Präsident George W. Bush, im Zusammenspiel mit dem britischen Premierminister Tony Blair, unter dem Vorwand ausgelöst, die Sicherheit der westlichen Welt sei durch die Massenvernichtungswaffen bedroht, die der irakische Diktator Saddam Hussein angeblich verborgen halte. Obwohl dieser Verdacht niemals bestätigt werden konnte und der UN-Sicherheitsrat die von der US-Regierung geforderte Ermächtigung zum bewaffneten Vorgehen gegen den Irak verweigerte, befahl Bush im März 2003 die militärische Invasion. Sie führte binnen kurzem zur Besetzung des Landes und Entmachtung des Regimes, brachte aber eine wirksame Befriedung nicht zustande.
Der amerikanische Irak-Krieg spaltete Europa. Eine Mehrzahl der EU-Mitgliedstaaten, darunter Großbritannien, Italien und Spanien sowie nahezu alle osteuropäischen Regierungen, bekundeten der amerikanischen Supermacht ihre Loyalität und Hilfsbereitschaft. Deutschland, Frankreich und Belgien dagegen missbilligten in aller Schärfe das amerikanisch-britische Vorgehen. Sie handelten damit im Einklang mit der öffentlichen Meinung, die in so gut wie allen europäischen Ländern den Irak-Krieg vehement verurteilte. Wenn auch die Risse zwischen den Verbündeten in der Folgezeit einigermaßen gekittet werden konnten, zeigten die Vorgänge, dass die EU weit davon entfernt war, in außenpolitischen Fragen mit einer Stimme zu sprechen. Der vom Europäischen Rat 2004 verabschiedete Verfassungsvertrag sollte diesem Übel abhelfen, indem er mit dem EU-Außenminister eine Instanz schuf, die für bessere Koordination und Kooperation in den außenpolitischen Belangen Sorge zu tragen hatte.

„Festung Europa"

Der Außenhandel gehört – neben der Agrar-, Wettbewerbs- und Strukturpolitik – zu den Bereichen, in denen die EU als supranationale Einheit agiert. Sie steht jedoch im zweifelhaften Ruf der „Festung Europa", die sich gegen die ausländische Konkurrenz abschirmt. Damit gerät sie in Widerspruch zu den Grundsätzen der Welthandelsorganisation (WTO), zu deren Beachtung sich die EU verpflichtet hat. Dazu gehören vor allem Zollsenkungen, das Prinzip der Meistbegünstigung (die einem Handelspartner gewährten Vorteile müssen allen WTO-Ländern eingeräumt werden), der Abbau von Subventionen und Exportprämien. Der Stein des Anstoßes war zumeist die Agrarpolitik der EU. Sie soll die europäische Landwirtschaft durch Einfuhrzölle und Kontingentierungen gegen die durchweg rentabler produzierende ausländische Konkurrenz schützen. Gegen solche Wettbewerbsverzerrungen laufen die außereuropäischen Länder seit Jahren Sturm. Unter Berufung auf die WTO-Regeln zwangen sie die EU, ihre Subventions- und Protektionspolitik abzubauen, und wiederholt musste die EU Geldbußen hinnehmen.

GASP

Die im Vertrag von Maastricht 1992 eingerichtete Gemeinsame Außen- und Sicherheitspolitik (GASP) hat bislang noch keine große Wirkung entfalten können. Auch innerhalb der EU gilt die Außenpolitik als Inbegriff staatlicher Souveränität und Unabhängigkeit, in die sich keine Regierung gern hineinreden lässt. Zwar verpflichtet der Vertrag die Mitgliedstaaten zur außenpolitischen Solidarität und sieht die Befolgung gemeinsamer Strategien, die Erarbeitung gemeinsamer Standpunkte sowie die Planung und Ausführung gemeinsamer Aktionen (von der Wahlbeobachtung bis zum Kampfeinsatz) vor. Aber jedes Mitglied ist berechtigt, sich an solchen Maßnahmen nicht zu beteiligen.

3 **Irak-Krieg ... Europa bezieht Stellung**
Karikatur von Thomas Plaßmann.

Balkankriege

Dass unter solchen Voraussetzungen wenig zu erreichen war, zeigte sich in den Balkankriegen der 1990er-Jahre. Alle Versuche der EU, mit diplomatischen Vermittlungsaktionen die verfeindeten Nachbarn vom Blutvergießen abzuhalten und Frieden zu stiften, blieben am Ende erfolglos. Es fehlte an der Entschlossenheit, aber auch an der militärischen Stärke, um Vertragsverletzungen zu ahnden und den Waffenstillstand notfalls mit Waffengewalt zu erzwingen. Nur dem militärischen Eingreifen der USA war es schließlich zu verdanken, dass die streitenden Parteien an den Verhandlungstisch gebracht wurden.

Weltpolitische Nebenrolle?

Solche leidvollen Erfahrungen bewogen die EU nach langen Verhandlungen, der GASP eine militärische Komponente beizugeben und durch die Bereitstellung einer mobilen Eingreiftruppe in Stärke von 60 000 Mann militärisch handlungsfähiger zu werden. Ein erster Einsatz erfolgte 2003 in Mazedonien. Allerdings ist die Beteiligung an solchen Einsätzen den Vertragspartnern freigestellt; insofern gibt es keine Garantie, dass solche Verbände im Ernstfall immer zur Verfügung stehen. Sie sollen im Übrigen nur dann zum Einsatz kommen, wenn und soweit die NATO nicht eingreift. Auf diesem Vorrang der NATO bestehen die USA: Sie fordern der EU zwar mehr militärische Anstrengungen ab, sind aber gleichzeitig sehr darauf bedacht, ihr nicht zu viel Eigenständigkeit zu gewähren.

So sehr die EU-Länder als Kreditgeber, Entwicklungsberater, humanitäre Helfer begehrt sind und so uneingeschränkt ihre Industrieprodukte, wissenschaftlichen und kulturellen Leistungen geschätzt werden, so wenig vermögen sie auszurichten, wo es um Machtfragen geht, in denen das militärische Potenzial den Ausschlag gibt. Insoweit steht Europa am Scheideweg: Will es in der Weltpolitik mitbestimmen, muss es enorme Rüstungsanstrengungen auf sich nehmen. Schreckt es davor zurück, weil es andere Auf- und Ausgaben für sinnvoller hält, muss es sich mit einer Nebenrolle zufrieden geben. Solange auf die atlantische Solidarität Verlass ist, sind die Sicherheitsrisiken kalkulierbar. Sollte aber eine neue weltpolitische Machtverteilung entstehen – etwa durch den Aufstieg Chinas – und sollten sich die amerikanischen Interessen noch weiter von Europa entfernen, stünde die EU vor neuen Herausforderungen. Schon heute sieht sie sich vor der schwierigen Entscheidung, wieweit sie sich auf solche Zukunftsmöglichkeiten vorbereiten kann oder muss.

12

4 Die NATO im Wandel ihrer Aufgaben

a) Aus dem Bericht des NATO-Rates vom 14. Dezember 1967:

Als souveräne Staaten sind die Bündnispartner nicht gehalten, ihre Politik kollektiven Entscheidungen zu unterwerfen. Die Allianz bildet ein wirksames Forum und eine Clearingstelle für den Austausch von Informationen und Ansichten; auf diese Weise kann jeder Bündnispartner seine Politik auf Grund eingehender Kenntnis der Probleme und Ziele der anderen festlegen. Zu diesem Zweck muss die Praxis der offenen und rechtzeitigen Konsultationen vertieft und verbessert werden. Jeder Bündnispartner sollte an der Förderung besserer Beziehungen zur Sowjetunion und den osteuropäischen Staaten in vollem Maße mitwirken, sich dabei aber bewusst sein, dass die Entspannungspolitik nicht zu einer Spaltung der Allianz führen darf. Die Erfolgschancen werden zweifellos am größten sein, wenn die Bündnispartner eine gleichgerichtete Politik verfolgen.

C. Gasteyger: Europa zwischen Spaltung und Einigung 1945 bis 1993. Bonn 2001, S. 232.

b) Aus der Erklärung von Rom der NATO-Staats- und Regierungschefs (im Jahr 1991):

Wir arbeiten auf eine neue Sicherheitsarchitektur hin, in der die NATO, die KSZE, die EG, die WEU und der Europarat einander ergänzen. [...] Dieses Zusammenwirken ist von größter Bedeutung, wenn es darum geht, Instabilität und Spaltungen zu verhindern, die aus verschiedenen Ursachen wie zum Beispiel wirtschaftlichen Ungleichgewichten oder gewalttätigem Nationalismus entstehen könnten. [...] Wir sehen uns nicht mehr der alten Bedrohung durch einen massiven Angriff ausgesetzt. Es ist jedoch ein Gebot der Vorsicht, dass wir ein strategisches Gesamtgleichgewicht aufrechterhalten und bereit bleiben, möglichen Sicherheitsrisiken zu begegnen. [...] Unsere Streitkräfte werden sich ihren neuen Aufgaben anpassen, wobei sie kleiner und flexibler werden. Deshalb werden unsere konventionellen Streitkräfte beträchtlich reduziert. Sie werden auch gesteigerte Beweglichkeit erhalten, um auf ein breites Spektrum von Krisen reagieren zu können.

Ebenda, S. 399 f.

c) Aus einem Kommuniqué der NATO-Verteidigungsminister (im Jahr 1999):

Wir begrüßen die Entschlossenheit aller europäischen Bündnispartner, die notwendigen Schritte zu ergreifen, um die europäischen militärischen Fähigkeiten zu stärken. Durch diese Verbesserungen wird die Fähigkeit der Bündnispartner, zu Bündnisaufgaben beizutragen, weiter ausgebaut und darüber hinaus ein Beitrag zur Stärkung der Fähigkeit für EU-geführte Operationen geleistet. Wir verfolgen sorgfältig die laufenden Arbeiten in der EU und sehen den EU-Initiativen [...] erwartungsvoll entgegen, insbesondere hinsichtlich der Entwicklung von Verteidigungsfähigkeiten bei Vermeidung unnötiger Doppelarbeit. [...] Wir sind zuversichtlich, dass ein stärkeres Europa eine stärkere Allianz bedeutet.

Internationale Politik, 4/2000, S. 105.

5 Europa und USA: Eine schwierige Partnerschaft

a) Der amerikanische Sicherheitsberater Henry Kissinger in einer programmatischen Rede zum „Europa-Jahr" (im Jahr 1973):

In Europa ist die Stabilität für eine neue Generation, die den Krieg und seine Erschütterungen nicht aus eigener Erfahrung kennt, eine Selbstverständlichkeit. Sie fühlt sich der Einigkeit, die diesen Frieden ermöglicht hat, und den Anstrengungen, die seine Erhaltung erfordert, weniger verpflichtet. In den Vereinigten Staaten haben über Jahrzehnte getragene globale Belastungen dazu geführt, dass wir heute weniger bereit sind, uns auf der Basis vorwiegend amerikanischer Verantwortlichkeit auch weiterhin global zu engagieren. [...]

Die Vereinigten Staaten haben globale Interessen und Verantwortlichkeiten. Unsere europäischen Verbündeten haben regionale Interessen. [...] Wir werden die Bestrebungen zur Vereinigung Europas auch weiterhin unterstützen. Gestützt auf die Grundsätze der Partnerschaft werden wir Zugeständnisse machen, um diese Entwicklung zu fördern. Wir erwarten jedoch, dass die Europäer uns im Geiste des gegenseitigen Gebens und Nehmens entgegenkommen werden. Wir werden unsere Streitkräfte auch weiterhin in Europa stationieren und sie nicht einseitig abziehen. Andererseits erwarten wir, dass jeder Bündnispartner einen gerechten Anteil an den gemeinsamen Bemühungen für die gemeinsame Verteidigung übernimmt. [...] Wir werden die Interessen unserer Freunde in Europa oder in Asien niemals absichtlich verletzen. Dafür erwarten wir, dass sie mit ihrer Politik unsere Interessen und unsere Verantwortlichkeiten ernst nehmen.

H. Kissinger: Memoiren 1973–1974. München 1982, S. 182 f. Übers. Hans Jürgen von Koskull.

b) Der Altbundeskanzler Helmut Schmidt (1987):

Washington neigt zum Unilateralismus – wer auch immer dort regiert. Solange Westeuropa sich nicht zu einem gemeinsamen gesamtstrategischen Entwurf durchringen und diesen geschlossen vertreten kann, wird es immer wieder mit amerikanischen Alleingängen konfrontiert werden. [...] Die amerikanische Politik gegenüber dem Rest der Welt ist geprägt von Idealismus, Romantik und dem Glauben an die eigene Kraft und Größe: Wenn der Rest der Welt den Idealen der Amerikaner und deren Methoden zu ihrer Verwirklichung nicht entspricht, umso schlimmer für den Rest der Welt! [...]

Da Westeuropa nicht im Entferntesten daran denkt, sich an einer Weltmission par force zu beteiligen, wird es vorhersehbarer Weise auch in Zukunft immer wieder Konflikte und immer wieder auch amerikanische Verachtung für die vermeintlich knieweichen Europäer geben. In solchen Momenten liegt für Washington die Vernachlässigung seiner europäischen Verbündeten nur allzu nahe. Zur Arroganz der vermeintlich überlegenen Moral gesellt sich dann leicht die Arroganz der real überlegenen Macht. Europa und seine Politiker täten gut daran, diese Veranlagungen Amerikas zu verstehen, damit sie in ihrer Antwort auf solche amerikanischen Verhaltensweisen beide denkbaren Extreme vermeiden lernen: denn weder dürfen die Staaten Westeuropas in die Rolle von abhängigen Schutzbefohlenen absinken, noch dürfen sie sich dem antiamerikanischen Wahn hingeben, die eigentliche Gefahr gehe nicht von der Sowjetunion, sondern vielmehr von den USA aus.

H. Schmidt: Menschen und Nächte. Berlin 1987, S. 335.

6 Konfliktverhütung und Krisenmanagement

a) Der Kommissar für Außenbeziehungen, Christopher Patten, über die Aufgaben der GASP (1999):

Die Union war zu lange introvertiert und zu zaghaft, um für ihre Ideen und Werte einzustehen. Von uns wird mehr erwartet. Wir hätten mehr dafür tun können, um uns dieser Herausforderung zu stellen. Schließlich erheben die Regierungen der EU, wenn sie Verträge über den Gemeinsamen Markt und die Wirtschafts- und Währungsunion unterzeichnen, den Anspruch auf eine wirkungsvolle Präsenz in internationalen Angelegenheiten, und sie erheben diesen Anspruch gegenüber Politikern und Politikmachern der gesamten Welt.

Weshalb entsprechen wir dann nicht unserem Gewicht in weltweiten Angelegenheiten? Weshalb haben wir zu häufig darin versagt, der Herausforderung internationaler Krisen zu begegnen? Warum konnte die GASP in der Presse und in der Fachliteratur als „Prozedur anstelle von Politik" kritisiert werden? Wie konnten wir es zulassen, dass Maastricht so eindeutig ist im Hinblick auf die Ziele der GASP und so unklar darüber, wie wir diese erreichen können? Die einfache Antwort lautet, dass der politische Wille nicht ausreichte, um ein Handeln zu ermöglichen. Die inkohärente Politik von Staaten und Institutionen, die darum wetteifern, im Rampenlicht zu stehen, hat zu Unschlüssigkeit geführt. […]

Ein Teil des Problems war unsere Unfähigkeit, schnell zu handeln. Das Fehlen einer schnellen operationalen Präsenz untergräbt die Glaubwürdigkeit. Sehr oft ist es nicht die Vision, die fehlt, sondern die Kompetenz. Wird der Zeitraum zwischen Entscheidung und Umsetzung zu groß, glaubt niemand mehr an die guten Absichten. Es muss weniger Feuerwehreinsätze geben, dafür mehr Konzentration auf die Ursachen der Brände. Wir müssen Wege finden, unseren immensen wirtschaftlichen Einfluss strategisch dazu einzusetzen, neue Brandherde zu verhindern und uns den Gründen ihres eigentlichen Entstehens zuzuwenden. Europa benötigt nicht nur die Fähigkeit zum Krisenmanagement, sondern auch eine Politik der Konfliktverhütung.

Internationale Politik, 2/2000, S. 114 f.

b) Aus dem „Entwurf einer Europäischen Sicherheitsstrategie", bestätigt vom Europäischen Rat in Thessaloniki 2003:

Das Ende des Kalten Krieges bedeutet nicht das Ende der Bedrohungen und Herausforderungen für die Sicherheit der europäischen Länder. […] Im letzten Jahrzehnt ist keine Region der Welt von Konflikten verschont geblieben. In den meisten Fällen waren diese Konflikte eher innerstaatlicher als zwischenstaatlicher Natur. Während dieses Zeitraums sind europäische Streitkräfte häufiger ins Ausland verlegt worden als in jedem früheren Jahrzehnt. […] Seit dem Ende des Kalten Krieges sind die Vereinigten Staaten der dominierende militärische Akteur, dessen Potenzial von keinem anderen Land und keiner Ländergruppe auch nur annähernd erreicht wird. Gleichwohl ist kein Land in der Lage, die komplexen Probleme der heutigen Zeit im Alleingang zu lösen. Als Zusammenschluss von 25 Staaten mit über 450 Millionen Einwohnern, die ein Viertel des Bruttosozialproduktes weltweit erwirtschaften, ist die Europäische Union – ob es einem gefällt oder nicht – ein globaler Akteur; sie sollte daher bereit sein, einen Teil der Verantwortung für die globale Sicherheit zu tragen. […]

In diesem Papier werden drei strategische Ziele für die EU vorgeschlagen. Erstens können wir in besonderem Maße zu Stabilität und verantwortungsvoller Staatsführung in unserer unmittelbaren Nachbarschaft beitragen. Zweitens müssen wir ganz allgemein eine Weltordnung schaffen, die sich auf einen wirksamen Multilateralismus stützt. Wir müssen die Vorteile der wirtschaftlichen und politischen Zusammenarbeit auf unsere künftigen östlichen Nachbarn – die Ukraine, Moldau und Weißrussland – ausweiten und zugleich die politischen Probleme dieser Länder lösen. Wir sollten uns mehr für die Probleme im Südkaukasus interessieren, der zu gegebener Zeit ebenfalls eine Nachbarregion sein wird. […]

Handelspolitik und Entwicklungspolitik können wirkungsvolle Instrumente zur Förderung von Reformen sein. Die Europäische Union und ihre Mitgliedstaaten sind als weltweit größte Bereitsteller öffentlicher Hilfe bestens in der Lage, diese Ziele zu verfolgen. Die Förderung einer besseren Staatsführung durch Hilfsprogramme und gezielte handelspolitische Maßnahmen sollte eine wichtige Komponente in einer Sicherheitsstrategie der EU darstellen. Durch präventives Handeln lassen sich ernsthaftere Probleme in der Zukunft vermeiden.

Zit. nach: Internationale Politik, 9/2003, S. 107 ff.

7 Atlantische Lehren aus dem Irak-Krieg?

a) US-Präsident George W. Bush 2003:

Die Ereignisse der letzten beiden Jahre haben uns die deutlichste aller Trennlinien geliefert: zwischen jenen, die nach Ordnung streben, und jenen, die Chaos verbreiten; zwischen jenen, die für friedliche Veränderungen arbeiten, und jenen, die Gangstermethoden anwenden; zwischen jenen, die die Menschenrechte würdigen, und jenen, die Männern, Frauen und Kindern absichtlich, ohne Gnade und Scham das Leben nehmen. Zwischen diesen Alternativen gibt es keinen neutralen Boden. Alle Regierungen, die den Terror unterstützen, sind Komplizen im Krieg gegen die Zivilisation. Keine Regierung sollte die Bedrohung des Terrors ignorieren, denn die Augen zu verschließen bedeutet, dass Terroristen die Chance haben, sich neu zu gruppieren, zu rekrutieren und sich vorzubereiten. Alle Nationen, die gegen den Terror kämpfen, als hänge das Leben ihres eigenen Volkes davon ab, werden in der Geschichte positiv beurteilt. [...]

Unsere Einsätze in Afghanistan und im Irak wurden von vielen Regierungen unterstützt, und die Vereinigten Staaten sind jeder einzelnen dankbar. Ich weiß auch, dass einige der souveränen Staaten dieser Versammlung mit unseren Maßnahmen nicht einverstanden waren. Dennoch gab und gibt es Übereinstimmung unter uns bezüglich der grundlegenden Prinzipien und Ziele der Vereinten Nationen.

Zit. nach: Internationale Politik, 10/2003, S. 129 f.

b) Die Philosophen Jacques Derrida und Jürgen Habermas im Jahr 2003:

Zwei Daten sollten wir nicht vergessen: nicht den Tag, an dem die Zeitungen ihren verblüfften Lesern von jener Loyalitätsbekundung gegenüber Bush Mitteilung machten, zu der der spanische Ministerpräsident die kriegswilligen europäischen Regierungen hinter dem Rücken der anderen EU-Kollegen eingeladen hatte; aber ebenso wenig den 15. Februar 2003, als die demonstrierenden Massen in London und Rom, Madrid und Barcelona, Berlin und Paris auf diesen Handstreich reagierten. Die Gleichzeitigkeit dieser überwältigenden Demonstrationen könnte rückblickend als Signal für die Geburt einer europäischen Öffentlichkeit in die Geschichtsbücher eingehen. [...]

Eine bellizistische Vergangenheit hat einst alle europäischen Nationen in blutige Auseinandersetzungen verstrickt. Aus den Erfahrungen der militärischen und geistigen Mobilisierung gegeneinander haben sie nach dem Zweiten Weltkrieg die Konsequenz gezogen, neue supranationale Formen der Kooperation zu entwickeln. Die Erfolgsgeschichte der Europäischen Union hat die Europäer in der Überzeugung bestärkt, dass die Domestizierung staatlicher Gewaltausübung auch auf globaler Ebene eine gegenseitige Einschränkung souveräner Handlungsspielräume verlangt. Jede der großen europäischen Nationen hat eine Blüte imperialer Machtentfaltung erlebt und die Erfahrung eines Verlusts des Imperiums verarbeiten müssen. Diese Abstiegserfahrung verbindet sich in vielen Fällen mit dem Verlust von Kolonialreichen. Mit dem wachsenden Abstand von imperialer Herrschaft und Kolonialgeschichte haben die europäischen Mächte auch die Chance erhalten, eine reflexive Distanz zu sich einzunehmen.

Frankfurter Allgemeine Zeitung, 31. Mai 2003, S. 33 f.

c) Der Historiker Hans-Ulrich Wehler (2003):

Auch künftig muss die europäische Interessenpolitik immer mit dem Einsatz diplomatischer, ökonomischer, militärischer Mittel rechnen, ob in Mazedonien oder Georgien, im Kongo oder anderswo, da der Globus zu einem einzigen Handlungsfeld zusammenwächst. Im Inneren wie in der Außenpolitik kann währenddessen der Pazifismus kein belastbares Fundament abgeben. Konsequenter pazifistischer Dauerprotest – auch im Fall eines neuen Srebrenica? – lähmte die EU bis zur Bedeutungslosigkeit.

Vor allem aber kann die politische Einigung Europas nicht aus einem Dauerkonflikt mit den Vereinigten Staaten hervorgehen. Diese bleiben auf absehbare Zeit, bis China und vielleicht auch Indien als regionale Hegemonialmächte aufsteigen und Russland sich wieder erholt hat, die einzige Weltmacht. [...] Deshalb ist es atemberaubend kurzsichtig, auf ein halbautoritäres System wie Russland und einen verblassenden Staatskommunismus in China als Partner gegen Amerika zu setzen. [...]

Auch das neue Europa der 450 Millionen bleibt noch auf lange Sicht auf den Status einer Mittelmacht beschränkt. Doch es kann und sollte sich endlich zu einem handlungsfähigen Akteur auf der internationalen Bühne entwickeln. Das aber gelingt nur im Zustand einer engen, immer wieder konfliktbereiten Kooperation mit der globalen Hegemonialmacht. Nicht in der naiven Distanzierung von ihr liegt Europas Zukunft. Wohl aber sollte es an der Verfolgung seiner Eigeninteressen zäh festhalten, gelegentlich auch harte Auseinandersetzungen nicht scheuen.

Frankfurter Allgemeine Zeitung, 27. Juni 2003, S. 27.

Arbeitsvorschläge

a) Stellen Sie die NATO-Verlautbarungen in Beziehung zu den jeweiligen Zeitumständen (M 4).
b) Erörtern Sie die Stichhaltigkeit der wechselseitigen europäisch-amerikanischen Kritik.
c) Was verstehen EU-Repräsentanten heute unter „europäischer Sicherheit"?
d) Europäischer Pazifismus – eine sinnvolle außenpolitische Leitlinie? Führen Sie dazu ein Streitgespräch.

12.6 Brennpunkte der europäischen Integration

„Funktionalistischer Ansatz"

Als Jean Monnet und Robert Schuman den Prozess der europäischen Einigung in Gang setzten, wussten sie nicht genau, wohin dieser Weg einmal führen würde. Ihnen waren zwei Prämissen wichtig: Kriege in Europa für alle Zeit unmöglich zu machen; und statt fertige Gesamtprogramme zu entwerfen, erst einmal praktische Schritte zu tun und in einzelnen Sektoren gemeinsame Institutionen zu schaffen, denen man nach und nach weitere Bereiche anschließen könne. Aus dieser Praxis, das war die Hoffnung, würden Zusammengehörigkeitserfahrungen hervorgehen, die die weitere Integration vorantreiben könnten. Dieser „funktionalistische" Ansatz war rundum erfolgreich. Er setzte auf den „spill over"-Effekt: dass der Schwung der Integration von einem Bereich auf den nächsten „überschwappen" werde.

Supranational Intergonvernemental

Es war jedoch augenfällig, dass die Vergemeinschaftungsfortschritte sich vorwiegend in der Wirtschaft vollzogen, während die im engeren Sinne politischen Kompetenzen dahinter zurückblieben. Das zeigte sich erstmals beim Scheitern der Europäischen Verteidigungsgemeinschaft 1954, als das französische Parlament vor einem Verzicht auf fundamentale politische Selbstbestimmungsrechte in letzter Minute zurückschreckte. De Gaulle setzte in den 1960er-Jahren diese Linie fort, indem er die politische Zusammenarbeit innerhalb der EWG auf eher lockere Kontakte zwischen den Einzelstaatsregierungen beschränkt sehen wollte. Das war ganz im Sinne der 1973 beigetretenen Londoner Regierung, die die EG am liebsten auf eine Freihandelszone zurückgestuft hätte. Als, hauptsächlich auf Betreiben Frankreichs, 1992 eine gemeinsame europäische Währung beschlossen wurde, bestand die Bundesrepublik auf der gleichzeitigen Errichtung einer Politischen Union. Deren Ausgestaltung kam aber nicht recht voran und beschränkte sich auf die GASP und die Zusammenarbeit in den Ressorts Justiz und Inneres. Ihre schwache supranationale Komponente beschränkte sich auf Instanzen wie den „Hohen Beauftragten" für die GASP oder das Europäische Polizeiamt (Europol), das der Koordinierung der Verbrechensbekämpfung dient.

Bundesstaat oder Staatenbund

Seit seinen Anfängen bewegt sich der europäische Einigungsprozess zwischen den Polen Bundesstaat (Föderation) und Staatenbund (Konföderation). Für viele Europäer (insbesondere Briten und Skandinavier) ist ein europäischer Bundesstaat ein Schreckgespenst, das sie mit Zentralismus, „Superstaat", „Eurokratie" gleichsetzen. Sie wollen an die EU nur so viel einzelstaatliche Zuständigkeiten abtreten, wie es im Interesse wirtschaftlichen und sozialen Fortschritts nötig scheint, im Übrigen aber an der Eigenständigkeit und Selbstbestimmung der Nationalstaaten nicht rütteln lassen. Im anderen Lager stehen diejenigen, die den selbstgenügsamen Nationalstaat im Zeitalter der Globalisierung und der grenzüberschreitenden Daseinsprobleme für überlebt halten. Die Zukunft gehört nach ihrer Auffassung der übernationalen Vergemeinschaftung, weil der Einzelstaat nicht in der Lage ist, nur auf sich gestellt mit so drängenden Problemen wie der Friedenswahrung, der Verbrechensbekämpfung, dem Schutz der Umwelt, der sozialen Sicherheit oder der Migration fertig zu werden.

Bundesstaatliche Elemente

In der EU zu Beginn des 21. Jahrhunderts finden sich beide Grundmuster wieder. Das bundesstaatliche, supranationale Element verkörpert sich in der Kommission, dem Gerichtshof und dem Parlament. Die (derzeit 27) Mitglieder der Europäischen Kommission werden zwar von den Einzelregierungen vorgeschlagen, bedürfen aber der Bestätigung durch das Europäische Parlament. Einmal im Amt, können sie nur vom Parlament, nicht von den nationalen Regierungen abgewählt werden. Sie sind in ihrer Tätigkeit nur dem Parlament rechenschaftspflichtig,

1 **Giscard d'Estaing: „Eure Vorschläge bitte"** Karikatur von Burkhard Mohr.

ansonsten aber unabhängig; insbesondere aber dürfen sie keine Weisungen der Regierungen entgegennehmen, die sie entsendet haben. Die Kommission besitzt das alleinige Initiativrecht für alle europäischen Rechtsetzungsakte und hat ausschließlich den Gemeinschaftsinteressen zu dienen – notfalls auch gegen die Einzelstaaten. Dem Europäischen Gerichtshof ist die Auslegung, Wahrung und Fortentwicklung des Gemeinschaftsrechts anvertraut. Seine Entscheidungen sind endgültig und für alle Mitgliedstaaten verbindlich. Da das Gemeinschaftsrecht heute bereits mehr als die Hälfte der einzelstaatlichen Gesetzesbestände durchdringt, bildet das supranationale europäische Recht eine besonders wirksame Klammer der Gemeinschaft. Die nationalen Gerichte gehen immer mehr dazu über, die europäischen Richter um Vorabklärungen zu bitten, wenn sie wichtige Grundsatzentscheidungen zu treffen haben. Das Europäische Parlament versteht sich als Vertretung der gesamten europäischen Wählerschaft. Seine Abgeordneten beraten und entscheiden nicht als Repräsentanten ihrer Herkunftsländer, sondern im Blick auf die gemeinschaftlichen Belange. Sie gliedern sich nicht in nationale, sondern ausschließlich in parteigebundene Fraktionen.

Staatenbündische Elemente

Dennoch fehlt es der EU an entscheidenden Merkmalen der (Bundes-)Staatlichkeit. Sie besitzt keine Generalzuständigkeit, sondern kann nur insoweit tätig werden, als dies in den Verträgen festgelegt ist. Allerdings gibt der Artikel 235 des EG-Vertrages den Gemeinschaftsorganen das Recht, sich weitere Befugnisse zuzulegen, wenn dies zur Erreichung der Vertragsziele geboten scheint. Dies setzt freilich die Zustimmung aller Mitglieder voraus; insofern behalten die Einzelstaaten die letztgültige Entscheidungsgewalt. Dazu gehört auch, dass alle den Status der EU verändernden Verträge erst in Kraft treten können, nachdem alle einzelstaatlichen Parlamente sie ratifiziert haben.
Die die EU-Politik letztlich bestimmenden Organe sind der Europäische Rat und der Ministerrat. Der Europäische Rat, die jährlich viermal zusammentretende Gipfelkonferenz der Staats- und Regierungschefs (und des Kommissionspräsidenten), fasst die Grundsatzbeschlüsse und legt damit die allgemeine Richtung

der EU-Entwicklung fest. Der Ministerrat (bestehend aus den jeweils betroffenen Fachministern, in erster Linie den Außenministern) ist das entscheidende Gesetzgebungsgremium. Es ist dabei zwar an die Vorschläge der Kommission gebunden und muss sich in vielen Bereichen mit dem Europäischen Parlament verständigen. Aber gegen seinen Willen ist kaum eine europäische Rechtsetzung möglich – mit Ausnahme der Befugnis des Parlaments, den EU-Haushalt zu genehmigen oder abzulehnen oder in bestimmten, im Einzelnen festgelegten Ressorts ein Gesetzesvorhaben von Kommission und Ministerrat zu Fall zu bringen. Seit dem „Luxemburger Kompromiss" gilt, im Europäischen Rat wie im Ministerrat, die Regel, dass kein Staat in Fragen, die er für unverhandelbar erklärt, überstimmt werden darf. Für Abstimmungen im Ministerrat über weniger zentrale Dinge dagegen findet zunehmend mehr das Mehrheitsprinzip Anwendung (wobei den Staaten unterschiedliche Stimmzahlen entsprechend ihrer Bevölkerungsgröße zustehen).

Wildwuchs oder Gesamtkonzept?

Die EU gründet sich auf eine Reihe von Verträgen sowie auf eine Fülle von Beschlüssen und gesetzlichen Einzelregelungen, den so genannten acquis communauitaire, der rund 80 000 Druckseiten umfasst. Dieses Konglomerat entstand nach und nach als Antwort auf wechselnde politische Herausforderungen und Kräfteverhältnisse, nicht gemäß einer langfristigen Planung oder einer von allen geteilten Zielvorstellung. Entsprechend vage fielen in der Regel die längerfristigen Perspektiven aus, wie sie sich in den Präambeln der Verträge und in anderen Dokumenten der Gemeinschaft finden.

Verfassungsentwurf des Europäischen Parlaments

Einen ersten Anlauf zu einer europäischen Verfassung unternahm das Straßburger Parlament in den 1980er-Jahren. Es wollte damit der um sich greifenden Europamüdigkeit entgegentreten, aber auch seine eigene Stellung im Institutionengefüge aufbessern und für mehr demokratische Mitbestimmung sorgen. Im Ganzen war der Entwurf darauf angelegt, die supranationalen Elemente zu stärken und die Befugnisse der Gemeinschaft gegenüber den Mitgliedstaaten zu erweitern. Beim Ministerrat fand dies jedoch keine Zustimmung.

Verfassungsvertrag 2004

Erst Ende der 1990er-Jahre änderte sich die Meinung: Die bevorstehende Erweiterung um zehn und mehr Staaten, der zulasten Europas gehende Wandel in der atlantischen Partnerschaft, die Herausforderungen des globalen Zeitalters ließen eine umfassende Positionsbestimmung der EU wünschenswert erscheinen. Der erste Schritt war die Verabschiedung einer „Charta der Grundrechte" 2000, die vorerst freilich noch nicht zur verbindlichen Rechtsnorm erhoben wurde. Zwischen Februar 2002 und Juni 2003 erarbeitete dann ein vom Europäischen Rat eingesetzter Konvent, dem Regierungsvertreter, Parlamentarier und Mitglieder der Europäischen Kommission angehörten, den Entwurf eines „Vertrages über eine Verfassung für Europa". Nach den Vorgaben des Europäischen Rates sollte dieser Vertrag die bestehenden Regelungen zusammenfassen, vereinfachen und fortentwickeln.

Die öffentliche Diskussion über den Textentwurf drehte sich besonders um die Präambel, in der viele eine Erwähnung der christlichen Wurzeln Europas vermissten. Die Einsprüche namentlich der katholischen Länder scheiterten vor allem an der französischen, aber auch der deutschen Regierung, die auf einer klaren Trennung der politischen und der religiösen Sphäre bestanden. Die Annahme des Entwurfs im dafür zuständigen Europäischen Rat wurde eine Zeitlang durch die Weigerung Spaniens und Polens verzögert, dem vorgesehenen Abstimmungsmodus im Ministerrat zuzustimmen, durch den sich diese beiden mittelgroßen Staaten benachteiligt fühlten. Mit einer geringfügigen Textveränderung konnte dieser Streit beigelegt werden, und auf dem Brüsseler Gipfel stimmten am 18. Juni 2004 alle 25 Regierungen dem Vertrag zu. Im Wesentlichen schreibt er den bisherigen Rechtsbestand fort. Er ist – wie auch bislang im europäischen Einigungsprozess üblich – eine völkerrechtliche Vereinbarung, keine Verfassung im herkömmlichen Sinn. Die EU erhält zwar Rechtspersönlichkeit, d.h. sie tritt nach außen und innen als eigenständiger Akteur auf, stellt aber gleichwohl keinen Staat dar. Neu eingerichtet werden zwei Ämter: der Präsident des Europäischen Rates, der für zweieinhalb Jahre dessen Vorsitz führt und kein einzelstaatliches Amt bekleiden darf; und der Außenminister, der zusammen mit dem Präsidenten und dem Kommissar für Auswärtige Angelegenheiten für die Wahrnehmung der GASP-Aufgaben zuständig ist. Der Vertrag erhebt die Grundrechte-Charta zu verbindlichem EU-Recht, erweitert die Mitwirkungsrechte des Parlaments (etwa 95 Prozent aller Gesetze sollen im Zusammenwirken von Parlament und Ministerrat erlassen werden), vermehrt die Politikbereiche, in denen der Ministerrat nach dem Mehrheitsprinzip entscheidet, verpflichtet die Mitgliedstaaten zur Verbesserung ihrer militärischen Schlagkraft und enthält eine „Solidaritätsklausel", derzufolge jedes EU-Land bei Terroranschlägen und Katastrophen großen Ausmaßes Anspruch auf die Hilfe der Partnerstaaten hat.

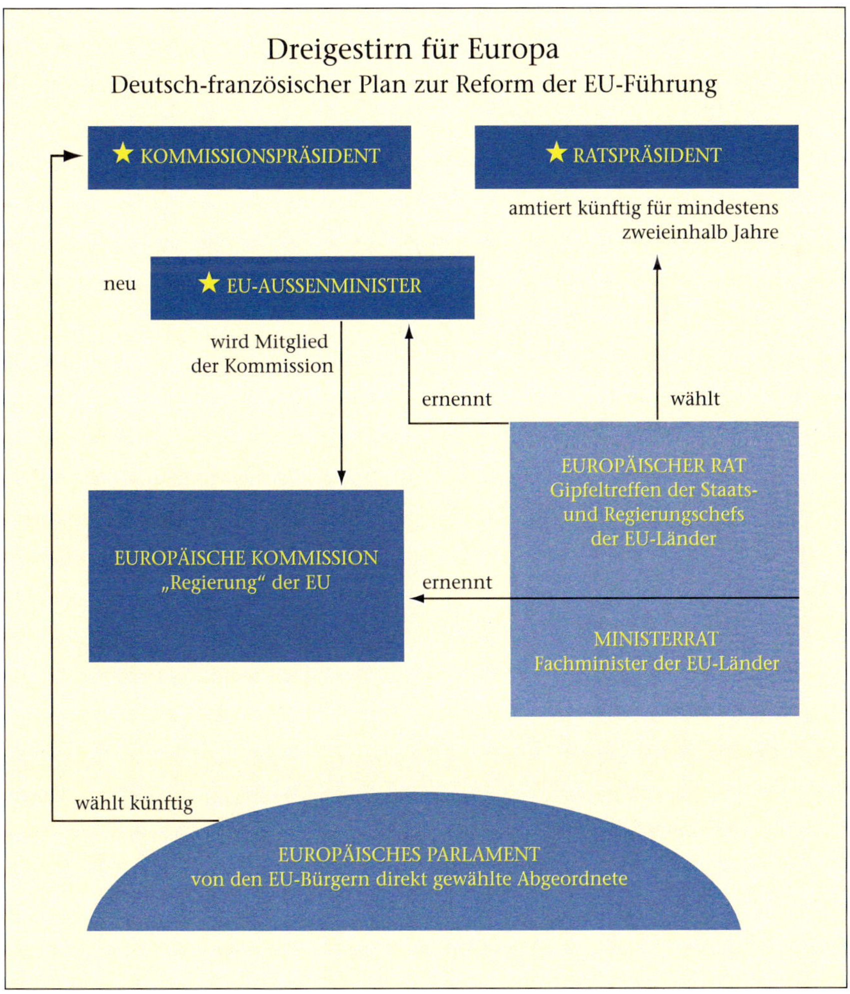

2 Deutsch-französischer Reformplan 2003

3 Bundesstaat? Staatenbund?

a) Aus dem Urteil des Bundesverfassungsgerichts vom 12. Oktober 1993:

Der Unions-Vertrag begründet einen Staatenverbund zur Verwirklichung einer immer engeren Union der – staatlich organisierten – Völker Europas, keinen sich auf ein europäisches Staatsvolk stützenden Staat. [...]

Die Mitgliedstaaten haben die Europäische Union gegründet, um einen Teil ihrer Aufgaben gemeinsam wahrzunehmen und insoweit ihre Souveränität gemeinsam auszuüben. In ihrem am 11. und 12. Dezember 1992 in Edinburgh gefassten Beschluss betonen die Staats- und Regierungschefs, dass im Rahmen des Vertrages über die Europäische Union unabhängige und souveräne Staaten aus freien Stücken beschlossen haben, [...] einige ihrer Befugnisse gemeinsam auszuüben. Dementsprechend nimmt der Unions-Vertrag auf die Unabhängigkeit und Souveränität der Mitgliedstaaten Bedacht, indem er die Union zur Achtung der nationalen Identität ihrer Mitgliedstaaten verpflichtet, die Union [...] nach dem Prinzip der begrenzten Einzelzuständigkeit nur mit bestimmten Kompetenzen und Befugnissen ausstattet und sodann das Subsidiaritätsprinzip für die Union [...] zum verbindlichen Rechtsgrundsatz erhebt. [...]

Wohin ein europäischer Integrationsprozess nach weiteren Vertragsänderungen letztlich führen soll, mag in der Chiffre der „Europäischen Union" zwar im Anliegen einer weiteren Integration angedeutet sein, bleibt im gemeinten Ziel letztlich jedoch offen. Jedenfalls ist eine Gründung „Vereinigter Staaten von Europa", die der Staatswerdung der Vereinigten Staaten von Amerika vergleichbar wäre, derzeit nicht beabsichtigt. [...]

Die Kompetenzen und Befugnisse, die der Europäischen Union und den ihr zugehörigen Gemeinschaften eingeräumt sind, bleiben [...] im Wesentlichen Tätigkeiten einer Wirtschaftsgemeinschaft. Die zentralen Tätigkeitsfelder der Europäischen Gemeinschaft sind insoweit die Zollunion und die Freiheit des Warenverkehrs, der Binnenmarkt, die Rechtsangleichung zur Sicherung der Funktionsfähigkeit des Gemeinsamen Marktes, die Koordinierung der Wirtschaftspolitik der Mitgliedstaaten und die Entwicklung einer Währungsunion.

Zit. nach: Thomas Läufer (Hrsg.): Europäische Union, Europäische Gemeinschaft. Die Vertragstexte von Maastricht. Bonn 1996, S. 339 f.

b) Der ehemalige Bundesverfassungsrichter Dieter Grimm (im Jahr 2003):

Es wäre das falsche Ziel, die europäische Zukunft in Anlehnung an Amerika in den Vereinigten Staaten von Europa zu suchen. Viele können sich kein anderes Ergebnis der europäischen Einigung vorstellen. Sie betrachten den jetzigen Staatenverbund daher nur als Durchgangsstadium zum Bundesstaat. Indessen wird allenthalben sichtbar, dass die Staaten mit wachsender Globalisierung ihr Attribut, die Souveränität, zusehends aufgeben oder verlieren und sich für bindende politische Entscheidungen, die aus anderen als der nationalen Rechtsquelle stammen, öffnen. Die Staaten werden zwar vorerst nicht in einer neuen politischen Ordnungsform aufgehen, wohl aber an Exklusivität und Bedeutung verlieren.

Gegen diese Entwicklung wäre auch ein europäischer Bundesstaat nicht gefeit. Deswegen ist die Hoffnung unrealistisch, dass sich die schrumpfende Staatlichkeit auf der nationalen Ebene auf der höheren europäischen Ebene wiederherstellen ließe. Mit dem europäischen Staat setzt man also auf ein Modell der Vergangenheit. Dagegen kann man von der Europäischen Union mit gutem Grund behaupten, dass sie die bedeutendste politische Innovation des 20. Jahrhunderts darstellt. Sie löst die Nationalstaaten mit ihren anderweitig nicht ersetzbaren Legitimations- und Solidaritätsressourcen nicht auf, sondern nutzt sie, um für diejenigen Probleme Lösungen zu bieten, die heute die nationalen Kräfte überfordern.

Frankfurter Allgemeine Zeitung, 16. Juni 2003.

4 Der „Vertrag über eine Verfassung für Europa"

a) Aus der Charta der Grundrechte der Europäischen Union (im Jahr 2000):

Präambel: 2. Die Union gründet sich auf die unteilbaren und universellen Grundsätze der Würde der Männer und Frauen, der Freiheit, der Gleichheit und Solidarität; sie beruht auf dem Grundsatz der Demokratie und der Rechtsstaatlichkeit.

3. Die Union trägt zur Entwicklung dieser gemeinsamen Werte unter Achtung der Vielfalt der Kulturen und Traditionen der Völker Europas sowie der nationalen Identität der Mitgliedstaaten und der Organisation ihrer staatlichen Gewalt auf nationaler, regionaler und lokaler Ebene bei; sie stellt durch den freien Personen-, Waren-, Kapital- und Dienstleistungsverkehr eine ausgewogene und nachhaltige Entwicklung sicher.

Art. 14. Jede Person hat das Recht auf Bildung sowie auf Zugang zur beruflichen Ausbildung und Weiterbildung. Dieses Recht umfasst die Möglichkeit, unentgeltlich am Pflichtschulunterricht teilzunehmen.

Art. 15 (2). Alle Unionsbürger haben die Freiheit, in jedem Mitgliedstaat Arbeit zu suchen, zu arbeiten, sich niederzulassen oder Dienstleistungen zu erbringen oder in Anspruch zu nehmen.

Art. 16. Die unternehmerische Freiheit wird anerkannt.

Art. 21 (1). Diskriminierungen insbesondere wegen des Geschlechts, der Rasse, der Hautfarbe, der ethnischen oder sozialen Herkunft, der genetischen Merkmale, der Sprache, der Religion oder der Weltanschauung, der politischen oder sonstigen Anschauung, der Zugehörigkeit zu einer nationalen Minderheit, des Vermögens, der Geburt, einer Behinderung, des Alters oder der sexuellen Ausrichtung sind verboten.

Art. 22 (1). Die Chancengleichheit und Gleichbehandlung von Männern und Frauen in den Bereichen Arbeit und Beschäftigung, einschließlich des Grundsatzes des gleichen Entgelts bei gleicher oder gleichwertiger Arbeit, sind sicherzustellen. (2). Der Grundsatz der Gleichbehandlung steht der Beibehaltung oder der Einführung spezifischer Vergünstigungen zur Erleichterung der Berufstätigkeit des unterrepräsentierten Geschlechts oder zur Verhinderung oder zum Ausgleich von Benachteiligungen in der beruflichen Laufbahn nicht entgegen.

Art. 23 (1). Kinder haben Anspruch auf den Schutz und die Fürsorge, die für ihr Wohlergehen notwendig sind. [...] Ihre Meinung wird in den Angelegenheiten, die sie betreffen, in einer ihrem Alter und ihrem Reifegrad entsprechenden Weise berücksichtigt.

Art. 31 (1). Der rechtliche, wirtschaftliche und soziale Schutz der Familie wird gewährleistet. (2) Jede Person muss Familien- und Berufsleben miteinander in Einklang bringen können.

Art. 32 (1). Die Union anerkennt und achtet das Recht auf Zugang zu den Leistungen der sozialen Sicherheit und zu den sozialen Diensten, die bei Mutterschaft, bei Krankheit, bei einem Arbeitsunfall, bei Pflegebedürftigkeit oder im Alter sowie bei Verlust des Arbeitsplatzes Schutz gewährleisten, nach Maßgabe des Gemeinschaftsrechts und der einzelstaatlichen Rechtsvorschriften und Gepflogenheiten. (3) Die Union anerkennt und achtet das Recht auf eine soziale Unterstützung und eine Wohnungsbeihilfe, die für jede Person, die nicht über ausreichende Mittel verfügt, ein menschenwürdiges Dasein sicherstellen sollen, nach Maßgabe des Gemeinschaftsrechts und der einzelstaatlichen Rechtsvorschriften und Gepflogenheiten.

Art. 35. Der Schutz und die Erhaltung einer Umwelt mit guter Lebensqualität sowie die Verbesserung der Umweltqualität unter Berücksichtigung des Grundsatzes der nachhaltigen Entwicklung werden durch alle Politiken der Union sichergestellt.

Frankfurter Allgemeine Zeitung, Nr. 181/2000, S. 12.

b) Aus dem Verfassungsvertrag von 2004:

Präambel: Schöpfend aus dem kulturellen, religiösen und humanistischen Erbe Europas, aus dem sich die unverletzlichen und unveräußerlichen Rechte des Menschen, Demokratie, Gleichheit, Freiheit und Rechtsstaatlichkeit als universelle Werte entwickelt haben. In der Überzeugung, dass ein nach bitteren Erfahrungen nunmehr geeintes Europa auf diesem Weg der Zivilisation, des Fortschritts und des Wohlstands zum Wohl all seiner Bewohner [...] weiter voranschreiten will. [...]

Art. I-3 (3). Die Union wirkt auf die nachhaltige Entwicklung Europas hin auf der Grundlage eines ausgewogenen Wirtschaftswachstums und von Preisstabilität, einer in hohem Maße wettbewerbsfähigen sozialen Marktwirtschaft, die auf Vollbeschäftigung und sozialen Fortschritt abzielt, sowie eines hohen Maßes an Umweltschutz und Verbesserung der Umweltqualität.

Art. I-9 (3). Nach dem Subsidiaritätsprinzip wird die Union in den Bereichen, die nicht in ihre ausschließliche Zuständigkeit fallen, nur tätig, sofern und soweit die Ziele der in Betracht gezogenen Maßnahmen von den Mitgliedstaaten weder auf zentraler noch auf regionaler oder lokaler Ebene ausreichend erreicht werden können, sondern vielmehr wegen ihres Umfangs oder ihrer Wirkungen auf Unionsebene besser erreicht werden können.

Art. I-24 (1). Als qualifizierte Mehrheit gilt eine Mehrheit von mindestens 55 Prozent der Mitglieder des Rates, sofern diese Mehrheit mindestens 15 Mitglieder des Rates umfasst und sofern diese Mitglieder Mitgliedstaaten vertreten, die zusammen mindestens 65 Prozent der Bevölkerung ausmachen.

Art. III-158 (1). Die Union bildet einen Raum der Freiheit, der Sicherheit und des Rechts, in dem die Grundrechte geachtet werden und die verschiedenen Rechtsordnungen und -traditionen der Mitgliedstaaten berücksichtigt werden.

Frankfurter Allgemeine Zeitung, 24. Juni 2004, S. 4 f.

Arbeitsvorschläge

a) Setzen Sie die Präambeln der zwei Gemeinschaftsverträge zur jeweiligen Zeitlage in Beziehung. Lassen sich kontinuierlich durchgehaltene Zielbestimmungen ausmachen? Der Nationalstaat, ein – vorerst noch unentbehrliches – Auslaufmodell? Die EU, die bedeutendste politische Innovation des 20. Jahrhunderts? Diskutieren Sie diese Thesen (M 4).

b) Wo gehen die in der Grundrechte-Charta proklamierten Normen über bislang übliche Kataloge hinaus?

c) Wie sucht der Verfassungsvertrag, die Rechte großer und kleiner Länder auszubalancieren (M 4)?

Europa wächst zusammen

1929	Frankreichs Außenminister Briand schlägt ein „föderatives Band" in Europa vor.
1947	Der Marshall-Plan verpflichtet die europäischen Länder zur wirtschaftlichen Zusammenarbeit.
1949	12 Länder unter Führung der USA bilden das Nordatlantische Verteidigungsbündnis (NATO). 10 Staaten gründen den Europarat (2004: 43 Mitglieder).
1950	Der Europarat beschließt die „Europäische Konvention der Menschenrechte und Grundfreiheiten".
1952	Die „Europäische Gemeinschaft für Kohle und Stahl" tritt in Kraft.
1955	„Die Sechs" und Großbritannien schließen das Verteidigungsbündnis der „Westeuropäischen Union" (WEU).
1958	Die Verträge über die „Europäische Wirtschaftsgemeinschaft" (EWG) und die „Europäische Atomgemeinschaft" treten in Kraft.
1966	Im „Brüsseler Kompromiss" einigen sich die EWG-Staaten auf das Prinzip der Einstimmigkeit.
1968	Mit der Vollendung der Zollunion verschwinden die Zollgrenzen in der EWG.
1973	Dänemark, Großbritannien und Irland treten der EG bei.
1975	33 europäische Staaten sowie die USA und Kanada verabschieden in Helsinki die Schlussakte der Konferenz für Sicherheit und Zusammenarbeit in Europa (KSZE).
1981/86	Süderweiterung der EG: Griechenland (1981), Portugal und Spanien (1986)
1992	Der Vertrag von Maastricht begründet die Europäische Union (EU).
1993	Die Wirtschaftsunion (Vollendeter Binnenmarkt) tritt in Kraft.
1995	Finnland, Österreich, Schweden werden EU-Mitglieder.
1999	11 EU-Staaten führen die gemeinsame europäische Währung (Euro) ein. Die NATO führt einen Luftkrieg gegen Serbien zum Schutz der Albaner im Kosovo.
2002	Der Euro wird in 12 EU-Staaten alleiniges gesetzliches Zahlungsmittel.
2003	Der von den USA und Großbritannien ausgelöste (zweite) Irak-Krieg entzweit die europäischen Verbündeten.
2004	„Osterweiterung" der NATO um sieben, der EU um zehn neue Mitglieder. Der Europäische Rat verabschiedet den „Vertrag über eine Verfassung für Europa". Der Europäische Rat empfiehlt die Eröffnung von Beitrittsverhandlungen mit der Türkei.
2007	„Südosterweiterung" der EU um Bulgarien und Rumänien

13 Der Islam in der Moderne

13.1 Religion und Politik im islamischen Kulturkreis

Monotheismus
Polytheismus

Der Islam ist auf das Lebenswerk des Propheten Mohammed zurückzuführen. Mohammed hat zu Beginn des siebten Jahrhunderts die göttliche Botschaft verkündet und ein religiös-politisches Gemeinwesen geschaffen.
Mohammed wuchs in der reichen Handelsmetropole Mekka auf. Der bedeutende Status der Stadt ergab sich aus der Position eines religiösen Zentrums auf der polytheistisch geprägten arabischen Halbinsel. Dieses Wallfahrtszentrum mit der Kaaba im Mittelpunkt, einem Heiligtum altarabischer Gottheiten, gab zum einem der Handelsstadt Mekka einen sicheren Status, da Kämpfe innerhalb der Stadt verboten waren, und zum anderen diente es als wirtschaftlicher Anziehungspunkt für die Stämme im Umfeld.
Mohammed – als Vollwaise ca. 570 geboren – wuchs in dem in Mekka führenden Stamm der Quraisch auf. Als Händler kam er mit christlichen und jüdischen Glaubensvorstellungen in Kontakt. Im Zuge seiner religiösen Übungen – er zog sich oftmals in Einödgebiete bei Mekka zurück – erschien ihm gemäß islamischer Überlieferung der Engel Gabriel und beauftragte ihn als Propheten. Dies gilt als Beginn der Offenbarung.
Mohammed versuchte, seine Mitbürger von seiner Offenbarung zu überzeugen, deren Mittelpunkt der Monotheismus bildete, doch fand er bei seinen Mitbürgern kaum Akzeptanz für seine Vorstellungen. Dies lag daran, dass insbesondere der Monotheismus eine wichtige Grundlage des mekkanischen Wirtschaftslebens – Mekka als Wallfahrtsort für viele arabische Gottheiten – in Frage gestellt hätte. Die mangelnde Akzeptanz für Mohammeds Vorstellungen wandelte sich in immer stärker werdende Ablehnung. Die Situation wurde für Mohammed und seine Anhänger immer problematischer, da ihm auch keine Unterstützung durch seinen Stamm zuteil wurde.
So war der Kontakt zu der Oasenstadt Yatrib ein Glücksfall. Die beiden dort größten ansässigen Stämme waren in der Gefahr, sich gegenseitig durch eine Blutfehde auszulöschen. Um dies zu verhindern, musste ein neutraler Schiedsrichter gefunden werden. Mohammed sah darin die Möglichkeit, den zunehmenden Anfeindungen seiner Heimatstadt zu entgehen. Bedingung Mohammeds war, dass die Stämme sich zu der von ihm verkündigten Religion bekennen.
Mit dieser Übersiedlung (Hischra) von Mekka nach Yatrib im Jahre 622 beginnt die islamische Zeitrechnung. In Yatrib, das später in Medina an-Nabi – Stadt des Propheten – umbenannt wurde, kam es zunächst zu einem Ausgleich zwischen den Stämmen und einer Eingliederung der Auswanderer aus Mekka. Auf dieser Grundlage konnte Mohammed auch seine Heimatstadt Mekka 630 wiederum unterwerfen, zumal er das Hauptheiligtum von Mekka – die Kaaba – zum neuen Zentrum des Islams machte.

Umma

Entscheidend für diesen Erfolg war die Neudefinierung des gemeinschaftlichen Zusammenlebens. An die Stelle der bisherigen Stammesstruktur, deren entscheidendes Kriterium die Stammes- und Clanzugehörigkeit der Mitglieder war, wurde das Konzept der Umma – der Gemeinschaft der Gläubigen gesetzt. Das verbindende Element dieser Gemeinschaft ist das gemeinsame Bekenntnis. Der Wille Gottes ist die Richtschnur in der Gemeinschaft. Dieser Wille äußert sich durch die Offenbarungen Mohammeds. Gott ist sowohl im Diesseits wie auch im Jenseits die Grundlage jeglicher Herrschaft. Somit sind die weltlichen Herrscher Gott und Gottes Gesetz unterstellt. Die Hauptaufgabe der Herrschenden besteht darin, das göttliche Gesetz zu schützen und durchzusetzen.

Tribale Gesellschaft

Die Untergebenen sind gegenüber dem Herrscher zu Gehorsam verpflichtet. Dieser soll sich aber wiederum mit seinen Untergebenen beraten. Dieses Konzept findet seinen Gegenentwurf in dem Bild des ägyptischen Pharaos, der sich über Gott erhebt und dem Volk seine eigenen Gesetze aufzwingt. Damit bedeutete das Konzept der Umma aus zwei Gründen für die tribale Gesellschaft der damaligen Zeit Arabiens eine attraktive Neuerung:

- Es stellte eine Abkehr von den permanenten Blutfehden dar.
- Die Grundlage des Handelns war nun Gottes Gesetz, dem sich auch kein Herrscher entziehen konnte.

Das religiöse Gesetz

Nach der Übersiedelung Mohammeds nach Medina veränderte sich das Wesen der geoffenbarten Suren des Korans. In der mekkanischen Zeit behandelten die Suren vor allem religiöse Themen, wie z. B. die Erlösung des Menschen, während in der medinensischen Zeit konkrete rechtliche und moralische Fragen im Mittelpunkt standen. Dies war auf die Notwendigkeit zurückzuführen, einen Rahmen für das neu entstehende Gemeinwesen zu schaffen. Diese Offenbarungen berührten alle Bereiche des Lebens der damaligen Zeit und machten den universellen Anspruch des Islams deutlich.

Scharia

Die sich hier abzeichnenden ersten groben Rechts- und Moralvorstellungen bildeten einen ersten wesentlichen Baustein für das islamische Recht – die Scharia (der rechte Weg).

Der zweite Baustein ergab sich aus der Sunna (arab.: Brauch), der Handlungen und Aussprüche Mohammeds, die für die Muslime als vorbildlich galten. Diese zunächst mündlichen Weitergaben wurden bis zum 9. Jahrhundert als Hadithe verschriftlicht. Diese bestehen aus zwei Teilen – der eigentlichen Überlieferung (1) und der Überlieferungskette (2). Die Letztere bürgte für die Echtheit der Aussage.

Damit eine Überlieferungskette, die z. B. bis zu einem Zeugnis eines Zeitgenossen Mohammeds zurückgeht, als zuverlässig gilt, darf diese nicht unterbrochen sein. Damit entwickelte sich der Islam wie das Christentum zu einer Gesetzesreligion, über die die Mentalität und die Vorstellungen der Gläubigen geprägt wurden.

Da es im Islam keine Kirche im engeren Sinn und somit keine kirchliche Lehrautorität gibt, entstand eine große Bandbreite unterschiedlicher Glaubensüberzeugungen in den verschiedenen Regionen. Trotz der regionalen Differenzierung stellen die Grundpflichten eines Muslims – die so genannten fünf Säulen des Islams – ein einigendes Band der Umma dar: das gemeinsame Bekenntnis zu Gott (Allah) und seinem Propheten Mohammed, das tägliche Ritualgebet, das gemeinsame Fasten im Monat Ramadan, die Pilgerfahrt nach Mekka und die Entrichtung einer Armensteuer.

1 Der Sieg des Monotheismus. Mohammed entfernt die heidnischen Götterstatuen aus der Kaaba von Mekka.
Buchmalerei von Mir Havand (Ausschnitt), Persien, zwischen 1585 und 1595.

Spaltung des Islams

Nach dem Tod Mohammeds 632 stand die Umma vor einer Krise. Die Herrschaftsordnung war zu Lebzeiten ganz auf Mohammed als den Propheten Gottes zugeschnitten gewesen. In keiner seiner Offenbarungen war die Nachfolge geregelt worden. Klar war, dass das Prophetentum mit Mohammed erloschen war. Hinsichtlich der Gestaltung der politischen Führung der Gemeinschaft musste sich die Umma nun selbst helfen. Man orientierte sich an dem bei arabischen Stammesgesellschaften typischen Verfahren einer Wahl. Abu Bakr (632–634) – einer der frühesten Gefährten und Schwiegervater Mohammeds – wurde der neue politische Führer der Umma, der fortan den Titel „Stellvertreter des Gesandten Gottes" trug (Khalifat Rasul Allah).
Eine Gestaltung der Nachfolgeregelung unter dem Aspekt der Erbfolge wurde von der Mehrheit abgelehnt. Damit entstand ein Konflikt, der die Umma dauerhaft spalten sollte. Der potenzielle Nachfolger wäre im Sinne einer dynastischen Erbfolge dann Ali gewesen, einer der ersten und treuesten Anhänger Mohammeds, der Schwiegersohn und der nächste Erbe. Zudem war er in der Umma hoch angesehen.
Ali wurde aber erst 656 zum Kalifen gewählt. In dieser Zeit hatte er sich dynastischen Ansprüchen anderer Mitglieder des Stammes der Quraisch zu erwehren. 661 fiel er einem Attentat zum Opfer. In der Folge setzte sich der Clan der Omayyaden (Umaiyya) durch, der ursprünglich zu den erbittersten Gegnern Mohammeds gehört hatte. Somit war die Familie Alis (ahl al-bait – Leute des Hauses) dauerhaft von der politischen Macht ausgeschlossen.
Um deren Angehörige, vor allem um den Prophetenenkel Hussein (626–680) bildete sich eine Partei, die die Ansprüche der Nachkommen Alis verfocht. Als Hussein 680 versuchte an die Macht zu kommen, wurde er mit seinen Anhängern bei der Stadt Kerbela umgebracht. Als Folge dieses Nachfolgestreits spaltete sich die Umma in zwei Hauptrichtungen auf: die Sunniten, die auf Seiten der Kalifen standen, und die Schiiten, die Partei Alis (Schiat Ali), der heute ca. 15 Prozent der Muslime angehören.

2 Der Anfang der Sunna. Die Gläubigen huldigen dem 1. Kalifen Abu Bakr nach dessen Wahl.

3 Der Anfang der Schi'a. Mohammed (Mitte) vermählt seine Tochter Fatima (links) mit Ali.

13

4 Die Kaaba in der Großen Moschee von Mekka. Während der für jeden Muslimen obligatorischen Pilgerfahrt nach Mekka umrunden die Gläubigen siebenmal die Kaaba. Eine Überlieferung berichtet, dass Mohammeds Feinde bei dessen Ankunft in Mekka das Gerücht verbreitet hatten, die Muslime seien durch ein Fieber geschwächt. Der Prophet gebot daraufhin seinen Anhängern, die ersten drei Umrundungen der Kaaba im Laufschritt zu vollziehen, um zu zeigen, wie gut sie bei Kräften seien. Dieser Brauch ist bis heute Bestandteil jeder Pilgerfahrt.

Schia

Imam

Das Massaker von Kerbela hatte die Spaltung der Umma noch forciert, und die Schia hatte nun einen Märtyrer. Der Todestag von Hussein ist bis heute einer der höchste Feiertage der Schiiten, der mit Passionsspielen begangen wird. Als oppositionelle Minderheit hielt die Schia aber an der Rechtmäßigkeit der Nachfolge der Nachkommen Alis und Husseins fest. Diese wurden als gottgewolltes Oberhaupt (Imam) und damit als legitimer Führer der Umma angesehen. Da diese Nachkommen nach schiitischer Auffassung frei von Sünde und unfehlbar sind, stellen diese die idealen Führer der Umma dar.

Für die Kalifen waren diese Imame daher gefährlich und sie stellten sie deshalb im irakischen Samarra unter Hausarrest. Als der 11. Imam 874 verstarb, war zunächst kein Nachfolger vorhanden. Dann aber hieß es, dass er einen Sohn mit dem Namen Mohammed hinterlassen habe, der aber entrückt sei.

Dieser würde am Ende der Zeit als der „Rechtgeleitete" (Mahdi) zurückkehren und ein Reich des Friedens und der Gerechtigkeit gründen. Somit wurden die Schiiten auf die Zukunft verwiesen und ihnen damit die Gegenwart zumutbar gemacht, in der es noch keine wahre Gerechtigkeit geben kann. Für die Dauer der Abwesenheit des verborgenen Imams tritt das Kollektiv der schiitischen Rechtsgelehrten stellvertretend an dessen Stelle.

13.2 Orientierung am Westen – vom Osmanischen Reich zur Türkei

Konfrontation mit Europa

Der Eintritt der islamischen Welt in die Moderne vollzog sich durch mehrere militärische Paukenschläge. Beginnend mit dem Frieden von Kücük Kayrana 1774 bis hin zur französischen Invasion Ägyptens (1798–1802) wurde die Modernisierungsnotwendigkeit mit dem Ziel der Selbstbehauptung der islamischen Staaten immer deutlicher.

Diese Phase begann zunächst in Ägypten, wo Muhammad Ali, Kommandant eines dort stationierten albanischen Truppenkontingents, sich im Machtkampf durchgesetzt hatte. Diese Phase lässt sich in drei Schwerpunkten festmachen:

- Modernisierung der Armee nach europäischen Standards
- Forcierte Ausbildung der Eliten
- Merkantilistische Wirtschafts- und Handelpolitik

Die Modernisierung der Armee betraf vor allem die Ausbildung und Bewaffnung der neu aufgestellten Truppen. Diese erfolgten durch französische Instrukteure und orientierten sich an europäischen Standards. Parallel dazu begann Muhammad Ali eine merkantilistische Wirtschafts- und Handelspolitik, indem der Import verteuert und der Export in die europäischen Länder forciert wurde. Gleichzeitig versuchte man, eine moderne Industrieproduktion aufzubauen.

Um das dafür erforderliche Know-how zu erhalten, wurden zwei Wege eingeschlagen. Das erforderliche Wissen sollte mittels geförderter Studienreisen einheimischer Eliten in westliche Industrieländer und durch die Anwerbung von europäischen Instrukteuren erworben werden. Zum anderen wurden Ausbildungszentren in Ägypten für einheimische Fachleute geschaffen.

Osmanische Reformversuche

So wie die osmanische Provinz Ägypten durch eine Modernisierung von oben versuchte, sich den neuen Gegebenheiten anzupassen, versuchte auch das Zentrum des Osmanischen Reiches, Reformen durchzuführen. Diese dienten zunächst vor allem der Reorganisation der Armee. Dies war umso notweniger als es galt, militärischem Druck seitens Europas und Loslösungsbestrebungen einzelner Provinzen zu widerstehen, wie es sich an der Unabhängigkeit Griechenlands 1829 gezeigt hatte.

Als nächster Schritt sollte die Umgestaltung des öffentlichen Lebens erfolgen, die sich unter dem Begriff Tanzimat (Neuordnung) zusammenfassen lässt. Treibende Kraft hinter diesen Reformen war Mustafa Resit Pascha, der als Vater der Tanzimat gilt. Mit dem Erlass des Hatt-e Scherif von Gülhane (Edles Großherrliches Handschreiben) von 1839 wurden die fünf Prinzipien verkündet, die diese Reformen leiten sollten: Sicherheit des Lebens, Sicherheit des Privateigentums, eine öffentliche und gerechte Rechtssprechung, Gleichheit aller Religionsgemeinschaften und die Einführung eines gerechten Steuersystems.

Tanzimat

Die Unabhängigkeitsbestrebungen der unter osmanischer Herrschaft stehenden Provinzen erreichten im Konflikt mit Ägypten 1839/40 einen Höhepunkt. Nur das Eingreifen der europäischen Mächte verhinderte damals den Untergang des Osmanischen Reiches. Neben der unterschiedlichen Interessenlage der europäischen Mächte waren es auch die begonnenen Reformen, die zugunsten des Osmanischen Reiches sprachen. 1853 kam es mit dem Krimkrieg (1853–1856) erneut zu einer europäischen Interessenkollision, in der Großbritannien und Frankreich auf Seiten des Osmanischen Reiches gegenüber Russland militärisch eingriffen. Der Friedensvertrag garantierte die Integrität des Osmanischen Reiches und stoppte somit die russische Expansion. Dieser für das Osmanische Reich vorteilhafte Vertrag war auch auf eine Forcierung der Reformen zurückzuführen. In dem diesem Reformabschnitt bestimmenden Edikt, dem Großherrlichen Handschreiben (Hatt-

i Hümayun) von 1856, wurde insbesondere die Gleichheit aller Religionsgemeinschaften, d. h. ihr ungehinderter Zugang zu allen militärischen und öffentlichen Ämtern, festgeschrieben und eine wirtschaftliche Öffnung angestrebt.
Trotz dieser Reformbemühungen stieg die politische und wirtschaftliche Abhängigkeit des Osmanischen Reiches. Dies lag zum einen an den zentrifugalen Tendenzen, insbesondere auf dem Balkan, die sich immer wieder in Unruhen äußerten. Eine weitere Ursache für die steigende Abhängigkeit des Osmanischen Reiches waren die ungünstigen Handelsvereinbarungen mit den europäischen Mächten, die so genannten Kapitulationen. Diese kamen europäischen Interessen und deren aufstrebender Industrie entgegen und marginalisierten die einheimische Wirtschaft.

Konstitutionelle Monarchie

Dieser Druck hatte zwei Entwicklungen zur Folge: (1) Durch den dadurch forcierten Staatsbankrott des Osmanischen Reiches 1875 war der Handlungsspielraum des Staates vollständig vom Willen der europäischen Mächte abhängig. In dieser Zeit entstand in Europa das Bild vom kranken Mann am Bosporus.
(2) Gleichzeitig kam es aber zu einer Weiterentwicklung der bestehenden Reformansätze, die 1876 in eine oktroyierte Verfassung mündeten. Das Osmanische Reich wurde dadurch von einer absoluten Herrschaft in eine konstitutionelle Monarchie umgewandelt. Diese sollte aus einem Zwei-Kammern-System bestehen, allerdings hatte der Sultan durch das alleinige Berufungsrecht einer Kammer (des Senats) und die alleinige Gesetzgebungsinitiative entscheidende Vorteile auf seiner Seite. Als es 1877 zum Konflikt zwischen dem Parlament und dem Sultan Abdülhamit II. kam, wurde die Verfassung außer Kraft gesetzt.

5 Vom Osmanischen Reich zur Republik Türkei

Jungtürken

Hergestellt wurde diese erst wieder, als es 1908 unter der Leitung des nationalistischen Komitees für Einheit und Fortschritt zur jungtürkischen Revolte kam. Die Bewegung der Jungtürken war 1889 als Geheimkomitee von Offizieren und Verwaltungsbeamten in Opposition zur Alleinherrschaft Sultan Abdülhamits II. gegründet worden. Die Ziele der Jungtürken waren die Verringerung der ökonomischen Abhängigkeit von Europa und ein verstärker Nationalismus, der sich in einer forcierten Turkifzierung äußerte und damit vom Islam als einendes Band Abschied nahm. Dieser verstärkte Nationalismus nach innen entfremdete die nicht türkischen Landesteile des Osmanischen Reiches bzw. die Nichttürken vom Staat immer stärker. Die Erosion des Osmanischen Reiches, wie es sich im Verlust fast aller Balkanprovinzen zeigte, konnte trotz alledem nicht aufgehalten werden. Die negativen Auswirkungen dieser Politik bekam das Osmanische Reich im Ersten Weltkrieg zu spüren, als das Osmanische Reich auf Seiten der Mittelmächte in den Krieg eintrat. Die Armenier, denen man vordergründig eine Kooperation mit dem Russischen Reich unterstellte, wurden offiziell zwangsumgesiedelt, wobei ein Großteil durch Repressalien vor Ort und auf den Deportationsmärschen ums Leben kam. Auf der arabischen Halbinsel entwickelte sich ein Aufstand, der im Zusammenspiel mit Großbritannien die Osmanen aus Palästina, Irak und Syrien vertrieb.

Armenier-Genozid 1915/16

Entstehung der modernen Türkei

Nach der bedingungslosen Kapitulation 1918 in Mudros sollte das Osmanische Reich im Friedensvertrag von Sevres 1920 nahezu völlig zerschlagen werden. Dagegen regte sich verstärkt Protest, der sich in einer türkischen Nationalbewegung sammelte. Unter dem osmanischen General Mustafa Kemal, der aus der jungtürkischen Bewegung kam, sammelte sich der Widerstand gegen die von den Westmächten diktierten Friedensbedingungen und dem schwachen osmanischen Sultan. Nach der Besetzung der Westtürkei durch die Alliierten kam es zu einem Befreiungskrieg, der sich insbesondere gegen Griechenland richtete. Tatsächlich gelang es der türkischen Nationalbewegung den Diktatfrieden von Sevres im Frieden von Lausanne 1923 zu ihren Gunsten zu revidieren.
Die Folgen des Ersten Weltkrieges und des nachfolgenden Befreiungskampfes waren weitreichend. Das multiethnische Osmanische Reich existierte nicht mehr. An dessen Stelle trat die Türkei als Nationalstaat in ihrem heutigen territorialen Umfang. In teilweise repressiver Weise führten Griechenland und die Türkei einen umfassenden Bevölkerungsaustausch durch. Mehr als eine Million Griechen mussten Anatolien bzw. hunderttausende Türken Nordgriechenland verlassen. Der osmanische Sultan wurde 1923 abgesetzt und die Republik ausgerufen. Damit vollzog sich auch ein institutioneller Bruch mit dem Osmanischen Reich, der in der Abschaffung des Kalifats 1924 seinen Endpunkt fand. Mustafa Kemal, der später von der türkischen Nationalversammlung den Beinamen Atatürk (Vater der Türken) erhielt, war die prägende Gestalt dieses neuen Nationalstaats. Europa wurde zum Vorbild für die Türkei. Die Politik vollzog sich in einer Abkehr vom Islam, der als entwicklungsunfähig angesehen wurde. Die europäische Zivilisation sollte somit alle Bereiche des Lebens durchdringen. Markante Eckpunkte dieser Kulturrevolution waren die Einführung des gregorianischen Kalenders und 1928 die Ablösung des arabisch-osmanischen Alphabets durch das lateinische. Ebenso wurde 1926 das Türkische Bürgerliche Gesetzbuch geschaffen, das auf dem Schweizer Zivilrecht und dem italienischen Strafrecht basierte. Die Einehe wurde offiziell als verbindlich er-

6 Mustafa Kemal Atatürk (1882–1938) beim Verlassen des Parlaments in Ankara 1928

klärt, und die Frauen erhielten formal die gleichen Rechte wie die Männer. Damit wurde die Scharia, die nach wie vor in vielen Bereichen bestimmend war, abgelöst. Neben dieser Veränderung im Rechtswesen wurde dem islamischen Klerus der Einfluss auf das Erziehungswesen genommen und die religiösen Schulen (Medressen) geschlossen. Alle sonstigen religiösen Einrichtungen wurden der Staatskontrolle unterstellt. Konsequenterweise wurde 1928 der Islam als Staatsreligion abgeschafft und die Religion der Privatsphäre einem jeden Einzelnen übertragen.

Kemalismus
Atatürk

Die Reformen hatte erhebliche Widerstände auch in der türkischen Nationalbewegung zu überwinden. Die Durchsetzung erfolgte in Form einer zentralistischen Erziehungsdiktatur. Zum einen suchte man die Reformen selbst vorzuleben bzw. zu propagieren, zum anderen wurden demokratische Ansätze wie ein Zweiparteien-System, sobald diese zum Sammelbecken von zu starker Unzufriedenheit wurden, gekappt. Dergleichen galt auch für mögliche separatistische Tendenzen der unterschiedlichen Ethnien. Jegliche Art von möglicher innenpolitischer Opposition, die in der Wahrnehmung der „Kemalisten", der Anhänger Atatürks, den Modernisierungsprozess hätte gefährden können, wurden unterdrückt.
Aus diesen Reformen kristallisierte sich der Kemalismus, benannt nach Mustafa Kemal, heraus, der 1931 im Parteiprogramm der Republikanischen Volkspartei in sechs Grundpfeilern seinen programmatischen Widerhall fand:

- Das Prinzip Nationalismus forderte vollständige nationale Unabhängigkeit. Es wendete sich gegen die europäische Einmischung und negierte die Minoritäten, da deren Interessen als Schwächung der „nationalen Einheit" gesehen wurden.
- Der Republikanismus legte die Republik als Staatsform fest. Eine Umkehr zur Monarchie war damit ausgeschlossen.
- Der Laizismus, der weitreichendste Grundsatz des Kemalismus, implizierte die Trennung von Staat und Religion.
- Der Etatismus sah eine Verantwortlichkeit des Staates für die Wirtschaft.
- Der Begriff des Populismus als ein weiterer Grundsatz bezog sich auf die Mobilisierung des Volkes, das man als erforderlich ansah, um Reformen durchzuführen.
- Der Revolutionismus bzw. Reformismus beinhaltete den Anspruch einer ständigen Selbsterneuerung der Gesellschaft und des Staates.

Demokratisierung

Diese Prinzipien wurden 1937 in die Verfassung aufgenommen. Zwei von ihnen prägen das Bild der Türkei bis heute maßgeblich: der Laizismus und der Nationalismus.
Außenpolitisch legte sich die Türkei in der Zwischenkriegszeit ein hohes Maß an Selbstbeschränkung auf und handelte nach dem kemalistischen Kernsatz: Friede daheim – Friede in der Welt. Signifikant war, dass die Türkei sich aus internationalen Konflikten heraushielt und selbst keine Expansionspolitik betrieb. Nach dem Zweiten Weltkrieg änderte sich die außenpolitische Lage insofern, dass der Druck der Sowjetunion auf die Türkei zunahm. Die Türkei trat daraufhin 1952 der NATO bei und ist seit dieser Zeit fest im westlichen Bündnissystem verankert.
Innenpolitisch war die erste Zeit nach dem Zweiten Weltkrieg durch eine demokratische Öffnung gekennzeichnet. Unter dem Nachfolger Atatürks Ismet Inönü erfolgte der gewollte Übergang zum Mehrparteiensystem. Aus einer innerparteilichen Opposition erwuchs in der Demokratischen Partei ein Gegenpol zu der bisher allein regierenden Republikanischen Volkspartei. Der entscheidende Unterschied lag dabei in der Ausrichtung der Wirtschaftpolitik, da die Demokratische Partei eine stärkere Hinwendung zur Marktwirtschaft befürwortete. 1950 kam es durch die ersten freien Wahlen zu einem politischen Wechsel. Unter Adnan Men-

deres begann in der Türkei jetzt eine wirtschaftliche Modernisierung, die aber mit hohen Schulden erkauft wurde. Der damit beginnende und bis heute andauernde wirtschaftliche und gesellschaftliche Wandel brachte in der Folge immer wieder heftigen innenpolitischen Druck, sei es durch die Bevölkerungsexplosion oder die Binnenmigration von Ost nach West.

Adnan Menderes (1899–1961)

Als Menderes die oppositionelle Republikanische Volkspartei auszuschalten suchte, veranlasste diese Entwicklung das Militär, das sich einerseits als Bewahrer des Erbes Atatürks verstand und nach wie vor enge Bindungen zur Republikanischen Volkspartei hatte, 1960 zu putschen. Unter der einjährigen Militärherrschaft wurde eine neue Verfassung ausgearbeitet, die wesentlich liberaler war. Der regierenden Partei wurden nun bei ihrer Machtausübung mehrere Kontrollinstanzen gegenübergestellt, wie z. B. ein unabhängiges Verfassungsgericht. Die Einrichtung eines Nationalen Sicherheitsrates für Fragen der äußeren und inneren Sicherheit sicherte dem Militär jedoch eine ständige direkte Einflussnahme auf die Politik.

In der nachfolgenden Zeit bildeten sich neben den großen Parteien kleine militante Splitterparteien am linken und rechten Rand des politischen Spektrums. Zeitweise kam es zu bürgerkriegsähnlichen Unruhen, sodass das Militär, das sich als Hüter der Verfassung verstand, abermals von 1970–1973 und 1980–1983 die Macht übernahm.

Kurdenfrage

Neben diesen innerstaatlichen Unruhen trat die Kurdenfrage immer stärker in den Vordergrund. Schon in der Zwischenkriegszeit hatte es mehrere kurdische Aufstände gegeben, die niedergeschlagen wurden. Der seit 1975 wieder aufkeimenden und dann in den 1980er-Jahren verstärkt auch in terroristischer Form auftretenden kurdischen Autonomie- bzw. Unabhängigkeitsbewegung, wie in Gestalt der Kurdischen Arbeiterpartei (PKK), suchte man insbesondere seitens des Militärs durch repressive Maßnahmen zu begegnen. Dieser Konflikt ist bis heute nicht gelöst, hat sich aber in seiner Intensität verringert.

Neben dem kurdischen Minderheitenproblem kristallisierte sich seit Mitte der 1970er-Jahre eine weitere Entwicklung heraus. Die Re-Islamisierung, die schon unter der Demokratischen Partei ihren Anfang genommen hatte, erhielt durch die Gründung der Nationalen Heilspartei, später in Wohlfahrtspartei umbenannt, einen weiteren Aufschwung. Im Gegensatz zu den anderen Parteien strebte die Wohlfahrtspartei nach der Restauration einer islamischen Ordnung. Dies stand völlig im Widerspruch zu den kemalistischen Prinzipien. Als die Wohlfahrtspartei 1996 an die Macht kam, intervenierte das Militär in der Form eines Memorandums, das die Islamisierung als größte Gefahr bezeichnete. Die Folge war 1998 der Rücktritt des Führers der Wohlfahrtspartei Erbakan und 2001 das Verbot seiner Partei.

Türkei und die EU

2002 kam es zu einem erdrutschartigen Sieg der AKP – des reformorientierten Flügels der Wohlfahrtspartei unter Tayyip Erdogan. Im Gegensatz zur Politik der Wohlfahrtspartei und ihrem Wunsch nach einer Restauration der islamischen Ordnung bezog die AKP die kemalistische Realität der Türkei mit ein und stellt damit den Laizismus selbst nicht mehr in Frage. Sie selbst bezeichnet sich als islamisch-bürgerlich-konservativ und sieht sich als CDU der Türkei.

Dies zeigt sich insbesondere in der Europapolitik. Die Türkei, die seit 1949 Mitglied des Europarats und seit 1964 assoziiertes Mitglied der EWG ist, hat unter der AKP verstärkte Anstrengungen unternommen, in die EU aufgenommen zu werden. Dies war umso beachtlicher, als die Wohlfahrtspartei einen solchen Schritt völlig abgelehnt und sich eher zur arabischen Welt orientiert hatte. Die AKP sieht daher Europa auch nicht als „christlichen Club", sondern vielmehr als gemeinsame Werte- und Wirtschaftsgemeinschaft.

Um die Kopenhagener Kriterien der EU zu erfüllen, wurde die Menschenrechtssituation verbessert und der Einfluss des Militärs als eine Art Überstaat zurückgedrängt. Der Einfluss des Staates auf Wirtschaft und Gesellschaft wurde reduziert, was zu einer Stärkung der Zivilgesellschaft führte. Auch wurde das kemalistische Nationalismusverständnis modifiziert, das eine kulturelle Hegemonie des Türkischen als notwendigen Bestandteil der Nationalen Einheit postulierte. Durch die Beitrittsperspektive zur EU scheint die Kluft zwischen Kemalismus und islamischer Tradition und europäischer Wertegemeinschaft zumindest reduziert worden zu sein. Die Türkei ist somit seit 2002 wesentlich europäischer geworden. Dieser Prozess wird aber von vielen Mitgliedern der EU als nicht ausreichend angesehen.

13.3 Konfliktregion Naher Osten – der Traum von der arabischen Einheit

Arabischer Nationalismus

Nach dem Ende des Ersten Weltkriegs war für die gesamte Nahostregion eine neue Situation entstanden. Der Nationalismus, zuvor vor allem ein Diskussionsgegenstand unter arabischen Intellektuellen, wuchs sich zum Massenphänomen aus. Dies lag unter anderem an den Zusagen, die Großbritannien den Arabern, so dem Scherifen von Mekka für die Schaffung eines arabischen Nationalstaates gemacht hatte. Der Nationalismus stärkte in der Region den Wunsch nach Selbstbestimmung, der sich nun vor allem gegen die Kolonialmächte Großbritannien und Frankreich richtete und einen Nationalstaat auf der Basis der arabischen Sprache und Kultur anstrebte. Die Zuwanderung der Juden in den 20er-Jahren und die Gründung des Staates Israel 1948 gaben dem arabischen Nationalgefühl noch stärkeren Auftrieb. Der verlorene 1. arabisch-israelische Krieg 1948/49 diskreditierte die von Kolonialmächten implementierten Führungsstrukturen. Infolgedessen kam es 1952 zu einem Putsch nationalgesinnter Offiziere in Ägypten unter Gamal Abd el Nasser, die damit den letzten Nachkommen Mohammed Alis stürzten und Ägypten zu einer Republik machten.

Arabischer Sozialismus

Unter Nasser entwickelte sich Ägypten zur Führungsmacht im nahöstlichen Raum. Im Inneren wurde unter dem Stichwort „Arabischer Sozialismus" eine Art Staatskapitalismus praktiziert, wobei neben dem forcierten Aufbau der Schwerindustrie ein sozialer Ausgleich angestrebt wurde. Dieser zeigte sich in der Verteilung des Domänenbesitzes an landlose Bauern, der Subventionierung der Lebenshaltungskosten, einer Einführung von Mindestlöhnen, einer verbesserten medizinischen Versorgung und der Ausweitung der Bildungsmöglichkeiten in bisher nicht gekanntem Ausmaß. Die problematischen Folgen dieser speziell an Europa ausgerichteten Entwicklungsstrategie, in der der öffentliche Sektor dominierend war, machten sich ab Mitte der 1960er-Jahre bemerkbar. Verstärkt wurden diese durch spezifische ägyptische Probleme, die sich in einer Begrenzung von Land und natürlichen Ressourcen und einer Bevölkerungsexplosion darstellten, welche die Leistungsfähigkeit Ägyptens überforderte.

General Nasser (1918–1970)

Hinzu kam auch noch die außenpolitische Frontstellung Ägyptens gegenüber Israel, dem westlichen Einfluss und den arabischen konservativen Staaten. Seit der Suez-Krise 1956, in der die alten Kolonialmächte Großbritannien und Frankreich durch internationalen Druck zum Rückzug genötigt wurden, war Ägypten zur panarabischen Führungsmacht aufgestiegen. Diese Ereignisse beeinflussten den Nahen Osten nachhaltig.

Panarabismus

1958 kam es nach einem Putsch syrischer Offiziere zu einer Vereinigung Ägyptens mit Syrien zur Vereinigten Arabischen Republik. Dies sollte die Keimzelle eines neuen arabischen Staates werden. Allerdings scheiterte dieses Projekt 1961 an regionalen Differenzen. Trotzdem kam es zu weiteren Veränderungen, die sich gegen die bestehenden Herrschaftsstrukturen wandten. 1958 wurde im Irak die von den Briten gestützte haschemitische Monarchie gestürzt, 1969 beseitigten Offiziere unter Ghaddafi die libyische Monarchie. Auch der algerische Unabhängigkeitskampf gegen Frankreich (1954–1962) war von Ägypten stark beeinflusst. Dies bezog sich sowohl auf die militärische Unterstützung der Unabhängigkeitsbewegung wie auch auf die programmatischen Impulse. In Ländern wie dem Libanon oder Jordanien, in denen „nationalistische" Putschversuche nicht erfolgreich waren, erhöhte dies den Druck auf die bestehenden Regimes. Diese suchten wie Saudi-Arabien zumeist Anschluss an die USA als westliche Führungsmacht, zumal sich die Nationalisten zumeist nach dem Vorbild Ägyptens an der Sowjetunion orientierten.

Krisenregion Nahost

So wurde der Nahe Osten in den 1950er- und 1960er-Jahren immer mehr zu einem Krisengebiet. Dies hatte im Wesentlichen drei Ursachen:
- Der Panarabismus als eine säkular ausgerichtete Modernisierungsbewegung stellte die bisherigen Regime und deren Herrschaftsstrukturen infrage.
- Der seit dem Ersten Weltkrieg andauernde Palästina-Konflikt war ein Krisenherd, der in seiner Dynamik viele Kräfte absorbierte. Dieser Konflikt verhindert es bis heute, dass sich in dieser Region ein Gleichgewicht zwischen den Staaten einpendelt.
- Die verstärkte Abhängigkeit der Industriestaaten vom Öl, dass insbesondere seit dem Zweiten Weltkrieg verstärkt in der Golfregion gefördert wurde, rückte die Region immer stärker in den Blickpunkt des Ost-West-Gegensatzes. Während die Sowjetunion die arabisch-nationalistischen Staaten wie Ägypten unterstützte, standen die USA eher auf der Seite der konservativen Staaten wie Saudi-Arabien.

Anwar as-Sadat (1918–1981)

Zäsur Sechs-Tage-Krieg

Eine Zäsur stellte der „Sechs-Tage-Krieg" im Jahre 1967 dar. In diesem Krieg erlitt die arabische Koalition aus Ägypten, Syrien und Jordanien eine verheerende Niederlage durch Israel und erhebliche Gebietsverluste. Diese territorialen Verluste sind zum Teil bis heute existent und verbesserten damals die militärische Sicherheit Israels. Gleichzeitig stellten und stellen sie aber auch ein großes Hindernis für den Frieden in Nahost dar. Eine andere Wirkung war aber noch weitreichender: Der arabische Nationalismus unter Nasser hatte seinen Führungsanspruch verloren. Dies bezog sich auch auf das von ihm vertretene Modernisierungskonzept, da es Ägypten gegenüber dem vermeintlich kleinen Israel nicht geholfen, sondern ihm eine katastrophale Niederlage eingebracht hatte.

Sadats Neuorientierung

Die Konsequenzen daraus zog der Nachfolger Nassers, Anwar el-Sadat. Seine Politik lässt sich als wirtschaftliche und politische Öffnung des Landes bezeichnen. Wirtschaftlich bedeutete dies die Abkehr vom arabischen Sozialismus hin zur Förderung der in- und ausländischen Privatwirtschaft. Dies führte in den 1970er-Jahren zu einem Aufschwung, verschärfte aber auch die sozialen Spannungen, die für die islamistischen Bewegungen einen guten Nährboden abgaben.
Sadat gab den Führungsanspruch Ägyptens innerhalb der arabischen Welt auf und erreichte 1979 einen Ausgleich mit Israel im Frieden von Camp David. Dies wurde umso eher möglich, da Ägypten im Jom-Kippur-Krieg 1973 zumindest einen militärischen Achtungserfolg erzielen konnte. Vervollständigt wurde diese Neuausrichtung ägyptischer Politik durch die Hinwendung Ägyptens zu den USA.

Eine Lösung für den Palästina-Konflikt

Mit dem Frieden von Camp David schien es möglich, eine Lösung des Palästina-Konflikts herbeizuführen. Mit dem damals erstmalig genutzten Prinzip „Land gegen Frieden" schien sich eine praktizierbare Perspektive zu entwickeln. Ägypten erhielt für den Friedensvertrag die seit 1967 israelisch besetzte Sinai-Halbinsel wieder zurück. Die PLO unter Jassir Arafat als Vertretung der Palästinenser war zwar noch aus diesem Prozess ausgeschlossen; dies änderte sich aber mit der Übertragung des Westjordanlandes durch König Hussein von Jordanien an die PLO.

Intifada

Zuvor war es schon 1987 in den besetzten Gebieten der Westbank und des Gaza-Streifens zur ersten „Intifada" (Abschüttlung der Besetzung) gekommen. Grund dafür war die verstärkte Errichtung von jüdischen Siedlungen in den besetzen Gebieten. Diese erste Intifada (bis 1991) war durch eine Mischung aus zivilem Ungehorsam und gewalttätigen bzw. bewaffneten Auseinandersetzungen zwischen Jugendlichen und der israelischen Armee gekennzeichnet.
Erst als die PLO das Existenzrecht Israels anerkannte und im Gegenzug Israel die PLO als Vertreter der Palästinenser akzeptierte, war der Weg frei für das in Oslo 1993 unterzeichnete Grundlagenabkommen. Nach einer fünfjährigen Interimsphase sollte über den endgültigen Status des Gaza-Streifens und des Westjordanlandes entschieden werden.
Seit dieser Zeit gibt es immer wieder Friedensinitiativen, die unter dem Motto „Land gegen Frieden" stehen. Gescheitert sind diese Initiativen immer wieder an der Landaufteilung bzw. den jüdischen Siedlungen in den besetzten Gebieten. Vielmehr kam es zu einer weiteren Verschärfung, die in die zweite Intifada (seit 2000) mündete. Diese zweite Erhebung, ausgelöst durch einen Besuch des Felsendoms (einem muslimischen Heiligtum) in Jerusalem durch Ariel Sharon, ist gekennzeichnet durch Selbstmordattentate von Palästinensern und Militärschlägen der israelischen Armee. Eine Konsequenz Israels aus dieser erneuten Eskalation ist die Errichtung einer international heftig kritisierten Mauer zwischen dem israelischen Kernland und den besetzten Gebieten.

7 Der Führer der PLO Jassir Arafat bei seiner Rede vor der UNO 1974

Arafats Tod ein Wendepunkt?

Nach dem Tod von Präsident Jassir Arafat 2004 steht der Nahostkonflikt erneut vor einem Wendepunkt. Der Verlust dieses nationalen Symbols und der damit verbundenen moralischen Autorität kann zu einem Aufbrechen der Differenzen innerhalb der Palästinenser bzw. der PLO führen. Es gibt in der palästinensischen Gesellschaft niemanden, der eine so unangefochtene moralische Stellung wie Arafat besitzt. Gleichzeitig ergibt sich aber auch die Chance, eine neue, eher pragmatisch orientierte Epoche einzuleiten. Die bisher politisch übermächtige Gestalt Arafats wird sich nun mehr und mehr zu einer historischen Person wandeln.

13.4 Eine islamische Lösung

Rückwendung zum Islam

Mit der europäischen Expansion im 19. Jahrhundert wurde das Selbstverständnis der Muslime hart getroffen. Die Welt war für viele Muslime auf den Kopf gestellt. Wie konnte eine von Gott gewollte Ordnung gegenüber Europa so unterlegen sein? Seit dieser Zeit ist die Auseinandersetzung mit dem Westen ein zentrales Element islamischer Existenz geworden. Dies reichte von der Bewunderung Europas bis hin zur völligen Abschottung muslimischer Gemeinschaften gegenüber allen neuen Einflüssen. Der von Europa definierte Alleinvertretungsanspruch auf die Moderne stellte den Islam ins Abseits. Unter diesem Eindruck und zur Überwindung dieser Unterlegenheitssituation entstand eine erste Generation von islamischen Reformern, die eine Rückkehr zu den Ursprüngen des Islams propagierte. Diese Bewegung ähnlich dem europäischen Klassizismus (arabisch Salafia) suchte den Islam auf seine Ursprünglichkeit - die islamische Frühzeit - zurückzuführen und von allen seit dieser Zeit gewachsenen Traditionen zu „reinigen". Dies galt insbesondere für die volksreligiösen Praktiken, die einen hohen Einfluss in der damaligen Gesellschaft hatten und immer haben. Der Koran bzw. die Sunna sollte mit Rückbezug auf seine Zeit neu interpretiert werden, um die Nutzung von Wissenschaft und Technik mit dem Islam zu vereinbaren bzw. zu begründen. Gleichzeitig wurde auch die Einheit der islamischen Welt gefordert, um Europa gestärkt entgegentreten zu können. Diese daraus resultierende Panislamische Idee hatte in Europa z. B. im Panslawismus eine Entsprechung. Protagonisten dieser Strömung waren Jamal ad-Din Afghani und Mohammad Abduh.

Salafia

Panslawismus

Muslimbrüder

Geprägt durch die Erfahrungen des Kolonialismus, erfuhr diese eher intellektuelle Strömung eine Radikalisierung. In ihr verband sich die Anerkennung der industriellen und technischen Überlegenheit des Westens mit den Zweifeln hinsichtlich der Folgen für den Islam. Konnte der Islam westliche Erkenntnisse und Methoden übernehmen, ohne selbst Schaden zu nehmen? Organisatorisch fand diese Strömung 1928 Ausdruck in der Gründung der Muslimbrüder (Ikhwan al-Muslimin) durch den Lehrer Hasan al-Bana in Ägypten. Rückkehr zu den Wurzeln bedeutete für ihn auch die Vereinigung von politischer und religiöser Macht. Gesellschaft und Staat unterstehen somit der absoluten Kontrolle Gottes. Am Ende sollte ein islamisches System stehen, durch das es möglich sein sollte, die religiöse und soziale Erneuerung zu verbinden. Im Gegensatz zum bisherigen Reformansatz, der die Modernisierung der Religion in den Mittelpunkt stellte, war dieser Ansatz eine Politisierung der Religion, indem es eine ideale Gesellschaftsform schon im Diesseits in Aussicht stellte. Damit war der Islamismus als Ideologie geboren. Die Muslimbrüder wurden in den 30 bis 50 Jahren zu einer Massenbewegung, da sie islamische Identität und gesellschaftliche Veränderung zu verbinden versprachen. Durch diese hohe Mobilisierungskraft breiteten sich die Muslimbrüder über die ganze islamische Welt aus und wurden somit die Grundlage vieler islamistischer Strömungen.

Islamismus

Sayyid Qutb
(1906–1966)

Zwei wichtige Figuren, die den Islamismus zu einer stärkeren Radikalisierung hin prägten, waren der 1966 hingerichtete ägyptische Journalist Sayyid Qutb und der pakistanische Rechtsgelehrte Abul-Ala al-Maududi. Ihr Ziel war die Schaffung eines islamisch verfassten Staates mit einer rigide interpretierten Scharia.
Der Muslimbruder Sayyid Qutb sah den Westen generell als eine Krankheit, dessen Erreger aus der islamischen Welt eliminiert werden müssten. Dies schloss auch den arabischen Nationalismus mit ein. In seinem Hauptwerk „Wegzeichen" verglich er die aktuelle Situation mit der „Barbarei" vor dem Wirken Mohammeds. Zu dessen Überwindung seien alle Mittel legitim. Dies bildete eine wichtige Grundlage für viele nachfolgende Islamisten.

Abul Maududi
(1903–1979)

Das Ziel aller genannten Islamisten war die Herbeiführung der Souveränität Gottes (Hakimiyyat Allah) im Diesseits. Dieser Begriff, den es im Koran nicht gibt, wurde erst durch die Islamisten eingeführt. Das ideale Gesellschaftsmodell war die Urgemeinde von Medina. Eine Theokratie gilt als wünschenswerte Staatsform, wobei deren Hauptziel die Durchsetzung der Scharia sein muss.
Die Islamisten, in der Hauptsache zumeist keine Religionsgelehrten, bevorzugen die wörtliche Interpretation des Koran und der Sunna. Sie stehen damit im Gegensatz zu einer jahrhundertelangen muslimischen Tradition der Rechtsfindung und bevorzugen oftmals radikale und einfache Lösungen. Die rechtliche Unterordnung der Frauen gegenüber Männern oder der Verschleierungszwang für Frauen sind dafür typische Beispiele. Auch die Ablehnung der Unterhaltung durch Film oder Musik gehört dazu.

Islamismus

Neben dem Islamismus als Ideologie kam es, insbesondere nach dem 1967 verlorenen Sechs-Tage-Krieg und der damit verbundenen Diskreditierung des arabischen Nationalismus seit Anfang der 1970er-Jahre zu einer schleichenden Re-Islamisierung in der arabischen Welt. Damit wird eine Bewegung bezeichnet, die den Islam wieder stärker in das öffentliche Bewusstsein rücken wollte. Deutlich wird dies durch das vermehrte Tragen traditioneller Kleidung, so des Schleiers, und durch die Nutzung islamischer Terminologie im offiziellen Sprachgebrauch. Gefördert wurden diese Re-Islamisierung durch Saudi-Arabien, das sich auf diese Weise einen immer stärkeren Einfluss, insbesondere auf die arabische Welt sichern konnte.
Mit der iranischen Revolution 1979 wurde deutlich, dass ein islamisch geprägter Umsturz erfolgreich sein konnte. Dies führte dazu, dass als Kompensation für fehlende Reformen viele Regimes eine Art Ausgleich in der verstärkten Re-Islamisierung suchten. Markantes Beispiel dafür ist Ägypten, das 1980 die Scharia zur Hauptquelle der Gesetzgebung machte. Die Muslimbrüder, unter Nasser noch verboten und verfolgt, wurden unter seinem Nachfolger Sadat wieder zugelassen, nachdem sie ihren Verzicht auf einen gewaltsamen Kampf erklärt hatten. Die Muslimbrüder richteten ihren Fokus nun auf das Land und die armen städtischen Gebiete. Hier, wo der Staat mit seinen Einrichtungen nicht präsent war, leisteten sie soziale Unterstützung und erteilten religiösen Unterricht. Der Fokus lag nun mehr auf der sozialen Erneuerung und sie präsentierten sich somit als islamische Sozialbewegung. Damit gewannen sie erheblichen Einfluss auf die Meinungsbildung bei den sozial ärmeren Schichten.

8 **Betende Frauen vor dem Felsendom in Jerusalem**

Der Friedenschluss Sadats mit Israel 1979 führte zu einer Teilradikalisierung der Muslimbrüder. Zwar lehnten sie als Ganzes den Friedenschluss ab, aber

13

während die Führer der Muslimbrüder am Gewaltverzicht festhielten, gingen viele, insbesondere die jüngeren Mitglieder, auf Distanz zu einer aus ihrer Sicht immer stärker werdenden unislamischen Gesellschaft, die es mit allen Mitteln zu bekämpfen galt. Ein erstes Opfer war der ägyptische Präsident Sadat, der 1981 durch die Gruppe „Islamischer Dschihad" ermordet wurde. Viele der Kämpfer entzogen sich anschließend der Polizei durch die Flucht nach Afghanistan, wo sie sich dem Partisanenkampf, der auch von den USA unterstützt wurde, gegen die Sowjetunion anschlossen.

Radikalisierung
Konfliktfelder

Der Afghanistan-Krieg wirkte wie ein Katalysator auf die Radikalisierung des Islamismus. Viele Islamisten nicht nur aus arabischen Ländern sahen hier die Möglichkeit, für die Sache des Islams direkt zu kämpfen. Nach dem Ende des Afghanistan-Krieges kehrten viele Kämpfer in ihre Heimatländer zurück, wo sie den Terror gegen die ihrer Meinung nach unislamischen Staaten forcierten. Dies äußerte sich in Terroranschlägen gegen staatliche Institutionen, ausländische Investoren und Touristen. Der Überfall des Irak auf Kuwait und der darauf folgende Golfkrieg hatte die dauerhafte Stationierung von US-Truppen in Saudi-Arabien, dem heiligen Land des Islams zur Folge. Dies war für Islamisten völlig unannehmbar und trug zusätzlich zu ihrer Radikalisierung bei. Die USA wurden somit zum neuen großen Feind der Islamisten. Die USA verkörperten durch ihre politisch-wirtschaftlichen Interessen (Kontrolle des Öls), ihre Unterstützung Israels und als kulturelle Vormacht des Westens das ideale Feindbild. Der saudi-arabische Afghanistankämpfer Osama bin Laden gründete mit ägyptischen Islamisten das weltweite Netzwerk „al-Qaida" als einen lockeren Verband militanter islamistischer Gruppierungen. Unter ihrer Ägide kam es vermehrt zu Anschlägen auf US-Einrichtungen, die ihren vorläufigen Höhepunkt in den Anschlägen auf das World Trade Center am 11.9.2001 fanden. Als Reaktion darauf kam es zur Zerschlagung der radikalislamischen Taliban in Afghanistan, die dem Netzwerk „al-Qaida" eine territoriale Basis gewährt hatten.
Trotz der Zerschlagung dieser operativen Grundlage hat sich der Terror aber eher ausgeweitet. Neue Konfliktfelder sind vor allem Israel/Palästina und der Irak. Im Palästinakonflikt haben sich neben der PLO islamistische Organisationen in den Vordergrund geschoben; sie lehnen einen Ausgleich mit Israel ab. Die USA haben im Zusammenspiel mit Großbritannien und einer Koalition der Willigen mit der bisher nicht belegbaren Begründung, der Irak besitze Massenvernichtungswaffen, diesen besetzt. Die Okkupation wird als unrechtmäßig angesehen und insbesondere die Art der Durchführung bewirkt einen großen Mobilisierungsschub für radikalislamische Strömungen. Der Irak gilt nun als das neue Schlachtfeld für radikale Islamisten, die hier ihren Dschihad (Heiligen Krieg) gegen die USA führen.

9 Palästinensische Hamas (2004)

13

13 Muslimische Frauen in Deutschland (2004)

gionsunterricht fand nicht statt. Ein dritter Aspekt war die Sprache. Die Zuwanderer sahen sich weder genötigt noch gefördert, die Sprache ihres Gastlandes zu lernen. Darüber hinaus gab es oftmals starke Unterschiede im Werteverständnis, wie z. B. die Stellung der Familie, die dann mit der Begründung kultureller Unterschiede akzeptierbar gemacht wurden. Zwar gab es punktuelle Integrationsangebote, die aber nie flächendeckend ausgeweitet wurden. Dies stellte beiderseitige Integrationsversuche vor immense Hindernisse.

Generationswechsel
Re-Islamisierung

Die Folge dieser Situation war, dass es seitens der Muslime immer mehr zu einem Rückzug aus der Öffentlichkeit kam. Muslime zogen oftmals in ein Wohnviertel, in dem auch andere Muslime wohnten. Dort bildeten sie eine eigene Gemeinschaft. Nicht selten wurden Probleme aus ihren Heimatländern mitgebracht, wie z. B. die Auseinandersetzung zwischen Türken und Kurden.

Re-Islamisierung

Parallelgesellschaften

Viele Migrantenkinder akzeptierten die Ausgrenzung durch die deutsche Gesellschaft nicht. Sie antworteten in Form einer Selbstabgrenzung. Gleichzeitig zu dieser Entwicklung begann die in der islamischen Welt erfolgte Re-Islamisierung eine neue Rolle bei den jungen Muslimen zu spielen. Mehr und mehr definierten sich viele über den Islam. Dabei war aber nicht der überlieferte Islam der Eltern gemeint, sondern vielmehr islamistische Varianten der in den 1980er-Jahren entstanden Kulturzentren und Vereine. Diese übernahmen für immer mehr Muslime die Funktion der Identitätsbildung und -erhaltung. Dies forcierte die Entwicklung von Parallelgesellschaften, die mit der gegenseitigen Abschottung begonnen hatte und nun den Nährboden bot für Vorurteile und Verdächtigungen.

Der Andrang zu den Vereinen und Kulturzentren war so groß, dass es in den 1980er-Jahren zu einer Gründung von Dachverbänden kam, wie z. B. 1986 des „Zentralrats der Muslime". Dieser suchte viele Vereine zu integrieren, was aber nur zu einem Bruchteil gelang. Trotzdem ist der Zentralrat der Muslime inzwischen für die Politik einer der Ansprechpartner geworden, obwohl er nur einen Bruchteil der Muslime in Deutschland repräsentiert.
In islamischen Vereinen hatten oftmals radikale Islamisten eine Führungsrolle inne, die vor Repressionsmaßnahmen in ihren Heimatländern geflohen waren. Diese predigten zum Teil eine islamische Lebensweise, die unvereinbar mit der

14 **Muslimische Kinder in einer Schule in Bonn 2007.** Um den Dialog zwischen dem deutschen Staat und den in Deutschland lebenden Muslimen zu fördern, wurde 2006 vom Bundesinnenministerium die Gründung eines „Koordinierungsrates der Muslime" angeregt.

Demokratie ist. Dies geht bis zur Forderung eines autonomen Bereichs innerhalb des Staates bzw. den Ersatz des säkularen Staates durch einen islamischen.
Die Migranten leben somit in einem Spannungsfeld zwischen dem tradierten Islam ihrer Eltern, den Islamvorstellungen innerhalb ihrer Vereine und den Wertvorstellungen der deutschen Gesellschaft. Dies spiegelt sich in dem unterschiedlichen Selbstverständnis der Muslime wieder. Dies reicht von extremistischen islamistischen Positionen bis hin zu Forderungen eines europäisch definierten Islam.

Neuer Anlauf zur Integration

Seit Ende der 1990er-Jahre kam es in Deutschland zu einer verstärkten Integrationspolitik. Grundlage dafür ist das Eingeständnis, dass Deutschland ein Einwanderungsland ist und dies Integrationsbemühungen auf beiden Seiten erfordert. So wird seit 2005 nicht nur auf den Spracherwerb Wert gelegt, sondern es gibt auch vermehrt verschiedene Versuche, an deutschen Schulen Islamkunde als Unterrichtsfach in der Verantwortung zuständiger deutscher Schulbehörden einzuführen. Von den islamischen Gemeinden wird dagegen erwartet, dass diese sich stärker in die deutsche Gesellschaft und deren Wertegemeinschaft integrieren. Mit Hilfe dieser Politik und den verschiedenen Versuchen, einen Dialog der Kulturen zu führen, sucht man auf beiden Seiten, einer steigenden Furcht und Misstrauen zu begegnen und Extremisten keine Plattform mehr zu geben. Ein markantes Beispiel war die von der DTIP (Dachverband der türkischen Muslime in Deutschland) 2004 organisierte Demonstration gegen islamisch begründete Gewalt und für Integration in Köln.

15 Der Islamwissenschaftler Heinz Halm beschreibt die Methodik der islamischen Jurisprudenz

Aber auch Koran und Sunna machen noch nicht die ganze sari'a aus. Stets treten neue Fragen und Probleme auf, für die die Überlieferung keine fertige Antwort liefert. Eine solche muss durch bestimmte Prozeduren gefunden werden. Das dafür erforderliche methodische Handwerkszeug haben islamische Juristen entwickelt; so entstand die islamische Jurisprudenz (fiqh) mit ihren Prinzipien des Konses (idschma') [und] des Analogieschlusses (qiyas). [...] Die sari'a ist also kein ausformuliertes Gesetzesbuch, kein Paragraphenwerk, das als Buch vorliegt und einfach aus dem Regal gezogen werden könnte. Sie ist nicht kodifiziert, ja sie ist im Grunde nicht kodifizierbar, denn sie ist eine lebendige Methode, die ständig gehandhabt und im Bedarfsfall erweitert werden muss.

Zit. nach: Heinz Halm: Der Islam. Geschichte und Gegenwart. München 2000, S. 75.

16 Der arabische Nahost-Experte Albert Hourani beschreibt die Wirkungen der arabischen Niederlage von 1967 in ihren regionalen und internationalen Ausmaßen

Der Krieg war in vieler Hinsicht ein Wendepunkt. Die Eroberung Jerusalems durch die Israelis und der Umstand, dass die Heiligen Stätten der Muslime und Christen nun unter jüdischer Kontrolle standen, verliehen dem Konflikt eine zusätzliche Dimension. Der Krieg veränderte das gesamte Kräfteverhältnis im Nahen Osten. Es war nun klar, dass Israel militärisch jeder Kombination arabischer Staaten überlegen war, und das verwandelte die Beziehungen aller am Krieg Beteiligten mit der Welt. [...] Der schnelle israelische Sieg machte Israel in amerikanischen Augen außerdem zu einem wünschenswerten Verbündeten. Für die arabischen Staaten und besonders für Ägypten war das Geschehen in jeder Hinsicht eine Niederlage, die die Grenzen ihrer militärischen und politischen Kapazität unmissverständlich zeigte. Für die UdSSR war es ebenfalls eine Art Niederlage, die aber die Russen nur in der Entschlossenheit bestärkte, ihre Verbündeten in Zukunft vor einer Niederlage dieses Ausmaßes zu schützen. Auf der anderen, sehr viel tiefer liegenden Ebene hinterließ überall auf der Welt bei jedem der Krieg seine Spuren, der sich entweder mit den Juden oder den Arabern identifizierte. Und so wurde aus dem anfänglich regionalen Konflikt ein weltweiter Konflikt.

Zit. nach: Albert Hourani: Die Geschichte der Arabischen Völker. Frankfurt am Main 1992, S. 497 f. Übers. Hans Sartorius / Manfred Ohl.

17 In einem Nachruf über Jassir Arafat schreibt der israelische Publizist Uri Avnery

Jassir Arafat war einer aus der Generation der großen Führer, die nach dem Zweiten Weltkrieg auftraten. Als er Ende der 1950er-Jahre auf der weltpolitischen Bühne auftauchte, war sein Volk nahe daran, in Vergessenheit zu geraten. [...] Als Jassir Arafat[...] die „palästinensische Befreiungsbewegung“ gründete, [...], meinte er zunächst [die] Befreiung von den verschiedenen arabischen Führern, um das palästinensische Volk für sich selbst sprechen und handeln zu lassen.[...] Für Arafat war der bewaffnete Kampf nur ein Mittel – nicht mehr. [...] Für ihn war klar, dass dieses Instrument das palästinensische Volk stärken und so die Anerkennung der Welt gewinnen, dass es aber nie Israel besiegen würde. [...] Er entschied, die PLO müsse mit Israel ein Abkommen erreichen und sich mit einem palästinensischen Staat im Westjordanland und im Gaza-Streifen zufrieden geben. Nun war er mit einer historischen Herausforderung konfrontiert. Er musste das palästinensische Volk davon überzeugen, seinen historischen Standpunkt aufzugeben, nämlich die Legitimität des Staates Israel zu leugnen und sich nur mit den restlichen 22 Prozent des Palästinagebietes von vor 1948 zufrieden zu geben. Daran begann er auf seine ihm eigene Weise zu arbeiten: mit Hartnäckigkeit, Ausdauer und Tricks – zwei Schritte vorwärts, einen zurück. [...] Seine Mindestforderungen waren klar und blieben seit 1974 unverändert dieselben: ein palästinensischer Staat im Westjordanland und im Gaza-Streifen, palästinensische Herrschaft über Ostjerusalem (einschließlich des Tempelberges – aber ohne die Klagemauer und das jüdische Viertel); die Wiederherstellung der Grenzen von 1967 mit der Möglichkeit von begrenztem, aber gleichwertigem Landaustausch; Evakuierung aller israelischen Siedlungen auf palästinensischem Gebiet und die Lösung des Flüchtlingsproblems in Abstimmung mit Israel. Für Palästinenser ist dies das äußerste Minimum. Kein Befreiungskämpfer hat während des letzten halben Jahrhunderts so ungeheure Hindernisse überwinden müssen wie Arafat. Er war nicht mit einer üblichen gehassten

18 Der historische Händedruck auf dem Rasen vor dem Weißen Haus am 13. September 1993: Rabin links, Arafat rechts, US-Präsident Clinton in der Mitte

19 **Arabische Sichtweise auf die Konflikte in Palästina und Irak.** Karikatur, nach: al-ahram, 2004.

21 **Schlag und Gegenschlag.** Institut für Friedenspädagogik, 2003.

Kolonialmacht konfrontiert oder einer verachteten rassistischen Minderheit, sondern mit einem Staat, der nach dem Holocaust entstand und von der Sympathie und den Schuldgefühlen der Welt unterstützt wurde. [...] Als er dazu aufgerufen wurde, eine palästinensische Behörde aufzubauen, konnte er nicht [...] einen vorhandenen Staatsapparat übernehmen, sondern nur unzusammenhängende, verarmte Teile des Landes, dessen Infrastruktur durch jahrzehntelange Besatzung zerstört worden war. Er übernahm nicht eine Bevölkerung, die auf ihrem Land lebte, sondern ein Volk, das zur Hälfte aus Flüchtlingen besteht und in vielen Ländern zerstreut ist. Die andere Hälfte war entlang politischen, wirtschaftlichen und religiösen Linien zerrissen. All dies, während der Befreiungskampf weiterging. Es ist Jassir Arafats historisches Verdienst, alle Teile zusammengehalten und unter diesen Bedingungen nach und nach zu seinem Ziel geführt zu haben. [...]

Zit. nach: U. Avnery: Er war ein großer Feind. In: taz, Nr. 7512, 12. November 2004.

20 Der Publizist Henryk M. Broder urteilt über PLO-Chef Jassir Arafat

Kein anderer Politiker ist so oft vom Papst empfangen und gesegnet worden wie Arafat – während seine Märtyrer sich in israelischen Bussen in die Luft sprengten. Er regierte, sowohl als PLO-Chef wie auch als „Präsident" der Autonomie-Behörde, ohne ein Mandat, die letzten Wahlen zum PLO-Council fanden vor über 20 Jahren statt und auch seine Zeit als gewählter Präsident der Autonomie-Behörde war abgelaufen. Die zweite Intifada, deren Führung er schnell übernahm, war auch ein Mittel, Wahlen zu vermeiden. Dabei sprach er immer von der „Demokratie", die er etablieren wollte. Arafats Reich war ein Privatbetrieb. [...] Und er war, gleich nach der israelischen Besatzung, das größte Unglück, das den Palästinensern passieren konnte. Arafat war weder ein Taktiker noch ein Stratege, er hat jede Situation falsch eingeschätzt: [...] Seine größte Leistung bestand darin, trotz aller Fehler und Fehleinschätzungen an der Macht zu bleiben. [...] [Die Palästinenser] werden feststellen, dass ihr geliebter Führer alles getan hat, um ihr Schicksal zu zementieren, dass er für nicht weniger palästinensische Opfer verantwortlich ist als die israelischen Besatzer, dass er nicht nur die Israelis, sondern auch sein Volk terrorisiert hat. Um etwa vier Millionen Palästinenser zu kontrollieren, hat er 12 verschiedene Geheimdienste etabliert, die nur seinem Kommando unterstanden und die auch von den finanziellen EU-Subventionen mitgetragen wurden, während das palästinensische Volk vom warmen Brüsseler Geldregen nicht viel hatte. [...] Arafat investierte nicht in Wirtschaft, Erziehung und Gesundheit – das überließ er Hilfsorganisationen –, er investierte in seine eigene Sicherheit. [...] Um einen Aufstand zu inszenieren, braucht man ein paar Märtyrer und ein paar selbst gebastelte Raketen. Um einen Staat führen zu können, muss man zwischen Wunsch und Wirklichkeit unterscheiden können. Und genau das hat Arafat mit seinem revolutionären Gehabe verhindert. Er hat die Palästinenser in die Irre geführt, die Grundlage seiner Macht waren Gewalt, Korruption und – Illusion. [...] Aber auch so war er genau das, was die nationalistische israelische Rechte brauchte, um ihre irrsinnige Politik weiterführen zu können. [...]. Alles, war er tat, bestärkte [die israelische Rechte] in der Überzeugung, dass es keinen Sinn hat, mit den Palästinensern zu reden, alles, was sie taten, diente Arafat als Alibi, dass Gewalt ein legitimes Mittel im Umgang mit den Israelis ist. [...]

Zit nach: Henryk M. Broder: Der Traum ist aus. Spiegel Online, 11.11.2004.

22 Der Islamwissenschaftler Josef Matuz urteilt über die im Hatt-i Sherif verkündeten Prinzipien

Die vom Hatt-i Sherif verkündeten Prinzipien trugen insgesamt die Züge einer europäisch-freiheitlichen, bürgerlichen Gesellschaftsordnung. Sie stellten gleichzeitig eine klare Absage an den islamisch-orthodoxen Traditionalismus dar. Um die konservativ-religiösen Kräfte nicht abzuschrecken und ihnen die Reformmaßnahmen annehmbar zu machen, wurde im Hatt-i Sherif die Bedeutung der Religion besonders hervorgehoben, die die Aufgabe haben sollte, Staat, Land und Volk mit neuen moralischen Kräften auszustatten. Die Tatsache, dass nunmehr auch Christen und Juden zu im Prinzip gleichberechtigten osmanischen Staatsbürgern erhoben worden waren, sollte gleichzeitig den europäischen Mächten die Möglichkeit entziehen, sich unter dem Vorwand, ihre christlichen Glaubensgenossen schützen zu wollen, in die inneren Angelegenheiten des Osmanischen Reiches einzumischen. [...] Nun hatte das Reformwerk insofern einen Nachteil, als es einseitig vom Sultan oktroyiert wurde und – ausschließlich vom großherrlichen Willensakt abhängig – jederzeit widerrufen werden konnte; mit dem europäischen Prinzip der Volkssouveränität war es nicht verbunden, und es gab keine Institution, etwa ein Parlament, das eine Kontrolle hätte ausüben können. Trotz dieses Mangels war die Neuordnung von grundlegender Bedeutung, denn sie machte den Weg für die Beseitigung obsoleter ökonomischer und soziokultureller Strukturen frei.

Zit. nach: Josef Matuz: Das Osmanische Reich. Darmstadt 1985, S. 225 f.

23 Der Islamwissenschaftler Udo Steinbach über den Kemalismus

Die sich nunmehr anschließenden tiefgreifenden Reformen in Gesellschaft, Recht und Kultur waren darauf gerichtet, der jahrhundertealten überkommenen Ordnung den Rücken zu kehren und sich entschlossen westlicher – und das bedeutete – europäischer – Zivilisation und Kultur zu öffnen. Die großen Reformen hatten scheinbar kleine Vorspiele. Mustafa Kemal war sich bewusst, wie viel symbolische Bedeutung gerade äußerliche Details manchmal haben [...]. Am 26. Dezember 1925 wurde ohne Abstriche der gregorianische Kalender eingeführt. Er ersetzte damit die „islamische" Jahreszählung nach dem Mondzyklus. [...] Es galt, auch überkommene Gesellschaftsstrukturen aufzubrechen, die aber in jahrhundertealter islamischer Tradition wurzelten. Die Befreiung der Frau war die radikalste unter ihnen. [...] Das Türkische Bürgerliche Gesetzbuch von 1926 sah innerhalb der Familie gleiche Rechte für Mann und Frau vor. Den Mädchen wurde die Möglichkeit [...] der höheren Schulbildung eröffnet, sie konnten die Universitäten des Landes besuchen und ins Berufsleben eintreten. [...] Es war Mustafa Kemals [Atatürk] tiefste Überzeugung, dass Europas Überlegenheit auf seiner Wissenschaft beruhe. Bildung und Aufklärung des Volkes waren deshalb für ihn Kernpunkte der Mobilisierung und Modernisierung der Türken. Die allgemeine und unentgeltliche Schulpflicht wurde per Gesetz eingeführt. Das „Gesetz über die Vereinheitlichung des Unterrichts" stellte sicher, dass der Klerus keinen Einfluss mehr auf die allgemeine Erziehung erhielt. [...] Mit der Einführung des italienischen Strafrechts und des Schweizer Zivilrechts im Jahre 1926 nahm die türkische Regierung der Geistlichkeit den letzten ihr verbliebenen Rechtsbereich, das Familienrecht, aus den Händen. Das griff tief in das Leben eines jeden Türken ein: Die Einehe wurde darin ebenso rechtlich verankert wie es zur Auflage wurde, eine Ehe nicht mehr vor dem Imam, dem Dorfgeistlichen, sondern den staatlichen bestallten Standesbeamten zu schließen.

Zit. nach: Udo Steinbach: Geschichte der Türkei. München 2001, S. 31 ff.

24 Der Islamwissenschaftler Udo Steinbach urteilt über die Wirkung der von Mustafa Kemal initiierten Modernisierung auf die heutige Türkei

Insgesamt hatte – und hat – das Werk des Staatsgründers erstaunlicherweise Bestand. Die Entwicklung der Türkei ist relativ geradlinig verlaufen. Roter Faden war dabei die Ausrichtung auf den Westen, zu der es für Atatürk keine Alternative gegeben hatte: als kulturelle und zivilisatorische Größe, als politischen Partner und als Beispiel einer Erfolgsstory, die es nachzuahmen galt. Was Atatürk gemäßigt diktatorisch auf die Schiene brachte, führte die Demokratie türkischer Spielart später fort. Die Außenpolitik, die zunächst auf Unabhängigkeit setzte, stand unter den Rahmenbedingungen des Kalten Krieges zur Mitgliedschaft im westlichen Bündnis durchaus nicht im Widerspruch und schon gar nicht zum Streben der türkischen Regierungen nach einer Vollmitgliedschaft in der Europäischen Gemeinschaft. Die Türkei als Teil eines Westens, dessen Entwicklungsstand und Identität sich sichtlich von einer islamischen Welt, die die Folgen des Untergangs des Osmanischen Reiches noch immer nicht überwunden hatte, abheben würde, und als Mitglied einer europäischen Staatengemeinschaft, als Verkörperung eines Landes der zivilisierten Welt – so etwa könnte sich der Staatsgründer das Ziel des von ihm beschrittenen Weges vorgestellt haben.

Zit. nach: Udo Steinbach: Die Türkei im 20. Jahrhundert. Bergisch Gladbach 1996, S. 43 f.

25 Der Publizist Michael Thumann argumentiert für einen Beitritt der Türkei zur EU

Wieder geht ein Gespenst um in Europa: ein muslimisches Land, das mit seinem Beitrittsgesuch zur EU die Identität Europas bedroht. Das Abendland ist in Gefahr,

26 Anteil der muslimischen Bevölkerung in den EU-Staaten 2004 bzw. den potenziellen Beitrittskanditaten

Zusammengestellt vom Autor auf der Grundlage von Daten des Zentrum für Türkeistudien

EU-Staaten	Einwohnerzahl	Anzahl der muslimischen Bevölkerung	Anteil der muslimischen Bevölkerung
Belgien	10348300	382900	3,7
Dänemark	5413000	151500	2,8
Deutschland	82440300	3400000	3,9
Estland	1360000	10000	1,36
Finnland	5214500	21000	0,4
Frankreich	61387000	5000000	8,1
Griechenland	10647600	372600	3,5
Großbritannien	58789000	1591000	2,7
Irland	3917300	10000	0,2
Italien	58057000	705000	1,2
Lettland	2366000	3000	0,12
Litauen	3610000	7000	0,19
Luxemburg	462600	7500	1,6
Malta	375000	3000	0,8
Niederlande	16318200	750600	4,6
Österreich	8174800	372800	4,2
Polen	38634000	4000	0,005
Portugal	10500000	40000	0,4
Schweden	8986400	305500	3,4
Slowakei	5415000	10800	0,2
Spanien	40280800	402000	1,0
Tschechische Republik	10300000	30000	0,3
Ungarn	10106000	3000	0,02
Zypern (inkl. Nordzypern)	925000	210000	22,7
Bulgarien	7801000	790000	10,13
Rumänien	22410000	67000	0,3
Gesamt	**527942200**	**15763600**	**3,05**
Potenzielle EU-Beitrittskandidaten			
Türkei	66230000	65600000	99,00

heißt die furchtbare Botschaft, die Türken stehen vor Brüssel! [...] Renommierte Historiker, Politiker, Publizisten, die meinen, dass Europas Grenze vor dem Bosporus, vor dem europäischen Teil der Türkei, enden solle. Um dies zu begründen, beschwören sie allerlei Gefahren, die längst europäische Gebrechen sind, auch ohne die Türkei. Es geht den Abendländlern um die Identität, die Werte, um die Handlungsfähigkeit Europas. Was ist das, die europäische Identität? Macht sie sich an der Aufklärung fest, an der Sprache, am Glaubensbekenntnis? Die Aufklärung hat zum Beispiel auch das EU-Mitglied Griechenland und die Kandidaten Bulgarien und Rumänien kaum gestreift. An Sprachen ist die Union fast so reich wie der Kaukasus. Eint uns der Glaube? Der katholische Spanier hat mit dem protestantischen Finnen so wenig gemein wie der anglikanische Brite mit dem orthodoxen Griechen. [...] Gräbt man im Geschichtsbuch, so fällt auf, dass die Türkei zu Europa gehört, anders als Turkmenistan oder Marokko. Wie selbstverständlich war das Osmanische Reich in das europäische Mächtegeflecht der Frühen Neuzeit eingebunden. [...] Christentum und Islam taugen nicht für politische Grenzziehungen. Beide sind Teil der europäischen Geschichte. [...] Gemessen an der Begeisterung der Bevölkerung für die europäische Integration müssten die Türken schon morgen EU-Bürger werden. [...] Die emphatisch proeuropäische Regierung, welche die Türken gerade gewählt haben, will die Rechte ihrer Bürger auf EU-Niveau bringen. [...]. Warum sollten die Europäer diesen in der muslimischen Welt beispiellosen Elan mit einem Nein abwürgen? Es wäre eine historische Torheit. Wird Europa durch die Türkei handlungsunfähig? [...] Das Gegenteil ist richtig, nach außen und innen. Vor einer Außengrenze mit dem Irak und Iran muss sich die EU nicht fürchten. Oder will sie die Weltpolitik ganz den Amerikanern überlassen? Dort liegen strategisch wichtige Gebiete für Europas Versorgung: die riesigen Gasreserven Irans, die Reichtümer des Kaspischen Meeres, die Ölreserven des Iraks. [...] Nach innen liegen die Dinge komplizierter. Denn es gibt einen ernsthaften Grund, der heute noch gegen einen EU-Beitritt Ankaras spricht: die Wirtschaft. Das Pro-Kopf-Einkommen der Türken beträgt 22 Prozent des EU-Durchschnitts. Damit spielen sie just in jener Südost-Liga, zu der die Beitrittskandidaten Rumänien und Bulgarien gehören. Die neue Regierung in Ankara will den Aufstieg in die Europa-Klasse schaffen. [...] Denn 68 Millionen mehrheitlich arme Türken kann sich die EU noch weniger leisten als 22 Millionen Rumänen. Doch lauert in der Krise die Chance. Was wäre besser geeignet als eine herannahende Türkei, die bewegungsscheue EU zu zwingen, sich selbst zu renovieren? [...].

Zit. nach: Michael Thumann: Ja sie gehören in die EU. In: Die Zeit, 51/2002.

27 Der Historiker Hans-Ulrich Wehler führt nochmals alle Gründe auf, die gegen einen EU-Beitritt der Türkei sprechen

Die Gründe, die gegen einen Beitritt der Türkei sprechen, wirkten damals noch durchschlagend: Das Land besitzt keine liberalisierte Marktwirtschaft, missachtet eklatant die Menschenrechte, verfolgt die kurdische Minderheit, vor allem aber ist es als muslimischer Staat durch eine tiefe Kulturgrenze von Europa getrennt. Der Konsens lautet: Nach geografischer Lage, historischer Vergangenheit, Religion, Kultur, Mentalität ist die Türkei kein Teil Europas. [...]

1. Die EU hat bisher nicht riskiert, ihre Grenzen im Osten, im Südosten und Süden zu definieren. [...]. Die Ukraine, Weißrussland und Russland sollten zwar an Europa gebunden, ihre Stabilisierung nach Kräften unterstützt werden. Sie sind indes kein Teil Europas und gehören deshalb nicht in die EU. Sie haben Europa zwar manchmal massiv beeinflusst, aber die jüdisch-griechisch-römische Antike, die protestantische Reformation und die Renaissance, die Aufklärung und die Wissenschaftsrevolution haben diese Länder nicht geprägt. Diese Einwände gegen einen EU-Beitritt stechen noch mehr, wenn es um die Türkei geht.

2. Das muslimische Osmanenreich hat rund 450 Jahre lang gegen das christliche Europa nahezu unablässig Krieg geführt; einmal standen seine Heere sogar vor den Toren Wiens. Das ist im Kollektivgedächtnis der europäischen Völker, aber auch der Türkei tief verankert. Es spricht darum nichts dafür, eine solche Inkarnation der Gegnerschaft in die EU aufzunehmen. Das mag man noch als Vorurteil eines Historikers abtun. Doch ändert das nichts an dem Tatbestand, dass eine politische Union über Kulturgrenzen hinweg noch nie und nirgendwo Bestand gehabt hat. [...]

3. Warum sollte heutzutage ein muslimischer, von der fundamentalistischen Welle einer erkennbaren Mehrheit bedrohter Staat zu Europa hinzustoßen, das nun einmal durch seine völlig anderen Traditionen geprägt ist? In der Bundesrepublik werfen 32 000 in radikalen Organisationen vereinigte türkische Muslime bereits hinreichend Probleme auf. Das Konfliktniveau im Inneren würde unvermeidbar angehoben. [...]

4. Warum sollte, da nach europäischen Kriterien rund 30 Prozent des türkischen Arbeitskräftepotenzials als arbeitslos gelten, einem anatolischen Millionenheer die Freizügigkeit in die EU eröffnet werden? Überall in Europa erweisen sich muslimische Minderheiten als nicht assimilierbar und igeln sich in ihrer Subkultur ein. Auch die Bundesrepublik hat bekanntlich kein Ausländer-, sondern ausschließlich ein Türkenproblem. [...]. Aber warum sollte man diese Diaspora millionenfach freiwillig vermehren und damit die bisher willige Bereitschaft zum Zusammenleben einer extremen Belastungsprobe aussetzen? Die Zahl von 67 Millionen Türken (zur Zeit der Republikgründung waren es noch 12 Millionen), die sich aufgrund der demografischen Explosion mit einem Zuwachs von etwa 2,4 Prozent pro Jahr dramatisch weiter erhöht, übertrifft bereits die Anzahl der europäischen Protestanten. Im Fall eines Beitritts um 2012/14 stellten 90 Millionen Türken die größte Bevölkerung eines EU-Mitgliedstaates. Das könnte den Anspruch auf finanzielle Sonderleistungen und eine politische Führungsrolle begründen. [...]

5. Warum bloß sollte sich die EU im Südosten so famose Nachbarn wie den Irak [...] und das Syrien [...] zulegen und überdies noch das explosive Kurdenproblem freiwillig schultern? [...]

6. Die Osterweiterung der EU wird und muss kommen, damit diese Zone Europas endlich politisch stabilisiert und gewissermaßen nach Europa heimgeholt wird, nachdem sie als Folge des Krieges, den Hitlers Deutsche im Osten geführt haben, mehr als vier Jahrzehnte lang in der imperialen Satrapie Russlands der Sowjetisierung und Ausbeutung ausgesetzt war. Die Osterweiterung wird fraglos alle Ressourcen der EU bis zur Zerreißprobe beanspruchen. [...]

7. Das bestürzende Demokratiedefizit, das die Beitrittsgeschichte der Türkei kennzeichnet, wirft ein grelles Licht auf die Missachtung des Souveräns und seiner gewählten Vertreter. Einen muslimischen Großstaat in die EU aufzunehmen markiert einen derartigen Wendepunkt in der gesamten bisherigen Europapolitik. Ohne ausgiebige Diskussion des Pro und Contra in allen EU-Gremien, aber auch in allen bisherigen Mitgliedstaaten und ihren Parlamenten sollte kein weiterer Schritt mehr getan werden, der an einen konkreten Termin für Beitrittsverhandlungen näher heranführt. [...]

8. Käme es trotz aller erdrückenden Gegenargumente dennoch zur Eröffnung von Beitrittsverhandlungen mit diesem muslimischen Großland, würde sich eine Euroskepsis ausbreiten, die nicht nur den Modus operandi der europäischen Politik von Grund auf infrage stellen, sondern die Ligaturen der EU sprengen würde. [...] das Projekt einer Einigung Europas wäre tödlich gefährdet. [...]
Anstatt Beitrittsverhandlungen zu erwägen, sollte man endlich über Kompensationen nachdenken, wie durch Assoziation, Zollunion, Finanzhilfen und andere Kooperationsformen die türkische Enttäuschung über die gebotene Absage auf längere Sicht auszugleichen wäre und der Türkei auf ihrem Weg in die westliche Moderne geholfen werden könnte. [...]

Zit. nach: H. U. Wehler: Das Türkenproblem. In: Die Zeit, 38/2002.

28 Welche Vorteile erhoffen sich die Türken von einem EU-Beitritt?

Auf die Frage, warum er sein Land in der Europäischen Union möchte, antwortet der Dienstfahrer eines großen Konzerns: „Ich möchte nicht mehr ausgebeutet werden und sechsmal in der Woche mindestens zwölf Stunden für einen Hungerlohn arbeiten." Auch über Demokratie und Menschenrechte machen sich die Menschen am Bosporus große Gedanken: „Ich will, dass uns die Möglichkeit gegeben wird, unser Recht zu suchen, wenn Polizisten uns misshandeln", sagt der Student. Wer in diesen Tagen bei Rot über die Straße geht, wird von den auf dem Bürgersteig wartenden Passanten als „anti-europäisch" beschimpft. Unter der Bevölkerung war Europa schon immer ein Symbol für Zivilisation und Disziplin, für Anstand und Pflichtbewusstsein.

Aus: Baha Güngor: Seien Sie doch ein bisschen europäisch. Aus: http://www.dw-world.de/ Stand 27. Oktober 2004.

29 Gamaladdin al-Afghani sieht im Gegensatz zu seinen Zeitgenossen den europäischen Einfluss kritisch und als zerstörerisch an

[Die Franzosen] erhoben die Fackel der Wissenschaft und renkten die zerbrochenen Knochen der technischen Künste auf dem europäischen Kontinent wieder ein, die seit den Römern darniederlagen. [...]. Mit dem, was die Franzosen [...] erreicht hatten, wurden sie in den Staaten des Westens bis zum 18. Jahrhundert christlicher Zeitrechnung die führende Stimme, bis schließlich unter ihnen Voltaire und Rousseau auftraten. [...] Sie verwarfen jede religiöse Verpflichtung und pflanzten die Keime des Libertinismus [...] und Kommunismus [...]. Sie behaupteten, dass die göttlichen Sitten [...] legendarisches Machwerk seien; die Religionen seien Erfindungen, die der Defekt des menschlichen Verstandes hervorgebracht hat. Beide verfochten offen die Leugnung der Göttlichkeit [...]. Diese Irrlehren nahmen Herz und Verstand der Franzosen so sehr in Besitz, dass diese ihre christliche Religiosität über Bord warfen und sich die Hände von ihr abschüttelten. Nachdem sie aber die Pforten der Religion geschlossen hatten, rissen sie, soweit sie es vermochten, die Tore jenes heiligen Gesetzes [...] auf, bei dem es sich ihrer Behauptung nach um das Gesetz der Natur [...] handelt. [...] Ab dem heutigen Tage sollen euch weder das Grollen des Donnerschlages noch das Aufleuchten des Blitzes in Schrecken versetzen! [...] Denn alles dieses ist durch nichts anderes verursacht in der existierenden Welt außer der Natur. [...] Die Ketzereien, die diese beiden Materialisten, Voltaire und Rousseau, verbreitet haben, sind es, welche die Fackel der berühmten Französischen Revolution entflammen ließen. Danach liefen die Leidenschaften der Nation auseinander, und der moralische Verfall machte sich unter ihren Individuen breit. Neigungen und Sekten wurden so unterschiedlich, dass die Menschen in fortwährenden Streit verfielen. Schließlich war die Spaltung der Nation vollkommen, und jede Gruppe war dabei, ihrem eigenen Ziel nachzulaufen, ohne auch nur irgendein gemeinsames Interesse im Blick zu haben. [...]
Der Missachtung jeglichen Gemeinwohls folgte schließlich das politische Scheitern im Innern wie im Äußeren: Napoleon I. versuchte zwar mit aller Anstrengung, die christliche Religion in jenem Volk neu zu beleben und ihre Sache zu beheben, doch es gelang ihm nicht, die Spuren jener Ketzereien auszuwischen. Die Uneinigkeit unter den Franzosen blieb bis zu dem heutigen Ausmaß bestehen: Dies ist es, was die Franzosen in die Schande der Niederlage aus der Hand der Deutschen [deutsch-französischer Krieg von 1871] gestoßen hat [...]. Auf diese materialistischen Irrlehren hat sich die Sekte der Kommune [...], das heißt die Sozialisten [...], gegründet. Die verderblichen Folgen und zerstörerischen Wirkungen dieser Sekte unter den Franzosen waren nicht geringer als die Verluste, die sie durch die Deutschen erlitten haben [...]. Hätten diejenigen, denen nutzbringender Glaube und anständiger Charakter verblieben war, keine Vorkehrungen getroffen, so hätten die Sozialisten auf dem Boden Frankreichs jegliche Zivilisation zu Staub gemahlen. Den Ruhm der Nation hätten sie ausgelöscht, um ihre Leidenschaften zu befriedigen und ihre Ziele durchzusetzen.
Die osmanische Nation [...] ist in der jüngsten Zeit [der russisch-osmanische Krieg von 1878] in ihren jetzigen Zustand durch jene Einflüsterungen der Materialisten geraten, die sich in die Herzen einiger ihrer großen Männer und Führer eingeschlichen haben. Denn die Offiziere, welche im jüngsten Krieg in Russland die Sünde des Verrats begangen haben, waren Parteigänger der Sekte der Naicharis [der Materialisten].

Zit. nach: Jamaladdin al Afghani: Materialisten und Sozialisten. In: Andreas Meier: Der politische Auftrag des Islams. Wuppertal 1994, S. 81 ff.

30 Der Islamwissenschaftler Reinhard Schulze charakterisiert den Beginn der islamischen Identität in der Moderne

Die Herabwürdigung der islamischen Gesellschaften zu Objekten des europäischen Kolonialismus nach 1870 führte zu einer traurig-trotzigen Reaktion; schlimmer als die faktische ökonomische Kolonialisierung, die noch bis etwa 1870 von fast allen muslimischen Intellektuellen als Fortschritt empfunden worden war, waren die propagandistischen Äußerungen aus Europa, die besagten, dass der Fortschritt unveräußerliches Eigentum Europas sei, welches allenfalls andere Länder damit segnen könnte. Der gesamte kulturelle Rahmen des Fortschritts sollte dem Orient nur noch als Leihgabe zur Verfügung gestellt werden, dessen sich die Kolonisierten zwar bedienen dürften, ohne aber selbst eigene Rechte auf diese Kultur zu besitzen: Mithin wurden in den islamischen Ländern zwar tatkräftig Eisenbahnen gebaut, Telegraphenleitungen verlegt und neue Bewässerungstechnologien entwickelt; doch alles wurde immer mit dem Merkmal versehen, dass es sich um einen Import made in Europe handelte: Die Muslime seien keineswegs in der Lage gewesen, die Moderne selbst hervorzubringen. Renommierte Philosophen wie der Franzose Ernest Renan (1823–1892) monierten folgerichtig, dass der Islam schuld daran sei, dass die Muslime keinen eigenen Fortschrittsbegriff entwickeln konnten. Die islamische Welt wurde zu einer zurückgebliebenen Kultur, zu einer Kultur ohne Maschinenwesen herabgestuft.

Der Islam war zum Begriff der Scheidung zwischen Europa und dem Orient geworden [...]. Konfrontiert mit der Anklage, der Islam verhindere eine gleichberechtigte Teilhabe der Muslime an der Moderne, mobilisierten islamische Intellektuelle [...] die islamische Identität, die nun ihrerseits die existierende Trennlinie zwischen Europa und dem Orient markieren sollte.

Zit. aus: Reinhard Schulze: Geschichte der islamischen Welt im 20. Jahrhundert. München 1994, S. 31 f.

31 Der Islamwissenschaftler Peter Heine charakterisiert die erste Reformwelle

Bedeutsam für die weitere Geschichte des Islams im 20. Jahrhundert waren diese Reformer, weil sie die ersten waren, die sich intensiv mit dem Westen auseinandersetzten. In Ihren Vorstellungen finden sich weiterführende Fragestellungen und Haltungen, aber auch die folgenden Fehleinschätzungen und gedanklichen Verkürzungen, die in der Folge viele muslimische Denker beschäftigt haben: Rückbesinnung auf den Koran und das Vorbild des Propheten in Verbindung mit einer zumindest teilweisen Ablehnung der geschichtlich gewachsenen Tradition, Ablehnung von volksreligiösen Praktiken [...], aber auch das Interesse an naturwissenschaftlichen und technischen Errungenschaften, ohne das daraus resultierende Entwicklungen bzw. Veränderungen im ethischen oder sozialen Bereich in Betracht gezogen worden wären. Die Rückbesinnung auf die Zeit des frühen Islam öffnete aber auch das Tor zu einer Gedankenwelt, die sich in einer rückwärts gewandten Utopie verfing. Das Leben des Propheten und der frühen islamischen Gemeinde wurde verherrlicht und zum absoluten Ideal des islamischen Staates erhoben. Jede Abweichung von diesem Ideal war Frevel und führte in ein modernes Heidentum.

Zit. nach: Peter Heine: Terror in Allahs Namen. Freiburg/Br. 2002, S. 97 f.

32 Verschleierte Frauen in Afghanistan zur Zeit der Herrschaft der radikalen Taliban, ca. 2000.

33 Der Indo-pakistanische Gelehrte Maududi versuchte schon 1941, eine in sich geschlossene Staatsideologie zu entwickeln, die in der Idee eines republikanischen Kalifats ihren Ausdruck findet

Denn der Koran hat bestimmt, dass dieser Status des Kalifats bzw. der Stellvertretung weder das Recht nur eines einzelnen Menschen, einer Dynastie noch einer bestimmten Klasse ist. Vielmehr ist dies das Recht der Gesamtheit aller, welche die Souveränität Gottes anerkennen und an die Superiorität des göttlichen Gesetzes glauben, das ihnen von Gott durch seinen Propheten und Gesandten offenbart worden ist. [...]. Das macht das islamische Kalifat demokratisch [...]. Allerdings ist dabei grundsätzlich zu beachten, dass jenes System, das der Westen heute als Demokratie bezeichnet, das Attribut der Souveränität total und ausschließlich der Allgemeinheit bzw. dem Volk zuerkennt. Dagegen ist in unserem System der Demokra-

13

tie, das wir mit dem Begriff des Kalifats bezeichnen, die Allgemeinheit lediglich das Subjekt des Kalifats (der Stellvertretung), keinesfalls jedoch der Souveränität selbst. Zwar erhebt auch unser Verständnis von Demokratie den Anspruch, dass die Regierung nur aufgrund des allgemeinen Volkswillens zustande kommen und abgelöst werden darf – so wie in der Demokratie des Westens die Regierung zur Regelung der Angelegenheiten des Staates durch den allgemeinen Volkswillen gebildet und beendet wird. Jedoch besteht der Unterschied zwischen uns und ihnen darin, dass ihr Verständnis von Demokratie auf dem Prinzip ungezügelter Freiheit des Menschen gründet, während wir glauben, dass das demokratische Kalifat an das Gesetz Gottes gebunden ist.

Zit. nach: Abul A'la l-Maududi in einer Vorlesung über Islamisches Staatsrecht. In: Andreas Meier: Der politische Auftrag des Islams. Wuppertal 1994, S. 193. Übers. Andreas Brügmann.

34 Sayyid Qutb sieht den Islam als eine, mit allen Mitteln durchzusetzende Befreiungstheologie an

Diese Religion ist die allgemeine Deklaration der Befreiung des Menschen auf der Erde vom Dienst an den Dienern (Gottes) [...] und ebenso der Befreiung des Menschen vom Dienst an sich und seinen Leidenschaften – denn auch dies fällt unter den Dienst an den Dienern. Diese Befreiung geschieht durch die Deklaration des alleinigen Gott-Seins [...] und Herr-Seins [...] Gottes gegenüber allen Menschen auf der Erde. Diese Deklaration des alleinigen Herr-Seins Gottes gegenüber den Menschen bedeutet: Die universale Revolution gegenüber allen Formen der durch den Menschen Gott entzogenen Souveränität [...] in allen ihren Formen und Systemen, die totale Rebellion gegen jede Ordnung auf der ganzen Erde, in der die Entscheidung [...], in welcher Form auch immer, in der Hand der Menschen liegt. Oder um es anders auszudrücken: In der das Gott-Sein in irgendeiner Form den Menschen zuerkannt wird, sodass die Entscheidung, die das letzte Wort hat, den Menschen zugewiesen wird – eine Ordnung, in der die Quelle der Gewalten die Menschen sind: Dies aber ist die Vergöttlichung [...] der Menschen, welche die einen zu Herren der anderen anstelle Gottes macht. Diese Deklaration bedeutet, dass die Macht [...] Gottes den Händen ihrer Usurpatoren entrissen und Gott zurückgegeben wird. Das Königtum Gottes besteht vielmehr darin, dass das Gesetz Gottes [...] die Souveränität ausübt [...] und dass die Entscheidung Gott überlassen wird gemäß dem klaren Gesetz, das er festgesetzt hat. Die Aufrichtung des göttlichen Königtums auf der Erde und die Beendigung des menschlichen Königtums, das Entreißen der Macht aus den Händen der Diener [...], die sie geraubt haben und ihre Zurückgabe an Gott allein, die ausschließliche Herrschaft [...] der göttlichen Scharia und die Abschaffung der von Menschen gemachten Gesetze: Alles dies kann nicht allein durch die Kraft der Verkündung und des Argumentes geschehen. Denn diejenigen, die den Fuß auf die Nacken der Diener [...] gesetzt haben, und die, welche die Macht Gottes auf der Erde usurpiert haben, werden nicht allein aufgrund der Verkündigung und des Argumentes zum Verzicht auf ihre Macht genötigt.

Zit. nach: Sayyid Qutb: Wegmarken. In: Andreas Meier: Der politische Auftrag des Islams. Wuppertal 1994, S. 198. Übers. Andreas Brügmann.

35 Sayyid Qutb definiert den Islam als eigentliche Zivilisation

Die islamische Gesellschaft ist nicht diejenige, die Menschen umfasst, die sich selbst Muslime nennen, ohne aber dass die Scharia des Islam das Gesetz dieser Gesellschaft ist – mögen sie auch beten, fasten und zum Hause Gottes pilgern. Ferner ist die islamische Gesellschaft nicht diejenige, welche für sich selbst einen Islam aus sich selbst heraus kreiert – anstelle dessen, was Gott bestimmt hat, und was sein Prophet detailliert dargelegt hat. Dies nennen sie zum Beispiel den entwickelten (fortschrittlichen) Islam.
Die heidnische Gesellschaft stellt sich den vielfältigen Formen dar, die jedoch alle heidnisch sind: Sie wird in der Form einer Gesellschaft repräsentiert, welche die Existenz Gottes leugnet und die Geschichte im Sinn des Dialektischen Materialismus interpretiert und die den so genannten wissenschaftlichen Sozialismus als politisch-gesellschaftliches System anwendet.
Sie wird aber ebenso repräsentiert durch eine Gesellschaft, welche zwar die Existenz Gottes nicht leugnet, diesen jedoch in die Herrschaft der Himmel verweist, um ihn aus der Herrschaft über die Erde zu vertreiben. Denn diese Gesellschaft praktiziert nicht sein göttliches Gesetz (Scharia) in der Ordnung ihres Lebens, noch urteilt sie aufgrund seiner Werte, die er (Gott) den Menschen als unabänderliche Werte gegeben hat.

Zit. nach: Sayyid Qutb: Wegmarken. In: Andreas Meier: Ebenda , S. 203.

36 Samuel Huntington über die Gründe für das Konfliktpotenzial des Westens mit dem Islam

Manche Westler [...] haben den Standpunkt vertreten, dass der Westen Probleme nicht mit dem Islam, sondern mit gewalttätigen islamistischen Fundamentalisten habe. Die Geschichte der letzten 1400 Jahre lehrt etwas anderes. Die Beziehungen zwischen dem Islam und dem Christentum – dem orthodoxen wie dem westlichen – sind häufig stürmisch gewesen. Sie betrachten sich gegenseitig als den Anderen. [...] Manchmal stand friedliche Koexistenz im Vordergrund; häufiger war das Verhältnis eine heftige Rivalität oder ein heißer Krieg unterschiedlicher Intensität. [...]
Das tiefere Problem für den Westen ist nicht der islamische Fundamentalismus. Das tiefere Problem ist der Islam, eine andere Kultur, deren Menschen von der Überlegenheit ihrer Kultur überzeugt und von der Unterlegenheit ihrer Macht besessen sind. Das Problem für den Islam sind

nicht die CIA oder das US-amerikanische Verteidigungsministerium. Das Problem ist der Westen, ein anderer Kulturkreis, dessen Menschen von der Universalität ihrer Kultur überzeugt sind und glauben, dass ihre überlegene, wenngleich schwindende Macht ihnen die Verpflichtung auferlegt, diese Kultur über die ganze Erde zu verbreiten. Das sind die wesentlichen Ingredienzien, die den Konflikt zwischen dem Islam und dem Westen anheizen.

Zit. nach: Samuel P. Huntington: Kampf der Kulturen. Die Neugestaltung der Weltpolitik im 21. Jahrhundert. München 1996, Seite 334 ff. Übers. Holger Fließbach.

37 Armin Pfahl-Traughber beschreibt die grundlegenden Ziele des Islamismus

Die ideologische Instrumentalisierung geht im Fall des Islamismus zunächst von einer Krisensituation aus. Gefragt wird dabei, warum die muslimisch geprägten Länder sozial und wirtschaftlich ins Hintertreffen geraten seien. Die konstatierten Probleme und Schwächen der islamischen Staaten führen die Anhänger auf eine Abkehr vom „wahren Glauben“ oder eine Verfälschung des „göttlichen Willen“ zurück. Weder Kapitalismus noch Kommunismus seien daher die Lösung, folge doch aus deren Materialismus Dekadenz, Elend und Unglaube. Stattdessen fordert man die Rückkehr zu den Grundlagen des Islam, die sich allerdings nicht nur auf das persönliche Alltagsverständnis oder entsprechende individuelle Einstellungen beziehen solle. Auch das politische System müsse einer Re-Islamisierung unterzogen, die Trennung von Staat und Kirche aufgehoben werden. Dies bedeutet in der Konsequenz die Errichtung einer Theokratie, also einer Herrschaftsform, in der die Staatsgewalt allein religiös legitimiert wird und in der die Regierenden nach dem Willen Allahs und den Vorschriften des Koran herrschen.

Zit. nach: Armin Pfahl-Traughber: Islamismus in Deutschland. In: Aus Politik und Zeitgeschichte, B51/2001, S. 44.

38 Nach einer Welle von Terroranschlägen forderte der später ermoderte Journalist Farag Foda in der ägyptischen Zeitung al-ahram die Islamisten auf, den von ihnen mitgeschaffenen Terror zu bekämpfen

Mögen diejenigen, die die Losung hochhalten, dass der Islam die Lösung ist, ohne uns zu erläutern, was sie damit meinen, heute begreifen, dass gewisse Leute diese Losung so verstehen, dass der Islam die Erlaubnis [...] ist, nämlich die Erlaubnis zum Blutvergießen, des Blutes der Unschuldigen, die sich ihre Ehre und ihren Mut bewahrt haben. Mögen sie sich von heute an aufgefordert sehen, ihre Absichten klarzustellen und die Bezeichnung der terroristischen Vereinigungen als islamisch abzulehnen, um den Islam rein zu halten und den Vorwurf des Terrors von ihm abzuwenden.

Zit. nach: Farag Foda: Sein oder Nichtsein – islamische Militanz und politische Säkulation als Gefahr für den Rechtsstaat. In: Andreas Meier: Der politische Auftrag des Islams. Wuppertal 1994, S. 480.

39 In Anspielung auf Saudi-Arabien beurteilt der Islamismuskritiker Prof. Fuad Zakariya „das islamische Erwachen“ als Ersatz für echte Reformen

Das Erdöl [ist] ein Phänomen, das zwei Seiten hat: einerseits Staaten, die Erdöl produzieren und auf der anderen Seite Staaten, die Erdöl konsumieren. Ich behaupte nun, dass es im grundlegenden Interesse jeder dieser beiden Seiten liegt, dass genau diese Form von Islam aufgetreten ist: denn viele der Staaten, auf deren Boden das Erdöl produziert wird, werden von Regierungssystemen beherrscht, für die es vom höchsten Vorteil ist, dass der Islam auf jene Formalismen verkürzt wird, sodass die Probleme der Armut, die schlechte Verteilung des Reichtums, die Konsumfixierung der Wirtschaft und die Verschleuderung der letzten Gelegenheit zum umfassenden Aufbruch in den Erdölgesellschaften den Köpfen der Menschen entschwinden. Umgekehrt vertrauen die Erdöl konsumierenden Staaten darauf, dass das Hervorsprudeln dieses lebenswichtigen Stoffes dann garantiert ist, wenn [die] Intellekte der Leute in den Erdölländern durch die Beachtung der Formalismen narkotisiert werden. [...]

Zit. nach: Fuad Zakariya: Der Petro-Islam. In: Andreas Meier: Der Politische Islam. Wuppertal 1994, S. 457.

40 Der in Ägypten als Apostat verfolgte liberale Islam-Theologe Nasr Hamid Abu Zayd sieht den Koran als kulturelles Produkt

Indem der Koran Stück für Stück, sozusagen in Raten, offenbart wurde, reagierte er auf die Bedürfnisse und Forderungen der Gemeinde.[...]. Die Kanonisierung des Koran brachte auch eine neue Anordnung der Verse und Kapitel in ihrer bis heute gebräuchlichen Form, die nicht mehr der chronologischen Ordnung entspricht. [...] So wurde der rezitierte Koran in ein lesbares Buch, [...], umgeformt. [...] Der Koran, den wir lesen und interpretieren, ist keinesfalls mit dem ewigen Wort Gottes identisch. Der Koran ist eine „Botschaft“, die Gott den Menschen durch den Propheten Mohammed offenbart hat. Mohammed ist der Bote Gottes und selbst ein Mensch. Der Koran sagt das ganz klar. [...] Die Analyse solcher Fakten kann zu einem wissenschaftlichen Verständnis des Koran führen. Es bedarf keines weiteren Beweises, dass der Koran ein kulturelles Produkt ist. Doch die Angelegenheit ist viel komplizierter, denn gleichzeitig hat der Koran auch eine neue Kultur hervorgebracht. Der Koran entstand also erstens als Text innerhalb einer soziokulturellen Realität, nahm die konkrete sprachliche Form des Arabischen an, und zweitens entstand dann allmählich eine neue Kultur. [...] (Die Menschen) verstanden den Islam in ihren Lebensumständen, und durch ihr Verständnis und ihre Anwendung des Islam veränderte sich ihre Gesellschaft. Man sollte die Auffassung der ersten Generation von Muslimen und der folgenden Generationen aber keineswegs für endgültig oder absolut halten. Der Text des

41 **Von der US-Besatzungsmacht festgenommene Iraker (2003)**

Koran gestattet einen endlosen Decodierungsprozess. In diesem Prozess sollte die ursprüngliche Bedeutung nicht ignoriert oder vereinfacht werden, weil diese Bedeutung entscheidend dafür ist, die Richtung der weiteren Deutung des Textes aufzuzeigen. Wenn man die Richtung hat, ist es viel leichter, sich auf den Sinn des Textes im heutigen soziokulturellen Kontext hinzubewegen. Der Koran, der zuvor im Licht seines historischen, kulturellen und sprachlichen Kontextes decodiert worden ist, muss nämlich im Code des kulturellen und sprachlichen Kontextes des Interpreten abermals neu gedeutet werden. Das zieht eine interpretative Vielfalt nach sich, einen endlosen Prozess der Interpretation und Neuinterpretation. Ohne diesen Prozess degeneriert die Botschaft, und dann kann der Koran auch weiterhin das Objekt politischer und pragmatischer Manipulation bleiben. So paradox es klingen mag: Gerade wenn die Botschaft des Islam für die gesamte Menschheit unabhängig von Zeit und Ort gültig sein soll, ist eine Vielfalt der Interpretation unvermeidlich. Wenn der Text auch ein historisches Faktum von göttlichem Ursprung ist, so ist seine Interpretation doch absolut menschlich.

Zit. nach: Nasr Hamid Abu Zaid: Spricht Gott nur Arabisch? In: Die Zeit, Nr. 5/2003, S. 28.

42 **In einem Interview mit Ahmad Hissou forderte der gemäßigte islamische Reformer Muhammad Shahrur eine grundlegende religiöse Reform, ohne die eine politische Reform nicht möglich ist**

Bis heute gelten die islamisch-juristischen Überlegungen aus einer Zeit, als der Islam die Großmacht und der islamische Staat der stärkste Staat der Welt war. Die jetzige kulturelle Reform, die wir dringend brauchen, muss eine grundlegende religiöse Reform sein. Sie muss all diese Ideen, auf denen die selbstständigen Interpretationen der Quellen derjenigen aufbauen, die die Anschläge vom 11. September verübt haben, mit einschließen. […] Diese [Attentäter] müssen ein sich auf die islamische Rechtssprechung stützendes stichhaltiges Argument haben, um solche Taten auszuführen. Bis heute werden diese rechtmäßigen stichhaltigen Argumente, auf die sich diese Leute berufen, nicht diskutiert und für falsch erklärt. Und bis heute sehen wir nicht, dass irgendeiner der gemäßigten Rechtsgelehrten oder derjenigen, die einen Mittelweg gehen wollen und nicht an diese gewalttätigen Akte glauben, sich jemandem wie Bin Laden […] öffentlich im Fernsehen entgegenstellt und ihre Ideen und Taten für falsch erklärt und ganz offen sagt: Das ist im Islam verboten […]. Sie sind überhaupt nicht in der Lage […], das zu tun, denn die Quellen, die an der Azhar und in Saudi-Arabien gelehrt werden, sind die gleichen, auf die sich Bin Laden […] stützt. Aber jene wählen daraus aus, der eine sucht sich heraus, was ihm gerade passt, und der andere ebenso. Ohne eine radikale religiöse Reform in der arabischen Welt, wie die, zu der Martin Luther aufrief, kann es nicht weitergehen. […] Wir müssen die Grundlagen neu überdenken. Es heißt, die selbstständige Auslegung der Quellen ist erlaubt, und ich sage ‚Ja'. Aber wir müssen die Grundlagen neu überdenken. Sie sagen auch, dass die feststehenden Werte der Religion nicht überdacht werden können. Ich aber sage, genau diese müssen neu überdacht und studiert werden. […] Ohne religiöse Reform glaube ich nicht an eine politische Reform.

Zit. aus dem Interview von Ahmad Hissou mit Mohammd Shahrur: Wir brauchen dringend eine religöse Reform. Aus dem Arabischen von Larissa Bender. Aus: http://www.qantara.de. Stand 19. Juni 2005.

43 **Der französische Islamisten-Experte Olivier Roy über die Herausbildung einer globalisierten Umma**

[…] Die gesamte Entwicklung nach der idealen muslimischen Gemeinschaft zur Zeit des Propheten gilt dieser Strömung [der radikalen Islamisten] als Irrweg. Dieser Neofundamentalismus […] will die Scharia auf alle Formen menschlichen und sozialen Verhaltens verbindlich anwenden. Entsprechend lehnt er alle kulturellen Zusammenhänge außerhalb der strikt religiösen Sphäre ab: Bildhauerei, Musik, Philosophie und Literatur ebenso wie die Aneignung lokaler (fremder) Sitten. […] Bei der Ausbreitung des modernen Neofundamentalismus haben die Saudis eine entscheidende Rolle gespielt. Um dem arabischen Nationalismus, dem iranischen Schiismus und dem Kommunismus das Wasser abzugraben, propagierten sie eine äußerst konservative und doktrinäre

13

Lesart des sunnitischen Islam, mit stark antiwestlicher Ausrichtung – die wahhabitische Geistlichkeit in Saudi-Arabien ist vom Königshaus der Saud weitgehend unabhängig. […] Dieser saudische Propagandafeldzug fand bei den wichtigsten Ländern der islamischen wie der westlichen Welt stillschweigend Zustimmung. Damals, in den 1980er-Jahren, sah man darin ein nützliches Werkzeug gegen die radikalen Bewegungen der Zeit – den iranischen Islamismus und den Kommunismus. […] Der anhaltende Erfolg des Neofundamentalismus beweist, dass er eine religiöse „Marktlücke" schließt. Denn die „klassischen" Vertreter der neuen islamistischen Bewegung – die türkische Wohlfahrtspartei (Refah), die algerische Heilsfront (FIS), die libanesische Hisbullah, die palästinensische Hamas und auch Teile der ägyptischen Muslimbrüder – sind entweder unterdrückt oder durch Teilhabe an der Macht gezähmt worden. Sie sind, wie Hamas und Refah, heute eher nationalistische denn islamistische Bewegungen. […] Den jungen Muslimen, die nicht in ihrem „Heimatland", sondern in der Fremde leben – als Emigranten, Exilanten oder Studenten – und sich keiner „nationalen Sache" recht verpflichtet fühlen, haben sie nichts mehr zu bieten. […] Natürlich gibt es verschiedene Formen der Religiosität, die den neuen Bedürfnissen einer über die Welt verstreuten muslimischen Bevölkerung gerecht werden können, aber der Neofundamentalismus bietet die perfekte Lösung: Als Antwort auf die Erfahrung des Identitätsverlusts bietet er eine Neufassung des Islams mit universeller Geltung, in dem lokale Traditionen und Gebräuche keine Rolle mehr spielen und der darum allen Gesellschaften angepasst werden kann. Er definiert die globalisierte Welt als eine Art virtuelle Umma, die nur noch durch die gemeinsame Anstrengung aller Muslime verwirklicht werden muss. Dieser Appell ergeht nicht mehr an die bestehenden Gemeinschaften, sondern an isolierte Einzelne, die Rückhalt in Glauben und Identität suchen. Den Neofundamentalisten ist es damit gelungen, die Globalisierung zu islamisieren – was als Bedingung für das Entstehen einer weltweiten Gemeinschaft der Muslime angesehen wird, vorausgesetzt, die heute vorherrschende westliche Kultur amerikanischen Zuschnitts wird entthront. Damit tun die Fundamentalisten nichts anderes, als den US-amerikanischen Universalitätsanspruch spiegelverkehrt nachzubilden […]. Der Islam der Neofundamentalisten ist reduziert auf ein schlichtes System von Verhaltensregeln als Gebrauchsanleitung zur Rechtgläubigkeit, die in der afghanischen Wüste ebenso funktionieren soll wie an der amerikanischen Universität und die von der Verschiedenheit der Lebensweisen nichts wissen will. […] Ihr Beharren auf der Umma ist ein Angebot an jene Muslime, die sich keiner der bestehenden Nationen und keinem Territorium mehr zugehörig fühlen. […]

Zit. nach: Olivier Roy: Virtuelle Umma. In: Le Monde diplomatique, Nr. 6723 vom 12. April 2002. Übers. Edgar Peinelt.

44 Ayatollah Khomeini entwickelte in seinem Exil im irakischen Najaf die Konzeption des Vilayat-e faqih (einer Herrschaft der Rechtsgelehrten), die im Gegensatz zur bisherigen schiitischen Auffassung der Abstinenz einen islamischen Staat gegenüberstellte; diese Konzeption fand auch Eingang in die Verfassung der Islamischen Republik Iran und begründete den Dualismus von Republikanismus und Theokratie

Gegenwärtig leben wir in der Zeit des verborgenen Imams. Um die Wahrung der islamischen Gesetze zu sichern und Anarchie zu verhindern, ist die Schaffung eines islamischen Staates erforderlich. […] Gott hat für die Zeit der Verborgenheit keine bestimmte Person mit der Machtausübung betraut, aber sollten nicht auch nach dem Eintritt in die Etappe der Verborgenheit diejenigen Kriterien für die Regierungsfähigkeit gelten, die vom Ur-Islam an bis zur Zeit des Wirkens des Imams der Zeit gültig waren? Diese Kriterien sind die Kenntnis des Gesetzes und Sinn für Gerechtigkeit. Viele Rechtsgelehrte der Gegenwart erfüllen diese Bedingung. Wenn sie sich einigen, sind sie in der Lage, einen islamischen Weltstaat der allgemeinen Gerechtigkeit zu schaffen. Wenn ein fähiger Mann, der die beiden oben genannten Fähigkeiten, der die beiden oben genannten Eigenschaften besitzt, auftritt und eine Regierung bildet, verfügt er über die gleichen Vollmachten der Statthalterschaft, über die seine Heiligkeit, der hochedle Prophet, für die Verwaltung der Gesellschaft verfügte. Das ganze Volk ist verpflichtet, ihm zu gehorchen. […] Mit anderen Worten, die Statthalterschaft auszuüben bedeutet nichts anderes als regieren und verwalten. […] Die Statthalterschaft der Rechtsgelehrten ist eine relative Angelegenheit, sie wird durch Ernennung [durch die anderen Rechtsgelehrten] übertragen, ein Akt, der vergleichbar ist mit der Ernennung eines Vormunds für Minderjährige. Vom Standpunkt der Aufgabe und der Stellung besteht kein Unterschied zwischen dem Vormund der Nation und einem Vormund für Minderjährige.

Zit. nach: Ayatollah Ruhollah al Khomeini: Wilayat al faqih. Berlin 1983. Aus dem Persischen übersetzt u. hrsg. von Hasan Nader u. Ilse Itscherensk. In: Andreas Meier: Der politische Auftrag des Islams. Wuppertal 1994, S. 332 ff.

45 Aus der Verfassung der Islamischen Republik Iran

Am 3. Dezember 1979 nahm ein Volksentscheid mit überwältigender Mehrheit die vom Revolutionsführer Ajatollah Khomeini vorgelegte Verfassung der „Islamischen Republik Iran" an, die mit einigen Korrekturen bis heute gilt:

Artikel 2: Die Islamische Republik ist ein Regierungssystem, das sich auf den Glauben an Gott gründet, der die Shari'a geoffenbart hat und in dessen Willen sich die Menschen zu ergeben haben. […]

Artikel 4: [Alle] Gesetze müssen auf islamischen Grundsätzen beruhen. […]

Artikel 5: Während der Abwesenheit des 12. Imams – der Allmächtige möge seine Ankunft beschleunigen – kommt die Autorität, das Volk zu lenken und zu leiten, einem

13

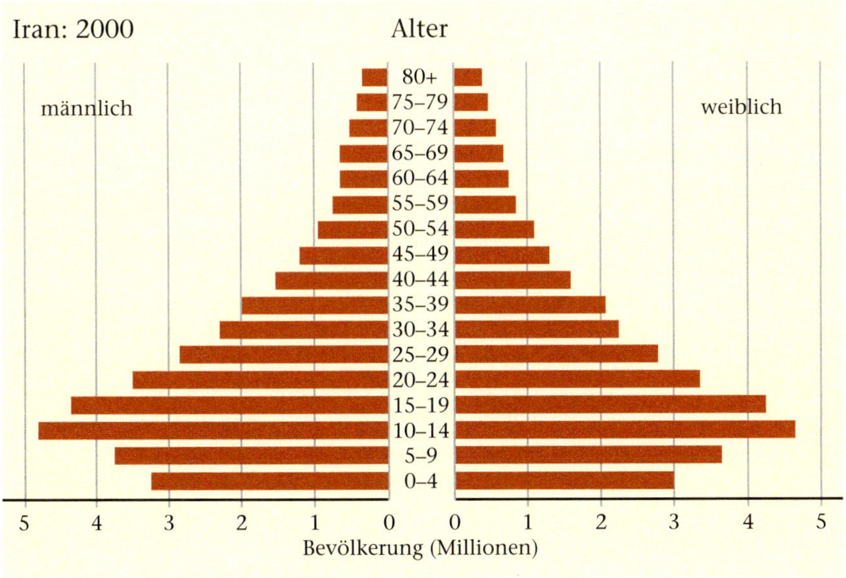

46 Bevölkerungsstruktur des Irans (2000)

Zusammengestellt vom Autor, basierend auf Angaben des US-Census Bereu

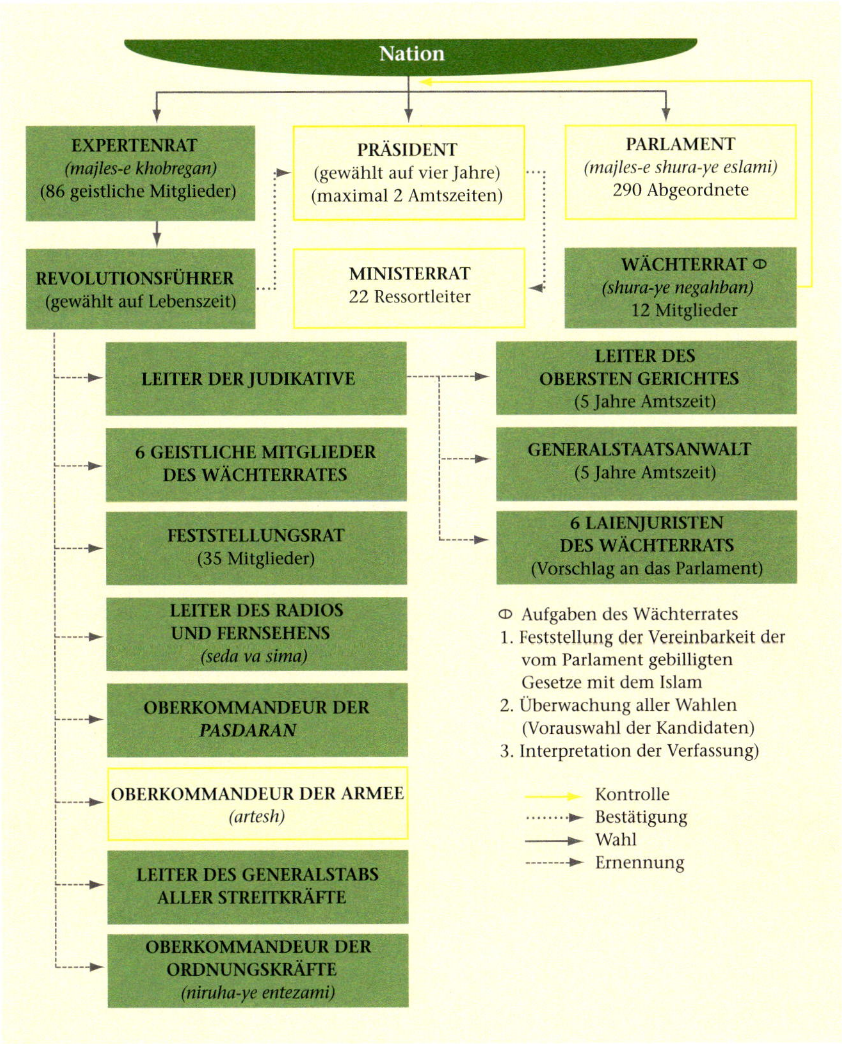

47 Verfassung der Islamischen Republik Iran (2004, eingefärbt grün konservative, gelb reformorientierte Kräfte)

Zusammengestellt vom Autor, basierend auf: Wilfried Buchta: Ein Vierteljahrhundert Islamische Republik Iran. In: Aus Politik und Zeitgeschichte, B 9/2004, S. 17.

islamischen Rechtsgelehrten zu [...], den das Volk mehrheitlich als einen Führer akzeptiert. [...]

Artikel 6: In der Islamischen Republik Iran werden die Staatsangelegenheiten durch das Volk wahrgenommen, entweder durch Wahlen, wie bei der Wahl des Staatspräsidenten oder der Parlamentsabgeordneten, oder durch Volksentscheide, wie sie diese Verfassung vorsieht.

Artikel 11: [...] Alle Muslime bilden eine einzige Nation. Die Islamische Republik Iran geht bei den Richtlinien ihrer Politik von der Einheit des muslimischen Volkes aus und wird jede Anstrengung unternehmen, um die politische, wirtschaftliche und kulturelle Einheit der islamischen Welt zu verwirklichen.

Zit. nach: H. Fürtig: Islamische Weltauffassung u. außenpolitische Konzeption der iranischen Staatsführung seit dem Tod Ajatollah Chomeinis. Berlin 1998, S. 243 ff.

48 Der Islamwissenschaftler Wilfried Buchta benennt die Hindernisse für eine demokratische Veränderung unter der Präsidentschaft Khatamis

Das Haupthindernis für einen demokratischen Wandlungsprozess bleibt der in der Verfassung angelegte Dualismus zwischen Theokratie und Republikanismus in Gestalt eines sich islamisch legitimierenden Revolutionsführers einerseits und einer Legislative sowie eines Exekutivleiters, die direkt vom Volk gewählt werden, andererseits. Erschwert werden die Reformen durch das verfassungsmäßig verankerte Ungleichgewicht der Machtkompetenzen zwischen Revolutionsführer und Präsidenten und die Komplexität und Vielzahl der unterschiedlichen Machtzentren, deren Mehrheit konservativ ist. Das mit Abstand wichtigste Machtzentrum ist der Revolutionsführer, der die allgemeine politische Richtlinienkompetenz besitzt. Er ernennt die Leiter von Judikative, Staatsrundfunk, regulärer Armee, Revolutionswächter-Armee, Revolutionspolizei und revolutionären Stiftungen. Zudem bestimmt Revolutionsführer Khamenei, der dem Lager der Konservativen angehört, die Mitglieder des Wächterrats und des Feststellungsrats, zweier im Gesetzgebungsverfahren wichtiger Gremien.

Zit nach: Wilfried Buchta: Ein Vierteljahrhundert Islamische Republik Iran. In: Aus Politik und Zeitgeschichte, B9/2004, S. 14.

49 In einem Interview wandte sich der iranische Großayatollah Ali Hossein Montazeri, der von Khomeini zeitweise als geistlicher Nachfolger festgelegt worden war, gegen die bestehende Herrschaftsform im Iran

Jedes Regierungssystem muss vom Wähler kontrolliert werden und dem Volke dienen. Jedes Regierungssystem muss zudem auf Gerechtigkeit und Regulierung gestützt sein. Tyrannei ist unakzeptabel. Vor allem im Iran. Sehen Sie: Unter dem Schah exportierten wir sechs Millionen Barrel Öl. Das war in Ordnung. Was uns fehlte, war die Freiheit. Wir wurden unterdrückt. Deshalb machten wir die Revolution. [...] Die Versprechen der Revolution wurden nicht gehalten. Wir haben keine Meinungsfreiheit und andere Freiheiten. Wir brauchen endlich Reformen. [...] [Frage: Betrachten Sie die islamische Revolution nach knapp 25 Jahren als gescheitert?] Es gibt hier und dort Fortschritte. Aber die Erwartungen des Volkes wurden letztendlich nicht erfüllt. Das Wichtigste war und ist die Meinungsfreiheit. Wie Sie wissen, habe ich vor sechs Jahren eine Rede gehalten, in der ich den Herrschenden in unserem Land einige Ratschläge gab. Daraufhin kamen Banden von Hooligans und schlugen hier alles kurz und klein. [...] Ähnliches passierte auch unter dem Schah. Um solche Wiederholungen zu vermeiden, machten wir die Revolution. Geändert hat sich aber wenig. Die Herrschenden sprechen über Islam und Gerechtigkeit. Doch die Verhaftungen gehen weiter. Mit Islam hat diese Vorgehensweise nichts zu tun. [Frage: Vor sechs Jahren hatten Sie die fast absolute Machtfülle von Revolutionsführer Ali Chamenei kritisiert. Haben Sie Ihre Position [...] inzwischen revidiert?] Ein Regierungssystem kann und darf nicht auf eine einzige Person gestützt sein. Wir brauchen ein Kollektiv, in dem das Volk einen herausragenden Platz besetzt. [Frage: Abschaffung des im Iran angewandten Prinzips der Vilayat-e faqih, ...] Ganz genau. Die absolute Herrschaft der regierenden Gottesgelehrten ist falsch. Ein Ayatollah ist nur für theologische und religiöse Fragen zuständig. Wirtschaftliche, politische und andere Fragen müssen den Experten übergeben werden. Sie sollen entscheiden, nicht der regierende Gottesgelehrte.

Zit. aus einem Interview der Welt am Sonntag von Michael Wrase mit Ayatollah Ali Hossein Montazeri. Welt am Sonntag, 9. November 2003.

50 Die Publizistin Charlotte Wiedemann über die Situation im Iran 2004

Diskussion mit einer Familie: Ärzte, Ingenieure, allesamt Angehörige der oberen Mittelschicht, gebildet und politisch nicht engagiert. Das Gespräch beginnt mit einem Auftrag. „Bitte drucken Sie in Ihrer Zeitung Folgendes", sagt eine Kinderärztin resolut. „Die Iraner sind beleidigt über das Bild, das im Westen von unserem Land gezeichnet wird. Alles, was hier falsch oder schlecht ist, wird bei Ihnen aufgebauscht." Alle um den Tisch verteidigen Iran, seine Kultur, seine Familienbezogenheit – und erst als dies alles gebührend notiert ist, nimmt das Gespräch abrupt eine andere Wendung. Nun wird geschimpft, aus allen Richtungen. Dieses System habe mit autoritärem Kommunismus mehr gemein als mit Islam, sagt der eine. Ein anderer erinnert an die islamische Eroberung Persiens vor 1400 Jahren und sagt: Die Mullah-Regierung ist die zweite Invasion der Araber. Um Identität geht es auch in solchen Gesprächen. Den Regierungs-Islam arabisch zu nennen dient der Distanzierung von den Mullahs und

13

der Ehrenrettung des Persischen. Geistliche, die einen schwarzen Turban tragen, führen ihre Abstammung zurück auf Nachfahren des Propheten Mohammed. Dass ihre Urahnen folglich von der Arabischen Halbinsel gekommen sein müssen, gerät zum Argument, die regierenden Kleriker als eine Art Fremdherrschaft zu betrachten. Ihnen fehle der Sinn für persische Kultur, ihre Herrschaft sei Iran wesensfremd.

Zit. nach: Charlotte Wiedemann: Das schleierhafte Land. In: Die Zeit, 11. November 2004, Nr. 47.

51 Zur Rolle der Frau aus dem Koran

Die Männer haben Vollmacht und Verantwortung gegenüber den Frauen, weil Gott die einen vor den anderen bevorzugt hat und weil sie von ihrem Vermögen (für die Frauen) ausgeben. Die rechtschaffenen Frauen sind demütig ergeben und bewahren das, was geheimgehalten werden soll, da Gott es geheim hält. Ermahnt diejenigen, von denen ihr Widerspenstigkeit befürchtet, und entfernt euch von ihnen in den Schlafgemächern und schlagt sie. Wenn sie euch gehorchen, dann wendet nichts Weiteres gegen sie an. Gott ist erhaben und groß.

Zit nach: Rita Breuer: Familienleben im Islam. Traditionen – Konflikte – Vorurteile. Freiburg im Breisgau 1998, S. 34.

52 Der Islamrat in Deutschland beschreibt die Rolle der Frau und der Familie

Der Islam misst der Familie innerhalb seines Sozialsystems die weitaus größte Bedeutung bei. Im Verhältnis zwischen Mann und Frau ist die Ehe die einzige legale Form des Zusammenlebens. Jeden intimen außerehelichen Verkehr zwischen den Geschlechtern lehnt der Islam ab. Mann und Frau vervollkommnen sich gegenseitig, um in der Ehe einen gemeinsamen Beitrag zum Aufbau einer gesunden Gesellschaft zu bringen. Um den Aufbau einer gesunden Familie zu gewährleisten, verteilt der Islam die Verantwortungen in der Familie zwischen Mann und Frau. Während der Mann für den Unterhalt verantwortlich ist, ist die Frau bemüht, ihre Kinder in einer Atmosphäre der Fürsorge und Liebe zu erziehen, und das Haus zu einem Hort der Geborgenheit zu gestalten.

Zit. nach: http://www.islam.de.

53 Die Vorsitzende der Demokratischen Vereinigung marokkanischer Frauen, Amina Lemrini, charakterisiert die Situation der Frauen in Marokko

Auf juristischer Ebene, insbesondere im Ehe-, Familien- und Erbrecht, ist die Hierarchie der Rollenverteilung unmissverständlich: Die Frau ist dem Mann untertan. Der Mann hat alle Rechte, die Frau nur sehr wenige. Wenn eine Frau sich scheiden lassen will, muss sie sich einer demütigen juristischen Prozedur unterziehen, während der Mann ohne Angabe von Gründen die Scheidung beantragen kann. Das Sorgerecht bekommt in aller Regel der Mann. Für alles und jedes braucht die Frau die Genehmigung ihres Vaters oder Ehemanns. [...] Innerhalb der Familie gibt es also keine Gleichberechtigung. [...] Im öffentlichen Bewusstsein ist der Platz der Frau im Haus, nicht im Café, im Betrieb oder in der Politik. [...] Für diese Mentalität ist nicht der Islam verantwortlich, sie ist ein Teil mediterraner Kultur und in Spanien, Portugal oder Italien genauso anzutreffen. Wir haben allerdings ein großes Problem mit den Islamisten. Sie mögen Frauen nicht, die Forderungen stellen, weil wir damit das Patriarchat schwächen. [...] Diese Leute reden, als wäre der Islam ihr Eigentum. Doch die Religion gehört niemandem. [...] Nicht der Islam ist frauenfeindlich, vielmehr missbrauchen die Männer den Islam, um gegen die Frauen vorzugehen.

Zit. nach: M. Lüders: Im Herzen Arabiens. Stolz und Leidenschaft – Begegnung einer zerrissenen Kultur. Freiburg i. Breisgau 2004, S. 102 f.

54 Die Islamwissenschaftlerin Rita Breuer zum rechtlichen Verhältnis zwischen Mann und Frau:

Zu den Pflichten des Mannes [gehört es] seine Frau mit allem Notwendigen an Nahrung, Kleidung, Wohnung und medizinischer Versorgung zu bedenken, und zwar im Rahmen seiner finanziellen Möglichkeiten, die [... dem ...] Ideal der Ebenbürtigkeit des Mannes mit seiner Ehefrau auch dem Lebensstandard entsprechen sollten, den die Frau von Haus aus gewohnt ist. [...] Die Unterhaltspflicht des Mannes gilt unabhängig von dem Vermögen seiner Frau und erstreckt sich auch auf die gemeinsamen Kinder. [...] Die Frau kann allerdings nicht verpflichtet werden, zum Lebensunterhalt beizutragen, sondern darf über ihr Vermögen frei verfügen. Dies gilt sowohl für den Brautpreis als auch für ein eventuelles Erbe, das halb so groß ist wie das eines Mannes desselben Verwandtschaftsgrades und für jede andere Vermögensart. Eine Gütergemeinschaft ist im islamischen Eherecht nicht vorgesehen. Es nimmt nicht wunder, dass also der Ehemann das Recht und die Pflicht hat, berufstätig zu sein, um den Lebensunterhalt der Familie zu decken, während er von seiner Frau die Versorgung von Haushalt und Kindern verlangen kann. Grundsätzlich hat auch sie das Recht zur Berufstätigkeit, allerdings kann ihr das von ihrem Mann verwehrt werden, denn er ist für die Moral seiner Frau verantwortlich und darf entscheiden, ob und zu welchem Zwecke sie das Haus verlässt. Mit gewissen Einschränkungen tendieren konservative Kreise im Hinblick auf das familiäre Gefüge durchweg zu einer eher kritischen Sicht der Erwerbstätigkeit von Frauen. Diese fördere nämlich den Umgang mit Männern und führe schließlich dazu, dass die Frau ihre wesentlichen Aufgaben vernachlässige und die Autorität ihres Mannes infrage stelle, die der Koran ja hauptsächlich mit dessen finanzieller Sorge für die Frau begründet. [...]

Zu den Rechten [und Pflichten] des Mannes zählt ferner, dass seine Frau ihm treu ist, sorgsam mit seinem Vermögen und seinem Ruf umgeht und seine Eltern achtet. […] So soll [der] Mann sie liebevoll behandeln […]. Er soll Rücksicht auf ihre Gefühle nehmen, sie belehren, wo es Not tut, und ihren islamischen Lebenswandel sorgsam und eifersüchtig überwachen. […]

Zit. nach: Rita Breuer: Familienleben im Islam. Traditionen – Konflikte – Vorurteile. Freiburg i. Breisgau 1998, S. 34 f.

55 Die verschleierte Shirin Hamadi, eine 33-jährige Unternehmensberaterin aus Saudi-Arabien, urteilt über die Situation europäischer (Karriere-)Frauen

Ich habe in London und New York häufig Frauen getroffen, die trotz oder gerade wegen ihrer vielen Freiheiten sehr verunsichert sind und nicht wissen, was sie eigentlich wollen. […]. Sie wollen alles, und am Ende nichts, oder doch sehr wenig. […] Einerseits haben sie Lust, für ihren Mann da zu sein, für ihn zu kochen oder das Haus zu führen, andererseits mögen sie sich das nicht eingestehen, weil es irgendwie altmodisch ist. […]

Ein großer Unterschied zwischen amerikanischen oder europäischen Frauen einerseits und arabischen Frauen andererseits liegt in der Art und Weise, wie sie ihre Rechte einfordern. Im Westen erfolgt das über die Politik und die Medien, mit viel Engagement und Leidenschaft. In den Golfstaaten wäre dies undenkbar. Hier werden Forderungen niemals öffentlich erhoben, sondern nur diskret, im persönlichen Gespräch. Oder es werden Fakten geschaffen, ohne darüber viele Worte zu verlieren. Im Golfstaat Katar beispielsweise durften Frauen bis vor wenigen Jahren nicht Auto fahren. Eines Tages fingen einige Ehefrauen einflussreicher Männer einfach damit an. Andere folgten ihrem Beispiel und irgendwann wurden Frauen am Steuer akzeptiert, obwohl sie bis heute dort offiziell nicht Auto fahren dürfen.

Zit. nach: Michael Lüders: Im Herzen Arabiens. Stolz und Leidenschaft – Begegnung einer zerrissenen Kultur. Freiburg i. Breisgau 2004, S. 107 ff.

56 Der Islamwissenschaftler Navid Kermani sieht einen deutlichen Unterschied zwischen den Ursprüngen und Folgen des französischen Gesetzentwurfs und der aktuellen Kopftuchdebatte in Deutschland

Man muss feststellen, dass das Gesetz in Frankreich zwar sehr radikal ist, aber es bedeutet keine ungleiche Behandlung der Religionen. Es werden ja sämtliche Symbole der Religionen aus den Schulen verbannt, und insofern gilt es auch für die jüdische Kippa oder auch ein demonstratives Kreuz und Ähnliches. Deshalb unterscheidet sich der Gesetzentwurf in Frankreich von dem, was in einigen Bundesländern in Deutschland geplant ist. Hier geht es ja ganz explizit darum, nur die religiösen Symbole des Islam im Unterricht auszuschließen. Da liegt meiner Meinung nach eine Diskriminierung vor, denn man kann nicht das Kopftuch per se als Symbol des Fundamentalismus oder der Verfassungsfeindlichkeit deklarieren. Wer das tut, setzt eine fundamentalistische Auslegung des Islam als solchen voraus und schließt andere Deutungen dieses religiösen Symbols aus. […] das fördert nicht nur das Gefühl, nicht dazuzugehören in dieser Gesellschaft, sondern führt auch dazu, dass die Muslime glauben, dies sei nicht ihr Land, nicht ihr Staat und nicht ihr Gemeinwesen. Dies ist nicht gut für die Integration der Muslime, besonders bei der zweiten Generation der Türken, die in den Großstädten leben. Viele von ihnen leben in ihrer eigenen Welt, sie sprechen kein Deutsch. Dieses Problem muss ernst genommen werden.

Zit. nach: Navid Kermani. http:// www.qantara.de, Stand 10. November 2004.

57 Die Islamwissenschaftlerin Dr. Rita Breuer zur Bedeutung der Familie im traditionellen Islam

Der Islam als Religion trägt zu dieser Familienorientierung der Gesellschaft weit über die Agrargesellschaft und den ländlichen Raum hinaus bei. […] Insgesamt warnt die islamische Ethik vor Egoismus und Eigennutz und mahnt zur Wahrung der familiären Interessen. […] In der Identitätsfindung der Kinder und Jugendlichen wird dieses Phänomen der Identitätsfindung besonders deutlich. Wenn es hierzulande geradezu als notwendiger Bestandteil einer eigenständigen Entwicklung angesehen wird, dass die Heranwachsenden sich von den Überzeugungen ihrer Eltern distanzieren, gilt im traditionellen islamischen Umfeld die Übernahme der elterlichen Normen und Werte als Selbstverständlichkeit, die Distanzierung davon zumindest als ungehörig, wenn nicht gar als Skandal.

[…] Die Familie gilt als Grundbaustein der muslimischen Gesellschaft und als Garant für die Aufrechterhaltung der islamischen Ordnung, die im Großen nur funktionieren kann, wenn sie im Kleinen grundgelegt wird. Aufgrund ihres hohen Stellenwerts im islamischen Denken wird der Familie immer vorrangige Bedeutung gegenüber anderen Mitgliedern der Gesellschaft eingeräumt. Dies gilt für die Versorgung und Unterstützung hilfsbedürftiger Angehöriger ebenso wie für die Bereiche der Erziehung und Sozialkontrolle, in denen sich die Familie als wichtiges Instrument zur Einhaltung religiöser und kultureller Normen zeigt. Die Skepsis vieler Muslime gegenüber fremder institutioneller Hilfe erstreckt sich so über [… Bereiche] der Alten- und Behindertenfürsorge häufig auch auf öffentliche Einrichtungen des Bildungs- und Erziehungswesens, insbesondere wenn an der rechten islamischen Orientierung dieser Institutionen zu zweifeln ist.

Zit. nach: Rita Breuer: Familienleben im Islam. Traditionen – Konflikte – Vorurteile. Freiburg i. Breisgau 1998, S. 108–118.

58 Die Ausformung des Kommunitarismus in England beschreibt Gilles Kepel am Beispiel der Stadt Bradfort

Der im September 1981 geschaffene Rat der Moscheen sollte nach dem Willen seiner Gründer Sprachrohr der muslimischen Gemeinschaft sein und ihrer Forderungen nach Bewahrung ihrer spezifischen Identität, so wie die islamischen Vereinigungen und die örtlichen Moscheen sie definierten. Der aus Vertretern der einzelnen Moscheen bestehende Rat wollte die Meinungsverschiedenheiten zwischen [...den...] verschiedenen Bewegungen überwinden und trug bei seinen Verhandlungen mit den Behörden Forderungen vor, die alle Muslime akzeptieren konnten. Die Behörden erkannten den Rat als bevollmächtigten Gesprächspartner an, gewährten ihm beträchtliche Subventionen [...]. Die öffentlichen Behörden [übertrugen] einer konfessionellen Vereinigung bestimmte soziale [...] auf eine durch ihre Zuständigkeit zu einer Gemeinschaft definierte Bevölkerungsgruppe zielende Funktionen.

So gelang es dem Rat der Moscheen als Gegenleistung für seine Vermittlerfunktion, seine Vorstellungen über die Erziehung muslimischer Kinder in den Schulen von Bradford durchzusetzen. 1982 erließ der städtische Ausschuss für das Schulwesen Anweisungen für Schüler, die Gemeinschaften ethnischer Minderheiten angehörten. Sie verliehen der Forderungen Gesetzeskraft, die auf die Bewahrung der spezifischen Identität der muslimischen Kinder abzielten: In den von ihnen besuchten Schulen musste ein Gebetssaal eingerichtet werden, in dem ein vom Rat der Moscheen bevollmächtigter Imam die Freitagspredigt halten konnte. Die Eltern sollten das Recht haben, ihre über zehnjährigen Töchter von allen schulischen Aktivitäten befreien zu lassen, bei denen ein gemischter Unterricht dem Islam zuwiderlief (Sport, Tanz, Schwimmen, Theater).

Zit. nach: Gilles Kepel: Allah im Westen. München 1996, S. 171 f. Übers. Inge Leipold.

59 Bassam Tibi in einem Interview über die multikulturelle Gesellschaft

Multikulti heißt in meinem Verständnis nebeneinander und „anything goes". Multikulti bedeutet, dass die einen nach der Scharia und die anderen nach dem Grundgesetz leben – und das ist in der Tat gescheitert. [...] Das bessere Konzept ist Kulturpluralismus. Anders als Multikulturalismus bedeutet Kulturpluralismus nicht nur Vielfalt, sondern auch Gemeinsamkeit – nämlich die Verständigung auf eine Hausordnung, eben die europäische Werteordnung. Betrachten Sie zur Veranschaulichung das Beispiel der niederländischen Politikerin Ayaan Hirsli Ali, die ebenfalls Morddrohungen erhalten hat. Sie hat gesagt, dass sie keine Muslimin mehr sein will. Nach der europäischen Werteordnung ist das ihr gutes Recht, nach islamischem Recht aber stellt das einen Abfall vom Glauben dar – und dafür darf sie umgebracht werden. Eine europäische Leitkultur erlaubt dies nicht, wohl aber die Scharia.

Zit. aus einem Interview vom Spiegel 23. November 2004.

60 Im Zusammenhang mit dem Mord an dem islamkritischen niederländischen Filmemacher van Gogh fordert die Islamwissenschaftlerin Katajun Amirpur ihre Glaubengenossen auf, sich auf die Grundwerte der deutschen Gesellschaft einzulassen

Natürlich darf man nicht alle Muslime unter Generalverdacht stellen, wie das die islamischen Verbände immer wieder befürchten. Aber man darf auch nicht verharmlosen: Islamistisches Gedankengut breitet sich gerade an den Universitäten immer mehr aus. Zwar predigen die wenigsten Gewalt, aber viele ihrer Ansichten sind schlicht mit der freiheitlich-demokratischen Grundordnung dieses Landes nicht vereinbar. Und das ist der Boden, auf dem Fanatismus und Radikalität gedeihen. Zwar ist nicht strafbar, etwas zu denken, das gegen das Grundgesetz verstößt. Aber als Muslimin sollte ich an meine Glaubensgenossen die Forderung stellen dürfen, sich eindeutig zu diesem Staat, seiner Rechtsordnung und seinen Prinzipien zu bekennen. [...] Wenn manche islamischen Bestimmungen nicht mit den Menschenrechten zu vereinbaren sind, dann muss man sich von ihnen trennen. Hier einem Kulturrelativismus das Wort zu reden und auch noch Verständnis zu haben für Menschenrechtsverstöße – das ist schlicht falsch und keineswegs tolerant. Im Übrigen zieht das Argument „Das schreibt der Islam aber so vor" ohnehin nicht, in jeden Vers kann man unzählige Bedeutungen hineinlesen. Nicht ohne Grund hat die islamische Exegese im Laufe der Jahrhunderte mystische, philosophische, linke und rechte Korankommentare hervorgebracht. Also soll man den Koran heute, im 21. Jahrhundert, so interpretieren, dass er zu Meinungsfreiheit, Menschenrechten und Rechtsstaat nicht mehr im Widerspruch steht. Deshalb kann man von jedem Moslem, der hier leben will, fordern, dass er sich zu dem hier herrschenden Wertekanon bekennt und nicht eine Toleranz einfordert, die er selber gegenüber anderen Lebensentwürfen nicht zu gewähren bereit ist.

Zit. nach: Katajun Amirpur: Prozessiert! Demonstriert! Aber bekennt euch endlich! In: Süddeutsche Zeitung, 12. November 2004.

61 Faruk Sen, Leiter des Zentrums für Türkeistudien, relativiert teilweise die These der Parallelgesellschaften am Beispiel der Türken

Tatsächlich bilden sich bei der türkischen Minderheit, wie auch teilweise bei den anderen Zuwanderergruppen, immer weitergehende ethnische Infrastrukturen. [...] Mit der Dauer des Aufenthalts entwickelten sich Organisationsstrukturen weiter und etablierten sich mit der Zeit immer mehr Angebote in unterschiedlichen Lebensbereichen.

13

62 **Henry Glenaan thematisierte 2003 in dem Film Yasmin die schwierige Situation von Muslimen in Großbritannien nach dem 11. September 2001.**

Besonders erfolgreich sind sie dort, wo Angebote entweder gar nicht bestanden oder die Integration in Strukturen der deutschen Gesellschaft als mangelhaft empfunden wurde. Diese ethnischen Selbstorganisationen können in einem eigendynamischen Prozess den Rückzug in die eigene Gruppe verstärken. [...] Die Integration der Migranten würde [...] mit den vitalen Eigeninteressen der ethnischen Selbstorganisationen kollidieren. Die Abspaltung erfasst inzwischen auch gesellschaftliche Bereiche, denen traditionell ein großes Integrationspotenzial zugeschrieben wird. Das gilt insbesondere für die in Deutschland populärste Sportart Fußball. Hier offenbart sich der Rückzug in ethnische Nischen in der steigenden Anzahl eigener ethnischer Mannschaften. [Eine empfundene Ungleichbehandlung] variiert je nach Lebensbereich, wobei die stärkste Diskriminierung im nicht-öffentlichen Sektor festzustellen ist. [...] Bei der Wohnungs- und Arbeitssuche sowie am Arbeits- bzw. Ausbildungsplatz, also in Bereichen mit Verteilungskonflikten aufgrund knapper Ressourcen, wird Ungleichbehandlung von den Betroffenen mehrfach und häufig beobachtet (zwischen 38 Prozent und 43 Prozent). Insgesamt haben ein Viertel aller Befragten bereits Ungleichbehandlung zwischen den beiden Volksgruppen erfahren [...]. Bildung unterstützt den Zugang der Migranten zur deutschen Gesellschaft und erleichtert den Erwerb grundlegend wichtiger Kenntnisse und Fertigkeiten, insbesondere das Erlernen der Sprache. Die Chancen an Schulbildung, beruflicher Ausbildung und am Arbeitsmarkt sind für Migrantinnen und Migranten noch immer deutlich schlechter als für die Angehörigen der deutschen Gesellschaft. Dennoch hat sich das Schul- und Ausbildungsniveau der jungen Türkinnen und Türken im Vergleich zur ersten Generation der Arbeitsmigranten deutlich erhöht. Allerdings besteht ein gravierendes Problem: Auch die zweite und dritte Generation heterogenisiert sich mehr und mehr – eine Gruppe mit höherer Schul- und qualifizierter Berufsausbildung steht einer beträchtlichen Zahl gerade von Jugendlichen ohne Schulabschluss oder Berufsausbildung gegenüber. [...] Der Rückgang der Schülerzahlen deutet darauf hin, dass heute weniger ausländische Jugendliche bzw. ihre Familien den Wert höherer Schulbildung erkennen. Noch in den 80er-Jahren galt dies als wichtiges Erziehungsziel und einzige Möglichkeit, als Angehöriger der zweiten Migrantengeneration in der deutschen Gesellschaft sozial aufzusteigen. Ein Grund für diese Entwicklung liegt möglicherweise darin, dass zwar bei türkischen Familien der Wunsch vorhanden ist, dass die eigenen Kinder in der Schule und im Berufsleben Erfolg haben, sie jedoch befürchten, dass sich die Kinder ihnen durch den großen Einfluss der Bildungseinrichtungen kulturell entfremden. [...] Zwar hat sich die Qualität der Schulabschlüsse der ausländischen Jugendlichen bis 1993 leicht verbessert, doch hat sich der Trend zu qualifizierten Abschlüssen seit 1993 merklich verlangsamt und im Falle der Erlangung der Hochschulreife sogar umgekehrt. 1999 waren neun Prozent aller Schülerinnen und Schüler an allgemeinbildenden Schulen Ausländer: An Grundschulen betrug ihr Anteil zwölf Prozent, an Hauptschulen 17 Prozent, an Realschulen sechs Prozent und an Gymnasien nur vier Prozent. Die Verteilung der ausländischen Schulabgänger belegt im Vergleich zu den deutschen deutlich schlechtere Voraussetzungen für den Ausbildungs- und Arbeitsmarkt: Rund 19 Prozent der ausländischen Jugendlichen verlassen die Schule ohne Abschluss. 42 Prozent erreichen den Hauptschulabschluss, 29 Prozent den Realschulabschluss und nur sieben Prozent erlangen die Hochschulreife. Von den deutschen Schulabgängern erreichen 26 Prozent die Hochschulreife, 25 Prozent einen Hauptschulabschluss und nur acht Prozent verlassen die Schule ohne Abschluss.

Zit. nach: Faruk Sen: Türkische Minderheit. In: Informationen zur Politischen Bildung, Heft 277.

Arbeitsvorschläge

a) Erarbeiten Sie die Grundmerkmale des islamischen Staats- und Politikverständnisses (VT, M 1 – M 4, M 15).
b) Bewerten Sie die These des einen Ur-Islam, wie es im Islamismus vertreten wird (VT, M 15, M 29 – M 35, M 40).
c) Vergleichen Sie das türkische Modernisierungskonzept mit dem anderen in der islamischen Welt, westlich-säkulär bis hin zum islamistischen Ansatz (VT, M 5, M 6, M 16, M 22 – M 24, M 29 – M 31 und eigene Recherche).
d) Beschreiben Sie die Hindernisse bei den Modernisierungsversuchen des Osmanischen Reiches und beurteilen Sie diese (VT; M 5, M 22 – M 23, M 30).
e) Erarbeiten Sie die Ursachen der Entstehung des Islamismus und beschreiben Sie dessen typische Merkmale (VT, M 29 – M 37, M 43).
f) Vergleichen Sie zentrale Elemente des Islamismus mit wichtigen Grundlagen des westlichen Werteverständnisses, wie z. B. Demokratie, Menschenrechte, Gewaltenteilung, Pluralismus (M 11, M 29 – M 40, M 42 – M 44).
g) Der französische Islamismusexperte Gilles Kepel hatte 2002 die These aufgestellt, dass der Islamismus als Ideologie am Ende ist und dass Terrorakte wie der Anschlag auf das World Trade Center keine Wiederbelebung des Islamismus bedeuten. Nehmen Sie zu dieser Aussage Stellung (M 9 – M 11, M 39, M 43).
h) Vergleichen Sie die beiden Positionen hinsichtlich der Person Arafats. Erörtern Sie, welche Bedeutung Arafat für die Palästinenser und die Israelis hat (VT, M 7, M 17, M 18, M 20).
i) Recherchieren Sie über den Nahostkonflikt. Welche Faktoren sind bestimmend für diesen Konflikt (VT, M 7 – M 9, M 17 – M 21)? Arbeiten Sie die Hauptaspekte heraus.
j) Vergleichen Sie die beiden Positionen zum EU-Beitritt der Türkei (M 25, M 27; zur Untermauerung der Positionen: M 23, M 24, M 26, M 28 und eigene Recherche wie z. B. die Website von der Stiftung Wissenschaft und Politik www.swp.de). Skizzieren Sie eine eigene Stellungsnahme zu diesem Thema und stellen Sie diese zur Diskussion.
k) Recherchieren Sie zur Re-Islamisierung der Türkei (VT, M 23, M 24).
l) Beschreiben Sie das Verfassungssystem der Islamischen Republik Iran auf der Basis von Khomeinis Konzept des Vilayat-e faqih. Beurteilen Sie die Handhabbarkeit eines solchen Systems (VT, M 44, M 45, M 47 – M 49).
m) Beurteilen Sie die Möglichkeiten von politischen und gesellschaftlichen Reformen in islamisch dominierten Staaten wie dem Iran, insbesondere aufgrund der Entwicklungen seit 2001 (VT, M 46, M 48, M 49 und eigene Recherche).
n) Beschreiben Sie die Diskrepanz zwischen staatlich reglementierter Ordnung und liberaler Lebenspraxis im Iran. Nehmen Sie dazu Stellung (VT, M 11, M 49, M 50 und eigene Recherche).
o) Recherchieren Sie über die Rolle der Frau im Islam. Stellen Sie die rechtliche Stellung in Bezug zu den Erfahrungen muslimischer Frauen auch in Deutschland (VT, M 8, M 11, M 32, M 51 – M 55 und eigene Recherche).
p) Beschreiben Sie den Stellenwert der Familie in muslimischen Gesellschaften und vergleichen Sie dies mit dem Stellenwert der Familie in der deutschen Gesellschaft. Welche Schlussfolgerungen lassen sich daraus ableiten (VT, M 52, M 57)?
q) Recherchieren Sie den Begriff feministischer Islam (VT und eigene Recherche, u. a. beim Dossier „Feministischer Islam" von www.qantara.de).
r) Überprüfen Sie die These über die Parallelgesellschaften. Diskutieren Sie über deren Wirkungen und andere Formen der Integration (VT, M 12 – M 14, M 26, M 57 – M 62).
s) Skizzieren und diskutieren Sie unterschiedliche Modelle für den Islam in Europa (VT, M 56, M 58 – M 62 und eigene Recherche z. B. bei www.islam.de; www.zft-online.de).

Methode: Die Facharbeit

Beispiel: Die Re-Islamisierung der modernen Türkei

Ziel einer Facharbeit ist es, ein Thema fachlich angemessen und selbstständig zu erarbeiten, darzustellen und zu bewerten. Um eine Facharbeit erfolgreich zu gestalten, ist es erforderlich, erprobte Verfahren und Arbeitsmethoden zu nutzen, bei der

- Themenanalyse: Unter welchem Blickwinkel soll das Thema betrachtet werden?
- Materialrecherche und Ordnung: Was ist an Quellen, Publikationen, Bildmaterial u. a. zugänglich?
- Gliederung des Materials nach den Schwerpunkten und der Intention der Aufgabenstellung
- Verschriftlichung, die einen angemessenen Sachstil verlangt, ohne an deutlich gekennzeichneten Stellen persönliche Positionen und Wertungen auszuschließen.

Themenanalyse

Zu Beginn steht die Analyse der Aufgabenstellung. Splitten Sie das Thema in seine Bestandteile, in Leitbegriffe, darin enthaltene Wertungen u. Ä. auf, und stellen Sie Fragen an das Thema. Damit kommen Sie auf verschiedene Perspektiven. Dieser Prozess wird sich aufgrund der neu gewonnen Erkenntnisse immer wiederholen.

In unserem Beispiel „Die Re-Islamisierung der modernen Türkei" könnten sich folgende Fragen ergeben: Was sind die Kennzeichen der modernen Türkei? Wie ist die moderne Türkei entstanden? Was sind Merkmale für eine Re-Islamisierung? Was bedeutet Re-Islamisierung politisch, wirtschaftlich, gesellschaftlich und kulturell?

Recherche

Diese Fragen lassen sich auf Anhieb fundiert nicht beantworten. Somit muss man als zweiten Schritt Informationen recherchieren. Hierfür stehen mehrere Möglichkeiten zur Verfügung. In erster Linie kann man dazu Schulbücher bzw. Lexika heranziehen, z. B. das neue ZEIT-Lexikon (2004 ff.) oder die jedes Jahr aktualisierte ENCARTA. Dazu kommt Literatur, die man über eine Bibliothek per Fernleihe ausleihen kann. Diese Bestände kann man auch über das Internet recherchieren (z. B. mit Hilfe des Karlsruher virtuellen Katalogs http://www.ubka.uni-karlsruhe.de/kvk.html). Am besten beginnt man mit einer aktuellen Überblicksdarstellung, wie einer Länderkunde „Türkei" (z. B.: Günter Seufert / Christopher Kubaseck: Türkei. Politik-Geschichte-Kultur. München 2004). Aus der Literaturliste dieser Bücher finden sich dann weitere Literaturangaben. Weiterhin kann man auf Material von Institutionen wie der Bundeszentrale für Politische Bildung (Bonn) zurückgreifen. Zu diesen Optionen stehen aber auch im Internet weitere Informationen zur Verfügung. Diese sind von sehr unterschiedlicher Qualität. Ein guter Ansatzpunkt für Internetrecherchen zu Themen aus der islamischen Welt ist die Website http://www.qantara.de (betreut durch die Bundeszentrale für Politische Bildung).

Ordnen von Informationen

Als nächsten Schritt müssen Sie Ihre Informationen ordnen und auf ihre Brauchbarkeit hin überprüfen. Eine erste Ordnung kann man über die Art der Geschichtsquellen treffen. Handelt sich dabei um Primär- oder um Sekundärtexte? Welcher Art sind die Primärquellen, z. B.: Dokumente oder Zeitzeugenberichte? Für das Ordnen bietet sich der Zettelkasten an. Anhand dessen können Sie Ihre recherchierten Informationen mit Stichwörtern versehen. Diese Informationen können aus genauen Abschriften, eigenen Notizen, Exzerpten, Zusammenfassungen bzw. Kopien bestehen. Achten Sie immer darauf, den Fundort festzuhalten (Verfasser,

Titel, Seite bzw. Internetadresse mit Datum). Sie können nach dem Vorbild des Zettelkastens eine solche Datei auch auf Ihrem Rechner anlegen.

Achten Sie bei den verwendeten Informationen immer auf deren Aussagekraft für das Thema und deren Qualität. Dies bezieht sich sowohl auf deren Inhalt wie auch auf deren Tendenz. So gibt es im Zuge der Beitrittsdiskussion der Türkei zur EU hier sehr unterschiedliche Ansichten über die Re-Islamisierung der Türkei. Für eine Bewertung von Informationen ist oftmals das Heranziehen weiterer Kriterien sinnvoll, wie Informationen über den Verfasser und den Kontext der Aussage (zeitlich und inhaltlich). Wie werden die gemachten Aussagen belegt? Dies gilt insbesondere für im Internet veröffentlichte Informationen.

Gliederung erstellen

Nach dem Ordnen der Informationen wird eine Gliederung erstellt. Damit wird die Facharbeit strukturiert. Die Gliederung soll die im Thema enthaltenen Fragen beantworten. Zugleich kann damit überprüft werden, inwieweit das Thema nicht zu ausführlich angelegt worden ist. In unserem Beispiel wäre der Rückgriff auf die genaue Entstehungsgeschichte der Türkei sicherlich zu ausführlich. Ein kurzer Abriss, der verdeutlicht, wie die Türkei entstanden ist, würde hier als Hinführung auf die Politik Atatürks reichen.

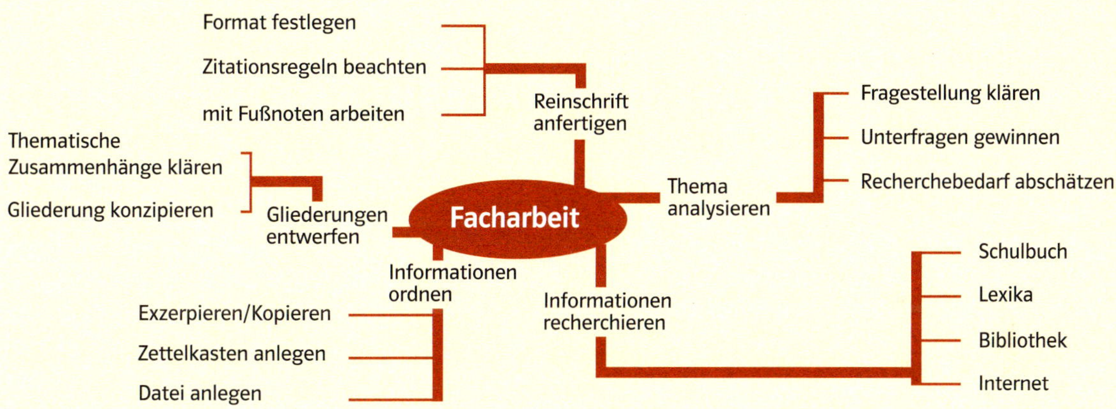

Reinschrift anlegen

Als letzter Schritt erfolgt die Verschriftlichung. Die Arbeit soll in Inhalt und Form eine Einheit darstellen und besteht aus 6 Teilen; dem (a) Deckblatt, bestehend aus Ihrem Namen, dem Titel der Arbeit, dem Kurs und Ihrer Jahrgangsstufe; (b) dem Inhaltsverzeichnis; (c) der Einleitung mit der Darstellung des Ziels und Umfangs der Arbeit, (d) dem Hauptteil, der eigentlichen Aufbereitung des Themas, (e) dem Schluss mit einer Zusammenfassung der Ergebnisse und (f) einem Literatur- und gegebenenfalls vorhandenen Abbildungsverzeichnis. Die Einbindung von Zitaten dient dazu, den eigenen Text inhaltlich in seiner Aussage zu unterstützen. Diese sollten nicht zu lang sein und ihr Anteil sollte den eigentlichen Text nicht übersteigen. Legen Sie Wert auf ein angenehmes Seitenformat, eine gut lesbare Schrift und angemessene Schriftgrößen.

Arbeitsvorschläge

a) Erstellen Sie eine Facharbeit zum Thema „Integration von Muslimen in der deutschen Gesellschaft".
b) Nehmen Sie als einen Ausgangspunkt für Ihre Recherche die Websites http://www.qantara.de und http://www.zft-online.de

Vorschläge zur Projektarbeit:

a) Recherchieren Sie unterschiedliche Modernisierungsansätze in der islamischen Welt im 19. und 20. Jahrhundert, z. B. im 19. Jahrhundert zu Ägypten, Nordafrika und Britisch-Indien; im 20. Jahrhundert am Beispiel Arabischer Nationalismus, Nasser und Baath-Partei in Syrien bzw. Irak. Orientieren Sie sich dabei an folgenden Fragen:
   1. Wie bedingt der überkommene spezifische politisch-gesellschaftliche Hintergrund die Modernisierung: gesellschaftliche Gegebenheiten/politischer Rahmen/Machtfelder, u. a. die Stoßrichtung der Reformen?
   2. Wie beeinflussen die äußeren Rahmenbedingungen die Entwicklung der Modernisierungsversuche?

b) Dokumentieren Sie die Radikalisierung islamistischer Organisationen und bestimmen Sie die maßgeblichen Faktoren für diese Entwicklung (z. B. anhand der al-Qaida oder der US-Besatzung im Irak).

c) Recherchieren Sie die verschiedenen Spielarten der Re-Islamisierung. Nehmen Sie Stellung zur These: Die AKP (islamistische Partei der Türkei) ist die muslimische CDU.

d) Recherchieren Sie im Internet unterschiedliche Konzeptionen und politische Strömungen im Iran. Informieren Sie sich über den Lebensalltag im Iran. Nehmen Sie als einen Ausgangspunkt die Website www.hkw.de/de/programm/programm2004/EntfernteNaehe/c_linkhtml.

e) Informieren Sie sich darüber, wie die Begriffe Demokratie und Menschenrechte in der islamischen Welt gesehen werden. Stellen Sie dazu islamistische und säkulare Positionen gegenüber. Nehmen Sie als Ausgangspunkt für die Recherche das Dossier Zivilgesellschaft auf der Website www.qantara.de.

f) Dokumentieren Sie die Rolle der Frau in der islamischen Welt (die formalen Regelungen im Vergleich mit der faktischen Handhabung). Stellen Sie diesen Befund der Rolle muslimischer Frauen in Deutschland gegenüber. Aus welcher Sicht berichten die vorliegenden Quellen? Nach welchen Kriterien ordnen und bewerten die vorliegenden Quellen die Rolle muslimischer Frauen?

g) Recherchieren Sie zum feministischen Islam in der islamischen Welt. Vergleichen Sie deren Positionen zu denen europäischer Frauen bezüglich ihrer Rolle.

h) Recherchieren Sie Strategien zur Integration von Muslimen in Deutschland im Vergleich zu anderen europäischen Ländern, z. B. : Frankreich, Großbritannien, Niederlande. Achten Sie darauf, was unter Integration verstanden wird.

i) Recherchieren Sie muslimische Portale (z. B.: von Organisationen in Deutschland wie www.islam.de, www.islamrat.de oder www.muslimmarkt.de). Bestimmen Sie deren Tendenzen und Zielsetzungen hinsichtlich der Ausrichtung des Islams.

j) Erforschen Sie islamische Institutionen in Ihrer Stadt bzw. Region. Erkunden Sie:
   1. die Aufgaben, und kulturellen Funktionen in der Gemeinde,
   2. ihre Akzeptanz bei der Zielgruppe (evtl. mit Hilfe von Interviews) und den Einheimischen,
   3. ihren überregionalen Stellenwert im Land.

14 Entstehung neuer Machtzentren in Asien – China – wenn der Drache sich erhebt

China – eine „Supermacht" um 1800

Im Jahre 1793 besuchte eine englische Gesandtschaft China. Ziel der weiten Reise um den Erdball war, die politischen und wirtschaftlichen Beziehungen zum „Reich der Mitte" zu verbessern. Die europäischen Besucher wurden höflich aufgenommen und sogar vom Kaiser empfangen. Ihre Wünsche aber blieben unerfüllt. In einem Brief teilte Kaiser Qianlong dem englischen König mit, dass sein Land „auch nicht das geringste Bedürfnis für die Güter Eures Landes" habe. Anlass für diese Absage war das Selbstbewusstsein einer „Supermacht", die zu Recht glaubte, auf Beziehungen zu Europa nicht angewiesen zu sein: Um 1800 waren viele Länder Ostasiens dem Kaiser tributpflichtig. China war daher eines der mächtigsten und auch reichsten Länder der Erde.

Die innere Ordnung des Reiches

Das „Reich der Mitte" gehörte zu den ältesten Reichen und Hochkulturen. Viele Entwicklungen und Erfindungen wie das Papier, der Kompass oder das Schießpulver hatten ihren Ursprung in China. Bereits zur Zeit des Mittelalters bauten chinesische Handwerker große hochseefähige Schiffe, die denen der Europäer technisch weit überlegen waren. Alles Leben in diesem Riesenreich war einer Ordnung unterworfen, die nach überlieferten festen Regeln funktionierte. An ihrer Spitze stand der Kaiser, „Sohn des Himmels" und Mittelpunkt der kosmischen Ordnung. Deren Hüter war eine zentralisierte Bürokratie. Diese trug die Verantwortung für die Verwaltung des Riesenreiches und dessen Verteidigung, die Erhebung von Steuern, die Instandhaltung der Wege und Kanäle sowie die Unterhaltung von Getreidespeichern zur Bewältigung von Hungersnöten. Die größte gesellschaftliche Schicht in einer streng hierarchischen Gesellschaft waren die Bauern. Geistige Grundlage der politischen und gesellschaftlichen Ordnung waren die Lehren von Konfuzius. Demnach genügte es, sich an klassischen Schriften und Überlieferungen zu orientieren, um die gesellschaftliche Harmonie und Ordnung zu bewahren. Wirtschaftlich war China weitgehend unabhängig vom Handel mit anderen Ländern, deren Bewohner in großer Selbstüberschätzung als „Barbaren" bezeichnet und mit wenigen Ausnahmen auch nicht ins Land gelassen wurden.

1 Die verbotene Stadt – der Kaiserpalast in Beijing

Das Jahr 1839 – ein Wendepunkt

Nur wenige Jahrzehnte nach dem erfolglosen Besuch der englischen Delegation begann China Zeichen von innerer und äußerer Schwäche zu zeigen. 1839 erschienen moderne Kriegsschiffe vor der Küste, um die Interessen englischer Kaufleute gewaltsam durchzusetzen. Damit nahm eine Entwicklung ihren Anfang, durch die das Land zunehmend unter die Kontrolle europäischer Mächte geriet. Zugleich zerrissen immer neue Aufstände das Reich, in deren Verlauf schließlich die Monarchie gestürzt wurde, Millionen Menschen ihr Leben verloren und China erst nach mehr als einhundert Jahren wieder ein politisch geeintes Land mit einer möglicherweise „großen Zukunft" wurde. Wie konnte es dazu kommen?

Gründe für den Zerfall

Eine wesentliche Ursache war der große und stetige Anstieg der Bevölkerung von 150 auf 300 Millionen innerhalb von einhundert Jahren. Viele Bauern verarmten, weil die ihnen gehörenden Böden immer kleiner wurden, und zogen in die Städte. Selbst verschuldete ökologische Krisen und Naturkatastrophen trugen ebenfalls zur allmählichen Verelendung breiter Schichten bei. Zudem erwies sich die staatliche Verwaltung infolge von Misswirtschaft und Korruption zunehmend als unfähig, die sich verschärfende innere Krise zu bewältigen. Unruhen erschütterten daher in der ersten Hälfte des 19. Jahrhunderts mehrfach das Reich. Die vorhandenen sozialen und wirtschaftlichen Spannungen wurden in der Zeit nach der militärischen Intervention Englands besonders deutlich. Ausgelöst durch religiöse Heilserwartungen, Hass auf die Kaiserdynastie der Mandschus und die Suche nach neuen Formen gesellschaftlichen Zusammenlebens auf dem Lande erfasste der so genannte Tai'ping-Aufstand seit 1850 immer größere Teile Chinas. Erst nach 15 Jahren gelang es, diesen niederzuschlagen. Zwischen 20 und 30 Millionen Chinesen verloren dabei ihr Leben.

Handelsbeziehungen mit dem Westen, der Opiumkrieg

Obwohl die englische Delegation 1793 hatte abreisen müssen, ohne etwas erreicht zu haben, hatte der Umfang des Chinahandels zugenommen. Viele Menschen in China – Teepflanzer, Kaufleute und lokale Eliten in den Küstenstädten – waren darauf angewiesen, weiterhin und in zunehmend größerem Umfang Luxusgüter wie Tee, Porzellan oder Seide in den Westen zu verkaufen. Auch der Staat konnte die Einnahmen aus dem Außenhandel bald kaum noch entbehren, um seine Ausgaben zu decken. Diese Ausweitung des Handels hatte jedoch schwerwiegende Auswirkungen auf die Innen- und Außenpolitik. Anfänglich bezahlten englische Kaufleute Tee und andere Waren mit Silber, da China an anderen Gütern wenig Interesse hatte. An die Stelle des Silbers trat jedoch bald Opium, das in zunehmend größeren Mengen aus der englischen Kolonie Indien exportiert wurde. Dessen Auswirkungen auf die Gesundheit großer Teile der Bevölkerung und die chinesische Wirtschaft veranlassten die Regierung 1839 schließlich, diesen Handel zu verbieten, vorhandene Vorräte zu verbrennen und die englischen Opiumhändler zu vertreiben. Für Großbritannien waren diese Abwehrmaßnahmen eine willkommene Gelegenheit, China nunmehr gewaltsam zu „öffnen". Nach mehreren militärischen Niederlagen musste China Hongkong abtreten und fünf Häfen für den Außenhandel öffnen.

Die Folgen des Opiumkrieges

Die unmittelbaren Folgen des Opiumkrieges waren zwar gering, langfristig erwiesen sie sich aber als einschneidend für die weitere Entwicklung Chinas. Für viele Chinesen war diese Begegnung mit dem Westen ein Schock. Rationales, nüchternes Denken und Handeln westlicher „Barbaren" hatte sich gegenüber den überlieferten Vorstellungen von der eigenen gesellschaftlichen Ordnung und der Überlegenheit chinesischer Kultur als stärker erwiesen. Die gewaltsame Öffnung des chinesischen Reiches wurde als Demütigung empfunden. Wie sollte man auf die Herausforderung durch die Europäer reagieren? Die Auseinandersetzung mit der westlichen Moderne prägt die Geschichte Chinas bis heute.

Gescheiterte Reformen, Revolutionen, Bürgerkrieg

Reaktionen auf die Herausforderung durch die Europäer

Die Erfahrung der Niederlage veranlasste einige verantwortliche Beamte, Pläne für Reformen zu entwickeln. Deren Auswirkungen blieben aber begrenzt auf den Aufbau einer heimischen Rüstungsindustrie, den Bau von Eisenbahnen und die Errichtung von Dampfschifffahrtslinien. Erst weitere Niederlagen gegenüber westlichen Großmächten, vor allem aber gegen Japan, gaben den Anstoß, tiefgreifende Reformen von Staat, Gesellschaft und Wirtschaft anzugehen. Der Prozess der Erneuerung wurde dadurch erschwert, dass sich um die Jahrhundertwende fast alle Großmächte in die Politik Chinas einmischten und vielfach Landabtretungen durchsetzen konnten. 1898 verhinderte die Kaiserinwitwe Cixi zusammen mit konservativen Kräften die Einleitung von Reformen durch ihren Neffen, Kaiser Guangxu. Unter armen Bauern, Kulis und Entwurzelten, die sich um 1900 in der „Gesellschaft für Rechtschaffenheit und Harmonie" zusammenschlossen, fand sie sogar Verbündete. Diese Gesellschaft, deren Mitglieder von Europäern als „Boxer" bezeichnet wurden, griff die westlichen Eindringlinge offen an. In einem blutigen Feldzug schlug eine internationale Armee jedoch mit Hilfe moderner Waffen den Aufstand nieder. Nach der Niederlage der „Boxer" erkannte auch der kaiserliche Hof die Notwendigkeit einer Erneuerung Chinas. Die führenden Eliten hatten aber nach den vorangegangenen Enttäuschungen kein Vertrauen mehr in die Dynastie. Westlich orientierte Politiker und Offiziere stürzten schließlich die Monarchie im Jahre 1911.

Innere Wirren

Den weiteren inneren Zerfall konnte die Ausrufung der Republik 1912 unter Sun Yatsen, einem langjährigen führenden Oppositionspolitiker, jedoch nicht aufhalten. Zunächst hatten die Revolutionäre keineswegs die Mehrheit der Bevölkerung hinter sich. Ebenso fehlte ein klares Programm für die Zukunft. Verschiedene Fraktionen und lokale Militärregime in den Provinzen bekämpften vielmehr bald einander und plünderten das Land in großem Stile und unter großen Opfern aus. Dennoch gab es auch Ansätze, die eine Bereitschaft zur grundlegenden Erneuerung des Landes erkennen ließen: Am 4. Mai 1919 kam es in Beijing zu massenhaften, lang andauernden Protesten von Studenten, Intellektuellen und Arbeitern gegen die Übertragung der ehemaligen deutschen Schutzgebiete in China an Japan. Diese Bewegung verfolgte zunächst nur das Ziel der Wiederherstellung der nationalen Einheit. In ihrem weiteren Verlauf wurden aber auch Forderungen nach tiefgreifenden politischen und kulturellen Reformen erhoben. Wie diese Erneuerung aussehen sollte, blieb allerdings unklar. Westlich-demokratische Vorstellungen, konservativ-autoritäre Lösungen und kommunistische Ideen bekämpften einander heftig. 1928 konnte sich die von General Chiang Kaishek geführte Guomindang durchsetzen. Dessen autoritäres Regime wollte China von oben reformieren. Für die große Mehrheit der Bevölkerung auf dem Lande, aber auch in den Städten änderte sich vorläufig jedoch nur wenig. Sie lebte weiterhin in unbeschreiblicher Armut, da das Land von einem blutigen Bürgerkrieg zerrissen wurde. Die Nationalregierung betrachtete es zunächst als ihre Hauptaufgabe, die junge Kommunistische Partei zu bekämpfen. Unter Führung Mao Zedongs orientierte diese sich am Vorbild der revolutionären Sowjetunion. Mit Hilfe der städtischen Arbeiterschaft versuchte sie seit Mitte der 1920er-Jahre, das Land zu revolutionieren. Da die Zahl der Arbeiter gering war, konnte sie in den Städten jedoch keine wirkliche Massenbasis gewinnen. Sie stützte sich daher bald auf die Millionen verelendeter Bauern auf dem Lande. Im Laufe eines mehrjährigen blutigen Bürgerkrieges mussten sich die Kommunisten auf einem später legendären „Langen Marsch" 1934 in entlegene Randgebiete zurückziehen (▶ Online-Link). Erst das weitere gewaltsame Vordringen Japans beendete den Bürgerkrieg vorläufig.

Unter der Herrschaft der Kommunistischen Partei

Der Sieg der Kommunistischen Partei

Der Sieg der Alliierten über Japan 1945 beseitigte die äußere Bedrohung, die das Schicksal Chinas nahezu ein Jahrhundert lang beeinflusst hatte. Der Sieg der Kommunisten, die bereits während des Zweiten Weltkrieges ihre Machtbasis hatten ausbauen können, über die Nationalregierung 1949 beendete schließlich auch den Bürgerkrieg endgültig, der das Land seit der Jahrhundertwende im Innern zerrissen hatte. Die Zahl der Opfer äußerer Aggression und innerer Zerrissenheit zwischen 1900 und 1949 wird auf 42 Millionen geschätzt.
Die Machtübernahme der Kommunisten 1949 war daher eine Wende in der Geschichte Chinas. Der Einfluss des Auslandes wurde endgültig zurückgedrängt; China zog sich in eine selbst gewählte weitgehende Isolation zurück. Die von Mao Zedong geführte Kommunistische Partei begann zugleich, Landwirtschaft und Industrie, Bürokratie, Armee und das Erziehungswesen nach sowjetischem Vorbild umzugestalten. Dieser Prozess der Erneuerung verbesserte zwar allmählich die Lage der großen Mehrheit der Bevölkerung, forderte aber auch große Opfer. Anhänger des alten Regimes wurden ebenso brutal unterdrückt wie nationale Minderheiten in Randgebieten wie Tibet. Schätzungen zufolge sollen zwischen 1949 und 1987 weitere 35 Millionen Menschen Opfer politischer Gewalt geworden sein.

„Der große Sprung nach vorn“

Die Ideen Mao Zedongs, der sich zunehmend von dem sowjetischen Modell abgewandt hatte, erwiesen sich in der Praxis zudem als illusionär. Die Bildung von Volkskommunen im Rahmen des so genannten „großen Sprungs nach vorn“ Ende der 1950er-Jahre stürzte das Land in großes wirtschaftliches Chaos. Hungers-

2 China 1644–1950

nöte, die annähernd 27 Millionen Tote zur Folge hatten, verschärften dieses noch. Vorübergehend setzten sich in der politischen Führung jene Kräfte durch, die ein vorsichtigeres und den Realitäten angepasstes Vorgehen beim Aufbau einer sozialistischen Gesellschaft forderten.

„Große Proletarische Kulturrevolution", Wandel in der Außenpolitik

Überzeugt von der Idee, dass es ohne „Niederreißen keinen Aufbau" geben kann, rief Mao Zedong 1966 die „Große Proletarische Kulturrevolution" aus. Diese Bewegung stützte sich vor allem auf die in den „Roten Garden" organisierte Jugend. Ziel war die Schaffung eines wirklich sozialistischen Chinas. Erst als das Land erneut im Chaos zu versinken drohte, brach Mao Zedong diese Kampagne ab.
Dem Versuch, das Ideal einer wirklich kommunistischen Gesellschaft aus sich selbst heraus zu verwirklichen, stand gleichzeitig ein Wandel in der Außenpolitik gegenüber: Allmächlich wurde die selbst gewählte außenpolitische Isolierung von Mao Zedong aufgegeben. Bereits in den 1950er-Jahren versuchte China, im Kampf gegen die kapitalistischen Länder der westlichen Welt die so genannte „Dritte Welt" hinter sich zu vereinen. Schwere Grenzkonflikte mit der Sowjetunion waren 1972 Anlass für eine Annäherung Chinas und der Vereinigten Staaten. Gemeinsame machtpolitische und bald auch wirtschaftliche Ziele ließen ideologische Spannungen in den Hintergrund treten.

Der neue Kurs nach Maos Tod

Nach dem Tode Mao Zedongs beschleunigte sich diese Annäherung an den Westen. Im Innern setzten sich die Reformer um Deng Xiaoping gegen jene Vertreter in der Partei durch, die weiterhin streng an den Ideen Mao Zedongs festhalten wollten.
Insbesondere in der Wirtschaftspolitik orientiert sich China seitdem an westlichen Ideen und betrachtet Sozialismus und Marktwirtschaft nicht mehr als unaufhebbaren Gegensatz. Nur so glaubt die Führung der Kommunistischen Partei, die Probleme des bevölkerungsreichsten Landes der Erde mit seinen ca. 1,2 Milliarden Einwohnern erfolgreich lösen zu können. An ihrem Führungsanspruch in Staat und Gesellschaft hält die Kommunistische Partei dennoch weiterhin fest. Dieser Widerspruch stößt seit Ende der 1980er-Jahre auf Widerstand vor allem unter Studenten und Intellektuellen. Demonstrationen, in denen diese mehr Demo-

3 Modernisierung durch Menschenhand
Arbeiter beim Bau eines Wasserspeichers in der Nähe von Xi'an, Foto aus den 1950er-Jahren.

4 Modernisierung durch Hightech für die Zukunft
Der Transrapid vor der Silhoutte des modernen Schanghais, Fotomontage.

14

heute größte Land auf der Erdkugel, mit einer ausgedehnten Fläche von zehntausend Li [1 Li = 644,4 m] von kleinen Barbaren-Völkern in Schach gehalten wird. […] Nach einer allgemeinen Geografie eines Engländers ist das Gebiet von China achtmal so groß wie das Russlands, zehnmal so groß wie das Amerikas, hundertmal so groß wie das Frankreichs und zweihundertmal so groß wie das Englands. […] Und doch sind wir in den jüngsten Verträgen schamvoll durch diese vier Nationen erniedrigt – nicht weil unser Klima, unser Boden oder unsere Hilfsquellen geringer wären als ihre, sondern weil unser Volk tatsächlich schwächer ist. […] Warum sind sie klein und doch stark? Warum sind wir groß und doch schwach? Wir müssen versuchen, einen Weg zu finden, um ihnen gewachsen zu sein, und das hängt von der menschlichen Anstrengung ab. Was die jetzige Situation anlangt, so sind da mehrere wichtige Punkte: Bei der Ausnutzung der Fähigkeiten des uns verfügbaren Menschenmaterials, sodass keiner außer Acht gelassen wird, sind wir den Barbaren unterlegen; bei der Sicherstellung der Nutzung des Bodens, sodass nichts vergeudet wird, sind wir den Barbaren unterlegen; bei der Unterhaltung enger Beziehungen zwischen Herrscher und Volk, sodass es keine Schranke dazwischen gibt, sind wir den Barbaren unterlegen; und in der notwendigen Übereinstimmung zwischen Worten und Taten sind wir auch den Barbaren unterlegen. Der Weg zur Verbesserung dieser vier Punkte liegt bei uns selbst, denn sie können sofort geändert werden, wenn nur unser Herrscher die allgemeine Politik richtigstellen würde. In diesen Dingen ist keine auswärtige Politik vonnöten. […] Von den Barbaren haben wir dann nur eine Sache zu lernen: feste Schiffe und wirkungsvolle Feuerwaffen.

Zit. nach: W. Franke: China und das Abendland. Göttingen 1962, S. 86f.

9 Einer von Millionen opiumsüchtigen Chinesen
Als die chinesische Regierung die Einfuhr von Opium 1839 verbot, erzwangen englische Kriegsschiffe die Öffnung des Landes.

10 Ausländische Mächte und China
Chinesischer Druck um 1900.

11 Eingabe an den Kaiser
Die China drohenden Gefahren veranlassten den Philosophen Kang Youwei 1898 zu einer Eingabe an Kaiser Guangxu, der jedoch nur für kurze Zeit an der Macht blieb:
Drohend schwebt die Gefahr der Aufteilung Chinas durch die ausländischen Mächte über uns. Unverzüglich müssen deshalb umfassende Reformen zur Rettung unserer Nation eingeleitet werden. Aus diesem Grund erlaube ich, Kang Youwei, Obersekretär im Arbeitsministerium, mir, Seiner Kaiserlichen Hoheit eine Throneingabe zu überreichen.
Als wir im Krieg von 1885 unterlagen und die Franzosen Vietnam an sich rissen, war mein Herz erfüllt von schwerer Sorge. In einer Eingabe machte ich auf die Ränke der Japaner und die sich zusammenbrauende Gefahr in Korea aufmerksam. Ich verwies darauf, dass, wenn nicht umgehend entsprechende Schritte eingeleitet würden, eine Katastrophe unabwendbar wäre. Innerhalb weniger Jahre würden sämtliche Staaten über uns herfallen und so die weitere Existenz unseres Staates in Frage stellen. Schließlich demütigten uns die Japaner, trennten Taiwan ab und zwangen uns erdrückende Kontributionszahlungen auf. Infolgedessen verlor das Ausland vor uns jegliche Ach-

tung, unsere Landsleute verließ das Gefühl der Einheit. Die Sorge in meiner Brust wuchs, und ich unterbreitete weitere Pläne in der Hoffnung, dass rechtzeitig Reformen zur Rettung unseres Landes eingeleitet würden. Ich vertrat die Ansicht, dass zum damaligen Zeitpunkt noch gute Aussichten auf eine erfolgreiche Durchführung von Reformen bestanden. Würden wir aber weitere Zeit verlieren, gedankenlos in den Tag hineinleben, uns krampfhaft an alte Konventionen klammern und auch diese letzte Gelegenheit ungenutzt verstreichen lassen, dann wäre unser baldiges Ende durch fortgesetzte ausländische Aggressionen und Unruhen im Innern gewiss. Spätere Reue käme zu spät, und selbst Fähige könnten das Ruder nicht mehr herumreißen und die Situation retten. […]
Ich verließ China und weilte für zwei Jahre im Ausland. Stets blickte ich auf die Heimat in der Hoffnung, dass eine neue Politik Einzug hielte. Leider hat sich aber nichts geändert, und es steht so schlecht wie einst. Niedergeschlagen sitzt man da, vergießt Tränen und wartet auf das kommende Ende. Nun haben die Deutschen die Jiaozhou-Bucht besetzt. […] Weitere Berichte besagten, dass die Russen und Japaner zum Aufkauf großer Mengen unserer Reisernte geschritten sind, das japanische Parlament täglich zu Beratungen zusammentritt und die internationale Presse heiß die Aufteilung Chinas unter den Großmächten diskutiert. Die Sehne des Bogens ist gespannt, sodass der Pfeil jeden Augenblick losschwirren kann. Im Innern unseres Landes erbebt alles vor Angst, und Unruhestifter begehen Schandtaten. Nie hätte ich geglaubt, dass die von mir prophezeite Katastrophe so schnell eintreten würde. Umso unverständlicher ist mir, dass am Hof angesichts dieser bedrohlichen Entwicklung niemand die Stimme erhebt. Noch schlimmer als vorher hüllt sich alles in Schweigen. Jetzt, da das ganze Ausmaß der Misere ans Tageslicht gekommen ist, schlottern die Beamten vor Angst und wissen nicht, wie ihnen geschieht. Doch mein Mut gleicht der Größe des Ozeans. Abermals überreiche ich dem Hof eine Throneingabe. Ich hoffe inständig, dass Seine Majestät meine Gedanken zu Gesicht bekommt und daraus etwas Brauchbares für die Regierungspolitik auswählen kann. Seit der Niederlage gegen die Japaner 1894/95 blicken die westlichen Staaten mit unvergleichbarer Geringschätzung auf uns herab. […]
Nachdem nun die Aufteilung Afrikas abgeschlossen worden ist, beschäftigten sich die Großmächte in den letzten drei Jahren unablässig mit der Aufteilung Chinas. In aller Offenheit verbreiten sich die verschiedenen Zeitungen zu diesem Thema. Aus den Aggressionsplänen wird keinerlei Hehl gemacht. Selbst detaillierte Pläne und Kartenskizzen gelangen überall zum Abdruck. Doch noch sind es Pläne, deren Verwirklichung aussteht.

Kang Yomvei zhengltin ji: Sammlung der politischen Streitschriften von Kang You-wei. Peking 1981, S. 201 ff.

12 Kaiserin Cixi im Kreis ihrer Hofdamen, 1904
Die Kaiserwitwe Cixi verhinderte alle Reformversuche, verfolgte vielmehr deren Befürworter rücksichtslos.

13 Ein „Boxer" in einem Interview über seinen Hass auf die Fremden

1898 versuchte Kaiser Guangxu, Reformen einzuleiten. Gegen die Opposition am Hof unter Führung der Kaiserwitwe Cixi konnte er sich jedoch nicht durchsetzen. Bereits nach 100 Tagen wurde er entmachtet. Die konservativen Kräfte hofften, dass sich die Unzufriedenheit im Innern gegen die „Barbaren" wenden und die Vertreibung der Europäer zur Folge haben würde. Verstärkt durch die allgemeine Misere des Landes, Hungersnöte und Naturkatastrophen entlud sich der Hass auf die Fremden schließlich in der Aufstandsbewegung der „Boxer":

Die westliche Zivilisation ist in unseren Augen [...] wie ein Ding von gestern. Die chinesische Zivilisation dagegen ist ungezählte Jahrtausende alt. [...] Und nun kommt ihr, aus eurer westlichen Welt, zu uns mit dem, was ihr eure „neuen Ideen" nennt. Ihr bringt uns eure Religion – ein Kind von neunzehnhundert Jahren; ihr fordert uns auf, Eisenbahnen zu bauen. [...] Ihr wollt Fabriken bauen und dadurch unsere schönen Künste und Gewerbe verdrängen. [...]

Gegen alles das erheben wir Einspruch. Wir wollen allein gelassen werden, wir wollen die Freiheit haben, unser schönes Land und die Früchte unsrer alten Erfahrung zu genießen. Wenn wir euch bitten, wegzugehen, so weigert ihr euch und bedroht uns gar, wenn wir euch nicht unsere Häfen, unser Land, unsere Städte geben. Daher sind wir Mitglieder der Gesellschaft der so genannten „Boxer" nach reiflicher Überlegung zu der Erkenntnis gekommen, dass die einzige Möglichkeit, euch loszuwerden, darin liegt, dass wir euch töten.

Zit. nach: W. Keller u. a.: China im Unterricht. Freiburg 1980, S. 58.

14 „Gährungsstoff"

Ein ausländischer Beobachter über die Kämpfe in China, 1902:

Gährungsstoff lag überreich in China; [...] seit dem japanischen Kriege hatte die Ausdehnung fremder Unternehmungen auf das Innere [...] ein so rasches Tempo eingeschlagen, dass die davon berührten Bevölkerungsschichten noch nicht im Stande gewesen waren, den Vorteil kennen zu lernen, der mittelbar und unmittelbar auch ihnen aus der Hebung der reichen Mineralschätze und Herstellung bequemer und billiger Verkehrsstraßen in Form von Eisenbahnen erwachsen musste.

Diese größtenteils armen Bauern fügten sich nur widerstrebend in den Verkauf ihrer ererbten Grundstücke und die Verlegung altverehrter Grabstätten, ihnen war die Hast des Fremden, der als Geber relativ hoch bezahlter Arbeit doch die unbegreifliche Forderung stellte, sie schnell getan zu sehen, ein Gräuel. Bei diesen Exploitationen [Ausbeutungen] wurde vielleicht auch teilweise in Unterschätzung und Nichtachtung alteingewurzelter Volkssitten manches getan, was die Chinesen mit Recht reizen musste.

Th. R. von Winterhalder: Kämpfe in China. Wien/Budapest 1902, S. 17 f.

15 The Germans to the Front. Gemälde von Carl Röchling, 1901.
Ein internationales Expeditionskorps unter deutscher Führung schlug 1900/01 den „Boxer"-Aufstand blutig nieder.

16 **Ein Land der Gegensätze**
Junge Chinesinnen in Beijing, 1920er-Jahre.

17 **Mao Zedong über die Bauern, 1927**

Als die Kommunistische Partei aus den Städten verdrängt wurde, versuchte sie, die Bauern für sich zu gewinnen. Die Gründe erläutert Mao Zedong in einer seiner ersten grundlegenden Schriften:

In kurzer Zeit werden sich die Bauern zu Hunderten von Millionen in Mittel-, Süd- und Nordchina mit der Gewalt eines Wirbelsturms erheben, keine noch so starke Macht kann sie mehr aufhalten. Sie werden alle Fesseln durchbrechen, die sie binden, und zum Weg der Befreiung vorstürmen. Alle Imperialisten, Militärherrscher, bestechlichen Beamten und schlechte Gentry [Adel] erwartet das Gericht durch die Hand der Bauern. […] Wenn wir dem Verdienst die Ehre geben wollen und zehn Punkte für die Durchführung der demokratischen Revolution aussetzen, dann entfallen auf die Leistung der Städter und der militärischen Streitkräfte nur drei Punkte, während die übrigen sieben Punkte den Bauern für ihre Revolution auf dem Lande zukommen sollten. Die Revolution ist keine Abendgesellschaft, kein literarisches Kunstwerk, kein Gemälde und keine Stickerei. Sie kann nicht so zart, so mit Muße, so ritterlich und so „sanft, freundlich, höflich, einfach und bescheiden" [Zitat nach Konfuzius] gehandhabt werden. Revolution ist Aufstand, ist die gewalttätige Handlung einer Klasse, die die Herrschaft einer anderen stürzt. Eine Agrarrevolution ist eine Revolution der Bauernschaft zum Sturz der Herrschaft der feudalistischen Grundbesitzerklasse. Wenn die Bauern nicht Gewalt anwenden, kann die durch Jahrtausende gefestigte Macht der Grundbesitzer nie mit der Wurzel ausgerissen werden.

Zit. nach: C. Brandt u. a.: Der Kommunismus in China. Eine Dokumentargeschichte. München 1955, S. 58 ff. Übers. Margarete Montegelas.

18 **„Hast du schon gegessen?"**

Ein Bauer erinnert sich an die Zeit vor 1949:

Trotz vieler neuer Bauten bot das Dorf Changchuang wohl seit Jahrhunderten den immer gleichen verfallenden Anblick. Jede vernachlässigte Mauer, jedes vernachlässigte Dach, erbaut aus der gleichen Erde, auf der das Haus stand, kehrte unter dem strömenden Sommerregen wieder zur Erde zurück. […] Die Menschen fanden immer neue Abkürzungen und schufen immer neue Wege von Haus zu Haus. Nur die Reichen konnten sich unbeschädigte, gerade gezogene Mauern leisten. […] Gewöhnlich lungerten Soldaten im Laden und in der Schänke herum. […] Die Zahl der Dorfbewohner schwankte stark. Eine schlechte Ernte reduzierte ihre Zahl nicht selten auf die Hälfte; ein Teil der Armen starb, und der Rest floh in einem verzweifelten Wettlauf mit dem Tod in eine andere Gegend. […] Alles in allem kamen auf jeden Mann, jede Frau und jedes Kind knapp 4 ha Land. Angesichts des sehr niedrigen allgemeinen Lebensstandards genügte der Ertrag dieses Bodens in einem guten Erntejahr reichlich zur Ernährung eines Menschen. Die Armen jedoch, die Land pachteten oder sich als Landarbeiter verdingten, mussten mehr als die Hälfte der eingebrachten Ernte abliefern, während die Reichen den Überschuss von vielen Hektar Land erhielten. […] Die Grundlage der gesamten Landwirtschaft bildete der Dünger. Die wichtigste Quelle war die Familienlatrine, und diese wurde im gewissen Sinne der Mittelpunkt des Haushalts.

[…] Die Nahrung in Changchuang war sehr einfach. Da vor allem Mais angebaut wurde, aß man morgens Maisklöße und mittags Maismehlbrei oder Nudeln aus Mais. […] Nach der Weizenernte im Juli aßen alle Dorfbewohner mehrere Tage lang Nudeln, das galt aber als Luxus, und nur die Reichen konnten sie sich bis in den August hinein erlauben. Solche Familien aßen auch als Einzige das ganze Jahr über drei Mahlzeiten am Tag. Die meisten Familien mussten sich auf zwei und mit Beginn des Winters sogar auf eine Mahlzeit beschränken. Unterernährt, wie sie waren, bewegten sie sich so wenig wie möglich und bemühten sich, bis zum Frühling bei Kräften zu bleiben.

[…] Für jeden Tag, den man überlebte, war man dankbar, und so grüßte man sich in der Gegend in fetten und in mageren Jahren nicht mit „Guten Tag" oder „Wie geht's", sondern sehr einfach, aber aus ganzem Herzen mit dem Gruß: „Hast du schon gegessen?"

Zit. nach: W. Hinton: Fanshen. Dokumentation über die Revolution in einem chinesischen Dorf, 1. Band. Frankfurt o. J., S. 37 ff. Übers. Gerald Dommermuth / Eva Szabo.

19 Arme Bauern, 1930er-Jahre
Die große Mehrheit der Bevölkerung lebte auf dem Lande. Die Höfe waren klein. Die Hälfte der Bauern war Pächter. Fast 40 Prozent des Bodens waren in den Händen weniger Großgrundbesitzerfamilien. Die Pächter mussten oft bis zur Hälfte der Ernte abgeben.

20 Mao Zedong über Marxismus

Aus dem Programm „Der Platz der KP Chinas im nationalen Krieg", 1938:

Unsere Nation blickt auf eine mehrtausendjährige Geschichte zurück, weist ihre Besonderheiten auf, hat eine reiche Schatzkammer von Werten gesammelt […].

Das heutige China ist das Entwicklungsprodukt der chinesischen Geschichte; wir sind Anhänger des marxistischen Historismus, wir dürfen den Faden der geschichtlichen Kontinuität nicht abschneiden. Wir müssen unsere Geschichte von Konfuzius bis Sun Yatsen zusammenfassen und von diesem wertvollen Erbe Besitz ergreifen. Das wird uns in bedeutendem Maße helfen, die große Bewegung der Gegenwart zu lenken. Die Kommunisten sind internationalistische Marxisten, aber wir können den Marxismus nur dann in die Praxis umsetzen, wenn wir ihn mit den konkreten Besonderheiten unseres Landes integrieren und ihm eine bestimmte nationale Form geben. Die große Stärke des Marxismus-Leninismus liegt gerade in seiner Integration mit der konkreten revolutionären Praxis aller Länder. Für die Kommunistische Partei Chinas bedeutet das, die Anwendung der Theorie des Marxismus-Leninismus auf die konkreten Verhältnisse Chinas zu erlernen. Für die chinesischen Kommunisten, die ein Teil der großen chinesischen Nation, deren eigenes Fleisch und Blut sind, ist jedes von den Besonderheiten Chinas losgelöste Gerede über Marxismus bloß ein abstrakter, hohler Marxismus. Man muss die ausländischen Schemata beseitigen, weniger hohle, abstrakte Phrasen dreschen und den Dogmatismus ruhen lassen; an ihre Stelle sollen der frische, lebhafte chinesische Stil und die frische, lebhafte chinesische Manier treten, die bei den einfachen Menschen Chinas beliebt sind.

Zit. nach: W. Pfennig u. a.: Volksrepublik China. Eine politische Landeskunde. Berlin 1983, S. 16.

21 Der Sieg der Kommunistischen Partei Chinas

Der Chinahistoriker Jürgen Osterhammel, 1998:

Die chinesische Revolution führte – mit der weiteren Ausnahme Vietnams – als einziger der großen asiatischen Transformationsprozesse zum Sieg einer kommunistischen Partei. Dieser Sieg wurde nicht auf dem Weg von Konspiration und Putsch errungen, sondern auf dem einer langen Geschichte von Kaderorganisation und Massenmobilisierung, die mit der Niederringung des innenpolitischen Hauptgegners, der GMD Chiang Kaisheks, in den offenen Feldschlachten der Jahre 1947 bis 1949 ihren Höhepunkt erreichte.

Dass hinter dem propagandistischen Bild des heroischen Idealismus, das die KP während ihrer Hauptkampfzeit, von 1937 bis 1949, von sich verbreitete, auch einiges an Zynismus und kühler Manipulation stand, darf nicht verdecken, in welch außergewöhnlichem Maße die Partei vom Enthusiasmus und der Leidensbereitschaft ihrer Mitglieder lebte und wie viel Unterstützung sie aus der Bevölkerung erfuhr. Der Sieg der KP im chinesischen Bürgerkrieg wäre ohne das Geschick der Parteiführung und ihrer Generäle und ohne schwere Fehler ihrer Gegner nicht möglich gewesen, aber ebenso wenig ohne die breite Massenbasis, die man sich seit Ende der dreißiger Jahre geschaffen hatte. Die Machtübernahme der KP 1949 war daher, vor dem Hintergrund der vierziger Jahre gesehen, kein Zufall und keine illegitime Usurpation. Ebenso wenig war sie aber ein zwangsläufiges und unvermeidliches Ergebnis der gesamten neueren Geschichte Chinas. Erst zwei von außen eingreifende Entwicklungen der dreißiger Jahre – die Weltwirtschaftskrise und, noch viel wichtiger, der japanische Überfall von 1937 – schränkten den Spielraum für alternative Möglichkeiten ein.

Zit. nach: J. Osterhammel: Shanghai, 30. Mai 1925. Die chinesische Revolution. München 1997, S. 30 f.

22 Ein „großer Sprung nach vorn"?

Aus dem Programm der Kommunistischen Partei von 1958:

Nach einer Reihe von Jahren, wenn das Sozialprodukt wesentlich gestiegen ist, sich das kommunistische Bewusstsein und die Moral des ganzen Volkes bedeutend erhöht haben und allumfassende Bildung institutionalisiert und entwickelt ist, werden die Unterschiede zwischen Arbeitern und Bauern, Stadt und Land, geistiger und körperlicher Arbeit – Überbleibsel der alten Gesellschaft, welche unvermeidbar in die sozialistische Zeit übertragen wurden – und die Reste des ungleichen bürgerlichen Rechts, das diese Unterschiede widerspiegelt, allmählich verschwinden. Der Staat wird seine Funktion darauf begrenzen, das Land vor Aggressionen von außen zu schützen, im Inneren jedoch keine Rolle mehr spielen. Dann wird die chinesische Gesellschaft in das kommunistische Zeitalter eintreten, in dem das Prinzip praktiziert wird: „Jeder nach seinen Fähigkeiten, jedem nach seinen Bedürfnissen".

Zit. nach: W. Pfennig u. a.: Volksrepublik China. Eine politische Landeskunde. Berlin 1983, S. 21.

23 Auf dem Weg zu einer neuen Gesellschaft

Bericht einer Jugendzeitung vom September 1958:

In der Ch'aoying-Kommune wird bei Tagesanbruch geläutet und gepfiffen. In ungefähr einer Viertelstunde sind die Bauern zum Dienst angetreten. Auf Befehl der Zug- und Kompanieführer marschieren die Kolonnen mit Fahnen auf die Felder. Hier sieht man keine Bauern mehr, die in kleinen Gruppen von zwei oder drei Mann gemütlich und langsam auf die Felder gehen. Was man jetzt hört, sind Marschgesänge und abgemessene, militärische Schritte. Die vollkommen freizügigen Lebensgewohnheiten, welche die Bauern seit Jahrtausenden kannten, sind endgültig vorüber. Wie gewaltig ist doch der Wechsel! Um sich an die Gemeinschaftsarbeit und das Gemeinschaftsleben anzupassen, hat die Volkskommune eine Bewegung begonnen, in der ganze Dörfer miteinander verschmolzen werden und die Mitglieder von einer Behausung in die andere umziehen sollen. Die Bauern luden ihr Gepäck auf den Rücken und zogen in Gruppen in neue Wohnungen in der Nähe ihrer Arbeitsplätze. Wie wundervoll ist doch dieser Wechsel! Seit alters her haben die Bauern ihre von den Vorfahren ererbten Häuser mehr geschätzt als alles andere! Jetzt aber, da private Grundstücke, Häuser und teilweise auch die Viehbestände in das Eigentum der Volkskommune übergegangen sind, sind alle Bande, welche Bauern noch an ihr Eigentum fesselten, zerbrochen, und sie fühlen sich viel freier und unbeschwerter als früher. [...] Die Volkskommune ist ihre Heimat.

Jetzt sind in den Dörfern Kantinen und Kindergärten zu finden. [...] Der Rahmen der Einzelfamilie, die für tausende von Jahren existierte, ist vollständig zerschlagen worden.

Zit. nach: J. Domes: Sozialismus in Chinas Dörfern. Hannover 1977, S. 43 f.

24 Kritik an Mao Zedong

Staatspräsident Liu Shaoqi zur Politik Mao Zedongs, 1962:

Ich besuchte einen Ort in Hunan. Dort sagten die Bauern, dass 30 % der Schwierigkeiten durch Naturkatastrophen, 70 % aber durch menschliches Versagen verursacht worden seien. [...] Statt mit den Kräften der Massen zu haushalten, haben wir in den letzten Jahren einen Großteil ihrer Energie verschwendet. Das ist ein sehr großer Fehler. Unsere Genossen sind besorgt darüber, dass die Massen keinen Eifer mehr zeigen. Dieses Problem sollte angemessen untersucht werden. Der Grund hierfür liegt darin, dass die Begeisterung und die Kraft der Massen in den letzten Jahren erschöpft und in gewissen Gegenden sogar ernsthaft ausgehöhlt worden sind. [...]

Wir haben während der letzten Jahre unmäßig hohe Planziele in der industriellen und landwirtschaftlichen Produktion sowie in der Investitionssteuerung angesetzt. Wir haben einige Projekte unangemessen in „großem Rahmen" gebaut. Wir wollten im ganzen Lande integrierte Wirtschaftssysteme erstellen. Auf dem Lande brachten wir den „kommunistischen Wind" hervor und verletzten dadurch das Prinzip der Entlohnung nach Leistung sowie das Prinzip des Austausches nach dem Wertgesetz. In den Städten durfte sich die Bevölkerung maßlos vermehren. All dies geschah auf wenig oder überhaupt nicht fundierter Grundlage. [...] Der große Sprung nach vorn wurde etwas zu früh eingeleitet. Da die Dinge in den drei Jahren des Sprunges außer Kontrolle geraten sind, werden möglicherweise 8–10 Jahre notwendig sein, um Wiederanpassungen vorzunehmen. So etwas zahlt sich nicht aus. [...] Die Volkskommunen sind zu früh errichtet worden. [...] Es bleibt abzuwarten, ob sie überhaupt konsolidiert werden können. [...] Wenn der Vorsitzende sagt, die Situation sei sehr günstig, dann bezieht er sich auf die politische Situation; denn die wirtschaftlichen Verhältnisse können keineswegs als sehr günstig beschrieben werden. [...]

Genossen, ich rate euch, keine fragwürdigen „Linken" zu sein, wir müssen echte Linke sein, die die Wahrheit in den Fakten suchen, die die Theorie mit der Realität verbinden und in enger Berührung mit den Massen bleiben, wobei sie Kritik und Selbstkritik üben. Nur so besitzen wir sinnvolle Kraft und Einsatzfreude. Lasst uns nicht solche „Linken" sein, die sich selbst von der Realität und den Massen lösen und Abenteurer sind. [...] „Linke" dieser Art verdienen nicht nur keinen Respekt, sondern sollten kritisiert werden. [...] Sich dem Vorsitzenden Mao entgegenzustellen, heißt lediglich, sich einer Einzelperson entgegenzustellen.

Rekonstruktion der Rede Liu Shaoqis auf der Erweiterten Arbeitskonferenz des ZK der KPCh vom 26./27. Januar 1962, zusammengestellt aus Rotgardisten-Pamphleten der Kulturrevolution von Rüdiger Machetzki, abgedruckt in: Chronologie des innerparteilichen Linienkampfes in der KP Chinas 1949 bis 1965, Nr. 57 der „Mitteilungen des Instituts für Asienkunde".

25 Kulturrevolution
Bauern studieren die Schriften Mao Zedongs bei der Feldarbeit, 1966.

26 „Die Politik hat Vorrang vor allem“

Aus dem Programm der Roten Garden von Beijing, August 1966:

1. Jeder Bürger soll manuelle Arbeit verrichten.
2. In allen Kinos, Theatern, Buchhandlungen, Omnibussen usw. müssen Bilder Mao Zedongs aufgehängt werden.
3. Überall müssen Zitate Mao Zedongs anstelle der bisherigen Neonreklamen angebracht werden. [...]
5. Die Handelsunternehmungen müssen reorganisiert werden, um den Arbeitern, Bauern und Soldaten zu dienen.
6. Eine eventuelle Opposition muss rücksichtslos beseitigt werden.
7. Luxusrestaurants und Taxis haben zu verschwinden.
8. Die privaten finanziellen Gewinne sowie die Mieten müssen dem Staat abgegeben werden.
9. Die Politik hat vor allem den Vorrang.
10. Slogans müssen einen kommunistischen Charakter aufweisen. [...]
12. In allen Straßen sollen Lautsprecher aufgestellt werden, um der Bevölkerung Verhaltensmaßregeln zu vermitteln.
13. Die Lehre Mao Zedongs muss schon im Kindergarten verbreitet werden.
14. Die Intellektuellen sollen in Dörfern arbeiten. [...]
17. Auf Parfüms, Schmuckstücke, Kosmetik und nichtproletarische Kleidungsstücke und Schuhe muss verzichtet werden. [...]
19. Die Verbreitung von Fotografien von so genannten hübschen Mädchen soll eingestellt werden. [...]
21. Die alte Malerei, die nicht politische Themen zum Gegenstand hat, muss verschwinden. [...]
23. Bücher, die nicht das Denken Mao Zedongs wiedergeben, müssen verbrannt werden.

Zit. nach: Ostkolleg der Bundeszentrale für politische Bildung (Hrsg.): Volksrepublik China im Wandel. 2. Aufl. Bonn 1988, S. 235.

27 China ändert sich

Im Oktober 1984 beschließt das Zentralkomitee grundlegende Reformen:

Die tiefgreifenden Veränderungen in den 35 Jahren seit Gründung der Volksrepublik haben die Überlegenheit des sozialistischen Systems ansatzweise demonstriert. Aber es muss darauf hingewiesen werden, dass diese Überlegenheit noch nicht gebührend zur Geltung gebracht ist [...].
Daher müssen die Betriebe unter der Voraussetzung der Unterwerfung unter die staatliche Planung und Verwaltung das Recht haben, flexible Bewirtschaftungsformen auszuwählen, ihre Produktion, Versorgung und den Absatz selbst zu arrangieren und über die ihnen zustehenden Fonds zu verfügen. Sie haben das Recht, nach den Bestimmungen ihre Mitarbeiter selbst zu ernennen, abzusetzen, anzustellen und auszuwählen, über die Anstellung und den Einsatz von Arbeitskräften, die Formen des Lohns und der Belohnung zu entscheiden, im Rahmen der staatlichen Vorschriften die Preise für ihre Produkte festzustellen. [...] Die Betriebe sollen wirklich zu relativ unabhängigen Wirtschaftseinheiten, zu sozialistischen Warenproduzenten werden, die selbstständig wirtschaften und für ihren Gewinn und Verlust verantwortlich sind. [...] Nur durch die volle Entwicklung der Warenwirtschaft wird die Wirtschaft wirklich belebt, werden die verschiedenen Betriebe veranlasst, ihre Effizienz zu erhöhen, flexibel zu wirtschaften und sich geschickt dem komplizierten und wechselhaften Bedarf der Gesellschaft anzupassen, was allein durch administrative Mittel oder Direktivpläne nicht zu erreichen ist. [...] Der Preis ist das wirksamste Regulativ. Vernünftige Preise sind eine wichtige Bedingung für eine belebte, doch geordnete Volkswirtschaft, und der Ausgang der Reform des ganzen Wirtschaftssystems hängt von der Reform des Preissystems ab. [...]

Zit. nach: Peking Rundschau, Nr. 44, 30.10.1984.

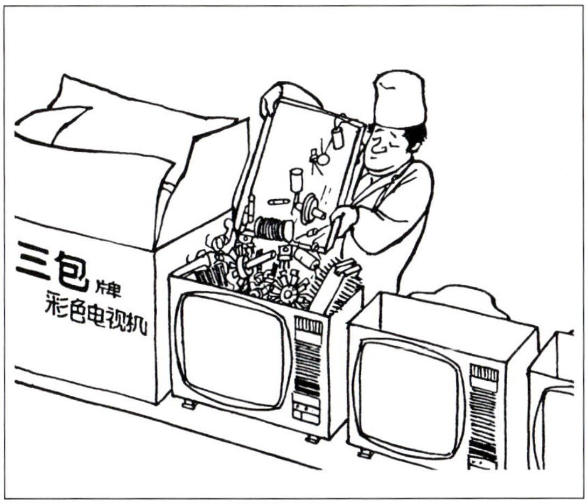

28 **Arbeitsproduktivität**

Viele Karikaturen üben in den 1980er-und 1990er-Jahren Kritik am sozialistischen Wirtschaftssystem und fordern zu höheren Leistungen auf.

29 **Kritik an den Reformen**

In einem Artikel der Beijinger „Volkszeitung" hieß es 1987:

In der zweiten Hälfte der 80er-Jahre des 20. Jahrhunderts, als das chinesische Volk unter Führung der Kommunistischen Partei Chinas beim Aufbau eines sozialistischen modernen Landes große Erfolge zu verzeichnen hat, die die Aufmerksamkeit der ganzen Welt auf sich lenken, gibt es unerwartet eine Stimme, die die Losung von der „totalen Verwestlichung" Chinas wieder verkündet. Dies können nur im Traum gesprochene Worte sein. Da aber solch eine Losung aufgestellt wurde, haben wir die Verantwortung, sie zu analysieren. Was bedeutet die „totale Verwestlichung"? Mit den Worten ihrer Prediger heißt es, dass sie „das Lernen von westlicher Wissenschaft, Technik, Kultur, Politik, Ideologie, Moral und von allen anderen Dingen des Westens umfasst", sie betreffe aber „auch unser politisches System und unser Eigentumssystem. All diese Fragen dürfen diskutiert werden." Woraus wird diese Schlussfolgerung gezogen? Die Prediger haben eindeu-

Zeitraum	Volkseinkommen	Landwirtsch.	Industrie	Bau	Transport	*Handel*
1952–1960	100	45,5	29,5	5,0	4,9	15,2
1961–1970	100	46,0	35,7	3,8	3,9	10,5
1971–1980	100	36,9	46,4	4,4	3,8	8,6
1981–1990	100	36,0	45,7	5,9	4,0	8,4
1991–1993	100	28,6	49,0	7,1	4,9	10,4

Aus: C. Herrmann-Pillath (Hrsg.) u. a.: Länderbericht China, Politik, Wirtschaft und Gesellschaft im chinesischen Kulturraum. Bundeszentrale für politische Bildung, Bd. 351. Bonn 2000, S. 613.

30 **Anteil einzelner Sektoren am Volkseinkommen (Durchschnittswerte, Angaben in Prozent)**

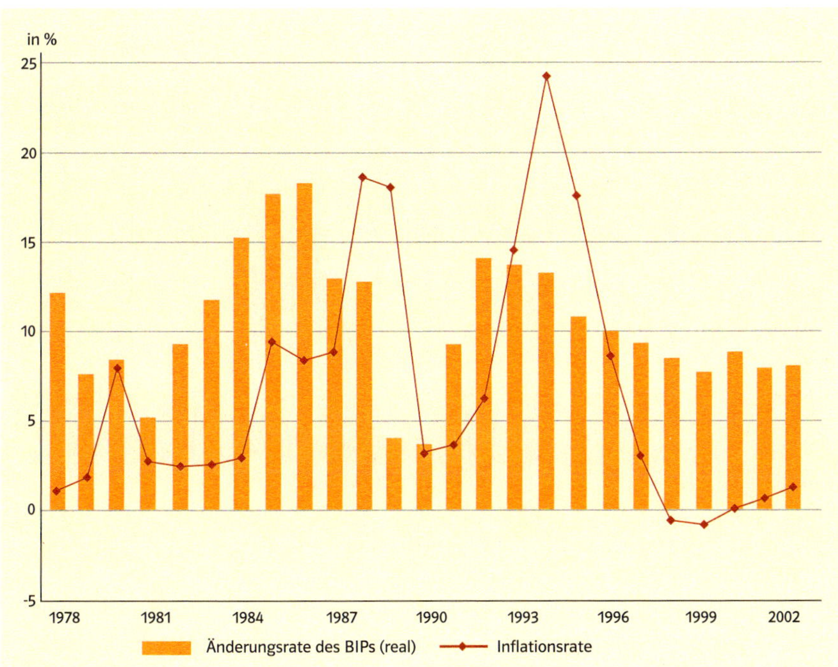

31 **Leistungsbilanz Chinas in den 1990er-Jahren**

IWF, World Economic Outlook, März 2001

tig darauf geantwortet: In ihren Augen „sind alle Dinge, die wir in den vergangenen 30 Jahren getan haben, vom sozialistischen System her gesehen misslungen". [...] Diese Worte erklären eindeutig und unmissverständlich, dass die so genannte „totale Verwestlichung" bedeutet, in China das sozialistische System absolut zu verneinen und den Kapitalismus total zu praktizieren. [...] Einige Genossen sind besorgt, dass sich die Kritik an der „totalen Verwestlichung" negativ auf die Durchführung der Öffnungspolitik auswirken könne. Das ist eine unnötige Sorge. Die Öffnung nach außen und die „totale Verwestlichung" sind zwei grundverschiedene Dinge. Es ist so, [...] dass die Öffnung nach außen eine unentwegte grundlegende Politik des Staates ist. Wir sollten alle Anstrengungen unternehmen, um uns moderne Wissenschaft und Technik, allgemein nutzbare Erfahrungen in der wirtschaftlichen und administrativen Verwaltung und alle anderen nützlichen Kulturkenntnisse aller Länder der Welt, einschließlich der entwickelten kapitalistischen Länder, anzueignen und sie in der Praxis zu prüfen und weiterzuentwickeln. Wir lehnen aber kategorisch das ideologische und gesellschaftliche System des Kapitalismus, die Ausbeutung und Unterdrückung schützen, sowie alle hässlichen und dekadenten Dinge des Kapitalismus ab. Die „totale Verwestlichung" läuft diesem grundlegenden Prinzip der Öffnungspolitik zuwider.

Zit. nach: Ostkolleg der Bundeszentrale für politische Bildung (Hrsg.): Volksrepublik China im Wandel. 2. Aufl. Bonn 1988, S. 266 f.

32 Wahre Demokratie

Der Astrophysiker Fang Lizhi an der Universität in Shanghai forderte am 1. November 1986:

In der ganzen chinesischen Geschichte sind die Studenten eine Kraft für die Demokratie und für den Fortschritt im Lande gewesen [...]. Das eigentliche Problem besteht darin, dass es für China unmöglich sein wird, ein entwickeltes Land zu werden, wenn seine Reformen allein von der Entschlossenheit der höchsten Führer abhängen [...]. Wenn wir demokratischen Sozialismus in die Praxis umsetzen wollen, folgt dann daraus, dass diese Gesellschaft nur dann demokratisch werden kann, wenn die Machthaber ihr Demokratie zubilligen? Wenn Demokratie von der Führungsschicht zugebilligt wird, ist es keine wahre Demokratie [...]. In unserem Lande wagen nur wenige, von Menschenrechten zu sprechen, und dabei sind sie ein geläufiger, allgemeiner Ausdruck. Menschenrechte bedeuten, dass ein Mensch das Recht auf Leben hat, sobald er geboren wird, das Recht auf einen Lebensunterhalt, das Recht auf Freiheit, das Recht des freien Gedankens und das Recht auf eine Erziehung. Dies sind ganz gewöhnliche Dinge. Als ein Menschenwesen hat jeder diese angeborenen Rechte [...]. Diese Rechte müssen anerkannt werden, ehe wir für Demokratie kämpfen und wahre Demokratie erreichen können. Wir können uns nicht auf die oberste Führungsschicht verlassen, dass sie uns Demokratie gewährt. Was von oben gewährt werden kann, ist nicht Demokratie. Es ist nur Lockerung der Kontrolle [...]. Im Kampf um Demokratie können wir verschiedene Methoden benutzen; wir brauchen nicht notwendigerweise Methoden anzuwenden, die sehr hart sind. Es gibt verschiedene Methoden, wie zum Beispiel unsere Meinung sagen oder in Versammlungen dafür zu kämpfen. Das sind die Kanäle, auf denen wir uns um Demokratie bemühen. Natürlich schließt das auch harte Methoden ein. Um diese Ideale zu erlangen, müssen wir für sie kämpfen, statt uns darauf zu verlassen, dass andere sie uns geben werden [...]. Es sollte unser einziges Ziel sein, dass wir jedem bewusst machen, wie sehr wir eine demokratische Gesellschaft brauchen [...]. Wenn wir diese Stufe erreichen können, wird China seine überholten Glaubensvorstellungen und feudalistischen Ideen ablegen und eine wirklich erhabene Stufe erreichen.

Zit. nach: F. Lizhi: Die unwiderstehliche Macht der Freiheit. Rosenheim 1990, S. 77 ff. Übers. Günther Malz.

33 Studenten demonstrieren für mehr Freiheit
Im Frühjahr 1989 forderten Tausende von Studenten grundlegende Reformen des politischen Systems. Als Symbol errichteten sie eine Nachbildung der amerikanischen Freiheitsstatue auf dem größten Platz in Beijing, dem Platz des himmlischen Friedens.

34 Panzer der chinesischen Roten Armee unterdrücken die Studentenbewegung am 3./4. Juni 1989
Die genaue Zahl der Toten ist unbekannt. Schätzungen gehen von bis zu 2000 aus. Viele Studenten und Intellektuelle wurden verhaftet.

35 „Das Unkraut herausschneiden"

Der Führer der Partei Deng Xiaoping über die Studenten am 25. April 1989:

Dies ist keine gewöhnliche Studentenbewegung, sondern Aufruhr. Wir müssen schnellstens zu einem Präventivschlag ausholen, um Zeit zu gewinnen [...]. Wir dürfen keine Angst haben vor Leuten, die uns verdammen, vor schlechter Reputation oder vor einer internationalen Reaktion [...]. Dieser Aufruhr ist nichts anderes als eine geplante Verschwörung, um das (sozialistische) China mit einer strahlenden Zukunft in ein (kapitalistisches) China ohne Hoffnung zu verwandeln. Die größte Herausforderung besteht darin, dass sie die Führung der Kommunistischen Partei und das sozialistische System negieren [...].

Wir müssen alles tun, um ein Blutvergießen zu vermeiden, aber wir sollten auch einkalkulieren, dass es vielleicht nicht möglich sein wird, ein Blutvergießen gänzlich zu vermeiden. [...] Ich habe (auch) [dem amerikanischen Präsidenten George] Bush gesagt, dass es keine Stabilität in China geben kann, wenn wir in unserem derart großen Land Demonstrationen von so vielen Leuten zulassen. Und wenn es keine Stabilität gibt, kann nichts erreicht werden. Gegenwärtig gibt es bei uns ein paar Leute, die nach der gleichen alten Leier verfahren wie die Rebellenfraktion während der Kulturrevolution. Sie werden nicht eher zufrieden sein, bis alles im Chaos versunken ist. Auf diese Weise würden sie Chinas Hoffnungen wie eine Seifenblase zerplatzen lassen und uns daran hindern, die wirtschaftliche Entwicklung und die Politik der offenen Tür fortzusetzen. Das wäre unser sofortiger Ruin. [...] Wir müssen jetzt schnell mit einem scharfen Messer das Unkraut herausschneiden, um einen noch größeren Aufruhr zu vermeiden. Zugeständnisse in Polen führten zu weiteren Zugeständnissen. Je mehr man zugestand, desto größer wurde das Chaos. [...] Auf jeden Fall müssen wir schnell handeln, denn sonst werden da mehr und mehr Leute hineingezogen [...].

Zit. nach: P. Schier u. a.: Studentenprotest und Repression in China. Hamburg 1993, S. 99 f.

Vorschläge für Projektarbeit

a) Erarbeiten Sie anhand von Lexika, Handbüchern und Zeitschriften eine Dokumentation über die verschiedenen Stufen des inneren Wandels in China.
b) Informieren Sie sich über die gegenwärtige Lage in China und dessen Rolle in der Welt und erarbeiten Sie anhand von Zeitungen und Zeitschriften eine Dokumentation über den politischen Kurs der chinesischen Führung einerseits und die Haltung der Bevölkerung andererseits.
c) Erstellen Sie eine Wandzeitung zum Verhältnis zwischen Taiwan und der Volksrepublik China vor dem Hintergrund der internationalen Politik.
d) Erarbeiten Sie anhand von Zeitschriften und Biografien ein Referat über die unterschiedlichen Auffassungen Mao Zedongs und Deng Xiaopings über Chinas Weg in die Moderne.

Glossar

312-Mark-Gesetz, S. 386
Auf Initiati ve von Arbeits- und Sozialminister Theodor Blank (CDU) und den Sozialausschüssen der christlich-demokratischen Arbeitnehmerschaft (CDA) 1961 vom Bundestag einstimmig verabschiedetes „Gesetz zur Förderung der Vermögensbildung der Arbeitnehmer". Es berechtigt jeden Arbeitnehmer in der Privatwirtschaft, bis zu 312 DM im Jahr (bei zwei und mehr Kindern 468 DM) vermögenswirksam anzulegen. Für diese Lohnanteile braucht er dann weder Lohnsteuer noch Sozialversicherungsbeiträge zu entrichten.

624-Mark-Gesetz, S. 420
Verdoppelung des es auf Initiative von Arbeits- und Sozialminister Walter Arendt (SPD) durch den Bundestag 1970, das die vermögenswirksame Anlage von 612 DM bei Befreiung von Lohnsteuer- und Sozialversicherungszahlungen regelt.

Aktivist, S. 393
Ehrentitel im Rahmen des „sozialistischen Wettbewerbs" der DDR, durch den bessere Arbeitsmethoden erzielt und die Arbeiter und Angestellten zu höheren Arbeitsleistungen angespornt werden sollten. Unterschieden wurde zwischen dem höheren Titel „Verdienter Aktivist", der jährlich an ca. 4000 Berufstätige vergeben wurde, und dem niedrigeren Titel „Aktivist der sozialistischen Arbeit", der jährlich in ca. 300 000 Fällen vergeben wurde.

Angebotsorientierte Wirtschaftspolitik, S. 431, S. 443
Staatliche Wirtschaftsmaßnahmen zur Konjunkturbelebung, die die Verbesserung der Angebotsbedingungen im Wirtschaftsprozess zum Ziel hat. Insbesondere soll die Investitionsbereitschaft der Unternehmen durch die Senkung von Steuern, Abgaben und Lohnnebenkosten sowie durch Subventionsabbau gesteigert werden.

Armenier-Genozid 1915/16 S. 513
Unter dem Völkermord an den Armeniern werden in erster Linie die Todesmärsche infolge einer repressiven Zwangsumsiedlung der armenischen Bevölkerung während des 1. Weltkrieges verstanden, der der allergrößte Teil der armanischen Bevölkerung Anatoliens zum Opfer fiel. Die Republik Türkei bestreitet bis heute, dass es sich um einen „Genozid" handelte. Westliche Staaten fordern hingegen eine Anerkennung des Völkermords seitens Ankaras. Die französische Regierung stellte 2006 die Leugnung des Genozids an den Armeniern sogar unter Strafe.

Attentat von Sarajevo, S. 209
Am 28. Juni 1914 wurde der österreichisch-ungarische Thronfolger Franz Ferdinand bei einem Besuch in der bosnischen Stadt Sarajevo ermordet. Der Täter war ein serbischer Nationalist. Österreich-Ungarn verlangte nun u. a. von Serbien, an den Untersuchungen des Attentats mitwirken zu können. Serbien war zwar bereit, diesem Wunsch entgegenzukommen, lehnte aber Eingriffe in seine Souveränitätsrechte ab. Daraufhin erklärte Wien Serbien den Krieg. Da nun die europäischen Bündnisverpflichtungen griffen, wurden binnen kurzer Zeit die Großmächte in den militärischen Konflikt verwickelt, der sich nun zum Ersten Weltkrieg ausweitete.

Ayatollah, S. 522
In der Übersetzung bedeutet dies „Zeichen Gottes" und stellt eine Ehrenbezeichnung eines hohen schiitischen Rechtsgelehrten dar, der zur individuellen Rechtsfindung befähigt ist und Rechtsgutachten (Fatwa). ausstellen kann.

Berliner Republik, S. 465
Seit der Bundestagsentscheidung vom 20. Juni 1991 für Berlin als deutscher Hauptstadt und dem 1999 folgenden Umzug des Parlaments und vieler Ministerien von Bonn nach Berlin bürgert sich der Begriff zunehmend als Bezeichnung für das vereinigte Deutschland ein.

Burenrepublik S.157
Ende des 18./Anfang des 19. Jahrhunderts gründeten sich im südlichen Afrika eine Reihe von kleinen Republiken europäischer Kolonisten, meist niederländischer Herkunft (sog. Buren). Diese Republiken gerieten später in Konflikt mit der expandierenden britischen Kolonialmacht. Viele zogen sich schließlich im (großen Treck" in Regionen weiter nördlich zurück und gründeten dort neue Republiken (Oranje-Freistaat, Natal, etc.), bevor auch diese im „Burenkrieg" von Großbritannien erobert wurden.

Club of Rome, S. 430
1968 in Rom gegründete internationale Vereinigung von rund 70 Wissenschaftlern, die 1972 mit ihrem ersten Bericht über die „Grenzen des Wachstums" vor Bevölkerungsexplosion, Rohstoffknappheit und globalen Umweltproblemen warnten, falls in den Industriestaaten der nördlichen Hemisphäre wachstumsorientierte Wirtschaftsformen weitergeführt würden.

DBD, S. 382
Demokratische Bauernpartei Deutschlands (gegründet 1948), deren Aufgabe die „Festigung des Bündnisses zwischen Arbeitern und Bauern" war und die sich propagandistisch an den staatlichen Kollektivierungskampagnen in der Landwirtschaft beteiligte.

Deutsche Partei, S. 372
1947 gegründete nationalkonservative Partei, die in der Bundesregierung von 1949 bis 1960 vertreten war.

DFD, S. 382
Demokratischer Frauenbund Deutschlands, zu dessen Aufgaben die Gewinnung der Frauen für die Erwerbsarbeit, die Erleichterung des Lebens der werktätigen Frauen sowie ihre politisch-ideologische Umerziehung gehörten.

Dreiklassenwahlrecht, S. 146
Das Dreiklassenwahlrecht teilt die Wählerschaft in drei Klassen, von denen jede ein Drittel der Steuern aufbringt. Jede dieser Klassen wählt die gleiche Anzahl von Wahlmännern, die wiederum die Abgeordneten wählen. Um 1850 umfasste in Preußen die erste Steuerklasse 4,7 Prozent der Wahlberechtigten, die zweite 12,6 Prozent und die dritte 82,7 Prozent. Das Dreiklassenwahlrecht galt in Preußen von 1849 bis 1918.

Enzyklika Rerum Novarum S. 138
Papst Leo XIII. versuchte durch diese Enzyklika einen vom Liberalismus und Sozialismus unabhängigen Weg abzuzeigen, u. a. sah er die Mitwirkung des Staates bei der Lösung sozialer Probleme nicht als notwendig an. Stattdessen formuliert die Enzyklika Rerum Novarum die Grundlage für die katholische Soziallehre, die beispielsweise eine Rückkehr zur „christlichen Ordnung" und eine helfende Rolle der Kirche in der Armenfürsorge (z. B. durch die Caritas) als Lösung anbietet.

FDGB, S. 382
Freier Deutscher Gewerkschaftsbund: 1945 gegründete Einheitsgewerkschaft und zahlenmäßig stärkste Massenorganisation der DDR, die als Interessenvertretung aller Arbeiter, Angestellten und Angehörigen der Intelligenz eine Monopolstellung innehatte und dadurch im Herrschafts- und Gesellschaftssystem der DDR eine zentrale Rolle spielte.

FDJ, S. 382
Freie Deutsche Jugend: 1946 gegründete Jugendorganisation der DDR für Jugendliche ab 14 Jahren, als einzig offiziell zugelassener Jugendverband Nachwuchsorganisation der SED mit ca. 3 Millionen Mitgliedern. Aufgaben: politisch-ideologische Erziehung und Schulung der Jugendlichen, Organisation der Freizeitgestaltung.

Feministischer Islam, S. 524
Er charakterisiert eine Richtung des Feminismus, die sich bei Begründung und Durchsetzung von Frauenrechten in der islamischen Welt auf den Koran und die Sunna (vorbildhaftes Verhalten des Propheten Mohammad) beruft. Dies erfolgt durch eine Neuinterpretation des Korans und der Scharia. (Vertiefende Informationen siehe Dossier Feministischer Islam unter http://www.qantara.de)

Formierte Gesellschaft, S. 404
Von Bundeskanzler Ludwig Erhard in einer Rede auf dem XIII. CDU-Parteitag in Düsseldorf geprägter Begriff, mit dem er eine neue Gesellschaftsordnung forderte, die nicht mehr „durch soziale Kämpfe geschüttelt", sondern „ihrem Wesen nach kooperativ ist". Sie solle den Interessenpluralismus ablösen, weil dieser ungeeignet sei, „die private Wirtschaft wirksam und widerspruchslos vorwärts zu bringen". Kritiker sahen in dem Begriff eine Absage Erhards an die pluralistische Demokratie und eine Annäherung an autoritäre Gesellschaftsmodelle.

Held der Arbeit, S. 393
Höchster Ehrentitel im Rahmen des „sozialistischen Wettbewerbs" der DDR, durch den bessere Arbeitsmethoden erzielt und die Arbeiter und Angestellten zu höheren Arbeitsleistungen angespornt werden sollten. Der Titel „Held der Arbeit" wurde jährlich nur an ca. 50 Berufstätige verliehen und war mit den höchsten Zuwendungen verbunden.

Imam, S. 510
Als „Anführer" bezeichnet der Begriff Imam zunächst den Vorsteher bzw. Vorbeter in einer Moschee. Aufgrund dieser Funktion ist der Titel Imam bei den Sunniten auch einer der Titel des Kalifen, der der religiös legitimierte Führer der umma ist. Die Schiiten verwenden den Titel für ihre aus den Nachkommenschaft Alis, dem Schwiegersohn des Mohammads kommenden göttlich geleiteten Führer.

Indikationslösung, S. 421
Nach dem 1975 im Bundestag verabschiedeten Gesetz bleibt der Schwangerschaftsabbruch straffrei z. B. nach einer Vergewaltigung (kriminologische Indikation), bei Gefahr für Leben oder Gesundheit der schwangeren Frau (medizinische Indikation) und bei einer schwer wiegenden materiellen Notlage (soziale Indikation).

Intifada, S. 518
Die 1. Intifada (arab.: Erhebung) brach 1987in den palästinensischen Gebieten Westjordanland, Gaza und Ostjerusalem aus und dauerte bis zum Oslo-Abkommen 1993. Charakteristisch für die erste Intifada, dass die Träger des Aufstands zumeist Jugendliche waren, die sich mit Steinen und brennenden Autoreifen gegen die Israelische Armee zur Wehr setzten. Nach sieben Jahren gespannter Ruhe und erfolglosen Friedensbemühungen kam es im Jahr 2000 zur zweiten Intifada, deren Charakteriska Terroranschläge und als Reaktion israelische Militärschläge sind. Seit Arafats Tod 2004 hat sich die Intensität der Aktionen auf beiden Seiten erheblich reduziert

Islamismus, S. 519
Gemeinhin wird Islamismus mit Fundamentalismus gleichgesetzt. Teilweise basierend auf den Reformislam der Salafia entwickelten sich im 20. Jahrhundert unterschiedliche Ausprägungen. Allen gemeinsam ist die Ablehnung des westlichen Gedankengutes wie z.B. der Aufklärung, die antikoloniale Stoßrichtung, bei gleichzeitiger Übernahme der westlichen naturwissenschaftlichen und technischen Errungenschaften. Die Islamisten sehen in der z.T. wörtlichen Auslegung des Koran und der Sunna (vorbildhaftes Verhalten des Propheten Mohammad) die Lösung aller sozialen und politischen Probleme. Die Art der Durchsetzung ihrer Ideologie reicht von terroristischen Attentaten (wie z. B.: Osama bin Laden) bis hin zu reiner Missions- und Bildungsarbeit.

Junge Pioniere, S. 382
Pionierorganisation „Ernst Thälmann", 1948 gegründeter Kinderverband der DDR für Kinder ab 6 Jahren, der von der FDJ betreut wurde. Aufgaben: siehe FDJ.

Kominform S. 327
Kominform stand für die Organisation „Informationsbüro der Kommunistischen und Arbeiterparteien", das von 1947 bis 1956 ein überstaatliches Bündnis verschiedener kommunistischer Parteien war, das von der KPdSU unter Josef Stalin dominiert wurde.

Kraft durch Freude (KdF) S. 284
Als Unterorganisation der Deutschen Arbeitsfront (DAF) diente die Organisation KdF dazu, die Freizeit der deutschen Bevölkerung zu gestalten und auf diese Weise sozial „ruhig zu stellen". Mit dem Amt für reisen, Wandern und Urlaub wurden Land- und Seereisen veranstaltet, was KdF zugleich zu einem der größten Reiseveranstalter des Deutschen reiches 1933–1939 werden ließ.

Kulturbund, S. 382
1945 gegründete, auf allen Gebieten der Kulturpolitik arbeitende Massenorganisation der DDR, die sich vor allem auf das humanistisch orientierte Bildungsbürgertum stützte, das direktes parteipolitisches Engagement vermeiden wollte.

Lastenausgleich, S. 385
In der Bundesrepublik nach dem Zweiten Weltkrieg zwischen den betroffenen und nicht geschädigten Bevölkerungsteilen im Lastenausgleichs-Gesetz von 1952 geregelter Ausgleich der Vermögensschäden und -verluste, die während des Krieges oder als dessen Folgen (Vertreibung, Flucht, Evakuierung) entstanden sind.

LDP, S. 382
Liberal-Demokratische Partei (gegründet 1945), deren Anhänger vor allem Angestellte, Handwerksmeister und Intellektuelle waren und die sich 1952 zum „planmäßigen Aufbau des Sozialismus" bekannten.

LPG, S. 382
„Landwirtschaftliche Produktionsgenossenschaft": Juristisch selbstständige genossenschaftliche Großbetriebe in der Landwirtschaft, die nach dem Vorbild der sowjetischen Kolchosen ab 1952 durch den Zusammenschluss von Landwirten und landwirtschaftlichen Arbeitskräften zustande kamen. Die teils freiwillig, häufiger jedoch durch ökonomischen und politischen Druck durchgeführte Kollektivierung der Landwirtschaft war 1960 weitgehend abgeschlossen.

MfS, S. 382
Ministerium für Staatssicherheit: 1950 gegründete Überwachungs- und Spionageorganisation zur „Bekämpfung konterrevolutionärer Anschläge auf die sozialistische Staats- und Gesellschaftsordnung der DDR"; gefürchtetes und weit verzweigtes, alle staatlichen und gesellschaftlichen Bereiche umspannendes Spitzel- und Denunziantensystem; verfügte über eigene Gefängnisse in Ost-Berlin und allen Bezirkshauptstädten der DDR.

Militarismus, S. 187
Unter Militarismus versteht man das Übergewicht der militärischen gegenüber den zivilpolitischen Interessen eines Staates. Für die Gesellschaft kann dies zur Folge haben, dass militärische Denkstrukturen und Wertvorstellungen beherrschenden Einfluss erlangen. Der Militarismus ist sehr häufig Kennzeichen eines autoritär-obrigkeitsstaatlichen Systems.

Morgenthau-Plan, S. 357
Ein im September 1944 von dem amerikanischen Agrar- und Finanzpolitiker Henry Morgenthau (1891–1967) vorgelegtes Memorandum, das die industrielle Abrüs-tung Deutschlands nach dem Krieg vorsah: Entmilitarisierung, Aufteilung in einen protestantischen Nord- und einen katholischen Südstaat, Internationalisierung des Ruhrgebietes und Demontage der Industrieanlangen. Deutschland sollte ein Land mit vorwiegend landwirtschaftlichem Charakter werden, um es davon abzuhalten, jemals wieder einen Krieg zu beginnen.

Nachfrageorientierte Wirtschaftspolitik, S. 443
Staatliche Wirtschaftsmaßnahmen zur Konjunkturbelebung, die die Förderung der Nachfragebedingungen im Wirtschaftsprozess zum Ziel hat. Insbesondere soll die Massenkaufkraft durch den Ausbau des Sozialstaats gestärkt werden.

Nationalismus, S. 81
Der Nationalismus ist eine politische Ideologie, in deren Mittelpunkt die Nation bzw. der souveräne Nationalstaat stehen. Er dient häufig zur Integration sozialer Großgruppen. Der Nationalismus kam zum ersten Mal in Frankreich zur Zeit der französischen Revolution (1789) auf und besaß hier demokratische Züge. In Deutschland (und auch in anderen europäischen Staaten) strebte im frühen 19. Jahrhundert die nationale Bewegung einen souveränen Nationalstaat an, dessen Verfassung bürgerliche Freiheiten, Wahlrecht, Gewaltenteilung und Rechtsgleichheit garantieren sollte. Im deutschen Kaiserreich steigerte sich der Nationalismus zu einem Gefühl der deutschen Überlegenheit gegenüber anderen Völkern oder Nationalitäten. Er schuf nach innen ein Zugehörigkeitsbewusstsein und zeigte sich in aggressiv vertretenen nationalen Machtansprüchen nach außen.

NDPD, S. 382
National-Demokratische Partei Deutschlands (gegründet 1948), die die Umerziehung und Integration des national gesinnten Bürgertums und Kleinbürgertums in die „sozialistische Gesellschaftsordnung" gewährleisten sollte.

Neutronenbombe, S. 438
In den 1970er Jahren von US-Physikern entwickelte Mini-Wasserstoffbombe mit einer Mini-Atombombe als Zünder, die zum Einsatz gegen Panzertruppen gedacht war. Sie wirkt durch ihre Neutronenstrahlung, die bei allen Organismen zu schweren Zellschädigungen führt. Die militärische Bedeutung der Bombe liegt darin, dass sie bei Menschen bis zu einer räumlichen Distanz von 1 km zur sofortigen Lähmung und nach wenigen Stunden zum Tod führt, während Gebäude und Material kaum beschädigt werden. Egon Bahrs Äußerung, bei der Entwicklung der Bombe handle es sich um eine „Perversion menschlichen Denkens", führte zu Irritationen bei der US-Regierung.

Ordinarienuniversität, S. 409
Von der Außerparlamentarischen Opposition geprägter Begriff zur Kritik am Übergewicht der Ordinarien, d. h. der Lehrstuhlinhaber, bei universitären Entscheidungen gegenüber wissenschaftlichen Mitarbeitern und Studierenden in der Universität. Als Alternative wurde die „Gruppenuniversität" gefordert, in der die genannten Gruppen drittelparitätisch an allen Entscheidungen beteiligt sein sollten.

Outsourcing, S. 444
Firmenstrategie zur Kostensenkung durch Auslagerung von Dienstleistungen an externe „Outsourcer", die z. B. Gebäudeverwaltung, Kundenservice, Gehaltsabrechnung und Auftragsabwicklung, insbesondere aber Informationstechnologie (z. B. Rechenzentren) in eigener Regie und auf eigenes Risiko übernehmen. Diese Auslagerungsstrategie führt im Sinne des „lean-management"-Konzepts zu Entlassungen und zur Einsparung von Lohn- und Gehaltskosten.

Panslawismus, S. 519
Panslawismus dient als Bezeichnung für das Streben nach einer kulturellen und politischen Vereinigung aller Slawen. Geprägt wurde der Panslawismus durch zwei Hauptrichtungen: Auf dem Balkan versuchten Mitglieder der slawischen Völker angesichts des Auseinanderbrechens des Osmanischen Reiches in der zweiten Hälfte des 19. Jahrhunderts die nationale Unabhängigkeit und den Zusammenschluss aller Slawen zu verwirklichen. Gleichzeitig verbreiteten sich im zaristischen Russland Vorstellungen zu einem Zusammenschluss aller slawischen Völker unter russischer Führung. Von der russischen Seite wurde der Panslawismus zur Durchsetzung eigener Machtansprüche (Präsenz an den türkischen Meerengen, Expansion bis Konstantinopel) genutzt, was die Interessenkonflikte auf dem Balkan verschärfte. Auf der Ebene der internationalen Politik trat Russland nun als „Schutzmacht" der Slawen auf.

Parallelgesellschaften, S. 526
Parallelgesellschaft definiert sich als eine neben der Mehrheitsgesellschaft existierende Minderheiten- Gesellschaft, die völlig eigenständig und geschlossen nach außen agiert. Als Indizien für eine Parallelgesellschaft und ihre Werte gelten kulturelle Homogenität, die ausschließliche Orientierung auf die eigene

Gemeinschaft, eine soweit als möglich wirtschaftliche Abgrenzung und der Ersatz staatlicher Institutionen durch die innergemeinschaftliche Organisation.

Parlamentarische Demokratie, S. 229

Demokratie bezeichnet „unter Ausschluss jeglicher Gewalt- und Willkürherrschaft eine rechtsstaatliche Herrschaftsordnung auf der Grundlage der Selbstbestimmung des Volkes nach dem Willen der jeweiligen Mehrheit und der Freiheit und Gleichheit" (aus der Begründung des Parteiverbots der Sozialistischen Reichspartei SRP 1952 durch das Bundesverfassungsgericht). Grundlegende demokratische Prinzipien sind die Achtung der Menschenrechte, die Volkssouveränität, die Gewaltenteilung, die Verantwortung der Regierung vor dem Parlament, die Unabhängigkeit der Gerichte, das Recht auf Opposition und der Minderheitenschutz. In einer parlamentarischen Demokratie übt das Volk die Herrschaft nicht direkt aus, sondern überträgt sie auf für bestimmte Perioden gewählte Repräsentanten. Die Abgeordneten werden von den verschiedenen Parteien (Parteienpluralismus) nominiert, sind ihrem Gewissen unterworfen und nicht an Weisungen der Wählerschaft gebunden (freies Mandat).

Pauperismus, S. 127

[von lat. „pauper" = Arm] Massenarmut in Europa von etwa 1800 bis 1850, hervorgerufen durch starkes Bevölkerungswachstum bei fehlenden neuen Arbeitsmöglichkeiten; in Deutschland verstärkt durch die Veränderungen im Gefolge der Bauernbefreiung und der Aufhebung des Zunftzwangs.

PGH, S. 382

„Produktionsgenossenschaft des Handwerks": Zusammenschluss ehemals Selbstständiger aus Handwerk und Kleinindustrie und deren Beschäftigten mit dem Ziel, Privatbetriebe und Privateigentum an Produktionsmitteln aus dem Wirtschaftsprozess zu verdrängen.

Räterepublik, S. 229

Die Organisationsform der Räterepublik geht aus dem revolutionären Klassenkampf hervor und versucht, gegen bestehende Herrschaftsverhältnisse die Selbstbestimmung der Menschen herzustellen. Die Urwählerschaft ist in Basiseinheiten organisiert (die Arbeiter eines Betriebes, Wohn- und Verwaltungseinheiten). Im Unterschied zum repräsentativ-parlamentarischen System werden alle öffentlichen Funktionsträger („Räte") direkt gewählt und übernehmen exekutive, legislative und judikative Aufgaben. Die Räte sind der Basis verantwortlich und an ihre Weisungen gebunden (imperatives Mandat). Sie sind jederzeit abrufbar. Nach dem Rätemodell kommen die Interessen von Regierenden und Regierten im einheitlichen Volkswillen zur Deckung, es kennt daher auch keinen Pluralismus unterschiedlicher Parteien. Räteorganisationen gab es 1871 in der Pariser Kommune, in den beiden russischen Revolutionen 1905 und 1917 sowie der deutschen Revolution 1918/19.

Reichsverfassungskampagne S. 83

Unter der Reichsverfassungskampagne wird eine von radikaldemokratischen Politikern angestoßene Initiative verstanden, die in den als „Maiaufstände" bezeichneten Kämpfe im Mai 1849 in Sachsen (Dresdner Maiaufstand), in der damals bayerischen Pfalz (Pfälzischer Aufstand), in der preußischen Provinz Westfalen (Iserlohner Aufstand) und im Großherzogtum Baden (Badische Revolution) mündete. Ausgelöst wurde die Kampagne durch die Auflösung der Nationalversammlung.

Re-Islamisierung, S. 526

Re-Islamisierung bzw. Islamisierung charakterisiert eine Strömung, die in der islamischen Welt verstärkt seit den 70er-Jahren einsetzte. Insbesondere durch den verlorenen Krieg von 1967 gegen Israel war das westliche Modernisierungskonzept der arabischen Nationalisten stark diskreditiert. Die Re-Islamiserung stellte eine Auseinandersetzung mit der westlichen Modernisierungskonzeption dar und stellte dem den Islam als Lösung gegenüber. In der Konsequenz zielt man darauf ab, den Islam und das islamische Gesetz in der ganzen islamischen Welt umfassend zur Geltung zu bringen und damit eine islamische an die Stelle der bisherigen eher westlich geprägten Ordnung zu setzen. Diese Strömung wird von breiten Schichten getragen, was sich in der gesteigerten Medienpräsenz islamischer Themen oder an dem vermehrten Tragen islamischer Kleidung deutlich macht (z.B.: Schleier/Kopftuch). Der Einfluss auf die islamischen Gesellschaften hat seit dieser Zeit, insbesondere im Rechtswesen und der Bildung zugenommen, nicht zuletzt dank des sozialen Engagements der sie tragenden islamistischen Gruppen.

RGW, S. 382

Rat für Gegenseitige Wirtschaftshilfe: 1949 gegründete Organisation zur wirtschaftlichen Integration der Ostblockstaaten; Aufgaben: Koordination der nationalen Volkswirtschaftspläne; Spezialisierung, Arbeitsteilung und Kooperation in der industriellen Produktion.

Salafia, S. 519

Dieser Begriff bezeichnet seit 1884 die Bewegung des Reformislam im 19. Jahrhundert, vertreten u.a. durch Jamal ad Din Afghani und Mohammad Abduh. Die islamische Gemeinschaft soll sich an dem Geist der ersten Muslime zur Zeit des Propheten ein Vorbild nehmen, um ein für die Gegenwart geeignetes gesellschaftliches Modell zu entwickeln. Dieser Denkansatz wurde im 20. Jahrhundert für viele Islamisten wie reformorientierte Muslime eine wichtige Basis ihrer Ideologien.

Scharia, S. 508
Heutzutage wird der Ausdruck Scharia (in der wörtliche Übersetzung: Weg zur Wasserstelle) üblicherweise als islamisches Recht verstanden. Im eigentlichen Sinn bedeutet Scharia eine Rechtsfindungsmethode, die es auf der Grundlage von Koran, Sunna und Qiyas (Analogieschluss) ermöglicht, als Muslim zu leben. Es handelt sich somit nicht um ein kodifiziertes Gesetzbuch. Die Rechtsfindung erfolgt traditionsgemäß durch qualifizierte religiöse Rechtsgelehrte. In einigen Ländern wie z.B. Ägypten wird die Scharia als Quelle der Rechtsschöpfung anerkannt, in Ländern wie Saudi-Arabien werden Teile der Scharia als Rechtsordnung angewandt.

Sozialisierung, S. 403
Entsprechend dem Art. 15 GG können gegen eine gesetzlich geregelte Entschädigung „Grund und Boden, Naturschätze und Produktionsmittel zum Zwecke der Vergesellschaftung […] in Gemeineigentum oder in andere Formen der Gemeinwirtschaft überführt werden."

Subsidiaritätsprinzip, S. 385
Der katholischen Soziallehre entnommenes Prinzip, wonach jede gesellschaftliche und staatliche Tätigkeit subsidiär, d. h. unterstützend und ersatzweise eintretend zu sein hat. Höhere staatliche oder gesellschaftliche Einheiten dürfen demnach nur dann helfend tätig werden und Funktionen niedrigerer Einheiten an sich ziehen, wenn deren Kräfte nicht ausreichen, um diese Funktionen wahrzunehmen.

Tanzimat, S. 511
Die Tanzimat-Epoche (übersetzt Neuordnung) umschreibt die Reformversuche des Osmanischen Reiches im 19. Jahrhundert. Diese oktroyierten Reformen stellten einen Versuch dar, das Osmanische Reich zu modernisieren , um nicht in die Abhängigkeit der europäischen Mächte zu geraten. Diese Neuordnungen umfassten die Bereiche Verwaltung, Bildung, Militär und Rechtswesen - so wurden die Nichtmuslimen den Muslimen rechtlich gleichgestellt. Allerdings führten diese Bemühungen nicht zu dem gewünschten Erfolg. Das Osmanische Reich wurde im 19. Jahrhundert immer mehr zu einem Spielball der europäischen Mächte, bis zu seinem Untergang 1918.

Theokratie, S. 523
Dieser Begriff kommt aus dem Griechischen und bedeutet Gottesherrschaft. Die Theokratie ist eine Herrschaftsform, in der sich die Herrschenden ausschließlich auf den Gotteswillen bzw. ihrer Interpretation des Gotteswillen berufen. Die Herrschaft wird oftmals durch religiöse Führer oder eine Priesterschaft ausgeübt. Die islamische Republik Iran wird oftmals aufgrund des dominierenden Einflusses der Geistlichkeit als Theokratie bezeichnet

Tribale Gesellschaft, S. 508
Bezeichnung für eine Stammesgesellschaft, die zumeist politisch, sozial und kulturell homogen ist und sich auf ein bestimmtes Territorium bezieht. Charakteristisch für eine tribale Gesellschaft ist das Fehlen zentraler politischer und rechtlicher Gewalt. Diese wird ersetzt durch die Autorität verwandtschaftlicher und territorialer Gruppen.

Umma, S. 507
Als umma wird die Gemeinschaft aller Muslime bezeichnet. Zur Zeit des Propheten Mohammad und der ersten vier Kalifen war sich diese weitgehend politisch und religiös einig. Mit der Zeit zerfiel diese Einheit in verschiedene religiöse Bekenntnisse (z.B: Sunniten und Schiiten). Die Wiederherstellung der Einheit der Urgemeinde dieser frühen Zeit ist das Bestreben vieler Muslime und gilt als wichtiges Ziel insbesondere der Islamisten.

Uneingeschränkter U-Boot-Krieg S. 211
Bereits kurz nach Kriegsbeginn verhängten die Entente-Mächte eine Handelsblockade gegen Deutschland, die im Laufe des Krieges immer mehr verschärft wurde. Die Mittelmächte wurden so nahezu vollständig vom Weltmarkt abgeschnitten. Im Gegenzug begann Deutschland eine große U-Boot-Flotte aufzubauen und damit alliierte Handelsschiffe anzugreifen. Dem fielen auch zahlreiche Schiffe neutraler Staaten zum Opfer. Nach Protesten aus den USA, wurde der U-Boot-Krieg zeitweise gedrosselt. 1917 entschied sich jedoch Deutschland dafür, Großbritannien mit einem uneingeschränkten U-Boot-Krieg entscheidend zu schwächen. Ein Kriegseintritt der USA wurde dabei bewusst in Kauf genommen, doch hoffte man, noch bevor sich ein solcher bemerkbar machen würde, England zum Kriegsaustritt zu zwingen. Letztlich scheiterte der U-Boot-Krieg an der alliierten Konvoi-Taktik.

VdGB, S. 382
Vereinigung der gegenseitigen Bauernhilfe, die sich für eine beschleunigte Kollektivierung der Landwirtschaft einsetzte.

Volksdemokratie, S. 348
Eine Variante der „Diktatur des Proletariats“. Unter Führung der kommunistischen Partei wird in einem „klassenmäßig noch uneinheitlichen Staat“ so in einer ersten Phase der „Übergang vom Kapitalismus zum Sozialismus“ sowie in einer zweiten Phase der „Aufbau des Sozialismus“ gesichert. Bei formalen Weiterbestehen des Parteienpluralismus garantiert das System der V. das Führungsmonopol der KP und schaltet eine selbstständige Opposition aus. Eingesetzte Mittel sind z. B.: Einheitslisten bei Wahlen, Säuberung und Anpassung anderer nichtkommunistischer Parteien, Einsatz von Strafjustiz als Mittel politischer Abschreckung, Beseitigung der kommunalen und föderalen Selbstverwaltung durch Zentralisierung sowie staatliche Lenkung und Planung der Wirtschaft. Das System der V. wurde in der DDR und in allen mittel-, ost- und südosteuropäischen Gebieten, die unter Herrschaft der UdSSR standen, umgesetzt.

Vorgezogene Bundestagswahlen 1983, S. 442
Nachdem Bundeskanzler Kohl schon in seiner Regierungserklärung vom 13. Oktober 1982 Neuwahlen für das Frühjahr 1983 angekündigt hatte, enthielten sich bei der Abstimmung über die von Kohl gestellte Vertrauensfrage im Dezember 1982 die meisten Abgeordneten der CDU/FDP-Koalition der Stimme. Nach dieser absichtlich herbeigeführten Niederlage beantragte Kohl beim Bundespräsidenten Karl Carstens (CDU) die Auflösung des Parlaments, die dieser trotz anfänglicher verfassungsrechtlicher Bedenken verfügte. Er setzte Neuwahlen für den 6. März 1983 fest, die der neuen christlich-liberalen Regierungskoalition die erhoffte klare Mehrheit verschafften (CDU: 48,8 %, FDP: 7 %, SPD: 38,2 %, Grüne: 5,6 %).

VVN, S. 382
Vereinigung der Verfolgten des Naziregimes (gegründet 1947), die die Entschädigungsinteressen von Naziopfern vertreten und „antifaschistische Arbeit“ leisten sollte.

Yom-Kippur-Krieg, S. 430
Nach einem ägyptisch-syrischen Überraschungsangriff auf Israel am 6. Oktober 1973, dem israelischen Versöhnungsfest Yom Kippur, stößt die israelische Armee weit auf ägyptisches und syrisches Gebiet vor und hält die Sinai-Halbinsel und die Golanhöhen besetzt. Auf Druck der UN, der USA und der Sowjetunion kommt es im November 1973 zu einem Teilrückzug der israelischen Truppen und zur Unterzeichnung eines Sechs-Punkte-Abkommens, das eine Truppenentflechtung vorsieht.

Zwei-plus-Vier-Gespräche, S. 458
Verhandlungen zwischen den Außenministern der beiden deutschen Staaten und der vier Siegermächte seit Mai 1990 über die außenpolitischen Konsequenzen einer deutschen Vereinigung, die am 12. September 1990 mit der Unterzeichnung des Zwei-plus-Vier-Vertrags in Moskau endeten. Da der Vertrag zugleich die 1945 im Potsdamer Abkommen gestellte Forderung nach einer internationalen Friedensregelung erfüllte, wurde die bereits vereinbarte Anerkennung der polnischen Westgrenze nochmals bestätigt, was die polnische Regierung verlangt hatte.

Online-Link zum Buch

Möglichkeit a:
Einfach auf www.klett.de gehen und in das Link-Feld die Nummer 430021-0000 eingeben.

Möglichkeit b:
Einfach auf www.klett.de/online gehen und in das Link-Feld die Nummer 430021-0000 eingeben.

Personenregister

Sachregister

Bildnachweis

Umschlag: AKG, Berlin;
15.4: AKG, Berlin;
18.18: AKG, Berlin;
19.21: AKG, Berlin;
22.4: Bridgeman Art Library (Roger Viollet), London;
23.6: AKG, Berlin;
24.10: AKG, Berlin;
29.2: RMN, Paris;
33.13: Bridgeman Art Library, London;
34.16: AKG (Château et Trianons), Berlin;
36.1: AKG, Berlin;
37.6: RMN, Paris;
40.12: Bridgeman Art Library (Musee Carnavalet), London;
42.19: RMN, Paris;
44.2: AKG, Berlin;
48.14: AKG, Berlin;
50.3: AKG, Berlin;
53.11: Archivo Iconografico S.A./Corbis;
56.19: AKG (Museum für Völkerkun), Berlin;
72.2: Westfälisches Landesmuseum für Kunst, Münster;
74.5: AKG, Berlin;
75.6c: AKG, Berlin;
80.2: Historisches Museum (Ursula Seitz-Gray), Frankfurt;
81.3: BPK, Berlin;
82.4: Stiftung Wolfgang Ratjen, Zürich;
83.5: Historisches Museum (Ursula Seitz-Gray), Frankfurt;
86.10: BPK, Berlin;
87.12: AKG, Berlin;
90.15a: DHM, Berlin;
90.15b: DHM, Berlin;
90.15c: SPIEGEL-Verlag, Hamburg;
93.1: BPK, Berlin;
98.3: AKG, Berlin;
106.2: Deutsche Bahn Museum im Verkehrsmuseum, Nürnberg;
109.6: AKG, Berlin;
111.10: Stadtmuseum Kassel, Kassel;
116.5: Historisches Archiv Krupp, Essen;
117.6: BPK, Berlin;
119.9: Hoechst AG, Frankfurt;
119.11: Corbis (Tracy Everts), Düsseldorf;
120.12: AKG (Michael Teller), Berlin;
121.14: aus: Einigkeit und Recht und Freiheit, Erinnerungsstätte für die Freiheitsbewegungen in der deutschen Geschichte, Katalog der ständigen Ausstellung, Bundesarchiv Außenstelle Rastatt, S.50. DruckVerlag Kettler, Bönen/Westfalen;;
121.15: ullstein bild, Berlin;
121.16: AKG, Berlin;
126.1: Science & Society Picture Library, London;
127.2: BPK, Berlin;
129.3: Landesarchiv Berlin (Heinrich Zille), Berlin;
132.8: Stadtarchiv, Rüsselsheim;
133.11: Deutsches Museum, München;
133.12: Corbis (Lewis Wickes Hine), Düsseldorf;
134.15: AKG, Berlin;
135.16: AKG, Berlin;
136.17: ullstein bild (Zeitbild), Berlin;
137.1: AKG, Berlin;
138.unten li: AKG, Berlin;
139.oben re: AKG, Berlin;
141.2: DHM, Berlin;
144.7: BPK, Berlin;
145.9: ullstein bild (Bonn-Sequenz), Berlin;
146.10: Friedrich Ebert-Stiftung, Bonn;
147.12: BPK, Berlin;
148.14: AKG, Berlin;
149.17: Archiv der sozialen Demokratie der Friedrich-Ebert-Stiftung, Bonn-Bad Godesberg;
150.19: BPK, Berlin;
151.20: AKG, Berlin;
155.2: BPK, Berlin;
157.3: ullstein bild (Granger Collection), Berlin;
161.5: BPK, Berlin;
163.6: BPK, Berlin;
164.7: BPK, Berlin;
167.8: BPK, Berlin, VG Bild-Kunst, Bonn 2006;
171.8: ullstein bild (Granger Collection), Berlin;
175.14: The Journal, Detroit;
176.16: Royal Museum for Central Africa, Tervuren, Belgium;
177.18: BPK (SBB/Dietmar Katz), Berlin;
178.20: BPK (Zeitungsabteilung, Staatsbibliothek zu Berlin-Preußischer Kulturbesitz), Berlin;
180.23: ullstein bild, Berlin;
182.1: ddp (Roland Magunia), Berlin;
183.2: Klett-Archiv (Florian Loth, Berlin), Stuttgart;
187.3: Prof. Dr. Hilke Günther-Arndt, Oldenburg;
188.5: ullstein bild, Berlin;
189.6: ullstein bild (Archiv Gerstenberg), Berlin;
191.7: Otto-von-Bismarck-Stiftung, Friedrichsruh;
193.8: Stöckle, Wilhelm, Filderstadt;
193.re: Interfoto, München;
197.19: Herresbach, Heinz, Treuenbrietzen;
198.20: Stehle, Karl, München;
203.2: ullstein bild (Granger Collection), Berlin;
208.11: BPK, Berlin;
210.2: Wilhelm Stöckle, Filderstadt;
213.4: Corbis (Bettmann), Düsseldorf;
214.5: Picture-Alliance (dpa), Frankfurt;
217.8: BPK, Berlin;
218.13: DHM, Berlin;
219.15: Corbis (Hulton-Deutsch Collection), Düsseldorf;
221.21: BPK, Berlin;
223.27: Corbis, Düsseldorf;
224.28: Corbis (Ellsworth Young, Swim Ink 2, LLC), Düsseldorf;
225.32: Interfoto, München;
228.li: AKG, Berlin;
229.1: Süddeutscher Verlag, München;
229.re: Friedrich Ebert-Stiftung, Bonn;
231.2: BPK, Berlin;
234.1: BPK, Berlin;
235.2: DHM, Berlin;
235.re: ullstein bild (Roger Viollet), Berlin;
237.3: ullstein bild, Berlin;
237.re: AKG, Berlin;
238.4: Bayerische Staatsbibliothek, München;
239.7: BPK, Berlin;
242.li: ullstein bild, Berlin;
244.3: ullstein bild (Archiv Gerstenberg), Berlin;
245.re: ullstein bild (Imagno), Berlin;
249.9: AKG, Berlin;
251.re: DHM - Bildarchiv (Sebastian Ahlers), Berlin;
252.li: DHM, Berlin;
253.1: Rolf Ballhause, Plauen;
255.re: Picture-Alliance, Frankfurt;
256.li: AKG, Berlin;
257.re: ullstein bild, Berlin;
258.2: Archiv der Akademie der Künste, Berlin;
260.6: AKG, Berlin;
261.10: Langewiesche-Brandt Verlag, Ebenhausen;
266.1: Bundesarchiv Koblenz 146/75/10/22;
267.2: Stefan Boness/IPON, Berlin;
269.1: AKG, Berlin;
271.2: aus: Bergsträßer Anzeigeblatt 2.05.1924, Universitäts- und Landesbibliothek Darmstadt;
274.4: Bayerische Staatsbibliothek, München;
274.5: Gidal-Bildarchiv im Steinheim-Institut, Duisburg;
286.3: CCC/Hanel, www.c5.net;
278.1: Süddeutscher Verlag, München;
279.re: BPK, Berlin;
281.re: Picture-Alliance (dpa), Frankfurt;
282.3: BPK, Berlin;
286.2: DHM, Berlin;
289.1: ullstein bild, Berlin;
291.3: AKG, Berlin;
297.1: DHM, Berlin;
301.7: BPK, Berlin;
301.8: BPK, Berlin;
301.9: Sammlung Haus der Geschichte, Bonn;
306.1: Stadtarchiv Baden-Baden, Baden-Baden;
308.3: Auschwitz-Birkenau State Museum, Oswiecim;
310.4: Plakat einer Ausstellung des Fritz Bauer Instituts u. des Hessischen Rundfunks (c) hr, Frankfurt/M.;
311.8: Hessisches Hauptstaatsarchiv, Abt. 3008;
313.13: ullstein bild, Berlin;
313.15: Stadt Offenburg, Offenburg;
314.19: Stadt Offenburg, Offenburg;
317.2: Archiv des Landeswohlfahrtsverbandes Hessen, Fotosammlung, Gedenkstätte;
320.li: AKG, Berlin;
321.2li: Gedenkstätte Deutscher Widerstand, Berlin;
321.2mi: Gedenkstätte Deutscher Widerstand, Berlin;
321.2re: Gedenkstätte Deutscher Widerstand, Berlin;
322.6: Gedenkstätte Deutscher Widerstand, Berlin;
329.2: Bielik, Bratislava;

331.3: Corbis (Bettmann), Düsseldorf;
332.4: Daily Mail, London 1962;
332.5: Corbis, Düsseldorf;
334.6: Corbis (Pascal Manoukian/Sygma), Düsseldorf;
335.7: CCC/Horst Haitzinger/www.c5.net;
337.3: Historisches Archiv der Stadt Köln, Köln;
337.8: Corbis (Peter Turnley), Düsseldorf;
338.1: AP, Frankfurt am Main;
339.2: Corbis (Bettmann), Düsseldorf;
341.12: DHM, Berlin;
341.13: DHM, Berlin;
344.6: ullstein bild (AP), Berlin;
347.1: Corbis (Bettmann), Düsseldorf;
348.2: aus: Propyläen – Geschichte Europas, Band 6, S. 251;
349.1: Klett-Perthes Verlag, Gotha;
352.8: Besitz: Haus der Geschichte, Bonn;
353.10: Hannoversche Presse, 10.10.1947;
357.1: Haus der Geschichte, Bonn;
362.5: aus: Der Nebelspalter, Schweiz;
364.10: Haus der Geschichte(Stury), Bonn;
365.11: DHM, Berlin;
367.16: aus: Hessische Nachrichten 15.12.1945, Universitäts- und Landesbibliothek Darmstadt;
370.1: Harald Fester;
372.1: Presse- und Informationsamt der Bundesrepublik Deutschland, Berlin;
373.2: Haus der Geschichte, (Mirko Szewczuk), Bonn;
373.re: Presse- und Informationsamt der Bundesrepublik Deutschland, Berlin;
374.3: Haus der Geschichte (Kurt Poltiniak), Bonn;
374.4: Keystone, Hamburg;
375.5: Haus der Geschichte, Bonn;
376.6: Haus der Geschichte (Kurt Poltiniak), Bonn;
379.14: aus: „Der deutsche Eisenbahner", 20.05.1952;
380.li: Keystone, Hamburg;
381.1: aus: Hannoversche Presse, 04.07.1952;
383.2: Haus der Geschichte, Bonn;
384.8: DHM (Martin Schmidt), Berlin;
386.1: Wilhelm-Busch-Museum/Dt. Mus. f. Karikaturen, Hannover;
387.2: Süddeutscher Verlag, München;
388.3: AKG, Berlin;
391.13: Helga Lade (Röhrig), Frankfurt;
394.1: DHM, Berlin;
396.1: Presse- und Informationsamt der Bundesrepublik Deutschland, Berlin;
396.2: IG BCE (O. Brandes), Hannover;
397.3: Centre for the study of Cartoons and Caricature, University of Kent/at Canterbury;
398.4: Corbis (Bettmann), Düsseldorf;
398.5: AKG (Gert Schütz), Berlin;
400.11: DHM, Berlin;
404.1: Haus der Geschichte(Klaus Pielert), Bonn;
405.oben re: Presse- und Informationsamt der Bundesrepublik Deutschland, Berlin;
405.unten re: Konrad-Adenauer-Stiftung e. V., St. Augustin;
406.2: Haus der Geschichte, Bonn;
408.1: DHM, Berlin;
410.2: Picture-Alliance, Frankfurt;
412.4: Vack, Klaus;
413.7: BPK (Günter Zint, 1968), Berlin;
415.1: aus: Tippach-Schneider, Simone. Das große Lexikon der DDR-Werbung. Berlin;
416.2: Haus der Geschichte (Peter Leger), Bonn;
416.3: Haus der Geschichte (Sylvla-Marita Plath), Bonn;
418.1: Haus der Geschichte (Wolfgang Hicks), Bonn;
418.li: SPD - Der Parteivorstand, Berlin;
419.2: CCC/Baumeister, www.c5.net;
421.3: Haus der Geschichte, Bonn;
424.9: Haus der Geschichte (Wolfgang Hicks), Bonn;
425.1: (c)VG Bild-Kunst, Bonn 2005;
426.2: Barbara Klemm (Barbara Klemm), Frankfurt;
428.8: Galerie Schwind, Frankfurt/Main /(c)VG Bild-Kunst, Bonn 2005;
429.10: Joerg Knoefel, Berlin;
430.1: Haus der Geschichte, Bonn;
431.2: Presse- und Informationsamt der Bundesrepublik Deutschland, Berlin;
432.3: Prof. Klaus Staeck/(c)VG Bild-Kunst, Bonn 2005;
432.4: Prof. Klaus Staeck/(c)VG Bild-Kunst, Bonn 2005;
433.5li: ullstein bild, Berlin;
433.5re: ullstein bild, Berlin;
433.re: SPD - Der Parteivorstand, Berlin;
435.10: Haus der Geschichte, (Klaus Pielert), Bonn;
437.16: CCC/Haitzinger, www.c5.net;
438.1: FrauenMediaTurm (Bernhard Schaub), Köln;
439.2: Klar, Dieter, Buxtehude;
439.3: Friedrich Ebert-Stiftung, Bonn;
441.7: CCC/Haitzinger, www.c5.net;
442.li: Picture-Alliance, Frankfurt;
443.1: CCC/Hanel, www.c5.net;
444.9: CCC/Haitzinger, www.c5.net;
445.2: Prof. Klaus Staeck/(c)VG Bild-Kunst, Bonn 2005;
445.3: Haus der Geschichte, (Wilhelm Zimmermann), Bonn;
448.4: CCC/Haitzinger, www.c5.net;
450.14: Haus der Geschichte, Bonn;
451.1: Ostkreuz (Harald Hauswald), Berlin;
451.2: Presse- und Informationsamt der Bundesrepublik Deutschland (Christian Stutterhei), Berlin;
452.3: Barbara Henniger, Strausberg;
455.1: CCC/Hanel, www.c5.net;
456.2: Rolf Henn, Hennweiler;
457.3: Jürgens Photo, Berlin;
458.4: Rolf Henn (LUFF), Hennweiler;
459.6: Haus der Geschichte, Bonn;
461.11: Haus der Geschichte, Bonn;
462.14: Friedrich Ebert-Stiftung, Bonn;
464.1: Kneise, Ulrich, Eisenach;
464.li: ullstein bild (Boneß), Berlin;
465.2: Prüstel, Andreas, Berlin;
466.3: Galerie Schwind, Frankfurt/Main/ (c)VG Bild-Kunst, Bonn 2005;
474.1: BPK, Berlin;
476.1: Presse- und Informationsamt der Bundesrepublik Deutschland, Berlin;
478.2: Süddeutscher Verlag, München;
478.3: Süddeutscher Verlag, München;
479.re: Picture-Alliance (dpa), Frankfurt;
484.10: Haus der Geschichte, (Peter Leger), Bonn;
485.13: CCC, www.c5.net/Horst Haitzinger;
486.15: Landesmedienzentrum/ Regierungskasse, Koblenz;
489.1: Picture-Alliance (dpa epa afp Bouys), Frankfurt;
491.4: CCC,www.c5.net (www.c5.net/ Löffler), Pfaffenhofen a.d. Ilm;
493.1: CCC/Wolter, www.c5.net;
494.2: ddp (Michael Kappeler), Berlin;
496.3: www.c5.net/Plassmann, Pfaffenhofen a.d. Ilm;
501.1: www.c5.net/Mohr, Pfaffenhofen a.d. Ilm;
508.1: BPK (Wolfgang Selbach), Berlin;
509.2: Dr. Peter W. Schienerl, Nachlass München;
509.3: Dr. Peter W. Schienerl, Nachlass München;
510.4: ullstein bild (AP), Berlin;
513.6: ullstein bild, Berlin;
515.li: ullstein bild (Camera Press Ltd.), Berlin;
516.li: Corbis (Bettmann), Düsseldorf;
517.re: Picture-Alliance, Frankfurt;
518.7: Corbis (Bettmann), Düsseldorf;
520.8: Picture-Alliance (Atef Safadi), Frankfurt;
520. Mitte li: AP, Frankfurt;
520.oben li: http: //www.ukim.org/personalities.asp;
521.9: Corbis (Reuters), Düsseldorf;
522.10: AP (AP Photo/Aurora, Rob), Frankfurt;
523. Mitte re: AKG, Berlin;
523.unten re: ullstein bild (Piel), Berlin;
524.11: Picture-Alliance (dpa/epa), Frankfurt;
525.12: ullstein bild (Caro/Oberhäuser), Berlin;
526.13: Picture-Alliance (dpa), Frankfurt;
527.14: ddp Deutscher Depeschendienst GmbH (Henning Kaiser), Berlin;
528.18: Corbis (Reuters), Düsseldorf;
529.21: www.c5.net/Espermüller, Pfaffenhofen a.d. Ilm;
534.32: Picture-Alliance (dpa), Frankfurt;
537.41: Picture-Alliance (dpa/epa/afp/ Awad), Frankfurt;
549.1: Corbis (Dean Conger), Düsseldorf;
553.3: Robert Harding Picture Library Ltd., London;
553.4: Siemens AG, München;
555.5: Corbis (Liu Liqun), Düsseldorf;
556.9: Corbis, Düsseldorf;
557.12: ullstein bild, Berlin;
558.15: AKG, Berlin;
559.16: Getty Images (Hulton Archive), München;
560.19: aus: Englert, Siegfried P. u. Grill Gert F. „Klipp und klar". 100 x China;
562.25: Keystone, Hamburg;
564.33: Picture-Alliance, Frankfurt;
565.34: Süddeutscher Verlag, München;

Nicht in allen Fällen war es uns möglich, den Rechteinhaber der Abbildungen ausfindig zu machen. Berechtigte Ansprüche werden selbstverständlich im Rahmen der üblichen Vereinbarungen abgegolten.

Alaska
K A N A D A
Grönland
dän.
Jan Mayen
1929 norw.
Reykjavik
ISLAND
1918 unabh. Kgr.
in Personalunion mit Dänemark
Labrador
1927 neufundl.
NEUFUNDLAND
IRISCHER FREISTAAT
1921 Domin.
GROSS-BRIT.
London
NL.
B.
L.
DEUTSC
REICH
DÄN.
Paris
FRANK-REICH
S.
Rom
ITALI
PORTU-GAL
SPANIEN
Quebec
Ottawa
Chicago
San Francisco
V E R E I N I G T E
S T A A T E N
New York
Washington
Los Angeles
New Orleans
Azoren
port.
Madeira
port.
Tanger
internat.
Gibraltar
brit.
Bermuda-In.
brit.
Kanarische In.
span.
Rio de Oro
Bahama-In.
brit.
MEXIKO
Atlantischer
Habana
KUBA
Mexiko City
Brit.-Hond.
Jamaika
brit.
H.
DOM. REP.
Jungfern In.
1917 USA
Franz. Westafrika
GUATEMALA
HONDURAS
EL SALVADOR
NICARAGUA
COSTA RICA
PANAMA
Guadelupe franz.
Martinique franz.
Kapverdische In.
port.
Dakar
Gambia
Port.-Guinea
Clipperton
1931 franz.
Curaçao
ndl.
Caracas
Trinidad
brit.
VENEZUELA
Sierra Leone
LIBERIA
Gold-Küste
Togo
Nigeria
Kamerun
Rio Muni
Brit.
Guayana
Ndl.
Frz.-
KOLUMBIEN
Ozean
Galápagos-In.
ecuad.
ECUADOR
Fernando-Noronha-In.
bras.
Ascension
brit.
B R A S I L I E N
Pazifischer
PERU
Lima
St. Helena
brit.
BOLIVIEN
Rio de Janeiro
Sao Paulo
PARAGUAY
Walfischbai
südafrikan.
Ozean
Sala y Gómez
Oster-I.
chil.
CHILE
URUGUAY
Santiago
Buenos Aires
Montevideo
ARGENTINIEN
Kapstadt
Tristan da Cunha
brit.
Gough-I.
brit.
Falkland-In.
brit.
Südgeorgien
brit.
Bouvet-I.
1929 norw.
Südsandwich-In.
brit.
Südshetland-In.
brit.
Südorkney-In.
brit.
Staaten mit Kolonialbesitz
Belgien
Dänemark
Frankreich
Großbritannien
Italien
Japan
Niederlande
Portugal
Spanien
USA
Mandatsgebiete des Völkerbundes 1920
IRAK 1918 – 1939 unabhängig gewordene Staaten